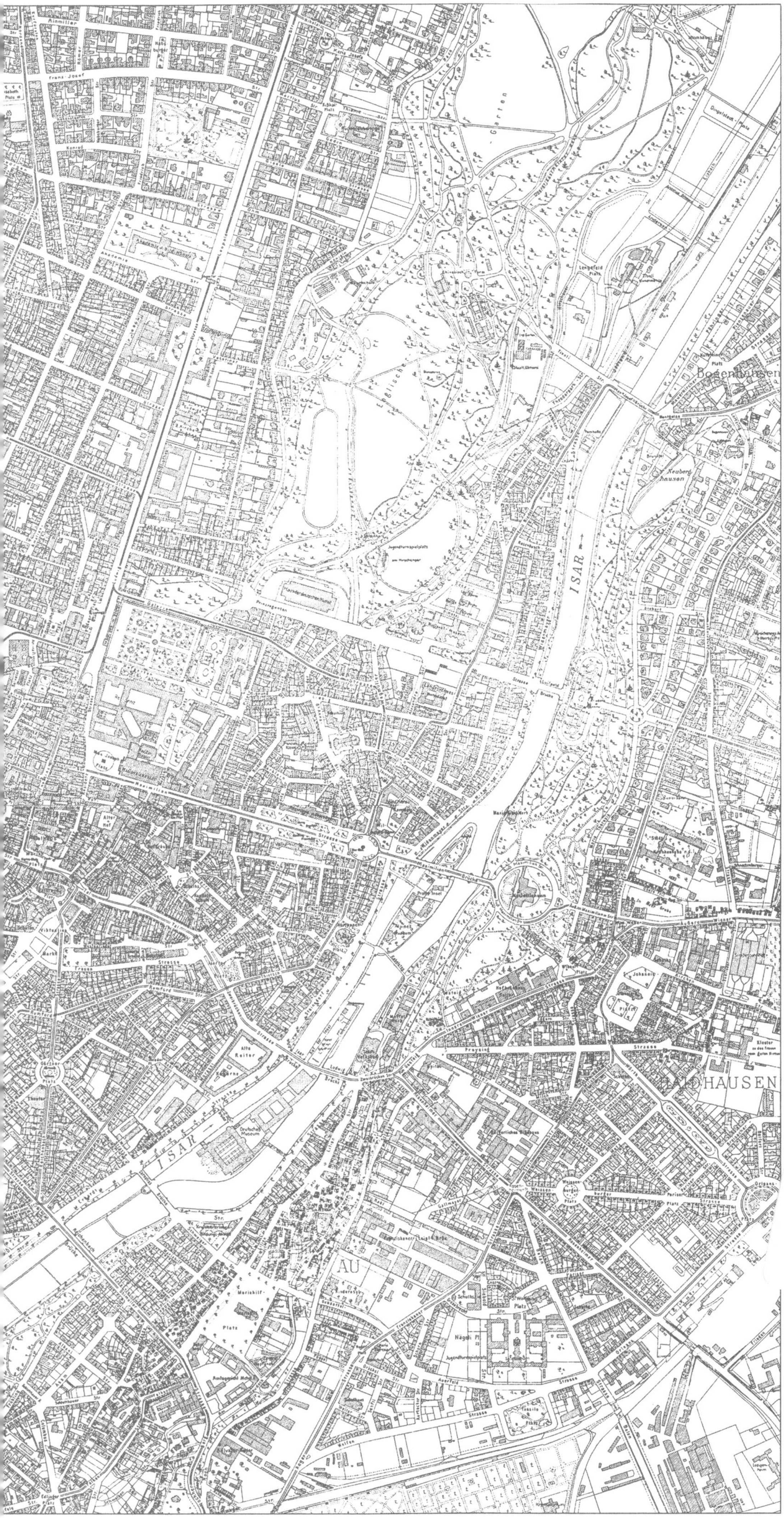
Bogenhausen
ISAR
HAIDHAUSEN
ISAR
AU

Denkmäler in Bayern
Landeshauptstadt München
Mitte

Drittelband 3

Professor-Huber-Platz

(Vgl. Ensemble Ludwigstraße/ Odeonsplatz.) Östliche Hälfte des quadratischen, früher keinen eigenen Namen tragenden Universitätsforums, 1946 nach Kurt Huber (1893–1943), seit 1926 Professor der Philosophie an der Universität München, benannt, der wegen seines Widerstandes gegen das NS-Regime hingerichtet worden war. Zur städtebaulichen Anlage samt Begrünung s. Geschwister-Scholl-Platz/Vorspann. Die ostseitige Bebauung des Forums ist – im Unter-

Professor-Huber-Platz 1, Georgianum; Aufn. 1995

schied zur geschlossenen Platzwand der Universität gegenüber – in der Mitte geöffnet; zwischen den beiden winkelförmigen Komplexen des Georgianums (Nr. 1) im Süden und des ehem. Max-Joseph-Stiftes (Nr. 2) im Norden stellt die Veterinärstraße eine Verbindung zur Tierarzneischule (s. Veterinärstraße 13) und zum Englischen Garten her. (Flurkarte S. 272)

Professor-Huber-Platz. *Brunnen*, Gegenstück zum Brunnen auf dem Geschwister-Scholl-Platz, s. dort.

Professor-Huber-Platz 1. *Herzogliches Georgianum* (Priesterseminar). Südlich anschließend Mauer bis Ludwigstraße 22. Das Herzogliche Georgianum geht auf das – der Artistenfakultät der Universität Ingolstadt verbundene – Neue Collegium zurück, das Herzog Georg der Reiche von Bayern-Landshut 1494 für elf bedürftige Studenten (Kollegiaten) unter einem Regens stiftete. Das seit 1785 nur Priesteramtskandidaten vorbehaltene Seminar wurde 1800 zusammen mit der Universität nach Landshut verlegt; 1805–26 war es Generalseminar für alle bayerischen Diözesen. Zugleich mit der Universität übersiedelte auch das Georgianum 1826 nach München und war bis 1841 im ehem. Karmelitenkloster (s. Karmeliterstraße 1) untergebracht.
Gleich dem Damenstift und dem Max-Joseph-Stift veranlasste Ludwig I. auch das Georgianum, mit einem Neubau – zu dem er selbst Mittel gewährte – zur Vollendung der Bebauung an der Ludwigstraße beizutragen, und zwar sinnvollerweise gegenüber dem gleichzeitigen Universitätsgebäude. Die Grundsteine zu beiden Bauvorhaben wurden an demselben Tag, dem 25. August 1835 – dem Geburts- und Namenstag des Königs – durch Innenminister Ludwig Fürst von Oettingen-Wallerstein gelegt. Friedrich von Gärtners Mitarbeiter in der Bauleitung war (wie bei der Universität) der Baukondukteur Karl Klumpp (d. J.). Ende 1836 war das Klerikalseminar unter Dach, das Äußere 1837, der Innenausbau 1840 vollendet; im Herbst 1841 wurde der Bau bezogen, am 4. November die Hauskapelle benediziert.
Gleich dem Max-Joseph-Stift nördlich gegenüber, von dem es die Veterinärstraße trennt, besteht das Georgianum aus zwei gemäß ihrer städtebaulichen Funktion durch Trauf- und Geschosshöhe sowie Gliederung äußerlich verschiedenartigen Bauteilen – dem höheren, kompakt-plastisch wirkenden Pavillon an der Ludwigstraße und den niedrigeren, horizontal gegliederten Flügeln, welche die Südostecke des quadratischen Universitätsforums einschließen. Der Eckpavillon (heute meist Ludwigsbau genannt) hat nur platzseitig drei Achsen gleich seinem Pendant nördlich gegenüber, erstreckt sich hingegen mit sieben Achsen nach Süden, um hier an der Ostseite der Ludwigstraße vor der Zäsur zur Baugruppe der Ludwigskirche einen Ansatz von geschlossener Straßenwand herzustellen, der mit der kompakten Bebauung an der gegenüberliegenden Westseite einigermaßen gleichgewichtig korrespondiert. Die Gliederung des Kopfbaus

ist – abgesehen vom Erdgeschoss mit seinen vergleichsweise kleinen Rundbogenfenstern – wesentlich aufwendiger als am Pendant des Max-Joseph-Stiftes: breite gefelderte Ecklisenen, Gurtgesimse, die Rundbogenfenster im 1. Stock mit den Okuli des Zwischengeschosses darüber in großen Rundbogenblenden zusammengefasst, die Rundbogenfenster im letzten Geschoss von Rechteckblenden mit Rundbogenfries unter dem profilierten Traufgesims umgeben, dem eine Attikabalustrade aufgesetzt ist.
An den beiden Längsflügeln ist auf jede Binnengliederung mit Ausnahme der Gurte und des Konsolgesimses verzichtet; die Fenster der beiden Obergeschosse sind zu Dreiergruppen (im Norden an der Veterinärstraße Doppelarkaden) zusammengefasst, den beiden Rundbogenportalen italienisch-romanisierende tonnengewölbte Sandsteinädikulen mit Säulenarkaden, Flachgiebeln, Freitreppen und Schnitztüren (im Bogenfeld nördlich Kreuzigung, südlich Auferstehung) vorgelegt. Die Wandflächen am ganzen Bau, für die der König gefärbten Mörtelverputz angeordnet hatte, zeigen gleich den anderen Bauten am Platz die (erneuerte) Imitation einer Quaderung. (Eine zweifarbige Interpretation des Kopfbaus – vgl. Ausst. Kat. Romantik Nr. 108.7 – wurde nicht ausgeführt.) Der Charakter des Baues wurde immer als funktionsgemäß klösterlich-verschlossen empfunden.
Im Inneren sind die Alumnenwohn- und Gemeinschaftsräume der Gartenseite zugeordnet, die Gänge verlaufen entlang den Platzfronten. Die Haupttreppe liegt im Nordosten des Kopfbaues, durch den Gang des platzseitigen Südflügels mit dem zweiten Stiegenhaus im Osttrakt verbunden. – Zum Seminar gehörte ein Nutz- und Erholungsgarten an der Ostseite, mit einem (noch vorhandenen) Brunnen, an welchem Sebastian Kneipp als Seminarist (1850–52) durch kalte Selbstwaschungen Heilung suchte und fand (moderne Bronze-Gedenktafel rechts neben dem Südportal).

Professor-Huber-Platz nach Osten, Brunnen

1939–45 war das Seminar geschlossen, das Gebäude vorübergehend Notquartier des Max-Joseph-Stiftes, dessen Neubau in Bogenhausen als Hilfskrankenhaus diente; am 13. und 16. Juli 1944 sowie vor allem am 25. Februar 1945 erlitt es schwere Bombenschäden. Nach dem Krieg waren Seminar und theologische Fakultät zunächst im Schloss Fürstenried untergebracht. 1948/49 erfolgte der Wiederaufbau des Georgianums, dessen Außenfronten im Wesentlichen (ohne Konsolgesims) erhalten geblieben waren, 1955 ein Anbau (sog. Josephsbau) in Verlängerung des Ostflügels nach Süden hin, 1982–86 eine grundlegende Gesamtrenovierung. Im 1. Stock des verbindenden Mitteltraktes lag von Beginn an – über dem Speisesaal – die Kapelle in lang gestreckter Saalform, ursprünglich romanisierend-nazarenisch ausgestattet (u. a. mit Altar von Bildhauer Joseph Entres, 1840, verändert 1882), 1944 zerstört, am 14. Dezember 1949 wieder geweiht, 1982 von Bildhauer Max Faller neu gestaltet als Kirche Coena Domini (seitdem gewestet), mit hochromanischem Holzkruzifix (oberschwäbisch, um 1180) an der Stirnwand, Tafelbild des Abendmahls (Tirol, um 1510) und der Holzfigur der Mondsichelmadonna (lechschwäbisch, Anfang 16. Jh.). Zu den bemerkenswerten Beispielen der Goldschmiedekunst des 19. Jh. zählt die Sternenmonstranz von Ferdinand Harrach, München 1861.

In den verschiedenen Räumen einschließlich der Kapelle verteilt sind zahlreiche alte Kunstwerke der bedeutenden Kunstsammlung des Georgianums, die vor allem Andreas Schmid, Direktor von 1877–1909, unter primär liturgisch-wissenschaftlichen und pädagogischen Gesichtspunkten erwarb. Der größte Teil der Objekte – in der Hauptsache schwäbische und altbayerische Kunst von der Romanik bis zum Rokoko – ist seit 1986 als Museum im Hochparterre des Ludwigsbaus aufgestellt. Auch die Bibliothek besitzt z. T. historische Bestände.

Die aus der Bauzeit stammende verputzte Gartenmauer an der Ludwigstraße zwischen dem Georgianum und dem Pfarrhaus von St. Ludwig (Nr. 22) ist durch Rechteckblenden mit abschließendem getrepptem Fries gegliedert und von einer Einfahrt zwischen Pfeilern unterbrochen. Sie gleicht der Mauer zwischen Ludwigstraße 18 und der Staatsbibliothek sowie den das Ende der Ludwigstraße nördlich der Universität bzw. des Max-Joseph-Stiftes ursprünglich säumenden Mauern (s. Ludwigstraße 28).

Georgianum, romanisches Kruzifix in der Kapelle

Georgianum, Portal am Ostflügel

Professor-Huber-Platz 2.
Ehem. *Max-Joseph-Stift*, jetzt zur Universität gehörig. Am 27. Mai 1813, seinem Geburtstag, eröffnete Max I. Joseph ein Erziehungsinstitut (mit Internat) für Töchter aus adeligen Familien sowie von verdienten Offizieren und Staatsbeamten im Gebäude Roßmarkt 15 (s. dort). Das später allmählich Töchtern aller Stände zugängliche, heute noch als Gymnasium existierende Max-Joseph-Stift wurde 1851 nach seinem Gründer benannt und übersiedelte 1939 in einen Neubau an der Mühlbaurstraße in Bogenhausen.

Professor-Huber-Platz 2, ehem. Max-Joseph-Stift; Aufn. 1995

Ehem. Max-Joseph-Stift vor der Zerstörung

Ehem. Max-Joseph-Stift; Aufn. um 1945

Einen eigenen Neubau sollte das Institut zunächst an der Stelle der nachmaligen Salinendirektion erhalten (s. Ludwigstraße 27), was die Leiterin ablehnte; daraufhin erhielt Friedrich von Gärtner 1835 den Planungsauftrag für einen Bau am Universitätsplatz. Seinen gegenüber den Maximalwünschen des Institutes reduzierten Entwurf genehmigte Ludwig I. am 1. Juni 1837, am 8. Juli – dem Geburtstag von Königin Therese – wurde der Grundstein gelegt, schon am 25. November 1837 der Bau unter Dach gebracht und im August 1840 bezogen. Gärtners Mitarbeiter in der Bauleitung war der Baukondukteur Georg Freiherr von Stengel, ausführender Maurermeister Joseph Höchl.

Gärtners (heute weitgehend erneuerter) Bau besteht aus zwei aufgrund ihrer städtebaulichen Funktion durch Geschoss- und Traufhöhe, Gliederung und Fensterformen unterschiedenen Gebilden: dem kubischen nordwestlichen Eckpavillon, der – wie sein (anders gegliedertes) südliches Pendant am Georgianum (s. Professor-Huber-Platz 1) – den Übergang von der Osthälfte des Universitätsplatzes zur Ludwigstraße vermittelt und eine in der Straßenabfolge wahrnehmbare feste Position besetzt, und den niedrigeren, flächigen Flügelbauten, welche die Nordostecke des Platzes einschließen, ebenfalls analog zum (in Details anders gestalteten) Georgianum. Auf der Gleichgewichtigkeit der Eckpavillons – auch unter Bezug auf die Universität – hatte Ludwig I. bestanden (Reidelbach 1888).

Der turmartig wirkende, erhöhte Eckpavillon mit drei zu drei Fensterachsen, rustizierten Ecklisenen, Konsolgesims und Attika ist durch die auf kleinen Konsolen sitzenden dünnen, profilierten Archivolten über den Rundbogenfenstern charakterisiert – ein Motiv letztlich englischer Provenienz (vgl. die Nebenflügel des Gotischen Hauses in Wörlitz, hier freilich spitzbogig), das im Werk Gärtners und seiner Nachfolge Verbreitung fand. Das schmale Gurtgesims unter den Fenstern des 1. Stocks ist die einzige horizontale Unterteilung.

Der östlich anschließende, niedrigere Teil des Komplexes hatte asymmetrisch T-förmigen Grundriss, wobei der lange, schmalere Nordtrakt über den angesetzten Südtrakt nach Osten hinausragte.

Die platzkonstituierenden, äußerst flächenhaften Fassaden waren durch kleine Stichbogenfenster im Erdgeschoss, auf Gurtgesimsen stehende englisch-gotisierende Doppelarkadenfenster in Stichbogenblenden und einen Traufenfries mit Treppenmuster gegliedert, sämtliche Fassaden (auch der Eckbau) in Putz durch Ritzung und Färbung gequadert. Der breitere Südflügel enthielt in der Mitte die sich hofseitig zu einer Halle von 3 x 3 Jochen erweiternde Durchfahrt und links davon die doppelläufige Gusseisentreppe. Zum Gebäude gehörte ein sich nördlich fast bis zur heutigen Schackstraße erstreckender Garten, der auch zum Unterricht im Freien genutzt wurde (vgl. Stadtplan von 1852; Gartenmauer s. Ludwigstraße 28).

Der im Zweiten Weltkrieg 1943/44 stark zerstörte Bau blieb lange Zeit Ruine. Beim Wiederaufbau wurde lediglich der Eckpavillon, dessen Außenmauern erhalten waren, in originaler Form wiederhergestellt und in seinem Erdgeschoss 1972 ein Zugang zur U-Bahn (mit neuem Rundbogentor im Westen) eingebaut (Inneres modern). Die den Nordostteil des Platzes begrenzenden Trakte wurden, da der Zustand der Ruine sehr schlecht war, abgebrochen und 1961 völlig neu erbaut, wobei die originalen Fenster zur Rundbogenform (bis heute ohne Sprossenteilung) verändert und der Fries unter der Traufe durch ein Rundbogenmotiv ersetzt wurde. Als Sitz der Juristischen Fakultät bildet das wiederaufgebaute ehem. Max-Joseph-Stift zusammen mit dem Haus des Rechts (s. Ludwigstraße 28) und rückseitigen Neubauten von 1977 einen Erweiterungsbereich der Universität.

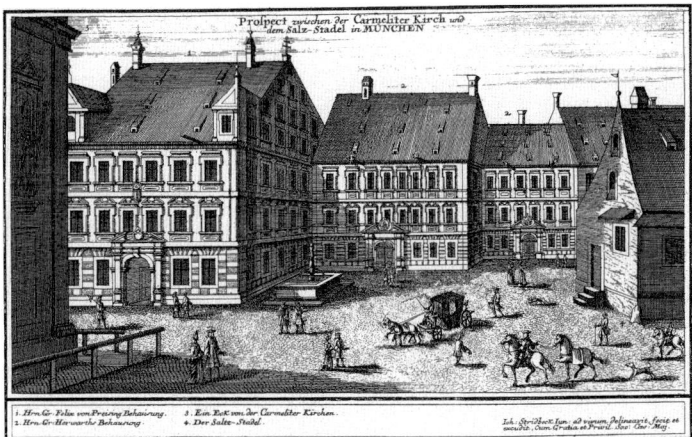

Promenadeplatz, Nordwestecke nach J. Stridbeck, um 1700

Promenadeplatz

(Promenadeplatz 1–15. Vgl. Ensemble Altstadt, Platzbild Promenadeplatz.) Der etwa 175 x 50 m große, allseitig nicht ganz regelmäßig begrenzte Rechteckplatz, Mittelpunkt des Kreuzviertels im Nordwesten der Altstadt, ist als Teil der Ost-West-Achse dieses Quartiers eingespannt zwischen dem zur Maffeistraße (s. dort) verbreiterten einstigen Fingergässchen im Osten und der Pfandhaus-, heute Pacellistraße (s. dort) im Westen. Vom 14. bis ins späte 18. Jh. war der Name Kreuzgasse gebräuchlich (nicht zu verwechseln mit derjenigen im Hackenviertel), für den es keine eindeutige Erklärung gibt. Der Zustand bis ins späte 18. Jh. ist genauer als platzartige Erweiterung eines Straßenzuges zu definieren; in der mittleren Längsachse des heutigen Platzes standen seit dem frühen 15. Jh. hintereinander aufgereiht die städtischen Salzstadel bzw. später (im Osten) das kurfürstliche Mauthaus. Entwicklung und Gestalt dieser Binnenbebauung des nachmaligen Platzes ist im Einzelnen noch nicht genügend erforscht. Für 1406/07 ist der Bau des sog. langen städtischen Salzstadels belegt. In der Folgezeit mietete bzw. erwarb die Stadt, die den für München grundlegend bedeutsamen Salzhandel unter ihre Kontrolle zu bringen bemüht war, im Umfeld weitere bislang private Salzstadel (vgl. Promenadeplatz 2/Ecke Kardinal-Faulhaber-Straße; 1487 kam ein weiterer Stadel an der Windenmachergasse hinzu, vgl. dort). 1434 wurde ein abgebrannter Stadel wiederhergestellt; 1587 übernahm der Herzog das Salzmonopol. Auf J. Sandtners Stadtmodell von 1570 sind in Platzmitte zwei freistehende Satteldachgebäude dargestellt, der längere westliche wohl mit dem „langen" Salzstadel identisch. Auf T. Volckmers Vogelschau-Stadtplan von 1613 wird ein Längenunterschied nicht deutlich, auf demjenigen M. Paurs von 1705 erscheint der westliche Stadel länger und niedriger. Deutlich kürzer ist der östliche Stadel auf M. de Groths Stadtplan von 1748. J. P. Stimmelmayrs Skizzen, in diesem Fall vor oder um 1778 zu datieren, stellen ziemlich detailliert zwei Salzstadel von Norden und Süden gesehen sowie im Osten „das neue Mauthaus" mit geschweiftem Ostgiebel dar. Die beiden im inzwischen durch Adelspalais aufgewerteten Kreuzviertel störenden Salzstadel wurden 1778 abgebrochen und durch Neubauten am Beginn der heutigen Arnulfstraße ersetzt (s. dort, Vorspann). L. Westenrieder (1782) erwähnt „die ehemalige Kreuzgasse, wo ehe die Salzstädel, und gegenwärtig der Paradeplatz, und die Waarenbeschauung, oder Mauthniederlag" (vgl. auf dem gleichzeitigen Stadtplan von G. M. Weißenhahn „Paradeplatz" und östlich davon „Haal", das Hall- oder Mauthgebäude).

Die frei gewordene westliche Platzhälfte wurde 1779/80 als Parade bzw. Paradeplatz militärischer Nutzung gewidmet (bis zur Anlage des Max-Joseph-Platzes zu Beginn des 19. Jh.), diente jedoch gelegentlich auch Auftritten von Seiltänzern und anderen Unterhaltungskünstlern, ab 1800 auch für Dulten. Auf Pachmayrs Stadtplan von 1802/03 ist die Einfriedung der Platzbinnenfläche westlich des damals noch bestehenden Mauthauses zu erkennen. Nach L. Hübner (1803) wurde der Platz seit 1780 „zur Ausrichtung einer geräumigen Strecke für Wachtparaden, mit Barrier-Umgebungen von Balustern und Eisenstangen benützt"; schon 1779 war er mit Laternen ausgestattet worden. Das Maut- oder Hallgebäude wurde 1804 abgebrochen, nachdem die profanierte Augustinerkirche als Mauthalle adaptiert worden war (vgl. Neuhauser Straße 2), die nach Osten erweiterte Platzbinnenfläche durch Hofgartenintendant Friedrich Ludwig Sckell mit Linden bepflanzt sowie mit Stangen und Ketten eingefasst. In dieser Form ist die nunmehrige „Parade" auf Consonis Stadtplan von 1806 dargestellt (die Baumreihen säumten die lang gestreckte Fläche auch an den Schmalseiten). Eine von Kronprinz Maximilian inspirierte Neugestaltung des Binnenareals im Sinne der Londoner Squares (1839) wurde schließlich

Promenadeplatz nach Westen; Lithographie, um 1870

Nicht weniger als die Binnenraumgestaltung des Platzes wurde seine Randbebauung gründlich verändert. Von den mittelalterlichen, auf Sandtners Stadtmodell von 1570 und noch auf Volckmers Plan von 1613 dargestellten meist zwei-, teils dreigeschossigen traufständigen Bürgerhäusern ist nichts erhalten. Am Westende der Kreuzgasse ist auf den Stadtplänen bis ins 18. Jh. ein Brunnen eingetragen. Die schmale Westseite des Platzes erhielt im mittleren 17. Jh. durch die hier südseitig vortre-

1854 aus Geldmangel auf ein Minimum reduziert (u. a. Neupflanzung der Linden, Neueinfriedung). Ludwig I. ließ in der Anlage sukzessive eine Reihe von Bronzestandbildern errichten (im Einzelnen s. unten), zuerst 1845 im Osten das Kreittmayr-Denkmal (als einziges auf Katasterplan 1849 und in Wenngs Atlas 1850 eingetragen), 1854 im Westen das Standbild Westenrieders. 1860 wurden die Denkmäler der Komponisten Orlando di Lasso und Gluck vom Odeonsplatz hierher versetzt und 1861 folgte in der Mitte das stattlichere Max-Emanuel-Monument. Die südliche Baumreihe ließ Ludwig I. 1862 zugunsten freier Sicht auf die Denkmäler entfernen (vgl. Stadtplan von J. Heyberger 1865). 1901 wurde die Kiesfläche durch Rasen ersetzt (Megele I 1951). An die Stelle des Kreittmayr-Denkmals (Kriegsverlust) trat 2005 südlich seines einstigen Palais (vgl. Promenadeplatz 2) das sockellose 6,2 m hohe Aluminium-Standbild des Staatsmannes Maximilian Graf von Montgelas (1759–1838) von Karin Sander, Berlin; die Aufstellung der durch Format und Material auffälligen, durch zeitgemäße Verfremdung gekennzeichneten Figur veranlasste der Freistaat Bayern (nach Künstlerwettbewerb; s. Abb. S. 842).

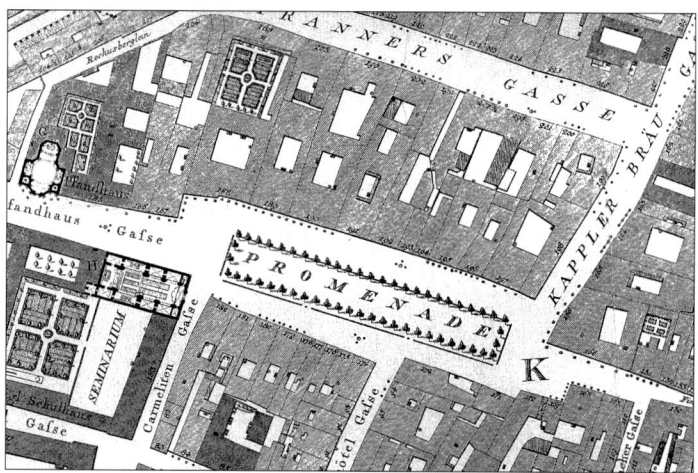

Promenadeplatz, Plan von J. Consoni, 1806

◁ Promenadeplatz nach Westen; Aufn. um 1890

Promenadeplatz 17, frühklassizistisches Haus (zerstört); Aufn. um 1940

tende (östliche) Eingangsfront der frühbarocken Karmelitenkirche (vgl. Karmeliterstraße 1) ein neues Gepräge. Die nordwestliche Platzecke gegenüber wurde 1887/88 durch das konkave, überkuppelte Parcushaus (vgl. Promenadeplatz 12) in städtebaulich wirkungsvoller Art neu interpretiert. Ein Stich von Johann Stridbeck zeigt diesen westlichen Platzbereich gegen Nord im Zustand um 1700 (mit Kieselpflasterung). Um diese Zeit begannen Adelspalais das Platzbild mit zu bestimmen. Bürger- wie Adelshäuser der Zeit vor 1800 mussten fast sämtlich großstädtischen Neubauten des 19. und frühen 20. Jh. sowie der Wiederaufbauzeit nach dem Luftkrieg weichen; erhalten ist lediglich Nr. 13 (s. dort) an der Südseite; die benachbarte aufwendige Spätbarockfassade von Nr. 15 (s. dort) wurde rekonstruiert. Die nach dem Luftkrieg gesicherte dreigeschossige Barockfassade von Nr. 8 an der Nordseite aus dem späteren 17. Jh. (seit 1821 nach der Besitzerfamilie Maffei-Palais genannt) wurde 1951 zugunsten eines dem Baurecht entsprechenden sechsge

Promenadeplatz von Südwesten nach Kriegsschäden; Aufn. um 1945

schossigen Bankgebäudes abgebrochen. Zu den ältesten erhaltenen Bauten zählt das klassizistische Montgelas-Palais (vgl. Nr. 2) im Nordosten an der Ecke der Kardinal-Faulhaber-Straße. Zusätzliches Gewicht im Altstadtgefüge erhielt der Platz durch das seit 1841 an seiner Nordseite stehende, baulich mehrfach erneuerte und gewachsene Hotel Bayerischer Hof (vgl. Promenadeplatz 6), Münchens ältestes im großstädtisch-modernen Sinn, bedingt durch den wachsenden Fremdenverkehr in der sich unter Ludwig I. entfaltenden Kunststadt. In diesem Zusammenhang steht auch die Eröffnung der ersten Pferdebahnlinie Münchens, die seit 1876 den Promenadeplatz – mit Schleife um die Grünan

Promenadeplatz 8, ehem. Maffei-Palais; Aufn. vor Abbruch 1951

lage – mit dem Hauptbahnhof und der Nymphenburger Straße verband; 1897 erfolgte die Verlängerung ostwärts durch die verbreiterte Maffeistraße zum Max-Joseph-Platz als Anschluss an die Strecke durch die Maximilianstraße. Von 1863 bis zum Abbruch 1909 existierte an der Südseite des Platzes ein weiteres Hotel (H. Max Emanuel), das dem Neubau des Geschäftshauses Ballin weichen musste (vgl. Promenadeplatz 9, heute Bankhaus Maffei u. Co.). Das zuvor aristokratisch geprägte Kreuzviertel bzw. der Bereich von Lenbachplatz bis zur Theatinerstraße entwickelte sich im späteren 19. Jh. zum bevorzugten Standort der Banken. An der Nordostecke des Promenadeplatzes entstand 1885/86 die (damalige) Bayerische Vereinsbank (vgl. Kardinal-Faulhaber-Straße 14), 1907 im Süden die Dresdner Bank (vgl. Promenadeplatz 7); nach dem Zweiten Weltkrieg, in dem die meisten Gebäude am Platz zerstört oder beschädigt wurden, folgten die Bank für Gemeinwirtschaft an der Stelle der Ruine des Maffei-Palais (s. oben) und gegenüber im Süden um 1960 der neue Komplex der Deutschen Bank, in den auch das rekonstruierte barocke Gunetzrhainerhaus einbezogen wurde (vgl. Promenadeplatz 15). Durch die Neubauten aus verschiedenen Phasen des 19. und 20. Jh., trotz Aufzonung ungleichmäßige Traufhöhe und verbreitete, jedoch im Umfang unterschiedliche Zusammenfassung von Parzellen entstand die heutige, typologisch, gestalterisch und hinsichtlich der Nutzung heterogene Randbebauung, die als großstädtisch mit einem kleinmaßstäblichen Restbereich im Süden (Nr. 11, 13, 15) zu charakterisieren ist. In der NS-Zeit trug der Promenadeplatz den Namen „Ritter-von-Epp-Platz" nach dem 1933 zum „Reichsstatthalter" von Bayern ernannten General Franz von Epp – damals eine der wenigen Umbenennungen im bestehenden Kernstadtbereich in Erwartung großer städtebaulicher Neuanlagen.

ARCHÄOLOGISCHE BEFUNDE: Bereich des ehemaligen spätmittelalterlichen Salzstadels (Fundst.-Nr.: 7835/0406). Bei baubegleitenden Maßnahmen im östlichen Teil des Platzes konnte die Nordostecke des 1406 errichteten Salzstadels dokumentiert werden.

Promenadeplatz, Flurkarte, M. 1:2500

Promenadeplatz. *Denkmäler.* In der Grünanlage inmitten des Promenadeplatzes haben (Stand 2004) vier (ursprünglich fünf) Bronzestandbilder ihren Standort: (von Westen) Lorenz Westenrieder, 1854 von Max Widnmann; Christoph Willibald Gluck, 1848 von Friedrich Brugger; Kurfürst Maximilian II. Emanuel, 1861 von Friedrich Brugger; Orlando di Lasso, 1849 von Max Widnmann; (ehemals Wiguläus Xaverius Aloysius Freiherr von Kreittmayr, 1845 von Ludwig Schwanthaler, nicht erhalten; seit 2005 an seiner Stelle Montgelas-Standbild aus Aluminium, s. Promenadeplatz/Vorspann). Vor dem Ostende der die Promenade säumenden Lindenallee (Grünfläche erst seit 1901) wurde südlich des Montgelas-Palais am 27. Oktober 1845 das nach Schwanthalers Modell von Ferdinand von Miller (I.) gegossene Standbild des bayerischen Staatskanzlers und Juristen *Frhr. von Kreittmayr* (1705–90) enthüllt. Zur Errichtung des Denkmals war seit 1828 bzw. erneut 1837 aufgerufen und gesammelt worden; Ludwig I. wünschte die Ausführung in Bronze. Die 1938 beseitigte, später eingeschmolzene Figur wurde wegen kontroverser Beurteilung von Kreittmayrs Gesetzeswerk und Strafrechtsreform nicht ersetzt, eine gestalterisch umstrittene neue Statue von Bildhauer Alexander Fischer (1961) schließlich nicht hier, sondern in Offenstetten (Lkr. Kelheim) aufgestellt; der erhaltene Sockel wurde entfernt.

Durch sukzessive Aufstellung weiterer Erzfiguren entstand eine für den Geist des Historismus bezeichnende Denkmäler-Agglomeration (vgl. Forum der Maximilianstraße), zunächst als Pendant zu Kreittmayr am Westende des Platzes das Denkmal des bayerischen Historikers *Westenrieder* (1748–1829), nach Modell von Max Widnmann ebenfalls von Miller gegossen. Der (abgedankte) Ludwig I. hatte den Bildhauer empfohlen und das Erz gestiftet. An der dem klassizistischen Kanon entsprechenden Figur ist der individuelle Ausdruck hervorzuheben.

In gleicher Reihe folgten 1860 die vom Odeonsplatz (s. dort) transferierten, typologisch gleichartigen Denkmäler der Tondichter *Gluck* und *Orlando di Lasso*. Die beiden von Ferdinand Miller (I.) gegossenen Standbilder des in Bayern geborenen Gluck (1714–1787) und des in München wirkenden und verstorbenen Orlando (1532–1594) waren im Auftrag Ludwigs I. ursprünglich 1848 bzw. 1849 in sinnvollem Bezug auf dem Vorplatz des Odeons aufgestellt worden, mussten aber 1860 dem Reiterbild des Herrschers weichen. Die dem Zweiten Weltkrieg zum Opfer gefallenen Figuren – Gluck wurde (nach Megele III

Promenadeplatz, Montgelas-Denkmal (kein BDm)

Gluck-Denkmal am Erststandort vor dem Odeon; Stich vor 1860

1960) durch Bomben zerstört, Orlando eingeschmolzen – wurden nach den vorhandenen Gipsmodellen 1958 von Agostino Zuppa und Söhnen rekonstruiert und neu gegossen.

Zwischen beiden, ursprünglich jedoch aus der Reihe nach vorn gerückt, ließ Ludwig I. 1861 das Denkmal des Kurfürsten Maximilian II. Emanuel (reg. 1679–1726) aufstellen, das er der Stadt schenkte. Bei dem Herrschermonument sind der (nicht monolithische) Granitmarmorsockel wie die Bronzefigur von Friedrich Brugger – Guss Ferdinand v. Miller (I.) – maßstäblich gesteigert; unterschiedlich ist auch die (klassizistisch-maßvoll, nicht dynamisch bewegte) Grundhaltung der 4 ½ m hohen Gestalt. Der vor allem durch seine Kühnheit berühmte Feldherr ist im entscheidenden Augenblick bei der Erstürmung Belgrads 1688 dargestellt. – Die Fläche an der Südseite der Allee, auf der die Denkmäler stehen, war im mittleren 19. Jh. von einer niedrigen Gittereinfriedung umgeben. Die Gleisanlage für die Pferdebahn 1876 bedingte eine Umgestaltung mit Zurücksetzen des Kurfürstendenkmals in die Reihe.

Promenadeplatz 2. Das ehem. *Palais Montgelas*, jetzt Teil des Hotels Bayerischer Hof (vgl. Nr. 6), ist als stattlicher klassizistischer Eckbau erhalten. Zugehörig Kardinal-Faulhaber-Straße 14a, Rückgebäude Prannerstraße 1, s. dort. Das Palais entstand an der Stelle zweier mittelalterlicher Bürgerhäuser sowie eines östlich angrenzenden städtischen Salzstadels entlang der Kardi-

Promenadeplatz, Westenrieder-Denkmal

Promenadeplatz, Gluck-Denkmal

Promenadeplatz, Orlando-Denkmal

nal-Faulhaber-Straße, den das Sandtnersche Stadtmodell von 1570 mit großen Spitzbogenöffnungen und mächtigem, zur Ostseite abfallendem Pultdach (mit Halbgiebel im Süden) zeigt. Die drei Anwesen zusammen gehörten im späteren 18. Jh. den Reichsgrafen von Perusa (de la Perouse) und wurden 1803 von Staatsminister Maximilian Freiherr (später Graf) von Montgelas (1759–1838), dem maßgeblichen bayerischen Staatsmann der Max-Joseph-Zeit, erworben, der den inmitten des traditionellen Adelsviertels gelegenen Komplex in der Folge unter Einbeziehung bestehender Teile wie des Perusa-Palais und der gewölbten Keller des Salzstadels zu einem großen, seiner Stellung angemessenen

Promenadeplatz 2, ehem. Palais Montgelas; Aufn. 1995

Palast umbauen und erweitern ließ. Der wohl wegen seiner französischen Schulung beauftragte Architekt Emanuel Joseph von Herigoyen, der soeben beim Anschluss des bislang fürstprimatischen Regensburg in den bayerischen Staatsdienst übernommen worden war, entwickelte 1810/11 in mehreren Stufen die bis 1813 ausgeführte Planung. Das einstige Perusa-Palais mit acht Fensterachsen breiter Platzfront und Nebenflügeln westlich und nördlich des Hofes wurde mit einem den Salzstadel im Osten ersetzenden Neubautrakt entlang der Kardinal-Faulhaber-Straße zur funktionalen und gestalterischen Einheit verbunden. Der nunmehr vierflügelige, damals noch dreigeschossige Komplex erhielt zwei in sich jeweils symmetrische Fassaden, die südliche durch einen breiten Mittelrisalit dominiert, in den das alte Haupttor links und ein entsprechendes neues rechts integriert sind, die östliche Front mit 17 Achsen für einen Münchner Adelspalast ungewöhnlich lang gestreckt und durch einen fünfachsigen Mittelrisalit mit korinthischen Kolossalpilastern unterteilt (zunächst hatte Herigoyen hier ionische Säulen nach dem

Vorbild des Prinz-Carl-Palais vorgesehen). Die Kolossalpilaster des Südrisalits fassen in rhythmischer Anordnung je zwei Fensterachsen zusammen. Das Erdgeschoss ist in Putz rustiziert. Den oberen Abschluss bildet ein dreiteiliges, an den Risaliten durch Stuckdekor bereichertes Gebälk. Die gestalterisch geschickt angepasste Aufstockung von ca. 1870 (nach Denkmalliste 1876; nach Reidel 1982 „zwischen 1866 und 1869") wiederholte die vorgegebene Pilasterordnung oberhalb des original erhaltenen Gebälks und letzteres nochmals an den Risaliten.

Die 1811–13 ausgeführte innere Ausstattung war der erste Münchner Auftrag des 1811 berufenen, vor allem als Innenarchitekt und Dekorateur tätigen Jean-Baptiste Métivier (1771–1857). Nach seiner Entlassung als Minister 1817 verkaufte Montgelas das Palais an den Staat, der es von 1825 bis zum Ende der Monarchie als Ministerium des Königl. Hauses und des Äußern nutzte und verschiedentlich adaptierte (u. a. aufstockte); da der jeweilige Staatsminister zugleich Vorsitzender im Ministerrat (Ministerpräsident) war, blieb das Palais auch weiterhin ein

Promenadeplatz, Max-Emanuel-Denkmal

Promenadeplatz, Max-Emanuel-Denkmal

Promenadeplatz 2, Ostfassade, Detail

Promenadeplatz 2, Treppenhaus ab 2. Obergeschoss

Brennpunkt des politischen Lebens. Auch nach dem Ersten Weltkrieg war der hier amtierende Außenminister zugleich Ministerpräsident des Freistaates Bayern. Im Ministerzimmer wurde am 29. März 1924 das bayerische Konkordat unterzeichnet. Der seit 1924 amtierende Ministerpräsident Heinrich Held wurde nach der „Machtergreifung" durch Ludwig Siebert abgelöst (zugleich Finanzminister, † 1942); das Gebäude diente 1933–45 als Bayerische Staatskanzlei. Den Luftkrieg überstand es vergleichsweise glimpflich (Brandbombenschaden am 24./25. April 1945; vor allem Dachzone zerstört, Putz- und Gesimsschäden). Nach der Instandsetzung diente es 1945–62 als Sitz des Erzbischöflichen Ordinariats. Ende 1969 verkaufte der Staat den Komplex teils an Frank Volkhardt, den Besitzer des benachbarten Hotels Bayerischer Hof (s. Nr. 6), teils – die Trakte westlich und nördlich des Hofes – an Dr. Edgar Heckelmann; letztere wurden – mit Ausnahme der Fassaden

im Osten (Kardinal-Faulhaber-Straße 14a) und Norden (s. Prannerstraße 1) – im Rahmen der 1971–73 durchgeführten Gesamtsanierung (Planung Erwin Schleich, Innenausstattung Graf Siegward Pilati) für Büronutzung weitgehend erneuert. Der Südteil und der Osttrakt bis einschließlich dem Mittelrisalit wurden dem

Promenadeplatz 2, Königssaal; Aufn. um 1945

Promenadeplatz 2, 2. Obergeschoss, Königssaal; Aufn. 2007

Hotel angeschlossen und für dessen Zwecke ausgebaut und aufwendig in historisierendem Charakter, z. T. unter Verwendung von erworbenen alten Gestaltungselementen und Antiquitäten, ausgestattet. Hier ist die z. T. noch bis auf das Perusa-Palais zurückgehende Grundrissdisposition vielfach erhalten geblieben, so die (ursprünglich mittige) Durchfahrt hinter dem linken Torbogen der Südfront und die sich an ihr Ende links anschließende Podesttreppe. Noch vom Salzstadel stammen die gewölbten Kellerräume unter dem Ostflügel – jetzt Restaurant „Palaiskeller" – samt der schmalen, steilen Treppe. Erhalten sind die wichtigsten Räume der Montgelas-Zeit in der Gestaltung Métiviers, so vor allem der im Mittelrisalit des Ostflügels im 2. Obergeschoss gelegene Königssaal und anschließend das Ministerzimmer und der sog. Montgelas-Salon. Der Königs- oder Spiegelsaal (auf Originalplan als Großer Festsaal bezeichnet) wird von den Längsseiten durch je fünf Fenster erhellt und von einer Spiegeldecke über ungewöhnlich hohen Schrägen abgeschlossen; mit der Wandgliederung folgte Métivier zeitgenössischen Pariser Vorbildern (vgl. den Salon der Jahreszeiten im dortigen Hôtel de Beauharnais, der heutigen Deutschen Botschaft; ähnlich der spätere Tanzsaal Métiviers im Münchner Leuchtenberg-Palais): kennzeichnend sind die Gliederung der Wand durch kannelierte korinthische Pilaster, die teilweise Verspiegelung der Wandfelder, die reich stuckierte Gebälkzone und die Vergoldung des Dekors (auf weißem Grund).

Gedenkplatte von 1989 im Gehsteigboden vor der Ostseite des Montgelas-Palais, bez. Esterer Gießerei Altoetting, mit (Antiqua-)Inschrift: „Kurt Eisner, der am 8. November 1918 die bayerische Republik ausrief, nachmaliger Ministerpräsident des Volksstaates Bayern, wurde an dieser Stelle am 21. Februar 1919 ermordet" (auf dem Weg zum Landtag erschossen von Anton Graf Arco-Valley).

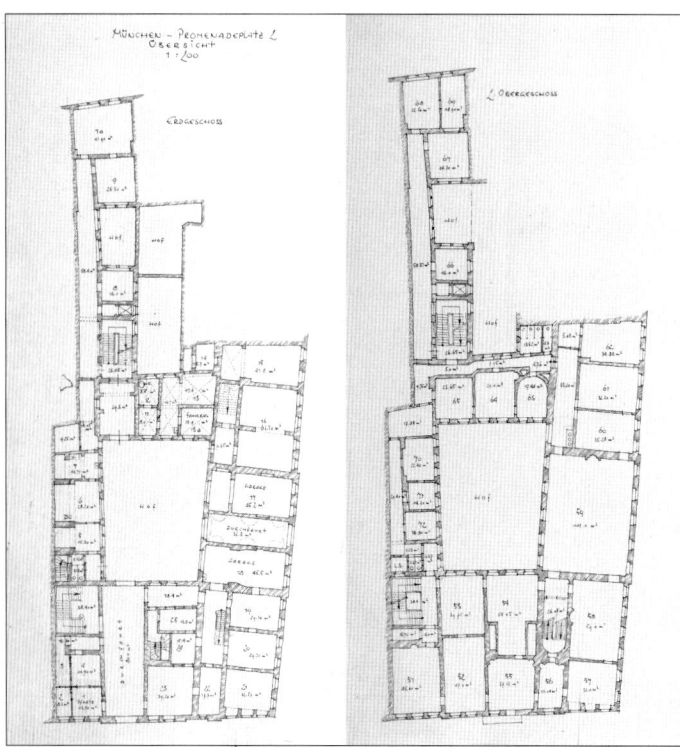

Promenadeplatz 2 (oben Prannerstraße 1); Grundrisse Erdgeschoss (links) und 2. Obergeschoss, 1951

Promenadeplatz 6. Im Neubau des *Hotels Bayerischer Hof* Spiegelsaal des Vorgängerbaus. Als im Zeitalter des beginnenden Fremdenverkehrs die traditionellen Gasthöfe den gesteigerten Bedürfnissen hinsichtlich Komfort und Kapazität nicht mehr genügten, kam es zur Entstehung der Bauaufgabe des modernen Hotels. In München, das sich dank der Kulturpolitik Ludwigs I. früh zu einem Zentrum des Tourismus entwickelte, erbaute auf Anregung des Königs der Unternehmer Joseph Anton Ritter von Maffei, Reichsrat der Krone Bayerns, an der Stelle von vier aufgekauften Anwesen (u. a. des seit dem 16. Jh. nachweisbaren Gasthofs Zum goldenen Bären) 1839–41 den „Bayerischen Hof" als Münchens erstes Hotel im neuzeitlichen Sinn, zugleich ein Frühbeispiel der Gattung in Mitteleuropa überhaupt. Die Hauschronik nennt Friedrich Gärtner als entwerfenden Architekten (er nahm an der Eröffnung am 15. Oktober 1841 teil); jedenfalls zeigte die viergeschossige, etwas monotone Fassade mit in Dreiergruppen rhythmisch angeordneten Stichbogenfenstern, Gurtgesimsen und Konsolen an der Traufe Merkmale Gärtnerscher Bauten an der Ludwigstraße (vgl. etwa das Max-Joseph-Stift, s. Professor-Huber-Platz 2); die Putzfassade wies nach alten Aufnahmen eine gemalte Quaderung mit Keilsteinen über den Fenstern auf; durch reichere Gestaltung hervorgehoben war lediglich der Portalbereich in der Mitte mit der von Fußgängertüren flankierten Einfahrt und Balkon darüber. Rückseitig erstreckte sich der Komplex bis an die Prannerstraße.

Ein halbes Jahrhundert später war der erste Bau wiederum zu klein geworden; Herrmann Volkhardt († 1909), der das Hotel 1897 erwarb und so zum Begründer des Familienunternehmens wurde, ließ 1897/98 unter Einbeziehung bestehender Teile durch Georg Meister einen großen Neubau mit einer Platzfront in zeitgemäß repräsentativen Neurenaissanceformen errichten, der 1902 durch denselben Architekten im gleichen Stil (mit hohem Giebel) nach rechts (Osten) auf dem Grundstück eines bisherigen Bürgerhauses erweitert wurde. Der Hauptbau (Altbau) verlor nach einem Dachstuhlbrand 1911 seinen Mittelgiebel samt den ihn flankierenden Kuppeltürmen und erhielt dafür drei barockisierende Zwerchhäuser. Bei einem weiteren Umbau nebst Aufstockung 1921 entstand die (verändert) noch vorhandene, gemäßigt klassizisierende rückseitige Fassade an der Prannerstraße 5, wiederum durch G. Meister.

Promenadeplatz 6, Hotel Bayerischer Hof; Aufn. um 1890

Bayerischer Hof, Spiegelsaal (s. Prannerstraße 5); Aufn. 2007

Nach schweren Kriegsschäden vor allem am 24./25. April 1944 und provisorischer Teilnutzung wurde 1960–63 das neue siebengeschossige Hauptgebäude am Promenadeplatz nach Plänen von Erwin Schleich errichtet, das u. a. auch einen Festsaal und ein Theater (Komödie im Bayerischen Hof) enthält. Einbezogen in den Neubau wurde das Grundstück des ehemals östlich benach-

Promenadeplatz, Nordseite ▷
mit Hotel Bayerischer Hof; Luftaufnahme von 1920

Promenadeplatz 6 (ehem. Nr. 4,
Pocci-Haus); Aufn. 1938

barten Hauses Promenadeplatz 4 (alt Nr. 21, neben dem Montgelas-Palais, s. Nr. 2, das seit 1972
ebenfalls dem Hotel angeschlossen ist), historisch bemerkenswert als Geburtshaus des Grafen
Franz von Pocci (geb. 7. März 1807, † 1876;
Oberstkämmerer, Dichter und Jugendschriftstel-
ler), das ehemals durch eine Gedenktafel und eine überlebensgroße Büste gekennzeichnet war.
Diese im Hotel noch erhaltene Bronzebüste ist
rückseitig sign. Prof. Ch. Roth 1878 München.
Von Georg Meisters Hotelneubau von 1897/98
ist im heutigen Komplex, anschließend an die
Eingangshalle, nur noch der prächtige *Spiegelsaal* (Prannerstraße 5) in Neurokokoformen erhalten, bemerkenswert als eine der in München
selten gewordenen Raumgestaltungen des Späthistorismus. Der Rechteckraum mit drei zu fünf
Achsen zitiert mit seinen verspiegelten Wandfeldern und Türen entsprechende Vorbilder in barocken Schlössern; Spiegeldecke und Wandpfeiler
tragen reichen Stuckdekor. Nach dem Krieg
wurde der Saal am 22. Oktober 1949 zunächst

Promenadeplatz 7, Dresdner Bank; Aufn. 1995

als Restauration wiedereröffnet. – Das Hotel hatte früher weitere prächtige Interieurs des späten Historismus besessen, u. a. einen Richard-Wagner-Saal (für Bankette) mit Oberlicht und einen
Konzertsaal.

Promenadeplatz 7. *Dresdner Bank.* An der Stelle von drei Altanwesen, von denen das Eckhaus vom späten 17. bis ins frühe
19. Jh. in wechselndem Adelsbesitz war, entstand 1906/07 nach
Max Littmanns Plänen, ausgeführt durch das Baugeschäft Heilmann und Littmann, der anspruchsvolle Neubau der Dresdner
Bank, der als eines der qualitätvollsten Geschäftshäuser Münchens und als frühes Beispiel einer Stahlbetonkonstruktion bereits in der zeitgenössischen Fachliteratur mehrfach behandelt
wurde.
Der vierflügelig angelegte Komplex umschließt einen als Kassenhalle mit Glasdach ausgebildeten Lichthof. Die beiden etwa
gleich langen, jeweils siebenachsigen, mit Kelheimer Donaukalkstein (auf Muschelkalksockel) verkleideten Straßenfassaden

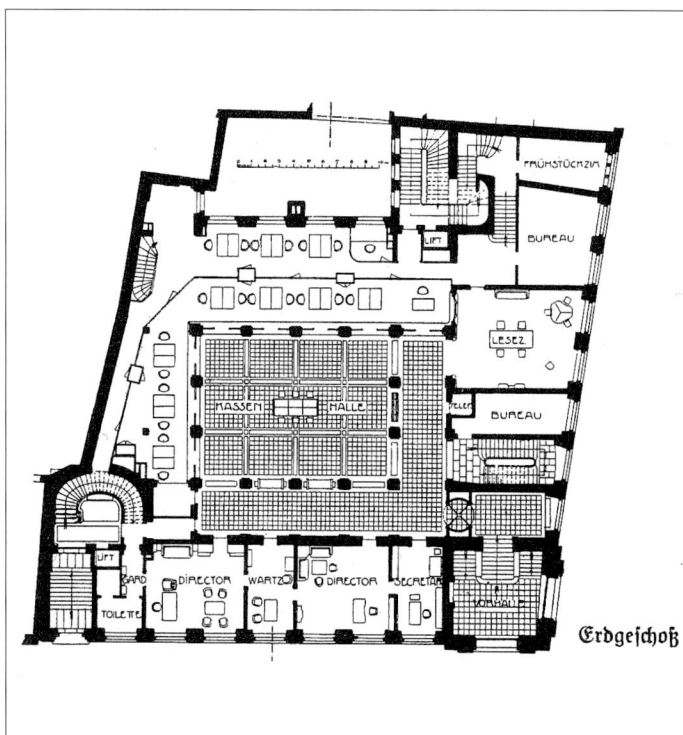

Promenadeplatz 7; Grundriss Erdgeschoss, 1907

mit plastischem Dekor von Heinrich Düll und Georg Pezold sind
stilistisch dem zeitüblichen Neuklassizismus zuzuordnen, zeichnen sich jedoch trotz repräsentativer Grundhaltung und groß-
züger Gliederungen durch eine jede übersteigerte Monumentalität vermeidende, für Max Littmann typische vornehme Zu-
rückhaltung aus. Historische Zitate, vor allem auf die Bauplastik
konzentriert und dem Louis-seize entlehnt, werden nur noch in
eher schwerpunktmäßiger Verteilung eingefügt. Das Erdgeschoss ist in barocker Tradition kräftig rustiziert. Die hohen
Fenster der beiden Hauptgeschosse werden in großen Blenden
zusammengefasst bzw. von völlig ungegliederten, flächigen
Pfeilern samt Sturzbalken gerahmt – bereits eine Annäherung an
kommende Sachlichkeit; bauplastischer Dekor füllt nur die Restflächen innerhalb der Blenden. Das niedrigere 4. Geschoss ist
kleinteilig gegliedert und durch reichen, mit den Konsolen ver-
schmolzenen plastischen Dekor einerseits festlich akzentuiert,
andererseits zu einer hohen Gesimszone umgedeutet in der Absicht, die sich über die Umgebung heraushebende Traufhöhe
optisch zu reduzieren. Stärker instrumentiert ist lediglich der die
breitere Eckachse betonende Eckrisalit mit den großen Rundbo-
geneingängen, Gitterbalkonen darüber, ionischen Kolossalpilastern in den Hauptgeschossen und abschließenden Dreiecksgiebeln. – Die den Ansatz des (erneuerten) kupfergedeckten Daches
platzseitig verdeckende Attika wurde bei der Fassadeninstandsetzung 1986/87 rekonstruiert, zugleich wurden über dem Eckrisalit die verlorenen Figuren der vier Elemente durch Vasen ersetzt und ein moderner Aufbau (Casino) errichtet (Arch. Ernst
Denk).
Im 1960–62 von Josef Wiedemann umgebauten und moderni-
sierten, seitdem noch weiter veränderten Inneren ist die originale, höchst bemerkenswerte Gestaltung der zur Bauzeit ge-
rühmten, von Arkaden umgebenen zweigeschossigen Kassenhalle (mit Bronzereliefs von Heinrich Waderé und Friedrich
Behn an den Pfeilern), an die sich westlich ein von der Fa. Ballin ausgestattetes Lesezimmer für die Bankkunden anschloss,
leider nicht mehr erhalten. Der 1960/62 von Wiedemann mit
Günter Ewert errichtete westliche Erweiterungsbau (ehemals
Promenadeplatz 5) nimmt unter Verzicht auf ornamentale und
historisierende Details den Grundrhythmus der Fassadengliederung des Altbaus auf. (Weitere Anbauten folgten ebenfalls durch
J. Wiedemann 1966–68 rückseitig bis zur Löwengrube hin, die
1977–79 durch E. Denk an den Hofseiten erweitert wurden.)
Städtebaulich erhielt die Dresdner Bank wenig später ein Pendant mit dem Ballinhaus (s. Promenadeplatz 9).

Promenadeplatz 9, Bankhaus Maffei u. Co. (rechts Nr. 11)

Promenadeplatz 9. *Bankhaus Maffei u. Co.*, ehem. *Ballinhaus.* Der heutige Geschäftshausbau in Ecklage steht an der Stelle von ursprünglich vier Bürgerhäusern vom spätgotischen Typus, die auf dem Sandtnerschen Stadtmodell (1570) dargestellt sind, darunter ein besonders stattliches Eckhaus und daneben an der Hartmannstraße die ehem. Schneiderherberge (Häuserbuch II) mit reich gegliedertem Staffelgiebel. Das Eckhaus und sein Nachbarhaus am Promenadeplatz wichen 1863 dem fünfgeschossigen Neubau des Hotels Max Emanuel mit Fassade in spätklassizistischen Formen, das im April 1909 abgebrochen wurde.

Das 1909/10 für die Firma M. Ballin (Hofmöbelfabrik Moritz Ballin, mit den Söhnen Louis,

Promenadeplatz 9, Haupteingang

Martin und Robert als Mitinhabern) errichtete fünfgeschossige Gebäude nach Entwurf von Gustav von Cube, der um diese Zeit einige der vornehmsten reduziert-historisierenden Objekte in München erbaute – Ausführung durch die Baufirma Karl Stöhr –, spiegelt den Anspruch eines der damals führenden Möbel- und Raumausstattungsgeschäfte Münchens wider (s. Hartmannstraße 8) und ist typologisch zu der für die „Kunststadt" bezeichnenden Gattung der Kunsthandelshäuser zu zählen. „Das Möbelhaus M. Ballin, mit Verkaufs- und Ausstellungsräumen am Promenadeplatz und einer Möbelfabrik in der Deisenhofener Straße, war eine der führenden Firmen des Münchner Kunsthandwerks. Die Firma lieferte neben Wohnungseinrichtungen die Ausstattung von Geschäftshäusern, Hotels, Villen, Schlössern, Yachten und Ozeandampfern" (Werner J. Cahnmann, in: Vergangene Tage 1982). Bei der Eröffnung des Neubaus am 20. Dezember 1909 war Prinzregent Luitpold anwesend. Im „Dritten Reich" musste die jüdische Firma wegen Geschäftsrückgang die Fabrikation einstellen und wurde 1936 „arisiert".

Im Unterschied zu der längeren, flächig-gleichförmig gegliederten Seitenfront an der Hartmannstraße ist die schmalere Hauptfront am Platz in einem betonten Vertikalismus dynamisch rhythmisiert. Die äußeren Achsen werden einerseits durch flankierende Pilaster hervorgehoben, lassen andererseits durch das über ihnen zurückgesetzte Attikageschoss den Mittelteil mit seinem Schweifgiebel risalitartig dominieren. Durch das über einer Gebälkzone abgesetzte 4. Obergeschoss wird die gegenüber der umgebenden Altbebauung angehobene Traufhöhe gemildert; das hohe, rustizierte Erdgeschoss mit seinen Arkaden und dem durchlaufenden, von Konsolen getragenen Balkon darüber bildet eine kraftvolle Sockelzone. Den besonderen, schon von den Zeitgenossen gewürdigten künstlerischen Akzent bildet die qualitätsbewusste Bauplastik von Heinrich Düll und Georg Pezold, den Schöpfern des Friedensengels, vor allem die (von Ferdinand von Miller gegossene) Bronze-Reiterfigur auf der denkmalsockelartig monumen-

Promenadeplatz 9, Sitzungszimmer im 2. Obergeschoss

Promenadeplatz 9, Sitzungszimmer im 1. Obergeschoss

Promenadeplatz 9, Sitzungszimmer im 1. Obergeschoss

talisierten Balkonbrüstung über dem Hauptportal; im Giebelfeld flankieren weibliche allegorische Relieffiguren das Queroval-fenster. In die zeitgemäß neuklassizistische Grundkonzeption der Fassadengestaltung sind im Einzelnen Elemente des Manieris-mus (z. B. Rustikapfeiler im Erd-, Fensterarchivolten im obersten Geschoss), des Barocks (Risalitbildung, Schweifgiebel) und Louis XVI (Tuchgirlanden, Vasen) einbezogen. Städtebaulich nahm der Bau Bezug auf die wenig ältere Dresdner Bank an der Ecke östlich gegenüber, auch hinsichtlich der Verblendung mit dem in München als aufwendig geltenden Natursteinmaterial.
In dem heute als Sitz einer Privatbank dienenden Gebäude (nach dem Zweiten Weltkrieg „August-Lenz-Haus" genannt) sind noch drei original ausgestattete, restaurierte Räume (Sitzungs- und Besprechungszimmer) erhalten geblieben, die an Wänden und Decken eine sparsam-vornehme Stuckdekoration im Sinne des zur Bauzeit hochgeschätzten Stils des britischen Frühklassi-zismus (etwa der Brüder Adam) aufweisen.

[**Promenadeplatz 11.** Geschäfts- und Wohnhaus, 1983 von Gottfried Münzel, mit Gestaltung der fünfgeschossigen Putzfas-sade nach Vorbild einer klassizistischen Gliederung von etwa 1822 am abgebrochenen Vorgängerbau. Dieser (auf ursprünglich zwei Parzellen), viergeschossig-traufständig mit Steildach, hatte (wie im Neubau übernommen) sechs Fensterachsen mit breite-rem Mittelabstand; die zuvor schlicht biedermeierlich umgestal-te Fassade war nach 1945 völlig geglättet worden.]

Promenadeplatz 12. *Parcus-Haus.* Das an der Nordwestecke des Platzes gelegene, zur Pacellistraße überleitende fünfge-schossige Wohn- und Geschäftshaus in italienischen Hochre-naissanceformen, das Friedrich Thiersch als seinen ersten Bau in München 1887/88–90 (Richtfest 7. September 1888) für die Buchdruckereibesitzer Gebrüder Paul und Ludwig Parcus er-richtete, gehörte zu den frühen bedeutenden Beispielen dieses großstädtischen Gebäudetyps in München und infolge der archi-tektonischen Interpretation der besonderen städtebaulichen Lage auch zu den originellsten (Ausführung Fa. Philipp Holzmann u. Co., Frankfurt; Baumeister Steinmetz). Als Ersatz zweier Alt-stadthäuser (der sog. Schmidhäuser) – eines die nördliche Platz-wand westlich abschließenden Traufhauses mit hohem Steildach und eines zur Pacellistraße vortretenden Hauses (vom 17. Jh. bis 1850 in wechselndem Adelsbesitz; vgl. Kupferstich von Johann Stridbeck, T. 14, um 1700) mit breitem Seitengiebel zum Platz hin – bedeutete der Neubau eine Maßstabssteigerung und urbane Aufwertung der Situation. Den Anspruch unterstrich die in München seltene Ausführung der Fassade in Naturstein (Burg-preppacher Sandstein, Granitsockel). Die einspringende Ecke des Doppelgrundstückes wurde abgerundet und als Eingangsbe-reich mit einem konkaven Flachrisalit ausgezeichnet, der durch je zwei Geschosse zusammenfassende Ordnungen – unten toska-nische Pilaster, darüber korinthische Säulen – funktionsgemäß gegliedert und ursprünglich von einer 30,5 m hoch aufragenden Kuppel (datiert MDCCCLXXXVIII) samt Laterne wirkungsvoll abgeschlossen wurde. Den nicht erhaltenen bauplastischen Schmuck schufen Wilhelm Rümann (ehem. Relieffiguren in den Hauptportalzwickeln) und Thomas Dennerlein (vier Standfigu-ren auf dem verkröpften Risalitgebälk unterhalb der Kuppel, vor dem attikamäßig behandelten 4. Stock). Auch die Fassaden der geraden Seitenflügel wurden mittig – vor allem durch Balkone und breite Ädikulafenster im 2. Stock – akzentuiert.
Die Erschließung erfolgte diagonal von der Ecke aus zum quer-ovalen Haupttreppenhaus, das in den etwa dreieckigen Hof vor-tritt. Erd- und Zwischengeschoss enthielten ursprünglich sechs Läden, die Obergeschosse weitläufige Wohnungen (je drei im 2. und 3. Obergeschoss) mit abwechslungsreichem Grundriss; in den Rückseitenflügeln waren unten die Druckereiräume und Magazine untergebracht.

Promenadeplatz 12; Aufn. um 1890

1922 kam das Anwesen in den Besitz des Amtlichen Bayeri-schen Reisebüros, das die (nicht erhaltenen) Geschäftsräume im Erdgeschoss durch Eugen Hönig neuklassizistisch umgestalten ließ (das Portal zur Hauptkasse krönte eine Figur „Amor auf Rei-sen" von Julius Seidler). Die Wohnungen wichen im Lauf der Zeit der Büronutzung.
Nach schweren Kriegsschäden wurde das Haus 1948–50 nach Plänen von Otto Roth wiederaufgebaut. Die auf wesentliche Ele-mente der tektonischen Gliederung reduzierten Fassaden behiel-ten ihre städtebauliche Wirkung selbst unter Verzicht auf die Kuppel. Bei neuerlichem Umbau 1971/72 erhielt das Haus ein zurückgesetztes Dachgeschoss samt einem polygonalen moder-nen Aufbau anstelle der einstigen Kuppel, die jedoch 2000 als Rekonstruktion wiedererstand, zugleich mit der Wiederherstel-lung einiger originaler Gliederungsdetails (drei Rundbogentore) im Erdgeschoss; im Rahmen einer Gesamtsanierung durch Ar-chitekturbüro LAI/Peter Lanz.

Promenadeplatz 12; Aufn. 1995

Promenadeplatz 12; Aufn. 2005

Promenadeplatz 13. Das viergeschossige, nur drei Fensterachsen breite Haus ist eines der selten gewordenen Beispiele des Altstadt-Bürgerhauses bescheideneren Typs, der durch geringe Breite bei großer Tiefenerstreckung gekennzeichnet ist. Auf dem Sandtnerschen Stadtmodell (1570) ist es noch dreigeschossig mit von einer großen Korbbogenöffnung durchbrochener, von Zinnen abgeschlossener Vorschussmauer dargestellt und hatte (wie noch 1939) das übliche Rückgebäude jenseits eines kleinen Zwischenhofes. Auf J. P. Stimmelmayrs primitiver Zeichnung (als Wagneranwesen bezeichnet; laut Häuserbuch II 1672–1749 im Besitz von Hofwagnern) erscheint es noch dreigeschossig mit Eingang in der linken Achse und sog. Ohrwaschel (Aufzugsgaube mit Halbgiebel) über derselben. Somit dürfte der Auf- oder Ausbau des 4. Geschosses erst danach erfolgt sein, vielleicht zu der Zeit, als das Haus dem Hofkammerrat und Oberbaumeister Johann Joachim von Baur gehörte (1779–91; Eigentümer auch von Nr. 15, s. dort).

Die Putzfassade des 18. oder frühen 19. Jh., in barocker Tradition mit kleinteilig-dicht strukturierter Glattputzgliederung auf rauem Grund, zeigt in den beiden obersten Geschossen gewisse klassizistische Anklänge. Über dem 1. Obergeschoss verlief vor dem Zweiten Weltkrieg ein Werbeinschriftfries mit Abschlussgesims; die heutigen barockisierenden Putzfelder stammen von der Wiederherstellung des kriegsbeschädigten Hauses (1952, Arch. Matthias Martin), bei der die mit dem Verputz weitgehend herabgefallene Gliederung erneuert und das Erdgeschoss neu gestaltet wurde. Letzte Fassadenrenovierung 1982. – Innere Erschließung durch einen schmalen, langen Flur in der rechten (westlichen) Achse mit rückwärts anschließender gewendelter Treppe.

Promenadeplatz 15 (vormals). Das sog. *Gunetzrhainer-* oder *Ostermaierhaus* wurde um 1730 von Johann Baptist Gunetzrhainer als eigenes Wohnhaus erbaut; jetzt zur Deutschen Bank gehörig. Das Sandtnersche Stadtmodell (1570) zeigt ein nur zweigeschossiges Traufhaus mit zwei Eingängen, mächtigem Satteldach und dem üblichen Rückgebäude. Johann Baptist Gunetzrhainer (Gunezrainer; 1692–1763, ab 1721 Unter-, seit 1745 Oberhofbaumeister, hier gestorben am 23. November 1763) erwarb das Haus 1726 und baute es in der Folge um bzw. mehr oder weniger neu. 1770 erwarb es der mit einer Tochter Gunetzrhainers verheiratete Hofkammerrat und Oberbaumeister Johann Joachim von Baur (Paur; 1731–1809, vgl. Nr. 13); zu dessen Zeit wohnte im Erdgeschoss – nach Stimmelmayr – der Bierschenk Johann Hund, in dessen Wirtschaft „viele Geistliche von Unserer Frau einkehrten". Stimmelmayrs primitive, doch wohl zutreffende Skizze zeigt das Haus lediglich dreigeschossig, was die

Promenadeplatz 13; Aufn. 1995

Promenadeplatz 15 nach Kriegsschäden; Aufn. um 1945

Frage aufwirft, ob der bestehende 3. Stock nicht erst in der Zeit nach Gunetzrhainer aufgesetzt wurde. 1891 ließ der Kaufmann August Ostermaier (die Familie war Eigentümerin von 1835 bis zum Zweiten Weltkrieg) das Haus restaurieren; im April 1944 fiel es weitgehend den Bomben zum Opfer; die beiden westlichen Gebäudeachsen fehlten völlig. 1959 erwarb die Deutsche Bank das Grundstück von der Firma August Oetker, Bielefeld, und ließ im Zusammenhang ihres auch die drei westlich benachbarten Parzellen bis zur Karmeliterstraße umfassenden Neubaus (Arch. Hans von Peschke, Mitarb. Ernst Jensen) 1959/60 die (nach Kreisel 1969 z. T. eingestürzte) als nicht mehr sanierbar geltende Fassadenruine durch eine der Neubebauung in diesem Bereich vorgeblendete genaue Kopie der vollständigen Altfassade ersetzen; diese wurde 1977 und 1991 abermals renoviert.

Von den stuckierten Bürgerhausfassaden Münchens aus dem 2. Viertel des 18. Jh., die vor allem durch die Formensprache Johann Baptist Zimmermanns geprägt oder beeinflusst waren, galt die des Gunetzrhainerhauses immer als die vielleicht qualitätvollste unter den erhaltenen und somit auch nach ihrer Teilzerstörung als unverzichtbar, was zu ihrer Rekonstruktion Anlass gab. Der reiche Stuckdekor noch in Régenceformen – mit Bandelwerkmotiven an den Pfeilerflächen – zeigt bereits erste Anklänge an das Frührokoko und ist somit um 1730/35 zu datieren. Das alle Flächen überziehende Gespinst der zarten Dekoration ist an dem als Flachrisalit betonten Mittelteil zu festlicher Wirkung verdichtet und im plastischen Volumen gesteigert – u. a. profilierte Verdachungsgesimse, Vermehrung der Gebälkkonsolen.

Den optischen Schwerpunkt bildet die Mittelnische im 1. Stock mit einer der künstlerisch bedeutendsten Hausfiguren Münchens, die vielleicht vom Vorgängerbau übernommen wurde. Die Muttergottesfigur aus Terrakotta, um 1595 von Hubert Gerhard (z. T. auch Hans Krumpper zugeschrieben), wurde (da beschädigt und kurz zuvor zerbrochen) 1960 von Bildhauer Kurt Weller restauriert und ergänzt sowie an der wiederaufgebauten Fassade angebracht (Original jetzt als Leihgabe im BNM, durch Bronzeabguss ersetzt). Der 3. Stock wurde möglicherweise später in angepasster Form aufgestockt, das Erdgeschoss – mit Emblemen der Geometrie und Musik in den schweifgiebelartigen Supraporten – z. T. verändert (Mittelteil wohl 1891 durch Ladeneinbau und abermals 1960, hier jetzt baugeschichtliche Gedenktafel).

Promenadeplatz 15; Aufn. 1995

Promenadeplatz 15, Hausfigur; Aufn. 1961

Radlsteg nach Süden

Radlsteg

(Vgl. Ensemble Altstadt.) Kurze Nord-Süd-Verbindung zwischen Tal und Westenriederstraße, vor Überwölbung des wechselnd benannten Bachlaufs 1872/73 nicht befahrbar, zeitweilig – bis zur östlichen Stadterweiterung in Richtung zum 1337 vollendeten Isartor – mit dem Ostrand der Stadtbefestigung oder -abschrankung identisch. Der 1987 völlig aufgelassene Stadtbach war ein Teilabschnitt des Katzenbaches, hier meist Hochbruckmühl- oder Horbruckbach, auch Radlbach genannt (vgl. Hochbrückenstraße). Die Häuser an der Westseite waren, wie J. P. Stimmelmayr (um 1800) im Einzelnen schildert, durch ihnen vorgelegte hölzerne Gangstege, zwei der ostseitigen Häuser nur auf hölzernen Brücken über den direkt vor ihrer Front verlaufenden Bach zugänglich. Der Gangsteg war vom Tal her durch ein Drehkreuz (Radl) für Fuhrwerke gesperrt, daher der Name Radlsteg (vgl. Nr. 2, ehem. Radlbad). 1896/97 wurde, ermöglicht durch Grunderwerb seitens der Stadt, die Straße von 4 auf 10 m verbreitert (als südliche Fortsetzung der ebenfalls erweiterten Hochbrückenstraße, s. dort) und die Ostseite auf zurückgesetzter Baulinie mit drei späthistoristischen Wohn- und Geschäftshäusern besetzt (vgl. die Eckhäuser Tal 20 und Westenriederstraße 31; an letzteres schloss sich in Häuserzeilenmitte Radlsteg 1 an, wie Westenriederstraße 31 1897 von Paul Dietze erbaut, heute jedoch Nachkriegsbau). Vgl. auch Tal 18 und Westenriederstraße 19 (westseitige Eckhäuser). (Siehe Flurkarte S. 1095)

Radlsteg 2; Aufn. 1995

Radlsteg 2. Ehem. *Radlbad* (seit dem 14. Jh.). Das ehem. Radlbad, an der Westseite des (erst 1872/73 überwölbten) Kalten- oder Katzenbaches gelegen, existierte (nach Stahleder 1992) bereits vor 1368. Sandtners Stadtmodell (1570) zeigt eine dreiteilige, lang gestreckte Traufseitbebauung mit zwei Geschossen und mehreren Eingängen. Stimmelmayr (gegen 1800) skizziert ein viergeschossiges (!) lang gestrecktes Doppelhaus mit Eingängen jeweils in der Achse neben dem noch vorhandenen leichten Fassadenknick und kleinem erdgeschossigem Annex im südlichen Bauwich („das Bader-am-Radlsteg-Haus"). Der leicht abgewinkelte, vier Achsen breite Nordteil ist bis heute durch eine starke Zwischenwand vom restlichen, neun Achsen umfassenden Südteil geschieden. Bis weit ins 19. Jh. gehörte das Bürgerhaus Badern bzw. Wundärzten, bis es 1874 der Wichs- und Lackfabrikant Johann Lutz erwarb, der 1878/79 durch Baumeister Ludwig Andelshauser bauliche Änderungen ausführen ließ. U. a. wurden Eingang und Treppe um eine Achse nach rechts verlegt, das bisherige steile, nach rückwärts (Westen) ansteigende Pultdach (mit zahlreichen Gauben und drei Zwerchhäusern) durch das heutige ausgebaute Mansarddach mit Gauben ersetzt. (Die Fassade ist auf den damaligen Plänen vollkommen schmucklos.) 1881 erfolgten durch denselben Baumeister Auswechslungen im Keller und Erdgeschoss. Letzteres wurde 1897 durch das Baugeschäft Heinrich Flaschenträger völlig zu Läden umgebaut und erhielt die heutige Reihe großer Schaufenster samt rustizierten Zwischenpfeilern; vielleicht erst von damals stammen die profilierten Fensterrahmungen der Wohngeschosse und wahrscheinlich das neubarocke Stuckrelief der Immaculata. 1897 wurde auch der niedrige südliche Annex vollständig erneuert (Laden mit Schaufenstern). Bis auf den hinter letzterem gelegenen Südhof und einen kleinen Lichthof weiter nördlich ist die Parzelle überbaut, mit belichteten Wohnräumen nur straßenseitig bzw. nach Süden; rückseitig liegen unregelmäßig strukturiert die Kammern, Küchen und Gänge.

Rambergstraße

Kurze Verbindung von der Türkenstraße im Osten zur Kurfürstenstraße (ehem. Türkengraben) im Westen, 1877 benannt nach dem Maler Arthur von Ramberg (1819–1875), Professor an der östlich benachbarten Kunstakademie. – Im nordöstlichen Eckhaus Nr. 2 (erbaut um 1888 von Eugen Behles, nach Luftkrieg verändert wiederaufgebaut) bezog die Witwe Julia Mann aus Lübeck 1893 eine große Wohnung im Erdgeschoss, auch für ihre Söhne Heinrich und Thomas für einige Jahre deren erstes Quartier in München.

Rambergstraße 5. Auf zuvor unbebautem und eigens eingemessenem Grundstück errichtete Joseph Mayer 1892–94 das bestehende Mietshaus für den Rechtsanwalt Walther von Pannwitz. Der westlich freigestellte Riegel erhielt rückwärtig westlich wie östlich eine rechteckige Einklinkung der Grundlinie, dies ein Verfahren, um weitere Belichtungsachsen unterzubringen. Das zentral im Bau liegende Treppenhaus mit Oberlicht ist vom mittig eingesteckten, straßenseitigen Hauszugang her zugänglich, es erschließt gemäß Eingabeplan zwei Wohnungen in jeder Etage sowie ursprünglich ein großes Atelier im Dachgeschoss. Die Fassaden bestechen durch eine reife und variationsreiche Anverwandlung in Neurenaissanceformen. Zwei polygonale Flacherker bilden die Hauptakzente, diese setzte Mayer in die je äußeren Achsen und spannte so vier eng gesetzte Fensterachsen zu einem mittleren Fassadenzug ein. 1944 (12./13. Juli) erlitt das Anwesen einen Doppeltreffer, in dessen Folge das Dachtragwerk und das 3. Obergeschoss ausbrannten. Die Wiederherstellung sollte sich bis 1949 hinziehen. (Gesamtinstandsetzung, u. a. mit Fassadenrenovierung und Fenstererneuerungen, 2001–02.)

Radlsteg 2, Madonnenrelief

Rambergstraße 5; Aufn. 1995

Rambergstraße 8; Aufn. 1995

Rambergstraße 8. Nach Beseitigung einer kleinen Vorbebauung, über die hinweg die Grundstücksgrenze zwischen Nr. 6 und Nr. 8 eingemessen worden war, errichtete Architekt Eugen Behles 1897–98 das bestehende Mietshaus für Josef Gradinger. Es entstand über einem leicht stumpfen Winkel mit abgeschrägter Ecke (gängiges Mittel zur Entschärfung harter Fassadenstöße an einer Ecke) ein Zweiflügelbau mit hoher straßenräumlicher Dominanz. Durch seine Lage an der nordöstlichen Ecke Kurfürsten-/Rambergstraße und seine charakteristische Baumassenverteilung ist Rambergstraße 8 Anhebungs- und Straßenportalbau zugleich. Architekt Behles hatte kurz vorher in mittelbarer Nachbarschaft das große Doppelwohngebäude Rambergstraße 2 für sich selbst errichtet. Der Eingang liegt an der östlichen Schmalseite, das Treppenhaus steckt im Ostflügel. Gemäß Erstzustand war in jeder Etage nur eine große Wohnung unterge-

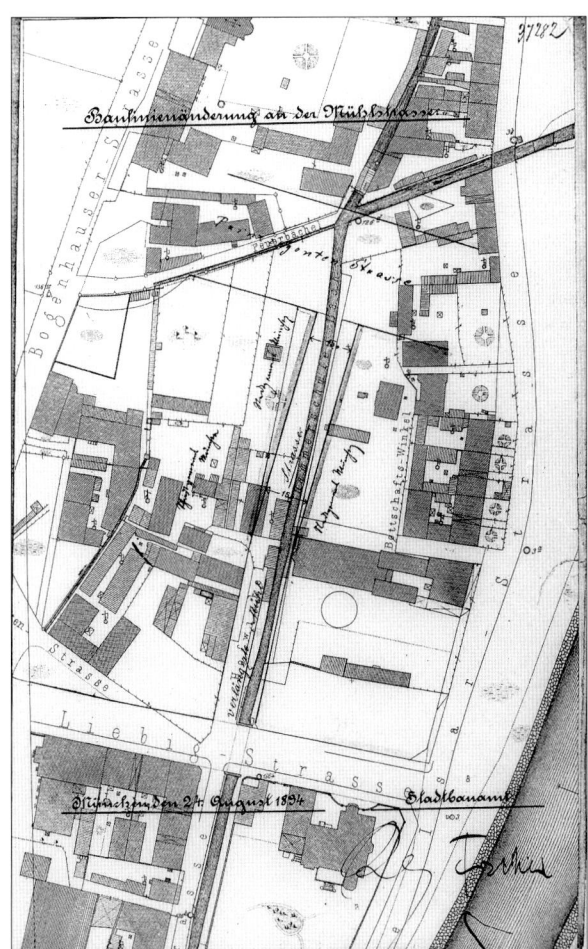

Reitmorstraße; Plan mit Baulinienfestsetzung, 1894

bracht, was in dieser Lage nicht ungewöhnlich erscheinen muss (vgl. Türkenstraße 99/101 und 103 sowie diesen Häusern gegenüber Türkenstraße 104/106 mit Georgenstraße 19). 1934 ließen die „R. Probstschen Erben" die Siebenzimmerwohnungen von Bauunternehmer Franz Xaver Bornschlegl zu jeweils zwei Abgeschlossenheiten umwandeln. Die Fassaden des Hauses wurden traditionell in Neurenaissanceformen instrumentiert, das Erdgeschoss rustiziert, 1. und 2. Obergeschoss als Hauptgeschosse behandelt, die Fenster des 3. Stocks schlichter gehalten. Den Hauptakzent bildet der dreigeschossige Polygonalerker, den Behles der abgeschrägten Ecke ansetzte und dessen Deckplatte der Dachwohnung als Austritt dient. Ungewöhnlich ist die straßenseitige Fassadenwirksamkeit (zur Rambergstraße) einer schmalen Fensterachse, die einer verbreiterten Putzlisene kaschierend eingeschrieben worden ist. Das Haus wurde am 7.1.1945 von einer Brandbombe getroffen, der Dachstuhl brannte ab. Die Instandsetzungsarbeiten nahmen 1946 Josef Fischer & Benedikt Gulde wahr. Das Haus war 1972 auf Abbruch verkauft worden, dessen Umsetzung konnte jedoch unmittelbar nach Inkrafttreten des DSchG verhindert werden (die Lokalbaukommission schloss sich der Meinung des BLfD an). Sanierungsarbeiten fanden 1980/81 statt; 1991 erfolgten nordwärts die Erneuerung von Wintergärten sowie Arbeiten an den Fenstern.

Reitmorstraße

Als Nord-Süd-Verbindung ist die Reitmorstraße der Oettingenstraße vergleichbar; beider Straßenläufe Zustandekommen ist ein Kompromiss von gewachsenen realen Gegebenheiten und idealisierender Stadtplanung.

Ihr aktueller Verlauf reicht von der Robert-Koch-Straße im Süden bis zur Rosenbuschstraße im Norden. Historisch gesehen hingegen findet sie sich als Mühlstraße in die Entstehungsgeschichte der beiden west-/östlichen Prachtstraßen Maximilianstraße und Prinzregentenstraße als „Hindernis" eingebunden. Den Verlauf der Mühlstraße bestimmte der Hofhammerschmiedbach, den sie von seinem südlichen Anfang bei Am Abrecher 1/2 (später Maximilianstraße 18/19 und Widenmayerstraße 1) bis zum sog. Hofwinkel auf der westlichen Beschlachtseite säumte. Vom Hofwinkel an (er reichte bis zum heutigen Haus Nr. 25 an der Reitmorstraße heran) durchlief der Hofhammerschmiedbach bis zum weiter nördlich gelegenen Kupferhammer private Gründe, zumeist Gärtnereien. Die Herstellung des heutigen, nördlichen Abschnitts der Reitmorstraße zwischen Prinzregenten- und Rosenbuschstraße ist das Ergebnis stadt- und also verkehrsplanerischer Überlegungen und erfolgte vergleichsweise spät: 1907/08 begannen Arbeiten zur Einwölbung nördlich der Prinzregentenstraße, die Verkehrsfläche der Reitmorstraße baute man auf der Bachdecke aus. Im Sommer 1909 stellte man die Überwölbung in der heutigen Rosenbuschstraße her (das westliche Teilhaus der wohnblockartigen Häusergruppe Rosenbuschstraße 1/3/5 kam schließlich über dem Hofhammerschmiedbach zum Stehen, erst 1924 vollendet bildet es ohne Point-de-vue-Akzente den nördlichen Abschluss des Reitmorstraßenraums). Die Überwölbung des Hofhammerschmiedbaches zur Herstellung einer erweiterten Verkehrsfläche und Sicherung von Baugründen zwischen der sog. „Alten" Rosenbuschstraße und dem heute so bezeichneten, weiter nördlich liegenden Straßenverlauf hatte man 1911 vorgenommen, im Zusammenhang des für Baumeister Paul Buchner errichteten monumentalen Eckhauses Rosenbuschstraße 6. Der vormalig als Rosenbuschstraße bezeichnete Straßenverlauf führte ebenfalls als West-Ost-Verbindung südlich des heutigen Anwesens Oettingenstraße 26 unregelmäßig schräg durch die Gründe zur Isar hin. Die auswinklige südliche Flurstücksgrenze von Oettingenstraße 26 rührt vom Verlauf der „Alten" Rosenbuschstraße her.

Aus dem Generalakt „Baulinien für die St-Anna-Vorstadt" geht hervor, dass schon 1866 die in bausystematischer Hinsicht unregelmäßig kleinteiligen Verhältnisse an der Mühlstraße von den Stadtvätern sorgenvoll beargwöhnt wurden (hier unter Ziff. II/7). Die ersten Bauordnungsmaßnahmen zur Regulierung der Reitmorstraße erfolgten 1888 mit Festlegung des Häuserabstands von knapp 15 Metern für den Abschnitt von der Koch- bis zur Liebigstraße. Die Überwölbung des Hofhammerschmiedbaches in der Liebigstraße war 1874 erfolgt, diejenige in der Kochstraße 1875. Die Baulinienfestsetzung von 1888 stellte auch insofern eine Regulierung dar, als sie einen langen Abschnitt der sog. Inneren Isarstraße mit einbezog und diesen also aufhob. Bis 1893 gelang es der Stadt, u. a. die Anwesen 7 ½, 8 und 9 an der Mühlstraße zu erwerben und zugunsten der Herstellung der Straße abzubrechen (vgl. St.-Anna-Vorstadt, Plan N 4 bei Wenng sowie StadtAM, LBK 7958). Die Demolierung der Kleinhäuser an und über dem Bach ermöglichte schließlich die Erbauung der vergleichsweise herrschaftlich zugeschnittenen Mietshäuser Widenmayerstraße 7, Reitmorstraße 2, 2a, 4 und 6. Und während hier die Ostseite der Reitmorstraße von prächtig späthistoristisch dekorierten Wohnbauten dominiert wird, haben sich diesen gegenüber mit Reitmorstraße 3 und 5 zwei Häuser erhalten, die in ihrem Zuschnitt spätbiedermeierlich-vorstädtischen Ursprungs sind (1853/54 entstanden, wurden sie 1890 um ein Geschoss erhöht). Das beschriebene Vis-à-Vis veranschaulicht bis heute Nebeneinander und Gegensatz von gewachsenem Altbestand und ambitionierter Neubebauung, wie es für das Lehel in den entscheidenden Jahrzehnten des Umbruchs zwischen 1866 und dem Ersten Weltkrieg charakteristisch war und geblieben ist.

Den südlichen Abschnitt der alten Mühlstraße entlang dem Hofhammerschmiedbach vom namengebenden Wasserwerk „Am Abrecher 1/2" an der Isar bis zum Anwesen Mühlstraße 10 (alte Zählung vgl. Wenng), das vollständig in der Trasse der Robert-Koch-Straße aufging, gab der Magistrat preis. Man definierte die Baublöcke zwischen Sternstraße (W), Gewürzmühlstraße (N), Widenmayer-/vormals Äußere Isarstraße und Maximilianstraße (S) sowie zwischen Sternstraße, Kochstraße (N), Widenmayer- und Gewürzmühlstraße (S) bei auswinklig viereckiger Einmessung in einer west-östlichen Erstreckung, die einer weiteren süd-nördlichen Erschließungstrasse nicht bedurfte.

Die bauliche Umsetzung der magistralen Beschlüsse erfolgte nach Beendigung der interims auch advokatisch begleiteten Auseinandersetzung zwischen dem Eigentümer der ehemaligen Hofsägemühle Josef Klarer und dem Magistrat nach 1891. So vollzog sich die Abschnürung der alten Mühlstraße im Süden durch die Erbauung von Maximilianstraße 19 (Kriegsverlust, heute Nr. 53, s. dort und Widenmayerstraße 1) durch den bis zuletzt „beratungsresistenten" Gerichtskombattanten Josef Klarer selbst. Die bis dahin offene Strecke des Hofhammerschmiedbachs zwischen der Maximilian- und der Gewürzmühlstraße erhielt 1893/94 eine Überwölbung; gleichzeitig stellte man den Durchstich der letztgenannten Straße nach Osten, zur Isar hin her, indem man einen massiven, befahrbaren Überbau für dessen Gerinne schuf. Der Hofhammerschmiedbach floss so bis zu seiner Auflassung 1928 unter Maximilianstraße 19 hindurch, an der rückwärtigen Grundlinie dessen Nordflügels entlang, hinter Widenmayerstraße 1 und 2 vorbei, unter dem Westflügel von Widenmayerstraße 3, einem stilbezeichnendem Eckbau, hindurch und schließlich unter der östlichen Achse von Gewürzmühlstraße 21 bis zur Nr. 22 an der Kochstraße; letzteres Anwesen wurde 1905 fertiggestellt und schließt den Straßenraum der Reitmorstraße südlich ab, hierin dem Anwesen Rosenbuschstraße 1 ganz im Norden vergleichbar und ohne weitere gestalterische, Point-de-vue-verpflichtete Akzentuierung umgesetzt.

Nur zwischen Robert-Koch-Straße und der Prinzregentenstraße ist die alte Mühlstraße als Vorgängerin der heutigen Reitmorstraße zu verstehen; gerade im Hinblick auf die Tilgung des südlichen Abschnitts des überlieferten Straßenzugs von der Einlassschleuse bis zur Kochstraße kann eine Gleichsetzung der alten Mühlstraße mit der Reitmorstraße nicht statthaft sein. Vielmehr ist die Reitmorstraße, und dies gerade hinsichtlich ihrer Bebauung, ein typischer Straßenverlauf des jetzigen Lehels, bei dem historische Strukturmerkmale und neuere Stadtplanung eine Symbiose eingegangen sind, allzumal infolge der Beachtung des Denkmalschutzgesetzes durch die Bauordnung nach 1973.

Als städtebauliches und also erschließungsgeschichtliches Kuriosum ist der nördliche Abschnitt der Reitmorstraße zwischen Prinzregenten- und Rosenbuschstraße mit einer Länge von 350 Metern anzusehen. Hier wird die Westseite von Großbauten dominiert: Zunächst an der Ecke Reitmor-/Prinzregentenstraße der Galerieflügel der 1907–09 von Littmann erbauten Schack-Galerie (s. Prinzregentenstraße 7). Gleichzeitig mit der Erbauung der Schack-Galerie hatte man den Hofhammerschmiedbach bis zur südlichen Grundlinie des Hauses Am Gries 1e eingewölbt. Direkt an den Galerieflügel setzte das Landbauamt 1925 die beiden Teilhäuser der insgesamt fünf Häuser umfassenden Blockbebauung („Beamtenwohnhäuser") Reitmorstraße 35 und 37 sowie Oettingenstraße 10/12/14 an (s. dort). Und weiter nach Norden folgt an der Westseite der Reitmorstraße der 1902–03 errichtete lange Westflügel mit nördlich anschließender Anstaltskirche auf; das „Neue" Vincentinum bildete den Ersatz für die alte Anlage, die bis zu ihrer Niederlegung teilweise in die Trasse der Prinzregentenstraße ragte, also seit ihrer Gründung 1859 (Ausbau 1882) sehr viel weiter südlich lag und dem Ausbau der jüngsten Münchner Prachtstraße ganz einfach im Weg war (s. Prinzregentenstraße 5). Das Gerinne des Hofhammerschmiedbaches war von etwa der halben Höhe des Hauses Reitmorstraße 35 nach Norden hin bis zum sog. „Schittlerschen" Wasserwerk auf Höhe von Am Gries 18 wieder offen und blieb dies bis zu seiner Auflassung und Einfüllung 1928. Das „Schittlersche" Anwesen (um 1850 Ölmühle), bis zu seiner parzellenmäßigen Verwischung als Oettingenstraße 24 adressiert, hatte auf sich eine wechselvolle Bau- und auch Besitzergeschichte zu nehmen. 1922 wurde es Teil der „Carosseriewerk u. Autohallen GmbH" (1927–28 Errichtung einer Benzolzapfstelle), sein Hauptgebäude wurde im Zweiten Weltkrieg total zerstört. Die letzten Baulichkeiten des vor seiner Aufgabe als Kfz-Service-Betrieb fungierenden ehemaligen Werks wurden 1983 abgebrochen (vgl. ausführlich Oettingenstraße 24).

Den Großbauten an der Westseite der Reitmorstraße standen dem gesamten Verlauf der alten Straße Am Gries folgend Klein- und Kleinsthäuser gegenüber, die letzten fünf (Nr. 7, 8, 10, 12 und 17) bis ins Frühjahr 1981; dies obwohl die Baulinienkom-

Reitmorstraße, Auffüllung des Hofhammerschmiedbachs; Aufn. 1928

Reitmorstraße, ehem. Am Gries 17, 19, 20 (von rechts); Aufn. 1963

mission 1897 die Breite des Durchstichs der Reitmorstraße bis zur Rosenbuschstraße, die veränderte spätere Trassierung letzterer Straße „endgültig" festgelegt hatte. Auch beschäftigte die Stadtplanung der west-östliche Aufschluss der Reitmorstraße und hiervon abhängig die Baublockfestlegung. Es sind zahlreiche städtische Entwürfe zur Verlängerung der Seeaustraße über die Oettingenstraße nach Osten zur Isar hin überliefert, unter Preisgabe des Wohnanwesens Oettingenstraße 20, der großen „Wäscherei Gsottschneider" Oettingenstraße 18 sowie der Kleinhäuser Am Gries 12a, 13 und 14. Auch wurde seitens der Stadtplanung der notwendige Grunderwerb für die Durchführung der Straße nicht mehr mit dem Nachdruck verfolgt, wie er beim Ausbau der südlichen Abschnitte der Reitmorstraße noch durchgesetzt worden war oder etwa bei der Verdrängung des Herbergswesens in den Vorstädten Au, Haidhausen und Giesing aufgeboten worden war. (Auch der Südabschnitt der Sternstraße war bis 1896 von Kleinhäusern geprägt, s. dort; doch schufen die Planungskommissionen innerhalb weniger Monate die Rechtsgrundlagen für die Beseitigung der Bauten.) Der weitere magistrale Verfolg einer Herstellung der Reitmorstraße und deren west-östlicher Aufschließung reduzierte sich auf das kurze Straßenstück der später sogenannten Crusiusstraße, entstanden durch die 1911–13 ausgeführten beiden Eckbauten Widenmayerstraße 29 und 31. Nach dem Zweiten Weltkrieg kam es zur Änderung der Planungsabsichten, die Stadt forcierte keine Bebauung mehr, sondern strebte eine gärtnerisch gestaltete Freifläche an (LBK 3486, 17.9.1959), 1967 dachte man zur Erhöhung der Parkierkapazitäten sogar an den Bau einer Tiefgarage (LBK 19426, 28.3.1967).

Die Chronologie der Entstehung der noch im Jahr 2008 gegebenen, weitgehend unkultivierten und verbuschten Freifläche, die ein städtebauliches Kuriosum mitten im nördlichen Lehel darstellt, ist vergleichsweise gut greifbar. Vorauszuschicken sind aber zwei Besonderheiten der Hausnummerierung von Am Gries: Haus Nr. 1 befand sich nördlich von Nr. 1e, südlichstes Anwesen war Nr. 1a; die städtebaulich markante Dreiergruppe ganz im Norden wurde von Süden nach Norden mit einem Zahlensprung nummeriert, der erste Bau (S) war Nr. 21, es folgte die Gastwirtschaft zum Morgenstern als Nr. 19, und den nördlichen Abschluss bildete Nr. 20.

1897–98 wurde das südlichste Kleinhaus der Häuserfolge von Am Gries zugunsten einer Erbauung des großen Anwesens Prinzregentenstraße 11 und 11a (beide Totalverlust im Zweiten Weltkrieg) niedergelegt. Grundlage für die Erbauung von Reitmorstraße 30 wurde der Abbruch von Nr. 1b (1906) und schließlich Nr. 1c und 1d (1908); gleichzeitig entstand die Schackgalerie und die Einwölbung des Hofhammerschmiedbachs bis auf Höhe von Am Gries 1e (teilkriegszerstört, aber Bestand bis 1967). 1926 erfolgte der Abbruch der baufälligen Gruppe Nr. 2

und 3. 1928 entschied der Magistrat die Auflassung des Hofhammerschmiedbachs und dessen sukzessive Einfüllung, auch mit dem mittelbaren Ziel der Herstellung einer Straßenfläche. Schon seit der Jahrhundertwende war der Bach nicht mehr stetig, bei starkem Frost oder Isar-Niedrigwasser gar nicht beaufschlagt worden. Die Anwesen Nr. 11 und 11a brach man 1931 ab, nachdem die Wohnungen schon 1929 geräumt worden waren. Von Nr. 11 blieb ostwärts ein kleiner Teil bestehen – neben dem Anwesen Nr. 10 und mit diesem zusammen bewirtschaftet –, der schließlich erst im Rahmen der letzten umfassenden Abbruchkampagne abgeräumt wurde.

Im Zweiten Weltkrieg wurden Am Gries Nr. 1, 5, 6 und 15 zerstört, Nr. 1e war im westlichen Teilhaus am Weg betroffen, daneben sind Zerstörungen des östlich vor Nr. 20a, also dem nördlichsten Haus der Bautenfolge, stehenden Nebengebäudes aktenkundig. Auch wurden das westlich vor Am Gries 20a befindliche Anwesen Oettingenstraße 24 sowie südöstlich hiervon der Kopfbau von Oettingenstraße 18 total zerstört.

1963–64 kam es zur Niederlegung des Hauses Nr. 4, bis zum Zweiten Weltkrieg „Gasthaus zum tapferen Bären", und weiter nördlich brach man 13, 14 und 16 ab. Nach Beseitigung dieser nördlichen Bauten wäre einer Durchführung der Crusiusstraße als östlicher Verlängerung der Seeaustraße nur mehr Nr. 12 im Wege gewesen. Auf der Ostseite der geplanten Straße arbeitete freilich noch immer (als Oettingenstraße 24) ein Kfz-Service-Betrieb, vormals Karosseriewerk. 1967 schließlich fielen 1e, das als größter kontingenter Bau der Häuserfolge angesehen werden muss, und Nr. 18, das im Gegensatz als eines der bescheidensten Häuser gelten kann – die Einmessung der Wohnungsaufsicht ergab 1965 47 m² Wohnfläche. Nur Nr. 18 verkörperte den Typ des Leheler Kleinhauses so dicht, dass im Februar 1967 der seinerzeitige Generalkonservator des Bayerischen Landesamtes für Denkmalpflege meinte: „Dieser letzte Rest Münchner Herbergen in dieser Gegend sollte und könnte dort, ohne der übrigen Bebauung wehzutun, als Kuriosum erhalten und restauriert werden. Dies ist aber nur dann sinnvoll, wenn eine ganze Gruppe, wie sie heute noch besteht, beisammen bleibt". (Generalkonservator Gebhard spielte mit der Einschränkung im Nachsatz auf die „Fremdkörper-Diskussion" an: Das eigentliche historisch bedeutsame Objekt wird infolge der durchgängigen Umbildung seines Umgriffs zum Fremdartigen; die Darstellung einer Entwicklung zwischen den konfrontativ einander gegenüberstehenden Bauten bleibt wohl stets kommentarlastig.) Im August 1975 brach man schließlich das nördlichste der Anwesen, Nr. 20a, das mit seinem nordöstlichen Hof als Werkstätte gedient hatte, und in gleicher westlicher Linie fluchtend das südlich angrenzende Haus 20b ab. Gleichzeitig räumte man auch die nächste, südlich auffolgende Parzelle frei, Vorder- und Rückgebäude der auf Am Gries, also der nach Osten hin ausgerichteten Nr. 19, ehemals

Reitmorstraße, ehem. Am Gries 12 während des Abbruchs 1981

„Gasthaus zum Morgenstern". Dieses Anwesen vereinigt auf sich ein ernstes Kapitel deutscher Geschichte: Sein letzter Privateigentümer war Samuel Mann, dessen Eigentumsrechte gemäß Reichsverordnung zur Einziehung jüdischen Besitzes 1936 zum Erliegen gekommen waren; 1943 schloss man städtischerseits die Akte der Abwesenheitspflegschaft. (Die Absicht Max Reiningers, des Eigentümers von Widenmayerstraße 31, in die Gaststuben der ehemaligen Wirtschaft Autogaragen einzubauen, wurde genehmigt, kam jedoch vier Jahre lang nicht zur Ausführung.)

Der Niederlegung von Nr. 19, 20 und 20a/b schloss sich im Frühjahr 1976 der Abbruch von Nr. 21, südlich (!) von Nr. 19 an; damit war bis auf die völlig verwahrloste Nr. 17 die gesamte Fläche nördlich des Anschlusses der Crusiusstraße freigeräumt.

Nr. 17 wurde schließlich Teil der letzten Niederlegungskampagne Ende April 1981, bei der fünf Anwesen abgefahren worden sind: Nr. 7, 8, 10 und 12 zusammen mit besagter Nr. 17. Die nur noch unter Gefahr oder gar nicht mehr betretbaren Häuser waren in der Zeit ihres Abbruchs vom Bayerischen Landesamt für Denkmalpflege fotografisch aufgenommen worden. Dabei musste deutlich werden, dass nur mehr die eng beieinander stehenden Bauten Nr. 7 und 8 eine anschauliche Gruppe bildeten, die das städtebaulich Spezifische einer Kleinhausbebauung nachvollziehbar erkennen ließ; wegen der zwischen Nr. 8 und 10 seit unbekannter Zeit, zwischen Nr. 10 und 12 seit 1931 und zwischen 12 und 17 seit 1964 befindlichen Freiflächen infolge Abbruchs konnte von einer kontingenten Baugruppe nicht mehr gesprochen werden.

Die 1981 hergestellte Freifläche mit einem nun (2008) schon mehrere Jahrzehnte alten Baumbestand bedeutet nicht die 1893 planerisch forcierte Durchführung der Reitmorstraße. Diese kann als nicht vollendet bezeichnet werden. Dabei stellt die erhaltene historische Bebauung an der Reitmorstraße infolge erheblicher Kriegszerstörungen nur mehr in ihrem Südabschnitt ein geschlossenes Straßenbild dar; unweit nördlicher, noch im gleichen Block befindet sich etwa Reitmorstraße 21 als stattliches Eckhaus Ersatzbauten für Kriegszerstörungen gegenüber: Reitmorstraße 12 sowie Liebigstraße 28 waren Totalzerstörungen, auch das südlich an Nr. 21 angrenzende Terrain der heutigen Anwesen Reitmorstraße 19 und 17 verlor infolge des Luftkriegs die Bebauung der Jahrhundertwende vollständig. Das Straßenportal, das die Eckbauten Liebigstraße 41 und 43 für den südlichen Anschluss der Reitmorstraße in diesem Block bis zur Prinzregentenstraße hin formieren, ist dicht überliefert. Dies kann auch für die Bebauung der Westseite, nach Norden in Richtung der letzten Münchner Prachtstraße zu, gelten, doch brachte der Luftkrieg auch hier erhebliche Schwächungen mit sich: Beinahe alle Bauten der Ostseite der Reitmorstraße gingen verloren, und – besonders empfindlich – auch die südlichen Portalbauten der Straßenkreuzung Reitmor-/Prinzregentenstraße erhielten Volltreffer. Die nördlichen Prachtbauten wurden ostseits geschwächt, die Schack-Galerie und der nördlich anschließende, riesenhafte „Beamtenwohnblock" blieben unbeschadet. Das Straßenbild der Reitmorstraße zwischen der Prinzregenten- und Rosenbuschstraße ist in seiner geschichtlichen und städtebaulichen Heterogenität schwerlich zu übertreffen. Hier traten Kriegszerstörungen neben ein städtebauliches Konzept, das von 1893 (erste Abbrüche 1898) bis 1981 konsequent verfolgt worden ist. Die städtebauliche Situation im Umgriff von Am Gries, östlich und nördlich des Vincentinums macht letztlich klar, dass weltpolitische Großereignisse ambitionierte und beinahe rigorose Stadtplanung zum Erliegen gebracht haben. (Siehe Flurkarte S. 734)

Reitmorstraße 1. Auf einer freien, auswinklig viereckigen Parzelle, die bis dahin zur nördlich benachbarten Gastwirtschaft gehörte, ließ sich 1890 der Floßmeister Valentin Schittler das vergleichsweise kleine Mietshaus von K. Griner errichten. Schittler

Reitmorstraße 1   Reitmorstraße 3

war auch Eigentümer der nördlich auffolgenden Häuser Reitmorstraße 3 und 5. Der Floßmeister beabsichtigte bei Nr. 1 zunächst vier Vollgeschosse, wofür ihm jedoch die Genehmigung versagt blieb. Die bauliche Umgebung, in die hinein das Anwesen entstand, war von einer extremen Engständigkeit geprägt, die jedoch seitens des Magistrats schon 1888 planerisch aufgehoben worden war. Zur Zeit der Erbauung von Nr. 1 betrug die Breite der Mühlstraße, unmittelbar vor dem Neubau, wenig mehr als drei Meter; dem Anwesen vorgelagert, hart am Hofhammerschmiedbach, befand sich das lang gestreckte Anwesen Nr. 8 an der Mühlstraße. Für den weiteren Ausbau der Mühlstraße erwarb dieses zusammen mit Nr. 9 und Nr. 7½ die Stadtgemeinde und ließ die Bauten schließlich 1893 abbrechen. Die Überwölbung des Baches im Verlauf der Mühlstraße zwischen Koch- und Liebigstraße erfolgte 1895/96. Schittler ließ Nr. 1 also im Vorgriff auf städtebauliche Maßnahmen erbauen, die ein ganzes Quartier aufwerten sollten.

Gemäß Eingabeplan machte das in klassizistischer Tradition reich gegliederte Mietshaus eine Kleinwohnung – dies relativ zu anderen Wohnungszuschnitten von gleichzeitigen Neubauten im Lehel – je Etage aus, erschlossen vom rückwärtigen, nicht eigens über die Grundlinie ausgebauten Treppenhaus in der nördlichen Achse. (Die Struktur des Erdgeschosses wie auch dessen Schnittsteinverkleidung rührt von Nutzungsänderungen und Baumaßnahmen her, die 1970–71 umgesetzt wurden, bis dahin befand sich im Parterre ein Laden.)

Reitmorstraße 2–6. Vgl. Ensemble Widenmayerstraße.

Reitmorstraße 2. Die Erschließung des Lehels, in Absetzung von der kleinteiligen vorstädtischen Anmutung hin zu einem repräsentativen Großstadt-Quartier kann als kontinuierlicher Prozess, dies wenigstens seit 1866, angesehen werden. Doch stechen einige Jahresschnitte hervor, in denen städtebaulich weitreichende, bis heute prägende Entscheidungen umgesetzt wurden. Eines dieser Jahre stellt 1893 dar, das Todesjahr des Ersten Bürgermeisters Dr. Johannes Ritter von Widenmayer. Im Zusammenhang mit ambitionierten Großbauten legte die Baulinienkommission u. a. die Anlage der östlichen Maximilianstraße von der Isarbrücke mit der Anhebung der Sternstraße und weiter im Norden den Durchstich der Kochstraße mit der Anhebung der neuen Mühlstraße fest (den alten Verlauf der Mühlstraße zwischen Maximilian- und Kochstraße gab man auf). Die sogleich 1893 begonnenen Bauten Maximilianstraße 18 und 19 (heute 53, s. dort) mit Widenmayerstraße 1 sowie Widenmayerstraße 7 mit Reitmorstraße 2 stellen frühe Pionierbauten beim Ausbau der Äußeren Isarstraße dar.

Die südliche Grundlinie des auswinklig eingemessenen Bauplatzes wurde von der auf 16 Meter Breite festgelegte Kochstraße bestimmt. Den Abstand der Fassade an der Widenmayerstraße

Reitmorstraße 2

zur Quaimauer – der Abschnitt von der Maximilianstraße bis zur Liebigstraße entstand ebenfalls 1893–94 – fixierte der Magistrat auf 30 Meter. Die neue Mühlstraße erhielt in ihrem Südabschnitt eine Breite von 12 Metern; die hier dem Bauplatz jenseits des noch offenen Hofhammerschmiedbaches vorgelagerten Altbauten Mühlstraße 9, 8 und 7½ hatte die Stadt erworben und im Sommer 1893 abgebrochen. Die Arbeiten zur Einwölbung des Baches zwischen Koch- und Liebigstraße begannen ebenfalls 1893.

Im Vorfeld der genannten stadtplanerischen Festlegungen und unter Kalkulation der baurechtlichen Gegebenheiten hatte Alexander Bluhm, Bauwerber und Architekt in Personalunion, das alte Anwesen Innere Isarstraße 11 erworben und schließlich abräumen lassen. Bluhms Mietshaus-Neubau, 1893–94 als Einheit mit Widenmayerstraße 7 errichtet, setzte Maßstäbe. Es galt einen Eckbau mit drei Fassaden auszubilden und vorgeschriebene Eckabschrägungen zu beachten.

Strukturell – vor allem im Vergleich ihrer unterschiedlichen Erschließungen – behandelte Bluhm Reitmorstraße 2 wie ein nachgeordnetes Hintergebäude von Widenmayerstraße 7; während dort der Hauseingang repräsentativ in die Mitte der Straßenfront an der Kochstraße gesteckt worden ist, legte man diesen bei Nr. 2 an der Reitmorstraße weniger spektakulär an die nördliche Brandmauer. Auch erfuhren die beiden Teilhäuser unterschiedliche Kriegsschicksale. Widenmayerstraße 7 (vgl. auch dort) wurde früh, am 20.9.1942 durch Splitter und Luftdruck in Mitleidenschaft gezogen, Reitmorstraße 2 traf es schwerer, am 25.4.1944 brannten infolge eines Treffers der Dachstuhl und das 3. Obergeschoss vollständig aus. Die Wiederherstellung dieses Wohngeschosses und gleichzeitig eine vereinfachende Fassadenredaktion (zusammen mit Widenmayerstraße 7) erfolgten schließlich 1947 durch G. und R. Janker. (Der bei Widenmayerstraße 7 wieder vorhandene Fassadenzierrat ist das Ergebnis einer an historischen Fotos orientierten Rekonstruktions-Kampagne 2004–05.)

Reitmorstraße 2a. Aus der Hand der „Jenkoschen Relikten" erwarben die Geschwister Negele 1898 das Areal der heutigen Häuser Reitmorstraße 2a und Widenmayerstraße 8 und ließen es von Josef Wölker mit einem Mietshaus (bez. 1900) überbauen. Die Vorbebauung an der Reitmorstraße 8 (bis dahin Innere Isarstraße 11a) bestand in einem traufständigen, zweigeschossigen Satteldachbau, an der Äußeren Isarstraße in einem fünfachsigen Mansarddachbau zu zwei Geschossen.

Bei Baubeginn befand sich die südlich benachbarte, monumentale Dreiergruppe Nr. 4, 5 und 6 an der heutigen Widenmayerstraße kurz vor ihrer Vollendung, das unmittelbar südlich angrenzende Areal Reitmorstraße 2 und Widenmayerstraße 7 mit seiner Bebauung der Nordseite der Kochstraße war schon 1893

überformt worden (die nördlich anschließenden Parzellen Widenmayerstraße 9 zusammen mit Reitmorstraße 4 blieben bis 1927 unbebaut).

Die beschriebene Vorbebauung wurde abgeräumt und es entstand auf für beide Straßenläufe vergleichsweise schmalen Bauplätzen eine unregelmäßig dreiflügelige Bautengruppe, die mit den südlich angrenzenden Häusern einen gemeinsamen Binnenhof ausbildet. Der Bauabschnitt an der Reitmorstraße erhielt vier Vollgeschosse (mit ausgebauter Dachwohnung) zu drei Achsen. Den Hauszugang legte Wölker in die nördliche Achse an die Grenzmauer; das Treppenhaus am Hofwinkel erschließt eine Wohnung je Etage. Die Fassade wird von einem dreigeschossigen Erker mit schmalen Seitendurchfensterungen beherrscht, der in der Dachzone von einem schmalen Dachhaus mit rundem Blendgiebel bekrönt wird. Neben dem hohen Erker befördern weiters kolossale Wandvorlagen mit Kompositkapitellen den starken vertikalen Zug der

Reitmorstraße 2a

Reitmorstraße 2a, Erker, Detail

Straßenfront. Neubarocker Stuck hoher Formsicherheit wurde den Brüstungszonen und Sturzfeldern angetragen; variantenreich wurden Schabrackenmotive umgesetzt, so in den Brüstungszonen der Fenster des 1. Dachgeschosses durch Löcher gezogene, geraffte Velen. Reich mit Muschelwerk dekoriert findet sich das Sturzfeld des unteren Erkerfensters durch eine figurale Komposition besonders hervorgehoben, von einem geknickten Segmentbogengiebel gleichsam verdacht. Die Stuckarbeit stellt in Büstenform Maria als Himmelskönigin vor, das demütig gesenkte Haupt trägt eine Krone und ist von einem Strahlenkranz hinterfangen. Angetragener Stuck, in derartiger Formgewandtheit geschnitten, noch und wieder in den Jahren um 1900, stellt ein süddeutsches und beinahe Münchner Phänomen dar, denn die barocke Formensprache und deren handwerkliche Umsetzung sind über das 19. Jh. in dieser Region nicht wirklich zum Erliegen gekommen, der „Neobarock" ist dabei vor allem hinsichtlich seiner Binnenformen eigentlich ein „Nachbarock".

Reitmorstraße 3. Für den „Bierwirth Wilhelm Kanzler" errichtete 1853–54 Joseph Bürkel die spätbiedermeierlichen Vorstadthäuser Reitmorstraße 3 und 5 in einem Zug. Reitmorstraße 3, früher Mühlstraße 4½ war bereits davor eine Bierwirtschaft. Mit einer beachtlichen Nutzungskontinuität ist seit über 150 Jahren im Erdgeschoss des Hauses ein Gastlokal untergebracht. In den Geschossen darüber befinden sich vorstädtisch zugeschnittene Wohneinheiten, denen gerade hinsichtlich ihrer Struktur ein hoher Zeugniswert zukommt.

Floßmeister Valentin Schittler, für den das südlich angrenzende Mietshaus Nr. 1 an der Reitmorstraße von Grund auf neu erbaut wurde, beauftragte 1889 K. Griner mit der Aufstockung von Nr. 3 und 5. Ein erster Umbauantrag sah eine Erhöhung um zwei Vollgeschosse vor, dies konferierte jedoch nicht mit den Vorstellungen der Lokalbaukommission. Es kam schließlich zum Aufbau eines weiteren Geschosses und eines Dachtragwerks, das den Einbau von Mansard-Dachwohnungen mit großen, stehenden Dachfenstern zulassen sollte. Seit 1890 zeichnet somit die Häuserfolge Reitmorstraße 1, 3 und 5 eine einheitliche Dachlandschaft aus.

1927 kam es zur Herstellung eines separaten Lokaleingangs von der Straße her, für die Spaten-Franziskaner-Leistbräu AG (Gabriel & Jos. Sedlmayr); bis dahin war das Anwesen im Besitz der Schwabingerbrauerei, die zu dieser Zeit ebenfalls auf Aktien geführt war. Ein Splitter- und Luftdruckschaden betraf das Haus schon am 20.9.1942. (Gerade das Nebeneinander von Einscheibenverglasungen bei Nr. 3 – Zustand 2007 – und den mit Sprossen geteilten Fensterflächen beim gleichartigen Nr. 5 vermag die Bedeutung historisch verpflichteter Fenster für den Flächenschluss einer Fassade augenfällig zu verdeutlichen.)

Reitmorstraße 4. Das große Areal, das die Bauplätze der gleichzeitig und zusammen erbauten Häuser Reitmorstraße 4 und Widenmayerstraße 9 ausmachten, war seit 1903 ohne Bebauung. Bis dahin bestand westlich, an der 1893–94 durch die Erbauung von Reitmorstraße 2 abgeschnürten alten Inneren Isarstraße gelegen, ein kleines Wohnhaus. Eine erste Überplanung der Fläche war 1903–06 von der Baufirma Alois Prestele für den Rentier Adolph Büchl betrieben und reif geworden, jedoch nicht zustande gekommen. (Die südlich angrenzenden Parzellen von Reitmorstraße 2a und Widenmayerstraße 8 waren schon 1900 erbaut worden, die nördlich benachbarten Bauten, mit denen die Neubauten schließlich einen Binnenhof bildeten, waren 1902 bezogen worden.) Die zweite Überplanung des freien Areals war 1924 abgeschlossen, zwei Jahrzehnte nach Erbauung der Häuser im unmittelbaren Umgriff, erhielt aber eine weitere Verzögerung infolge des Todes des mit der Bauausführung betrauten Architekten Franz Deininger. Die Bauarbeiten begannen schließlich erst 1927, aber nach dessen Plänen. Bauwerber war die Bayerische Versicherungskammer.

Mit seinen vier Vollgeschossen – im Unterschied zum erheblich höheren Haus an der Widenmayerstraße – bildet das Mietshaus Reitmorstraße 4 eine Art nachgeordnetes Rückgebäude, das freilich wegen des Parzellenzuschnitts und der Straßentrassierungen eine eigene Straßenfront erhielt, die man jedoch schlichter instrumentierte als diejenige des so zu nennenden Hauptgebäudes an der Isarpromenade. Je zwei Fensterachsen wurden eng gesetzt und in den Hauptgeschossen in verklammernden Putzflächen eingetieft. Insgesamt wird der Bau, auch in den erhaltenen Ausstattungsdetails, von einer versachlichenden, flächig zurückgenommenen Formensprache geprägt, wie sie für die mittleren 1920er Jahre fraglos charakteristisch war. Als letzte klassische Reminiszenzen an der Fassade Reitmorstraße 4 sind die profilierten Sohlbankgesimse der Fenster und vor der nördlichen Achse im Erdgeschoss das stilisierte Ädikulum des Portals anzusprechen.

Reitmorstraße 5. Auf zuvor unbebauter Fläche errichtete Joseph Bürkel 1853–54 das heutige spätbiedermeierliche Vorstadthaus Nr. 5 von Grund auf neu, bis 1889–90 durch das südlich angrenzende Gastwirtschaftsgebäude Nr. 3 erschlossen. Erst zu dieser Zeit erhielt das Anwesen ein eigenes, rückwärtig quer gestecktes Treppenhaus mit einem ebenfalls nachträglich eingefügten Hauszugang von der Straße her. Im Zusammenhang des gleichen Bauantrags ließ der Floßmeister Valentin Schittler das ursprünglich zweigeschossige Haus durch K. Griner um ein Geschoss aufstocken und das prägnante Mansarddach aufbauen; für die zunächst beabsichtigte Erhöhung um zwei Vollgeschosse blieb dem Bauwerber die Genehmigung versagt. Schittler investierte vorausschauend innerhalb einer kleinteiligen, engständi-

gen baulichen Umgebung; gleichzeitig mit den Umbaumaßnahmen bei Nr. 3 und 5 ließ er Nr. 1 von Grund auf neu erbauen. Zu dieser Zeit standen den Fassaden der drei Bauten die Anwesen Nr. 9, 8 und vor Haus Nr. 5 ein langer, zu Nr. 7½ gehöriger Schuppen gegenüber, dies mit einem Abstand von etwa vier Metern. Doch war die Verbesserung der stadträumlichen Erschließung dieses Abschnitts der Mühlstraße bereits beschlossene Sache: 1893 wurden die zwischenzeitlich in städtischen Besitz gelangten Häuser Nr. 9, 8 und 7½ abgebrochen und ein Jahr darauf begannen die Einwölbungsarbeiten, in deren Zuge der Hofhammerschmiedbach zwischen der Koch- und Liebigstraße unter der Fahrbahndecke „verschwand". Den Fassadenabstand legte die Baulinienkommission in diesem Abschnitt schließlich auf zwölf Meter fest.

Reitmorstraße 6. Fünf kleinere Teilhäuser bildeten die Vorbebauung der beiden zusammenhängenden, großzügigen Miethäuser Widenmayerstraße 10 und Reitmorstraße 6. Ein traufseitiger Satteldachbau zu zwei Geschossen stand in voller Grundstücksbreite an der Äußeren Isarstraße, dieser bildete eine Art Doppelhaus. Gewissermaßen rückwärts, an der Inneren Isarstraße, die als Erschließungsweg seit Erbauung von Reitmorstraße 2 im Jahr 1893 aufgehoben war, befanden sich in gleicher Bauform drei Teilhäuser. Der „Realitätenbesitzer" Fritz Werner beauftragte 1901 August Nopper mit der Planung des Komplexes, eines zusammenhängenden Gruppenbaus. Dieser hatte der städtebaulichen Herausforderung zu entsprechen, eine prächtige, neubarocke Scheinfassade an der Widenmayerstraße und eine an der Reitmorstraße auszubilden, beide Bauriegel über einen gemeinsamen Rückflügel zu verbinden und mit den jeweils südlich angrenzenden Häusern einen kommunen Hofraum zu projektieren und bis heute zu bewirtschaften. (Die südlich anschließenden Häuser Widenmayerstraße 9 und Reitmorstraße 4 entstanden jedoch erst eine ganze Generation später, 1927–28, die Binnenhofsituation rührt also von einer verwaltungsstringenten Haltung der amtlichen Planungsbeteiligten her.)

Bei Reitmorstraße 6 erschließt das gewendelte, rückwärtig ausgebaute Treppenhaus zwei unterschiedlich große Wohnungen in jeder Etage. Der im Rückflügel berücksichtigte Stall wurde wohl nach dem Ersten Weltkrieg als Autogarage genutzt, 1929 jedenfalls zur zusätzlichen Wohnung adaptiert. Infolge eines Brandbombentreffers brannte am 7.1.1945 der Dachstuhl des Hauses aus, auch die Wohnungen im 3. Obergeschoss mussten aufgegeben werden. Der schlichtende Wiederaufbau geschah 1946 nach den Plänen des Architekten Hans Fries. Hierin dem südlichen Nachbaranwesen vergleichbar, setzte man ein 4. Obergeschoss als Halbgeschoss auf. Gleichzeitig unterzog man die Fassade einer Beseitigung von Stuckzierraten, dies gründlich bis zur heutigen, nüchtern-glatten Erscheinungsweise.

[**Reitmorstraße 7.** Abgegangenes *Theater in der Reitmorstraße.* Hinter dem spätbiedermeierlichen Vorderhaus Nr. 7 (und Robert-Koch-Straße 9, s. dort) ließ der Gesellenhausverein St. Anna 1883 durch Lorenz Hingerle einen Saalbau errichten (verändert 1900, 1912 und 1926), der als einer der wenigen vom Luftkrieg verschont gebliebenen ab 1945 ein Mittelpunkt des aufblühenden Münchner Theaters und des Kabaretts („Schaubude") war und nach 1950 noch einige Zeit als milieuhaft-bescheidenes Filmkunststudio, zuletzt dann als „Theater der Jugend" diente.]

Reitmorstraße 8. Hofrat Michael Sepp war um 1900 Eigentümer der Baugründe für Widenmayerstraße 11 und 12 sowie Reitmorstraße 8 und 10. Widenmayerstraße 11 war bereits 1899 vollendet, es wurde im Luftkrieg total zerstört. Das gleiche Schicksal traf Nr. 10 an der Reitmorstraße, dieses war 1905–06 zusammen mit dem überbreiten Anwesen Widenmayerstraße 12 (s. dort) erbaut worden.

Reitmorstraße 8

Reitmorstraße 6

Reitmorstraße 4

Reitmorstraße 9. Das „Technische Zeichnungs-Bureau für Maschinen- und Bauwesen L. Oberlein & F. Wagus" errichtete 1865–66 das Mietsanwesen an der verlängerten Mühlstraße für den Steinmetzmeister Fischhaber. In Grundstruktur und Erscheinungsweise bildet dieser auf zuvor unbebautem Grund erstellte Neubau den Kern des noch bestehenden. Das schon 1866 viergeschossige Anwesen erhielt sechs Fensterachsen, die mit einfachen Mitteln rhythmisiert wurden: Die vier mittleren Achsen gruppierte man zu eng gesetzten, die je äußeren setzte man weit gestellt ab. Durchfahrt und Zugang legte man in die südliche Achse. Von der Durchfahrt her gelangten die Bewohner bis 1888 über einen kurzen Antritt durch einen quer gesteckten Hausgang zum leicht ausmittig in den Grundriss gelegten Stiegenhaus. Die doppelläufige Podesttreppe erhielt einen eigenen Bodenerker-Ausbau über die rückwärtige Grundlinie, sie erschloss zwei Kleinwohnungen je Etage. Den inhäusigen Übergang ins Treppenhaus gab man 1888–89 auf. Im Zusammenhang der Adaption des Erdgeschosses zur Gastwirtschaft durch Baumeister Josef Lutz für den Gastwirt Martin Daser wurde der Hauseingang verlegt (Zugang nur mehr hofseits möglich), im Erdgeschoss wurden zwei Zwischenwände durch Eisenträger ersetzt, um ein Gastlokal zu gewinnen, und den Dachraum baute man zu zwei Dachwohnungen um.

Nach Niederlegung des Waschhauses von 1866, das in die südwestliche Grundstücksecke gebaut war, ließ Martin Daser bis in den September 1890 vom Architekten R. Kaufmann einen Rückgebäude-Neubau in voller Parzellenbreite erstellen. In dem zweigeschossigen Mansarddachbau waren im Erdgeschoss Werkstatträume und im 1. Obergeschoss sowie in der Mansarde Einzelkammern ohne Küche untergebracht. Zur Herstellung eines Eiskellers und zur Erweiterung des Lagerkellers ließ Gastwirt Daser 1897 die Durchfahrt unterkellern; die Ausführung übernahm Baumeister Otto Miller. Derselbe Baumeister nahm 1903–04 eine Verkleinerung des Gastlokals (bis dahin „Gasthaus zur grünen Isar") zu Wohnraum und Laden vor, dies für den neuen Eigentümer Hermann Knorz, der ebenfalls Gastwirt war. „Andreas Eschbaumer's Baugeschäft" baute 1910–11 das Erdgeschoss des Rückgebäudes zu Wohnräumen um; als erdgeschossiger Verbindungsbau zwischen Vorder- und Rückgebäude entstand 1919 an der nördlichen Grundstücksgrenze eine Werkstätte für den Drechslermeister Franz Bayer, nach Süden hin abgepultet. 1934 passte man das Erdgeschoss des Rückgebäudes zuzüglich der angebauten Drechslerei einer Nutzung als Molkerei an – Ausführung Hans Rödl für Bauwerber Michael Mayer. Vor allem die Hintergebäude wurden bei einem frühen Bombardement, am 20.9.1942 erheblich beschädigt. Beim Wiederaufbau des Rückgebäudes 1947–48 passte Bauingenieur Gerhardt Deubel dieses der Nutzungsanforderung einer Dampfwäscherei an. Im Vordergebäude stellte 1954 Architekt L. Kühnel den Ladenzugang neben der Durchfahrt in der charakteristischen Weise mit zurückgesetzter Türe und übereck geführter Auslage unter einem Sturz her. Die 1997 und 2001–02 stattgehabten Modernisierungen nahmen, zum Nachteil der denkmalpflegerischen Substanz, ihren Ausgang an Veränderungsarbeiten, die von einem sehr geringen Reparaturgrad geprägt waren.

Auf einer beinahe 21 Meter breiten Parzelle entstand nach Plänen Eugen Drollingers über das Jahr 1900 das bestehende Mietshaus, kleinere Vorgängerbauten wurden hierfür abgeräumt. Den Erstzustand prägt eine strenge Symmetrie, sei es in der Inneneinteilung oder der Behandlung der neubarocken Fassaden. Der Hauszugang wurde in die Mitte gesteckt, er führt zum rückwärtigen Treppenhaus, das nicht über die Grundlinie ausgebaut, mit einer doppelläufigen Podesttreppe zwei gleich geschnittene Wohneinheiten in jeder Etage erschließt. Die Tiefe des Baublocks (14 m) bedingte Dunkelzonen, in die Drollinger die quer gelegten Korridore sowie die Bäder legte. 1928 entschied sich (Dr. med.) Theodor Sepp zu einer Nutzungsänderung im Erdgeschoss, mit deren Umsetzung er den Architekten Paul Puschner beauftragte: Der südlich vom Hausflur gelegene Ladenbereich wurde zum Milchladen mit eigenem Kühlraum ausgebaut, den nördlich vom Hauszugang befindlichen Laden gab man zugunsten eines Kfz-Einstellraums auf, anstelle des Ladenfensters setzte man die beiden Drehflügel eines Garagentores in die Erdgeschossfassade.

Die Fassade wird von zwei zweigeschossigen Flacherkern dominiert, deren Deckplatten den Wohnungen des 3. Dachgeschosses als Austritte dienen; hier haben sich die bauzeitlichen Schmiedeeisen-Bewehrungen erhalten. Die von Erkern betonten Fensterachsen finden sich in der Dachzone von Dachhäusern mit rundbogigen Blendgiebeln bekrönt. Die Fassadenzone zwischen dem kräftig durchgebildeten Wasserschlag oberhalb des Erdgeschosses und dem Dachgesims ist das Ergebnis einer durchgreifenden Glättung, also einer verändernden Neuinterpretation der Straßenfront, die häufig ein Mixtum von gewandeltem Geschmack und ökonomischen Überlegungen (wg. event. Kosten für Zierrat-Ausbesserungen) beschreibt. Vom aufwendigen Portal bis hin zur Blendarkatur in den Brüstungszonen der rundbogig geschlossenen Wohnraumfenster – eine echte Finesse – blieb im Erdgeschoss die gepflegte Dekoration von 1900 erhalten.

Reitmorstraße 5

Reitmorstraße 9

Reitmorstraße 21

Reitmorstraße 21. In bis dahin unbebauten Grund wurde das Mietshaus Ecke Reitmor-/Liebigstraße 1874 eingemessen. Zur Zeit seiner Erbauung nummerierte man es als Mühlstraße 7c und für die ab 1876 formell als Liebigstraße bezeichnete Erschließungstrasse nach Osten, zur Isar hin, war noch die Benennung „Schulstraße" gebräuchlich nach der westlich gelegenen St.-Anna-Schule. Dem in die südliche Baulinienflucht der Liebigstraße eingereihten stattlichen Eckbau kommt zum einen für den späteren Ausbau der Mühl- bzw. Reitmorstraße entscheidende Bedeutung zu, zum anderen auch für die heute nicht mehr nachvollziehbare Aufhebung der sog. Holzgartenstraße, deren Verlauf, mehrfach abknickend, in den Grundflächen der heutigen Liegenschaften Liebigstraße 25 (Landesamt für Vermessung) und Oettingenstraße 2 aufgegangen ist; die Holzgartenstraße zeigte sich als Erschließungs-Vehikel und wurde also planerisch getilgt.

Der Maurermeister B. Walbrun errichtete das Anwesen 1874–75 für sich selbst, ein Gastlokal im Erdgeschoss war bereits Gegenstand des Eingabeplans, zwei Wohnungen je Etage waren in den Obergeschossen vorgesehen. Noch 1875 wurde das Anwesen Eigentum des Metzgermeisters Heinrich Laberger, der auch das Wirtshaus betrieb. Hinsichtlich seiner Erdgeschoss-Nutzung macht das Eckhaus eine Kontinuität von über 130 Jahren aus.

Die Grundlinien der beiden Straßenfronten laufen rechtwinklig aufeinander zu, der Magistrat sah zur Entschärfung des Stoßes eine Abschrägung vor. Diese betonte Walbrun mit einem schlanken dreigeschossigen Eckerker. Seit der Aufstockung, diese ließ 1898 der Gastwirt Anton Furtmayer vornehmen, dient die Deckplatte des Erkers der Wohnung im 4. Obergeschoss als Austritt; die entsprechende Bewehrung wurde groß bemessen. Die Fassadenzier steht ganz in klassizistischer Tradition, geschosstrennende Gesimsbänder wurden kräftig durchgebildet, ihren Rhythmus erhielt die Fassade durch Eng- und Weitsetzung der Fensterachsen. Die Hauptgeschosse verklammerte man mit kolossalen Pilastern, deren Kapitelle sich erhalten haben; bemerkenswert sind auch die vorgeblendeten, profilierten Rundbögen, mit denen man die Fenster des 1. Dachgeschosses verdachte. Am 18.2.1944 wurde das Haus im Dachbereich beschädigt. 1982 erfolgte die Herstellung der bestehenden Erdgeschosstektur; Fensterinstandsetzung und der Ausbau des Dachgeschosses zur heutigen Gestalt folgten 1987–88. 1992 entschloss man sich zum Einbau einer neuen Haupttreppe vom Erd- bis ins Dachgeschoss. (Der Übergang vom Hausgang in der südlichen Achse der Reitmorstraßen-Fassade zum Treppenhaus, das die Wohnungen erschließt, kann als kurios angesehen werden, es kennt einen Vergleich im weiter nördlich im Lehel gelegenen Wohn- und Gastwirtschaftsgebäude, dem Haus Oettingenstraße 36.)

Reitmorstraße 23. Das palastartig-großbürgerliche Fünf-Häuser-Projekt Liebigstraße 37, 39, 41, Reitmorstraße 23, 25 kann als frühes Kalb-/Dülfersches Unternehmen angesehen werden. Martin Dülfer entwarf ausschließlich die Fassaden, wie er „zu Beginn seiner Karriere fast ausschließlich als Fassadenarchitekt tätig war" (Klein 1993, S. 24); die Innenstruktur der Bauten stimmte Josef Kalb auf das Komfortbedürfnis und die Erwartungen seiner Kunden ab, der Standard war dabei durchaus europaweit einheitlich gehoben, denn zu keiner Zeit stand dem Bürgertum so viel liquide Finanzmasse zur Verfügung wie von den 1890er Jahren bis zum Ersten Weltkrieg. In der gängigen Literatur wird Dülfers Fassadenarchitektur dieser Zeit seiner eklektizistischen Phase zugeordnet, die sich in genuin neubarocke Anverwandlungen, aber auch solche in Louis-seize und Zopfstil einteilen lässt. (Erst ein halbes Jahrzehnt später, um 1900, gestaltete Dülfer auch Fassaden, indem er historisierende Details frei kombinierte und anwandte; vgl. Kaulbachstraße 22, 24 und 26.)

Mit der Erbauung der Häuser Liebigstraße 37, 39 und 41 sowie Reitmorstraße 23 und 25 in den Jahren 1893–94 setzte Josef Kalb Maßstäbe, zum einen städtebaulich, was die Erschließung des ganzen Wohnquartiers zwischen Maximilian- und späterer Prinzregentenstraße anlangte, und zum anderen in formaler Hinsicht, denn die Bauten wurden über ihre städtebauliche Markanz hinaus schließlich städtebaulich prägend; bis zur Erbauung von Widenmayerstraße 18 im Jahr 1926, also über eine Generation lang, dominierten sie jede Panorama-Ansicht vom Friedensengel her. Die an der Reitmorstraße nördlich auffolgenden Bauten Nr. 27 und 29, wenige Jahre später begonnen, passten sich stilistisch den Dülfer-Fassaden an. Mit der Erbauung der fünf Häuser wurde die nordwestliche Begrenzung der Kreuzung Liebig-/Reitmorstraße überhaupt erst festgelegt, denn die Bauten kamen allesamt anstelle von Nutzgärten auf zuvor unbebauten Gründen zum Stehen.

Das respektable, für die Wohnverhältnisse der Wende zum 20. Jh. geradezu beispielhafte Mietshaus in den Formen barockisierenden Jugendstils findet sich bis in gestalterische Details bis heute (2008) dicht überliefert. (Auch Kriegseinflüsse betrafen das Haus nur indirekt.) Der mittig in die Fassade gesteckte Hauszugang, mit zweiflügeligem Portal, führt über ein Zwischenpodest zum rückwärtigen Stiegenhaus. Die doppelläufige Podesttreppe erhielt einen konvexen Bodenerker (mit eigenem Dachabschluss), in den die Zwischenpodeste eingerundet wurden. Der korbbogig geschlossene Hausgang zeichnet sich durch reichen Stuckzierrat aus. Zwei Wohnungen sind gemäß Eingabeplan in jeder Etage untergebracht. Dabei bedingte die Baublocktiefe wie auch der Verzicht auf die Ausbildung eines Rückflügels, dass die Korridore quer gelagert wie auch Funktions- und Versorgungsräume in die Dunkelzonen hinein geplant werden mussten. Die Fassadengestaltung von Reitmorstraße 23 ist als Teil der gesamten Fassadenabwicklung Liebigstraße 37 und 39, über das Eckhaus Liebigstraße 41 mit den nördlich anschließenden Häusern Nr. 23 und 25 an der Reitmorstraße zu begreifen. Gekennzeichnet wird die Louis-Seize-artig anverwandelte Straßenfront vom Verzicht auf klassische Gliederungselemente wie Säulen und Pilaster aber auch vertikale Flächenbrechungen wie kräftige Gesimse. Stattdessen finden sich stilisierte Konsolen, rustizierte Lisenen und durchaus eingerahmte Fensteröffnungen neben überreich gestalteten Fensterrahmungen. Bezeichnend ist auch die – bezüglich des Zugangsportals – asymmetrisch-ausmittige Positionierung des akzentuierenden Erkers.

Reitmorstraße 25. Wie das südlich benachbarte Mietzinsobjekt Reitmorstraße 23 war auch Nr. 25 (mit Liebigstraße 37, 39 und 41) Teil eines insgesamt fünf Bauten umfassenden Bauprojektes, das Josef Kalb mit seiner Baufirma 1893/94 umsetzte. Der Bauunternehmer vermochte den Marktwert seiner durchaus als herrschaftlich-großbürgerlich dimensionierten Objekte zu erhöhen, indem er die Fassaden vom renommierten Architekten Martin Dülfer entwerfen ließ. Die Zusammenarbeit von Josef Kalb und Martin Dülfer sollte sich bewähren, die Bauten an der Liebig- und Reitmorstraße bildeten den Anfang. Das Fünf-Häuser-Projekt setzte schließlich Maßstäbe, zum einen in städtebaulicher Hinsicht, die Erschließung eines bis in die 1870er Jahre hinein von regellos-kleinteiliger Bebauung und von Kleingewerbe-Bauten geprägten Quartiers betreffend, zum anderen in gestalterischer Hinsicht. Denn nicht nur dass die Bauten in einschlägiger, zeitgenössischer Fachliteratur Resonanz fanden, sie dominierten jede Panorama-Ansicht der Stadt von den östlichen Isaranlagen her über eine Generation lang bis zur Erbauung von Widenmayerstraße 18 im Jahre 1926.

Wie die anderen Bauten der Fünfergruppe kam auch Nr. 25 an der Reitmorstraße auf zuvor unbebautem Grund zum Stehen. Der tiefe Baublock erhielt einen kurzen und zugleich schmalen südlichen Rückflügel, das Stiegenhaus steckte Kalb zentral ins Gebäude, ohne Außenwandanschluss, er belichtete es durch eine Glaskuppel von oben her. Zwei gemäß Eingabeplan großzügig zugeschnittene Wohneinheiten brachte er in jede Etage.

Die Fassade des Hauses, die eigentliche „Visitenkarte", wird wie bei Nr. 23 von einer strengen Rustizierung dominiert, auch die Lisenen der als Hauptgeschosse oberhalb des 1. Dachgeschosses durch ein schlichtes Gurtgesims ausgeschiedenen Obergeschosse finden sich streng liniert. Ausmittig setzte man sowohl den vergleichsweise schmalen Hauszugang ins Haus wie auch den zweiachsigen Flacherker mit spielerisch kleinen Seitenfenstern. Diesen schließt ein Zwerchhaus ab, mit eigens verkröpftem Traufgesims, die Wangen volutenförmig, der Blendgiebel in Form eines stilisierten Dreiecksgiebels; dem Giebelfeld ist ein glatt geputztes Queroval mit Girlande eingeschrieben. Das durch den Luftkrieg nur wenig in Mitleidenschaft gezogene Mietshaus (am 7.1.1945 geringe Luftdruckschäden) zeichnet sich auch durch den erhaltenen Bestand aufgemauerter Dachgauben aus, die dem Erstzustand angehören. Es entspricht der Charakteristik des typisch münchnerischen, barockisierenden Jugendstils, dass man bei der Durchbildung der Fassade(n) auf Säulen und Pilaster, aber auch auf Flächenbrechungen durch allzu kräftig durchgebildete Gesimse verzichtete. Stattdessen setzte der Gestalter phantasiereich amalgamierend Versatzstücke des klassischen Formenrepertoires durchaus pointierend um.

Reitmorstraße 27. In stilistischer Hinsicht konsequent und konservativ zugleich setzte das Bauprojekt von Andreas und Georg Hainthaler die Kalb-/Dülferschen Ambitionen nach Norden hin fort. Der Baugrund für Nr. 27 war von der Stadt nach entsprechender Überplanung erworben und schließlich an den Bauwerber weiter veräußert worden. Den schmalen, aber umso höheren Hauszugang legte Georg Guinin, Architekt des 1896–97 errichteten, reich gegliederten Mietshauses, zentral in den Grundriss, das rückwärtige Treppenhaus erhielt einen seichten Ausbau über die rückwärtige Grundlinie. Die doppelläufige Podesttreppe erschließt gemäß Eingabeplan zwei Wohnungen je Etage. Die Gebäudetiefe bedingte quer gelagerte Flure und Versorgungsräume

in den Dunkelzonen. Der Fassadenrhythmus wurde unter den drei gemeinsam und gleichzeitig erbauten Häusern Nr. 27, 29 und 31 ausponderiert. So erklärt sich das dem risaltartigen Vorbau der südlichen Achse bei Nr. 27 aufgesetzte Ädikulum als Pendant des gleichartigen Bauteils in der nördlichen Achse von Nr. 31, vermittelt durch das zentrale Dreiecksgiebel-Motiv bei Nr. 29 (am 18.3.1944 zerstört). Als zentralisierendes Element setzte Guinin vor die mittlere der fünf Achsen von Nr. 27 und vermittelt durch (den Eingang flankierende) Pilaster einen zweigeschossigen Flacherker, oberhalb des 2. Dachgeschosses von einem geschulterten Rundbogengiebel abgeschlossen. Der Erker bildet eine gemauerte Brüstung vor dem Austritt des 3. Dachgeschosses aus. In der Tradition der Neurenaissance behandelte Guinin das 1. Obergeschoss mit der gleichen Rustizierung wie das Erdgeschoss. 2. und 3. Obergeschoss wurden mit kolossalen Wandvorlagen überspannt, die einer klassischen Verpflichtung – Sockel und ursprünglich auch Kapitell – nicht entbehrten, also deutlich konservativer aufgefasst waren als dies bei Reitmorstraße 23 und 25 der Fall war. Eine Fenstererneuerung hat zwar alte Kastenfenster aufgeben müssen, doch die ursprüngliche Sprossenteilung weitgehend beachtet. Gerade der erhaltene Tektur-Plan vermag zu belegen, wie wichtig bauzeitlich kalkulierte Fensterteilungen für die Flächenbewältigung der Fronten waren.

Reitmorstraße 29. Andreas Hainthaler, der Bauwerber von Nr. 27, 29 und 31 an der Reitmorstraße, selbst Baumeister, ist als einer der großen Investoren beim Ausbau des nördlichen Lehels anzusehen (vgl. u. a. Oettingenstraße 23, 25, 27, 29, 31 und 33, erbaut 1894–97). Zwei Jahre vor Beginn der Aushubarbeiten für Nr. 27, 29 und 31 waren die südlich angrenzenden Mietshäuser Reitmorstraße 23 und 25 gleichzeitig mit Liebigstraße 37, 39 und dem Eckhaus Nr. 41 erbaut worden. Diese mächtige Neubebauung bedeutete zunächst eine Umsetzung einer neuartigen stadträumlichen Erschließung und sodann auch die Manifestation einer stadtplanerischen Entscheidung zum Wandel eines Stadtquartiers. Der von vorstädtisch-kleinteiliger Bebauung durchsetzte Bereich zwischen Maximilian- und Prinzregentenstraße wurde seit den 1860er Jahren Schritt für Schritt überformt, nach dem Willen der Kgl. Baukommission und zögerlich auch der Münchner Stadtplanung galt es, zwischen Altstadt und Isar ein gehobenes Wohnquartier zu schaffen, kleinbürgerliche Wohn- und Erwerbsverhältnisse planerisch zu verdrängen.

Hainthaler beauftragte den Architekten Georg Guinin mit Planung und Erbauung (1896–97) der drei Mietshausbauten Nr. 27, 29 und 31 an der Reitmorstraße. Die geschlossene Zeile zwischen der Liebigstraße im Süden und der Prinzregentenstraße im

Reitmorstraße 23

Reitmorstraße 25

Reitmorstraße 27

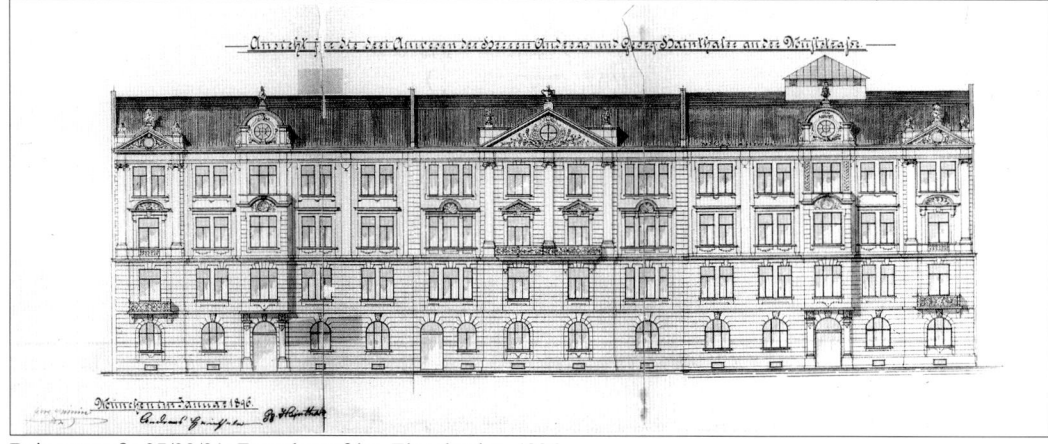

Reitmorstraße 27/29/31; Fassadenaufriss, Eingabeplan, 1896

Reitmorstraße 29

Norden setzte städtebauliche Maßstäbe, das Nebeneinander von gewachsener Urbanität und beinahe paneuropäisch austauschbarer Modernität (die Mietswohnungen entsprachen durchaus internationalem Standard) kann größer nicht gedacht werden. Beim mittleren der drei Häuser legte Guinin den Eingang in die südliche Achse, verlieh dem Treppenhaus keinen eigenen Ausbau über die rückwärtige Grundlinie und erschloss vermittels einer doppelläufigen Podesttreppe eine großzügige Wohnung je Etage – so der Eingabeplan.

Die in den Formen des Neubarock reich gegliederte Fassadengestaltung macht den mittleren Abschnitt einer Abwicklung dreier, akzentuierend ausponderierter Straßenfronten aus, ist also in sich symmetrisch ausgemittelt. Wie bei Nr. 27 wurde auch hier das 1. Obergeschoss mit einer Putzstreifenrustika versehen, also einer Art von Sockelbereich zugeschlagen, die Hauptgeschosse bilden das 2. und 3. Obergeschoss, entsprechend werden sie von kolossalen Pilastern überspannt und hervorgehoben. Vor die mittleren beiden Fenstertüren im 2. Obergeschoss setzte Guinin einen gemeinsamen, breiten Balkon, dessen schmiedeeiserne Bewehrung (u. a. Flechtbandwerk) noch erhalten ist. Der breite Austritt bildet das untere Anhebungsmotiv des Fassadenmittelzugs, der bis zu seiner Zerstörung 1944 (18.3.; Sprengbombe) von einem zwei Achsen breiten Dreiecksgiebel überhöht war. Unter Berücksichtigung der Hainthaler-Bauten an der Oettingenstraße wird deutlich, dass der Bauherr ein Faible für Anklänge des italienischen Palastbaus hatte und dies auch (noch) in einer Zeit umsetzen ließ, da man anderwärts dynamisierend-jugendstilige Formen bevorzugte.

Reitmorstraße 30. Stadträumliche Voraussetzung für die Arrondierung des Bauplatzes und schließlich Erbauung des respektablen Mietshauses Reitmorstraße 30 war die Niederlegung der Kleinhäuser Am Gries 1b und 1c, an deren Stelle Hofraum und Grundlinien des Rückflügels eingemessen wurden. Der Abbruch der genannten, schließlich in städtischen Besitz übergegangenen Herbergsbauten war 1906 erfolgt, das bestehende Anwesen wurde 1910–11 errichtet; schon 1898 hatte man Am Gries 1a niedergelegt, um die anschließende Erbauung von Prinzregentenstraße 11 und 11a zu gewährleisten. Der rechts unterhalb der letztgenannten Straße den Hofhammer-

schmiedbach kreuzende sog. Wiener-Kanal war in diesem Jahr endgültig aufgegeben und schließlich verfüllt worden, gleichzeitig stellte man die Überwölbung des Baches in der Breite dieses letzten großen Straßenzugs her. Die Überwölbung des Hofhammerschmiedbachs nördlich der Prinzregentenstraße nahm man 1907–08 vor, dies bis zur südlichen Bauflucht des Rückgebäudes von Am Gries 1e, also um etliche Meter am späteren Anwesen Reitmorstraße 30 vorbei (vgl. hierzu die Fotografie zur Bachauflassung 1928 aus dem Tiefbauamt der Stadtverwaltung München). Grundlage für die Erbauung von Reitmorstraße 30 war die systematische Zurückdrängung der Kleinhäuser von Am Gries, um schließlich, so die Absicht des Stadtplanungsreferats, auch zwischen der Prinzregenten- und Rosenbuschstraße den Straßenraum der Reitmorstraße mit geschlossener Zeilenbebauung herstellen zu können. In etlichen Planungsvarianten der Baulinienkommission findet sich der Niederschlag einer weiteren west-östlichen Verbindungsstraße, die diesen langen Block queren hätte sollen, als östliche Fortsetzung der Seeaustraße, in etwa im Verlauf der bestehenden Crusiusstraße. Mit Erbauung von Oettingenstraße 20 wurde diese Absicht bis auf weiteres aufgegeben. Zu dieser geschlossenen Zeilenbebauung sollte es freilich bis heute (2008) nicht kommen, da sich der amtliche Verfolg dieses städtebaulichen Wandels von 1888/91 bis 1981 hinziehen sollte, also zwei einschneidende Kriege mit den unweigerlichen Wirtschaftsfolgen überspannte.

Die Errichtung von Reitmorstraße 30 (wie auch von Reitmorstraße 52 deutlich weiter im Norden) stellt im Blick auf den Altbestand eine städtebauliche Konfrontation dar. Erklärte Absicht der Kgl. Baukommission (nachmalige Oberste Baubehörde) im „schleppenden Konsens" mit dem Stadtplanungsamt war es, mit der ausschließlichen Zulassung großbürgerlicher Mietsbauten Altleheler Wohn- und Wirtschaftsformen zu verdrängen. Und es

Reitmorstraße 30

Reitmorstraße 30; Rückflügel

ist als Phänomen der Stadtentwicklung Münchens anzusehen, dass sich der in der Sternstraße 1896–98 Schlag auf Schlag umgesetzte Wandel in der Reitmorstraße bis 1981 hinziehen sollte. Der Rentier Paul Schöning beauftragte Architekt Ludwig Grothe, den man in den Jahren vor dem Ersten Weltkrieg als viel beschäftigt und beim Ausbau des Lehels umfassend beteiligt ansehen kann, mit Planung und Erbauung des herrschaftlichen Mietzinsobjektes. Mit sechs Fensterachsen kam ein viergeschossiger Riegel an der Reitmorstraße zum Stehen, dessen östlicher Rückflügel – mit Einklinkungen der nördlichen und südlichen Grundlinien – an das Anwesen Widenmayerstraße 23 anschloss, das bis 1909 erstellt worden war. Über ein niedriges Zwischenpodest führt der Zugang in der westlichen Straßenfront zum Stiegenhaus am Hofwinkel, dem schon bauzeitlich ein Personenaufzug angegliedert wurde. Gemäß Eingabeplan waren in jeder Etage zwei großzügig zugeschnittene Wohnungen untergebracht. Die Gestaltung der Fassade an der Reitmorstraße wird von einer jugendstiligen Auffassung geprägt, die versachlichend streng uminterpretierte Gliederungselemente zum Einsatz brachte. Während die Hoffassade der Straßenfront entsprechend gestaltet wurde, blieb die nördliche Außenmauer (Brandwand) des Riegels an der Reitmorstraße im Rauputz (entsprechend dem geplanten Zeilenschluss nach Norden hin). Infolge des Luftkriegs wurde das Haus am 20.9.1942 durch Luftdruckschäden in Mitleidenschaft gezogen.

Die denkmalpflegerisch abgewogene Generalsanierung 1980–1982 (vgl. JBD 35) brachte neben einem Ausbau des Dachgeschosses eine vorbildliche Putzbehandlung und Ertüchtigung der Fenster mit sich.

Reitmorstraße 35/37. Zusammen mit den drei Teilhäusern Oettingenstraße 10, 12 und 14 bilden Reitmorstrasse 35 und 37 den größten kontingenten Wohnblock im Lehel. Die fünf Teilhäuser formieren eine auswinklige U-förmige Baugruppe auf dem Areal des alten Vincentinums. Das Groß-Bauprojekt „Beamtenwohnhäuser" war 1925/26 nach den Planungen des Landbauamtes, also als Staatsbau durch die Firma Karl Stöhr ver-

Reitmorstraße 35/37; Aufn. 1995

wirklicht worden; diese erste Zweckbestimmung greift bis heute. Die Häusergruppe war auf unbebautem Grund zum Stehen gekommen. Der kürzere östliche Flügel (Länge 36 Meter) schließt direkt an die Schack-Galerie an, der längere westliche Flügel (Länge 68 Meter) an das Anwesen Prinzregentenstraße 5 (s. dort). Letzteres Mietshaus wurde jedoch erst 1936/37 als Wohn- und Geschäftshaus durch die Firma Heilmann & Littmann für den Privatmann Eduard Müller erbaut. Bis dahin hatte dort eine Baulücke Bestand. Die Anwesen Prinzregentenstraße 7 und 9 waren als Preußische Gesandtschaft in München und als Schackgalerie schon 1907–09 nach den Plänen von Max Littmann erbaut worden. In seiner Ost-West-Erstreckung misst der Baublock ungefähr 74 Meter, was in etwa dem Abstand zwischen der Oettingenstraße (W) und der Reitmorstraße (O) auf Höhe der nördlichen Grundlinie der Häuser Oettingenstraße 12 und 14 sowie Reitmorstraße 37 entspricht. Nach 1909, mit Fertigstellung der Bauten Prinzregentenstraße 7 und 9, lag das Areal zwischen diesen Häusern und dem neuen Vincentinum im Norden (1903 fertiggestellt) brach. Es dauerte bis in den Dezember 1925, dass man die Arbeiten am Beamtenwohnblock begann, und erst weitere zehn Jahre später errichtete man Prinzregentenstraße 5, schloss also den Baublock, wodurch sich die heutige, so charakteristische Hofsituation ergeben sollte.

◁ Reitmorstraße 35/37; Grundriss 1. Obergeschoss, 1925

Reitmorstraße 35/37, Westflügel Oettingenstraße 10/12

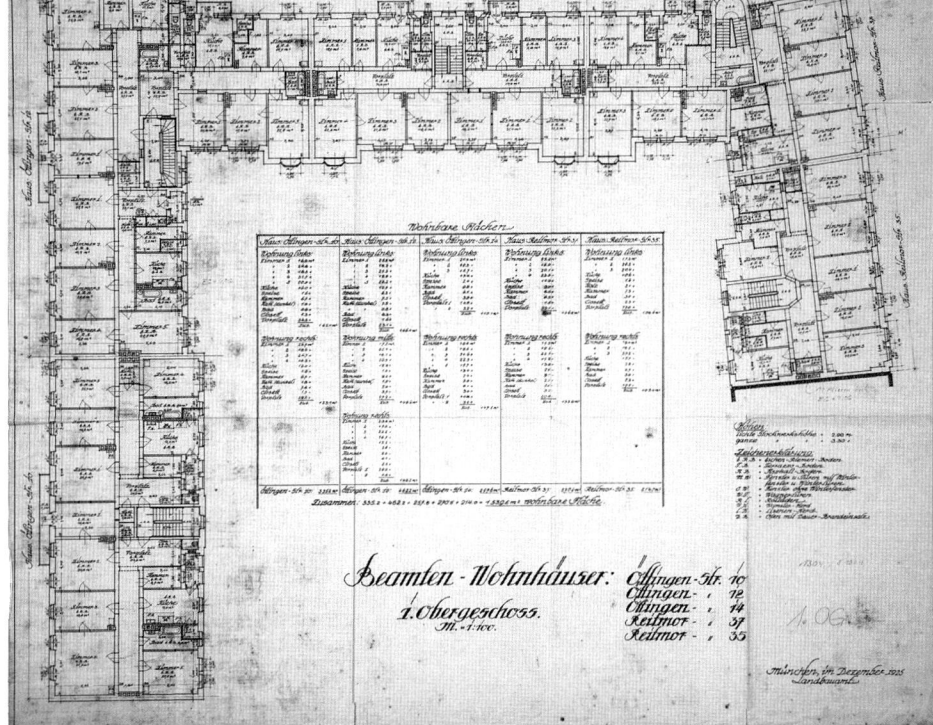

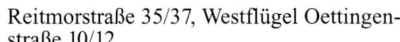

Die Durchführung der Prinzregentenstraße hatte eine Verlegung der St.-Vincentius-Anstalt (vgl. Reitmorstraße 39 und Oettingenstraße 16) nach Norden bedingt. Es kam zum Grundtausch. Nach Abschluss der Arbeiten am neuen Vincentinum (Planung von Gabriel von Seidl) im Jahr 1903 ging man daran, die alte Anstalt, den Kirchenbau von 1859/60, den Speisesaal von 1869 sowie das ins Alignement des neuen Straßenlaufs reichende sog. Pfründnerhaus von 1882 abzubrechen. Gerade mal 20 Jahre hatte letzterer Bauabschnitt auf sich vereinigt, als er den Neuplanungen für die Prinzregentenstraße zum Opfer fiel. Forumartig sollte der Platz vor dem Neuen

Reitmorstraße 35/37, Nordflügel (Außenseite)

Nationalmuseum nach Osten hin abgeschlossen werden. Dem Haus Prinzregentenstraße 5 südlich vorgelagert plante man einen Eckturm, der zusammen mit seinem bereits 1903 fertiggestellten südlichen Pendant eine Art Abschnürung des Platzes gewährleisten sollte. Doch wurde dieser Turmbau vor dem Haus Prinzregentenstraße 5 lange nicht verwirklicht, ebenso wie die Parzelle Nr. 5 frei blieb. Erst die Machthaber des Nationalsozialismus beschäftigten sich wieder mit der Prinzregentenstraße, sie bauten diese zum „Großverkehrsweg" aus: Der Hubertusbrunnen vor dem Nationalmuseum wurde abgebaut, der südliche Torturm abgebrochen, die Erbauung eines nördlichen Torturms und mit ihm das städtebauliche Konzept, dessen Ausfluss er war, schlussendlich gekippt. In diesem Zug schloss man bis in den Herbst 1937 die Baulücke Prinzregentenstraße 5 und damit den riesigen Komplex zwischen der Nordflanke der Beamtenwohnhäuser, der Reitmorstraße, der Prinzregenten- und Oettingenstraße zu einem großen gemeinsamen Innenhof. Das beschriebene Areal war also Gegenstand dreier verschiedener Konzepte; das radikalste blieb freilich bis heute wirksam und gewährleistet eine intensiv genutzte östliche Aus- und Einfallstraße mit Ringanbindung.

Die Beamtenwohnhäuser plante das Landbauamt (es hatte seinen Sitz unweit, in der Seeaustraße) aus eigenen Kräften im Jahr 1924. Es waren nur wenige Münchner Baufirmen dazu imstande, diesen Riesenkomplex in angemessener, d. i. kurzer Zeit baulich umzusetzen. Die Wahl fiel schließlich auf die Baufirma Karl Stöhr, die schon zahlreiche Staatsbauprojekte verwirklicht hatte. Bis 1926 war der Bau abgeschlossen.

Im Unterschied zu dem mächtigen Wohnflügel an der Oettingenstraße sowie dem langen Kopfbau zwischen Oettingen- und Reitmorstraße, die fünf Vollgeschosse erhielten, sollte der kürzere östliche Flügel an der Reitmorstraße nur vier Vollgeschosse hoch sein. Diese Flanke zeichnet so die gleiche Traufhöhe aus, wie den schon 20 Jahre vorher vollendeten Ostflügel des Vincentinums; ein homogener Abschluss des dortigen Straßenraums war auf diese Weise gewährleistet. Den Zugang zu Reitmorstraße 35, dem südlichen Teilhaus des Ostflügels, steckte man mittig in dessen Fassade, als zweiflügelige und stichbogig geschlossene Durchfahrt (die einzige Hofdurchfahrt der fünf Teilhäuser). Das Treppenhaus liegt der Durchfahrt linker Hand (d. i. südlich) an, es bleibt vor der hinteren Grundlinie eingezogen und wird durch eine Fensterachse belichtet. Die doppelläufige Podesttreppe (östliche Wechselpodeste als Vorplätze polygonal eingeschnitten) erschließt in jeder Etage zwei unterschiedlich große Wohnungen, wobei die Dielen und Bäder in den Dunkelzonen zum Liegen kamen; Bautiefe 15 m (südl. Whg.) und 13 m (nördl. Whg.).

Dem leicht auswinkligen Ansatz des Ostflügels der Anlage an den Nordflügel (sie bilden zueinander einen stumpfen Winkel) trägt bei Reitmorstraße 37 das Treppenhaus mit parabelförmiger Grundform Rechnung, wobei die Wechselpodeste (doppelläufige Podesttreppe) dem Treppenhauserker eingerundet worden sind. Zur Nr. 37 erfolgt der Zugang beinahe „entmonumentalisierend" am Treppenhaus-Bodenerker selbst (es führt eine Halbtreppe ins Souterrain bzw. eine Halbtreppe ins Hochparterre). Zwei Wohnungen sind in jeder Etage untergebracht. Dabei wurden Flure und Kammern in den Dunkelzonen quer gelagert.

Der Zugang zu Oettingenstraße 14 erfolgt von Norden her, man legte das Treppenhaus mittig an die nördliche Grundlinie, es bleibt eingezogen. Die doppelläufige Podesttreppe erschließt wiederum zwei Wohnungen in jeder Etage, mit jeweils quer gelagerten Fluren und Kammern in den Dunkelzonen.

Die Teilhäuser Oettingenstraße 12 und 10 erhielten ihre Zugänge symmetrisierend in den Westflügel der Anlage gesteckt. (Da die Oettingenstraße als eine extrem befahrene Einfallstraße anzusprechen ist, betreten die heutigen Bewohner diese Teilhäuser zumeist durch untergeordnete Nebeneingänge von der Hofseite her.) Bei Nr. 12 legte man das Treppenhaus an den Hofwinkel, belichtete es von dort her vermittels einer eng gesetzten Fenster-Doppelachse. Die gerade einläufige Treppe mit gezogenen Stufen führt zu breiten Vorplätzen, von denen die Zugänge zu drei Wohnungen in jeder Etage abgehen, deren eine sich in den Ostflügel des zweiflügelig angelegten Hauses erstreckt. Die Bautiefe beträgt jeweils ca. 13 Meter, Flure und Bäder (mit Ausnahme der südlichen Wohnung) kamen in den Dunkelzonen zum Liegen.

Reitmorstraße 35/37, Hof nach Norden

Der Zugang zu Teilhaus Nr. 10 an der Oettingenstraße wurde ebenfalls mittig in die Fassade an der gleichnamigen Straße gesteckt, erfolgt heute aber meist von der Hofseite her. Das Treppenhaus bleibt vor der östlichen Grundlinie eingezogen (Bautiefe einheitlich 14 Meter). Die doppelläufige Podesttreppe erschließt in jeder Etage zwei Wohnungen mit quer gelagerten Fluren. Die Vorplätze der beiden Wohnungen, eigentlich in den Dunkelzonen gelegen, belichteten die Planer von den hofseits vorgeschalteten Loggien her.

Die Blockhaftigkeit der äußeren Kubatur der Beamtenwohnhäuser besticht durch ihre neuklassizistische Strenge. Die Behandlung des Außenbaus vermittels Rhythmisierung und Putzdekor geschah zugunsten gewollter Symmetrie ohne Rücksicht auf die baulichen Einheiten hinter den Fassaden. Entsprechend variationsreich setzte die Firma Karl Stöhr die planerische Vielgestaltigkeit der einzelnen Wohneinheiten um. Die Fassade an der Reitmorstraße erhielt am Erdgeschoss eine schlichte Streifenrustika, die im Raupputz steht. Kräftige Wasserschläge scheiden 1. und 2. Obergeschoss als Hauptgeschosse aus. Alle Fenster in allen Geschossen erhielten gleich große Ausschnitte, was Ebenmaß und Strenge wiederum unterstreicht. Zwei flache dreigeschossige Erker, in die jeweils zwei Fensterachsen zusammengezogen worden sind, akzentuieren diese östliche Schauseite. Man positionierte die Erker ausmittig. Wenige, eingetiefte Putzornamente (durchaus klassizistisch verpflichtet) und zwei Medaillonbüsten an den Erkern bilden die vergleichsweise reduzierte Bauzier.

Eine Eckrustizierung leitet zur Fassadenbehandlung der Nordseite über. Hier symmetrisierten die Planer die an sich abgewandte Fassade auf den Eingang zu Oettingenstraße 14 hin. Es kamen Außenbalkone und doppelgeschossige, eingezogen bleibende Loggien zum Einsatz. Die Loggien sind durch Vierkantpfeiler rhythmisierte dreiteilige Öffnungen, die 3. und 4. Obergeschoss überspannen. Ohne weitere Rustizierung blieben Erdgeschoss, 1. und 2. Obergeschoss im Raupputz stehen. Die Fenster des Erdgeschosses erhielten vergröberte Lisenen als Flanken und gerade, ebenso vereinfachte Verdachungen. Die Fenster des 4. Obergeschosses dimensionierte man weniger hoch als die Öffnungen darunter. Das stilisierend reduzierte Dachgebälk erhielt einen Zahnfries, der auch die Westfassade der Anlage an der Oettingenstraße auszeichnet. Dort geriet die neuklassizistische Fassade trutzig und herrschaftlich zugleich. Wiederum symmetrisierend steckten die Planer die Treppenhäuser in den langen Riegel, betonten die zuführenden Eingänge mit breiten, aber seichten Balkonen vor dem 1. Obergeschoss. Auch hier blieben Erdgeschoss, 1. und 2. Obergeschoss im Raupputz stehen, ein kräftiger Wasserschlag setzt 3. und 4. Obergeschoss ab. Diese beiden Geschosse überspannen, stets intrafenestral, seichte Wandvorlagen mit ionisierenden Kapitellen, sie bilden gleichsam gestauchte Kolossalpilaster. Auch die Eckrustizierung – am Übergang von der Reitmorstraßenfassade zum Nordriegel noch in ganzer Außenbauhöhe – ist am Übergang vom Nordriegel zur Westfassade auf die Höhe vom Wasserschlag oberhalb des 2. Obergeschosses bis zum stilisierten Dachgebälk reduziert.

Die Hoffassade des Ostflügels blieb weiters ohne formale Hervorhebungen, diejenige des Westflügels erhielt am Haus Oettingenstraße 12 auf allen Geschossen hinter der Grundlinie verbleibende gedeckte Gänge mit zwei Öffnungen und weiter wiederum jene schon am Außenbau beschriebenen doppelgeschossigen Loggien. Beide Motive bedeuten echte Stilmittel und bedingen ein Aufbrechen der Fassadenfläche zur Zweischichtigkeit und damit eine Art der Dynamisierung der ansonsten betont geschlossenen Baumasse.

Die Südfassade/Hoffassade des Nordriegels erhielt symmetrisierend zwei seichte Risalite mit hohen Dreiecksgiebeln vorgesetzt und auch von innen her räumlich ausgebaut. Die weiters schlicht gehaltene Fassadenfläche besticht durch wenige bauliche Akzente, die der Schauseite ein nüchternes, klassisch reduziertes und dabei jedenfalls stilsicheres Gepräge verleihen: Erdgeschoss, 1. und 2. Obergeschoss finden sich gleich behandelt zusammengefasst, 3. und 4. Obergeschoss oberhalb eines profilierten Wasserschlags ausgeschieden; die Fenster setzte man paarweise eng, wie in den Geschossen darunter, doch überspannen schlichte, glatte Wandvorlagen mit stilisierten Kapitellen die beiden obersten Geschosse, eben einfacher als am Außenbau. Den Risaliten schrieben die Planer jeweils zwei dreigeschossige flache Polygonalerker ein.

Die Beamtenwohnhäuser bilden eines der größten Bauprojekte im Lehel. Der Staat trat hier als Bauwerber und Planer auf, nach dem Ende der Hochzeit privaten Investorentums und in einer Zeit der ärarischen Neuordnung im Deutschen Reich. Im Blick auf die das ganze Viertel dominierenden und mitunter prägenden Bauten ist zu sagen, dass erst die Wiederaufbaumaßnahmen nach dem Zweiten Weltkrieg und die Neubauten durch die Bayerische Versicherungskammer (vgl. Sternstraße 3) wieder vergleichbare Baumassen im Lehel schaffen sollten. (Die Beamtenwohnhäuser überstanden den Luftkrieg weitgehend unbeschadet.)

Reitmorstraße 39 (mit Oettingenstraße 16). *Vincentinum*, zweiflügeliger barockisierender Gruppenbau, erbaut 1901–03 von Gabriel von Seidl. Aufgrund der Initiative der Vincentius-Vereins-Conferenz St. Anna begannen 1857 die Schwestern des allerheiligsten Heilands, nach ihrem Stammhaus im Elsass meist Niederbronner Schwestern genannt, ihre Tätigkeit in der ambulanten Krankenpflege der Pfarrei. Das alte Vincentinum, 1903 nach dem Bau des neuen, noch bestehenden abgebrochen, stand südlich von diesem auf dem Areal der jetzigen Wohnanlage Oettingenstraße 10/12/14 und des Eckhauses Prinzregentenstraße 5 (s. jeweils dort). Das angekaufte Anwesen der Gärtnerfamilie Hilgertshofer samt Garten (damals Bogenhauser Straße 10) wur-

Reitmorstraße 39, Vincentinum von Nordosten

Vincentinum von Westen (Oettingenstraße)

de zur Aufnahme von gebrechlichen alten Pfründnerinnen und von Waisenmädchen adaptiert, alsbald 1859/60 auch ein nördlicher Erweiterungsbau samt Kapelle (Grundsteinlegung 15. August 1859, Weihe am 27. Oktober 1860) angefügt; Institution und Baukomplex expandierten noch in den 1860er bis 1880er Jahren. Ab 1899 war Gabriel Seidl, der unweit südlich das Nationalmuseum errichtet hatte, mit der Planung eines neuen, größeren Vincentinums nördlich des bisherigen Standortes befasst, das von 1901 bis Ende 1903 unter seiner Bauleitung durch Baumeister Michael Drexler und Zimmermeister Georg Dosch ausgeführt wurde. Die Kapelle, deren Grundstein Pfarrvikar Remigius Stadler am 6. April 1902 legte, erhielt am 6. Dezember 1903 durch Erzbischof Franz Joseph von Stein ihre Weihe, obwohl die Ausstattung erst später vollendet wurde. Städtebaulich steht der Bau im Zusammenhang mit G. Seidls Nationalmuseum; der rückwärtigen nordöstlichen Ecke des Museumskomplexes schräg gegenüber liegt der etwa quadratische Gartenhof des Vincentinums; ihn schließen im Norden und Osten dessen beide Flügel ein. Die klosterartige, frei historisierende Detailgestaltung des Baukörpers in deutscher Renaissance und barockisierenden Formen interpretierte ihn in zurückhaltender Weise als malerisch-asymmetrischen Gruppenbau unter Bezug auf das Museum. Neben den noch vorhandenen Blendarkaden im Erdgeschoss bestimmten den Eindruck die heute nicht oder nur reduziert erhaltenen Bodenerker und Dachgauben. Am stärksten nach Luftkriegsschaden vereinfacht wurde der Nordflügel, des-

Vincentinum, Kapelle St. Maria Immaculata, Blick nach Norden

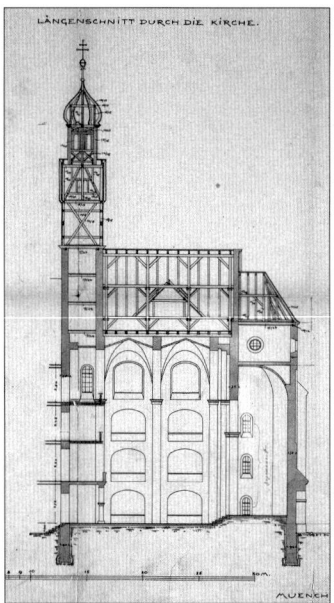

◁ Reitmorstraße 39, Vincentinum; Längsschnitt der Kapelle, 1901

Vincentinum, Kapelle St. Maria Immaculata, Blick nach Westen

Vincentinum, Marienbrunnen im Hof

Vincentinum, Osttor

sen nunmehr fünfgeschossiger westlicher Kopfbau keinerlei historisches Gepräge mehr aufweist (als Neubau wiederhergestellt). In der nordöstlichen Hofecke bereichert ein turmartig gerundetes Gelenk mit Kuppeltürmchen als – auch innenräumlicher – Übergang zwischen den beiden Trakten das Gesamtbild, zumal im Zusammenhang mit dem dahinter aufragenden Dachreiter der Kapelle, dessen vier Giebeln übereck ein Zwiebeltürmchen aufgesetzt ist. Vor die vereinfachten Fassaden treten an der Außenfront im Norden wie an der östlichen Hofseite flache Treppenhausrisalite mit Schweifgiebeln. An der ansonsten stark geglätteten östlichen Außenfront an der Reitmorstraße Nr. 39, mit flachem Erker nahe deren Südende, ist am Nordende der (ehem.) Haupteingang situiert, mit noch wohlerhaltenem Doppelportal – Einfahrtstor und rechts davon Fußgängertür –, beide mit reich geschnitzten Türblättern in Neurokoko und mit prächtigen Oberlichtgittern von J. Frohnsbeck. Den großen Torbogen rahmt eine 1903 datierte Kalksteinädikula mit ionischen Säulen und den Figuren der hll. Vinzenz von Paula und Elisabeth; das Fenster darüber ist in die altarretabelähnliche Portalkomposition einbezogen, mit Herz-Jesu-Relief im flachen Schweifgiebel; die plastischen Arbeiten schuf der aus Bozen stammende Münchner Bildhauer Heinrich Überbacher. Die benachbart aufragende, den Osttrakt fortsetzende Kapelle mit polygonalem Schluss im Norden bildet mit ihren Annexen, vor allem dem seitenschiffartig wirkenden östlichen Emporentrakt, den stärksten plastischen Akzent der Baugruppe.

Die *Kapelle St. Maria Immaculata*, zugänglich von der Nordseite der Durchfahrt (Türen mit Beschlägen), hat ihre reiche neubarocke Ausstattung (nach Entwürfen von Arch. König, München) vollständig bewahrt. Die steilen Proportionen des kurzen, zweijochigen Schiffes mit Stichkappentonne sind durch die es an drei Seiten umgebenden, von den vier Geschossen des Gebäudes zugänglichen Emporen bedingt. Diese längsseitigen Begleiträume (auch im Erdgeschoss) öffnen sich zum Schiff in Korbbogenarkaden; die Wandgliederung erfolgt durch Lisenen. Von den Emporen der Eingangsseite (im Süden) ruht die untere auf drei Arkaden mit Rotmarmorsäulen (darüber sitzt der Turm). Der Chorbogen ist mit korinthischen Pilastern besetzt. Der eingezogene, etwas niedrigere Altarraum schließt ausgerundet dreiseitig und kontrastiert durch seine polychrome Ausgestaltung mit dem überwiegend in Weiß gefassten Langhaus. Den leicht erhöht freistehenden Altar, hergestellt in der Fa. Marmorindustrie Kiefersfelden, überragt ein Weißmarmortabernakel samt Nischenaufbau mit kuppeligem Abschluss vor der breiteren Mittelachse der aufwendigen Wandverkleidung aus Stuckmarmor in vorwiegend Rottönen mit vergoldeten Details; in durch Säulenpaare getrennten Nischen stehen beiderseits des Altars die Weißmarmorfiguren der vier Evangelisten von Heinrich Überbacher. Die gesamte Hochwand darüber bis in die Kalotte hinein füllt ein zu seiner Zeit vielbeachtetes Fresko von Kaspar Schleibner (1904/05) mit der barocke Traditionen erneuernden Darstellung der Immaculata als Hilfe der Christen vor einer die Marmorarkatur darunter frei wiederholenden illusionistischen Architektur; zu ihren Füßen sind auf einer gemalten Treppe in zwei Gruppen mehrere die christliche Caritas repräsentierende Heilige verteilt, darunter Josef, Vinzenz von Paula und Elisabeth, mit Begleitfiguren Leidender und Hilfsbedürftiger. Ein weiteres Fresko Schleibners, die Dreifaltigkeit vom Typus des Gnadenstuhls (in der Art Dürers) zwischen Engelscharen, füllt die Schildwand über dem Chorbogen. Den Stuckdekor im Schiff „im Stil der Zeit des Kurfürsten Maximilian" (1. Hälfte 17. Jh.) führten Maile und Blersch aus. Unter der Eingangsempore links große neubarocke Figurengruppe der Pietà unter dem Kreuz.

Der *Marienbrunnen* aus französischem Kalkstein, sign. R(aimund) Liebhaber 1903, steht vor dem Treppenhausrisalit der Hoffront des Ostflügels; hinter halbrundem Becken ragt ein volutenflankierter Sockel auf, der die neubarocke Gruppe der sitzenden Muttergottes trägt. – Den Hof schließt im Westen entlang der Oettingenstraße eine durch Lisenen gegliederte, von Öffnungen und Ziergittern unterbrochene *Betonmauer* der Bauzeit ab.

Reitmorstraße 51. Das Mietsanwesen, ein Jugendstil-Erkerhaus, entstand 1911 zusammen und gleichzeitig mit dem nördlich angrenzenden Eckhaus Reitmor-/Rosenbuschstraße auf bislang unbebautem Grund. Im Zusammenhang mit der Erbauung der Häuser mit den geraden Hausnummern 26–32b an der Oettingenstraße waren auch die rückwärtigen Gründe für eine Verlängerung der Reitmorstraße parzelliert worden. Der sich seit 1888/91 hinziehende, weitere Ausbau der Reitmorstraße erhielt in den letzten Jahren vor dem Ersten Weltkrieg noch einmal einen Anschub: Gleichzeitig mit Nr. 51 und 53 erbaute man gleich gegenüber Nr. 52 sowie weiter südlich, gewissermaßen am anderen Ende der losen Folge von Kleinhäusern Nr. 30. Stadtgeschichtlich aufschlussreich ist ferner die Tatsache, dass bis 1913 auch die Häuserfolge Widenmayerstraße 23–29 entstehen sollte, mit Ausnahme zweier Bauplätze (Nr. 24 und 27), die noch länger unbebaut blieben, dass also der Gestaltwandel in der Umgebung der gewachsenen Bebauung von Am Gries „ruckartig" vollzogen wurde.

Baumeister Johann Alz trat als Bauwerber und Ausführender in Personalunion auf, Haus Nr. 51 und 53 entstanden bis zur Wohnungsbewilligung in nur zwei Bausommern. Das mittig rückwärtige Stiegenhaus ist von der Straße her im erhaben gestalteten Hausgang über ein hohes Zwischenpodest erreichbar, es bleibt ohne rückwärtigen Ausbau. Die doppelläufige Podesttreppe erschließt gemäß Eingabeplan zwei großbürgerlich zugeschnittene Wohnungen (mit großen Vorplätzen) in jeder Etage. Das Erdgeschoss bildete man als Hochparterre, den Keller klar

Reitmorstraße 51

Reitmorstraße 52 (kein BDM)

als Souterrain aus, bei der Fundamentierung war von daher nicht so tief auszukoffern wie dies ein vollwertiges Kellergeschoss notwendig macht. In ihrem Gesamt darf die Fassade als asymmetrisch gruppiert bezeichnet werden, ein mögliches Stilmerkmal des Jugendstils. Doch fällt auf, dass mit Ausnahme der Ausmittigkeit des Hauszugangs die Fassadenstruktur über Vorbauten ausponderiert worden ist und dabei die Binnendekoration zurückgenommen streng bleibt. Die Fassadenflächen schließen nach oben hin mit einem kräftig durchgebildeten Traufgesims ab, dabei erhielten die südlichen drei Achsen eine niedrigere Bauhöhe als die nördlichen drei Fensterbahnen, die man um ein Halbgeschoss höher zog; dieses an der Straßenfront noch durch heimatstilige Klappläden betont. Nach unten hin, oberhalb des Erdgeschosses, schloss man die Fassadenfelder ebenso wuchtig ab wie an der Traufe: Ein weit vorragender, kräftig artikulierter, eigens eingeziegelter Wasserschlag zieht sich über die gesamte Breite und trennt die Hauptgeschosse vom Erdgeschoss. Letzteres erhielt breite Stichbogenöffnungen zu Seiten eines in die Fläche modisch (1911!) vergröberten Portalgewändes. Die Erdgeschossfenster wurden über einer hohen Sockelzone in tiefe Laibungen eingestellt, ihre Sohlbänke werden von hohen, stilisierten Konsolen getragen.

Die Hauptakzente bilden die beiden dreigeschossigen Erker: Der aus drei Fensterachsen gebildeten südlichen Fassadenpartie schrieb man mittig einen seichten, konvexen Erker zu drei schmalen Fensterbahnen ein, der wegen der begleitenden Putzbahnen wie ein Polygonalerker anmutet. Der nördlichen Fassadenpartie setzte man mittig einen Flacherker an, der als überbreit anzusehen ist, mit sehr kleinen Seitendurchfensterungen; für die Öffnungen waren eigene, vierteilige Fensterkonstruktionen nötig. Im Unterschied zum gleichzeitigen, nördlich anschließenden Anwesen Reitmorstraße 53 scheint Nr. 51 den Luftkrieg weitgehend unbeschadet überdauert zu haben und stellt einen bündigen Zeugen für den späten, nüchtern versachlichten Münchner Jugendstil dar. (Der Dachgeschossausbau zur heutigen Gestalt mit spitzen, maximal aufgeglasten Gauben erfolgte 1983–85.)

[**Reitmorstraße 52.** Das beinahe 25 Meter breite und über 22 Meter tiefe Haus entstand 1911–12 gleichzeitig und zusammen mit dem östlich benachbarten Mietshaus Widenmayerstraße 34 für den Schlossermeister Thomas Hupfauf. Der Architekt Ludwig Grothe setzte für das herrschaftlich zugeschnittene Mietshaus einen zu dieser Zeit hochmodernen Grundriss um: Dem breiten Riegel an der Straße wurde mittig ein Rückflügel angesetzt, der in den Hofwinkeln eingeklinkt wurde, um Fassadenflächen zu schaffen, die Fensterachsen aufnehmen können, um also insgesamt die Belichtung zu erhöhen (dies geschah im südlichen Hofwinkel einfach, im nördlichen polygonal und somit mehrflächig). Das Treppenhaus steckte Grothe, den man in den Jahren vor dem Ersten Weltkrieg als einen viel beschäftigten Architekten im Lehel bezeichnen muss, zentral in den Grundriss, die Kaminzüge nordöstlich anliegend. Das Treppenhaus beschreibt ein Rechteck, das Treppenhausauge blieb großzügig, die Belichtung erfolgt von oben her, vermittels einer Glaskanzel. Die dreiarmige Stiege ist einziger Erschließungsweg des Hauses. Grothe verzichtete auf den Bau einer Gesindetreppe. Wegen der erheblichen Gebäudetiefe kamen die Badezimmer neben großflächigen Wohnungsgängen in den Dunkelzonen zu liegen. Der erweiternde Dachgeschossausbau fand im letzten Kriegsjahr 1918 statt, ausführender Architekt war Georg Guinin.

Die Straßenfront des Hauses wurde symmetrisierend gruppiert, die zweite und fünfte Fensterachse des sechsachsigen Anwesens erhielten je einen Flacherker vorgeblendet, der im Erdgeschoss risalitartig vorbereitet wird. Die nördlichen drei Fensterachsen werden in der Dachzone von einem dreiachsigen Dachhaus überhöht, die südlichen drei von jeweils einer Dachgaube, deren mittlere im Vergleich raffinierter durchfenstert ist. Ein kräftiger, eigens verdachter Wasserschlag oberhalb des Erdgeschosses und ein hohes Geschossgesims scheiden das 1. und 2. Obergeschoss als Hauptgeschosse aus; diese werden von kolossalen Gliederungselementen vollflächig überspannt.]

(Vor dem Hintergrund der Kriegszerstörungen in der nördlichen Reitmorstraße und in deren Umgriff kann es als Glücksfall bezeichnet werden, dass Haus Nr. 52 in der vorliegenden Weise überliefert ist. Das nördlich angrenzende Anwesen Nr. 54, der auffolgende Bau Rosenbuschstraße 6, das nördlich schräg gegenüberliegende Haus Nr. 53 an der Reitmorstraße sowie das nordöstlich rückwärtige Anwesen Widenmayerstraße 35 waren jeweils Totalzerstörungen.)

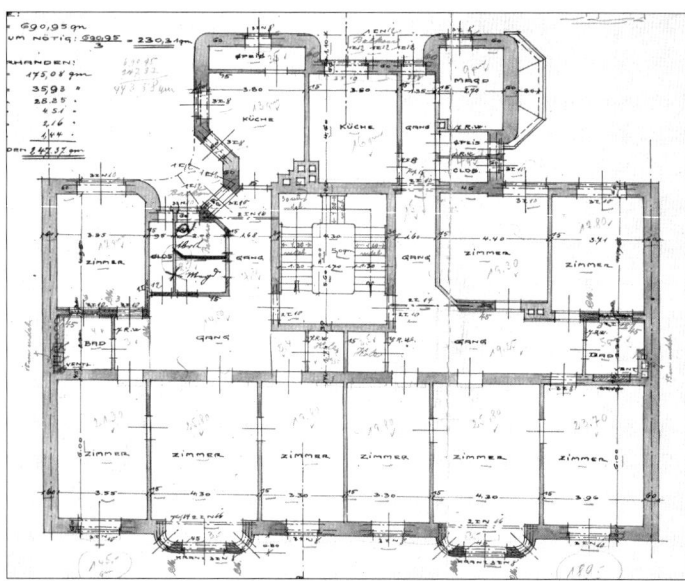

Reitmorstraße 52; Grundriss 1. Obergeschoss, 1911

Reitmorstraße 53. Der monumentale Jugendstil-Eckbau entstand 1910–11 nach Plänen des Architekten und Bauherrn Johann Alz, gleichzeitig mit der südlich angrenzenden Nr. 51, wie dieses auf bis dahin unbebautem Grund. Im Zuge der wenige Jahre früheren Bebauung der Ostseite der Oettingenstraße waren auch die rückwärts hiervon liegenden Flächen parzelliert worden. Zweiflüglig erhebt sich das Mietshaus an der westlichen Ecke Rosenbusch-/Reitmorstraße, die Grundlinien seiner beiden Straßenfronten verlaufen in einem leicht stumpfen Winkel zueinander. Der leicht ausmittig in den Flügel an der Reitmorstraße gesteckte Hauszugang, mit ornamentiertem Portalgewände,

führt durch einen aufwendig verkleideten Hausgang über ein hohes Zwischenpodest zum Stiegenhaus im Hofwinkel. Eine doppelläufige Podesttreppe, wobei stets das Wechselpodest in den konvexen Stiegenhaus-Bodenerker eingerundet wurde, erschließt gemäß Erstzustand zwei großbürgerlich zugeschnittene Wohnungen in jeder Etage sowie die Dachwohnung. Bei der stilistischen Einordnung der Fassade gilt es zu berücksichtigen, dass der Westflügel des Hauses an der Rosenbuschstraße am 21.4.1945 (!) einen Sprengbomben-Volltreffer abbekam, der bis ins Erdgeschoss durchschlug und schließlich alle neun Wohneinheiten unbewohnbar machte. Es ist eine ernüchternde Einzelhaus-Schadenskartierung überliefert: Die nördliche Fensterachse der Front zur Reitmorstraße war bis zum 1. Obergeschoss herunter auf die Straße gesprengt worden, der Ausriss der Haus-

Reitmorstraße 53

front zur Rosenbuschstraße war enorm, deren beide östlichen Fensterachsen waren auf die Straße gedrückt worden, der Schutt lag bis auf Deckenhöhe des Hochparterres. Die Wucht wurde durch die Baumasse nach Westen hin so nachhaltig absorbiert, dass das 1897 erbaute, westlich anschließende Mietshaus Rosenbuschstraße 2 nur Luftdruckschäden abbekam. Vor diesem Hintergrund können die 1946 im Frühjahr begonnenen Wiederaufbauarbeiten als in gestalterischer Hinsicht trefflich angesehen werden.

Der ausmittig in die Fassade gesetzte, von fünf gleichförmig schlanken Fensterachsen rhythmisierte Flacherker wird in der Dachzone von einem breiten Dachhaus überhöht. Der wulstig abgetreppte Unterzug des Erkers, dessen spielerische Vermittlung zur Portallaibung hin, die Baluster in der Brüstungszone der Erkerfenster des 2. Obergeschosses sowie die charakteristische Gestaltung der Austrittsbrüstung vor der Fenstertüre des Dachhauses, diese entscheidenden Details konnten bewahrt werden. Verloren gingen vertikale Stucklisenen, die die Fensterachsen zu Bahnen zusammengezogen hatten, auf dem Kaffgesims oberhalb des Hochparterres aufsaßen und über den Fenstern des 3. Dachgeschosses wellengiebelförmig abschlossen. Die Fassadenglättung beseitigte auch diamantierte Stuckfelder, die man innerhalb der beschriebenen Bahnen anstelle der Brüstungs- und Sturzfelder angetragen hatte. (Der Luftkrieg, allzumal im letzten Kriegsjahr, betraf den Nordabschnitt der Reitmorstraße eklatant: Neben Reitmorstraße 53 erhielten Rosenbuschstraße 6 – das östlich gegenüberstehende Eckhaus – sowie an letzterem südlich anschließend Reitmorstraße 54 Volltreffer; schon im Juli 1944 war Widenmayerstraße 35, hinter Reitmorstraße 54 gelegen, völlig zerstört und dabei auch Nr. 36 an der Widenmayerstraße in Mitleidenschaft gezogen worden.)

Residenzstraße

(Vgl. Ensemble Altstadt). Bis ins 17. Jh. als Vordere oder Innere Schwabinger Gasse bezeichnet, im Unterschied zur westlich konvergierend-parallelen Hinteren oder Äußeren, ab ca. 1800 Theatinerstraße, die beide – ausgehend von Tortürmen der ältesten hochmittelalterlichen Kernstadt – sich innerhalb des (Neuen) Schwabinger Tores der die Stadterweiterung des späteren 13. Jh. umgreifenden zweiten Stadtbefestigung vereinigten (vgl. Odeonsplatz). Das die Residenzstraße südlich abschließende Tor (Krümleinsturm, vgl. Dienerstraße/Vorspann) wurde 1842, das Schwabinger Tor im Norden schon 1817 abgetragen. Die den Krümleinsturm beiderseits der ihm vorgelegten Brücke über den Stadtgrabenbach flankierende Eckbebauung (vgl. Sandtners Stadtmodell, 1570; Ansichten des Krümleinsturmes samt Umgebung von Stridbeck, um 1700, und Michael Neher, vor 1842) ist westseitig in der heutigen Leerfläche des sog. Marienhofes (s. dort) aufgegangen.

Den sich nach Norden leicht verbreiternden ersten Straßenabschnitt – westlich zwischen Schrammer- und Perusastraße, östlich zwischen Hofgraben und (nachmaligem) Max-Joseph-Platz – fassen auf Sandtners Modell (1570) noch Zeilen mittelalterlicher Bürgerhäuser ein, die in der Barockzeit teilweise durch Adelspaläste verdrängt wurden. Westseitig (Nr. 6, heute infolge Verbreiterung der Schrammerstraße Eckbebauung) erbaute Enrico Zuccalli nach 1692 für Graf Franz Albrecht von der Wahl einen monumentalen Palast in römisch beeinflusstem Hochbarock, der sich mit seinem prächtigen, weit auskragenden Kranzgesims zwischen die bescheidenen älteren Bürgerhäuser zwängte (vgl. die erwähnte Ansicht von Stridbeck). Noch R. Paulus (1912) beschreibt die stattliche Podesttreppe sowie die zwischen dem ersten und zweiten Hof situierte Kapelle. Stimmelmayr (gegen 1800) skizzierte das Palais Wahl mit völlig veränderter Fassade (mit Mittelrisalit); das bis 1851 immer in adeligem Besitz befindliche Anwesen hatte 1568 der Geschichtsforscher Wiguläus Hundt von Sulzemoos (gest. 1588) erworben. Das links kontrastreich angrenzende Eckhaus (ehemals Nr. 5) trug nach Stridbecks Darstellung auf dem Halbgiebel des Pultdaches das Datum 1660 (doch im Kern sicher gotisch) und enthielt ein „Caffe Hauß" (Frühbeispiel). An der Ostseite gegenüber entstand auf fünf (und rückseitig weiteren) Parzellen 1747 ff. der großzügige Komplex des Törring-Palais, 1834–38 von Klenze zur Hauptpost umgebaut (s. Nr. 2).

Der nördlich anschließende Bereich wurde bis zur Säkularisation und Abbruch durch drei Klöster geprägt: westlich (an der Nordseite der Perusastraße) das Pütrichkloster, östlich stark zurückgesetzt hinter dem zugehörigen Friedhof die gotische Franziskanerkirche mitsamt nordseitigem Klosterkomplex und nördlich von ihm das Ridlerkloster mit Westfront vorne an der Straße. Nach Abbruch der Klöster 1802/03 entstand der zunächst architektonisch ungefasste, weiträumige Max-Joseph-Platz (s. dort, auch

Residenzstraße 5–10; Aufn. 1937

Krümleinsturm und Palais Wahl; Stich von J. Stridbeck, um 1700

Residenzstraße, Nordende zum Odeonsplatz; Aufn. 1995

Residenzstraße, Nordteil (ab Nr. 21); Aufn. 2007

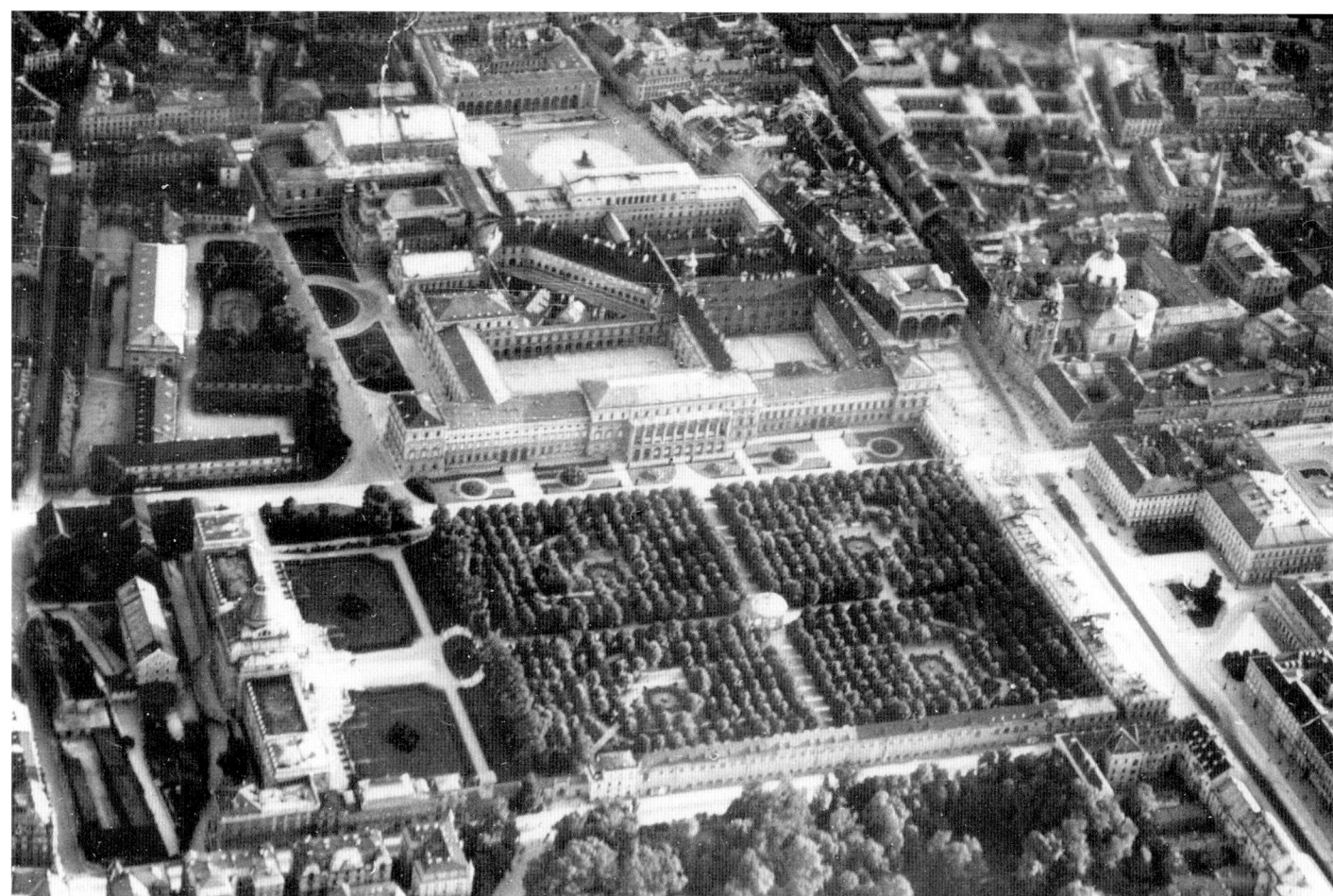

Residenzstraße 1, Residenz von Norden mit Hofgarten (unten) und ehem. Hofmarstall (links); Luftaufnahme um 1910/20

zu den Klöstern im Einzelnen), in der Folgezeit umschlossen im Süden von der Loggia der Hauptpost, östlich vom Nationaltheater und nördlich dem Königsbau der Residenz. Den in seiner Endredaktion rechteckigen, klassizistischen Monumentalplatz begrenzt in reizvollem Kontrast westseitig die schräg verlaufende, vergleichsweise kleinmaßstäblich wirkende Häuserreihe Residenzstraße 11–18 mit Bürgerhäusern, von denen freilich nur noch eines ältere Bausubstanz aus der Zeit vor 1800 bewahrt hat (Eilles-Hof, 16. Jh.; s. Nr. 13).

An der Ostseite zwischen Max-Joseph-Platz und Odeonsplatz ersetzte die (Alte) Residenz mit ihrer lang gestreckten Westfassade des frühen 17. Jh. und den klassizistischen Kopfbauten Klenzes an den beiden Enden vollständig die mittelalterliche Bebauung der Einzelparzellen (s. Residenzstraße 1). Die Häuserreihe westlich gegenüber erhielt 1723 ff. eine neue Dominante mit dem aufwendig gestalteten Preysing-Palais (s. Nr. 27), an dessen Nordflanke sich – statt älterer Bürgerhäuser – 1841 ff. die Feldherrnhalle (mit zurückgenommener nördlicher Baulinie) als südlicher Blickpunkt des Stadterweiterungs-Ensembles Odeonsplatz/Ludwigstraße anschloss; durch ihre östliche Seitenfront wie schräg gegenüber durch den nach Norden vorgeschobenen Eckpavillon von Klenzes Festsaalbau erhielt die Residenzstraße an ihrem Ende eine neue städtebauliche Fassung, die gelenkartig die Einmündung in den Odeonsplatz artikuliert. – ARCHÄOLOGISCHE BEFUNDE s. Theatinerstraße. (Siehe Flurkarte S. 923)

Residenzstraße 1. Ehem. *Residenz*, ausgedehntes Stadtschloss, ab 1384 über Jahrhunderte gewachsen, sieben Höfe umschließend; mit Ausstattung. Der mittelalterliche Kern (Neuveste) befindet sich in Resten unter dem Nordostpavillon des Festsaalbaues und dem umgebenden Bereich verborgen. Kern der bestehenden Anlage ist die westlich an die Residenzstraße grenzende Alte oder Maximilianische Residenz des frühen 17. Jh. mit der Hofkapelle (1601, 1630) und älteren Teilen des 16. Jh.: u. a. Antiquarium, 1570/71; Grottenhof, 1581–86, mit Perseusbrunnen, um 1590 von Hubert Gerhard. Im Brunnenhof Wittelsbacher-Brunnen, hier aufgestellt 1611. Zu Nr. 1 gehört das Alte Residenztheater (s. unten), Rokoko-Logenhaus, 1751–53 von François de Cuvilliés, 1956–58 an neuer Stelle (Apothekenstock) eingebaut; Königsbau s. Max-Joseph-Platz 3 (Detailbeschreibung S. 910); Festsaalbau, s. Hofgartenstraße 2 und Alfons-Goppel-Straße 11 (Detailbeschreibung S. 916); Allerheiligen-Hofkirche, s. Marstallplatz. Vgl. auch Hofgarten.

GESAMTÜBERBLICK UND WÜRDIGUNG:

Die ehemalige Residenz der bayerischen Herzöge, Kurfürsten und Könige, in ihrer Altstadt-Randlage und gewachsenen, additiven wie chronologisch sich überlagernden und durchdringenden Vielgestaltigkeit am ehesten mit der Wiener Hofburg und der Reggia in Mantua zu vergleichen, ist Münchens historisch und künstlerisch bedeutendster, zentraler Denkmal-Großkomplex. Aus der ursprünglich peripheren Ecklage der über der Erde verschwundenen spätmittelalterlichen Neuveste wurde, ausgeweitet durch Wachstumsschübe und Umbauten in fast jeder Generation wie unter Angliederung zusätzlicher höfischer Funktionen im Norden (Hofgarten mit Lusthäusern und Turnierhaus), Osten (Bauten um den Marstallplatz) und Süden (die beiden Hoftheater, Hofmarstall- und Kunstkammergebäude), im 19. Jh. mit dem Wachstum der kgl. Haupt- und Residenzstadt ein zwischen mehreren Plätzen gelegener städtebaulicher Mittelpunkt, von dem die großen Repräsentationsachsen nach Westen (Brienner Straße), Norden (Ludwigstraße) und Osten (Maximilianstraße) ihren Ausgang nahmen (am ehesten mit dem Grundrissgefüge von Turin vergleichbar). Hingegen ging im Zusammenhang mit der Entfestigung die Gangverbindung an der Stadtmauer mit Marstall/Kunstkammer (seit 1809 Münze) und Altem Hof im Süden sowie im Westen (über das Schwabinger Tor) mit der Theatiner-Hofkirche und dem (1802 abgebrochenen) Opernhaus am Salvatorplatz, ja weiter bis zur Herzog-Max-Burg, verloren.

Die von der Neuveste, einer vierflügeligen Wasserburg in der Nordostecke der Stadt, ausgehend nach Süden und Westen sich weiträumig entwickelnde Anlage konnte, von der Stadtbefestigung und südlich von Ridler- und Franziskanerkloster eingeengt, eine würdevolle Außenfassade nur im Westen an der Residenzstraße entwickeln; die dortige Alte Residenz, unter Maximilian I. und Elisabeth von Lothringen im frühen 17. Jh. erbaut, ist in ihrer innerstädtischen, keinen Repräsentationsabstand erlaubenden Situation etwa mit dem Lothringer Palais Ducal in Nancy vergleichbar. Die monumentalen, die Residenz im Süden und Norden abschließenden Trakte, der Königsbau am Max-Joseph-Platz und der Festsaalbau am Hofgarten, entstanden erst im 2. Viertel des 19. Jh. nach Auflassung der Stadtbefestigung und Abbruch der säkularisierten benachbarten Klöster, ebenso im Osten am Marstallplatz die Allerheiligen-Hofkirche und ihr gegenüber schon etwas früher die Hofreitschule.

Die sieben größtenteils mittels Durchfahrten miteinander und den Außenseiten verbundenen, unterschiedlich großen *Höfe* sind im Nordosten der weiträumige Apotheken-, ursprünglich Küchenhof (im Bereich der ehem. Neuveste), im Norden und Osten vom Festsaalbau begrenzt; im Nordwesten der monumentale Kaiserhof der vierflügeligen maximilianischen Residenz des frühen 17. Jh.; südlich von ihm der schmale, aus einer Altstadtgasse hervorgegangene Kapellenhof, benannt nach der an seiner Südseite gelegenen Hofka-

pelle; östlich von ihm in Schräglage der langgestreckt-achteckige Brunnenhof zwischen dem einstigen Ballhaus im Nordosten und dem Antiquarium im Südwesten; südlich vom Kapellenhof bildet der intime, südländisch anmutende Grottenhof den Mittelpunkt des mehrfach umgebauten engeren herrschaftlichen Wohnbereiches; zwischen dessen Südflügel und dem Königsbau erstreckt sich der Königsbauhof, hervorgegangen aus dem einstigen (südlichen) Residenzgarten, der um 1730 durch die Grüne Galerie geteilt wurde; östlich von letzterer entstand so der kleine, unregelmäßige, im Süden durch den Königsbau reduzierte (heutige) Küchenhof. An der Stelle des einstigen, von kleinen Höfen flankierten Ballhauses wurde 1957 der achteckige Foyerhof des in den östlich benachbarten Apothekenstock eingebauten Cuvilliéstheaters neu geschaffen (Situation 2008 verändert). Schließlich ist noch das winzige Puderhöfchen zu erwähnen (s. S. 906).

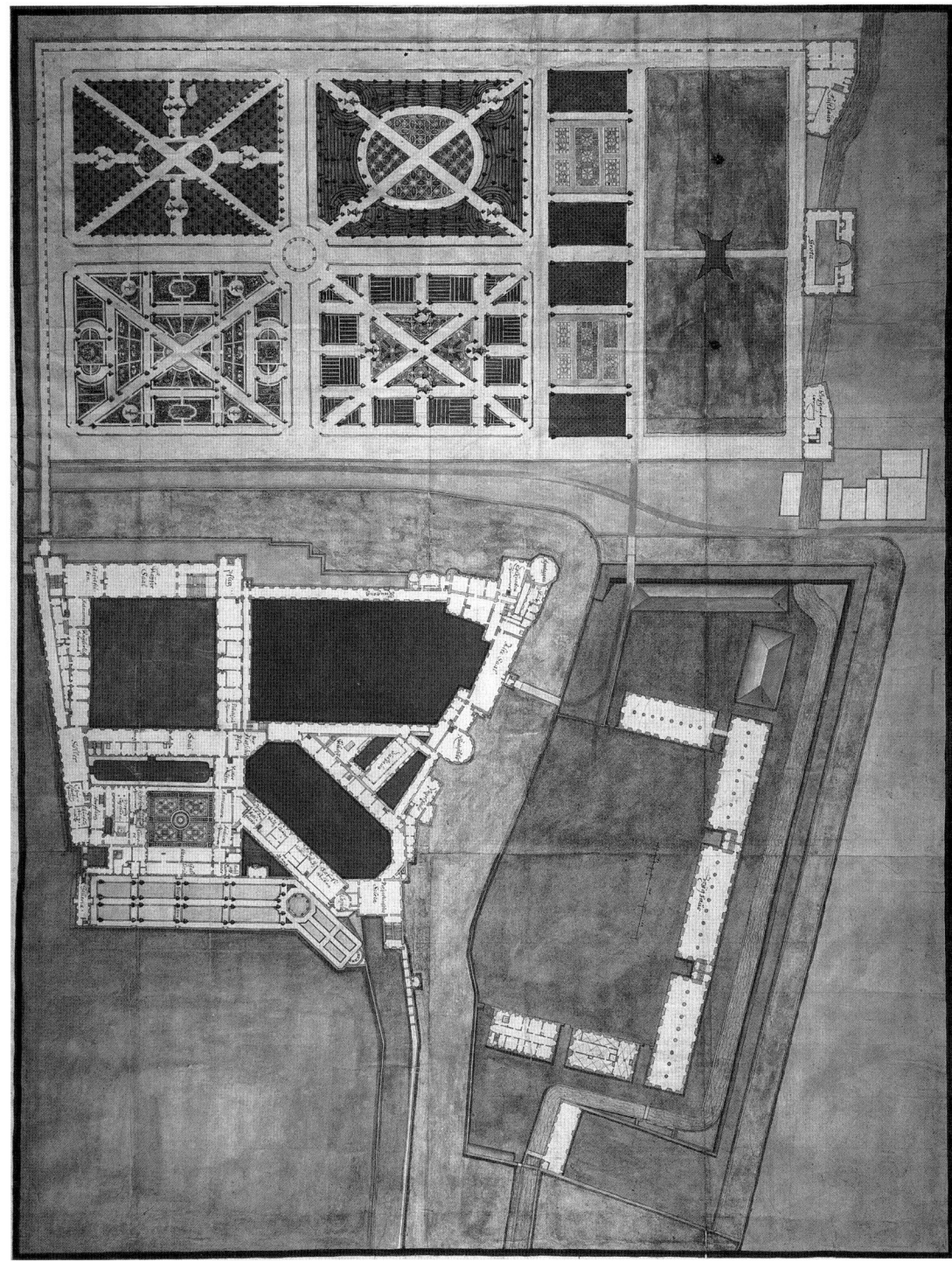

Residenz mit Hofgarten   ▷
und Zeughaus; sog. Tambacher
Plan, um 1630/50

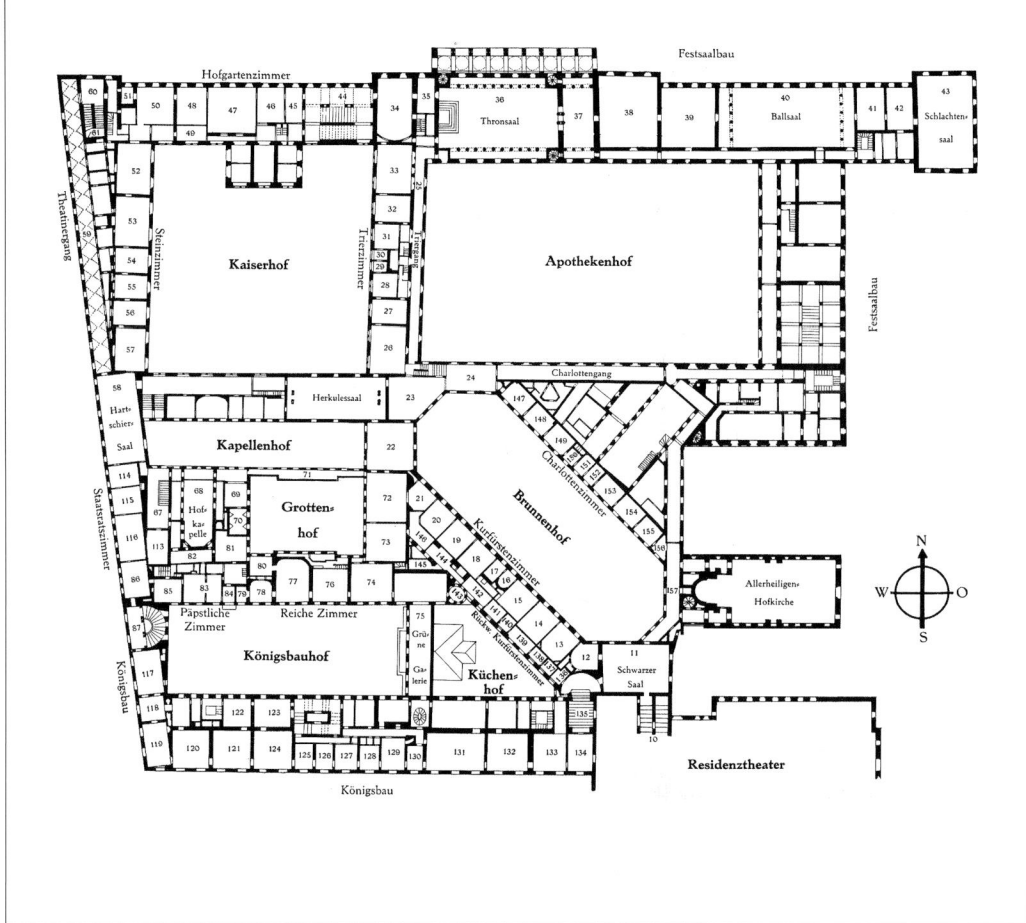

Residenz; Grundriss Hauptgeschoss, 1937

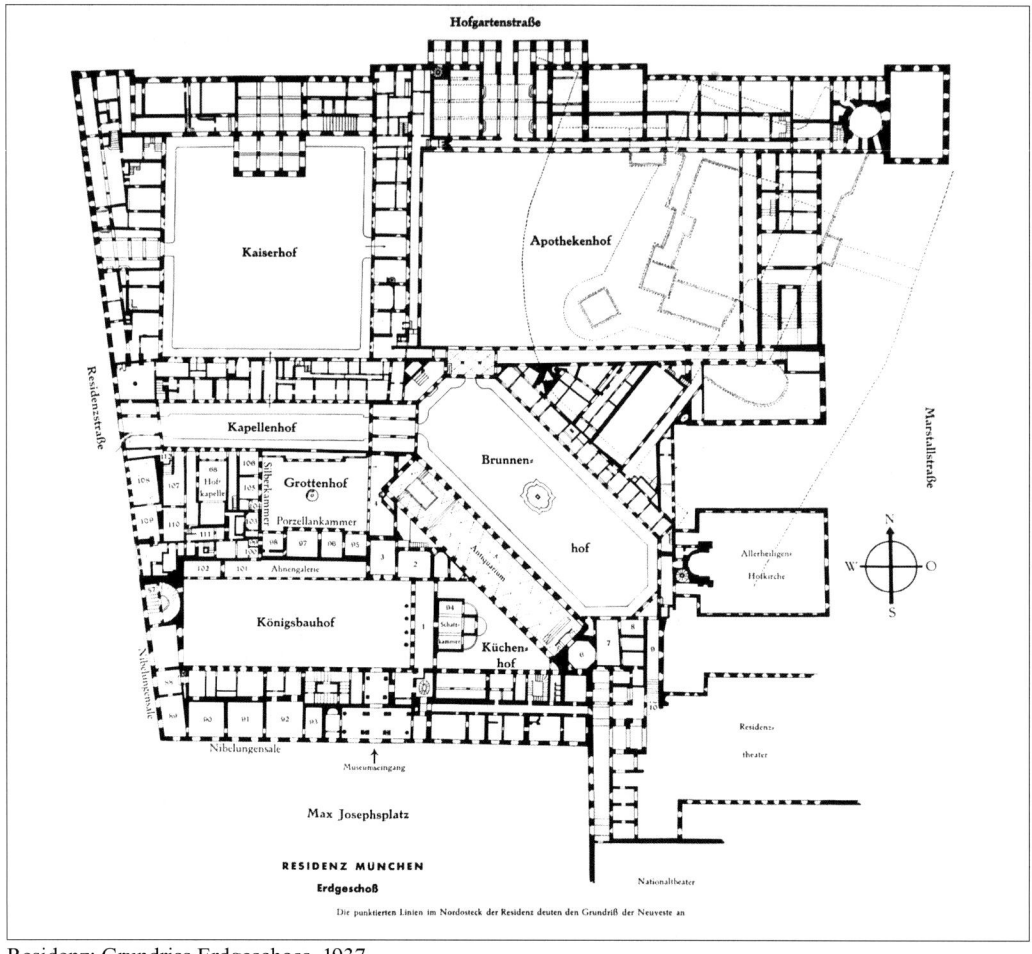

Residenz; Grundriss Erdgeschoss, 1937

Im Wettbewerb der Hofhaltungen begann sich die der bayerischen Wittelsbacher seit dem 16. Jh. auszuzeichnen, wie zahlreiche Reiseberichte und Beschreibungen belegen. Wenn Baldassare Pistorini 1644 zu Beginn seiner Beschreibung feststellt, die Residenz sei „l'ornamento più riguardevole della città" und gleichsam eine weiträumigere, schönere Stadt in der Stadt, so sind damit durchaus noch lange zutreffende Rang- und Bedeutungsunterschiede zwischen dem in europäische Bezüge eingebundenen Hof und dem vergleichsweise bescheidenen bürgerlichen München angesprochen. Die Residenz, wie sie heute, seit dem Ende der Monarchie als Museum, zu kulturellen Zwecken und staatlicher Repräsentation genutzt, nach dem Luftkrieg und Wiederaufbau sich präsentiert, hat nicht erst 1943–1945, sondern im gesamten Prozess ihrer baulichen Fortschreibung und Erneuerung, mehrfach auch durch Brände (u. a. 1674, 1729, 1750) Verluste von z. T. hochrangigen Bauteilen, Raumgestaltungen und Kunstwerken hinnehmen müssen. Den historischen und künstlerischen Rang des Gesamtkomplexes veranschaulicht allein schon ein Blick auf die außerordentliche, in ihrem Bestand fluktuierende Vielfalt gestalterisch wie entwicklungsgeschichtlich bemerkenswerter Beispiele für die verschiedensten Bauaufgaben und Raumtypologien, die heute nur noch teilweise erhalten sind. Hingewiesen sei nur auf Treppenhäuser (Schwarze-Saal-Treppe, Hans-Steininger-Treppe, Kaisertreppe, ehem. Cuvilliés-Treppe, Gelbe Treppe, Königin-Mutter-Treppe, ehem. Festsaalbautreppe u. a.), Festsäle (ehem. Georgssaal, Kaisersaal, Alter Herkulessaal, Schwarzer Saal, ehem. Goldener Saal, ehem. Thronsaal im Festsaalbau u. a.), Galerien (Antiquarium, zwei nicht erhaltene Galerien der Kurfürstin Henriette Adelaide, Ahnengalerie, Grüne Galerie), mehrere Kapellen, Audienzsäle, auf Gast-, Wohn- und Zeremonial-Appartements aus fast sämtlichen Stilphasen, Schatzkammern, Spiegelkabinette, höfische Theater und nicht zuletzt die Gärten mitsamt Zubehör.

In dem schon in der Zeit der Monarchie zumindest teilweise zugänglichen Schlosskomplex wurde am 19. Mai 1920 das *Residenzmuseum* eröffnet und bis 1931 unter seinem Direktor Friedrich H. Hofmann weiter eingerichtet; es umfasste als „Raumkunstmuseum" die künstlerisch bemerkenswerteren Säle und Raumfolgen sowie Spezialsammlungen.

Durch Luftangriffe im Oktober 1943, am 18. März 1944, besonders in der Nacht vom 24. zum 25. April 1944 (Großbrand), am 17./18. Dezember 1944 und am 25. Februar 1945 wurde die Residenz weitgehend zur Ruine; von 23.500 m² Dachfläche blieben nur 50 m² erhalten. Bereits 1944 wurden Grundvorstellungen für den Wiederaufbau entwickelt (Rudolf Esterer) und eine Bauleitung gegründet. Trotz augenscheinlich fast hoffnungslosen Zustandes bei Kriegsende setzte sich bald das in den folgenden Jahrzehnten mit einigen Schwankungen in Detailfragen im Grundsätzlichen festgehaltene Konzept einer weitgehenden Rückgewinnung dieses geschichtlich wie künstlerisch überragenden Baudenkmals durch, in dem der Freistaat Bayern, der sein Selbstverständnis über alle Wandlungen hinweg in der Kontinuität mit seinen früheren staatlichen Vorgängern seit der Agilolfingerzeit begründet sieht, einen unverzichtbaren Ausdruck seiner Identität erblicken musste. Der Wiederaufbau, in dessen Verlauf die unterschiedlichsten denkmalpflegerischen Entscheidungen getroffen und Methoden erprobt wurden, die von Substanzsicherung über verschiedenartige Möglichkeiten einer Ergänzung bis zur fast völligen Rekonstruktion, aber auch zum Entschluss zu Aufgabe oder Verzicht auf Wiederherstellung reichen, ist eines der umfang- und aufschlussreichsten Kapitel der Nachkriegs-Denkmalpflege, dessen Ergebnisse jedoch nicht allein aus denkmalpflegerischen Fragestellungen und Entscheidungen abzuleiten und zu verstehen sind.

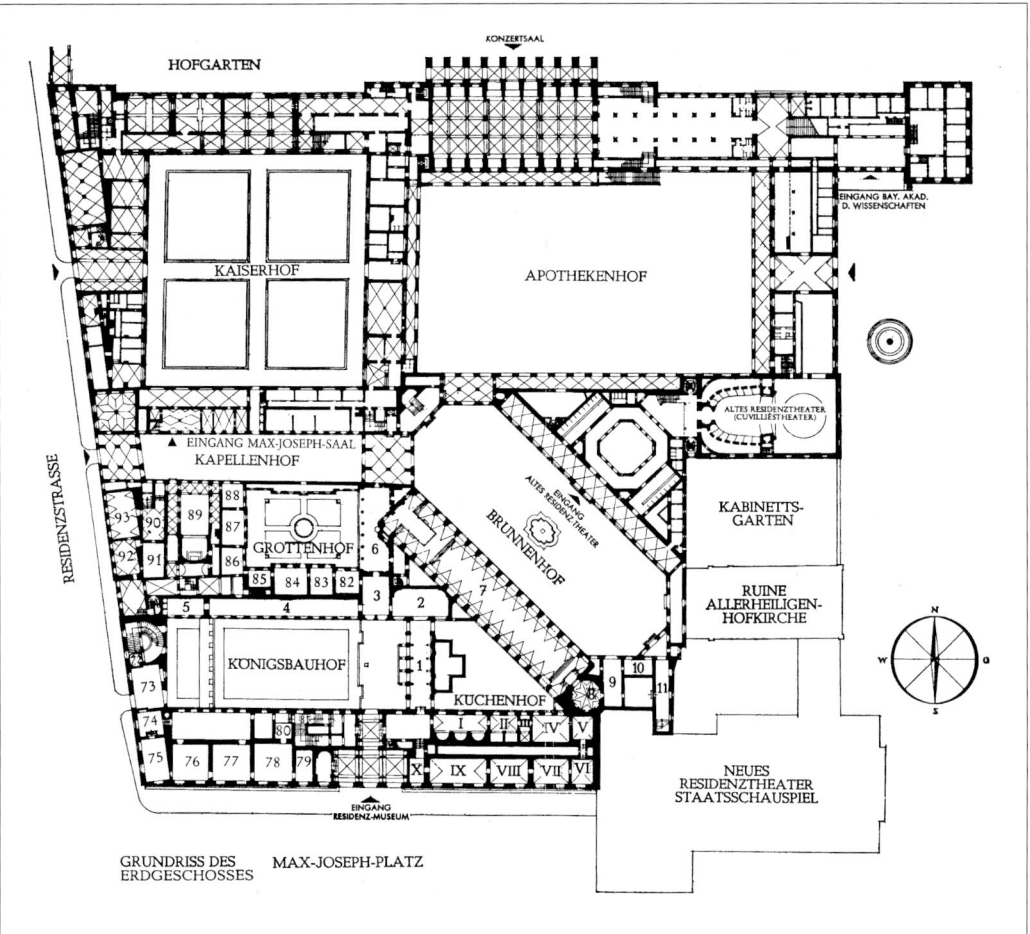

Residenz; Grundriss Hauptgeschoss, 1996

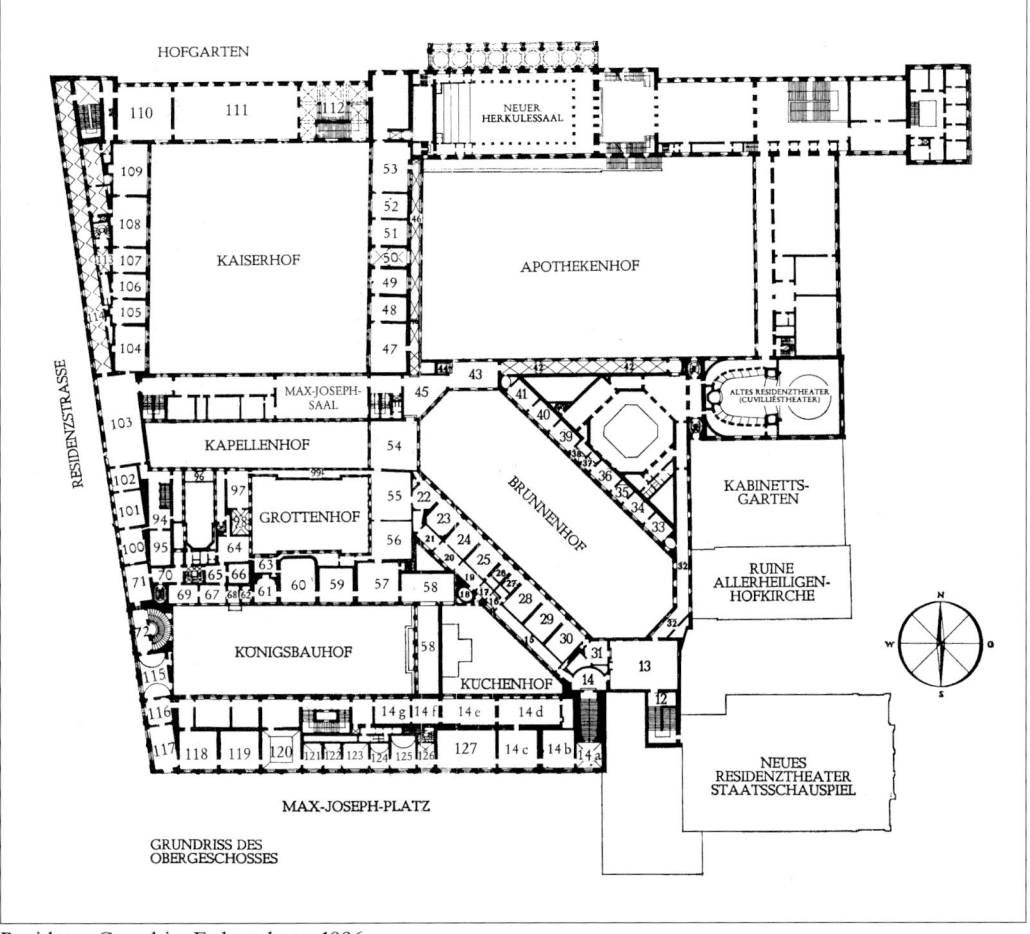

Residenz; Grundriss Erdgeschoss, 1996

Maßgebend für einen die Fehlstellen weithin rekonstruierend schließenden Wiederaufbau war vor allem die rechtzeitig geborgene Fülle mobiler, z. T. auch demontierbarer Ausstattung (z. B. Vertäfelungen). Manche Entscheidung entsprach natürlich aktuellen Bedürfnissen und damaligen kunsthistorischen Wertbegriffen, so die lange Vernachlässigung der Ruine der zum Abbruch vorgesehenen Allerheiligen-Hofkirche und der Verzicht auf die unterschätzten Innenräume des Festsaalbaues wie auch der Hofreitschule. Zu bedauern bleibt freilich der Verlust des Thronsaales im Festsaalbau und des Sitzungssaales der Staatsratszimmer, welche die spezifische konstitutionelle Staatlichkeit Bayerns im 19. Jh. (im Unterschied etwa zu Österreich und Preußen) verkörperten. Der Verzicht auf ihre Wiederherstellung macht auch die lange Zeit dominierende Priorität künstlerisch-ästhetischer Wertungen deutlich.

Ein erster Teilabschnitt des Residenzmuseums sowie die neuen Räume der Schatzkammer im Königsbau wurden im Jubiläumsjahr 1958 (800-Jahr-Feier der Stadt) eröffnet, zugleich mit der unter den Auspizien des Europarates veranstalteten Ausstellung „Europäisches Rokoko", deren Höhepunkt das in den Apothekenstock eingebaute Logenhaus von Cuvilliés' Altem Residenztheater bildete. Für den immensen Fundus angestammten Kunstbesitzes, von Gemälden und Plastiken jeden Formates und Kunstobjekten aller Art, ist die Präsentation in originalem Raumzusammenhang natürlich der in jedem ortsfremden Museum weit vorzuziehen. Hervorzuheben ist der Bestand an wertvollen Möbeln des 16.–19. Jh., darunter eine der größten Sammlungen erlesener französischer Möbel des 18. Jh., weiters die große Zahl von Wandteppichen – vielfach Serien –, unter denen hier auf die in den Münchner Manufakturen unter Hans van der Biest (Anfang 17. Jh.), Louis-Arnould d'Arondeau (um 1730/70; Wittelsbacher Historienfolge, heute in Räumen Nr. 43 und 45) und

Joseph Chédeville (um 1770/1800) gewirkten hinzuweisen ist. In überwiegend neutral wiederhergestellten Räumen sind die umfangreichen Fachsammlungen der Residenz ausgestellt – Schatzkammer, Reliquienkammer, Paramentenkammern, Silberkammer, Porzellankammern. Im Residenzkomplex sind außer dem Residenzmuseum, dessen Verwaltung und Werkstätten, zahlreiche weitere Nutzungen vor allem kultureller Art untergebracht, u. a. Konzertsaal und Bayerische Akademie der Wissenschaften im Festsaalbau, Staatliche Münzsammlung südlich und Staatliches Museum Ägyptischer Kunst (bis 2010) nördlich des Kaiserhofes, Bayerische Akademie der Schönen Künste im Königsbau. Cuvilliéstheater und Max-Joseph-Saal werden öffentlich genutzt, Antiquarium und Kaisersaal zu Staatsempfängen.

Vorstände der – seit 1973 als Außenstelle in das Bauamt der BSV eingegliederten – Bauleitung waren 1944–49 Tino Walz, der als Schweizer in schwierigen Zeiten manche Freiräume nutzen konnte, bis 1953 Christoph von Petz und Sepp Huf, bis 1963 Otto Meitinger („Baugeschichte der Neuveste", 1970) und nach ihm Toni Beil; die Planungsabteilung leitete 1954–76 Engelbert Völk. Gemäß Umfang, Vielseitigkeit und künstlerischem Rang der geforderten Aufgaben entwickelten die eigenen Restaurierungswerkstätten ein Höchstmaß technisch-kunsthandwerklicher Perfektion. Mit der Eröffnung des Kaisersaaltraktes und des restaurierten Max-Joseph-Saales 1985 war der Wiederaufbau im Wesentlichen abgeschlossen.

Parallel mit der laufenden baulichen Wiederherstellung und Erschließung sowie Instandsetzung und Präsentation der Ausstattung erfolgte eine breit gefächerte wissenschaftliche Erforschung, in letzter Zeit über die traditionelle Priorität des Kunstwertes ausgeweitet in den Bereich der Ikonologie und der funktionalen Bedingtheiten; so wurde mehrfach die Bedeutung des höfischen Zeremoniells für die Raumanordnung und Ausgestal-

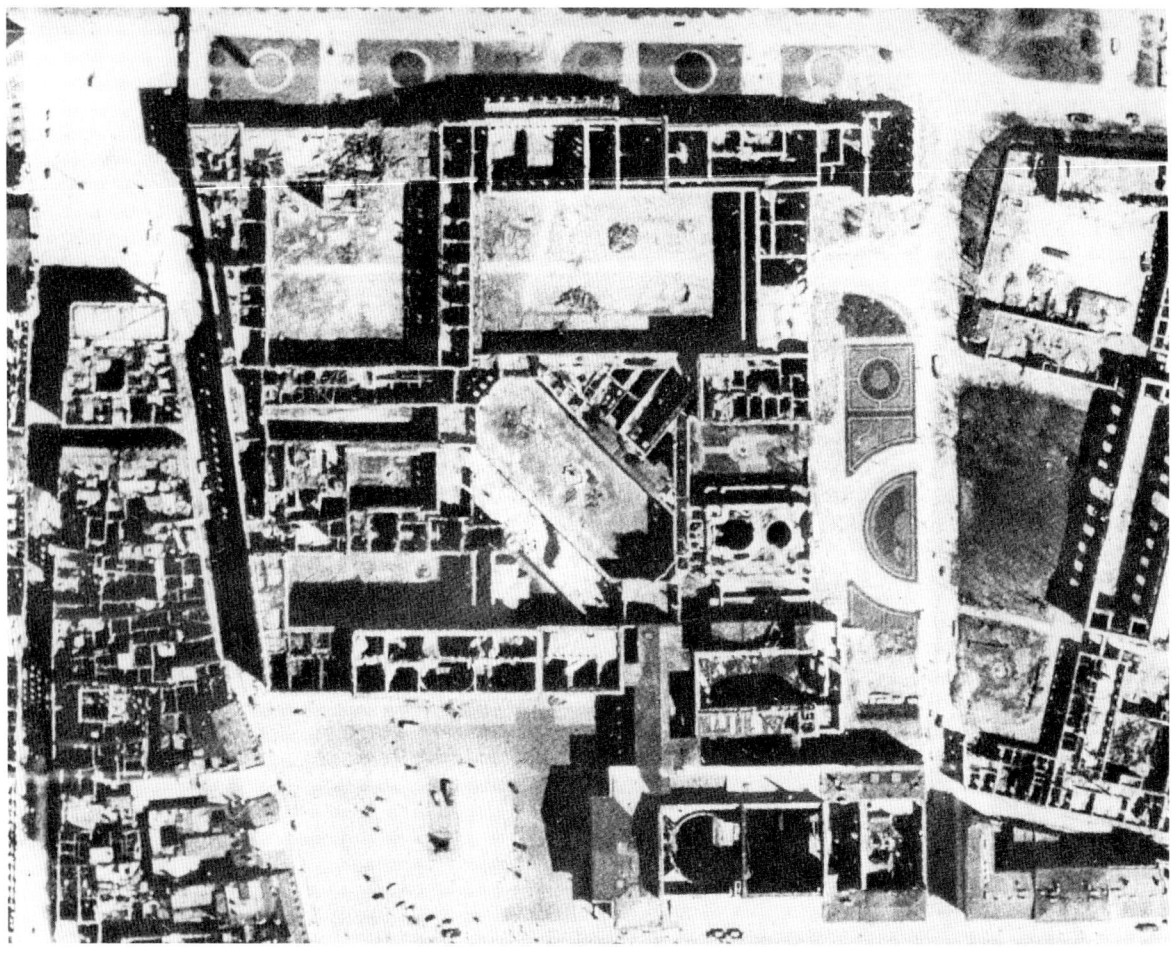

◁ Residenz;
US-Luftaufnahme
von 1945

Residenz; Luftaufnahme von 1985

tung herausgearbeitet (u. a. von Samuel John Klingensmith 1993, Henriette Graf 2002, im Ausstellungskatalog „Pracht und Zeremoniell" 2002) sowie die Verbindung von Nutzungs- und Heizungsmöglichkeiten (Kamine, Ofenstellen) verdeutlicht (die bereits B. Pistorini 1644 angesprochen hatte). Mit dem „Corpus der barocken Deckenmalerei" (1989) war ein vertiefter Einstieg in baugeschichtliche und ikonologische Zusammenhänge verbunden. Herbert Brunner veröffentlichte 1977 eine Gesamtschau über die Kunstschätze der Residenz; die Forschungen zum Antiquarium gipfelten im Skulpturenkatalog von 1987; drei Kataloge der Möbel des 16.–19. Jh. erschienen 1995–97. Trotz zahlreicher Spezialforschungen (vgl. Literaturverzeichnis) zu einzelnen Bauphasen, Gebäudeteilen, Künstlern und Kunstgattungen, trotz zusammenfassender Führer und Überblicke verschiedenen Umfangs dürfte eine umfassende Gesamtinventarisation im traditionellen, „klassischen" Sinne schwer zu realisieren sein. (Das erste Unternehmen dieser Art – im Rahmen der „Kunstdenkmäler" von 1902 – wurde schon damals als ungenügend und unübersichtlich kritisiert, beinhaltet nichtsdestoweniger wertvolle Informationen, Beschreibungen z. T. verlorener Details und interessante baugeschichtliche Überlegungen).

Den Schwerpunkt der nachfolgenden, primär Architektur und wandfeste Ausstattung berücksichtigenden Beschreibung bilden naturgemäß die gestalterisch und historisch bemerkenswerten herrschaftlichen Repräsentations- und Wohnräume, doch ist auf die Fülle sonstiger in der Residenz angesiedelter Wirtschafts- und Verwaltungsfunktionen nebst Wohnungen für Hofstaat und Personal zumindest hinzuweisen, häufiger umgestaltete, schlichte, nach 1944 meist veränderte und sachlich wiederaufgebaute Bereiche.

Aus der 1. Hälfte des 17. Jh. stammende Residenzpläne, so der sog. Pariser Plan samt späteren Tekturen (Paris, Institut de France, Bibl. MS. 1040 fol. 6), ein JGH signierter Plan (BSV) und der sog. Tambacher Plan (Privatbesitz, Schloss Tambach), der hier wegen seiner Raumbeschriftung bevorzugt zitiert wird, sind nicht genau zu datieren und in Details nicht deckungsgleich; daraus resultierende Unschärfen zu klären, kann nicht Absicht und Aufgabe der Darstellung in diesem Rahmen sein.

Ehem. Burgstall

Ein erstmals 1336 und in der Folge mehrfach – zuletzt 1462 – erwähnter Burgstall, zu dessen Abtragung 1363 sechs Bürger namentlich bestimmt wurden (über bauliche Details wird nichts ausgesagt), ist nach Helmuth Stahleder (1992) im westlichen Bereich der späteren Residenz zu lokalisieren, etwa um den Kapellenhof, das ehem. Jägergassl. Es dürfte sich um einen abgegangenen Adelssitz gehandelt haben, nach Richard Bauer (OA 126, 2002) vielleicht der Herren von Bogenhausen und Schwabing, freisingischer Ministerialen im 12. Jh., der nach 1260 an die Wittelsbacher überging, in deren Besitz sich somit bereits wesentliche Teile des Areals der nachmaligen Neuveste bzw. Residenz befunden haben dürften.

Ehem. Neuveste

Vom Kern- und Ursprungsbau der Residenz, dem vom späten 14. bis ins 2. Drittel des 16. Jh. laufend ausgebauten Komplex der Neuveste, ist heute fast nichts mehr erhalten bzw. oberirdisch anschaulich. Die Wasserburg entstand in einer unruhigen Phase von Auseinandersetzungen zwischen Landesherren und Bürgern wie auch innerhalb des Herzogshauses. Nach dem niedergewor-

Neuveste; Holzschnitt von Nicolaus Meldemann, 1530 (Ausschnitt)

fenen Aufstand von 1384 mussten die Münchner Bürger den Herzögen Johann II. und Stephan III. den Bau einer neuen Veste in der Nordostecke des vom zweiten Mauerring umfassten, erweiterten Stadtareals und damit einen jederzeit möglichen Ein- und Ausgang zugestehen. Die 1389 erstmals mit Namen erwähnte Neue Veste – im Unterschied zum nunmehrigen Alten Hof – wurde 1392 von Johann II. im Streit mit seinem älteren Bruder Stephan III. erobert; bei der daraufhin erfolgten abermaligen (dreifachen) Landesteilung erhielt Johann (gest. 1397) München. Alte wie Neue Veste wurden auf der hochwasserfreien Altstadtterrasse platziert, die auch für den Verlauf der ostseitigen Stadtmauer maßgebend war.

Die primär aus Sicherheitsgründen entstandene, durch einen Weg bzw. Gang entlang der Stadtmauer mit dem Alten Hof verbundene Veste lag in der leicht spitzwinkeligen Nordostecke der vorhandenen, turmbewehrten Stadtmauer. Die Randsituation ermöglichte auch die Anlage des (ersten) Lustgartens (Ersterwähnung 1407) im Bereich des heutigen Marstallplatzes (s. dort). Die einzelnen Bauphasen hat Otto Meitinger (OA 92, 1970) auf der Grundlage der im Zuge der Wiederaufbaumaßnahmen nach 1944 gewonnenen Erkenntnisse dargestellt. Einige 1960 ausgegrabene Fundamente stammen von einer älteren Bebauung, die vielleicht in einem Zusammenhang mit dem im 14./15. Jh. erwähnten Burgstall steht (vgl. Meitinger 1970, S. 20, 105). In der ersten Bauphase bis ca. 1390 entstand im Nordwesten, entlang der Westmauer, der Palas und an der Südwestecke der rechteckige Silberturm, in der Folge zeitweilig der Aufbewahrungsort des Hausschatzes; Bestandteile der höchstwahrscheinlich einbezogenen Stadtmauer waren ein Rechteckturm im Südosten sowie im Nordosten der zylindrische (alte, innere) Christophsturm, benannt nach dem hier 1471/72 festgehaltenen Bruder Herzog Albrechts IV. Schwerpunkt der Hofhaltung und Verwaltung war bis ins mittlere 16. Jh. noch der Alte Hof (den Albrecht IV. jedoch 1467 seinem Bruder Sigismund überlassen hatte); nach dem Bericht des Venezianers Andrea de Franceschi von 1492 wohnte damals der Herzog (Albrecht) in der alten, seine Gemahlin (Kunigunde von Österreich) in der Neuveste. Im Laufe des 15. Jh. wurden die Befestigungen verstärkt (u. a. Rundbastionen um die Ecken), 1434 die Hofkapelle im Osten geweiht, um 1469–82, z. T. noch später, das Wassergrabensystem von der Stadt im Zusammenhang mit dem Ausbau der gesamten Stadtbefestigung stark verbreitert und der Lustgarten in den zweiten, äußeren Mauerring einbezogen, der nur in diesem Bereich sich von der sonst parallelen älteren, inneren Stadtmauer löste. Am vorwiegend fortifikatorischen weiteren Ausbau der Neuveste

unter Albrecht IV. im letzten Drittel des 15. Jh. (ab 1468) waren der Maurermeister Jörg von Halsbach und wohl auch der im Dienst des Herzogs stehende Zimmermeister Heinrich von Straubing tätig, die gleichzeitig die neue Frauenkirche errichteten (Solleder 1938/1962; Meitinger 1970).

Unter Wilhelm IV. (1508–50) leitete Leonhard Halder die Bauarbeiten (1518 Reparaturmaßnahmen; in der Folge Neugestaltung des östlich benachbarten Lustgartens). Um 1540 wurde im Südosten z. T. über der gerundet schließenden, älteren Bastion der sog. Rundstubenbau errichtet; im Nordosten entstand mit anderen Erweiterungen (sog. Türnitz) der (zweite, vorgeschobene) Äußere Christophsturm, dessen Unterteil 1832 ff. in Klenzes Festsaalbau (s. dort) einbezogen wurde. Den nördlichen Graben überquerte als Ersatz für einen Holzsteg eine Massivbrücke mit vorgelegtem Halbrondell als Schutz („NeuVest Thor" auf Volckmers Stadtplan von 1613). Die St. Georgskapelle wurde um 1540 durch Halder in noch gotisierenden Formen umgebaut und erweitert; ihre innere Disposition und Ausstattung ist in zwei Ansichten Hans Mielichs von 1567 überliefert.

Unter Albrecht V. entstand zwischen dem Rundstubenbau im Süden und der Hofkapelle 1558–62 unter Bauleitung von Wilhelm Egckl ein neuer Osttrakt mit dem ca. 32 x 11 m großen, 6 m hohen St. Georgssaal, Prototyp weiterer Prunksäle in süddeutschen Schlössern der Folgezeit, dessen Aussehen durch Ansichten von Hans Mielich (1567) und Nikolaus Solis (1568) sowie Beschreibungen von Philipp Hainhofer (1611) und Michael Wening (1701) in den wichtigen Details bekannt ist. Hauptelement des repräsentativen Erscheinungsbildes war die geschnitzte Kassettendecke, vermutlich eine Arbeit von Hans Wiesreutter, der wenig später die noch erhaltene Decke im Saal des Dachauer Schlosses fertigte. Georgssaal und -kapelle sind auf Mielichs Miniaturen dargestellt als Wirkungsstätten der renommierten Hofmusikkapelle, deren Mitglied ab 1557 und in der Folge Leiter bis zu seinem Tod 1594 Orlando di Lasso war. Typologische Vorbilder für den Saal und seine Kassettendecke dürften in erster Linie am französischen Hof zu suchen sein (Fontainebleau, Salle de bal, unter Heinrich II. fertiggestellt). Der Rundstubenbau wurde aufgestockt und erhielt ein mächtiges Walmdach.

Mit noch weiteren Ausbauten erreichte die Neuveste in der 2. Hälfte des 16. Jh. ihren umfangreichsten Entwicklungsstand; mit den um diese Zeit über ihre Grenzen ausgreifenden Baumaßnahmen Albrechts V. und Wilhelms V. begann zugleich ihr all-

Neuveste von Osten; Holzschnitt von Jost Amman, 1559 (Ausschnitt)

mählicher, später stetig wachsender Bedeutungsverlust im Gesamtrahmen der expandierenden Residenz. Maximilian I. (1597–1651) ließ den mittelalterlichen Palas im Westen, den Silberturm an der Südwestecke und den Südflügel abtragen (1612), die ihnen vorgelegten Gräben zuschütten und im Rahmen seines neuen Residenzkomplexes die Verbindung zu diesem herstellende Zwischenbauten aufführen, so im Norden der Neuveste den Giebelbau des Neuen Stocks (mit Katharinenkapelle) samt westlich anschließendem, lang gestrecktem Hirschgang; die weiterhin bestehenden Trakte der Neuveste im Norden und Osten bildeten fortan eine Teilbegrenzung des neu angelegten Apothekenhofes im Nordosten der Residenz (vgl. das im 17. Jh. ergänzte Stadtmodell

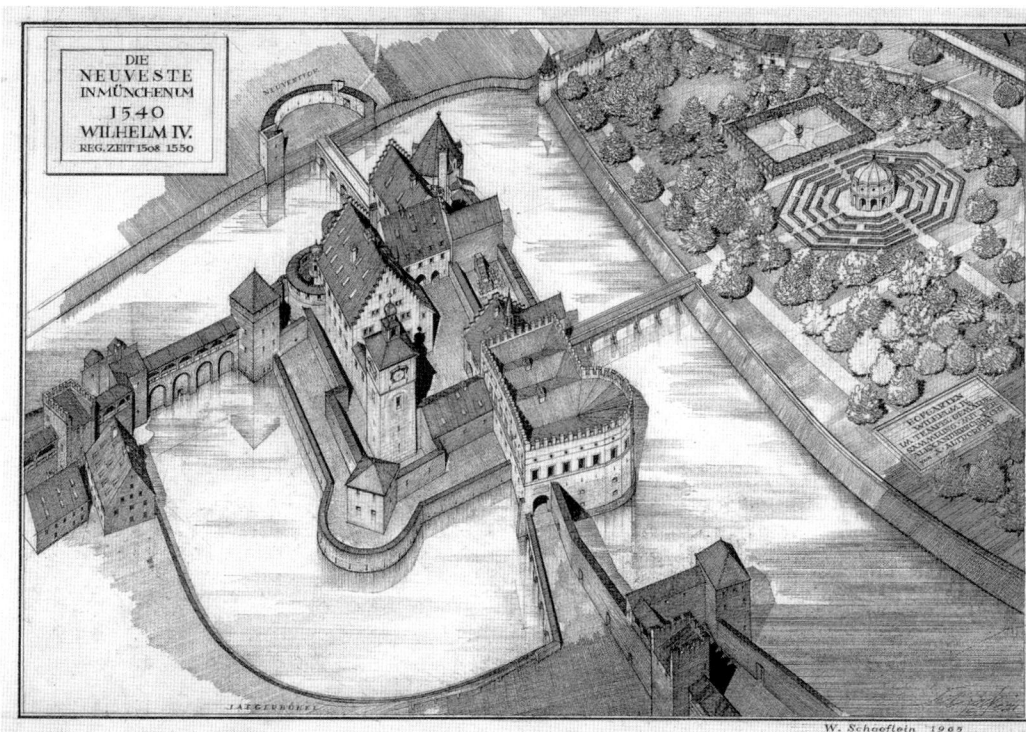

Neuveste von Süden, Zustand 1540; Rekonstruktion von W. Schaeflein, 1965

J. Sandtners). Die alte, mittig dem Georgssaaltrakt vorgelegte Holzbrücke über den Graben im Osten wurde 1614 beim Neubau der Zeughäuser auf dem bisherigen Lustgartengelände (vgl. Marstallplatz) durch eine weiter nach Süden gerückte massive Bogenbrücke ersetzt. Der Tambacher Residenzplan von ca. 1630/50 zeigt mit Beschriftung die damals noch erhaltenen Bauteile der Neuveste: in der Nordostecke die „Apoteggn" im (äußeren) Christophsturm samt benachbarten Edelknabenzimmern und kleiner Küche, weiter südlich den Alten Saal (Georgssaal), die Rundstube und noch weiter ein grabenseitig vorgebautes Vogelhaus; im Nordflügel ist die Katharinenkapelle durch ein Kreuz gekennzeichnet. Vgl. M. Wening (1701, S. 13), der im Süden das Churfürstliche Bad sowie Wohnungen von Burg- und Hauspfleger erwähnt. In dem zunehmend für Theateraufführungen (erstmals erwähnt 1651) benützen St. Georgssaal, in den Nikolaus Gottfried Stuber 1740 ein kleines Logentheater einbaute, brach am 5. März 1750 der Großbrand aus, der vor allem die Restbestandteile der ehem. Neuveste verwüstete (Anlass zum Neubau des Residenztheaters 1753 ff., s. dort). Die im Umfang abermals reduzierte, instand gesetzte Restbausubstanz fristete in der Folge eine Randexistenz; im letzten Zustand wurde sie 1826/27 auf Gemälden von Domenico Quaglio dokumentiert, ehe sie schließlich 1832 zugunsten des Festsaalbaues von Klenze abgebrochen wurde (nachdem frühere Neubauprojekte u. a. von Cuvilliés und Verschaffelt unverwirklicht geblieben waren). Einbezogen in den Festsaalbau wurde der Unterbau des äußeren Christophsturmes. Weitere bauliche Reste wurden im Zuge des Residenzwieder-

aufbaus nach dem Zweiten Weltkrieg freigelegt und dokumentiert (vgl. im Einzelnen Meitinger 1972); im Pflaster des Apothekenhofes wurde der Grundriss der in diesem Bereich gelegenen südwestlichen Bauteile der Neuveste kenntlich gemacht (in Schräglage zum heutigen Rechteckhof).

Erweiterungen vom mittleren 16. Jh. bis ca. 1610

Albrecht V. (1550–79), Erbauer des Georgssaales (um 1560), überschritt mit dem Antiquarium (ab 1568) die Grenzen der fortifikatorisch an Bedeutung verlierenden Neuveste und griff mit anderen höfischen Baumaßnahmen wie dem neuen Lusthaus samt Garten seiner habsburgischen Gemahlin Anna (vgl. Hofgarten) sowie mit dem Marstall samt Kunstkammer (s. Hofgraben 4) in das weitere Umfeld aus. Unter Wilhelm V. (reg. 1579–1598, gest. 1626) schlossen sich das Antiquarium flankierende Komplexe an, die sich westwärts bis an die Vordere Schwabinger Gasse (Residenzstraße) erstreckten.

Neuveste, St. Georgssaal; Radierung von Nikolaus Solis, 1568

Die Festungswirkung der Neuveste wurde zumindest stadtseitig reduziert durch den Neubau des *Ballhauses* (für Ballspiele) quer über dem südwestlichen Wassergraben in Anlehnung an die Brückenwestseite. Für die Entstehung, in den Amtlichen Führern seit 1937 (Hans Thoma) in die frühe Regierungszeit Wilhelms V. datiert, machte Herbert Brunner (1977, S. 325, Anm. 17) Indizien geltend, die für die Ära des ballspielfreudigen Albrecht V. um 1560/70 sprechen (Meitinger 1970, S. 101: „unter Albrecht V. in der Mitte des 16. Jahrhunderts"). Im Rahmen der Baumaßnahmen Maximilians I. wurde der Ballsaal 1612 umgestaltet. Auf dem Stadtplan von J. Consoni (1806) ist der Grundriss mit umlaufender Empore gemäß der 1800 erfolgten Einrichtung als *Evangelisches Hofbethaus* (für Kurfürstin bzw. Königin Karoline) dargestellt (vgl. Ausst. Kat. Max Joseph 1980, II, Nr. 332); es musste der 1806 neu gegründeten protestantischen Stadtpfarrei bis zur Vollendung der Matthäuskirche 1833 genügen. In die Umfassungsmauern der Luftkriegsruine des (zuvor lange vernachlässigten) ca. 28 x 12 m großen Saales wurde 1946 das interimistische „Theater am Brunnenhof" eingebaut, das 1957 zugunsten des achteckigen Foyerhofes des Cuvilliéstheaters (s. dort) abgebrochen wurde. Erhalten blieb bis heute die um 1957 gesicherte, unter dem Ballsaal gelegene zweischiffige *Kellerhalle*, ein (innen heute roher) Ziegelbau mit vier gemauerten, stämmigen Rundpfeilern und ziemlich flachen Kreuzgratgewölben – die älteste heute in der Residenz anschauliche Raumgestaltung, die mit ihren gedrückten Proportionen an das Antiquarium und das Marstallgebäude erinnert. Nach Horst H. Stierhof (1980) kann der Bau des Ballhauses Wilhelm Egckl zugeschrieben werden.

Das *Antiquarium* (heute Raum 7), ursprünglich ein freistehender, lang gestreckter zweigeschossiger Walmdachbau, war architektonisch-künstlerisch, typologisch wie hinsichtlich seiner komplexen Funktionalität wohl das bemerkenswerteste höfische Neubauprojekt seiner Zeit nördlich der Alpen. Mit seiner facettenreichen Planungs-, Bau- und Ausstattungsgeschichte hat sich die Forschung der letzten Jahrzehnte intensiv, doch mit in Details nicht immer deckungsgleichen Ergebnissen befasst. Gemäß den Intentionen Albrechts V. war der 1568 beschlossene Neubau als Sammlungsgebäude für die in seinem Auftrag in kürzester Zeit durch Jacopo Strada und Niccolo Stoppio als in Italien tätige Kunstagenten erworbenen antiken Plastiken bestimmt, das Obergeschoss zur Aufnahme der gleichfalls neu begründeten Hofbibliothek, mit der um 1571 erworbenen Sammlung des Humanisten Johann Jakob Fugger als Kernbestand. J. J. Fugger (gest. 1575), der dem Herzog 1566 einige Antiken verkaufte, war auch als dessen Berater bei Anlage und Ausstattung des Sammlungsgebäudes tätig. Der Bauplatz war im stadtseitigen Vorfeld der Neuveste quer zur Südbrücke in brandsicherem Abstand situiert, in einem vom Franziskanerkloster abgetretenen Gartenareal mit

Antiquarium, Nordwestecke; Aufn. 1937

dem sog. Jägerbühel auf der Altstadtterrasse. Innerhalb des teilweise erhaltenen Planungsmaterials ist der 1959 von Erich Hubala veröffentlichte, seitdem viel erörterte Entwurf wohl eines Italieners, der sich u. a. mit dem Walmdach nördlichen Baugepflogenheiten anpasste, von besonderem Interesse; das Innere war als zweischiffige Gewölbehalle konzipiert. Nachfolgende, formal rein italienische Entwürfe werden Jacopo Strada aus Mantua zugeschrieben, spätere Blätter Friedrich Sustris. Der früher als Architekt angenommene Hofbaumeister Wilhelm Egckl (gest. 1588) fungierte lediglich als Bauleiter; als Architekt gilt heute der Augsburger Stadtwerkmeister Simon Zwitzel, von dessen Hand ein mit SZ signierter Querschnitt stammt (BHStA, Pl. Slg. 7940). Jacopo Stradas eigener Anspruch auf die Konzeption („… structurae ordine interiori a me delineato …"; 1575) ist wohl in erster Linie auf Organisation und Aufstellung der Sammlung und allenfalls daraus resultierende architektonische Konsequenzen zu beziehen. Für die Steinmetz- und Marmorarbeiten war Caspar Weinhart verantwortlich. Der 1570/71 aufgeführte Rohbau wurde erst sukzessive ausgestattet unter mehrfacher Ände-

Keller unter dem Ballsaal

Antiquarium nach Kriegsschäden; Aufn. um 1945

rung des gestalterischen wie funktionellen Konzeptes. Unter Wilhelm V. erfolgte ab 1581 unter Leitung von Friedrich Sustris (gest. 1600) offenbar in zwei Etappen eine das Schwergewicht von der Antikensammlung zur Nutzung als Fest- und Bankett-saal verlagernde Adaptierung mit Tieferlegung des Fußbodens im langen Mittelbereich (nach Ph. Hainhofer erst unter Maximi-lian I.); O. Hartig (1933, S. 224) nahm überdies eine Verkürzung um eine Achse zugunsten der anschließenden Grottenhof-Log-gia an (1587).

Aus dieser Phase nach 1581 stammt weitgehend die Detailgestal-tung der längsseitigen Wandpfeiler- und Nischenarchitektur, an der ein wesentlicher Anteil Carlo Pallagos anzunehmen ist, mit ihrer polychromen Stuckmarmorverkleidung sowie die Erweite-rung des in den Pfeilernischen untergebrachten Antikenpro-gramms von 104 Marmorstatuen um die historische Vollzählig-keit anstrebende Büstenfolge der römischen Imperatoren und ihrer Gattinnen – z. T. Neuanfertigungen bzw. Ergänzungen samt Sockeln durch die Bildhauer Jordan Preckenfelder (gest. 1575) und Hans Ernhofer (Aernhofer). Gesichtspunkte historisch-kri-tischer Authentizität im modernen wissenschaftlichen Sinn stan-den natürlich damals nicht im Vordergrund des Interesses (die wertvollsten Originale wurden im 19. Jh. in die Glyptothek über-führt). Der im ersten Zustand relativ schlichte Stuckdekor an der gedrückten (in Ziegel gemauerten) Stichkappentonne wurde nach Sustris' Konzept durch eine reiche Groteskenmalerei von Antonio Ponzano und anderen ersetzt; die Deckenbilder im Ge-

wölbescheitel, Tugendallegorien im Hinblick auf die Eigen-schaften des Guten Fürsten, wurden bereits im frühen 17. Jh. durch in Öl bemalte Holztafeln gleichen Inhalts von Peter Can-did und Mitarbeitern verdeckt (1924 abgenommen und beim Wiederaufbau um 1958 wieder angebracht). Zur Erstfassung ge-hören die durch Attribute jeweils den benachbarten Tugenden zugeordneten Puttenpaare in den Zwickeln (z. T. beschädigt).

Unter Sustris entstand im Auftrag Wilhelms V. die zeittypisch Realismus wie Machtbewusstsein demonstrierende Veduten-folge von 102 herzoglich-bayerischen Städten, Märkten, Burgen und Schlössern in den Stichkappen (größere, querovale For-mate) und Fensterlaibungen (schmalere Hochformate), ausge-führt von Hans Donauer d. Ä. (gest. 1596) ab 1586 nach seit 1583 an den dargestellten Orten vielleicht von verschiedenen Mitar-beitern gefertigten Vorentwürfen. Der nach Donauers Tod erst 1599 von Bartholomäus Reitter vollendete Zyklus bringt das neuartige topo- und geographische Interesse ebenso zum Aus-druck wie bereits zuvor unter Albrecht V. Philipp Apians karto-graphische Landesaufnahme – die präziseste ihrer Zeit – und Jakob Sandtners Stadtmodelle.

Unter Maximilian I., der 1598 die Regierung übernahm, wurden die Ausstattungsarbeiten abgeschlossen (Datum 1600 an beiden Schmalseiten), wobei wiederum der Antikensammlung vermehrte Bedeutung zugemessen wurde gemäß der Widmungsinschrift „Sacrae vetustati dicatum". Der Saal erhielt in den strengen For-men des Künstlerkreises um Hans Krumpper neu gestaltete

Residenz, Antiquarium nach Nordwesten

Antiquarium, Ansicht von München, von Hans Donauer

Schmalseiten-Abschlüsse mit vorgelegter Estrade für die fürstliche Tafel samt Prunkkamin (nordwestlich) bzw. für die Musiker samt Portalarchitektur (südöstlich) in rotem Marmor sowie im Sockelbereich etwas jüngeren Scagliola-Architekturszenerien von Wilhelm Pfeifer/Fistulator. Die Tafel-Estrade flankieren in den Fensternischen fünfgeschossig zurückgestaffelte, von Friedrich Sustris entworfene Kredenzschränke (als Schaubüffet; um 1590). In seiner Endredaktion, wie sie 1611 Philipp Hainhofer beschrieb und durch Matthias Kager zeichnen ließ, vereint der mit 17 Fensterachsen 66,9 m lange, 11,7 m breite und 8,1 m hohe Saal den italienisch-französischen Typus der lang gestreckten, wie meist zweiseitig belichteten Galerie mit den Funktionen der Antikensammlung und des Festsaals für Bankette und Empfän-

Schwarzer Saal nach Wiederaufbau

ge. Als Sammlungsgebäude war das Antiquarium sogar im internationalen Vergleich bemerkenswert (Hainhofer sah selbst in Rom und Florenz nichts Ähnliches; die Antikengalerien in Mantua und Sabbioneta entstanden erst später, das „Antiquarium" in Ambras war ein kleiner Raum). Charakteristisch sind die gedrückten Raumproportionen in Verbindung mit tiefem Niveau und hoch gelegenen Fenstern, einerseits sicher nördlich-unklassischer Raumauffassung entsprechend, andererseits wohl gerade im Zusammenwirken mit dem modischen, aus altrömischen Ruinen übernommenen Motiv der Grotesken ein Zitat antiker Raumbildungen etwa in der Art der bei Plinius erwähnten Kryptoportiken.

Nach schweren Luftkriegsschäden 1944 erfolgte der rekonstruierend ergänzende Wiederaufbau bis 1958; die fünf durch eine Sprengbombe zum Einsturz gebrachten Gewölbeachsen im Mittelabschnitt wurden in alter Mauertechnik geschlossen. Letzte gründliche Sanierung und Restaurierung 1995–2000.

Die *Bibliothek* Albrechts V. im Geschoss über dem Antiquarium, ein ebenso lang gestreckter, zweiseitig belichteter Saal wahrscheinlich mit Kassettendecke, typologisch der ehem. Augsburger Stadtbibliothek von Bernhard Zwitzel (1562/63) vergleichbar, wurde schon unter Maximilian I. in eine Flucht von Gastzimmern unterteilt (später Kurfürstenzimmer, s. unten), nachdem die Bücherbestände um 1599 in den Alten Hof übertragen worden waren.

Schon bald nach Errichtung des Antiquariums, während und im Zusammenhang mit dessen fortschreitender innerer Aus- und Umgestaltung, expandierten im späten 16. Jh. die höfischen Neubauten außerhalb der Neuveste in zunehmend weiträumigem Ausgreifen bis hin zur regelmäßigen neuen Residenzanlage Maximilians I. im frühen 17. Jh. Diese Entwicklung erscheint umso erstaunlicher, als gleichzeitig am Nordwestrand der Stadt mit der später Herzog-Max-Burg genannten Wilhelminischen Veste ein zweiter großer Residenzbau im Gange war (vgl. Pacellistraße 5). Das zur Neuveste bzw. deren – mit dem Ballhaus quer überbautem – Südwestgraben parallel situierte Antiquarium wurde in ein in der Hauptachse schräg dazu ost-westlich und nord-südlich ausgerichtetes System laufend neu entstehender Trakte und Hofbildungen eingebunden.

Westlich vom Antiquarium ließ Wilhelm V. 1581–86 den vierflügeligen sog. Gartenbau um den Grottenhof oder Kleinen Garten errichten. Zunächst noch getrennt von ihm entstand weiter im Südwesten 1580/81 der Witwenstock als Wohnsitz seiner Mutter Anna (gest. 1590) und nördlich von letzterem 1591–94 der Erbprinzenbau für Maximilian, der 1598 die Regierung an der Stelle seines 1597 resignierten Vaters übernahm. Mit Witwen- und Erbprinzenbau erreichte der Residenzkomplex die Ostseite der Vorderen Schwabinger Gasse (später Residenzstraße), wo die bürgerlichen Anwesen zwischen dem Ridlerkloster im Süden (vgl. Max-Joseph-Platz/Vorspann) und dem Schwabinger Tor im Norden unter Wilhelm V. und – gegen Norden fortschreitend – unter Maximilian I. bis 1612 sukzessive zugunsten der expandierenden Hofhaltung erworben und abgebrochen wurden (vgl. Häuserbuch I 1958, S. 27 ff.; hier insgesamt 19 Parzellen aufgeführt). Östlich hinter dem Erbprinzenbau entstand entlang der Nordseite des zum Kapellenhof gewordenen ehem. Jägergassls wohl unter Wilhelm V. der Hofdamenstock, der die Verbindung zum östlich anschließenden, wohl schon unter Albrecht V. erbauten Trakt mit dem (alten) Herkulessaal herstellte.

Der *Schwarze-Saal-Bau,* unter Maximilian I. um 1600/10 überformt, entstand bereits unter Wilhelm V. etwa um 1590 in schrägem Anschluss an das Südostende des Antiquariums, mit diesem durch ein vermittelndes *Oktogon* als Vorraum (Erdgeschoss, Raum Nr. 8; mit Stuckdekor von ca. 1600/10 am Gewölbe) verbunden. Der mit seiner Südseite an das Areal des ehem. Franziskanerklosters, heute an das Residenztheater grenzende Baublock

Residenz, Grottenhof nach Osten; Stich nach Matthias Disel, um 1720

Grottenhof nach Westen; Aufn. 1938

Grottenhof, Grottenhalle; Aufn. 1996

wird von Süden durch die als Annex angefügte *Treppe* (Raum Nr. 12) erschlossen, die als gegenläufige Schachtstiege, mit Stuckdekor von ca. 1610 an den Gewölben, als ein namhaftes Frühbeispiel des neuartigen Typus nördlich der Alpen gilt. Ein (z. T. ergänztes) Stuckmarmorportal verbindet sie mit dem 18 x 13,4 m großen *Schwarzen Saal* (Raum Nr. 13), einst Vorraum wie Festsaal im Zusammenhang mit der über dem Antiquarium in der bisherigen Bibliothek neu eingerichteten Gästezimmerflucht. Bis 1979 weitgehend rekonstruiert wurden die vier in der von Hans Krumpper geleiteten Phase um 1623 eingebauten schwarzen Stuckmarmorportale (nicht erhalten ist der gleichzeitige prächtige Kamin an der Westwand, ehemals mit den Figuren von „Fides" und „Justitia"). Bis 1979 von Karl Manninger al fresco völlig rekonstruiert wurde das entwicklungsgeschichtlich höchst bedeutsame, 1944 zerstörte Deckenbild (ursprünglich auf Leinwand) von Hans Werl aus dem Jahre 1602 an dem ebenfalls neu erstellten sog. Sargdeckelgewölbe (Flachdecke über hohem Schrägansatz), eine perspektivisch-illusionistisch gemalte Architekturkomposition mit mächtigen Voluten sowie Kaiserbüsten enthaltenden Nischen in der Schrägzone und zweigeschossiger, in einer Scheinkuppel gipfelnder Arkadenhalle, wodurch der nur 6,6 m hohe Raum eine optische Vertikalisierung erfuhr (vgl. die freie Nachbildung von ca. 1657 im Schloss Iburg eines bayerischen Fürstbischofs von Osnabrück, das erste illusionistische Deckenbild in Norddeutschland).

Der *Grottenhof- oder Gartenbau,* unter Wilhelm V. 1581–86 durch Friedrich Sustris als vierseitige Umrahmung des intimen, privaten Kleinen Gartens (ca. 30 x 20 m) errichtet, erhielt seinen Namen später nach der in sieben Arkaden mit toskanischen Rotmarmorsäulen geöffneten *Grottenhalle* im Erdgeschoss der östlichen Schmalseite. In diese ca. 1586–89 reich mit Muscheln und Grottenwerk ausgestattete Loggia (Raum Nr. 6) springt mittig von Osten her die Nordwestecke des schräg gelegenen Antiquariums vor, die Sustris zur dominierenden dreiseitig-polygonalen Muschelgrotte mit fünf Wandbrunnennischen ausgestaltete; über der größeren Mittelnische von Mohren gehaltenes Herzogswappen und Hubert Gerhard zugeschriebene Bronzefigur des Merkur, in den Marmorportale flankierenden Nischen der Schrägachsen jeweils bacchantische Halbfiguren.

Nach schweren Kriegsschäden (Einsturz 1944) wurden Säulen-arkaden und Stichkappenwölbung bis 1958 rekonstruierend wiederhergestellt; von den Wand- und Deckenbildern sind nur Reste (in den Lünetten der Ostwand) erhalten (vgl. im Einzelnen Bauer/Rupprecht 1989, S. 49 ff.). Das mythologische Programm der Fresco-Secco-Malereien – Götterhimmel in den Deckenfeldern, Metamorphosen nach Ovid in den Lünetten – hat Pallavicino (1667, S. 147 f.) kurz beschrieben, der als ihren Meister „Padoanino" (Alessandro Scalzi, gen. Paduano) nennt.

Eine weitere Loggia mit lediglich drei Arkaden, von je zwei Blendarkaden flankiert, öffnete sich ursprünglich auch gegenüber an der Westseite des IIofcs. Einen älteren Zustand des Gärtleins und der umgebenden Fassaden dokumentieren zwei Kupferstiche von J. A. Corvinus nach Matthias Di(e)sel aus dem frühen 18. Jh.; sie zeigen an den Längswänden in beiden Geschossen eine rhythmisierende korinthische Pilastergliederung und reiche Architekturmalerei sowie die Balustrade der ehem. Dachterrasse über dem Südflügel. (Zu Veränderungen im Obergeschossbereich infolge Umbauten um 1680/85 vgl. Heym 1984, S. 38 f., sowie die Residenzansichten von M. Wening 1685 und J. U. Kraus 1687 bzw. – nach Umbau – von Wening um 1700). Nach der die Achsenmaße vereinheitlichenden Umgestaltung samt Vorblendung von Mittelrisaliten durch François Cuvilliés 1730/31 sind das Erdgeschoss samt neuem Mezzanin sowie das Obergeschoss jeweils durch glatte ionische Pilaster (mit Kapitellen von Johann Baptist Zimmermann) gegliedert und durch ein breites dreiteiliges Gebälk abgeschlossen; dem gleichen System angepasst wurde (vielleicht etwas später) das Erdgeschoss der Westseite unter Schließung der Loggia (von der Säulenreste im Mauerwerk stecken blieben). Der originale Zustand des späten 16. Jh. ist nur noch an der Ostseite und im Obergeschoss der Westseite erhalten, letzteres hier wie dort mit Figurennischen

Grottenhof, Perseusbrunnen; hist. Aufnahme

zwischen den Fenstern (heute mit Abgüssen von Figuren, deren Originale z. T. in Raum Nr. 8/Oktogon aufbewahrt werden). Die nach M. Wening (1701) ursprünglich insgesamt 32 Nischenfiguren „aus weißem Marmor" im Obergeschoss waren als Fortsetzung des Antikenprogramms im Antiquarium konzipiert. Disels Ansichten zeigen über den beiden Schmalseitenmitten Zwerchhäuser, von denen nur das westliche (über der Reichen Kapelle) erhalten ist.

Im Mittelrondell des in Kreuzform unterteilten kleinen Gartens steht der *Perseusbrunnen* – auf (erneuerter) Schale die Bronzefigur des in der Rechten das Schwert, in der hoch erhobenen Linken das abgetrennte Haupt der Medusa, die quer unter ihm liegt, haltenden Perseus, um 1585/90 von Hubert Gerhard nach Vorentwurf (SGSM) von Friedrich Sustris, gegossen von Bartel Wenglein, ziseliert von Georg Maier, künstlerisch wie gusstechnisch ein Hauptwerk Münchner Großplastik des Manierismus (2003 durch Kopie ersetzt). An den vier Ecken der Begrünung Carlo Pallago zugeschriebene Bronzeputti mit Fabeltieren, um 1574/78 oder 1580er Jahre (Diemer 2004). Disels Ansichten zeigen eine wesentlich kleinteiligere Binnenstruktur der Garteneinteilung und den von M. Wening erwähnten teilweisen Belag aus in Form der bayerischen Rauten angeordneten Steinchen. – Grottenhof (Gärtchen) samt Grotte ließ König Maximilian II. restaurieren (vgl. J. v. Hefner in OA 21, 1859).

Der schmale *Nordflügel* des Grottenhofbaus, der lediglich ostwestliche Verbindungsgänge (im Obergeschoss Raum Nr. 99/Geweihgang) enthält, ist kaum mehr als eine südseitig aufwendig gegliederte Blendarchitektur zur adäquaten Begrenzung des kleinen Gartens (die Nordfassade zum Kapellenhof hin ist fast schmucklos). Die ursprüngliche Einteilung und Funktion der Räume in den drei anderen den Grottenhof umgebenden Trakten zur Zeit Wilhelms V. ist im Einzelnen schwer nachzuvollziehen, da sie – mitsamt den anschließenden Erweiterungen – die im 17. und 18. Jh. mehrfach umgebauten und neu gestalteten Repräsentations- und Wohnappartements der Herzöge bzw. (seit 1623) Kurfürsten enthielten. Der *Südflügel* hatte ursprünglich einen zweibündigen Grundriss; in seiner Südhälfte erstreckte sich entlang dem Residenzgarten eine gewölbte Gartenhalle, die 1726 zur Ahnengalerie (samt westlich anschließender Schatzkammer) ausgebaut wurde (s. unten). Im 1. Stock über der Gartenhalle lag die Kammergalerie Maximilians I., der als einer der engagiertesten Kunstsammler seiner Zeit u. a. Werke Albrecht Dürers – u. a. die „Vier Apostel" und den „Heller-Altar" – erwarb (Pallavicino, S. 129 ff. und 136 ff., beschreibt die Gemäldegalerie und die angrenzende Schatzkammer gemäß dem Zustand von 1667). Die der Kammergalerie nördlich parallele Terrasse oder Altane zum Grottenhof hin wurde 1680/85 mit der Flucht der Sommerzimmer von Henrico Zuccalli überbaut, in der Dachzone des Traktes eine neue, gärtnerisch (mit Fontäne) gestaltete Terrasse angelegt (zu erkennen auf den Residenzansichten von M. Wening um 1700; Vorzustand bei Wening 1685 und J. U. Kraus 1687). Der *Gebäudeflügel östlich* des Grottenhofes enthielt über der Grottenhalle sowie rechtwinklig dazu im gegen Osten um 1680 verlängerten Südflügel die Alexanderzimmer – teils um diese Zeit von Zuccalli neu gestaltete Räume des einstigen privaten Appartements Maximilians I., teils in der neu erbauten Fortsetzung des Südflügels gelegen, – die östlich mit dem um 1693/94 von Zuccalli errichteten Holländischen Kabinett (im Zwickel zum Antiquarium) endeten, einem Ovalraum, der 1729 zur Cäcilienkapelle umgewandelt wurde (heute Raum Nr. 18, nach Kriegsschäden vereinfacht. Das gesamte Obergeschoss des Süd- wie Ostflügels am Grottenhof samt östlichem Verlängerungsbau wurde im 2. Viertel des 18. Jh. vollständig umgebaut und neu ausgestattet („Reiche Zimmer", s. unten).

Entlang der Südseite der gewachsenen, heterogenen Gesamtanlage erstreckte sich seit Ende des 16. Jh. als schmaler, von der

Rückseite des Witwentraktes von 1580/81 ausgehender Streifen ostwärts der *Residenzgarten* (im Unterschied zum etwas jüngeren, wesentlich größeren Hofgarten von 1613 ff. im Norden als der ältere oder südliche zu bezeichnen), der – etwa mit der Fläche des heutigen Königsbau- sowie Küchenhofes identisch – mehrfach Gestaltung und Ausstattung wechselte, sogar schon während der dafür grundlegenden Phase unter Maximilian I. Der Witwenstock, an beiden Fronten mit je einem Mittelerker im Obergeschoss, erhielt gartenseitig im Erdgeschoss eine dreibogige Brunnenloggia. Pistorini (1644) erwähnt sie sowie einen Nischenbrunnen im nördlich begrenzenden Trakt; ausführlich beschreibt er den um 1600 erbauten, Apollo und den Musen gewidmeten Achteckpavillon (mit Gemälden von P. Candid) in Gartenmitte und den exedraförmigen Neptunbrunnen

Ehem. südlicher Residenzgarten (jetzt Königsbauhof) nach Westen; Stich nach Matthias Disel, um 1720

am Ende des entlang dem Antiquarium nach Südosten abgeknickten östlichen Gartenteils (heute z. T. Küchenhof). Die 1641 von Maximilian I. erworbene Bronzefigur des Neptun, um 1627/30 von Georg Petel modelliert, ist heute in Raum Nr. 43 (Vorsaal der Breiten Treppe, s. dort) ausgestellt (vgl. die 1826 von Domenico Quaglio gemalte Ansicht des Gartenhofes gegen Westen, heute in Raum Nr. 102). Eine Zeichnung Matthias Kagers von 1611 (Bibl. Wolfenbüttel) zeigt im westlichen Gartenteil ein Brunnenbecken mit (bald darauf wegversetzten) Bronzefiguren, darunter der „Tellus Bavarica" von Hubert Gerhard (in

der Folge auf dem Achteckpavillon im Hofgarten, heute im Kaisersaal, s. jeweils dort) und den Sitzlöwen, die 1616 vor den westlichen Residenzportalen aufgestellt wurden (s. dort). Kurfürstin Henriette Adelaide ließ ab 1665 den Witwenstock und ihre Gemächer im benachbarten Nordflügel-Hauptgeschoss umbauen (s. Päpstliche Zimmer) und an der Garten-Südseite als Abgrenzung gegen das Ridlerkloster einen schmalen zweigeschossigen Trakt mit Figurennischen im Erdgeschoss und ihrer Bibliothek darüber errichten (vgl. Gartenansicht gegen Westen von M. Disel, um 1720). Der achteckige Musenberg-Pavillon musste

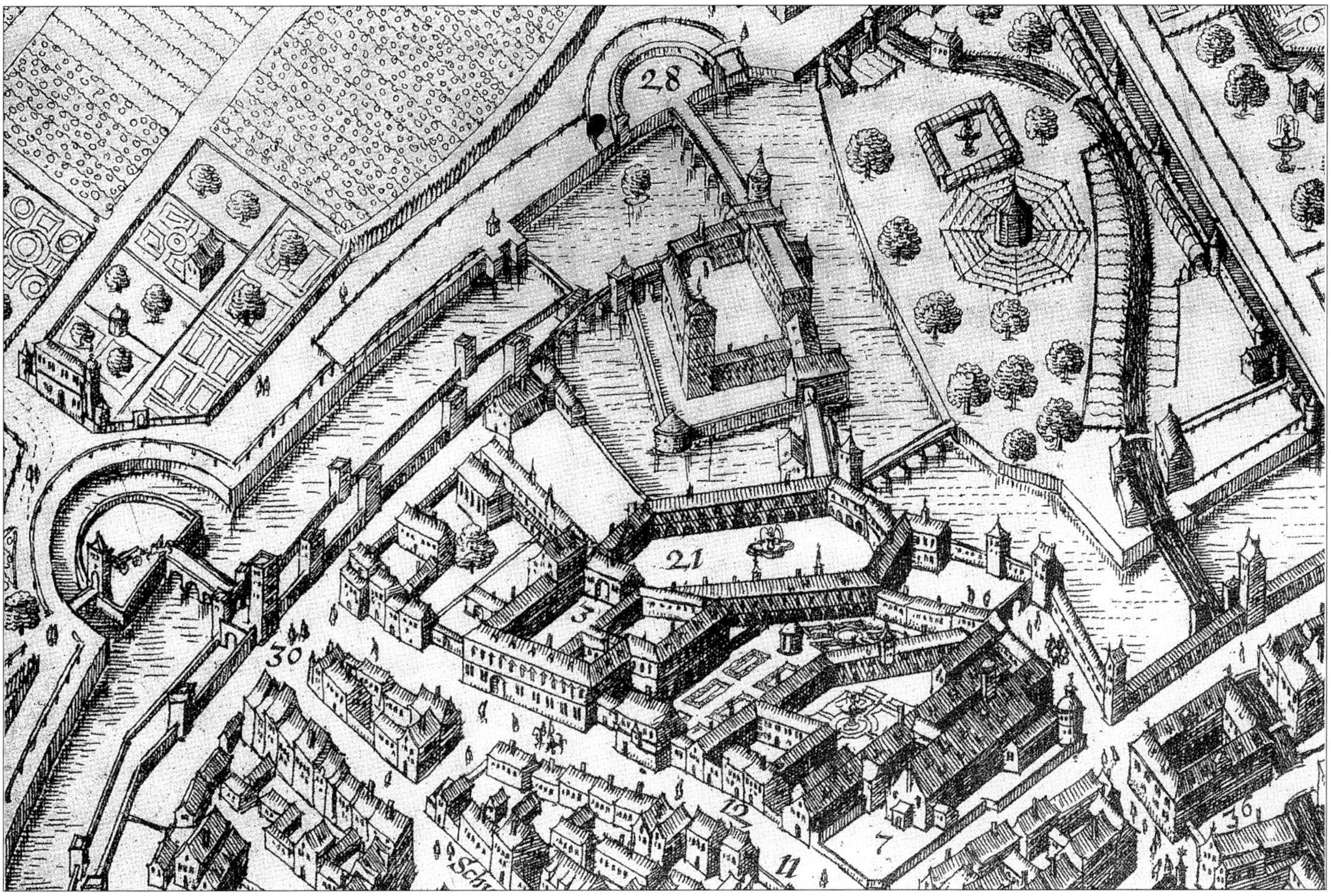

Residenz um 1605/11; Stich von Wenzel Hollar, nach 1623

um 1730 dem den Garten zweiteilenden Neubau der Grünen Galerie samt Treppenhaus (von Fr. Cuvilliés) weichen; um diese Zeit wurde auch die Erdgeschossloggia an der Nordseite zur Ahnengalerie und Schatzkammer umgebaut (s. Reiche Zimmer). Zugunsten des Königsbaues (s. dort) wurden der Galerietrakt (ehem. Witwenstock) im Westen und der Bibliotheksflügel im Süden 1827 abgebrochen, der Garten somit zum *Königsbauhof*. Derzeit sind hier an den Ecken der durch Wege kreuzförmig geteilten Rasenfläche vier Bronzeputti mit Delphinen aufgestellt, an der Balustrade vor der Grünen Galerie zwei sitzende Bronzefaune, sämtlich Carlo Pallago (um 1574/78) zugeschrieben.

Wenzel Hollars Vogelschau-Stadtplan (nach 1623) stellt – wohl auf Zeichnungen Tobias Volckmers zurückgreifend – den Residenzbereich im Zustand von etwa 1605–10 dar, also in der frühen Regierungszeit Maximilians I., mitsamt den bis dahin von diesem veranlassten Baumaßnahmen, aber noch vor Inangriffnahme der großen nördlichen Residenzerweiterung von 1610 ff. Zu erkennen ist an der Residenzstraße nördlich vom Ridlerkloster der zweigeschossige Witwenstock mit Mittelerker, der sich rückseitig anschließende schmale Residenzgarten, der sich zwischen Grottenhof-Geviert und Antiquarium einerseits (nordseitig) und dem Areal des Ridler- und des Franziskanerklosters andererseits ostwärts erstreckt, bereits mit dem polygonalen Gartenpavillon an der Achsenknickstelle. Weiter nördlich steht an der Residenzstraße der bereits erweiterte oder aber in verlängerter Form neu errichtete Erbprinzenbau mit asymmetrisch situiertem (ursprünglich mittig anzunehmendem) Tor, der (noch heute existierenden) Durchfahrt von der Straße zum lang gestreckten Kapellenhof. Südlich von diesem, im unter Maximilian I. überbauten Bereich, zwischen dem ehem. Erbprinzentrakt und dem Grottenhof-Westflügel, liegt bei Hollar (als Nr. 3) die neue Hofkapelle.

Die *Hofkapelle* Maria Immaculata (heute Raum Nr. 89), nach Süden gerichtet und an drei Seiten umbaut, ist vom Portal am Kapellenhof im Norden her zu betreten, in erster Linie jedoch intern erschlossen durch die dreiseitig den Raum gürtenden, von den angrenzenden Geschossen zugänglichen Emporen. Der maßstäblich intime, vergleichsweise steil proportionierte Sakralbau, der die älteren Kapellen in der Neuveste ablöste, entstand in zwei Phasen – zunächst 1600/01 zur Zeit von Hans Krumppers Bauleitung das rechteckige Langhaus, geweiht 1603, stuckiert (Decke) 1614, und 1630 durch Heinrich Schön d. Ä. die Verlängerung nach Süden um ein Joch und den leicht eingezogenen, dreiseitig polygonal schließenden Altarraum, in den der Hochaltar versetzt wurde. Die Raumgestaltung mit geschossweiser Wandgliederung durch Gesimse, durch Pilaster im Obergeschoss, mit Wände wie Stichkappentonne überziehendem Rahmen- und Ornamentstuck – in den Deckenfeldern Symbole der Lauretanischen Litanei – und der dominierenden Weißfassung war, nächst der wenig älteren Michaelskirche, für München stilistisch innovativ (Stuckatoren – wohl nach Entwürfen Krumppers – um 1601 Hans Kindler und Matthias Pi(e)chl, Kapitelle aus Ton gebrannt von Georg Rauch, Deckenstuck 1614 von Pietro Michele (?) Castello und anderen). Der Hofstaat – rangmäßig geordnet (vgl. im Einzelnen Pallavicino 1667, S. 86 ff.) – wohnte den Gottesdiensten von den drei seitlichen Emporengängen (mit verglasten Rundbogenöffnungen) bei, der Kurfürst wohl von der oberen der beiden (offenen) Nordemporen; an der Nordwand Widmungsinschrift Maximilians an die Jungfrau Maria mit Datum 1601. Am wandverbundenen ädikulaförmigen Hochaltar Gemälde Mariä Himmelfahrt und Auszugsbild mit der Maria erwartenden Dreifaltigkeit, beide 1600 von Hans Werl. Die beiden wegen Raumenge an die Längswände gelehnten Seitenaltäre wurden 1748 von Johann Baptist und Franz Zimmermann durch neue in Rokokoformen ersetzt, einschließlich der von geschwungenen Stuckrahmen umgebenen Gemälde (hl. Anna lehrt Maria, hl. Maximilian). Nach dem Bau der Allerheiligen-Hofkirche wurden in der Alten Hofkapelle nur noch die Georgi-Ritterordensfeste gefeiert und in der Karwoche das Hl. Grab aufgestellt. Die Kriegsschäden von 1944 (vor allem an Hochaltaraufbau, Nordempore, Stuckdekor) wurden 1956–58 im rekonstruierenden Sinn behoben.

Hofkapelle nach Norden

Hofkapelle nach Süden

Residenz, ▷
Reiche Kapelle

Im *Grottenhof-Westflügel* (östlich der Hofkapelle) wurde die ursprüngliche Grottenhalle im Erdgeschoss um 1730 durch Fr. Cuvilliés zu einer Zimmerflucht umgebaut, die vor dem Zweiten Weltkrieg Teile der Silberkammer enthielt (damals Räume Nr. 103–106) und heute (Räume 86–88 mit veränderter Grundrisseinteilung) der Reihe der Porzellankammern angeschlossen ist. Im Obergeschoss darüber ist die (wiederhergestellte) Reiche Kapelle erhalten, zwischen ihrer Vorhalle im Norden (Raum Nr. 97) und den einstigen sog. Marterzimmern im südwestlichen Eckbereich des Grottenhofes situiert. Die Vorhalle („Kirchenzimmer" auf Plan um 1630/40) wurde im 19. Jh. (mit Doppelpilastergliederung) und im 20. Jh. umgestaltet; die Außenseite des Kapellenportals in der Südwand umgibt eine (1960–65 wiederhergestellte) Stuckmarmor-Ädikula von 1607 mit toskanischen Säulen, Widmungsinschrift und großem Auszugsbild Mariä Verkündigung von Peter Candid.

Die *Reiche Kapelle* St. Maria (Raum Nr. 98), geweiht 1607 (Stifterinschrift mit Datum über dem Eingang) und bis ca. 1615 weiter ausgestattet, den einstigen Wohn- und Aufenthaltsräumen Maximilians I. und seiner Gemahlin benachbart, ist ein dessen Persönlichkeitsstruktur und Frömmigkeit widerspiegelndes, nur zimmergroßes Privatoratorium, gekennzeichnet durch eine im Verhältnis zur Raumenge zu einem Höchstmaß an kleinteilig-differenzierter Pracht gesteigerter, gehäufter Ausstattung. In dieser intimen Andachtsstätte eines auf der Grundlage seiner Strenggläubigkeit verantwortungsbewussten, politisch höchst wirkungsvoll handelnden Regenten verdichten sich in wohl einzigartiger Weise mit Mystizismus und Reliquienverehrung verwobene Katholizität, fürstlicher Repräsentationsaufwand, materielle Kostbarkeit, handwerkliche Virtuosität und künstlerische Qualität. Die Gesamtkonzeption ist wohl Hans Krumpper zuzuschreiben. Der 1944 weitgehend zerstörte Raum, dessen mobile Ausstattung geborgen war, wurde 1958–66 im rekonstruierenden Sinn wiederhergestellt.

Innerhalb der gestalterischen Fülle sind drei verschieden behandelte, jeweils in sich homogene, den Raum konstituierende Grundelemente festzustellen: der kostbar intarsierte Fußboden, die scagliolaverkleideten Wände und die stuckierte Gewölbezone samt Laterne. Der mehrfarbig eingelegte, gemusterte Marmorplattenfußboden mit Amethystrose in der Mitte wurde rekonstruiert, desgleichen großteils die in rötlichem Stuckmarmor verkleideten, in Rechteckfelder rhythmisch geteilten Wandflächen von Blasius Pfeiffer/Fistulator; die dekorativen Füllungen wurden 1632 um zusätzliche Felder mit Blumenvasen und architektonisch ausgestalteten Szenen aus dem Marienleben (frei nach Dürer) wohl von Wilhelm Pfeiffer/Fistulator bereichert, von denen nur fünf original sind. In der Nische über dem wiederhergestellten Scagliola-Portal originale, vergoldete Christusfigur aus Terrakotta (frei nach Michelangelo). Das steile Klostergewölbe mit Stichkappen (je zwei an den Längsseiten) ist

Vorsaal mit Portal der Reichen Kapelle; hist. Aufn.

auf blauem Grund (Azurit) reich mit vergoldetem Stuckdekor überzogen, in den gleichfalls vergoldete (wieder ergänzte) Terrakottareliefs eingefügt sind, wie sie auch die Lünetten ausfüllen (Auferstehung und Himmelfahrt Christi, Szenen aus dem Marienleben, Apostel, Heilige). Der längsovale Tambour der zentralen Laterne ist in acht Fenster mit dekorativen Glasmalereien aufgelöst.

In das Hochaltarretabel aus Ebenholz – um 1605/10 von Paulus Dietrich – sind zahlreiche Silberreliefs von Augsburger Meistern, vor allem Hans Schebel (um 1570) und Jakob Anthoni, eingelassen, die z. T. von einem Silberaltar Albrechts V. übernommen wurden; Hauptdarstellung in der Mitte ist die Kreuzigung, darüber im Auszug Gottvater. Die beiden flankierenden, 1944 verbrannten Seitenaltäre wurden durch Augsburger Tafelreliquiare von ca. 1600/10 und weitere religiöse Kleinkunstwerke ersetzt. An der linken Seitenwand zwischen den Fenstern Prunkorgel der Bauzeit mit Silberpfeifen und in kostbaren Materialien dekorativ besetztem Ebenholzgehäuse. An der Wand gegenüber ein großer Heiltumskasten aus Ebenholz, mit Glasschnitten vielleicht von Zacharias Peltzer (nach Entwurf von Friedrich Sustris) und Beschlägen geschmückt, um 1590 unter Wilhelm V. entstanden (aus der Neuveste). – Zahlreiche weitere Reliquiare und Kleinodien heute in der Reliquienkammer (Raum Nr. 95). Nach Philipp Hainhofers Beschreibung (1611) wurde an Festtagen die kostbare Reiterstatuette des hl. Georg (heute in der Schatzkammer) auf dem Altar aufgestellt. Den Reliquienschatz schildert Pallavicino (1667, S. 88 ff.) eingehend, der die Kleine Kapelle geradezu als Santuario delle Reliquie bezeichnet.

In die baugeschichtlich komplexe Gemengesituation *westlich der Hofkapelle* bis an die Residenzstraße ist in substantiell schwer nachvollziehbarem Umfang der *ehemalige Erbprinzenbau* von 1591/94 eingeschlossen (der auch eine eigene Kapelle besaß). Im Erdgeschoss dieses Bereichs war im 19. Jh. die Silberkammer in gewölbten Räumen (vor 1944 Nr. 107–110) mit vorwiegend Rahmenstuck (und nicht erhaltenen Deckengemälden, vgl. Bauer/Rupprecht 1989, S. 120 ff.) untergebracht, die heute als *Paramentenkammern* eingerichtet sind – zwei Säle (heute Nr. 92, 93) im Westen entlang der Residenzstraße (vielleicht noch mit Bausubstanz des Erbprinzenbaus?), östlich davon (zur Hofkapelle hin) ein Vorraum (Nr. 90, früher 100) mit der zweiläufigen Silberkammertreppe im Norden sowie südlich der Raum Nr. 91 (früher 110). In den Paramentenkammern sind kirchliche Gewänder und Antependien aus den Hofkapellen und -kirchen ausgestellt (Silberkammer heute in Nr. 100–103, s. unten). Im Obergeschoss verzeichnet der Tambacher Plan von 1630/50 die Wohnräume der Kurfürstin (später nach Süden erweitert, s. Päpstliche Zimmer), die 1674 ausbrannten und unter König Max I. Joseph 1809 ff. als *Staatsratszimmer* eine klassizistische Neugestaltung erhielten (vor 1944 Räume Nr. 114–116, jetzt Nr. 100–102), auf deren Wiederherstellung beim Wiederaufbau verzichtet wurde zugunsten der heute hier und im nördlich anschließenden Saal Nr. 103 untergebrachten *Silberkammer*. Vor allem die Einrichtung des ehem. Großen Sitzungssaales (früher Nr. 116), wo bis 1918 die Sitzungen des Staatsrates am runden Tisch unter Vorsitz des Königs (auf Thron mit Baldachin) stattfanden, machte Bayerns Eigenschaft als konstitutionelle Monarchie aufgrund der Verfassungen von 1808 und 1818 anschaulich. (Vgl. Ausst. Kat. Bayerns Krone 2006, S. 281 ff.)

Der *Hartschiersaal* (Raum Nr. 103), benannt nach der Leibwache, auf dem Tambacher Plan (um 1630/50) als „Söller" beschriftet, über der Durchfahrt zum Kapellenhof und über dem Einsäulensaal (s. unten) gelegen, um 1665 als Vorraum des Appartements der Kurfürstin Henriette Adelaide (vgl. Päpstliche Zimmer) reich ausgestattet und nach dem Brand von 1674 in relativ einfacher Form wiederhergestellt, ist heute repräsentativer Hauptschauraum der Silberkammern. Weiters sind hier fünf

Großer Sitzungsaal der Staatsratszimmer (zerstört)

Wandteppiche der Groteskenfolge ausgestellt, die nach Entwürfen von Peter Candid 1604–09 in der Münchner Manufaktur Hans van der Biest gewirkt wurden (die übrigen in den Räumen Nr. 90, 94 und 97 beiderseits der Hofkapelle). An die Nordhälfte der Ostwand schließt sich der Hofdamenstock an; von der nördlichen Schmalseite aus sind der Theatinergang und die Kaiser-, heute Steinzimmer der maximilianischen Residenzerweiterung von 1611 ff. zugänglich.

Die große Residenzerweiterung Maximilians I. ab 1610 (Brunnenhof, Kaiserhof)

Weit über die noch vergleichsweise begrenzten Um- und Anbauten der Erbprinzen-, Mitregenten- und frühen Regierungszeit Maximilians I. hinaus, die noch mit den Unternehmungen seines Vaters verwoben bzw. an deren Strukturen angebunden waren, griff Bayerns nachmals (ab 1623) erster Kurfürst seit ca. 1610 über den Bereich der bisherigen Hofhaltung in großräumigen Dimensionen hinaus, für die es im damaligen Reich nichts Vergleichbares gab. Der Umfang dieser Baumaßnahmen entsprach sowohl Maximilians dynastischen Ansprüchen wie der ihm durch die politische Konstellation zugewachsenen Machtposition im Vorfeld des von ihm schließlich als unvermeidbar erkannten großen Krieges, in dessen erster Phase er als Haupt der 1609 als Widerpart zur protestantischen Union gegründeten Katholischen Liga zur entscheidenden Kraft wurde. Neben dem eigentlichen Residenzneubau, dem mächtigen Vierflügelkomplex um den Kaiserhof westlich und nördlich der bisherigen, unregelmäßig gewachsenen Anlage sowie auch außerhalb der die alten und neuen Bauteile verbindenden Trakte um den Brunnenhof (zwischen Antiquarium und Neuveste) und den Apotheken-

Residenz von Osten, im 17. Jh. in Stadtmodell von J. Sandtner (1570) eingefügt

hof westlich der damals z. T. abgebrochenen Neuveste umfassten Maximilians weitgespannte architektonische Aktivitäten noch den neu angelegten Hofgarten (s. dort) im Norden und das im bisherigen Lustgarten östlich der Neuveste ab 1614 erbaute mehrteilige Zeughaus (vgl. Marstallplatz); im weiteren Sinn gehört zu seiner großen Gesamtkonzeption die von 1619 bis in die 1640er Jahre verwirklichte Münchner Wallbefestigung, die mit ihrem Nordostteil Zeughaus und neuen Hofgarten mit einschloss. Kaiserhof und Kaisersaal samt Treppe wie das für den Kaiser oder andere hochrangige Gäste bestimmte Appartement (die Kaiser-, heute Steinzimmer) bezeugen mit ihrem Repräsentationsaufwand sowohl den auch auf den zu solcher Prachtentfaltung fähigen Gastgeber zurückstrahlenden Glanz von Seiten des Allerhöchsten Besuchers wie die vom 14. bis 18. Jh. von den Wittelsbachern – nicht zuletzt als Nachkommen Kaiser Ludwigs IV. – demonstrierte, zur Krone berechtigende Würde. Wenn die u. a. von Nuntius Carlo Caraffa 1628 oder von Gustav Adolf

bei der Besetzung 1632 bewunderte Residenz in Baldassare Pistorinis offiziöser Beschreibung von 1644 (die wohl nur wegen des Krieges ungedruckt blieb) als „imperiale più che ducale" gerühmt wurde, war dies nicht nur bloße Lobrede, sondern Ausdruck von den Zeitgenossen begriffener politischer Realität und Ansprüche.

Viel erörtert wurde seit jeher die Frage nach dem für das Gesamtkonzept der Residenzerweiterung verantwortlichen Architekten, die freilich nie eindeutig im modernen Sinn zugunsten einer individuellen Autorschaft entschieden werden konnte (vgl. die ähnliche Problematik bei St. Michael). Auszugehen ist am ehesten – unter maßgeblicher Einwirkung und Koordination durch den fürstlichen Bauherrn selbst – von der Zusammenarbeit mehrerer Künstler. Ein wesentlicher Anteil an Entwurf, Leitung und Ausführung ist sicher dem vielseitigen Bildhauer und Architekten Hans Krump(p)er zuzuschreiben, der – schon für Wilhelm V. und für Maximilian zu dessen Erbprinzenzeit

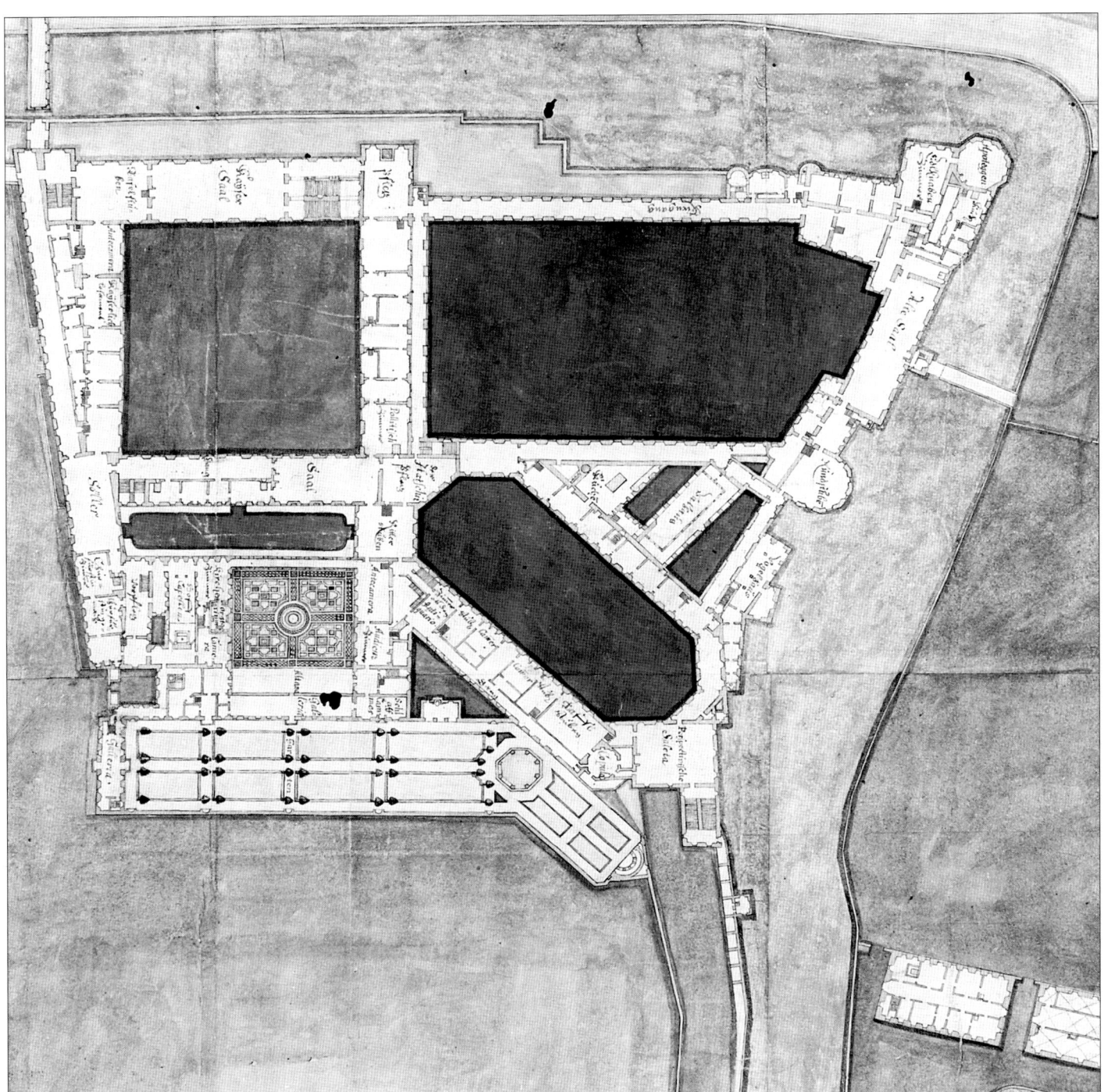

Residenz; sog. Tambacher Plan, um 1630/50 (Ausschnitt)

Brunnenhof nach Nordwesten mit Wittelsbacher-Brunnen

Wittelsbacher-Brunnen, Figur der „Juno"; hist. Aufn.

tätig – in die künstlerische Nachfolge des 1600 verstorbenen Friedrich Sustris hineingewachsen war und 1609 den amtlichen Titel eines „Hofmalers" erhielt. Neben ihm spielte der auch als Baumeister befähigte Hofkistler Heinrich Schön d. Ä. eine wichtige Rolle, der 1608 zum Verwalter des Hofbaumeisteramts ernannt wurde (vgl. Lieb 1941, S. 34 f.). Sein Einfluss scheint den des schon 1602 zum Hofbaumeister ernannten Zimmermeisters Hans Reiffenstuel (gest. 1620) gemindert zu haben, der jedenfalls zumindest für die Fertigung der Dachstühle verantwortlich war. Einen gewissen künstlerischen Einfluss vor allem auf Innenraumgestaltungen, an denen er auch unmittelbar als Maler und durch zahlreiche Wandteppichkartons mitwirkte, nahm sicherlich Peter Candid, dem früher sogar der architektonische Gesamtentwurf der Anlage zugeschrieben wurde (u. a. von W. Lübke 1872 und von G. v. Bezold in KDB 1902). Norbert Lieb (1941) wies darauf hin, dass der (u. a. in Ansbach tätige) Ulmer Baumeister Gideon Bacher 1611–18 mit dem Münchner Hof in Verbindung stand und Zahlungen erhielt.

Die mit vielen Abbrüchen verbundenen, sich nördlich bis zur Stadtmauer erstreckenden Bauarbeiten an den neuen Trakten um den Kaiserhof erwähnt Philipp Hainhofer in seinem Reisebericht vom 1. Oktober 1612 (Krit. Ausgabe von Langenkamp 1990, S. 216 ff.). Mit dem von ihm im Jahr zuvor (ebd., S. 147) nur kurz genannten „grossen runden hof" samt Rohrkasten mit Bildern (Figuren) ist der lang gestreckt-achteckige *Brunnenhof* gemeint, dessen an das bereits seit 1570/71 bestehende Antiquarium anknüpfende weitere Umbauung an der diesem gegenüberliegenden Nordostseite wie an den beiden dreiseitig schließenden Schmalseiten demnach schon vor der Errichtung des Kaiserhofgevierts vollendet gewesen sein müsste. Dies stimmt mit der erwähnten Ansicht von Wenzel Hollar gemäß dem Zustand von ca. 1605/11 überein, auf der die zweigeschossigen Trakte um den Brunnenhof bereits vorhanden sind. Die polygonalen Abschlüsse des ca. 80 m langen Brunnenhofes bilden ein geschickt vermittelndes Element zwischen den beiden unterschiedlichen Achsensystemen der Gesamtanlage – dem älteren von Neuveste, Ballsaal und Antiquarium und demjenigen sämtlicher nachfolgender Erweiterungen.

Wie im Antiquarium, dem östlich anschließenden Schwarzen-Saal-Bau und im Westen in den Flügeln um den Grottenhof, so fanden unter Maximilian I. auch in den erst kürzlich oder kaum

vollendeten Trakten um den Brunnenhof alsbald wiederum bauliche Änderungen statt, so 1612 der Umbau des Ballsaals (im Zwickel westlich von ihm verzeichnet der Tambacher Residenzplan von 1630/50 die Küche). Bei Hollar noch nicht dargestellt sind die beiden dekorativen Giebelaufbauten über den beiden Schmalseitenmitten der Brunnenhofumbauung, ebenso fehlt noch der 1612–15 im baulichen Gefüge hinter dem Nordwestende

Wittelsbacher-Brunnen; Aufn. 2008

errichtete, nach Kriegszerstörung bis 1957 rekonstruierte *Residenzturm* mit Sonnenuhren am quadratischen Unterbau, Räderuhr am kupferverkleideten Oberteil und Zwiebelhelm mit Spitze. Der schmale Längstrakt gegenüber dem Antiquarium, der die südliche Schmalseite des Ballsaals tangierte, enthält im Erdgeschoss einen kreuzgratgewölbten Gang (heute als Eingangshalle des Alten Residenztheaters genutzt). Das Obergeschoss, ursprünglich ein Geweihgang (Rest der heutige Raum Nr. 38 mit Deckenstuck), wurde nach 1611 in Einzelräume unterteilt, später Charlottenzimmer genannt nach der hier 1814–16 wohnenden nachmaligen Kaiserin Charlotte (Karoline Auguste) von Österreich, Tochter Max' I. Joseph. Die 1944 zerstörte Raumflucht wurde vereinfacht wiederaufgebaut und mit erhaltener klassizistischer Einrichtung ausgestattet, die Räume Nr. 33–37 als „Hofgartenzimmer" mit Beständen aus dem ehem. Nordtrakt am Hofgarten (s. unten), Nr. 39–41 als die heute reduzierte Folge der Charlottenzimmer. Das schmale südöstliche Ende des Brunnenhofes umziehen die Verbindung zum Schwarzen-Saal-Bau herstellende Gänge, an welche 1826 ff. östlich die Allerheiligen-Hofkirche von Klenze angebunden wurde. Der heute sog. Allerheiligengang im Obergeschoss (Raum Nr. 32), von Klenze nach Norden als Verbindung mit dem Apothekenstock des Festsaalbaus verlängert, enthält seit 1966 den aus den Hofgartenarkaden stammenden Wandbilderzyklus mit italienischen Landschaften von Carl Rottmann (1830–33; ehemals in den Westarkaden unter dem Bazar, 1943 abgenommen).

Die an sich schlichten, den Brunnenhof einschließenden Putzfassaden wurden – gleich dem Kaiserhof, dem Kapellenhof und der Straßenfront der maximilianischen Residenz – durch eine grau in grau gemalte Scheinarchitektur (Pilasterordnungen geschoss- und achsenweise) gegliedert, die „nach alten Stichen" (von M. Wening, M. Disel) 1894 sowie nach dem Luftkrieg wiederum 1959/60 erneuert wurde. Eine sparsame plastische Gliederung weisen vor allem die um ein Geschoss mit Hochovalfenstern erhöhten Schmalseitenmitten auf, samt Seitenobelisken und bekrönender Terrakottabüste auf dem Dreieck und Voluten kombinierenden, eine Sonnenuhr umschließenden Ziergiebel.

Inmitten des nicht begrünten, seit jeher gepflasterten Brunnenhofes, der nach M. Wening (1701) der Kutschenvorfahrt der Minister und Gesandten diente, steht der *Wittelsbacher-Brunnen,* eine – obwohl nicht homogene, sondern als transferiertes Arrangement entstandene – Hauptleistung manieristischer Kunst in München. Den Brunnen erwähnt bereits Ph. Hainhofer 1611; Hollars Ansicht lässt das vierpassförmige Becken (mit Fontäne) erkennen. Die Vorgeschichte hat Michael Schattenhofer (in Bistritzki 1974) erforscht und Dorothea Diemer (Jahrbuch ZI 1987; Gerhard 2004) weiter geklärt. Das (ursprüngliche) Becken mitsamt den darauf postierten Bronzefiguren von Hubert Gerhard stammt von dem 1584–87 gefertigten, entwicklungsgeschichtlich für den süddeutschen Raum höchst bedeutsamen Schönen oder Reiterbrunnen, den Herzog Ferdinand (gest. 1608, Bruder Wilhelms V.) vor seinem Palais am Rindermarkt hatte aufstellen lassen, wurde 1611 aus dessen Konkursmasse von Maximilian I. erworben und im Brunnenhof wiedererrichtet, jedoch ohne den Mittelstock mit der nicht erhaltenen Reiterfigur, die von Zeitgenossen mehrfach gerühmt, aber nie mit dem Namen eines Dargestellten erwähnt wurde (wohl kaum der nicht regierende Ferdinand). Eine früher als Entwurf von Friedrich Sustris geltende Skizze im Kupferstichkabinett zu Basel ist nach D. Diemer als Zeichnung von J. P. Zimmermann (um 1613, doch mit der Reiterfigur) anzusehen. Den über drei Stufen aus Muschelkalk erhöhten, Längsrechteck- und Vierpassgrundriss verbindenden, profilierten Wasserkasten aus Abbacher Sandstein (ausgewechselt 1662, erneuert nach 1957) bekrönt eine Gruppe unterschiedlich großer Bronzefiguren von Hubert Gerhard oder seiner Werkstatt auf jeweils eigenem Sockel: vier die bayerischen Flüsse Donau,

Lech, Isar und Inn verkörpernde Liegefiguren, vier Standfiguren von Gottheiten als Allegorien der Elemente (Ceres/Erde, Vulkan/Feuer, Neptun/Wasser, Juno/Luft) sowie je vier junge Tritonen und Fabelwesen. Um 1611 neu gefertigt wurde der rotmarmorne Mittelpfeiler mit reichem Bronzedekor nach Entwurf von Hans Krumpper: Wappen von Bayern (Maximilian I.; wohl nach 1623 aktualisiert) und Lothringen (seine erste Gemahlin Elisabeth), Monogramme des Herrscherpaares, Delphine auf den Eckvoluten. Die zuoberst stehende stattliche Bronzefigur, nachträglich als Otto, erster Herzog aus dem Hause Wittelsbach, gedeutet und für den Brunnen namengebend geworden, wurde wohl 1593 als Darstellung des Agilolfingers Theodo für das unvollendet gebliebene Grabmonument Wilhelms V. in St. Michael nach Modell von Hubert Gerhard und Martin Frey gegossen. Bereits im Brunnenhof stehend zeigen das figurenreiche Wasserspiel – mitsamt damaliger Kieselpflasterung und Fassadengestaltung – zwei Radierungen Wilhelm Peter Zimmermanns aus dem Zyklus der Fürstenhochzeit von 1613. (Figuren heute Bronzekopien; Originalstandbild des Herzogs in Raum Nr. 113.) Die Herzogsfigur wendet ihre Vorderseite dem von Westen Kommenden zu.

Dort am Westende des Hofes ist im übergiebelten Mittelbau das Portal zur Breiten Treppe (s. unten) situiert, südlich daneben in der Schrägseite die dreischiffige, kreuzgratgewölbte *Durchfahrt,* die – zweijochig mit Pfeilern – Brunnen- und Kapellenhof verbindet. In die Nordwand der Durchfahrt sind drei Nägel übereinander und rechts daneben eine Solnhofener Inschriftplatte wohl des frühen 17. Jh. mit deutschen Versen eingelassen, die an sportliche Kraftakte – Steinheben und -werfen, Wandhochspringen – Herzog Christophs von 1489 erinnern. Darunter liegt (in der Ecke links) der angekettete dunkle, angeblich 364 Pfund schwere Steinblock (Wening 1701), der sog. *Christophstein.* Dieser nebst zugehöriger Inschriftplatte (Vorgängerin der heutigen) befand sich ursprünglich im Alten Hof (hofseitig am Burgstock), wo er 1590 in Braun/Hogenbergs Städtebuch und noch 1611 von Ph. Hainhofer erwähnt wird; die von letzterem vollständig zitierte Inschrift (mit Zeitangabe 1490; Ausgabe von Langenkamp 1990, S. 159) weicht geringfügig vom Wortlaut der bestehenden Tafel ab, der u. a. bei Wening (1701, S. 14) und Westenrieder (1782, S. 59) wiedergegeben ist. Nägel und Stein, wohl unter Maximilian I. in die Residenz transferiert, werden dort erstmals in deren Beschreibung von Joh. Schmid 1685 erwähnt; zur mit ihnen verknüpften Sage vgl. F. Trautmann (1864). – In der Schrägachse rechts vom Giebelbau liegt die der linken ähnliche, doch weniger tiefe Durchfahrt zum Apothekenhof, durch zwei Säulen in drei Schiffe geteilt. (Gemäß Ruinenfoto war dieser Bereich samt dem darüberliegenden Raum, heute Nr. 43 – s. unten – im Luftkrieg völlig zerstört mit Ausnahme der Südwand am Brunnenhof.)

Am schmalen Nordwestende des Brunnenhofes liegt, zwischen den beiden Durchfahrten, das durch einen Sprenggiebel betonte Portal zum Vorplatz der *Breiten Treppe,* die im 17. Jh. wichtigste Verteilerfunktionen im Flügelkreuzungsbereich als Zugang zu den kurfürstlichen Gemächern wie zu den benachbarten Sälen besaß. Zum Vorkriegszustand vgl. KDB 1902, S. 1119 f.; Tafel 175 (unten) zeigt den quersechseckigen Eingangs-Vorplatz mit mittig situierter Differenztreppe und zart ornamentiertem Rahmenstuck an der

Herzog-Christoph-Stein (links unten) in der Durchfahrt

Stichkappenwölbung. Der Aufgang setzt sich im Norden entlang dem Apothekenhof (am Westende von dessen Südseite) fort, heute Raum Nr. 44 mit Stuckdekor um 1610/15. Am ersten Treppenabsatz erinnert eine Rotmarmortafel an die am 20. Februar 1918 in der Residenz gefeierte Goldene Hochzeit König Ludwigs III. Im Obergeschoss liegen südlich – über der Durchfahrt zwischen Kapellen- und Brunnenhof – der St.-Georgs-Rittersaal und westlich, zwischen Kapellen- und Kaiserhof, der Max-Joseph-, ehemals (alte) Herkulessaal, beim Wiederaufbau östlich verkürzt zugunsten eines in diesem Bereich eingebauten größeren Treppenhauses. Der *St.-Georgs-Rittersaal* (heute Raum Nr. 54, vor 1944 Nr. 22), ursprünglich Ritterstube (so auf dem Tambacher Plan von ca. 1630 und auf dem Cuvilliés-Plan von ca. 1765 beschriftet), wurde um 1729 im Anschluss an die Reichen Zimmer (s. unten) und im Zusammenhang mit dem damals von Kurfürst Karl Albrecht gestifteten St.-Georgs-Hausritterorden neu ausgestattet, Anfang des 19. Jh. sowie unter Ludwig II. verändert und 1958–60 in vereinfachter Form wiederaufgebaut. Hier ist heute das große *Holzmodell der Residenz* von François Cuvilliés (gefertigt 1764–67) ausgestellt, das den damaligen Zustand mitsamt den geplanten, nicht ausgeführten Neubaumaßnahmen im Nordostbereich (an der Stelle der ehem. Neuveste) darstellt (Abb. S. 908). Z. T. verändert wiederaufgebaut wurden auch die heutigen Obergeschossräume Nr. 45 (unregelmäßig polygonaler Vorplatz im Zwickel zwischen Breiter Treppe, Ritter- und Max-Joseph-Saal; „Hatschir Pflez" für die Wachen auf dem Tambacher Plan; Deckenstuck neu von 1958) und Nr. 43 (Vorplatz der Breiten Treppe; über der Durchfahrt zwischen Brunnen- und Apothekenhof), wo heute das aus dem südlichen Residenzgarten/Königshof (s. oben) stammende Bronzestandbild des Neptun auf einem Delphin ausgestellt ist, nach Modell Georg Petels (1627/30) in Augsburg von Wolfgang II. oder Christoph Neithart gegossen.

Der schmale, lang gestreckte *Kapellenhof*, im späten 16. Jh. aus dem erwähnten Jägergassl entstanden, erhielt im frühen 17. Jh. seine bauliche Endredaktion mitsamt der gemalten Fassadengliederung, die – 1894 wiederhergestellt – nach dem Zweiten Weltkrieg in einfacher Form, lediglich als Umrahmung der Öffnungen, erneuert wurde. Plastische Details sind nur das Konsolgesims an der Traufe und die Sprenggiebel der Portale zu den Treppenhäusern bzw. der südseitig gelegenen Hofkapelle. Der

Herkulessaal; Radierung von W. P. Zimmermann, 1613

innerhalb der Residenz nach wie vor gassenartige Verkehrsfunktion einnehmende Hof wird an den Schmalenden von den dreiteiligen Durchfahrten von der Residenzstraße her und zum Brunnenhof hin abgeschlossen; in der Mitte der Nordseite schmale Verbindung zum Kaiserhof. Der um ein Geschoss höhere Nordtrakt, in den der ältere Hofdamen- oder *Damenstock* des späten 16. Jh. und der Herkulessaal einbezogen sind, wurde ca. 1611 als Südflügel des neuen Gevierts um den Kaiserhof aufgestockt und gestalterisch den neuen Trakten angepasst. In den – im Erdgeschoss großenteils gratig gewölbten – Innenräumen sind heute u. a. die Staatliche Münzsammlung, das Bauamt der Residenz und Staatstheaterbüros untergebracht; in der Südwestecke liegt die sog. Trabantentreppe, im Hauptgeschoss des Ostteils der Max-Joseph-Saal. (Zur ehem. Hofdamenwohnung im Einzelnen vgl. Wening 1701, S. 7.) Gemäß den Residenzansichten von M. Wening und J. U. Kraus waren Damenstock und nördlicher Grottenhoftrakt durch einen Brückengang über dem Kapellenhof verbunden.

Der *(Alte) Herkulessaal, heute Max-Joseph-Saal* genannt, entstand vielleicht schon unter Albrecht V. und wurde unter Maximilian I. im Jahre 1600 umgebaut und um mehr als 4 m erhöht; auf Wenzel Hollars Stadtansicht überragt er beträchtlich die umgebenden Baulichkeiten. Den in seiner Ausstattung inzwischen vollendeten Saal, der im 17. und 18. Jh. innerhalb der Gesamtresidenz in seiner Funktion als Fest-, Tanz- und Konzertsaal von Bedeutung war, beschrieb Ph. Hainhofer 1611 und stellte W. P. Zimmermann in einer seiner Radierungen anlässlich der Fürstenhochzeit von 1613 dar. Die Wände waren damals bis in ca. Zweidrittelhöhe mit einer Wandteppichfolge mit den Taten des Herkules bedeckt, die Maximilian 1603 in Antwerpen erworben hatte und die heute verschollen ist (nicht identisch mit dem 1952 im Neuen Herkulessaal aufgehängten Herkules-Gobelinzyklus aus Schloss Dachau, der 1608 gleichfalls in die Residenz gebracht wurde). Im

Kapellenhof nach Osten

Kapellenhof nach Westen

Fries unterhalb der Kassettendecke, von den kleinen Oberfenstern unterbrochen, war ein Zyklus von zehn ikonographisch (auch im Gesamtzusammenhang der maximilianischen Residenz) aufschluss- und bezugsreichen Historienbildern von Hans Werl mit Szenen aus der mittelalterlichen Geschichte des Hauses Wittelsbach angebracht, die noch erhalten sind (BStGS) und in den Residenzbeschreibungen von B. Pistorini (1644) und R. Pallavicino (1667) gemäß der ihnen damals zugemessenen ideellen Bedeutung gewürdigt wurden (mitsamt den lateinischen Inschriften). Der auf Zimmermanns Ansicht dargestellte Thronbaldachin verdeckt einen Kamin mit Herkulesfigur.

Unter König Max I. Joseph wurde der Herkulessaal (damals als Tanzsaal bezeichnet) in klassizistischen Formen vollkommen neu gestaltet, möglicherweise in zwei Phasen. Umbaupläne von Hofbauintendant Andreas Gärtner (dat. 1806; MStM, Slg. Lang, Mappe VI, Nr. 42; vgl. Ausst. Kat. Klassizismus, 1980, Nr. 22.7 und 22.8) zei-

Max-Joseph-Saal nach Wiederaufbau

gen eine Wandgliederung mit Pilasterpaaren (vermutlich nicht ausgeführt). Die endgültige Gestaltung erfolgte erst 1814–16, wobei A. Gärtner den Wessobrunner Stuckator Michael Sporer mit der Ausführung beauftragte; die ursprünglich nuancenreichere farbige Raumfassung mit Gelb- und Grautönen neben dem heute allein bestimmenden Weiß besorgte der Maler Michael Eder (vgl. Hans Ottomeyer, in Ausst. Kat. Max I. Joseph I/1 1980, S. 280 f.). Die Wandgliederung erfolgt durch kannelierte korinthische Pilaster, die Rechtecköffnungen (z. T. Spiegel) übergreifende Blendarkaden mit Dekor im Bogenfeld und im Fries darüber sowie umlaufendes Gebälk mit Konsolgesims. Die das Raumbild wesentlich prägende Dekoration ist – zeitgemäß klassizistisch formuliert – ein spätes Beispiel Wessobrunner Stuckatorenkunst, vergleichbar dem auch in seiner Wandgliederung eng verwandten Königssaal im Nationaltheater (in dem ebenfalls Mitglieder der Familie Sporer tätig waren). Der längsseitig vom Kapellen- und Kaiserhof her belichtete, flach gedeckte Saal hatte vor dem Luftkrieg vor den Schmalseiten zwei knappe, auf je zwei ionischen Säulenpaaren ruhende Musikemporen, auf die beim 1961 abgeschlossenen Wiederaufbau verzichtet wurde; überdies wurde der Raum damals im Osten um eine Achse mit den ehemals funktional wichtigen Türen zu Trierzimmern und Rittersaal (zugunsten einer neuen Treppe nebst Aufzug) verkürzt und schließt dort heute – bei Übernahme der Seitenwandgliederung – bündig mit der Ostseite der beiden flankierenden Höfe. Der heute vor allem für Kammerkonzerte und Vorträge benutzte Max-Joseph-Saal erhielt seinen Namen, um Verwechslungen mit dem 1953 eröffneten (Neuen) Herkulessaal im Festsaalbau (s. dort) zu vermeiden, nach seiner letzten Restaurierung 1984/85; am 7. November 1985 wurde der zuvor zeitweise den Münchner Philharmonikern zu Proben dienende Saal für die Allgemeinheit wiedereröffnet.

Kaiserhoftrakte und Westfassade der Alten Residenz

Weit über den bei Wenzel Hollar dargestellten Zustand der Residenz hinaus ließ Maximilian I. 1612–18 nach Nordwesten ausgreifend den Komplex um den Kaiserhof mit Repräsentationsräumen und vornehmen Gästeappartements errichten, eine Anlage von im damaligen Reich neuartiger Großzügigkeit und Regularität. Die notwendigen zusätzlichen Grundstückserwerbungen nördlich des ehem. Jägergassls, nunmehrigen Kapellen-

hofs bis hin zur hier abgebrochenen Stadtmauer hat Brigitte Knüttel (MJBK 1967, S. 201) im Einzelnen ausgeführt und mit der (vielleicht in Details vereinfachenden) Darstellung bei W. Hollar in Übereinstimmung zu bringen unternommen; demnach könnte der lang gestreckte Bau an der Stelle des Triertraktes an der Kaiserhof-Ostseite als das ehemalige Anwesen des Wolf von Maxlrain zu identifizieren sein, der 1580/1585 zwei Häuser gekauft hatte.

Entlang der Schwabinger Gasse (Residenzstraße) erhielt die Residenz nunmehr eine stadtseitige, nach einheitlichen Prinzipien gestaltete repräsentative *Westfassade,* die freilich (bis heute) nur in Schrägansicht erfassbar ist, aber gerade durch ihre schwer abzuschätzende Längenausdehnung imponierend und im Vergleich mit anderen damaligen Stadtschlössern neuartig wirkte (vorbildhaft noch auf Wunsch des Kaisers für den Leopoldinischen Trakt der Wiener Hofburg). In den neuen Westtrakt und seine Fassadenausbildung einbezogen wurde südlich des Kapellenhofes der Bereich des vormaligen Erbprinzenbaues, der schon ab ca. 1600 umgestaltet oder weitgehend durch einen Neubau ersetzt worden war und jetzt zumindest aufgestockt und angeglichen wurde. (Auf W. Hollars Ansicht ist ein stattlicher Walmdachblock mit gekuppelten Fenstern im Erdgeschoss und zwölf übergiebelten Obergeschossfenstern dargestellt, mit Durchfahrt zum Kapellenhof in der dritten Achse von links.) Wegen der leicht divergierenden Achsen des Höfesystems und der schräg dazu verlaufenden Residenzstraße ergab sich im Neubautrakt (wie zuvor schon in geringem Maß im Bereich südlich des Kapellenhofes) eine spitzwinklig-schmale, sich nach Norden verbreiternde Zwischenzone im Gebäudeinneren, die durch entsprechende Mauerstärken und eingefügte kleine Nebenräume ausgefüllt wurde. Die ca. 130 m lange Westfassade mit 31 Achsen umfasst fünf Geschosse in rhythmisch abgestufter Höhe; die hohen Rechteckfenster des Erdgeschosses sind mit niedrigen, querrechteckigen Mezzaninfenstern, die des Hauptgeschosses mit kleinen Rundfenstern darüber zu Gruppen zusammengefasst (Kleinformate z. T. blind); die Fenster im letzten Geschoss haben querrechteckiges Format. Der nach heimischer Art verputzte Ziegelbau erhielt eine monumentale Gliederung durch eine vorwiegend in Grautönen gemalte Scheinarchitektur im Sinne klassischer Ordnungen, doch wurde die anspruchsvolle Wirkung mit der Zeit durch Witterungseinflüsse gemindert (in originaler Form 1903

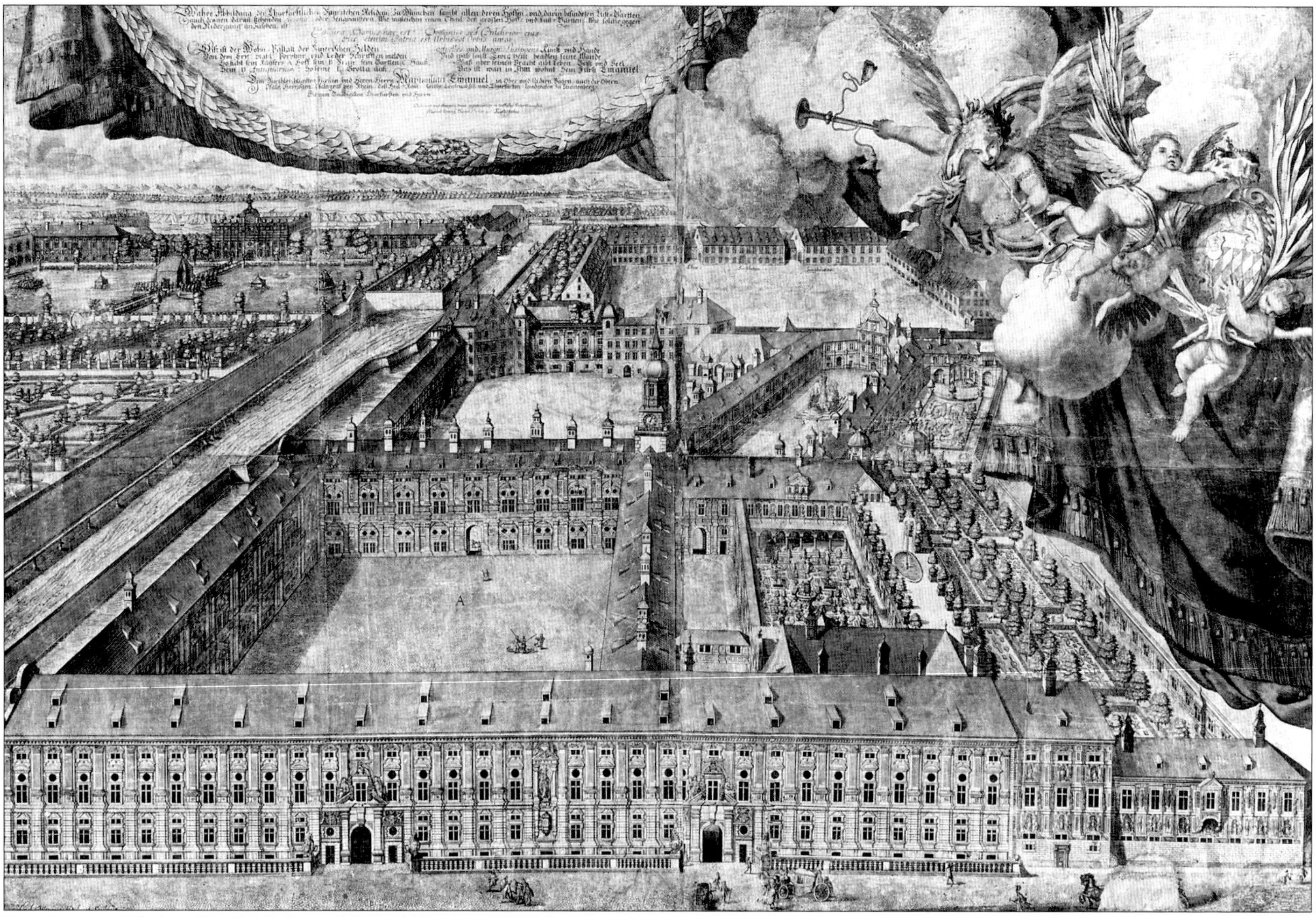

Residenz von Westen; Kupferstich von Michael Wening, 1696/97

erneuert; im Zuge des Wiederaufbaus nach 1945 in auf perspektivischen Illusionismus mit Schattenschlägen verzichtender Um-
rissform nach Entwurf von Hermann Kaspar nachvollzogen).
Der flächendeckenden Quaderung scheinbar auferlegt ist die
achsenweise parataktische Vertikalgliederung (in ihrer schier
endlosen Reihung ein Vorbild für den Schloss- und Palastbau des
17. Jh. zumal in Österreich und Böhmen), ein System aus rustizierten römisch-dorischen Pilastern im unteren Doppelgeschoss
und korinthischen kannelierten Pilastern, welche die Obergeschosse zusammenfassen; beide Geschossgruppen trennt ein
kräftiges Gebälk. Die vertikalen Fenstergruppen aus jeweils einem Großformat und Oberlicht werden durch Verdachungen abgeschlossen, unten gesprengte Dreiecks-, oben Segmentgiebel.
Aus Naturstein (Tuffkalk) besteht der niedrige Sockel; plastisch
ausgebildet ist auch das knappe Konsolgesims an der Traufe.
Die trotz Architekturmalerei flächig wirkende Fassade wird plastisch akzentuiert und rhythmisch unterteilt durch die in kostbaren
Materialien – Trientiner Rotmarmor mit Bronzeausstattung –
ausgeführten beiden Portalanlagen und die als Mittelachse eingefügte Nischenkomposition mit der „Patrona Boiariae". (Marmorarbeiten nach Haeutle 1883/92 von Blasius Fistulator und seinen
Söhnen Paul und Wilhelm.) Die jeweils dreiachsigen römisch-
dorischen, rustizierten Portalkompositionen (um 1614/15) vereinen zitierend das frei variierte Triumphbogenschema mit dem
michelangelesken Motiv der Liegefiguren auf Giebelschenkeln.
Das von einer Ädikula mit das Oberlicht im 1. Stock einschließendem Sprenggiebel gerahmte hohe, rundbogige Durchfahrtstor flankieren rechteckige Eingänge mit vergitterten Rundöff-
nungen darüber und bekrönenden Bronzereliefwappen von Bayern (Maximilian I.) und Lothringen (seine erste Gemahlin Elisabeth), wohl 1615 nach Entwurf von Hans Krumpper (Gießer

nicht genannt) wie auch die vier allegorischen Liegefiguren, am
Nordtor (zum Kaiserhof) Fortitudo und Temperantia, am Südtor
(zum Kapellenhof) Prudentia und Justitia, Verkörperungen der –
hier auf den Herrscher bezogenen – sog. Kardinaltugenden (die
jeweils auf den Giebelschrägen genannt sind). Die Wappenschil-
der haltenden insgesamt vier Bronze-Sitzlöwen, auf Marmor-
sockeln jeweils beiderseits vor den Portalen aufgestellt, nach
Dorothea Diemer (2004) von Hubert Gerhard (Nordtor) und
Carlo Pallago (südliches Paar), waren ursprünglich als Bestandteile des Wilhelmsgrabmals in St. Michael vorgesehen und wurden wohl noch vor ihrem Guss (um 1595/97) zu Schildhaltern
abgeändert. Die für die Zeitgenossen bedeutsame ikonologische
Aussage der beiden Portalanlagen macht ihre eingehende Beschreibung durch B. Pistorini (1644) und R. Pallavicino (1667)
deutlich.
Kompositorische wie ideelle
Mitte der Fassade ist die im
Architrav MDCXVI datier-
te Rotmarmor-Nischenarchi-
tektur mit Hans Krumppers
ca. 3 m hohem Bronzestandbild der PATRONA BOIARIE
(Sockelinschrift), 1615 von
Bartholomäus Wenglein ge-
gossen und von Georg Mair
ziseliert, künstlerisch wie
technisch eine Hauptleistung
damaliger Münchner Plastik
wie religiöse und politische
Manifestation – das landesübliche Motiv der Hausmadonna

Alte Residenz, Portal-Löwe

Residenz, Westfassade von Norden; Aufn. 1999

Residenz, Westfassade von Süden; Aufn. 1999

wirkt hier gleichsam für den Gesamtstaat repräsentativ. Die hohen Sockelkonsolen flankieren ein polygonales Ewiglichtgehäuse, gegossen nach dem Modell eines Sohnes von Heinrich Schön (Chr. Haeutle). Auf dem Sprenggiebel über der Nische flankieren Bronzeputten eine ebenfalls gegossene Kartusche mit Widmungsinschrift; diese gesamte obere Bronzegruppe, im Luftkrieg herabgeschleudert, ist verschollen und wurde nach Modell von Franz Lorch rekonstruiert.

Die rhythmisierende Aufteilung in Fassadenabschnitte erfolgt im Prinzip symmetrisch, in beide Richtungen ausgehend von der Mittelachse mit der Muttergottesfigur. Diese Nischenarchitektur wird jederseits von vier Fensterachsen flankiert, es folgen drei die Portalaufbauten umfassende Achsen und zu den äußeren Enden hin gegen Süden acht, gegen Norden heute nur noch sechs Achsen, da der durch Einbeziehung der Nordwestecke der Residenz in Klenzes Festsaalbau (1832 ff.; s. unten) entstandene Eckpavillon an der Westseite vier Achsen breit ist. Dieser nördliche Abschnitt zwischen Kaiserhofportalgruppe und Nordwestecke umfasst auf der Ansicht in Merians Topographia Bavariae (1644, Kupferstich von Georg Peter Fischer; Ausst. Kat. Maximilian I.

Alte Residenz, Portal zum Kaiserhof; Aufn. 1995

Alte Residenz, Patrona Boiariae; Aufn. 1996

1980, I, Abb. 115) wohl aus Symmetriegründen nur acht Fenster-achsen mitsamt an der Ecke anschließender, von einem Gang begleiteter Stadtmauer. Auf Michael Wenings Residenzansich-ten (1676/97 und später) ist dieser Abschnitt wohl zutreffend zehn Achsen lang, doch ist auf den Stadtmaueranschluss idea-lisierend verzichtet. Hinsichtlich Achsenzahl – insgesamt 31 bzw. heute 29 – und Abschnittteilung ungenau ist die in das Sandtnersche Stadtmodell von 1570 nachträglich eingefügte Re-sidenz. Auf den Ansichten von Fischer/Merian, Wening und Di-sel ist dem Fassadensockel noch eine Balustrade im Anschluss an die Portallöwen vorgelegt, formal gleich den existierenden kurzen Verbindungen zwischen den Löwensockeln und der Por-talrahmung (nach Ertl 1687, war das „Frontispicium ... mit stei-nernen Schrancken verwahrt"). Consonis Stadtplan von 1806 zeigt die Situation an der Nordwestecke mit der zwischen ihr und dem westlich benachbarten Schwabinger Tor angebauten Page-rie. Nach deren Abbruch mitsamt Tor (1817) und somit entfallen-der Torwache wurde eine eigene Residenzwache eingerichtet, die in Erdgeschossräumen im Bereich unterhalb der „Patrona Boiariae" untergebracht war, äußerlich durch ein hier einiger-maßen störendes, nach dem Ende der Monarchie bzw. der baye-rischen Armee wieder entferntes Schutzdach sowie zwei Schil-derhäuschen gekennzeichnet (vgl. Lankes 1993, S. 228 f.). Nicht zur Maximilianischen Residenz gehört der sich ihr mit gleicher Traufhöhe südlich anschließende, drei Achsen breite Zwischen-bau aus dem späten 17. Jh. (Goldener-Saal-Trakt, s. unten „Päpstliche Zimmer").

Der westliche Kaiserhof- oder Steinzimmertrakt mit der stadt-seitigen Fassade an der Residenzstraße gehörte zu den 1944 am schwersten zerstörten Teilen der Residenz. Von der Fassade der „Alten Residenz" blieben, nach zusätzlichen Abbrüchen ein-sturzgefährdeter Substanz, nur das dank seiner Wölbungen resis-tentere Erd- samt Zwischengeschoss, die beiden Portalarchitek-turen und über der südlichen ein drei Achsen breiter, in voller Höhe aufragender Mauerteil erhalten, von der Nischenarchitek-tur (mit den geborgenen „Patrona Boiariae") lediglich die So-ckelpartie. Bis 1958 erfolgte der rekonstruierend-ergänzende Wiederaufbau mitsamt der – wie erläutert – etwas vereinfachten Erneuerung der gliedernden Architekturmalerei. Noch vor 1950 zogen in die instand gesetzten Erdgeschossräume zwischen den beiden Durchfahrten die traditionsreiche Hofapotheke (vgl. Apothekenhof und -stock) und nördlich daneben die Residenz-Bücherstube ein; 1970 wurde nördlich der Durchfahrt zum Kai-serhof in der zweischiffig-fünfjochigen, kreuzgratgewölbten Säulenhalle, dem sog. *Viersäulensaal* (samt Nebenräumen) die Pfälzer Weinprobierstube eröffnet, die zuvor seit 1950 im nörd-lich neben der Durchfahrt zum Kapellenhof gelegenen *Einsäu-lensaal* untergebracht worden war. Dieser quadratische Raum mit sternförmig gruppierten Gratgewölben auf toskanischer

Kaiserhof; Stich nach M. Disel, um 1720

Rotmarmor-Mittelstütze entstand nach der baugeschichtlichen Analyse von K. Busch (1933) 1592 an der Stelle des abgebroche-nen Hauses des Leibarztes Dr. Thomas Meermann (heute für Ausstellungen genutzt; die Bücherstube jetzt Residenzshop).

Die *Durchfahrten* von der Residenzstraße zum Kapellen- und (nördlich) zum Kaiserhof sind jeweils dreischiffige, kreuzgrat-gewölbte Pfeilerhallen mit breiterem Mittelteil und flankieren-den Fußgängerpassagen; die südliche Torhalle umfasst zwei Gewölbejoche, die nördliche wegen zunehmender Breite des Traktes vier.

Der *Kaiserhof,* annähernd quadratisch mit je ca. 60 m langen, neun Doppelfensterachsen umfassenden Seiten, entspricht in sei-ner Regularität und Symmetrie den Architekturtheorien des spä-ten 16. Jh. (Serlio, J. A. Du Cerceau, H. Schickhardt) und ermög-licht großzügige Klarheit in der Raumdisposition der rahmenden Flügel. (Vgl. das gleichzeitige kurmainzische Schloss in Aschaf-fenburg; die Cour Carrée des Louvre wurde im Verlauf des 17. Jh. auf ihre vierfache Größe erweitert.) Zur monumentalen Wirkung von fast monotoner Erhabenheit trägt – ähnlich wie an der Straßenfront – die parataktische Reihung in sich mehrteiliger Öffnungsgruppen bei, die in einem aufwendigen klassischen System gemalter Scheinarchitektur zusammengefasst sind; die-ses verbindet im Erdgeschoss toskanische, darüber korinthische Doppelpilaster mit der Andeutung eines zweigeschossigen Arka-denhofes – die gemalten Blendbogen umschließen jeweils die paarigen Rechteckfenster und die Mezzaninfenster darüber, letz-tere im Erdgeschoss beiderseits eingezogen rundbogig schlie-ßend, im Obergeschoss kreisrund. Beide Doppelgeschosse trennt ein durchgehendes Gebälk, den Abschluss bildet ein (plasti-sches) Konsolgesims. Die u. a. auf den Ansichten von M. Wening (um 1700), am deutlichsten von M. Disel (um 1722) dargestellte Illusionsmalerei, nach 1870 erneuert, wurde nach dem Zweiten

Residenz von Nordwesten nach Kriegsschäden; Aufn. Januar 1945

Kaiserhof, Westflügel nach Kriegsschäden; Aufn. 1945/46

Weltkrieg nach dem gleichen Prinzip der Reduktion auf das Grundschema (ohne Schatten) wiederhergestellt wie an der Straßenfront. Den älteren Südflügel (Hofdamenstock, Alter Herkulessaal) ließ Maximilian I. hinsichtlich Gliederung und Traufhöhe den drei Neubauflügeln angleichen; der über der Südostecke aufragende Residenzturm (s. Brunnenhof) wirkt in das platzartige Bild des Hofes herein. Vor den drei Mittelachsen des Nordflügels (Kaisersaaltrakt) wurde unter Ludwig II. 1869 durch Eduard Riedel ein äußerlich dem übrigen Gliederungssystem des Hofes angepasster Risalit als Unterbau für den hier nach Süden ausladenden Querflügel des auf dem Dach errichteten Wintergartens angebaut (vgl. Festsaalbau); die kriegsbeschädigten Reste dieser Anfügung wurden 1950 zugunsten der Wiederherstellung der geraden Nordwand beseitigt. Beim Wiederaufbau nach 1945 musste eine zwei Achsen breite Fehlstelle im Mittelteil der Westseite geschlossen werden. Die Hoffläche war nie begrünt, im 18. Jh. offenbar kreuzförmig in Felder geteilt (Stich von M. Disel, um 1722), wie heute in der Pflasterung nachvollzogen.

Die drei Neubautrakte um den Kaiserhof enthielten, über gewölbten Zweckräumen im Erdgeschoss, im Hauptgeschoss nach dem modernen Prinzip der Enfilade axial verbundene Appartements für hohe Gäste – westseitig die Steinzimmer vornehmlich für Kaiserbesuche, ostseitig die sog. Trierzimmer, beide Raumfluchten zudem durch Gänge entlang den Außenfronten erschlossen, sowie im verbindenden Nordtrakt die Kaisertreppe und zwei große Festsäle – Kaiser- und Vierschimmelsaal. Die dem Hofgarten zugewandte *nördliche Außenfront,* begrenzt von den mit Schweifgiebeln abschließenden Risaliten am Ende der beiden Längstrakte, hatte Doppelfenster sowie eine Gliederung ähnlich den Kaiserhoffassaden (vgl. Nordansicht der Residenz bei Merian 1644), wurde nach 1799 klassizistisch verändert und bei der Einbeziehung in Klenzes Festsaalbau (s. dort) 1832 ff. völlig umgestaltet. Wegen der vorgelegten (äußeren) Stadtmauer und des Wassergrabens war die an sich durchaus repräsentative maximilianische Nordfassade vom Hofgarten abgerückt und nicht in gleicher Weise unmittelbar erlebbar und anschaulich wie die Westfassade an der Residenzstraße.

Kaiserhof nach Osten; Aufn. 2000

Im *Steinzimmer-Trakt* zwischen Residenzstraße und Kaiserhof-Westseite (Erdgeschossräume s. oben bei Westfassade) erschließt das Hauptgeschoss der straßenseitige sog. Theatinergang; den schmalen, sich nach Norden verbreiternden Zwickel zwischen ihm und den hofseitigen Steinzimmern füllen kleine gewölbte Nebenräume, darunter Nr. 113, in dem jetzt die originale Herzogsfigur (1592/93) vom Wittelsbacher-Brunnen im Brunnenhof aufbewahrt wird (s. oben). Im 81 m langen *Theatinergang,* mit 1616 datiertem Portal am Südende, wurden beim Wiederaufbau die roten Stuckmarmorportale zu den angrenzenden Räumen und die Stichkappentonne mitsamt Stuckdekor (ursprünglich von Michael Castelli nach Entwurf von H. Krumpper) weitgehend rekonstruiert (zu den früheren allegorischen Deckenbildern samt Ahnenfolge seit den fränkischen Hausmeiern von Peter Candid und Mitarbeitern vgl. Bauer/Rupprecht 1989, S. 197 ff.). Am Nordende Ölgemälde (17. Jh.), ganzfiguriges Bildnis des Braunauer Ratsherrn Hans Steininger; links vermauerte Tür zum ehem. Wehrgang der Stadtmauer und zur Theatiner-Hofkirche; rechts Gitter vor der (weitgehend erhaltenen) *Hans-Steininger-Treppe,* zweiläufig mit reichem Gewölbestuck (um 1615) und Malereiresten an den Tonnen wie am Kreuzgewölbe der Vorhalle.

Theatinergang nach Norden; Aufn. vor 1940

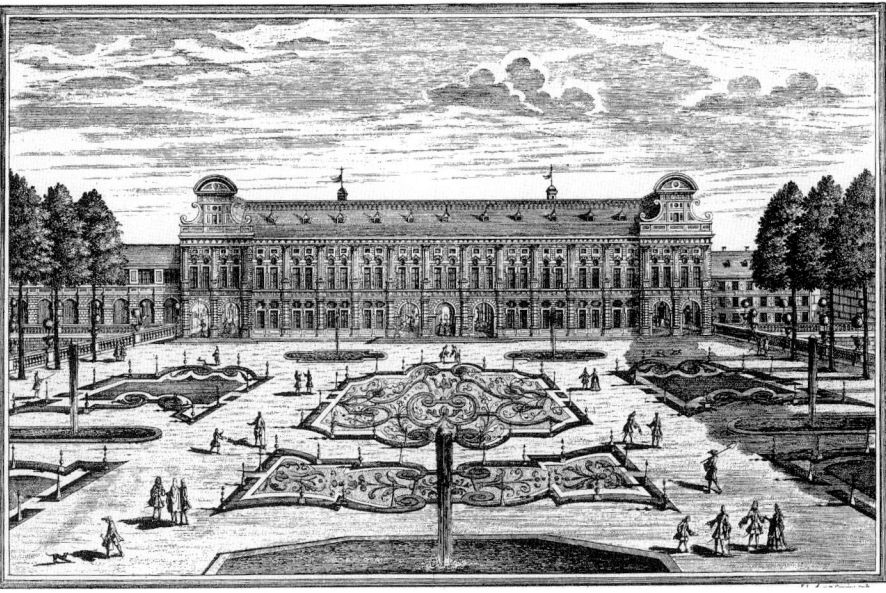

Maximilianische Residenz, Nordseite vom Hofgarten aus; Stich nach M. Disel, um 1720

Die sechs *Steinzimmer* (nach den kostbaren Materialien), im 17. Jh. (so auf dem Tambacher Plan) als *Kaiserzimmer* bezeichnet (heute Räume Nr. 104–109), ursprünglich Gästeappartement für höchste Herrschaften, wurden 1614–17 vom Künstlerkreis um Hans Krumpper ausgestattet; charakteristisch sind die mehrfarbigen Wandverkleidungen, Portale, Kamine und Plattenböden aus Marmor, Stuckmarmor und Scagliola sowie vergoldete Stuckfriese. Nach dem Residenzbrand von 1674 wurden die beschädigten Räume ergänzend wiederhergestellt, die Kassettendecken (mit Ausnahme von Raum Nr. 106) 1694 ff. erneuert, wobei sie neue Gemälde von Giovanni Trubillio, Johann Anton Gumpp, Martin Moser und Francesco Rosa erhielten (statt der ursprünglichen von Peter Candid und Mitarbeitern). Die von Max I. Joseph als repräsentatives Tagesappartement benützten, um 1890 als Wohnung des Prinzregenten Luitpold eingerichteten Räume (die damals Parkettböden erhielten) wurden nach den schweren Luftkriegsschäden (1944) bis 1973 ergänzend wiederhergestellt (wieder mit Marmorfußböden), die hölzernen Felderdecken rekonstruiert (Mittelbilder verloren, Nebenbilder z. T. erhalten). Geborgen und erhalten blieben die intarsierten Holztüren, die Wandteppiche sowie das reiche Inventar des 17. und 18. Jh. – Das Doppelappartement mit jeweils zwei Vorzimmern und einem Schlafzimmer, von beiden Enden her beginnend und in der Mitte aufeinanderstoßend, umfasst nach heutiger Zählung von Süd nach Nord:

Raum Nr. 104: Zimmer der Kirche (1. Antichambre; zwei Fenster im Osten), ehemals mit allegorischem Deckenbild der Kirche inmitten der vier Erdteile; hier und in Nr. 105 Wirkteppiche der sog. Artemisia-Folge, Paris, 1612 erworben. Auf dem Kamin Bronzebüste des Kurfürsten Maximilian I., nach 1640, von Alessandro Abbondio oder Balthasar Ableithner (?), 1897 in der Sakristei von St. Michael gefunden (dort heute Gipskopie).

Raum Nr. 105: Zimmer der Religion (2. Antichambre; mit zwei Fenstern), ehemals mit Deckenbild „Triumph der Religion" von Francesco Rosa; Wirkteppiche vgl. Raum Nr. 104; Gedenktafel an Prinzregent Luitpold, der am 12. Dezember 1912 in diesem Raum starb.

Raum Nr. 106: Zimmer der Ewigkeit (Schlafzimmer; ein Fenster; Kaminwand mit Datum 1612), ehemals mit Decken-Mittelbild – Allegorie der Ewigkeit – von Martin Moser; zwei Wirkteppiche einer Abraham-Folge, Brüssel, 3. Viertel 16. Jh.; Bronzefigur Venus, um 1590 von Hubert Gerhard.

Raum Nr. 107: Zimmer der Jahreszeiten (Schlafzimmer; ein Fenster), mit (rekonstruierter) Stuckdecke von ca. 1614, die den

Brand überstanden hatte, Deckenbilder von Peter Candids Gehilfen – Allegorien des Jahres, umgeben von den vier Jahreszeiten und den Tierkreiszeichen – ebenfalls erneuert. Hier und in Nr. 108 und 109 bemerkenswerte Folge von insgesamt zehn Wirkteppichen mit den Taten des Pfalzgrafen Otto von Wittelsbach, 1604–11 in der Münchner Manufaktur des Hans van der Biest gewirkt nach Entwürfen von Peter Candid.

Raum Nr. 108: Zimmer der Welt (2. Antichambre; zwei Fenster), mit erneuerter Holzdecke (Mittelbild „Mensch als Beherrscher der Welt" zerstört), erhalten die umgebenden Tierbilder von Adam Gumpp. Wirkteppiche vgl. Nr. 107.

Maximilian I., Bronzebüste nach 1640 (Raum 104)

Raum Nr. 109: Zimmer der Elemente (1. Antichambre; zwei Fenster), mit ergänzter Felderdecke (Mittelbild mit trauerndem Pan zerstört), übrige Deckenbilder von Giovanni Trubillio erhalten; allegorische Darstellungen der vier Elemente, vier Winde, vier Jahreszeiten. Wirkteppiche vgl. Nr. 107. Vor dem Fensterpfeiler Thron und Baldachin Maximilians I. aus dem frühen 17. Jh.

Der 14 Fensterachsen lange ehem. *Nibelungengang,* den Ludwig II. durch Eduard Riedel im 2. Obergeschoss (über dem Theatinergang an der Stelle von Wohnräumen) als Zugang zu seiner Wohnung im 3. Obergeschoss des nordwestlichen Eckpavillons (Theatinerstock) hatte herstellen lassen, wurde mitsamt den 30 Freskobildern Michael Echters (1864–67) mit Szenen aus Wagners „Ring des Nibelungen" im Luftkrieg zerstört. (Der Zyklus ist in Kopien von Franz Heigel und Fotografien von Joseph Albert überliefert.)

Der *Kaisersaaltrakt* an der Nordseite des Kaiserhofes mit nördlicher Außenfront zum Hofgarten (s. oben) nahm im Hauptgeschoss die beiderseits an die Stein- bzw. Trierzimmer angebundenen repräsentativsten Räume der maximilianischen Residenz auf, mit dem *Vierschäftesaal* in der Mitte des Erdgeschosses als Zufahrt und Vestibül vor der Kaisertreppe. Die weiträumige, tektonisch strenge, heute dekorlose Halle (20 x 14,7 m) von drei zu drei querrechteckigen Jochen mit Rundbogentoren nördlich (seit dem 18. Jh.) und südlich ist nach den vier mächtigen toskani-

Folge der Steinzimmer, Durchblick nach Süden

Steinzimmer (Raum Nr. 109), Zimmer der Elemente; Aufn. vor 1940

„Abschied Ottos von Griechenland", 1832, vor der Kaisertreppe; Gemälde von Ph. Foltz

schen Rotmarmorsäulen benannt, welche die Gurte der Kreuzgratgewölbe tragen. Vor 1944 waren die heute weißen Gurte mit Stuck dekoriert, die Gewölbeflächen mit Groteskenmalerei gefüllt (motivisch der Kaisertreppe ähnlich), im Mitteljoch mit einer perspektivischen Architektur- und Himmelsmalerei von Elias Greither d. Ä. 1615 (vgl. KDB 1902, S. 114 f.; Bauer/Rupprecht 1989, S. 168 ff.). Die 12 Cäsarenbildnisse an den Wänden – Kopien nach Tizian – wurden im 18. Jh. in die Reichen Zimmer transferiert. Vierschäftesaal und Kaisertreppe waren Schauplatz des Abschieds König Ottos von Griechenland von seiner Familie und Hofstaat am 6. Dezember 1832, dargestellt auf Gemälde von Philipp Foltz (Neue Pinakothek) und Lithographie von Gustav Kraus (Pressler 1977, Nr. 366). Heute dient die Halle als Eingangsraum für das 1970 wiedereröffnete *Staatliche Museum Ägyptischer Kunst* (Hofgartenstraße 1; 1935 durch Vereinigung der ägyptischen Bestände verschiedener Sammlungen entstanden). Die sieben assyrischen Steinreliefs an den Wänden waren früher im (kriegszerstörten) Assyrischen Saal der Glyptothek (s. dort) untergebracht. Die heutigen Museumsräume im Erdgeschoss westlich der Halle haben mit den Rotmarmorportalen (mit Monogramm Maximilians I. und Elisabeths) und reichem Stuckdekor (um 1614/15 von der Castello-Künstlertruppe) an den Stichkappengewölben

Vierschäftesaal; Aufn. vor 1900

Hauptgeschoss zu einer lichten Halle weitet. Anregungen werden meist (zuletzt von Biller/Rasp 2003) in der genuesischen Palastarchitektur vermutet; vgl. auch Treppe Heinrichs II. im Louvre (um 1550) mit reichem Gewölbedekor, für die Vorbilder in Rom (und Venedig?) angenommen werden. Kennzeichnend für die Münchner Lösung (im Unterschied z. B. zum etwa gleichzeitigen Augsburger Rathaus) ist die sich, nach Aufstieg über den unteren, nach Art einer Schachttreppe zwischen Wänden eingeschlossenen Arm, über dem gegenläufigen zweiten Arm eröffnende Raumweitung – die gewölbten Joche über dem zweiten Arm sind mit dem nordseitig parallelen Verbindungsgang zwischen Kaisersaal und Fletz (später Weißer Saal) durch Arkaden auf zwei toskanischen Rotmarmorsäulenpaaren (heute aus Stuckmarmor) verbunden, sodass ein von fünf Nordfenstern erhellter, würdiger Vorplatz für den Kaisersaal entsteht. Die

Kaisertreppe, obere Halle; Aufn. um 1900

repräsentativen Charakter: nördlich zwei zweijochige Säle, südseitig entlang dem Hof ein Gang, geteilt durch einen Mittelgurt auf Wandpfeilern; 1972 erhielt das Museum auch den nordseitigen schmucklosen, kreuzgratgewölbten Gang östlich der Eingangshalle mitsamt kleinen Räumen neben und unter der Kaisertreppe zugewiesen. (Neubau für das Museum an der Gabelsbergerstraße ab 2007 im Entstehen.)

Die *Kaisertreppe* (Raum Nr. 112; Vollendungsdatum 1616 am Gewölbe der oberen Halle) geht vom südöstlichen Eckjoch des Vierschäftesaals aus; gemäß der Terminologie von F. Mielke (1993) ist sie als „gerade, einläufig zweiarmige Treppe mit Wendepodest" zu definieren, mit einem dritten, kürzeren Lauf oberhalb des ersten zum Mezzanin fortgesetzt. Sie verkörpert einen herkömmlichen Typus, der hier mit für Deutschland neuartigem, repräsentativem Anspruch und Aufwand auftritt und sich im

Kaisertreppe, oberer Lauf

Wölbungen über Treppe und Halle sind, den Groteskenstil des Vierschäftesaals an Detailreichtum noch steigernd, mit Stuck (nach Krumppers Entwurf) und kleinen Bildfeldern dekoriert. Schwerpunkte des komplexen, christlich-stoischen Bildprogramms sind die beiden größerformatigen Deckenbilder mit der Apotheose des Herkules (über dem unteren Treppenarm) und dem Ikarussturz (über dem dritten Arm), als Mahnungen an den Regenten zu Tugend bzw. Maßhalten zu verstehen, weiters die drei großen, den dynastischen Rang und Anspruch verkörpernden Nischenfiguren (Stuck; um 1615 von Hans Krumpper) Karls des Großen als legendärer Ahnherr, Ottos I. „des Großen" von Wittelsbach (diese beiden über dem ersten Wendepodest) und Kaiser Ludwigs IV. des Bayern an der Wand über dem zweiten Arm. Fortgeführt wird das dynastisch-moralische Programm an der Westwand mit den drei Stuckmarmorportalen zum Kaisersaal: über dem linken erinnert eine Büste (von Krumpper) an einen weiteren gekrönten Wittelsbacher, Otto von Niederbayern, König von Ungarn (gest. 1312); die Büste über dem rechten Portal stellt Herzog Albrecht III. dar, der 1440 die böhmische Königskrone zurückwies (ein als Vorbild für politische Klugheit und Mäßigung mehrfach in der Residenz vertretenes Thema, höchst aktuell im Hinblick auf den pfälzisch-wittelsbachischen „Winterkönig" als Gegenbeispiel). Über dem monumentalen Mittelportal Bauherreninschrift mit Kurfürstentitel (also nach 1623). – Treppe und Halle, 1944/45 schwer beschädigt (Gewölbe am 25. Februar 1945 großenteils, vor allem im Osten, eingestürzt), wurden in originaler Form wiederhergestellt, die fast völlig verlorenen Deckenmalereien 1967–75 von Karl Manninger nach Farbfotos rekonstruiert.

Die beiden Repräsentationsräume westlich der Kaisertreppe, Kaiser- und Vierschimmelsaal, wurden 1799 ff. durch Einbauten unterteilt und nach deren weitgehender Zerstörung im Zweiten Weltkrieg rekonstruiert. Entgegen der Kritik vor allem des Kronprinzen Ludwig ließ Maximilian IV./I. Joseph gleich nach seinem Regierungsantritt ab 1799 die (unbenutzten und als unzeitgemäß geltenden) Säle durch Einbau der als Appartement seiner Gemahlin Karoline bestimmten *Hofgartenzimmer*, Einzug einer Zwischendecke und ein niedriges Obergeschoss mit den eigenen, seiner eher bürgerlich-einfachen Lebensweise entsprechenden Wohnräumen nebst anschließenden Kinderzimmern unterteilen (nachmals wohnte hier Maximilian II. als Kronprinz); damit verbunden war eine Veränderung der hofgartenseitigen Nordfassade (s.oben) gestalterisch wie hinsichtlich der Fensteranordnung. Die Ausstattung der Hofgartenzimmer (vgl. Ausst. Kat. Bayerns Krone 2006), zu denen ein Audienzsaal mit Thron und ein Spiegelkabinett gehörten, wurde nach dem Tod des Hofbauintendanten Charles Pierre Puille (1805) von dessen Nachfolger Andreas Gärtner bis ca. 1810 (z. T. noch später) fortgesetzt; ihr Erscheinungsbild ist durch die Aquarelle (meist von 1820/21) im (1979 von Hans Ottomeyer veröffentlichten) „Wittelsbacher-Album" gut dokumentiert; vgl. Amtlicher Führer 1937, Räume Nr. 45–51. Unter Max Joseph wurden auch der Weiße Saal (östlich der Kaisertreppe, vor 1944 Raum Nr. 34, auf dem Tambacher Plan des 17. Jh. „Pfletz") und der bereits erwähnte (alte) Herkulessaal, also die beiden die Flucht der sog. Trierzimmer flankierenden Räume, neu ausgestattet und zwei Kabinette in der Mitte der Trierzimmer (s. unten) eingebaut. Anlässlich der (wieder gelösten) Verlobung Ludwigs II. mit Herzogin Sophie in Bayern 1867 wurden die Hofgartenzimmer für die erwartete Königin z. T. verändert. Die vor der Zerstörung geborgene mobile Einrichtung (die z. T. aus Schloss Karlsberg bei Zweibrücken stammte) ist seit 1966 in den sog. Neuen Hofgartenzimmern (Räume Nr. 33–36) im 1. Stock des Charlottentraktes an der Brunnenhof-Nordseite untergebracht. Auf eine bauliche Wiederherstellung der Hofgartenzimmer wurde verzichtet, sodass der Hohlraum der beiden großen Säle Maximilians I. wie-

Audienzsaal der ehem. Hofgartenzimmer (zerstört); Aufn. 1937

der verfügbar war. Deren 1980–85 ausgeführte Rekonstruktion als Annäherungsversuch an die Originalform von 1614/15 ist in Dimension und Aufwand allenfalls mit der Wiederherstellung des Goldenen Saals im Augsburger Rathaus vergleichbar.

Der *Kaisersaal* (Raum Nr. 111), ca. 34 x 15 m groß und 10 m hoch, Hauptgeschoss und Mezzanin umfassend, erhält sein Licht heute nur von den fünf Doppelfenstergruppen der Südseite (vom Kaiserhof her) samt Okuli und rechteckigen Oberlichtern; die um 1799 veränderten Nordfenster sind heute vermauert und durch Wandteppiche verdeckt, fünf von elf (ursprünglich zwölf) Kaisersaaltapisserien mit Helden des Alten Testaments, nach Entwürfen Peter Candids von Hans van der Biest und Hans van den Bosschen 1615–18 gewirkt. Die tiefen, stichbogig schließenden Fensternischen zwischen Wandpfeilern geben den Längswänden ein kräftiges Relief. Erhaltene, teils durch Beseitigung der Verkleidungen von ca. 1800 freigelegte Gliederungsreste, noch vorhandene (nach 1799 deponierte) Ausstattungsstücke wie die Wandteppiche und die Friesgemälde von Andrea Vicentino (vor 1613) mit Heldentaten aus Altem Testament und Antike sowie eingehende alte Beschreibungen, vor allem die von B. Pistorini 1644, ermöglichten das Wagnis der (bereits 1948 beschlossenen) Rekonstruktion, die überdies funktionell (um das Antiquarium von aktueller Nutzung zu entlasten) motiviert wurde. Die weitgehend vergoldete Kassettendecke, ursprünglich in Holz, wurde aus statischen Gründen in Stuck erneuert. Die allegorischen Deckenbilder, 1614/15 von Peter Candid und Mitarbeitern, wurden soweit erhalten wieder eingesetzt, die drei mittleren, 1944 verbrannten (vorerst) durch farblich eingestimmte Fotoreproduktionen ersetzt. Von den drei großen Deckenbildern der mittleren Längsachse stellt das westliche Monarchia (die Herrschaft), das östliche Sapientia (die Weisheit) dar, das Hauptbild in der Mitte Gloria, den Ruhm, ehemals im unteren Wolkenbereich mit lateinischer Devise, übersetzt „Des Ruhmes Rauch, der Ehre Spiel, des Lobes Schein verachtet Großmut, sucht der Ehrgeiz", von Andreas Kraus (1990, S. 332) als zentraler Leitsatz von Bayerns großem Kurfürsten interpretiert – „Magnanimitas" als höchste der Herrschertugenden. (Zu Bildprogramm und Ikonologie vgl. umfassend Bauer/Rupprecht 1989, S. 177 ff.). Dem mittleren, als Säulenädikula mit Wappen (Elisabeth von Lothringen) im Auszug ausgebildeten Prunkportal an der Eingangsseite (von der Kaisertreppe her) im Osten entspricht an der Westwand ein gleichartiger Stuckmarmor-Prunkkamin, ebenfalls mit Wappen (Bayern), ursprünglich mit zentraler Porphyrfigurengruppe (Stuckmarmor?) der auf allegorischen Tieren sitzenden „Virtus" mit Lanze und Palmzweig (vgl. Beschreibung von Pistorini 1644); ihre Stelle nimmt seit 1985 Hubert Gerhards vor 1589 entstandene Bronzestatue der „Tellus Bavarica" ein (ursprünglich Brunnenfigur im südlichen Residenzgarten, seit ca. 1616/18 auf dem Hofgartentempel, s. Hofgarten, wo sie 1952 durch eine

Kopie ersetzt wurde; vor 1985 am Nordende des Theatiner-gangs/Raum Nr. 114.) Die Gestaltung der bunten Steinplatten-fußböden im Kaiser- und Vierschimmelsaal wurde in Analogie zu den z. T. alten der Steinzimmer entwickelt.

Der *Vierschimmelsaal* (Raum Nr. 110) westlich vom Kaisersaal, niedriger als dieser und mit ihm zugleich bis 1985 rekonstruiert, ursprünglich 1614/15 ausgestattet („Tafelstuben" auf dem Tambacher Plan) und nach dem Residenzbrand von 1674 erst unter Max Emanuel 1690–94 wiederhergestellt – mit neuer, weiß/goldener Felderdecke und altem Bildprogramm – hat seinen Namen vom (verlorenen), jetzt durch Wolkenmalerei ersetzten, kreisrunden Mittelbild Apollos auf dem von vier Schimmeln gezogenen Sonnenwagen (um 1692 von Francesco Rosa), das innerhalb des Gesamtzyklus der in Gottheiten personifizierten Planeten und ihres kosmischen Einflusses auf den Menschen und seine Tätigkeiten die Sonne repräsentierte. Von Pistorini (1644) und Pallavicino (1667) wird die Stanza delle Pianete als erstes in der Reihe der südlich anschließenden Kaiser- oder Steinzimmer ausführlich beschrieben, einschließlich der damaligen Scagliola-Wandverkleidungen mit Architekturperspektiven, eines überaus prunkvollen Kachelofens im Osten und eines Kamins gegenüber. Da eine nach 1799 im Westen eingebaute Nebentreppe nicht beseitigt werden konnte, wurde der Saal bei der Rekonstruktion auf quadratisches Format etwas verkürzt und die Zahl der (nach 1799 deponierten) wiederangebrachten Deckenbilder um zwei reduziert. Das (mit Gewölk gefüllte) Mittelfeld umgeben heute an den Hauptseiten (nur noch) die Planeten-Gottheiten Jupiter und Venus, beide von Andreas Wolff, Merkur von Johann Anton Gumpp und Diana von Francesco Rosa, von dessen Hand auch die beiden kleinen Eckmedaillons mit den drei Grazien bzw. Saturn stammen; die beiden östlichen Eckmedaillons – Ceres, Bacchus und Pomona; Gesetz, Gerechtigkeit und Friede – sind allein noch von der Erstausstattung erhalten (1614/15, Peter Candid-Werkstatt). Zum ursprünglichen Zustand vgl. Bauer/Rupprecht 1989, S. 304 ff. Nordseitig vier Fenster gemäß Umbau von 1799 ff., original die Fenstergruppe im Süden links von der Tür zu den Steinzimmern (zu Raum Nr. 109), deren allein noch erhaltene Türflügel als Muster für die übrigen hier und im Kaisersaal dienten.

Der *östliche Kaiserhoftrakt* (Trierzimmertrakt) entstand um 1614/15 an der Stelle einer auf Wenzel Hollars Stadtplan dargestellten Bebauung, des sog. Küchentraktes, von dem wohl Teile in den nach Norden und um Gangbreite nach Osten erweiterten Neubau einbezogen wurden; die neue, nach Norden verlegte Küche war östlich von der Kaisertreppe unter dem Fletz (dem späteren Weißen Saal) situiert. Die *Trierzimmer* (Räume Nr. 47–53), über z. T. gewölbten Erdgeschossräumen im Hauptgeschoss gelegen, werden ostseitig (zum Apothekenhof) begleitet von einem kreuzgratgewölbten, stuckierten Korridor (Raum Nr. 46, Triergang), ursprünglich mit offenen Arkaden (gleich dem von Klenze umgestalteten Arkadengang darunter), die erst in der Prinzregentenzeit vermauert wurden. Die zwischen (altem) Herkulessaal im Süden und Fletz (später Weißer Saal) im Norden eingespannte Flucht der Trierzimmer (bei Pistorini Ratszimmer), ursprünglich ein Doppelappartement als Gästequartier, erhielt den später gebräuchlichen Namen nach Clemens

Trierzimmer, Saal des Fürsten (Raum 47)

Wenzeslaus von Sachsen, Kurfürst von Trier (1739–1812, Bruder von Maria Anna, der Gemahlin Max III. Joseph), der sich hier mehrfach aufhielt. Die durch den Mittelraum mit Haupteingang von Osten her zweigeteilte Zimmerflucht mit hölzernen, ursprünglich weiß und farbig gefassten (heute braunen) Felderdecken, Deckenbildern von Peter Candid und Mitarbeitern sowie Wandteppichen, heute vor allem der von Candid entworfenen Monatsfolge, wurde verschiedentlich verändert, u. a. 1722 ff. (wohl durch Joseph Effner), und nach schweren Luftkriegsschä-

Kaisersaal nach Westen (rekonstruiert)

den (Dach schon 1948 erneuert) bis 1973 in Annäherung an die originale Gestaltung von 1614/20 wiederhergestellt (Felderdecken rekonstruiert, mit Originalgemälden). Die ursprünglich jeweils ein Appartement in Fensterwandnähe intern verbindende Enfilade war auf je einen prächtigen Majolikaofen von 1620 im zu Raum Nr. 49 bzw. 51 gehörigen Kabinett ausgerichtet (vgl. den Tambacher Plan von 1630/50; Beschreibung der Öfen bei Pistorini 1644 und Pallavicino 1674). – Heutige Zählung der Räume von Süden her:

Raum Nr. 47: Fürstensaal (auch Ritterstube; auf dem Tambacher Plan von 1630/50 „Pollitisch Zimmer", in vielleicht auf die ganze Raumflucht bezogenem Plural?), mit zwei Fensterachsen und ikonographisch bedeutsamem Decken- und Friesbilderzyklus von P. Candid – als Mittelbild thronender Fürst – gemäß der Devise aus dem Corpus iuris Iustiniani „Princeps armis decoratus, sed etiam legibus armatus". Von den Wandteppichen der 1610 in der Münchner Manufaktur des Hans van der Biest nach Entwürfen von P. Candid gewirkten sog. Monatsfolge sind hier die Allegorien der Monate Januar bis April ausgestellt.

Raum Nr. 48: Saal des Rechts oder Audienzzimmer, mit einem Fenster, an der erneuerten Decke das Recht betreffende allegorische Darstellungen von P. Candid; Monatsteppiche (vgl. Raum Nr. 47) von Mai bis Juli.

Raum Nr. 49: Südliches Vorzimmer (eine Fensterachse), ursprünglich (vgl. Tambacher Plan) Kabinett im Westen (mit Kachelofen) und Schlafzimmer, um 1722–24 durch Joseph Effner unter Auflassung des Kabinetts zu einheitlichem Schlafraum umgestaltet, nach den Luftkriegsschäden 1970–73 im Sinne der Entstehungszeit um 1615/20 redigiert, mit rekonstruierter Felderdecke.

Raum Nr. 50 (eine Fensterachse): Gewölbter Mittelraum der Trierzimmerfolge, ursprünglich Eingang vom östlich begleitenden Gang her zu den beiden Appartements, 1799/1800 durch Charles Pierre Puille in zwei klassizistisch ausgestattete Kabinette geteilt, deren erhaltene Vertäfelung (mit eingesetzten Porträtmedaillons vor allem von Mitgliedern des Hauses Sachsen) 1966 in den Raum Nr. 37 im Charlottentrakt als sog. Puille-Kabinett eingebaut wurde.

Raum Nr. 51: Nördliches Vorzimmer (ein Fenster), ursprünglich analog Raum Nr. 49 Kabinett (mit Ofen) und Schlafzimmer, um 1720/30 (?), nach Henriette Graf (2002, S. 155) erst 1868 mit alten Tapeten als Chinesisches Kabinett umgestaltet, dessen erhaltene Bestandteile 1966 in den heutigen Raum Nr. 63 (im Anschluss an die Reichen Zimmer) transferiert wurden. Felderdecke und Stuckfries im Sinne des frühen 17. Jh. rekonstruiert.

Trierzimmer (Raum 52), Wirkteppich „August" mit Ansicht von München, 1613

Apothekenhof nach Westen; Stich nach M. Disel, um 1720

Raum Nr. 52 (eine Fensterachse): Audienzzimmer oder Saal der Entscheidung nach den allegorischen Deckenbildern Candids an der samt Stuckfries erneuerten Felderdecke; Wandteppiche der Monatsfolge (vgl. Raum Nr. 47) von August bis Oktober.

Raum Nr. 53: Saal des Rates, mit zwei Fensterachsen, im Stuckfries der Fensterseite Wappen Bayern/Lothringen (Maximilian I./Elisabeth), an der erneuerten Felderdecke und im Fries allegorischer Bildzyklus von P. Candid um die zentrale Darstellung des personifizierten Consiliums; von den Wandteppichen der Monatsfolge (vgl. Raum Nr. 47) November und Dezember. – Nördlich schloss sich der zur Kaisertreppe vermittelnde Fletz an, 1805/06 von Andreas Gärtner zum Weißen Saal (Speisesaal) umgestaltet (vor 1944 Raum Nr. 34), heute schlicht.

Apothekenhoftrakte des frühen 17. Jh.: Maximilian I. ließ West- und Südflügel der mittelalterlichen Neuveste abtragen und die verbleibenden feldseitigen heterogenen Bauteile mit seinem Residenz-Neubaukomplex durch parallele, zweigeschossige Gangflügel – den Großen Hirschgang im Norden und den (später sog.) Charlottengang im Süden – verbinden, sodass östlich vom Kaiserhof bzw. dem Trierzimmertrakt der größte aller Residenzhöfe, der Küchen- oder (später) Apothekenhof entstand, benannt nach der einst im nordöstlichen Eckbereich der Neuveste, in der Folge im Erdgeschoss von Klenzes Apothekenstock (heute Cuvilliéstheater) untergebrachten *Hofapotheke* (seit 1919 – verpachtet – in den Räumen der ehem. Wache an der Residenzstraße, 1947 wiederhergestellt). Gemäß dem Tambacher Residenzplan (um 1630/50) lag die Hofapotheke im runden (äußeren) Christophsturm, wo sie mit ihrer bemerkenswerten Ausstattung eingehend von M. Wening (1701, S. 13) beschrieben wurde. Nach dem Consoni-Stadtplan von 1806 nahm sie damals die gesamten südlich (und wohl auch westlich) an den Turm anschließenden Restteile der Neuveste ein. Der spätere Maler Carl Spitzweg verbrachte 1826–28 in der Hofapotheke seine Lehrzeit.

Den barockzeitlichen Zustand zeigen Michael Wenings Stadtansicht samt Residenz von Nordosten (um 1700) und die Ansicht des „Kuchel- und Kellerhofs" gegen Westen von Michael Di(e)sel (um 1720); dargestellt sind die Trakte im Norden und Süden mit rustizierten offenen Erdgeschossarkaden und rechteckigen Gangfenstern im Obergeschoss, an der Westseite die zweigeschossige, durch (gemalte?) Kolossalpilaster gegliederte Loggienfassade des Trierzimmertraktes samt Terrasse über den Gängen und zurückgesetztem 3. Geschoss. (Abweichend davon ist die Gestaltung der Triertrakt-Ostseite auf dem ergänzten Sandtner-Stadtmodell dargestellt.) Die Hoffläche gibt Disel mit großförmiger Teilung mittels gepflasterter Sternform wieder. Im Zusammenhang mit der Errichtung von Klenzes Festsaalbau (1832–42) an der Stelle der Neuvesten-Restbestandteile im Nordosten und Osten sowie des Hirschganges erhielt der in Ost-West-Richtung gestreckte, ca. 87 x 52 m große Apothekenhof

insgesamt eine einheitliche spätklassizistische Fassadengestaltung (vgl. Festsaalbau). Im 1. Stock des Südflügels hat der neun
Achsen lange sog. *Charlottengang* (heute Raum Nr. 42) seine
(nach Luftkriegsschäden wiederhergestellte) originale Gestaltung von ca. 1613/15 mit reichem Stuckdekor von Antonio Castello (wohl nach Hans Krumppers Entwurf) am Gewölbe bewahrt. Er ist wohl mit der bei M. Wening (1701, S. 11 f.) erwähnten „Welschen Galerie" identisch, die (durch ein „kleines Ge-
hörngänglein" fortgesetzt) die Verbindung zu den verbleibenden
Teilen der Neuveste herstellte. Besonders eindrucksvoll muss
gemäß Wenings Beschreibung (S. 13) der nördlich parallele, 450
Schuh lange „Große Hirschgehörn-Gang", zweiseitig (vom Hof
und Hofgarten her) durch vielteilige „zwölffliechitge Fenster"
erhellt, gewirkt haben.

Weitere Baumaßnahmen im 17. Jh. – Die „Päpstlichen Zimmer"

Das Appartement der Kurfürstin lag nach Beschriftung des Tambacher Plans von ca. 1630/50 im Bereich der späteren Staatsratszimmer (s. oben), der in den nach 1611 nordwärts erweiterten
Längstrakt Maximilians I. an der Residenzstraße unter Vereinheitlichung der Fassade einbezogen wurde. Zur Wohnung der
Kurfürstin gehörten noch weitere Räume bis zur Hof- und Reichen Kapelle sowie südlich davon. Zwischen der Südwestecke
des Westtraktes (heute Raum Nr. 100) und dem Witwenbau am
Westende des südlichen Residenzgartens (heute Königsbauhof)
zeigen der Tambacher wie der sog. Pariser Plan einen kleinen
Hof, der zur Straße in wohl niedriger Form abgeschrankt war.

Residenzstraße nach Süden (links Goldener-Saal-Trakt und ehem. Witwenstock); Gemälde von D. Quaglio, 1826

Diese letzte schmale Baulücke wurde 1666/67 durch den Golde-
nen-Saal-Trakt geschlossen, den einzigen von der Straße her
sichtbaren Bestandteil einer weit umfassenderen Baumaßnahme,
nämlich der völligen Neuausstattung des nach dem Tod der Witwe Maximilians I., Maria Anna von Österreich (1665), nunmehr
von Henriette Adelheid von Savoyen, Gemahlin des Kurfürsten
Ferdinand Maria, bezogenen Appartements, das bis 1669 vollendet war. Doch wird es bereits 1667 von R. Pallavicino eingehend
beschrieben, der vielleicht selbst Ausstattung und Ikonographie
z. T. beeinflusste. Ausführender Baumeister war Marx Schinagl,
als entwerfenden Architekten geben C. Haeutle (1883) und R.
Bary (1980) Agostino Barelli an. Das ambitionierte, höchst aufwendige Gesamtkonzept orientierte sich am oberitalienischen
Barock, speziell am heimatlichen Turiner Schloss, das gerade
um 1660 neu ausgestattet wurde, und letztlich natürlich am französischen Hof (dessen politische Interessen Henriette Adelheid
begünstigte). Seit dem Aufenthalt Pius' VI. 1782 trägt das Appartement den Namen „Päpstliche Zimmer".

Päpstliche Zimmer (Raum 71), Deckenbild von J. H. Schönfeld, 1667

Der nur drei Fensterachsen breite *Goldene-Saal-Trakt* schließt
sich mit seiner Traufhöhe der maximilianischen Residenzfassa-
de an, weist jedoch – vom Hauptgeschoss abgesehen – eine abweichende Fensteranordnung auf und erhielt 1666 eine eigen-
ständige, kleinteilig-dichte, barocke Fassadenbemalung, u. a.
mit 40 Figuren im Steinton von Caspar Amort, die sich auf den
südlich anschließenden Galerietrakt (ehem. Witwenstock) erstreckte (erkennbar auf der Westansicht der Residenz von M.
Wening, um 1700; nur in Resten noch auf dem Gemälde
D. Quaglios von 1826 mit der Residenzstraße gegen Süden,
BStGS; heute schlichte Fassadenmalerei der Nachkriegszeit). In
der Mittelachse Rechtecktür mit Steingewände und gerader Verdachung, dahinter gewölbter Erdgeschossraum.

Die sog. *Päpstlichen Zimmer* von 1666–69 im Hauptgeschoss
sind nach Brand (im Westteil) 1674, Teilabbruch 1827 und schweren Luftkriegsschäden 1944 nur noch fragmentarisch erhalten
bzw. wiederhergestellt worden. Der Brand 1674 verwüstete die
erst kurz zuvor ausgestatteten Räume im Westtrakt, den Hartschiersaal, das Heldinnenzimmer (mit Deckenbildern von Antonio Zanchi) und die zweite Antecamera (mit Bildern von Pietro
Liberi; Mittelbild im BNM erhalten), also den Bereich der späteren Staatsratszimmer (s. oben). Südlich schloss sich im Neubautrakt der Audienzsaal der Kurfürstin, später *Goldener Saal* genannt, an (heute Raum Nr. 71, mit drei Fenstern zur Straße), nach
den Kriegsschäden stark vereinfacht wiederhergestellt; von der
prächtigen, vergoldeten Schnitzdecke venezianischen Typs erhalten blieben nur die neun Gemälde von Johann Heinrich Schönfeld
mit Fürsten, die Audienzen geben und Bittschriften entgegenneh-
men, im großen Mittelbild „Die Gerechtigkeit Kaiser Trajans".
Südlich schloss sich bis zum Abbruch 1827 (zugunsten des Kö-
nigsbau-Westflügels) der ehem. Witwenstock des späten 16. Jh.
an, dessen im Obergeschoss gelegene, schon auf dem Tambacher
Plan (um 1630/50) dargestellte „Galleria" Henriette Adelaide
umgestalten und mit je einem Kabinett an den Schmalseiten
flankieren ließ. Diese zweiseitig belichtete *Galerie* mit Recht-
eckerkern in der Mitte der Längsseiten gehörte typologisch wie
mit ihrer reichen Ausstattung und dem komplexen, als Lobpreis
auf Bayerns großen Kurfürsten Maximilian I. konzipierten Bildprogramm zu den bedeutendsten Raumschöpfungen in der Geschichte der Residenz (vgl. im Detail Pallavicino 1667, S. 73 ff.;
R. Baumstark, in Ausst. Kat. Max Emanuel 1976, I, S. 181; Bau-
er/Rupprecht 1989, S. 250 ff.; Longo 1990, S. 130 ff.). Von der
Ausstattung der Galerie und der sie rahmenden kleinen Räume,
des Liebeskabinetts im Norden und des Rosen- und Lilienkabi-
netts im Süden, sind Teile der vergoldeten Schnitzdecke (BNM,
Saal 32) sowie eine Anzahl allegorischer Decken- und Wandbilder von Antonio Triva erhalten (aus dem Liebeskabinett heute
im BNM, die aus der Galerie BStGS; die Bilder aus dem Rosen-
zimmer, heute BStGS, Stefano Catani zugeschrieben).

Päpstliche Zimmer, Decke im Herzkabinett (Raum 68)

Päpstliche Zimmer, ehem. Schlafzimmer (zerstört); Aufn. 1937

Von den sich östlich an den Goldenen Saal anschließenden privaten Wohngemächern der Kurfürstin mit Fenstern zum südlichen Residenzgarten (heute Königsbauhof), vor 1944 Raum Nr. 85 (Grottenzimmer), Nr. 86 (Schlaf- oder Alkovenzimmer) und Nr. 84 (Herzkabinett), blieb nur das letztere (heute Nr. 68) in weitgehend originaler Form erhalten, der schwer zerstörte restliche Bereich (samt ehemals nördlichen Nachbarräumen) wurde mit z. T. veränderter Grundrissbildung wiederaufgebaut. Besonders gravierend ist der Kriegsverlust des *ehem. Schlafzimmers* mit seiner prächtigen, größtenteils vergoldeten Ausstattung und – nach Turiner Vorbild – Abgrenzung des östlichen Raumteils durch einen proszeniumsartig wirkenden Schweifbogen samt Balustrade als Alkoven, in dem das den Mittelpunkt der höfischen Zeremonie des „Lever" bildende Prunkbett mit Baldachin stand (vgl. Reiche Zimmer, Raum Nr. 60). Die kleine, nördlich benachbarte Josephskapelle war schon um 1900 nicht mehr erhalten. Im heutigen Raum Nr. 60, als Grünes Zimmer bezeichnet, sind Ausstattungsreste des einstigen Schlafzimmers eingebaut, so in die neue Decke von 1958 eingefügte Gemälde von Antonio Triva (1673/74, Mittelbild „Ruhm der Tugenden Henriette Adelaides", ringsum vier Tugendallegorien, zwei Supraportenbilder von Jacopo Amigoni (um 1730) und die Schnitztüren. – Das östlich benachbarte sog. Rote Zimmer (Raum Nr. 67) enthält Bestandteile des ehem. Grottenzimmers – zwei Supraportenbilder von A. Triva sowie die diesem früher zugeschriebenen Deckenbilder (Tugendallegorien).

Das 1667 ff. neu ausgestattete *Herzkabinett* (Raum Nr. 68), mit Rechteck-Erker im Süden, ist trotz Verlustes der architektonisch-perspektivischen Scagliola-Wandverkleidungen von 1640 noch aus der Zeit der Kurfürstin Maria Anna (wohl von Paulus Pfeiffer/Fistulator; Rest an der Kaminwand) immer noch eine der preziösesten intimen Raumschöpfungen der Residenz dank des vergoldeten Schnitzwerks von Fries und Decke (von Johann Pader) mitsamt den zahlreichen eingelassenen, meist kleinformatigen Bildern von 1667/69, die früher Stefano Catani, heute (nach Bauer/Rupprecht 1989) Caspar Amort zugeschrieben werden. Die vielschichtige Ikonographie ist von französischer Romanliteratur des 17. Jh. (vor allem „Clélie" von Madeleine de Scudéry) inspiriert. Sowohl Motive des Schnitzwerks wie die Gemälde sind dem Kult des Herzens, der Liebe und Freundschaft gewidmet. Hochovales Hauptdeckenbild: Puttenreigen um zwei von Liebespfeil durchbohrte Herzen; flankierend die Wappen Bayern und Savoyen des Kurfürstenpaares; im Fries u. a. drei Hofdamen als Parzen (Nikolaus Prugger zugeschrieben), Landkarte des Liebeslandes, Stadt der Freundschaft; ferner zahlreiche Liebessymbole. – (Siehe BNM Saal 32, Decke aus den Päpstlichen Zimmern.)

Nicht erhalten ist ein für Henriette Adelaide errichteter Anbau im äußersten Südosten der Residenz im Anschluss an das Oktogon (Raum Nr. 8, s. oben) neben dem Schwarzen-Saal-Bau; von R. Pallavicino (1667, S. 149) nur kurz erwähnt als Garten-Kabinett, von dem man zu einer Galerie emporsteigt (Beschreibung im Einzelnen bei Wening 1701, S. 11). Der schmale Trakt lehnte sich schräg links an die den südlichen Residenzgarten östlich abschließende Exedra mit dem Neptunbrunnen an und wurde um 1827 zugunsten des Königsbaues abgebrochen (vgl. Bauer/Rupprecht 1989, S. 216 ff.).

Baumaßnahmen unter Max Emanuel und Karl Albrecht (1679–1745)

Die umfangreichen Unternehmungen Max Emanuels (1679–1726) und Karl Albrechts (1726–45, ab 1742 Kaiser Karl VII.) im Residenzkomplex waren hauptsächlich eingreifende Umgestaltungen innerhalb bereits existierender Trakte, nämlich des engeren Wohnbereichs der Herzöge bzw. Kurfürsten im Ost- und Südflügel des Grottenhofbaues aus dem späten 16. Jh., die ledig-

lich durch Anbauten im Südosten – Verlängerung des Südflügels nach Osten, Neubau
der Grünen Galerie – erweitert
wurden.

Den Vorzustand zeigt (mit
Raumbeschriftung) der Tambacher Plan von 1630/50;
demnach umfasste das kur-
fürstliche Appartement im
Obergeschoss, beginnend mit
dem „Hatschir Pfletz" (heute
Raum Nr. 54, s. oben) zwischen Kapellen- und Brunnenhof, östlich des Grottenhofes
Ritterstube und Audienzzimmer (mit den heutigen Räumen Nr. 55 und 56 identisch,
doch ostseitig etwas kürzer),
südlich davon die Schlafkam-
mer und westlich von ihr im
Trakt zwischen Grottenhof
und südlichem Residenzgarten
lang gestreckt nebeneinander
Altane (zum Hof) und Kam-
mergalerie, letztere mit Mittelerker gleich dem des Kabinetts
Nr. 68 (später Herzkabinett der
Päpstlichen Zimmer, s. oben).
Unter der Galerie erstreckte
sich eine zum Garten in Ar-

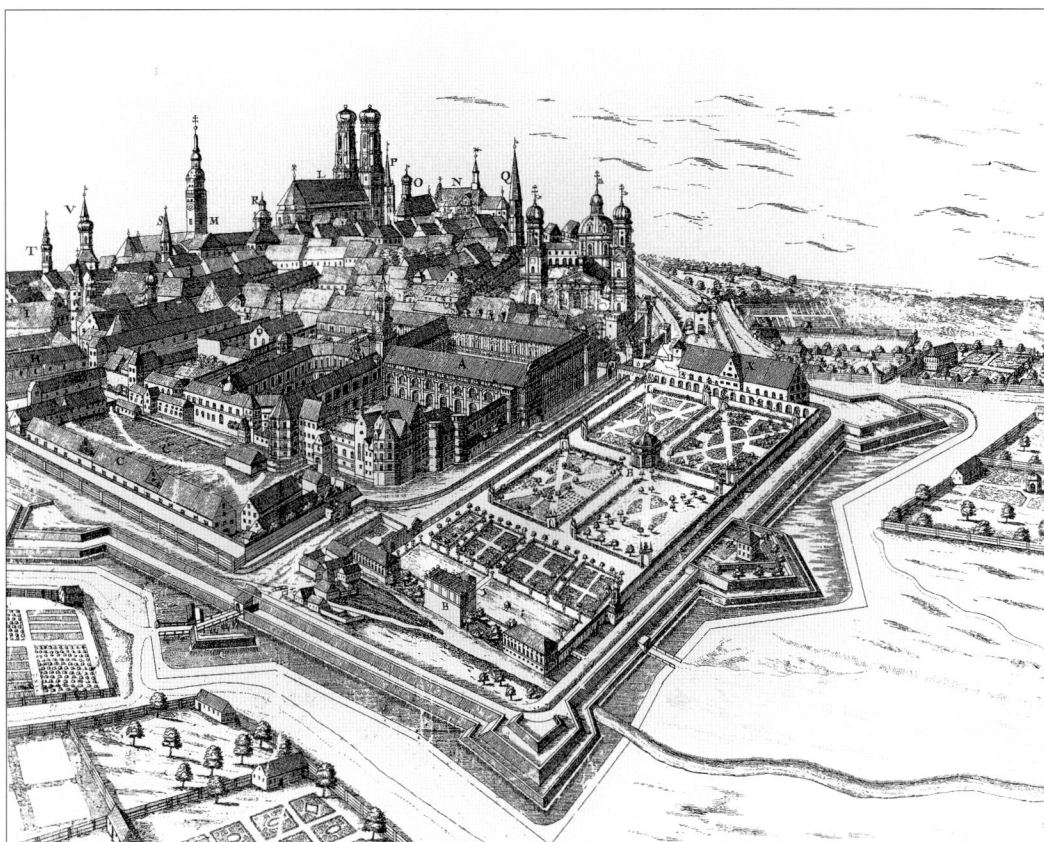

Residenz und Hofgarten von Nordosten; Kupferstich von Michael Wening, 1701

kaden geöffnete Halle (später zur Ahnengalerie umgebaut,
Raum Nr. 4).

Maximilian II. Emanuel ließ sogleich nach Regierungsantritt
1680–85 im östlichen Grottenhoftrakt die Alexanderzimmer,
im Südtrakt durch Überbauung der bisherigen Altane die Sommerzimmer herstellen; die Baumaßnahme (1680/81) führten
nach Planung von Henrico Zuccalli die Maurermeister Lorenzo
Perti und Antonio Riva aus, den Stuck – auch an der erhöhten,
stilistisch dem Altbestand angepassten Grottenhof-Südfassade
– Prospero Brenni. Über den neuen Sommerzimmern und der
älteren Galerie entstand eine neue Gartenterrasse (vgl. Residenzansichten von M. Wening um 1700). Über die Details – vor
allem die Ikonographie – der Alexander- und Sommerzimmer
sind wir durch Johannes Schmid (Triumphierendes Wunder Ge-
baew …, 1685; ergänzte Neuausgabe von R. Pallavicinos Resi-
denzbeschreibung) und die Topographie von M. Wening (1701)
unterrichtet (vgl. Bauer/Rupprecht 1989, S. 275 ff., 292 ff.). Die
Alexanderzimmer umfassten, ausgehend vom Vorsaal (oder Ritterstube, heute Raum Nr. 54), östlich vom Grottenhof Antecamera
und Äußeres Audienzzimmer (heute N. 55 und 56 der
nachmaligen Reichen Zimmer), südlich davon das Innere Audienzzimmer (heute Nr. 57) und anschließend im neu nach Osten verlängerten Südtrakt (an der Stelle einer bisherigen freistehenden Gartenloggia) das prunkvolle Schlafzimmer mit Alkoven (gemäß dem von Henriette Adelaide eingeführten Raum-
typus, vgl. Päpstliche Zimmer) sowie Ankleidezimmer und Kabinett. (Das Schlafzimmer samt Nebenräumen, u. a. einem Holländischen Kabinett, lag im Bereich des späteren nördlichen
Querflügels der Grünen Galerie von ca. 1730). Am östlichen
Ende, im Zwickel zum Antiquariumstrakt, wurde 1693/94 ein
Ovalraum eingebaut (Cäcilienkapelle, heute Raum Nr. 18, s. unten bei den Kurfürstenzimmern). Die in Hochbarockformen
zweifellos sehr repräsentativ ausgestatteten Alexanderzimmer
erhielten ihr Gepräge vor allem durch vergoldete Holzkasset-
tendecken mit einer Vielzahl eingelassener Leinwandbilder von

Francesco Rosa, Johann Andreas Wolff, Johann Anton Gumpp
u. a.; das Taten und Eigenschaften Alexanders d. Gr. reflektie-
rende Bildprogramm war höchst aussagekräftig im Hinblick auf
Max Emanuels politische Ambitionen und seine militärischen
Erfolge in den Türkenkriegen.

Die *Sommerzimmer* von 1680/85 im Obergeschoss des Südtrak-
tes mit Nordfenstern zum Grottenhof bestanden aus einer von
etwa quadratischen Zimmern flankierten Galerie; diese drei, offenbar primär durch Stuckdecken geprägten Räume wurden
schon beim Bau der Reichen Zimmer ab 1726 wieder beseitigt.
Noch erhalten ist allein das (durch Umbau eines Raumes der
Wohnung Henriette Adelaidens gewonnene) Vierte Sommerzimmer im Süden (fensterlos; heute Raum Nr. 66), mit Decken-
und Wandstuck von Prospero Brenni 1681 (ehemals auch mit
Deckenbildern wohl von Antonio Triva; die Gesamtikonogra-
phie der Sommerzimmer bezog sich auf die Fürstentugenden).
Die abermalige völlige *Umgestaltung des südlichen und östlichen Grottenhoftraktes* in beiden Geschossen mitsamt dem Anbau der Grünen Galerie im Südosten 1726–37 ist in ihrem Repräsentationsaufwand, verbunden mit den Qualitäten einer koordi-
nierten künstlerischen Höchstleistung, historisch nur begreifbar
wie nach dem Verständnis der Zeitgenossen allein gerechtfertigt
in Erwartung der Kaiserkrone nach absehbarem Erlöschen des
Hauses Habsburg im Mannesstamm, die Karl Albrecht als
Karl VII. dann freilich nur 1742–45 bis zu seinem Tod im Alter
von erst 47 Jahren trug. Den Auftrag zum Ausbau der Reichen
Zimmer (als Winterappartement) an der Stelle der Alexander-
und Sommerzimmer erteilte noch Max Emanuel kurz vor seinem
am 26. Februar 1726 erfolgten Tod. Die dann unter Karl Albrecht
durchgeführten, auch das Erdgeschoss einbeziehenden Baumaßnahmen standen unter der Leitung des Oberhofbaumeisters Joseph Effner, der zuvor die Schlossanlagen Nymphenburg und
Schleißheim ausgebaut hatte. Nachdem ein Brand am 14. Dezember 1729 mehrere schon fertiggestellte Räume verwüstet
hatte (zum Umfang der Schäden – u. a. Gemälde von Raffael und

Porzellankabinett nach Osten (Raum 5); Aufn. 1937

Dürer – vgl. Graf 2002, S. 172 f.), übertrug Karl Albrecht Wiederherstellung und weitere Baumaßnahmen dem seit 1728 Effner im Rang gleichgestellten François de Cuvilliés (d. Ä.) als Vertreter aktueller französischer Dekorationskunst. Unter seiner Leitung entstand im Zusammenwirken mit dem Stuckator Johann Baptist Zimmermann, den Kistlern Wenzel Miroffsky und Adam Pichler, dem Holzbildhauer Johann Dietrich und – in den beiden Galerien – dem Maler Balthasar Augustin Albrecht das grund-

legende Hauptbeispiel eines als eigenständiges „Bayerisches Rokoko" sich manifestierenden Ausstattungsstils, für den die Zurückdrängung des Tektonischen zugunsten eines reichen Dekorationssystems charakteristisch ist, in dem geschnitzte Lambris, Verspiegelungen und Stuckornamentik die festen Gliederungen aufzuheben scheinen und die Grenzen von Wand und Decke spielerisch aufgelöst werden.

Dank Auslagerung von großen Teilen der Vertäfelungen und Bespannungen sowie der kostbaren mobilen Ausstattung (teils französisch, teils von Cuvilliés entworfen bzw. inspiriert) konnte nach den schweren Kriegsschäden von 1944 die rekonstruierende Wiederherstellung der Raumfolge in der Hauptsache bis 1958 erfolgen (Grüne Galerie bis 1973), wobei in erster Linie die höchst diffizil geformten Stuckarbeiten Zimmermanns fast völlig nachgeschaffen werden mussten.

Die *Ahnengalerie* (Raum Nr. 4, bis 1957 wiederhergestellt) im Erdgeschoss des südlichen Grottenhoftraktes entlang der Nordseite des heutigen Königsbauhofes entstand 1726–30 durch Umbau einer zuvor zum Residenzgarten hin offenen Gartenhalle der 1580er Jahre. Der ca. 42 m lang gestreckte, einseitig durch 12 Südfenstertüren zwischen Wandpfeilern belichtete Raum mit Tafelparkett und Muldengewölbe (Stichkappentonne von ca. 1580, durch Lattung verändert) erhielt seine Gestaltung noch nach Konzept von J. Effner, das Fr. Cuvilliés modifizierte; in die von W. Miroffsky geschnitzten, weiß-goldenen Vertäfelungen, deren Dekor mit dem Stuck Zimmermanns im Hohlkehlen- und Deckenbereich harmoniert, sind in drei Registern 121 Ahnenbilder des Hauses Wittelsbach eingelassen, meist um 1730 in den Werkstätten von Jacopo Amigoni und Georges Desmarées gefertigt (teilweise Kopien nach einer Serie von Ahnenbildnissen in der darübergelegenen Kammergalerie Maximilians I.; später bis ca. 1913 fortgesetzt); durch großes Format und mittige Anordnung an der nördlichen Längswand hervorgehoben sind der erste Agilolfingerherzog Theodo, Karl d. Gr. als offizieller Stammvater der Dynastie und Kaiser Ludwig IV. (Amigoni-Werkstatt); gegenüber im Süden großer Stammbaum. Aufwand und Bildprogramm kongruieren mit den politischen Ambitionen Karl Albrechts, die auch in den drei Deckenbildern von B. A. Albrecht zum Ausdruck kamen: Belehnung Herzog Theodos 508, Krönung Kaiser Ludwigs 1328; erhalten allein das Mittelbild mit der Wiedereinsetzung des St.-Georg-Ritterordens durch Karl Albrecht 1729.

Die vormalige *Schatzkammer* (Raum Nr. 5, drei Südfenster, Muldengewölbe; seit 1911 als *Porzellankabinett* eingerichtet) westlich der Ahnengalerie ist mit ihr gestalterisch wie konzeptuell verbunden, als kleinformatige Raumschöpfung höchst preziösen Charakters ein Kontrasteffekt. Ausgestattet 1730–33 nach Entwürfen von Fr. Cuvilliés, Vertäfelung sowie verglaste, verspiegelte Wandschränke von J. Dietrich, Deckenstuck von J. B. Zimmermann. Der typologisch der Gattung der Spiegelkabinette verwandte, durch das feine Gespinst der vergoldeten Schnitz- und Stuckornamente auf weißem Grund geprägte Raum beherbergte die kostbarsten Be-

Ahnengalerie nach Westen (Raum 4); Aufn. 1937

stände des Wittelsbacher Hausschatzes (zuvor im Geschoss darüber) bis zum Bau der neuen Schatzkammer 1897 im Küchenhof.

Die vormaligen *Gelben Zimmer* nördlich der Ahnengalerie mit Nordfenstern zum Grottenhof ließ Karl Albrecht an der Stelle älterer Räume um 1730 unter Leitung von Fr. Cuvilliés als bequemes, überwiegend benutztes Privatappartement – im Unterschied zum Repräsentationscharakter der Reichen Zimmer darüber – einrichten. Den vier Räumen an der damals durch einen flachen Mittelrisalit veränderten Hofseite schlossen sich weitere Zimmer im Bereich der zuvor offenen Grottenhalle im Erdgeschoss des Westflügels an (vgl. Grottenhof). Die gesamte Raumfolge, im mittleren 19. Jh. grundlegend vereinfacht (einige Türblätter heute in New York, Metropolitan Museum), beherbergt heute (Räume Nr. 82–88) die *Porzellankammern* des Residenzmuseums (mit europäischem Porzellan des 18. Jh.).

Die *Reichen Zimmer*, heute Räume Nr. 55–57 und 59–62, denen sich als Festsaal die Grüne Galerie (Nr. 58, s. unten) anschließt, ursprünglich als Parade- oder Schöne Zimmer bezeichnet, wurden im 1. Stock des Grottenhof-Ost- und -Südflügels als künftig kaiserliches Repräsentationsappartement Karl Albrechts unter Leitung und nach Entwürfen von Fr. Cuvilliés 1730 baulich hergestellt und bis 1737 ausgestattet, festlich eingeweiht am 4. November 1737 (Namenstag des Kurfürsten); schon zuvor am 17. Mai d. J. von dem Bamberger Hofbaumeister Johann Michael Küchel wegen ihrer ungewöhnlichen Pracht und neuartigen Formensprache bewundert. Vorgeschaltet war der Raumfolge – von der Breiten Treppe (s. oben) her zu betreten – der um 1729 umgestaltete St.-Georgs-Rittersaal (Nr. 54, s. oben; heute neutral). In den beiden Räumen östlich des Grottenhofes, Nr. 55 und 56, wurden noch teilweise auf Effners Konzept (1726 ff., vor dem Brand von 1729) zurückgehende Strukturen übernommen und von Cuvilliés überformt. Die Wiederherstellung der Prunkräume nach 1944 konnte sich auf eine minutiöse Dokumentation stützen (u. a. Tafelwerk von Otto Aufleger, 1893; Farbaufnahmen).

Die farbige Raumfassung ist auf den dominierenden Akkord von vergoldetem Dekor auf weißem Grund konzentriert; dazu treten das herrscherliche Rot der Wand- und Möbelbespannungen, die Teilverspiegelungen, Marmorkamine und das Tafelparkett; auf Deckenbilder wird (außer im Sonderfall der Grünen Galerie) verzichtet, dafür sind figürlich-thematische Bezüge vorwiegend flachreliefartig in den Stuckdekor einbezogen. – Als Mitarbeiter J. B. Zimmermanns werden die Wessobrunner Stuckatoren Lorenz Walser, Johann Georg Üblher, Emmeran Wid(t)mann und Franz Michael Zimmermann – sein Sohn – genannt (Aufleger/ Trautmann 1893).

Raum Nr. 55: Antichambre, mit vier Westfenstern; Gestaltung von J. Effner vor 1729, um 1730 von Cuvilliés modifiziert; Vertäfelung von A. Pichler, Stuckdekor von J. B. Zimmermann und Wandbespannung (z. T. vereinfacht) rekonstruiert; vier Supraportenbilder einer Imperatorenfolge aus dem Tizian-Umkreis (weitere in Raum Nr. 56 und

Reiche Zimmer, Blick von Raum 62 nach Osten

57; ursprünglich im Vierschäftesaal des Kaisersaaltraktes, s. dort); zwei restaurierte Prunköfen.

Raum Nr. 56: Äußeres Audienzzimmer, drei Westfenster; Ausstattung nach Konzept von Effner (vor 1729) bzw. Cuvilliés (nach 1730); Vertäfelungen von A. Pichler und J. Dietrich, Stuckdekor von J. B. Zimmermann und Wandbespannungen rekonstruiert (z. T. vereinfacht); vier weitere Supraporten der Imperatorenfolge (vgl. Nr. 55).

Reiche Zimmer, Inneres Audienzzimmer (Raum 57)

Räume im Südflügel mit Fenstern zum Königsbauhof (ehem. südl. Residenzgarten):

Raum Nr. 57: Mit drei Fenstern, in Schlüsselstellung innerhalb der Raumfolge, da zwischen den Vorzimmern (Nr. 55, 56) im Norden, Grüner Galerie (Nr. 58) im Osten und den westlichen Räumen Nr. 59–62 gelegen; von Fr. Cuvilliés nach dem Brand von 1729 völlig neu gestaltet und erweitert, mit originaler Täfelung von J. Dietrich; der Deckenstuck von J. B. Zimmermann rekonstruiert (erhalten in den Fensternischen); vier weitere Supraporten der Imperatorenfolge (vgl. Nr. 55 und 56), dazu eine weitere über der Nordtür: Kaiser Ludwig der Bayer, um 1600 von Peter Candid. Vor der Ostwand Thronbaldachin (um 1730) und Thronsessel (um 1750).

Raum Nr. 59 (westlich von Nr. 57): Konferenzzimmer, mit drei Fenstern, 1731–33 nach Entwurf von Fr. Cuvilliés ausgestattet, die geschnitzte Vertäfelung (wohl von A. Pichler) bis 1983 rekonstruiert, ebenso die Wandbespannung sowie J. B. Zimmermanns Deckenstuck (in den Fensternischen original).

Raum Nr. 60: Parade-Schlafzimmer, mit drei Fenstern im Süden, nach Entwurf von Fr. Cuvilliés von 1730 als im Rahmen des Zeremoniells gewichtiger Schauraum besonders aufwendig ausgestattet; im Norden durch geschnitzte, konvexe Holzbalustrade (von W. Miroffsky) abgesonderter, in den Ecken ausgerundeter Alkoven für das Baldachinbett, der mit Applikationsarbeit von Jean-François Bassecour (1735; roter Samt mit erhöhter Goldstickerei) ausgekleidet ist; Vertäfelung (größtenteils original) und Türblätter von W. Miroffsky, vollendet 1732; Wand- und Pfeilerspiegel; Stuck von J. B. Zimmermann in den Fensternischen erhalten, an der Decke – mythologisch eingekleidete Allegorien der vier Tageszeiten – rekonstruiert; Supraportenbilder (vier Tageszeiten) von Gaspare Diziani (oder Giuseppe Valeriani?), um 1717.

Raum Nr. 61: Spiegelkabinett, eines der dekorativ reichsten der Gattung, mit zwei Fenstern im Süden, Nordseite gerundet mit Ruhebank in mittlerer Spiegelnische, ausgestattet 1731/32 nach Entwurf von Fr. Cuvilliés, Schnitzarbeiten von W. Miroffsky z. T. rekonstruiert wie auch der Deckenstuck von J. B. Zimmermann (in den Fensternischen original).

Raum Nr. 62: Miniaturenkabinett, mit einem Fenster, bei neben Nr. 61 nochmals verkleinertem Format mit extremer kleinmaßstäblicher Verdichtung des preziösen vergoldeten Dekors auf rotem Lackgrund; Entwurf von Fr. Cuvilliés; von den Schnitzarbeiten J. Dietrichs (1732) erhalten sind die Türflügel und Fens-

Reiche Zimmer, Schlafzimmer (Raum 60), Stuckdetail „Der Morgen"; Aufn. vor 1940

Reiche Zimmer, Spiegelkabinett (Raum 61); Aufn. vor 1940

terläden, in Etappen (1958, 2001) rekonstruiert wurden die Wandvertäfelungen, in die 129 Miniaturgemälde des 16.–18. Jh. eingelassen sind (aus konservatorischen Gründen heute Reproduktionen). Der hier den gesamten Deckenspiegel überziehende stuckierte und gemalte Dekor von J. B. Zimmermann (1731–33; 1958 rekonstruiert) ist z. T. eine freie Variante des Groteskenstils.

Raum Nr. 63 (nördlich von Nr. 61, ehemals eines der sog. Marterzimmer): 1966 wurde hier das um 1730 (?) entstandene Chi-

Reiche Zimmer, Miniaturenkabinett (Raum 62)

Reiche Zimmer, Schlafzimmer (Raum 60)

nesische Kabinett (ursprünglich in Raum Nr. 51, s. Steinzimmer) eingesetzt; Wandbespannungen mit Szenen aus dem chinesischen Leben. (Der Nachbarraum Nr. 64, ehemals ebenfalls als Marterzimmer bezeichnet, ursprünglich zu den Gemächern der Herzogin gehörig, diente im mittleren 18. Jh. Max III. Joseph als Drechselwerkstatt.)

Der *Grüne-Galerie-Trakt* wurde 1731–33 von Fr. Cuvilliés großenteils als zweigeschossiger Neubau aufgeführt, der den südlichen Residenzgarten in zwei Teile zerschnitt – heute der Königsbauhof im Westen und der kleine, trapezförmige Küchenhof im Osten; der achteckige Gartentempel von etwa 1600 musste abgetragen werden (s. oben). Gemäß dem Doppel-T-förmigen Grundriss der den Reichen Zimmern angeschlossenen eigentlichen Grünen Galerie im Obergeschoss griff die Neubaumaßnahme mit dem nördlichen Quertrakt in das bestehende Gefüge des unter Max Emanuel nach Osten verlängerten Grottenhof-Südflügels ein, wo ältere Raumstrukturen (u. a. der Alexanderzimmer im Obergeschoss) beseitigt wurden. Mit dem höfisch-kühlen Vestibül im Erdgeschoss des Neubautraktes (heute als Raum Nr. 1 Eingang zum Residenzmuseum) und dem ursprünglich östlich anschließenden Prunktreppenhaus wurde eine neue Eingangmöglichkeit geschaffen, die sich jedoch wegen abseitiger Lage im Residenzkomplex bald als wenig praktikabel erwies. Der neue Galeriebau des Herrscher-Appartements war als Pendant zu dem älteren der Kurfürstin am Westende des Residenzgartens konzipiert, zu der Maximiliansgalerie im Obergeschoss des Witwenstocks, der 1827 ebenso zugunsten des Königsbaues abgebrochen wurde wie der südliche Quertrakt der Grünen Galerie (und gleichzeitig das ehem. Prunktreppenhaus). Die siebenachsige Westfassade der Grünen Galerie zum Königsbauhof zeigt mit dem ionischen Viersäulenbalkon (samt Schmiedeeisengitter) vor flachem Mittelrisalit mit Attika zwar ablesbar Entreecharakter, doch von eher intimer, auf den Garten bezogener als von monumentaler Art; mit den großen rundbogigen Fenstertüren und achsenweisen Pilasterordnungen in beiden Geschossen – unten ionisch auf Rustika, oben korinthisch, kombiniert mit Stuckdekor von J. B. Zimmermann (1733) – gehört sie zu den vornehmsten, zugleich französischer Auffassung nächststehenden Außengestaltungen von Cuvilliés. – Nördlich schließen sich dem Vestibül die beiden (zumindest heute) schlichten Gartensäle – Räume Nr. 1 (Salettl) und 2 – als Durchgänge zur Ahnengalerie und den (einstigen) Gelben Zimmern an. In dem durch ionische Marmorpilaster gegliederten Vestibül sondern Marmorsäulen und Gebälke den Mittelteil als Vorplatz der ehemals östlich benachbarten Treppe ab.

Cuvilliés' *Prunktreppenhaus*, zweifellos eines der eindruckvollsten in der deutschen Schlossarchitektur des 18. Jh., war innerhalb einer leicht längsrechteckigen Umfassung eine dreiarmige Anlage aus unterem Mittellauf, Podest (im Osten) und zwei seitlichen Läufen im Gegensinn empor zur Grünen Galerie, mit rotmarmorierten Wänden, Weißmarmorsäulen und vergoldetem Stuckdekor an den Wänden und an der Kuppel (wohl Muldengewölbe, mit Gemälden von B. A. Albrecht). Nach Henriette Graf (2002) war das Treppenhaus in erster Linie als interne Verbindung zwischen Karl Albrechts Räumen im Erd- und Obergeschoss bzw. zum Garten konzipiert. Wohl infolge der erwähnten Abseitslage wurde die Treppe bereits unter Max III. Joseph 1764/65 aufgegeben, die Läufe abgetragen, im Obergeschoss ein Speisesaal – wiederum mit Deckenbildern von Albrecht – samt Küche eingebaut. An der Stelle dieses schon um 1827 abgebrochenen Bauteiles (der auf Stadtplänen von da ab fehlt) entstand unter Prinzregent Luitpold 1896/97 die (vormalige) Schatzkammer, ein Neubarockbau nach Entwurf von Julius Hofmann (gest. 5. August 1896), der letzte zur Zeit der Monarchie aufgeführte Erweiterungsbau der Residenz, bis 1939 museal als (räumlich beengte) Schatzkammer genutzt, heute Kasse und Shop des Residenzmuseums.

Grüne Galerie, Westseite, vom Königsbauhof gesehen

Die *Grüne Galerie* (Raum Nr. 58) im Obergeschoss, ab 1731 von Fr. Cuvilliés als Festsaal, Wandelhalle und repräsentative Gemäldegalerie mit Merkmalen auch einer Spiegelgalerie mit Kunstkammer realisiert, verlor um 1827 den südlichen Querflügel (ursprüngliche Gesamtlänge 41 m) und besteht demnach noch aus dem durch sieben große rundbogige Fenster(türen) im Westen erhellten Hauptraum und dem nördlichen Querraum, der die lange Enfilade der Reichen Zimmer im Osten abschließt (ostseitig Spiegeltür zu Raum Nr. 18, ehem. Cäcilienkapelle, s. Kurfürstenzimmer; Pendant zu Verspiegelung in Raum Nr. 62 im Westen). Beide Raumteile mit gemuldeten Decken, getrennt durch einen Schweifbogen auf Hermenatlanten (der einstige südliche Bogen durch Abschlusswand ersetzt); Sockel, Flügeltüren (zum ehem. Treppenhaus, jetzt blind) und Wandspiegelrahmen mit Schnitzdekor von W. Miroffsky und J. Dietrich; Hohlkehlen- und De-

Grüne Galerie nach Süden (Raum 58)

Trauung Eugène de Beauharnais' 1806 in der Grünen Galerie; Gemälde von F. G. Ménageot

ckenstuck (größtenteils rekonstruiert) von J. B. Zimmermann; Deckenbilder im Hauptraum ehemals von B. A. Albrecht 1733/34, Allegorien von Bildhauerei, Architektur und – in der Mitte – Malerei, letztere heute durch Leinwandbild von Giovanni Antonio Pellegrini (Kurfürst Johann Wilhelm von der Pfalz als Jupiter, 1713/14, aus Schloss Bensberg) ersetzt. Die (erneuerte) grüne Wandbespannung dient als Fond für die Gemäldesammlung, Bestände des 16.–18. Jh., verschiedentlich ausgewechselt (vgl. KDB 1902, S. 112 ff.; Feulner 1924; Amtliche Residenzführer 1937 und 1996); von der heutigen Präsentation sei nur das bemerkenswerte Porträt Peters d. Gr. von Jean-Marc Nattier (1717) hervorgehoben. – Die Grüne Galerie war am 13. Januar 1806 Schauplatz der Hochzeit von Eugène Beauharnais mit Prinzessin Auguste Amalie von Bayern in Anwesenheit des französischen Kaiser- und des bayerischen Königspaares (Gemälde von François Guillaume Ménageot, Musée Versailles, im Auftrag Napoleons gemalt; die kirchliche Trauung fand in der Hofkapelle statt).

Grüne Galerie nach Norden; hist. Aufn.

Der *Küchenhof* östlich der Grünen Galerie, in den die vormalige Schatzkammer (an der Stelle der Cuvilliés-Treppe) hineinragt, ist der bei Errichtung des Königsbaues (1826 ff.) verbliebene zwickelförmige Rest des ehemaligen Residenzgarten-Ostteiles, den die erwähnte exedraförmige Brunnenanlage mit Neptunfigur von Georg Petel (heute in Raum Nr. 43) abschloss (etwa am Ostrand des nachmaligen Königsbaues gelegen). Im Ostzwickel Nischenfigur der Pallas Athene gegen 1800. – Nördlich im Zwickel zwischen dem nördlichen Quertrakt der Grünen Galerie und dem Antiquarium das sog. *Puder- oder Perückenhöfchen*, der weitaus kleinste der Residenzhöfe, benannt nach dem ehemaligen Puderkabinett an seiner Südseite (im Obergeschoss; vor 1944 Raum Nr. 145).

Baumaßnahmen unter Max III. Joseph (1745–77)

Kurfürstenzimmer (Räume Nr. 22–31). Im Obergeschoss des 1570/71 erbauten Antiquariumstraktes (s. oben) war die Bibliotheksgalerie Albrechts V. bereits um 1599 nach Verlegung der Bücherbestände in den Alten Hof zu Gästezimmern umgebaut worden. (Vgl. Tambacher Plan um 1630/50, mit großer „Tafflstuben" am Südostende und rückseitig begleitendem Gang.) Die Raumfolge mit Fenstern zum Brunnenhof war vom 17. bis ins 1. Drittel des 19. Jh. eines der wichtigsten Wohnquartiere der Residenz, in der Barockzeit vorzugsweise dem jeweiligen Kurprinzenpaar zugeteilt. Kurfürstin Henriette Adelaide wohnte hier bis zur Ausstattung der Päpstlichen Zimmer (s. dort) um 1667. Die trotz Veränderungen und Wiederaufbau bis heute grundlegende Neugestaltung mit Grundrissänderungen erfolgte unter Max III. Joseph (reg. 1745–1777), der hier schon als Kurprinz gewohnt hatte. Nach ihm diente die Zimmerflucht – obwohl altväterisch geworden – Kurfürst Karl Theodor (1778–99) und Kronprinz bzw. König Ludwig I. von 1810 bis zur Vollendung des Königsbaus 1835 als Wohnung.

Max III. Joseph, letzter Spross der bayerischen, von Kaiser Ludwig IV. abstammenden Linie des Hauses Wittelsbach, hatte sich 1745 im Sonderfrieden von Füssen mit Maria Theresia arrangiert und auf die Kandidatur bei der Kaiserwahl verzichtet. Gemäß dem reduzierten Machtanspruch nutzte er nicht die Reichen Zimmer seines Vaters, sondern ließ die Raumflucht über dem Antiquarium als von beiden Enden her gegenläufiges Doppelappartement für sich und seine Gemahlin Maria Anna von Sachsen ausbauen. Die 1746–48 unter Leitung von Johann Baptist Gunetzrhainer ausgestattete Raumfolge, 1760–63 von François Cuvilliés d. Ä. teilweise überformt, unterschied sich mit dem maßvollen Aufwand ihrer – etwa dem maria-theresianischen Stil vergleichbaren – Spätrokokoformen bewusst von dem kaiserlichen Prunk der Reichen Zimmer, ließ aber auch ein verändertes, dem Wohnlich-Intimen zuneigendes Lebensgefühl erkennen.

Nach weitgehender Zerstörung 1944 wurden die Räume bis 1966 in im unterschiedlichen Umfang reduzierter Form wiederhergestellt und mit erhaltenen Resten der Vertäfelung und der größtenteils geborgenen Einrichtung, Fayenceöfen, Wandteppichen und Kunstwerken ausgestattet. Die heutige Zählung beginnt im Nordwesten (Verbindung zu Georgsrittersaal = Raum Nr. 54 und den Reichen Zimmern):

Raum Nr. 22: Erstes Vorzimmer des Kurfürsten oder Kleine Ritterstube (im Unterschied zum Georgsrittersaal), mit Vertäfelung von 1763. Von Robert Münster (2003) als Raum identifiziert, in dem am 30. September 1777 die kurze Begegnung Mozarts mit Max III. Joseph stattfand, der für ihn „keine Vakatur" am Hofe frei hatte.

Raum Nr. 23: Zweites Vor- oder Speisezimmer. Von 1765 Supraportenbilder (Joseph Stephan: Ansichten von Dachau und Markt Schwaben) und -rahmen. Zur originalen Ausstattung gehören die drei von Bernardo Bellotto gen. Canaletto 1761 in Öl gemalten Ansichten: München von Osten, Schloss Nymphenburg von Osten und von Westen.

Raum Nr. 24: Audienz- oder Konferenzzimmer des Kurfürsten, mit z. T. rekonstruierend ergänzter Vertäfelung und Verspiegelung von 1760/63 sowie gleichzeitigem (rekonstruiertem) Stuck wohl von Franz Xaver Feuchtmayer; der einzige annähernd vollständig wiederhergestellte Raum der Zimmerflucht.

Raum Nr. 25: Schlafzimmer des Kurfürsten, ehemals mit reichem Schnitz- und Stuckdekor um 1760; Prunkbett mit Baldachin, Mitte 18. Jh. Zwei für die Ära Max' III. Joseph repräsentative Gemälde: der Kurfürst und sein Theaterintendant Graf Seeau, 1755 von Georges Desmarées; der Kurfürst mit Gemahlin und Schwester musizierend (kleines Hofkonzert), 1758 von Johann Nikolaus de Grooth.

Raum Nr. 26: Blaues Kabinett, vor 1762 Puderkabinett, dann Bibliothek; mit zahlreichen kleinformatigen Gemälden des 17./18. Jh. in der Art eines Miniaturenkabinetts ausgestattet.

Kurfürstenzimmer, Audienzzimmer (Raum 24)

Kurfürstenzimmer, Schlafzimmer (Raum 25); Aufn. vor 1940

Es folgt im Gegensinn das ehem. Appartement der Kurfürstin, beginnend – eigentlich endend – mit *Raum Nr. 27:* Gelbes Kabinett oder Schreibzimmer (um 1762 Teekabinett).

Raum Nr. 28: Ehemaliges Schlafzimmer der Kurfürstin, Raumgestaltung stark reduziert.

Raum Nr. 29: Audienzzimmer, stark erneuert; Thronbaldachin Mitte 18. Jh.

Raum Nr. 30: Vorzimmer; nur Einrichtung original.

Raum Nr. 31: Garderobe, kleiner Raum mit Durchgang zum Schwarzen Saal (Raum Nr. 13, s. oben).

Die Kurfürstenzimmer werden rückseitig (südlich) von einer Flucht schmaler, einfacher Nebenräume (ehemals für Service, Diener u. dgl.) begleitet, den sog. *Rückwärtigen Kurfürstenzimmern* (Räume Nr. 15–21), in denen seit 1920 (wiedereröffnet

1966) die Sammlung ostasiatischer Porzellane sowie eine Reihe vorderasiatischer Teppiche ausgestellt sind. – Heute als Nr. 18 dieser Raumflucht etwa mittig angebunden und seit 1966 als Porzellankabinett eingerichtet ist die im Zwickel der Grünen Galerie gelegene ehem. *Cäcilienkapelle,* ein nach Kriegsschäden (1944) wiederaufgebauter, steil proportionierter Ovalraum mit Wandnischen und Flachkuppel, dessen Baugeschichte unterschiedlich dargestellt wird. Auf einer Tekturklappe von ca. 1695 zum sog. Pariser Plan (nach 1620) ist er vorhanden, nach Sabine Heym (1984) unter Max Emanuel um 1693/94 als Holländisches Kabinett (mit Porzellan) konzipiert; vermutlich identisch mit der kleinen Kuppel auf M. Wenings Residenzansichten um 1700; nach Bauer/Rupprecht (1989) Kapelle, an der Arbeiten 1704, 1718 und nach dem Brand von 1729 überliefert sind; unter Max III. Joseph im Zusammenhang mit den Kurfürstenzimmern 1756 neu ausgestattet (geweiht am 9. Januar 1757; vgl. Beschreibung in KDB 1902, S. 1136, und Mayer/Westermayer 1880, S. 203 f.).

Die teilweise neue gestalterische Redaktion der Kurfürstenzimmer 1760–63 wie auch der Umbau des Cuvilliés-Treppenhauses östlich der Grünen Galerie zum Speisesaal 1764/65 (s.oben) stehen im Zusammenhang mit umfassenden, unter Max III. Joseph geplanten, doch nicht ausgeführten Baumaßnahmen, die das große Residenzmodell von François de Cuvilliés (1764–67, heute in Raum Nr. 54 aufgestellt) und der sog. Cuvilliés-Plan (für zwei Geschosse) der Residenz (1764/65; BSV) veranschaulichen. Vorgesehen war – unter Abbruch der noch vorhandenen Teile der (1750 z. T. ausgebrannten) Neuveste – ein weitläufiger Neubau mit breitem, relativ flachem Ehrenhof im Osten als neuer Schauseite (am Zeughaus-, späteren Marstallplatz) und eine Verlängerung des Nordflügels der Maximilianischen Residenz am Hofgarten gegen Osten, mit dreischiffiger Durchfahrt zum Apothekenhof, großem Prunktreppenhaus sowie einem Kaiserappartement (für Joseph II.) im nordöstlichen Eckbereich; den Mittelrisalit der Ostseite sollte die zentralisierende Hofkirche einnehmen – insgesamt unter damaligen politischen und finanziellen Umständen ein utopisches Projekt, vielleicht mehr Wunschdenken des Hofbaumeisters als wahre Intention des zur Sparsamkeit veranlassten Kurfürsten, zumal in der eine Verlängerung des Nordflügels nach Westen (unter Einbeziehung des zu erneuernden Schwabinger Tores) bis neben die Theatinerkirche vorschlagenden Fassung. Bedeutendste ausgeführte Baumaßnahme Max III. Josephs blieb das Residenztheater von 1751–53.

Altes Residenztheater (Cuvilliéstheater)

Im 1751–53 von François de Cuvilliés erbauten Residenztheater – Baugeschichte und Reste historischer Bausubstanz s. Max-Joseph-Platz 1 – waren während des Luftkrieges 1943/44 die geschnitzten Holzverkleidungen der vier Logenhausränge abgenommen und geborgen worden, kurz bevor das Gebäude am 18. März 1944 mitsamt dem (provisorisch dekorierten) Logenhaus-Rohbau und den gemauerten Teilen wie Abschlussgesims und Proszeniumssäulen zerstört wurde. Während am originalen Standort 1948–51 ein moderner Theaterbau entstand, erwog Rudolf Esterer, 1945–52 Präsident der BSV, im Rahmen des Wiederaufbaus der Residenz den Einbau der Logendekorationen an anderer Stelle. Im November 1956 erhielt die BSV den Auftrag zur Instandsetzung der (seit 1946/48 im Schloss Schleißheim gelagerten) geschnitzten Bestandteile und zum Einbau eines bespielbaren Theaters in die Umfassungsmauern des innen zerstörten sog. Apothekenstocks von Klenze (1835–42) im Osten der Residenz (s. Festsaalbau) unter rekonstruierend-ergänzter Wiederherstellung des historischen Zuschauerraumes. Baumaßnahmen und Restaurierung wurden unter Sepp Huf, dem Leiter der Bauabteilung der BSV, durch die Residenzbauleitung unter Otto Meitinger sowie Architekt Engelbert Völk durchgeführt. Eröffnet wurde das Theater im Jahre der 800-Jahr-Feier Münchens am

Residenzmodell mit geplantem Osttrakt von François Cuvilliés, 1764/67 (Raum 54)

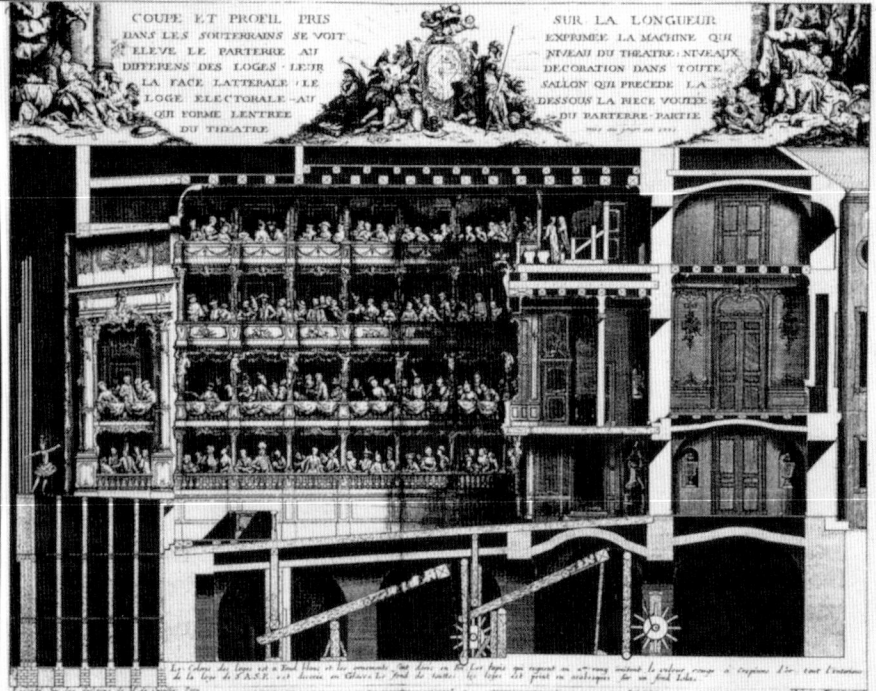

(Altes) Residenztheater; Längsschnitt, Stich von V. Funck, 1771

(Altes) Residenztheater; Aufn. um 1890/95

14. Juni 1958. Der wiedergewonnene Zuschauerraum war zugleich Höhepunkt der vierten unter den Auspizien des Europarats veranstalteten Ausstellung „Europäisches Rokoko".

Hauptbestandteil des ansonsten neuen Theaters ist der in seiner architektonischen Grundstruktur rekonstruierte Zuschauerraum. Sein Erscheinungsbild bestimmen die von 1751–53 stammenden geschnitzten, farbig gefassten und vergoldeten Dekorationen der Logenhausfront, die konstitutiv sind für die – neben den Reichen Zimmern und der Amalienburg – gestalterisch differenzierteste, aufwendigste Raumschöpfung des Münchner höfischen Rokoko, eine unter Cuvilliés' Gesamtleitung ausgeführte homogene Gemeinschaftsleistung, an der außer dem Architekten der Hofkistler Adam Pichler, die Bildhauer Joachim Dietrich, Johann Baptist Straub und Johann Thomas Sailer (nach P. Steiner 1974, vielleicht auch der Schnitzer Wenzel Miroffsky), der Vergolder Johann Murpöckh, der Fassmaler und Marmorierer Ambrosius Hörmannstorfer und der Maler und Stukkator Johann Baptist Zimmermann mit seinen Mitarbeitern Johann Georg Winter und Johann Martin Heigl zusammenwirkten. Die Anteile im Einzelnen sind schwer zu scheiden. Straub zugeschrieben werden die Atlantenhermen unter und die Bekrönung über der Kurfürstenloge, die Puttengruppen über den Proszeniumslogen sowie die Putten und Genien des Wappens über dem Bühnenportal (Steiner 1974; Volk 1984); die übrigen figürlichen Elemente, vor allem die Hermen im ersten Rang, dürften Arbeiten Joachim Dietrichs (gest. 4. Juni 1753) sein. J. B. Zimmermanns Deckenbild mit Merkur und Minerva als Hauptgestalten, schon 1801 bei der Theater-Restaurierung durch Johann Christian Mannlich beseitigt, wurde 1857 durch eine gemalte Neurokoko-Ornamentik und 1958 durch eine neutrale, gewölbartige Flächenfüllung ersetzt. Die originale Bühnenausstattung stammte von Giovanni Paolo Gaspari. Der leicht ansteigende Fußboden konnte (vgl. Stich von Valerian Funck, Längsschnitt 1771) durch ein Hebewerk im Keller waagrecht gestellt und mit der Bühne zu einem großen Festsaal vereinigt werden.

Im U-förmigen, zur Bühne sich etwas verbreiternden Zuschauerraum dominieren die Kurfürstenloge im Scheitel der Logenfront und die beiden (ursprünglich die Vorbühne flankierenden) Proszeniumslogen. Zwischen diese vertikalen Hauptakzente eingespannt sind vier horizontale Ränge mit auf jeder Seite sieben Logen. Der maßstäblich intime, nur für die Hofgesellschaft bestimmte Schauraum spiegelt deren ständische Schichtung in der Abfolge der Logenränge wider, die (von unten nach oben) für Stadtadel, Hochadel, niederen Adel und Hofbeamte bestimmt waren, wie an der differenzierten Dekoration der wellenförmig bewegten Brüstungen abzulesen ist: vor den Parterrelogen Blendbaluster, im vornehmsten 1. Rang desgleichen, aber mit lüsterroten, unterschiedlich bewegten Schnitzdraperien verhängt, der 2. Rang mit Musikinstrumenten, der oberste mit Tuchgirlanden. Die Zwischenstützen des 1. Ranges sind als individuell charakterisierte Hermenpfeiler – Personifikationen der Jahreszeiten –, die des 2. Ranges als Palmbäume ausgebildet, die flach geschwungenen Logenabschlüsse mit Rocaillekartuschen besetzt, die über dem 2. Rang durch Büsten (Gottheiten, Elemente, Erdteile, irdische Reichtümer; wohl von J. Dietrich) bereichert sind; in der abschließenden (erneuerten) Hohlkehle Stuckrocaillen. Den Eingang im Scheitel flankieren Straubs große Hermenatlanten, welche die von Palmbäumen eingefasste Kurfürstenloge zu tragen scheinen; deren prachtvolle Bekrönung bildet die von Putten und dem Genius des Ruhmes mit Trompete flankierte Kartusche mit dem Monogramm Max Josephs und dem Kurhut darüber. (Die Unterbrechung des 3. Ranges über der Mittelloge wirkt wegen des Verlustes der Deckengestaltung heute als eine – zusätzlich durch Scheinwerfer verfremdete – Fehlstelle.) Die beiden den Orchestergraben (ursprünglich die Vorbühne) flankierenden Proszeniumslogen werden von (rekonstruierten) korinthischen Säulen aus rotem Stuckmarmor begrenzt, mit verkröpftem, zur Bühne hin perspektivisch wirksam abfallendem Gebälk. Das Bühnenportal wird vom Allianzwappen Bayern und Sachsen/Polen-Litauen (Max III. Joseph und Maria Anna) bekrönt. Die Logenrückwände sind heute mit roter Seide bespannt (ursprünglich mit Grotesken auf fliederfarbenem Grund bemalt). In der Mittelloge ist als Supraporte heute ein Gemälde von Giovanni Antonio Pellegrini (gest. 1741) eingesetzt.

Cuvilliéstheater, rechte Proszeniumsloge; Aufn. um 1960

Cuvilliéstheater; Aufn. um 1958

Cuvilliéstheater, Hermenatlant der Hofloge

Durch die exuberant dekorative, gleichwohl in sich selbst wie mit dem baulichen Gerüst harmonisch ausgewogene, bei aller Fülle höfisch-elegante Gestaltung unterscheidet sich Cuvilliés' Logenhaus als einzigartige Höchstleistung des Rokoko von fast allen (im weiteren Sinn) zeitgenössischen Theatern – von den stärker durch klassische Tektonik bestimmten französischen Lösungen (Versailles) und den Theatern des italienischen Spätbarock wie den von beiden abzuleitenden Beispielen im Reich (Bayreuth, Schönbrunn); für das Rokoko charakteristisch ist besonders die zarte, fortlaufende Bewegtheit der Logenhausfront durch die Abfolge von flach-konvexen Brüstungen und flach geschweiften Abschlüssen, ein Effekt, den tektonisch strengere Raumkonzeptionen vermieden oder gebotene Sparsamkeit (etwa in Erlangen) sich nicht leisten konnte.

Neuschöpfungen von 1956/58 sind die übrigen Teile des Alten Residenztheaters – die Bühne, die in die Osthälfte des Apothekenstocks eingebaut wurde, die nördlich benachbarten Betriebsräume (Künstlergarderoben, Kulissenmagazin) in einem Seitentrakt des Festsaalbaus und die dem Zuschauerraum westlich vorgelegten Eingangs- und Foyerräume. In dem dreieckigen Bereich zwischen Brunnenhof im Südwesten und dem Apothekenhof im Norden (ursprünglich Westgraben der Neuveste bzw. quer hineingebautes Ballhaus, s. oben) wurde, angrenzend an

den als lang gestreckte Eingangshalle vom Brunnenhof her dienenden kreuzgratgewölbten Gang des frühen 17. Jh. unter den Charlottenzimmern der Residenz, ein neuer achteckiger Gartenhof (Brunnenschale von Ernst Rauch, 1958) mit umgebendem Wandelgang (darüber Terrasse) und flankierenden Garderoben (darüber Büffet und WC) geschaffen, von dem ein polygonales Vestibül mit linksseitiger Freitreppe zum Zuschauerraum überleitet. Der neue Achteckkomplex ersetzte das 1946 durch die „Freunde der Residenz" finanzierte, in die erhaltenen Außenwände des Ballsaals von ca. 1560/80 eingebaute provisorische „Brunnenhoftheater" des Bayerischen Staatsschauspiels (1957 abgebrochen; erhalten ist der darunterliegende zweischiffige, gewölbte Ballhauskeller). Die neuen, leicht historisierenden Foyerräume wurden z. T. mit alten Möbeln, Plastiken und Gemälden ausgestattet – u. a. Bildnisse des Kurfürstenpaares Max III. Joseph und Maria Anna von Georges Desmarées (Werkstatt); drei Amoretten-Supraporten von Antonio Belluci (Umkreis); Hofdamenbildnisse, sog. Große Schönheitengalerie des Kurfürsten Max Emanuel von Johann Baptist Corlando, Ende 17. Jh.; Folge barockzeitlicher Sultansbildnisse; im Hof drei Bronzefiguren Ceres, Venus und Pomona, Anfang 17. Jh. (vierte Figur 1958). Im Rahmen der jüngsten Restaurierungen (ab 2005) des am 14. Juni 2008 (im Zusammenhang mit der 850-Jahr-Feier Münchens) wieder eröffneten Cuvilliéstheaters wurde auch der Foyerbereich umgestaltet und der Hof überdacht.

Baumaßnahmen unter Max IV./I. Joseph (1799–1825)

Unter Bayerns letztem Kurfürsten bzw. ab 1806 erstem König gelangten Neubau- und Erweiterungsprojekte, so die von Verschaffelt (1799; vgl. S. 916) und Karl v. Fischer (1809, s. unten), nicht zur Ausführung. Es wurden lediglich umfangreiche, z. T. eingreifende Veränderungen, Umgestaltungen und Neueinrichtugen vorgenommen, die in bereits bestehende bauliche Zusammenhänge eingebunden waren und dort bereits erwähnt wurden, im Übrigen meist nicht mehr erhalten sind, so die ab 1799 im Bereich des vormaligen Kaiser- und Vierschimmelsaals eingebauten Appartements des Herrscherpaares, vor allem die sog. Hofgartenzimmer der Königin (vgl. S. 896), die evangelische Hofkirche von 1799/1800 im ehem. Ballhaus (vgl. S. 876), der 1805/06 neu gestaltete Weiße oder Speisesaal (vgl. S. 896), die Staatsratszimmer von 1809/10 (vgl. S. 884) und der wiederhergestellte, heute sogenannte Max-Joseph-Saal in der Gestaltung von 1814/16 (vgl. S. 889).

Königsbau (Max-Joseph-Platz 3/Residenzstraße)

Der Königsbau, 1826–35 von Leo von Klenze errichtet, gab der Residenz den bislang fehlenden monumentalen, repräsentativen Abschluss gegen Süden, der erst nach Freilegung des neuen Max-Joseph-Platzes (s. dort) mittels Abbruch des südlich an die Residenzstraße grenzenden Ridler- und des Franziskanerklosters möglich wie städtebaulich notwendig wurde. Im Zuge umfassender erwogener Residenz-Erneuerungen, wie sie Bayerns Erweiterung und Erhebung zum Königreich erforderten, sah ein Entwurf Karl von Fischers von 1809 (AMTUM) einen Neubau mit zweigeschossiger Arkadenloggia im breiten Mittelteil und Seitenrisaliten vor, deren Gliederung mit derjenigen der (nicht ausgeführten) Flügelbauten des Nationaltheaters korrespondieren sollte. Seit 1823 befassten sich Kronprinz – ab Ende 1825 König – Ludwig und Leo von Klenze konkret mit dem programmatisch „Königsbau" genannten Projekt des Residenz-Südtraktes, der einerseits vor allem die kgl. Wohnräume aufnehmen, andererseits der Historienmalerei große Wandflächen zur Verfügung stellen sollte – für Darstellungen aus der Odyssee (später in den Festsaalbau verlagert), der Nibelungensage, der altgriechischen und deutschen Dichtkunst. In der Folge kam es zwischen Bauherrn und Architekt zu teilweise kontroversen

Cuvilliéstheater, Hofloge; Aufn. um 1900

Residenz, Königsbau; Aufn. 1997

Überlegungen bezüglich Stilwahl und möglichen Leitbildern, als welche verschiedene römische und florentinische Paläste, die Residenzen in Mantua und Neapel sowie die Gran Guardia in Verona erörtert wurden. Französische Gestaltungselemente, darunter im Inneren die traditionelle Wandvertäfelung, Bespannung und Verspiegelung, schloss Ludwig grundsätzlich aus, wodurch ein die Lebenshaltung des Monarchen kennzeichnender Verzicht auf intime Wohnlichkeit und private Gemütlichkeit zugunsten objektiver Kriterien für den Charakter der Innenräume bestimmend wurde.

Infolge Verlegung der für große, offizielle Staatsakte und Feierlichkeiten bestimmten, entsprechend monumentalen Räumlichkeiten samt Festtreppe in den neuen Festsaalbau im Norden der Residenz hatte der Königsbau den privaten Wohnbedürfnissen des Königspaares – eingeschlossen Audienzen persönlichen Charakters und (im 2. Obergeschoss) private Bälle und Festlichkeiten – zu dienen, zeittypisch in Verbindung mit einem sich an das öffentliche Bildungsinteresse wendenden literarischen Bildprogramm – bereits 1834 erschien ein von Ernst Förster verfasster Leitfaden zur Betrachtung der (kaum vollendeten) Wand- und Deckenbilder. Die verlangte, auf den bislang üblichen zentralen großen Saal und die Monumentaltreppe verzichtende Raumfolge mit den in der Gebäudemitte zusammenstoßenden Appartements von König und Königin im Hauptgeschoss sowie den drei zur Erschließung nötigen, kleiner dimensionierten Treppen mit dem Äußeren in Einklang zu bringen, erwies sich für Klenze als schwierige Aufgabe (zur Planung im Einzelnen vgl. u. a. F. Zimmermann, in: Ausst. Kat. Romantik 1987; Hojer 1992; Buttlar 1999; Ausst. Kat. Klenze 2000). Klenzes erster Entwurf von 1824 (SGSM, Inv. Nr. 26562) in von römischen Hochrenaissancepalästen inspiriertem Klassizismus sah bereits einen um ein 3. Geschoss erhöhten, breiten Mittelteil mit auf fünf Arkaden

ruhendem Mittelbalkon zwischen von Flachgiebeln abgeschlossenen Risaliten vor, deren große Fensterarkaden (ein am Palazzo Barberini orientiertes Motiv) die Lage der Thronsäle des Königs und der Königin ablesbar machen sollten. Gegen den zunächst widerstrebenden Architekten setzte Ludwig I. jedoch den florentinischen Rustikastil des Quattrocento durch; ein Klenze-Plan von 1825 (BSV) zeigt eine Lösung mit breitem, erhöhtem Mittelrisalit in der Art des Palazzo Pitti mit viersäuligem Mittelbalkon. Eine Variante von 1825/26 (SGSM, Inv. Nr. 26517; entwicklungsgemäß entsprechend Lithographie von Joseph Unger, AM-TUM) verzichtet auf das Vortreten des erhöhten Mittelbereiches und gliedert die Baumasse durch Gebälke statt Gesimse sowie vertikal geschoss- und achsenweise durch Pilasterordnungen im Sinne des Palazzo Rucellai; verzichtet wird auf den Balkonvorsprung zugunsten von drei rundbogigen Mittelportalen im Süden und einem weiteren im Westen, das als Zugang zu den Nibelungensälen und zur Königin-Mutter-Treppe notwendig wurde. Diese Planungsstufe kam der ausgeführten Lösung bereits nahe (repräsentiert durch Pläne in der BSV), in welcher auf Weisung des Königs (Oktober 1826) die Pilaster im Erdgeschoss entfielen. (Eine nach A. Buttlar von Klenze bereits 1824 vorgelegte Alternative im „römischen" Stil ohne Balkon – MStM, Maill. Slg. I.1 – hatte nicht die Zustimmung des Monarchen gefunden.) Entgegen den (zu jeder Zeit üblichen) Klagen des Architekten über willkürliche Eingriffe und Einflüsse des Bauherrn-Laien und heute verbreiteter postumer Kritik ist gerade am Königsbau nicht zu verkennen, dass die durch Ludwig veranlasste stufenweise Reduzierung formalen Detailaufwandes (wie ähnlich auch an Gärtners Staatsbibliothek) die architektonische Qualität verbessert und zu einer ausgereiften Lösung geführt hat; über die in pluralistischer Konstellation erfolgte Stilwahl sich heute zu ereifern, erübrigt sich.

Der schmale, beschränkte Baugrund zwischen dem Max-Joseph-Platz, dessen Ostseite bereits das Nationaltheater beherrschte, und rückseitig dem südlichen Residenzgarten bzw. nunmehrigen Königsbauhof machte – vom späteren Gesichtspunkt aus höchst bedauerliche – Abbrüche unvermeidlich. Im Westen an der Residenzstraße, deren bisheriges Gesicht der König 1826 durch Gemälde Domenico Quaglios dokumentieren ließ (B. Trost 1973, Kat. Nr. 155; Blick vom Hof Nr. 152), wurde der Goldene Saaltrakt und der Witwenbau mit der dem Gedenken an Kurfürst Maximilian I. gewidmeten Galerie geopfert, weiter im Osten der südliche Querarm der ursprünglich doppel-T-förmigen Grünen Galerie der Reichen Zimmer. Die besonders festlich vollzogene Grundsteinlegung erfolgte am 18. Juni 1826, einem Jahrestag der Schlacht bei Waterloo. Hofbauinspektor Simon Mayr beaufsichtigte die Ausführung (durch Maurermeister Joseph Höchl?). 1829 war der Rohbau innen bereits betretbar, im Herbst 1830 der Außenbau fertig, im April 1832 konnte die künstlerische Ausmalung der Wohnräume begonnen werden, die das Königspaar am 12. Oktober 1835, dem Tag seiner Silberhochzeit, bezog. Die konzentrierte Ausführung der überaus kostspieligen, vom König aus eigenen Mitteln finanzierten Baumaßnahme war eine organisatorische Meisterleistung Klenzes, der selbst auch die gesamte Einrichtung entwarf und auf technische Details und Installation, wie das bemerkenswert fortschrittliche System der Warmluft-Bodenheizung, besonderen Wert legte (vgl. seine Publikation in der Allg. Bauzeitung 1837).

Nach Ludwigs I. Abdankung (1848) und Übersiedlung ins Wittelsbacher Palais bezog sein Sohn Maximilian II. die Räume im Königsbau und ließ durch Klenze einzelne Veränderungen im Sinne vermehrter Wohnlichkeit vornehmen. Das ihm allein vorbehaltene, seinen bedachtsamen Charakter und sein Selbstverständnis als verantwortlicher Regent kennzeichnende „Sanctuarium" ließ er im 2. Obergeschoss in der Nähe seiner Wohnung und des vor dem (bis 1857 instand gesetzten) Residenztheater (s. dort) 1850–53 erbauten Wintergartens einrichten und u. a. mit einem allegorischen Gemäldezyklus der Regententugenden und Büsten vorbildhafter Persönlichkeiten ausstatten (kriegszerstört). Die Wandbilder in den Nibelungensälen wurden erst 1867 (kurz vor dem Tod Ludwigs I.) vollendet.

Durch Luftangriffe vor allem am 18. März und 24./25. April 1944 wurde das Innere des Königsbaues (mit Ausnahme der weniger beschädigten Nibelungensäle im Erdgeschoss) weitgehend durch Brand und Einsturz zerstört; die in der Grundsubstanz erhaltenen Außenmauern erlitten vor allem im Ostteil schwere (nach ihrer Ausbesserung noch lange als Farbflecken ablesbare) Steinschäden. Im Wiederaufbaukonzept für die Residenz war schon früh die ergänzende Wiederherstellung der (reichlich dokumentierten) kgl. Wohnraumflucht im 1. Stock mit ihren fragmentarisch erhaltenen Wandmalereien vorgesehen (während zugleich – aus heutiger Sicht nicht nachvollziehbar – die Innenräume in Klenzes Festsaalbau aufgegeben wurden). 1956 war das definitive Dach fertiggestellt; 1960 wurden die (Stahlbeton-)Decken über dem 1. Stock eingezogen, im Jubiläumsjahr 1958 (im Rahmen des Residenzmuseums und zugleich mit dem Cuvilliéstheater) im Erdgeschoss die Nibelungensäle und östlich der Durchfahrt die anstelle der ehem. Küchen-, Wirtschafts- und Verwaltungsräume neu eingerichtete Schatzkammer eröffnet. Die ab 1961 restau-

Königsbau, Portal an der Westseite

Königsbau, Südwestecke; Aufn. 1996

rierten Wohnräume im Hauptgeschoss (mit erhaltener mobiler Ausstattung) konnten 1980 wiedereröffnet werden, zuvor schon 1974 die neu gestalteten nunmehrigen Schlachtensäle an ihrem Ostende. Die nicht in den Details wiederhergestellten Festräume im 2. Obergeschoss wurden 1970–72 als Sitz der (1948 gegründeten) Bayerischen Akademie der Schönen Künste ausgebaut (die zuvor im Prinz-Carl-Palais untergebracht war). 2007 ff. grundlegende Sanierung der Natursteinfassaden.

Äußerlich ist Klenzes Königsbau bemerkenswert als groß dimensioniertes Frühbeispiel einer in den folgenden Jahrzehnten verbreiteten Variante der Renaissance-Rezeption, die sich an den rustizierten Natursteinfassaden toskanischer Palazzi des Quattrocento orientierte (A. v. Buttlar 1999, wies auf den möglicherweise bedeutsamen Kontakt Klenzes mit Schinkel hin, der 1824 München besuchte; vgl. dessen freilich anders ausgeprägte, herbspröde Fassade des Palais Redern in Berlin.) Selbstverständlich kann und will Klenzes klassizistisch gefilterte, spätzeitlich domestizierte, dem Empfinden und den Bedürfnissen einer verfeinerten Zivilisation angemessene Fassadengestaltung nicht mit der archaischen, noch militant bedingten Wucht und Derbheit der Urbilder – vor allem des Palazzo Pitti – wetteifern. Der an den Palazzo Pitti gemahnende Umriss mit dem erhöhten Mittelteil mag einerseits – wenn auch von Klenze bestritten – bedeutungsvolles Zitat sein (vgl. Roettgen, 1991), ist jedoch durch die Anbindung an die Alte Residenz und die Einfügung in die benachbarte Altstadtbebauung motiviert, von der sich der Königsbau wiederum durch seine enormen Geschosshöhen hierarchisch abhebt. Der herkömmlich, auch aus klimatischen und Wohnlichkeitsgründen, in Ziegeln erstellte Bau, z. T. unter Verwendung von Eisen bei Deckenkonstruktionen, erhielt lediglich platz- und straßenseitig eine Verkleidung mit Quadern aus grünlichgelbem Abbacher Sandstein. Die 125 m lange, 21 Achsen umfassende Platzfassade und die siebenachsige Straßenfront des kurzen, stumpfwinklig ansetzenden Westflügels sind gleichförmig achsenweise, parataktisch gegliedert, die Gefahr trockener Monotonie jedoch ist vermieden durch die – vom oberflächlichen Blick kaum wahrgenommene, unterschwellig umso wirksamer empfundene – geringe Verbreiterung der mittig angeordneten Eingangsachsen mit den drei Rundbogentoren im Süden und einem Tor im Westen. Im Sinne dieser diskreten Rhythmisierung fangen die Eckverstärkungen im Erdgeschoss bzw. die darüber verdoppelten Pilaster den streifenden Blick auf. Dem plastisch-kraftvollen Diamantquadersockel ist eine (bei sonnigem Wetter bis heute dankbar angenommene) Sitzbank vorgelegt, ein bürgernaher Zug an einem höfischen Bau. An den durch Bossenquader radial gerahmten großen Rundbogenfenstern verzichtete Klenze zugunsten zeitgemäßer Wohnlichkeit auf quattroceske Biforienteilung. Das

Erdgeschoss, in der ausgeführten Lösung unter Verzicht auf Pilaster, wird von einem dorischen Triglyphengebälk abgeschlossen, das erste Obergeschoss, mit der ionischen Ordnung entsprechenden Pilasterkapitellen (vgl. Glyptothek), von einem Gebälk mit zart reliefiertem Palmetten-Lotos-Band; den herausragenden, elf Achsen breiten 2. Stock gliedern korinthische Pilaster, das Gebälk schließt mit einem kräftigen Konsolgesims. Die Terrassen beiderseits über den niedrigeren Flügeln sind von Balustraden aus kleinen Säulchen gesäumt (vgl. Palazzo Pitti). – Den rudimentär noch mittelalterlichen, auch eher bürgerlich-patrizischen Charakter der vorbildhaften toskanischen Stadtpaläste korrigierte Klenze im Sinne der zeitlos gültigen klassischen Ordnungen durch Einfügung der zu ihnen gehörigen eigenen Sockelzone in jedem der drei eine Ordnung repräsentierenden Geschosse. Die dem schmalen Königsbauhof zugewandte Rückfassade ist wesentlich sparsamer und zurückhaltender in Putz ausgeführt und entspricht in ihrem schlichteren Charakter anderen „florentinisch" geprägten Bauten Klenzes (etwa an der Ludwigstraße) und seiner Nachfolger. Nur unterer Sockelbereich in Naturstein; Fassadenwirkung insgesamt flächiger als platzseitig, durch zwei zusätzliche Zwischengeschosse auch kleinteiliger und unruhiger.

Das *Vestibül* in der Gebäudemitte, mit seinen korinthischen Marmorsäulen und flachen Pendentifkuppeln von monumentaler Wirkung, ist – der zweibündigen Grundrissstruktur des Traktes entsprechend – zweiteilig angelegt: der Südteil dreischiffig, der Nordteil einschiffig; die Durchfahrt zum Königsbauhof wird flankiert vom erhöhten Fußweg und den Stufen vor den vier seitlichen Eingangstüren. Die Gewölbezone ist kassettiert und mit Stuck dekoriert. – Das hofseitig links davon angeordnete, durchaus stattliche *Mitteltreppenhaus* – meist unterbewertet, da unangebracht mit den Prunkstiegen des Absolutismus verglichen – ist mit jeweils drei Armen (Granitstufen) samt Gusseisengeländern um einen rechteckigen Schacht gelegt und diente in erster Linie als Aufgang zu den Festräumen im 2. Stock, wo es sich zur lichten Halle mit Stuckdekor in den Lünetten und an der Felderdecke weitet. Heute sind auf den Podesten sechs (von ursprünglich acht) z. T. kriegsbeschädigte Eichenholzfigurengruppen der *Taten des Herkules* aufgestellt, gefertigt 1779–81 von Roman Anton Boos (ehemals in den Hofgarten-Nordarkaden, s. dort; eine weitere Gruppe in Dachau, eine zerstört; Bozzetti im BNM). – Im westlich angrenzenden Erdgeschoss-Vorraum (Raum Nr. 80) steht heute die Originalfigur des sog. *Harmlos*, 1803 von Franz Jakob Schwanthaler (vgl. Galeriestraße, dort Kopie).

Die *Nibelungensäle* in der Westhälfte des Erdgeschosses (heutige Räume Nr. 75–79, zu betreten vom Vorraum Nr. 74 südlich der Durchfahrt im Westflügel) waren in erster Linie als Schauräume konzipiert, bezeugen somit eine zeittypische Hinwendung zur Öffentlichkeit, verbunden mit der Wertschätzung von Bildung und Historie und deren bildlicher Vergegenwärtigung, in diesem Fall der germanisch-altdeutschen Sagenwelt und Frühzeit im Hinblick auf nationale Bewusstseinsbildung. (Das klassische Gegenstück, der ursprünglich im 1. Stock vorgesehene Gemäldezyklus aus der Odyssee, wurde im Erdgeschoss des Festsaalbaus realisiert, s. dort.) Der Wandgemäldezyklus ist Ausdruck von König Ludwigs Bestreben, die Historienmalerei zu fördern und die Gattung der monumentalen Wandmalerei wiederzubeleben (vgl. Glyptothek, Hofgartenarkaden, Ludwigskirche). Die architektonische Gestaltung der (fast nur mit Marmortischen möblierten) Räume entwarf Klenze; die fünf nach dem System der Enfilade nahe der Fensterseite verbundenen Säle enthielten nach italienischer Art marmorne intarsierte Schmuckfußböden (erst nach 1850 ausgeführt) und hohe Hohlkehlen mit Lünetten. Die Wandgliederung in Stuckmarmor ist in der Hauptsache dekorative Begrenzung und Einfassung der großen Gemäldefelder. Den Auftrag zu den Fresken erhielt, nach Cornelius' Absage, 1828 Julius Schnorr von Carolsfeld, der nach Festlegung des Programms mit dem König und Vorentwürfen 1831 mit der Ausführung begann, die er jedoch ab 1835 wegen seiner Arbeiten im Festsaalbau unterbrach; nach seinem Umzug nach Dresden vollendeten Schnorrs Schüler und Mitarbeiter den Zyklus nach seinen Kartons bis 1867.

Der *Saal der Helden* (Eckraum Nr. 75 mit zwei West- und einem Südfenster) mit Datum 1831 an der Nordwand wurde als erster vollendet; die Fresken führte Schnorr selbst 1831–33 aus, bei den Lünetten- und Deckenbildern z. T. von Gustav Jäger und Friedrich Olivier unterstützt. In den Wandfeldern sind paarweise die Hauptbeteiligten an der tragischen Handlung des Nibelungenepos dargestellt, in den kleinerformatigen Lünetten- und Deckenbildern (so auch in den andern Sälen) Einzelszenen aus dem sagenhaften Geschehen. – Der *Saal der Hochzeit* (Nr. 76; wie Nr. 77 und 78 mit je zwei Südfenstern) ist der Verbindung Siegfrieds und Kriemhilds und der für sie folgenschweren Ankunft Brunhildes gewidmet; die Fresken führte Schnorr 1833/34, z. T. verzögert bis 1843 aus. – Im *Saal des Verrats* (Nr. 77) war Schnorr erst 1843–46 tätig. Die kleineren Gemälde illustrieren Siegfrieds Lebenslauf, die großen Wandbilder betreffen Sieg-

Königsbau, Vestibül nach Süden; Aufn. um 1970

Königsbau, Hof nach Westen

frieds Tod (das heute bekannteste, vielleicht auch künstlerisch gelungenste der Fresken, 1845) und die Folgen. – Im *Saal der Rache* (Nr. 78) wurden die Szenen aus dem Endkampf der Nibelungen im Hunnenland 1846–55 nach Schnorrs Entwürfen nur z. T. von ihm selbst (Hagen und Volker, 1847/48), sonst von G. Jäger, Stölzle und Hohfelder ausgeführt. – Im schmalen *Saal der Rache* (Nr. 79) mit nur einem Südfenster wurden die drei Wandbilder – die Bestattung der Helden und die Überbringung der Kunde von ihrem Untergang an Bischof Pilgrim sowie an Rüdigers Witwe und Tochter – erst 1864–67 von Xaver Barth und Wilhelm Hauschild (nach Schnorrs Karton von 1862–67) gemalt.

Die *Schatzkammer* des Hauses Wittelsbach, 1958 in zehn Räumen der Erdgeschoss-Osthälfte des Königsbaues neu eingerichtet (und um den größten Teil der Bestände der Reichen Kapelle vermehrt), ist historisch und künstlerisch zentraler Bestandteil der Residenz. Als Gründer gilt Herzog Albrecht V., der 1565 eine Anzahl von Pretiosen zum unveräußerlichen Hausschatz erklärte. Die laufend vermehrte, in Zeiten der Not bisweilen auch verminderte Kleinodiensammlung, ursprünglich im Silberturm der Neuveste, seit Maximilian I. im Grottenhof-Südflügel (1. Obergeschoss) aufbewahrt, erhielt 1730/33 einen neuen Prunkraum von Fr. Cuvilliés (heute Raum Nr. 5, s. dort) neben der Ahnengalerie. Durch Vereinigung mit dem Kurpfälzer Schatz im späten 18. Jh. und kostbarsten Zuwachs im Gefolge der Säkularisation wurde sie zu einer der reichhaltigsten Sammlungen ihrer Art überhaupt. Unter Prinzregent Luitpold erbaute Julius Hofmann 1897 eine neue Schatzkammer in Neubarockformen an der Ostseite des Vestibüls, des heutigen Raumes Nr. 1 unter der Grünen Galerie.

Im Rahmen dieser Topographie ist zumindest auf die unter Wilhelm V. um 1590 entstandene, von Maximilian I. veränderte und laut Inschrift dem hl. Georg als Patron des Hauses und der Familie gestiftete Reiterstatuette, die seit jeher als eine Art unverrückbares Palladium der Dynastie und der Residenz gilt, sowie auf

die Kroninsignien des Königreiches Bayern hinzuweisen, die 1806 in der Werkstatt von Martin-Guillaume Biennais in Paris gefertigt wurden.

Der Erschließung des Hauptgeschosses mit den kgl. Wohnräumen dienten *Treppenhäuser* an den äußersten Enden des Königsbaus. Der Zugang zum ehem. Appartement des Königs in der Osthälfte erfolgte nicht vom Platz bzw. Erdgeschoss her, es wurde vielmehr an den Residenz-Innenbereich angebunden. Vom Schwarzen Saal (Raum Nr. 13) aus ist die nach der Farbe der Stuccolustrowände benannte *Gelbe Treppe* (Nr. 14) zu betreten, eine geradläufige, überwölbte Anlage mit Kalotte über dem halbrunden unteren Vorplatz; beim Wiederaufbau 1956/60 wurde der ursprünglich tektonisch wie dekorativ wesentlich aufwendigere Treppenraum verändert und vereinfacht (verloren ist u. a. Schwanthalers Karyatidenportal am oberen Ende). – Die heute in Nr. 14 aufgestellte Marmorausführung von Antonio Canovas „Venus Italica" (1804/11), von Kronprinz Ludwig in Auftrag gegeben, stand ursprünglich im Nymphenburger Kabinettgarten. – Zum ehem. Appartement der Königin führt die nördlich neben der Durchfahrt im Westflügel platzierte *Königin-Mutter-Treppe* (Nr. 72; nach Kriegsschäden 1956–58 restauriert) empor, eine originelle Konstruktion auf Halbkreisgrundriss mit violetter Stuccolustro-Wandverkleidung und Kassettenhalbkuppel; das Durchgangsvestibül im 1. Stock ist gegen den Treppenschacht mittels drei Arkaden auf ionischen Marmorsäulenpaaren geöffnet.

Die ehem. *Wohngemächer des Königspaares* im 1. Stock, nach den Kriegsschäden bis 1980 wiederhergestellt, sind nach Vernichtung der meisten anderen Klenze-Interieurs im Wert noch gestiegene Hauptbeispiele der Raumkunst und Ausstattung des Münchner Klassizismus. Rekonstruiert wurden vor allem die kostbar intarsierten Parkett-Fußböden (ursprünglich von Leonhard Glink, nach Entwürfen von Klenze) sowie die Gewölbe

Königsbau, Königin-Mutter-Treppe; Aufn. vor 1940

Königsbau, Gelbe Treppe; Aufn. vor 1940

bzw. Kassettendecken. Erhalten geblieben sind die größtenteils von Klenze selbst entworfenen, in zahlreichen Münchner Werkstätten gefertigten Möbel und Lüster. Charakteristisch für den Zeitstil sind die intensiven, von Raum zu Raum wechselnden Grundfarbtöne sowie das differenzierte, nach Ideen des Monarchen ausgeführte literarische Bildprogramm – griechische Dichtung in den Räumen des Königs, deutsche in denen der Königin –, das vorbildhaft wirkte (u. a. in den Dichterzimmern des Schlosses in Weimar, vgl. Hojer 1992). Die teils al fresco, teils enkaustisch gemalten Darstellungen überstanden den Krieg nur teilweise, auf ihre vollständige Rekonstruktion wurde überwiegend verzichtet.

Obwohl die zeremonielle Anordnung der beiden Appartements jeweils von den äußeren Enden her konzipiert war, wird im Folgenden die heutige amtliche Zählung durchgehend von Westen her übernommen.

Die ehem. *Gemächer der Königin* beginnen im Westflügel neben der Königin-Mutter-Treppe mit dem *ersten und zweiten Vorzimmer* (Räume Nr. 115 und 116), ehemals mit Wandbildern nach Walther von der Vogelweide bzw. Wolfram von Eschenbachs „Parzival". – Im weiträumigen *Servicesaal* (Nr. 117) in der Südwestecke sind die Wandbilder von Philipp Foltz nach Balladen von Gottfried August Bürger größtenteils noch erhalten. – Der *Thronsaal der Königin* (Nr. 118) ist durch in einzigartiger Weise völlig vergoldete Wände mit zarten Reliefstrukturen (in Stuck) ausgezeichnet, die friesartig wirkende Hochwand durch plastische Kinderkaryatiden gegliedert, die Decke rhythmisch kassettiert; Wilhelm von Kaulbachs Gemälde im Fries und an der Decke mit Darstellungen nach Dichtungen Klopstocks sind überwiegend verloren. – Den *Salon der Königin* (Nr. 119) prägen die Wandmalereien im sog. vierten pompejanischen Stil; die Wandbilder W. Kaulbachs mit Szenen aus Werken von Wieland sind erhalten, der von Eugen Napoleon Neureuther gemalte, umlaufende Figurenfries wurde rekonstruiert. – Im *Schlafzimmer der Königin* (Nr. 120; mit Doppelbett) imitiert die Wandmalerei grüne, geraffte Draperien; teilweise erhalten blieben Kaulbachs Gemälde nach Dichtungen von Goethe an der Hochwand und an der italienischen Renaissancevorbildern folgenden Stichkappenwölbung. – Im *Schreibkabinett* (Nr. 121; Hauptton grün) sind die Gemälde zu Dichtungen Schillers von Wilhelm Lindenschmit in den Wandfeldern erhalten, an der Tonnenwölbung hingegen zerstört, im *Bibliothekszimmer* (Nr. 122) von den Bildern Moritz von Schwinds zu Dichtungen von Ludwig Tieck nur die Lünette der Nordwand noch vorhanden; mehrere Bilder an der Tonnenwölbung sowie die verglasten Bibliotheksschränke wurden rekonstruiert.

Von hier – also ursprünglich mitten im privaten Bereich – erfolgt der Übergang zu den *Gemächern des Königs*. Dessen Schlafzimmer (Raum Nr. 123), mit überwiegend hellgrüner, velumartiger Wandgestaltung, hatte früher in der Frieszone und am Spiegelgewölbe einen Gemäldezyklus von Heinrich Heß mit Szenen aus Dichtungen von Theokrit (nur geringe Reste erhalten). An den Seitenwänden „Morgen" und „Abend" nach Thorvaldsens Modellen von 1818. – Im *Ankleidezimmer* (Nr. 124) mit Kassettentonne blieben nur spärliche Reste der von Ludwig Schwanthaler entworfenen, von Johann Georg Hiltensperger ausgeführten Wandbilder zu Komödien des Aristophanes erhalten. – Im ebenfalls ton-

Königsbau, Thronsaal des Königs (Raum 127)

nengewölbten *Arbeitszimmer* (Nr. 125; Grundfarbton graugrün) fehlten die ursprünglichen Bücherschränke schon vor dem Luftkrieg; in diesem zerstört wurden auch die nach Schwanthalers Entwürfen ausgeführten Wandbilder mit Szenen aus den Tragödien des Sophokles. Zur Einrichtung gehören zwölf Bronzestatuetten wittelsbachischer Herrscher (um 1840), eine Kleinausführung von Schwanthalers großem Figurenzyklus im einstigen Thronsaal des Festsaalbaues (s. dort). – Das *Empfangszimmer*

Königsbau, Salon (Raum 119)

(Nr. 126) mit Stichkappenwölbung und Wandbemalung in pompejanischer Manier hatte früher von Schwanthaler entworfene Wand- und Deckenbilder mit Szenen aus Tragödien des Aischylos. – Der weiß/golden gefasste *Thronsaal* (Audienzraum) des Königs (Nr. 127), mit korinthischer Pilastergliederung und Kassettendecke, ist im Sinne besonderer Repräsentation nicht mit Malereien, sondern Stuckreliefs von Ludwig Schwanthaler ausgestattet, die Pindars Siegesgesänge illustrieren. Der heute unter rekonstruiertem Baldachin aufgestellte Thron von 1842 stammt aus dem zerstörten Thronsaal im Festsaalbau.

Die drei an den Thronsaal östlich anschließenden Räume, ursprünglich Auftakt des Königsappartements von der Gelben Treppe her, umfassten (von Osten) erstes und zweites Vorzimmer und Servicesaal, mit Wandbildern von Schwanthaler und Julius Schnorr von Carolsfeld zur Argonautensage, Hesiod und Homer; sie wurden bis 1974 in reduzierter Form als *„Schlachtensäle"* wiederhergestellt (heute Räume Nr. 14a, b, c). In ihnen wird der aus dem zerstörten Schlachtensaal im Ostpavillon des Festsaalbaus stammende Zyklus von zwölf großformatigen Ölgemälden mit Darstellungen zeitgenössischer Schlachten ausgestellt, an denen das bayerische Heer beteiligt war (sechs Bilder von Wilhelm v. Kobell, gemalt 1809–13, fünf von Peter Heß 1816–38, je eines von Albrecht Adam, Carl Wilhelm v. Heideck und Dietrich Monten). In Nr. 14b ist überdies Joseph Stielers ganzfiguriges Bildnis Ludwigs I. im Krönungsornat (1826) ausgestellt. – Nördlich vom Thronsaal (Nr. 127) lag hofseitig früher der tonnengewölbte Speisesaal mit Gemälden von Clemens Zimmermann nach Gedichten von Anakreon, nebst östlich anschließendem Buffetzimmer. Diesen rückwärtigen Bereich nehmen heute, bei anderer Einteilung, die Räume Nr. 14d, e, f und g ein, in denen die Sammlung europäischen Porzellans des 19. Jh. ausgestellt ist. – Zum Appartement der Königin gehörten ursprünglich, nördlich hinter den Räumen Nr. 119 und 120 gelegen, zwei Wohnzimmer (vor dem Zweiten Weltkrieg Nr. 122/123).

Die privaten *Festsäle* des Königspaares, auch Blumensäle genannt, im 2. Obergeschoss nahmen den schmaleren, herausragenden Mittelteil ein; sie bestanden aus Vorraum (westlich der Haupttreppe), Spielsalon (in der Südwestecke, einst mit Aphrodite-Relieffries von L. Schwanthaler), Empfangssaal, ovalem Ballsaal in der Mitte und Speisesaal (zugleich Wintergarten) östlich davon. Die gesamte Raumflucht wurde 1970/72 in stark reduzierter Form für die Bayerische Akademie der Schönen Künste wiederhergestellt; der klassizistische Charakter blieb aufgrund einzelner Hauptelemente der originalen Gestaltung gewahrt, z. B. Stuckfriese unter den Deckengesimsen; im ehem. Ballsaal fünf Türrahmungen aus korinthischen Pilastern mit Gebälk, je zwei an den halbrunden Schmalseiten, eine in der Längsseitenmitte gegenüber der Dreifensterwand zum Platz; der ehem. Speisesaal ist heute Vortragssaal.

Allerheiligen-Hofkirche (s. Marstallplatz)

Die 1826–37 von Leo von Klenze erbaute Allerheiligen-Hofkirche ist zwar im Westen an die Residenz angebunden, besitzt aber einen öffentlichen Hauptzugang vom Marstallplatz her, daher dort behandelt (S. 580 ff.).

Festsaalbau (Hofgartenstraße 2/Alfons-Goppel-Straße 11)

Der Festsaalbau, 1832–42 von Leo von Klenze errichtet, gab dem gewachsenen Komplex der Residenz den unter städtebaulichem Aspekt lang entbehrten, monumentalen, dem Repräsentationsanspruch angemessenen Abschluss an der Nordseite zum Hofgarten und im Osten zum Marstallplatz hin. Die im Lauf der Zeit reduzierten, seit dem großen Brand von 1750 vernachlässigten Restbestandteile der Neuveste im Nordosten des Residenzareals durch eine zeitgemäße Neubebauung zu ersetzen, war in-

Residenz, Nordostecke; Gemälde von Domenico Quaglio, 1828

folge wiederholt ungünstiger Zeitumstände nicht gelungen. Unausgeführt blieben somit die umfangreichen Planungen von François de Cuvilliés zur Zeit Max III. Joseph (u. a. Modell von 1764–67), die bereits eine Verlängerung des bestehenden Kaisersaaltraktes aus dem frühen 17. Jh. nach Osten (und auch nach Westen bis neben die Nordseite der Theatiner-Hofkirche) vorsahen; dabei sollte die neue Hauptschauseite samt Zugang einen mäßig tiefen Ehrenhof im Osten zum Zeughaushof (dem späteren Marstallplatz) hin einschließen (vgl. Braunfels 1986, S. 158 ff., 184 f.). Klenze konnte bei seiner schließlich ausgeführten Lösung an vorausgegangene Planungen und städtebauliche Ideen anknüpfen, so vor allem an ein 1799, im Jahre des Regierungsantritts Max' IV. Joseph (ab 1806 König) von Oberbaurat Maximilian von Verschaffelt gefertigtes Residenz-Erweiterungsprojekt, das die Verlängerung des Kaisersaaltraktes nach Osten mit dem Mittelrisalit der neuen Gesamtfassade vorgeblendeter Loggia sowie einen neuen Osttrakt unter Einbeziehung der vorhandenen Bebauung am Ostende des Brunnenhofs im Anschluss an das Residenztheater vorsah (vgl. G. Hojer, in Weltkunst, 50. Jg., 1980, S. 690 ff.; B. Langer, in Ausst. Kat. Bayerns Krone 2006). Eine ähnliche Konzeption, doch (wie später bei Klenze) mit stark vorgeschobenem nordöstlichem Eckpavillon, zeigt ein Lageplan Friedrich Ludwig Sckells von 1804 (Thiele 1988, Abb. 30). Auf einem Lageplan von Joseph Frey 1806 (Straßenprojekt zwischen Max-Joseph-Platz und Englischem Garten) ist in Umrissen der „Entwurf des neu zu erbauenden Residenz Flügels" im Norden und Osten (etwa im Sinne von Verschaffelts Planung) eingetragen (Habel 1993, Abb. 33). Andreas Gärtner, Hofbauintendant ab 1804, fertigte Erweiterungspläne in ähnlicher Konfiguration mit einem großen, von drei Flachkuppeln

Nordseite der Alten Residenz und Hofgartentor; Lithographie von C. A. Lebschée, 1830

überwölbten Festsaal samt vorgelegter Loggia in der Mitte des Hofgarten-Gesamtflügels (vgl. G. Hojer, in Weltkunst, 51. Jg., 1981, S. 2979 ff; A. Gärtner führte in der Folge 1805/06 nur die Gestaltung des Weißen Saales, im 17. Jh. als Fletz bezeichnet, in der Nordostecke des Altbaus – bis zur Zerstörung Raum Nr. 34 – aus). Unter Max Joseph realisiert wurde lediglich die frühklassizistische Fassaden-Umgestaltung der Hofgartenfront des Kaisersaaltraktes durch Charles-Pierre Puille (im Zusammenhang mit dem den Kaisersaal unterteilenden Einbau der Hofgartenzimmer ab 1799) oder Andreas Gärtner (nach 1804; Zuschreibung Hans Ottomeyer 1980). Diese in etwas antiquierten Formen redigierte Nordfassade zeigen u. a. eine 1810 von C. L. Wenng gezeichnete Ansicht (MStM. Inv. Nr. II d/6; Abb. Ausst. Kat. München und Oberbayern 1971, Nr. 173) und ein Aquarell von Domenico Quaglio von ca. 1820 (Ausst. Kat. Max I. Joseph 1980, Abb. S. 636).

mit dem Neubau des Schlosses wird es nichts, das will ich dem Louis überlassen"). Nach Ludwigs Regierungsantritt (1825) konkretisierte Klenze seine Planungen nebst Kostenberechnungen (vgl. Hojer 1998, S. 691 f.); sein Entwurf von 1831, gemäß den Wünschen des Königs mehrfach überarbeitet (vgl. im Einzelnen Zimmermann 1987, S. 221 ff.), war um den sog. Apothekentrakt an der Nordwestseite des Marstallplatzes erweitert, der sich bis in die Nachbarschaft der von Klenze 1826 ff. erbauten Allerheiligen-Hofkirche erstreckt. Ende Juli 1832 begannen die Abbrucharbeiten an den Restgebäuden der Neuveste, lediglich der Unterbau des runden Christophsturms an der Nordostecke musste in den Neubau integriert werden (der Sage nach war sein Fortbestand mit dem des Hauses Wittelsbach verknüpft). Die Grundsteinlegung erfolgte am 18. Oktober 1832 (einem Jahrestag der Leipziger Völkerschlacht). Die Bauausführung wurde Maurermeister Joseph Höchl (gest. 1838) übertragen. Im Roh-

Residenz, Festsaalbau nach Osten

Klenzes Planungen für diesen Residenzbereich setzen mit dem Beginn seines Wirkens in München 1816 ein (ab 1818 Hofbauintendant); bereits sein Generalplan für den Bereich Odeonsplatz/Hofgarten von 1816 (Ausst. Kat. Klenze 2000, Abb. 43.4) deutet die beabsichtigte Verlängerung des Kaisersaaltraktes nach Osten samt betont vortretendem Mittelrisalit der Gesamtfront an. Ein Schaublatt von ca. 1820 (ebd. Abb. 47.1; SGSM, Inv. Nr. 26564; von Hojer 1998 um 1830 datiert) stellt den Festsaalbau in Schrägansicht von Nordosten dar, weitgehend in der später ausgeführten Gestalt, doch noch mit (als zu niedrig kritisiertem) Sockel, mit achsenweiser Lisenengliederung an den erhöhten Eckpavillons und unharmonisch wirkenden Steildächern über den lang gestreckten, niedrigeren Rücklagen (wohl in der Absicht einer einheitlichen Firsthöhe); bereits vorhanden ist die markante Mittelloggia, verzichtet wurde hingegen in der Folge auf den die Mitte des Hauptrisalits krönenden Figurenzyklus. 1821 jedoch sistierte Max I. Joseph das Bauvorhaben („Klenze,

bau war der Haupttrakt 1836, der im Folgejahr begonnene Apothekentrakt erst 1839 vollendet, die Ausstattung der Innenräume im Wesentlichen bis zur offiziellen Eröffnung mit dem Hochzeitsbankett des Kronprinzen Maximilian am 12. Oktober 1842, doch zog sich die Ausmalung der Kaisersäle bis 1844, die der Odysseesäle noch bis 1863 hin.
Ludwig I., mit seinem historischen Bewusstsein sonst ein früher Wegbereiter der Denkmalpflege, gab unter politischem Aspekt dem Residenzausbau mitsamt Fassadenausbildung den Vorzug, ließ aber den Vorzustand durch Domenico Quaglio dokumentieren (Trost 1974, Kat. 151, 157, 158); dessen Ansichten zeigen die „malerisch"-vielgestaltigen Restbestandteile der Neuveste mitsamt dem meist in Nutzgärten verwandelten Graben, das Aquarell Kat. VZ 42 den maximilianischen Nordtrakt mit der Fassade von 1799 ff. und mittig vorgelegter Brücke zur Hofgartenstraße. Vielleicht sollte in dem orthogonalen Schema der Erweiterungsbauten, das an die großzügig um den Kaiserhof gruppierte Alte

Festsaalbau, Mittelloggia

Residenz aus Bayerns politischer Blütezeit angebunden ist, der Gedanke von Kontinuität und Fortsetzung zum Ausdruck kommen. In der Tat gingen im Festsaalbau die beiden bedeutendsten Epochen der nachmittelalterlichen Geschichte Bayerns eine architektonische Synthese ein. Dem Nordflügel des Maximiliansbaues blendete Klenze zum Hofgarten hin eine neue Fassadengliederung vor, wobei er an die vorhandenen drei Geschosse (mit niedrigerem 2. Obergeschoss) und Seitenrisalite gebunden war, deren östlicher in den neuen erhöhten Mittelblock integriert wurde. Mit der spiegelbildlichen Verlängerung dieses im Kern historischen Altbestandes nach Osten und dazwischen eingeschobenem Mittelrisalit mit Thronsaal und vorgeschalteter Loggia erhielt die Residenz im Norden einen völlig einheitlich gestalteten, symmetrischen Abschluss durch eine klassizistische Front von nicht weniger als rund 250 m Länge (55 Achsen). Die Eckpavillons und der breite Mittelrisalit sind um je ein Geschoss erhöht; der Nordwestpavillon – an dessen Erdgeschoss sich im Norden die Hofgartenarkaden anschließen (s. dort) – wirkt städtebaulich als markanter Eckpfeiler des Residenzkomplexes in der Umbauung des Odeonsplatzes wie als Abschluss des lang gestreckten maximilianischen Westtraktes; der sich aus dem leicht abfallenden Gelände fast turmartig heraushebende Nordostpavillon bildet zugleich das weit hinausgeschobene Gelenk am Übergang vom Hofgarten zum Marstallplatz. Zu diesem

Platz hin folgen vom Eckbau gegen Westen noch fünf Fensterachsen der Rücklage des Hauptflügels, dann schließt sich im rechten Winkel gegen Süden – die Flucht der Hofkirchenfassade aufnehmend – der gleichartig gegliederte Apothekentrakt mit zweitoriger Hauptzufahrt zum ehem. Treppenhaus an; den südlichen Abschluss bildet, parallel zur Hofkirche sich gegen Westen erstreckend, der um ein Geschoss erhöhte Apothekenstock, der seit 1958 das in ihm eingebaute Cuvilliéstheater umschließt. Mit der Kirche verbindet ihn ein deren westliche Rückseite tangierender schmaler Trakt mit Gang im Obergeschoss und Außengliederung nach dem System der Kirchenlängsseiten. Ihm östlich vorgelagert ist im Gebäudezwischenraum von Kirche und Festsaalbau der sog. *Kabinettsgarten* mit platzseitiger Abschlussmauer, der nach Neugestaltung 2003 wiedereröffnet wurde. – Im inneren Gefüge des Residenzkomplexes bilden der neue Mittelbau und die Ostseite des Festsaalbaues den nördlichen und östlichen Abschluss des Apothekenhofes, des größten aller geschlossenen Residenzhöfe. – Die in der Hauptsache verputzten Fassaden sind im Erdgeschoss gequadert, darüber in der Art einer Quaderung bemalt; Naturstein (vor allem Grünsandstein) ist nur für bestimmte Gliederungsdetails verwendet, so für die Sockelverkleidung (z. T. in Kalkstein erneuert), Basen und Kapitelle der Ecklisenen, die Loggia-Säulen samt deren durchgehender Sockelzone, die Figuren auf der Loggia.

Wegen der einzubeziehenden Vorgabe wie der Längsausdehnung war eine horizontale wie vertikale Unterteilung der Baumassen unerlässlich. Klenze löste das architektonische Problem nicht im traditionellen Sinne zusammenfassender barocker Dynamik, sondern durch parataktisches Aneinanderfügen von erhöhten, reicher gegliederten Risalitblöcken und gestreckten, betont horizontalen Rücklagetrakten. Die flach geneigten Dächer treten kaum in Erscheinung; die Risalite werden nicht durch die gewohnten kräftigen Attiken betont, sondern in zurückhaltender Weise mit niedrigen Balustraden abgeschlossen. Auch das politisch-hierarchisch motivierte zentrale Prunkmotiv der dem Thronsaalbereich vorangestellten Loggia findet nach oben eine Fortsetzung lediglich im dezenten Vorspringen des entsprechenden Obergeschoss-Abschnittes des Mittelblockes. Trotz größter Dimensionen ist eine Monumentalisierung bewusst vermieden, erhielt der Festsaalbau den Charakter einer ruhigen Begleitung entlang der Hofgartenstraße, von der aus er in wechselnder Schrägansicht wahrzunehmen ist; der eigentliche Hofgarten, damals mit dichtem Baumreihenbestand, wurde nicht zum Vorplatz eines beherrschenden Großbaukörpers umgedeutet und verändert, doch nimmt die Mittelachse auf den Hofgartentempel Bezug (vgl. die Analyse der intendierten „Rahmenarchitektur" bei Buttlar 1999, S. 212).

Stilistisch ist Klenzes komplexe, an der Antike wie den verschiedenen neuzeitlichen Phasen ihrer Rezeption orientierte Formensprache nicht einfach zu definieren. Gemeinhin wird sein Fest-

Festsaalbau nach Westen

Festsaalbau, Ostseite an der Alfons-Goppel-Straße (ehem. Marstallplatz)

saalbau als eines der frühen Hauptbeispiele einer bereits mit dem Leuchtenberg-Palais (1816 ff.) einsetzenden Neurenaissance angesehen, wobei die italienischen Vorbilder freilich in unverkenn-
bar klassizistischem Habitus modifiziert
sind, dessen überdies französisch vermittelte Prägung zuletzt Gerhard Hojer
(1998) zu Recht betont hat. (König Ludwig wünschte als Vorbild den römischen
Palazzo Farnese.) Es sei nur die Feststellung Florian Zimmermanns (1987) zitiert,
dass Klenze sich hier „auf das Formenrepertoire römischer Paläste des 16. Jh.
stützt, während im Vorbau sehr frei palla-
dianische Motive verarbeitet sind". Im
Erdgeschoss setzte Klenze auf großen
Volutenkonsolen stehende Rundbogenfenster in Rechteckrahmung mit gerader
Verdachung ein (sog. Bramantefenster-
Typus; vgl. Alte Pinakothek). Die großen
Rechteckfenster im Hauptgeschoss sind
nur an den drei Risalitblöcken durch Ädi-

Residenz, Apothekenhof nach Westen; Aufn. vor 1940

kulen mit ionischen Halbsäulen und Dreiecksgiebeln betont.
Hinsichtlich der zweigeschossigen Mittelloggia mit Pfeilerarkaden und deren Obergeschoss vorgeblendeter ionischer Kolonnade samt verkröpftem Gebälk und figuraler Bekrönung wird
meist auf Palladios Palazzo Thiene in Vicenza (Quattro libri II,
S. 13; 1570) hingewiesen. Das dominante Motiv des vorgekröpf-
ten Gebälks, weit weniger kraftvoll etwa an Palladios Basilica
verwirklicht, ist jedoch – wie Klenze später selbst nachdrücklich
betonte – primär als Zitat altrömischer Herrschaftsarchitektur zu
verstehen (vgl. Fragment des Nervaforums; Hadriansbibliothek
in Athen). Nächstverwandtes zeitgenössisches Beispiel war der
Loggienvorbau der (alten) Pariser Oper an der Rue Lepelletier
(1821 von François Debret, mit Pfeilerarkaden im Erdgeschoss,
darüber Serliana-Öffnungen nach Art von Palladios Basilica
samt vorgestellter Kolonnade mit verkröpftem Gebälk und Figuren), doch eignet Klenzes Lösung als markant vortretendes Ganzes wie in den Details größere Plastizität und – zumal in der bevorzugten Schrägsicht – durch Licht-Schatten-Wirkung ver-
stärkte Festlichkeit und hoheitliche Repräsentation, verbunden
mit der politischen Aussage der bekrönenden, abwechselnd

Festsaalbau, Treppenhaus (zerstört)

männlichen und weiblichen Allegorien der acht Kreise des Königreiches und der den Zyklus flankierenden heraldischen Sitzlöwen. Die überlebensgroßen Figuren wurden nach Entwürfen
Ludwig Schwanthalers (1835) von dessen Schülern in weißem
Kelheimer Marmor ausgeführt und 1837 aufgestellt (nach
Kriegsschäden ausgebessert). Das Erdgeschoss des Portikus ist
kreuzgratgewölbt; die obere Halle überdecken neun kassettierte
Flachkuppeln, „die Lünetten schmücken in Stuckreliefs auf
blauem Hintergrunde neun Viktorien von Schwanthaler, deren
jede zwei runde Schilde mit Relief-Darstellungen aus der bayerischen Geschichte hält" (Reidelbach 1888).
Die wirkungsvoll freigestellte Loggia, „eine großartige Neuin-
szenierung Klenzes" (Hojer 1998) und beeindruckende Realisierung einer Würdeform in der Spätzeit der Bauaufgabe des Resi-
denzschlosses, eröffnete – bedingt durch die in den Trakt einbezogene Altbausubstanz – keineswegs den Zugang zu den Re-
präsentationssälen im 1. Stock, sondern lediglich zu einem
kreuzgratgewölbten Vierstützen-Vestibül als Durchfahrt zum
Apothekenhof – erhalten als Mittelteil der zu dreifacher Größe
erweiterten heutigen Eingangshalle des Konzertsaales. Von den
originalen Innenräumen sind seit Kriegszerstörung (1944) und
Wiederaufbau lediglich gewölbte Räume im Kellergeschoss sowie ebenda (westlich neben dem östlichen Eckbau) das (1957 außenseitig freigelegte) Ziegelmauerwerk des runden (darüber
außen einst zehneckigen) Äußeren Christophsturmes aus der
1. Hälfte des 16. Jh. erhalten (vgl. Meitinger 1970, S. 100 ff.,
Abb. S. 128 ff.). Die ab 1832 völlig neu aufgeführte Osthälfte des
Festsaalbaues enthielt im Erdgeschoss, zugänglich vom Mittel-
vestibül, ein ursprünglich für fürstliche Gäste bestimmtes Appartement, die sechs Odysseesäle, benannt nach dem ab 1838
von Johann Georg Hiltensperger meist nach Entwürfen von Ludwig Schwanthaler ausgeführten Wandgemälde-Zyklus, der als
antikes Pendant zu den germanischen Nibelungensälen im
Königsbau konzipiert und erst um 1861 vollendet war. Die von
Klenze ausgestattete, nie ganz fertiggestellte Raumfolge wurde
kaum jemals genutzt und später auch meist nicht zur öffentlichen
Besichtigung freigegeben, abgesehen wenige Jahre ab 1930, in
denen hier ein Teil des Theatermuseums untergebracht war. (In
einem dieser Erdgeschoss-Säle war 1867 Gottfried Sempers großes Modell des in München geplanten Richard-Wagner-Festspiel-
hauses aufgestellt, das der Architekt am 11. Januar König Ludwig II. erklärte. Saal 3 diente 1869/70 der Bildhauerin Elisabet
Ney als Atelier für eine Büste und ein Standbild des Königs.)

Festsaalbau, Thronsaal; Stich von J. Poppel nach G. Seeberger, 1840

Von den je drei Rundbogentoren in Rücklagenmitte sind die westlichen dem Vierschäftesaal (Vestibül des frühen 17. Jh., heute der Vorraum der Ägyptischen Staatssammlung) zugeordnet, die östlichen blind, nur aus Symmetriegründen angebracht. Die Erschließung der ehemaligen Flucht öffentlicher Staats-, Repräsentations- und Festräume im 1. Stock – im Unterschied zu den kgl. Privaträumen im Königsbau – erfolgte von der zweitorigen Durchfahrt im Ostflügel am Marstallplatz her. An deren Südseite war das große Prunktreppenhaus angeordnet, das größte der gesamten Residenz überhaupt und eine der bemerkenswertesten Raumschöpfungen Klenzes – eine dreischiffige Anlage, beginnend mit zwei schachtartig von Wänden eingeschlossenen Läufen, fortgesetzt von einem Mittellauf, der in eine lichterfüllte Halle mit zwölf auf Rotmarmorsäulen ruhenden Flachkuppeln mündete. Gegen Norden schlossen sich drei z. T. pompejanisch ausgestattete Vor- und Empfangsräume an (vgl. Hojer 1998, Abb. 10–13) als Verbindung zum weiträumigen Ballsaal, an dessen Schmalseiten ionische Säulenstellungen mit Karyatiden darüber Abseiten samt Emporen absonderten. Östlich vom Ballsaal war in zwei Konversationszimmern die Schönheitsgalerie Ludwigs I. untergebracht, eine Serie von Joseph Stieler 1826–50 gemalter Frauenbildnisse (heute in Schloss Nymphenburg). Den gesamten nordöstlichen Eckpavillon nahm der Schlachtensaal ein, vom König als denkmalhafter Siegessaal konzipiert (und für Offiziersbankette bestimmt), in dessen Wände 14 Ölgemälde aus Bayerns Kriegsgeschichte von 1805–14 eingelassen waren (von Wilhelm v. Kobell, Peter Heß u. a.; heute im Königsbau, Räume 14a–14c); thematisch vergleichbare Raumgestaltungen der Zeit gab es u. a. in den Tuilerien, in Versailles und im St. Petersburger Winterpalais. – Westlich vom Ballsaal, je nach Anlass diesem oder dem Thronsaal funktionell verbunden, lagen die drei Kaisersäle, die mit ihren enkaustischen Wandbildern von Julius Schnorr von Carolsfeld an die mittelalterlichen Herrscher Karl d. Gr., Friedrich Barbarossa und Rudolf von Habsburg sowie in Details thematisch an die Verflechtung der bayerischen Geschichte und des Hauses Wittelsbach mit dem Reich erinnerten. Der Habsburgsaal – mit nach Entwurf von Moritz v. Schwind gemaltem Gebälkfries (allegorischer Kinderfestzug) – war durch eine offene korinthische Säulenstellung mit dem westlich benachbarten Thronsaal verbunden, gleich diesem auch seitlich von Kolonnaden begrenzt und nordseitig von der zum Hofgarten offenen Loggia begleitet. Der zweigeschossige Thronsaal (112 x 77 Fuß = ca. 32,6 x 22,4 m groß, 16 m hoch), eine der eindrucksvollsten Raumgestaltungen Klenzes, von einer prächtigen Kassettendecke überspannt, wurde an den Längsseiten von korinthischen Kolonnaden mit Emporen begleitet; zwischen den Säulen standen zwölf nach Modellen Ludwig von Schwanthalers 1837–42 von Johann Baptist Stiglmayer in Bronze gegossene und feuervergoldete,

überlebensgroße Herrscherfiguren wittelsbachischer Ahnen (heute in der Eingangshalle des Konzertsaals). Mit seinem vor der Westwand unter einem Purpurbaldachin aufgestellten Thron war dieser weiß/golden und (z. T. an der Decke) blau gefasste Saal, in dem offizielle Akte, Audienzen und vor allem die Thronbesteigungen der bayerischen Könige (zuletzt die Ludwigs III. am 12. November 1913) stattfanden, der ideelle und zeremonielle Mittelpunkt der konstitutionellen Monarchie. Typologisch ist eine enge Verwandtschaft mit dem 1838–43 nach Brand wiederhergestellten Thron- oder Georgssaal im St. Petersburger Winterpalais festzustellen (in ursprünglicher Form von Giacomo Quarenghi 1795 vollendet). – Im Einzelnen sind die zerstörten Innenräume beschrieben u. a. im Amtlichen Führer 1937, bei E. M. Wasem (1981) und G. Hojer (1998).

An den beiden dem Apothekenhof zugewendeten rückseitigen Fassaden des Festsaalbaus übernahm Klenze das seit dem frühen 17. Jh. an der Süd- und Westseite des Hofes vorhandene Motiv der Erdgeschossarkaden – auch in Erinnerung an den vormaligen „Hirschgang" an der Nordseite. Im Ostflügel sind die Arkaden offen und kreuzgratgewölbt, das 2. Obergeschoss darüber ist aus Rücksichtnahme auf die älteren Trakte bzw. aus Analogiegründen (wie beim Triertrakt gegenüber) zurückgesetzt. Die beiden älteren Hoffronten überformte Klenze in der Art des Festsaalbaus, sodass die Umbauung des Apothekenhofes trotz wechselnder Traufhöhen homogen wirkt. Die Nordfassade wurde 1960 durch den nachträglich dem Neuen Herkulessaal vorgelegten Terrassen- und Fluchttreppen-Anbau in gestalterisch angepasster Weise z. T. verändert.

Das äußere Erscheinungsbild des Festsaalbaus wurde ungünstig verändert durch den 1869/70 durch die Firma Cramer-Klett im Auftrag Ludwigs II. im Anschluss an seine Wohnräume im Nordwestpavillon zwischen diesem und dem Mittelbau dem Kaisersaaltrakt aufgesetzten, halbtonnenförmigen Wintergarten, eine 70 m lange Eisen-Glas-Konstruktion, innen orientalischphantastisch ausgestattet (gärtnerische Gestaltung von Carl Effner), die 1897 wieder abgetragen wurde. 1944 zerstört wurde das Appartement Ludwigs II. im 3. (obersten) Geschoss des nordwestlichen Eckpavillons, das 1863 bzw. 1867–69 in prunkvollem Neubarock ausgestattet worden war (Architekt Eduard Riedel, Maler Franz und Rudolf Seitz, Bildhauer Lorenz Gedon; Einrichtung z. T. erhalten).

Durch den Zweiten Weltkrieg wurde der Festsaalbau insgesamt zur Ruine, sowohl der im Kern ältere Westteil aus dem frühen

Kaiser Ludwig IV. von Ludwig v. Schwanthaler (ehem. im Thronsaal)

17. Jh. mit den um 1800 eingebauten Hofgartenzimmern, an deren Stelle – anschließend an die wiederhergestellte Kaisertreppe – 1980/85 der Kaiser- und Vierschimmelsaal rekonstruiert wurden (s. Maximilianische Residenz), wie auch die Raumfolgen Klenzes, auf deren Wiederherstellung – im Gegensatz zu dem vorgeblich wertvolleren Inneren des Königsbaues – von vornherein verzichtet wurde. Äußerlich wurde der Klenzebau, unter Ergänzung der Fehlstellen auch im Mauerwerk vor allem des am schwersten zerstörten Nordostpavillons und im gesamten Traufenbereich, in der ursprünglichen Form wiederhergestellt, das Innere in mehreren Etappen für neue Nut-

Schlafzimmer Ludwigs II. (zerstört); Aufn.
1933

Festsaalbau, Saal Karls d. Großen (zerstört)

zungen ausgebaut. Erste große Baumaßnahme war der in den Mitteltrakt eingefügte, in der Nachkriegssituation dringend benötigte Konzertsaal, dem der – mit Ausnahme der Decke – großenteils erhaltene Thronsaal mitsamt dem Habsburgsaal geopfert wurde. Nachdem die Errichtung eines neuen Rundfunkhaus-Komplexes samt Konzertsaal an der Stelle der Armeemuseumsruine östlich des Hofgartens (Projekt von Adolf Abel, 1949/50) nicht zustande gekommen war, wurde durch Übertragung der zur Verfügung stehenden Mittel 1951–53 nach Plänen von Rudolf Esterer der *„Neue Herkulessaal in der Residenz"* hinter der Arkadenloggia

Festsaalbau, ehem. Wintergarten Ludwigs II.; Aufn. um 1870

Festsaalbau, Thronsaal gegen Osten nach Kriegszerstörung; Aufn. um
1945

eingebaut (Bauleitung Christoph von Petz und Sepp Huf; Bildhauerarbeiten von Franz Mikorey, Beratung bezüglich der Farbgebung durch Hermann Kaspar, akustische Planung Lothar Cremer; Eröffnung am 3. März 1953). Seinen Namen erhielt der Saal in Anlehnung an den Alten Herkulessaal (heute Max-Joseph-Saal) südlich des Kaiserhofes wie auch von den an den Hochwänden des Neubaus angebrachten Wandteppichen mit den Taten des Herkules. Der um 1566 im Auftrag Herzog Albrechts V. durch die Manufaktur Michel de Bos in Antwerpen für den Saal im Dachauer Schloss gefertigte Zyklus war 1608 in die Residenz transferiert worden (ist jedoch offenbar nicht identisch mit einer zweiten – nicht erhaltenen – Wandteppichfolge mit Herkulestaten, 1603 in Antwerpen erworben, die im alten Herkulessaal aufgehängt waren). Die einzelnen Darstellungen gehen im Wesentlichen auf einen Gemäldezyklus von Frans Floris zurück. Die zehn im Konzertsaal an den Längswänden über der Galerie befestigten Herkulesteppiche – je ein weiterer im Treppenhaus (vor 1993), im Sitzungssaal der Akademie der Wissenschaften und im Schloss Dachau – waren mit ihren bräunlich-weißen und blauen Grundtönen maßgebend für die Farbgebung des Saales, der mit seiner vereinfacht-klassizierenden Gestaltung sowohl an den vorausgehenden Thronsaal wie an Klenzes kriegszerstörtes Odeon erinnern sollte, dessen Funktion er zu übernehmen hatte. Konservatorische Gründe veranlassten 1991/93 die Abnahme der namengebenden Tapisserien und ihren Ersatz durch fototechnische Reproduktionen (Scanachrome). Erst 1962 wurde (anstelle eines anfänglichen Phantoms) hinter der Säulenreihe über dem Podium die Orgel von G. F. Steinmeyer aufgestellt. – Die dem Saal östlich vorgelegten Foyersäle mitsamt dem Haupttreppenhaus wurden über den Rohbau hinaus erst 1957/58 ausgebaut; in die gelben Stuccolustrowände des Vorsaales eingelassen ist ein aus dem Speisesaal des kriegszerstörten Palais Leuchtenberg (s. Odeonsplatz 4) stammender Gipsabguss von Bertel Thorvaldsens Alexanderfries (nach Modell von 1812) mit Szenen aus dem Triumphzug des Königs. In

Festsaalbau, Neuer Herkulessaal;
Aufn. um 1953

der Eingangshalle stehen seit 1985 die Bronzestatuen wittelsbachischer Herrscher von Schwanthaler (ehemals im Thronsaal, vgl. oben). – Der Nordostpavillon mit den benachbarten, an den Marstallplatz grenzenden Gebäudeteilen wurde 1957–59 als Sitz der Bayerischen Akademie der Wissenschaften mit völlig neuer Raumaufteilung ausgebaut (vgl. Alfons-Goppel-Straße 11). Der den Apothekenflügel südlich abschließende, erhöhte sog. Apothekenstock nahm gleichzeitig das 1958 eröffnete Alte Residenz- oder Cuvilliéstheater auf (s. oben).

Anlagen vor dem Festsaalbau:
Im Zusammenhang mit dessen Errichtung wurde das unmittelbare Vorfeld zum Hofgarten (s. dort) bzw. zur Hofgartenstraße hin neu gestaltet, das (auf Gemälde von Domenico Quaglio noch 1828 dargestellte) Grabengelände zugeschüttet, das vor dem Ostende des neuen Mittelrisalits stehende Neue Residenz-Brunnhaus von ca. 1800 abgebrochen (wohl 1836; ersetzt durch Klenzes Brunnhaus an der Hofgarten-Nordseite) und die schmale, eingeebnete Freifläche vor der lang gestreckten neuen Fassade 1852 ff. nach von Klenze überarbeitetem Entwurf des Hofgartenintendanten Ludwig Carl Seitz gärtnerisch gestaltet (vgl. Thiele 1988, S. 90 ff.; nach U-Bahnbau um 2000 in alter Form mit geometrischen Rasenstücken und Blumenrondellen erneuert).

ARCHÄOLOGISCHE BEFUNDE: Untertägig erhaltenen Teile der spätmittelalterlichen und frühneuzeitlichen Vorgängerbauten der heutigen Residenz (Fundst.-Nr.: 7835/0195, 7835/0372, 7835/0373, 7835/0374, 7835/0375, 7835/0376, 7835/0377, 7835/0378, 7835/0379, 7835/0380, 7835/0381, 7835/0382, 7835/0383, 7835/0384, 7835/0407). Während des Wiederaufbaus der im Zweiten Weltkrieg weitgehend zerstörten Residenz untersuchte Otto Meitinger in den Jahren 1957–62 die freigelegten Reste der mittelalterlichen Neuveste und legte damit die Grundlage für die baugeschichtlichen Untersuchungen der Münchner Residenz und ihres Umfeldes. In seinen 1970 publizierten Forschungsergebnissen bezog er die Resultate der 1925, 1939 und 1952 durchgeführten Grabungen mit ein. Seit 1995 erfolgten weitere bauforscherische und archäologische Untersuchungen, deren Auswertung noch nicht abgeschlossen ist. Deshalb soll hier vorab eine nach Bauzeiten geordnete, tabellarische Übersicht gegeben werden:

Zeit vor Errichtung der Residenzbauten südlich der Neuveste
Reste der Besiedelung aus der Zeit vor Errichtung der Residenzbauten. In den archäologischen Profilen wurden insgesamt vier Laufniveaus festgestellt. Die älteste, fundführende Kulturschicht lag ca. 60 cm unter dem heutigen Laufniveau. Die aus dieser Kulturschicht geborgene Keramik (grau bis schwarz reduzierend gebrannte Scherben) macht eine Datierung dieser Schicht in das 13. bis 14. Jh. möglich (Königsbauhof, Einbau von Sickerschächten für die Dachentwässerung 2001; Brunnen- und Apothekenhof, Verlegung von Elektroleitungen 2003 und Brunnen- und Apothekenhof 2005–06, Bauforschung und Archäologie). Mauerzüge im Gelände des Brunnenhofes lassen Rückschlüsse auf die Parzellierung des Geländes vor der Residenzbebauung zu (Brunnen- und Apothekenhof, Bauforschung und Archäologie).

Ausgehendes 15. Jh.: Erweiterung der Stadtbefestigung um die Residenz
Reste der Stadtmauer (Allerheiligen-Hofkirche, Instandsetzung 2000–03, Bauforschung sowie Brunnen- und Apothekenhof 2005–06, Bauforschung und Archäologie); Stadtmauer mit Ansatz des Greymoltsturmes, Stadtgraben und sukzessive Auffüllungen im 17. und 18. Jh. bis zur Verfüllung bei den Baumaßnahmen Leo von Klenzes (Kabinettsgarten, Instandsetzung 1999–2001, Bauforschung und Archäologie); Böschungsmauer des Neuvestegrabens (Brunnen- und Apothekenhof 2005–06, Bauforschung und Archäologie sowie Cuvilliéstheater, Instandsetzung 2006–08, Bauforschung und Archäologie).

16. Jh.: Wilhelm IV., Albrecht V., Wilhelm V.
Erschließung der Neuveste von Osten (Lustgartenseite): Befunde zu einer Holzbrücke vor der Ostfassade der Neuveste zur Erschließung der Neuveste vom Lustgarten aus. Vorgänger der unter Maximilian I. errichteten Steinbrücke (östliches Vorfeld, Neugestaltung 2003–04, Bauforschung und Archäologie). Erschließung der Neuveste von Süden (Stadtseite): Mauerzüge geben Hinweise auf Torbau und Steinbrücke vermutlich unter Wilhelm IV. (Brunnen- und Apothekenhof 2005–06, Bauforschung und Archäologie sowie Cuvilliéstheater, Instandsetzung 2006–2008, Bauforschung und Archäologie). Errichtung des Ballhauses westlich an der Steinbrücke von der Stadt in die Neuveste: Bodenniveau des Untergeschosses; Befensterung des gewölbten Untergeschosses; bauliche Veränderungen im Zuge der Auffüllung des Neuvestegrabens unter Maximilian I. (Cuvilliéstheater, Instandsetzung 2006–08, Bauforschung und Archäologie).

Antiquarium
Befunde zur Fassadenmalerei an der ehemaligen Südfassade; Erschließung des Geschosses über dem Antiquarium in der nordwestlichen Ecke über eine Treppe im nördlichen Nebenraum und spätere Veränderungen. Mauerreste eines Anbaus an der nordwestlichen Ecke des Antiquariums: Vorgänger der unter Maximilian I. errichteten Durchfahrt; Mauerreste vor der südöstlichen Stirnseite des Antiquariums aus der Zeit vor dem Anbau des Oktogons; Hinweise auf die ursprüngliche Erschließung des Antiquariums an der südöstlichen Stirnseite (Antiquarium, Restaurierung 1995–2000, Bauforschung).

17. Jh.: Kurfürst Maximilian I.
Gewölbe der Steinbrücke vor der Ostfassade der Neuveste zur Erschließung der Neuveste vom Lustgarten/Zeughausgelände als Ersatz für die Vorgängerbrücke aus Holz (östliches Vorfeld, Neugestaltung 2003–04, Bauforschung und Archäologie). Südlicher Residenzgarten: Laufniveau aus der Zeit des südlichen Residenzgartens (Königsbauhof, Einbau von Sickerschächten für die Dachentwässerung 2001); Fundamente der Brücke von der Maximilian-Residenz über den Wassergraben in den Hofgarten; Wassergraben der spätmittelalterlichen Stadtbefestigung auf der Nordseite der Residenz und sukzessive Auffüllungen bis zur Aufgabe im Zuge des Festsaalbauprojektes von Klenze (nördliches Vorfeld, Neugestaltung 1995, Bauforschung und Archäologie).

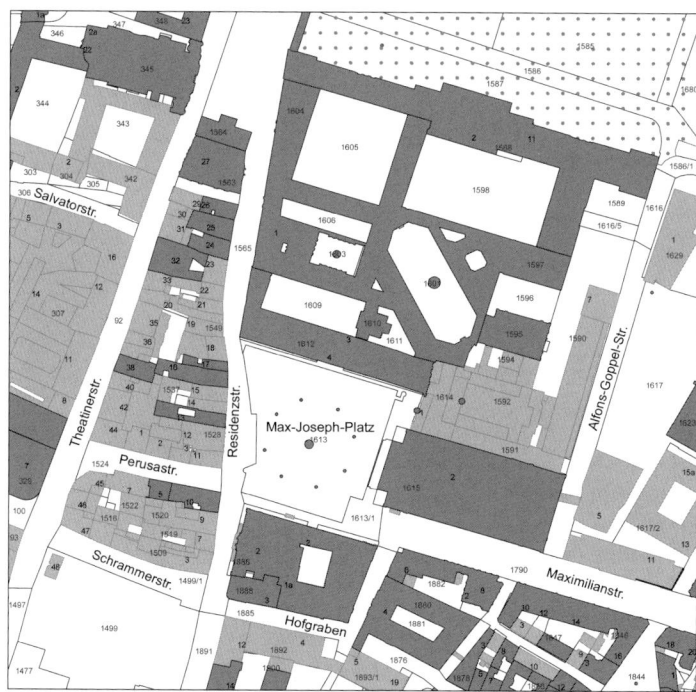

Residenzstraße mit Residenz und Max-Joseph-Platz; Flurkarte, M. 1:5000

Residenzstraße 2 (mit Hofgraben 1a und Maximilianstraße 2). Ehem. *Hauptpost*, 1834–38 von Leo von Klenze als Umbau und Erweiterung des ehem. Törring-Palais aus dem mittleren 18. Jh. im Stil des florentinischen Quattrocento mit Loggia verändert; vgl. auch Ensemble Maximilianstraße. 2006 Schließung der Hauptpost; künftige Nutzung noch ungewiss, v. a. Hotel erwogen. – Der weitläufige, infolge Grunderwerbsproblemen unregelmäßig begrenzte Komplex, den Ignaz Felix Graf von Toerring-Jettenbach (1682–1763), Diplomat, Minister und Feldmarschall unter Kurfürst Karl Albrecht/Kaiser Karl VII., erbauen ließ, war der größte, anspruchsvollste Adelspalast des 18. Jh. in München – der einzige, zu dessen Planung seit 1734 auch internationale Architekten herangezogen wurden: der „kaiserliche Hofbaumeister zu Wien" 1735 (Lukas von Hildebrandt oder Joseph Emanuel Fischer von Erlach), Germain Boffrand in Paris (1738), François Cuvilliés (um 1738), Johann Gunetzrhainer (1740) und sein Bruder Ignaz (um 1744), der den durch den

Residenzstraße 2, ehem. Törring-Palais; Aufn. vor 1945

Ehem. Törring-Palais, Treppenhaus (zerstört)

Österreichischen Erbfolgekrieg verzögerten Bau ab 1747 auf der Grundlage der Vorplanungen – vor allem Hildebrandts bzw. Fischers – ausführte; 1751 war er unter Dach, erst 1754 die Fassade vollendet und verputzt. Die Stuckarbeiten führte außen wie innen Johann Baptist Zimmermann samt Mitarbeitern aus (1750–56). Die Innenausstattung, wieder unter Mitwirkung Johann Gunetzrhainers († 1763), zog sich noch lange hin. Das höchst originelle Treppenhaus, wie der konvexe Mittelrisalit eine Konzeption Ignaz Gunetzrhainers († 1764), wurde erst nach 1763 fertig; Adolph Menzel hat es 1852 in Zeichnungen festgehalten. Ab 1765 vollendete Matthäus Gießl den Innenausbau samt Treppe. – An den ursprünglich elf Achsen breiten, dreigeschossigen Hauptflügel an der Residenzstraße schlossen sich gegen Osten umfangreiche Nebengebäude um einen großen und einen kleineren Hof an; weite-

Ehem. Törring-Palais, Hauptportal; Aufn. um 1946

Residenzstraße 2, ehem. Hauptpost; Aufn. 1996

re um einen kleinen Hof gruppierte Trakte reichten südlich bis an den Hofgraben heran, wo die (im 19. Jh. veränderte) Fassade östlich von Haus Residenzstraße 3 – sieben Achsen – noch erhalten ist. Dieses Nachbarhaus Nr. 3 und bis ins 19. Jh. weitere Fremdanwesen verhinderten die Abrundung der Palastanlage und die intendierte Breite ihrer Hauptfront im Westen.

Für die repräsentative Ausbildung der Südseite des neuen Max-Joseph-Platzes sah Klenze eine Loggia an der Stelle des vergleichsweise schlichten Seitentraktes des Törring-Palais vor. Um die Baukosten aus Staatsmitteln bestreiten zu können, wurde die unter Raumnot leidende General-Postadministration veranlasst, das Palais zu erwerben. Trotz vehementer Kritik, u. a. des Landtages, wurden die städtebaulichen Gesichtspunkte denen der Zweckmäßigkeit übergeordnet; noch F. Reber (1876) beklagte Raumverschwendung und Beleuchtungsschwierigkeiten. Am 20. Mai 1834 stimmte der König Klenzes Plänen zu, nach denen die Arbeiten unter der Bauleitung von Joseph Daniel Ohlmüller bis zur Eröffnung am 24. August 1838 ausgeführt wurden. Das Gebäude war Sitz des Postamtes für die Stadt, des Oberpostamtes (Direktion) und des Postministeriums.

Vom barocken Palais blieben damals größtenteils der Hauptflügel im Westen und der südliche Seitenbau erhalten; Nord- und Ostflügel entstanden neu; später, vor allem 1858/60 durch Friedrich Bürklein, folgten noch (u. a. nach Erwerb des bis dahin privaten Anwesens Hofgraben, alte Nr. 2) Ergänzungsbauten im Süden sowie im Osten, wo seit dem 16. Jh. gegenüber dem Hofmarstall das Hofwagenhaus samt nördlich anschließendem Haberkasten (Speicher) stand. Den alten Westflügel erweiterte Klenze, um ihn in den neuen Gesamtblock einzubinden, beiderseits um je eine Achse und rahmte ihn, unter Beseitigung des Mittelrisalitabschlusses und Erhöhung der Traufe, mit Rustikalisenen und Konsolgesims in der Art des neuen, 292 Fuß (ca. 85 m) langen Nordflügels. Dessen Hauptbestandteil ist, über hohem, in der Mitte von der Einfahrt unterbrochenem Sockel, die in 13 Rundbogenarkaden auf toskanischen Säulen aus Kalkstein geöffnete Loggia, ein von der die Piazza Ss. Annunziata in Florenz umschließenden Architektur, insbesondere Brunelleschis Findelhaus-Loggia inspiriertes Element, das dem neuen Max-Joseph-Platz den Charakter italienischer Urbanität aufprägen sollte. Durch den die städtebauliche Wirkung monumentalisierenden hohen Unterbau und die Kassettendecke unterscheidet sich Klenzes Loggia vom Florentiner Vorbild mit seinen Begleitstufen und Gewölben, doch entzieht sie das hohe Niveau einer intensiveren Belebung und Nutzung (erst in jüngster Zeit Freiluft-Café). Die lisenenbegrenzten seitlichen Risalite und das Obergeschoss werden von im Verhältnis zu den Wandflächen kleinen rundbogigen Ädikulafenstern mit Dreiecksgiebeln (im Erdgeschoss) bzw. geraden Verdachungen (Typus des sog. Bramante-Fensters) durchbrochen.

Residenzstraße 2, ehem. Hauptpost von Nordosten

Ehem. Hauptpost, Westseite

Bemerkenswert ist die Platzfront als frühes Beispiel einer versuchten Neuanwendung der um diese Zeit – unter wesentlicher Beteiligung Klenzes – wiederentdeckten und erforschten antiken Polychromie. Die großen Wandflächen wurden, wie bei vielen ludovizianischen Putzbauten, mit einer gemalten Imitation gelblich getönter Quader überzogen, die rustizierten Lisenen im Grünsandsteinton gefasst. Vor allem erhielten die Gliederungen – Kapitelle, Ädikulen, Gesimse, Friese u. a. – eine ornamentale Bemalung mit antiken Motiven, die nur in Nahsicht zu erfassen sind. In der Ferne wirkt am stärksten die pompejanischrote Rückwand der Loggia, die – mit den Fenstern alternierend – sechs Rossebändiger-Fresken von Johann Georg Hiltensperger beleben (1839; erneuert laut Signatur von Max Lacher 1951; von ihm 1977 nochmals restauriert).

Organisatorische und technische Neuerungen bedingten einen mehrfachen Umbau des Gebäudes. An der Hofseite des Westflügels entstand 1889 die prächtige neubarocke Schalterhalle von Heilmann und Littmann (zerstört). Wegen der Einrichtung des Fernamtes im Obergeschoss wurde 1912 die Holzdecke der Loggia durch eine bemalte Stahlbetondecke ersetzt. Nach den schweren Kriegsschäden (1944/45) erfolgte der Wiederaufbau sukzessive 1949–56. Bis 1952 wurde die Nordfront mit der Loggia wiederhergestellt, 1953 das Postamt München 1 wiedereröffnet. Die Ruine des Westflügels – des Haupttraktes des barocken Palais – wurde völlig abgetragen und durch einen Neubau mit vermehrter Geschosszahl ersetzt, an den sich hofseitig die neue Schalterhalle anschließt. Deren Westwand bildet die dorthin versetzte dreiachsige konvexe Erdgeschossfassade des barocken Mittelrisalits mit rustizierten dorischen Graumarmorsäulen, mittlerem Torbogen, ehemaligen Seitentüren mit erneuerten Stuckreliefs (Kriegstrophäen, Kultursymbole) im Bogenfeld und Triglyphengebälk. Die neun z. T. kriegsbeschädigten überlebensgroßen Holzfiguren – olympische Gottheiten und Allegorien – von Johann Baptist Straub (um 1772) aus dem ehem. Vestibül und Treppen-

Residenzstraße 2, Loggia; Aufn. um 1980

haus des Palastes wurden ins BNM verbracht (zwei davon waren zeitweilig in der Vorhalle des Postamtes aufgestellt). – Die Fassaden wurden 1977 und 1994 restauriert.

Residenzstraße 3. Wohn- und Geschäftshaus Falkeneck. Der Komplex Törring-Palais/Hauptpost (s. Residenzstraße 2) füllte im 18./19. Jh. schließlich fast den gesamten Block aus mit Ausnahme eines südwestlichen Eckbereiches von früher drei Anwesen, deren Stelle das bestehende Eckhaus einnimmt. Die besonders in der Dachzone vielgestaltige spätmittelalterliche Bebauung zeigt Sandtners Stadtmodell (um 1570); Stimmelmayrs z.T. widersprüchliche Skizzen geben den in den Umrissen beruhigten Zustand der damals viergeschossigen Baugruppe im späten 18. Jh. wieder.

Nach einem Foto um 1900 (Graggenauer Viertel 1989, Abb. 6) bestand die viergeschossige Vorgängerbebauung aus dem schmalen, dreiachsigen Haus Residenzstraße 3* südlich neben der Hauptpost-Westfassade, nach Stimmelmayr ein Schusterhaus mit Flacherker in der Mitte, zuletzt mit spätklassizistischer Putzfassade, aus dem stattlichen Eckhaus Nr. 4* (drei Achsen im Westen, sieben im Süden) mit rustizierten Ecklisenen und ziemlich reicher Putzgliederung wohl des späten 18. Jh. sowie dem (seit 1847 zum Eckhaus gehörigen) schmucklosen Haus Hofgraben 1* (im 2. Viertel des 19. Jh. zeitweise im Besitz des Vedutenmalers Michael Neher).

Das Eckhaus – schon seit der 2. Hälfte des 18. Jh. meist im Besitz von Hofsattlern – erwarb 1854 (samt Hofgraben 1*) der erfolgreiche Hofsattler und Hofwagenfabrikant Johann Michael Mayer († 1873), der u. a. für Ludwig II. arbeitete. Sein Sohn und Nachfolger Ignaz Magnus Mayer erwarb 1903 noch das Haus Residenzstraße 3* und ließ 1904–05 (Datum am Süderker; nach MB I 1903/04) nach Plänen von Hofoberbaurat Eugen Drollinger – ehedem einem der Baumeister Ludwigs II. – an der Stelle der drei abgebrochenen Häuser ein Geschäfts- und Wohnhaus errichtet, das sich

Residenzstraße 3, Ladeneingang

Residenzstraße 3, Vorbebauung; hist. Aufn.

Residenzstraße 10, Vorgängerbau; Aufn. 1910

Residenzstraße 3; Aufn. 1995

fensters der Westseite). Verzichtet wurde auf die Giebelbekrö-
nungen der betonten Mittelachsen des Eckbaukörpers und des
Erkers sowie auf einzelne Stuckornamente im 3. Stock. In den
Obergeschossen, ehemals zwei Wohnungen zu sieben bzw. vier
Zimmern, hat sich z. T. der Rahmenstuck an den Decken erhal-
ten (letzte Instandsetzung der Fassade 1990).

Der Hausname Falkeneck (richtiger: Falknereck) über der Eck-
fenstergruppe im 1. Stock ist (nach Stahleder 1992) für 1621 und
1725 belegt. Lange Zeit wurde das Haus auch nach dem 1900
von Julius Wallach gegründeten Volkskunstgeschäft benannt,
das hier seit 1929 ansässig war (1986 an Fa. Loden Frey verkauft,
2005 geschlossen). – Am Sturzbalken der geschnitzten Ge-
schäftseingangstür ist heute noch zu lesen: „Volkskunst und
Tracht in alter Pracht". (Vgl. auch Ludwigstraße 11)

Residenzstraße 10. *Zechbauerhaus*; gestalterisch mit Perusastraße 5 verbunden (s. dort). Die Ecksituation an der Residenz-
und Perusastraße, immer mit einem markanten Bürgerhaus besetzt, hat nach Anlage des Max-Joseph-Platzes im frühen 19. Jh.

stilistisch im Hinblick auf das benachbarte Törring-Palais an
Vorbildern des mittleren 18. Jh. orientierte. Charakteristisch sind
die fein abgestufte, rhythmisierte Oberflächenmodellierung der
Putzfassade und ein reicher, Schwerpunkte interpretierender,
qualitätvoller Stuckdekor, dessen künstlerischer Höhepunkt die
Halbfigur der Patrona Bavariae (Inschrift) über dem reich gerahmten Mittelfenster im 1. Stock der Westseite und die flankierenden Bäumchen mit Puttengruppen darunter bilden.

An dem sich heraushebenden westlichen Eckbaukörper mit jeweils drei Fensterachsen zu Seiten der gerundeten, städtebaulich
wirkungsvollen Eckachse mit dem Geschäftseingang ist jeweils
die Mittelachse dekorativ betont, das verkröpfte Gesims über
dem 2. Stock durch steile Volutenkonsolen bereichert. Abweichend behandelt ist der leicht zurückgesetzte Ostteil der langen
Südfassade, mit Erker in der Mittelachse. Das Erdgeschoss mit

den Schaufensterarkaden ist in
steinmetzmäßig bearbeitetem
Kunststein verkleidet, mit der
prächtigen Säulenädikula des
Hauseingangs an der Südseite.
Das 3. Obergeschoss über dem
kräftigen Gurtgesims ist formal zurückhaltender ausgebildet.

Nach schweren Kriegsschäden
1944/45 wurde das Haus
1946–58 in äußerlich weitgehend originaler Form mitsamt
dem Mansarddach wiederhergestellt (Daten auf dem Scheitelstein des mittleren Schau-

Residenzstraße 3, Stuckdekor mit
Hausmadonna

Residenzstraße 10; Aufn. 1997

als dessen südwestliche Eckbegrenzung an städtebaulicher Bedeutung noch gewonnen. Prominentester Eigentümer war um 1500 der Bildhauer und Baumeister Erasmus Grasser († 1518; ehem. Gedenktafeln nicht erhalten). Sandtners Stadtmodell (1570) zeigt den stattlichen, wohl noch gotischen Eckbau drei-, gegen Osten viergeschossig, mit mächtigem, nach Süden ansteigendem Pultdach, Ohrwaschel am Westrand, im erhöhten, burg- oder turmartig wirkenden Eckbereich von einem Zinnenkranz waagrecht abgeschlossen. Auf Stimmelmayrs Skizzen (gegen 1800) erscheint das „Denglbach Eckhaus" viergeschossig mit Walmdach, die Westseite mit sechs Fensterachsen und zwei hohen Flacherkern, die Nordseite zwölf Achsen lang, die Fassade „fast vollständig angemalt von Belagerung und Eroberung von Wien, Ofen, Neuhäusl", also mit Kriegstaten des Kurfürsten Max Emanuel 1683 ff. Der Familie Denglbach – kurfürstl. Räten – gehörte das Anwesen 1721–1802. Mit inzwischen (bis auf eine Figur an der Ecke) völlig schmucklosen Fassaden und durch Läden verändertem Erdgeschoss zeigen das viergeschossige Haus die Fotoansichten des 19. und frühen 20. Jh.

Die Kaufleute Max Zechbauer jun. und Gustav Becker, die das Anwesen 1910 erwarben, ließen es abbrechen und 1910/11 durch Heilmann und Littmann (Entwurf vielleicht von Gustav Ludwig) den bestehenden fünfgeschossigen Geschäftshaus-Neubau aufführen, dessen Fassade der anspruchsvollen Situation gemäß eine vornehme, zeittypisch neuklassizistische Gestaltung in freier Anlehnung an Louis-XVI-Formen erhielt und völlig mit fränkischem Muschelkalk verkleidet ist. Das Erdgeschoss ist – in bewusster Abkehr von den üblichen Großflächenverglasungen – in eine Folge von Schaufensterarkaden aufgelöst, der zugeordnete (z. T. veränderte) 1. Stock in profilierte Pfeiler und große, ursprünglich ungeteilte Geschäftsfenster. An den oberen Geschossen sind die jeweiligen äußeren Achsen leicht konvex und durch Brüstungsbaluster bereichert; der 4. Stock ist mittels einer durchgehenden Balustrade abgesetzt, in den Eckbereichen hinter Terrassen konvex gerundet und zurückgenommen, an der betonten östlichen Schmalseite mit einem Girlandenfries abgeschlossen. Den bauplastischen Dekor schuf der Bildhauer Julius Seidler. – Von den drei „vornehmen Geschäften", jeweils mit Entresol (Zwischengeschoss) verbunden, war das Zigarrengeschäft Zechbauer im Eckbereich das größte, mit zugehörigem Importzigarren-Lagerkeller und staubfreien Lagerkammern im Dachgeschoss. Die Obergeschosse dienten als Büros.

Das 1944/45 zweimal durch Bomben beschädigte, völlig ausgebrannte Haus wurde 1948–50 mit neuen Massivdecken wiederaufgebaut, die Situation der Treppe seit 1910 mehrfach verändert.

[**Residenzstraße 11 und 12.** Siehe Max-Joseph-Platz/Vorspann.]

Residenzstraße 13. *Eilles-Haus.* Bereits Sandtners Stadtmodell von 1570 zeigt das Vorderhaus viergeschossig und drei Fensterachsen breit (mit Flacherker in der Mitte), mit dem Rückgebäude durch den an der Nordseite des Hofes gelegenen schmalen (Arkaden-)Trakt verbunden; nicht erhalten ist der Treppenturm in der südöstlichen Hofecke (vgl. Burgstraße 5). Auf Stimmelmayrs Skizze (gegen 1800) hat die viergeschossige Fassade keinen Erker mehr.

Bis 1803 war das Haus in einer Hand mit dem südlich angrenzenden Anwesen Nr. 12, für das Häuserbuch I (1958) 1555 Bernhard Düchtel von Tutzing als Eigentümer nennt; der Münchner Patrizierfamilie der Dichtl könnte somit auch der bemerkenswerte Arkadenhof zu verdanken sein. Von 1714 bis zur Säkularisation (1803) gehörten Nr. 12 und 13 dem südlich benachbarten Pütrichkloster; danach war Nr. 13 einige Jahre Sitz der Hofjagdintendanz und in der Folge Privatbesitz; 1877 erwarb es der Kaufmann Joseph Eilles (Kaffeegeschäft bis heute). Die Fassade des mehrfach erneuerten Hauses, vor dem Zweiten Weltkrieg mit einer Aufstockung und Neurenaissancegliederung des späteren

19. Jh. (der schlichte Vorzustand bei Bauer/Valentin 1982, Abb. 113), erhielt danach eine eher barockisierende Neugestaltung mit Putzfeldern.

Den südlich immer schon von Nr. 12 begrenzten schmalen Hof schließen im Osten (mit zwei Achsen; die nördliche als schräge Überleitung) und Norden (mit vier Achsen; die westliche zur Hälfte schräg am Rückgebäude ansetzend) die viergeschossigen Laubengänge ab, im Erdgeschoss heute mit Schaufenstern, die oberen Arkaden darüber mit späterer

Residenzstraße 13; Aufn. 1994

(erneuerter) Verglasung. Die Verkehrserschließung der Innenräume durch hofseitig vorgelegte Laubengänge, seit etwa 1500 vor allem im süddeutsch/österreichischen Raum (besonders häufig in den Inn-Salzach-Städten) und einst auch in München verbreitet (bei einfacheren Häusern in Holz), wurde zweifellos von den Arkadenhöfen Italiens beeinflußt, im Norden freilich formal mehr oder weniger heimischem, oft noch spätgotischem Formgefühl anverwandelt. Die Datierung des Hofes schwankt in der Forschung zwischen Ende 15. Jh. und um 1560/70 – letzteres wohl im Hinblick auf das herzogliche Hofstall- und Kunstkammergebäude (s. Hofgraben 4), den aufwendigsten Arkadenhof Münchens. Doch ist der Eilles-Hof älter: die flachen Segmentbögen mit den hohen Kämpfern über den polygonalen, gotisierenden (wohl steinernen, jetzt überputzen) Stützen stehen den Lauben der fürstbischöflichen Residenz in Freising (laut Bauinschrift 1519 von Stephan Rottaler) nahe; die durchbrochenen,

Residenzstraße 13, Arkadenhof

aus schräg gestellten Backsteinen gebildeten Brüstungen, die in geometrisch-reduzierter Form an Maßwerk erinnern, stimmen formal völlig mit derjenigen des Wehrgangs im Hof des Schlosses Elkofen bei Grafing überein (KDB I/5 1902, Bez.-Amt Ebersberg, S. 1400; in der Literatur z. T. fälschlich ins 14. Jh. datiert; vgl. auch den Hof Marienplatz 1 in Wasserburg, wohl um 1530, das Deschauerhaus in Straubing sowie Regensburg, Rote-Hahnen-Gasse 2, Hoflauben wohl von 1544).

Der Eilles-Hof wurde 1971 restauriert (Arch. Hans von Peschke) und der Allgemeinheit geöffnet durch Umwandlung der kreuzgratgewölbten Flure des Vorder- und Rückgebäudes in Passagen, die dem durchlässigen Innenhofsystem der Nachkriegs-Neubebauung zwischen Residenz- und Theatinerstraße angeschlossen sind. Freilich wirken die Arkaden nach Art heutiger deutscher Altstadtinterpretation eher wie ein isoliertes Präparat in einem an sich gewiß noblen, makellos gepflegten Ambiente ohne historische Ausstrahlung.

Residenzstraße 16. Auf der schmalen, in die Tiefe gestreckten Altstadtparzelle zeigt J. Sandtners Stadtmodell (1570) ein zweigeschossiges Vorderhaus mit gotischem Flacherker und Giebel sowie eine Rückbebauung um zwei kleine, links (südseitig) gelegene Höfe, J. P. Stimmelmayrs Skizze (gegen 1800) ein dreigeschossiges „Coffe- oder Weinwirths Haus" mit zwei Ohrwascheln, doch erwähnt Häuserbuch I keinen Gastwirt als Hausbesitzer. Ein Plan von 1847 (für Ladenumbau) stellt noch die dreigeschossige Fassade mit barocken Fensterumrahmungen dar; 1857/58 erfolgte eine Aufstockung. Bankier Moritz Schulmann, der das Haus 1868 erwarb, ließ es 1869/70 durch Maurermeister Franz Kil (mit Zimmermeister Johann Leib) weitgehend umbauen, u. a. mit neuer, halbgewendelter Treppe und verglasten Holzlauben (als Gangverbindung) entlang dem Hof. Mit besonderem Aufwand wurde die fünf Fenster breite Fassade – mit breiterer Mittelachse – gestaltet, die weitgehend in mit Pilastern besetzte Pfeiler und große (heute störend ungeteilte, sprossenlose) Öffnungen aufgelöst ist. Das Formenrepertoire, zeittypisch kleinteilig und geschossweise angeordnet, ist eine Synthese von spätklassizistischen und Neurenaissance-Elementen, der höhere 1. Stock durch Blendarkaden ausgezeichnet; dem Gebälk des 2. Stocks sind flachgiebelähnliche Akroterien aufgesetzt, das Gebälk an der Traufe bereichern Konsolen. Die Bogenfelder im 1. Stock wie die Friese der Gebälke über den Obergeschossen füllen ornamentale Sgraffitomalereien (bez. 1891, renoviert 1987). Ladenumbauten erfolgten u. a. 1929, als im Erdgeschoss eine Filiale der Bayerischen Hypotheken- und Wechselbank eingerichtet wurde (Arch. Hans Hartl). 1956/57 wurden Erdgeschoss und 1. Stock innen völlig erneuert (Maßschneiderei Max Dietl; Arch. Heinz Hoffritz).

Residenzstraße 17. Ein mehrfach verändertes Bürgerhaus auf sehr schmaler, sich in die Tiefe erstreckender Parzelle – straßenseitig drei Fensterachsen – mit kleinem Lichthof nordseitig (rechts). Vorderhaus auf Sandtners Stadtmodell (1570) zweieinhalb- oder dreigeschossig mit Flacherker und nach rechts (Norden) ansteigendem Pultdach bzw. Halbgiebel; auf Stimmelmayrs Skizze (gegen 1800) dreigeschossiges Traufhaus mit flachem Mittelerker in beiden Obergeschossen und zwei Ohrwascheln („Cassier Ellenstorfer Haus" = Christoph Ellerstorfer, kurfürstl. Hofzahlamtskassier). Von dessen Relikten erwarb 1822 der kgl. Rat und Kabinettszahlmeister Joseph Haslinger das Haus und ließ darin verschiedene kleine Änderungen ausführen; gemäß dem von Maurermeister Gießl und Zimmermeister Paul Erlacher sign. Plan war die Fassade damals noch dreigeschossig mit Mittelgaube; das Erdgeschoss des Vorderhauses war ganz von einer Halle mit Kreuzgratgewölben (ohne Gurte) eingenommen, in der links die geradläufig die Stockwerke verbindende Treppe vom Typ der sog. Himmelsleiter situiert war. Der ungenehmigte

Residenzstraße 16; Aufn. 1996

Residenzstraße 17; Aufn. 1996

Ausbau einer Dachwohnung 1851 ist wohl noch nicht mit der Aufstockung gleichzusetzen, die spätestens 1869 erfolgte.

Im Rahmen der Umbaumaßnahmen, die Maurermeister Franz Kil und Zimmermeister Johann Leib 1869 im Auftrag des Silberarbeiters Ludwig Rappold vornahmen, wurde die Himmelsleiter beseitigt zugunsten eines langen Flures, der am linken Gebäuderand bis zur neuen gewendelten

Residenzstraße 17, Fassadendetail; Aufn. 1952

Treppe links vom Lichthof führte. Im Erdgeschoss wurden Schaufenster eingebaut, ansonsten zeigt der Plan die Fassade noch in schlicht spätklassizistischer Redaktion mit profilierten Fensterrahmungen, im 1. Stock zusätzlich mit geraden Verdachungen.

Beim Umbau 1890 durch Architekt Max Steinmetz für Hofjuwelier Paul Merk wurde abermals eine neue Treppe eingebaut und der Lichthof mit einem Glasdach geschlossen. Die Fassade erhielt eine völlig neue Gestaltung nach einem aquarellierten Entwurf (beim Bauakt LBK) von Franz Stulberger (zuvor einer der Architekten Ludwigs II.). Erdgeschoss und 1. Stock wurden zwischen Pfeilern als große Schaufenstergruppe völlig in eine verglaste Eisenkonstruktion aufgelöst, von der heute nur noch das Brüstungsgitter im oberen Geschoss original erhalten ist. Die beiden Wohnungsgeschosse darüber wurden in reichen Neurokokoformen stuckiert und polychrom gefasst. – 1969 erfolgte eine weitgehende innere Umgestaltung als Geschäftshaus unter Auflassung des Lichthofs.

[**Residenzstraße 18.** Geschäftshaus, erbaut 1961/62 von G. H. Winkler im Auftrag der Versorgungsanstalt der Deutschen Kulturorchester, viergeschossig mit Mansarddach, im Erdgeschoss Fußgängerarkade mit Rechtecköffnungen; die Putzfassade der drei Obergeschosse ahmt mit den geohrten Fensterumrahmungen und den Stuckgirlanden der Brüstungsfelder in etwa den abgebrochenen Vorgängerbau nach, der seine letzte Gestalt wohl im späten 18. Jh. erhalten hatte, jedoch vertiefte Brüstungsfelder und darin gemalte Girlanden sowie natürlich Sprossenfenster aufwies. Bis 1644 zwei Häuser, noch bei J. P. Stimmelmayr (Ende 18. Jh.) „zwey niedere jetzt vereinte Häuser" und dreigeschossig dargestellt, also in der Folge aufgestockt. Charakteristisch die schon auf dem Sandtner-Modell von 1570 leicht vorspringende rechte Ecke neben dem zurückgesetzten Nachbarhaus (vgl. Nr. 19).]

Residenzstraße 20 (Bauerngirgl)
und 21, (zerstört); Aufn. um 1900

[Residenzstraße 19/20. Geschäftshaus, erbaut 1956/57 von G. Hellmuth Winkler, fünfgeschossig mit Erdgeschossarkade, Mansarddach und Fassadenmalereien von Hermann Kaspar; Nachfolgebau der im Luftkrieg ausgebrannten Gaststätte Bauerngirgl, deren aufwendige barockisierende Giebelfassade in Donaukalkstein (1893/94 von Gabriel Seidl, Bauplastik von Anton Pruska) 1956 leider abgebrochen wurde.]

Residenzstraße 24. Sandtners Stadtmodell (1570) zeigt an der Stelle des bestehenden neuklassizistischen Geschäfts- und Wohnhauses mit reicher Gliederung (1906/07 von Heilmann und Littmann) ein stattliches dreigeschossiges Traufhaus mit einem kleinen Turm im Hof oder Garten dahinter, Stimmelmayr (gegen 1800) ein noch immer dreigeschossiges Herrschaftshaus. Die häufig wechselnden Besitzer waren meist dem Hofe verbunden, im 18. und frühen 19. Jh. Adelige.
Der Kaufmann Joseph Schmidbauer erwarb das Anwesen 1905 und ließ bald darauf den bestehenden Neubau aufführen. Die sich der Altstadtsituation gegenüber der Residenz zurückhaltend einfügende Fassade gehört gleichwohl zu den modernen Beispielen eines kombinierten Geschäfts- und Wohnhauses und zeichnet sich durch ihre vornehm-erlesene Gestaltung aus. Die Bereiche für Geschäft und Wohnen sind durch ein Gurtgesims mit Mäanderfries klar getrennt, die beiden unteren Geschosse in zwei große Korbbogenarkaden auf jugendstilig gestalteten Pfeilern aufgelöst, in der oberen Ladenzone ist noch die bemerkenswerte Schaufensterkonstruktion mit breitem, vorgezogenem Mittelteil und fein versprossten Oberlichten erhalten. Die beiden Wohngeschosse mit großen dreiteiligen Fenstern, deren originale Konstruktion noch vorhanden ist, sind durch ionische Kolossalpilaster zusammengefasst, die Brüstungsfelder mit Dekor, in dem Girlanden dominieren, gefüllt.

Residenzstraße 25. Sandtners Stadtmodell (1570) zeigt ein zweigeschossiges Traufhaus mit seitlichen Halbgiebelgauben, Stimmelmayr skizziert im späteren 18. Jh. ein viergeschossiges „Herrschaftshaus". Der prominenten Lage gegenüber der Residenz entsprechend verzeichnet das Anwesen bis ins frühe 19. Jh. meist adelige Besitzer. 1898 erwarben es der Getreidegeschäftsinhaber Kommerzienrat Louis Steinharter und sein Bruder (ab 1900 alleiniger Besitzer) Adolf, ein Antiquitätenhändler, die den bestehenden Geschäfts- und Wohnhaus-Neubau durch die Baufirma Karl Stöhr nach Entwurf von Eugen Drollinger 1899–1900 aufführen ließen. Wie später das Nachbarhaus Nr. 24, so löste der Architekt die moderne Bauaufgabe an der Fassade durch radikale Trennung in den zweigeschossigen Geschäftsbereich mit zwei breiten Stichbogenöffnungen im oberen Geschoss und den historisierenden Wohnteil mit reicher (vereinfachter) Gliederung, von der allein der in spätbarocker Manier konkav-konvex modellierte, prächtige Mittelerker mit Stuckdekor

unverändert erhalten blieb, dessen bekrönender Balusterbalkon dem Zwerchgiebel vorgelegt ist, während die beiderseits anschließende Dachbalustrade heute fehlt.

Residenzstraße 26. Bis auf einen kleinen südseitigen Lichthof ganz überbaute Eckparzelle mit längerer Nebenfront nördlich zur Viscardistraße. Auf Sandtners Stadtmodell 1570 ein zweigeschossiges Satteldachhaus mit Flacherker, Traufseite und zwei Ohrwascheln im Osten sowie Rückgebäude; auf Stimmelmayrs Skizze (gegen 1800) dreigeschossig mit Walmdach, einem Erker östlich und zwei im Norden („Peltier Eckhaus" = Jakob Le Peletier, kurfürstl. Kammerdiener, ab 1780 dessen Witwe). 1838 durch den Konditor Karl Rottenhöfer erworben, der bauliche Veränderungen (Einbau eines Konditorei-Cafés) vornehmen ließ; 1854 Fassadenänderungen erwähnt.
Ihre heutige Gestaltung in noch stark dem späten Klassizismus verpflichteten, zur Neurenaissance tendierenden Formen erhielt die Fassade des Bürgerhauses durch Baumeister Michael Reifenstuel, der 1867 (kleinere?) Änderungen vornahm und (für Konditor und Hofschokoladenfabrikant August Rottenhöfer) 1872 den 3. Stock samt (ehem.) Mansarddach aufsetzte. Die beiden gewerblich genutzten unteren Geschosse sind als rustizierter Sockel behandelt, das hohe Wohngeschoss darüber durch eine anspruchsvolle Gliederung mit korinthischen Pilastern und Gitterbalkone ausgezeichnet. – Weitere Umbaumaßnahmen erfolgten 1896 („umfassende Ladenauswechslungen") durch das Baugeschäft Heilmann und Littmann (Arch. Carl Tittrich), 1899–1901 durch Karl Stöhr für Konditor Heinrich Griebel (u. a. Dachausbau 1901 durch Eduard Herbert/Fa. K. Stöhr), 1903 und 1905 (Erdgeschoss-Umbauten, K. Stöhr), 1912 (Arch. Georg Meister) und 1919 (Arch. Ludwig Catharinus).
Für die Firma Kaffee-Handels-AG Bremen (HAG) erfolgte 1923–25 ein völliger Umbau von Kellergeschoss (mit Ausnahme des kreuzgratgewölbten Ostteils), Erdgeschoss und 1. Stock durch Architekt Carl Ebert. Nach Kriegsschäden vor allem im 2. und 3. Stock sowie im Dachbereich wurde das Haus 1947–49 wiederhergestellt (Arch. Buchholtz) und die Fassade renoviert.

Residenzstraße 27. Ehem. *Preysing-Palais.* Der adelige Stadtpalast im Regence-Stil, mit reich stuckierten Fassaden an drei Seiten wurde 1723–28 von Joseph Effner errichtet. Die Rückseite an der Theatinerstraße ist seit dem Wiederaufbau (1958–60) nach Kriegsschäden eine Rekonstruktion. Das Palais überdeckt fünf mittelalterliche Parzellen; Sandtners Stadtmodell von 1570 zeigt an Residenz- wie Theatinerstraße je zwei Traufhäuser (die an der ersteren mit höherer Geschosszahl) sowie offenbar ein Doppelanwesen im Süden entlang der heutigen Viscardistraße mit zwei Eckhäusern – das westliche mit Satteldachfirstrichtung Nord-Süd, das östliche in Ost-West-Richtung, verbunden durch einen Nebentrakt mit zum Hof geneigtem Pultdach.

Residenzstraße 24; Aufn. 1995

Residenzstraße 25; Aufn. 1995

Residenzstraße 26; Aufn. 1995

Residenzstraße 27, ehem. Preysing-Palais, Ostseite; Aufn. 1995

Nach dem sukzessiven Erwerb durch Wolf Konrad Freiherr von Rechberg 1592–1602 kam es zu baulichen Zusammenfassungen, ersichtlich auf den Vogelschau-Stadtplänen von Tobias Volckmer (1613) und Matthias Paur (1705), die u. a. ein größeres Eckgebäude an der Residenzstraße zeigen. Über die Freiherren von Gumppenberg gelangte das Gesamtareal 1635 an die Grafen von Preysing-Kronwinkl.

Den Palais-Neubau veranlasste Maximilian IV. Graf von Preysing-Hohenaschau (1687–1764), der unter drei Kurfürsten höchste Ämter am Hofe bekleidete, nach seiner Ernennung zum Wirklichen Geheimen Rat (1722). Zu dem Repräsentationsbau zwischen Residenz und Theatinerkloster zog er erste Kräfte heran – den Hofbaumeister Joseph Effner und den Stuckator Johann Baptist Zimmermann. Die Einbeziehung beträchtlicher Teile von bestehender Altsubstanz war u. a. an gewissen Unregelmäßigkeiten des Grundrisses ablesbar. Die Bauarbeiten begannen mit dem Teilabbruch am 11. Mai 1723, 1724 fand das Richtfest statt und wurde bereits die (völlig neu aufgeführte, gerade fluchtende) Ostfassade verputzt, bis Juli 1725 waren das Treppenhaus und der ehem. Kleine Saal fertig, im Folgejahr auch der Große Saal (dieser wie die Treppe ursprünglich mit Deckenbildern von Jacopo Amigoni), 1727 f. wurden die Fassaden stuckiert, Ende 1728 konnte der Bauherr einziehen; letzte Ausstattungsarbeiten zogen sich bis 1729 hin.

Seit 1835 war das Palais Sitz, ab 1844 Eigentum der neu gegründeten Bayerischen Hypotheken- und Wechselbank (die Hauskapelle wurde exsekriert). Im Zuge von Umbaumaßnahmen um 1880 durch Architekt Albert Schmidt wurde der Hof als Schalterhalle überdacht. 1911 wurde das Gebäude Staatsbesitz und durch Gabriel von Seidl als „Clubhaus Preysing-Palais" adaptiert. Weitere Umbauten erfolgten 1936 durch Architekt Heinrich Bergthold für den Deutschen Automobil-Club.

Die Luftkriegsschäden von 1944 waren so schwer, dass bestimmte Fassadenteile aus Sicherheitsgründen gesprengt werden mussten. Erhalten waren und bis 1949 gesichert wurden die Ostfassade mit Ausnahme der beiden oberen Geschosse der rechten Rücklage und des Dreieckgiebels sowie Teile der Südfassade, im Inneren die Umfassungsmauern der schwer destabilisierten Treppe. – Für Dr. Hermann Hartlaub, Besitzer seit 1958, führte Erwin Schleich bis 1960 den Wiederaufbau durch, bei dem die Westfront als Kopie völlig neu erstand und die in alter Form ergänzte Südfassade z. T. begradigt und um 35 cm zurückgesetzt wurde. Innen wurde lediglich das Treppenhaus wiederhergestellt, die frühere Durchfahrt in eine Ladenpassage umgestaltet. Die neue Nutzung als Büro- und Geschäftshaus bedingte in dem nicht zur Straße orientierten Gebäudebereich um den Lichthof eine geänderte, vermehrte Geschossteilung (außer Tief- und Erdgeschoss fünf Obergeschosse sowie zwei weitere in der Dachzone). Die erhaltenen bzw. rekonstruierten Barockfassaden erhielten nach Befund ihre originale farbige Fassung in drei verschiedenen Grautönen mit rotem plastischem Dekor zurück (nach E. Schleich auf heraldisch Silber und Rot, die Farben des Preysing-Wappens, bezogen).

Das Preysing-Palais, neben dem Törring-Palais (s. Residenzstraße 3) Münchens größter Adelspalast der Barockzeit, gilt allgemein als künstlerisches Hauptwerk Effners. Trotz französisch grundgelegter Tektonik – Effner war Schüler von Germain Boffrand – erhält das Palais sein charakteristisches Gepräge durch die stark dekorative Interpretation seiner Gliederung, die Wiener Einflüsse verarbeitet (vgl. die dortigen Palais Batthyány und Daun-Kinsky sowie das Obere Belvedere mit dem Motiv der verjüngten Hermenpilaster, die beiden letzteren auch mit den gebrochenen Fensterverdachungen); dabei war für die Detailausbildung zweifellos die Mitwirkung J. B. Zimmermanns maßgebend (auch wenn sein Name in den Rechnungen für die Fassadenstuckierung nicht genannt wird). Das Preysing-Palais wurde somit zum Prototyp einer Anzahl von Münchner Palastfronten, die sich von der französisch-klassisch geprägten Haltung der Cuvilliés-Gruppe unterscheiden.

Das dreiseitig freistehende Gebäude grenzt im Norden an die Feldherrnhalle (s. dort), die eine ehemalige Wohnbebauung ablöste. Ost- und Westfront sind in gleicher Weise neun Fensterachsen breit gemäß dem in München dominierenden Palasttypus, die drei mittleren Achsen als flacher Risalit mit kolossalen korinthischen Hermenpilastern hervorgehoben und durch einen Dreiecks- bzw. (westlich) Segmentgiebel mit (rekonstruiertem) Preysing-Wappen abgeschlossen. Dem abgerundeten Durchfahrtstor ist im Osten ein toskanischer Säulenbalkon aus Rotmarmor, mit Balkongitter von Nikolaus Bernecker, vorgelegt. Das z. T. rustizierte Erdgeschoss mit Triglyphengebälk besitzt auch mit dem Rauputzmotiv in den Fensterädikulen „rusti-

Residenzstraße 27 nach Kriegszerstörung; Aufn. um 1945

Residenzstraße 27, Ostseite Mittelteil; Aufn. um 1945

Residenzstraße 27, Treppenhaus;
Aufn. 1945

kalen" Charakter. Die beiden Hauptgeschosse sind durch die überaus festlich wirkenden, bewegten und reich dekorierten Fensterumrahmungen und -verdachungen mit kleinen Büsten im Scheitel charakterisiert; die drei Rundbogenfenster im 1. Stock des Risalits durch Stucktrophäen darüber bereichert. Schlichter behandelt ist das niedrige 3. Obergeschoss mit seinen Stichbogenfenstern. Die jede Front seitlich abschließenden Pfeiler sind in dekorative Felder mit Bandelwerkstuck aufgelöst, die auch die eine Fensterachse breite abgerundete Südostecke flankieren; ihr ist unten ein Wandbrunnen (zumindest heute ohne Becken) mit Delphin und Vase aus Marmor vorgelegt. Die 13 Achsen lange Südfassade verzichtet auf übergeordnete architektonische Gliederungen und ornamentales Beiwerk. Der Hof ist nördlich der Durchfahrt angeordnet. Das Erdgeschoss enthielt ursprünglich Wirtschaftsräume, Remisen und Marstall, die beiden Hauptgeschosse die Repräsentationsräume und Wohnappartements, u. a. in der Südwestecke neben dem Treppenhaus den zweigeschossigen Großen Saal; im niedrigen letzten Geschoss waren die Domestiken untergebracht.

Das repräsentative Treppenhaus zwischen der Durchfahrt und der Südfront mit seinem zweimal dreiläufigen Aufgang übereinander, den schlanke Karyatidenstützen tragen, den Schmiedeeisengeländern von Nikolaus Bernecker und dem prachtvollen Stuck von Johann Baptist Zimmermann an den Wänden, im Farbton heute neapelgelb mit weißen Gliederungen und Orna-

Residenzstraße 27, Westseite an der Theatinerstraße; Aufn. 1995

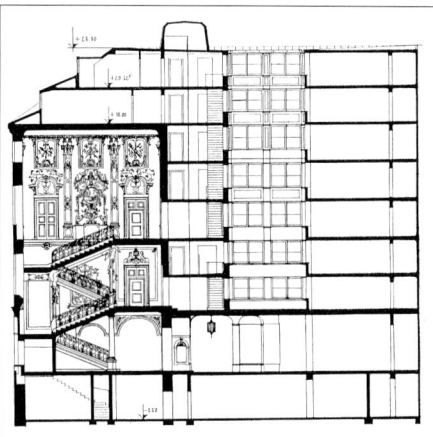

Residenzstraße 27; Schnitt Nord-Süd, von E. Schleich, 1960

menten, weitet sich in der Höhe zu einem (mit gestalterischen Lösungen in Schleißheim verwandten) Festraum, der zu den qualitätvollsten Interieurs der 1720er Jahre im Umkreis der Münchner Hofkunst gehört (Decke neutral erneuert, einst mit Fresko von Amigoni). Von der originalen Ausstattung der Innenräume ist heute lediglich ein Kamin samt geschnitzter Vertäfelung erhalten, heute in einem südöstlichen Eckraum eingebaut. Originalbestand sind auch die (zurückerworbenen) geschnitzten Torflügel der westlichen Einfahrt.

Residenzstraße 27, Treppenhaus; Aufn. 1960

Residenzstraße 27, 1. Obergeschoss, Vorzimmer (zerstört)

Rheinbergerstraße

Kurze Verbindung zwischen der Ludwigstraße im Osten und der im Zuge von deren Anlage nach Westen verlegten Fürstenstraße, ursprünglich Bestandteil der Schönfeldstraße (s. dort); da deren Kontinuität durch die breite Ludwigstraße unterbrochen und kaum wahrzunehmen war, erhielt dieser westliche Abschnitt 1906 seinen heutigen Namen nach dem Komponisten Joseph Gabriel von Rheinberger, der von 1867 bis zu seinem Tod 1901 im Eckhaus Fürsten-

Rheinbergerstraße, Wohnhaus Sepp; Aufriss 1858

straße 6 (s. dort) gewohnt hatte. Die Südseite begrenzte die lange Nebenfront des 1828–31 von Klenze erbauten Herzog-Max-Palais (s. Ludwigstraße 13; 1938/51 durch die Landeszentralbank ersetzt). Unter den kriegszerstörten Mietshäusern der Nordseite war Nr. 1a bemerkenswert, das 1854–56 von Matthias Berger erbaute viergeschossige Wohnhaus des Historikers Johann Nepomuk Sepp (1816–1909), ein frühes Hauptbeispiel profaner Neugotik in München, mit seinem gestalterischen und ikonographischen Aufwand programmatischer Ausdruck der katholisch-konservativen politischen Ideologie des Bauherrn (ehemals Nachbarhaus von Fürstenstraße 6; heute Neubau von 1949/51).

Richard-Wagner-Straße

Straße der westlichen Maxvorstadt, die 1897 arrondiert und 1898 nach dem Komponisten Richard Wagner (1813–1883; wohnte 1864/65 Brienner Straße 18/heute 37) benannt worden ist. Die Richard-Wagner-Straße verbindet in südlich-nördlichem Verlauf die Brienner Straße (S) mit der Gabelsbergerstraße (N) über eine Entfernung von 210 Metern.

Schon 1895/96 hatte sich die Baulinienkommission mit dem Aufschluss des großen Areals zwischen der Augustenstraße (W), der Gabelsbergerstraße (N), der „Louisenstraße" (O) und der Brienner Straße (S) beschäftigt; es galt, das Gelände westlich der Industrieschule (an der Ecke Gabelsberger-/„Louisen-

straße") sowie der Kunstgewerbe-Hochschule zu öffnen. Die schließlich eingemessenen Grundstücke befanden sich fast alle im Eigentum der sog. Bleibinhaus'schen Relikten (= der Erben des Michael Bleibinhaus). Erster Adressat der Magistratsschreiben ist Creszentia Bleibinhaus, die Witwe des Verstorbenen. Die Familie übertrug schließlich dem Architekten und kgl. Professor Leonhard Romeis die Vollmacht für die Verhandlungen mit dem Magistrat der Stadt München, hier der Lokalbaukommission und der Baulinienkommission.

Es war die erste Absicht der „Bleibinhaus'schen Relikten", die Straße schnurgerade durch das Areal zu führen, auch die Kommissionen des Magistrats legten zunächst eine Planung in diesem Sinne auf. Gleichzeitig plante die Kunstgewerbeschule eine Erweiterung ihres Gebäudes nach Westen hin, die 1899–1902 ebenfalls von Leonhard Romeis erbaut wurde. Bereits im Vorgriff auf diesen Bau kam es im August 1896 zur einer ebenso kuriosen wie folgenreichen Einlassung seitens des Direktors der kgl. Kunstgewerbeschule. Dieser forderte die Baulinienkommission auf, die Straße mit einem Knick zu versehen, dieselbe zunächst von der Brienner Straße her gerade auf den geplanten Erweiterungsbau zuzuführen, und weiter an diesem vorbei bis zur Gabelsbergerstraße zu trassieren (in: StadtAM, LBK 25101). Dieser eckige Versatz des Alignements bedeutete für die Grundeigentümer, die die Erschließung finanziell zu bewältigen hatten, einen vermehrten Aufwand an Grundfläche, entsprechend sprachen sie sich dagegen aus. Doch schloss sich die Baulinienkommission dem Vorschlag des Direktors der Kunstgewerbeschule an, das südliche Straßenstück auf die Südfassade des späteren Neubaus zuzuführen, gleichsam als einem Point de vue dieses Abschnitts. Es entstand ein erweiterter Straßenraum von 36 Metern in der West-Ost-Erstreckung und 27 Metern Tiefe. Für die Makadamisierung, Randsteinsetzung, Rinnenpflasterung und Vollpflasterung, also Ausstattungsarbeiten an den Straßen, die der Magistrat vorschrieb, hatten die Bauwerber aufzukommen.

Zunächst beabsichtigte der Magistrat, das offene Bausystem für den Straßenlauf festzulegen. Bis in den Mai 1898 verhandelte man in dieser Angelegenheit mit Architekt Romeis, der schließlich eine Planung vorlegte, die auf der Westseite der neuen Straße eine geschlossene Zeile vorsah, und diese im gleichen Jahr durchsetzte.

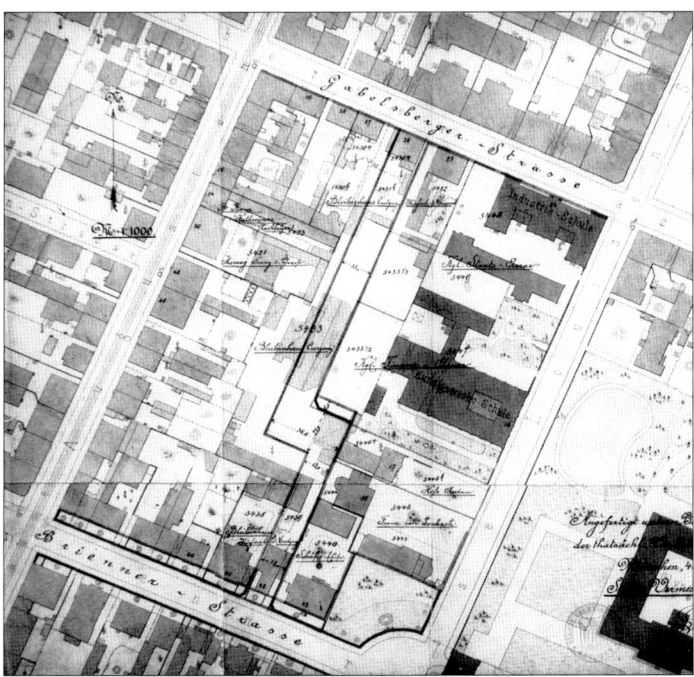

Richard-Wagner-Straße; Flurkarte von 1896

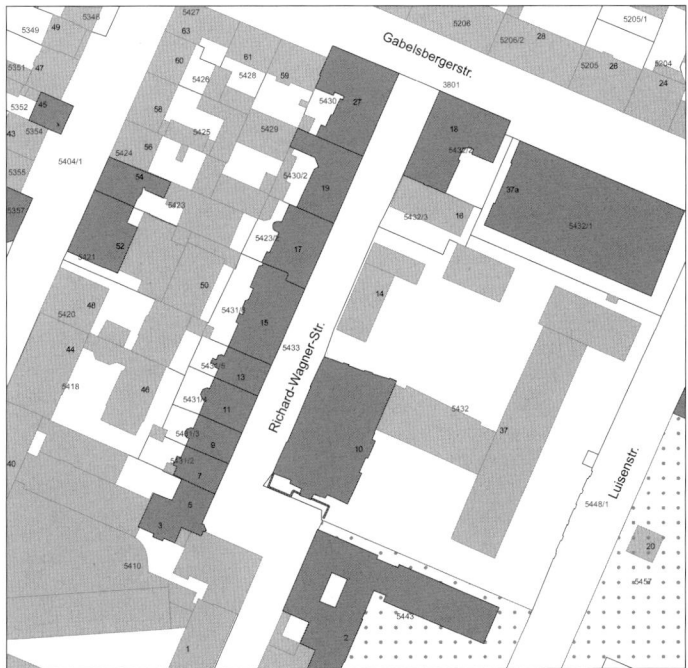

Richard-Wagner-Straße; Flurkarte, M. 1:2500

Die Bebauung der Straße hob 1899 an. Es entstanden der Erweiterungsbau der Kunstgewerbeschule und Haus Nr. 16. Das Gros der Bauten entlang der Westseite war schließlich bis 1902 verwirklicht (Nr. 3, 5, 7, 9, 11), die Häuser 13 und 15 folgten bis 1906. Das nördliche Straßenportal aus Nr. 27 und 18 war schon im Jahre 1900 geschlossen, das südliche Straßenportal erhielt seine bis zu den Zerstörungen im Zweiten Weltkrieg (7.–8.1.1945) markante Gestaltung mit der Errichtung von Brienner Straße 41 (O) durch Gabriel von Seidl bis 1901 und den Umbau von Brienner Straße 43 (W) bis 1913 durch denselben Architekten. Der Luftkrieg hatte nicht nur dem südlichen Straßenportal zugesetzt, sondern auch in die Bebauung der Ostseite eine Lücke gerissen. Erst im Jahr 2000 begann man, hier die Plätze zwischen der Kunstgewerbeschule im Süden und Haus Nr. 18 im Norden mit einem Studentenwohnheim (Haus Nr. 16) und einem 2004 prämierten Kindergartenbau (Arch. Stefan Holzfurtner und Ueli Zbinden) zu schließen.

Die stilistische Einordnung der Bauten in der Richard-Wagner-Straße berührt die Architekturtheorie der hochgradig eklektizistischen Phase in der späten Gründerzeit. Tendenziell sind die Bauten Romeis', die den Straßenlauf dominieren, verkürzt auf eine scheinbare historische Gewachsenheit und folglich Vielgestaltigkeit hin angelegt. Beinahe kulissenartig griff Romeis auf Versatzstücke verschiedener Epochen zurück und kombinierte diese, herauf aus dem Spätmittelalter bis zu neubarocken Anspielungen. Der Rezipient über einhundert Jahre später mag es als Ironie des Geschichtslaufs sehen, dass der Romeissche Ansatz baulicher Gewachsenheit infolge der Kriegszerstörungen durch die Nach- und Neubauten unfreiwillig fortgesetzt worden ist. Massive Störungen, etwa Garageneinbauten im Erdgeschoss, wie bei Nr. 13 geschehen, können mit gewechselter Perspektive auch als bauliche Adaption und also als Teil des „gewachsenen" Baus angesehen werden.

Richard-Wagner-Straße 2 siehe Luisenstraße 33.

Richard-Wagner-Straße 5. Für Heinrich Nöhbauer errichtete Leonhard Romeis das Anwesen 1901/02, gleichzeitig mit Nr. 3, das im Zweiten Weltkrieg unterging. Dem Aushub waren Abbrucharbeiten an kleineren Rückgebäuden vorausgegangen. Nach der Freiräumung der Parzellen entstand ein mehrgliedriges Mietshaus mit hohem Treppenhaus-Pavillon, der zugleich das südwestliche Eckmotiv des Straßenplatzes bildet. Entsprechend einfallsreich ist die Baumassenverteilung des Hauses: Dem Riegel an der Straße mit einem dreiachsigen Fassaden-Grundzug schloss Romeis rückwärtig einen breiten Rückflügel an. Gemäß Frühzustand war in jeder Etage eine großzügige Wohnung untergebracht. Die Hausmeisterwohnung war bis 1903 im Dachgeschoss untergebracht, 1909–10 hatte Architekt Oskar Dietrich für den Großhändler Theodor Geist das Dachgeschoss dann vollständig ausgebaut. Weitere Umbauten im Rückflügel nahmen 1920 die Architekten Hönig & Söldner für die Farbenfabrikanten Friedrich Bayer & Co./Leverkusen vor. Nach Behebung der Kriegszerstörungen, Haus Nr. 5 war ein Nachbar-Opfer des extrem zerstörten Hauses Nr. 3 geworden, erfolgte 1950 mit der Wiederherstellung des Dachtragwerks die Aufstockung zur Fünfgeschossigkeit durch Architekt Franz Berberich für die Farbwerke Hoechst U. S. Administration. Das 4. Obergeschoss veränderte die historische Höhenentwicklung der Straßenfront empfindlich.

Es sollte sich eine wechselvolle und nicht eben Substanz schonende Nutzungsgeschichte anschließen: 1964 wurde das Anwesen zum Büro- und Verwaltungsgebäude umgestaltet – u. a. ein Aufzug eingebaut –, 1974–75 aber stellte man es als Wohnhaus wieder her. Trotz der vielfachen Änderungen ist der Bau ein Lehrbuchbeispiel für den heimatstiligen/heimattümelnden Eklektizismus der Wende zum 20. Jh. geblieben. Romeis und

Richard-Wagner-Straße 5–13 (von links)

Max Ostenrieder sind deren Hauptvertreter in München, allzumal bei der Übertragung dieser Stilausprägung auf den privaten Wohnbau. Die Blendarkaden vor den Hochparterrefenstern erhielten stilisierte Radialsteine, die mittlere überdies einen Scheitel-/Konsolstein mit (trauriger) Löwenfratze. Der einge-

Richard-Wagner-Straße 5; Aufn. 1995

Richard-Wagner-Straße 7; Aufn. 1995

Richard-Wagner-Straße 5, Erker

Richard-Wagner-Straße 7, Erker

schossige Flacherker darüber bildet den Hauptakzent der Fassade. Sein Fenster wird von flach reliefierten Stuckfeldern flankiert, seine Deckplatte dient als Austritt, der von einer Maßwerkbrüstung bewehrt wird. Letztere bildet eine Linie mit den Brüstungen der Fenster links und rechts neben dem Austritt. Die gesuchte Vielgestaltigkeit und damit scheinbare Gewachsenheit einer spätmittelalterlich-frühneuzeitlichen Häusereihe (Elemente der sog. Dürer-Renaissance) war Programm und wendet sich mit jeder Veränderung gegen sich selbst: Die spätere Aufstockung mag so als augenfälliger Bestandteil einer „Gewachsenheit" anzusehen sein. (Fassadenrenovierung 1976, Fenstererneuerung im 4. Obergeschoss 1987–88, Fenstererneuerungen 1999.)

Richard-Wagner-Straße 7. Nach Niederlegung eines kleinen Nebengebäudes, das sich südlich auf dem neu eingemessenen Baugrund befand, entstand 1901–02 die Nr. 7 an der Richard-Wagner-Straße. Erster Eigentümer war Josef Schülein, Entwerfer und Erbauer wiederum Leonhard Romeis. Das Haus war ursprünglich als Familienhaus geplant und wurde entsprechend zugeschnitten. Den Eingang steckte Romeis in die nördliche Achse, über ein hohes Zwischenpodest gelangte man zur anschließenden repräsentativen Treppe. Die erhebliche Bautiefe bedingte Dunkelzonen, die man durch Wandaufschlüsse minderte. Im Souterrain waren gemäß Eingabeplan eine Stallung für zwei Pferde mit Kutscherkammer und Remise einkalkuliert. Diese Räume wechselte man später zu Wohnzwecken aus. Das Innere des Hauses ist in weiten Zügen von einer dicht überlieferten historistischen Ausstattung geprägt, die der Hausverein e. V. der Teutonia zusammen mit der Generalsanierung des Hauses instand setzen ließ. Die Fassade des Hauses wurde konsequent unter Beachtung reifer gotischer Machart durchgebildet. Eine Würdigung der frühen 1970er Jahre, als die Denkmalwürdigkeit vergleichbarer Bauten gerade erkannt wurde, spricht von „spätestgotischen Formen". Der viergeschossigen, aber nur dreiachsigen Fassade (Parzellenbreite nur 10½ Meter) sitzt ein filigraner gotischer Maßwerkgiebel auf, reich in Haustein skulptiert (1979 im Zuge der Gesamtrestaurierung z. T. rekonstruiert). Ein mittig der Fassade eingesetzter dreigeschossiger Flacherker verleiht dem Privatbau die entsprechende architektonische Attitüde eines spätmittelalterlichen Bürgerhauses. Der Unterzug des Erkers findet sich oberhalb der mittleren der drei hohen Blendarkaden des Erdgeschosses sphärisch verschliffen und über einen Stichbogen auf getreppte Konsolen abgeleitet. Wiederum in Haustein gewährt der Erker dem mittleren Rundbogenfenster im 1. Obergeschoss einen bewehrten Austritt, überfangen von einem Stirnbogen, der von Krabben begleitet mit einer eigenen, reliefierten Kreuzblume bekrönt wird. Mit dreiteiligem Fenstergewände bleibt der Erker mit kleinem Walmdach vor dem 2. Obergeschoss geschlossen. Mit seiner Deckplatte dient er dem 2. Obergeschoss wiederum als Austritt, hier mit einer Maßwerkbrüstung, die diejenige am südlichen Nachbargebäude variiert. (Ein weiteres malerisches Bauteil stellt die treppengiebelförmig gestaltete Brandmauer zu Nr. 9 mit ihren eingeziegelten Deckplatten dar.) Das Haus kann als stilreiner neugotischer Bau gewertet werden, vergleichbar mit dem im Zweiten Weltkrieg untergegangenen sog. Ostenrieder-Haus – am Marienplatz 8 prominent und vor allem städtebaulich prägend positioniert. Romeis und Max Ostenrieder sind als diejenigen Architekten anzusprechen, die mit einem gewissen Zwang zur scheinbar historisch gewachsenen, also altartigen Vielgestaltigkeit Eklektizisisch-heimatstiliges in den Münchner Wohnbau einbrachten. (1977–79 Generalsanierung mit Fassadenrenovierung.)

Richard-Wagner-Straße 9. Als einziges Haus der Häuserfolge entstand die Nr. 9 auf zuvor unbebautem Grund 1901–02 für Ing. Karl Wildt, der auch selbst die Bauleitung übernommen hatte.

Richard-Wagner-Straße 9; Aufn. 1995

Seiner ersten Bestimmung und Aufteilung nach wurde es als herrschaftliches Wohnhaus erbaut. Gemäß Frühzustand waren im Hochparterre die Schlafräume, die Hauptwohnräume (Salon etc.) im Sinn der Tradition eines Piano nobile im 1. Obergeschoss untergebracht. In das Souterrain hatte man Küche, Speise und die Magdkammern gelegt. Der Eingang erfolgt von der nördlichen Achse her, über ein Zwischenpodest gelangt man zum anschließenden quadratischen Treppenhaus. Das nur elf Meter breite Anwesen zeichnet eine große Bautiefe aus, was etliche Raumaufschlüsse zu den direkt belichteten Räumen hin erzwang und im Inneren des Hauses eine bezeichnende strukturelle Individualität mit sich brachte. Dies bezieht sich auch auf die Verschaltung unterschiedlicher Bodenniveaus; so erhielten die rückwärtig eigens ausgebauten Erkerräume eine eigene Anschlusshöhe an die Wohnräume – also auch hier forcierte Vielgestaltigkeit. Die Fassade des Hauses, das die Folgen des Luftkriegs weitgehend unbeschadet überstand, gestaltete man malerisch unsymmetrisch. Den Hauptakzent bildet ein flacher Polygonalerker, der ausmittig oberhalb des rundbogigen Eingangs ansetzt, ein turmartiges 3. Geschoss (mit markantem Turmhelm) erhielt, jedoch mit diesem in die Dachzone dahinter eingebunden worden ist. Mittig vor das Fensterpaar des 2. Obergeschosses setzte man über drei massiven Steinkonsolen einen kantigen Balkon; hier gingen die Brüstungsgestaltungen verloren. Die Fassadenfelder um die Stichbogenfenster des Erdgeschosses sowie um die eng gesetzten und mit schlichten Profilrahmen versehenen Fenster des 1. Obergeschosses blieben undekorierte Putzfläche, wodurch sich die Aufmerksamkeit ganz auf die Stuckfelder der Portaleinfassung sowie den breiten Fries unterhalb der Traufe und in der Brüstung des südlichen Fensterpaars im 2. Obergeschoss richtet. Blattranken und darin tollende Kinder, flach reliefiert, machen die jugendstiligen Felder aus und verursachen ein regelrechtes Changieren der Stile, da die Fassade ihrer Großform nach als Neurenaissance-Straßenfront angelegt ist und der Beitrag des Jugendstils nachträglich wirken muss. Im Blick auf den konsequenten späthistoristischen Eklektizismus, den Leonhard Romeis mit seinen Bauten an der Richard-Wagner-Straße umsetzte, entstanden hier eine reale Gleichzeitigkeit und zugleich eine scheinbare baugeschichtliche Ungleichzeitigkeit. (Fassadeninstandsetzung nach Befunduntersuchung 1994.)

Richard-Wagner-Straße 9, Fassadendetail

Richard-Wagner-Straße 10, ehem. Kunstgewerbeschule; Aufn. 1995

Richard-Wagner-Straße 10. Der ehem. westliche *Teil der Kunstgewerbeschule*, jetzt *Universitäts-Institut* und *Paläontologisches Museum* ist als repräsentativer Neubarockbau mit von Arkaden umgebenem Lichthof erhalten geblieben. Im Anschluss an die 1844 von August Voit erbaute Kgl. Glasmalereianstalt (vgl. Luisenstraße 37), die 1875 für die (seit 1868 staatliche) Kunstgewerbeschule umgebaut und 1884 erweitert wurde (kriegszerstört), entstand 1899–1902 westlich davon ein Neubau für die weibliche Schulabteilung. Die Pläne entwarf Leonhard Romeis (1854–1904), selbst einst Schüler und Assistent, seit 1886 Architekturprofessor an dieser Lehranstalt. Im Zusammenhang mit mehreren ebenfalls nach seinen Plänen errichteten Neubauten auf der anderen Seite gab das Schulgebäude der neu angelegten Straße ihr geschlossen späthistoristisches Gepräge. Die Dominante im Ensemble bildet ihr mit der südlichen und westlichen Schauseite an die abgeknickte Straße grenzender, plastisch monumental wirkender Baukörper. 1949/50 wurde das Gebäude als neuer Sitz der (in der Alten Akademie ausgebombten) Bayerischen Staatssammlung für Paläontologie und historische Geologie und des gleichnamigen Universitätsinstitutes sowie desjenigen für Anthropologie und Humangenetik adaptiert; seitdem bildet der glasgedeckte Lichthof den wirkungsvollen Mittelpunkt der Schausammlungen.
Den gut proportionierten, weitgehend freistehenden Block mit rustiziertem Sockel- und Erdgeschoss sowie zwei Obergeschossen gliedern an den Längsfronten Seitenrisalite mit von Obelisken flankierten Giebelzwerchhäusern sowie ein Treppenrisalit in der Mitte der Ostseite. Besonders aufwendig gestaltet ist der Eingangsrisalit in der Mitte der südlichen Schmalseite, mit weiblichen allegorischen Relieffiguren in den Zwickeln des Bogenportals, dem eine Freitreppe vorgelegt ist, rhythmisch angeordneten korinthischen Kolossalpilastern samt großer, unterteilter Mittelöffnung in den Obergeschossen, abschließender Balustrade und plastischem Staatswappen vor dem Attikageschoss. Die Pilasterordnung samt Eckrustika zeichnet auch die Seitenrisalite aus; an der Rücklage Lisenen und Dachbalustrade. An der Stelle des Nordostrisalits schließt der (heute moderne) Verbindungstrakt zu Luisenstraße 37 an. Stilistisch dominiert die barockisierende Massengliederung über die vielfach renaissancistischen Details. Im formal an der italienischen Früh- und Hochrenaissance orientierten Inneren ist die Ausstattung mit skulptierten Natursteingliederungen (Kalk- und Sandstein) wie Säulen und Pfeilern,

Kapitellen und Gewölbekonsolen, Türgewänden u. a. in den Haupträumen bemerkenswert. Im südlichen Vestibül drei Kreuzgratgewölbe mit Gurten auf Konsolen, an den Längsseiten je zwei Türgewände. Das Gebäude erschließen um den glasüberdeckten großen Lichthof angeordnete, in den beiden unteren Geschossen kreuzgratgewölbte Gänge. Die Höhe des Lichthofes wird durch eine Zweiteilung geschickt unterteilt; den bevorzugten unteren Bereich mit Rundbogenarkaden auf (modern vereinfachten) Pfeilern im Erdgeschoss und stämmigen Säulenarkaden (mit Rotmarmorschäften) im 1. Stock schließt eine weit vorkragende Hohlkehle mit Stichkappen ab; im einfacheren oberen Bereich stichbogige Säulenarkaden mit abwechslungsreich skulptierten Kapitellen und ein niedriges, pergolaartiges Pfeilergeschoss. In der Mitte der Ostseite liegt das Haupttreppenhaus mit Kreuzgratgewölben, die Scheidewand zwischen den Läufen ist mit Doppelsäulenarkaden durchbrochen (ein Ziergitter bez. 1902); im oberen Abschlussraum Steinbalustergeländer mit Figur eines Dudelsack blasenden Satyrknaben nach Entwurf von Nikolaus Gysis, ausgeführt von J. M. Mayer 1908 (sign.) sowie ein reich stuckiertes Tonnengewölbe. Den Vorgarten umgrenzt ein Pfeiler-Gitter-Zaun.

Richard-Wagner-Straße 11. Vor Beginn der Bauarbeiten war die neu arrondierte Parzelle von Nebengebäuden frei zu räumen, die bis zur Festlegung der Richard-Wagner-Straße und dem Erweiterungsprojekt der Kunstgewerbeschule nur von der Gabelsbergerstraße her zugänglich waren. Leonhard Romeis verwirklichte für den Kommerzienrat und Handelsrichter Emil Zeckendorf 1901/02 ein Etagenmiethaus, mit dessen Gestaltung er Stilvarianten forcierte und sein architektonisches Schaffen als Spätfolge der Frage „In welchem Style sollen wir bauen" letztendlich desavouierte. Die ca. 13 Meter breite Parzelle nahm ein bautiefes Mietshaus auf, das vom Eingang entlang der nördlichen Grenzmauer her erschlossen worden ist (reich beschnitzte bauzeitliche Haustüre erhalten). Über ein Zwischenpodest ist hier ein quadratisches Treppenhaus zugänglich, das die Wohnungen, gemäß Eingabeplan eine in jeder Etage, erschließt. Bäder kamen in den

Richard-Wagner-Straße 10, Lichthof; Aufn. 1998

Richard-Wagner-Straße 10, Treppenhaus

Dunkelzonen zum Liegen, die anderen betroffenen Räume belichtete man mittels Aufschlüssen zu den vorderen oder hinteren Direktlicht-Räumen hin. Jede Etage erhielt mittig rückwärtig einen Ausbau in einen Polygonalerker hinein, mit jeweils repräsentativen Zimmern. Phänomenal ist die Fassade des Hauses: Großform und Binnenform werden konsequent vom Nebeneinander von Stilausprägungen unterschiedlicher historischer Zeitstellung gekennzeichnet. Die Großform macht ein breiter Flacherker aus, der der Fassade mittig vorgesetzt und einem schlanken Zwerchhaus mit gestuftem Zinnengiebel eingeschrieben worden ist. Die Binnenstruktur der Straßenfront wird von Dreiteiligkeit dominiert, die Ausgewogenheit und Gleichgewicht schafft. Die Fensteröffnungen des Erdgeschosses erhielten, mit ihren stilisierten Radialsteinen, ob rundbogig schmal oder stichbogig breit, dreiteilige Kreuzstockfenster eingesetzt. Die Fenster der Hauptgeschosse, auch die im Erker, bekamen rhythmisierte dreiteilige Profilrahmen. Und auch die maskierenden Holzvorbauten des 3. Dachgeschosses wurden dreifeldrig angelegt. Gestockter Haustein macht den Sockel und auch das Türgerüst der Eingangstüre aus, Rau- und Feinputzflächen und ebensolche Profile bestimmen Erdgeschoss und 1. und 2. Obergeschoss. Das 3. Obergeschoss erhielt straßenseitig einen Aufbau aus Holz, mit beschnitzten Ständern und gedrechselten Balustern, den Austritt vor das 3. Obergeschoss überfängt ein halbrundes, eingeputztes Kupferdach. Der beschriebene hölzerne, scheinbar nachträglich verglaste Laubengang mit beschnitzten Ständern bildet ein Detail der eklektizistischen Fassade, die möglicherweise einen der wenigen (erhaltenen) Höhepunkte des Späthistorismus in München darstellt, denn dies ist ein Rückgriff auf Ausbauformen des 16. Jh., aber auch früher. Erhalten blieben die eigens eingeziegelten, treppengiebelförmig aufgebauten Brandmauern zu beiden Nachbaranwesen hin. Beachtenswert sind auch die eingesetzten Zieranker: Baurechtlich war jeder Ausbau über die Grundlinie zusätzlich genehmigungspflichtig, bei Neubauten einfach Teil der Baugenehmigung. Die Anker im Giebel, an den Schmalseiten der Flacherker sowie in der Erdgeschoss-Brüstungszone des Erkers erfüllen keineswegs die Funktion, Mauerwerk vor dem Ausscheren zu bewahren. Vielmehr sollen sie dies vorstellen, um das Alter des Gebäudes und die Nachträglichkeit, d. i. Gewachsenheit seiner Bauteile vorzuspiegeln – oder „vorzuführen", um die notwendige Theatersprache einzusetzen, die dergleichen Bauten ansteht. So bilden das Nebeneinander historischen Nacheinanders und ein systematischer Materialwechsel ein Bild historischer Gewachsenheit. In der NS-Zeit 1939–41 als sog. „Judenhaus" genutzt. Am 25.4.1945 erlitt das Haus einen Volltreffer, es war vorübergehend vollständig zu räumen. (Generalsanierung 1986–88, Herstellung einer 2. Dachgeschossebene 1995; Fassadeninstandsetzung und Fenstererneuerungen ebf. 1995.)

Richard-Wagner-Straße 13. Die Parzelle, auf der Nr. 13 1905 zum Stehen kam, war unbebaut, da sie schon 1901 für die Erbauung von Nr. 11 freigeräumt worden war. Die Vorbebauung hatte in Werkstätten und Schuppen bestanden. Planer und Erbauer war Architekt Fritz Seidlmair, Bauherr der Kaufmann Georg Schuster. Das an der Straße nur ca. elf Meter breite Gründstück bedingte abermals eine erhebliche Bautiefe (vgl. die ähnlichen Zuschnitte von Nr. 5 7, 9 und 11). Der Eingang kam in der südlichen Achse zum Lie-

Richard-Wagner-Straße 11; Aufn. 1994   Richard-Wagner-Straße 13; Aufn. 1994

gen, über ein hohes Zwischenpodest gelangt man zum quadratischen Treppenhaus. In jeder Etage ist gemäß Eingabeplan eine Wohnung untergebracht; die Bäder verlegte man in die nördlichen Dunkelzonen. Mittig rückwärtig erhielten die Wohnungen zu repräsentativen Salons erweiterte Erkerräume. Das heutige 3. Obergeschoss ist im Zuge der Wiederherstellung von erheblichen Zerstörungen im Zweiten Weltkrieg entstanden (am 12./13. Juli 1944 zerstörte eine Brandbombe den Dachstuhl und weitere Schäden stellten sich durch Luftdruck infolge eines späten Bombardements am 25.4.1945 ein). Ursprünglich überhöhte ein markantes breites Dachhaus, schon oberhalb des 2. Dachgeschosses das Haus. Die erhaltenen, halbrund geschlossenen Fenster waren bis 1945 einem hohen Giebelfeld eingeschrieben, die Räume je seitlich hiervon existierten nicht. Die gemäß Erbauungszustand strenge Neurenaissancefassade erfuhr zwischenzeitlich Glättungen und Vereinfachungen, gut nachvollziehbar ist der entscheidende Bauteil der unteren Fassadenzone geblieben: Sedlmair formulierte hier einen breiten, zweigeschossigen Flacherker mit schmalen Seitenfenstern, dessen Deckplatte die Wohnung des 3. Obergeschosses (vormals die Dachwohnung) mit einem eisern bewehrten Austritt bedient. Während das obere Register des Erkers geschlichtet worden ist, hat sich im unteren ein aufwendig stuckierter figuraler Fries im Sturzfeld erhalten, der von kannelierten Pilastern getragen wird. Die Fassade stach als stilreinere Neurenaissancefront von den modischen Romeis-Bauten in ihrer unmittelbaren Umgebung ab, Veränderungen freilich – auch im Umgriff des Hauses – haben diesen Unterschied ansatzweise verwischt. (Der Einbau von Garagen ins Souterrain kann als Extremform einer Aneignung gesehen werden. Auch in historischer Zeit dienten Untergeschosse zu Remisenzwecken, deren fassadenwirksame Einbindung unterblieb aber fast immer. Auch die beiden straßenseitigen Einscheibenverglasungen unter geraden Stürzen im Erdgeschoss schwächen den Gesamteindruck.)

Richard-Wagner-Straße 11, Eingang

Richard-Wagner-Straße 13, Relief

Richard-Wagner-Straße 15; Aufn. 2000

Richard-Wagner-Straße 17; Aufn. 1994

Richard-Wagner-Straße 19; Aufn. 1994

Richard-Wagner-Straße 15. Das vornehme Mietshaus mit acht Wohneinheiten ließ die Metzgerswitwe Theresia Herzog im rückwärtigen Bereich ihres Anwesens Augustenstraße 52 (s. dort) 1903/04 durch das Baugeschäft Carl und August Zeh errichten, wobei sie an das für Neubauten an der Richard-Wagner-Straße geltende Servitut gegenüber der Stadtgemeinde gebunden war; daraus resultierte auch die Allerhöchste Genehmigung des Prinzregenten für den Fassadenentwurf, einen der bemerkenswert reformistischen Gestaltungsversuche von August Zeh, gekennzeichnet durch eine historisch-tektonische Gliederungen vermeidende flächenhafte Struktur mit Putzfeldern bzw. -rahmen, Sgraffitobildern und -ornamenten, Reliefs und wohl auch Polychromie (vgl. Bavariaring 4/6, Landwehrstraße 67, Schwanthalerstraße 79, sämtlich bei Chevalley/Weski 2004). Das zwei Parzellen zusammenfassende Doppelhaus musste dies in der unterschiedlichen Höhenentwicklung anschaulich machen: die rechte breitere Hälfte – viergeschossig mit breitem Mittelerker und Schweifgiebel – war als Mittelteil einer symmetrischen Gruppe konzipiert, deren einen Flügel die linke, nur dreigeschossige Gebäudehälfte mit einachsigem Erker und weitgehend ausgebautem Dachgeschoss bildete (der vorgesehene rechte Flügel – s. Nr. 17 – wurde später anders ausgeführt).

Im Inneren waren in jedem Geschoss zwei um große Dielen gruppierte Wohnungen zu Seiten des mittig hinter dem Eingangsflur gelegenen U-förmigen Treppenhauses angeordnet – eine größere mit fünf Zimmern im Norden, südlich je eine Vierzimmereinheit. In ihnen ist die originale wandfeste Ausstattung noch großenteils erhalten, u. a. Türrahmen und -blätter samt Beschlägen, Deckengestaltungen, einzelne Kachelöfen und ein Bad.

Nach Bombenschäden 1944 im Oberteil – u. a. Zerstörung des Dachstuhls und z. T. der Decken zwischen 2. und 3. Stock – wurde das Haus wiederhergestellt, in der Folge als Bestandteil der Privatklinik Dr. Haas (s. Nr. 17, 19) verschiedentlich verändert, vor allem 1959/60 Vereinfachung der mit neuen Malereien (bez. 1959) an den Erkern geschmückten Fassade und Ausbau des Daches für Schwesternwohnungen der Franziskanerinnen. Seit 1993 leerstehend, 1997/98 saniert mit in Anlehnung an den originalen Zustand gestalteter Fassade.

Richard-Wagner-Straße 17. Ursprünglich ein Doppelgrundstück, für dessen Südteil 1905 ein Plan der Gebr. Rank genehmigt wurde (im Anschluss an Nr. 15, s. dort). Nach Zusammenlegung mit dem Nachbargrundstück Bleibinhaus (s. Nr. 15) führte die Fa. Gebr. Rank (Josef jun., Franz und Ludwig R.) als Eigentümerin 1910/11 ein viergeschossiges herrschaftliches Mietshaus nach Entwurf von Franz Rank aus; Ludwig Rank bezog selbst die Wohnung im 3. Stock.

Das ehemalige Mietshaus besticht durch die noble Fassade mit jugendstiligen und neuklassizistischen Anklängen; Erdgeschoss rustiziert mit Rundbogenöffnungen; die Obergeschosse durch Dreiseiterker gegliedert, der niedrigere 3. Stock durch ein Gesims abgesetzt; Balkone mit dekorativen Metallgittern; drei geschwungene Dachgauben.

Decken in Eisenbeton. Im Inneren Ausstattung weitgehend erhalten; bemerkenswert das vornehme Vestibül mit Stufen, Fliesensockel und Flachtonne, im linken Teil durch Gittergeländer vom Kellerabgang abgesondert. Das Vestibül und die zweiläufige Treppe mit halbrunden, hofseitig vortretenden Podesten trennen im Erdgeschoss zwei kleinere Wohneinheiten; in den Obergeschossen je eine weiträumige Siebenzimmerwohnung samt Wintergarten (südlich von der Treppe); im Dachgeschoss-Südteil ursprünglich ein großes Atelier. Die Privatklinik Dr. Haas (s. Nr. 19) ließ 1929 das Erdgeschoss als Röntgenräume umbauen; 1960 Dachgeschossausbau mit Schwesternzimmern (zusammen mit Nr. 15, s. dort). 1998/99 Restaurierung.

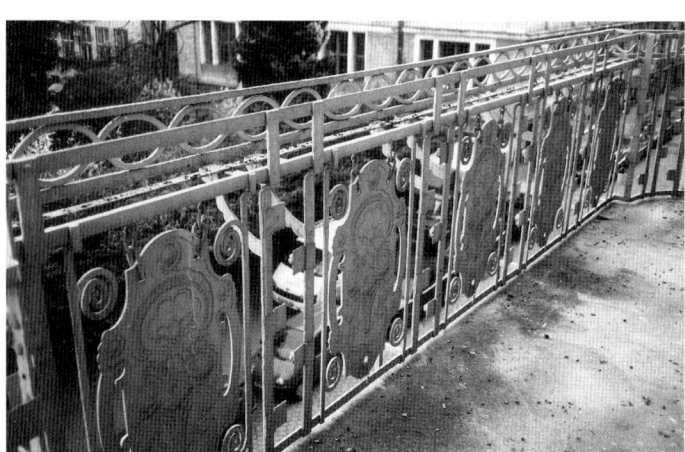

Richard-Wagner-Straße 17, Balkongitter; Aufn. 1997

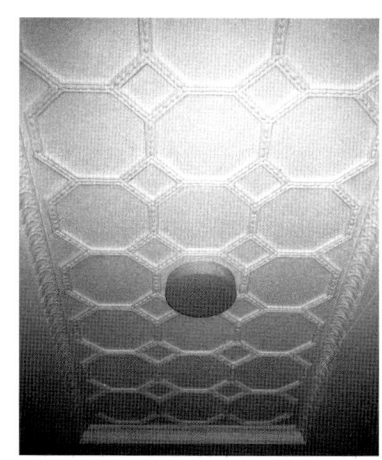

Richard-Wagner-Straße 17, Stuckdecke; Aufn. 1997

Richard-Wagner-Straße 18. Nach Beseitigung eines kleineren Wohngebäudes der frühen 1870er Jahre entstand Nr. 18 1899–1900 nach Plänen von Leonhard Romeis für den Bauunternehmer Otto Bohner. Mit zwei bautiefen Flügeln markiert es den Anschluss der neuen Richard-Wagner-Straße an die Gabelsbergerstraße, als Anhebungsbau und zusammen mit dem gleichzeitigen Haus Nr. 27 westlich gegenüber bildet es ein Straßenportal. Freilich steht der mächtige Eckbau seit dem Verlust von Nr. 16 und vor allem der Neufestsetzung der Baulinien der Gabelsbergerstraße isoliert im städtebaulichen Umgriff. (Haus Nr. 16 war gleichzeitig mit Nr. 18 und ebenfalls für Bohner geplant worden. Doch wurde es so stark kriegszerstört, dass man es schließlich aufgab.) Den ursprünglich repräsentativen Zugang in Nr. 18 steckte Romeis mittig in den Flügel an der Richard-Wagner-Straße, er führt zum beinahe quadratischen Treppenhaus am Hofwinkel, das ohne eigenen Ausbau von diesem her belichtet wird. Gemäß Erstzustand erschließt die dreiarmige Podesttreppe (mit quadratischen Wechselpodesten) zwei große Wohnungen in jeder Etage, bauflügelweise organisiert. Die äußere Gestaltung des großen Hauses gemahnt an Stadtpaläste der Renaissancezeit, freilich unter Abzug der Durchfensterung im Sockelbereich. Turmartige Eckpavillons mit eigenen Pyramidendächern spannen die Fassadenflächen ein, an der Gabelsbergerstraße eine Parataxe von vier eng gesetzten Fensterpaaren. Die längere Westfassade erhielt in der Eingangsachse einen zusätzlichen, breiten Fassadenmittelzug eingeklinkt, der in einem zweigeschossigen Flacherker oberhalb des Eingangs und einem hohen Dachhaus vor der Dachzone besteht. Die östliche Brandmauer wurde als hoher Treppengiebel ausgebildet, die hoch ragenden Zinnen eigens eingeziegelt. Typisch für das Schaffen von Romeis ist der Einsatz verschiedener Erkerformen, die Nachträglichkeit und Bauphasen unterstellen können. Bei aller Strenge in der Großform geriet die Garnitur des Baus zur malerischen Anverwandlung. Dem Werkprozess liegt dabei freilich eine gewisse späthistoristische Beliebigkeit zugrunde.

Das Haus wurde im Zweiten Weltkrieg durch Nahtreffer (neben Nr. 16 wurde auch die Vorgängerbebauung von Gabelsbergerstraße 57 erheblich zerstört) in Mitleidenschaft gezogen. Eine durchgreifende Instandsetzung von Fassaden und Dach geschah 1950 durch Baumeister Johann Koller. Die Nutzung durch Institute der Techn. Universität seit 1989, insbesondere die vollzogenen Adaptierungsarbeiten können als intensiv angesehen werden.

Richard-Wagner-Straße 19. Ehem. Privatklinik Dr. Haas. Auf dem bei Baubeginn noch dem Brauereibesitzer Josef Schülein (Unionsbräu) gehörenden Grundstück ließ sein Schwiegersohn, der praktische Arzt Dr. Alfred Haas 1910/11 die äußerlich einem herrschaftlichen Wohnhaus gleichende Privatklinik errichten; Bauleitung Architekt Gustav Pfeiffer von der Baufirma Gebr.

Richard-Wagner-Straße 19; hist. Aufn.

Richard-Wagner-Straße 18/Ecke Gabelsbergerstraße; Aufn. 1995

Rank. Die viergeschossige Fassade – heute stark vereinfacht – zeigte die für den entwerfenden Architekten Max Neumann typische vornehm klassizistische Gestaltung, mit rustiziertem Erdgeschoss, zwei Dreiseitenerkern, dazwischen eingespanntem Metallgitter-Längsbalkon im 1. und mit durch ein Gesims abgesetztem niedrigerem 3. Stock, insgesamt dem Nachbarhaus Nr. 17 ähnlich, im Mittelteil allerdings ursprünglich wesentlich aufwendiger gestaltet mit halbsäulenähnlichen konvexen Kolossalpilastern, über ihnen Vasen im letzten Stock sowie mit Zierfeldern und Reliefdekor; am rechten Dachende ein Halbgiebel-Zwerchhaus.

Das Innere ursprünglich von beiden Seiten erschlossen: links Durchfahrt mit rechts anliegender, um großen Aufzug gelegter Treppe, rechts (bis zum Umbau 1938) Eingang und gerade Treppe zur weiträumigen Arztwohnung Dr. Haas im 1. Stock. Im Keller lagen Küchen und andere Betriebsräume, im 2. und 3. Stock die Krankenzimmer, im Dachgeschoss hofseitig der runde Operationssaal nebst anschließender glasgedeckter Liegehalle, im rechtsseitigen Hofflügel unten Turnhalle, darüber im 2. und 3. Stock Krankensäle.

1938/39 – nach Emigration des jüdischen Ehepaars Haas – für die Kassenärztliche Vereinigung Umbau zur Gebärklinik durch Architekt Simon Lichtenecker; 1977 weitgehender innerer Umbau für die Kongregation der Franziskanerinnen Erlenbach e. V. (vgl. Nr. 15/17); nach 1993 einige Jahre leerstehend; in der Folge restauriert.

Richard-Wagner-Straße 27. Im September 1899 beschäftigte sich die Baulinienkommission mit dem Eckgrundstück Richard-Wagner-Straße 27, also dem Anschluss dieser Straße an die Gabelsbergerstraße. Das Areal ging schließlich aus dem Besitz der Familie Bleibinhaus (vgl. Straßenvorspann) in denjenigen des Kaufmanns Clement Schuster über, der den neu arrondierten Bauplatz zunächst von Nebengebäuden frei räumen ließ. Planung und Ausführung des zwei Jahre nach der Einmessung abgeschlossenen Neubaus lag in Händen von Martin Wintergerst (vgl. zahlreiche Bauten an der Schellingstraße). Entstanden war ein mächtiger Eckbau in neubarocken Formen, von dessen Gestalt der heutige Bestand noch Ansätze überliefert. Das zweiflügelige „Wohn- und Restaurationsgebäude" war mit einem Ladengeschäft im Erdgeschoss (in den beiden südlichen Achsen an der Richard-Wagner-Straße sowie in der westlichen Achse an der Gabelsbergerstraße) und einer Gastwirtschaft mit Zugang von der Gabelsbergerstraße her konzipiert. Der Zugang zu den Wohnungen darüber wurde durch einen breiten Hauseingang (zugleich Hofdurchfahrt) gewährleistet, dem Wintergerst rechter

Richard-Wagner-Straße 27

Hand das Treppenhaus anschloss, am Hofwinkel positioniert und von diesem her belichtet. Die doppelläufige Podesttreppe (mit gezogenen Stufen vor den auswinkligen Wechselpodesten) erschließt in jedem Obergeschoss drei unterschiedlich große Wohnungen, dies gemäß Eingabeplan. Die Bäder kamen in den Dunkelzonen zum Liegen. Bis zur Kriegszerstörung des Anwesens, das dennoch weitgehend bewohnbar blieb, und der anschließenden glättenden Wiederherstellung kennzeichnete die Fassaden des Hauses reife neubarocke Zier. Alle Öffnungen des Erdgeschosses waren korbbogig geschlossen, ein ebenso geschlossenes Dachhaus überhöhte den kantigen Erker, den Wintergerst mittig in die Hauptfassade gesetzt hat, vor der Dachzone. Den Hauptakzent bildeten Erkertürme über der Hausecke wie auch oberhalb der südlichen Achse, mit rhythmisierten Dreierfenstern und Glockendächern. (Der beinahe flugdachartige heutige Abschluss sowie die blank stehende Brandmauer von Nr. 19 sind als Notlösungen zu betrachten.) – Gedenktafel an den katholischen Publizisten Dr. Fritz Gerlich, der hier von 1922 bis zu seiner Verhaftung am 9. März 1933 wohnte (ermordet 1934 im KZ Dachau).

Riedlstraße

Kurze, schmale Verbindung zwischen Emil-Riedel-Straße (ehem. Riedl-Isardamm) im Osten und der ehem. Eisbachstraße, heute Nordast der Lerchenfeldstraße im Westen, benannt um 1890 (Dollinger 1995) nach Oberst Adrian von Riedl (1746–1809), der sich als Topograph, Geograph und Wasserbau-Fachmann im Staatsdienst große Verdienste erworben hatte.

Riedlstraße 2. Auf zuvor unbebautem Grund entstand das Anwesen (ursprünglich ein Wohn- und Wirtschaftsgebäude, mit Gasthaus im Erdgeschoss) 1903–04 nach Plan von Architekt Eduard Müller für den Baumeister Simon Reischl. Über zwei

Riedlstraße 7/Lerchenfeldstraße, Gasthaus Kratzer (abgebr. 1978)

Riedlstraße 2

Flügeln bildet das Haus den dominanten nördlichen Eckbau am Anschluss der kurzen west-östlichen Verbindungsstraße von der Lerchenfeldstraße im Westen her mit dem Bogenhauser Fußweg/Riedldammstraße, einer frequentierten Straßenverbindung zur Max-Joseph-Brücke hin, die erst 1907 in Emil-Riedel-Straße umbenannt worden ist. An der Riedlstraße misst das Haus 16 Meter, entlang der Emil-Riedel-Straße 18 Meter. Der mittig in den Flügel an der Riedlstraße gesteckte Hauseingang führt zum beinahe quadratischen Treppenhaus (mit großer Laterne) am Hofwinkel. Zwei Wohnungen wurden gemäß Eingabeplan in jeder Etage untergebracht, bauflügelweise organisiert. Das Äußere des Anwesens wird von einer Durchbildung in Formen der deutschen Renaissance gekennzeichnet. Dabei ist es ein Wesensmerkmal dieser Stilausprägung, dass Grundsymmetrien in der Baumassenverteilung außer Acht gelassen wurden/werden konnten. Vor diesem Hintergrund stellt Riedlstraße 2 ein etwas überdeutliches Beispiel dar. Den Hauptakzent des Hauses bildet ein ausmittig an die Südkante herangerückter Zwerchgiebel mit aufgesprengter Trauflinie. Ein zweigeschossiger Erker wurde ihm nördlich wiederum ausmittig vorgesetzt, der ganz malerisch verpflichtet darunter noch eine Vorlage erhielt. Letztere entbehrte jedes strukturellen und tektonischen Bezugs, hierin der massiven, schwebenden Verdachung vor dem Fenster des Zwerchhauses im 4. Obergeschoss verwandt. Am 18.3.1944 zerstörte eine Brandbombe Dachstuhl und Dachwohnung, nach den Löscharbeiten war das Haus zu räumen. Der Zerstörung folgte eine leicht geschlichtete Wiederherstellung, was vor allem am Giebel ersichtlich ist. (Fassadenrenovierung 1976, Fenstererneuerungen 1999, jüngste Fassadeninstandsetzung 2005.) (Siehe Flurkarte S. 177)

Rindermarkt

(Vgl. Ensemble Altstadt.) In seiner historischen stadträumlichen Gestalt ist der Rindermarkt heute, nach fast völliger Zerstörung der Randbebauung im Luftkrieg und folgenden Stadtgrundrissänderungen, kaum noch anschaulich nachvollziehbar. Der schon für ca. 1240 belegte Name weist auf eine den benachbarten Markt (heute Marienplatz) ergänzende, wichtige Sonderfunktion hin; doch wurde der Großviehmarkt schon vor 1369 auf den Anger, den heutigen St.-Jakobs-Platz, verlegt. Stridbecks Ansicht des Rindermarktes von ca. 1700 zeigt drei Stände des damals hier abgehaltenen Tandelmarktes. Der ursprüngliche, heute südseitig breit aufgebrochene Grundriss des Rindermarktes hatte die Form eines kleinen, gekrümmten, sich in der Mitte verbreiternden Straßenmarktes, der – am Westturm-Massiv der Peterskirche vorbei nach Süden sich erstreckend – gemäß seiner Randlage im ältesten, hochmittelalterlichen Stadtkern der ersten Stadtmauer parallel laufend westwärts abgebogen war. Das früher sehr enge, um die Wende zum 20. Jh. zweimal verbreiterte Nordende zwischen St. Peter und dem Marienplatz wurde früher St. Petersgasse (und ähnlich), vom späten 18. bis frühen 20. Jh. Schleckergässel bzw. -gassl genannt. Im Verkehrswegesystem der Kernstadt war der Rindermarkt Bestandteil der zweistrangig-parallelen Nord-Süd-Achse, die sich im Norden erst beim Äußeren Schwabinger Tor der Stadterweiterung vereinigte; im Süden hingegen konvergierten Rindermarkt und Rosenstraße bereits vor der Innenseite des alten Inneren Sendlinger Tores (im Bereich des heutigen Ruffini-Blocks) und fanden ihre Fortsetzung in der Sendlinger Straße.

Die geschlossene Randbebauung der konvex gebogenen Nordwestseite wurde – nach Abbruch des noch erhaltenen Neurenaissance-Eckhauses Marienplatz 22 im Jahre 1955 (s. Marienplatz/Vorspann) – in schlichter Form, z. T. mit (inzwischen teils wieder beseitigten) Fassadenmalereien als Altmünchner Traditionszitat und zurückgestaffeltem 5. Obergeschoss wiederaufgebaut; das letztgenannte Motiv, Rücksichtnahme auf die frühere geringe Straßenbreite, erwies sich im späteren platzartigen

Rindermarkt; Kupferstich von Johann Stridbeck, ▷
um 1700

Rindermarkt nach Osten, links Rosenstraße 6;
Aufn. um 1900

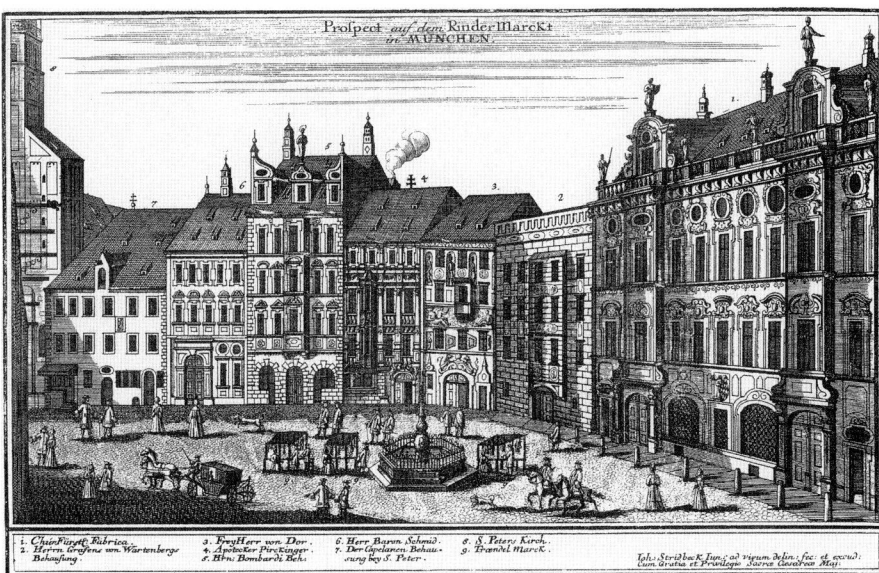

Kontext als überflüssig. Um 1960 erfolgte über Ruinengelände hinweg die Verlängerung des Rindermarkt-Nordteils geradeaus nach Süden zum gleichfalls um diese Zeit für den Durchgangsverkehr ausgebauten Oberanger (s. dort). Im Zusammenhang mit der sukzessiven Neubebauung an der Ostseite ergab sich ein neues Architekturbild für den Blick von Süden mit den historischen Akzenten des aus zerstörter Hofbebauung freigelegten Löwenturmes (s. Rosental 3) und dem nunmehr aus erheblich größerem Abstand sichtbaren Petersturm. An der Westseite des Straßendurchbruchs ergab sich eine nicht mehr überbaute dreieckige, leicht nach Süden abfallende Restfläche (bis zur Pettenbeckstraße), die begrünt und mit dem breit entfalteten *Rindermarktbrunnen* von Josef Henselmann (1964) besetzt wurde – über asymmetrischer Wassertreppenanlage steinerne Rindergruppe und sitzender Hirt. Die Westseite dieses Zwickelareals wird von der (nicht als Platzwand konzipierten) dekorativ-polychromen Seitenfront von Gabriel Seidls Ruffini-Block (s. Rindermarkt 10) begrenzt, dessen schmale Nordseite der letzte Restbestand der einst hier endenden Südzeile des Rindermarktes ist. Der Ruffini-Block und ihm nördlich gegenüber das 1909 erbaute Eckhaus Rosenstraße 6 (s. dort) am Westende des Rindermarktes sowie die das Turmmassiv von St. Peter flankierenden Eckhäuser Marienplatz 21 (s. dort) und Rindermarkt 1 an der Ostseite des anderen Straßenendes sind die letzten noch erhaltenen Altbauten. Nach der Verbreiterung der Verbindung zum Marienplatz konnte der Rindermarkt von 1905 bis 1934 (zeitweise bis 1944) von der die Altstadt in Nord-Süd-Richtung durchquerenden Straßenbahn befahren werden (seit 1972 U-Bahntunnel).

Nach Aussage der historischen Bildquellen und Stadtmodelle war der Rindermarkt als nächst dem Marienplatz bevorzugte Kernstadtsituation durch eine besonders stattliche, schmuckreiche Bebauung ausgezeichnet. Im letzten Vorkriegszustand, der in Häuserbuch IV (1966) dargestellt ist, war sie überwiegend in klassizistisch-biedermeierlicher Zeit und im späten Historismus erneuert bzw. ausgewechselt worden.

Bis zur Zerstörung 1944 hatte der im Mittelbereich der konkaven äußeren Häuserzeile stehende Gasthof Drei Rosen (ehem. Nr. 5) noch eine barocke Fassadengliederung von ca. 1700 mit segmentbogigen Fensterverdachungen und reichem Stuckdekor (auf Stridbecks Ansicht des Rindermarktes um 1700 als Haus 3 noch in früherer Form mit Fassadenmalerei; Rambaldi (1894) erwähnt eine gotische Hauskapelle; 1971 Neubau mit Rohbacksteinverblendung nach vermeintlich Altmünchner Art). Stridbecks Ansicht der äußeren Häuserreihe vermittelt eine Vorstel-

lung von der abwechslungsreichen, repräsentativen Fassadengestaltung in diesem Stadtbereich. Der von ihm dargestellte Brunnen in Straßenmitte mit Sechseckbecken war der Nachfolger der höchst aufwendigen, vorbildhaft gewordenen, in einer Reiterfigur gipfelnden Brunnenanlage mit Figuren von Hubert Gerhard, die Herzog Ferdinand von Bayern 1584/87 vor seinem Palast hatte errichten lassen (seit ca. 1611 im Brunnenhof der Residenz, s. dort).

Das ehemals an die Drei Rosen rechts angrenzende Haus Nr. 6 (heute beginnt hier der moderne Straßendurchbruch) – auf Stridbecks Ansicht (Nr. 2) mit Flacherker, wohl gemalter Rustikafassade und Blendzinnen – trug vor der Zerstörung eine Gedenktafel an seine Erbauung durch Herzog Ferdinand von Bayern, den Bruder Wilhelms V., im Jahre 1588. Dessen Palastanlage samt Garten und Kapelle reichte rückseitig bis zum Rosental (s. dort). Von den Grafen Wartenberg, Nachkommen Ferdinands (gest. 1608) und seiner nicht ebenbürtigen Gemahlin Maria Pettenbeck, gelangte das Anwesen im mittleren 18. Jh. in wechselnden bürgerlichen Besitz; zuletzt fünfgeschossig mit klassizistischer Putzfassade wohl von ca. 1790/1800 und dem sog. Haslinger-Durchgang zum Rosental, benannt nach einem Besitzer kurz nach 1800; im frühen 19. Jh. wohnten hier zeitweise der Zeichner Carl August Lebschée und Alois Senefelder, der Erfinder der Lithographie. – Das ehem. Nachbaranwesen Nr. 7 (bis zum Rosental durchgehend), von Stridbeck (Nr. 1) als „ChurFürstl. Fabrica" mit breiter, prachtvoller, durch zwei übergiebelte Eingangsrisalite unterteilter Barockfassade dargestellt, wurde unter Kurfürst Max Emanuel Sitz der Gobelinmanufak-

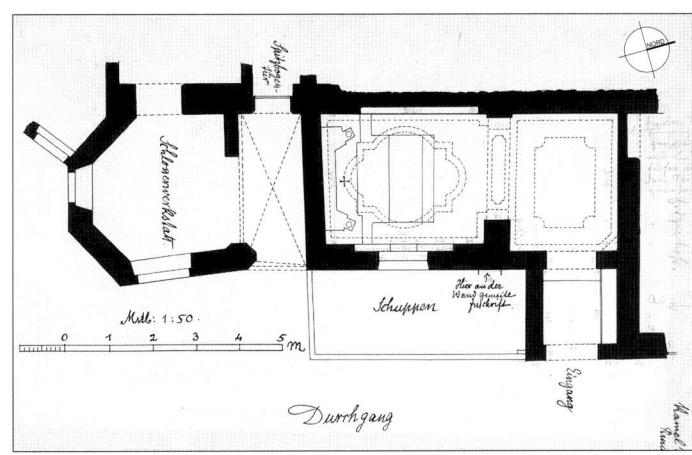

Rindermarkt 8, ehem. Hauskapelle im Erdgeschoss; Grundriss 1894 vor Abbruch

Rindermarkt 8, Hof (zerstört)

tur, enthielt jedoch in erster Linie vornehme Mietwohnungen; nach Stimmelmayr (gegen 1800) „churfürstliche Porcellain- und Eisenfabrique Niederlage"; zuletzt fünfgeschossiges Wohn- und Geschäftshaus von 1873 mit von Lorenz Gedon entworfener Neurenaissancefassade. – Haus Nr. 8 (rückseitig bis zum Rosental), 1895 durch Neubau ersetzt, gehörte im Spätmittelalter der Patrizierfamilie Pötschner (vgl. St. Peterskirche, Flügelaltärchen aus der ehem. Hauskapelle, Epitaph Balthasar Pötschner); im malerisch-verwinkelten Hofbereich (Durchgang zum Rosental) stand der durch den Luftkrieg freigelegte, noch erhaltene sog. Löwenturm (s. Rosental 3). – Zwischen dem früheren Eckhaus Nr. 9, einem stattlichen Wohn- und Geschäftshaus von 1901, und dem Ruffini-Block wurde 1896 ff. die Pettenbeckstraße (s. dort) durchgebrochen. Im Vorgängerbau Nr. 9 wurde am 15. Oktober 1861 der Schriftsteller Josef Ruederer geboren.

Die konvexe Häuserreihe des Rindermarktes, die einen Block mit den Anwesen an der Südseite des Marienplatzes und der Ostseite der Rosenstraße bildet, hatte vor dem Luftkrieg noch z. T. vorgründerzeitliche Substanz bewahrt. Die Häuser Nr. 13 und 23, beide mit Steildächern und Ohrwascheln, stammten im Kern wohl noch aus vorbarocker Zeit, die Fassaden waren im späten (Nr. 13) bzw. mittleren 18. Jh. umgestaltet worden. Das Doppelhaus Nr. 18/19 wies eine reiche Stuckdekoration mit 1732 datierten Malereien auf; Nr. 19 gehörte 1734–46 dem Hofstuckator und Maler Johann Baptist Zimmermann (Häuserbuch IV 1966; Erdmannsdorffer 1972); Christina Thon (1977) nahm an, Zimmermann sei eher Besitzer des stattlicheren, fünfgeschossigen Nachbarhauses Nr. 20 gewesen, dessen reicher Rokoko-Stuckdekor seiner Handschrift entsprach.

ARCHÄOLOGISCHE BEFUNDE: Größere Bodeneingriffe und Umbauten sind aus jüngerer Zeit nicht bekannt. Deshalb ist mit untertägig erhaltenen Resten von Bauwerken, unter der Straße mit verrohrten Bächen und Pflastern und unter den Gebäuden mit Resten von Vorgängerbauten, möglicherweise mit Brunnen und Latrinen, zu rechnen. Unter Rindermarkt 1, 2, 7, 8 und 10 befinden sich Teile mittelalterlicher und neuzeitlicher Bebauung.

Rindermarkt 18/19 (zerstört)

Rindermarkt 20 (zerstört); Aufn. um 1938

Rindermarkt von Süden, rechts Löwenturm; Aufn. 2008

Rindermarkt 1, St.-Peters-Pfarrhof

Rindermarkt 1, Wohnungstür

Rindermarkt 1, 2. Obergeschoss, Treppenhaus

Rindermarkt 1. St.-Peters-Pfarrhof. Von den die Peterskirche umgebenden, der Pfarrei gehörenden Gebäuden (s. Petersplatz/Vorspann und Nr. 8, 9, 10, 11) blieb ihr nach deren Verkauf zu Beginn des 19. Jh. nur noch das 1787/88 durch einen Neubau ersetzte Eckhaus am Rindermarkt erhalten. Den dreigeschossigen Vorgängerbau (bis ins frühe 16. Jh. in bürgerlichem Besitz; sichtlich ursprünglich ein Doppel- oder Dreieranwesen) zeigt Sandtners Stadtmodell 1570 mit je zwei Eingängen an der Nord- und Ostseite, einem westseitigen Flacherker im 1. Stock und mit insgesamt vier Aufzugsgauben; die Fensteranordnung ist unregelmäßig, Traufe und Dachfirst schließen sich dem östlichen Nachbarhaus (s. Petersplatz 10, 11) an. Die Westseite allein ist – in den Proportionen verkürzt – auf Stridbecks Ansicht des Rindermarktes dargestellt (um 1700; „7. Der Capelanen Behausung bey S. Peter"). Im 17. und 18. Jh. wird die „vierte" bzw. „sechste Behausung von St. Peter" erwähnt (Häuserbuch IV 1966). Auf Stimmelmayrs Skizzen (vor 1788, da er den Platz noch „St. Peters Freythof" nennt) ist noch der dreigeschossige Vorgängerbau dargestellt, „wo ebner Erde ein Dantler" (westseitig) sein Lokal hatte.

Gemäß den Rechnungsbüchern von St. Peter von 1787–89 (Pfarrarchiv, vorläufig Nr. 108–113) wurde das Eckhaus 1787–88 neu erbaut (Gesamtkosten 20.435 fl.) und an St. Georgi 1788 (23. April) von den Mietern bezogen – in (Keller-)Gewölben und Erdgeschoss von Händlern und Gewerbetreibenden, in den drei Obergeschossen von je drei Mietern, u. a. dem Hofmaler Franz Ignaz Öfele im 3. Stock. Das Gebäude wurde gemeinhin als „St. Peters Neubau" bezeichnet, so noch von Lorenz Hübner 1803, das östlich angrenzende Doppelanwesen (Petersplatz 10, 11) demgemäß als „Altbau". Der Baumeister ist bislang noch nicht ermittelt (in den Kirchenrechnungen wird um diese Zeit mehrfach Stadtmaurermeister Matthias Krinner erwähnt, doch ohne Bezug zum Neubau), ebenso wenig der genaue Zeitpunkt des Umzugs von Dekan, Pfarramt und Wohnungen aus dem 1806 verkauften alten Dechanthof (s. Petersplatz 8) in den Neubau nebst damit eventuell verbundenen Adaptierungsmaßnahmen (auch die Fassadengestaltung zeigt eher Merkmale der Stilphase um 1800).

Das klassizistische viergeschossige Eckhaus mit zehn Fensterachsen im Norden, neun im Westen am Rindermarkt und an der Ecke abgewalmtem Dach weist eine jede barocke Reminiszenz ausschließende, gleichförmig-parataktische Fassadengliederung mit Putzrahmen und schmalen Rauputzfeldern, Ecklisene und knapp profiliertem Traufgesims auf. Das Erdgeschoss, ursprünglich mit Fenstern wie in den Obergeschossen (1843 Einbau einer hölzernen Auslage), ist 1897 durch Ladenauswechslung weitgehend erneuert worden, seine Front wurde zwischen rustizierten Pfeilern völlig in große, unterschiedlich breite Schaufenster aufgelöst (10, später 6 Läden); Ladenstöcke z. T. erhalten, an der Ecke eingezogene Vorplatzbildung mit toskanischer Freisäule, Eisenstützen und -elemente lieferte die benachbarte Fa. Kustermann. Gleichzeitig Einbau von russischen Kaminen. Gesamtplanung 1891 von Jos.(?) Bleschart, städt. Ing. a. D.

Die beiden Flügel schließen einen kleinen Hof in der Südostecke ein. Kellerräume in der Osthälfte noch mit Stichkappentonnen, flachkuppeligen Gewölben und Kieselpflaster, mehrfach verändert und unterteilt. Eingangsflur mittig von Norden her zur U-förmig gewendelten Treppe mit steigend profiliertem Brettbalustergeländer (bis in den Dachboden hinauf). Wohnungstüren mit Füllungen und Oberlicht, z. T. Beschläge in barocker Tradition; ein Türblatt im 3. Stock mit geschweift schließender Füllung nach barocker Art, also um 1788. Die Wohn- und Amtsräume sind hauptsächlich entlang den Straßenseiten angeordnet; im finsteren Bereich waren u. a. Holzlegen situiert, westlich der

Treppe Küchen. In Wohnungen des 2. und 3. Obergeschosses sind Reste von bauzeitlicher Ausstattung erhalten wie profilierte Stuckkehlen, zweifeldrige Türblätter mit Kastenschlössern aus Messing (um 1800) und einige zweiflügelige Kreuzstockfenster mit Beschlägen vom barocken Typus.

Das Dachwerk ist (nach Heinz Strehler, Bauforschung BLfD) ein zweifach liegender Stuhl mit Mittelhängesäule aus gesägten Nadelhölzern; die Holzverbindungen sind gezapft. Die Hängesäulen weisen im Querschnitt (ca. 25/25 cm) an den Ecken je einen Dreiviertelstab auf, eine sehr aufwendige, bisher nicht beobachtete Gestaltung. Im 2. Dachgeschoss trägt eine Hängesäule die eingeschnitzte Signatur samt Datum S K / 1787. Das Dachwerk ist allgemein in gutem Zustand, leider sind alle Dachfüße im später eingebrachten Estrich eingeschlossen (was bei späterer Restaurierung möglichst rückgängig gemacht werden sollte). Das kleine Bretterhäuschen des Dachausstiegs an der Südseite trägt an einer Innenseite die aufgemalte Inschrift: Diese / Waschaufhänge / wurde gebaut / 1863 (dazu eine weitere Inschrift von Prälat Zistl). Erhalten ist auch noch eine Aufzugswinde im Westflügel nebst stark erneuerter Aufzugsgaube hofseitig.

Schaufenster um 1985 renoviert bzw. in alter Form erneuert; hofseitig Anlage einer Dachterrasse. Letzte Fassadenrestaurierung 2003 (in Grau- und Gelbtönen).

[**Rindermarkt 3.** Siehe Viktualienmarkt 8.]

Rindermarkt 10. *Ruffini-Block* (mit Rosental 1 und Sendlinger Straße 1). Die dreiseitige Wohn- und Geschäftshausgruppe in malerischen barockisierenden Formen mit reich stuckierten, mehrfarbigen Fassaden wurde 1903–05 nach Plänen Gabriel von Seidls errichtet. Die auffallende Baugruppe, in der seit dem Zweiten Weltkrieg veränderten Umgebung von verstärkter Wirkung im Stadtbild, nimmt eine markante Position sowohl an der Terrassen-Hangkante wie auch am Übergang vom ältesten Stadtkern zur Stadterweiterung des 13. Jh. ein – die Bebauung überlagert den ehem. Stadtgraben, an ihre Nordwestseite (zum heutigen Anfangsteil der Sendlinger Straße) schloss sich das (innere) Sendlinger Tor an, dessen Torturm – vielfach Pütrich-, im 18. Jh. Ruffiniturm genannt – 1808 im Zusammenhang mit der Straßenverbreiterung abgebrochen wurde. Die vielteilige Bebauung, die sich hier im Spätmittelalter entwickelt hatte, zeigt das Stadtmodell von Sandtner um 1570; markantester Bestandteil ist das polygonale Gebäude im Norden und Osten mit seiner z. T. in Zinnen endenden Vorschussmauer. Der zweigeteilte Komplex – der Bereich im Westen und Süden gehörte im Spätmittelalter der Familie Pütrich – war von 1708 (Nord- und Ostteil) bzw. 1721 bis 1816 im Besitz der geadelten Kaufmanns-, nachmals freiherrlichen Familie von Ruffini. Stimmelmayr (gegen 1800) zeigt ihn in der vereinheitlichten viergeschossigen Gestalt der Barockzeit (s. Bauer/Graf 1996, Abb. 182).

Ruffini-Block von Nordosten; Aufn. um 1920

Rindermarkt 10 (rechts Sendlinger Straße 1); Entwurf von Gabriel Seidl, 1903

Rindermarkt 10 von Nordosten; Aufn. 1995

Gabriel Seidl konzipierte einen annähernd dreieckigen, einen gemeinsamen Hof umschließenden Komplex aus drei jeweils unterschiedlich, aber im barockisierenden Sinn gestalteten Häusern mit Einzelläden im Erdgeschoss (als Ersatz für den Ruffini-Bazar) und drei Wohngeschossen (heute städtische Verwaltungen), also bewusst um ein Geschoss niedriger als die sonstige Neubebauung an der Pettenbeckstraße. Die gemäß der Auffassung vom malerischen Städtebau verschiedene Einheiten und Entstehungsphasen simulierende Gruppe ist durch eine abwechslungsreiche Dachlandschaft mit hohen, profilierten Kaminen gekennzeichnet; der Geländeabfall ermöglichte zudem ein versetztes Geschossniveau an der Ost- und Südseite.

Das Haus *Rindermarkt 10* bildet mit der als Kopfbau wirkenden nördlichen Schmalseite des Längstraktes an der Pettenbeckstraße – ursprünglich mit großen Dachgauben – den effektvollen Abschluss der Rosenstraße, der bis vom Marienplatz her den

Ruffini-Block, Bauteil Sendlinger Straße 1

Erwerb (1898) und Neubebauung durch die Stadt erfolgten im Zusammenhang mit den Straßenerweiterungen an drei Seiten bzw. im Osten dem 1901 verwirklichten Durchbruch der Pettenbeckstraße (s. dort), an der in den Folgejahren eine Reihe z. T. architektonisch bemerkenswerter (kriegszerstörter) Geschäftshäuser entstand. Für das Ruffini-Areal erstrebte die Stadt statt eines von Architekt Eugen Macholdt propagierten großen Warenhauses eine bescheidenere Lösung; den ausgeschriebenen Wettbewerb gewann in diesem Sinne Gabriel von Seidl mit seinem Entwurf „Drei Häuser" (den zweiten Preis erhielt Wilhelm Spannagels Projekt). An der Stelle der 1901 abgebrochenen Altsubstanz mit zahlreichen Einzelhandelsgeschäften („Ruffini-Bazar") wurde der Neubau vom Herbst 1903 bis zum Frühjahr 1905 ausgeführt.

Rindermarkt 10 von Nordwesten; Aufn. 1995

Rindermarkt 10; Grundriss Erdgeschoss

Rindermarkt 10, Fassadendetail

Blick auf sich zieht. Daran schließt sich schräg zurückweichend der leicht konvexe Seitenflügel an der Sendlinger Straße an, mit über einer Balustrade zurückgesetztem 3. Stock und etwas niedrigerem Dachfirst. Die mit Kupferblech abgedeckte, vorkragende Hohlkehle über dem muschelkalkverkleideten Erdgeschoss mit korbbogigen Ladenöffnungen wie die über dem Haupttrakt weit überstehende Traufe sind Zitate alpenländischer Bauweise; die gespinsthaft alle Obergeschossflächen überziehende reiche Stuckdekoration von den Bildhauern Julius Seidler und Philipp Widmer in Verbindung mit mehrfarbiger Behandlung verarbeitet gleichfalls alpenländische Vorbilder des 16. bis 18. Jh. (etwa vom Hackl-Haus in Leoben) sowie Motive von Altmünchner Bürgerhäusern, die allerdings durch den gesteigerten dekorativen Aufwand überboten werden. Der Rechteckblock des Haupttraktes erhält durch sechs polygonale Erker an den beiden oberen Geschossen eine plastische Wirkung, ansonsten wird auf eine tektonische Gliederung verzichtet. Der silhouettenhafte Stuckdekor variiert auch Wirkungen von durch Sgraffiti und Freskomalerei geprägten historischen Fassaden. Relieffelder im 1. Stock zeigen am Kopfbau Allegorien von Tempus und Virtus, links um die Ecke eine nicht benannte weibliche Gestalt mit einem (bayerischen?) Löwen, dazu am konvexen Flügel in Rundbogenblenden Repräsentanten verschiedener Berufsstände, in der durch Girlanden zusammengefassten Zone zwischen dem 1. und 2. Stock Kartuschen mit Stände- und Zunftemblemen. Der Balustrade am Seitentrakt entspricht am Hauptbau ein prachtvoller Rankenfries mit Putten und Fabelwesen. Am Nordende der Ostfront zeigt ein Wandbildfresko von Karl Wahler den einstigen Ruffiniturm mit seiner Umgebung. Die Mittelachse des nördlichen Kopfbaus akzentuieren übereinander eine weibliche Allegorie (Fortuna auf rollender Kugel?), eine Kartusche mit dem Datum 1904 und das Stadtwappen; an der Ostseite Bauinschrift „Zerstört 1944 / erneuert 1955". Im Inneren sind das kreuzgratgewölbte Vestibül, die gewendelte Treppe mit Schmiedeeisengeländer und barockisierende Wohnungstüren erhalten.

Die beiden südlichen Eckbauten waren, der Münchner Bauordnung gemäß, die Ausnahmen genehmigungspflichtig machte, einfarbig – etwa silbergrau – gestrichen.

Das Haus *Rosental 1* im spitzen Winkel zwischen Pettenbeckstraße und Rosental interpretiert die Situation durch Abrundung der Ecke im Sinne gesteigerter plastischer Wirkung, zu der auch die Steinbalkone im 1., das Gesims über dem 2. und das zwischen den zurückgesetzten Endabschnitten kraftvoll vortretende 3. Obergeschoss samt dem steilen Mansarddach beitragen. Die Gliederung mit rustizierter Ladenarkadenzone in Naturstein und dekorativ interpretierten Lisenen zitiert die Übergangszeit vom Rokoko zum Louis XVI, somit eine spätere Phase als Rindermarkt 10. Dem entspricht stilistisch die reizvolle geschnitzte Haustür.

Das Haus *Sendlinger Straße 1*/Ecke Rosental ist in seiner stark dekorativen Gestaltung eher an Vorbildern des Spätbarock orientiert. Die Schaufensterarkaden sind mit Vordächern überfangen, die Obergeschossfenster zu Zweiergruppen zusammengefasst, im 1. Stock an der Sendlinger Straße als flacherkerartige Elemente vorgezogen; die 1. und 2. Stock zusammenfassenden ionischen Pilaster stehen auf Volutenkonsolen; der 3. Stock, mit einfacherer Pilastergliederung, ist durch ein Gurtgesims abgesetzt und war im Eckbereich ursprünglich hinter einer knappen Terrasse zurückgenommen. Die Seitenfront zum Rosental endet mit einem Flacherker samt Loggia darüber. Völlig verändert ist seit dem Wiederaufbau die Dachzone; es fehlen die Volutengiebel – zwei zur Sendlinger Straße, einer im Rosental – sowie ein Dachreiter; der einst malerische Gesamtbaukörper ist zu ruhiger Blockform reduziert.

Der optisch höchst wirkungsvolle Ruffini-Block stellt trotz seiner künstlerischen Qualitäten keinen zukunftsweisenden Beitrag zur Bauaufgabe des großstädtischen Wohn- und Geschäftshauses am Beginn der 20. Jh. dar, auch ist er nicht unter dem Gesichtspunkt der Denkmalpflege zu verstehen, da er eine vielschichtig gewachsene historische Substanz ersetzte, sondern als romantisch-heimatliche Stimmungsarchitektur höchsten Niveaus zur Interpretation eines unter malerischem Ideal begriffenen historisierenden Altstadtbildes, dessen „Aufwertung" erstrebt wurde.

Der gesamte 1944 schwer kriegsbeschädigte Ruffini-Block wurde 1954/55 von Erwin Schleich mit den im Einzelnen erwähnten Änderungen wiederhergestellt und unter seiner Leitung 1973 renoviert. (2008 Untersuchungen vor notwendiger Sanierung.)

Robert-Koch-Straße

In Wenngs Atlas 1850 kurzes, schmales „Koch-Gässchen" zwischen Tattenbach- und Mühl-, später Reitmorstraße, um 1875 als Kochstraße verbreitert und nach Osten bis zur Widenmayerstraße, dann auch nach Westen bis zur Triftstraße bzw. dem St.-Anna-Platz um die neue Pfarrkirche verlängert; nach Rambaldi (1894) benannt nach einem 1819 als Hausbesitzer erwähnten Koch namens Obermaier. 1931 Umbenennung nach dem Mediziner und Nobelpreisträger Robert Koch (1843–1910). (Vgl. Reitmorstraße/Vorspann und Beitrag von Johannes Hallinger.)

Robert-Koch-Straße 3. Auf zuvor unbebautem Grund, zentral im ehemaligen Tattenbachschen Lehel, errichtete Baumeister Heinrich Thommen 1892 Kochstraße 1 und 3 für sich selbst in einem Zug und mit spiegelsymmetrischen Grundrissen. Mit der Erbauung der beiden Miethäuser schloss Thommen die zwischen Triftstraße 4 und Tattenbachstraße 3 bestehende Baulücke zu einer Zeile. Das westliche Teilhaus steht mit 15 Metern Länge an der Straße und reicht 26 Meter tief in die Parzelle. Der Baumeister setzte eine durchaus moderne Baumassenverteilung um, die Häuser erhielten einen tiefen Rückflügel entlang der Grundstücksgrenze; die Hofwinkel wurden tief eingeklinkt, um weitere Belichtungsachsen zu ermöglichen. Der Zugang in das Haus Nr. 3 wurde seitlich entlang der westlichen Grenzmauer verwirklicht, er führt zum quer liegenden Treppenhaus, das vom Hofwinkel her Ostlicht erhält. Die zweiarmige Podesttreppe erschließt gemäß Eingabeplan zwei Wohnungen in jeder Etage. In den oberen Geschossen wurde nur ein straßenseitiges Fenster

Robert-Koch-Straße; Flurkarte, M. 1:2 500

Robert-Koch-Straße 3 (rechts
Tattenbachstraße 3)

Robert-Koch-Straße 5; Aufn. 1994

erbächl vorbei, das ab 1880 kurz oberhalb der Maximilianstraße aus dem Hofhammerschmiedbach ausgleitet und unterhalb der Prinzregentenstraße wieder in denselben zurückgeleitet wurde (die Auflassung erfolgte 1899).

Das knapp 15 Meter breite und etwas mehr als 13 Meter tiefe Gebäude entspricht seiner Grundrisstypologie nach den Bauten, die vor der Bauordnungsnovellierung vom Jahr 1879 entstanden sind: In jedem Obergeschoss ergeben sich wegen der Bautiefe Wohnräume in Dunkelzonen, die wie Alkoven durch Wandaufbrüche vom Hof oder der Straße her belichtet werden mussten. Der Zugang erfolgt durch einen breiten Hauseingang (zugleich Hofdurchfahrt), dem rechterhand ein zweiläufiger Treppenzug mit gezogenen Stufen anliegt. Dieser führt ins oberhalb der Durchfahrt liegende Treppenhaus, das wenig Licht erhielt (später geändert), weil es sich zentral im Gebäude befindet; die hier

denjenigen Wohnungen zugeschlagen, die sich in den Rückflügel erstreckten; ein langer Korridor stellt die Verbindung her. Die vierachsige Fassade wird von einer soliden Neurenaissanceauffassung gekennzeichnet. Zwei je seitliche, dreigeschossige Polygonalerker, dreiseitig, aber verschieden breit durchfenstert, sind den je äußeren Achsen vorgesetzt. Das Erdgeschoss erhielt eine schlichte Raupputzstreifen-Rustika, 1. und 2. Obergeschoss werden als Hauptgeschosse behandelt, hier finden sich die unteren Fenster mit Dreiecksgiebeln und die oberen Fenster mit Segmentbogengiebeln verdacht.

Am 13.7.1944 trafen das Anwesen mehrere Brandbomben, Dachtragwerk und 3. Obergeschoss wurden erheblich in Mitleidenschaft gezogen. Die Wiederherstellung des Dachraums als Wohnung geschah 1947. (Dachreparatur und Fassadenrenovierung 1987, hier ergänzende Rekonstruktion der Rustika 1990, erweiternder Dachgeschossausbau 1993, Instandsetzung des Treppenhauses 1995, 2001 erneuerte man die Fenster, 2005–06 auch die der straßenseitigen Gauben.)

Robert-Koch-Straße 5. In den frühen 1880er Jahren richtete der Krippenverein München (Zweigverein des St. Johannisvereins) eine Kinderbewahranstalt südöstlich des heutigen Hauses Tattenbachstraße 6 ein; später nannte man diese beliebte Institution auch St.-Anna-Krippe. Bald dachte man an eine Erweiterung, die schließlich 1899 nach Plan des Civilingenieurs Karl Stierstorfer als südliche Verlängerung des älteren Bestandes nach Süden, zur Robert-Koch-Straße hin, verwirklicht wurde. Die Fußbodenniveaus wurden eigens angepasst. Der Eingang erfolgt von der östlichen Seite her (das Treppenhaus erhielt einen eigenen, hohen Bodenerker mit Anschluss ins rückwärtige 3. Obergeschoss), eine Durchfahrt steckte Stierstorfer in die westliche Achse. Im 1. Obergeschoss wurden außerdem Sakristei und Kapelle eingerichtet. 1911–12 kam es zu ersten Veränderungen der inneren Struktur durch Liebergesell & Lehmann. Die späte Neurenaissancefassade akzentuierte Stierstorfer vermittels einer Engsetzung der mittleren beiden Fensterachsen. Diesen betonten Mittelzug überhöhte er in der Dachzone durch ein Dachhaus mit gebrochenem Schweifgiebel, dem er eine Rustika vorlegte und ein einzelnes Rundbogenfenster einschrieb. Im Luftkrieg blieb das Anwesen weitgehend unversehrt. (Fassadeninstandsetzung 1976–77 sowie 1996–97, dabei Ertüchtigung der Fenster zur Straße und Erneuerung der Fenster nach rückwärts, außerdem neue Eingangstür; 1999–2000 Adaptation von Wohn- zu weiteren Gruppenräumen.)

Robert-Koch-Straße 9. In den Jahren vor 1879 ließ sich der Gesellenhausverein St. Anna anstelle einer kleineren Vorbebauung das bestehende Anwesen erbauen. Das Mietswohnhaus rückte man östlich an das in den 1820er Jahren entstandene Anwesen Kochstraße 11 heran, westlich floss unweit das sogenannte Feu-

Robert-Koch-Straße 9, Hofseite mit
Holzerker

Robert-Koch-Straße 9; Aufn. 1994

Robert-Koch-Straße 9,   ▷
Hausfigur „Flora"

einläufige Treppe mit gezogenen Stufen erschloss in jeder Etage zwei mittelgroße Wohnungen (3½ Räume). Jeder Wohnung war ein Raum im rückwärtig angebauten Holzerker zugedacht, der mit eigener Verdachung der Hoffassade mittig angesetzt worden war.

Die Neurenaissancefassade des viergeschossigen Hauses findet sich in drei Fensterbahnen eingeteilt, in jede Bahn zog man zwei Achsen zusammen. Die mittleren beiden Achsen wurden zusätzlich einem seichten Risalit eingeschrieben, die geschosstrennenden Gesimse und auch das Dachgesims verkröpfte man dem Versprung entsprechend. Die Öffnungen im Erdgeschoss machen Rundbogen aus, auch die des großen Einfahrtstores (dieses wurde mittels flankierender Wandvorlagen, die ein schlichtes, aber hohes Gebälk tragen, weiters hervorgehoben). Die Fenster des 1. Obergeschosses erhielten einfach profilierte Rahmen, die des

2. Sturzfelder und gerade Verdachungen, die des 3. Dachgeschosses ausgemalte Faschen. Im Mittelzug der Fassade, hier zwischen den Fenstern des 2. Dachgeschosses steht in einer Nische die Figur der Flora. Die Gestaltung der Dachgauben, voll fassadenwirksam, kennt in München wenig Vergleichbares.
Am 25.4.1944 zerstörte eine Brandbombe das Dachtragwerk des Anwesens vollständig. Die Wiederinstandsetzung leistete die Kolpingsfamilie aus eigener Kraft. 1984 aber dachte man ob des desolaten Zustands an Abbruch, der jedoch von der Stadtverwaltung wie auch dem BLfD abgewandt werden konnte; auch die anschließende Absicht einer Entkernung wurde seitens der Bauwerber dann aufgegeben. (1991–94 schließlich Generalsanierung, Verdoppelung der Abgeschlossenheiten, Belichtung des Treppenhauses von oben; 1992/93 Instandsetzung des hofseitigen Bodenerkers.) – Vgl. Reitmorstraße 7 (ehem. Saalbau).

Robert-Koch-Straße 11. Das schon 1808 greifbare, möglicherweise ältere Vorstadthaus mit Wohnbereich und Laden ist als stadtgeschichtlich-urbanistisches Relikt von beinahe musealem Wert zu betrachten. Der frühest fassbare Bestand differenziert ein dreizoniges Wohngebäude, zwei Nebengebäude, teilweise aus Holz, in denen drei Öfen untergebracht waren. Der Überlieferung nach betrieb die Familie Reitz schon sehr früh im 19. Jh. hier eine Glaserei. Baugeschichtlich findet das Haus erst wieder 1888 einen registratorischen Niederschlag. Ein Veränderungsplan, den Franz Hartl, ein Metzgermeister, bei A. Schmelzle für den Dachausbau und Umsteckungen im Obergeschoss in Auftrag gab, referiert den noch heute nachvollziehbaren Bestand. Doch legen (erste) Untersuchungen nahe, dass Teile des Hauses in das frühe 19. Jh. zurückreichen, wie Ausbaudetails gerade in der östlichen Haushälfte, die den älteren Teil darstellt (vgl. die unterschiedlichen Fensterabstände v. a. am Obergeschoss), belegen. Beim frühen Bombardement am 20.9.1942 wurde das Haus im Dachbereich leicht beschädigt.

Robert-Koch-Straße 13. Die östliche Ecke Robert-Koch-/Reitmorstraße, an der sich das Haus Nr. 13 befindet, markiert in etwa die alte Einmündung des Kochgässchens in die Mühlstraße. Letztere war schon in den 1860er Jahren von den Stadtvätern argwöhnisch als zu unregelmäßig und mit zu vielen Engstellen behaftet angesehen worden (vgl. Reitmorstraße/Vorspann). Der Hofhammerschmiedbach, der den Verlauf der Mühl- und späteren Reitmorstraße prägte, wurde 1875 in der Breite der neu projektierten Kochstraße überwölbt und damit der Durchstich dieses Straßenlaufs nach Osten bis zur Isar möglich. Die Stadtgemeinde erwarb Zug um Zug die Kleinhäuser und Holzschupfen, die das Bild des Quartiers prägten, und ging anschließend an den Abverkauf neu arrondierter Grundstücke. Voraus ging die Arbeit der Baulinienkommission, die nicht zuletzt abhängig von den neuen Baulinien die Straßenbreiten festlegte.
In seiner unmittelbaren Nachbarschaft nimmt sich der Eckbau blockhaft (weil nicht in Bauflügeln organisiert) aus. Das Anwesen an der Reitmorstraße 1 entstand gleichzeitig mit Kochstraße 13, aber um ein Geschoss niedriger, das Nachbaranwesen an der Kochstraße zählt zu den ältesten erhaltenen im Lehel und ist ein Zeugnis der früheren Bebauung des Viertels.
1889–90 errichtete der Maurermeister und Spekulant Georg Frankenberger den großen Eckbau für sich selbst. Frankenberger betätigte sich vielmals als Grundaufkäufer und Bauherr im Lehel, prominentes Beispiel seiner Aktivitäten ist die wuchtige Häuserfolge Emil-Riedel-Straße 2, 4, 6 und 8, also auch im Lehel gelegen. Planfertiger von Haus Nr. 13 an der Kochstraße war der ebenfalls im Lehel viel beschäftigte Georg Guinin. (Dem Bauantrag waren Grundtäusche vorausgegangen.)
Von Süden her führt ein breiter Hauseingang zum rückwärtigen, aber eingezogen bleibenden Treppenhaus. Eine doppelläufige Podesttreppe erschließt in den Obergeschossen zwei verwandt

Robert-Koch-Straße 11; Aufn. 2006

Robert-Koch-Straße 13 (links Nr. 11 und 9); Aufn. 1995

geschnittene Wohnungen in jeder Etage, dies gemäß Eingabeplan. Ursprünglich befanden sich im Erdgeschoss eine Gastwirtschaft und Läden. Auf der Reitmorstraßenseite hat sich ein Ladengeschäft gehalten (Status: 2008). Ein erster Dachgeschossausbau fand schon 1919 statt, doch rührt die jetzige Gestalt der Dachwohnungen von einer Instandsetzung nach Kriegszerstörung sowie späteren Modernisierungen her (am 13.12.1944 trafen das Haus mehrere Brandbomben, in deren Folge die Dachwohnungen und das 3. Obergeschoss unbewohnbar waren).
Die Fassadengestaltung wird von einer schlichten Neurenaissance gekennzeichnet, risalitartig stellte Guinin die südlichste Achse an der Reitmor- sowie die östlichste an der Kochstraße leicht vor und bereitete so die abgeschrägte Ecke vor; diese jedoch blieb weiters unbetont. 1. und 2. Obergeschoss werden als Hauptgeschosse behandelt, schlichte Kaffgesimse fassen sie ein. Profilierte und geohrte Fensterrahmungen machen alle Obergeschoss-Öffnungen an den Straßenseiten aus. Die längere der beiden Fassaden, die an der Kochstraße, instrumentierte Guinin durch die Eng- und Weitsetzung der Achsen und das Nebeneinander von segmentbogenförmigen und dreieckigen Verdachungen der Fenster im 1. sowie geraden Verdachungen im 2. Obergeschoss. Die Achsen der kürzeren Fassade an der Reitmorstraße gestaltete Guinin hinsichtlich ihrer Abstände und ihrer Dekoration gleichförmig nebeneinander geordnet. War die Ablösung der Vorbebauung (vgl. das westlich nebenstehende Haus Nr. 11 an der Kochstraße) durch den Neubau von Nr. 13 ein Schritt in Richtung des Wohnbaus gehobenen Zuschnitts, blieb hinsichtlich Bauformen und Wohnkomfort doch ein Abstand zu den herrschaftlichen Mietshäusern, die gleichzeitig und wenig darauf in unmittelbarer Nähe, etwa entlang der Widenmayerstraße, entstanden und binnen kurzer Zeit noch entstehen sollten.

Robert-Koch-Straße 20/22. Die beiden Parzellen, auf denen Robert-Koch-Straße 20 und 22 1904–05 schließlich zum Stehen kamen, wurden eigens eingemessen, die Erbauung von Nr. 20 erfolgte nach Freiräumen des Bauplatzes von niedrigen Nebengebäuden, die Erbauung von Nr. 22 nach Einwölbung des Hofhammerschmiedbaches, der noch bis 1964 unter dem Gebäude durchfloss. Eine erste Überplanung der beiden Bauplätze war schon 1900 erfolgt, die Investoren Gebr. Schülein & Cons. hatten den vielbeschäftigen Georg Guinin mit einer Planung beauftragt, die schließlich nicht zustande kommen sollte. Die Baugründe gelangten in den Besitz des Baumeisters Michael Heitzer, der 1904–05 von Architekt Georg Hagn zwei große Mietshäuser mit verwandten Strukturen und Details erbauen ließ. Die vom Magistrat schon früher beschlossene Preisgabe der Mühlstraße zwischen der Maxi-

Robert-Koch-Straße 20/22

milianstraße im Süden und der Kochstraße im Norden wurde so baulich manifestiert. Mit dem Neubau wurde die alte Mühlstraße endgültig abgeschnürt. Von der Reitmorstraße kann nur mehr als dem nördlichen Abschnitt der alten Mühlstraße die Rede sein. Michael Heitzer kann als potenter Investor im Lehel bezeichnet werden, ihm gehörten die Bauplätze südlich und westlich der Neubauten, zahlreiche Häuser an der ungeraden Seite der Gewürzmühlstraße (vgl. den Beitrag von Johannes Hallinger). Bei Nr. 20 steckte man den Eingang in die zweite östliche Achse, die Durchfahrt kam ganz im Westen zum Liegen, bei Nr. 22 erfolgte die Disposition spiegelsymmetrisch analog. Die Treppenhäuser werden in aufwendigen Entrées über Zwischenpodeste erreicht, sie liegen in den Hofwinkeln (mit Einklinkung der Grundlinien), von diesen her belichtet. In jeder Etage lagen gemäß Eingabeplan zwei Wohnungen, wobei diejenige Wohnung, die in den Rückflügel hineinreichte, nur ein Fenster zur Straßenseite hin zugeschlagen bekam. Die Behandlung der Fassaden wird von barockisierendem Jugendstil geprägt, der ganz in der Fläche bleibt. Beide Fassaden werden von Zwerchhäusern dominiert, bei Nr. 20 ein dreiachsiges, das mittig in die Fassade disponiert worden ist und mit einem Wellengiebel abgeschlossen ist, dessen Giebelfeld Rollwerk ausmacht, bei Nr. 22 ein nur zweiachsiges Zwerchhaus, das die Fassade ausmittig überhöht und einen gebrochenen Wellengiebel trägt, dessen Giebelfeld ebenfalls stuckiert ist (hier aber eher vegetabilisch). Beiden Fassaden setzte Hagn einen zweigeschossigen Flacherker vor die jeweils östliche Achse, dessen Deckplatte das 3. Obergeschoss mit einem Austritt bedient.

Der Fassadendisposition von Nr. 22 kommt Point-de-vue-Funktion zu; faszinierend bleibt freilich, dass das gestalterische Kalkül das beschriebene Zwerchhaus ausmittig in die Straßenflucht der Reitmorstraße setzte. (Haus Nr. 20: Fassadenrenovierung und Erneuerung der Dachhaut 1984, wiederum Instandsetzung der Fassade 2005. Haus Nr. 22: Fassadenrenovierung 1985, Erneuerung der Dachhaut 1988, Anbau eines Aufzugs und Instandsetzung der Fassade 1999–2000, Instandsetzung des Treppenhauses 2002, der Fassade im Erdgeschoss und angepasste Erneuerung von Fenstern 2004–05.)

Rochusberg

(Vgl. Ensemble Altstadt.) Früher meist Rochusbergl genannte schmale Gasse an der Innenseite der nordwestlichen Stadtmauer, westliche Fortsetzung der Salvatorstraße. Anstelle der Mauer (mit „Hofgang" als Verbindung zwischen Residenz und Herzog-Max-Burg), an deren Innenseite sich bereits vor 1800 eine bescheidene Wohnhausbebauung lehnte, entstand im frühen 19. Jh. die planmäßige Häuserzeile am Maximiliansplatz Nr. 13–17. (Ehem. Westteil s. Rochusstraße; dort vermutlich das einstige Bergl – Standort der Rochuskapelle? – zu suchen.)

Rochusstraße

(Vgl. Ensemble Altstadt.) Der frühere Westteil des Rochusberges (s. dort) zwischen Pacelli- und Prannerstraße, noch auf den Stadtplänen von 1806–14 zu ihm gerechnet, wurde seit dem 2. Viertel des 19. Jh. (so auf Stadtplan von 1838) Rochusgasse genannt. Schmale Gasse (ursprünglich Bauwich) zwischen Dreifaltigkeitskirche (s. Pacellistraße 12) und dem Karmeliterinnenkloster (s. Rochusstraße 6/7) im Osten und der Nachfolgebebauung des einstigen Rochusspitals westlich im Zwickel hinter der einstigen Stadtmauer bzw. dem späteren Maximiliansplatz. An der Rückseite von Maximiliansplatz 19 (s. dort; Rochusstraße 2) Gedenktafel an das durch Wilhelm V. 1589 (?) gestiftete Rochusspital zur Pflege durchziehender Pilger (Ecke Pacellistraße, über diese hinweg durch einen Bogen mit der Herzog-Max-Burg verbunden). Nördlich schloss sich die ebenfalls vom (abgedankten) Herzog 1603 (?) erbaute kleine St. Rochuskirche samt (1789 aufgehobenem) Friedhof an; vgl. die Stadtpläne von T. Volckmer (1613) und M. Merian (um 1640) und vor allem die wesentlich genaueren Skizzen von J. P. Stimmelmayr (wohl vor 1789). Nach H. Stahleder (2005, Bd. 2) wurde das Spital erst 1606 gestiftet und erbaut. Das Kirchlein wurde (nach Häuserbuch II 1960) 1799 oder (nach Lehmbruch 1987a) erst 1803 an private Bauherren verkauft und wohl 1803 abgebrochen; die Spitalgrundstücke wurden im frühen 19. Jh. neu überbaut (Erstbebauung nicht erhalten).

Rochusstraße 5/7. Teil des ehem. *Karmeliterinnenklosters*, jetzt Erzbischöfliches Ordinariat. Die weitläufige Anlage wurde 1711–14 errichtet und ab 1724 nach Osten erweitert (Südflügel – heute Pacellistraße 8/10 – 1877 abgebrochen). Vgl. Pacellistraße 12 (Dreifaltigkeitskirche). Nach den im 19. und 20. Jh. durch Säkularisation, Veränderungsdruck und Luftkrieg eingetretenen Substanzverlusten gehört der Komplex zu den wenigen zumindest teilweise erhaltenen Barockklöstern Münchens (vgl. Theatiner- und Paulanerkloster). Doch fehlt gerade der Hauptflügel im Süden im Anschluss an die Kirchenfassade. An seiner Stelle zeigt Sandtners Stadtmodell um 1570 drei zweigeschossige Traufhäuser mit mächtigen Satteldächern, Rückgebäuden und Gärten, die sich im Norden bis an die schmale Rochusstraße an der Innenseite der schräg verlaufenden Stadtmauer erstrecken. Sie wurden 1710/11, das östliche Anwesen erst 1724, zugunsten des Klosterneubaus erworben und abgebrochen.

Bereits Maria Anna, zweite Gemahlin Kurfürst Maximilians I., plante die Gründung eines Karmeliterinnenklosters, die indessen erst infolge testamentarischer Stiftungen ihres zweiten Sohnes, des Herzogs Maximilian Philipp († 1705) und seiner Witwe Mauritia Febronia geb. de la Tour d'Auvergne († 1706) möglich wurde. Nach mancherlei Verzögerungen während der österreichischen Besatzungszeit und Bedenken der Stände und der Stadt gegen eine weitere Neugründung im klosterreichen München trafen 1710 oder 1711 vier Nonnen (des unbeschuhten Ordenszweiges) aus Prag ein – unter ihnen eine Schwester der Maria Anna Lindmayr –, die provisorisch im Haus des Grafen Perusa (heute Kardinal-Faulhaber-Straße 15?) untergebracht wurden. Die beiden Bauprojekte des Klosters und der Votivkirche der Stände – s. Dreifaltigkeitskirche (Pacellistraße 12) – wurden schließlich zur einheitlichen baulichen Anlage zusammengefasst. Die erhaltenen Pläne von 1711 zum Kloster sind (nach Dischinger 1978 und 1988; so schon Forster 1895) dem angesehenen Karmelitenbaumeister Bruder Dominicus a S. Euphrosina (mit bürgerlichem Namen Georg Schorn; † 1725) zuzuschreiben, der sie mit Viscardi, dem Architekten der Kirche, zu koordinieren hatte; anders als diese wurde der Klosterbau als wittelsbachische Stiftung (von Kurfürst Max Emanuel im Exil zu Luxemburg am 12. August 1711 genehmigt) durch Hofkräfte, vor allem Hofmaurermeister Philipp Jakob Kögelsperger und Hofzimmermeister Johann Ludwig Krafft, ausgeführt; die Oberleitung übernahm Hofkammerrat Petrus Lehner. Den Grundstein legte am 23. Oktober 1711 Abt Plazidus Seitz von Ettal; am 6. Oktober 1714 wurde der fast vollendete Baukörper benediziert. Nach Erwerb des östlich angrenzenden Käppler-Brauhauses 1724 konnte der Komplex durch drei das schmale Grundstück durchquerende kurze Trakte – der südliche in Verlängerung des straßenseitigen Flügels – erweitert werden. – Das vom Staat Mitte 1802 aufgehobene Kloster erwarb die Stadt im Dezember d. J. und richtete es als Pfand- und Leihhaus ein; der an die Kirche angrenzende Westteil wurde wie

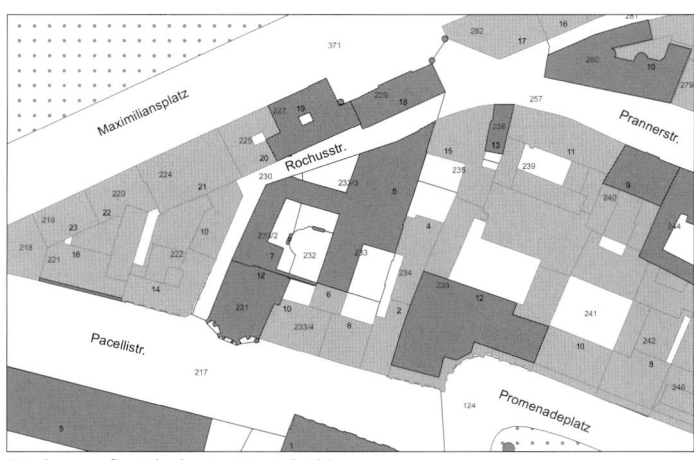

Rochusstraße; Flurkarte, M. 1:2 500

Rochusstraße 5/7, Teilabbruch 1975

Rochusstraße 5/7, Erzbischöfliches Ordinariat (ehem. Kloster), Nordteil; Aufn. 1997

diese der Congregatio Maior Latina übertragen. Den Südtrakt überließ die Stadt 1877 dem *Bayerischen Kunstgewerbeverein*, der ihn zu seinem Sitz mit Festsaal und Verkaufsräumen umbaute und aufstockte (Eröffnung 1. Oktober 1878); Pläne (nach F. P. Zauner 1914) von Ferdinand Knab und Lorenz Gedon, dieser gestaltete vor allem die repräsentative Neurenaissancefassade mit prächtigem Giebel am Ostrisalit und den Saal in letzterem; nach Zerstörung im Luftkrieg Neubau 1950/51 von G. Hellmuth Winkler mit abgesenkter Traufhöhe am an die Kirche anschließenden Westteil und zurückhaltender Putzfassade.

Die dreigeschossige barocke *Klosteranlage* mit niedrigerem 2. Obergeschoss, profiliertem Traufgesims und ansonsten schlichten Putzfassaden umschließt einen großen Hof nordöstlich der Kirche („Convent-Garten" auf dem bei Forster 1895 reproduzierten Plan wohl aus der Zeit vor 1802; 1802 „Fürstengartl'" genannt); außer dem 1877 abgebrochenen Südtrakt umfasst der Komplex einen lang gestreckten Osttrakt, einen kürzeren Quertrakt im Norden, der mit dem über ihn hinaus verlängerten Nordende des Ostflügels einen dreieckigen unregelmäßigen Vorhof an der Rochusstraße einschließt, und den Westtrakt (Rochusstraße 7) im Anschluss an die Kirche, letzterer 1958 nach Kriegsschäden wiederaufgebaut. Die meist kreuzgratgewölbten Gänge sind entlang den außenseitigen Fronten der Trakte angeordnet. Im Schnittpunkt des Ost- und

Rochusstraße 5/7, Südteil

Nordtraktes liegt das noch erhaltene Haupttreppenhaus, eine stattliche Podesttreppe mit steigenden Tonnen um einen massiven, von Bögen durchbrochenen Kern, früher mit Schmiedeeisengeländern. Am Südende des Osttraktes lagen das Refektorium (gartenseitig) und, am Übergang zum Südflügel, ein weiteres Treppenhaus. Von den drei ab 1724 erbauten kurzen östlichen Quertrakten ist keiner mehr erhalten (der mittlere 1975 ff. rekonstruiert).

Rochusstraße 5/7, Hof nach Südwesten; Aufn. 1980

Rochusstraße 5/7, Hof nach Norden; Aufn. 1996

Wohl zu Beginn des 20. Jh. wurde das nordöstliche Ende des langen Nord-Süd-Traktes umgebaut und entlang der schräg verlaufenden Rochusstraße nach Nordosten verlängert (an der Stelle der ehem. Remisen), dieser Bauteil dann 1959 weiter modernisiert (Arch. Erwin Schleich) und schließlich 1975 abgebrochen. 1975–79 erfolgte der Umbau nebst Restaurierung des zuletzt lange leerstehenden Komplexes als Sitz des Erzbischöflichen Ordinariates (zusätzlich zu Maxburgstraße 2, s. dort) nach Plänen von Peter Eggendorfer, Ausführung Fa. Brannekämper, wobei im Nordosten ein neues Bürogebäude mit dem Altbau angepasster straßenseitiger Fassade entstand. Die den nördlichen Vorhof abschließende Mauer samt Torbogen wurde abgebrochen und durch ein Gitter von Manfred Bergmeister ersetzt.

Der Haupthof, vor 1975 mit malerisch patinierten Gartenmauern und Brunnen sowie wuchernd-verwilderter Vegetation ein äußerst stimmungshaftes, südlich-barock anmutendes Ambiente, wurde als Teil des Passagensystems geöffnet, die den größeren Südostteil des Hofes abgrenzende, geschweift verlaufende Mauer großenteils abgebrochen und ihr einstiger Grundriss in der neuen Pflasterung festgehalten; erhalten blieben zwei in die ehemalige Mauer eingefügte, erhöhte Gehäuse mit Mönch-Nonnen-Deckung – im Norden eine Ädikulanische mit Wandbrunnen und Schweifdach, im Westen ein flachgiebelig schließendes Gehäuse mit (von der anderen Seite umgesetzter) Kalksteinbüste des Klostergründers, Herzog Maximilian Philipp, bez. 1713, von Giuseppe Volpini. Das geschweifte Brunnenbecken in der Mitte

ist schon auf einem Plan von 1711 eingezeichnet. (Völlig abweichend ist die Garteneinteilung auf dem Stadtplan von J. Consoni 1806.) Aus der Bauzeit 1975 ff. stammt der den Hof südlich abschließende Arkadentrakt samt Obergeschoss.

Rosenbuschstraße

Die kurze Verbindung von der Emil-Riedel-Straße im Westen zur Widenmayerstraße an der Isar im Osten, benannt nach der Altmünchner Patrizierfamilie der Rosenbusch, ist auf der Stadtkarte von 1891 mit diesem Namen eingetragen, den sie nach Rambaldi (1894) 1881, nach Dollinger (1995) 1898 erhielt. (Vgl. den Beitrag von Johannes Hallinger.)

ARCHÄOLOGISCHE BEFUNDE *(unter dem Bürgersteig vor Haus-Nr. 6):* Einzelfund unbekannter Zeitstellung (Fundst.-Nr.: 7835/0159). Beim Ablassen eines Weihers kam 1899 unter Gestrüpp und Kies eine eiserne Lanzenspitze zum Vorschein, die man merowingerzeitlich oder jünger datieren könnte.

Rosenbuschstraße 1/3/5. Auf zuvor freigeräumten Parzellen, die man mit vermittelndem Schwung der südlichen Baulinie eingemessen hatte, errichteten Eduard Herbert und Otho Orlando Kurz die Wohnanlage 1922–24 für sich selbst. Die beiden Architekten schlossen damit über das Gerinne des Hofhammerschmiedbaches hinweg eine über die Zeit des Ersten Weltkriegs hinweg bestandene große Baulücke zwischen Emil-Riedel-Straße 2, erbaut 1909, und Widenmayerstraße 37, 1911 errichtet.

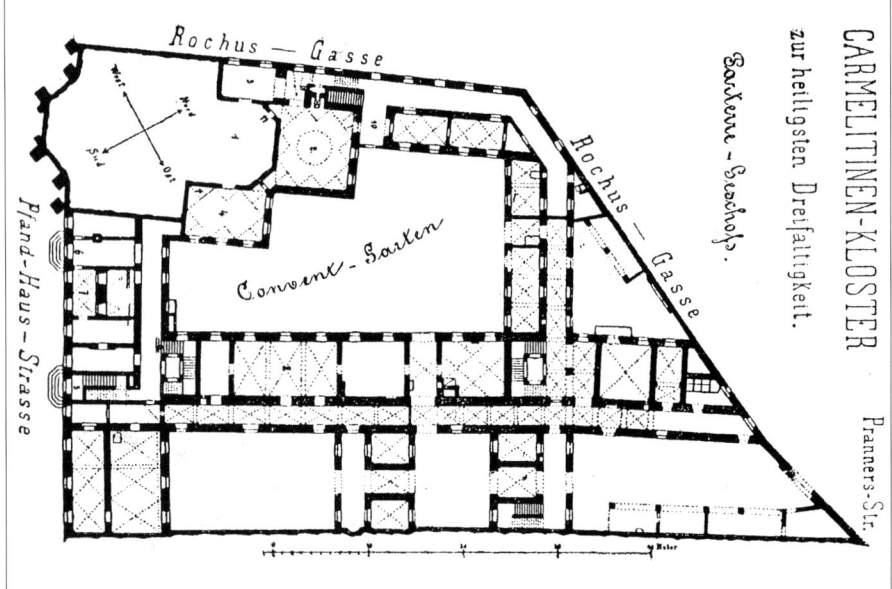

Rochusstraße 5/7; Grundriss, 1895

Rochusstraße 5/7, Hof, Büste Herzog Maximilian Philipp

Rosenbuschstraße 2; Aufn. 1995

Abschnitte von Rosenbuschstraße 1 und 3 liegen vis-à-vis der Mündung der Reitmorstraße mit geschlossenem Straßengewände und ohne durch bauliche Akzente auf den möglichen Sichtbezug einzugehen. Die drei Bauten an der Straße bilden mit großen Flügelbauten hinter Nr. 1 und Nr. 5 sowie einem Verbindungsbau zwischen den beiden Rückgebäuden eine große gemeinsame Hofsituation aus. Gemäß Erstzustand sind in jedem dieser fünf Teilhäuser in jeder Etage jeweils zwei große Wohnungen untergebracht. Der Aufgang von Nr. 1 kam am eingeklinkten Hofwinkel (NW) zu liegen, der zu Nr. 3 östlich neben der großen Durchfahrt, der zu den Wohnungen von Nr. 5 wiederum am eingeklinkten Hofwinkel (NO). Die beiden Rückflügel erhielten ihre Treppenhäuser hofseits, direkt an der Grundlinie. Wesensmerkmal einer überaus sachlichen Architekturauffassung, mit wenigen reduzierten Bauteilen (flache, zweiregistrige Erker mit strenger dreieckiger Verdachung) ist die Rücknahme gliedernden und dekorierenden Zierrats zugunsten der Fläche. Geblieben sind die Betonung der Eingänge und Durchfahrten vermittels angeputzter Rahmen, eine stilisierte Rustika vor dem Erdgeschoss sowie bescheidene Segmentbogengiebel vor den Dachhäusern in der Anhebungsachse und der Schlussachse. Flächig und trutzig bleiben die so mit enormem Höhenzug anverwandelte Fassade wie aber auch die gleichmäßige Reihung kastiger Gauben im Mansarddach; letztere klar fassadenwirksam. Im Luftkrieg blieben die Bauten unbeschadet. (Instandsetzung der Fassaden im Auftrag des Landbauamts München 1983, wiederum Arbeiten

an der Fassade, nun Stadibau GmbH, 1998; Fensterinstandsetzungen, Erneuerung der Dachhaut sowie Erneuerung von fünf Haustoren 2006–07.)

Rosenbuschstraße 2. Auf zuvor unbebauter, eigens eingemessener Parzelle errichtete 1897 Architekt Georg Müller den bestehenden Bau für Walburga Fischer. Der markante Eckbau mit platzwirksamem polygonalem Eckerker und bekröntem Erkerturm wurde über Grundlinien errichtet, die einen leicht stumpfen Winkel ausbilden. Zweiflügelig (22,5 Meter Fassadenlänge an der Rosenbuschstraße und 14 Meter an der Oettingenstraße) und zunächst als reiner Wohnbau war das Haus angelegt. Der leicht ausmittige Hauszugang erfolgt von der Nordfassade her, er führt zum Treppenhaus am Hofwinkel. Die einzügige Podesttreppe mit gezogenen Stufen erschließt gemäß Erstzustand zwei größere Wohnungen je Etage (die Vermehrung der Abgeschlossenheiten erfolgte 1976–79). Ein erster Ladeneinbau sowie der Ausbau des Dachgeschosses geschahen 1912 für den Kaufmann Hans Schneider durch das Baugeschäft Johann Grübel. In ihrer Grundauffassung handelt es sich um eine Neurenaissancefassade. Die gestalterischen Details jedoch belegen jugendstilig anverwandelten und eingebetteten Neubarock-Zierrat. Im Sinne des Jugendstils verflachte Fensterrahmungen fassen Sturz- und Brüstungsfelder ein, denen man traditionell neubarocke Stuckarbeiten einschrieb. Die in frühen Würdigungen (1974) als jugendstilverwandte Fassade apostrophierte Straßenfront überbetonte außergewöhnlich den Fries unterhalb der Traufe. Der östliche Nachbarbau zur Reitmorstraße hin (hier Nr. 53) wurde im Luftkrieg total zerstört, Teile des Daches von Rosenbuschstraße 2 mit diesem. (Sogleich nach Inkrafttreten des DSchG konnte der geplante Abbruch des Hauses 1974 abgewandt werden; Modernisierung und Wiederherstellung des Mansarddachs 1976–79, Herstellung der Rustika 1988, Einrichtung einer Kleingaststätte statt eines Ladens 2002–03.)

Rosenbuschstraße; Flurkarte, M. 1:2 500

Rosenbuschstraße 1/3/5; Aufn. 1995

Rosenstraße

(Vgl. Ensemble Altstadt.) Die kurze Straße im ältesten hochmittelalterlichen Stadtkern verbindet im Zuge der Haupt-Nord-Süd-Achse – von der Wein- zur Sendlinger Straße – die Südwestecke des Marktes (Marienplatzes) mit dem einstigen (alten, inneren) Sendlinger Tor (Ruffiniturm, abgebrochen 1808; vgl. Rindermarkt 10). Der Name ist ungeklärt, plausibel erscheint der Erklärungsversuch von Helmuth Stahleder 1992 (vielleicht Rossmarkt – vor 1369 – in der Nachbarschaft zum Rindermarkt?).

Von Bausubstanz aus der Zeit vor den Zerstörungen im Zweiten Weltkrieg erhalten sind nur noch die beiden südlichen abgerundeten Eckhäuser Nr. 6 und Fürstenfelder Straße 13 (s. diese). Die Vorkriegs-Bebauung an der Ostseite begann im Norden mit der lang gestreckten Seitenfront des schmalen, hoflosen Neurenaissance-Eckhauses Marienplatz 29 (mit Eckturmerker; beim Bau 1888 Verbreiterung der Rosenstraße auf 10 m; vgl. Marienplatz/Vorspann). Das Nachbarhaus Nr. 2 war noch ein typisches Altmünchner Bürgerhaus mit Ohrwascheln; das Neurenaissance-Geschäftshaus Nr. 3 gehörte um 1900 Konsul Karl Rosipal, dem Stifter des Glockenspiels am Neuen Rathaus. Der Rathausturm, in den es eingebaut wurde, ist im Straßenbild für den Blick von Süden her eindrucksvoll sichtbar.

An der Westseite wurde im Norden der lang gestreckte Komplex des Kaufhauses Roman Mayr von 1912 erst 1969 zugunsten des Kaufhof-Neubaus abgebrochen (s. Kaufingerstraße und Marienplatz/jeweils Vorspann). Das einstige Haus Nr. 8 (Gastwirtschaft Spöckmeier, nach Besitzerfamilie im 17./18. Jh.) mit weit vorspringender Ecke – da die Baulinie südlich davon zurückgesetzt war –, ein dreigeschossiges Traufhaus mit mächtigem Steildach, war im Kern vielleicht noch gotisch (auf Sandtners Stadtmodell 1570 allerdings mit Giebel und Eckerker); die Fassade erhielt beim Umbau 1895/97 eine historisierend reiche Bemalung (u. a. Rosenstock in Anspielung auf den Straßennamen; „Roseneck"). Beim Wiederaufbau nach 1945 wurde die Straße verbreitert (Gaststätte Zum Spöckmeier weiter nördlich in Neubau Nr. 9, 1970/71 von Horst Döhnert und Wolfram Gregory, Fassadengestaltung Ernst Bogenberger, am Erker Reliefs von Hans Vogl). Haus Nr. 7 (Fa. Vinzenz Murr) gehört zu den Neubauten der frühen Wiederaufbauphase, die noch mit einer barockisierenden Putzfassade an den historischen Altstadtcharakter anknüpfen wollten (1949 von Emil Freymuth). (Siehe Flurkarte S. 951)

ARCHÄOLOGISCHE BEFUNDE: Größere Bodeneingriffe und Umbauten sind aus jüngerer Zeit nicht bekannt, deshalb ist mit untertägig erhaltenen Resten von mittelalterlichen und frühneuzeitlichen Bauwerken wie verrohrten Bächen und Pflastern zu rechnen.

Rosenstraße 6; Aufn. 1997

Rosenstraße 6. *Rosen-Apotheke.* Von der Vorkriegsbebauung des gesamten Blocks an der Südseite des Marienplatzes ist allein das barockisierende Wohn- und Geschäftshaus von 1909–10 in der prominenten Ecklage Rosenstraße/Rindermarkt erhalten geblieben, für das der Name „Rabeneck" seit 1388 überliefert ist. Sandtners Stadtmodell von 1570 zeigt hier ein spätgotisches dreigeschossiges Satteldachhaus mit markantem Zinnengiebel an der Südseite. Auf Stimmelmayrs Skizzen (2. Hälfte 18. Jh.) ist das „Eckhaus des alten reichen Wilhelmseder … Kramers oder Kaufmanns" in seiner barockzeitlichen Gestalt mit vier Geschossen und zwei Halbgiebelgauben dargestellt; diese noch bis zum Abbruch 1909 existierenden Ohrwascheln lassen erkennen, dass die reiche klassizistische Fassadengliederung wohl des frühen 19. Jh. nur aufgeblendet war. Seit 1813 gehörte das Haus dem Apotheker Franz Paul Tillmetz; im 1. Stock – offensichtlich an den durch Rundbogenblenden mit gerader Verdachung betonten Fenstern abzulesen – befand sich seit 1818 ein vielbesuchtes Café (nach Stadtführer von 1832 „das Paumgarten- und Ludwig'sche", 1834 „das Tillmetz'sche Kaffeehaus, sonst Paumgartner").

Der Neubau von 1909/10 entstand nach Entwurf und unter der Bauleitung von Franz Rank (Ausführung der Rohbauarbeiten durch Fa. Liebergesell und Lehmann), der für den mit ihm befreundeten Bauherrn, den Apotheker Karl Braun, bereits 1897 dessen Villa in Prinz-Ludwigs-Höhe entworfen hatte (Heilmannstraße 6; vgl. Chevalley/Weski 2004, S. 286). Das fünfgeschossige Haus mit gewendelter Treppe und winzigem Lichthof galt den Zeitgenossen als Muster rationeller Raumausnutzung und -aufteilung. Die vornehme, im Eckbereich erkerartig polygonale Putzfassade mit zeitgemäß nur noch punktuell verteilter Ornamentik – Kartuschen mit Putten bzw. dem Baudatum 1909 im 1. Stock – ist in den zweigeschossigen Geschäftsbereich mit Schaufensterarkaden auf schwarzpolierten Säulen und die Wohngeschosse mit barockisierender (z. T. vereinfachter) Lisenen- und Feldergliederung geteilt, deren oberstes nochmals durch ein Gesims abgesetzt ist. Balkone auf Konsolen, die an der Eckrundung des Erkers tief herabgezogen sind, kennzeichnen den 2. Stock als Beletage. Der Hauseingang an der Rosenstraße ist durch bauplastischen Schmuck und ein rundes Oberlichtgitter mit den Initialen CB des Bauherrn hervorgehoben; im Scheitel das Baudatum 1909. In einem Blindfenster des 2. Stocks zeigt ein Stuckrelief das abgebrochene Vorgängerhaus. – Die kontrastierend grelle Farbgebung der Renovierung von 1970, bei der auch gestalterische Details reduziert und schematisiert wurden, wirkte dem eleganten Charakter entgegen.

Rosenstraße, Figur Sigi Sommer/ „Blasius" (kein BDm)

Rosenstraße 6, Relief

Rosental

(Vgl. Ensemble Altstadt.) Die früher wechselnd Rosental wie (z. B. auf T. Volckmers Stadtplan 1613) Krottental genannte Verbindung zwischen dem nördlichen Beginn der Sendlinger Straße und dem (erst im 19. Jh. entstandenen) Viktualienmarkt folgt – mit beiderseitiger Bebauung – außenseitig dem gekrümmten Verlauf der ersten, hochmittelalterlichen Stadtbefestigung (Mauer und Graben). Über letztere hinweg erstreckten sich die nordseitigen Anwesen meist bis zum Rindermarkt (s. dort/ Vorspann). Von der Südseite des malerisch-historisierenden Ruffini-Blocks von 1903/05 (Nr. 1, s. Rindermarkt 10) am damals verbreiterten Westende abgesehen, wird die Straße nach den Zerstörungen im Luftkrieg heute von Neubauten gesäumt, welche die architektonische Entwicklung der letzten Jahrzehnte – hier mit sichtlich steigender Qualität – widerspiegeln. Der Westteil wird heute von der verbreiterten Verkehrsachse Oberanger–Rindermarkt durchquert. An der Ostseite dieses Durchbruchs steht der freigelegte spätmittelalterliche Löwenturm (s. Rosental 3), ehemals im Hofbereich des bis Rindermarkt 8 durchgehenden Anwesens der Patrizierfamilie Pötschner gelegen (vgl. Rindermarkt/Vorspann). Das heutige Eckhaus Rosental 3/4 (1999 von Architekturbüro Seidlein) steht z. T. an der Stelle des Kaufhauses Epa von 1928/29. Östlich schloss sich (Nr. 5, durchgehend bis Rindermarkt 6, s. Rindermarkt/Vorspann) der Palastkomplex Herzog Ferdinands von Bayern (1550–1608; jüngerer Bruder Wilhelms V.) an; der Volckmer-Stadtplan von 1613 zeigt die um einen etwa trapezförmigen Hof gruppierten Trakte mit der südlich am Rosental gelegenen Sebastianskapelle (mit Ostturm), die 1689 geweiht und 1808 abgebrochen wurde; Bronzereliefs vom Grabdenkmal des Herzogs heute in der Heiliggeistkirche (s. dort); Grundriss der Kapelle auf Stadtplan von J. Consoni 1806; Außenansicht Tafel XLV in Baumgartner, 1805. Das Rosental wurde östlich vom 1825 abgebrochenen sog. Seefeldbogen abgeschlossen, einem Torturm zwischen der (äußeren) Stadtmauer und dem nach 1692 von Enrico Zuccalli erbauten Palais Törring-Seefeld. Die Ostseite dieser umfangreichen barocken Palastanlage, die z. T. auf dem Gelände des ehem. Hofgartens Herzog Ferdinands entstanden war, zeigt ein Kupferstich von Johann Stridbeck (um 1700) mitsamt dem angebauten Seefeldbogen und mit der östlich vorgelegten Pferdeschwemme. Auf dem seit 1824 städtischen Areal des ehem. Palais erbaute

Arnold Zenetti 1867–69 ein stattliches Schulgebäude in Neurenaissanceformen mit zum Viktualienmarkt abgeschrägter Ecke (Rosental 7; nach Kriegsschaden – die repräsentative Fassade stand noch – Geschäftshaus-Neubau Kustermann, 1958/59 von G. Hellmuth Winkler). – An der Südseite des Rosentals stand bis zum Luftkrieg (Nr. 12/13/14/15) das 1903/04 von Lersch und Hirsch erbaute Jugendstil-Kaufhaus Uhlfelder (später mehrfach erweitert und umge-

Rosental, Sebastianskapelle und Grabmal Herzog Ferdinands; 1805

Rosental 3, Löwenturm; Aufn. um 1885

Rosental 3, Löwenturm; Aufn. um 1952

baut; beim Novemberpogrom 1938 verwüstet; heute Stadtmuseum/Nordflügel, s. St.-Jakobs-Platz 1). Östlich davon (Nr. 9a/ 10, Ecke Nieserstraße) erbauten Heinz Hilmer und Christoph Sattler 1980–82 das Geschäftshaus Moll. – Vgl. auch Pettenbeckstraße (ab 1896 durchgebrochen) und Sendlinger Straße 3.

ARCHÄOLOGISCHE BEFUNDE: Größere Bodeneingriffe und Umbauten sind aus jüngerer Zeit nicht bekannt. Deshalb ist mit untertägig erhaltenen Resten von Bauwerken, unter der Straße mit verrohrten Bächen und Pflastern und unter den Gebäuden mit Resten von Vorgängerbauten, möglicherweise mit Brunnen und Latrinen, zu rechnen.

Unter Rosental 1 und 7 befinden sich Teile mittelalterlicher und neuzeitlicher Bebauung.

Rosental 1. Teil des Ruffini-Blocks, 1903–05 von Gabriel von Seidl; s. Rindermarkt 10.

Rosental 3 (vormals). *Löwenturm.* Die ursprüngliche Funktion des bis zum Zweiten Weltkrieg in die Ostseite einer Hofbebauung einbezogenen sog. Löwenturms ist bislang ungeklärt; widersprüchlich wurde er als Wehrturm der Stadtmauer Heinrichs des Löwen (auszuschließen), Wohnturm, Wasserturm oder (nach Stahleder 1992) „wahrscheinlich … ein Schleusen- oder Stauwerk" im Bereich des Stadtgrabens in Verbindung mit einer Pumpenanlage gedeutet. Der auf Herzog Heinrich bezogene Name erst im 19. Jh. nachgewiesen. Das zumindest heute unverputzte Ziegelmauerwerk wohl in das (späte?) 15. Jh. zu datieren. Der viereckige, über heutigem Niveau ca. 23 m hohe Bau (5,3 x 4,7 m) mit sieben untereinander nicht verbundenen, z. T. gotisch gewölbten Geschossen wirkt mit seinem Mauerwerk in altem Ziegelformat homogen; vielleicht wurde das letzte, leicht vorgekragte Geschoss nachträglich aufgesetzt (auf Ansicht von 1886

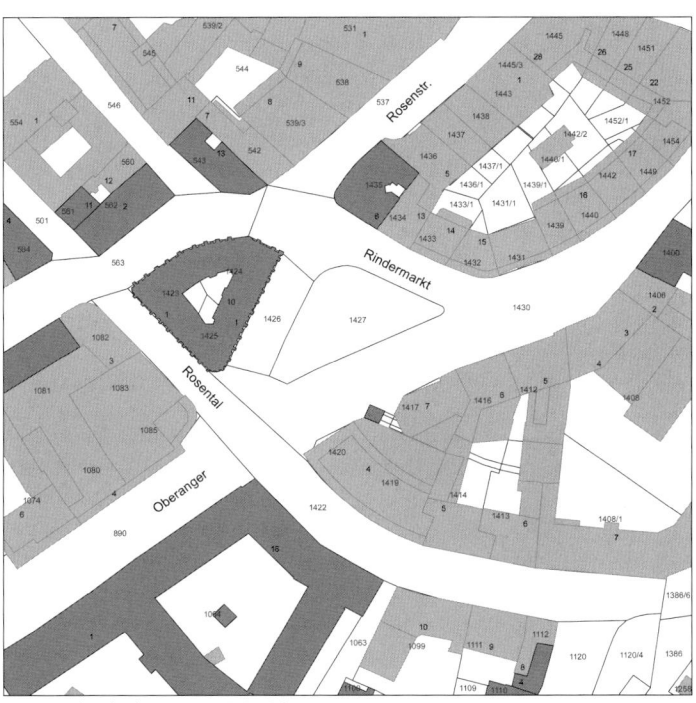

Rosental; Flurkarte, M. 1:2 500

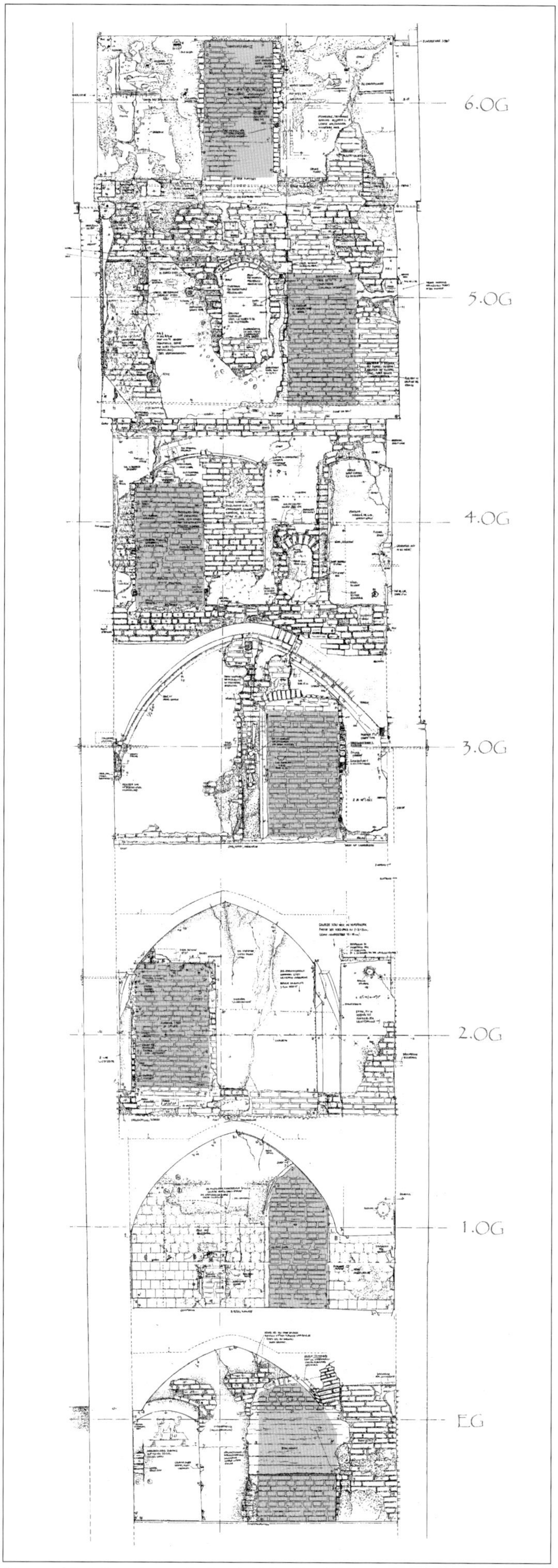

Löwenturm, 5. Geschoss, Südwestecke; Aufn. 2007

Löwenturm, 4. Geschoss nach Südwesten; Aufn. 1998

Löwenturm, 3. Geschoss nach Nordwesten; Aufn. 1998

Löwenturm, 1. Geschoss nach Süden; Aufn. 1998

Rosental 3, Löwenturm; Aufmaß, Schnitt mit Nordwand, 2005

schon vorhanden); die Zinnen sind neugotische Zutat wohl von ca. 1895 nach Vorbild des Sandtnerschen Stadtmodells (um 1570), der ältesten nachweisbaren Darstellung des Turmes. Der Stadtplan von T. Volckmer (1613) zeigt ihn ohne Zinnen.

Der Turm steht knapp außerhalb des ältesten Stadtbefestigungsringes über dem (heute trockengelegten, überwölbten) Stadtgrabenbach, in den unweit westlich der große Angerbach einmündete. Das Mauerwerk ist von nach oben hin innenseitig abnehmender Stärke. Ein älterer Bestandsplan (Schnitt) zeigt im Fundamentbereich den flachbogig überwölbten Bachlauf. In der Westwand des heutigen 1. Geschosses ein Entlastungsbogen. Dieses 1. – heute halb unterirdische – und das 2. Geschoss sind kreuzgratgewölbt, das 3. Geschoss hat ein Bandrippengewölbe ohne Schlussstein, das 4. ein profiliertes Kreuzrippengewölbe mit Scheibenschlussstein und in den Gewölbekappen Reste reicher, schwarzer Rankenmalerei in der Art des 15. Jh. Im oberen Turmteil nur neue Holzdecken über dem 5. und 6. Geschoss; als Abschluss eine Betonschienendecke (wohl um 1895). Im 1. Geschoss in der Südwand sog. Lichtnische. Am bemerkenswertesten die Wandgestaltung des Raumes im 5. Geschoss: an jeder Seite eine breite Stichbogenblende um schmaleres Stichbogenfenster, alle Kanten mit Dreiviertelstäben besetzt; umlaufend in ca. 1 m Höhe ein schwarz gemalter Fries mit Adlern, Schriftbändern und pflanzlichen Motiven im Stil des 15. Jh. Im 1., 2. und 7. Geschoss Reste von schwarzer Umrissmalerei humoristischen Charakters zum Thema Wein, Weib und Gesang (Inschrift im 1. Geschoss), wohl nach 1895, als der Turm mit dem Anwesen Rindermarkt 8 einige Jahre einem Wirtsehepaar gehörte („Früher befanden sind im Löwenturm Trinkstuben für verschiedene recht heitere … Vereinigungen. Im oberen Stockwerk wohnte eine Familie"; SZ, 20.11.1951). Letzteres erhielt um diese Zeit auch Fensterläden mit Rautenbemalung.

Das früher von Rindermarkt 8 im Norden bis Rosental 3 durchgehende, lang gestreckte Anwesen war im Spätmittelalter Eigentum der Patrizierfamilie Pötschner (Bö-). Balthasar Pötschner, Rat Herzog Albrechts IV., und seine Frau Anna (vgl. beider Grabdenkmal in St. Peter) erbauten 1477 an der Westseite des Hofes eine Dreikönigskapelle (Flügelaltärchen heute in St. Peter, s. dort). Im 16. Jh. folgten die Ligsalz als Besitzer. Beim Neubau des Hauses Rindermarkt 8 1895 wurde auch die Kapelle abgebrochen. Der Turm wurde damals nordseitig durch ein Treppenhaus im östlichen Hofflügel erschlossen, das allein nach der Zerstörung des Hauses im Luftkrieg noch bis ca. 1950 stand. Südlich schloss sich an den Turm das erst 1860 verselbständigte Haus Rosental 3 an (Schreibstube; um 1895 Neubau). – Nach Zerstörung der beiderseitigen Anschlussbebauung im Luftkrieg blieb nur der ebenfalls leicht beschädigte Turm stehen; er wurde 1951 von der Baufirma Georg Berlinger auf deren Kosten gesichert und instand gesetzt (u. a. Vermauerung der meisten Öffnungen, Ergänzungen im oberen Abschlussbereich). Mit dem

Rosental 3, Löwenturm; Aufn. 2008

Nord-Süd-Straßendurchbruch um 1960 erhielt der Löwenturm eine städtebaulich völlig neue Funktion und Bedeutung. 1956 wurde er im Zusammenhang mit dem Um- und Erweiterungsbau des seitdem südlich anschließenden (ehem.) Kaufhauses Kepa (Arch. Michael Bosch; ursprünglich nur Rosental 4, Kaufhaus Epa, 1928/29 von Max Neumann) restauriert. Heute städtischer Besitz; Außenrenovierungsmaßnahmen 1980.

Auf die in verschiedener Weise angenommenen wasserbautechnischen Funktionen des Turmes über dem Stadtgrabenbach weist am Baubestand (soweit bis vor Kurzem bekannt) nichts hin. Alle Details deuten auf eine Nutzung stets im Zusammenhang mit der anschließenden Bebauung hin, von der allein der Turm zugänglich war. Die im Zuge der jüngsten, 2007 abgeschlossenen Restaurierung gewonnenen Erkenntnisse konnten hier noch nicht verwertet werden; sie werden 2008 in einem Arbeitsheft des BLfD veröffentlicht.

ARCHÄOLOGISCHE BEFUNDE: Befunde und Funde des Spätmittelalters und der Neuzeit (Fundst.-Nr.: 7835/0188; 7835/0350; 7835/0351). Die Sanierung des Löwenturms, der über dem Stadtbach errichtet wurde, erforderte 2000 und 2005 archäologische Sondierungen. Dabei wurden keine Befunde beobachtet, die vor die Zeit der Erbauung des Turmes im 15. Jh. zurückreichen. Das Fundspektrum umfasst Keramik des Spätmittelalters bis zur Neuzeit.

Rosental 4. ARCHÄOLOGISCHE BEFUNDE: Bachbetteinfassung des 13. und 14. Jh. sowie Reste eines glasverarbeitenden Betriebes der Zeit um 1300 (Fundst.-Nr.: 7835/0405). Im Bachbett mit einer Schleuse des ehemaligen südlichen, später überbauten Stadtgrabens des 12./13. Jh. kam zu einem unbekannten Zeitpunkt ein umfangreicher Glaskomplex der Zeit um 1300 zum Vorschein, der wohl als Rest eines glasverarbeitenden Betriebes zu deuten ist.

Rosental 16. *Münchner Stadtmuseum*, nördliche Erweiterung von Gustav Gsaenger 1959–1964, vgl. St.-Jakobs-Platz 1.

◁◁ Löwenturm, 5. Geschoss, Wappen Fam. Pötschner

◁ Löwenturm, 5. Geschoss, Schriftband

Löwenturm, 5. Geschoss, Greif ▷

Roßmarkt

(Vgl. Ensemble Altstadt.) Den Namen erhielt 1957 der bisherige Südabschnitt des Oberangers (s. dort), da dieser im Zuge seines Ausbaus zur Verkehrsachse teilweise auf die Trasse der ehem. Raspstraße verlagert und somit in den Sendlinger-Tor-Platz eingeführt wurde. Roßmarkt war einer der vom 14. bis Anfang des 19. Jh. gebräuchlichen Namen des Oberangers gemäß einer mittelalterlichen Funktion, die dann auf den St.-Jakobs-Platz verlegt wurde. Vom verbreiterten Oberanger wurde der nunmehrige Roßmarkt auch baulich durch den im Norden weit aus der östlichen Bauflucht vortretenden, unregelmäßig-polygonalen Komplex des Kommunalreferates (1975–78 von Erich Wirth) abgesondert; zwei davor aufgestellte Bronze-Pferde von Claus Nageler sollen an den einstigen Rosshandel erinnern. Über dem bis 1876 offenen Großen Angerbach inmitten der Straße stand an deren Südende eine (bis im 16. Jh. städtische) Schleifmühle. Den optischen Abschluss im Süden bildete bis 1873 der über dem Bacheinlass stehende viereckige Hey-Turm der zweiten Stadtbefestigung, der auch als Wasserreservoir diente. Nach Überwölbung des Baches erhielt die Südhälfte des Oberangers einen begrünten Mittelstreifen. Heute ist der Roßmarkt ein ruhiger, intensiv begrünter Bereich, dessen dichter Baumbestand den Palastbau Nr. 15 (s. dort) stark verschleiert. Letzterem gegenüber stand bis 1898 das Stadtkrankenhaus (vgl. Nr. 8). Die südöstliche Ecksituation ist seit 1902/04 gewichtig mit dem Hauptfeuerhaus besetzt (vgl. An der Hauptfeuerwache 8).

Roßmarkt 8. Das heutige Gebäude steht auf ursprünglich zwei Parzellen – auf Sandtners Stadtmodell von 1570 mit zweigeschossigen Traufhäusern, deren rechtes in der Folge zum (Neuen) *Stadtkrankenhaus am Anger* gehörte, das (nach Megele 1951) 1742 durch die Gebrüder Josef und Georg Nockher gegründet und 1813 aufgelassen wurde. Dessen Komplex erstreckte sich rückseitig bis zur heutigen Straße An der Hauptfeuerwache (ehem. Blumenstraße 42) und wurde nach verschiedener Nutzung im 19. Jh., u. a. durch die Barmherzigen Schwestern, 1895 bei Durchbruch der Raspstraße (s. dort) abgebrochen.
1898 ließ Metzgermeister Johann Märkl das bestehende fünfgeschossige Mietshaus auf hakenförmigem Grundriss – mit Hoftrakt rechts – durch das Baugeschäft Wolfgang Schreiner (mit Franz Zotz) errichten. An der neubarocken Fasade mit zwei Erkern sparsamer Stuckdekor, u. a. Muttergottesrelief in der Mittelachse. Im veränderten Erdgeschoss mit zwei Läden und Durchfahrt links ursprünglich Rundbogenöffnungen und Putzrustika; in den Obergeschossen zwei Wohnungen beiderseits der Treppe. Dach erneuert, Verlust des Konsolgesimses und des Mittelzwerchhauses.

Roßmarkt 15; Aufn. vor 1902

Roßmarkt 8, ehem. Stadtkrankenhaus (Rückgebäude An der Hauptfeuerwache); Aufn. vor 1895

Roßmarkt 8; Aufn. 1995

Roßmarkt 15. Ehem. *Neues Landschaftsgebäude*, jetzt Deutsche Meisterschule für Mode. Auf drei Parzellen – auf Sandtners Stadtmodell von 1570 mit noch fünf zweigeschossigen Traufhäusern –, die samt Rückgebäuden am Unteranger 8 (s. dort) 1774/75 „im geheimen Auftrag der Landschaft" durch den Weingastgeb Franz Joseph Albert, Mitglied des Äußeren Rats, erworben wurden, entstand zur gleichen Zeit (zumindest vorerst teilweise) nach Plänen von François Cuvilliés d. J. das Neue Landschaftsgebäude (vermutlich als Ersatz für das alte am Marienplatz an der Stelle des Neuen Rathauses, s. dort, gedacht), das erst 1798 offiziell in das Eigentum der Stände überging. Die vorgesehene Nutzung wie die Bauzeit sind im Einzelnen ungeklärt, der Bau wurde jedenfalls erst nach dem Tod des jüngeren Cuvilliés (1777) vollendet bzw. erst um oder nach 1800 ausgebaut, da die Institution der Stände in eine Existenzkrise geriet und 1808 durch die Montgelas-Konstitution abgeschafft wurde.

Roßmarkt; Flurkarte, M. 1:2500

1807 erwarb die Stadt auf dem Tauschweg den Komplex, der als Stadtkrankenhaus umfunktioniert wurde, wohl durch Stadtmaurermeister Matthias Widmann, von dem undatierte Pläne erhalten sind. Oberbaurat Emanuel Joseph von Herigoyen adaptierte 1811/12 das frühklassizistische palastartige Gebäude für das Kgl. weibliche Erziehungsinstitut für höhere Stände, ersetzte u. a. am Portal die (schon ausgeführten?) Säulen durch Pilaster; den rückseitigen Garten gestaltete Friedrich Ludwig von Sckell. In der Folge wechselten die Nutzungen häufig: ab 1840 Taubstummeninstitut, 1848 Armee-Monturdepot, 1862 Stiftung Stadtkrankenhaus, 1905 städtische Frauenarbeitsschule, seit 1931 Deutsche Meisterschule für Mode. Die Bauaufgabe eines öffentlichen Gebäudes glich in dieser Phase noch völlig dem Typus eines Adelspalais, und zwar des mit 15 Achsen stattlichsten, das im späteren 18. Jh. in München entstand. Die architektonische Wirkung wird allerdings durch die abseitige Situation in einem ehemals kleinbürgerlichen Bereich nahe der Stadtmauer bis heute sehr eingeschränkt. Die Fassadengliederung mit einem Zwischengeschoss, das mit dem rustizierten Erdgeschoss zusammengefasst und durch ein kräftiges Gurtgesims von den beiden oberen Stockwerken geschieden ist, mit der dichten Fensterreihung und dem ursprünglich mit vier Säulen, seit ca. 1811 mit ionischen Pilastern instrumentierten Portal steht in der Tradition der vor

Roßmarkt 15; Aufn. um 1950

Roßmarkt 15; Fassadenaufriss von E. Burmeister, um 1970

Roßmarkt 15, Durchfahrt

Roßmarkt 15, Querflur im Erdgeschoss

Roßmarkt 15, Flur im 2. Obergeschoss

Roßmarkt 15, Haupttreppenhaus

Roßmarkt 15, Dachstuhl

Roßmarkt 15, Flur, Mitteljoch-Säule

Roßmarkt 15, Dachstuhl mit Zugangstreppe

welche Querovalfelder eingetieft sind, dazu durch die gurttragenden toskanischen Säulen – zu Seiten des Mitteljochs verdoppelt – zu monumentaler Wirkung gesteigert; in die Südwand ist im vorletzten Joch der Osthälfte ein Wandbrunnen aus Rotmarmor eingelassen. Das erste Kompartiment des südlichen Flurarmes ist durch toskanische Ecksäulen ausgezeichnet, zweifellos im Hinblick auf den östlich angrenzenden (modern veränderten), halbrund schließenden Saal von ehemals bevorzugter Funktion. Der nördliche Flurarm führt zur östlich anliegenden, zweiläufigen, überwölbten Podesttreppe mit Geländer aus Holzbalustern von querrechteckigem Querschnitt. In den beiden oberen Hauptgeschossen Mittelflure mit böhmischen Kappen, das Mittelkompartiment jeweils tetrastyl ausgebildet, im 1. Stock mit ionischen, im 2. mit korinthischen Ecksäulen, sicher vor ehemals funktional wichtigen Räumen (an der Ostwand des Mitteljochs im 2. Stock freigelegte Inschrift „Salle Marceau", aus der Zeit der Nutzung als französisches Lazarett). – Der originale Dachstuhl, mit Balusterbrüstung am Treppenzugang, ist mit seiner dreigeschossigen Konstruktion samt Spitzboden eines der wenigen in der Altstadt erhaltenen und zudem ein besonders stattliches Beispiel. – Die Fassade wurde 1949, 1972, 1987 und 1997 (?) restauriert, das Innere 1989.

Rottmannstraße

Die vergleichsweise kurze Verbindung von der Augustenstraße westwärts zur Schleißheimer Straße wurde 1872 nach dem Landschaftsmaler Karl Rottmann (1798–1850) benannt und erst um diese Zeit nachträglich in einem der großen Gevierte der rechtwinklig konzipierten Maxvorstadt, das südlich von der Brienner-, nördlich von der Gabelsbergerstraße begrenzt wird, hergestellt.

Rottmannstraße 17. Auf zuvor unbebautem Areal, das als Zier- und Nutzgärten bewirtschaftet worden war, entstand das malerisch instrumentierte Mietshaus im Jahr 1873 (Bauschluss im Dezember desselben Jahres). Das große Planquadrat zwischen der Dachauer Straße im Westen, der Gabelsbergerstraße im Norden, der Augustenstraße im Osten sowie der Brienner Straße im Süden wurde durch die Anlage der Rottmannstraße weiter erschlossen, die Gartengründe avancierten zu Bauland. Das Anwesen Rottmannstraße 17 befindet sich auf einer Parzelle, die bis zum Anwesen Brienner Straße 54 nach Süden durchgreift.

Bauwerber war der „Privatsekretär" Josef Diemer, Planer der Bautechniker Georg Brandsteter. Nr. 17 entstand gleichzeitig mit Nr. 15, das zunächst in den gleichen Händen lag. Der Zugang erfolgt von Westen her, über ein Zwischenpodest gelangte man zum Treppenhaus. Im Erdgeschoss waren die Wohnräume, im Obergeschoss die Schlafräume untergebracht. Das Anwesen zählte bis auf weiteres zwei Geschosse.

1885 erwarb der seit 1871 in München ansässige Kunstmaler Hugo Kauffmann (1844–1915), der sich fortan wechselnd hier und in Prien am Chiemsee aufhielt, das Anwesen. Kauffmann beauf-

allem durch Cuvilliés d. Ä. ausgeprägten, französisch inspirierten Richtung des Münchner Palastbaues (im Unterschied zur Effner-Richtung). Als unmittelbarer Vorgänger ist das Palais Fugger, ehemals Theatinerstraße 11, 1759 von Fr. Cuvilliés d. Ä., anzusehen. In Grundhaltung wie im Detail ist das Rokoko weitgehend überwunden zugunsten eines Rückgriffs auf formal strengere Traditionen des italienischen Hochbarock, ja sogar des Cinquecento, womit der Bau das Münchner Hauptbeispiel für eine europäische Strömung darstellt, die mittels einer Rückbesinnung auf die Renaissance zum Klassizismus überleitet (vgl. das Zeughaus in Mannheim). Der Landschaftliche Neubau wird somit auch zum entwicklungsgeschichtlichen Zwischenglied zur späteren erneuten und intensivierten Renaissance-Rezeption durch Klenze (vgl. Leuchtenberg-Palais).

Der gestalterische Schwerpunkt liegt auf den Hauptgeschossfenstern mit ihren Balusterbrüstungen und gleichmäßig gereihten Segmentgiebeln; der früher reichere Dekor der Fenster des obersten Geschosses (mit klammerartigen Scheitelsteinen) wurde bei Behebung der Luftkriegsschäden 1949 vereinfacht. Den seitlichen Abschluss bilden kräftige Lisenen, den oberen ein Fries von rhythmisierten vertikalen Volutenkonsolen an der Traufe und das landesübliche, dem klassischen Typus an sich widersprechende mächtige Walmdach.

Der Bau schließt mit zwei rückwärtigen Seitenflügeln einen kurzen Hof ein, dessen konvex gerundete Ecken im Zusammenhang mit entsprechenden Raumgrundrissen stehen. (Ursprünglich war eine bis zum Unteranger durchgehende Überbauung vorgesehen.) Sämtliche Räume sind heute sachlich-nüchtern, ausgenommen die der Verkehrserschließung dienenden. Die fünfjochige Durchfahrt in der Mitte ist das stattlichste in München erhaltene Beispiel dieser Art aus dem 18. Jh., gleich dem in der Mitte quer gelegten Flur mit böhmischen Kappen gewölbt, in

Rottmannstraße; Flurkarte, M. 1:2500

Rottmannstraße 17; Aufn. 1995

Rottmannstraße 26; Aufn. 1994

Rottmannstraße 24; Aufn. 1994

tragte die Baufirma Ludwig Deiglmayr mit dem Aufbau eines Ateliergeschosses, der 1886 protokollarisch abgeschlossen war. Das große stichbogig geschlossene Fenster auf Höhe des 2. Dachgeschosses belichtet den großen dahinterliegenden Malraum und prägt zusammen mit dem Dreiecksgiebel darüber eine Zwerchhausfassade nach Norden, zur Straße hin. In den 1890er Jahren schließlich avancierte das Kauffmansche Anwesen zu einem gesellschaftlich angesagten Salon, Kauffmann ließ eine Kegelbahn zubauen, im Garten einen Pavillon errichten sowie im Haus selbst ein „Gesellschafts- und Billardzimmer" einrichten. Phantasiereich abgewandelte Renaissanceformen prägen den Bau nicht nur an seinem Äußeren. Er ist ein beredtes Beispiel für die Möglichkeiten der spätklektizistischen Phase innerhalb des Historismus, die Stileigenschaften romantisch verklärte, allzumal der Bauherr als Maler mit den verschiedenen Stilen und Stillagen bestens vertraut war.

Infolge einer Minenbombe, die u. a. das Nachbarhaus Nr. 15 am 12.7.1944 traf, wurde auch das Haus Nr. 17 unbewohnbar. Ein Abbruch des Gebäudes konnte 1977 abgewandt werden. In den 1980er und 1990er Jahren erfolgten zahlreiche Umbaumaßnahmen, der Einbau einer Tiefgarage, die erhebliche Vermehrung der Abgeschlossenheiten sowie die Ersetzung der Fenster. 2006 wurde die Atelierwohnung einer Renovierung unterzogen.

Rottmannstraße 24/26. Auf zuvor unbebauten Grund entstand Rottmannstraße 24 in einem Zug mit Rottmannstraße 26 und 28 (letzteres total zerstört) 1861–62 durch den Maurermeister Roth, Bauwerber war der „Palier" Karl Ullrich. Das Areal zwischen der Dachauer Straße (W) und der Schleißheimer Straße (O) gehörte um 1850 zu einem Wirtschaftsgut im Eigentum des Grafen von Arco-Steppberg, gelangte dann in den Besitz des Kunst- und Handelsgärtners Hirschberger, der 1861 die Überbauung der lukrativ gewordenen Gründe forcierte, jedoch nicht selbst ausführen ließ. An seiner statt trat besagter Karl Ullrich, ein Zimmermann, als Bauwerber auf. Ihrer Entstehungszeit entsprechend erbaute man die Mietshäuser blockhaft auf geschlossenen Grundlinien. Bei Nr. 24 steckte man die Durchfahrt in die westliche Achse der Fassade an der Rottmannstraße, rückwärtig liegt die halb gewendelte Podesttreppe an (vergleichsweise dunkel disponiert). Gemäß Eingabeplan sind in jeder Etage zwei Wohnungen unterschiedlichen Zuschnitts untergebracht. Der kgl. Hauptmann Otto Pracher stellte 1880–81 die bestehende Viergeschossigkeit her. Ursprünglich diente auch das Erdgeschoss der Wohnnutzung. 1957 baute man ein Schnellcafé ein, der Ausbau des Erdgeschosses mit einem Lokal erfolgte in zwei Schritten 1963/1986. Die vorstädtische Schlichtheit findet sich an den Fassaden von Nr. 24 bündig überliefert, wenige klassizisierende Gestaltungselemente brachte Roth zum Einsatz. Hervorgehoben seien

die seichten Wandvorlagen, in die hinein der Maurermeister an der Rottmannstraße vier Achsen eng setzte und an der Schleißheimer Straße zwei Achsen, im schlichten Traufgesims finden sich die Vorlagen eigens verkröpft. Der Ersatz der historischen Fenster zu solchen mit Einscheibenverglasungen vermag die Bedeutung geteilter Fenster für eine Geschlossenheit der Fassadenschicht zu verdeutlichen. Am 17.12.1944 erlitt das Haus einen Luftdruckschaden, doch blieb es bewohnbar. (Zu Nr. 24: Renovierung der Fassade und Erneuerung der Dachhaut 1980, Erneuerung der Fenster/Drittbestand 1998, jüngste Fassadeninstandsetzung 2003.)

Bei Haus Nr. 26 kam der Eingang mittig im Gebäude zu liegen, er führt zum rückwärtigen, nicht eigens ausgebauten Treppenhaus, das in jedem Geschoss gemäß Eingabeplan zwei mittelgroße Wohnungen erschließt. Die schon bauzeitlich vorstädtisch-einfache Fassadengestaltung erfuhr im Laufe der Zeit weitere Reduktionen, insbesondere vormoderne Einscheibenverglasungen brachten ein Aufbrechen der Fassadenschicht mit sich. Auch Nr. 26 erhielt eine Aufstockung, 1894 ließ Dorothea Spät die bisherige Dachwohnung zu einem Vollgeschoss ausbauen. Im Luftkrieg erlitt das Mietshaus einen Brandschaden infolge eines Nahtreffers. Das aufgebrachte Notdach zwischen den hoch ragenden Brandmauern baute man 1981 in seiner historischen Kubatur wieder auf und entschloss sich zur Zutat des hohen Dachhauses mit Dreiecksgiebel.

Rundfunkplatz

Der bei Errichtung des Verkehrsministeriums 1905–12 (vgl. Hopfenstraße 4/6/8) vor dessen Nordfront belassene Freiraum an der Südseite der Marsstraße wurde 1929 nach Fertigstellung des Sendehauses (s. Rundfunkplatz 1) im Westen an der Ecke Hopfen- und Marsstraße „Rundfunkplatz" benannt und nach langer Vernachlässigung um 2002 gärtnerisch gestaltet. (Siehe Flurkarte S. 337)

Rundfunkplatz 1; Aufn. um 1929

◁ Rundfunk-
platz 1,
Altbau;
Aufn. 1995

Salvatorplatz

Der erstmals im Adressbuch von 1818 so benannte Platz wird, da auf ihm südlich die Salvatorkirche (s. Salvatorstraße 17) und in der Mitte die ehem. Schule (s. Nr. 1) situiert sind, kaum als solcher wahrgenommen; er entstand aus einem im Norden von der Stadtmauer begrenzten Freiraum mit seit dem 15. Jh. durch wechselnde Bebauung mehrfach verändertem Umfang. Der Freiraum setzte sich aus zwei verschiedenen Bereichen zusammen (vgl. das Stadtmodell J. Sandtners von 1570 und den Stadtplan T. Volckmers von 1613): aus dem 1480 geweihten Friedhof der Frauenpfarrei westlich und nordwestlich der 1492–94 erbauten Salvatorkirche, der 1788 aufgelassen wurde, und einem dem Hofe gehörenden Areal nördlich und nordöstlich davon, das im Osten von den Gebäuden des alten herzogl. Zeughauses begrenzt wurde, an dessen Stelle 1675 ff. der Westflügel des Theatinerklosters entstand (s. Nr. 2).

Nördlich der Kirche stand parallel zur Stadtmauer der Satteldachbau des herzoglichen Kornkastens, der ab 1651 durch Marx Schinnagl zum kurfürstl. Komödien- oder *Opernhaus* – einem der ältesten nördlich der Alpen – umgebaut wurde – äußerlich

Rundfunkplatz 1. *Bayerischer Rundfunk* (Altbau). Nach provisorischer Unterbringung im Verkehrsministerium (s. Hopfenstraße 10/Arnulfstraße 9–11) entstand 1928/29 mit dem Funkhaus des damals „Deutsche Stunde in Bayern" genannten Senders (ab 1934 „Reichssender München") eines der bemerkenswerten Frühbeispiele der Gattung. In diesem Spätwerk näherte sich Richard Riemerschmid, der 1927 den beschränkten Planungswettbewerb gewonnen hatte, der Neuen Sachlichkeit.

Der lang gestreckte, zweibündig angelegte Eckbau für die Verwaltungs- und Proberäume mit beachtenswertem ovalem Treppenhaus (erhalten) in der mittleren, gestalterisch hervorgehobenen Eingangsachse weist über dem massiv wirkenden Betonsockel drei verputzte Hauptgeschosse auf, die mittels Zusammenfassung der Fenster in Blenden und durch dünne Wandvorlagen nach jeder zweiten Achse betont vertikal gegliedert sind. Das ursprünglich über dem knappen Konsolgesims attikaartig abgesonderte, flächig wirkende oberste Geschoss (nach Kriegsschäden verändert wiederhergestellt 1945/46) samt Walmdach wurde beim Umbau nebst weitgehender Entkernung 1977–79 (Arch. Helmut von Werz, Johann Christoph Ottow, Erhard Bachmann und Michel Marx) durch eine doppelgeschossige Aufstockung mit noch stärkerer vertikaler, kleinteiliger Aufgliederung mit Werksteinverkleidung ersetzt, die jedoch mit dem Altbau harmoniert. Nicht erhalten sind die drei von Riemerschmid ausgestatteten Senderäume, vor allem der Sendesaal mit der damals „größten Funkorgel der Welt". – Neuere Erweiterungsbauten gegen Westen 1959–65 (u. a. Studiobau mit Großem Sendesaal; Arch. Josef Wiedemann und Werner Eichberg/Otto Roth) und Süden (1962 Bürotrakt von Georg H. Winkler in Fortsetzung des Altbaus; 1974–1976 Hochhaus an der Arnulfstraße von Werz, Ottow, Bachmann und Marx).

Rundfunkplatz 2. Bürogebäude, Nordwestteil des ehem. Verkehrsministeriums, s. Hopfenstraße 4/6/8.

Rundfunkplatz 1, Treppe

Salvatorplatz, kurfürstl. Opernhaus nach Umbau 1686; Stich von M. Wening

Salvatorplatz; Flurkarte, M. 1:2 500

Salvatorplatz, Südtrakt des Luitpold-
blocks (Salvatorplatz 4); Aufn. 1995

Salvatorplatz 1, Ostseite; Aufn.
1997

mit Ausnahme des Portals an der östlichen Schmalseite schmucklos, da nicht öffentlich, und durch einen Gang und die Stadtmauer mit der Residenz verbunden. Das Innere mit vier Logenrängen
in prächtigem Frühbarock wurde 1654–57 von Francesco Santi
vollendet, 1685/86 von Domenico und Gaspare Mauro umgebaut, nach Eröffnung des Residenztheaters (1753) zeitweise geschlossen, dann aber trotz Baufälligkeit als unentbehrlich wieder
benützt – vor allem für das deutsche Schauspiel – bis zum
Abbruch 1802. Wahrscheinlich hier (und nicht im nahen Redou-
tenhaus) wurde am 13. Januar 1775 Mozarts Oper „La finta
Giardiniera" uraufgeführt. – J. Consonis Stadtplan von 1806 verzeichnet in diesem Bereich den Hof-Baumaterialplatz.

Das ehem. Friedhofsareal wurde um 1800 zum großen Teil mit
dem klassizistischen Hofstall des Herzogs Wilhelm in Bayern
überbaut, wodurch der stark reduzierte Platz seinen westlichen
Abschluss erhielt (vgl. Nr. 3; Hochgarage und Bürotrakt von
1964/65).

Die zeitweise für den sog. griechischen Markt verwendete Platzfläche wurde 1886/87 durch die neue Schule (s. Nr. 1) weitgehend überbaut. Den nördlichen Abschluss bildet seit 1886/88 der
Luitpoldblock (s. Brienner Straße 11/13/15), von dessen Neurenaissancefassaden allein die (stark erneuerte) südliche am
Salvatorplatz noch die originale Form der Gliederungen anschaulich macht.

An der Ostseite wurde der Freiraum erst um 1938 durch die
Begradigung der Front des damals umgebauten Kultusministeriums (s. Nr. 2) erweitert; durch Abbruch von dessen vortretenden Bauteilen im Süden und Norden entstand hier eine durchgehende Fahrverbindung von der Kardinal-Faulhaber-Straße über
den Salvatorplatz zum Amiraplatz (s. dort Nr. 1).

ARCHÄOLOGISCHE BEFUNDE: Körpergräber der Barockzeit
(Fundst.-Nr.: 7835/0171). Beim Bau einer Fernheizungsleitung
wurden 1953 mehrere Bestattungen des Ende des 18. Jh. aufgelassenen Friedhofs angeschnitten. Die beigegebenen Devotiona-
lien (Medaillons, Rosenkranzperlen, silberner Anhänger) datieren die Grabanlagen in das Barockzeitalter.

Salvatorplatz 1. Ehem. *Salvatorschule*, jetzt *Literaturhaus*. Der
Bereich nördlich der Salvatorkirche, in dem das Schulgebäude
steht, gehört im Süden teilweise zum (1788 aufgelassenen) Sal-
vatorfriedhof; der Grund nördlich davon bis zur Stadtmauer war
herzoglich, hier stand – benachbart dem Kornkasten (ab 1651
Opernhaus) im Norden und dem alten Zeughaus im Osten – das
kurfürstliche Falkenhaus, das 1731 durch einen Neubau in
Privatbesitz – Graf Minucci – ersetzt wurde. Dieses Haus, im
Lauf der Zeit in wechselndem Besitz, lange auch mit der Wohnung des Archimandriten der seit 1829 griechisch-orthodoxen
Salvatorkirche, wurde 1858 von der Stadt erworben und 1866 abgebrochen.

Der 1886 begonnene, im Herbst 1887 eröffnete, auf dem Platz
freistehende, hoch ragend blockhafte Bau in sich am Cinquecento orientierenden Formen nach Entwurf des städt. Bauamtman-
nes Friedrich Loewel gehörte in die Reihe zeitgenössischer
Münchner Schulen, die wegen ihrer klaren inneren Disposition
und des differenzierten Raumprogramms als großzügige Mus-
terbauten galten, von den Reformern der Folgegeneration allerdings als schematisch und atmosphärelos empfunden wurden.
Von vergleichbaren Schulen dieses Münchner Typs unterscheidet sich der im Hinblick auf seine Lage äußerlich besonders
repräsentative Bau durch Einbeziehung einer vielschiffigen
gedeckten Markthalle mit Gewölben in das Erdgeschoss. Als
fortschrittliche Funktion galt der eigene Turnsaal im 1. Stock
(noch erhalten, mit zwei dorisierenden Gusseisensäulen). Der
symmetrische Grundriss ist äußerst rational – in den beiden
Obergeschossen zweispännig mit Lehrsälen entlang den Außenfronten, belichtet durch große Doppelfenster; die übrigen Funktionen wie Vestibüle, Treppen, Lehrerzimmer und Toiletten sind
in Quertrakten untergebracht, welche die Längsfronten als kom-
pakte Risalite fassen.

Die große Pfeilerhalle im Erdgeschoss – 5 x 6 Joche mit Kreuzgratgewölben auf Gurten –, mit ursprünglich offenen Arkaden
an den Langseiten, nahm den zuvor auf dem Platz im Freien
stattfindenden sog. griechischen Markt auf (bis 1906) und diente dann teilweise als Notkirche (bis 1942 amerikanisch-episko-
pal, seit 1945 russisch-orthodox).

Den Außenbau kennzeichnet der Kontrast zwischen den massiven, seitlich abschließenden Quertrakten und den weitgehend
in Öffnungen aufgelösten Längsfronten, die vertikal durch rustizierte Wandpfeiler im Erdgeschoss und die Obergeschosse
zusammenfassende ionische Sandstein-Halbsäulen gegliedert
werden. Im Arkaden-Erdgeschoss und an den Quertrakten mit
vortretender Eingangsachse dominiert die (Putz-)Rustika.

Salvatorplatz 1, ehem. Salvatorschule von Nordosten; Aufn. 1995

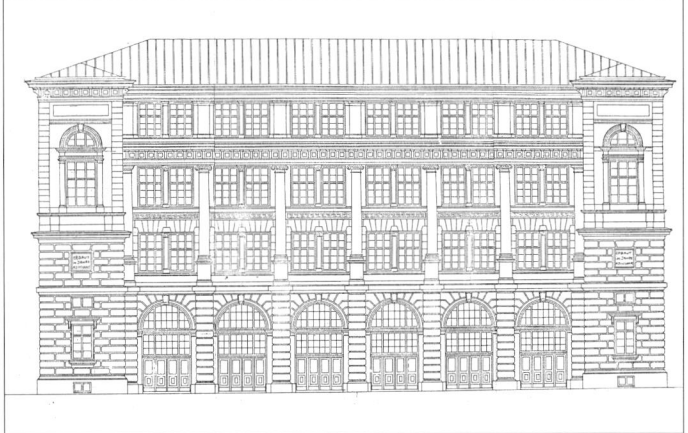

Salvatorplatz 1; Fassadenaufriss, Originalzustand

Seit 1925 beherbergte der Bau die Städt. Mittelschule für Mädchen. Durch Schäden im Bombenkrieg (Brand am 12. Juli 1944) und anschließenden in der Höhe reduzierten Wiederaufbau (1949–51) ging das 4. Geschoss der Quertrakte samt Konsolgesims und das über dem hier tiefer liegenden Konsolgesims den Längsfronten aufgesetzte niedrigere, attikartige oberste Geschoss verloren; auf seine Wiederherstellung wurde auch im Hinblick auf die historische Umgebung verzichtet. Das Gebäude diente weiterhin als Mädchenmittel- bzw. -Realschule (s. Damenstiftstraße 3; auch nach Umzug in den Neubau 1963 blieben acht Klassen im Stammhaus. Im Erd- und Zwischengeschoss war 1948–85 die Städt. Musikbibliothek untergebracht). – 1995–1997 erfolgte der Umbau zum Literaturhaus (Stiftung Buch-, Medien- und Literaturhaus München) nach Plänen von Uwe Kiessler unter Wiederaufstockung in moderner Form als transparente Stahl- und Glaskonstruktion zwischen kompakten Seitenteilen sowie gleichzeitiger Restaurierung des historischen Bestandes, der von Einbauten befreit wurde. Außer der Markt- und der Turnhalle sind noch die weitläufigen tonnengewölbten Kellerräume mit Längsmittelgang, das kleine nördliche Vestibül mit Konsolgesims, stuckierter Kassettentonne und Füllungstür sowie die zweiläufigen Treppenhäuser im Norden und Süden samt Eisengeländern erhalten.

Salvatorplatz 1, südliche Treppe

Salvatorplatz 1, Halle im Erdgeschoss

Salvatorplatz 1, 2. Vgl. Ensemble Altstadt, Straßenbild Kardinal-Faulhaber-Straße.

Salvatorplatz 2. *Bayer. Staatsministerium für Wissenschaft, Forschung und Kunst* und *Bayerisches Staatsministerium für Unterricht und Kultus* im Westteil des ehem. Theatinerklosters. Historische Substanz ist allein im Westteil des weitläufigen heutigen Komplexes der Ministerien am Salvatorplatz erhalten geblieben. Der lang gestreckte frühbarocke Westflügel des ehem. Theatinerklosters, um 1675/76 von Lorenzo Perti errichtet, samt einem rückseitig anschließenden Rest des Nordflügels war ursprünglich nur zweigeschossig mit schlichter Fassadengestaltung (vgl. Ansicht von M. Wening, um 1701); der am Westende des Nordtraktes über die Westfassade vorspringende erhöhte Eckpavillon mit der einstigen Bibliothek wies im 2. Stock eine dreibogige Loggia mit Balkon auf. Beim Umbau 1938–41

Salvatorplatz 2 von Norden; Aufn. um 1920   Salvatorplatz 2, Ostflügel; Aufn. 1996

wurde der Westtrakt aufgestockt, das Erdgeschoss durch Ladeneinbauten mit großen rundbogigen Öffnungen verändert, die barockisierende Rustikarahmung des Portals in Naturstein hinzugefügt und der vortretende Teil des Pavillons am Nordende abgebrochen (unter entsprechender Fortsetzung der begradigten Fassade nach Norden). Der im Luftkrieg und nochmals 1947 durch einen Brand beschädigte, danach instand gesetzte Westbau zeigt im Innern vor allem die Stilmerkmale von 1938. Auf das Vestibül hinter dem Portal folgt die jeweils dreiläufige Haupttreppe mit kräftigem Holzbalustergeländer, durch Pfeilerarkaden mit den Vorplätzen im Westen bzw. Gängen im Norden verbunden. Im 1. Stock erstreckt sich entlang der Westfassade der elf Fensterachsen lange, sehr breite, in der Anlage noch barockzeitliche Flur – der sog. Ministergang – mit profilgesäumter Hohlkehle und Rotmarmorportal (von 1938) am Südende; an den Fensterpfeilern derzeit ein Ölgemäldezyklus des 17./18. Jh. (ganzfigurige Fürstenporträts; BStGS).Westlich vom Südende des Flures Nebentreppe (ohne historische Details). Die Ostteile des Kultusministeriums um den sog. Theatinerhof entstanden 1970–72 nach Plänen von Gustav Gsaenger neu, z. T. in Anlehnung an das zerstörte Theatinerkloster; s. Theatinerstraße 20/21 sowie 23 (Kirche).

Südlich an der Ecke zur Salvatorstraße schließt sich an den ehem. Kloster-Westtrakt das spätbarocke ehem. Palais Minucci – in stark veränderter Redaktion von 1939 und nach 1945 – an. Östlich der Salvatorkirche zeigt hier Sandtners Stadtmodell von 1570 einen zum alten herzoglichen Zeughaus gehörigen Satteldachbau, der ab 1664 in wechselndem Privatbesitz (u. a. der Freiherren von Simeoni) war. 1731 erwarb der Generalwachtmeister Ferdinand Graf von Minucci das Anwesen, der es – nach den genau der damaligen Stilphase entsprechenden reichen Gliederungselementen zu schließen – neu erbauen oder umgestalten ließ. Der dreigeschossige Mansarddachbau mit ursprünglich elf Fensterachsen an der Südseite wurde ostwärts bis 1944 durch einen leicht abgeknickten, neunachsigen Flügel mit gleicher Fassadengliederung fortgesetzt, der 1815–40 dem jüdischen Großhändler Raphael Kaula gehörte (Vater von Nanette, die Karl Stieler 1829 für die Schönheitengalerie Ludwigs I. malte). Das Palais wurde 1938 vom Staat erworben und in der Folge für das Kultusministerium adaptiert, wobei im Zuge der durchgehend ausgebauten Fahrverbindung über den Salvatorplatz zum Amiraplatz der mit seiner fensterlosen Schmalseite bis knapp vor die Salvatorkirche reichende, eine Straßendurchfahrt übergreifende Westteil abgebrochen und die zurückverlegte Fassade, die nur noch knapp vor die des ehem. Kloster-Westflügels tritt, analog der Südseite gegliedert wurde. Das Erdgeschoss – seit 1893 mit der Buchhandlung Heinrich Hugendubel (Stammhaus) – erhielt offene Fußgängerarkaden. Nach dem Zweiten Weltkrieg, in dem die gesamte östliche Anschlussbebauung an der Nordseite der Salva-

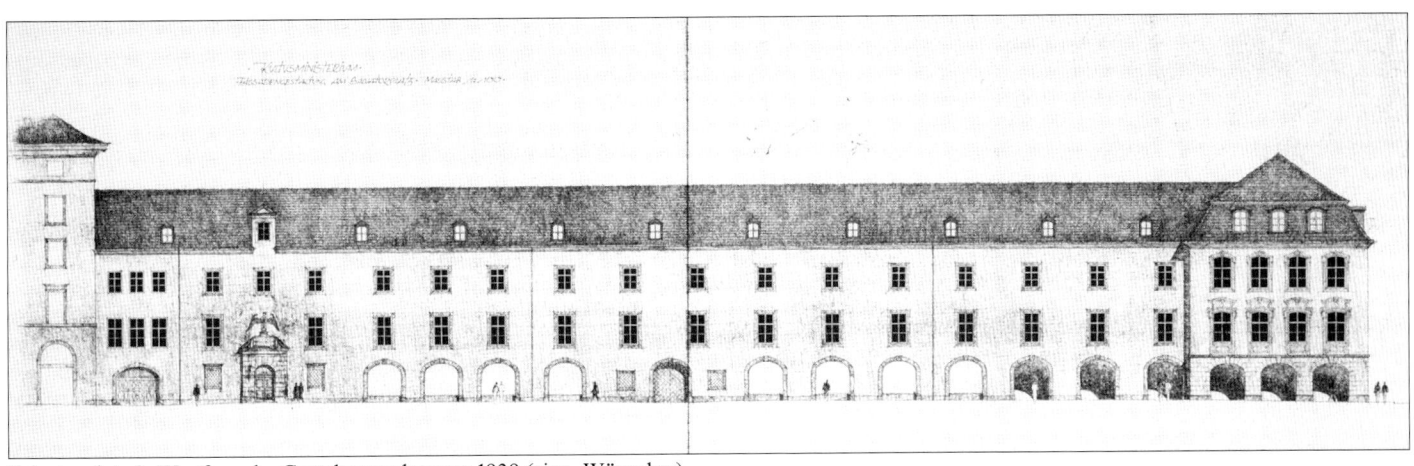

Salvatorplatz 2, Westfassade; Gestaltungsplan von 1939 (sign. Wünscher)

Salvatorplatz 2 von Südwesten; Aufn. 1995

aus der Linie Zweibrücken-Birkenfeld war 1799 mit Kurfürst Max IV. Joseph nach München gekommen und erhielt das zum Hof gehörige Palais Theatinerstraße, heute Nr. 11 (s. dort) als Wohnsitz zugewiesen, während davon getrennt in der Nähe ein neues Stall- und Remisengebäude errichtet werden musste – ein klassizistischer Vierflügelkomplex mit zweigeschossigem, auch Wohnungen enthaltendem Ostflügel. Der zuletzt vernachlässigte, in seiner Bedeutung nicht genügend gewürdigte Bau wurde zugunsten der 1964/65 errichteten Hochgarage der vormaligen Bayer. Staatsbank abgebrochen. Der von Franz Hart entworfene Neubau mit platzseitig vorgelegtem Bürotrakt ist als Beispiel von Integration moderner Architektur in die Altstadtumgebung anerkannt, wobei u. a. die dunkle Klinkerverblendung einen Zusammenhang mit der östlich benachbarten Salvatorkirche sowie mit dem Stadtmauerrest an der Nordseite (s. Jungfernturmstraße) herstellt. „Die versetzten Lüftungsschlitze mit den hochkant eingestellten Lochziegeln ergeben sich aus den halbgeschossig versetzten Parkdecks. Die Pfeilergliederung in der Bürotraktfassade orientiert sich an den Strebepfeilern der benachbarten Salvatorkirche" (Ausst. Kat. Hart 1980). Fünf unterirdische Etagen ermöglichten die angestrebte Höhenbeschränkung.

torstraße vernichtet wurde, entstand dort 1954–57 nach Plänen des Landbauamtes München ein zurückgesetzter Erweiterungsbau des Ministeriums, wobei die freigelegte östliche Schmalseite des Palais eine Gliederung gleich der Südseite erhielt.

ARCHÄOLOGISCHE BEFUNDE: Frühneuzeitlicher Brunnenschacht (Fundst.-Nr.: 7835/0296). Bei umfassenden Sanierungsmaßnahmen im Gebäude wurde 1994 ein gemauerter Brunnenschacht entdeckt. Die Mauerstärke beträgt 0,5 m, die lichte Weite etwa 2,50 m. Der Grund wurde bei den Arbeiten nicht erreicht. In einer Tiefe von 1 m befand sich ein treppenförmiger Absatz. Der Brunnen war überbaut mit einem gemauerten Gewölbebogen, der sich kreuzförmig über den Brunnen spannte. Datierende Funde konnten nicht geborgen werden. Der Brunnen befindet sich im westlichen Teil des 1663 errichteten Klosters.

[**Salvatorplatz 2a.** Nebengebäude am Chor der Theatinerkirche; s. Theatinerstraße 23.]

Salvatorplatz 3. Bürohaus und Parkgarage für die ehem. Bayer. Staatsbank, später Hypo-Vereinsbank. Die Baugruppe aus einem schmalen Bürotrakt und nach Westen anschließendem Parkhaus, als verblendete Stahlbetonskelettbauten errichtet, stammt von Franz Hart. Ein großer Teil des einstigen Friedhofsareals (s. Salvatorplatz/Vorspann) wurde um 1800 mit dem ehem. Hofstall des Herzogs Wilhelm in Bayern (1752–1837) überbaut, wodurch der Platz seinen westlichen Abschluss erhielt. Herzog Wilhelm

Salvatorplatz 3

Salvatorstraße

(Vgl. Ensemble Altstadt; Nr. 10 und 17 zum Straßenbild Kardinal-Faulhaber-Straße gehörig.) Die nördlichste Ost-West-Verbindung im nordwestlichen Altstadtquartier, dem Kreuzviertel, erstreckt sich von der Theatinerstraße im Osten bis zum östlichen Ende des Rochusberges im Westen, welcher der Stadtmauer innenseitig folgt. In der Mitte kreuzt die von der Kardinal-Faulhaber-Straße im Süden und – erst in neuerer Zeit mit ihr verbunden – der Osthälfte des Salvatorplatzes gebildete Achse. Der früher nur für die Westhälfte geltende Name ist von der spätgotischen (seit 1829 griechischen) Salvatorkirche abgeleitet (vgl. Salvatorstraße 17), deren südliche Längsseite an die Straße grenzt. Der Ostteil zwischen Kardinal-Faulhaber- und Theatinerstraße, früher Kühgässel oder -gasse, im 17./18. Jh. meist Neue Gasse genannt, gehört seit 1814 amtlich zur Salvator-

Salvatorstraße, Palais Waldkirch (ehem. Nr. 20), zerstört; Aufn. um 1940

straße. Dieser östliche, leicht gekrümmte Abschnitt hat seine vorwiegend barockzeitlich geprägte Bebauung im Zweiten Weltkrieg verloren, darunter an der Nordseite das Palais Waldkirch (ehem. Nr. 20) und am Ostende das den Straßenanfang mit dem „Kühbogen" überwölbende Palais Berchem (vgl. Theatinerstraße 20). Die Nordseite dieses östlichen Abschnitts wird heute von dem im einstigen Theatinerkloster ansässigen Kultusministerium begrenzt (vgl. Salvatorplatz 2, Theatinerstraße 20/21), das hier als weitestgehend historisierender Neubau von 1970/72 zwischen den Ecktrakten hinter einem Vorplatz stark zurückgesetzt ist. Gegenüber ist der Nordeingang der „Fünf Höfe" situiert (vgl. Theatinerstraße 11).
Der westliche Straßenabschnitt – „Salvator Gasse" auf Consonis Stadtplan von 1806, bei J. P. Stimmelmayr gegen oder um 1800 „Hinter der Mauer" – wird heute nordseitig von der Salvatorkirche und westlich davon (im Bereich von deren ehem. Friedhof)

Salvatorstraße 8 (kein BDm)

vom Büro- und Garagengebäude Salvatorplatz 3 (s. dort) begrenzt, der durch einen modernen Brückenübergang mit dem südseitig gelegenen Komplex der ehem. Bayerischen Staatsbank verbunden ist (vgl. Kardinal-Faulhaber-Straße 1; zugehörig die ehem. Zentralsparkasse Salvatorstraße 10 samt Ergänzungsbau Nr. 11). Den westlichen Abschluss bildet die auf den Stadtplänen seit 1802 dargestellte, baulich mehrfach erneuerte, überbaute Durchfahrt zum Rochusberg;

dieser Übergangstrakt verband lange Zeit den einstigen Landtag (vgl. Prannerstraße/Vorspann) mit einem Rückgebäude zwischen Salvator- und Jungfernturmstraße. Die öffentliche Durchfahrt ist auch Bestandteil des hier 2006 entstandenen Bürohausneubaus Nr. 14. (Siehe Flurkarte S. 958)

[**Salvatorstraße 8.** Büro- und Geschäftshaus des Pappenheimer-Heim e. V.; Versammlungshaus der Schwadron der Pappenheimer. Die 1857 gegründete Herrengesellschaft erwarb den in der Folge kriegszerstörten Vorgängerbau im Jahr 1899. In gleicher Lage entstand 1954/55 nach den Plänen von Architekt G. H. Winkler der heutige Bau; Trinkstube mit weitgehend bauzeitlicher Holztäfer-Auskleidung im 2. Obergeschoss, im Stockwerk darüber weitere Gesellschaftsräume. Erdgeschoss, 1. Obergeschoss sowie das Dachgeschoss (Ausbau 1957) werden gewerblich genutzt. Die Fassade erscheint in typischer Weise im Sinne der 1950er Jahre aufgefasst, vertikale Rippen überspannen die Obergeschosse; tragende Elemente bilden gleichzeitig die Gestaltung.]

Salvatorstraße 11. Westliche Fortsetzung von Kardinal-Faulhaber-Straße 1, s. dort.

Salvatorstraße 11, 17. Vgl. Ensemble Altstadt, Straßenbild Kardinal-Faulhaber-Straße.

Salvatorstraße 14/Jungfernturmstraße. ARCHÄOLOGISCHE BEFUNDE: Siedlung des Spätneolithikums oder der Frühbronzezeit und Siedlung des Hoch- und Spätmittelalters sowie der frühen Neuzeit (Fundst.-Nr.: 7835/0194). Im Zuge eines Neubauprojekts konnte 2003 eine in der Neuzeit nicht genutzte Fläche in der Salvatorstraße 14 untersucht werden. Überraschend war der erstmalige Nachweis einer vorgeschichtlichen Kulturschicht im Altstadtbereich, die endneolithische/frühbronzezeitliche Keramik enthielt. Unmittelbar darüber lag eine Schicht mit Funden des 12. und 13. Jh., die wohl teilweise noch in die Zeit vor der Stadterweiterung gehört. Bebauungsspuren ließen sich auch hier nicht nachweisen. Die Grabung ergab weitere Erkenntnisse zur Stadtmauer des 14. Jh. sowie zur Bebauung des 19. Jh.

Salvatorstraße 17. *Salvatorkirche*, 1492–94 in Backsteingotik erbaut, seit 1829 *Griechisch-orthodoxe Kirche*. Die genaue Bauzeit und damit zusammenhängend die Zuschreibung an einen möglichen Baumeister (nachdem Jörg von Halsbach 1488 verstorben war) sind in der Forschung umstritten. Gemäß alter Tradition – wie auch auf der Gedenktafel des 19. Jh. außen am Westende der Südwand angegeben – ließ Herzog Albrecht IV. die Kirche 1494 erbauen, weshalb auch 1694 und 1794 Jubiläen gefeiert wurden. Der backsteingotische Saalbau mit 5/8-Schluss und Turm entstand als Friedhofskirche der Frauenpfarrei, analog zur etwas älteren Allerheiligenkirche am Kreuz für die Pfarrei St. Peter. Die Überfüllung des die Frauenkirche umgebenden

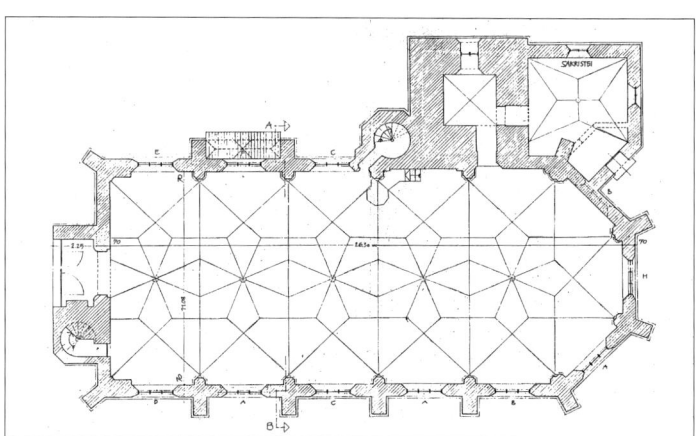

Salvatorstraße 17, Salvatorkirche; Grundriss

Salvatorstraße 17, Salvatorkirche   Salvatorkirche von Südwesten;
von Südosten; Aufn. 1946   Aufn. 1996

Friedhofs gab 1478 Anlass zur Erwerbung eines Grundstücks nahe der nördlichen Stadtmauer zur Anlage eines neuen, zusätzlichen Gottesackers, der 1480 geweiht wurde (Ablassbulle Papst Sixtus IV.; Errichtung einer 1480 bez. Gedenksäule mit Passionsrelief und Stifterbildnis Albrechts IV., heute im BNM). Der Abbruch einer vor dem Schwabinger Tor im Bereich des heutigen Odeonsplatzes gelegenen Salvatorkapelle aus dem 14. Jh. bei Befestigungsbauten im Jahre 1492, zu deren Gedächtnis an dieser Stelle eine Martersäule von Steinmetz Ulrich Randeck aufgestellt wurde, veranlasste offensichtlich die Übertragung des Patroziniums auf die neue Friedhofskirche, die nach der Überlieferung im Frühjahr 1494 samt drei Altären geweiht wurde. Lukas Rottaler, früher meist als Baumeister angenommen, war nach Volker Liedke (1976) im Jahre 1493 mit anderweitigen Baumaßnahmen voll beschäftigt; er wies statt dessen auf den

Hofmaurermeister Hans Trager sowie auf Ulrich Randeck als in Frage kommende Meister hin (F. Kobler in Dehio 1996: „vielleicht Hans Trager"). Mit der Vordatierung des Baubeginns kam neuerdings doch wieder Rottaler in Vorschlag (Henning Pfeiffer). Helmut Stahleder (1995) hat durch kritische Quellenanalyse die Bauzeit hinsichtlich eines Beginns der Arbeiten vor Juli 1492 und Vollendung mindestens im Rohbau im April 1493 präzisiert. Auf der Stadtansicht in Schedels Weltchronik, erschienen ab Juli 1493, ist der Spitzturm links von dem mächtigen Torturm des Alten Hofes als derjenige der Salvatorkirche zu identifizieren, Michael Wolgemuts Vorzeichnung demnach etwas früher anzusetzen. Die Innenausstattung im Auftrag von Patriziern und Zünften zog sich noch bis ins frühe 16. Jh. hin. Für 1497, 1499 und 1507 sind Glasgemäldestiftungen überliefert. 1516 stiftete Herzog Wilhelm IV. die einstige Ritterkapelle an der Nordseite der Sakristei. Wandbilderfragmente im Chor nordseitig sind 1518 datiert; die Wandmalereien von ca. 1525 über dem Südportal werden Hans Mielich zugeschrieben; von ihm und Hans Ulrich Fuetrer stammten (nach Hartig 1928) die Bilder der drei ursprünglichen Altäre.

Den qualitätvollen Bau wegen seiner feingliedrigen Struktur oder dem (auch im Münchner Umkreis, z. B. in Pipping und Blutenburg verbreiteten) ursprünglich wohl bemalten Fries unter der Traufe der „Landshuter Schule" zuzuweisen, wie mehrfach geschehen (im Gegensatz zur demnach „schwerfälligen" Frauenkirche), besteht kein Anlass. Vielmehr hat man sich hier im Bereich der Frauenkirche und der Hofkunst ein ähnliches „Gesamtkunstwerk" vorzustellen wie in der 1488 (von Hans Trager?) erbauten Schlosskapelle Blutenburg. Von ihr unterscheidet sich der vierjochige, im Lichten 26 m lange Einheitsraum der Salvatorkirche durch das Fehlen eines Chorbogens und das andersartige Verhältnis der Wölbung zur Wand: das reich

Salvatorkirche, nördliche Portalnische; Aufn. 1997

Salvatorkirche, Blick nach Westen; Aufn. 1996

Salvatorkirche, Gemälde „Engelkonzert" an der Emporenbrüstung, 17. Jh.

entwickelte Netzrippengewölbe mit Sternfigurationen ruht auf einem vor die Umfassungswände gestellten Stützensystem aus Wandvorlagen mit Schildbögen und Runddiensten, die im Mittelteil zugunsten des (ehemaligen) Apostelfigurenzyklus – mit erhaltenen Zunftwappen an den Sockeln – unterbrochen sind. Nichtsdestoweniger sind – im Gegensatz zur Frauenkirche – auch an der Außenseite Strebepfeiler angesetzt, einer – links am Chorschluss – mit einem wappenartigen Relief (von H. Pfeiffer als Bauhüttenzeichen gedeutet). Der 68 m hohe, unten quadratische Turm steht an der Nordseite, im Erdgeschoss kreuzrippengewölbt, der achteckige Oberteil mit flachen Strebepfeilern an den Diagonalachsen und 1877 erneuertem Spitzhelm (statt barocker Spitze von 1767 mit aufgesetzter kleiner Zwiebel; Glocken von 1713 und 1737 erhalten); östlich schließt sich die Sakristei mit vierstrahligem Sternrippengewölbe an. Den drei Portalen sind netzgewölbte Vorhallen vorgelegt, die tiefere westliche, mit schildhaltenden Engeln an den Kragsteinen, im 17. Jh. geschlossen und durch den Emporenaufgang erweitert; die flachen seitlichen (vor den nach 1788 vermauerten Türen) zwischen die Strebepfeiler eingefügt. Die nördliche Portalnische wurde durch z. T. schlecht erhaltene, 1970 und 1988–90 restaurierte Wand-

Salvatorkirche mit Ikonostase; Aufn. um 1900

gemälde (Gabriel Mäleskircher, † 1496, zugeschrieben) zur Gedenkstätte der dargestellten Familie des 1499 verstorbenen Patriziers Franz Ridler ausgestaltet, mit Mariä Verkündigung, segnendem Christus, Muttergottes und Doppelwappen sowie mit Polychromie im Gewölbe.

Nach Auflassung der innerstädtischen Friedhöfe 1788 und Profanierung der Kirche 1803, die nach Exsekration ihre (1774 renovierten) Altäre

Salvatorkirche, Fresko „Auferstehung" über S-Portal, um 1525

aus dem frühen 17. Jh. (Hochaltar 1624 gestiftet, mit Gemälden von Peter Candid) verlor, wurde sie in verschiedener Weise unwürdig genutzt (u. a. Depot, Remise) und war zeitweise zur Adaptierung für den protestantischen Gottesdienst vorgesehen (1806, 1821–26), bis der philhellenisch gesinnte Ludwig I. sie 1829 nach Renovierung durch die Hofbauintendanz unter Leo von Klenze der griechischen Gemeinde in München überließ. Damals wurden die drei Chorschlussfenster unter Entfernung der Glasmalereien im Unterteil verkürzt, später auch die Apostelfiguren (jetzt im BNM) an den Wanddiensten als unpassend zum Charakter der griechischen Liturgie entfernt. Von der alten Ausstattung blieb bis heute nur die gezimmerte Westempore des frühen 17. Jh. erhalten, in deren Brüstung fünf bemalte Holztafeln mit musizierenden Engeln eingelassen sind. Freigelegt wurden 1934 Reste von Wandfresken, frühe Zeugnisse der Renaissance: links im Chor das 1518 bez. Fragment eines gemalten Konsolgesimses mit Girlanden und dem Apostelnamen Judas, darunter ein Apostelkreuz mit aufwärtsweisender Hand (Schwurhand?) davor; an der Südwand über dem Portal Auferstehung und Himmelfahrt Christi mit Inschriften und vier Zunftwappen, Hans Mielich (um 1525) zugeschrieben.

Peter Bruggers aquarellierte Zeichnung (nach 1829; MStM, Inv.-Nr. 30/1585) zeigt den Innenraum noch mit dem – bis auf die drei Chorschlussachsen – vollständigen Glasgemäldezyklus in den 9 m hohen Maßwerkfenstern und dem Figurenzyklus an den Diensten. Gut zu erkennen ist das typisch spätgotische Motiv der sog. partiellen Farbverglasung, die auf etwa das untere Drittel der Fenster konzentriert ist (vgl. Blutenburg). Die von Zünften und Patrizierfamilien gestifteten, sehr qualitätvollen Glasgemälde, darunter zwei datierte (1497, 1499), wurden 1829 willkürlich restauriert (Bildthemen im Einzelnen s. KDB IV 1902, S. 1014 f. und Fischer 1997), 1917 aus- und 1928 wieder eingebaut und bei Bombenangriffen 1944 durch den Luftdruck größtenteils zerstört. Teile der Chor- und Südfenster gelangten in den

Salvatorkirche, Gemälde „Jesus vor Pilatus" von H. Argyros, 1918

Salvatorkirche, Glasgemälde „Marienkrönung"; Aufn. vor 1944

Salvatorkirche, Dachstuhl nach Westen; Aufn. 1996

Dom, andere deponierte Fragmente wurden ab 1996 in der Mayer'schen Hofkunstanstalt restauriert und 2000 in drei Südfenstern wieder eingesetzt (jeweils von oben in Fenster sIV hl. Sebastian, zwei Wappen, Marienkrönung, Mannalese; in sV Johannes der Evangelist, Anbetung der Hirten, Anbetung der Könige; in sVI über der Südtür hl. Martin, Gefangennahme Jesu, hl. Bartholomäus dat. 1499).

Hauptbestandteil der griechischen Kirchenausstattung ist die (1970 gegen Osten versetzte) hölzerne, gefasste Ikonostase, die Klenze in romanisierenden Formen, die stilistisch an die Fassade seiner Allerheiligen-Hofkirche erinnern, entwarf. Der auf Holz gemalte Bildzyklus entspricht den kanonischen Vorschriften und wurde vom Künstler (der damals die Kenntnis des berühmten „Malerbuchs vom Berg Athos" vermittelte) griechisch und deutsch signiert: „Evthymius Sohn des Demetrius aus Patras / in Peloponneso hat diese sechs Bilder / gemahlt 1829. (am 2. November)"; im Bogenfeld über der heiligen oder Königstür Abendmahl, im Giebel darüber Dreifaltigkeit, beiderseits der Tür rechts Christus im hohepriesterlichen Ornat, links thronende Muttergottes, außen rechts Verklärung (Metamorphosis), links Johannes der Täufer (Prodromos); hinzu kamen 1878 noch

sechs Heiligendarstellungen von dem Ikonenmaler Hierotheus Proudakis: Petrus und Paulus an den Türflügeln, oben – von links – als Halbfiguren Demetrius, Gabriel, Maria (Mariä Verkündigung) und Georg.

Zar Nikolaus I. stiftete laut Inschrift 1852 das kupferne Taufbecken mit Relief der Taufe Christi, ferner 1839 einen Kelch und andere Gegenstände; hinzu kamen im 19. und 20. Jh. zahlreiche weitere Stiftungen von Kunstwerken und liturgischen Geräten.

Über die Wände sind mehrere Ölgemälde verteilt, u. a. Hl. Familie mit Johannesknaben von Bartolomeo Schidone († 1615) nach Raffael sowie der Auferstandene von dem Nazarener Ludwig Schnitzelbaumer (1843); unter den Ikonen ist hervorzuheben ein sog. Hagiokalendarion (mit Auferstehung im Zentrum) aus dem 15. Jh. Zwei Gemälde von 1918 – Beweinung Christi von Elias Adzitiris; Jesus vor Pilatus von Hubertos Argyros – sind Kopien nach Friedrich August Kaulbach (oder von ihm entworfen).

In die Westvorhalle transferiert wurde 1972 vom Nordfriedhof das neuklassizistische Grabmal des bedeutenden griechischen Malers Nikolaus Gysis (1842–1901, seit 1888 Professor an der Münchner Akademie), eine Ädikula aus weißem Marmor mit dem Hochrelief einer trauernden Muse, 1903 von Heinrich Waderé nach Entwurf von Franz von Lenbach.

Im Luftkrieg 1944 erlitt die Kirche nur geringe Schäden – u. a. an der Eindeckung des großenteils erhaltenen, wohl im 18. Jh. erneuerten Dachstuhls (Kehlbalkendach mit liegendem Stuhl) und an den Fenstern –, die bis 1948 behoben wurden. Das Äußere wurde 1982 restauriert. 2008 Gesamtsanierung.

Der ehem. Friedhof erstreckte sich westlich und nördlich der Kirche bis zur einstigen Stadtmauer; der heutige Salvatorplatz, auf dem die Schule steht (s. Salvatorplatz 1), ist nur eine Restfläche. Die erwähnte Gedenksäule Albrechts IV. von 1480 und eine Lichtsäule Wilhelms IV. (1516) standen unweit westlich der Kirche. Nördlich schloss sich an deren Turm die von letzterem 1516 gestiftete Ritterordenskapelle St. Georg an, die 1887 abgebrochen wurde. An berühmte auf dem Friedhof Bestattete erinnert an der Kirchennordwand eine 1935 von der Stadt gestiftete Bronze-Inschrifttafel; genannt werden u. a. die Maler Hans Mielich, Nikolaus Prugger, Franz Joachim Beich und Georges Desmarées, die Baumeister Johann Baptist Gunetzrhainer und François de Cuvilliés d. Ä., der Kunstgärtner Dominique Girard, die Bildhauer und Schnitzer Balthasar Ableitner, Andreas Faistenberger, Joachim Dietrich und Wenzel Miroffsky, der Erzgießer Martin Frey, der Medailleur Andreas Schega, der Theatermaler Paul Gaspari sowie der Komponist Evaristo Felice Dall'Abaco.

ARCHÄOLOGISCHE BEFUNDE: Vermutlich untertägig erhaltene Bauteile des Mittelalters (Fundst.-Nr.: 7835/0344). In der spätgotischen Backsteinkirche ist mit Resten von Vorgängerbauten und mit Bestattungen, teilweise in Grüften zu rechnen.

Salvatorkirche, Taufbecken, 1852

Salvatorkirche, Grabmal Nikolaus Gysis († 1901)

Sandstraße 35; Aufn. 1995

Sandstraße

Als westlichste der Nord-Süd-Straßen in der Maxvorstadt schon auf dem Stadtplan von Rickauer/Schleich 1812 eingetragen (Verlauf im Bereich der heute verschliffenen Hangkante); Name nach einer ebenda verzeichneten Sandgrube an der Westseite (nördlich der Nymphenburger Straße). An der Ostseite Löwenbrauerei (s. Nymphenburger Straße 2/4). Nach Kriegszerstörung nur ein Baudenkmal erhalten. (Siehe Flurkarte S. 156)

Sandstraße 35. Bauherr des fünfgeschossigen Neurenaissance-Mietshauses mit Erker war der Schäfflermeister Karl Koppenmüller. Josef Simon führte es 1888/89 auf. Die Fassade wurde 1951 renoviert, dabei das dekorative Zwerchhaus in der Mitte vor dem flachen Mansardsatteldach beseitigt. Erdgeschoss und ursprünglich auch der 1. Stock in Putz verschiedenartig rustiziert, der 2. und 3. Stock mit Backsteinverblendung, der 4. etwas vereinfacht. Durchfahrt links, Flur und Treppe mittig, je Geschoss zwei Wohnungen (im 1. Stock ursprünglich eine vorgesehen).

St.-Anna-Platz

(Vgl. Ensemble St.-Anna-Platz/Lehel.) Als ein neuer Mittelpunkt des Lehels oder der St.-Anna-Vorstadt mit bewusst nicht geschäftigem Marktcharakter, sondern als sakraler Sammelpunkt und beruhigter Wohnbereich östlich der barocken St. Annakirche (s. St.-Anna-Straße 21) gleichzeitig mit der frei in der Platzmitte situierten neuromanischen Pfarrkirche St. Anna (s. Nr. 5) angelegt und 1888 nach ihr benannt. Die Terrasse um die Kirche, der Brunnen im Südwesten (s. unten) und die Baumbepflanzungen formieren einen engeren, von den Verkehrsflächen abgesonderten Bereich. Im nördlichen Platzteil ging die nur kurze Zeit bestehende Wiebekingstraße auf, die (nach Ram-

St.-Anna-Platz; Flurkarte, M. 1:5000

baldi 1894) als Sackgasse zur Stadtsäge (am 1887 überwölbten Stadtsägmühlbach) und dem 1882 abgebrochenen Montgelas-Schlösschen im Osten führte (vgl. Wenngs Stadtplan von 1882) und 1887 nach dem kgl. Baurat sowie Wasser- und Brückenbauer Karl Friedrich Frhr. von Wiebeking († 1842) benannt wurde. Die den Ostteil der Kirche umgebende Platzrandbebauung ist in Rechteckform angeordnet; nach Westen weitet sich die Platzfläche zur schräg verlaufenden, älteren St.-Anna-Straße hin auf, an der nördlich (s. Nr. 20/22) die St.-Anna-Schule liegt. Der 1988 eröffnete U-Bahnhof Lehel mit Zugängen am St.-Anna- und Thierschplatz hat die Mittelpunktfunktion beider Plätze in neuer Weise verstärkt.

St.-Anna-Platz. *St.-Anna-Brunnen.* Der zwischen zwei kugelbesetzte Endpfeiler in der Südwestecke der Terrassenmauer eingefügte Schalenbrunnen von Anton Pruska nach Entwurf von Gabriel (von) Seidl – nach O. Bistritzki am 20. Oktober 1894 enthüllt – vermittelt geschickt zwischen den verschiedenen Ebenen. Der romanisierende Aufbau aus Kelheimer Kalkstein besteht – über einem tief liegenden, ziergitterumringten Quadersockel – aus zwei verschieden geformten Schalen, deren vielpaßförmig gelappte untere von Säulen gestützt wird, während die kleinere obere mit geripptem Rand die um das abschließende Kreuz aus Untersberger Marmor gruppierten Personifikationen der (die vom Kreuz ausgehende Erlösung symbolisierenden) vier Paradiesflüsse Pison, Gihon, Tigris und Euphrat (Gen. 2, 11–14; gemäß Schreibweise der Vulgata) trägt. Städtebaulich wie gestalterisch eine differenziert durchgebildete, künstlerisch qualitätvolle Komposition.

St.-Anna-Platz, St.-Anna-Brunnen

St.-Anna-Platz 1. Das bestehende Anwesen St.-Anna-Platz 1 wurde 1879/80 zusammen und gleichzeitig mit St.-Anna-Straße 18 erbaut. Planer und Ausführender war Baumeister Johann Georg Mayer, Bauherr der Privatier Karl Baur. Die bodenmechanischen Erfordernisse waren bei beiden Häusern die gleichen und dabei doch individuell ausgeprägt: Beide Anwesen kamen über einem Bachlauf zum Stehen, doch beide über anderen Gerinnen und dies mit je anderer städtebaulicher Anforderung.

St.-Anna-Platz 1; Aufn. 1994

St.-Anna-Platz 1a (links 2, 3); Aufn. 1995

Im Straßengrund südwestlich vor St.-Anna-Platz 1 und St.-Anna-Straße 18 teilte sich der aus Hacklmühlbach und Fabrikbach gebildete Wasserlauf in Stadtsägmühlbach und Gewürzmühlbach erneut. (Erst 1888 hatte man den Stadtsägmühlbach bis zur vorderen Grundlinie von St.-Anna-Platz 1 eingewölbt und Straße bzw. Trottoir in diesem Abschnitt hergestellt, für die Einwölbung unter dem Gebäude, schon neun Jahre vorher erfolgt, war der Bauwerber selbst zuständig.) So durchfloss der Stadtsägmühlbach den vorderen Bereich des Hauses, die sanft eingerundete östliche Beschlachtmauer bildet zugleich die westliche Kellerwand des Hauses. Das Gerinne setzte sich von hier unter dem Langhaus der neuen St.-Anna-Kirche (erbaut 1887–92) hindurch in nördlicher Richtung fort. In dem kleinen Grundstück verteilte Mayer die Baumassen in zwei Flügeln über leicht stumpfem Winkel, den Stoß der beiden Fassaden entschärfte er mittels einer abgeschrägten Ecke. Städtebaulich kommt dem Haus eine Scharnierfunktion zwischen Anhebung und Schluss des östlichen Straßengewändes von Pfarr- und St.-Anna-Straße und dem Übergang zum Platzraum hin zu, hier schaltete der Magistrat eine schmale Vorgartenlinie vor. Der Eingang liegt in der östlichen Achse, hier steckt hinter einer Blindfensterachse die halbgewendelte Podesttreppe mit von Osten belichteten Vorplätzen. In jeder oberen Etage ist gemäß Eingabeplan eine Wohnung untergebracht, wobei Dunkelzonen vollständig unterbunden werden konnten. Gemäß Erstzustand bestand die Nutzung des Erdgeschosses in einer Gastwirtschaft, der Laden im Südflügel kam als ausgewechselte Wohnung später hinzu. Aus dem Zweiten Weltkrieg ging das Anwesen mit zerstörtem Dach heraus, das steilere, ursprüngliche Mansarddach markierte den südlichen Abschluss des Platzraumes klarer. Die Fassade des Hauses wird, für die Zeit ihrer Entstehung typisch, von Neurenaissanceformen gekennzeichnet, findet sich dabei ausgewogen dekoriert, man beachte den Wechsel der Fensterverdachungen in den Hauptgeschossen. (Dachgeschossausbau mit Gauben beantragt 1984; Fassadenrenovierung und Fenstererneuerung 1992–94; Erweiterung eines Ladengeschäftes mit Wiedereröffnung der Tür unter dem Balkon in Ecklage 1995; Erweiterung des Gaststättenraumes 1996.)

St.-Anna-Platz 1a. Nach schon 1885 einsetzenden Planungen wurde das Mietshaus in Formen der Neurenaissance 1887/88 nach Plänen Michael Reifenstuels unter der Bauleitung von Otto Miller für den Privatier Karl Baur aufgeführt, dem auch die Nachbargrundstücke Nr. 1, St.-Anna-Straße 18 und Gewürzmühlstraße 1 gehörten. Das an der Südwestecke des Platzes gelegene Haus leitet von der höheren Mietshausbebauung der Umgebung zu der bewusst niedrigeren um die Annakirche über; es setzt sich demgemäß aus einem langen, viergeschossigen Haupttrakt im Anschluss an das Eckhaus Nr. 1 und einem am linken Ende vortretenden, dreigeschossigen Annex von quadratischem Grundriss mit einer Fensterachse Breite und Tiefe zusammen, der sich der östlichen Nachbargruppe Nr. 3 und 4 anfügt. Erdgeschoss und 1. Stock sind zart rustiziert, die breiten Außenachsen des Hauptbaukörpers gleich den Fensterachsen des Vorbaues als flache Risalite kräftig rustiziert und reicher gegliedert; im flachen Winkel dazwischen ein kleiner Vorgarten mit Zaun. Die gewendelte Treppe und die Nebenräume der je ein Geschoss einnehmenden Wohnungen liegen hofseitig, zwischen Platzfront und Mittelkorridor jeweils fünf Zimmer, ein weiteres im quadratischen Annex. Innere Umbaumaßnahmen 1984.

St.-Anna-Platz 2. Das zwischen Neurenaissancehäusern gelegene dreigeschossige Mietshaus mit Doppelerkerfassade – 1887 von Ludwig Marckert im Auftrag des F. Schratz errichtet – ist Teil der vornehm-bürgerlichen, maßstäblich zurückhaltenden Bebauung um die St.-Anna-Pfarrkirche und wurde äußerlich im Hinblick auf

St.-Anna-Platz 2; Ansicht von 1896

St.-Anna-Platz 2; Aufn. 1995

St.-Anna-Platz 2, Erker

diese von Gabriel Seidl im Sinne des damals erstrebten malerischen Stilkontrastes in reichen Neubarockformen – ein relativ frühes Beispiel dieser Richtung – gestaltet. Nach Kriegsschäden und Wiederaufbau 1951 durch Architekt Carl-Hans Jäger ist das Erscheinungsbild z. T. vereinfacht: ursprünglich war das Erdgeschoss in Putz rustiziert, die geschwungenen Verdachungen der Fenster im 1. Stock waren sämtlich reich mit Stuck dekoriert, die originalen Dachgaubenfenster rundbogig geschlossen; über den Erkerachsen waren Zwerchhäuser mit Dreiecksgiebeln aufgesetzt. – Die innere Bausubstanz ist weitgehend erneuert. Ursprünglich enthielt jedes Geschoss wohl zwei spiegelbildlich angeordnete Wohnungen; in der Mitte lagen das Vestibül und die U-förmige Treppe. Der Schriftsteller Lion Feuchtwanger (1884–1958) verbrachte einen Teil seiner Kindheit (1889–1900) im Haus, worauf eine Gedenktafel hinweist. Nach dem Zweiten Weltkrieg wohnte hier zeitweise der Schauspieler und Regisseur Fritz Kortner.

St.-Anna-Platz 3. Das dreigeschossige Mietshaus, 1888 von Christian Lorentzen für den Rentier Heinrich Lempuhl erbaut, schließt sich in seinen Proportionen, in der Fensterachsenzahl und mit den beiden Erkern im 1. Stock dem Nachbarhaus Nr. 2 an, doch in konventionelleren Renaissanceformen mit Putzgliederung, die sich in den Obergeschossen von der Blankziegelverkleidung abhebt. Die beiden verlorenen Zwerchhäuser und die rundbogig schließenden Dachgauben wurden kürzlich rekonstruiert.
Im 1974 umgebauten Inneren, mit Durchfahrt links und U-förmiger Treppe hofseitig in der Mitte, enthielten das Erdgeschoss ursprünglich eine Großwohnung, die symmetrisch angelegten Obergeschosse und das Dachgeschoss je zwei Vierzimmerwohnungen.

St.-Anna-Platz 4. Das dreigeschossige Mietshaus von 1887/88 im Neurenaissancestil wurde nach Plänen des Architekten P. Krenn durch Maurermeister Matthias Krenn begonnen, von dem es noch 1887 an den Hafnermeister Friedrich Schuster überging. Die Fassade, mit ziegelverblendeter Grundfläche in den Obergeschossen, gleicht in den Gliederungsdetails weitgehend der von Nr. 3. Die Eingangsachse am rechten Ende ist abgeknickt und reicher instrumentiert, in dem sich verjüngenden Bauteil dahinter liegen der trapezförmige Vorplatz und das fünfeckige Treppenhaus, in jedem Geschoss eine Wohnung.

St.-Anna-Platz 5. *Kath. Pfarrkirche St. Anna.* Der malerische neuromanische Bau wurde 1887–92 nach Plänen Gabriel (von) Seidls errichtet. In der auf über 17.000 Einwohner angewachsenen Lehel-Vorstadt war die barocke St.-Anna-Klosterkirche (s. St.-Anna-Straße 21), die seit 1808 als Pfarrgotteshaus diente, längst zu klein geworden. Die testamentarische Stiftung seines Gartens durch Privatier Georg Herndle 1880 gab den Anstoß zu einem Neubau östlich der alten Kirche; 1882 wurde das Baugelände durch Ankauf des Hofbad-Anwesens und des sog. Montgelas-Schlösschens noch erweitert. G. Wenngs Stadtplan von 1882 zeigt das von drei parallelen Mühlbacharmen in Süd-Nord-Richtung durchquerte Areal mit dem Schlösschen St.-Anna-Straße 3 (3a) jenseits des östlichen Bachlaufs und dem zu Beginn des 19. Jh. vom Chirurgen Schweighard eingerichteten Hofbad (Nr. 4) südwestlich davon zwischen zwei (vor Baubeginn überwölbten) Bacharmen; es war auch nach dem Kauf noch bis 1887 in Betrieb. Östlich des Klosters und südlich der Schule (s. St.-Anna-Straße 20) musste auf dem neu angelegten St.-Anna-Platz (s. oben) aus Bauschutt eine Terrasse als Bauuntergrund angelegt werden.
Den auf Münchner Architekten beschränkten Wettbewerb gewann 1885 der 37-jährige Gabriel Seidl bedingt mit der Forderung nach weiterer Überarbeitung seines Entwurfs. Den Grundstein legte Erzbischof Antonius von Steichele am 30. Oktober 1887. Die Ausführung der Arbeiten wurde dem Baugeschäft Carl Del Bondio übertragen, mit Edmund Schneider als Bauführer. Bis 1889 wurden die Mauern hochgeführt, 1890 erfolgte die Einwölbung; am 22. Mai 1891 fand das Richtfest für den Dachstuhl statt, am 21. Mai 1892 wurde die Kirche benediziert und das Turmkreuz aufgesetzt. Die am 25. September 1892 geweihten acht Glocken sind nicht mehr erhalten. Die Konsekration der Kirche nahm Erzbischof Antonius von Thoma am 22. Oktober 1892 vor. Die innere Ausgestaltung und Einrichtung zog sich noch lange, z. T. bis in die 1920er Jahre hin. Die Raumfassung von 1913/14 „in üppig reicher Farbenpracht" mit Dekorationsmalerei vor allem an den Pfeilerarkaden und Gewölbegurten sowie dem Sternenhimmel in der Vierungskuppel (vgl. Abb. in Bößl 1960 und Festschrift 1992) wurde 1954 wieder beseitigt.
Den Luftkrieg hat St. Anna im Wesentlichen überstanden; beschädigt wurden am 24./25. April 1944 der Westturm, der seinen Helm verlor, und das linke Seitenschiff; ansonsten entstanden Destabilisierungen und Risse an Mauerwerk und Gewölben. Die Schäden wurden hauptsächlich 1948–55 unter Leitung von Architekt H. Roth behoben. 1971/72 erfolgte eine zeittypisch puristische Innenrenovierung und liturgische Neuordnung mit Altarinsel in der Vierung, Volksaltar und Ambo von Max Faller sowie Zusammenfassung des Gestühls zu einem Block (Arch. Armin Dietrich). Der vor der Empore scheinbar freihängend

St.-Anna-Platz 3; Aufn. 1995

St.-Anna-Platz 4; Aufn. 1995

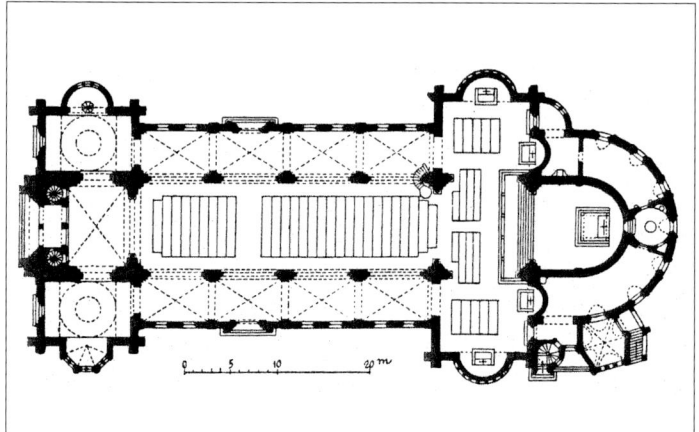

St. Anna; Grundriss der Bauzeit

St. Anna, Weltgerichtsportal

St.-Anna-Platz 5, Kath. Pfarrkirche St. Anna von Süden

angebrachte, reich differenzierte Prospekt (Gestaltung Arch. Arthur Kneer) der Klais-Orgel von 1980 dominiert im Raumbild gegen Westen. In der Folgezeit wurden sukzessive wieder einige Elemente der alten Ausstattung freigelegt bzw. zurückgebracht.

Im Unterschied zu in freier Weise romanisierenden, nicht auf kunsthistorischer Forschung basierenden Kirchenbauten wie St. Ludwig oder der die Stilwahl wohl mitbestimmenden Zweiturmfront der alten Pfarr- und Klosterkirche gegenüber erhielt München mit der neuen St. Annakirche erstmals ein Beispiel voll ausgebildeter Neuromanik in engem Anschluss an hochmittelalterliche Typologie und Detailgestaltung (ein Jahr später folgte St. Benno, s. Ferdinand-Miller-Platz 1). Im Sinne des pluralistischen Historismus, der vergangene Stile für reproduzierbar hielt, sollte in München unter einem Bildungsaspekt auch die hier nicht vertretene, überdies als Ausdruck tiefer Religiosität begriffene romanische Architektur anschaulich werden. Über den doktrinären, strengen Historismus wuchs Gabriel Seidl allerdings in mancher Hinsicht sogleich hinaus zugunsten einer hinfort seine Auffassung kennzeichnenden spielerisch-freien Abwandlung und Synthese vorbildhafter Elemente verschiedener Provenienz, verbunden mit einer dem Zeitbegriff des „Malerischen" verpflichteten, differenzierten Ausbildung des Baukörpers, der speziell in der vielgliedrig-kleinteiligen Gruppierung des Ostteils für die Ansicht von Südosten her komponiert ist, wie auch im Innern mittels einer gleichsam gewachsenen Ausstattung Stimmungshaftigkeit inszeniert wird (besonders anschaulich an der Stirnwand des Nordquerhauses noch nachvollziehbar). Somit ist St. Anna ein frühes Hauptbeispiel des sich von der strengen Kühle kopistischer Routine ablösenden, die Münchner Architekturszene der Jahrhundertwende positiv im Sinne künstlerischer Qualität, wenn auch retrospektiv prägenden „Seidl-Stils".

St. Anna von Südosten   ▷

St. Anna, Westseite

St. Anna, Vierungskuppel

Im Sinne des malerischen Städtebaus präsentiert sich St. Anna trotz stattlicher Dimensionen (Mittelschiff im Lichten 60 m lang, 19,7 m hoch) nicht in isolierter Monumentalität, sondern ist in die Intimität des gleichzeitig konzipierten vorstädtischen Platzbildes eingebunden. Allein dem 54 m hohen Westturm eignet eine gewisse Fernwirkung (vor allem für den Blick von der Hofgartenstraße her). Mangels einheimischer Vorbilder orientierte sich Gabriel Seidl (wie Romeis bei St. Benno) an der formal differenzierten Romanik des Rheingebietes, übernahm von dorther Elemente wie den die Apsis gürtenden, durch Rundbogenblenden gegliederten Chorumgang (mit Sakristeiräumen und Empore), den achteckigen Vierungsturm mit Zwerggalerie (vgl. Wormser Dom) oder den Rautenhelm des Westturms, den er als massive Vertikale dem (damaligen) Turmpaar der alten Annakirche gegenüberstellte. Den Vorhalle und Empore aufnehmenden Turm flankieren zweigeschossige Annexe mit kleinen Apsiden, Fensterrosen, steigenden Rundbogenblenden und Quergiebeln, die im Außenbild mit den gleichartigen Querhausfronten östlich des vierjochigen basilikalen Langhauses korrespondieren. Den erstrebten abwechslungsreichen Charakter unterstützt die Kombination von geschlämmten Wandflächen aus handgeschlagenen Ziegeln und Gliederungen in Muschelkalk. Treppenturm und Sakristeianbau bereichern das für den Blick von Südosten angestrebte vielteilige Architekturbild. Die Eingänge – jeweils einer an den Langhausseiten sowie drei im Westen – haben die Form romanischer gestufter Säulenportale (in Muschelkalk); durch großen skulpturalen Aufwand – von Anton Pruska – hervorgehoben ist das Weltgerichtsportal am Turm mit Mittelstütze, Türsturzrelief (Gerichtsengel, Selige und Verdammte, 1912) und Tympanonrelief (Christus in der Mandorla zwischen Engeln, 1894), eingebunden in eine zweigeschossige Rundbogenädikula mit der krönenden Bronze-Reiterfigur des apokalyptischen

Christus (1910, von Ferdinand von Miller d. J. modelliert und gegossen) – insgesamt der groß angelegte Versuch einer Wiederbelebung romanischer Portalzonen-Kompositionen nach französischem Vorbild (etwa Autun, Vézelay, St.-Trophime in Arles, St.-Gilles), hier frei variiert und im Ausdruck spätzeitlich gemäßigt: das Reiterbild künstlerisch wie in seiner unkonventionellen Thematik bemerkenswert. – Die Tympanonreliefs der Sakristeiportale (im Querschiff) zeigen symbolisch Arche (nördlich) bzw. Pelikan.

Das Innere ist kreuzgratgewölbt über Gurten, an den Hochschiffswänden auf kurzen, dreifach gebündelten Diensten mit Würfelkapitellen; die Schiffsarkaden mit Pfeilerkämpfern sind an der gestuften Laibung mit Halbsäulen besetzt. Die Belichtung mit Verdoppelung der Fenster in jedem der einzelnen Joche entspricht neuzeitlichem Bedürfnis. Die über maßvoll gestaffelten Eckpfeilern und Trompen aufsteigende, achteckige, gratige Vierungskuppel (getrennt vom Zeltdach darüber) ist nicht mit dem Längsblick zu erfassen. Das Raumbild beherrscht die Tempera-Ausmalung der Hauptapsis von Rudolf Seitz (1892): oberhalb der ornamental gefaßten Emporenzone mit Biforien ein Apostelfries beiderseits der Gruppe des thronenden Christus zwischen Maria und Anna, darüber der Hl. Geist und in der Kalotte Gottvater als Weltschöpfer in Strahlensonne mit Tierkreis und radial zwischen den Strahlen angeordneten Engeln. Das von den Zeitgenossen als Hauptwerk neuer Sakralkunst gewertete Gemälde sucht mosaikartige Farbwirkung und mittelalterlich-hieratische Komposition mit dem Realismus der Renaissance zu vereinen. Wesentlich „moderner" wirken die zur Entstehungszeit Aufsehen erregenden Fresken von Carl Johann Becker-Gundahl (1907/08) an den östlichen Hochwänden des Querschiffs: nördlich die Hochzeit von Kana, südlich die Apostelkommunion nach dem Letzten Abendmahl (ursprünglich waren noch das Paradies und das Jüngste Gericht geplant) – der vielleicht gelungenste Versuch, zeitgemäß post-naturalistische, großflächig-stilisierende Monumentalmalerei mit expressivem Ausdruck (vgl. Hodler) im kirchlichen Bereich zu realisieren.

Altäre und Kanzel in edlen Materialien (u. a. Marmorarten) sind Arbeiten von Anton Pruska nach Entwürfen von Seidl. Den Hochaltar mit viersäuligem Stipes überfängt in frühmittelalterlicher Art ein viersäuliges Ziborium mit den Evangelistensymbolen (von Pruska) an den Ecken und Achtecklaterne. An der Ostwand der Querarme stehen, jeweils in kleinen Apsiden mit 1989 wieder freigelegter Mosaikauskleidung von 1917 (nördlich) bzw. 1928, Altäre mit Figuren von Pruska: nördlich thronende Muttergottes, 1892 (Kalkstein und Marmor, gefaßt), südlich Herz Jesu (Kalkstein). An den Stirnwänden der Querarme, ebenfalls in mosaizierten Apsiden, größere Altarkompositionen: nördlich Josefsaltar mit glasierter Terrakottafigur des Heiligen, den in den Blendarkaden der Apsis acht Prophetenfiguren (Terrakotta;

St. Anna, Blick nach Westen

St. Anna, nördliches Seitenschiff nach Osten

St. Anna, Marienaltar im nördlichen Querschiff

St. Anna, nördliches ▷▷
Querschiff

St. Anna, südliches ▷
Querschiff nach Osten

St. Anna, Kanzel

von Pruska, erst 1925/26) flankieren; darüber auf von zwei Säulen gestütztem Balken gotisierende Kreuzigungsgruppe (Holz), von Pruska wie auch an der Hochwand darüber die gotisierenden Figuren der hll. Sebastian, Katharina, Georg und Barbara; gegenüber im Südquerhaus Antoniusaltar mit zweisäuliger Rundbogenädikula, die zentrale Figur (von Pruska, um 1895) umgibt eine Retabelwand mit zehn von Martin Feuerstein gemalten Szenen aus dem Leben des hl. Antonius von Padua; beiderseits

Figuren der hll. Dominikus und Franziskus (von Georg Bayer sen.); an der Hochwand darüber fünf farbige Tondi (Tonreliefs von Pruska) mit den Geheimnissen des Freudenreichen Rosenkranzes. An der Marmorkanzel von Pruska Reliefs der vier Evangelisten samt deren Symbolen in Tondi darunter.

An den Pfeilerflächen im Mittelschiff hängen seit 1987 vier auf Kupfer gemalte Tafeln mit je zwei, die Leidenswerkzeuge Christi haltenden Engeln, signierte Arbeiten (ursprünglich am Josefs-

St. Anna, Blick nach Osten

St. Anna, Apsis mit Hochaltar

◁ St. Anna, 8. Kreuzwegstation

St. Anna, Reliefmedaillon
hl. Athanasius

St. Anna, Wandbild im nördl. Querhaus („Hochzeit zu Kana")
von K. Becker-Gundahl

altar) von Wilhelm Nissen († 1903). An den Hochschiffswänden wieder angebracht wurden acht Tonreliefmedaillons mit den griechischen und lateinischen Kirchenvätern (nur die beiden westlichen – Athanasius und Ambrosius – original, 1910 von A. Pruska; die anderen rekonstruiert). Die 14 Kreuzwegbilder in den Seitenschiffen sind gemäß Signatur Arbeiten von Martin Feuerstein, 1898, gestiftet von J. und Th. Schlintmann – zu ihrer Zeit hoch geschätzt und verschiedentlich nachgeahmt. Die kleinen in die Seitenschiffsfenster eingelassenen Glasgemälde mit Heiligen tragen das Datum 1892 und das Stifterwappen Ludwig Moller. Gestühlswangen mit Flachschnitzerei. Über dem Haupteingang innen Fresko einer sog. kosmischen Uhr (um 1900; 1996 freigelegt). Die Seitenräume im Westbau, mit durchbrochenen kuppeligen Wölbungen, sind als Taufkapelle (nördlich) bzw. Kriegergedächtniskapelle ausgestattet und 1953/55 von Anton Greiner in diesem Sinn ausgemalt worden. Eine neben letzterer angebrachte Holzfigur der hl. Anna (Ende 17. Jh.) wurde 1972 erworben.

Die *Terrasse* um die Kirche, von Gabriel Seidl mit dieser zusammen konzipiert, erhebt sich an drei Seiten (außer im Osten) mit einer abgerundet schließenden Quadermauer über das Platzniveau, unterbrochen von Freitreppen vor den Seiteneingängen; die der Kirche im Westen vorgelegte Freitreppenanlage hat annähernd die Breite der westwerkartigen Eingangsfront (Brunnen s. oben).

St.-Anna-Platz 9. Gabriel Seidl übernahm im August 1890 die Bauleitung für das neubarocke Mietshaus und unterschrieb auch die Eingabepläne „im Auftrage des Herrn Oberamtsrichters (Josef) Schechner", des Bauherrn; Ausführung durch Baumeister Carl Del Bondio. Das dreigeschossige, breit gelagerte Wohnhaus (bez. 1891) schließt zusammen mit Nr. 8 im rechten Winkel die Nordostecke des Platzes ein, dessen Ostteil es mit seinem stattlichen, schweifgiebligen Mittelzwerchhaus beherrscht. Die

St.-Anna-Platz 9

Mittelachse mit dem korbbogigen Eingang (reiches Oberlichtgitter) betont darüber ein Flacherker mit Loggia im 2. Stock und Gitterbalkon im ausgebauten Mansarddachgeschoss. Auf das Vestibül folgt die zweiläufige, zum Hof segmentbogig vortretende Treppe. Je Geschoss zwei Wohnungen. Heute der Pfarrei St. Anna gehörig. Bemerkenswert ist der bauzeitliche Vorgartenzaun.

[**St.-Anna-Platz 10.** Der viergeschossiges Mietshausbau mit Mansardsatteldach, errichtet 1907, wurde nach schweren Luftkriegsschäden vom Januar 1945 stark vereinfacht und 1951 durch die Stadt München verändert wiederaufgebaut. Dabei wurden vorwiegend Wohnungen (z. T. Ateliers) für Kulturschaffende hergestellt. U. a. wohnten hier Prof. Hans Ludwig Held (im Erdgeschoss; Gründer der Monacensia-Bibliothek, † 1954) sowie die Schriftsteller Georg Britting (im Dachgeschoss, † 1964) und Josef Magnus Wehner († 1973). Bis 1895 gehörte das Grundstück am Ostufer des Stadtsägmühlbaches (gegenüber der Stadtsägmühle) dem Steinmetzmeister Michael Sepp (Steinsägmühle, umgebaut 1873–75 durch Maurermeister A. Schmelzle). Sepps Witwe Maria, ab 1896 Gattin des Zimmermeisters Anton Baumgartner, plante seit 1893 einen Mietshausneubau, den Einsprüche von Nachbarn verzögerten; Ausführung erst von Herbst 1896 bis Anfang 1898 nach Plänen von Ludwig Kracher, dreigeschossig mit Mansarddach samt zweiachsigem Zwerchhaus mit Stuckdekor (Auge Gottes) im Dreiecksgiebel; die vornehm neubarocke Fassade benötigte als Bestandteil des neuen Platzensembles um St. Anna die höchste Erlaubnis des Regenten bzw. Staatsministeriums. Der durch den Neubau überwölbte Bach am linken Grundstücksrand bedingte den spitzwinkeligen Anschluss des Rückgebäudes an der Hof-Westseite. Das Vorderhaus enthielt in jedem Geschoss eine weitläufige Wohnung (mit je sieben Zimmern in den Obergeschossen; Keller gewerblich genutzt).]

St.-Anna-Straße

Der schräg nach Nordwesten, dem Lauf des einstigen Stadtmühlbachs entsprechend, den jeweils westlichen Beginn der Gewürzmühl- und der Liebigstraße verbindende Nordast der alten Vorstadtstraße im Lehel trägt seinen Namen bereits auf dem Stadtplan des Topographischen Bureaus von 1812, und zwar nach der westseitig anliegenden spätbarocken St.-Anna-Kirche (s. Nr. 21) des einstigen Hieronymitenklosters (s. Nr. 19). Die geschlossene späthistoristische Bebauung entstand erst im späteren 19. Jh., etwa zur Zeit des Neubaus der neuromanischen Pfarrkirche St. Anna (s. dort), den die gleichnamige Straße westseitig tangiert. – Ihr gerader südlicher Anfangsteil zwischen Maximilian- und Gewürzmühlstraße, beginnend mit einer Durchfahrt im Regierungsgebäude (s. Maximilianstraße 39), war ursprünglich Nordteil der Adelgundenstraße (s. dort). Vgl. den Beitrag von Johannes Hallinger. (Siehe Flurkarte S. 966)

St.-Anna-Straße 2 (1851 Nr. 4 an der Adelgundenstraße, hier der südl. Abschnitt, 1911 Nr. 26 an der Adelgundenstraße). Nach Abbruch des südlichen Teils eines Doppelhauses, das der Altbestand von Nr. 2 mit dem nördlich angrenzenden Haus Nr. 4 baugleich gebildet hatte, entstand 1897–99 das jetzige Wohn- und Wirtschaftsgebäude für die „Gabelsberger-Brauerei-Gesellschaft" in Liquidation, nach den Plänen von Architekt Heinrich Witzel. Im Erdgeschoss ist seit alters her ein Gastlokal untergebracht, gemäß Eingabeplan befindet sich in jedem Obergeschoss eine mittelgroße Wohnung, erschlossen vom rückwärtigen Treppenhaus (östlich vorgebaut und von Süden belichtet). Die ganz im Sinne traditioneller Neurenaissance behandelte und rhythmisierte Fassade war bauzeitlich reicher dekoriert (im Erdgeschoss stichbogige Stürze, im 1. Obergeschoss Dreiecksgiebel und im 2. Obergeschoss gerade Gesimsstücke als Verdachungen). Die eng gesetzten mittleren beiden Fensterachsen waren ursprünglich gestalterisch verklammert und bildeten über ein verkröpftes Traufgesims hinweg mit dem Dachhaus einen eigenen Fassadenzug. Es mag erstaunen, dass das Haus bereits eine Zweitbebauung darstellt. Trotz der weitgehenden Zerstörung des südlich benachbarten, riesenhaften Riegels, den die Regierung von Oberbayern bildet, im Zweiten Weltkrieg blieb St.-Anna-Straße Nr. 2 weitgehend unbeschadet. (Fassadenrenovierung und Fenstererneuerung 1987.)

St.-Anna-Straße 4. Nördlicher Teil eines Doppelhauses (mit der baugleichen Nr. 2 südlich/dieses 1897 ersetzt), das schon früher nachweisbar ist. Josef Bitzl ließ 1858 durch Georg Dürr eine „MezaninWohnung", also Dachwohnung herstellen, die registratorisch greifbar ist. Selbige wurde jedoch 1896 ausgewechselt zugunsten der in etwa heutigen Dachlandschaft. Bauherr dieser Veränderung war Zimmermeister Johann Moser, Planleger das Baugeschäft W. Schreiner. 1986 wölbte man auch den Fabrikbach, der die rückwärtige Grundstücksgrenze bildete, ein und stellte dorthin eine Hofmauer her. Das Gepräge des Hauses ist bis heute ein vorzügliches Beispiel für die vorstädtische Hauslandschaft des Lehels geblieben, das nicht zuletzt infolge landesherrlicher Ambitionen und magistraler Regelung durch investitionsbereite Spekulanten zu einem bis heute gefragten Münchner Wohnquartier verwandelt worden ist. Insofern zieht St.-Anna-Straße 4 mit Bauten wie Robert-Koch-Straße 11 und Reitmorstraße 1 und 3 gleich, dies freilich nach Niederlegung der letzten Häuser von Am Gries im Jahr 1984. Während die Durchfahrt in der südlichen Achse zum Liegen kam, steckte man das Treppenhaus vor die nordöstliche Ecke, ohne rückwärtigen Ausbau. Das Erdgeschoss nahm eine kleinere Wohnung auf, die Obergeschosse inkl. des Dachgeschosses erschloss man mit drei Wohnräumen. Die Fassade macht eine gleichmäßige Abfolge von vier Fensterachsen aus, wobei einzig die Fenster des 1. Obergeschosses durch gerade Verdachungen ausgezeichnet worden sind,

die des Erdgeschosses bestehen heute in Putzfaschen, die des 2. Obergeschosses in profilierten Rahmungen. Das Gurtgesims oberhalb des Erdgeschosses fällt mit dem Sohlbankgesims des 1. Obergeschosses in eins. (Fassadenrenovierung und Fenstererneuerung 1977, wiederum Arbeiten an der Fassade 1988–89.)

St.-Anna-Straße 6 (1851 Nr. 3 an der Adelgundenstraße und Maurermeister Florian Wüstner gehörig, 1911 schließlich Nr. 30 an der Adelgundenstraße). Den biedermeierlich-klassizistischen Bestand ließ der Knopfmacher Weixelsdorfer 1862–63 um ein Geschoss erhöhen und außerdem zwei Dachwohnungen herstellen. Den entsprechenden Plan legte Maurermeister Hönig vor. Die Durchfahrt in der südlichen Achse führt auf halber Strecke zum Übergang ins Treppenhaus, das gemäß Eingabeplan in den Obergeschossen zwei Wohnungen je Etage erschließt. Mit der Aufstockung von 1862 ging eine Redaktion der Fassade einher, die bis heute nachvollziehbar geblieben und in ihrer Art etlichen Bauten der südlichen Amalienstraße vergleichbar ist. Die Rhythmisierung der Fassade mittels Eng- und Weitsetzung der Fensterachsen wurde durch Anputzungen in der Fassadenschicht zusätzlich betont. So schrieb man die mittleren vier, eng gesetzten Achsen einem zurückgelegten Fassadenfeld ein. Alle Öffnungen im Erdgeschoss schloss man stichbogig, mit der Einfahrt korrespondiert in der nördlichen Achse ein vorgeblendeter Stichbogen. Die Fenster der Obergeschosse erhielten überaus schlichte Profilrahmen. Erhalten hat sich das Kranzgesims unterhalb der Traufe und auch die Gauben entsprechen in ihrer Form großenteils denjenigen des Ausbaus von 1862. Im Luftkrieg blieb das Haus weitgehend unbeschadet. (Fassadenrenovierung und Erneuerung der Dachhaut 1989–90.)

St.-Anna-Straße 8 (1851 Nr. 2 an der Adelgundenstraße und dem Milchmann Sebastian Huber gehörig, 1911 Nr. 32 an der Adelgundenstraße). Das dreigeschossige Mietshaus stellt die Zweitbebauung auf der Parzelle dar, es wurde 1892–94 anstelle eines älteren, schon in den 1840er Jahren belegten Vorgängerbaus errichtet. In dieser Hinsicht ist es dem Haus Nr. 2 verwandt, das ebenfalls eine Zweitbebauung, aber eben auch in wiederum schlichten Formen darstellt. Der Hauseingang in der südlichen Achse (mit modernisierter Eingangstüre) führt zum rückwärtig seicht ausgebauten Treppenhaus. Eine einläufige Treppe erschließt gemäß Eingabeplan eine mittelgroße Wohnung in jedem Obergeschoss einschließlich des Dachgeschosses, im Erdgeschoss eine Dreizimmerwohnung. Michael Geißler, Bauwerber und Erbauer in Personalunion, verwirklichte eine Fassadentektur, die vergleichsweise konservativ erscheint (eine eigens beauftrage Fassadenplanung in aufwendiger Neurenaissance von Architekt Georg Hamann war nicht umgesetzt worden). Die Eng- und Weitsetzung von Fensterachsen diente der Rhythmisierung der Fassade, hierin ist sie etwa dem Haus Nr. 2 an der St.-Anna-

St.-Anna-Straße 8   St.-Anna-Straße 6   St.-Anna-Straße 4   St.-Anna-Straße 2

Straße vergleichbar. Schon im Eingabeplan von 1892 ist der Standort der Madonna zwischen den mittleren beiden Fenstern gekennzeichnet. Beachtlich ist das Kranzgesims des Traufgebälks, das exakt der Eingabe entspricht. (Fassadenrenovierung 1983, Erneuerung von Fenstern nach rückwärts 1991, Instandsetzung der Fassade 2004.)

St.-Anna-Straße 10. Nach Überwölbung des rückwärtig fließenden Fabrikbaches 1896 war eine ausgreifende Verwertbarkeit des Grundes möglich geworden und im Jahr 1900 ließ das Wildprethändler-Ehepaar Gottfried und Marie Brutscher ein schon in den 1840er Jahren nachweisbares, schlichtes Vorstadthaus demolieren, um das heute bestehende Haus zu errichten. Die Kellergründung folgt schräg der westlichen Beschlachtmauer des Fabrikbaches, der in diesem Verlauf über 7,5 Meter breit war und einen mittleren Bachträger erhalten hatte. Die auswinklig verlaufenden Grundlinien disponierten die ausführenden Baumeister Müller und Kollmus zu einem verbreiteten Grundrisstyp, mit Versprüngen der rückwärtigen Grundlinie zugunsten weiterer Belichtungsachsen. Den Eingang steckten sie mittig in den Grundriss, in der südlichen Achse erhielt das Haus eine eigene Durchfahrt zur Bewirtschaftung des kleinen Hofraums. Die rückwärtige, ohne Ausbau bleibende, doppelläufige Podesttreppe wird über ein kurzes Zwischenpodest erreicht. Gemäß Eingabeplan erschließt sie zwei mittelgroße Wohnungen in jeder Etage und gemäß Erstzustand existierte zwischen dem Laden im Erdgeschoss nördlich des Eingangs und der Wohneinheit darüber eine Wendeltreppe, die man in die nördliche Dunkelzone gesteckt hatte. Die Brutschers betrieben hier ihre Wildprethandlung, im Bach existierte ein neu erbauter Fischbehälter, der vom Hof her beschickt werden konnte. Die Räume südlich des Eingangs bildeten seit alters her eine weitere Wohneinheit. Schon im Frühzustand war der Dachraum zur Wohnung erschlossen. (Infolge der Nutzungsänderung zur Fremdenbeherbergung kam es freilich zu Umsteckungen und Strukturänderungen.) Die Doppelerker-Fassade des bis 1985 dreigeschossigen Hauses wurde reich in Neurenaissanceformen anverwandelt, unter Beachtung der Zeitstellung des Anwesens ein später Vertreter dieser Stilausprägung. Vergleichsweise selten findet sich ein Konsolfries unterhalb des Sohlbank-/Gurtgesimses zwischen 2. und 3. Obergeschoss (dieses ist das Kranzgesims des alten Traufgebälks und nun ein Fassadenteiler) und phantasiereich erscheinen auch die segmentbogigen Verdachungen mit Schultern der Fenster im 1. Obergeschoss. Die extraordinären Tendenzen der Fassadengestaltung erhielten in den späten 1970er Jahren eine Verstärkung durch die bestehende malerische Außenfassung, die zwar Vorbilder im österreichisch-böhmischen Raum kennt, die an sich schon bewegte Fassade jedoch zusätzlich „scheckig beunruhigt". (Umbau zum Hotel Opera durch Erwin Schleich mit sgraffitoähnlicher Fassadenbemalung 1976–77, Aufstockung und Aufzugeinbau 1985/Erhöhungsplanung seit 1975 virulent.)

St.-Anna-Straße 11, 13, 15–21, 23, 25. Vgl. Ensemble St.-Anna-Platz (Lehel).

St.-Anna-Straße 13/15. Im Straßengrund nordwestlich vor dem heutigen Haus Nr. 11 an der St.-Anna-Straße flossen vom Sammellauf aus Fabrikbach und Hacklmühlbach der Papiererbach (W) und der Stadtmühlbach (N) ab, beide unter Nr. 11 hindurch. Seit alters her bildeten die beiden Bachläufe ab hier eine schmale Wörth, an der alten St.-Anna-Kirche vorbei bis sich ihre Wässer weit nördlich an der Winterstraße (heute Prinzregentenstraße) wieder zum Eisbach vereinigten. St.-Anna-Straße 13 und 15 entstanden in einem Zug 1887–88 auf dieser Wörth, die Parzellen waren eigens in das zuvor unbebaute Terrain eingemessen worden. Die beiden Häuser bilden einen Baublock, beide erhielten Rückflügel, die gleich dimensioniert an der gemeinsamen

Grundstücksgrenze entlang errichtet worden sind. Der Zugang zu Haus Nr. 13 erfolgt über einen südlichen Eingang, auf halber Strecke schließt nördlich das Treppenhaus, das Baumeister Heinrich Thommen in den Hofwinkel legte und von dort belichtete, an. Thommen war Bauwerber und Erbauer in Personalunion. Schon gemäß Erstzustand befanden sich mehrere Läden im Erdgeschoss, hier nahm eine kleinere Wohnung den rückwärtigen Abschnitt ein, die Räume dieser Wohneinheit wurden um einen Lichthof herum gruppiert. Letzterer kam als Kommunlichthof mit Haus Nr. 15 zentral im Baublock zu liegen, um in beiden Bauten die Dunkelzonen zu unterdrücken. In den Obergeschossen befinden sich gemäß Eingabeplanung jeweils zwei Wohneinheiten. Die Struktur des Hauses Nr. 15 gleicht derjenigen von Nr. 13 weitgehend symmetrisch (1985 verlegte man den Hauseingang um eine Achse nach Süden). Die Fassaden der beiden Häuser bestechen durch eine reife Neurenaissancegestaltung, bei beiden Fassaden findet eine Rhythmisierung durch Eng- und Weitsetzung von Fensterachsen statt (in den Hauptgeschosen die eng gesetzten verkuppelt), bei Nr. 15 zusätzlich durch breitere und schmälere Fensterformate. Die in die je äußeren eng gesetzten Fensterachsen vorgebauten Flacherker bei Nr. 13 heben oberhalb des 1. Obergeschosses an. Bei Haus Nr. 15 artikulierte man dreigeschossige Polygonalerker mit schmalen seitlichen Fenstern, die man vor die zweite und vierte Fensterachse setzte. Die Deckplatten der Erker von Nr. 13 bedienen die Wohnungen des 4. Obergeschosses mit breiten, eisern bewehrten Austritten. Haus Nr. 15 blieb viergeschossig, seine beiden Erker wurden unterhalb der Traufe eigens eingekupfert. Im Luftkrieg erfuhren die beiden Bauten ein unterschiedliches Schicksal. Während Nr. 13 weitgehend verschont blieb, verlor Nr. 15 infolge eines direkten Treffers sein 4. Obergeschoss. Die bestehende Dachlandschaft, durchaus fassadenwirksam, ist das Ergebnis einer vereinfachenden Wiederherstellung.
(Zu Haus Nr. 13: Instandsetzung der Fassade und Gebäudeumbau 1992, Dachgeschossausbau zu drei Wohneinheiten und Einbau eines Liftes 1999; zu Haus Nr. 15: Instandsetzung der Fassade und Erneuerung der Fenster, Wiederherstellung der Rustika und Verlegung des Hauseingangs 1985, Dachgeschossausbau samt neuen Gauben 1992, Einbau eines Aufzugs 1993, erneute Instandsetzung der Fassade 1994.)

St.-Anna-Straße 10, Hotel Opera

St.-Anna-Straße 13/15   ▷

St.-Anna-Straße 14

St.-Anna-Straße 14. Nach der Überwölbung des Fabrikbaches zur Durchführung der Adelgundenstraße blieb nördlich von Nr. 12 an der heutigen St.-Anna-Straße (vormals Adelgundenstraße 36, über dem Bach) ein kleines Restgrundstück. Dieses liegt bereits östlich des Fabrikbaches (der sich unmittelbar vor dem Anwesen im Straßengrund mit dem Hacklmühlbach vereinigte, um mit diesem nach Norden abzuziehen) und westlich des Hauses Pfarrstraße 2. Der kuriose Grundriss von 1892 erinnert an die mittelalterliche maximale Ausnutzung von Baugrund in engem städtischem Zusammenhang, doch sollte die Bodenpreissteuerung ähnliche Phänomene auch in vorstädtischem Umfeld zeitigen. Rechteckig angelegt, knicken die südliche und nördliche seitliche Grundlinie nach Nordosten hin um ca. 45 ° ein, woraus sich ein unregelmäßig sechseckiger Grundriss ergibt. Den Hauseingang steckte das Baugeschäft Carl Del Bondio in die nördliche Achse, sogleich anschließend an einen kurzen Vorraum befindet sich die doppelläufige Podesttreppe, die in jedem Obergeschoss inkl. dem Dachraum eine kleine Wohnung erschließt. Im Erdgeschoss ließ sich Vinzenz Weiss, ein Schlossermeister und Auftraggeber zu diesem Bau, eine Werkstätte einrichten. In ihrer Ausgewogenheit konterkariert die Fassade die dahinter befindlichen Strukturen. Sie wurde dreiachsig angelegt, erhielt als Hauptakzent einen schmalen Mittelrisalit vorgelegt, der in einem mit Pyramidendach bekrönten Dachhaus

St.-Anna-Straße 18; Aufn. 1994

ausläuft. Dem Risalit setzte Del Bondio einen zweigeschossigen Flacherker aus Hausteinen an, vor dem 1. Obergeschoss kastig und vor dem 2. Obergeschoss mit Versprung ins Polygon (markant hier die skulptierte Muschel in der Brüstungszone des 2. Obergeschosses). Die Deckplatte bedient das Dachgeschoss mit einem schmiedeeisern bewehrten Austritt. Die Fassadenrücklage oberhalb des mit einer Rauputz-Quaderrustika versehenen Erdgeschosses wird von Blankziegeln gebildet, wiederum von Hausteinen gegliedert. Die fassadenwirksam eingebrachten großen Zieranker unterstreichen die reife, aber zeitlich späte Anverwandlung der Straßenfront in den Formen der nordischen Renaissance. (Schaufenstereinbau für ein Möbelgeschäft 1976, Fensterrenovierung und Erneuerung von drei straßenseitigen Kastenfenstern 1993, Instandsetzung und Umbau von Fenstern und Balkontüren und Instandsetzung der Treppenhausfenster sowie Arbeiten an der Fassade 2005–06.)

St.-Anna-Straße 18. Zusammen mit dem nördlich angrenzenden Eckhaus St.-Anna-Platz 1 entstand St.-Anna-Straße 18 ab 1878 für den „Hutstofffabrikanten" Karl Baur durch Baumeister Johann Georg Mayer. Die Arbeiten am nördlichen Nachbarbau waren schon ein Jahr darauf abgeschlossen, die Bauvollendung von Nr. 18 zog sich bis 1880 hin. Während dort ein klarer Zweiflügelbau entstehen konnte, schrieb bei Nr. 18 der Magistrat einen abknickenden vorderen Grundlinienverlauf vor, dies unter Beachtung der Parzelleneinmessung, der der Baumeister mit der Fassadengestaltung schließlich Rechnung zu tragen hatte. (Kuriose Grundlinienverläufe im näheren Umgriff dieses Hauses und überhaupt in der St.-Anna-Vorstadt waren keine Seltenheit, vgl. u. a. St.-Anna-Straße 14.) Die Vermesser der Stadt hatten die städtebauliche Mehrfachfunktion des Hauses ins Kalkül zu ziehen, der Neubau fungierte als Anhebungsbau der Fassadenfolge entlang der Gewürzmühlstraße, als nördlicher Abschluss- und optischer Leitbau der Pfarrstraße und zusammen mit St.-Anna-Platz 1 als östlicher Abschlussbau des platzartigen Straßenraums vor der Gabelung von Bürklein- und St.-Anna-Straße. Dabei nahm man seitens des Magistrats keinerlei Rücksicht auf die gewachsene stadträumliche Situation, was anschaulich im Überplanen von Bachläufen durchgesetzt worden ist. Während St.-Anna-Platz 1 über dem Stadtsägmühlbach zum Stehen kam, bildet die Durchfahrt von St.-Anna-Straße 18 in deren Nordachse zugleich die Bachdecke des Gewürzmühlbaches, den es vor

Baubeginn einzuwölben galt. Die Überwölbung desselben bis zur Grundlinie des Hauses hin, die Herstellung der Fahrbahndecke und des Trottoirs erfolgte erst acht Jahre nach Abschluss der Bauarbeiten an Haus Nr. 18. Nach halber Strecke liegt der Durchfahrt südlich der Übergang ins rückwärtig rund ausgebaute und von dort belichtete Treppenhaus an. Die doppelläufige Podesttreppe erschließt in jedem Obergeschoss eine Wohnung, dies gemäß Eingabeplan. Die Nutzung des Erdgeschosses durch Läden entspricht dem Frühzustand. In solider Neurenaissancemanier gestaltete Mayer die straßen- und platzwirksame Fassade. Er schlug das 1. Obergeschoss dem Sockelbereich zu, formulierte 2. und 3. Obergeschoss als Hauptgeschosse, hier ist der Wechsel der Fensterverdachungen entscheidendes Merkmal. Die Rhythmisierung der Fassade geschah gängig durch die Eng- und Weitsetzung von Fensterachsen. Überdies wurden in jeder der drei Fassadenscheiben, in der nördlichen links, in der östlichen rechts und in der mittleren zentral über drei Geschosse hinweg vertikale Putzvorlagen eingeschrieben, durch die die Fassadenschicht weiters modelliert wird. (Fassadenrenovierung 1982–83; Instandsetzung der Fenster 1998; Nutzungsänderung im Erdgeschoss/Reisebüro, Lebensmittelverkauf sowie Maurer- und Spenglerarbeiten an der Fassade 2002; Erneuerung von Fenstern 2005; Erneuerung der Fenster und Türen eines Ladengeschäfts 2006–07.)

St.-Anna-Straße 19 (mit Seitzstraße 6). *Franziskanerkloster St. Anna*, mit Kirche (s. Nr. 21). Der dreiflügelige Altbau südlich der Kirche – ursprünglich Hieronymitenkloster – wurde 1729–1733 von Johann Michael Fischer erbaut und nach Zerstörungen des Zweiten Weltkriegs verändert wiederaufgebaut. Nach wiederholten Umbauten 1993 als weitgehender Neubau in alten Formen gestaltet.
Das Kloster für die 1725 vom Walchensee in die Lehel-Vorstadt umgesiedelten Hieronymiten (oder Hieronymitaner) entstand gleichzeitig mit dem Bau der St.-Anna-Kirche (s. Nr. 21) an deren Südseite, bündig mit ihrer nach Osten gerichteten Eingangsfassade, die J. M. Fischer ursprünglich als Mittelteil einer symmetrischen Gesamtanlage konzipiert hatte – möglicherweise der Grund für die wahrscheinlich verspätete Vollendung erst um 1753/54. Ein erster Entwurf Fischers von 1725/26 – erhalten in einer Kopie von ca. 1727 – stellt lediglich einen neun Fensterachsen langen Trakt im Süden (mit hofseitigem Refektorium) dar; das beabsichtigte Pendant im Norden ist nur im Ansatz angedeutet („das jetzige Haus, da wir wohnen" – das bis 1733 den Mönchen als provisorische Unterkunft dienende Haus des Kammerdieners von Delling, in dessen Garten der Neubau entstand); vgl. Dischinger 1988, Nr. 312. Weitere Grundrisse von ca. 1727 (ebd. Nr. 313–316) zeigen die 1729–33 von Fischer – aber nicht nach seinem Konzept – ausgeführte Dreiflügelanlage um einen Hof südlich der Kirche; der ausgeführten Raumeinteilung kommt Plan Nr. 316 am nächsten. Der intendierte Nordbau unterblieb, vor allem weil ein Baron von Unertl gehöriger Garten erst 1754 mir kurfürstlicher Erlaubnis erworben werden konnte, freilich unter der Bedingung, ihn nicht überbauen zu wollen. J. P. Stimmelmayrs skizzenhafte Ansichten (Dischinger/Peter II 1995, Abb. S. 204) zeigen den Zustand um 1800 – links von der Kirche den Dreiflügelbau mit dreigeschossigem Osttrakt – acht Fensterachsen, davon drei im Eckrisalit –, den West- und den über seine Flucht vorspringenden Südtrakt nur zweigeschossig, die Dächer abgewalmt. 1797 erwarb das Kloster noch die Gastwirtschaft „Zur Glashütten". J. Consonis Stadtplan von 1806 zeigt – außer dem Vierflügelkomplex des 1802 säkularisierten, doch erst 1807 von den drei letzten Mönchen geräumten Klosters samt Kirche – nördlich und westlich davon das unregelmäßige, von schmaler Randbebauung umzogene Gesamtareal der nunmehrigen „Artillerie Caserne" mit großer Remise in der Mitte. (Umbauplanun-

gen von 1805 von Franz Thurn sowie von Joseph Frey zusammen mit Andreas Gärtner für eine vorübergehend erwogene Nutzung durch das Kadettencorps wurden nicht verwirklicht.) 1810 wurde an der Nordseite der Kirche – als Pendant zum Südflügel – der sog. Mittelbau der Kaserne aufgeführt (1819 aufgestockt), 1817 folgte am Nordende des Geländes (zur Pferde-, heute Christophstraße hin) der sog. Neubau (im Unterschied zum Kloster-Altbau). Doch musste 1827 die Südhälfte des Gesamtkomplexes der Lehel-Kaserne – vor allem Alt- und Mittelbau – laut Anordnung Ludwigs I. den nach München zurückberufenen Franziskanern überlassen werden (deren einstige Niederlassung im Bereich des heutigen Nationaltheaters abgebrochen worden war); zur Aufteilung vgl. u. a. die Stadtpläne von G. Wenng 1852 und 1855. Die Nordhälfte blieb weiterhin Kaserne und wurde, da zunehmend als veraltet und unhygienisch geltend, 1901 an einen Geschäftsmann verkauft; an ihrer Stelle entstanden 1902/03 zwischen Seitz-, Christoph- und St.-Anna-Straße private Wohnhausneubauten.
Im Luftkrieg wurde das Kloster in der Nacht vom 2. zum 3. Oktober 1943 zu etwa einem Viertel und durch die vom 24. zum 25. Oktober 1944 entfachten Brände bis zu nahezu vollständiger Unbewohnbarkeit zerstört. Das von Richard Steidle erstellte Wiederaufbau-Gesamtprojekt, das u. a. schon die Rekonstruktion der barocken Ostfassade der Kirche und der sie flankierenden Trakte vorsah, wurde z. T. verzögert bzw. mit Abweichungen realisiert. Am Wiederaufbau zunächst 1945–48 der jüngeren Bauteile und erst 1953–57 des Altbestandes beiderseits der Kirche waren außer Steidle die Architekten Schwank, Hans Koller, Franz Roth, Ludwig Ostertag und Beppo Lutzenberger beteiligt. Das heute homogen-barockisierende Erscheinungsbild der dem St.-Anna-Platz zugewendeten, knapp hinter dem einstigen Mühlbach tiefer gelegenen Ostfassade der Kirche und der sie flankierenden Trakte ist das Ergebnis einer rekonstruierenden Redaktion durch Erwin Schleich (bzw. bereits Richard Steidle), zunächst (1965/66) als Überarbeitung des um die Freigeschosse reduzierten Torsos der neuromanischen Zweiturmfront der Kirche (s. dort) begonnen und erst 1976/77 an den nach dem Luftkrieg in schlichtester Form wiederaufgebauten beiderseitigen Klostertrakten fortgeführt. Dabei wurde auf die auf alten Ansichten erkennbare Putzgliederung des 18. Jh., die auch auf den Nordflügel von 1810/19 übertragen worden war, zurückgegriffen – Erdgeschoss mit Rustika und Stichbogenblenden um die Fenster, darüber Gurtgesims, profilierte Fensterrahmungen und Traufgesims; die Brüstungsfelder unter den Fenstern im 1. Stock – wenn ein authentisches Motiv – sind eher schon dem Frühklassizismus der 2. Hälfte des 18. Jh. zuzurechnen. Der Trakt südlich der Kirche (seit 1930 Pfarramt), von dem nur die Längsmauern (ohne die südliche Schmalseite) erhalten waren, wurde 1957 weitge-

St.-Anna-Straße 19, Franziskanerkloster von Süden nach Kriegszerstörung; Aufn. nach 1945

Franziskanerkloster von Süden; Aufn. vor 1940

St.-Anna-Straße 19 und 21, Franziskanerkloster und -kirche, Ostseite;
Aufn. 1995

St.-Anna-Straße 19 und 21, Franziskanerkloster von Südosten; Aufn. 1995

historisierenden Erweiterungsbauten Franz Deiningers von 1909–11, die den Westteil des Gesamtkomplexes bilden. Der in Nord-Süd-Richtung lang gestreckte Pfortentrakt, der den sog. Alten Lichthof nördlich der Kirche im Westen abschließt und an deren Westseite entlang fortgeführt ist bis zum vortretenden Kopfbau des Provinzialates, wurde bis 1948 wiederhergestellt; über der Sakristei hinter dem Altarraum der St.-Anna-Kirche hebt sich der barockisierende Zentralbau des Mönchschores mit Betonkuppel und Laterne heraus. An der Nordseite schließt sich im rechten Winkel gegen Westen, die Richtung des Evakuiertentraktes fortsetzend, der viergeschossige Refektoriumstrakt an (wiederaufgebaut 1945–48), in dem u. a. der Speisesaal (mit Wandmalereien von Cordier), die Haupttreppe und die im Nordwesten 1947 aufgesetzte Aula der Hochschule liegen. Der westlich angrenzende Studientrakt (Seitzstraße 6; s. dort) ist der Baulinie gemäß flach abgewinkelt; die in der Ecke ausgerundete Rauputzfassade ist schlicht behandelt, lediglich durch zwei Gurtgesimse energisch gegliedert; Akzente bilden nur das ornamental skulptierte Natursteinportal im rechten und der Giebel über den Treppenfenstergruppen im linken Abschnitt sowie die gebauchten Fenstergitter im Erdgeschoss; nach Brandzerstörung vor allem der beiden obersten Geschosse wurde dieser mit fünf Geschossen höchste Bauteil 1947/48 wiederhergestellt.

St.-Anna-Straße 20 (mit Liebigstraße 4). *St.-Anna-Gymnasium.* Auf dem früher bereits städtischen Areal (1879–1910 Privatbesitz) zwischen St.-Anna-Platz im Süden und Liebigstraße im Norden, das im Osten der rechte Arm des Stadtsägmühlbachs begrenzte, entstand 1911–12 der sich ostseitig an Mietshaus-Kommunwände anlehnende, nach Westen geöffnete Dreiflügelbau der Höheren Mädchenschule (später Mädchen-Oberrealschule) nach Entwurf des städt. Baurates Robert Rehlen, in seiner modernen, reduziert-historisierenden Gestaltung wie in der Grundrissstruktur ein typisches Beispiel der damaligen Münchner Schularchitektur; lediglich die vorhandene Anschlussbebauung im Osten (vgl. Liebigstraße 6 und St.-Anna-Platz 10) bedeutete eine die Planungsfreiheit einschränkende Vorgabe. Eine repräsentative Fassadenausbildung war demnach nur am Aulatrakt im Norden entlang der Liebigstraße möglich. Die Straßenfront im Norden ist geteilt in die schmale, fünfgeschossige, leicht erhöhte Stirnseite des langen Ostflügels mit Eingang und

hend neu erbaut und mitsamt dem den alten Klosterhof der Barockzeit mit umschließenden Süd- und Westtrakt (1953–57 wiederaufgebaut) auf der Grundlage von 1988 einsetzenden Planungen (Arch. Christoph Hackelsberger) bis 1993 neu errichtet – der dreigeschossige Osttrakt äußerlich in „alter" Form, die beiden anderen Trakte bei gleicher Traufhöhe viergeschossig. – Der nördlich an die Kirche anschließende dreigeschossige „Mittelbau" der einstigen Lehel-Kaserne von 1810/19 (jetzt Bibliotheksbau) wurde 1953/54 wiederaufgebaut, der im Norden rückseitig im rechten Winkel anschließende dreigeschossige Evakuiertentrakt (ehem. Bibliothek) von 1891 bereits 1946 (im Erdgeschoss Armenspeiseraum mit Fresken von Cordier).
Gewachsener Raumbedarf und vor allem die Errichtung der Theologisch-philosphischen Hochschule der bayerischen Franziskaner waren der Anlass für die umfangreichen, zurückhaltend

St.-Anna-Straße 20, St.-Anna-Gymnasium, Südflügel; Aufn. 1996

St.-Anna-Straße 20, Nordflügel
(Liebigstraße); Aufn. 1995

St.-Anna-Straße 20, Nordflügel,
Detail

Schweifgiebel sowie den westlich (rechts) anschließenden, durch die hohen Aulafenster geprägten Trakt. Der Portalbereich ist durch Natursteinverkleidung mit bauplastischem Dekor betont; über der Doppelarkade umschließt ein Relieffries mit Einhorn und Löwe die Inschrifttafel mit dem Baudatum 1912; die Dreifenstergruppe darüber flankieren allegorische Figuren. Die Gliederungsmotive der Putzfassade – Lisenen, doppelbogig geschlossene Blenden über den Fenstern im 1., Halbkreisblenden über denen im 2. Obergeschoss – wiederholen sich mit leichten Varianten auch an den drei Hoffronten wie an der Platzfront im Süden. Die Nordfassade erhält eine zusätzliche Gewichtung durch die beiden kräftigen horizontalen Brüstungszonen, überdies durch den Lüftungsturm mit Schweifhaube auf dem First. An den Nordflügel, der über der Turnhalle die durch zwei Geschosse gehende neuklassizistische Aula mit Empore im Osten und Bühne im Westen enthält (darüber ein Gymnastikraum), schließt sich westlich der kurze, fünfgeschossige, völlig sachliche Erweiterungsbau Hans Leitenstorfers von 1929/30 an, mit Turnhalle im Erdgeschoss (ihn setzt der Volksschulneubau St.-Anna-Straße 22 fort, s. dort). Den Ostflügel, der wie im Norden so auch im Süden mit einem Schweifgiebel abschließt, hier jedoch höher ausgebildet und zur malerischen Bereicherung des Platzbildes auf dreiseitigem Grundriss (dem das Format der Unterrichtsräume entspricht), erschließt vom Nordeingang her ein Längsgang an der Ostwand, während die Klassenzimmer westseitig zum Hof hin angeordnet sind. Im Schnittbereich mit dem den Südflügel mittig zwischen den Klassenzimmern erschließenden Gang ist das Haupttreppenhaus situiert. Der Südflügel war an seinem Westende durch einen leicht nach Nordwesten abgewinkelten Annex mit der ehemals benachbarten Volksschule von 1840/41 (vgl. St.-Anna-Straße 22) verbunden, erhielt aber nach schweren Luftkriegsschäden in diesem Bereich 1954 einen modernen, verkürzten Abschluss; erhalten blieb im knappen Gebäuderücksprung neben der Ecke das originale rechteckige Südportal mit skulptural bereicherter Natursteinrahmung.
2006 Planung eines den bislang westseitig offenen Hof abschließenden, gestalterisch vom Altbau kontrastierend abgesetzten Erweiterungstraktes, verbunden mit gleichzeitiger Gesamtsanierung.

St.-Anna-Straße 21, St. Anna,
Pfeilerkapitell, hist. Aufn.

St.-Anna-Straße 21. *Franziskaner-*, ehem. *Hieronymiten-Klosterkirche St. Anna im Lehel* (Kloster s. Nr. 19). Kurfürst Max Emanuel († 1726) genehmigte am 19. März 1725 die Niederlassung der zuvor (seit 1689/93) am Walchensee ansässigen Hieronymiten in der Vorstadt Lehel, deren etwa 2000 Einwohner um eine geistliche Betreuung ersucht hatten. Zunächst (bis 1730) bezogen die Mönche das Haus des kurfürstl. Kammerdieners Joseph Maria von Delling; in dessen benachbartem Garten legte, nachdem die Arbeiten schon begonnen worden waren, am 19. Mai 1727 Kurfürstin Maria Amalia, Gemahlin Karl Albrechts, den zuvor vom Stiftspropst U. L. Frau, Joseph Max Frhr. von Ow, geweihten Grundstein zu dem auch als Votivkirche anlässlich der Geburt (28. März 1727) des späteren Kurfürsten Max III. Joseph geförderten Neubau, der dem Maurermeister Johann Michael Fischer übertragen wurde – sein erster Auftrag in der Hauptstadt. Am 20. Juli 1727 wurde mit dem Münchner Zimmermeister Johann Ludwig Krafft der Vertrag über das Dachwerk geschlossen. (Fragwürdig erscheint die früher meist angenommene Bauausführung durch Philipp Jakob Zwerger, der allerdings – nach Lieb 1941 – bereits 1722 einen Riss und Überschlag zusammen mit Zimmermeister J. L. Krafft geliefert hatte.) Gruft und Fundamente waren 1728, die Gewölbe schon 1729 fertig; 1729/30 schuf Cosmas Damian Asam die Deckenfresken. Mit der Benediktion durch Stiftsdekan Johann Baptist von Ossinger am 24. Dezember 1730 wurde die Kirche benutzbar, doch beendete Fischer seine Arbeiten erst im Herbst 1733, und die Ausstattung durch die Brüder Asam zog sich noch bis 1739 hin. Die Weihe vollzog am 19. September 1737 der Freisinger Weihbischof Johann Ferdinand Frhr. von Pödigheim. Die Fassade, ursprünglich als Mittelteil einer symmetrischen Klosteranlage konzipiert, scheint infolge deren nur bruchstückhafter Ausführung erst um 1753/54 nach Fischers Entwurf vollendet worden zu sein (Dischinger 1988 und 1997), die Kirche erst 1754 ihr

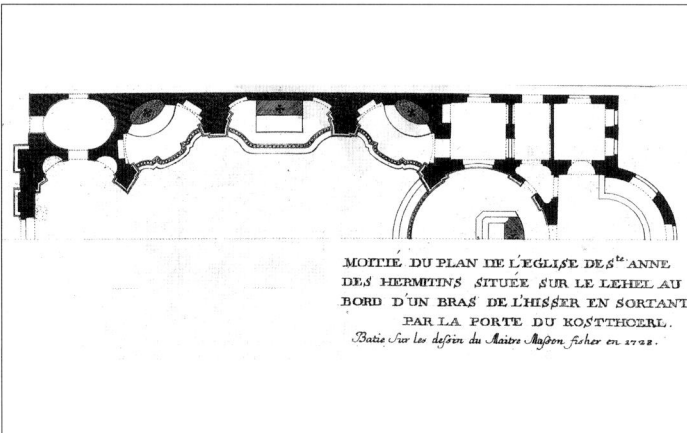

Klosterkirche St. Anna; Halbgrundriss, von François Cuvilliés d. J., 1772

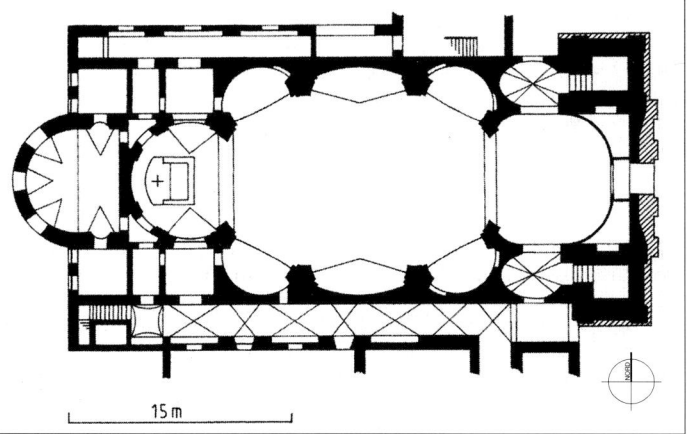

St.-Anna-Straße 21, Franziskaner-Klosterkirche St. Anna im Lehel;
Grundriss

St. Anna, Ostfassade; Aufn. um 1945

St. Anna, Ostfassade; Aufn. 1963

St. Anna,
Fassade; Aufn.
1968 ▷

St. Anna, Inneres nach Osten;
Aufn. um 1946

Pflaster (durch Steinmetz Johann Michael Mattheo) erhalten zu haben; auch Johann Baptist Straubs Kanzel und Tabernakel kamen erst später (um 1756?) hinzu, ebenso das (zerstörte) Gestühl.

Nach der Säkularisation (1802) diente St. Anna von 1807/08 bis zur Vollendung des großen Neubaus gegenüber 1892 (s. St.-Anna-Platz 5) als Kirche der neu errichteten Pfarrei, die 1827 den das Kloster beziehenden Franziskanern übergeben wurde; seit 1892 ist sie allein deren Klosterkirche.

Der Anbau einer romanisierenden Zweiturmfassade (mit den ersehnten Turmuhren) und dazwischenliegender Vorhalle, ein formal an der Ludwigskirche orientierter Rohziegelbau von 1853/54 nach Plänen von August von Voit, brachte kaum die nötige Raumerweiterung.

Beim Luftangriff vom 24. auf den 25. April 1944 brannte die Kirche bis auf die Raumschale vollständig aus, Fresken, Stuck und weitgehend die Einrichtung wurden zerstört. Die ausgebrannten Turm-Oberteile wurden in der Folge abgetragen, 1946

ein neuer Dachstuhl errichtet, das Gewölbe, das sich um 25 cm gesenkt hatte, stabilisiert und bis 1951 der Innenraum mit stark reduzierter Ausstattung – weiß getüncht, mit den z. T. ergänzten Kapitellen und den konservierten Fragmenten von Altären und Kanzel – wiederhergestellt. Auf diese nur konservierende erste Wiederaufbauphase folgte – wie bei St. Peter, Hl. Geist und St.-Anna-Damenstift – 1965–79 eine rekonstruierende zweite, mit dem Ziel der Rückgewinnung des ungeschmälerten Vorkriegs-Raumbildes in seiner gestalterisch-künstlerischen und ikonographischen Vollständigkeit. Der diese Maßnahmen leitende Architekt Erwin Schleich blendete zunächst 1965/66 dem Torso der neuromanischen Fassade eine gewagte Nachschöpfung der originalen barocken Putzfassade vor, die in einzelnen Plänen des 18. und Ansichten des 19. Jh. nur vage überliefert ist und zudem in Details wohl verändert war. 1967–79 folgte die ergänzende Rekonstruktion des Innenraumes samt Fresken, Stuck und Ausstattung; als Grundlage diente u. a. eine Farbdiaserie von 1942.

Der maßstäblich intime, ursprünglich ca. 30 m lange, im Zentrum 17,4 m hohe Bau ist nach Westen gerichtet. Die Raumkomposition von St. Anna, in der sich Längs- und Zentralbautendenzen, Wandpfeilerhalle und Oval durchdringen, nimmt entwicklungsgeschichtlich in der süddeutschen Zentralkirchenarchitektur wie im Rahmen der Sakralbauten J. M. Fischers eine Schlüsselstellung ein. An das beiderseits von je drei konkaven Kapellen flankierte mittlere Längsoval schließen sich westlich der aus

St. Anna, Inneres nach Westen; Aufn. vor 1939

St. Anna, Blick nach Westen; hist. Aufn.

dem Kreisgrundriss entwickelte Altarraum und östlich ein
(1853/54 erweiterter) Vorraum mit Orgelempore an. Die breiteren, flacheren Mittelkapellen deuten zusätzlich eine Querachse
im Sinne der Kreuzform an. Kuppelige Muldengewölbe überspannen die einzelnen Raumteile, sphärische Tonnen die Kapellen. Die acht entsprechend der alternierenden Breite der umgebenden Annexe rhythmisiert angeordneten Wandpfeiler folgen
mitsamt den gestaffelten, kannelierten Pilastern und Gebälkstücken der Rundung des Ovalraumes wie der Kapellen. Das dreiteilige Gebälk mitsamt dem allein auch in den Annexen fort-
geführten Architrav gürtet den Gesamtraum; zugunsten der geschweiften Fensteröffnungen in den Schildbögen wird auf Fries
und Kranzgesims, im Altarraum lediglich auf letzteres verzichtet; die hoch liegenden, für die Längsansicht indirekten Licht-
quellen erhellen ausreichend die freskierte Gewölbezone. Innerhalb der äußeren, im Umriss rechteckigen Raumschale bildet der
durch alternierend gekrümmte Bögen verbundene Pfeilerkranz
das eigentliche tektonische Gerüst. Egid Quirin Asams Stuckdekor, der es zurückhaltend interpretiert und das geschweift kontu-
rierte Hauptdeckenbild rahmt, verdichtet sich in den eigenwillig-
prachtvollen korinthisierenden Pilasterkapitellen und dem
großen Allianzwappen Bayern/Österreich des Kurfürstenpaares
Karl Albrecht/Maria Amalia über dem Chorbogen samt den
Ordensketten des Goldenen Vlieses (oben) und des 1729 (wie-
der-)gegründeten Hausritterordens vom hl. Georg, dessen Fahne
(mit Immaculatabild) der Engel zur Linken trägt. – Dem Umriss
des Hauptkuppelbildes entsprechen in etwa die konvexen (gemäß dem Grundriss in Cuvilliés' Architecture, 1772) ursprünglich reicher gebrochenen, erneuerten Kapellenschranken. Den
ursprünglich als Kreissegment konzipierten Vorraum flankierten
kleine ovale Eckräume; westlich ist dem Altarraum die halbrund
schließende Sakristei mit darüberliegendem Mönchschor angefügt.
Die – für die bayerische Sakralbaukunst der folgenden Jahrzehnte charakteristische – Geschlossenheit des Raumbildes wird wesentlich durch den Verzicht auf den im italienisch/österrei-
chischen Ovalkirchentypus üblichen Tambour und durch das
daraus folgernde Aufsteigen und Einschneiden der Anräume in
die Gewölbezone bewirkt, die vom vertikalen Unterbau nicht
durch ein stringentes Gebälk am Kuppelfuß getrennt wird. Ruinenansichten um 1946 lassen in Ziegeln gemauerte Gewölbe, im
Mittelraum mit zwei nur im Rohzustand ablesbaren, konstrukti-
ven Quergurten, erkennen.
Die drei von Cosmas Damian Asam gratis gefertigten Deckenfresken, über der Orgelempore signiert und 1729 datiert, 1944
durch Brand schwerstbeschädigt und in der Folgezeit durch
Nässe vollends zerstört, wurden sukzessive von Karl Manninger
rekonstruiert – im Altarraum 1967 die Tugenden der hl. Anna
mit deren Monogramm, im Hauptraum 1972 als figurenreiche

St. Anna, Fresko von C. D. Asam; hist. Aufn.

St. Anna, Blick nach Westen; Aufn. nach Wiederaufbau 1951

St. Anna, Blick nach Westen; Aufn. 1996

St. Anna, Blick nach Osten; Aufn. 1996

St. Anna, Kreuzaltar; Aufn. 1996

St. Anna, Kanzel und vorderer linker Seitenaltar; Aufn. 1996

Komposition die Rolle der hl. Anna im göttlichen Heilsplan, über der Orgel 1978 ihr Tod. Die Restflächen und Kapellengewölbe füllt Brokatmalerei.

Der konkave Hochaltar-Aufbau der Brüder Asam (1738) mit vier gewundenen Stuckmarmor-Säulen und geschweiftem Baldachin samt flankierenden Engeln wurde 1970 rekonstruiert, C. D. Asams Altarblatt – die hl. Anna unterrichtet Maria – von Karl Manninger nachgeschaffen. Erhalten blieben die Stuckfiguren der hll. Pius V. und Augustinus (ersterer bestätigte 1569 die auf Augustinus beruhende Ordensregel der Hieronymiten). Original ist auch der (nach Volk 1984) erst um 1756 gefertigte Tabernakel (Holz, gefasst) von Johann Baptist Straub mit den beiden knienden, Weihrauchfässer schwingenden Engeln.

Die sechs vor die gebogenen Rückwände der Seitenkapellen gestellten Seitenaltäre der Brüder Asam (1734–39) wurden in unterschiedlichem Ausmaß kriegsbeschädigt und in den 1970er Jahren zur jeweils ursprünglichen Form ergänzt. Weitgehend original ist das erste (westl.) zweisäulige Paar mitsamt den Gemälden C. D. Asams, links die hl. Paula von Rom und ihre Tochter Eustochium, die dem hl. Hieronymus klösterlich zu leben geloben (1735; Oberbild hl. Didacus, Asamschule), rechts die letzte Kommunion des hl. Hieronymus (1738; Oberbild hl. Bonaventura, Asamschule; vor der Predella Ovalbild des Abendmahls, Mitte 17. Jh.).

Die viersäuligen Altäre der Mittelkapellen wurden am schwersten zerstört: an dem stark ergänzten linken stammen die beiderseitigen knienden Engel (Stuck, ergänzt) noch von E. Qu.

Asam; die Stelle des einstigen Altarblattes nehmen heute die Figuren eines Kruzifixus (um 1800) und der Schmerzhaften Maria (17. Jh., Krone 1622) darunter ein, die auf einem Gehäuse mit Kreuzpartikel-Reliquiar steht. – Völlig rekonstruiert wurde 1975 die Altarkomposition gegenüber, jetzt als Antoniusaltar mit dessen Figur von 1682 statt des Gemäldes; von den flankierenden Engeln stammt der rechte (Stuck, ergänzt) noch von E. Qu. Asam (Pendant von Hermann Rösner); ein böhmischer Rokokoschrein von ca. 1750 umschließt ein gotisches Reliquiar von 1480 mit der von Kaiser Ludwig 1330 den Münchner Franziskanern geschenkten Oberarmreliquie des hl. Antonius von Padua.

Von den zweisäuligen Seitenaltären der rückwärtigen Kapellen ist vor allem der linke (südliche) stark ergänzt, heute mit einem Portiunkula-Gemälde von K. Manninger 1979 (frei nach dem Barockmaler J. P. Herrlein); Oberbild hl. Ludwig von Toulouse (Asamschule). Auf dem Altar nördlich gegenüber heute ein aus der ehem. Franziskanerkirche stammendes Bild der büßenden hl. Margareta von Cortona, 1732 von Johann Georg Sang; Oberbild hl. Jakobus von der Mark (Asamschule).

Die Kanzel (z. T. ergänzt; heute ohne Treppe) von Johann Baptist Straub ist nicht genau zu datieren (um 1756?); auf dem geschweiften Schalldeckel thront vor einer Strahlenglorie Christus als Weltenrichter auf der Erdkugel, umgeben von Gewölk mit Engeln, deren auffallendster die Gerichtsposaune bläst; an der Korbbrüstung ein Relief mit der Stigmatisation des hl. Franziskus, 1935 von Konrad Ritter von Hofmann.

St. Anna, Hochaltar, Tabernakel; Aufn. 1996

St. Anna, gotisches Antonius-Reliquiar

St. Anna, Engel am mittleren Seitenaltar rechts (Antonius-Altar)

St. Anna, Gitter unter der Empore;
Aufn. 1996

Die Orgel, 1999 von Hermann Mathis, Näfels (Schweiz), erhielt ein neubarockes Gehäuse mit barocker Marienfigur (zuvor in der Sakristei; zwei Engel vom Vorgängerprospekt, 1968). Das kunstvolle Schmiedeeisengitter unter der Empore stammt aus dem 2. Viertel des 18. Jh. In der Vorhalle eine hängende Rosenkranz-Muttergottes von etwa 1700 (Kranz 1978) und Holzplastiken der hll. Franziskus und Antonius, 1951/52 von Herman Rösner. In den beiden östlichen Altarkapellen Grabplatten für Joseph Leopold Frhr. von Manteuffel (Mandeifl, † 1782) und seine Frau Maria Clara († 1772). Die ehemals neuromanische Ostfassade, unmittelbar an den ehemals knapp vor der Klosterfront verlaufenden Mühlbach vorgeschoben, wurde 1965/66 mit einer freien Nachbildung der ursprünglich etwas dahinter situierten des 18. Jh. verkleidet, gegliedert durch vier monumentale Pilaster samt dreiteiligem Gebälk, hoher Attikazone mit geschweiftem Blendgiebel über der breiteren Mittelachse und aufgesetzter Figurennischen-Gaube (Anna-Selbdritt-Gruppe von H. Rösner). Die beiderseitigen Turmstümpfe von 1853 sind in Analogie zu den zurückspringenden Klosterflügeln barockisierend fassadiert worden. Bis Mitte des 19. Jh. hatte die Kirche über dem Altarraum einen Dachreiter mit Kuppelhaube.

St.-Anna-Straße 22. *St.-Anna-Volksschule*, differenziert gegliederter Baukörper mit leicht konvex gebogener Front an der Liebigstraße, Stahlbetonskelettbau, teilweise verputzt, mit Flachdächern, 1953–55 von Helmut von Werz und Johann Christoph Ottow; fünfgeschossiger Klassentrakt, im Westen (zur St.-Anna-Straße) durch niedrigeren, kubischen Kopfbau mit Arkaden abgeschlossen.
Der dreiseitig freistehende, städtebaulich markante Komplex ist die Nachfolgebebauung der am 27. November 1944 durch Bomben zerstörten alten Schule von 1840/41, eines von Karl Muffat entworfenen Blockes im Rundbogenstil der Gärtner-Nachfolge (aufgestockt 1875/76), und grenzt östlich an das Schulgebäude Liebigstraße 4 (s. dort).

St.-Anna-Straße 22, St.-Anna-Volksschule; Aufn. 1996

St.-Jakobs-Platz
(Vgl. Ensemble Altstadt.) Der erst seit 1886 nach der Kirche an seiner Südseite benannte Platz hat Namen und Gestalt häufig geändert. Eine Besiedelung im Umfeld von St. Jakob wird heute schon für das 12. Jh. angenommen. Die wohl schon vor der Klostergründung (13. Jh.) bestehende Kirche (vgl. Unterer Anger 1) bildet neben St. Peter und dem Alten Hof einen der ältesten, vielleicht sogar den frühesten Siedlungskern Münchens. Der außerhalb der ersten Stadtbefestigung gelegene Vorstadtbereich wurde um 1300 in die vom zweiten Mauerring umschlossene Stadterweiterung einbezogen.
Der innerhalb des Mauerrings bis ca. 1800 einzige größere bzw. wirkliche Platz neben dem Markt, dem späteren Marienplatz, konnte sich mit diesem – bedingt auch durch die eher periphere Lage – an architektonischer Geschlossenheit und repräsentativer Wirkung zu keiner Zeit messen, gewann jedoch immerhin durch Ansiedlung einiger öffentlicher Funktionen an seiner Nordseite bzw. als partielle Verbauung der Platzfläche einige Bedeutung, verlor andererseits gerade durch diese den Freiraum unterteilenden Zweckbauten der Neuzeit die Chance zu einer großzügigeren städtebaulichen Gesamtgestaltung. Der meist als Anger, bisweilen auch Angerplatz oder -gasse bezeichnete Mittelpunkt des den Südostteil der Altstadt bildenden Angerviertels, Rest eines im Verlauf des Mittelalters überbauten, ursprünglich größeren, begrünten, von Bachläufen durchzogenen Angers (vgl. die Straßennamen Oberer und Unterer Anger), trug 1781–1886 den Namen Heumarkt nach der städt. Heuwaage.

St.-Jakobs-Platz, links St. Jakob; Stadtmodell von Jakob Sandtner, 1570

Als Stätte der alljährlichen Jakobidult, eines Jahrmarktes, auf dem – im Unterschied zu den heimischen Alltagsmärkten auf dem Marienplatz – Fernkaufleute auswärtige Produkte anbieten durften, war der Angerplatz im Mittelalter von hoher Bedeutung für die Warenversorgung der Bürger. Diese an drei Tagen um das Fest des hl. Jakobus d. Ä. (25. Juli) abgehaltene, später mit unterschiedlicher Dauer länger währende Dult wird 1310/12 erstmals erwähnt, ihre Existenz aber vielfach schon mit dem 1257 gewährten Ablass (lat. indultum) in Zusammenhang gebracht. (Schattenhofer 1965 hingegen wies auf den alten deutschen Begriff Dult = Kirchenfest hin.) Im Laufe der Neuzeit – bis zur Hinwegverlegung 1791 – nahm die Versorgungsfunktion ab; der Jahrmarkt gewann durch Auftritte von Gauklern, Komödianten, Schauspieltruppen u. dgl. eher den Charakter eines Volksfestes (vgl. die Platzansicht nach Süden von Joseph Stephan – Öl, 1756, MStM – mit der Bretterbühne des Lipperltheaters links im Vordergrund und den Verkaufsbuden im Hintergrund vor der Kirche).

Noch auf J. Sandtners Stadtmodell von 1570 ist die Fläche des annähernd quadratischen Platzes frei von Bebauung, schräg überquert vom gebogenen Lauf des Kleinen Angerbaches (später Feuerhausbächl, 1924 aufgelassen), im Westen und Osten von Bürgerhauszeilen begrenzt (die westliche in Fortsetzung der Bebauung am Unteranger); im Norden dominiert der städtische Gebäudekomplex (s. St.-Jakobs-Platz 1, heute Stadtmuseum) mit dem bis heute erhaltenen spätgotischen Zeughaus und dem (nach dem Luftkrieg rekonstruierten) Marstall; an der Nordwestecke, beim städtischen Eichhaus (s. Oberanger 9), mündet die Dultstraße ein, im Nordosten schließt sich übereck versetzt der früher zum

St.-Jakobs-Platz nach Süden; Ölgemälde von J. Stephan, 1756

Anger(platz) gerechnete Sebastiansplatz (s. dort) an. Im Stadtplan von T. Volckmer (1613) sind „Aufm Anger" Anfänge einer kleinteiligen Bebauung sowie einzelne Bäume dargestellt. Im Nordostbereich der Platzfläche ließ Kurfürst Ferdinand Maria 1670 an der Stelle eines kleinen Vorgängerbaues das dreigeschossige *Seidenhaus* errichten (1800 in „Herbergen" aufgeteilt und an neun Seidenweber verkauft). Südlich davon stand seit dem 17. Jh. der 1826 abgebrochene *Stadtbaustadel*, westlich das *Kleine Feuerhaus* (oder Feuerhäusl), ein zweigeschossiger

St.-Jakobs-Platz, ehem. Großes Feuerhaus; Aufn. 1889

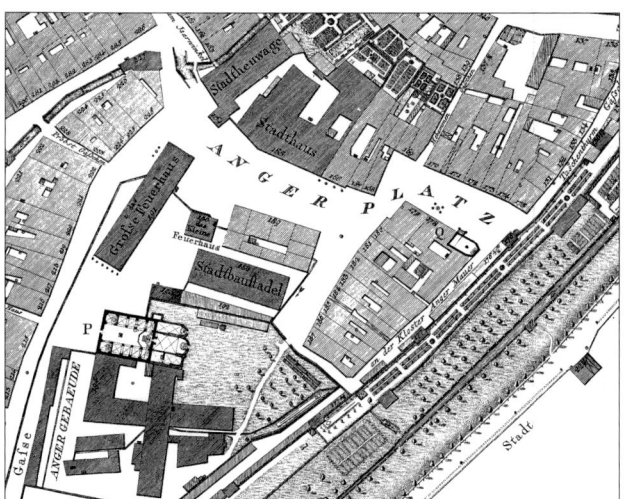

St.-Jakobs- und Sebastiansplatz (ehem. Angerplatz); Plan von J. Consoni, 1806

Schopfwalmbau auf etwa quadratischem Grundriss, der gleichfalls um 1825/26 abgetragen wurde. Im westlichen Platzbereich, parallel zu der Bürgerhauszeile in Verlängerung des Unterangers, erbaute an der Stelle eines älteren Stadels (sichtbar auf dem erwähnten Gemälde J. Stephans von 1756) Stadtoberbaudirektor Nikolaus Schedel von Greifenstein 1795 das *Große Feuerhaus*. Der lang gestreckte, ursprünglich zweigeschossige Block mit in horizontaler Bänderung rustiziertem Erdgeschoss (einbezogene Arkadenvorhalle an der nördlichen Schmalseite) und lisenengegliedertem Obergeschoss wurde 1859 und nochmals 1886 (durch Baurat Hartwig Eggers) in angepassten Formen aufgestockt. Als Ersatz für die *alte Heuwaage* im heutigen Eingangsbereich des Stadtmuseums (vgl. Duvigneau 1994, Abb. 64 f.) wurde 1850 an der Südseite des Platzes die *neue Heuwaage* erbaut (1919 abgebrochen). Diese gesamte, mehrfach veränderte, in keiner Weise einem städtebaulichen Konzept folgende Binnenverbauung ist auf den verschiedenen Stadtplänen seit dem 17. Jh. dargestellt (u. a. von M. Paur 1705 und 1729, J. Consoni 1806), auf dem Seitzschen Stadtmodell (Mitte 19. Jh.) nur noch das ehem. Seidenhaus und das Große Feuerhaus, die beide im Zweiten Weltkrieg zerstört und später vollends abgetragen wurden (vgl. Ruinenansichten in Duvigneau 1994, Abb. 255 f.). Weitgehend zerstört, z. T. vernichtet wurde auch die den Platz rahmende Bebauung, so St. Jakob im Süden und das Stadtmuseum im Norden. Von der östlichen Häuserzeile (ehemals St.-Jakobs-Platz 4a–12) steht heute nur noch das nördliche Eckhaus (s. Sebastiansplatz 11), von der westlichen Zeile nur noch das Ignaz-Günther-Haus und das Orag-Haus an deren Nordende (s. St.-Jakobs-Platz 20 und Oberanger 9); von den links anschließenden Häusern Unteranger 29 (Gunetzrhainer-Haus) und 28 (Eckhaus an der Probstbräugasse, 1904 von Martin Dülfer) waren um 1970 wenigstens noch Teilruinen vorhanden (s. Ignaz-Günther-Haus, am Textschluss). Im Krieg zerstört wurden auch die ehem. Bürgerhäuser St.-Jakobs-Platz 3 (Sterbehaus Carl Spitzwegs) und 4 im Nordosten, die das Stadtmuseum 1927 erworben hatte (vgl. dort).

Massive Eingriffe in den Platzuntergrund, die archäologische Forschungen erschwerten, waren bereits im Zusammenhang mit Luftschutzmaßnahmen erfolgt – mit dem Bau eines *Tiefbunkers* (830 Schutzplätze) im Südteil des Platzes zwischen Seidenhaus und Kirche sowie eines Löschwasserbeckens zwischen Seiden- und Feuerhaus.

Die innerhalb der Kernstadt weiterhin periphere Lage abseits von Hauptverkehr und Verkaufszentren ließ den Jakobsplatz zu einem jahrzehntelang vernachlässigten Stiefkind des Wiederaufbaus werden, woran auch wiederholte Verbesserungsprojekte, so auch das 1976 beschlossene Gestaltungskonzept wenig änderten.

St.-Jakobs-Platz; Flurkarte, M. 1:2 500

Der – im Westen nie vollendete – Wiederaufbau erfolgte zögerlich. Im Norden wurde das beschädigte städtische Zeughaus um
1950 wiederhergestellt, der städtische Marstall erst 1976–78
äußerlich rekonstruierend wiedererrichtet und durch eine Muse-
umserweiterung nach Osten ergänzt. Dabei wurde ein neuer kleiner Teilplatz als Verbindungsglied zwischen Jakobs- und Sebastiansplatz geschaffen, den im Süden der stark nach Westen in den
ehemaligen Freiraum vorgeschobene Neubau eines *Altenheim-*

und Servicezentrums (1978–80 von Werner Böninger und Peter
Biedermann; vgl. Prälat-Zistl-Straße 20) begrenzt. Durch diesen
kleinmaßstäblich unterteilten Westflügel der einen öffentlichen
Hof umschließenden Wohnanlage wurde die damals immer noch
desolate Freifläche des Jakobsplatzes im Osten erheblich reduziert im Hinblick auf eine anzustrebende größere Geschlossenheit des ohne Binnenbebauung angenommenen Platzensembles.
Im Süden entstanden, nach umstrittenem Abbruch der Ruine,
1955/56 Jakobskirche und Kloster vollkommen neu, äußerlich in
Sichtziegelbauweise nach vermeintlich Altmünchner Art. Großenteils mit Sichtziegeln verkleidet wurde auch das 1967 als
südwestliche Platzbegrenzung auf völlig neuem, zeitgemäß
polygonal-amorphem Umriss errichtete, später als allseitige Stö-
rung empfundene *Parkhaus* (Oberanger 35/37; 2005 abgebrochen). Die Bürgerhausruinen nördlich davon wurden um 1970
vollends beseitigt, nur das Ignaz-Günther-Haus (s. St.-Jakobs-
Platz 20) nach langem Verfall 1975/77 (mit starken Eingriffen)
saniert. Völlig beziehungslos steht es neben dem rechts angrenzenden stattlichen Neubarockbau des Orag-Hauses (s. Oberanger 9), wie überhaupt typologische und stilistische Kontraste
des unkoordiniert zustande gekommene Gesamtbild des Jakobsplatzes nicht etwa in einem „malerischen" oder architektonisch
„interessanten" Sinn kennzeichnen, woran unterschiedliche
Varianten von Modernität (mit der Hochgarage einerseits und
dem fast grotesken Rekonstrukt des neo-sandtnerischen Mar-
stall-Pultdaches als Extremen) ihren Anteil haben.
Ein weitgehend neues Gepräge erhielt der Jakobsplatz mit den
Neubauten des Jüdischen Gemeindezentrums 2003–05. Nach
vorausgehendem städtebaulichem Wettbewerb (2000) gewann
den 1. Preis des am 6. Juli 2001 abgeschlossenen Architektur-
wettbewerbs der Entwurf des Architekturbüros Wandel, Höfer,
Lorch (Saarbrücken), der drei getrennte kubische Flachdachbau-
ten vorsah – als größten um einen Binnenhof das Gemeindehaus

St.-Jakobs-Platz, Blick von Süden, Jüdisches Museum (links) und Synagoge; Aufn. 2008

der Israelitischen Kultusgemeinde München und Oberbayern, das die Lücke zwischen Hochgarage und Ignaz-Günther-Haus, im rechten Winkel zu dem letzteren weit in den Platz vortretend, schließt, und östlich davon jeweils in Schrägstellung frei im Platzraum die kleineren Rechteckblöcke des Städtischen Jüdischen Museums und der Synagoge (mit herausragendem transparentem Oberteil). Vor Baubeginn wurden 2002/03 archäologische Grabungen vorgenommen, dabei u. a. Keller und Fundamentbereich von Seidenhaus, Feuerhaus und den Bürgerhäusern südlich des Ignaz-Günther-Hauses vorübergehend freigelegt. Grundsteinlegung zum Gesamtkomplex am 9. November 2003. Die freistehend hoch ragende, heute den architektonischen Schwerpunkt im Platzbild verkörpernde Hauptsynagoge Ohel Jakob (Zelt Jakobs, Name gleich der einstigen Synagoge an der Herzog-Rudolf-Straße, s. dort) gilt als „eines der neuartigsten und innovativsten Werke der zeitgenössischen Architektur in der Münchner Innenstadt" (Mehr als Steine 2007) mit überdies besonders eindrucksvoller Innenraumgestaltung (Einweihung am 9. November 2006).

An der Südwestecke des nunmehr in neuer Weise in mehrere Teilflächen untergliederten Platzes, dessen Oberfläche 2008 abschließend neu gestaltet wurde, entstand an der Stelle des 2005 abgebrochenen Parkhauses auf verändertem Grundriss bis 2009 der neue Geschäftshauskomplex „Angerhof" von Steidle und Partnern, mit Südseite zur Klosterhofstraße und Westseite zum Oberanger.

ARCHÄOLOGISCHE BEFUNDE: Spätmittelalterliche und frühneuzeitliche Siedlungsreste (Fundst.-Nr.: 7835/0190). Die Errichtung des jüdischen Gemeindezentrums auf dem St.-Jakobs-Platz machte 2002–03 archäologische Grabungen notwendig. Die untersuchte Fläche umfasste mehr als 6000 qm. Der Bereich um den St.-Jakobs-Platz lag im Vorfeld der ältesten Stadtmauer des

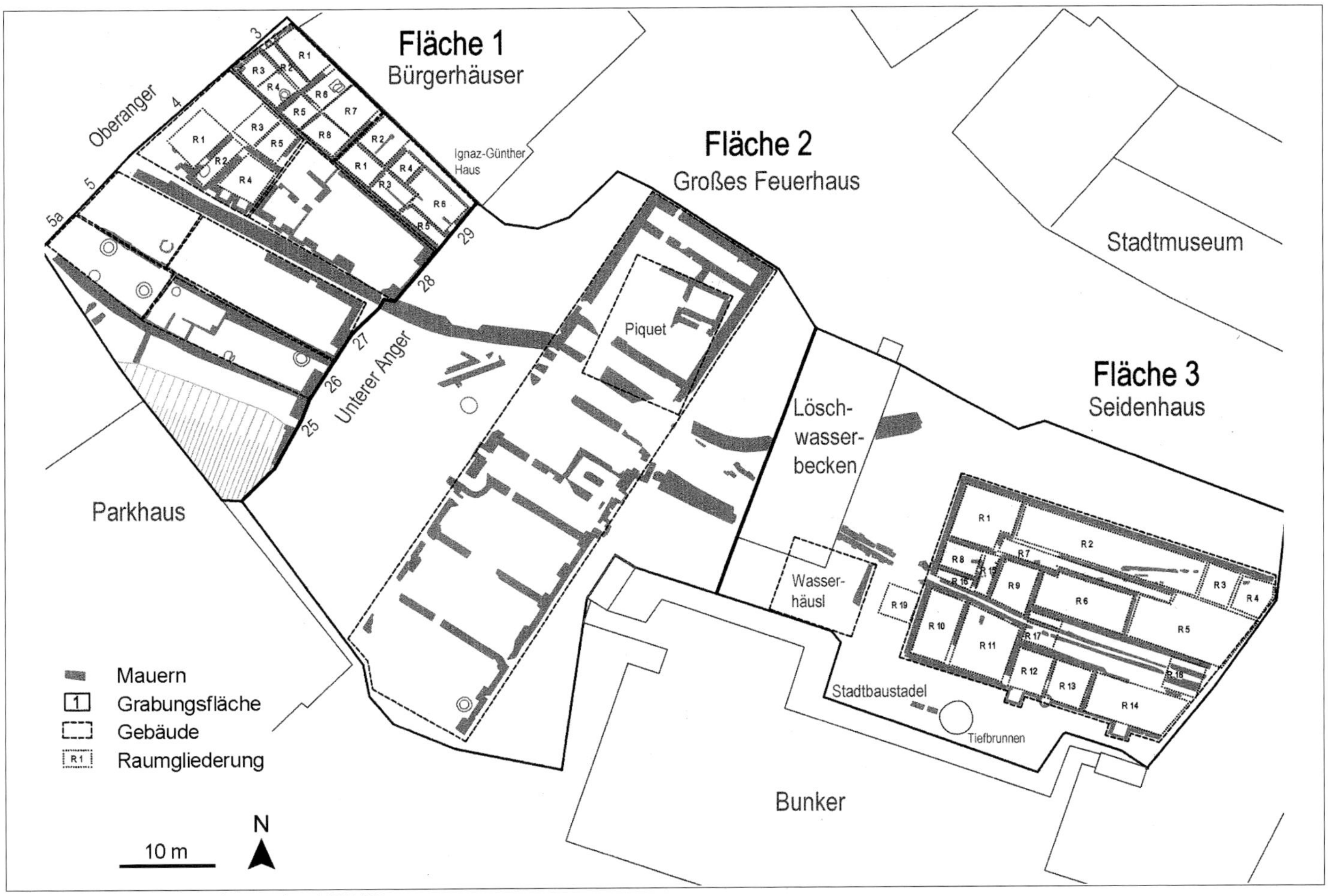

St.-Jakobs-Platz, Blick über die Ausgrabung 2003, im Vordergrund das Seidenhaus

St.-Jakobs-Platz; Ausgrabungsplan 2002/03

12. Jh. Erst um 1300 erfolgte mit der Errichtung der zweiten Stadtmauer die Einbindung in das Stadtgebiet. Bis 1886 behielt das Areal seinen Namen Anger und wird erst seit diesem Zeitpunkt St.-Jakobs-Platz genannt. Namensgebend war dabei das gleichnamige Kloster am Südrand des Areals, dessen Gründung wohl bis in das 12. oder 13. Jh. zurückreicht. Historisch belegt ist eine Jakobidult, die spätestens seit 1310 oder 1312 stattfand. An der Westseite des Angers wurden Bürgerhäuser errichtet, die von Metzgern, Bierbrauern und Leder verarbeitenden Handwerkern genutzt wurden. An der Nordseite entstand ein Büchsen- und Kornhaus, das später als Zeughaus genutzt wurde (heute Stadtmuseum). Seit etwa 1600 wurde schließlich auch die Platzfläche durch das Seidenhaus und Große Feuerhaus bebaut. Die über Jahrhunderte bestehende Gestaltung und Gliederung des Platzes wurde während des Zweiten Weltkrieges zerstört. Seitdem war das Areal weitgehend frei von Bebauung. Einblicke in die ehemalige Geländebeschaffenheit gibt die Dokumentation des Kleinen Angerbaches, der das Grabungsareal quert. Es konnten verschiedene zeitlich abweichende Bachbetten erfasst werden. Aus den Füllungen stammen größere Mengen organischer Reste, wie Leder oder bearbeitete Hölzer, die Rückschlüsse auf unterschiedliche Handwerke erlauben. Im 16. Jh. wurde der Bach in einer offenen Steinrinne gefasst und schließlich ab 1670 kanalisiert. Die Ausgrabung erbrachte darüber hinaus die Grundmauern und Keller der ehemaligen Gebäude entlang des Oberangers. Dort reichen die Bürgerhäuser teilweise mit unterschiedlichsten in Stein ausgeführten Um- oder Ausbauphasen bis in das 14. Jh. zurück. Ergänzt werden diese Befunde um Pfostenlöcher und Siedlungsgruben, die teilweise parallel zu den Gebäuden verlaufen. Aus diesen Befunden lässt sich eine großflächige Vorgängerbebauung des 12. und 13. Jh. ableiten, die außerhalb der Stadtmauer lag. Das Fundgut bietet Hinweise auf Handwerke, die Knochen und Metall verarbeitet haben. Deutlich jüngere, durch Münzen in die Zeit um 1711 datierte Grubenkomplexe im Bereich des Seidenhauses erlauben anhand der Funde Einblicke in das Inventar bürgerlicher Haushalte. Hafnerware, Fayencen, Steinzeug aus dem Westerwald oder auch unterschiedliche Formen von Tonpfeifen aus Holland und dem Balkan verdeutlichen weitreichende Handelsbeziehungen des barocken München. Ein reiches Spektrum an Ofenkacheln stammt aus der ersten Hälfte des 16. Jh. Bis zu fünf Lagen unterschiedlicher Pflasterungen der Freiflächen unterstreichen die Bedeutung des St.-Jakobs-Platzes als Ort der Märkte. Sauber gesetzte Abflussrinnen dienten der Entwässerung, eingedrückte Karrenspuren und Pfostengruben zeigen die intensive Nutzung des Platzes, die wiederum auch im Fundgut deutlich wird. Metall verarbeitende Handwerker waren vor Ort tätig. Hinzu kommen beträchtliche Abfälle von Knochen, die die Herstellung von Würfeln und Rosenkränzen belegen. Archäologisch lassen sich die sogenannten Paternosterer dort seit dem 12. oder 13. Jh. nachweisen, die ihre Produkte auf der Dult veräußert haben. Sie arbeiteten vor Ort und die Abfälle fanden sich in Gruben, Planierschichten sowie in den Einfüllschichten des Angerbaches. Die unterschiedlichen formalen Ausprägungen und die abweichenden Durchmesser der Bohrungen lassen auf verschiedene „Werkstätten" schließen.

St.-Jakobs-Platz, Blick auf die dicht bebaute Parzelle am Oberanger; Luftaufnahme von 2003

St.-Jakobs-Platz, Fundamente des Großen Feuerhauses; Luftaufnahme von 2003

St.-Jakobs-Platz 1 (mit Rosenstraße 1). *Münchner Stadtmuseum,* ehem. *Stadtzeughaus,* stattlicher spätgotischer Satteldachbau mit gewölbter Halle im Erdgeschoss, 1491–93 von Lukas Rottaler. Das Münchner Stadtmuseum ist ein baugeschichtlich, architektonisch wie hinsichtlich der Sammlungsbestände äußerst heterogener, gewachsener Komplex. An der Nordseite des einstigen Angers, der neben dem Marienplatz ursprünglich eine wesentlich gewichtigere Rolle im Stadtgefüge spielte als in neuerer Zeit, entstand im 15. Jh. zur Aufnahme verschiedener materiell

Münchner Stadtmuseum; Aufn. 2008

Münchner Stadtmuseum; Aufn. 1994

orientierter Funktionen der Komplex des sog. Stadthauses. Nachgewiesen ist der Erwerb und Ausbau eines Hauses als städt. Marstall und Wagenfuhr (Remise) 1410–13, ferner in der Zeit der Hussitengefahr 1431/32 der Bau eines Büchsenhäusels vermutlich westlich davon an der Stelle des späteren, wesentlich größeren Zeughauses, 1454 ein Kornkasten (fraglich ob hier) und 1489/90 ein Feuerwehrgerätehaus zur Aufbewahrung von Löscheimern und Spritzen (nach Stahleder 1995). 1476 und 1480 erwarb die Stadt zwei Nachbarhäuser. Zu den bedeutendsten städtischen Baumaßnahmen des Spätmittelalters gehörte die Errichtung des sog. Neuen Baus 1491–93 durch den obersten Stadtmaurermeister Lukas Rottaler zusammen mit dem Untermaurermeister Peter Manhart sowie sicherlich mit dem damaligen Stadtzimmermeister Ulrich. Der vom einstigen Stadthauskomplex bis heute allein original erhaltene, stattliche Rechteckbau (ca. 38 x 17 m) mit südlicher Giebelfront zum Platz und westlicher Längsseite am (einstigen) Großen Angerbach diente als Büchsen- und Kornhaus; an die Südostecke schloss sich die städt. Heuwaage an (so bei Stimmelmayr gegen 1800 und noch auf Ansichten von 1825 und 1838), nach welcher der Platz vom späten 18. Jh. bis 1886 „Heumarkt" hieß. Die Bezeichnung „Zeughaus" (1865–69 Landwehrzeughaus) für den Neuen Bau wurde ab ca. 1520 üblich. Das Stadthaus – ohne nähere Bezeichnung des Teiles – wurde 1496 von Jan Polack bemalt, 1496/97 entstanden die Erkertürmchen an den Zeughausecken, 1505 erfolgten Bauarbeiten an Dachstuhl, Gewölben und Giebel des Stadthauses, 1520/21 weitere umfangreiche Baumaßnahmen.

Der Neue Bau (oder das Bürgerliche Zeughaus) ist ein dreigeschossiger, massiver Backsteinbau, heute mit Raupputz, auf Ansichten des 19. Jh. mit partiell abgewitterter Schlämme; die Stichbogenöffnungen der beiden Obergeschosse sind wohl noch original, an der südlichen Giebelfront meist erweitert oder verändert – hier waren bis ins spätere 19. Jh. in der Mittelachse ein Tor und darüber Ladeöffnungen angeordnet, von denen die beiden obersten (spitzbogigen) im Giebel noch erhalten sind, während die Fensterpaare darunter und das Schriftbandrelief aus dem späten 19. Jh., die großen seitlichen Spitzbogenfenster der Erdgeschosshalle von 1926/28 stammen. Die beiden achteckigen Spitzhelme der beiden schräg gestellten Erkertürmchen am Südgiebelansatz hatten im 19. Jh. eine gemusterte Ziegeldeckung. Die Giebelzinnen, die das Sandtnersche Stadtmodell (1570) – nebst einem nordwestlichen Erker – zeigt, fehlen schon auf den Ansichten des 19. Jh., auf denen aber die beiden erhaltenen Firstfialen dargestellt sind.

St.-Jakobs-Platz 1 nach Kriegszerstörung; Aufn. 1945

Die bis ins 19. Jh. noch als Zeughaus zur Aufbewahrung der Geschütze verwendete dreischiffige, sechs Joche lange Halle im Erdgeschoss ist der größte erhaltene Profanraum der Gotik in München, mit breiterem, der An- und Abfahrt dienendem Mittelschiff und kräftigen Rundpfeilern mit abweisend verstärktem Sockel; die Kreuzgewölbe mit spitzbogigen Gurt- und halbkreisförmigen Diagonalrippen von derb bandförmigem, gefastem

St.-Jakobs-Platz 1, Münchner Stadtmuseum; Aufn. 2008

St.-Jakobs-Platz 1, Münchner Stadtmuseum, Blick vom Sebastiansplatz; Aufn. 1996

Münchner Stadtmuseum, Ostteil mit Nieserstraße; Aufn. 1996

Querschnitt setzen außenseitig auf Wandvorlagen an; in die Süd-ostecke ist eine Wendeltreppe eingefügt. (Vergleichbare Raum-gestaltungen der Spätgotik sind die Pfeilerhalle im Südflügel des Alten Hofes und das Erdgeschoss von Burgstraße 5). Die baulich völlig erneuerten Obergeschosse dienten ursprünglich zumin-dest teilweise als Waffendepot, darüber bis in den mächtigen Dachstuhl hinein als Kornböden. Am 4. März 1848 während der Märzunruhen stürmte die Menge das Bürgerliche Zeughaus mit seinen in der Hauptsache historischen Waffenvorräten. 1865 er-folgte die Renovierung und Adaptierung des nunmehrigen kgl. Landwehrzeughauses durch Stadtbaumeister Arnold Zenetti und Oberzeugwart Kaspar Braun, z. T. schon mit musealem Charak-ter. Nach Auflösung der Landwehr (1869) wurden die Zeughaus-bestände von 1874 bis 1927 größtenteils dem Bayer. Nationalmu-seum überwiesen, 1874 die Gründung des Historischen Muse-ums der Stadt beschlossen, das erst 1888 eröffnet und abschnitts-

Münchner Stadtmuseum, Halle im Erdgeschoss; Aufn. 1996

weise im einstigen Stadthaus-komplex eingerichtet wurde. Dieser umfasste außer dem Neuen Bau (Zeughaus) östlich von diesem, durch eine Mauer mit Einfahrtstor verbunden, das sog. Städtische Marstall-gebäude, bestehend aus einem zweigeschossigen Haus mit steilem, gegen Westen geneig-tem Pultdach bzw. Halbgiebel und einem aus ursprünglich zwei Häusern zusammen-gefassten, zweigeschossigen Traufseitbau mit mächtigem Dach und zwei zweigeschossi-gen Aufzugsgauben; im Erd-geschoss enthielt dieser Trakt eine spätgotische kreuzrippenge-wölbte Halle mit Rundpfeilern, ähnlich der noch erhaltenen im Neuen Bau; ein gleichartiger dreischiffiger Saal im Norden wur-de 1929 zugunsten des Leitenstorfer-Traktes abgebrochen, der restliche Marstallbau 1944 zerstört (s. u.).

Münchner Stadtmuseum, Nordtrakt (Rosental 16)

An der Nordseite des Hofes entstand im rechten Winkel zum Zeughaus 1926–28 nach Plänen von Hans Grässel ein dreige-schossiger, maßvoll traditionalistischer Erweiterungtrakt mit steilem Satteldach und erhöhtem, übergiebeltem Eingangsrisalit zum Hof mit skulptiertem Stichbogenportal in Neurenaissance-formen; er wurde 1930/31 nach Osten in Winkelform in gleich-artigen Formen durch Hermann Leitenstorfer fortgesetzt (mit Saal im Ostflügel). Der vier Fensterachsen breite Westabschluss des Erweiterungsbaus zur Pettenbeckstraße (heute Oberanger) hin im Anschluss an den Neuen Bau erhielt einen historisieren-den, an mittelalterliche Bürgerhäuser erinnernden Zinnengiebel. – 1927 erwarb die Stadt die beiden Nachbarhäuser St.-Jakobs-Platz 3 (in welchem der Maler Carl Spitzweg am 23. September 1885 verstorben war und 1868 Johannes Eckart die erste Konser-venfabrik Süddeutschlands gegründet hatte) und 4, die im Zwei-ten Weltkrieg zerstört wurden.

Die Luftangriffe – vor allem in der Nacht vom 23. zum 24. April 1944 – vernichteten das Marstallgebäude fast völlig; vom Zeug-haus blieben die Außenwände und die gewölbte Erdgeschoss-halle erhalten. 1948–50 wurden sukzessive die Dachstühle von Zeughaus-, Grässel- und Leitenstorfer-Bau wiedererrichtet, in den Folgejahren abschnittsweise die Innenräume wiederherge-stellt, 1959–64 in zwei Bauabschnitten der große nördliche Erweiterungsbau von Gustav Gsaenger realisiert, der mit drei Flügeln an Oberanger, Rosental und Nieserstraße einen großen Hof (mit Brunnen „Schwimmende Nixen", 1965 von Andreas Schwarzkopf und Alfred Regnat) umschließt; der fünfgeschos-sige Flachdachkomplex schwankt in seiner Außengestaltung unentschieden zwischen An-passung und Modernität. – Die großen Ausstellungen „Bayerische Frömmigkeit" (zum Eucharistischen Welt-kongress 1960) und „Bayern – Kunst und Kultur" (zu den Olympischen Spielen 1972) waren mit Um- und Ausbau-maßnahmen verbunden. 1976 wurde das Ignaz-Günther-Haus (s. St.-Jakobs-Platz 20) dem Stadtmuseum ange-schlossen. Das Äußere des Zeughauses wurde 2007 res-tauriert.

Münchner Stadtmuseum, Burgfrie-denssäule im Hof

Der jüngste Erweiterungsbau im Südosten zum St.-Jakobs-Platz, 1976–78 von Martin Hofmann, Tilmann Erdle und Peter Wagner, ist äußerlich eine Rekonstruktion des kriegszerstörten spätgotischen Marstallgebäudes mit seiner durch extreme Gegensätzlichkeit gekennzeichneten Dachlandschaft; gegen Osten entstand hier an der Stelle der nicht wiederaufgebauten Bürgerhäuser zum erweiterten Sebastiansplatz hin eine neue, historisierende Giebelfassade samt achteckigem Treppenturm mit Kuppeldach (in Anlehnung an einen auf M. Paurs Stadtplan von 1705 dargestellten Turm). Auch dem östlichen Gsaenger-Flügel (an der Nieserstraße) wurde als südlicher Abschluss ein in gleicher Weise historisierender Kopfbau angefügt.

Künstlerischer Mittelpunkt des Stadtmuseums sind die zehn erhaltenen Originalfiguren der Moriskentänzer von Erasmus Grasser (1480) aus dem Saal des Alten Rathauses (s. dort). Die aus dem ehem. Bürgerlichen Zeughaus stammende Sammlung von Waffen und Rüstungen gehört zu den reichhaltigsten in Mitteleuropa (seit 1977 in der Erdgeschosshalle des Zeughauses ausgestellt). Für die Münchner Topographie hochbedeutend sind die gemalten und graphischen Ansichten, Pläne und Fotografien, mit dem 1879 und 1889 erworbenen Nachlass des Kunstsammlers Joseph Maillinger als Grundstock. Die überragende Kollektion von Kunst, Kunstgewerbe, Textilien und Möbeln des Münchner Jugendstils sowie die überaus reichhaltigen Bestände an Möbeln und Raumausstattungen vom 17. bis zum 20. Jh. konnten bislang leider nur zeitweise bzw. in wechselnder Auswahl präsentiert werden.

Ins Stadtmuseum gelangte eine der fünf erhaltenen Burgfriedenssäulen, und zwar Nr. 22 (ehemals an der Thalkirchner Straße; Tuffstein, bez. 1724), vom gleichen Typus wie Nr. 13 im Englischen Garten (s. dort).

St.-Jakobs-Platz 20 (mit Oberanger 11). Ehem. *Wohnhaus Ignaz Günthers* von 1761–75, jetzt Teil des Stadtmuseums (s. auch Abb. S. 715). Das heute nach seinem berühmtesten Eigentümer benannte Anwesen repräsentiert als schmale, von einer zur anderen Straße durchgehende Parzelle mit Vorderhaus (am Unteren Anger – ehem. Nr. 30 – bzw. Jakobsplatz) und Rückgebäude sowie verbindendem Flügel seitlich (hier nördlich) des Hofes den verbreiteten Normaltyp des Altmünchner Bürgerhauses, doch ist eine Besitzerfolge erst ab 1594 nachgewiesen; zuvor (um 1590) wird es als städtisches Eigentum, und zwar als „neue Stadtmang" bezeichnet (Häuserbuch IV 1966), offenbar im Unterschied zur (nicht erhaltenen) alten Mang, ehemals schräg gegenüber am Oberanger 56/Ecke Dultstraße. Wohl auf letzteren Bau, der sich auf Sandtners Stadtmodell von 1570 typologisch von den Bürgerhäusern abhebt, sind die zahlreichen bei H. Stahleder (1995) angeführten Erwähnungen der Stadtmang seit 1345 (erster Mangmeister) bzw. 1358 (Gebäude am Anger beim St.-Klara-Kloster) zu beziehen, einschließlich des in den Rechnungen belegten Neubaus von 1450–53, aus welchem Anlass der Stadtzimmermeister Hermann zu Vergleichsbesichtigungen nach Augsburg und Kempten geschickt wurde. Eine Stadtmang diente der Bearbeitung des weißen Leinens bzw. stand den Bürgern gegen Gebühr zum Mangeln der Wäsche zur Verfügung, doch ist im Begriff (nach Grimms Deutschem Wörterbuch u. a.) auch das Färben eingeschlossen (die Stadt erbaute 1465/66 ein eigenes Färbhaus). Das erhaltene Memminger Manghaus (datiert 1583) enthält wie das Münchner Rückgebäude im 1. Stock einen großen Raum mit Balkendecke (mit vergleichbarer Funktion?). Auf Sandtners Modell von 1570 gleicht das Doppelhaus – am Unteren Anger zweigeschossig mit nach links geneigtem Pultdach bzw. Halbgiebel, das Rückgebäude dreigeschossig ebenfalls mit Pultdach und mit einem Flacherker in der Mitte des 1. Obergeschosses (den noch die Ansicht von Stimmelmayr in der 2. Hälfte des 18. Jh. zeigt) – durchaus dem

St.-Jakobs-Platz 20; Aufn. um 1960   St.-Jakobs-Platz 20; Aufn. 2007

St.-Jakobs-Platz 20, Hof, Südwand; Aufn. 1996   St.-Jakobs-Platz 20, Rückseite am Oberanger; Aufn. 1995

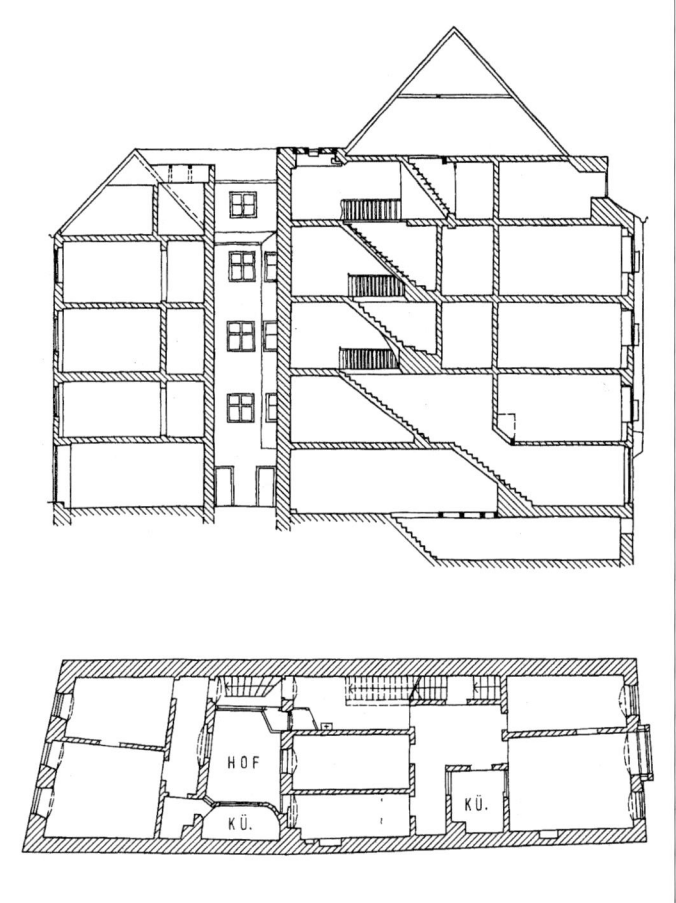

St.-Jakobs-Platz 20; Grundriss 1. Obergeschoss und Schnitt, 1966

St.-Jakobs-Platz 20, Hausfigur an der Rückseite

Typus der Bürgerhäuser; doch erlaubte der an der Oberangerfront vorbeifließende Angerbach eine gewerbliche Nutzung (vgl. das Bad auf dem nördlichen Nachbargrundstück Oberanger 9). Die Geschichte der städtischen Manghäuser bleibt im Einzelnen noch zu klären.

Bei Grabungen um 1975 wurden unter dem Rückgebäude Mauerwerks- und Fußbodenreste aus drei Bauzuständen vor der Zeit des Sandtner-Modells festgestellt. Der Übergang an private Eigentümer – als erster wird 1594 Leonhard Leo, Falkner Herzog Ferdinands, genannt – dürfte weitgehende Umbaumaßnahmen samt Aufstockung zur Folge gehabt haben; auch die enorme Steigerung des Kaufpreises von 1690 im Vergleich zu 1641 deutet auf Baumaßnahmen hin; in dieser Zeit dürfte die heutige viergeschossige Fassade am Jakobsplatz mit dem flachen Mittelerker entstanden sein. An älteren, spätmittelalterlichen Bestandteilen einbezogen wurden u. a. die bis zum 2. Stock führende einläufige Treppe (sog. Himmelsleiter) mit Absatz im 1. Stock sowie der um 1975 in seiner Einheit wiederhergestellte, den 1. Stock des Rückgebäudes ausfüllende Raum (7,2 x 6 m), dessen sorgfältig bearbeitete Bohlenbalkendecke (Fichte) vom spätgotischen Typus (15./16. Jh.) freigelegt wurde – das einzige erhaltene bzw. bekannte Beispiel in einem Münchner Bürgerhaus. Bemerkenswert sind ihre nach Art einer flachen Wölbung herabgezogenen Schmalseiten. (Flachgewölbte Balkendecken sind in Bürgerhäusern – vor allem deren Stuben – Frankens und Schwabens, so mehrfach in Lindau, nicht selten.) Der Kamin und eine durch eine Schiebe verschließbare Öffnung in einem Brett, durch die warme Luft in den darüberliegenden Raum geleitet werden konnte, lassen auf einen heizbaren Saal (Wohn- oder Aufenthaltsraum) schließen.

Der damals 36-jährige hofbefreite Bildhauer Ignaz Günther erwarb das Doppelhaus auf einer Zwangsversteigerung am

St.-Jakobs-Platz 20, Treppenhaus

2. Oktober 1761 um rund 4000 fl.; hier ist er am 26. Juni 1775 gestorben. Am Rückgebäude brachte er in einer Nische über dem Erdgeschoss als Hausfigur die Reliefbüste der Jungfrau Maria aus ursprünglich polierweiß gefasstem Eichenholz an (Höhe 75 cm, heute Kopie; Original im BNM). Nach seinem Tod führte sein Mitarbeiter und Schwiegersohn Joseph Häringer († 1791) die Werkstatt weiter.

Das Anwesen, ursprünglich eine wirtschaftliche Einheit, wurde im Lauf der Zeit in eine größere Zahl selbständiger Wohnungen aufgeteilt und demgemäß mehrfach umgestaltet. Eine vermutlich durch Baufälligkeit begründete weitgehende Auswechslung der inneren Bausubstanz fand in spätklassizistisch-biedermeierlicher Zeit statt (vielleicht mit der Wiedervereinigung der vorübergehend getrennten beiden Teile des Anwesens in einer Hand 1841). Auch Stufen und Geländer der Himmelsleiter wurden damals erneuert.

Nach längerer Vernachlässigung des nach dem Zweiten Weltkrieg städtischen, von Verfall und Abbruch bedrohten Anwesens war das Ignaz-Günther-Gedenkjahr 1975 (200. Todestag) Anlass zur grundlegenden Gesamtrestaurierung unter Leitung von Prof. Johannes Ludwig (Mitarbeiter Peter Braun), die 1977 vollendet wurde. Die Nutzung für Verwaltungs- und Ausstellungszwecke durch das benachbarte Stadtmuseum mit öffentlicher Zugänglichkeit hatte allerdings erhebliche Eingriffe in die Bausubstanz vor allem im mittleren Bereich des Komplexes zur Folge: Einbau von Aufzug und Nasszellen, technische Installationen, erneute Auswechslung der in Neigung und Position etwas veränderten Himmelsleiter samt Geländer. Im Hof wurde ein gemauerter Brunnenschacht aufgefunden, an seiner südlichen Kommunwand eine kleine spitzbogige Öffnung und ein Kommunzeichen. (Um diese Zeit wurden die nur noch zweigeschossigen Reste der südlichen Nachbarhäuser Unterer Anger 28 und 29 abgebrochen; letzteres gehörte im 16. Jh. einem Färber und Mangmeister – sicher im Zusammenhang mit der angrenzenden Stadtmang – und im 18. Jh. der Baumeisterfamilie Gunetzrhainer; das Eckhaus Nr. 28, 1904 von Martin Dülfer, war eine originelle Jugendstilparaphrase des malerischen Altmünchner Bürgerhaustyps.)

Sattlerstraße

Kurze Verbindung zwischen Fürstenfelder Straße und Färbergraben im ältesten Stadtkern, nach völliger Zerstörung der Bebauung im Luftkrieg platzartig verbreitert; benannt nach hier ansässigem Gewerbe.

ARCHÄOLOGISCHE BEFUNDE: Größere Bodeneingriffe und Umbauten sind aus jüngerer Zeit nicht bekannt. Deshalb ist mit untertägig erhaltenen Resten von Bauwerken, unter der Straße mit verrohrten Bächen und Pflastern und unter den Gebäuden mit Resten von Vorgängerbauten, möglicherweise mit Brunnen und Latrinen, zu rechnen.

Unter Sattlerstraße 1 befinden sich Teile mittelalterlicher und neuzeitlicher Bebauung.

Schackstraße

Teil des Ensembles Leopoldstraße (Forum) mit Schackstraße (s. dort). Die kurze, 1897 nach Adolf Friedrich Graf von Schack (s. Prinzregentenstraße 9, Schack-Galerie) benannte Straße wurde ab 1894 als nach Osten „verlängerte Akademiestraße" angelegt, die das repräsentative Forum um das Siegestor und am Beginn der Leopoldstraße mit der Kaulbachstraße verband. In diesem Bereich zeigen die älteren Stadtpläne eine lockere Bebauung mit kleinen Vorstadthäusern in Gärten. Leonhard Romeis entwarf für die Bauunternehmer Josef Fahrmbacher und (auf Nr. 1 und 4) Michael Drexler eine homogene Gruppe von drei freistehenden, viergeschossigen Mietshäusern herrschaftlichen Charakters auf jeder Straßenseite (Nr. 5 nicht ausgeführt; modernes Geschosswohnhaus) mit entsprechend aufwendigen Neubarockfassaden.

St.-Jakobs-Platz 20, Rückgebäude, Saal im 1. Obergeschoss

Auf die schmalen, von Pfeiler-Gitter-Zäunen gesäumten Vorgärten ist am Westende verzichtet zugunsten der hier den Straßenraum fast platzartig einengenden, verbreiterten Kopfbauten von Nr. 1 und 2, die zum Forum hin besonders repräsentativ gestaltet sind. – Die Anlage der Schackstraße mitsamt ihrer gestalterisch noch völlig dem späten Historismus verpflichteten Bebauung nach dem Gesamtkonzept von Romeis setzte sich erst sekundär gegenüber Martin Dülfers stilistisch „modernerem"

Schackstraße 1; Aufn. 2005

Schackstraße 1, Südseite

Projekt für die Bebauung der Ostseite des mit der Schmalseite der Kunstakademie gegenüber initiierten Forums am Beginn der Leopoldstraße durch, von dem Dülfer schließlich nur die herrschaftlichen Mietshäuser Leopoldstraße 4 und 6 nach eigenen Plänen verwirklichen konnte (s. künftigen Bd. München-Nord).

Schackstraße 1. Für das 1897 bez., städtebaulich exponierte viergeschossige herrschaftliche Mietshaus gegenüber der Kunstakademie, an der Ecke des Forums der Leopoldstraße und der neu angelegten Schackstraße (s. dort, Vorspann), fertigte Leonhard Romeis 1895 die ersten Pläne im Auftrag des Rentiers Josef Fahrmbacher (vgl. Nr. 2 und 3), die für die Ausführung – Bauherr war nunmehr (der den Bau vermutlich durchführende) Baumeister Michael Drexler (vgl. Nr. 4) – verändert wurden. Baugenehmigung – einschließlich der zuvor erteilten Allerhöchsten – datiert vom 21. Februar 1896 noch für J. Fahrmbacher; Rohbauanzeige März 1897, Schlussbesichtigung 23. März 1898, Wohnungsbewilligung 30. Juli 1898; Garteneinfriedung in demselben Jahr. Grundriss zweiflügelig in T-Form; der kürzere Westflügel an der Leopoldstraße bildet zu dem hier vorgelegten großen Garten zwei Seitenrisalite mit Attiken aus, zwischen die im 2. Stock ein breiter, dekorativer Gitterbalkon eingespannt ist; darunter in der Mitte Gartenportal der Erdgeschosswohnung mit Freitreppe, gerahmt von Balkon auf toskanischen Säulenpaaren. Der gegen Osten anschließende lang gestreckte Flügel springt an der Schackstraße hinter einem schmalen Vorgarten (mit Kugelpfeilern) zurück und endet im Osten mit einem Flachrisalit samt Gitterbalkonen und Attika. Der Eingang liegt in der Mitte der Rücklage dieser Längsfassade; darüber ein zweigeschossiger Kastenerker. Die neubarocke Fassadengliederung ist repräsentativ, Erdgeschoss und 1. Stock sind horizontal rustiziert, die beiden oberen Geschosse durch ionische Pilaster bzw. an der Rücklage durch Lisenen zusammengefasst und mit Stuck dekoriert; als Abschluss dreiteiliges Gebälk. Die Vorgärten begrenzt ein Pfeiler-Gitter-Zaun (an der Schackstraße mit Kugelaufsätzen); im westlichen Garten ist eine antikisierende weibliche Gewandfigur aufgestellt. Die Erschließung erfolgt in der Mitte der längsseitigen Rücklage durch Vestibül mit Differenzstufen und hofseitig polygonal vorspringendes zweiläufiges Treppenhaus. Jede Etage enthielt zwei großzügig disponierte Wohnungen, jeweils mit Mittelgang, letzterer in der größeren westlichen Wohneinheit abgeknickt. Die westliche Wohnung umfasste an den Straßenseiten je sieben, die östliche zur Schackstraße und zur freistehenden Ostseite hin je sechs Zimmer, hofseitig lagen die Nebenräume (Küche, Magdkammern, Garderobe, Bad, letzteres bei der östlichen Wohnung am äußeren Gangende). Die Verbindung zum Nachbarhaus Leopoldstraße 4 stellt ein zweigeschossiger Zwischenbau mit Dachterrasse her (mittig durch Grundstücksgrenze geteilt); mit den ähnlich proportionierten, palastartigen Wohnblöcken Leopoldstraße 4 und 6 (beide von Martin Dülfer) bildet Schackstraße 1 eine Baugruppe.

1923 wurden in der westlichen Erdgeschosswohnung Umbaumaßnahmen für die Süddeutsche Holzindustrie AG vorgenommen, 1929 weitere für Prinz Ludwig Ferdinand von Bayern durch Architekt Karl Bücklers im Kellergeschoss und Dachbereich, auch Veränderungen in den Wohnungen (vielfache Türverlegungen bzw. -vermauerungen). In der Folge vermietete Prinz Ludwig Ferdinand das Gebäude an die Deutsche Gasolin AG, die es 1937/38 für ihre Bürozwecke adaptieren ließ. Nach Kriegsschäden 1948 Dachgeschossausbau (Arbeitsräume) durch Emil Freymuth zur Nutzung durch Fa. Styler (Generalkonsul Herbert Styler). Weitere Baumaßnahmen im Dachgeschoss 1976–78.

Schackstraße 1, Westseite, Vorgarten mit Figur

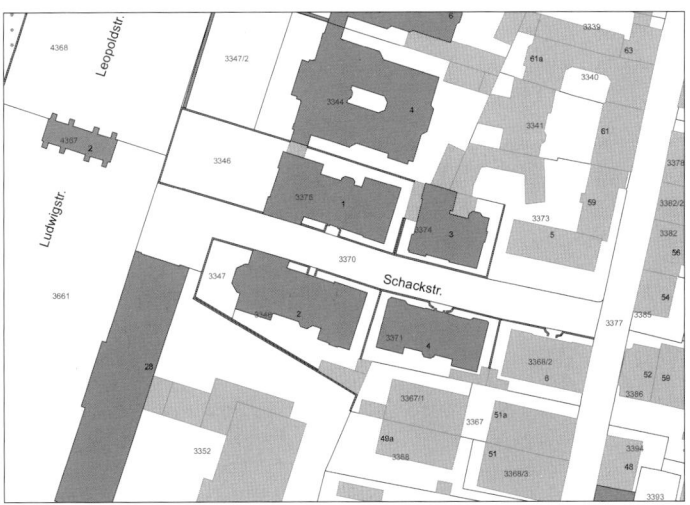

Schackstraße; Flurkarte, M. 1:2 500

Schackstraße 2. Der prominenten Lage gemäß ist das ehem. herrschaftliche Mietshaus in Eckposition äußerst repräsentativ in neubarocken Formen mit reicher Gliederung und plastischem Dekor gestaltet; der freistehende viergeschossige Bau eröffnet die östliche Bauflucht des um das Siegestor gruppierten Forums am Beginn der Leopoldstraße (Ensemble) und bildet mit seiner westlichen Schmalseite, die allerdings dem (ähnlich wie bei Nr. 1 gegenüber) forumsseitig verbreiterten Kopfbau angehört, den östlichen Abschluss für den Blick von der Akademiestraße am Siegestor vorbei. Nach Errichtung des „Hauses des Rechts" – s. Ludwigstraße 28 – ist die Wahrnehmung vom Nordende der Ludwigstraße her nicht mehr möglich; der westliche Vorgarten wurde verkürzt.

Für den Bauherrn, den Rentier Josef Fahrmbacher, reichte Leonhard Romeis die Pläne am 2. April 1895 ein, die am folgenden Tag die städtische und am 25. Juli die in dieser Situation erforderliche Allerhöchste Genehmigung erhielten; Rohbauanzeige vom 7. November 1896, Schlussbesichtigung am 20. Juni 1897; Bauführer war L. Schreier.

Der an den Kopfbau anschließende längere Ostflügel entlang der Schackstraße schließt mit einem knappen dreiachsigen Risalit. Erdgeschoss und 1. Stock sind rustiziert, der höhere, durch z. T. prächtige Verdachungen ausgezeichnete 2. Stock ist mit dem 3. durch Lisenen zusammengefasst; Ecklisenen rustiziert. Der gestalterische Aufwand kulminiert an der Forumsseite im Westen, deren konvexer, überkuppelter Mittelrisalit durch vorgelegte Stufen zum Vorgarten, einen Schweifbalkon mit Schmiedeeisengitter im 1. Stock und eine die beiden obersten Geschosse zusammenfassende Ädikula mit korinthischen Pilastern und Dreiecksgiebel betont wird; die metallplastische Gruppe eines geflügelten, Kränze haltenden Genius samt zwei Putten über der Giebelspitze könnte auf ein Modell des Akademieprofessors Wilhelm von Rümann zurückgehen, der 1897–ca.1903 im 2. Stock des Kopfbaues wohnte. Die Ecken sind mit Obelisken besetzt. Die Mitte der Rücklage an der Schackstraße akzentuiert ein Zwerchgiebel; in der Achse links daneben liegt der Eingang, am Ende des Vestibüls (mit Differenzstufen) das zweiläufige, dreiseitig in den Hof vorspringende Treppenhaus. Beidseitig davon sind in jedem Geschoss die beiden Herrschaftswohnungen angeordnet, die kleinere Einheit im Ostteil durch einen Gang in Kreuzform erschlossen, besonders weiträumig die Wohnung im Westen mit mittlerem Längsgang und rechtwinklig nach Norden abbiegendem „Vorsaal"; zum Forum hin flankieren Herrn- und Damenzimmer den im Kuppelrisalit gelegenen Salon. Kellergeschoss mit Längsgang, im Westteil interessante Raumstrukturen. – 1936 wurde das Gebäude zur (mietweisen) Unterbringung des Landesarbeitsamtes Südbayern adaptiert, 1983 das Dach im Längstrakt ausgebaut. Heute Nutzung durch vermietete Büros. – Den Vorgarten im Westen (verkürzt) und Norden schließt ein Pfeilerzaun mit an bestimmten Stellen prächtigem Schmiedeeisengitter ab.

Schackstraße 2, Westseite; Aufn. 2005

Schackstraße 3; Aufn. 2008

Schackstraße 3, Ostseite; Eingabeplan von 1896

Schackstraße 2, Nordseite

Schackstraße 3. Das 1896–98 nach Plänen von Leonhard Romeis errichtete freistehende Mietshaus wies ursprünglich neubarocke Fassadengestaltung auf. Der Lageplan von 1896 sah, in Umrisslinien angedeutet, gemäß der symmetrisch konzipierten Bebauung an der Schackstraße, einen in etwa der Baumasse des Hauses Nr. 4 südlich gegenüber entsprechenden größeren Block vor, von dem jedoch nur der

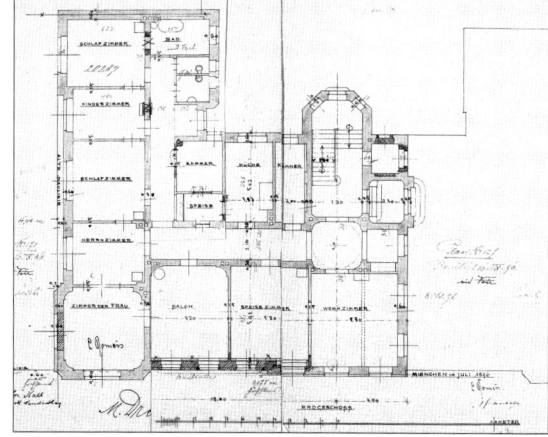

Schackstraße 3; Grundriss Erdgeschoss, 1896

Schackstraße 4; Aufn. 1997

Westteil ausgeführt wurde, allerdings mit aufwendig gestalteter Eingangsfassade im Osten, die dem der Bauherrschaft, dem Rentier-Ehepaar Josef und Christine Fahrmbacher, gehörenden großen Eckgrundstück Kaulbachstraße 59 mit Garten und an dessen Nordseite älterem Wohnhaus zugewendet war. Der rechte Flachrisalit an der südseitigen Straßenfront war wie das axial dahinter mit Dreiseitschluss in den Hof vortretende Treppenhaus ursprünglich als Mitte des symmetrischen Komplexes konzipiert; der verkürzt ausgeführte Bau geriet somit asymmetrisch. Seine Südwestecke ist als kräftiger Risalit ausgebildet, die Rücklage im Westen erhielt einen Flacherker; an die Ostseite wurde der Eingang gelegt, der direkt zum Treppenhaus führt; rechts von der Eingangsachse bis zur Nordostecke enthielten die Obergeschosse „Altanen" (unterschiedlich gestaltete Loggien). Die jeweils acht Zimmer umfassenden Herrschaftswohnungen in den vier Etagen wurden durch einen abgewinkelten Mittelflur erschlossen; vier Zimmer waren zur Straße, weitere entlang der

Westseite im nach Norden verlängerten Trakt situiert, zum Hof hin die Nebenräume. Das Dachgeschoss, ursprünglich nur mit Hausmeisterwohnung im Südwestrisalit und Bügelzimmer in der Südostecke, wurde 1929 teilweise ausgebaut sowie weitergehend zum Vollgeschoss im Rahmen der Gesamtbaumaßnahme von 1951 im Auftrag der Gemeinnützigen Wohnungsfürsorge AG, bei der auch die Fassaden stark vereinfacht und die ornamentalen Elemente beseitigt wurden. Weitere Veränderungen (u. a. Aufzugseinbau) erfolgten 1968 (Arch. Erwin Schleich). Nicht mehr vorhanden ist die den schmalen Vorgarten abschließende Pfeiler-Gitter-Einfriedung (in Fortsetzung derjenigen von Haus Nr. 1).

Schackstraße 4. Das vornehme viergeschossige Mietshaus entstand im Auftrag des Baumeisters Michael Drexler (wie 1898 auch Nr. 1). Die von Leonhard Romeis (Mitarbeiter Bautechniker Josef Schreibauer) eingereichten Pläne wurden am 24. August 1895 genehmigt, der Bau im Herbst begonnen, die Rohbauvollendung am 10. Januar 1896 angezeigt; Schlussbesichtigung am 2. November 1896.

Der freistehende, palastartig-symmetrische Neubarockbau mit reichem Stuckdekor und mit Mansarddach entspricht in Geschossaufbau und Gliederungssystem den Häusern Nr. 1 und 2; die drei mittleren Achsen bilden einen flachen Risalit mit Säulenbalkon um das Portal, breitem Balkon mit Schmiedeeisengitter im 2. Stock, die beiden obersten Geschosse zusammenfassenden ionischen Pilastern und breitem volutenflankiertem Zwerchhaus. Die kräftigen Eckrisalite mit konkaven abgeschrägten Ecken und rundbogiger Balkonloggia im letzten Stock sind durch Mansardzeltdächer turmartig betont. (Einzelne Bauplastiken in der Dachzone fehlen heute; Dachgauben in vergrößerter Form erneuert.) – Grundriss symmetrisch, in der Mitte Vestibül mit zwei Kreuzgratgewölben und Differenzstufen; an der rechten Wand lateinische Inschrifttafel mit dem Namen des Bauherrn und Datum 1894; hofseitig anschließend zweiläufige Treppe mit Holzbalustergeländer; jeweils eine Wohneinheit mit Haupträumen zur Straße, durch Mittelgang von den hofseitigen Nebenräumen geschieden; im Dachgeschoss (Zwerchhaus) Atelier. Im Erdgeschoss links war ab 1897 einige Jahre lang der Sitz des Verlegers Albert Langen (Redaktion des „Simplicissimus"); Gabriele Münter war kurze Zeit (1903/04) Mieterin des Ateliers. – 1947 Instandsetzung und Dachausbau (für Berlinische Feuer-Versicherungs-Anstalt), 1976 Sanierungsmaßnahmen (Stahlbetonrippendecken); heute durch Institute der Universität genutzt.

Schackstraße 6. [Das östliche Haus an der Südseite, 1894 von L. Romeis, hatte im Unterschied zu Nr. 1–4 ein bereits bestehendes Gebäude als Kern, das als Kaulbachstraße 51b mit Eingangsfront an letzterer 1888/89 durch Baumeister Xaver Aumiller für die Eigentümerin Marie Aumiller errichtet worden war. Das im Luftkrieg zerstörte Haus wurde 1950/51 durch Architekt Ottmar Paebst unter Benutzung der Umfassungsmauern modern wiederaufgebaut.] Vom Altbau stammt noch der neubarocke Pfeiler-Gitter-Zaun (heute ohne Kugelaufsätze) mit konkaver Einziehung vor dem Mitteleingang, nach Tekturplan von L. Romeis vom Juni 1897 ausgeführt von Baumeister M. Drexler.

Schackstraße 4; Fassadenaufriss, Originalzustand

Schackstraße 6, Einfriedung

Schäfflerstraße

(Vgl. Ensemble Altstadt.) Die frühere Schäfflergasse folgt – als westliche Fortsetzung der (nach dem Zweiten Weltkrieg nach Norden verschwenkten) Schrammerstraße – der Außenseite der hochmittelalterlichen ersten Stadtbefestigung bis zur Windenmacherstraße (von da ab Fortsetzung als Löwengrube, s. dort); benannt nach hier ehemals ansässigem Schäfflergewerbe, welches das Wasser des Stadtgrabens (an der Rückseite der südlichen Häuserreihe) nutzen konnte. Seit den Zerstörungen im Zweiten Weltkrieg keine ältere Bebauung mehr. An den beiden östlichen Eckhäusern von ca. 1950 Weinstraße 12 (genannt Schäfflereck) und Theatinerstraße 1 (genannt Bäckereck) Schäfflerfiguren (vgl. Wein- bzw. Theatinerstraße/Vorspann). An der Nordseite der Südtrakt des 2000 vollendeten Geschäftshauskomplexes „Schäfflerhof" an der Stelle von Bauten der Wiederaufbauzeit; hier ehemals Nr. 17, südlicher Erweiterungsbau (um 1913) der Bayer. Handelsbank mit hohem Kegeldach über der abgerundeten Südwestecke an der Windenmacherstraße (zur Vorbebauung vgl. Löwengrube 18), und östlich anschließend das aufwendig gegliederte Neurenaissancehaus Nr. 18 von 1882.

ARCHÄOLOGISCHE BEFUNDE: Größere Bodeneingriffe und Umbauten sind aus jüngerer Zeit nicht bekannt. Deshalb ist mit untertägig erhaltenen Resten von Bauwerken, unter der Straße mit verrohrten Bächen und Pflastern und unter den Gebäuden mit Resten von Vorgängerbauten, möglicherweise mit Brunnen und Latrinen, zu rechnen.
Unter Schäfflerstraße 3, 5, 5a, 7 (zugl. Frauenplatz 13) und Schäfflerstraße 9 befinden sich Teile mittelalterlicher und neuzeitlicher Bebauung.

Schellingstraße

Die mit ca. 1,9 km längste Ost-West-Achse der rechtwinklig angelegten Maxvorstadt ist auf die Zweiturmfassade der Ludwigskirche (s. Ludwigstraße 20) als Ostabschluss ausgerichtet. Anlage und Bebauung entwickelten sich sukzessive von Osten nach Westen; auf dem Stadtplan von 1814 (ebenso 1820) ist erst der Abschnitt zwischen der Schwabinger Landstraße – der Vorgängerin der Ludwigstraße – und der Türkenstraße mit dem Namen Löwenstraße eingetragen (wohl nach dem bayerischen Wappentier; ursprünglicher Name 1808–12 Jagdstraße). In den 1830er Jahren erfolgte die Verlängerung bis an die Barer Straße; bis dahin war im mittleren 19. Jh. die später meistens ausgewechselte, aufgezonte Bebauung vorgeschritten. Die Westhälfte mitsamt – im Zweiten Weltkrieg weitestgehend zerstörter – Mietshausbebauung wurde im Zeitalter des späten Historismus angelegt und ist heute durch eine meist höchst anspruchslose, monotone Architektur der Wiederaufbauzeit gekennzeichnet. Der letzte, jüngste Abschnitt im Westen von der Winzerer- bis zur Lothstraße (s. dort) ist – entsprechend dem von der Maxvorstadt abweichenden Raster des ehem. Kasernenviertels mit der Dachauer Straße als Hauptachse – vor dem Ende leicht abgebogen und wurde erst nach Abbruch des noch auf Stadtplan von 1891 eingetragenen kgl.

Schellingstraße 17–23; Aufn. 1995

Hauptlaboratoriums (Artilleriewerkstätten) durchgeführt. Ihren endgültigen Namen erhielt die Straße 1857 auf Wunsch Maximilians II., der den mit Münchens Geistesgeschichte eng verbundenen Philosophen Friedrich Wilhelm Schelling (1775–1854) – seinen Lehrer – hoch verehrte (vgl. Maximilianstraße, Schellingdenkmal).
Den Anfang an der Ludwigstraße flankieren die Schmalseiten von zwei öffentlichen Gebäuden Friedrich Gärtners, südlich das Blindeninstitut, nördlich die Salinendirektion (s. Ludwigstraße 25 und 27), heute von der Universität genutzt, die nach dem Zweiten Weltkrieg im Umfeld expandierte. Von der erst nach Mitte des 19. Jh. auf dem sog. Kgl. Anger zwischen dem rückseitigen Garten des Blindeninstitutes und der Amalienstraße entstandenen Häusergruppe sind (vereinfacht) nur Nr. 5, 7 und 9 erhalten (s. dort); zugunsten eines ausgedehnten Institutskomplexes der Universität (Seminargebäude für Sprachwissenschaften, 1971–73, Schellingstraße 3 unter Einbeziehung auch des adaptierten ehem. Blindeninstitutes) wurde 1962 u. a. die gotisierende Gebäudegruppe Nr. 1 des Baumeisters Max Kuppelmayr von 1866 abgebrochen, bestehend aus seinem Maleratelier, Sommerhaus und Kunstsammlungsbau. Nördlich gegenüber (Nr. 4) entstand 1960–62 das Physikalische Institut, an das sich westlich an der Ecke das „Historicum" anschloss (vollendet 1999, vgl. Amalienstraße 52). – Im Abschnitt zwischen Amalien- und Schrau-

Schellingstraße 5–62; Flurkarte, M. 1:5000

Schellingstraße, Südseite ab Nr. 57, mit Eckhaus Barer Straße 41

dolphstraße wechseln (z. T. vereinfacht wiederaufgebaute oder modernisierte) Miethäuser der Vorkriegszeit mit Neubauten der letzten fünfzig Jahre.

Die Schellingstraße, heute inkorrekt vielfach zu „Schwabing" (Bezirksgrenze: Georgenstraße) als Synonym reichen kulturellen Lebens wie der Münchner Bohème gerechnet, ist auch ein Brennpunkt politisch-konträrer denkwürdiger Stätten, die freilich nur noch z. T. anschaulich sind. Im früheren Haus Nr. 14 von ca. 1840 wohnten der Maler Hermann Kaulbach und 1881/82 der Kunsthistoriker Georg Dehio als Privatdozent. Die noch erhaltenen Häuser Nr. 19, 23 und 26 (s. diese) waren Wohnsitze namhafter Künstler. Haus Nr. 29 (Ecke Türkenstraße) war zeitweise Sitz des nationalsozialistischen Studentenbundes; heute Neubau des VDK (Nr. 29) von etwa 1950 mit Steinrelief an der Ecke im 1. Stock. – In Nr. 39/41, ehemals Münchner Buchgewerbehaus (Müller u. Sohn) mit 1911–14 im Hofbereich erbauten Druckereigebäuden, wurde u. a. der „Völkische Beobachter" der NSDAP gedruckt, dessen Redaktion – ab 1922 im Vorderhaus – 1933–45 den gesamten Komplex nutzte; ab 1945 wurde hier die von der US-Armee herausgegebene „Neue Zeitung" produziert, mit namhaften deutschen Mitarbeitern, darunter dem Schriftsteller Walter Kolbenhoff, der 1947 im 3. Stock des (vereinfachten) Hauses Nr. 48 gegenüber ein Domizil fand (Verfasser des Romans „Schellingstraße 48"); seine Wohnung wurde ein Mitarbeitertreffpunkt der 1947 in München gegründeten „Gruppe 47". Im Buchgewerbehaus wurde in der Folge die „Bild"-Zeitung München des Axel-Springer-Verlages produziert, gegen die sich 1968 heftige Demonstrationen (mit zwei Toten) richteten. An der Stelle des abgebrochenen Komplexes steht heute die weitläufige neue Büro- und Wohnhausanlage „Schellinghöfe" (Nr. 37–45), die sich rückseitig z. T. bis an die Barer Straße erstreckt. – Das vereinfachte fünfgeschossige Haus Nr. 42 (bis zum 1. Obergeschoss biedermeierlich, in der Jugendstilzeit aufgestockt) hat einen malerischen Rückgebäude- und Gartenhofbereich; im 2. Hof neuklassizistische Steinvase mit Reliefs. – Längst nicht mehr vorhanden sind die Häuser Nr. 47 (alt Nr. 11), das dem Bildhauer Fidelis Schönlaub (1805–83) gehörte, und Nr. 49 mit dem Metzgerladen des Vaters von Franz Josef Strauß (1915–1988); der spätere Bundesminister und bayerische Ministerpräsident wuchs gegenüber in der Wohnung seiner Eltern im 3. Stock des erhaltenen viergeschossigen, vereinfachten Mietshauses Nr. 44 auf (Verlag und Druckerei König). – Im einstigen Rückgebäude von Nr. 50 war 1925–30 die Geschäftsstelle der NSDAP untergebracht; das Vorderhaus Nr. 50 (s. dort) und das Eckhaus Barer Straße 41 (s. dort) sind charakteristische Bauten der NS-Zeit. Schelling-Salon (s. Nr. 54) und Osteria Bavaria (heute O. Italiana, s. Nr. 62) waren (und sind) traditionsreiche Treffpunkte von Künstlern und Prominenz aller Art, in letzterer war u. a. Adolf Hitler Stammgast. – Nr. 57 ist ein fünfgeschossiges Mietshaus mit vereinfach-

ter Fassade und Säulen im Erdgeschossladen. Von da an westwärts wurde die Bebauung im Luftkrieg fast völlig zerstört. Am Neubau Nr. 78 wurde 1987 eine Gedenktafel an den sozialdemokratischen Widerstandskämpfer Hermann Frieb angebracht, der – wohnhaft im Vorgängerhaus – am 12. August 1943 hingerichtet wurde. – Von den bis zum Geschmackswandel wegen ihrer reichen späthistoristischen Fassadenmalerei bekannten „Fürstenhäusern" Nr. 83–93 sind nur vereinfachte Restteile erhalten (s. Nr. 91/93). (Siehe auch Flurkarte S. 1017)

Schellingstraße 5. Der Abgleich der Stadtgrundkarten sowie die Münchner Adressbücher legen eine Erbauung des Hauses Nr. 5 an der Schellingstraße im Jahr 1856 nahe. Es entstand auf bis dahin unbebauter Fläche, dem sog. Kgl. Anger hinter dem Blindeninstitut und drei Jahre nach Beginn der Bauarbeiten an Nr. 7 und Nr. 9. Bauwerber war der Offizier Friedrich Weiß. 1895 setzte Architekt J. Schretzmayr einen mittigen Rückflügel an und führte Umbauarbeiten am rückwärtigen Stallgebäude (erste Umbauarbeiten schon 1882 belegt) durch. Die seitliche Durchfahrt in der westlichen Achse führt zum nebenliegenden, rückwärtigen Treppenhaus, das gemäß Eingabeplan eine Wohnung je Etage erschließt; die Bautiefe ergab Dunkelzonen, denen man gewöhnlich mit einer Verschaltung zu den belichteten Räumen hin (Alkoven) begegnete. Die Fassade des viergeschossigen Hauses wurde 1956 absichtsvoll geschlichtet, sie besticht noch heute durch ihre klassizistische Strenge, die auf ein Aufbrechen der Schichten verzichtet und eine Rhythmisierung vermittels Eng- und Weitsetzung von Achsen verwirklicht. Im Erdgeschoss finden sich alle Öffnungen rundbogig geschlossen, der höhere Rundbogen der Einfahrt (mit erhaltenen bauzeitlichen Torflügeln) wird in der östlichen Achse durch einen hohen Überfangbogen ausgeglichen (vgl. die ähnliche Behandlung beim eine Generation zuvor errichteten Anwesen Theresienstraße 14). Im Blick auf die Archi-

Schellingstraße 5; Zustand 1956

Schellingstraße 5

Schellingstraße 5, Treppengeländer; Aufn. 1996

Schellingstraße 5, Eingang; Aufn. 1998

tekturgeschichte Münchens kann die Gestaltung der Fassade als ein Reflex der offiziellen Architektur entlang der nahen Ludwigstraße in den privaten Bürgerhausbau hinein aufgefasst werden, entsprechend etablierte sich die Bezeichnung „Klenze-Stil". Im 1. Obergeschoss wohnte hier 1896–98 Franz von Stuck, er war bereits Professor an der Akademie. Das Anwesen kaufte 1899 Peregrinus Grundner und von dessen Familie erwarb es 1960 der Freistaat. Es wurde bis 1966 entmietet, ein Jahr später

Schellingstraße 7

Schellingstraße 9 (links Nr. 7); Aufn. 1998

zog die Universität mit einigen Instituten ein. 1972 schließlich beschloss die Universitätsbauverwaltung den Abbruch des Hauses zusammen mit den westlich benachbarten Anwesen Schellingstraße 7 und 9, der 1975 von der Lokalbaukommission auch genehmigt worden ist. Die Beseitigung der Häuser konnte jedoch abgewendet und die Nutzung als Universitätsinstitute fortgesetzt werden. (Instandsetzung des Treppenhauses 2000, Fassadensanierung zusammen mit Nr. 7 und 9 im Jahr 2004.)

Schellingstraße 7. Auf dem sog. Kgl. Anger westlich hinter dem Blindeninstitut entstand das Haus 1853 gleichzeitig mit dem westlich angrenzenden Haus Nr. 9 und als dessen verwandt dimensionierte Verlängerung nach Osten hin. Die Durchfahrt steckte man seitlich, in die östliche Achse (bauzeitliche Torflügel erhalten), der Übergang zum Treppenhaus wurde von der Mitte der Einfahrt her disponiert. Die halbgewendelte Podesttreppe wird von Süden her belichtet, sie erschließt gemäß Eingabeplan zwei mittelgroße Wohnungen je Etage; Dunkelzonen waren das Ergebnis der großen Bautiefe, in gängiger Weise schwächte man diese vermittels von Aufschlüssen zu den belichteten Partien hin ab (u. a. mit Alkoven). Zu einem (noch) nicht bekannten Zeitpunkt wurde die Fassade geschlichtet (jüngste Fassadenrenovierung 2004). Das Haus ist als Zeugnis der ersten Ausbauphase der Schellingstraße insgesamt gut überliefert, sein Fassadenaufriss noch ganz geprägt von der formalen Orientierung der „offiziellen" Bauten an der nahen Ludwigstraße. Im Inneren sind das Treppenhaus mit Balusterstabgeländer sowie die meisten Türen zu und in den Wohnungen erhalten. (Der 1972 von der Universitätsbauverwaltung beschlossene und drei Jahre später auch genehmigte Abbruch des Hauses konnte abgewendet werden. Heute durch Universitätsinstitute genutzt.)

Schellingstraße 9. Das zweiflügelig angelegte Eckhaus entstand auf zuvor unbebautem Grund (sog. Kgl. Anger hinter dem Blindeninstitut) 1853 für den Schreinermeister Johann Sauermann. Die Durchfahrt kam seitlich, in der östlichen Achse des Flügels an der Schellingstraße zum Liegen, von hier erfolgt der Zugang zum Treppenhaus im Hofwinkel (Licht von Osten). Die halbgewendelte Podesttreppe erschließt gemäß Eingabeplan zwei Wohnungen je Etage, bauflügelweise organisiert. Das Erdgeschoss war ursprünglich ebenfalls wohngenutzt, die Auswechslung einer Wohnung zum Laden im Flügel an der Amalienstraße datiert ins Jahr 1893, seit 1925 wird im Flügel an der Theresienstraße eine Gaststätte – der volkstümliche „Atzinger" – betrieben, die später auch den Laden als Gastraumerweiterung adaptierte. Die zu einem (noch) unbekannten Zeitpunkt geschlichtete Fassade ist erkennbar dem Rundbogenstil verpflichtet und damit ein Reflex der „offiziellen" Bauten Friedrich von Gärtners an der nahen Ludwigstraße in den privaten Wohnbau hinein. In der Straßenfront an der Schellingstraße spannen jeweils zwei eng gesetz-

Schellingstraße 7, Treppe im 1. Obergeschoss

Schellingstraße 9, Treppenanfang

te, seitliche Achsen einen leicht zurückgelegten mittleren Fassadenzug zu drei Fensterachsen ein. Und eine ähnliche Gliederung erfuhr auch die etwas längere Front an der Amalienstraße, hier bilden jedoch vier Fensterachsen den Mittelzug der Fassade. Teilweise noch erhalten ist die bemerkenswerte maßwerkartige Fensterversprossung. 1972 beabsichtigte man den Abbruch des Hauses, 1975 erhielt der entsprechende Antrag die Genehmigung. Eine Beseitigung konnte jedoch abgewendet werden. (Erneuerung der Dacheindeckung 2000, Instandsetzung des Treppenhauses 2000–01 und Fassadensanierung zusammen mit Nr. 7 und Nr. 5 im Jahr 2004. Obergeschosse jetzt durch Universitätsinstitute genutzt.)

Schellingstraße 17. Das schlichte fünfachsige Mietshaus entstand 1862–63 für den Bauunternehmer Kaspar Unterberger anstelle eines kleineren Vorstadthauses, das zusammen mit Nr. 19 und Nr. 21 schon 1826 Bestand hatte (gemäß Wenng im Jahr 1850 dem Ökonom und Milchmann Joseph Zehetmair gehörig). Die Auswechslung der Erdgeschosswohnung zu einem Laden erfolgte schon 1886 und die heutige Schaufenstergestaltung rührt von dieser Maßnahme her. Das rückwärtig nicht eigens ausgebaute Treppenhaus liegt östlich neben der Durchfahrt in der westlichen Achse, es erschließt zwei Wohnungen je Obergeschoss. In den 1890er Jahren gelangte das Anwesen in städtischen Besitz (die 1890 beabsichtigte Errichtung eines weiteren Eichamtes oder einer Feuerwache auf den Parzellen dahinter kam jedoch nicht zustande). Die Fassade wie die Gestaltung des Hauses insgesamt belegt, dass auch die frühen, nachbiedermeierlich schlichten Mietshäuser der Maxvorstadt, die bereits als Zweitbebauung entstanden, im möglichen baulichen Aufwand reduziert blieben; das Anwesen kann dahingehend als gut überliefertes Zeugnis gelten (Gurtgesimse spannen die Hauptge-

Schellingstraße 17; Aufn. 1995

Schellingstraße 19; Aufn. 1995

Schellingstraße 21; Aufn. 1995

schosse ein, bei den Fenstern des 1. Obergeschosses haben sich die geraden Verdachungen erhalten, bemerkenswert der Konsolfries des Dachgebälks).

Das Rückgebäude, hier war eine Puppentheatersammlung untergebracht, wurde am 29.10.1944 durch eine Sprengbombe total zerstört. Am 27.11. desselben Jahres traf eine Brandbombe das Vordergebäude; infolgedessen war das Anwesen bis zum 3. Obergeschoss herunter unbewohnbar. (Eine Aufstockung des Gebäudes konnte 2003 abgewendet werden; Dacherneuerung und Sanierung von Rück- und Seitengebäude 2006, Instandsetzung der Fassade und der Fenster 2006–07.)

Schellingstraße 19. Das Mietshaus entstand 1853 mit der bestehenden Höhenentwicklung (Erdgeschoss + drei Obergeschosse) als Zweitbebauung für den Milchmann und Ökonom Joseph Zehetmair. Der schon 1826 nachgewiesene Vorgängerbau war im Vorfeld demoliert worden. Im Jahr 1866 wurde das Erdgeschoss durch Maurermeister Michael Satz zu einer Kaffeelokalität ausgewechselt, die „Kaffeschankskonzession" hatte Zehetmair selbst inne. Das rückwärtig nicht eigens ausgebaute Treppenhaus liegt westlich neben der Durchfahrt in der östlichen Achse, es erschließt gemäß Eingabeplan zwei Wohnungen in jedem Obergeschoss. Das Anwesen belegt, dass auch die frühen Zweitbebauungen in der Maxvorstadt durch eine Schlichtheit geprägt sind, die hier, am Haus Nr. 19, bündig überliefert geblieben ist. Zurückgelegte Fassadenfelder setzen seichte Putzlisenen ab, die Fenster der Hauptgeschosse erhielten stichbogige Stürze. Schlichte Gurtgesimse trennen die Geschosse und der einzige klassische Dekor besteht in einem vergröberten Zahnfries oberhalb der Fenster des 2. Obergeschosses. Eine Brandbombe traf das Haus am 10.3.1943, in deren Folge das Dachwerk und auch das 4. Obergeschoss ausbrannten. (Austausch der alten Fenster gegen neue Sprossenfenster 1985, ein Dachgeschossausbau erfolgte schließlich 1998.)

Schellingstraße 21. Schon 1826 ist eine Bebauung der Parzelle nachgewiesen, und wie bei Nr. 17 und 19 an der Schellingstraße waren bei Nr. 21 im Jahr 1845 Umbauten für den Milchmann Joseph Zehetmair vorgenommen worden; bei letzterem ist von einem Neubau die Rede. Im Jahr 1896 kam es zur vollständigen Überformung des im Kern spätbiedermeierlichen Vorstadthauses.

Das Treppenhaus liegt dem Frühzustand entsprechend westlich neben der Durchfahrt in der östlichen Achse. Die halbgewendelte, südlich eingerundete Podesttreppe erschließt gemäß der Planung von 1896 im 1. Obergeschoss eine Wohnung je Etage, in den Geschossen darüber jeweils zwei Wohneinheiten.

Kein Geringerer als Martin Dülfer änderte 1896 die Fassade und erhöhte das Anwesen um ein weiteres Obergeschoss, eben für den „Charcutier" Sebastian Bayerlacher. Die Kontinuität der Bewirtschaftung des Erdgeschosses durch eine Metzgerei ist in ihrer zeitlichen Dimension faszinierend. Freilich kam es zur reinen Dekoration der Fassade in Jugendstilformen, eine stilgerechte Durchbildung der Fassadenschichten wäre kostenintensiv und vom Aufwand her einem Neubau gleich gekommen. Betont wur-

Schellingstraße 21; Tekturplan von Martin Dülfer, 1896

de die Mitte der fünfachsigen Straßenfront, kolossale Wandvorlagen übergreifen drei Obergeschosse in der mittleren Fensterachse, in der Dachzone wird dieser Fassadenzug von einem
Dachhaus überhöht, das volutenförmige Wangen und einen Segmentbogengiebel erhielt; beachtlich der Palmettenfries unterhalb der Traufe. (Vereinfachende Fenstererneuerung und Fassadenrenovierung 1984–85, Erneuerung der Dachhaut 1995.)

Schellingstraße 23. Schon 1826 war die Parzelle der heutigen
Schellingstraße 23 mit einem straßenständigen Wohnhaus bebaut. Diesen Bestand ließ der Wäscher Vinzenz Fischer 1844
durch Maurermeister Max Kuppelmayr auf sieben Achsen verlängern. Das Haus war zu dieser Zeit bereits viergeschossig. Es
bildet den Kern des heutigen Bestandes. Kuppelmayr steckte in
gängiger Weise die Durchfahrt in die Mitte des Baus, erschloss
über die nebenliegende, nicht eigens ausgebaute Treppe je eine
große Wohnung im 1., 2. und 3. Obergeschoss sowie zwei Einheiten in Erdgeschoss und 4. Obergeschoss (dies gemäß Frühzustand, seit 1896 sind im Erdgeschoss beide Einheiten zu Läden
ausgewechselt). 1894–97 ließ die „Kaserninspektorswitwe"
Marie Kremer das Vordergebäude zur Fünfgeschossigkeit aufstocken und nach einem Plan von Martin Dülfer auch die Fassade in Jugendstilformen gestalten (ausf. Baumeister Neumann).
Wie beim östlichen Nachbarhaus, das von gleicher Hand eine
ähnliche Redaktion erfuhr, findet sich die Jugendstilzier – im
Unterschied zur eher floralen Variante bei Nr. 21 durchaus klassizisierend aufgefasst – vergleichsweise gut überliefert, die vollständige Ermangelung von Fensterteilungen freilich hat zu
einem Aufbrechen der Fassadenschicht geführt, dies ohne Vermittlung durch eine Rücklage. Und wie bei der erwähnten Nr. 21
handelt es sich um eine Aufgarnierung eines gefragten, neuen
Stils, die Blockhaftigkeit des spätbiedermeierlichen Ursprungs-
baus ist erkennbar geblieben; allzumal nachdem der nach Dülfers Planung die Fassade vor der Dachzone mittig überhöhende,
markante Rundbogengiebel nach dessen Kriegszerstörung nicht
wiederhergestellt werden konnte und so eine (strenge) gerade
Trauflinie die Fassade nach oben hin abschließt.
Ab 1895 lebte und arbeitete im Haus der Maler Waldemar
Kolmsperger (1852–1943), bekannt als neubarocker Kirchenaus-
statter. Im Erdgeschoss betrieb der Schriftsteller Joachim Rin-
gelnatz 1909 (erfolglos) ein „Tabackhaus Zum Hausdichter".
(Renovierung der Fassade 1992, die Nutzungsänderung des östlichen Ladens in eine Eisdiele erfolgte 1994.)

Schellingstraße 23; Aufn. 1995

Schellingstraße 23; Eingabeplan von M. Dülfer,
1896

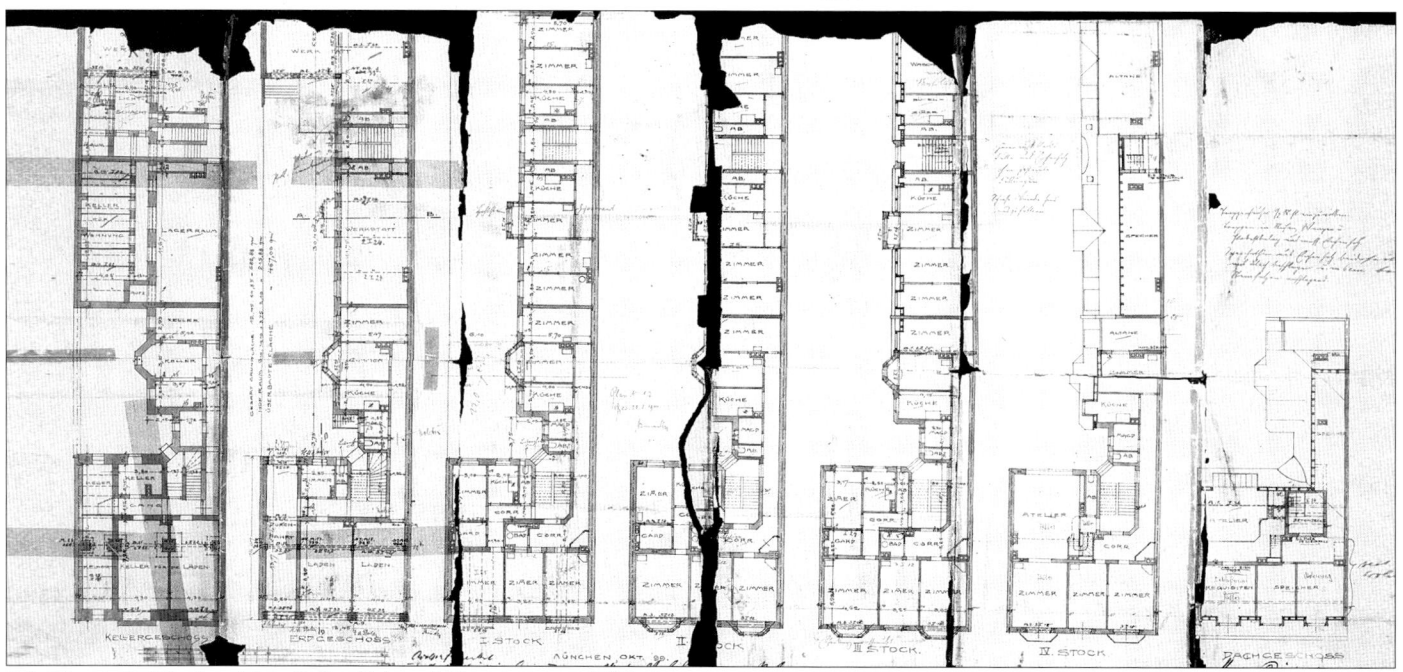

Schellingstraße 26; Grundrisse Keller, Erd- und Obergeschosse, 1899

Schellingstraße 23; Fassadenaufriss, Zustand bis 1894

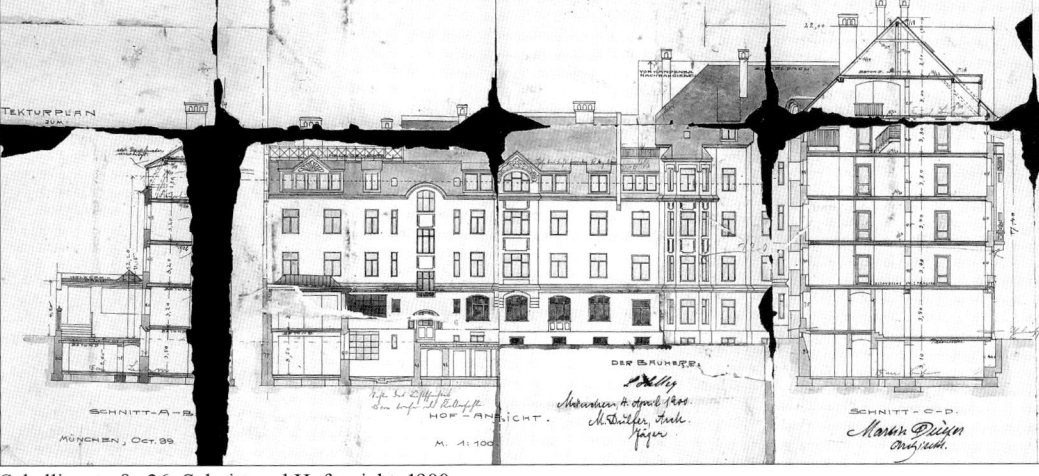

Schellingstraße 26; Schnitt und Hofansicht, 1900

Schellingstraße 26. Anstelle einer biedermeierzeitlichen Vorbebauung (bei Wenng 1850 ein Anwesen in gleicher Lage im Eigentum des Malers und Lithographen Gustav Voraus) ließ sich der Privatier Simbert Heller 1897–1900 ein Haupt- und angeschlossenes Seitengebäude von Grund auf neu erbauen. Die Pläne schuf Martin Dülfer, der 1896 die beiden gegenüberstehenden Häuser Schellingstraße 21 und 23 überformt hatte; im Unterschied zu Nr. 26 hatte Dülfer dort den Altbestand zu berücksichtigen. Das vergleichsweise schmal an der Schellingstraße stehende Vorderhaus erhielt einen langen östlichen Rückflügel. (Das Rückgebäude von Nr. 26 brannte in der Nacht vom 9. auf den 10. März 1943 aus.) Das vermittels der Durchfahrt in der westlichen Achse hofseits zugängliche Treppenhaus erschließt gemäß Erstzustand zwei Wohnungen je Etage (die reine Laden-nutzung im Erdgeschoss ist ursprünglich). Der jeweils östlichen der Wohnungen wurden straßenseitig zwei schmale Wohnräume zugeschlagen, ansonsten erstrecken sich deren Räume in den Rückflügel hinein, einem langen Korridor anliegend. Das Haus besticht in seinen Groß- wie auch in seinen Binnenformen durch eine echte Tendenz zur jugendstiligen Durchbildung, dies im Unterschied zur reinen Garnitur; die nicht kantig, sondern verschliffen angesetzten Polygonalerker unterdrücken im Fassadenmittelzug harte Schlagschatten, dasselbe gilt für die Traufzone mit ihrem, einem konkaven Übergang eingeschriebenen, stiltypischen Blumenranken-Fries. Bemerkenswert ist die originale mehrfarbige Fassung, die schon in der zeitgenössischen Literatur viel beachtet und beschrieben wurde.
(Instandsetzung und Restaurierung der Fassade 1986–87, dabei sensible Erneuerung der drei stehenden Dachfenster, 1991 Renovierung der Fassade im Ladengeschoss, 1998 Fenstererneuerungen, Erneuerung der Dachhaut und Arbeiten am Dachtragwerk 2001–02.) – Die störende westliche Brandmauer wurde sichtbar wegen Beseitigung des Nachbarhauses Nr. 28, dessen Grundfläche dem angrenzenden Schulhof zugeschlagen wurde; vgl. Türkenstraße 68. – Im Haus Nr. 26 wohnte um 1900 der Bildhauer Hermann Hahn.

Schellingstraße 28a. Ehem. öffentl. Bedürfnisanstalt, kleiner pavillonartiger Neubarockbau, 1901 von Adolf Schwiening und Hartwig Eggers in städtebaulich wichtiger Ecklage errichtet; 1950 nach Osten erweitert. Der von den genannten städtischen Bauräten entworfene erdgeschossige Walmdachbau (heute Laden) hat eine durch rustizierte Lisenen rhythmisch dreigeteilte Südfassade mit Triglyphengebälk; die breitere Mittelachse mit Halbkreisfenster schließt ein Flachgiebel ab. Westteil jetzt Bürgerhaus Maxvorstadt (Bezirksausschuss 3).

Schellingstraße 26; Aufn. 1995

Schellingstraße 28a; Aufn. 1995

Schellingstraße 32; Aufn. 1995

Schellingstraße 32. Auf bis dahin unbebautem Grund ließ sich 1864 der Tischlermeister Johann Schmidt von Baumeister Mayer ein mit drei Oberstöcken und sieben Achsen vergleichsweise großes Wohn- und Geschäftshaus erbauen. Das Treppenhaus war bis 1897 vermittels der Durchfahrt zugänglich, die sich ursprünglich in der östlichen Achse befunden hatte. Das halbrund über die rückwärtige Grundlinie ausgebaute Treppenhaus erschließt gemäß Eingabeplan zwei mittelgroße Wohnungen je obere Etage; wegen der (noch möglichen) Bautiefe hatten sich Dunkelzonen ergeben. Im Erdgeschoss befanden sich zunächst zwei kleinere Wohnungen. 1897–99 kam es zur Aufsetzung eines 4. Obergeschosses durch Baumeister Josef Stock im Auftrag der Privatiere Viktoria Wolf, zur Aufgabe der Hofdurchfahrt und Verlegung des Hauseingangs in die Gebäudemitte. Die Wohnungen im Erdgeschoss wechselte man zu Läden aus, die westlich und östlich neben dem Hauseingang zum Liegen kamen. Der neue Zugang ins Treppenhaus von der Straße her ermöglichte erdgeschossige Anbauten rückseitig. Die ursprünglich in schlichten Neurenaissanceformen dekorierte Fassade erhielt 1927 den bestehenden neuklassizistischen Schmuck durch Architekt Eugen Drollinger, Auftraggeber war der Bankbeamte Sebastian Schröfl. (Eugen Drollinger – anfangs für Ludwig II. tätig – baute im ganzen Münchener Stadtgebiet seit den mittleren 1890er Jahren bis nach 1927. Zahlreiche seiner Bauten aus einer Schaffenszeit von über 30 Jahren haben den Zweiten Weltkrieg überstanden und sind in der Denkmalliste eingetragen.) Kolossale, hoch aufgesockelte, kannelierte Wandvorlagen setzte Drollinger in die intrafenestralen Achsen, stilisierte ionische Kapitelle tragen ein hohes Gurtgesims, das den 4. Stock als Mezzanin ausscheidet. Das Haus überstand den Zweiten Weltkrieg ohne direkten Treffer, doch wurden das Dachtragwerk und auch der 4. Stock infolge von Luftdruck am 10.3.1943 in Mitleidenschaft gezogen.
(Renovierung des Treppenhauses 1994, Instandsetzung der Fassade und der straßenseitigen Fenster 1997–98, gleichzeitig Arbeiten an den rückwärtigen Fassaden und den dortigen Fenstern.)

Schellingstraße 44. Das bezeichnend schlichte Vorderhaus ist der erhaltene Neubau, den 1862 Herr von Hiß in Auftrag gegeben hatte. Das viergeschossige Mietshaus zu vier Achsen kam mit großer Bautiefe (was Dunkelzonen bedingte) auf zuvor unbebautem Grund zum Stehen. Alle Fenster der Obergeschosse haben straßenseitig ihre stichbogigen Stürze bewahrt. Das rückwärtige, eingezogen gebliebene Treppenhaus ist vermittels der Hofdurchfahrt in der westlichen Achse zugänglich, es erschließt gemäß Eingabeplan zwei unterschiedlich geschnittene, mittelgroße Wohnungen. Die Ladennutzung im Erdgeschoss entspricht nicht dem Frühzustand, sondern ist das Ergebnis einer Auswechslung, wie sie in der durch Zuzug nach den 1870er Jahren extrem stark wachsenden Bevölkerung in der Maxvorstadt bei zahlreichen Wohngebäuden nachweisbar ist. Mit der Zunahme der Einwohner stieg die Zahl der Metzger und Bäcker und also deren Läden. (Infolge von Luftdruck wurde in der Nacht vom 9. auf den 10. März 1943 das Dachtragwerk des Vordergebäudes zerstört und die Fassade erheblich in Mitleidenschaft gezogen.)

Schellingstraße 44; Aufn. 1995

Schellingstraße 44; Rückgebäude; Aufn. 1995

Schellingstraße 44; Eingabeplan von H. Neu, 1912

Im Jahr 1881 war ein neu erbautes *Rückgebäude* fertiggestellt, das jedoch 1912 zugunsten eines Neubaus für den „Aenanenhausverein" wieder aufgegeben worden ist. Heinrich Neu fungiert als Planfertiger, ausführende Baufirma war die der Gebrüder Rank. Die Überlieferung beschreibt den Bau als ein vorzügliches Zeugnis des Verbindungslebens vor dem Ersten Weltkrieg. Im Erdgeschoss waren der Philistersaal und das Speisezimmer mit Oberlicht, ein Kneip-Saal mit anschließendem Kneip-Hof untergebracht. Im Kellergeschoss existierte eine Kegelstube, aber auch ein Bier- und ein Weinkeller. Im 1. Obergeschoss richtete man einen großen Kneip-Saal für die Festcommerse ein, hier gab es eine Bibliothek und eine angeschlossene Hochterrasse. Das 2. Obergeschoss nahm schließlich das sog. Chargierten-Zimmer, das Archiv und nachgeordnete kleine Schlafräume auf. Nach dem Zweiten Weltkrieg war im Rückgebäude u. a. die Verlagsanstalt und Buchdruckerei Walter König untergebracht.
(Am Rückgebäude von Nr. 44 1986–87 Instandsetzungs- und Umbaumaßnahmen: Aufstockung, Abbruch der Mansarde, Neuaufbau, Anlage einer Dachterrasse, Ausbau eines Speicherbodens zur Atelierwohnung, Veränderungen im Grundriss, neue Böden.)

[**Schellingstraße 48.** Viergeschossiges Mietshaus, 2. Hälfte 19. Jh., völlig vereinfacht; vgl. Schellingstraße/Vorspann.]

Schellingstraße 48, Rückgebäude; Aufn. 1995 (kein BDm)

Schellingstraße 50 (kein BDm)

[**Schellingstraße 48**/Rückgebäude. Anstelle eines Rückgebäudes, das in den 1850er Jahren entstanden war, erbaute Max Littmann 1925 das bestehende Haus für den Verlag Knorr & Hirth („Münchner Neueste Nachrichten"). Die Durchfahrt in der westlichen Achse führt zu einem zweiten Hinterhof, von hier aus ist das Treppenhaus zugänglich, das quer im Hofwinkel zum Liegen kam, den der vordere Bauriegel mit einem östlichen Rückflügel bildet. Drei unterschiedlich große Wohnungen sind in jeder Etage untergebracht. Beachtenswert ist das Aufbrechen der Fassadenschicht durch die Einsetzung von Loggien in die Fassade mit ihren durchbrochenen Mauerbrüstungen; die weitere Anverwandlung verpflichtet jugendstilige Formen. (Hohe stehende Dachfenster setzte man nach dem Zweiten Weltkrieg in das Mansarddach.)]

[**Schellingstraße 50.** Fünfgeschossiges Wohnhaus mit Erker, erbaut (an der Stelle eines Vorstadthauses des mittleren 19. Jh.) 1935/36 von Josef Heldmann nach Plänen von Maximilian Burchart im Auftrag der Reichsleitung der NSDAP (fünf Wohnungen). Über der Durchfahrt Hoheitsadler (z. T. abgearbeitet). Im kriegszerstörten Rückgebäude (Ruine 1948 abgebrochen, um 1952 Lagergebäude) ab 1924 Firmensitz des der NSDAP verbundenen Fotografen Heinrich Hoffmann; 1925–30 Geschäftsstelle der Partei (bis zum Umzug ins „Braune Haus" an der Brienner Straße).]

Schellingstraße 54. Gastwirt Sylvester Mehr war Eigentümer des 1885 erbauten Anwesens Barer Straße 43, dem südlich der sog. „Schellinggarten" vorgelagert war. Nr. 43 an der Barer Straße war baulich nach Süden hin vermittelt, ein Walmdach schloss den Bau und damit die ganze westliche Zeile zum Freiraum hin ab. Mehr entschloss sich einige Jahre später, die „teure" Freifläche nicht länger unbewirtschaftet zu lassen und beauftragte die Firma Johann und Lorenz Grübel im Dezember 1897 mit der Überbauung der großen Parzelle, also dem Neubau von Schellingstraße 54 sowie der baulichen Anpassung der abgewalmten Barer Straße 43. Es wurde damit eine prominente Baulücke in Ecklage zwischen Schellingstraße 56 im Westen (erbaut um 1886) und der erwähnten Barer Straße 43 im Norden geschlossen. Oberhalb des schon gemäß Erstzustand vollständig als Lokal und Laden genutzten Erdgeschosses kamen in jeder Etage drei unterschiedlich große Wohnungen zum Liegen, erschlossen von einem Treppenhaus im

Schellingstraße 56, Stuckdecke im Erdgeschoss; Aufn. 2006 (kein BDm)

Schellingstraße 54; Aufn. 1995 ▷

Hofwinkel, den die beiden Bauflügel ausbilden. Der Zugang liegt an der Hofdurchfahrt, die man westlich in den Flügel an der Schellingstraße steckte. Der markante Eckbau erhielt eine abgeschrägte Grundlinie nach Südosten, der Abschrägung schrieb man den Restaurant-Hauptzugang ein. Darüber erhebt sich als regelrechte städtebauliche Dominante ein wuchtiger Polygonalerker mit Erkerturm, Zwiebelhaube, Spitz und Knauf. Die Fassade an der Schellingstraße wird von einem dreiseitig durchfensterten Polygonalerker hervorgehoben, der sich mit einem Dachhaus vor der Durchfahrtsachse erhebt. In klassischer neubarocker Manier wurde das 1. Obergeschoss rustiziert und so einer Art von hohem Sockel zugeschlagen, wodurch Hauptgeschosse erhaben betont werden. In gängiger Weise rhythmisierte man die Abwicklungen mittels eines Wechsels von zweiteiligen Querstock- und dreiteiligen Kreuzstockfenstern. Die Fassadenzier besticht durch eine handwerklich hochwertige Gestaltung in neubarocken Bandel- und Rollwerkformen. Zahlreiche Wohnräume des Anwesens sind ebenfalls stuckiert, stileinheitlich mit dem Frühzustand der Fassade. Die Restauration im Erdgeschoss besticht durch ihre Altartigkeit und vor allem hat sie Milieu, die wandfeste Ausstattung freilich ist nicht mehr original. Der traditionelle „Schelling-Salon" zählte allzeit viel Prominenz aus dem Kulturleben zu seinen Besuchern. (Fassadenrenovierung 1977, Fenstererneuerung 1986, rekonstruierende Stuckierung der Decken in der Gaststätte sowie Arbeiten an der Fassade 1988, 2002 erneut Arbeiten an der Fassade sowie Erneuerung der Dachhaut.)

[**Schellingstraße 56.** Das Haus entstand 1886–88 auf zuvor unbebauter Parzelle gleichzeitig mit den westlich auffolgenden Häusern Nr. 58 und 60 an der Schellingstraße. Planer war Martin Wintergerst, der in diesen Jahren nicht nur an den drei genannten Bauten beteiligt war, sondern bis 1889 auch die Häuser Nr. 83, 85, 87, 89,91 und 93 auf der Südseite der Schellingstraße erbaute, also als viel beschäftigter Architekt bei der Erweiterung der Maxvorstadt anzusehen ist. Bauwerber von Schellingstraße 56 war der Gastwirt Joseph Maier. Nach Luftkriegsschäden wurde das Haus mit vereinfachter Fassade wiederhergestellt. Die klassizisierende Stuckausstattung im Erdgeschoss, gewissermaßen das stimmungsvolle Ambiente des hier seit 1979 betriebenen Tagescafes, ist wohl Teil der bauzeitlichen Ausstattung des Gastlokals – freilich mithin später ergänzt. (Fassadenrenovierung zur heutigen – Status: 2008 – Gestalt im Jahr 1989, Dachgeschossausbau zur zweiten Ebene, mit liegenden Dachfenstern 1997.)]

Schellingstraße 62

Schellingstraße 60

Schellingstraße 58

Schellingstraße 58. Auf bis dahin unbebautem Grund, der eigens parzelliert worden war, entstand gleichzeitig mit Nr. 56 und 60 das Haus Nr. 58 an der Schellingstraße. Bauwerber war Friedrich Trump, ein überaus liquider Bauherr, von Beruf Schlossermeister, der mit seinen 1889 fertiggestellten sog. „Fürstenhäusern" auf der Südseite der Schellingstraße große öffentliche Aufmerksamkeit erregen sollte (vgl. Schellingstraße 83 ff.). Planer und Erbauer dieser wegen ihrer Fassadengestaltung prominenten Gruppe war ebenfalls Martin Wintergerst. Wie dort hatte Trump auch bei der Schellingstraße 58 eher die zahlungskräftige Klientel im Auge. Die bauzeitlichen Wohnungszuschnitte künden hiervon bau- und sozialgeschichtlich Aussagekräftiges. Der Durchfahrt in der östlichen Achse liegt westlich mittig das Treppenhaus an, belichtet durch ein Oberlicht erschließt es gemäß Eingabeplan eine hinter den beiden Läden liegende Wohnung im Erdgeschoss sowie in den oberen Vollgeschossen je eine große Wohnung und im schon bauzeitlich erschlossenen Dachgeschoss eine große Wohnung mit zwei Ateliers. Wintergerst klinkte die nordwestliche Hausecke ein, um zusätzliche Belichtungsachsen schaffen zu können. Die Fassade ist ein Lehrbuch-Beispiel für die Neurenaissance-Behandlung einer Mietshaus-Straßenfront. Alle Geschosse werden durch kräftige und stets anders behandelte Gurtgesimse voneinander getrennt. Das 1. Obergeschoss wurde sockelartig mit einer Putzstreifenrustika versehen. Die durch alle Obergeschosse eng gesetzten mittleren drei Fensterachsen des Fassaden-Hauptfelds erhielten vor dem 2. Obergeschoss eine Travée als Verdachung, ein langes Gesimsstück, vor das eigens verkröpft ein zentraler Stichbogengiebel gelegt ist (dieser wiederum wird von zwei Dreiviertelsäulen getragen). Es finden sich Brüstungszonen mit eingestellten Balustern, geohrte Profilrahmen und Agraffen in der Binnenstruktur einer Muschel. Einzig die Sturzzone über den Fenstern des 3. Obergeschosses kündet von gewaltsamer Veränderung. So wurden durch eine Sprengbombe am 7.1.1945 der Dachstuhl des Vordergebäudes und das 3. Obergeschoss des Rückgebäudes zerstört. Der markante Aufbau oberhalb des Erkers ging dabei verloren.
(Erste Fassadenrenovierung 1974, Renovierung des Treppenhauses und Erneuerung der Fenster 1984, wieder Arbeiten an der Fassade 1992, Instandsetzung und Modernisierung des Rückgebäudes 1992–93, hier auch Instandsetzung der Fassadenflächen und Erneuerung der Dachhaut 1994.)

Schellingstraße 60. Der Grund, auf dem 1887 das Mietshaus zum Stehen kam, war bis dahin unbebaut gewesen. Bauwerber war der Holzhändler Josef Koller, Planer Martin Wintergerst. Wintergerst – nachgeradezu ein „beschriebenes Blatt" beim Ausbau der Schellingstraße im Besonderen und der Erweiterung der Maxvorstadt im Allgemeinen, plante Schellingstraße 56 und 58, und stellte bis 1889 auch die Häuser mit den ungeraden Nummern 83–93 an der Südseite der Schellingstraße, die sog. „Fürstenhäuser", fertig. Der beinahe mittig in den Baublock gesteckten Durchfahrt legte er westlich rückwärtig das Treppenhaus an. Zwei mittelgroße Wohnungen befinden sich in jeder Etage inkl. des Dachgeschosses, das auch entstehungszeitlich schon ausgebaut war. Die Fronten der beiden Dachhäuser freilich wurden inzwischen geschlichtet. Die Fassade ist formal derjenigen von Nr. 58 eng ver-

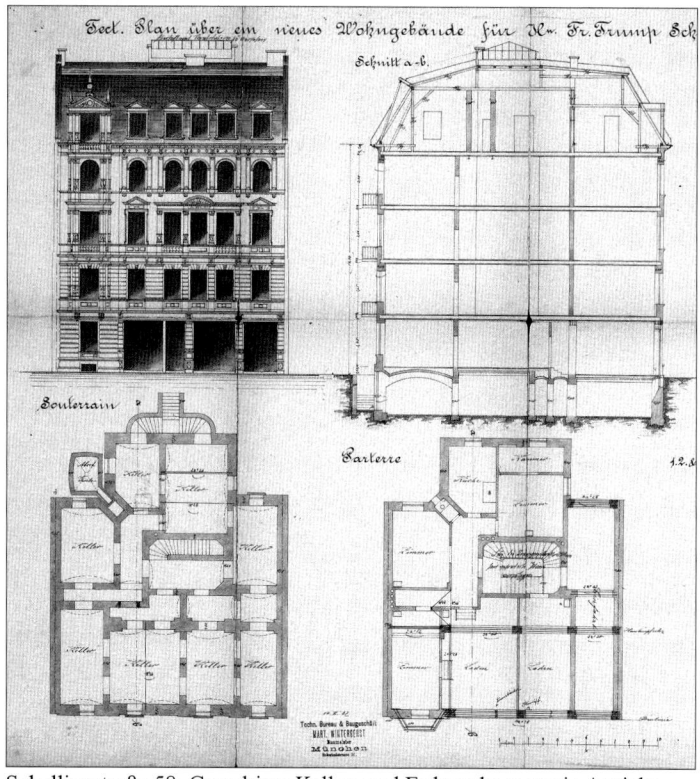

Schellingstraße 58; Grundrisse Keller- und Erdgeschoss sowie Ansicht und Schnitt, 1887

wandt. Nach dem Prinzip einer „variatio delectat" wurde auch hier eine Rhythmisierung durch Eng- und Weitsetzung der Fensterachsen vorgenommen und die Aufgarnierung in Formen der Neurenaissance kann als aufwendig eingeschätzt werden. Wie bei Nr. 58 bildet eine Travée den zentralen Akzent der Fassadengestaltung: Doch wird hier der Segmentbogengiebel in der Fassadenmitte von einem vorgestaffelten Pilaster getragen. Brand- und Sprengbomben hatten am 7.1.1945 den Dachstuhl des Hauses teilweise zerstört.

(Fenstererneuerungen und Fassadenrenovierungen 1981/1990, Errichtung einer Lüftungsanlage auf der Gebäuderückseite 1993, Instandsetzung der Treppenhäuser im Vorder- und Rückgebäude sowie Renovierung der Hofdurchfahrt im Jahr 2000, erweiternder Dachgeschossausbau 2006.)

Schellingstraße 62. 1888, im Jahr der Fertigstellung der Häuser Nr. 56, 58 und 60 an der Schellingstraße begannen die Bauarbeiten am Haus Nr. 62. Wie die genannten war es ebenfalls auf zuvor unbebautem Grund eingemessen worden; dabei hatte der Neubau als Eckhaus zur neu festgelegten nord-südlichen Stichstraße, der Schraudolphstraße, zu vermitteln. Der prominente Bau entstand nach den Plänen des Baugeschäfts Johann Lihm bis 1890 für den Steinmetzmeister Alois Fischer, ohne Bauflügel als rechteckig zugerichteter Baublock. Der Eingang in der östlichen Achse

Schellingstraße 83–93, ehem. Fürstenhäuser (zerstört); Aufn. 1944

Schellingstraße 62, Osteria, Decke

Schellingstraße 62, Osteria; Aufn. 2008

führt zum rückwärts anschließenden, nicht über die Grundlinie ausgebauten Treppenhaus. In jedem Obergeschoss sowie im Dachgeschoss ist gemäß Eingabeplan eine große Wohnung untergebracht. Bereits dem Frühzustand entsprechend wurde das Erdgeschoss als Weinlokal genutzt. Die Fassaden des Hauses bestechen in ihrer Neurenaissancegestaltung durch eine regelrechte Lehrbuch-Qualität. Erdgeschoss, 1. und 2. Obergeschoss finden sich variantenreich und abgestuft rustiziert: Im Erdgeschoss alternieren bossierte und geglättete Streifen, im 1. Obergeschoss sind es tief geführte Putzstreifen, im 2. Obergeschoss nur seichte Kellenstriche, die die Fassadenflächen strukturieren. Variierende Gurtgesimse trennen die Geschosse voneinander, die jeweils verschiedene Fensterrahmungen und -verdachungen erhielten. Die beiden östlichen Fensterachsen der Fassade an der Schellingstraße setzte Johann Lihm eng und schrieb sie einem seichten, in der Trauflinie eigens verkröpften Risalit ein, überhöhte sie mit einem hohen zweigeschossigen Dachhaus. Einen markanten Akzent bildet ein der südwestlichen Ecke angebauter Polygonalerker mit Erkertürmchen. Er hebt oberhalb des Restauranteingangs an, den man in gängiger Weise der abgeschrägten Ecke einschrieb. Seine Grundform wurde aus einem angepassten Oktogon gewonnen, entsprechend schmal gerieten die Fensterbahnen. Am 7.1.1945 wurde das Dach des Hauses durch eine Sprengbombe weitgehend zerstört. (Instandsetzung der Fassade und Erneuerung der Dachhaut 1996, weitere Arbeiten an der Fassade 1997.)

Das traditionsreiche, 1890 vom Gastwirt Joseph Deutelmoser eröffnete Weinrestaurant „Osteria Bavaria" (heute O. Italiana) im Erdgeschoss, damals wohl Münchens erste italienische Gaststätte, hat die originale Ausstattung bewahrt; Höhepunkt ist das Italienische Zimmer am östlichen Ende mit Pilastergliederung, Wandgemälden italienischer Landschaften und reicher Dekorationsmalerei an der Decke. Im Hofwinkel Laube in Form eines Tempietto, davor Schalenbrunnen.

[**Schellingstraße 83/85/87/89/91/93.** Folge von sechs Mietshäusern – 1888–89 errichtet und am 16.10.1889 pompös eingeweiht –, die wegen ihrer für Mietshäuser einzigartigen Fassadenbemalung „Fürstenhäuser" genannt wurden. Bauwerber war der Schlossermeister Friedrich Trump, ein großer Investor in der Maxvorstadt (vgl. auch Schellingstraße 58, das zeitgleich entstand). Planung und Ausführung lagen in den Händen der Firma

„Bautechnisches Bureau & Baugeschäft Martin Wintergerst",
das zu dieser Zeit als viel beschäftigt beim Ausbau der Schellingstraße und der Maxvorstadt überhaupt angesehen werden
muss (vgl. auch Schellingstraße 56, 58 und 60, drei Häuser, die
gleichzeitig mit den „Fürstenhäusern" entstanden). Die gewählten Grundrisse waren mit seitlichen oder mittigen Rückflügeln
disponiert, die großen Treppenhäuser lagen zentral in den Bauten und hatten Oberlichte. Die Wohnungszuschnitte waren großzügig und z. T. herrschaftlich eingeteilt. Trump ließ die straßenseitigen Fronten der Häuserfolge vollständig von gliederndem
Zierrat frei, einzig ein kräftiger Wasserschlag oberhalb des Erdgeschosses und ein hoch gezogenes Traufgebälk mit querovalen
Okuli in der Frieslinie spannten die Flächen ein. Stattdessen beauftragte er den international gefragten Historienmaler Ferdinand Wagner mit einem Entwurf für die Bemalung der Häuser.
Thema: Reverenz an fünf bayerische Herrscher und deren Beför-
derung der Wissenschaften. Neben die gesamten Fassadenflächen überdeckenden gekonnten Malereien, Scheinarchitekturen
mit eingestellten Personen in Audienzhaltung vor den bayerischen Königen, hatte Wagner auch Spruchtafeln mit Motti und
Impresen gemalt: u. a. bei Nr. 91 auf Höhe des 1. Obergeschosses den Spruch: „Bayern wird wo es/Noth thut der gross/en
Deutschen Sache be/reitwillig alle sei/ne Kräfte – und da wo/es
gilt – Gut und Blut/zum Opfer bringen". „Kräfte, Gut und Blut
zum Opfer bringen, für die Deutsche Sache", dies wurde zum einen bezogen auf den Ersten Weltkrieg und im Hinblick auf den
Bestand der sog. Fürstenhäuser im Zweiten Weltkrieg zur bitte-
ren Wahrheit. Denn am 7.1.1945 wurden Nr. 83, 85, 87 und 89
durch Sprengbomben völlig zerstört. Bei Nr. 83 waren 14 Wohnungen zu räumen, bei Nr. 85 15 Wohnungen, bei Nr. 87 wiederum 14 und bei Nr. 89 insgesamt fünf. Das Haus Schellingstraße
83 wurde schließlich abgeräumt, an seiner Stelle entstanden
gleich nach dem Krieg Behelfsläden, Nr. 89 brach man aus
Sicherheitsgründen teilweise ab. Haus Nr. 91 und der Eckbau
Nr. 93 gehen im Kern auf die von Wintergerst errichteten Bauten zurück, doch verloren auch sie ihre charakteristischen Fassadenschichten, sodass nur mehr Bildmaterial von einem späthistoristischen Kuriosum kündet. In Nr. 93 sind Reste der inneren
Ausstattung – u. a. eisernes Treppengeländer, Wohnungstüren –
erhalten. – Im Hof von Nr. 87 war ehemals ein Kiosk aus dem
Wintergarten Ludwigs II. in der Residenz aufgestellt.]

Schellingstraße 122. Die Baulinien für das Haus an der nordwestlichen Ecke Zentner-/Schellingstraße wurden eigens eingemessen, die Parzelle war bis dahin unbebaut. Die Grundlinien
der beiden Straßenfronten bilden zueinander einen leicht spitzen
Winkel, eine bauliche Situation, die Architekten üblicherweise
vermittels einer Abschrägung der Ecke entschärften; so auch bei
Nr. 122 an der Schellingstraße. 1889 betrieb der „Bürodiener"
Sebastian Zehetmayr die Erbauung des Hauses, das Projekt wurde jedoch von Baumeister Simon Schüler übernommen, der den
Bautechniker W. Schreiner 1890 mit einer weiteren Planlegung
beauftragte. Der ausgeführte Grundriss des Anwesens entstammt der ersten Planungsphase, er war vom Bautechnischen
Büro H. Hilgert erstellt worden. Der Eingang von der Schellingstraße her führt zum Treppenhaus am Hofwinkel; in den
Obergeschossen befinden sich jeweils drei mittelgroße Wohnungen. Im Erdgeschoss waren gemäß Frühzustand im Flügel an der
Schellingstraße, westlich des Eingangs, ein Laden und im Flügel
an der Zentnerstraße eine Gastwirtschaft untergebracht. Die Fassadengestaltung präsentiert in schlüssiger Weise das Instrumentarium der Neurenaissance: unterschiedliche Ausführungen einer Rustizierung, Rhythmisierung durch Eng- und Weitsetzung
von Fensterachsen sowie variantenreiche Fensterverdachungen
und -rahmungen. Diese mitunter kostenintensive Vielfalt ist umso erstaunlicher als das Anwesen vergleichsweise weit außerhalb

Schellingstraße 122; Aufn. 1995

der stadtnahen Bereiche, eher in der Peripherie lag/liegt und der
Mietzinsgewinn zwar motivierend, aber nicht exorbitant war. Ein
Ausbau des Dachraums zu Dachwohnungen war 1923 nach den
Planungen des Architekten Hans Fries umgesetzt worden. Doch
wurde das Anwesen am 13. Juli 1944 von einer Sprengbombe getroffen, acht Wohnungen daraufhin unbewohnbar. Der bestehende Dachgeschossausbau entstand schließlich 1978, 2004 erweitert. (Fassadenrenovierung mit Fenster- und Eingangstürerneue-
rung sowie Ausbau des Dachraums 1978, Erneuerung der Dachhaut 1996, Fensterinstandsetzung-/erneuerung 1998, schließlich
Modernisierung und Renovierung im Dachgeschoss, jüngste
Fassadenrenovierung 2006.)

Schellingstraße 124. Im Jahr 1890 erbaute der Maurermeister Johann Raab das Anwesen für sich selbst. Die Planlegung erledigte
Architekt Reifenstuel für ihn. Seiner Lage, durchaus „weit drau-
ßen", entsprechend war das Haus schon zu seiner Entstehung
eher schlicht. Heute stellt das Haus ein Zeugnis für die seinerzeit
mit der Entfernung von der Innenstadt abnehmenden Mietszins-
erträgnisse und also der graduellen Reduzierung in der Gestaltung dar und bildet so ein vor allem gesellschaftsgeschichtliches
Dokument. Raab verkaufte das Anwesen zügig an Georg Wambsgans, der 1902–03 eine Dachwohnung einbauen ließ. Die Erschließung wurde von der Straße her umgesetzt, obwohl das Haus
westlich freigestellt wurde und die Hofzufahrt neben dem Gebäude liegt. Das rückwärtige Treppenhaus erschließt in den Obergeschossen jeweils zwei Wohnungen, bauzeitlich erheblich unterschiedlich groß zugeschnitten. Schon gemäß Eingabeplan waren
im Erdgeschoss zwei Läden mit rückwärts angeschlossenen
Wohnräumen vorgesehen. Die westlichen Fensterachsen, in Neurenaissancemanier eng gesetzt, und die nachträglich zugesetzte
erste Fensterachse der Seitenfassade wurden pavillonartig behandelt und einem eigenen Bauglied eingeschrieben. Ursprünglich
fand sich dieser „Eckpavillon" von einem hohen Pyramidendach
überhöht, das jedoch infolge des Luftkriegs verloren gegangen
ist. Die Wiederherstellung des gesamten Bauteils ging schlich-
tend vor sich: Es wurden auch die Rustizierungen der beiden Pa-
villonfronten abgenommen. (Fenstererneuerung u. a. zu solchen
mit asymmetrischer Teilung 1980, Fassadenrenovierung 1982.)

Schellingstraße 133. Nach einer Planung von Maurermeister
Josef Kirchmann errichtete der Bauunternehmer Josef Bauer das
Haus 1887–89 für sich selbst. Es entstand auf eigens arrondierter Parzelle, das Gelände war bis dahin völlig frei. Das Mietshaus wurde westlich freigestellt, es steht schmäler an der Straße
als sich sein westlicher Rückflügel ins Grundstück erstreckt. Der
Eingang erfolgt von der Seitenfassade her; bauzeitlich waren im
Erdgeschoss nur ein Laden mit Nebenraum und nach rückwärts
zwei Wohnungen untergebracht. In jedem Obergeschoss befanden sich gemäß Eingageplan drei Wohnungen, zwei kleinere und

Schellingstraße 124; Aufn. 1996

Schellingstraße 133; Aufn. 1995

Schellingstraße 135; Aufn. 1995

eine mittelgroße. 1899 errichtete Julius Volk rückwärtig eine große Stallung mit Remise, das Anwesen war inzwischen in das Eigentum des Kaufmanns Thomas Bieber gelangt. Die überlieferte Größe des Wirtschafts-Nebengebäudes verdeutlicht eine Komponente des vorstädtischen Erwerbs, den des Transports von Waren und also der Vorhaltung und Versorgung von Fuhrwerken und Pferden.

Die Fassadendekoration des Vordergebäudes, die mit Ausnahme der abgegangenen Rustizierungen der Erdgeschosse erhalten geblieben ist, bildet ein Beispiel für die Verbreitung der Neurenaissance, sei es in der Bewältigung der Fassadenflächen (Rhythmisierung durch Eng- und Weitsetzung von Fensterachsen, deren gemeinsame Verdachung) oder in der abstufenden resp. hervorhebenden Aufgarnierung vermittels stilbildender Binnenformen (Fensterrahmungen, Sturzfelder, Brüstungszonen).

Ein Flugzeugabsturz am 15.11.1943 betraf das Dachtragwerk, Hof und also Rückfassaden des Hauses. (1979 Fenstererneuerung, zwar mit originaler Hauptsprosseneinteilung, jedoch modernem Material; desgleichen verfuhr man bei den Schaufenstererneuerungen, Fenstererneuerungen in der Seitenfassade und rückseitig 1987; Fassadeinstandsetzung (straßenseitig) und Erneuerung der Dacheindeckung 1997.)

Schellingstraße 135. Auf zuvor unbebautem, eigens eingemessenem Bauplatz entstand 1887–88 das bestehende Mietshaus nach einem Plan von Maurermeister Josef Kirchmann, der gleichzeitig auch an Nr. 133, dem östlichen Nachbarhaus, arbeitete. Bauwerber zur Einreichungsphase war der Zimmermeister Sebastian Beer, das Haus gelangte jedoch noch während der Erstellung des Rohbaus in den Besitz des ausführenden Maurermeisters. Es entstanden zwei Teilhäuser, Nr. 135 und 137, in einem Zug (letzteres freilich abgegangen). So schmal das östliche Teilhaus an der Straße steht, so tief reicht es in das Grundstück. Kirchmann legte es vergleichsweise blockhaft, über rechteckig vermittelten Grundlinien, ohne Einsprünge an. Der Eingang erfolgt von der östlichen Seitenfassade her und führt zum Treppenhaus, das zentral im Baublock zum Liegen kam und also Licht von oben her erhalten musste. Im Erdgeschoss war zunächst nur ein Ladenlokal untergebracht, dieses mit zwei Nebenräumen. Dahinter bestand eine mittelgroße Erdgeschosswohnung. In den Obergeschossen waren jeweils zwei, zwar unterschiedlich geschnittene, aber mittelgroße Wohnungen untergebracht. Mit Ausnahme der verlustig gegangenen Rustizierung der Fassaden im Erdgeschoss findet sich die Fassadengestaltung gut überliefert und bildet ein Zeugnis für die Beliebtheit und auch Verbindlichkeit von Neurenaissanceformen: Kräftige Gurtgesimse spannen die Hauptgeschosse ein, die Flächenbewältigung geschah in gängiger Weise vermittels Eng- und Weitsetzung der Fensterachsen, dabei sind eng gesetzte Fenster jeweils gemeinsam verdacht; die abstufende Behandlung durch Rahmungs- und Verdachungsvarianten wurde lehrbuchhaft umgesetzt. Beachtlich ist der Erhaltungsgrad des Traufgebälks. Das Anwesen war im Luftkrieg keinem direkten Treffer ausgesetzt. Zu erwähnen sind ein Flugzeugabsturz am 15.11.1943 hinter Nr. 133, also in unmittelbarer Nachbarschaft, sowie Nahtreffer beider Waffengattungen am 7.1.1945, die Schäden infolge von Luftdruck verursachten. (Fassadenrenovierung 1978.)

Schleißheimer Straße (Südteil bis Georgenstraße)

Am heutigen Stiglmaierplatz (s. dort), dem Kreuzungspunkt mit dem „Fürstenweg" nach Nymphenburg, von der Dachauer Straße in spitzem Winkel abzweigende Verbindung nach Schleißheim, das in der Barockzeit durch seine kurfürstlichen Schlösser Bedeutung erlangte; ursprünglich (erstmals 1364) „Rennweg" genannt (so auf Burgfriedensplan von Matthias Paur von 1728), seit dem mittleren 19. Jh. (so auf Wenngs Übersichtsplan von 1849/51) als „Schleißheimer Straße" am Westrand der schachbrettartig neu angelegten (östlichen) Maxvorstadt (I) zur Ausfallstraße in den nordnordwestlichen Vorstadtbereich geworden und erst in der 2. Hälfte des 19. Jh., von Süden fortschreitend, mit Mietshäusern sozial meist eher bürgerlich-bescheidenen Charakters bebaut. Ehemals (nach Rambaldi 1894) in Innere und – weiter nördlich in Schwabing und Milbertshofen – Äußere Schleißheimer Straße geteilt.

Die städtebauliche Situation am linksseitigen (westlichen) Straßenbeginn ist durch Nichtwiederbebauung des spitzwinkligen Areals des Häuserblocks vom Stiglmaierplatz bis zur Rottmannstraße im Zusammenhang mit Verbreiterung der Dachauer Straße zugunsten von Verkehrsprioritäten grundlegend verändert worden.

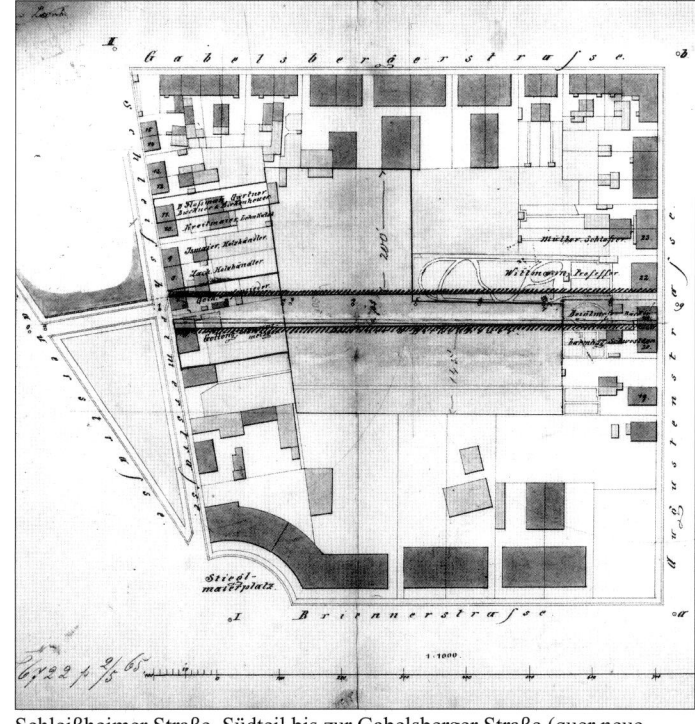

Schleißheimer Straße, Südteil bis zur Gabelsberger Straße (quer neue Rottmannstraße); Situationsplan von 1865

Schleißheimer Straße; Flurkarte, M. 1:5000

Schleißheimer Straße 2; Aufn. 1994

Schleißheimer Straße 2. Als erster Bau des nordöstlichen Rondellviertels am Stiglmaierplatz entstand das Anwesen 1864 für Apotheker Ludwig Haiss, ausgeführt von Karl Stitzinger und Reinhold Hirschberg. Die Durchfahrt kam in der nördlichen Achse an der Schleißheimer Straße zum Liegen, das rückwärtig nebenliegende, östlich eingerundete Treppenhaus erschloss gemäß Eingabeplan eine größere Wohnung je Etage; ursprünglich war auch das Erdgeschoss wohngenutzt.

Fassadenumgestaltung 1912 von Franz Rank für Apothekter Lang (zusammen mit Stiglmaierplatz 2 und Brienner Straße 56, s. dort).

(Fassadenrenovierung inkl. Erneuerung der Fenster 1978–79; Fenstererneuerung am Hofgebäude 1983; Anpassungsarbeiten im Erdgeschoss 1987; Sanierung, Umbau des Dachgeschosses sowie Neubau einer Tiefgarage 1988–1992.)

Schleißheimer Straße 5. Gleichzeitig mit dem südlich angrenzendem Haus Rottmannstraße 24 entstand 1861–62 Schleißheimer Straße 5 wie ersteres auf zuvor unbebautem, eigens arrondiertem Grund. Bauwerber war der Zimmermann K. Ullrich, die Maurerarbeiten erledigte Maurermeister Roth. Ursprünglich zählte das Haus zwei Obergeschosse, die Stockwerksaufsetzung geschah 1880–81 für Otto Pracher, einen kgl. Hauptmann. 1901 hob man die alte Zugangssituation zugunsten einer Erweiterung des Gastraums auf, der Gastwirt Josef Habersetzer beauftragte Johann Klinger mit der Herstellung des seitlichen Eingangs, ganz an die nördliche Außenwand herangerückt. Zwei kleine Wohnungen waren in jede obere Etage eingeplant worden. (Arbeiten an der Fassade/Kellenstrichputz und Gaubengestaltung 1976; Gastraumerweiterung 1998; wiederum Arbeiten an der Fassade 2003.)

[**Schleißheimer Straße 7.** 1995 als Wohn- und Geschäftshaus durch die Ingenieurgesellschaft Wechner + May errichtet nach Abbruch des Vorgängerhauses von ca. 1860.]

Schleißheimer Straße 9. Auf unbebauter Parzelle zwischen Haus Nr. 7 und Nr. 11, letzteres war schon 1858 vollendet worden, entstand 1875 das bestehende Wohn- und Geschäftshaus Schleißheimer Straße 9 für den Schreinermeister Franz Xaver Bock; Ausführender war Baumeister Josef Wolf. Mittig rückwärtig kam das Treppenhaus ohne eigenen Ausbau im Grundriss zu liegen. Die Durchfahrt steckte Wolf in die südliche Achse, zwei mittelgroße Wohnungen befinden sich in jeder Etage, ursprünglich war auch das Erdgeschoss wohngenutzt.

Der bestehende Fassadendekor ist das Ergebnis einer 1906 vorgenommenen Überarbeitung, der Fabrikant Leo Bock hatte damit Ernst Mayrhofer beauftragt. (Sanierung und Umbau von Vorder- und Rückgebäude sowie erweiternder Ausbau des Dachgeschosses 1989.)

Schleißheimer Straße 5 (re. Nr. 7); Aufn. 2007

Schleißheimer Straße 9; Aufn. 1995

Schleißheimer Straße 11; Aufn. 1995

Schleißheimer Straße 13

Schleißheimer Straße 11. 1857–58 ließ sich der Farben- und Lackbereiter Georg Wörtz ein zweigeschossiges, südlich abgewalmtes Wohnhaus mit vier Achsen erbauen. Dieses bildet den Kern des bestehenden Anwesens. 1875–76 beauftragte der Schreinermeister Franz Xaver Bock Baumeister Josef Wolf mit dem Anbau einer fünften Achse im Süden – hier hinein verlegte man die Durchfahrt – und der Aufsetzung zweier weiterer Obergeschosse. Bock ließ damit eine bauliche Vereinheitlichung eines spätbiedermeierlichen Vorstadthauses mit dem südlich angrenzenden, 1875 auch durch ihn erstellten Neubau umsetzen. Das Treppenhaus in der nordwestlichen Gebäudeecke erschloss gemäß Eingabeplan in den Obergeschossen je eine bezeichnenderweise große Wohnung; ursprünglich fand sich auch das Erdgeschoss wohngenutzt, der Einbau zweier Läden fand 1889 wiederum für Franz Xaver Bock durch Maurermeister Gottfried Volk statt. Der Fabrikant Leo Bock ließ einheitlich mit Nr. 9 auch die Fassade von Nr. 11 im Jahr 1906 durch Ernst Mayrhofer überarbeiten und „moderner" gestalten. (Fassadenrenovierung 1978.)

Schleißheimer Straße 13. Als genuiner Neubau auf eigens eingemessenem Baugrund entstand 1877 das bestehende Wohn- und Geschäftshaus, wiederum für den Schreinermeister Franz Xaver Bock und abermals nach Planung und Bauleitung durch Josef Wolf. Bock und Wolf kontraktierten schon zwei Jahre vorher für den Neubau von Schleißheimer Straße 9 sowie den Um- und Aufbau von Schleißheimer Straße 11. Haus Nr. 13 erhielt seine Durchfahrt in der südlichen Achse, das ohne Ausbau bleibende, mittig rückwärtige Treppenhaus erschließt gemäß Eingabeplan zwei mittelgroße Wohnungen in jeder Etage. Die vollständige Auswechslung des Erdgeschosses zur Ladennutzung datiert ins Jahr 1891. (1899 richtete man im Rückgebäude eine Bäckerei ein.)

1897 stellte Architekt J. Schretzmayr eine große Dachwohnung für den Bauwerber Josef Weingärtner her. Entsprechend dem Rhythmus der Fensterachsen zog Schretzmayr die mittleren Achsen zu zwei breiteren Dachhäusern zusammen. Rhythmisierung und Schlichtheit machen die Bedeutung der Straßenfront aus. In charakteristischer und geradezu vorstädtisch-typischer Weise ließ Bock sen. die Fassade reduziert aufgarnieren, zurückhaltender Neurenaissancedekor hat sich infolge eines Besitzwechsels bei Nr. 13 erhalten (Bock jun. hatte sich 1906 dazu entschlossen, die Fassaden der in Familienbesitz gebliebenen Häuser Nr. 9 und 11 nachträglich aufzuwerten).

(Erneuerung der Fenster im 1. Obergeschoss unter sensibler Preisgabe störender Einscheibenverglasungen 1989; Instanzsetzung der Fassade und weiterer Fenster 1999; Erneuerung des Durchfahrtstores 2006 sowie Instandsetzung der Fassade, Balkone, des Treppenhauses und der Durchfahrt im selben Jahr.)

Schleißheimer Straße 18. Anstelle eines in den 1840er Jahren entstandenen, bescheidenen Vorstadthauses ließ sich die Privatiere Katharina Geisler vom Baugeschäft Gebr. Graessel & Krauss 1897–98 das bestehende Anwesen errichten. (Schon 1876–78 waren ein tief in die schmale Parzelle reichendes Seitengebäude sowie ein parallel zum Vorderhaus positioniertes Rückgebäude entstanden.) In jeder Etage des Vorderhauses waren gemäß Eingabeplan zunächst zwei Wohnungen untergebracht, erschlossen durch ein an den Hofwinkel gelegtes Treppenhaus. Die südliche der beiden Wohnungen reicht in den kurzen Rückflügel hinein. Die Hofdurchfahrt kam in der nördlichen Achse zum Liegen. Die Ladennutzung des Erdgeschosses entspricht dem Frühzustand.

Die Fassade ist leicht geschlichtet überkommen, erhalten blieben reduzierte Putzornamente, diese mit neubarockem Nachklang. Beachtenswert die kolossalen Wandvorlagen mit stilisierten Schabrackenkapitellen. Vermittels eines allzu flachen, eingeschossigen Erkers vor der mittleren Achse, hier dem Fenster des 2. Obergeschosses, schufen Graessel und Krauss einen im Münchner Mietshausbau seltenen Akzent innerhalb der Straßenfront. Stilbildend bleibt der überlegte Wechsel von zweiteiligen Querstockfenstern mit solchen einer dreibahnigen Kreuzstockteilung. (Renovierung von Wohnungen im Seitengebäude inkl. Fenstererneuerung 1987; Umbau des Ladengeschosses im Vordergebäude 1987–88; weitere Instandsetzung von Fenstern 1995 sowie 2000 im 2. und 3. Obergeschoss.)

Schleißheimer Straße 21. Auf zuvor unbebautem Grund ließ sich Baumeister Carl Schmidt 1886–87 von Anton J. Lottermann den bestehenden Bau planen und ausführen. Die Durchfahrt kam in der nördlichen Achse zum Liegen, baublockmittig schließt südlich an diese ein Vorplatz an, hinter dem das Treppenhaus

Schleißheimer Straße 18

Schleißheimer Straße 21; Aufn. 1995

liegt. Der somit zentral in den Grundriss gesteckte Erschließungsschacht erhält Licht vermittels einer Aufglasung der Dachfläche. Schon gemäß Frühzustand befinden sich zwei Läden im Erdgeschoss zzgl. untergeordneter Aufenthaltsräume, in den Obergeschossen jeweils zwei mittelgroße Wohnungen.

Rhythmisierende Eng- und Weitsetzung der Fensterachsen charakterisiert die Großform der Straßenfront, der Binnendekor besteht in einfachen oder geohrten, profilierten Fensterrahmungen. Insgesamt ist die Fassade geschlichtet überkommen, die Zahl der erhaltenen, gestaltungsdifferenten Fassadentekturen im Plansatz verdeutlicht die beinahe beliebige Festlegung auf eine der verfügbaren Stilrichtungen.

(Fassadendominierender Ausbau des Dachgeschosses 1983; Erneuerung der straßenseitigen Fensteranlagen im Erdgeschoss 1999.)

Schleißheimer Straße 23. Auf zuvor unbebautem Grund ließ sich der Bauunternehmer Anton Riehl 1887 das bestehende Mietshaus erbauen. Ausführender war Anton J. Lottermann, der ein Jahr zuvor mit den Arbeiten am südlichen Nachbargebäude Nr. 21 begonnen hatte. Die beiden Häuser legte Lottermann, was Erschließung und Struktur anbelangt, weitgehend symmetrisch an. Nach Vollendung des Rohbaus gelangte Nr. 23 in den Besitz des Ausführenden selbst. Die Durchfahrt steckte man in die südliche Achse, mittig legte Lottermann ein nördliches Vorpodest an diese an, das somit zentral im Haus liegende Treppenhaus erhielt ein Oberlicht. Schon bauzeitlich schuf man zwei Läden im Erdgeschoss. In jedem Obergeschoss befinden sich gemäß Erstzustand zwei unterschiedlich geschnittene mittelgroße Wohnungen. 1927 ließ der Kaufmann Rudolf Wieselberger den Dachraum durch die Firma Wende & Spiegel zur Dachwohnung ausbauen. Die bestehende Einteilung des Erdgeschosses verdankt sich den von Maurermeister Johann Piendl 1950 umgesetzten Veränderungen (Ladentüre). Kurz nach 1950 erfolgte auch eine durchgreifende Fassadenschlichtung, bei der man gestaltete Brüstungszonen, einzelne Verdachungen und ein vor den Fenstern des 2. Obergeschosses durchlaufendes Sohlbankgesims abnahm.

(Erneuerung der Fenster 1974; Fenstererneuerung im Erdgeschoss 1988; Fassadenrenovierung und Erneuerung der Dachhaut 1991.)

Schleißheimer Straße 23; Aufn. 1995

Schleißheimer Straße 25. Auf zuvor unbebautem Grund errichtete der Bauunternehmer Josef Brandl 1879–80 das dreigeschossige Vordergebäude sowie ein ursprünglich zweigeschossiges Rückgebäude in einem Zug für sich selbst. 1887 gelangte das Anwesen in den Besitz des Hofstuckateurs und Bildhauers Johann Rappa, der sich 1888 von Anton Lottermann das Rückgebäude zum Atelier umgestalten ließ (in diesem Jahr entstand die noch heute erhaltene Bauplastik des Rückgebäudes). Darüber hinaus schuf Rappa eine künstlerisch-handwerklich hochbedeutende Stuckausstattung in der Durchfahrt des Hauptgebäudes und weiteren Bereichen des Hauses. Rappas eigenes Haus wurde gleichsam eine Visitenkarte der Firma Rappa & Giobbe. 1895–96 wurde das Rückgebäude um eine Büroetage erhöht sowie 1898–1900 an der Rückseite des Hauptgebäudes durch Ludwig Kiessling eine Veranda angebracht. Die erwähnte, aufwendig mit variantenreich ausgebildeten Karyatiden gestaltete Durchfahrt liegt in der südlichen Achse.

Schleißheimer Straße 25; Aufn. 1995

Nördlich rückwärtig schließt sich das gut überlieferte Treppenhaus an; gemäß Eingabeplan erschließt die halb gewendelte Podesttreppe eine große Wohnung je Etage.

Die Erscheinung der Fassade wird seit 1936 (Einbau von drei Wohnungen im Dachgeschoss für den Galvanoplastiker Wilhelm Kodweiss durch C. Rohrhuber) durch einen halbhohen Aufbau oberhalb des ehemaligen Traufgebälks beeinträchtigt. Doch zeugen die gut erhaltenen drei Geschosse für den schon 1879 dokumentierten Zustand: Zwei seichte seitliche Risalite spannen den mittleren, dreiachsigen Fassadenzug ein; im Ganzen streng geordnet und ein seltenes Beispiel für die Reprise französischer Neurenaissance.

(Instandsetzung der Erdgeschoss-Rustika 1995; 2006 geplante Erweiterung des Dachgeschosses mit Ersetzung der Dachtragwerke von Vorder- und Rückgebäude.)

Schleißheimer Straße 25, Durchfahrt mit Karyatide

Schleißheimer Straße 25, Eingang

Schleißheimer Straße 25, Treppenhaus

Schleißheimer Straße 25, Rückgebäude; Aufn. 1995

Schleißheimer Straße 25, Rückgebäude, Bauplastik

Schleißheimer Straße 28. Den Kern des heutigen Mietshauses bildet ein biedermeierzeitliches, zweigeschossiges und vergleichsweise schmales Anwesen, das in den 1840er Jahren entstanden war. 1880 beauftragte der Brauer Josef Ruchlinger den Maurerpalier Joseph Singer mit der Aufsetzung eines 2. Obergeschosses. Die Erschließung des Hauses behielt Ruchlinger bei: Die Durchfahrt in der südlichen Achse führt zum nördlich nebenliegenden, rückwärts ohne Ausbau gebliebenen Treppenhaus; in jedem Obergeschoss befindet sich eine mittelgroße Wohnung, im Erdgeschoss liegen schon gemäß Erstzustand zwei Ladenräume. Ein 3. Obergeschoss sowie eine Dachwohnung schuf 1895 L. Ranzinger für den Kaufmann Heinrich Fiegener. Die leicht geschlichtete Straßenfront zeichnete sich seit 1895 durch eine eher reduzierte Gestaltung in Neurenaissanceformen aus, zu dieser Zeit freilich traditionsverhaftet.
(Fassadenrenovierung 1976, der 1989 beantragte Abbruch konnte abgewendet werden; 1990 erfolgten: Fassadenrenovierung, Fenstererneuerung, Erneuerung der Dachhaut, Renovierung des Treppenhauses sowie der Wohnungen; 1991 Antrag auf Ausbau des Dachgeschosses zur 2. Ebene; Umbauten im Erdgeschoss 1998–99; erneut Fassadeninstandsetzung sowie Erneuerung der Fenster und der Dacheindeckung 2004.)

Schleißheimer Straße 29. Auf zuvor unbebautem Grund maß man 1877–78 das bestehende Wohnhaus eigens ein. Der Bauwerber des nördlich freigestellten Hauses war Baumeister Georg Lenbach, Planer Lorenz Gedon. Der wuchtige Satteldachbau erhielt einen quer zum First gesteckten Zugang von der Straße her, an den sich an die westliche Grundlinie des Hauses herangerückt das Treppenhaus anschließt. Gemäß Erstzustand befinden sich in jeder Etage zwei unterschiedlich geschnittene mittelgroße Wohnungen. Fassadenschlichtungen in mehreren Schritten (der heutige Fensterbestand ist der dritte in Folge) haben die ursprünglich aufwendig eingesetzten Stilmerkmale deutscher Neurenaissance auf ein markantes Bauteil reduziert: den an die nordöstliche Hausecke angesetzten Erker. Dieser hebt mit bauchigem Erkerfuß oberhalb des Erdgeschosses an, beschreibt ein Rund vor 1. und 2. Obergeschoss und verspringt vor dem 3. Obergeschoss ins Polygon; bekrönt wird er von einer kupfernen Haube mit Spitz. Letztes Stilcharakteristikum in der Großform der Fassaden stellt die malerisch-arhythmische Setzung der Fensterachsen dar.
(Fassadenrenovierung 1978–1979; Gesamtinstandsetzung und Umbau 1985: Aufgabe der Geschlossenheit des Dachkörpers mit straßenseitigen Gauben und hofseitig mit zwerchhausartigen Wintergärten, hier auch Balkone.)

Schleißheimer Straße 29; Aufn. 1995

◁ Schleißheimer Straße 25, Durchfahrt

Schleißheimer Straße 28 ▷

Schleißheimer Straße 32; Aufn. 1994

Schleißheimer Straße 43; Aufn. 1995

Schleißheimer Straße 32. Das bestehende Gebäude stellt die Zweitbebauung auf dieser Parzelle dar. Zugunsten eines vollständigen Neubaus ließ der Gastwirt Alois Venzl 1889 ein Haupt- und Rückgebäude, die in den frühen 1850er Jahren entstanden waren, demolieren. Im selben Jahr errichtete Baumeister Ferdinand Hönig den bestehenden Bau, der unter Beachtung seiner Zeitstellung schlicht und konservativ ausfiel. Zur maximalen Ausnutzung der Grundfläche im Erdgeschoss (Gastwirtschaft) verlegte man den Durchgang zum Treppenhaus in die südliche Achse, ohne inhäusigen Übergang ins Treppenhaus. Letzteres steckte man ohne Ausbau vor die rückwärtige Grundlinie. Die doppelläufige Podesttreppe erschließt zwei Wohnungen je Etage. Zu den wenigen aktenkundigen Veränderungen zählen Umbaumaßnahmen an der Gastwirtschaft, u. a. 1897 für die „Gabelsbergerbrauerei-Gesellschaft".
(Beantragung eines Dachgeschossausbaus 1984 (Umsetzung?); Erneuerung der Dacheindeckung 1985–86; Fassadenrenovierung, Türerneuerung der Gaststätte 1986.)

Schleißheimer Straße 43. Auf bis dahin unbebautem Areal ließ sich der Baumeister Johann Schmalschläger 1898 von Architekt Fritz Hessemer den bestehenden Bau errichten. Die Bauarbeiten bis zur Wohnungsbewilligung zogen sich bis 1900 hin. Gleichzeitig entstand ein aufwendiges Seiten- und Rückgebäude. Das Treppenhaus des Vordergebäudes legte Hessemer an den südlichen Grenzlichthof, es ist vom Eingang am nordwestlichen Hofwinkel her zugänglich. Die Erdgeschoss-Nutzung bestand seit jeher in Läden, nach rückwärts ursprünglich in Wohnungen. Gemäß Frühzustand sind in jeder der oberen Etage drei mittelgroße Wohnungen untergebracht. Die Gestaltung der breit gelagerten Zwerchhausfassade verpflichtet neubarocke, aber flächig anverwandelte Elemente. Traditionell wird das 1. Obergeschoss dem Sockelbereich zugeschlagen. Vor die je äußeren Fensterachsen setzte Hes-

semer zweigeschossige Flacherker mit schmalen Seitenfenstern; deren Deckplatten bedienen die entsprechenden Fenster des 4. Obergeschosses mit schmalen, schmiedeeisern bewehrten Austritten. Der Mittelzug der Fassade findet sich prominent hervorgehoben, die Giebellinie des Zwerchhauses inzwischen vereinfacht. (Generalsanierung und Ausbau des Dachgeschosses 1985; Arbeiten an der Fassade 1988; Restaurierung des Treppenhauses 1993–94; Einbau liegender Dachflächenfenster 1996–97; erneut Arbeiten an der Fassade 2005.)

Schleißheimer Straße 48. Mietshaus, 1879/80 von Nikolaus Debold für den Anwesensbesitzer Tertulin Bader, mit reich gegliederter Neurenaissancefassade. Erd- und 1. Obergeschoss sowie Eckpfeiler rustiziert; kräftige horizontale Teilung durch von Gesimsen eingefasste Brüstungszonen, unter den Stichbogenfenstern des 3. Obergeschosses einfaches Sohlgesims; die beiden Mittelachsen als flacher Risalit vorgezogen, mit Dreiecksgiebel-Verdachungen im 2. Obergeschoss. Südseite einfacher gegliedert; hofseitig vorgezogener Mittelteil, von dem aus die zweiläufige Treppe belichtet wird, von den Abtritten flankiert. Jedes Geschoss enthält zwei Wohnungen.

Schleißheimer Straße 59. Nach Plan von Anton Mack entstand 1890–91 das bestehende Vordergebäude für Karl Friedmann. Das Areal war bis dahin unbebaut. Zur Rohbauvollendung gelangte das Anwesen in das Eigentum des Holzhändlers Johann Hackl. (Ein tiefes Seiten- und Rückgebäude ließ der Möbelfabrikant Cyrillus Zahn 1897 westwärts anschließen.) Das südlich freigestellte, zweiflügelige Vordergebäude erhielt einen hofseitigen Zugang ins Treppenhaus am Hofwinkel, belichtet mit einer südlichen Fensterachse. In jeder Etage kamen zwei mittelgroße Wohnungen zur Umsetzung. Fassadenschlichtungen haben die Nachvollziehbarkeit der ehedem reicheren Neurenaissancegestaltung beeinträchtigt. Geblieben sind der charakteristische, eigens übergiebelte Eckrisalit, dies in der Großform, und die Binnengestaltung betreffend, die stiltypischen Fensterrahmungen der Südfassade; hier setzte man die Fenster der östlichen Achse nachträglich zu.
(Freiräumung des Hofes 2001 im Vorfeld des Neubaus eines Mehrfamilienhauses mit Büroanteil und Tiefgarage hinter dem Altbestand 2004; Gesamtinstandsetzung des historischen Mietshauses ebenfalls 2001.)

Schleißheimer Straße 60. Auf zuvor unbebautem Grund (als Garten gestaltete Freifläche) hatte sich der Gastwirt Johann Huber 1874–75 nach einem Plan von Wintergerst ein mit sieben Achsen und drei Oberstöcken vergleichsweise stattliches Vorstadthaus errichten lassen. Der mittig in den Bau gesteckte Hauseingang führt zum Treppenhaus, das ohne Ausbau über die rückwärtige Grundlinie bleibt. Die Räume südlich des Hauseingangs dienten seit jeher als Laden und Anräume. In jeder Etage

Schleißheimer Straße 48; Aufn. 1994

Schleißheimer Straße 59; Aufn. 1995

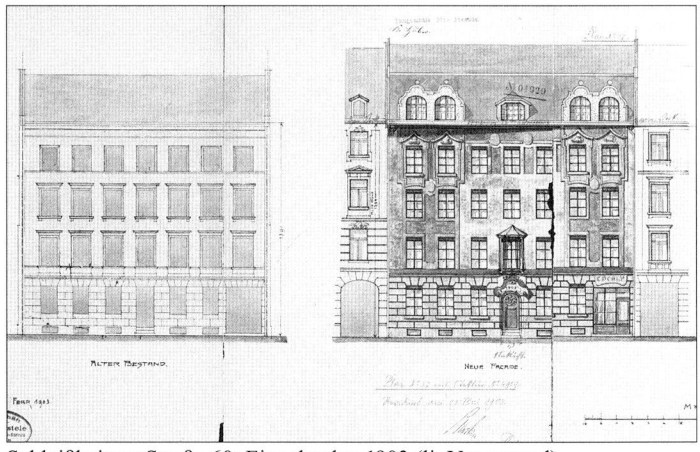

Schleißheimer Straße 60; Eingabeplan 1903 (li. Vorzustand)

Schleißheimer Straße 62

Schleißheimer Straße 60

sind zwei unterschiedlich geschnittene, mittelgroße Wohnungen untergebracht, dies gemäß Frühzustand. In gängiger
Weise fand sich die Fassade
des Baus von 1875 klar und
schlicht mit Neurenaissanceformen gestaltet. 1903 entschied sich die Privatiere Katharina Huber für eine Modernisierung der Straßenfront,
dies nach den Plänen von
Alois Prestele in Formen, die
gerade die gefragtesten waren.
In der entsprechenden Literatur bürgerte sich für die zum
Einsatz gekommenen Binnen-

Schleißheimer Straße 60, Eingang

formen die Bezeichnung „Louis-Seize-Jugendstil" ein, womit
eine verflachende und freilich fantasiereiche Anverwandlung jugendstiliger Dynamik und später Barockformen gemeint ist.
Alois Prestele schuf eine malerisch vielgestaltige Dachlandschaft, gruppierte die je äußeren zwei Fensterachsen und setzte
so einen dreiachsigen Fassadenmittelzug ab. Den Hauszugang
gestaltete er rundbogig mit konkaver Laibung und überspannte
ihn mit einer volutenförmigen Andeutung eines Vordachs.
(Instandsetzung von Fassade und Fenstern 2002; Dachgeschossausbau, verschiedene Grundrissänderungen 2003–04.)

Schleißheimer Straße 62. Wie die südlich angrenzende Schleißheimer Straße 60 entstand auch Nr. 62 anstelle einer als Garten
gestalteten Freifläche 1896–97 nach Plan von Ferdinand Hönig
für den Gastwirt Jakob Schuler. (Schuler verfolgte ursprünglich
das ehrgeizige Projekt, auch das nördlich angrenzende Eckgrundstück Theresienstraße 93, gleichzeitig mit dem erwähnten
Bau, mit einem Neubau zu ersetzen, was jedoch scheiterte.) Die
bauzeitliche Struktur vor allem des Erdgeschosses erfuhr inzwischen einschneidende Veränderungen: Ursprünglich befand sich
in der nördlichen Achse die Durchfahrt mit dem Übergang zum
rückwärtig südlich anliegenden Treppenhaus. Späterhin verlegte
man den Eingang weiter nach Süden, schuf eine historisierende
rundbogige Situation und verwandelte die Durchfahrt in einen
zusätzlichen Ladenraum. In den Obergeschossen befinden sich
gemäß Eingabeplan zwei unterschiedlich große, insgesamt kleinere Wohneinheiten. Die Fassade erfuhr eine späte Behandlung
in Neurenaissancemanier.
(Instandsetzung des Treppenhauses 2000; Erneuerung der Dachhaut; Instandsetzung der Fassade und der Fenster 2004 sowie im
selben Jahr Aufbau des Dachgeschosses und Anbau eines Aufzugs.)

Schleißheimer Straße 65. Auf zuvor unbebautem Grund, mit
leicht auswinklig eingemessenen Grundlinien entstand 1899–
1900 das Wohn- und Geschäftshaus für den Gastwirt Josef
Berkl. Ausführender war Baumeister Xaver Heininger. Der Zugang erfolgt vermittels der Durchfahrt in der nördlichen Achse.
Das an den Hofwinkel gelegene und von diesem aus belichtete
Treppenhaus erschließt in den Obergeschossen drei Kleinwohnungen je Etage. Die intensive Ladennutzung im Erdgeschoss
entspricht der bauzeitlichen Widmung. Die Straßenfront besteht
in ihrer Großform in einer gleichmäßigen Parataxe von fünf
Fensterachsen. Vor der Dachzone ist die mittlere der fünf Ach-
sen durch ein zwischenzeitlich vereinfachtes Dachhaus mit
Rundbogengiebel überhöht. Die Fassade, neubarock dekoriert,
erfuhr geringe Schlichtungen; so hob man die gestalterische
Verklammerung zwischen den Sturzfeldern der Fenster des 1.
Obergeschosses und den Brüstungszonen der Fenster des 2.
Obergeschosses auf. (Fassadenrenovierung und Erneuerung der
Dachhaut 1989.)

Schleißheimer Straße 68. Auf einer Fläche, die bis dahin als
Nutzgarten bewirtschaftet worden war, entstand 1886–87 das bestehende Wohngebäude. Bis 1927 war im Erdgeschoss eine
Gastwirtschaft untergebracht, in diesem Jahr zu Büros umgewandelt. Bauwerber und Erbauer in Personalunion war Engel-
hart Berchtold. Die Durchfahrt in der nördlichen Achse führt
zum rückwärtig südlich anliegenden Treppenhaus, das zu den
Wohnungen in den Obergeschossen führt; bezeichnenderweise
finden sich in jedem Obergeschoss zwei Wohnungen, diese jedoch stets individuell zugeschnitten. Der straßenseitig vollständig als Wohnungen erschlossene Dachraum entspricht dem Erstzustand. In Groß- und Binnenformen findet sich die Fassade des
Hauses gut überliefert. Kräftige Gesimse gliedern sie horizontal,
die Eng- und Weitsetzung der Fensterachsen rhythmisieren sie,
zusätzlich wurde die mittlere Fensterachse einem flachen Risalit
eingeschrieben, der im Traufgesims eine eigene Verkröpfung erfuhr. Auch das Kranzgesims der Traufe hat sich erhalten. Als
typisches Stilmerkmal einer Neurenaissance-Behandlung ist die
gemeinsame Verdachung zweier Fensterachsen mittels eines geraden Gesimsstückes anzusprechen. Die südliche Brandmauer
des Hauses wurde in der Nachkriegszeit infolge einer Aufweitung der Baulinie der Schleißheimer Straße im Bereich von Theresienstraße 160 und Schleißheimer Straße 64 und 66 um fünf
Meter freigestellt. So blieb die Absicht der Stadtväter, die
Schleißheimer Straße als süd-nördliche Ausfallstraße nach den
Zerstörungen durch den Luftkrieg über München zu verbreitern,
dies vor einem Wirksamwerden des Denkmalschutzgesetzes, anschaulich bestehen.
(Fassadenrenovierung und Fenstererneuerung 1980–81; weitere
Umbauten und Instandsetzungen 1982–87.)

Schleißheimer Straße 65; Aufn.
1995

Schleißheimer Straße 68; Aufn.
1994

Schleißheimer Straße 73; Aufn. 1995

Schleißheimer Straße 74

Schleißheimer Straße 73. Auf zuvor unbebauter Parzelle errichtete Architekt Johann Lang 1897–98 den bestehenden Bau für den Maurerpalier Michael Reinhart. Den Eingang legte Lang schmal in die nördliche Achse, schloss unmittelbar das von Westen belichtete Treppenhaus an. Zwei mittelgroße Wohnungen sind in den Obergeschossen untergebracht, die Ladennutzung im Erdgeschoss entspricht dem Erstzustand. Der Dachbereich wurde im Luftkrieg erheblich in Mitleidenschaft gezogen, vor allem der Aufbau oberhalb des markanten, den Fassadeneindruck bestimmenden, breiten Polygonalerkers reduziert. Die schon im November 1945 in Angriff genommene Instandsetzung bildete den Auftakt für fünf Jahre während Umbauarbeiten. Zunächst war eine behutsame Redaktion vor allem der Fassaden beabsichtigt, 1949 schließlich setzte Architekt W. Reinhart für die Michael Reinhartschen Erben eine durchgreifende Schlichtung, die die ursprünglich reiche Neurenaissance-Durchbildung aufhob, um. Die Aufbrechung der Fassadenschicht im Erdgeschoss rührt von der Verwirklichung einer neuen Ladenfront im Jahr 1947 her. (Erneut Arbeiten an der Fassade 1984.)

Schleißheimer Straße 74. Der Maurermeister Georg Müller hatte 1884 ein Gelände an der südlichen Ecke Schleißheimer Straße/Heßstraße erworben, es fungierte ehedem als Holzlagerplatz, eine Nutzung, die infolge der Bodenpreissteuerung unangemessen schien. Müller überplante das Gelände mit den beiden Anwesen Heßstraße 71 (s. dort) und Nr. 74 an der Schleißheimer Straße. Letzteres verkaufte er im Planungsstadium ab. Den Bau führte schließlich Baumeister Otto Numberger aus. Den Hauszugang legte man quer zum First mittig ins Gebäude. Das Treppenhaus, rückwärtig und ohne Ausbau, erschließt in jeder Etage zwei mittelgroße Wohnungen, schon bauzeitlich mit Balkonen. Die Fassadengestaltung ist das Ergebnis eines formelhaften Rückgriffs auf die Möglichkeiten der Neurenaissance. Kurios erscheint die extra breite, verklammernde Verdachung mittig auf der Höhe des 1. Obergeschosses, einer Fensterrahmung ist eine Rundbogennische mit eingestellter gesockelter Vase eingeschrieben. Gemeinsam mit den beiden flankierenden Fenstern, ebenfalls gerahmt, mit geohrten Profilen, verdachte man diese Zurichtung vermittels eines langen geraden Gesimsstückes. Darüber „schwebt" ohne gliedernde Vermittlung eine klassizisierende Kartusche, mit der Jahreszahl der Fertigstellung des Anwesens (1885).
(Fassadenrenovierung und vereinfachende Fenstererneuerung 1983; wiederum Fenstererneuerung 1988, Anpassungsarbeiten an der Fassade 1996; Dachgeschossausbau 1997; Erneuerung der Haustür/Drittbestand 2001.)

Schleißheimer Straße 79. Auf zuvor unbebautem Grund ließ die „Städt. Bezirks-Inspekt. Gattin" Hedwig Gautsch 1899–1900 von Architekt Georg Müller das repräsentative viergeschossige

Mietshaus mit zunächst nur sechs Achsen an der Georgenstraße errichten. Der so entstandene Eckbau, angelegt als Zweiflügelbau, markiert die mit ihm neu festgelegte nordwestliche Ecke von Schleißheimer Straße und Georgenstraße prominent. Das Anwesen entstand gleichzeitig und bei gleicher Personnage mit dem nördlich benachbarten Anwesen Schleißheimer Straße 81; bei letzterem zogen sich die Arbeiten jedoch bis 1901 hin. Die Überbauung der westlichen Hofzufahrt von Nr. 79 erfolgte 1903 durch Baumeister Heinrich Trenner nach Plänen des Architekten Josef Eyrenschmalz (ähnlich verfuhr man bei Nr. 81, auch hier überbaute man 1909 die nördlich freigestellte Hofzufahrt). Der Hauseingang mit stichbogigem Sturz wurde leicht ausmittig in die Fassade an der Georgenstraße gesteckt, er führt über ein Zwischenpodest zum Treppenhaus am Hofwinkel. Die gebrochene einarmige Podesttreppe erschließt in jeder Etage drei Wohnungen unterschiedlichen Zuschnitts. Dem dichten bauzeitlichen

Schleißheimer Straße 79

Schleißheimer Straße 79, Hausmadonna und Spruch im 1. Obergeschoss

Schleißheimer Straße 92

Schleißheimer Straße 106; Aufn. 2007

Schleißheimer Straße 104/106 (von rechts); Aufn. 1997

Überlieferungsgrad entsprechen auch die Bewirtschaftung des Dachraums und die Dachlandschaft des Hauses. Die Dachwohnungen erfuhren erste Anpassungsarbeiten 1905–06 für die Fa. Klöpfer & Königer, Holzgroßhandlung. Abgesehen von einer Verbreitung des südlichen Schaufensters (durch Arch. Hartmut Keyler für Reiner Dürr/Atlantik-Drogerie) an der Schleißheimer Straße ist auch die innere Struktur des Erdgeschosses gut nachvollziehbar geblieben.

Schleißheimer Straße 92. Auf zuvor unbebautem Grund, westlich vor einem 1876 erstellten dreigeschossigen Wohn- und Werkstattgebäude, entstand 1891–92 das bestehende Vordergebäude. Bauwerber war der Schreinermeister Josef Walter, ausgeführt wurde der Neubau vom Baugeschäft Kirschenhofer. Unzählige Veränderungen betrafen die Struktur des Erdgeschosses, die Fassadengestaltungen sind als extrem geschlichtet einzuschätzen. Die Großform dominiert eine pavillonartig akzentuierte und entsprechend verdachte nördliche Achse, gleichsam als letzter Inbegriff aufgehobener gestalterischer Fülle.
(Der Abbruch von hofseitigen Nebengebäuden erfolgte 2002; Instandsetzung der Fassade; Erneuerung der Dacheindeckung und der Fenster 2004.)

Schleißheimer Straße 104/106. Die beiden Parzellen Nr. 104 und 106 an der südöstlichen Ecke Schleißheimer-/Georgenstraße wurden 1898 in bis dahin unbebautes Areal eingemessen. Der Baumeister Heinrich Trenner beauftragte den Architekten Georg Müller mit einer einheitlichen Überplanung der beiden Bauplätze. Nr. 104 stellte Müller südlich frei, es erhielt einen Eingang von der südlichen Seitenfassade her. Das Treppenhaus legte er an den Hofwinkel, den Riegel an der Straße mit dem südlichen Rückflügel bildet; das Stiegenhaus erhält somit Licht von Norden. Zwei mittelgroße Wohnungen sind in jedem Obergeschoss untergebracht, die Nutzung des Erdgeschosses mit Läden entspricht dem Erstzustand. Die unterschiedlichen Besitzwechsel bedingten verschiedene Baugeschichten. So konnten bei Nr. 104 die charakteristischen, halbrunden Balkone zur Straßenseite hin nicht gehalten werden. Kräftige Gesimse spannen die Hauptgeschosse ein und verdeutlichen die elementare Schwere neubarocker Anverwandlung. Die straßennahe, erste Achse der südlichen Seitenfassade wurde pavillonartig behandelt, sie dekorierte man wie die Hauptfassade und überhöhte sie mit einer Dreiecksgiebelfront. Die zwischen die Fensterachsen der Hauptansichtseite in die Dachzone gesetzten Gauben, überdies zur zweiten Reihe ausgebaut, stellen ein ahistorisches Ungleichgewicht der Baumassenverteilung her. (Bei Nr. 104: Fassadenrenovierung 1975; erweiternder Dachgeschossausbau 1992.)
In gängiger Weise legte Müller auch bei Nr. 106 das Treppenhaus an einen eingeklinkten Hofwinkel, es erhält somit Licht von Süden her. Schon die bauzeitliche Nutzung des Erdgeschosses

schloss Wohnungen aus. Zunächst betrieb man in den Räumen des Flügels an der Georgenstraße eine Restauration, im Flügel an der Schleißheimer Straße waren zwei Läden untergebracht, der Zugang zu den Wohnungen in den Obergeschossen erfolgte mittig durch den Flügel an der Georgenstraße. 1932 adaptierte man das Restaurant als zusätzlichen, größeren Laden. 1957 schließlich gestaltete man das Erdgeschoss zur großzügigen Raumkontingenz vollständig um, für „Kaiser's Kaffeegeschäft Viersen im Rheinland" verlegte Architekt Wilhelm Deiss auch den Eingang in die südliche Achse an der Schleißheimer Straße. (Fassadenrenovierung 1975–76 sowie 1989; Erneuerung der Kastenfenster und der Dacheindeckung ebf. 1989; Renovierung des Treppenhauses 1993.)

Schmidstraße

(Vgl. Ensemble Altstadt.) Kurze Verbindung von der Sendlinger Straße südostwärts hinab zum Oberanger bzw. früher zum Gänsbühel, der späteren Raspstraße, die nach dem Zweiten Weltkrieg im erweiterten Oberanger (s. dort) aufgegangen ist. An der Ostseite stehen das Singlspielerhaus (vgl. Sendlinger Straße 29/31) und das ehem. Bauzunfthaus (Oberanger 32, vgl. Oberanger/Vorspann) auf zurückgenommener Baulinie (vgl. Abb. S. 715). Der Name „Schmiedgaßl", den erstmals J. P. Stimmelmayr im späten 18. Jh. erwähnt, geht auf eine im Eckhaus Sendlinger Straße 33 ansässige Huf- und Wagenschmiede oder aber auf den Familiennamen eines Schmieds (Johann S.) in der 2. Hälfte des 18. Jh. zurück (vgl. Stahleder 1992).

ARCHÄOLOGISCHE BEFUNDE: Größere Bodeneingriffe und Umbauten sind aus jüngerer Zeit nicht bekannt, deshalb ist mit untertägig erhaltenen Resten von mittelalterlichen und neuzeitlichen Bauwerken wie verrohrten Bächen und Pflastern zu rechnen.
Bei dem Grundstück Sendlinger Straße 29/31 wurde bei der Neubebauung 1897/98 die Mauerfront zurückversetzt, sodass sich heute die Fundamente der ehemaligen Straßenfront unter der Schmidstraße befinden. Archäologische Befunde bei Schmidstraße 2 s. Oberanger 34/36.

Schnorrstraße

Vergleichsweise kurze Ost-West-Verbindung im nördlichen Erweiterungsbereich der rechtwinklig angelegten Maxvorstadt, von der Barer Straße im Osten zum begrünten Halbrondell an der Arcisstraße gegenüber dem Haupteingang des Alten Nordfriedhofs (s. Arcisstraße 45); Westteil zwischen Schraudolphstraße und Rondell mit hinter Vorgärten zurückgesetzter Baulinie. Benannt 1877 nach dem Maler Julius Schnorr von Carolsfeld (1794–1872). Nach Zerstörung im Zweiten Weltkrieg Mietshausneubauten in der für die Wiederaufbauzeit typischen Bescheidenheit.

Schönfeldstraße

Ein alter Ost-West-Weg im Schönfeld – der Flurname wird nach Rambaldi (1894) bereits 1338 erwähnt – wurde zur Querachse der Schönfeldvorstadt, die 1797 (die Straße schon 1796) offiziell ihren Namen erhielt. Diese erste planmäßige Stadterweiterung nach Beginn der Entfestigung (1791 ff.) entstand auf Wiesengründen auf der den ab 1789 angelegten Englischen Garten westlich begrenzenden Niederterrasse, nachdem F. L. von Sckell sie nicht in die von ihm gestaltete Parklandschaft einbezogen hatte, durch 1795 vom Kurfürsten angeordnete Parzellierung und Privatisierung. Die schmale Schönfeldstraße verbindet die um diese Zeit angelegte Königinstraße im Osten (s. dort) mit der breiten jüngeren Ludwigstraße im Westen; etwa östlich der Mitte zweigt im rechten Winkel die gleichfalls um 1795 konzipierte Obere Garten-, heute Kaulbachstraße ab (s. dort). Ursprünglich reichte die Schönfeldstraße im Westen bis zur Fürstenstraße; der kurze, durch die breite Ludwigstraße abgetrennte Westabschnitt erhielt 1906 den Namen Rheinbergerstraße (s. dort).

Die Bebauung war und ist über alle Wandlungen hin bis heute vorstädtisch-heterogen, ursprünglich überwiegend offen, heute weitgehend geschlossen, mit schon seit biedermeierlicher Zeit wachsendem Anteil an Mietshäusern, maßstäblich (z. T. noch) intim, doch von Anfang an mit gewichtigen Ausnahmen. Monumentales Format haben die Klenze-Bauten im westlichen Eckbereich – südlich der palastartige Block Ludwigstraße 10 (mit 6/8, s. dort), nördlich der Komplex des ehem. Kriegsministeriums von 1823–30, jetzt Bayer. Hauptstaatsarchiv (s. Ludwigstraße 14), mit Längsseite an der Schönfeldstraße (Nr. 3), wo er mit drei Flügeln einen breiten, querrechteckigen Ehrenhof umschließt; die weitläufige Baugruppe entstand auf dem Areal der kurfürstl. Stückgießerei von 1794 (abgebrochen 1807) bzw. des Armee-Monturmagazins von 1807 ff. – An der Südseite setzte die Privatklinik Josephinum von 1902/03 (s. Nr. 16), z. T. hinter einen flachen Straßenhof zurückgenommen, einen späthistoristisch-aufwendigen Akzent. Sie steht auf dem Grundstück des Wohn- und Sterbehauses des 1827 als Professor der Geschichte an die Universität berufenen Joseph von Görres (1776–1848), der sich in seiner Münchner Spätzeit vom einstigen Revolutionär zum geistigen Haupt der katholischen Restauration gewandelt hatte; sein um ca. 1800 erbautes Haus (ein zweigeschossiger Walmdachbau, weit südlich von der Straße abgerückt; vgl. Stadtmodell von Seitz) wurde somit auch zu einem kulturpolitischen und gesellschaftlichen Mittelpunkt.

Den ältesten Wohnhaustypus veranschaulicht heute nur noch das Eckhaus Kaulbachstraße 1 (s. dort), ein freistehender dreigeschossiger Walmdachbau. Das westlich benachbarte, gleichartige Haus Schönfeldstraße 13 ist eine Rekonstruktion; das Eckhaus Nr. 15 (ehemals die volkstümliche Gastwirtschaft

Schönfeldstraße 3; Aufn. 1995

„Wilhelm Tell") wurde mehrfach stark verändert (hier betrieb Adele Spitzeder ihre betrügerische, 1872 geschlossene „Dachauer Bank"). Hinter dem Neubau Nr. 30 ist noch ein dreigeschossiges Rückgebäude des 19. Jh. mit historisierender Fassadengliederung und Mansarddach erhalten, östlich angrenzend die ehemals geschlossene Bebauung (mit abgerundeter Ecke zur Königinstraße) aufgegeben (vgl. Königinstraße 5/US-Generalkonsulat). (Siehe Flurkarte S. 1194)

Schönfeldstraße 3/5. Vgl. Ensemble Ludwigstraße/Odeonsplatz.

Schönfeldstraße 3. Ehem. Kriegsministerium (Ostflügel), jetzt staatl. Archive, 1823–26/30 von Leo von Klenze; nur Säulenportal original, sonst Rekonstruktion (s. Ludwigstraße 14).

Schönfeldstraße 6 siehe Ludwigstraße 6/8/10.

Schönfeldstraße 16. An der Stelle des im Juni 1902 abgebrochenen Anwesens, das vormals Joseph von Görres († 1845) und seinem Sohn, dem Publizisten Guido Görres († 1852) gehört hatte (vgl. Schönfeldstraße/Vorspann), entstand 1902–03 nach Entwurf von Heilmann und Littmann die bis heute existierende Privatklinik Josephinum. Bauherr war der Geh. Sanitäts- und Hofrat Dr. med. Guido Jochner († 1932), der die Klinik 1893 in dem vormaligen Wohnhaus Arcisstraße 41 (erbaut 1888; kriegszerstört)

Schönfeldstraße 16, Fassadendetail

Schönfeldstraße, Rückgebäude von Nr. 30 (vorne Hof von Königinstraße 5)

Schönfeldstraße 16; Eingabeplan 1903

gegründet hatte; durch Testament von 1929 „Guido und Olga Jochner'sche Stiftung".

Der viergeschossige Bau mit jugendstilig-barockisierender Putzfassade schließt zusammen mit dem westlich benachbarten Haus Nr. 14 (Nachkriegsneubau) einen flachen Straßenhof ein, der die beengte Situation an der schmalen Schönfeldstraße erweitert. Der schmale, vortretende Ostflügel erhielt an der nördlichen Stirnseite in den beiden obersten Geschossen eine besonders reiche, die Situation der Kapelle kennzeichnende Gliederung mit allegorischem Relief „Caritas", Segmentgiebel und ursprünglich turmartig wirkendem Zeltdach (Dachzone heute durch Attika und Walmdach verändert). Die Rücklage ist fünf Achsen breit, deren rechte ein Flachgiebel mit Okulus und Stuckdekor überhöht; rechts schließt sich noch eine schmale Treppenhausachse an. Vorgelegt sind dem Längstrakt zwei wohl etwas jüngere Eingangspavillons mit Zeltdächern. Laut Eingabeplänen enthielt das Erdgeschoss u. a. Ambulatorium, Sprechzimmer, Wartezimmer, Küche, in den Obergeschossen lagen die Krankenzimmer, im obersten Geschoss dazu die Operationszimmer, straßenseitig durch große Fensterformate ablesbar, und die Hauskapelle.

1924 Erweiterung nach Osten um das Nachbarhaus Nr. 28, 1934 nochmals um Nr. 30. Nach Brandbombenschaden vom Februar 1945 Wiederaufbau. 1966 Bau von zwei Privatkrankenstationen

Schönfeldstraße 16; Aufn. 1998

und 1971 Küchenumbau, beides von Architekt Jac Lehner und Fa. Späth-Bau.

(Beantragung einer Aufstockung über den Hausteilen Schönfeldstraße 18 und 20 4/1976; Tektur: Sanierung Dachstuhl Altbau, Erneuerung des Dachstuhls des Kapellenturms, Beseitigung sämtlicher unorganischer Aufbauten des Hauses Schönfeldstraße 18, Erneuerung der Fenster 10/1983; Generalsanierung 1979–1985; Beantragung einer Aufstockung des Rgb. 11/1992, Umbau im 3. Obergeschoss und im Westtrakt 1/1998, Errichtung einer Mobilfunk-Basisstation 6/2004 und 8/2005.)

Schönfeldstraße 17. Dreigeschossiges Mietshaus, deutsche Renaissance mit Stuckdekor und mittigem großem Zwerchgiebel, um 1900. Pläne derzeit nicht greifbar. (Fassadenrenovierung 7/1977; Antrag auf Abbruch des Gebäudes 10/1989, mehrjährige

Schönfeldstraße 17; ▷
Aufn. 1995

sich mit der Erhaltung des Gebäudes beschäftigende Verhandlungen bis 9/1993 – Ergebnis ist nicht so ganz ersichtlich, gefordert wurde zumindest die Erhaltung der Fassade und des Treppenhauses; Fensterrenovierung und Rekonstruktion der Erdgeschossfassade 11/1993; Behebung der Mängel der Feuerbeschau 7/2002; Umnutzung von Wohnraum in einen Kindergarten 6/2006.)

Schönfeldstraße 22. Für den Brauereibesitzer Gabriel Sedlmayr erbaute Baumeister Max Steinmetz 1889–90 an der westlichen Ecke Schönfeld-/Hahnenstraße ein neues Wohn- und Wirtschaftsgebäude. Dies nach Niederlegung eines bis in den Ausgang des 18. Jh. zurückreichenden Altbestandes. Schon gemäß Erstzustand war im Erdgeschoss eine Gastwirtschaft untergebracht. Der Eingang in die Gastwirtschaft kam seitlich in der Fassade zur Schönfeldstraße hin zum Liegen, das Treppenhaus zur Erschließung der Wohnungen darüber (in jeder Etage eine Wohnung, auch im Dachgeschoss, gemäß Eingabeplan) befindet sich an der südöstlichen Gebäudeecke mit direktem Zugang von der Hahnenstraße her. Die Bautiefe bedingte Dunkelzonen an der westlichen Brandmauer, die Steinmetz mit einem Lichtschacht zu unterdrücken versuchte. Dieses Vordergebäude der 1925–26 ergänzten Bautengruppe wird seinem Äußeren nach von Neurenaissanceformen bestimmt. Die Erweiterung nach Süden für die feste Unterbringung des Corps Arminia setzte Architekt Paul Böhmer um. Ein niedriger Rückflügel wurde abgetragen und es entstand ein zweigeschossiger pavillonartiger Verbindungsbau entlang der westlichen Grundstücksgrenze zu einem südlichen Satellitengebäude. Zur östlichen Hahnenstraße hin schloss Böhmer die Hoffläche mit einer Mauer ab. Die Grundrisse legte er den funktionalen Wünschen der Bauherrschaft entsprechend fest. Eine Kegelbahn richtete er im Keller ein, im Erd-

Schönfeldstraße 22, Ostseite an der Hahnenstraße; Aufn. 2007

Schönfeldstraße 22, Nordseite; Aufn. 1995

Schönfeldstraße 22, südlicher Anbau an der Hahnenstraße

Schönfeldstraße 24; Aufn. 1995

Schönfeldstraße 28; Aufn. 1995

geschoss existierte ein zweigeschossiger Fechtsaal. Im Verbindungstrakt befand sich unten eine kleine Wohnung mit Küche, darüber der Kneipsaal. Für die direkte Beschickung des Kneipsaals baute Böhmer das 1. Obergeschoss des Altbaus um, richtete eine Schänke und weitere Versorgungsräume ein. Vom Kneipsaal aus führt eine Wendeltreppe zur Galerie. Die Bauformen, die Böhmer einsetzte, entsprechen einer sachlichen Klassik. Im Zweiten Weltkrieg erlitten alle Bauten der Anlage erhebliche Brandschäden.
(Fassadenrenovierung 1975; erneute Instandsetzung der Fassade sowie Erneuerung der Dachhaut 1984.)

Schönfeldstraße 24. An der Stelle eines auf dem Stadtplan von Rickauer 1812 verzeichneten schmaleren Vorstadthauses entstand vor Mitte des 19. Jh. ein zweigeschossiger Mietshausneubau mit Satteldach in Ecklage – nach dem Wenng-Plan von 1849 damals Eigentum des Bäckermeisters Michael Zöttler – der 1863 durch Michael Reifenstuel umgebaut, aufgestockt und gegen Osten erweitert wurde. Der ältere Kernbau ist mit den vier westlichen Fensterachsen bzw. dem Eckbauteil identisch. Die schlicht spätklassizistische Fassadengestaltung mit geraden Verdachungen über den z. T. rhythmisch angeordneten Fenstern geht, wie auch das Treppenhaus, auf 1863 zurück (Erdgeschoss verändert, jetzt Café Trötsch). Im Inneren sind klassizistische Türen beider Bauphasen sowie Dielenböden erhalten. 1994 Gesamtsanierung (Arch. Jakob Bader). Ein zugehöriger zweigeschossiger Nebentrakt im Süden umschließt hakenförmig den Hof.

Schönfeldstraße 28. Auf zuvor unbebautem Grund errichtete Rudolf Röschenauer 1844–45 für den kgl. Hauptmann von Pusch das klassizistische Mietshaus, im offenen Bausystem westlich und östlich freigestellt. Symmetrisch positionierte Röschenauer das zunächst dreigeschossige Haus vor der südlichen Anhebung der Oberen Garten-/späterhin Kaulbachstraße. Die Aufstockung um ein 3. Obergeschoss sowie die Verbreiterung um eine Fensterachse nach Osten und die damit verbundene Schließung der Zeile erfolgten zwischen 1891 und 1908. Der ursprünglich in der östlichen Achse liegende Hauseingang führt zum rückwärtig ohne Ausbau bleibenden Treppenhaus. In jeder Etage sind gemäß Eingabeplan zwei Wohnungen untergebracht. Bei vergleichbaren Bauten mit Zeilenschluss wären Dunkelzonen zustande gekommen, hier durchfensterte Röschenauer die Schmalseiten des Hauses. Die Fassaden des straßenseitig ursprünglich siebenachsigen Hauses sind von einem reduzierten Klassizismus geprägt, die Sturzfelder in Bogenform wurden zurückgelegt und finden sich reich stuckiert. (Im Luftkrieg wurde das Haus getroffen. Fassadenrenovierung 1975–76; Fenster- und Balkontürenerneuerung 1984; erneut Fassadenrenovierung 1990; Instandsetzung des Hoftors 2002; Erneuerung der Dachhaut rückseitig 2003; Erneuerung der Hauseingangstür 2003–04.)

Schrammerstraße

Nördliche Begrenzung des Marienhofes (vgl. dort), der nach den Zerstörungen im Zweiten Weltkrieg nicht mehr bebauten rechteckigen Freifläche nördlich des Neuen Rathauses. Die schmale, außerhalb der ältesten Stadtmauer zu dieser parallel in der nördlichen Stadterweiterung des 13./14. Jh. gelegene Gasse wurde in der Wiederaufbauzeit nach Norden verschwenkt und somit der mittelalterliche Stadtgrundriss in einem entscheidenden Bereich aus Verkehrsgründen verändert – die im Osten in den Hofgraben weitergeführte Schrammerstraße, die früher im Westen in der Schäfflerstraße ihre Fortsetzung fand, wurde nunmehr an die bedeutendere Maffeistraße (s. dort) angebunden. Nordseitig entstanden in der Folge Neubauten auf der geänderten Baulinie. Der seit dem späten 15. Jh. überlieferte Straßenname geht (nach Stahleder 1992) auf den Familiennamen Schramm des Besitzers eines Bades (ehem. Haus Nr. 2) zurück. – ARCHÄOLOGISCHE BEFUNDE s. Marienhof.

Schraudolphstraße

1867 nach dem Maler Johann (von) Schraudolph (1808–1879) benannte Straße in der im rechtwinkligen Schema angelegten Maxvorstadt, Verbindung von der Heßstraße an der Nordseite der Neuen Pinakothek nordwärts bis zur Georgenstraße. Die Mietshausbebauung aus der Zeit des Historismus wurde im Luftkrieg größtenteils zerstört. (Siehe Flurkarte S. 109)

Schraudolphstraße 14. Mit dem Neubau legte man 1884–85 die südöstliche Ecke der Schraudolph-/Zieblandstraße fest. Das Areal war zuvor unbebaut. Bauwerber war Zimmermeister Anton Hammer, Planleger Bautechniker Martin Wintergerst (vgl. dessen zahlreiche Bauten an der Schellingstraße). Die Baumassenverteilung geschah über zwei Flügel, am Hofwinkel schuf Win-

Schraudolphstraße 14 (links Zieblandstraße);
Aufn. 1995

tergerst eine Einklinkung der Grundlinien. Den Eingang steckte man mittig in den Riegel an der Schraudolphstraße, er führt zum Treppenhaus, das quer am Hofwinkel liegt; zwei Wohnungen sind gemäß Eingabeplan in jeder Etage untergebracht, bauflügelweise organisiert. Gemäß Erstzustand befand sich im Erdgeschoss ein Ladenlokal. Infolge planvoller Schlichtung und des Luftkriegs, bei dem das Anwesen jedoch ohne direkten Treffer blieb, hat das ursprünglich aufwendig im Sinne nordischer Renaissance durchgebildete Haus seine entscheidenden Charakteristika eingebüßt. Die Glättung nahm 1941 Architekt Otto Eckert vor, die Auswechslung der Fenster zu solchen mit Einscheibenverglasungen führte zu einem unruhigen Aufbrechen der Fassadenschicht. Bauzeitlich trug die pavillonartig vorgestellte Ecke ein hohes, straßenbildwirksames Pyramidendach als Anhebungsmotiv der Fassadenabwicklungen. (Fassadenrenovierung 1975.)

Schraudolphstraße 30

Schraudolphstraße 30. Auf zuvor unbebauter Parzelle entstand fünf Jahre nach Erbauung des südlichen Nachbargebäudes Adalbertstraße 80, an dessen hoch aufragende Brandmauer der Neubau gesetzt wurde, 1889–90 der bestehende viergeschossige Mietshausbau, nördlich freigestellt. Bauwerber war der Kupferschmiedmeister Adalbert Stoiber, Planfertiger und Ausführender das Baugeschäft Dressler. Der Eingang von der Nordseite her führt zum südlich anliegenden, direkt vom Hof her belichteten Treppenhaus. In jedem Obergeschoss liegt gemäß Eingabeplan eine mittelgroße Wohnung, im Erdgeschoss befand sich zunächst ein Ladengeschäft, 1895 wurde das ganze Erdgeschoss zu Läden adaptiert. 1901 bauten die Gebrüder Rank oberhalb der südlichen Achse ein exorbitant fassadenwirksames, formal der traditionellen Aufzugsgaube verpflichtetes Dachhaus auf – gerade unter Beachtung des halben Wellengiebels eine kuriose Zutat, für die sich in München der Ausdruck „Ohrwaschel" eingebürgert hat (an sich charakteristisch für die engen Altstadthäuser, hier als Vermittlung zum höheren Nachbarhaus). Die Durchbildung der Fassaden geschah in nicht minder fantasiereicher und eher außerkanonischer Umsetzung von Neurenaissanceformen. Im Luftkrieg blieb das Anwesen ohne direkten Treffer. (Instandsetzung der Fassade 1982; erneute Fassadenrenovierung sowie Erneuerung der Dachhaut 1989.)

Schwindstraße

1877 nach dem Maler Moritz von Schwind (1804–1871) benannte Straße im Nordwestbereich der im rechtwinkligen Schema angelegten Maxvorstadt, Verbindung von der Theresienstraße im Süden zur Görresstraße im Norden. Von der Mietshausbebauung aus der Zeit des späten Historismus und des Jugendstils hat wenig den Luftkrieg überstanden.

Schwindstraße 4. Auf eigens in vorher unbebautes Areal eingemessener Parzelle errichtete Baumeister Heinrich Thommen für den Schlossermeister Friedrich Trump 1882–85 den bestehenden Bau als nördliche Verlängerung von Nr. 2 an der Schwindstraße. Friedrich Trump ist als einer der großen Investoren beim Ausbau der Maxvorstadt anzusehen (vgl. u. a. Trumps Bauwerberschaften bei zahlreichen Häusern an der Schellingstraße). Der nördlich freigestellte Bau erhielt eine Baumassenverteilung über zwei Flügeln. Der Eingang erfolgt von der Nordseite her, er

führt über einen schrägen Übergang zum Treppenhaus am Hofwinkel. In allen Geschossen liegen gemäß Eingabeplan zwei unterschiedlich geschnittene Wohnungen. Die Fassaden des Hauses sind tendenziell geschlichtet überkommen, die Straßenfassade sowie die Achsen der pavillonartig betonten Ecke sind in Neurenaissanceformen dekoriert und lassen die ursprünglich reichere Pracht ahnen. Die Erdgeschoss-Rustika wurde planvoll entfernt, im Luftkrieg hatte das Haus mit seinem

Schwindstraße 4

Dachtragwerk auch charakteristische Neurenaissance-Dachaufbauten verloren. Die Wiederherstellung einer Dachlandschaft mit hoher Fassadenwirksamkeit mit Dachstuhlerweiterung, Giebel- und Turmaufbau datiert in die Jahre 2004–05. (Instandsetzung der Fassade sowie Erneuerung der Fenster 1977, Einbau von 14 liegenden Dachfenstern 2001, Einbau eines Aufzugs 2004, Erneuerung der Dachhaut und Instandsetzung von Fassade, Fenster und Treppenhaus 2005.)

Schwindstraße; Flurkarte, M. 1:2 500

Schwindstraße 13; Aufn. 1995

Schwindstraße 28; Aufn. 1995

Schwindstraße 13. Als Ergänzung des schon 1884 fertiggestellten Hauses Nr. 11 entstand auf freiem Grundstück das bestehende Mietshaus 1892–93. (Schwindstraße 11, von Ferdinand Hönig für sich selbst erbaut, wurde 1973 abgebrochen.) Bauwerber und Erbauer in Personalunion war Baumeister Josef Singer. Gleichzeitig entstand das noch vorhandene, relativ aufwendige Rückgebäude mit seinem beherrschenden Mittelgiebel. (Das Rückgebäude stellt einen selten gewordenen Vertreter für den nachgeordneten Bautyp dar; es erhielt an der westlichen Grundstücksgrenze einen eigenen Lichthof, von dem her das Treppenhaus und die anliegenden Fenster belichtet werden.)

◁ Schwindstraße 13, Rückgebäude

In vergleichsweise konservativer Art disponierte Singer die Baumasse des Vordergebäudes, als Block ohne Flügelbauten. Der Eingang befindet sich an der Rückseite, die aus der gleichen Richtung belichtete Treppe erschließt in jeder Etage zwei mittelgroße Wohnungen. Gemäß Frühzustand ist das Erdgeschoss vollständig wohngenutzt. Die Straßenseite sowie die pavillonartig aufbereiteten beiden Achsen der nördlichen Seitenfassade wurden reich in Neurenaissanceformen instrumentiert, dabei das 1. Obergeschoss kräftig durchrustiziert und so als Sockel behandelt, die Fenster des 2. und 3. Obergeschosses prominent dekoriert und in den Pavillonachsen gemeinsam verdacht. Die Rhythmisierung der Fassade erfolgte durch Eng- und Weitsetzung der Fensterachsen, ursprünglich in formaler Ergänzung zum abgebrochenen Haus Nr. 11. Im Luftkrieg verlor das Vordergebäude mit Dachtragwerk und -wohnung auch seine charakteristischen Neurenaissance-Dachaufbauten. (Fassadenrenovierung 1980.)

Schwindstraße 28. Auf zuvor unbebautem Grund errichteten Otho Orlando Kurz und Eduard Herbert 1910–12 für den Bauwerber Schick das schwere und vergleichsweise große Mietshaus. Die Baumassenverteilung kam über zwei Flügeln zustande, dabei liegt das große Treppenhaus mit gewendelter Treppe am Hofwinkel, gemäß Eingabeplan genügten die Wohnungen des rein zu Wohnzwecken dienenden Hauses durchaus großbür-

gerlichen Ansprüchen. Der Luftkrieg setzte dem Anwesen arg zu, es verlor sein stilprägendes Zwerchhaus. Bei der Wiederherstellung der Bewohnbarkeit der oberen Geschosse entschloss man sich dazu, ein viertes oberes Vollgeschoss in voller Breite auszubauen. Und es kam zu Schlichtungen, schon 1911 in einschlägiger Architekten-Literatur besprochene Fassadenornamentik (Mosaik, Vergoldung und plastischer Dekor) wurde beseitigt. Das Mietshaus hatte überregionale Beachtung gefunden, es galt als Beispiel eines „einfachen Putzbaues" und als „einfaches modernes Bürgerhaus". Nur mehr die Grundbehandlung der Fassade – zwei seitliche Polygonalerker spannen drei Fensterachsen ein, die über drei Geschosse hinweg hinter abgetreppten Vorlagen zurückgelegt sind – ist am Außenbau, gewissermaßen als Nachhall einstiger Pracht, geblieben. Letzte bauliche Ausstattung bildet die amalgamierte Jugendstil-Portaleinfassung. (Einbau eines Aufzugs 1992.)

Sebastiansplatz
(Vgl. Ensemble Altstadt, Häusergruppe Sebastiansplatz 3–8.) Die kurze, straßenartige Verbindung von der Nordostecke des St.-Jakobs-Platzes (s. dort) zur ehem. Stadtmauer des 13./14. Jh. galt bis in die 1. Hälfte des 19. Jh. als Teil des früher „Anger" genannten Platzes – so noch auf dem Stadtplan von J. Consoni 1806 („Angerplatz"; auch Angergassen bei St. Sebastiani oder – bei Stimmelmayr um 1800 – S. Sebastian Gasse genannt). Vor 1818 bzw. endgültig 1837 erhielt dieser Platzteil seinen heutigen Namen nach der kurz zuvor profanierten Kapelle des Ebersberger Hofes (s. Sebastiansplatz 9), die dem Schutzpatron dieses Klosters geweiht war (nicht zu verwechseln mit der ehem. Sebastianskapelle im nahen Rosental).

An der Nordseite zwischen Nieser- und Prälat-Zistl-Straße ist mit der Häuserreihe Nr. 3–8 das in dieser Geschlossenheit letzte Ensemble von Altmünchner Bürgerhäusern erhalten geblieben, das noch eine Anschauung vom Charakter der einstigen Altstadt vermitteln kann – freilich lediglich in einem sozial eher bescheidenen einstigen Randbereich. Den Westabschluss bildet heute ein durch historisierende Zitate gekennzeichneter Erweiterungsbau des Stadtmuseums (s. St.-Jakobs-Platz 1) mit einem vorangestellten Achteckturm in Anknüpfung an ein ähnliches, lediglich auf dem Stadtplan von M. Paur 1705 angedeutetes bauliches Element. Den westlichen Platzteil überquerte der Angerbach (vom St.-Jakobs-Platz zur Nieserstraße). An der Westseite der

Sebastiansplatz; Flurkarte, M. 1:2500

Nieserstraße stand früher das Haus Sebastiansplatz 2, zuletzt viergeschossig mit Schweifgiebel und Mittelerker, links (westlich davon) das dreigeschossige, südlich bis zur Baulinie von St.-Jakobs-Platz 1–4 vorspringende Haus Sebastiansplatz 1, dessen Längsseite optisch den Sebastiansplatz an dessen Westende abschloss (vgl. Vorkriegs-Ansicht in Häuserbuch IV 1966).

Sebastiansplatz 3. Altmünchner Bürgerhaus. An der Stelle des heutigen Anwesens sind auf Sandtners Stadtmodell (1570) zwei schmale, zweigeschossige Bürgerhäuser dargestellt, westlich ein Satteldachhaus mit Südgiebel zum Sebastiansplatz und pultgedecktem Rückgebäude an der Nieserstraße sowie östlich daneben ein Pultdachhaus, das mit dem gleichartigen Nachbarbau Nr. 4 (s. dort) durch eine Vorschussmauer mit Zinnenabschluss gestalterisch zusammengefasst ist. Das Eckhaus, auf dem Stadtplan von T. Volckmer (1613) mit Stufengiebel, war bis 1759 Kaplanhaus der Ridlerschen Messstiftung (die Patrizierfamilie hatte 1474 eine ewige Messe samt einem Altar in die Frauenkirche gestiftet). Das östlich angrenzende Haus, dessen Besitzerfolge seit 1495 bekannt ist (Baumgartner 1805; Häuserbuch IV 1966), war seit 1700 (bis ins frühe 19. Jh.) im Besitz von Melbern (Mehlhändlern). Der Melber Joseph Pöck, der das östliche Haus 1760 erbte und 1759 das Kaplanhaus erwarb, ließ beide Grundstücke um 1761 durch das noch bestehende Haus neu überbauen, vielleicht unter teilweiser Einbeziehung von Altbausubstanz. Darauf dürfte der größere Fensterabstand in der Mitte der Südseite sowie die (ehem.) Erschließung des Erdgeschosses durch einen schmalen Längsflur entlang der östlichen Kommunwand samt dem einstigen Eingang im Süden hinweisen, den F. Bollingers Ansicht des Hauses von 1805 zeigt. An diesen (bei modernem Erdgeschossumbau beseitigten) Flur schließt sich nördlich die (erhaltene, stark erneuerte) zwischen den Geschossen jeweils einläufige Holztreppe im offenen Laubengangsystem mit Brettbalusterbrüstungen an der Ostseite des kleinen Hofes an, den der dreiflügelige Bau von ca. 1760 umgibt. Dieser viergeschossige Gesamtkomplex umfasst südlich an der Platzfront vier, seitlich zur Nieserstraße elf Fensterachsen. Die einst reiche Fassadenbemalung des Rokoko mit religiöser Thematik (dat. 1759) ist auf Bollingers Stich zu erkennen, dem auch die gereimten Inschriften beigefügt sind. Beispielhaft werden hier Gestaltverlust und Verarmung selbst der wenigen überkommenen Altmünchner Bürgerhausfassaden anschaulich. Auch die um 1980 noch vorhandenen profilierten Kaminköpfe sind nicht mehr erhalten. Das abgewalmte Dach wurde 1922 (mit Fensterband im Süden, Gauben seitlich) ausgebaut, mit Einzelgauben erneut bei der 1984 abgeschlossenen Gesamtsanierung (Arch. Enno Burmeister), wobei eine Aufteilung in Eigentumswohnungen erfolgte. Das Erdgeschoss wurde in der 2. Hälfte des 19. Jh. u. a. durch Ladeneinbauten und 1962 als Gaststätte verändert. – Trotz starker Substanzauswechslung ist der Laubenhof mit hölzernen Lauben als

Sebastiansplatz 4–8 (von links); Aufn. um 1900

Sebastiansplatz, Nordseite (Nr. 3–8); Aufn. 1994

Sebastiansplatz 3; Aufn. um 1970

Sebastiansplatz 3; Aufn. 1994

Sebastiansplatz 3 und 4; Ansicht von F. Bollinger, 1805

eines der letzten Beispiele eines in der Münchner Bürgerhausarchitektur einst verbreiteten Typus bemerkenswert. – Unerklärlich bleibt Stimmelmayrs Darstellung eines Giebelhauses – um 1800, vgl. Nr. 8 – nebst seiner Angabe, es handle sich um „das zur Stadt gehörige Eckhaus des Stadtmeisters, an das Hebammen-Gäßl [= Nieserstraße] hinein" bzw. um das Haus „des Stadtstadl-Meisters oder Schreibers".

Sebastiansplatz 3, Laubenhof; Aufn. 1995

Sebastiansplatz 4; Aufn. 1994

Sebastiansplatz 4. Die Besitzerfolge des Altmünchner Bürgerhauses ist ab 1490 bekannt, bis Mitte 19. Jh. meist Metzger; 1881–97 Seifensieder und ab 1921 in gemeinsamer Hand mit Nr. 5, 6 und 7. Das Anwesen umfasst Vorder- und Rückgebäude von etwa gleicher Grundfläche. Auf Sandtners Stadtmodell von 1570 ist das damals zweigeschossige Haus mit dem linken Nachbarhaus (Nr. 3/rechte Hälfte) mit gemeinsamem Satteldach, d. h. der Addition zweier Pultdächer hinter beide zusammenfassender Vorschussmauer mit Zinnenabschluss dargestellt. Das Aussehen der in der Barockzeit im Zusammenhang mit Umbau und Aufstockung veränderten, nunmehr dreigeschossigen Fassade überliefern die Ansicht in Baumgartners Polizeiübersicht von 1805 (Kupferstich von F. Bollinger) und der Umbauantrag von 1854. Das Haus, dessen Kernbestand ins 15./16. Jh. zurückreicht, hatte damals zwei Eingänge nebeneinander (rechts), deren rechter höchstwahrscheinlich zur Treppe vom einläufigen Himmelsleiter-Typ führte, während die Tür links daneben über die Durchfahrt auch die gewerblichen Erdgeschossräume und mit der barockzeitlichen Treppe am Ende die Obergeschosse erschloss; der (1854 oder später beseitigte) Flacherker in der Mittelachse der Obergeschosse war mit einem Mariahilfbild verziert, die Fassade 1805 weiß gestrichen und in schlichter Weise durch Fensterumrahmungen und Brüstungsfelder gegliedert. Beim 1854 durch Maurermeister Matthias Küßwetter im Auftrag des bürgerl. Tändlers Alois Westreicher (der das Anwesen neu erworben hatte) ausgeführten Umbau wurde das Vordergebäude aufgestockt; die Fenster erhielten stichbogige Abschlüsse. 1944 Kriegsschäden (Dach).

Hofseitig rechts barockzeitliche Holzlaubengänge mit (meist erneuerten) Brettbalusterbrüstungen als Verbindung zum Rückgebäude; links dreigeschossiger Anbau an das Vorderhaus. – Das viergeschossige Rückgebäude, mit Umfassungsmauern des 15. oder 16. Jh., enthält seit dem späteren 19. Jh. eine durch zwei Geschosse gehende, unterkellerte Lagerhalle oder Werkstatt mit zwei Gusseisenstützen und preußischer Kappenwölbung; darüber symmetrische Wohnungsgrundrisse des 18. Jh. mit z. T. gleichzeitigen Zweifeldertüren; schmaler Erschließungsflur mit Wandmalereien in Fortsetzung der Laube und Abtrittshäuschen an alter Stelle; originales Dachwerk mit liegendem Stuhl (dendrochronologische Daten 1766/67 und 1767/68).

Sebastiansplatz 5. Altmünchner Bürgerhaus. Das als einziges in der Reihe Nr. 3–8 – bei größerer Geschosshöhe – nur dreigeschossige Haus mit Aufzugsgaube (Ohrwaschel) links und mächtigem Steildach (drei Schleppgaubenränge) ist auf Sandtners Stadtmodell (1570) noch zweigeschossig mit Tür rechts, daneben rundbogigem Tor, darüber zweiachsigem, übergiebeltem Flacherker. Wohl in der Barockzeit, in die auch der Dachstuhl zurückgeht, erfolgte die Aufstockung; dreigeschossig ist das Haus, dessen Kernbestand wohl aus dem 15. oder 16. Jh. stammt, vermutlich auf dem Stadtplan von M. Paur 1705 (wo die Reihe allerdings nur fünf statt sechs Häuser umfasst), dreigeschossig auch auf Stimmelmayrs Skizze (um 1800). In Häuserbuch IV (1966) die Besitzerfolge ab 1571 bis 1880 Metzger; danach bis 1897 und wieder ab 1921 vereint mit Nr. 4, 6 und 7 im Besitz von Seifenfabrikanten (bis ins mittlere 20. Jh.).

Die frühere Durchfahrt im Erdgeschoss wurde 1883 unter Beseitigung der einläufigen Treppe vom Typ Himmelsleiter (entlang

Sebastiansplatz 5, 6 und 7 (von links); Aufn. 1952

der östlichen Kommunwand) verbreitert; links davon Verkaufsladen schon auf Plan von 1876 vorhanden. Als Treppe auch für Nr. 5 dient heute die 1856 an der Rückseite von Nr. 6 angebaute (s. dort). Letzte Gesamtsanierung um 1990.

Das zweigeschossige Rückgebäude von Nr. 5/6 in älteren Umfassungsmauern um 1880 erneuert, mit je zwei Eisenstützen und preußischen Kappen im Erd- wie im Obergeschoss (Seifensiederei) und ausgebautem, blechgedecktem Dach; Keller mit Flachtonnen auf Eisenträgern, östlich anschließend älterer Gang (18./ Anfang 19. Jh.) mit zwei Hängekuppeln als Überleitung zu Nr. 7.

Sebastiansplatz 6. Altmünchner Bürgerhaus. Das 1480 erstmals erwähnte Haus war 1563–1873 im Besitz von Seilermeistern (vom 16. bis 18. Jh. Stadtseiler genannt, im 19. Jh. ein Hofseiler), danach von Seifensiedern bzw. -fabrikanten und -händlern, 1881–97 und ab 1921 mit Nr. 4, 5 und 7 im Besitz vereint. Auf Sandtners Stadtmodell (1570) ein zweigeschossiges Traufhaus mit Eingang (wie heute noch) links und mit rechts daneben einem weiteren Tor zu den wohl gewerblich genutzten Erdgeschossräumen, auf Stimmelmayrs Skizze (um 1800) wie auf einem Umbauplan 1856 als bisheriger Zustand dreigeschossig mit Ohrwaschel links (vier, bei Stimmelmayr wohl ungenau nur drei Fensterachsen). Die beiden ersten Geschosse stammen im Kern vielleicht noch aus dem Spätmittelalter oder dem 16. Jh. 1856 für Seilermeister Franz Xaver Schwaiger durch Baumeister Ludwig Deiglmayr und Zimmermeister Michael Reifenstuel umgebaut und nochmals aufgestockt, mit neuem, U-förmig gewendeltem Treppenhaus am Beginn des einstigen den Hof rechts begrenzenden Verbindungsflügels (zum ehem. Rückgebäude s. Nr. 5). 1862 hofseitig (westlich der Treppe) Holzlaube im Anschluss an die von Nr. 5. An der Platzfront zwischen den beiden obersten Geschossen (leere) Rechteckblende (ehem. Marienbild?) mit geschweifter Verdachung. Straßenseitig in den Obergeschossen je

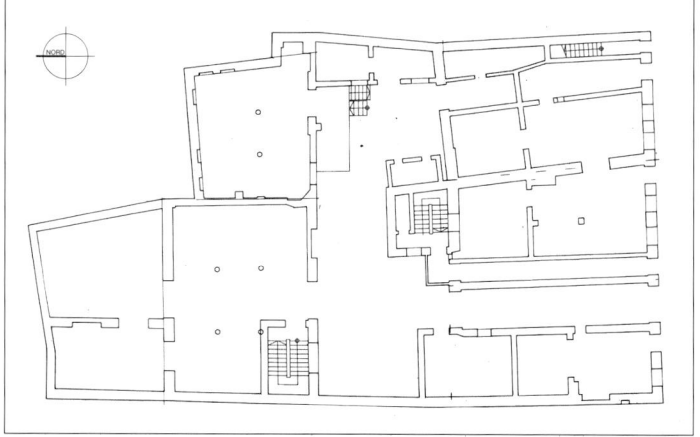

Sebastiansplatz 5, 6 und 7 (von links an der südseitigen Straßenfront); Grundrisse Erdgeschoss, 1984

Sebastiansplatz 5; Aufn. 1994   Sebastiansplatz 6; Aufn. 1994   Sebastiansplatz 7; Aufn. 1994   Sebastiansplatz 8; Aufn. 2006

zwei Zimmer zu je zwei Fenstern, dahinter Erschließung durch Mittelflur. (1958 Fassadenrenovierung; 1991/92 Gesamtsanierung mit weitgehender Erneuerung des Treppenhauses mit altem Stabbalustergeländer).

Sebastiansplatz 7. Altmünchner Bürgerhaus mit zwei Ohrwascheln. Die beiden unteren Geschosse gehen z. T. noch auf das 15. Jh. zurück. Bauforschungen im Zusammenhang mit der Sanierung um 1990 erbrachten die Erkenntnis, dass es sich bei dem gestalterisch schlichten Handwerkerhaus in der typologisch gleichartigen Reihe Nr. 3–8 um eines der baugeschichtlich vielschichtigsten unter den wenigen erhaltenen Beispielen in der Altstadt handelt. Gemäß dendrochronologischen Daten (Deckenbalken im Erdgeschoss-Durchgangsflur 1430, im 1. Obergeschoss 1429 und 1430) enthalten die beiden Untergeschosse noch spätmittelalterliche Substanz, was mit der Darstellung auf Sandtners Stadtmodell von 1570 übereinstimmt (zweigeschossig, Tür wie heute noch in der rechten Achse, links daneben die erst 1921 durch ein Fenster ersetzte Tordurchfahrt, Ohrwaschel links, Steildach). Auf Volckmers Stadtplan von 1613 sind auf dem zweiten Haus von rechts in der Gruppe bereits zwei Ohrwascheln zu erkennen, doch ist seine wohl vereinfachte Darstellung mit nur vier statt sechs Häusern in der Reihe nicht eindeutig. Die Dendrodaten für die Dachbalken im 3. Obergeschoss (Fällungsjahre 1569? sowie von 1592–1605) deuten auf eine Aufstockung in der Zeit um 1600 hin, für den Dachstuhl liegen die Daten 1734 und 1735 vor. Dem widerspricht die Skizze des (in der Regel zuverlässigen) J. P. Stimmelmayr von etwa 1800, der das Haus nur dreigeschossig, mit Eingang in der zweiten Achse von links (wo nie einer war) und ohne Ohrwascheln darstellt. Damit würde jedoch die Tatsache übereinstimmen, dass die schmale einläufige Treppe vom Typ Himmelsleiter entlang der rechten (östlichen) Kommunmauer nur den 2. Stock (und über die Hoflaube das Rückgebäude) erschließt, während die weiterführende Treppe zum 3. Stock (in der Hoflaube links) ein Geländer mit klassizistischen Balusterstäben des 19. Jh. aufweist.
Die Wohnungsgrundrisse in den Obergeschossen sind zweibahnig, ausgehend von je zwei Zweifensterräumen vorderseitig, im 2. und 3. Obergeschoss identisch mit mittig je zwei parallelen Längsfluren hinter den Vorderzimmern. Die mehrgeschossigen, verglasten spätklassizistischen Holzlauben von 1863 ersetzten schlichte, offene aus älterer Zeit. In den Räumen sind z. T. barockzeitliche Türen und Beschläge erhalten.
Für das Rückgebäude (mit ehem. Seifensiederei) liegen Dendrodaten für Deckenbalken im 1. und 2. Obergeschoss vor (1743 bzw. 1735, in einem Erdgeschossraum 1744), doch ist es im Kern spätmittelalterlichen Ursprungs. „Geradezu sensationell sind die dort in die Wand eingelassenen, unter mehreren Tünchschichten gefundenen Scagliola-Arbeiten im zweiten Obergeschoss, einge-

bunden in eine gemalte Raumdekoration. Möglicherweise sind sie dem Münchner Bildhauer und Stuckateur Blasius Pfeiffer/Fistulator (oder seinem Sohn Wilhelm) zuzuschreiben, der von 1587 bis 1622 für den Hof tätig war. Bisher sind Scagliola-Arbeiten in Bürgerhäusern nicht bekannt gewesen; möglicherweise konnte damit das Wohnhaus des Künstlers gefunden werden" (JBD 43, 1989. – Ab 1636 war Wilhelm Pfeiffer Eigentümer eines Hauses an der Prannerstraße/heute Teil von Nr. 8).
In Häuserbuch II (1966) ist die Besitzerfolge seit 1567 aufgeführt; 1611–51 (mit einer Unterbrechung) war das Haus im Besitz mit Prälat-Zistl-Straße 12 vereint; 1736–69 und von 1806 bis ins mittlere 20. Jh. gehörte es Seifensiedern bzw. -händlern. 1869 wurde das Dachgeschoss ausgebaut. Seit 1881 (bis 1897) bzw. seit 1921 ist das Anwesen im gemeinsamen Besitz mit Nr. 4, 5 und 6; daher wurde um 1960 der 1. Stock mit dem von Nr. 6 zur Wohneinheit verbunden. Bei der sorgfältigen Sanierung 1998 ff. mussten einzelne schlecht erhaltene Details erneuert werden (barocke Fachwerkzwischenwände im Rückgebäude, Dachstuhl).

Sebastiansplatz 8. Altmünchner Bürgerhaus. Das trapezförmige, völlig überbaute Grundstück am östlichen Ende der den Sebastiansplatz nördlich abschließenden historischen Häuserreihe lag mit seiner breiteren Ostseite der Stadtmauer gegenüber. Das dreigeschossige Wohnhaus mit hohem, zur Ecke abgewalmtem Dach, einer Aufzugsgaube (Ohrwaschel) links an der Platzfront und zwei Zwerchhäusern zur Prälat-Zistl-Straße ist baugeschichtlich schwer zu analysieren, laut Häuserbuch IV (1966) „vor 1814 aus einem Stadel" entstanden; nach Baudokumentation Sebastiansblock (1977) „1812 Errichtung eines Wohnhauses (…) aus dem ursprünglichen Stadel" und „1889 Wiedererrichtung mit Schmiedewerkstatt im Erdgeschoss". Der Bau des Wohnhauses aus oder wahrscheinlicher anstelle des Stadels muss wesentlich früher erfolgt sein, da es – gleich der westlich anschließenden Häuserreihe – völlig den Typus des Altmünchner Bürgerhauses (vom kleinbürgerlich-handwerklichen Status) verkörpert und nach seinem kleinteilig-unregelmäßigen Grundriss mitsamt der schmalen, alle Geschosse einläufig verbindenden Treppe („Himmelsleiter") entlang der Westwand für das 18. Jh. eher zu altertümlich erscheint, doch dürfte es damals stark erneuert worden sein. Dendrochronologisch eindeutig bestimmt werden konnte nur eine Stütze im 2. Dachgeschoss (Fällungsjahr 1729/30), ferner ein Dielenbrett im 1. Stock vage „nach 1708". Das Streben nach einer symmetrisch rhythmisierten Fensteranordnung an der Ostseite – mit Blindfenstern in der zweiten Achse von links – kann als Indiz für das 18. Jh. gelten. Besitzer sind laut Häuserbuch ab 1567 nachgewiesen. Sandtners Stadtmodell von 1570 zeigt noch den niedrigen Stadel mit großer Einfahrt im Süden und Ostgiebel; kaum Aufschluss gibt der

Volckmer-Stadtplan von 1613 (wohl noch der niedrige Stadel). Stimmelmayr skizziert mit drei Geschossen „das der Stadtmauer gegenüber stehende Eckhaus eines Lehnrößlers mit angeschriebenem Rosen Eck" – ein Lehenrössler namens J. Paul Mair erwarb das Haus 1804 (Häuserbuch IV). Das Erdgeschoss, im 19. und frühen 20. Jh. mit Schmiedewerkstatt (ab 1828 Hufschmiede als Hauseigentümer), wurde mehrfach umgebaut, zuletzt 1974 als Gaststätte, die Fassade 1955 renoviert. 2004/05 erfolgte eine denkmalgerechte Gesamtinstandsetzung. Das (bis auf einen kleinen Raum des 19. Jh. im Eckbereich) nicht unterkellerte Haus hat noch weitgehend alte innere Strukturen und Details (u. a. Türen) bewahrt.

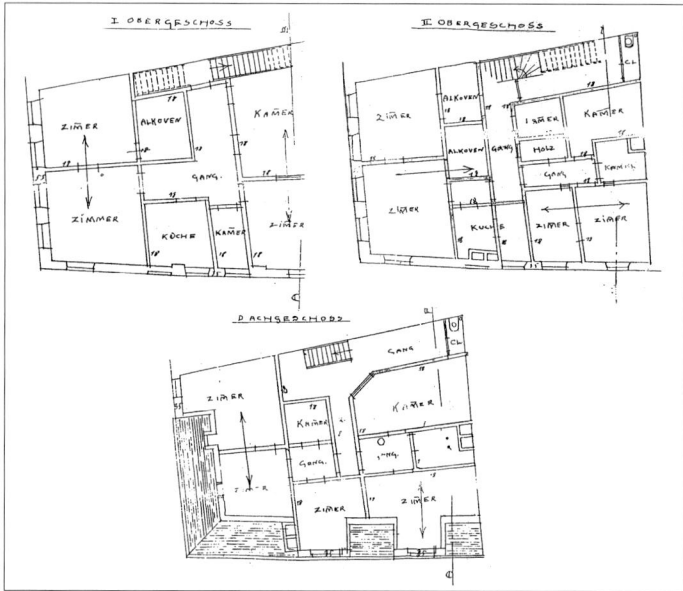

Sebastiansplatz 8; Grundrisse 1., 2. Obergeschoss und Dachgeschoss, 1912

[*Sebastiansplatz 9. *Gasthof zum Blauen Bock*, entstanden um 1814/22 durch Umbau der profanierten Sebastianskapelle; mit Blumenstraße 16. Das heutige Hotel ging aus dem ehem. Stadthaus des Benediktinerklosters Ebersberg und dessen Kapelle hervor, deren Entstehungs- und Baugeschichte noch ungeklärt und zu wenig erforscht ist. Ein Ebersberger Haus wird bereits 1297 erwähnt; nach H. Stahleder (1995) befand es sich jedoch an der Fürstenfelder Straße (alte Nr. 16, bis 1510; nach Häuserbuch IV). Die Sebastianskapelle am Anger (im Unterschied zum gleichnamigen Kirchlein im Rosen- oder Krottental, s. S. 951) dürfte um 1510 entstanden sein und wird mit der Verehrung des Pestpatrons im Seuchenjahr 1515 in Zusammenhang gebracht. Den einschiffigen spätgotischen Bau zeigen u. a. das Stadtmodell von Sandtner (1570), der Vogelschau-Stadtplan von T. Volckmer (1613), Stimmelmayrs Skizzen (um 1800) mit inzwischen barockisiertem

Sebastiansplatz 9; Aufn. 1994 (kein BDm)

Sebastiansplatz 9; Aufn. um 1910

Türmchen und – im Grundriss – der Stadtplan von J. Consoni (1806), damals an der Nordostecke eines einen Rechteckhof umschließenden Komplexes, dessen Ostflügel parallel zur ehem. Stadtmauer nach Süden verlängert ist. Im 16./17. Jh. war die Bebauung noch weniger kompakt gewesen; damals bildete das eigentliche Klosterhaus westlich der Kapelle (heute Neubau Sebastiansplatz 10) den Schwerpunkt. – Das Ebersberger Haus teilte die Geschicke des Klosters, es ging mit diesem 1595 an die Münchner Jesuiten und 1782 (bis 1799) an die Malteser über, die 1795 den Komplex – ohne die Kapelle – an den Metzger Michael Liebl verkauften. Dessen Witwe Magdalena erwarb 1809 noch die Kapelle hinzu, die sie 1814 an den Bierwirt Max Huber veräußerte. Dieser baute sie zur Gastwirtschaft „Blauer Bock" um und ersteigerte 1822 auch den Rest des Komplexes. Die Gaststätte – in mehrfach wechselndem Besitz – erlebte eine Blütezeit seit der Eröffnung der Schrannenhalle gegenüber (1853; s. Viktualienmarkt 15).
Der heutige schlichte Putzbau ist mit der Kapelle und dem südlich anschließenden einstigen Ostflügel identisch. Ältere Ansichten zeigen einen dreigeschossigen, schmucklosen Bau noch mit dem höheren, originalen Kapellendach über dem Nordflügel; die abgeschrägte Ecke – früher mit klassizistischer Fenstersohlbank auf Konsolen im 1. Stock und einem ovalen Bildmedaillon zwischen den Obergeschossen (heute an der Nordfassade: Madonna nach Raffael) – war als eine der Achsen des dreiseitigen Chorschlusses erkennbar. Nach schweren Luftkriegsschäden 1944, u. a. Brandzerstörung des Kapellendachstuhls, ließ der Gastwirt Matthias Schreiber 1946–48 den Wiederaufbau samt Aufstockung durchführen sowie den zuvor anders gestalteten Südteil (Blumenstraße 16) anpassen.]

Sebastiansplatz 11 (früher St.-Jakobs-Platz 4a). Das Neurenaissance-Eckhaus mit städtebaulicher Gelenkfunktion am Übergang vom St.-Jakobs- zum Sebastiansplatz, errichtet 1876/1877 von Ludwig Schramm, war vom 16. bis 19. Jh. ein Metzgeranwesen (Hausname Hollmetzger nach einer Metzgerfamilie im 2. Viertel des 18. Jh.), auf Sandtners Stadtmodell von 1570 ein dreigeschossiges Satteldachhaus mit westlichem Annex, nach Stimmelmayrs naiver Darstellung (gegen 1800) viergeschossig mit abgewalmtem Dach, auf dem Seitzschen Stadtmodell (Mitte 19. Jh.) mit Pultdach; November 1875 abgebrochen.

Sebastiansplatz 11; Aufn. 1995

Das bestehende Mietshaus mit Läden ließ der Privatier Lorenz Rabl 1876/77 aufführen (Dachstuhl am 27. März 1876 aufgesetzt). Die erste Planung von Heinrich Lehmpuhl (1875) wurde durch hinsichtlich Grundrissbildung und Fassadengestaltung entscheidend veränderte Tekturpläne von Ludwig Schramm (1876) ersetzt, die für die Ausführung maßgebend waren. Der zweiflügelige Bau schließt einen kleinen Hof im Südosten ein. Die Baulinie im Westen wurde geringfügig verändert, die Ecke zugunsten des Verkehrs in Breite einer Fensterachse abgeschrägt. Licht erhält das Innere weitestgehend von den beiden Straßenfronten her – drei Fensterachsen im Norden zum Sebastians-, fünf Achsen zum St.-Jakobs-Platz, die mittlere jeweils mit Flacherker im durch reichere Gliederung ausgezeichneten 2. und 3. Obergeschoss, während das Erdgeschoss mit (originalen) stichbogigen Schaufensterarkaden und der 1. Stock als rustizierte Sockelzone behandelt sind. Der Ladeneingang an der Schrägecke und der Hauseingang in der Mitte der Westseite sind rechteckig mit gerader Verdachung; der Eingangsflur verbindet zur hofseitig gelegenen U-förmigen Treppe. Die oberen Geschosse enthielten je eine Wohnung im Nordteil mit unregelmäßig-polygonalem Eckzimmer sowie eine südlich davon, jede Einheit mit drei straßenseitigen Zimmern; Küchen und Nebenräume im rückwärtigen Bereich. 1978–80 Umbau und Modernisierung, Erdgeschoss innen mehrfach verändert.

Seeaustraße

1890 nach dem von 1753 bis zu seinem Tod 1799 als Hoftheaterintendant wirkenden Joseph Anton Graf von Seeau benannten Verbindung von der Lerchenfeldstraße ostwärts zur Oettingenstraße (ursprünglich mit Verlängerung bis zur Widenmayerstraße geplant, vgl. Stadtkarte 1891). An der Nordseite stand von 1885 bis zum Luftkrieg das Kulissenmagazin des Hoftheaters samt Werkstätten (Oettingenstraße 21).

[**Seeaustraße 2.** Staatliches Hochbauamt München I, 1890/91 von Julius Metzger; drei durch niedrige Zwischenbauten verbundene Pavillons, die seitlichen vereinfacht, nur der Mittelbau mit Freitreppe noch mit der originalen Putzgliederung; früher (von Norden) Landbauamt, Kreisarchiv und Forstamt (vgl. Himbselstraße).]

Seidlstraße

Ursprünglich Hasenstraße (wohl nach den Hasen im Stadtrandbereich um das Marsfeld), 1910 nach dem Architekten Gabriel von Seidl (1848–1913) benannt oder vielleicht allgemeiner nach der Großbäcker- und Baumeisterfamilie Seidl, deren großes Gartenareal die Straße durchschnitt (vgl. Seidlstraße 7/9/11 und 18, Marsstraße 26). Die Hasenstraße verband ursprünglich nur die (spätere) Arnulf- mit der Marsstraße (als unbebauter Weg schon auf dem Stadtplan von J. Pachmayr 1802); ihre Verlängerung nach Norden, bis zur Karlstraße (durch das Seidl-Areal hindurch) schon auf Stadtplan von 1891 angedeutet, wurde erst zu Beginn des 20. Jh. als Verbindungsachse zwischen dem 1903 eröffneten Straßentunnel unter dem Hauptbahnhofsgelände (Paul-Heyse-Unterführung) im Süden und dem Stiglmaierplatz im Norden realisiert (1909 Eröffnung der Straßenbahnlinie); die gerade Einführung in den Platz wurde sogar erst nach Teilabbruch eines Ateliergebäudes der Mayer'schen Kunstanstalt (1923) möglich (vgl. Nr. 25). Der Südteil erhielt an seiner Westseite durch Neubauten des späten Historismus – das ehem. Verkehrsministerium (s. Hopfenstraße 10) und Emanuel Seidls Mietshausgruppe Nr. 7/9/11 – ein monumentales Gepräge; die gegenüberliegende Mietshausbebauung wurde im Luftkrieg völlig zerstört. Die um 1970 verbreiterte, ca. 500 m lange Straße wirkt trotz stattlicher Neubauten – meist Bürohäuser – der letzten Jahrzehnte als bloße Hauptverkehrsachse ohne den Charakter architektonisch homogener, attraktiver Urbanität. (Siehe Flurkarte S. 156)

Seidlstraße 7/9/11; Aufn. 1995

Seidlstraße 9

Seidlstraße 7/9/11. *Autobahn-direktion Südbayern*, ehemals Mietshausgruppe (s. Abb. S. 1023). Auf seiner Familie gehörigem Areal, im ehem. Seidlgarten (vgl. Seidlstraße/Vorspann und Nr. 18, Marsstraße 26), ließ – im Zusammenhang mit Durchbruch und Verlängerung der Hasen-, nachmals Seidlstraße – der Architekt Emanuel von Seidl nach eigenem Entwurf eine Dreiergruppe vornehmer Mietshäuser errichten (Bauantrag vom 18. Mai 1900, Ausführung 1901 begonnen, Rohbau des Mittelteils am 6. September 1901 vollendet, Anzeige der Fertigstellung vom 23. August 1902, Schlussbesichtigung am 14. Oktober d. J.). In einer kleinen Stuckateurwerkstatt wohnte zwei Jahre lang der Bildhauer Ignaz Taschner (später Garage; abgebrochen). Die von den Erben des Architekten um 1928 an einen Weinhändler verkaufte Häusergruppe, ab 1936 im Besitz des Deutschen Reiches, wurde bis 1945 von Dienststellen der Wehrmacht benutzt, nach unterschiedlich schweren, sukzessive behobenen Luftkriegsschäden Nr. 7 bis 1997 von der Standortkommandantur der Bundeswehr, seitdem – wie zuvor schon seit Kriegsende Nr. 9/11 – von der Autobahndirektion Südbayern (Eigentümer Freistaat Bayern). Durch wechselnde Büronutzungen wurde das Innere seit 1936 mehrfach verändert und erneuert, die Häuser wurden untereinander verbunden, die Fassaden Mitte der 1950er Jahre, der Dachstuhl zehn Jahre später instand gesetzt, im Zuge der Gesamtsanierung 1985 der kriegszerstörte, dominierende Schweifgiebel des Mittelrisalits rekonstruiert.

Die 23 Achsen lange, durch drei Risalite gegliederte Gruppe ist zu einem monumentalen symmetrischen Gesamtblock zusammengezogen, der eher eines der zeitüblichen, am barocken Schlossbau orientierten öffentlichen Gebäude als Mietswohnhäuser vermuten lässt (sodass die Umnutzung fast konsequent erscheint). Die Dreiteilung wird außen nur durch die geschweift abschließenden Brandmauern in der Dachzone über den Rücklagen sowie durch die rundbogigen Haustüren anschaulich. Auffälliger als letztere treten die beiden in den innersten Achsen der flankierenden Häuser, also jeweils in Rücklagenmitte situierten Durchfahrtstore samt Sprenggiebeln, darauf sitzenden allegorischen Figuren (am Nordtor verloren) und Balkonen hervor; das Schmiedeeisengitter des südlichen Balkons enthält die Inschrift „AeDIF. E.SEIDL Ao.Di.1901". Das rustizierte, durch Korbbogenblenden gegliederte Erdgeschoss und die beiden unteren Obergeschosse sind durch Rustikalisenen, an den drei Risaliten die beiden obersten Geschosse durch glatte Lisenen zusammengefasst, die sich im mittleren zweigeschossigen, mit Kugeln und Spitzen-Pyr (Zirbelnuss; ursprünglich Figur) besetzten Volutengiebel fortsetzen; die Fenster im 1. Stock der Risalite sind durch gesprengte Giebel betont. An den beiden Rücklagen ist der lisenengegliederte 3. Stock in Rundbogenloggien aufgelöst, das letzte Geschoss hinter einer Balkonbalustrade zurückgesetzt. (Den First des Mitteltraktes sollte nach Entwurf ein Dachreiter krönen.) Die Fassaden-

Seidlstraße 7, Portal

gestaltung vor allem der rustizierten Geschosse erscheint, vereinfacht in die Formen der Putzarchitektur umgesetzt, vom Münchner Justizpalast, die des Mittelgiebels eher augsburgisch inspiriert.

Seidlstraße 18. Ehem. Atelier des Architekten Gabriel von Seidl, im Volksmund „*Seidl-Schlösschen*". Die Bauzeit des Ateliers wird verschieden angegeben: Anfang der 1890er Jahre nach H. Bößl (1966), 1891 auf heutiger Gedenktafel. Doch steht es auf dem östlichen Nachbargrundstück des einstigen, im Seidl-Garten 1879/80 erbauten Seidlschen Wohnhauses (ehem. Marsstraße 28). Das klassizistische Haus Marsstraße 26 hatte eine vielleicht verschiedentlich umgebaute Rückbebauung (u. a. wurde hier den Brüdern Anton jun. und Gabriel Seidl 1883 eine Baumaßnahme genehmigt), doch ist das Atelier in seiner heutigen Form mitsamt dem nördlich anschließenden, nicht erhaltenen Bürotrakt höchstwahrscheinlich gleichzeitig mit dem 1899 errichteten Neubau des Vorderhauses im Süden entstanden (vgl. Marsstraße 26), jedenfalls mit diesem und dem Bürotrakt zusammen auf den Bauplänen von 1898/99 und den Grundrissen in MBB X 1904 (mit Baujahr 1899) dargestellt; zum Teil wurde ältere Bausubstanz mitverwendet, vor allem im Büroflügel. (Fritz Schumachers Angaben – in „Stufen des Lebens", 1934 – über das Atelier seines Lehrmeisters Seidl in dessen Garten wären hinsichtlich Zeit und Ort noch näher zu überprüfen.) Das kleinmaßstäbliche, seit dem Luftkrieg seine Fassade – auf zurückgesetzter Baulinie – der um 1970 verbreiterten Seidlstraße zuwendende Ateliergebäude, zuvor in unbeachteter Hoflage, wurde nunmehr im Sprachgebrauch „Seidlschlössl" genannt und nach langer Zweckentfremdung (u. a. Autoverkauf), Vernachlässigung und Abbruchbedrohung 1990 zusammen mit Marsstraße 26 im Rahmen einer weiträumigeren Neubebauung saniert und restauriert (Arch. Horst Weber, Martin Drill).

Der malerisch-asymmetrische, dreigeschossige Ateliertrakt, ursprünglich Verbindung zwischen dem höheren Mietshaus Marsstraße 26 im Süden (rechts) und dem zerstörten Bürotrakt im Norden, präsentiert sich heute als weitgehend verselbständigter,

Seidlstraße 18; Aufn. 1995

Seidlstraße 18 (rechts Marsstraße 26); Aufn. 1981

villenartiger Baukörper hinter gärtnerisch gestaltetem Vorplatz mit Brunnen. Das linke Drittel der abwechslungsreich-vielgestaltigen Fassade tritt als turmähnlicher, dreiseitig-polygonaler Standerker mit Kartusche als Dekor und Zeltdach vor. Den Mittelteil schließt ein Segmentgiebel ab, den die Figur einer Meerjungfrau krönt. In der rechten Achse ist das Dach über das niedrigere 2. Obergeschoss herabgeschleppt. Die beiden Korbbogenarkaden der kreuzgratgewölbten Erdgeschossloggia wurden 1990 wieder freigelegt, hinter der linken eine Passage zum Hof geöffnet. Die Rückseite im Osten, ursprünglich eine Kommunwand, heute dem Schmuckhof (mit Brunnen) eines neuen Bürokomplexes zugewendet, erhielt eine Neugestaltung. Ursprünglich enthielt das Erdgeschoss rückseitig einen Magazinraum und links im Erkerbereich sowie nördlich fortgesetzt im Bürotrakt eine Hausmeisterwohnung. Im Hauptgeschoss mit den hohen Fenstern lag der große Zeichnungssaal mit Galerie, südlich davon ein Zimmer mit Tür zum lang gestreckten Balkon sowie rückseitig ein Treppenhaus. (Die weiteren, kleineren Atelier- und Büroräume G. Seidls und seiner Mitarbeiter waren in den drei Geschossen des nördlich anschließenden Bürotraktes unter-

gebracht.) 1990 wurde der Atelierbau für moderne Büronutzung adaptiert, im Erdgeschoss links von der Durchfahrt ein Geschäftslokal eingerichtet. – Vgl. Grundriss S. 573.

Seidlstraße 25. *F. Mayer'sche Hofkunstanstalt.* Das stattliche Atelier-, Büro- und Wohngebäude entstand am südlichen Rand des Areals der hier seit 1851 ansässigen Mayer'schen Kunstanstalt (vgl. Stiglmaierplatz/Vorspann). Veranlasst wurde die Errichtung des damals meist sogenannten „Ersatzgebäudes", das freilich zum ansehnlichsten (heute allein noch bestehenden) Teil des Gesamtkomplexes wurde, durch den vorgesehenen, 1923 erfolgten Abbruch des Ostteiles des alten, weiter nördlich situierten Atelierbaus zugunsten der begradigten Einführung der Seidlstraße in den Stiglmaierplatz. Ab 1921 fertigte die Baufirma Gebr. Rank Neubaupläne; die architektonische und künstlerische Gestaltung des Vordergebäudes wurde Theodor Fischer übertragen (Bauoberleitung Arch. Rudolf Kuntze).

An das fünfgeschossige Vordergebäude mit allein repräsentativ gestalteter Ostseite an der Straße und ungegliederter Kommunmauer schließt sich am südlichen Ende der Rückseite der lange, fünfgeschossige Atelierflügel mit ungegliederter Südwand, weitestgehend in Atelierfenster aufgelöster Nordseite und ausgebautem (um 1950 nach Kriegsschaden erneuertem) Dach an. Zwischen Vorder- und Rückgebäude vermittelt gelenkartig eine aus dem Dreieck entwickelte Zwischenzone mit dem großen Ausstellungssaal für Glasgemälde, der durch ein hohes Fensterelement schräg im Winkel beider Trakte sein Licht erhält.

Die Gestaltung der Ostfassade erfolgte im Rahmen eines nur fragmentarisch ausgeführten Bebauungskonzeptes (Skizze Th. Fischers, AMTUM); demnach sollte die dreibogige Eingangsloggia im tuffsteinverblendeten Erdgeschoss die Mitte eines größeren Gebäudeblocks bilden und dem Mittelerker ein weiterer an der nördlichen Verlängerung entsprechen. (Nördlich sollten sich noch zwei ähnliche Häuser und ein turmartiger Polygonalbau am Platz anreihen.) Das 1. Obergeschoss ist in breite Fenster zwischen rustizierten Pfeilern aufgelöst. Den Erker in den drei oberen, ursprünglich z. T. für Wohnungen vorgesehenen Geschossen überziehen flächendeckend barockisierende, von expressionistisch gezackten Gesimsen durchsetzte Reliefs mit religiöser Thematik – in der Mitte die Muttergottes –, welche die im Unternehmen vorzugsweise hergestellte christliche Kunst veranschaulichen.

Neben der Durchfahrt in der Rechtsaußenachse links der Pförtnerraum mit Küche dahinter und hofseitig das Treppenhaus, von dem der mittlere Längsgang ausgeht; straßenseitig große Büro- und Arbeitsräume. Im Zwickelbereich zum Rückgebäude im Keller die Glasbrennerei, darüber im 2. Stock der durch die drei oberen Geschosse gehende Saal mit geschweifter Galeriearkatur, an der Brüstung Stuckdekor (kniende Engel, ein Rahmenfeld flankierend), bez. 1923. Darüber im Dachgeschoss Wohnatelier mit Ober- und Seitenlicht nebst anschließender Wohnung. –

Seidlstraße 25; Aufn. 1995

Seidlstraße 25, Mittelerker

Beim Luftangriff am 13. Juli 1944 brannte das Vordergebäude mit Ausnahme des Erdgeschosses aus; Wiederaufbau ab 1949 mit Veränderungen im Inneren; die Fassade in originaler Form restauriert (Arch. Oskar Pixis).

Die noch heute blühende Franz Mayer'sche Hofkunstanstalt, ein für die Entwicklung und Ausstrahlung Münchens als „Kunststadt" des 19. Jh. bezeichnendes, erfolgreiches Unternehmen, wurde 1847 von Joseph Gabriel Mayer (1808–1883) aus Gebrazhofen bei Leutkirch im Allgäu gegründet. Der Kunstschreiner und Ornamentbildhauer bildete sich seit 1829 in München, zuletzt an der Kunstakademie, weiter und war zudem lange Zeit in der „Anstalt für Erziehung und Unterricht krüppelhafter Knaben" am Stiglmaierplatz tätig. Seine erfolgreiche Erfindung einer künstlichen „Massa" aus geriebenem Stein und Ton (Gusstechnik), für die er 1847 ein Privileg erhielt, diente zugleich dem sozialen Zweck der Beschäftigung der Behinderten. Seine expandierende Anstalt für christliche Kunst mit den Abteilungen Altarbau, Plastik und Fassmalerei wurde in der Folge durch weitere Kunstgattungen, vor allem ab 1862 die Glasmalerei erweitert. Dem Vorwurf, die typologisch, thematisch und materiell serienmäßig, in reichhaltigen Katalogen weltweit angebotenen, zu vervielfältigenden Erzeugnisse seien künstlerisch fragwürdig, da dem Prinzip der schöpferischen Einmaligkeit und Originalität zuwider, wurde mit dem Hinweis auf namhafte in der Firma tätige Künstler wie auf den Vorteil, preiswert sakrale Gegenstände nach qualitätvollem Entwurf erwerben zu können, entgegnet. So war u. a. der namhafte Maler Joseph Schlotthauer (1789–1869) bereits an der Firmengründung beteiligt und vor allem der prominente Bildhauer Joseph Knabl (1819–1881), Professor an der Münchner Akademie und Schöpfer des (kriegszerstörten) neugotischen Hochaltars der Frauenkirche, „artistischer Direktor" der Kunstanstalt und Entwerfer von zahlreichen ihrer Erzeugnisse. Nach einem Werbeprospekt der 1870er Jahre umfasste die Kunstanstalt damals „nach Vorbild der mittelalterlichen Bauhütte" die Abteilungen für Bildhauerei, Malerei (einschließlich Glasmalerei) und Architektur (einschließlich Kircheneinrichtung aller Art). Leiter des Unternehmens, das sich seit 1882 „Hofkunstanstalt" nennen durfte, war 1883–1926 Franz Borgias Mayer, der zweite Sohn des Gründers. Neben der serienmäßigen kunstindustriellen Produktion gewann die Fertigung von Einzelkunstwerken den Vorrang.

Seitzstraße

Nach Franz (von) Seitz (1817–1883), Maler und techn. Direktor des Hoftheaters, wurde 1888 ursprünglich eine kurze Verbindung zwischen Maximilian- und Bürkleinstraße entlang der westlichen Schmalseite des Regierungsgebäudes (s. Maximilianstraße 39) benannt; sie ist vollständig im neu angelegten Karl-Scharnagl-Ring (s. dort) aufgegangen.

Ersatzweise wurde der ehem. Nordteil der Kanalstraße jenseits des Altstadtringes von diesem bis zur Sigmundstraße und die nördliche Fortsetzung bis zur Prinzregentenstraße, einst Herzog-Rudolf-Straße genannt, nach Franz Seitz benannt – ein in seinem leicht gekrümmten Verlauf der Außenseite der ehem. Wallbefestigung aus der 1. Hälfte des 17. Jh. folgender Straßenzug mit wenig aus der Zeit vor dem Luftkrieg erhaltener Bebauung. (Der Name Herzog-Rudolf-Straße – s. dort – wurde auf den Abschnitt der einstigen Kanalstraße zwischen Maximilianstraße und Karl-Scharnagl-Ring übertragen.) – ARCHÄOLOGISCHE BEFUNDE s. Karl-Scharnagl-Ring. (Siehe Flurkarte S. 153)

Seitzstraße 4. Auf der nördlichen Spitze des ehemaligen Hofküchengartens, hier westlich der Franziskanerkloster- und Pfarrkirche St. Anna befand sich ein kleines zweiflügeliges Wohnanwesen, das schon 1808 nachweisbar ist. Diese Vorbebauung legte man zugunsten des Neubaus von Seitzstraße Nr. 4 im Winter 1887/88 nieder. Bauwerber war der Dekorationsmaler M. Spitz, Planfertiger und Bauführer Maurermeister Kaspar Griner.

Seitzstraße 4; Aufn. 1995   Seitzstraße 5

Die Grundlinien des im Herbst 1888 wohnreifen Neubaus folgen einem gängigen Muster: Dem Riegel an der Straße setzte man eine kurzen Rückflügel an, dabei bleibt die Südfassade freigestellt. Das Treppenhaus legte man nicht an den Hofwinkel, der entsprechend auch nicht eingeklinkt werden musste, sondern steckte es an die südliche Grundlinie, wo es eingezogen von einer eigenen Fensterachse Licht erhält. Die halbgewendelte Podesttreppe erschließt in jeder Etage eine Wohnung, dies gemäß Eingabeplan (mit der zwinglichen Ausnahme der Flure kam kein Raum in einer Dunkelzone zum Liegen). Der Hauseingang befand sich ursprünglich in der vierten Achse der Südfassade und in der Lage des heutigen Eingangs betrieb man ein Ladengeschäft. Die heutige Zugangssituation schuf man nachträglich unter Verwendung der bauzeitlichen Haustüre (Laden zu Wohnraum ausgewechselt). Die sechsachsige Hauptfassade zur Seitzstraße hin erhielt einen aufwendigen Neurenaissancedekor, auch die westliche Achse der Seitenfassade schlug man dieser Gestaltung zu, dort weiter auffolgenden Achsen hielt man bescheidener. Wasserschläge trennen alle Geschosse, das Erdgeschoss erhielt eine Quaderrustizierung, 1. und 2. Obergeschosses eine einfache Streifenrustizierung. Die Fenster des 1. und 2. Obergeschosses flankieren Pilaster mit ionischen Kapitellen. Im 1. Obergeschoss finden sich die Öffnungen mit Segmentbögen verdacht, die des 2. Obergeschosses mit Dreiecksgiebeln. Die Fenster des 3. Obergeschosses besitzen profilierte und geohrte Rahmungen. Auch der Konsolfries des Dachgebälks hat sich erhalten. Seitzstraße 4 ist ein vergleichsweise gut überliefertes Beispiel für die viergeschossige Zweitbebauung im westlichen Lehel, deren zahlreiche Vertreter zunächst im Bombenhagel untergingen und in den 1950er Jahren für den Ringausbau großflächig abgeräumt worden sind. (Fassadenrenovierung 1979, erweiternder Ausbau des Dachgeschosses 1992/93, Fensterertüchtigungen 2004.)

Seitzstraße 5. Das zur Zeit der Wenngschen Einmessung als Haus Nr. 20 an der Kanalstraße geführte Anwesen wurde um 1830 erbaut. Es entstand auf dem Areal zwischen der Hofheuwaage im Westen und der Artillerie-Kaserne im Osten und ist als Beispiel der „frühen Urbanisierungsstufe" des Lehels anzusehen. Zur Zeit seiner Erbauung dominierten das Lehel noch Wohnbauten aus Holz. Das Grundstück dieses schlichten Vorstadthauses durchzog bis 1897 das offene Gerinne des Kanal-

Seitzstraße 5, UG, Liste der Luftangriffe im Zweiten Weltkrieg

bächls, die Terrainbeschaffenheit war für gemauerte Wohnbauten insgesamt eine Herausforderung.

Die Hofdurchfahrt legte man in die südliche Achse, wie ursprünglich alle Öffnungen im Erdgeschoss rundbogig geschlossen. Der Durchfahrt liegt rechter Hand das vor der Grundlinie eingezogen bleibende Treppenhaus an, charakteristisch für die Bauten dieser Zeitstellung (vgl. die erhaltenen Häuser an der Müller- und an der Fürstenstraße).

Seitzstraße 6; Aufn. 1995

Seitzstraße 7; Aufn. 1995

Seitzstraße 11; Aufn. 1995

Die halbgewendelte Stiege erschließt gemäß Eingabeplan zwei mittelgroße Wohnungen in jeder Etage. Typisch für die Entstehungszeit sind die tiefen Dunkelzonen, die nur durch Wandaufschlüsse (etwa Alkoven) über direkt belichtete Räume erhellt werden konnten. Seiner Zeitstellung entsprechend kennzeichnete auch die Fassadengestaltung des Anwesens biedermeierliche Schlichtheit. Das Erdgeschoss war ursprünglich rustiziert, die Fenster des 1. und 2. Obergeschosses trugen profilierte geohrte Rahmungen, die des 3. Obergeschosses einfachere Faschen. Infolge von Glättungen nach dem Zweiten Weltkrieg ging dieser Dekor ab. Das heutige Erscheinungsbild ist das Ergebnis einer Generalsanierung in den Jahren 2002/03, so auch der Ausbau des Dachgeschosses mit der bestehenden Gaubenreihe. Rückseitig erhielt der Bau einen erkennbar abgesetzten, modernen Glas-Eisen-Rückflügel mit schiebbaren Lamellenläden. Das Hoftor wie auch die Wohnungseingangstüren wurden nach den Originalen rekonstruiert. Als überaus seltenes Beispiel haben sich im Keller des Hauses die Bleistift-Aufzeichnungen des Luftschutzwartes erhalten, die vom September 1944 bis zum Kriegsende reichen und neben den Belegungstagen und -nächten auch die Bombeneinschläge in nächster Nähe dokumentieren; inszeniert nach einer Idee von Andreas Dalnoki. (Erneuerung der Fenster 1983/84, Gesamtinstandsetzung 2001/02.)

[**Seitzstraße 6.** Westflügel (Studientrakt) des Franziskanerklosters St. Anna, historisierend mit Natursteinportal, 1909–11 von Franz Deininger; s. St.-Anna-Straße 19. 2006 mit Ausnahme der Fassade abgebrochen, dahinter bis 2008 Errichtung von Neubauwohnungen.]

Seitzstraße 7. In der Wenngschen Einmessung entspricht das Haus dem Anwesen Kanalstraße 21. Wie beim südlich benach-

Seitzstraße 6, Portal

barten Haus Nr. 5 war die Parzelle um 1830 erstmals bebaut, das Vorgängergebäude des heutigen Hauses war wie Nr. 5 und 11 sowie Nr. 13 der ersten Urbanisierungsstufe der St.-Anna-Vorstadt zuzurechnen. Bis 1897 durchzog das Grundstück das offene Gerinne des Kanalbächls (im selben Jahr aufgelassen).

Im März 1892 ließ der Buchbindermeister Michael Holzmüller den biedermeierlichen Altbau demolieren und beauftragte den Architekten Wilhelm Glöckle mit Planung und Ausführung eines Neubaus. Für die Zeitstellung typisch setzte Glöckle dem Riegel an der Straße einen kurzen südlichen Rückflügel an. Die Durchfahrt wurde mittig ins Gebäude gesteckt. Das Stiegenhaus liegt der Durchfahrt linker Hand (d. i. südlich) an. Die doppelläufige Podesttreppe erhält Licht vom Hofwinkel her und führt zu zwei mittelgroßen Wohnungen in jeder Etage. Schon gemäß Erstzustand wird das Erdgeschoss von Läden eingenommen. Die Fassade kennzeichnet eine Schlichtheit, die von der Purifikation eines ursprünglich Neurenaissancezierrats in späterer Zeit herrührt und aus einer regelmäßigen Folge von fünf Fensterachsen gleicher Größe besteht. Ein kräftiger Wasserschlag setzt die Obergeschosse vom ursprünglich rustizierten Erdgeschoss ab. Das Dachgeschoss wurde bis dato (Status: 2008) nicht voll ausgebaut. (Die Einfachheit der Fassade verleitete dazu, dass das Anwesen bisher als Vertreter der ersten Ausbaustufe des Lehels angesehen worden ist. Protokollarisch belegt handelt es sich jedoch um die Zweitbebauung.)

Seitzstraße 11. In der Wenngschen Einmessung von 1850 entspricht das Anwesen dem Haus Nr. 23 an der Kanalstraße. Es entstammt im Kern der ersten Ausbauphase des Lehels zum städtischen Quartier und entstand um 1830. Zur Zeit seiner Entstehung war das Umfeld des Hauses von Versorgungs- und Funktionsbauten des Hofes und des Militärs geprägt. Die für das Quartier typische Wohnbebauung bestand in Bauten, deren Obergeschoss meist aus Holz war. Im Unterschied etwa zu Nr. 7, dort ersetzte man in den 1890er Jahren das Altanwesen durch einen zeitgemäßer geschnittenen Neubau, ließ der Rentier Adolf Hebensberger bei Nr. 11 zwischen 1898 und 1900 verschiedene Modernisierungen am alten Haus vornehmen. Ihrer Auffassung nach reichen die Fensterrahmungen und die anderen, sachte eingesetzten Gestaltungselemente in diese Zeit zurück: ein kräftiger Wasserschlag oberhalb des Erdgeschosses, profilierte Rahmungen im 1. und 2. Obergeschoss, am 3. Obergeschoss noch schlichter ausgeführt. Insgesamt Elemente, die eine Neurenaissanceauffassung markieren. Das Anwesen war schon in den 1920er Jahren im Besitz von Martin Sixt, der im Rückgebäude Autogarage und Werkstätte betrieb. Die Änderung des Erdgeschosses zur heutigen Gestalt geschah im Jahr 1959. Der Dachraum wird zweigeschossig bewirtschaftet. (Fassadeninstandsetzung und Fenstererneuerung 1989/90, Gesamtinstandsetzung 2002/03.)

Seitzstraße 13. Ab 1827 wurde die Neue Pferd-/später Christophstraße und der parallel zur Fuhrwesenkaserne laufende Abschnitt der Canalstraße, nachmals Seitzstraße, dann vorübergehend Herzog-Rudolf- und ab 1950 erneut Seitzstraße genannt, Zug um Zug bebaut. Bei zahlreichen der Neubauten tritt Baumeister Joseph Höchl als Bauwerber auf. Die erhaltenen Bauten an der Christophstraße reichen, wie auch Seitzstraße 5, 11 und 13 in diese erste Phase der Urbanisierung der St.-Anna-Vorstadt zurück. Das Eckhaus Nr. 13 vereinigt heute zwei ursprünglich selbständige Häuser auf sich: das vormals als Neue Pferdstraße 6 gezählte Eckhaus und der als Canalstraße 24 (um 1850) gezählte Anschlussbau nach Süden entlang der Seitzstraße. Die Hofdurchfahrt kam in der südlichen Achse zum Liegen (vgl. Seitzstraße 5), der Hauseingang in der fünften Achse von der Seitzstraße her. Das Treppenhaus bleibt vor der rückwärtigen Grundlinie eingezogen. Die doppelläufige Podesttreppe führt gemäß Eingabeplan zu zwei Wohneinheiten je Etage (Wohnungsteilungen nachträglich), deren nördliche nimmt jeweils die Fläche im alten Teilhaus Neue Pferdstraße 6 ein. Die Anlage der Treppe entstammt den Jahren nach 1898, als der Kaufmann Ignatz Piehler Umbauten vornehmen ließ. Piehler verfuhr hier ähnlich wie man auch bei der benachbarten Nr. 11 vorgegangen war. Die Nutzung des Erdgeschosses war zahlreichen Änderungsschritten unterworfen, und davon abhängig wurde die Erdgeschossfassade vielfach verändert. Heute (Status: 2008) sind hier zwei Gastronomien, ein Schusterladen sowie eine Geschäftsstelle untergebracht. Der übereck gesetzte Zugang zu einer der Lokalitäten ist Gegenstand einer Wiedergewinnung nach 1964; zu dieser Zeit war die Ecksituation zugesetzt.

Die Erdgeschossöffnungen finden sich heute einheitlich rundbogig geschlossen bzw. mit Rundbögen verblendet. Auch die Fensteröffnungen von 1. und 2. Obergeschoss schloss man rundbogig, sie erhielten darüber hinaus profilierte Rahmungen und gleichsam schwebende gerade Verdachungen. Ein kräftiger Wasserschlag setzt die Obergeschosse vom Erdgeschoss ab. Ein umlaufendes Kaffgesims geht in eins mit den Sohlbänken der Fenster des 2. Obergeschosses. Die Fenster des 3. Obergeschosses hielt man schlichter. In markanter Ecklage und mit vergleichsweise ruhiger straßenseitiger Dachlandschaft ist das Anwesen ein gut überlieferter Vertreter des ersten Ausbaus des Lehels, bezeichnend vor allem die selten erhaltenen und stiltypischen rundbogigen Fensteröffnungen. (Dachgeschossausbau mit Gauben sowie Instandsetzung des 1. Obergeschosses 2001/02, Anbringung einer leicht fassadenwirksamen Sicherheitsplattform in der Dachzone über der Christoph-Straßenseite 2002, rückwärtig Errichtung von Außenbalkonen und einer Dachterrasse sowie zusätzlich Dachflächenfenstern 2007.)

Seitzstraße 29. Vgl. Ensemble Prinzregentenstraße.

Seitzstraße 13 (links Nr. 11, rechts Christophstraße 8, 10); Aufn. 1995

Sendlinger Straße

(Vgl. Ensemble Altstadt.) Südwestliche Hauptachse der Stadterweiterung der 2. Hälfte des 13. Jh. zwischen dem einstigen Inneren Sendlinger Tor (Pütrichturm, abgebrochen 1808, vgl. Sendlinger Straße 1) und dem erstmals 1319 erwähnten neuen, z. T. noch erhaltenen Äußeren Sendlinger Tor (s. dort), in Fortsetzung der Rosenstraße und des Rindermarktes, die sich innenseitig vor dem alten, inneren Tor vereinigten. Die 460 m lange, das Hackenviertel vom Angerviertel trennende, erhöht auf der Niederterrasse entlanggeführte Ausfallstraße in Richtung Sendling ist (vgl. Stadtplan von Consoni 1806) durch eine auffallend dicht geschlossene Bebauung gekennzeichnet, unterbrochen westseitig nur durch die früher sehr schmale Hackenstraße, östlich durch drei schmale, zu dem schon in einer älteren Phase besiedelten, lockerer bebauten Bereich um den Angerbach und St. Jakob hinabführende Gassen. Die sich von der Umgebung abhebende dichte, homogene Parzellierung lässt auf einen Richtungsschub der Bebauung von der hochmittelalterlichen Kernstadt entlang der Ausfallstraße nach Südwesten schließen; das Parzellengefüge unterscheidet sich deutlich von dem des Angerviertels im Osten und dem viel erörterten präurbanen Altheim nebst anschließendem Straßenraster im Westen. Die kompakt bebaute Straße weitet sich am Ende vor dem äußeren Tor des das vorstädtische Wachstum des 13. Jh. zusammenfassenden zweiten Stadtbefestigungsringes leicht trichterförmig auf (vgl. Neuhauser Straße beim Karlstor). Eine früher deutlichere Verengung im Mittelteil (vgl. Nr. 29/31 von 1898 auf geänderter Baulinie) könnte auf

Sendlinger Straße; Stadtplan von T. Volckmer, 1613

Sendlinger Straße nach Süden, rechts Asamkirche; Aufn. um 1935/40

Sendlinger Straße nach Süden ab Färbergraben (vgl. Nr. 4); Aufn. um 1909/10

Als Hauptachse der weniger vornehmen Altstadt-Südhälfte wurde die Sendlinger Straße im 19. und 20. Jh. zu einer Geschäftsstraße mehr bürgerlichen als exklusiv-eleganten Charakters. Seit alters waren an ihr zahlreiche Brauereien und Gasthöfe ansässig (vgl. Nr. 10, ehem. 76/Faberbräu, Nr. 14/Altes Hackerhaus, Nr. 46/ehem. Oberottl, Nr. 50/Leistbräu). Auf der heutigen Nr. 23 stand bis zum Luftkrieg das Bernrieder Klosterhaus, in dem 1799 der dreizehnjährige Carl Maria von Weber wohnte (Gedenktafel am Neubau von 1951); gravierend ist der Verlust des barocken Benediktbeurer Klosterhauses (heute Nr. 42). Von der auf Sandtners Stadtmodell von 1570 dargestellten Bebauung mit ihrer äußerst abwechslungsreichen Dachlandschaft war schon lange vor dem Ersten Weltkrieg nichts mehr übrig. Trotz laufender Umbauten und Auswechslungen, erheblicher Luftkriegsschäden (etwa die Hälfte der Bausubstanz) sowie Nachkriegs-Neu- und Ersatzbauten ist, vor allem dank nur partieller Parzellen-Zusammenlegungen und annähernd gleicher Traufhöhen, noch ein (als gleichsam erneuert zu definierender) Altstadtcharakter spürbar, obwohl – vom barocken Asam-Komplex abgesehen – nur ein einziges Haus (s. Nr. 11) noch aus der Zeit vor 1800 erhalten ist (Haus Nr. 36 ist eine Kopie des Vorgängerbaues). In der klassi-

eine in zwei bald aufeinanderfolgenden Schüben erfolgte Erstbebauung hinweisen, vielleicht noch heute ablesbar an dem Grundstücksgefüge der Westseite, das sich entlang der fortgesetzten Nordgrenze des Priesterhauses (Nr. 30) sichtlich ändert; von hier ab reichen die Grundstücke meist bis an die in diesem Abschnitt von der Allerheiligenkirche ab verbreiterte Kreuzstraße (vgl. Nr. 40 und 50/52 mit Durchgängen). Im Bereich östlich gegenüber reichten die Parzellen meist hinab bis zur nach dem Zweiten Weltkrieg verschwundenen schmalen Raspstraße (früher Auf dem Gänsbühel), die im erweiterten Oberanger (s. dort) aufgegangen ist. Dessen um 1960 erfolgter Ausbau zur Hauptverkehrsachse hat die parallele Sendlinger Straße beruhigend entlastet. Die Situation am ursprünglich engen, blockierten Nordende der Straße hat sich seit Abbruch des inneren Tores (1807) und durch in der Folge stark auseinandergerückte flankierende Ersatzbauten (vgl. Nr. 1 und 2) völlig geändert; heute bilden das gerundete Spätbarockhaus Fürstenfelder Straße 13 (s. dort) und der in der Ferne aufragende neugotische Turm des Neuen Rathauses den optischen Abschluss.

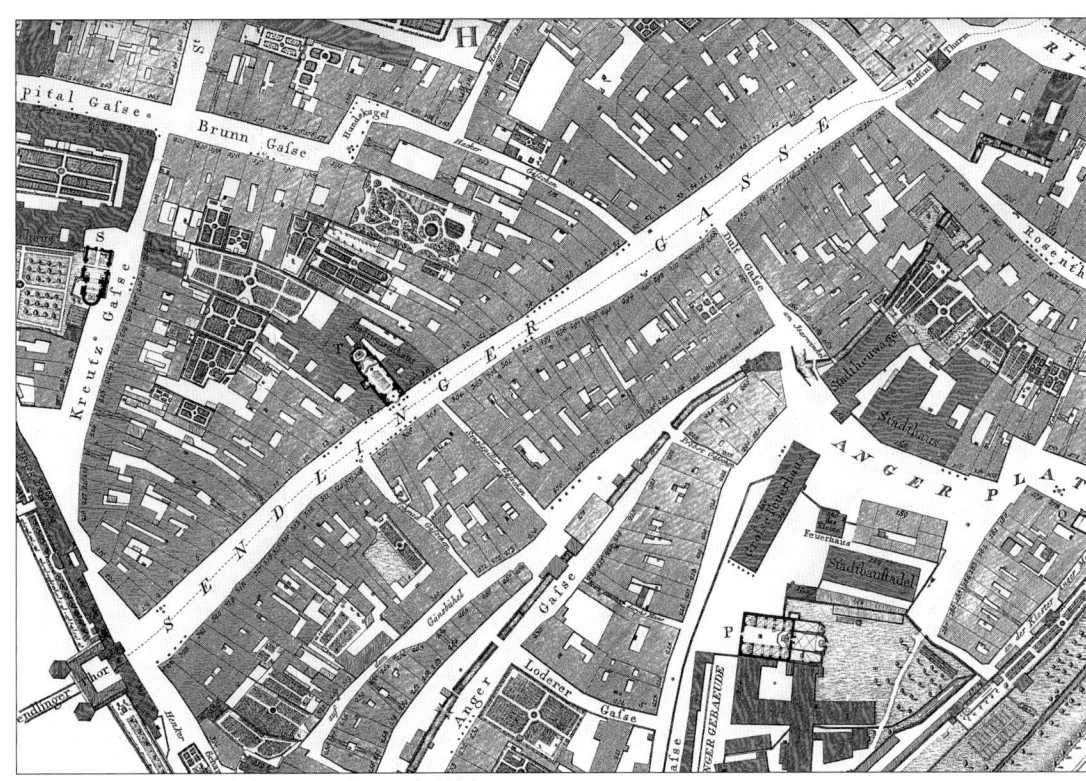

Sendlinger Straße; Stadtplan von J. Consoni, 1806

Sendlinger Straße zwischen Färbergraben und Asamkirche; Aufn. um 1960/70 (mit Luftkriegslücken)

zistisch-biedermeierlichen Zeit nach 1800 wurden einerseits Altbauten fortschreibend saniert und modernisiert (vgl. das heutige Doppelhaus Nr. 10 mit allein erhaltener Fassadengestaltung sowie Nr. 35); andererseits entstanden bereits anspruchsvollere, der in der neuen Maxvorstadt entwickelten Typologie entsprechende Neubauten, vgl. Nr. 2 und 14. In der durch wirtschaftliche Prosperität, auch durch neuartige Repräsentations-, Nutzungs- und Komfortansprüche gekennzeichneten Ära zwischen 1870 und dem Ersten Weltkrieg ergab sich ein massiver Veränderungsdruck. Die Entwicklung setzte ein mit dem Eckhaus Hackenstraße 1 an der Südseite der 1874 erweiterten westlichen Querstraße (mit Kuppelturm; kriegszerstört), dem Eckhaus Nr. 3 im Neurokokostil (Ebenböckhaus, 1926 und später verändert) sowie mit dem markanten Eckhaus Nr. 62 von 1882 am Südende (s. dort). Von der folgenden Phase durchschnittlicher Wohn- und Geschäftshäuser mit Neurenaissancefassaden (vgl. Nr. 33a, 41, 43 und 54, auch das zerstörte Eckhaus Blumenstraße 48 im Süden) suchte sich die um Reform und künstlerische Qualität bemühte Architektur der Jahrhundertwende auf sehr unterschiedliche Weise abzusetzen. Ein modernistisches Extrem stellte das Geschäftshaus Nr. 3 (s. dort) mit seinem völlig verglasten, jugendstilig dekorierten Fassadenskelett dar (1903/05 von Hönig und Söldner, schon bei Erweiterung 1910 klassizisierend beruhigt). Ihm stellte Max Littmann 1905–08 das breit gelagerte Ge-

bäude der Münchner Neuesten Nachrichten (s. Nr. 8) mit seiner um eine Synthese von Modernität und Altstadtmerkmalen bemühten Natursteinfront gegenüber. Über den gängigen Historismus hinaus weist auch das Eckhaus Nr. 4 (1911 von Hönig und Söldner, s. dort). Forciert altdeutschen, unhistorisch aufwendigen Altstadtcharakter simulierten Neubauten wie Nr. 45 und 56 (s. dort), während Nr. 29/31, Hans Grässels Singlspielerhaus von 1898, auf weit diskretere, stimmungsvolle Art die Blütezeit des deutschen Bürgertums im 16. Jh. beschwor. Mit seinem Ruffini-Block am Nordende (s. Nr. 1), der farben- und schmuckreich eine heimatlich-barockisierende Variante der Reformarchitektur repräsentiert, setzte Gabriel Seidl um 1903 einen kräftigen, bis heute wirkungsvollen Akzent in das sonst kaum noch wirklich historische Umfeld.

In der Zwischenkriegszeit konnten lediglich zwei Bauvorhaben realisiert werden (vgl. Nr. 27 und 46). – Das dezent barockisierende Eckhaus Nr. 15 (Uhren-Friedrich), mit einem Moriskentänzer als Glockenspielfigur, stammt aus einer frühen, in dieser Weise nicht fortgesetzten Phase der Wiederaufbauzeit (Fassadenplan 1948/49 von Albert Mack, Schlussbesichtigung 1951). Zwei größere Baumaßnahmen späterer Jahrzehnte kennzeichnen typische Tendenzen: der Asamblock (Nr. 24/26/28, 1981–83 von Grüner, Schnell und Bierler) schloss unter Einbeziehung und Öffnung des Blockinneren eine breite Nachkriegs-Baulücke; die Baugruppe Nr. 37/39 von Stern und Krug (vollendet 1974) hingegen ersetzte einige damals als unscheinbar, baufällig und nicht sanierungswürdig geltende Altstadthäuser.

Einzelne Nachkriegs-Neubauten im zentrumsnahen Nordteil wurden in der letzten Zeit gestalterisch und funktionell aktualisiert, so erhielt Nr. 6 (Sport Scheck von 1946, umgebaut 1960 von Carl F. Raue) 1996 eine neue Glasfassade von Richard Buchecker; Nr. 7, der vierflügelige Angerblock (1963–65 von Paolo Nestler), ein betont sachlicher Stahlbetonskelettbau, wurde um 1992 mit postmodernem Touch aufgewertet (Arch. Peter Lanz). Straßenbahnverkehr (zunächst Pferdebahn) gab es in der Sendlinger Straße ab 1892, beginnend am Färbergraben, südwärts durch das (1906 entsprechend erweiterte) Sendlinger Tor; 1906/07 wurde die Strecke nordwärts über Rindermarkt, Marienplatz, Wein- und Theatinerstraße bis zum Odeonsplatz verlängert (1944 Betrieb eingestellt, Gleise 1951/52 entfernt).

Die Sendlinger Straße beim (wohl inneren) Tor ist Schauplatz der Oper Feuersnot von Richard Strauss (1901), in der er auf satirische Weise das Unverständnis seiner Vaterstadt thematisierte.

ARCHÄOLOGISCHE BEFUNDE: Größere Bodeneingriffe und Umbauten sind aus jüngerer Zeit nicht bekannt. Deshalb ist mit untertägig erhaltenen Resten von Bauwerken, unter der Straße mit verrohrten Bächen und Pflastern und unter den Gebäuden mit Resten von Vorgängerbauten, möglicherweise mit Brunnen und Latrinen, zu rechnen. Unter Sendlinger Straße 1, 2, 8, 10, 13, 17, 19, 20, 22, 23, 25, 30, 32, 33a, 34, 35, 36, 38, 40, 42, 42a, 43, 44, 45, 49, 50, 52, 54, 58, 60 und 62 befinden sich Teile mittelalterlicher und neuzeitlicher Bebauung. Unter Sendlinger Straße 1 und 2 werden Reste des Stadtgrabens vermutet, unter Sendlinger Straße 2 vielleicht auch Teile der Stadtmauer.

Sendlinger Straße von Süden (vorne links Nr. 62, rechts Nr. 45); Aufn. 1995

Bei den Grundstücken Nr. 4, 17, 19, 21, 23, 25, 27, 29/31 und 33 wurde – bezugnehmend auf den Baulinienplan von 1895, der bereits eine Straßenverbreiterung vorsah – nach und nach die Mauerfront zurückversetzt, sodass sich heute die Fundamente der ehemaligen Straßenfront unter dem Gehwegpflaster befinden.

Sendlinger Straße 1. Teil des Ruffini-Blocks, 1903–05 von Gabriel von Seidl; s. Rindermarkt 10.

Sendlinger Straße 2. Sog. *Schlossereck.* Auf dem von Fürstenfelder Straße, Sendlinger Straße und Färbergraben begrenzten Areal zeigt das Stadtmodell von Sandtner von 1570 eine vielgestaltige Bebauung aus fünf Bürgerhäusern, die im Bereich der ältesten Stadtbefestigung entstanden waren; an eines davon grenzte das erst 1807 abgetragene alte oder sog. Innere Sendlinger Tor, bei Sandtner ein Rechteckturm mit Zinnen, bei Stimmelmayr (gegen 1800) in erhöhter Form mit laternenbekröntem Dach (auch als Ruffini-, Püttrich- oder Blauententurm bezeichnet). Stimmelmayrs Skizzen wie auch der Stadtplan von Consoni (1806) zeigen noch die alte Bebauung, die beiderseits des Turmes den Beginn der Sendlinger Straße stark verengte. Drei der an der Nordwestseite stehenden Häuser, nach der Nummerierung von 1789 mit den Nummern 45, 46 (neben dem Turm) und 47 (sog. Schlossereck an der Fürstenfelder Straße, ursprünglich Schlossern und Schmieden gehörig, seit dem 17. Jh. ein Melberhaus) wurden, samt einem angrenzenden weiteren Haus an der Fürstenfelder Straße (alte Nr. 48, ein Bäckeranwesen „Zum Riedlbäcker", nach Georg Riedel, um 1700), 1831 vom Bäckermeister Josef Troglauer mit Unterstützung der Stadt erworben, der einen Teil der Grundstücke zur Verbreiterung der Sendlinger Straße abtrat und den Rest mit dem noch bestehenden Eckgebäude bebaute.

Das 1831 von Baumeister Joseph Höchl (mit Zimmermeister Peter Erlacher) erbaute viergeschossige Wohn- und Geschäftshaus mit ursprünglich neun Fensterachsen zur Sendlinger und fünf zur Fürstenfelder Straße gehörte mit seiner Fassade in den reduzierten Formen der Klenze-Nachfolge – etwa von dessen Bauten um den Odeonsplatz abgeleitet – zu den bemerkenswerten klassizistischen Neubauten in der Altstadt. Die Details der Fensterumrahmungen mit geraden Verdachungen sind in den durch Gesimse geschiedenen Geschossen nach oben hin jeweils leicht variiert bzw. reduziert. Durch den Verlust der anspruchsvollen originalen Erdgeschossgestaltung mit rustizierten Schaufensterarkaden ist die architektonische Gesamtwirkung allerdings stark gemindert, das wahre Qualitätsniveau kaum mehr nachzuvollziehen.

1876 ließen die Kaufleute Gebr. Hirsch und Sigmund Engländer das Haus nach Plänen von August Rauchner, Lehrer an der kgl. Industrieschule, in äußerlich gleichen Formen um zwei Achsen nach Südwesten verlängern, mit fünfachsiger schmaler Seitenfront zum verbreiterten Färbergraben hin (nach Abbruch des bisherigen Eckhauses Nr. 106 nach der Zählung von 1789, bei Sandtner einem dreigeschossigen Satteldachhaus).

Die Ladenfront im Erdgeschoss wurde 1894 von Heilmann und Littmann in Neurenaissanceformen neu gestaltet und inzwischen abermals modernisiert. In der Mittelachse der ursprünglich kürzeren Längsseite

Sendlinger Straße 2; Aufn. 1995

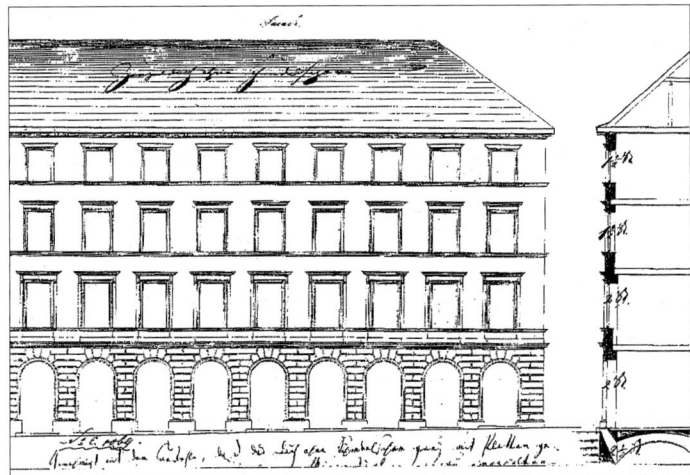

Sendlinger Straße 2; Aufriss Ostfassade, 1831

liegen der Eingangsflur, anschließend das quer gerichtete Treppenhaus und der kleine Hof, unter den entlang der Fassade aufgereihten Läden die gewölbten Kellerräume. Die einzelnen Obergeschosse enthielten ursprünglich wohl je eine große, nach der Gewohnheit der Zeit beliebig unterteilbare Wohneinheit.

Sendlinger Straße; Flurkarte, M. 1:5000

Sendlinger Straße 3; Aufn. 1910

Sendlinger Straße 3. *Geschäftshaus Konen.* Der rückseitig bis an den Oberanger (ehem. Pettenbeckstraße) reichende Geschäftshauskomplex nimmt die Stelle von drei bzw. (nach Erweiterung) fünf Bürgerhausparzellen an der Sendlinger Straße ein, die auf Sandtners Stadtmodell von 1570 mit äußerst vielgestaltiger Dachlandschaft (meist Pultdächern) und bei Stimmelmayr (um 1800) in z. T. aufgestockter oder erneuerter Form dargestellt sind. Die drei nördlichen Häuser trennte von den beiden anderen ein „Zwischenraum und Bogen zur Einfahrt" zum Hof des südlich angrenzenden Bräuhauses (alte Nr. 5 nach Stimmelmayr). Letzteres wurde nach Christoph Pollinger, Eigentümer ab 1666, als „Unterpollinger-Bräu" bezeichnet (s. Neuhauser Straße 18, „Oberpollinger"). Das rechts (südlich) angrenzende Haus mit der alten Nr. 6 war bis 1749 Benefiziatenhaus des St.-Barbara-Altars in St. Peter, 1792–1814 Eigentum des bedeutenden Gold- und Silberschmieds Ignaz Franzowitz („Goldschmied-Haus" nach Stimmelmayr).

Die Häusergruppe (vgl. Bauer/Valentin 1982, Abb. 57) erwarb 1887 (Nr. 5) bzw. 1899 (Nr. 6), dazu 1910 noch Nr. 4 der Kleiderfabrikant Isidor Bach, der hier nach Entwurf des besonders für seine Geschäftshäuser renommierten Architekturbüros (Eugen) Hönig und (Karl) Söldner 1902–03 ein Verkaufshaus für Herren- und Knabenkleidung aufführen ließ, das später (1910/11) noch nach Norden erweitert wurde. Die Firma in jüdischem Besitz bestand noch bis in die Zeit des „Dritten Reiches"; seit 1940 Firma Johann Konen. Nach schweren Kriegsschäden Wiederaufbau 1955 durch Architekt Max Wiederanders.

Trotz Kriegsschäden und mehrfachen eingreifenden Umbauten blieb die mit Naturstein verkleidete Fassade des Stahlbetonbaus – abgesehen vom völlig veränderten Erdgeschoss – in den Grundzügen der abschließenden Redaktion von 1910 bis heute erhalten. Im konservativen, auf malerische Stimmungswerte bedachten München zu Beginn des 20. Jh. ist ihre dekorlose, aus der Funktion entwickelte Struktur eine Rarität. Einem traditionellen Habitus entsprechen am ehesten die Fensterarkaden im 1. Stock, während die in hohen Rundbogenblenden zusammengefassten, kleinversprossten Fensterflächen der drei oberen Geschosse ein im zeitgenössischen internationalen Geschäftshausbau verbreitetes Gliederungsprinzip übernehmen.

Sendlinger Straße 3; Aufn. um 1965

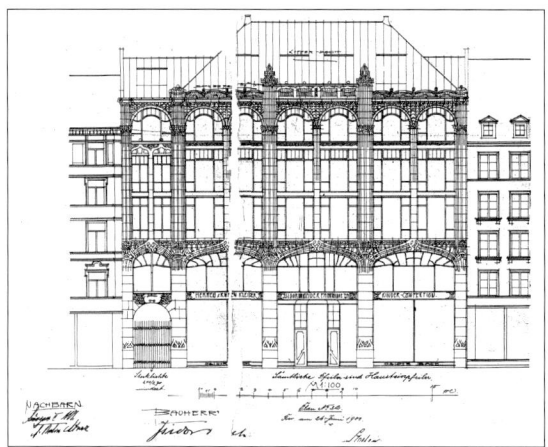

Sendlinger Straße 3; Fassadenaufriss, Eingabeplan, 1903

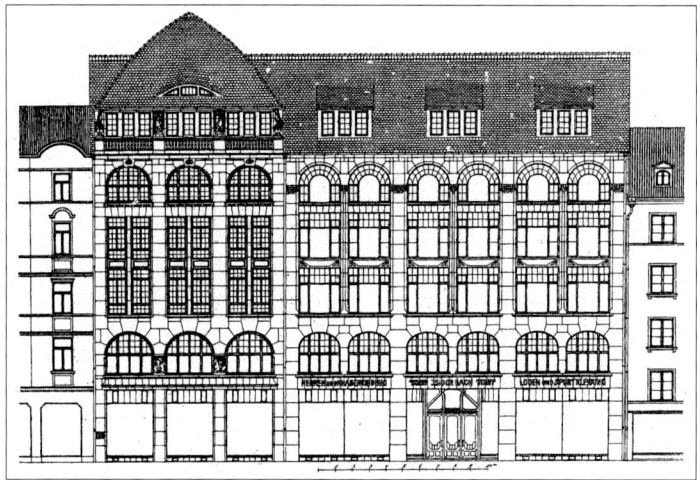

Sendlinger Straße 3; Aufriss des Umbaus und der Erweiterung (SBZ 1911)

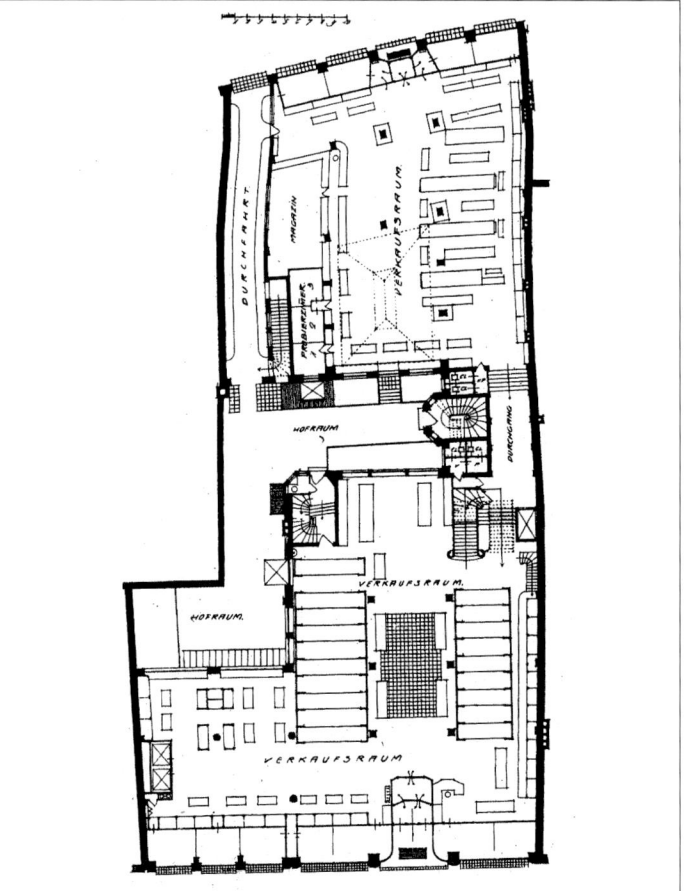

Sendlinger Straße 3; Grundriss Erdgeschoss (SBZ 1911)

Sendlinger Straße 3; Aufn. 1995

Der ursprünglich sieben Achsen umfassende rechte, ältere Gebäudeteil von 1903 war in seiner damaligen Gestaltung – einer Synthese von verglastem Skelettbau und in exzentrischen Jugendstilformen dekorativ behandelten Strukturen – ein (für München in dieser Art unikates) Extrembeispiel für eine bestimmte Übergangsphase im Geschäftshausbau – letztlich in sich widersprüchlich und disharmonisch, weshalb dieser Bauteil im Rahmen der Erweiterung von 1910 dieser angeglichen und überarbeitet wurde.

Der schmalere linke, dreiachsige Fassadenteil, später mit dem Haupteingang, zeigt in seiner leicht abgewandelten Gestaltung einen neuklassizistischen Einschlag: breitere Lisenen, massive vertikale Fensterteilungen, Konsolgesims unter dem letzten Geschoss und ebenda Schlusssteine; die Pfeiler im 1. Stock sind mit 1910 bezeichneten Steinreliefs von auf Steinböcken sitzenden Knaben mit Schere und Bügeleisen besetzt, Arbeiten des der Firma Hönig und Söldner verbundenen Bildhauers Julius Seidler. Ehemals hob sich dieser etwas jüngere Bauteil auch durch ein hinter Balustrade zurückgesetztes, erhöhtes Attikageschoss mit Bauplastik an den Pfeilern und gewölbtem Walmdach heraus (vgl. SBZ 1911).

Das nördlich benachbarte fünfgeschossige Eckhaus (ehem. Sendlinger Straße 2/Rosental 21), statt Vorgängern 1877 von Peter Berger für den Hofwachslichterfabrikanten Matthias Ebenböck mit einer frühen, reich gestalteten Neurokokofassade neu erbaut, wurde 1926 im Eckteil mietweise dem Kaufhaus Isidor

Bach angeschlossen und von Architekt F. Hafstetter und Ingenieur Hans Moser unter äußerlicher Vereinfachung adaptiert. Im Zuge umfassender Umbau- und Erweiterungsmaßnahmen am gesamten Konen-Komplex 1964/65 durch Architekt Max Wiederanders wurde auch der Eckteil (Nr. 2) völlig erneuert; an seiner Nordseite erinnert eine Gedenktafel an das ehem. Ebenböck-Haus, in dem 1557–1919 das Lebzeltergewerbe ausgeübt wurde. – 2000/01 weitgehender Um- bzw. Neubau des nordseitig vom Rosental begrenzten, rückseitig bis zum Oberanger reichenden Komplexes (Architekturbüro Blocher, Stuttgart) mit gerundeten, transparenten Eckpartien unter Erhaltung der renovierten Altbaufassade von Nr. 3.

Sendlinger Straße 4. *Geschäftshaus „Zum Rappeneck".* Das heutige Eckgebäude entstand 1911 an der Stelle dreier Bürgerhäuser mit den alten Nummern Sendlinger Straße 86, 87 (Eckhaus) und Färbergraben 20. Die auf dem Stadtmodell von Sandtner (1570) dargestellten Häuser Nr. 86 (dreigeschossig, mit Giebel) und 87 (mit gegen Norden abfallendem Pultdach) wurden 1630 nach Einsturz viergeschossig wiederaufgebaut; bis zum Abbruch 1911 bildeten sie mit ihrer überaus vielgestaltigen Dachlandschaft – Nr. 86 mit nach Süden geneigtem Pultdach, Nr. 87 mit Traufe und zwei sog. Ohrwascheln zur Sendlinger Straße und hohem Schopfwalmgiebel zum Färbergraben – eine der malerischsten Baugruppen in der Altstadt (Abb. 37 bei Stahleder 1992). Zu den Eigentümern von Nr. 87 – von 1631 bis ins mittlere 19. Jh. Eisenhändler – gehörte der 1706 als Teilnehmer des Aufstands gegen die österreichische Besatzungsmacht auf dem Markt hingerichtete Sebastian Senser; der Hausname Rappeneck ist erst seit dem frühen 19. Jh. überliefert. (Vgl. Abb. S. 1029)

Der Kaufmann Nathan Holzinger ließ für das 1909 erworbene Doppelgrundstück durch das vor allem im Geschäfts- und Wohnhausbau renommierte Architekturbüro (Eugen) Hönig und (Karl) Söldner Neubaupläne entwerfen, die nach Hinzuerwerb von Färbergraben 20 (eines viergeschossigen Traufhauses mit Flacherker) 1911 umgearbeitet wurden. Der fünfgeschossige Neubau fügte sich mit der abgeschrägten Ecke und seiner zurückhaltenden, dem Neuklassizismus nahestehenden, auf Ornamentik bereits verzichtenden Formensprache bewusst in die Altstadtumgebung ein. Erdgeschoss und das mezzaninhaft wirkende 1. Obergeschoss sind durch Rundbogenöffnungen, ihren durch Gesimse unterstrichenen Horizontalismus und die Muschelkalkverkleidung als Geschäftszone (ursprünglich Tuchhandlung Anton Grießl jun.) ablesbar, die Hauptgeschosse darüber im Eckbereich und an den Enden risalitartig wandhaft gestaltet, an letzteren polygonale Erker/Bay windows eingesetzt, die Mittelpartien mit Lisenen und dichter Fensterfolge; das oberste Geschoss durch kräftiges Gurtgesims abgesetzt und durch eine eingezogene Mitteloggia an jeder Seite erleichtert. Einziges Schmuckelement ist

◁ Sendlinger Straße 3, Fassadendetail im 1. Obergeschoss

Sendlinger Straße 4 ▷ (links Nr. 6); Aufn. 1911

Sendlinger Straße 4; Aufn. 1995

über der Eckarkade im Erdgeschoss die steinerne Hausfigur von Julius Seidler, ein Rappe über einem Schild mit dem Hausnamen. Von demselben Bildhauer stammen auch die romanisierenden Kapitelle der Fenstersäulen im 1. Stock. Die Dachzone war ursprünglich höher. Die verlängerte Seitenfront am Färbergraben schließt sich in einfacherer Gestaltung dem eigentlichen Eckbau an. Das Treppenhaus wurde in die Nordwestecke gelegt, südlich daneben der kleine Hof ausgespart.

Das im Zweiten Weltkrieg vor allem im oberen Teil beschädigte Haus wurde durch die damalige Eigentümerin, die Volksfürsorge Lebensversicherung AG, wiederhergestellt und innen bis auf die (modernisierte) Treppe völlig neu gestaltet. Weitere Umbauten folgten, vor allem nach der Angliederung an das nach Kriegszerstörung auf dem Nachbargrundstück Sendlinger Straße 6 (ehem. Hascherbräu, zuletzt fünfgeschossiger Neurenaissancebau von 1877) 1946 und abermals 1960 (durch Arch. Carl F. Raue; Fassade 1996 z. T. verändert) neu erbaute Sporthaus Scheck. Bei der letzten Restaurierung wurde die nach dem Krieg beseitigte, für das vornehm differenzierte Erscheinungsbild wichtige Sprossenteilung der Fenster wiederhergestellt.

Sendlinger Straße 8; Aufn. 1995

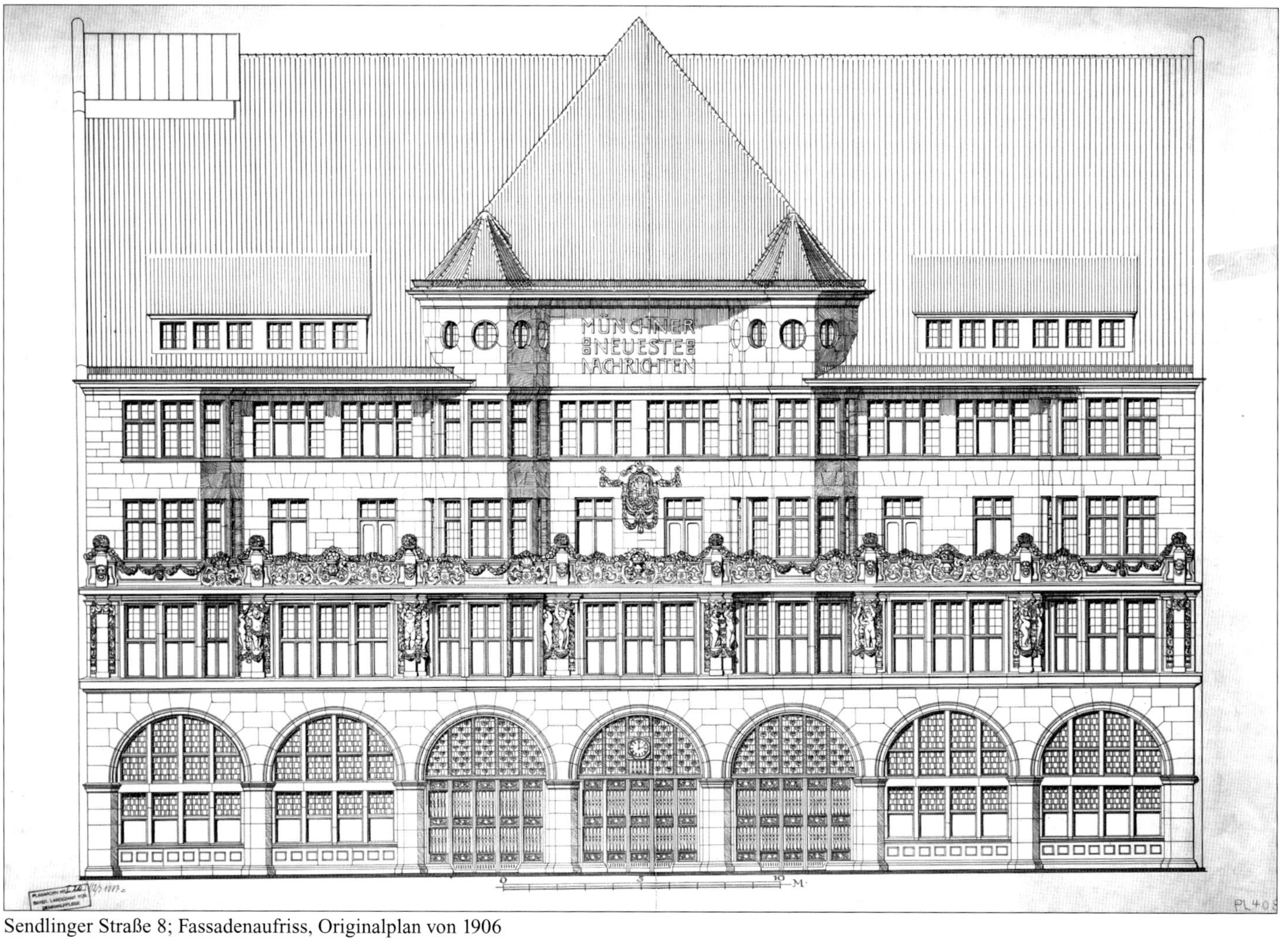

Sendlinger Straße 8; Fassadenaufriss, Originalplan von 1906

In den Bogenfeldern am Hauseingang die gemalten (erneuerten) Gedenkinschriften zur Hausgeschichte, die an „das 1910 abgebrochene ehemalige Himmelschäfflerhaus, von dem der Schäfflertanz seinen Ursprung genommen hat" (Färbergraben 20) und an den Neubau von 1911 erinnern; die leere Rechteckblende darüber enthielt wohl die (in MB I 1912 erwähnte) „dekorative Gedenktafel" von Kunstmaler Max Luber.

Sendlinger Straße 8. Ehem. Haus der Münchener Neuesten Nachrichten, später *Süddeutsche Zeitung*. 1874 erwarb der Verleger Julius Knorr (1826–1881), seit 1862 Inhaber der 1848 gegründeten „Neuesten Nachrichten", zwei Bürgerhäuser an der Sendlinger Straße (damals Nr. 83 und 84), an deren Stelle er 1877 einen Neubau für Verlag und Druckerei aufführen ließ. Unter seinem Sohn, dem Verleger Thomas Knorr (1851–1911), und seinem Schwiegersohn, dem Publizisten Dr. Georg Hirth (1841–1916, ab 1871 in München) wurden die „Münchener Neuesten Nachrichten" (so der Name seit 1887) zum bedeutendsten Blatt Süddeutschlands; beide gründeten 1875 die Buchdruckerei Knorr & Hirth, in der vor allem die Zeitung hergestellt wurde. 1883 wurden die Anwesen Färbergraben 22, 23 und 24 (heute Nr. 14) erworben, wo 1892 ein neues, lang gestrecktes Druckerei- und Bürogebäude mit Neurenaissancefassade entstand; 1904 wurde noch das 1897 neu erbaute Nachbarhaus Färbergraben 25 hinzugekauft. An der Sendlinger Straße erwarb der Verlag 1894 die südlich benachbarten Anwesen Nr. 80, 81 und 82. Im Lauf des gesamten 20. Jh. expandierte das Unternehmen weiter im Bereich des großen Häuserblocks, u. a. westlich bis zur Hofstatt hin; damit verbunden waren wiederholte Neu- und Umbauten meist im Zusammenhang mit technischen Neuerungen, natürlich auch nach den Kriegsschäden von 1944/45.

Der stattliche Neubau, der 1905–06 nach Plänen von Max Littmann (Mitarbeiter: Erich Goebel für die Fassadengestaltung und Hugo Schlösser) durch das Baugeschäft Heilmann und Littmann (Bauleitung: Hans Hausdorff) auf den fünf (im Mittelalter sechs) Altstadtparzellen Sendlinger Straße 80–84 aufgeführt wurde, gehört zu den bemerkenswerten Münchner Geschäftsbauten des frühen 20. Jh. dank des stilistisch freien Umgangs mit den in der Hauptsache der deutschen Renaissance und dem Neuklassizismus entlehnten historisierenden Motiven bei der Gestaltung einer sowohl intendiert repräsentativen als auch sich der Altstadtumgebung einfügenden Fassade, die einem modern konstruierten und ausgestatteten Funktionsbau (mit Eisenbetondecken, -treppen und -dachstuhl) vorgeschaltet ist und mit ihrer – in München seltenen – Natursteinverkleidung (Muschelkalk) ihren Anspruch kundtut. Der Vorderbau an der Straße nahm „die repräsentativen Räume des Verlags und der Redaktion sowie die Schalterräume für das Publikum" auf (Wolf 1931), während Druckerei und Kunstanstalten in den Bereich der Höfe verlegt wurden bzw. sich den bereits bestehenden Bauteilen am Färbergraben anschlossen.

Trotz der Zusammenfassung der Parzellen galt die 65 m breite Hauptfassade seit jeher als echte Bereicherung des Stadtbildes. Das Erdgeschoss ist in sieben große Pfeilerarkaden aufgelöst, deren drei mittlere als mit Bronzegittern abgeschlossene Eingänge dienten (nur in der dritten von rechts – dem heutigen Eingang – ist ein Teil des Gitters erhalten). Das 1. Obergeschoss zwischen die Horizontale energisch betonenden Gurtgesimsen ist stark plastisch und rhythmisch in Pfeiler und verschieden große Fenstergruppen aufgelöst – es wird von der bewegten Gliederung der Fassadenoberzone durchwachsen, die sich nach unten hin fortsetzt. Diese z. T. zurückgesetzte, dreigeschossige obere Fassadenhälfte flankieren breite, polygonale Halberker, zu deren Seiten das letzte Geschoss in Form lang gestreckter Fensterbandgauben in die Dachzone integriert ist; darunter kragt die Dachplatte hier wie – in leicht gewellter Form – über dem höheren Mittelteil weit vor; über letzterem ist das Dach pavillonartig betont, heute mit einer zusätzlichen Fledermausgaube.

Nicht mehr erhalten ist die reiche ornamentale und figürliche Bauplastik von Julius Seidler, mit der ursprünglich die Pfeiler im 1. Stock und das Gurtgesims bzw. die Balkonbrüstung darüber voll besetzt waren, desgleichen fehlt die große Kartusche in der Mitte über dem 2. Stock. – Nach schweren Kriegsschäden am 17. Dezember 1944 und am 7. Januar 1945 vor allem in den Obergeschossen blieb vom ausgebrannten Hauptgebäude nur die Fassade erhalten. Nach Übergang des Komplexes an die mit Lizenz der US-Militärregierung vom 6. Oktober 1945 gegründete Süddeutsche Zeitung wurde der Bau sukzessive instand gesetzt, vor allem seit der Währungsreform 1948; 1949 war die Schalterhalle wiederhergestellt, 1953 der Wiederaufbau abgeschlossen (Fa. Heilmann und Littmann, Arch. Hambrock und Paulen), wobei die dem sachlichen Zeitgeschmack widersprechende Bauplastik beseitigt wurde. Im Erdgeschoss sind in der zweischiffigen, fünfjochigen Pfeilerhalle des Expeditionssaales (nunmehr Schalterhalle) und in der Buchhandlung die Kreuzgratgewölbe mit sparsamem Rahmenstuck erhalten. (An der ursprünglichen Einrichtung, u. a. des Konferenzsaales, waren Bruno Paul und die Vereinigten Werkstätten beteiligt.)

Südlich des Hauptgebäudes erwarb der Verlag Knorr & Hirth 1921 die Bürgerhäuser Sendlinger Straße 76 und 77 (heute Nr. 10, s. dort) und 79 hinzu (an der Stelle von Nr. 78 und 79 entstand 1967/68 das neue Redaktionsgebäude der Abendzeitung). In den Hofbereich dahinter ausgreifend wie auch als Ersatz der älteren Rückbebauung von Nr. 8 wurde 1926–29 in zwei Bauabschnitten (zuerst der Südteil) der – mit späteren Veränderungen – noch erhaltene weitläufige Komplex des neuen Druckereigebäudes von Heilmann und Littmann (Entwurf von Max Littmann) als sachlicher Zweckbau, der auf historisierende Elemente verzichtet, errichtet. Westlich angrenzend umschließt ein dreiflügeliger Erweiterungsbau (Hotterstraße 5) – im Wesentlichen von 1956 nach Plänen von Paul Küspert – die sackgassenförmige, zum internen Werkhof gewordene Hofstatt. – Architektonisch bemerkenswerte Qualitäten weist der den abgebrochenen Nordtrakt von 1892 am Färbergraben ersetzende neue Verwaltungsbau von 1964–70 auf (s. Färbergraben 14). 2008 ff. Um- und Neubauplanung.

Sendlinger Straße 10. Heute Redaktionsgebäude der *Abendzeitung*. Zugehörig das ehem. Haus Sendlinger Straße 77, im Kern (drei untere Geschosse) spätgotisch, 16. Jh., Fassade klassizistisch, Anfang 19. Jh., sowie links daneben das ehem. Haus Nr. 76 (Faberbräu), im Kern wohl barock, mit klassizistischer Fassade des frühen 19. Jh.

Unter der heutigen Haus-Nr. 10 – dem Redaktionsgebäude der Abendzeitung – sind die ehemaligen Parzellen Sendlinger Straße Nr. 76, 77, 78 und 79 (von links) zusammengefasst. Der für die AZ 1967/68 nach Plänen von Carl F. Raue ausgeführte fast völlige Neubau ersetzte das alte Haus Nr. 79 (ehem. Eberl-Bräu) mit einer nach Luftkriegsschäden noch stehenden viergeschossigen Neurenaissancefassade (im Kern älter) und das damals noch erhaltene fünfgeschossige Bürgerhaus Nr. 78 daneben mit klassizistischer Putzfassade (Umbau), die mit den beiden noch bestehenden von Nr. 76 und 77 links davon eine (durch den Abbruch von Nr. 78 leider reduzierte) homogene Gruppe bildete, der sich das (aufwendigere) Eckhaus Nr. 14 anschließt. Für diese kennzeichnend war bzw. ist die nach Münchner Art schmale, tiefe Parzelle, die

Sendlinger Straße 10 (ehem. 77, 78 v. li.); hist. Aufn.

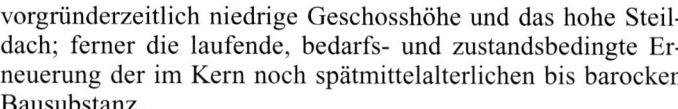

Sendlinger Straße 10 (links Nr. 12; ehem. Nr. 76, 77); Aufn. 1995

Sendlinger Straße 11; Aufn. 2008

Sendlinger Straße 11; Aufn. 1995

Sendlinger Straße 11; Ansicht um 1900 (Lambert u. Stahl)

◁ Sendlinger Straße 11; Grundriss Erdgeschoss, 1869

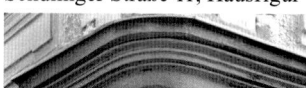

Sendlinger Straße 11, Hausfigur

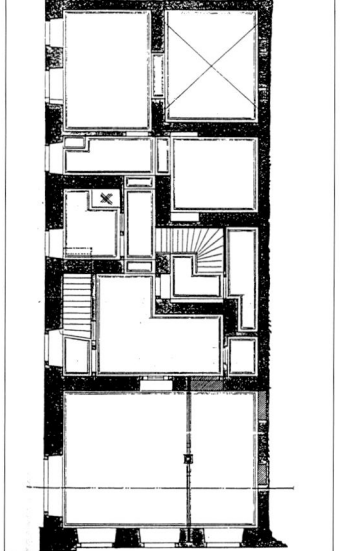

vorgründerzeitlich niedrige Geschosshöhe und das hohe Steildach; ferner die laufende, bedarfs- und zustandsbedingte Erneuerung der im Kern noch spätmittelalterlichen bis barocken Bausubstanz.

Die beiden noch erhaltenen Häuser mit den alten Nummern 76 und 77 weisen – vom schon vor dem Ersten Weltkrieg durch Ladeneinbauten veränderten, heute modernen Erdgeschoss abgesehen – bescheiden-klassizistische Putzfassaden von der Art auf, wie sie um und nach 1800 bei einfacheren Bürgerhäusern verbreitet waren, Nr. 76 mit einem Zierfries über dem 1. Stock und einem modern ausgebauten alten Dachwerk, Nr. 77 mit einer Hausfigur der Muttergottes (Holz, neugotisch) in der Nische über dem 1. Stock. Das nur drei Achsen breite Haus Nr. 77 ist dreigeschossig mit Flacherker in der Mitte bereits auf Sandtners Stadtmodell von 1570 dargestellt, bei Stimmelmayr um 1800 (Zustand späteres 18. Jh.) schon fünfgeschossig mitsamt Erker sowie rechts einer Gaube vom Typus „Ohrwaschel"; 1896 fand ein Teilneubau statt (Häuserbuch III). Das etwas breitere, fünfachsige, viergeschossige Nachbarhaus Nr. 76 bezeichnet Stimmelmayr als Faber-Bräuhaus. 1921 erwarb die Verlagsdruckerei Knorr & Hirth (s. Sendlinger Straße 8) die Anwesen Nr. 76, 77, 78 und 79 zur Arrondierung ihres Areals. Spätestens mit deren Druckereineubau von 1926 ff. verschwand die immer wieder veränderte Hofbebauung der einstigen Faber- wie der Eberl-Brauerei.

Der Saal des Faberbräu (Nr. 76) war im 18. Jh. als volkstümliche Spielstätte von Wandertruppen theatergeschichtlich von Bedeutung, u. a. fanden hier die Münchner Erstaufführungen der Dramen Lessings (um 1770/74) sowie von Schillers „Räubern" (1784; neuerdings bezweifelt) und „Kabale und Liebe" (1788) statt.

Sendlinger Straße 11. Nach Stahleder (1992) war mit dem bis 1618 in geistlichem Besitz befindlichen Anwesen der Name „Sterneck" (nach dem Stern als Mariensymbol) verbunden, ehe er im späten 19. Jh. irrtümlich auf das nördliche Nachbarhaus (heute Nr. 9) übertragen wurde, das seitdem so genannt wird.

Sandtners Stadtmodell von 1570 zeigt ein zweigeschossiges Eckhaus mit Halbgiebel bzw. (zur seitlichen Längsfront) mit Pultdach. Da Dachwerk und Treppe ab dem 1. Obergeschoss bis ins Dachgeschoss dendrochronologisch 1743/44 datiert werden konnten, ist ein Neubau oder weitgehender Umbau bald danach erfolgt. Häuserbuch IV (1966) nennt als neuen Eigentümer (zur Hälfte) ab 1744 den Regimentsfeldscher Joseph Benno Käppler. Stimmelmayr (um 1800) skizziert einen viergeschossigen Bau, „des Kramers ‚Zum Rieden' genannt"; der „Kaskäufl" Joseph Michael Ridt (auch Ried u. a.) war Eigentümer seit 1765, ab 1788 seine Witwe (Häuserbuch IV). Aus dieser Zeit stammt die Putzgliederung, die ihrem großen System nach durchaus noch in spätbarocker Tradition steht; die bereits frühklassizistischen or-

namentalen Details weisen jedoch in die 1780er Jahre (vgl. z. B. das ehem. Haus Dienerstraße 5 von 1782; Erdmannsdorffer 1972, T. 64). Die Ansicht von Lambert und Stahl (um 1900) und die Abb. bei Stahleder (1992) zeigen, dass gewisse Gliederungselemente inzwischen (schon vor 1939) verloren gingen, so die Rustikaquaderung im Erdgeschoss und die Flachbogenschlüsse der (damaligen) Schaufenster, vor allem jedoch die stuckierten Brüstungsfelder zwischen Erdgeschoss und 1. Stock mit einem mäanderartigen Ornament und die geohrten Putztafeln zwischen den beiden oberen Geschossen, weiters eine Aufzugsgaube am rechten Ende der Schmalseite.

Die spätbarocke Büste der Immaculata an der Ecke auf Rotmarmorkonsole mit Inschrift und Datum 1731, ein qualitätvolles Werk vermutlich aus Kalkstein (noch nicht untersucht), dürfte mitsamt der Nische und der rahmenden Putzarchitektur von einer älteren Phase der Fassadenredaktion um 1730 erhalten geblieben sein. Nach Corinna Rösner (zit. in Angerviertel 1991, S. 122) ist die Büste Andreas Faistenberger († 1735) zuzuschreiben.

Die Belichtung des schmalen, hoflosen Eckanwesens ist nur von den Straßenseiten her möglich. Erdgeschoss in der 2. Hälfte des 19. Jh., vor allem 1876 und 1884, zu Ladenzwecken umgebaut (Eisensäulen, z. T. preußische Kappen wie auch im Keller). Der Hausgang liegt im Mittelteil der seitlichen Längsfront; links anschließend die schmale, sehr steile Treppe zum 1. Stock entlang der Außenwand, vielleicht noch Urbestand (da einer vorbarocken Typologie entsprechend), westwärts fortgesetzt durch die U-förmig gewendelte Treppe der Obergeschosse von ca. 1744, z. T. mit spätklassizistischem Eisengittergeländer. In den Obergeschossen je zwei Zimmer im Nordwesten zur Sendlinger Straße; ein weiteres großes am anderen schmalen Ende mit Alkoven und Ofennische gegenüber bei den Fenstern. Im Mittelbereich Fletz zwischen Treppe und unbelichteten Nebenräumen. Zahlreiche Füllungstüren, z. T. mit barocken Spiralbeschlägen, erhalten. Dachwerk mit liegendem Stuhl im Wesentlichen noch von ca. 1744. – Die inneren Strukturen (Zwischenwände) der Obergeschosse nach Luftkriegsschäden z. T. erneuert; ab 2005 Gesamtsanierung mit Veränderungen.

ARCHÄOLOGISCHE BEFUNDE: Untertägige Teile der mittelalterlichen und neuzeitlichen Bebauung (Fundst.-Nr.: 7835/0198). Im Zuge des Umbaus des Geschäfts- und Wohnhauses fanden 2005–06 baubegleitende archäologische Untersuchungen statt. Das bestehende Gebäude war auf einer kleinen Kieskuppe errichtet worden, sodass das Schichtenpaket kleiner als vermutet ausfiel. Trotzdem ließ sich vor der Erbauung des Hauses 1743–1744 eine Siedlungstätigkeit nachweisen, die mindestens bis ins Spätmittelalter zurückreicht. Dazu gehört beispielsweise ein eingetieftes, mit Humus, Knochen und spätmittelalterlicher Keramik verfülltes Holzfass. Von einer Bebauung mit Schuppen oder kleineren Fachwerkgebäuden zwischen dem Spätmittelalter und der Mitte des 18. Jh. zeugen Fundamentzüge.

Sendlinger Straße 14. *Altes Hackerbräuhaus*; Gruppe mit Nr. 10. Der klassizistische Neubau von 1830 in Ecksituation fasste drei Altparzellen zusammen, und zwar von Süden (links): 1. das sog. Hacken-Eck, seit dem 16. Jh. (mit Unterbrechungen) Melbern gehörig; Stimmelmayr (gegen 1800) erwähnt das gemalte Hauszeichen (zwei Hacken); 2. das von Stimmelmayr als Cleerisches Benefiziatenhaus (nach dem Stifter Cleer) bezeichnete Anwesen, seit 1782 Besitz der Bierbrauerfamilie Hacker, und 3. ein schon im 14. Jh. nachweisbares Bierbrauerhaus, seit 1738 Besitz der Familie Hacker, 1794 durch Heirat an die Familie Pschorr gekommen. Das Sandtnersche Stadtmodell von 1570 zeigt die drei noch zweigeschossigen Bürgerhäuser mit ihrer vielgestaltigen Dachlandschaft (das Eckhaus mit Pultdach und Zinnen-Halbgiebel), Stimmelmayr skizziert sie im aufgestockten Zustand der 2. Hälfte des 18. Jh.
Nach dem Großbrand in der Hackerbrauerei in der Nacht vom 13. zum 14. März 1825, dem vor allem die rückwärts gelegenen Betriebsgebäude zum Opfer fielen, während das straßenseitige Wohnhaus weniger betroffen war, kaufte Joseph Pschorr auch die beiden südlichen Nachbarhäuser und ließ auf dem Gesamt-

areal 1829–31 eine Neubebauung aufführen, deren signifikantester Teil das noch bestehende Eckgebäude war.
Das viergeschossige klassizistische Eckhaus, durch Geschosshöhe, höhere Trauflinie und gestalterischen Aufwand die bescheidenen Nachbarhäuser (s. Nr. 10) übertreffend, tut den sozialen Status des Bauherrn kund. Der an sich eines Palastes würdige Formenapparat ist jedoch mit seiner additiven Struktur und dem Verzicht auf monumentale Tektonik der bürgerlichen Sphäre angemessen. Der entwerfende Architekt konnte bisher nicht ermittelt werden (die geschossweise Pilastergliederung erinnert an J. B. Métiviers ehem. Palais Barlow/Pallavicini an der Brienner Straße von 1829/30, doch ist das Hackerhaus nicht in seinem eigenhändigen Werkverzeichnis erwähnt). Kennzeichnend ist die äußerst dichte Textur der Gliederungen, die keine größeren Wandflächen übrig lassen.
Die Fassadengestaltung charakterisiert eine primäre horizontale Schichtung mittels kraftvoller, durchgehender Gebälke und – weit vorgekragt und reich mit Stuck dekoriert – an der Traufe sowie in den Obergeschossen eine sekundär eingespannte achsenweise Vertikalgliederung durch – an den Ecken verdoppelte – Pilaster gemäß der kanonischen Abfolge der drei Ordnungen – (von unten) dorisch, ionisch und korinthisch; die Fenster im 1. Stock werden von mit Stuckdekor gefüllten Blendbogenfeldern überfangen, die des 2. Stocks tragen eine Verdachung. Das Erdgeschoss in kräftiger Putzrustika wurde im Lauf der Zeit mehrfach verändert, durch große Schau- und Gaststättenfenster entstellt; die grundlegende Gesamtrestaurierung von 1982–84 (Arch. Gerhard Lehmann mit Wolfgang Huller) stellte die originale Einteilung wieder her, wobei die Mehrzahl der Fenster zum Boden herunter verlängert wurde. Bemerkenswert sind die noch erhaltenen Kaminköpfe (ein Kamin ist im Speicher 1832 datiert). Den Hoffassaden des dreiflügelig angelegten Gebäudes sind nördlich und östlich klassizistische verglaste Holzlauben vorgeblendet, ein in München selten gewordenes Bauelement. Eine neubarocke Inschriftkartusche im Hof erinnert an die Erbauung 1830, den Umbau von 1902 und die Besitzer im 19. Jh.
Die drei Vorgängerbauten sind z. T. noch in den Strukturen des Kellergeschosses ablesbar, nur der Bereich unter dem 1825 abgebrannten Nordteil wurde um 1830 erneuert – heute ein zweischiffiges tonnengewölbtes Kellerlokal (ehem. Malz-Tenne; mit Tuff-Hauptpfeiler), das zur darübergelegenen Gastwirtschaft gehört; deren Hauptraum bildet die ehem. Durchfahrt zur einst dahintergelegenen Brauerei.

Sendlinger Straße 14; Aufn. 1995 ▷

Sendlinger Straße 14, Vorbebauung (nach M. Luber, um 1900)

Sendlinger Straße 14, Hoflauben;
Aufn. 1997

Der Hauseingang und der schmale Flur liegen in der Mitte der Südseite; rechts davon das Treppenhaus mit zwei Läufen je Geschoss, halbrunden Podesten bzw. Vorplätzen und hölzernem Balusterstabgeländer der Bauzeit. Aus dieser sind in zwei Räumen der Ostseite im 1. Stock reiche, kostbare Parkett-Intarsienböden mit verschiedenen Sternmustern erhalten, als deren Fertiger der im Königsbau der Residenz tätige Johannes Glinck vermutet wird.

Aufsehen erregte 1983/84 die Restaurierung der in Vergessenheit geratenen Stilräume des späten Historismus im 2. Stock, vor allem des bei Entfernung späterer Wandverkleidungen wiederentdeckten, hinfort Silbersalon oder -saal genannten, im reichsten Neurokoko der Zeit Ludwigs II. ausgestatteten großen Eckzimmers. Ein als Material verwendeter Zeitungsausschnitt vom April 1882 und ein Foto von 1888 sind Eckdaten zur Entstehung. Die Übernahme des Hauses durch Matthias Pschorr jun. 1884 dürfte Anlass zur Neuausstattung gewesen sein. Der opulent vertäfelte bzw. (in der Hohlkehle) stuckierte, z. T. noch original eingerichtete Silbersalon, mit Kamin und Spiegel darüber an der nördlichen Längswand, bezieht sich mit seiner seltenen Farbstimmung – Silber auf zart blaugrünem Grund – auf das Vorbild der Münchner Amalienburg (vgl. den Silbersaal von 1873 im Regensburger Thurn- und Taxis-Schloss). Ein (wieder) rekonstruierter Pfeiler zwischen zwei tiefen Fensternischen leitet von der schrägen Ostwand zum Rechteckgrundriss über. In den

Sendliger Straße 14, Silbersalon, Hohlkehle mit Gemälde „Herbst"

Sendlinger Straße 14, Silbersalon, östliche Abseite, Decke

Sendlinger Straße 14, 2. Obergeschoss, Renaissancezimmer

besonders reich dekorierten Hohlkehlenbereich sind allegorische Gemälde (auf Holz) mit Puttengruppen – „Die vier Jahreszeiten" – eingelassen. – Der nördlich angrenzende sog. Renaissanceraum, ausgestattet in den Formen der als Ausdruck nationaler Identität begriffenen deutschen Renaissance, ist in seinem stilistischen Kontrast zum Silbersalon charakteristisch für den späthistoristischen Stilpluralismus, der nicht nur im als „malerisch" aufgefassten Städtebau, sondern ebenso bei Innenraumfolgen verbreitet war. Hauptelemente sind die holzgeschnitzte Kassettendecke mit Roll- und Beschlagwerk sowie drei prächtige Türen, eine davon mit Supraporte. Ein weiteres Zimmer westlich vom Silbersalon zeigt etwas einfachere Neurenaissance-Holzelemente – Felderdecke über Konsolfries, Türstöcke mit Pilastern. Die ausführende, wohl heimische Firma dieser Raumausstattungen ist bisher noch nicht ermittelt (vielleicht Radspieler oder Pössenbacher). Im

Sendlinger Straße 14, 2. Obergeschoss, Silbersalon

Sendlinger Straße 14, Treppenhaus

Sendlinger Straße 14, Marmorfigur „Hebe"

Marmorfigur „Hebe"

Foyer der Stilzimmersuite wurde um 1982 die im Hause vorge-
fundene Sitzfigur der olympischen Mundschenkin Hebe aus weißem griechischem Marmor aufgestellt, signiert J(ohann?) Hauttmann 1877. Westlich vom Foyer ist eine Zirbelstube mit Erker
zum Hof, Bleiverglasung und Kachelofen erhalten.

Zum Alten Hackerhaus gehörten ein westlicher Erweiterungsbau von 1888 (s. Hackenstraße 2) und im Rückbereich nordwestlich davon ein großes klassizistisches Malzhaus mit durch Holz-
säulen geteilten Speicherböden, das um 1970 abgebrochen wurde (heute unbebaute Hoffläche).

Sendlinger Straße 27. Sandtners Stadtmodell stellt drei Anwesen
dar: nördlich ein zweigeschossiges Traufhaus – seit alters Bierbrauern gehörig, seit dem späten 18. Jh. „Zum Unterottl" genannt –,
südlich daneben ein drei- bis viergeschossiges Eckhaus mit asymmetrischem Giebel zu Sendlinger Straße und dahinter, jenseits eines Hofes, ein lang gestrecktes Rückgebäude mit Giebel zur Singlspielerstraße (seit 1774 zur Brauerei, der 1807–26 auch das Eckhaus gehörte). Stimmelmayr (gegen 1800) zeigt das Brauhaus drei-,
das Eckhaus viergeschossig mit drei Geschossen zur Nebengasse.
Die ganze Gruppe, schon seit 1911/13 im Besitz der Bavaria-Haus
GmbH (identisch mit der Bauunternehmung Hartlaub und Eichbauer), wurde von ihr 1924/25 durch einen Neubau von Hanns Atzenbeck ersetzt, der 1927 an die Nürnberger Lebensversicherung
überging. (Zustand um 1900 bei Bauer 1966, Abb. S. 200.)

Der Geschäftshaus-Neubau in Eckpositon – einer der wenigen der
Zwischenkriegszeit in der Altstadt – wurde (wie zuvor schon
Sendlinger Straße 29/31, s. dort) hinter zurückgesetzter Baulinie
errichtet, ursprünglich mit einem niedrigen Ladenvorbau im Winkel zur bis zum Zweiten Weltkrieg noch vorspringenden nördlichen Nachbarbebauung. Das fünfgeschossige Eckhaus mit ausgebautem Steildach zeigt an den Fassaden, ohne im Detail zu histo-
risieren, eine in den Grundzügen traditionelle Gliederung mit Gesimsen und Fensterrahmungen, wobei Plastizität, Aufwand und
Geschosshöhe nach oben hin
reduziert werden. Die Ladenzone im Erdgeschoss – jetzt
Bekleidungshaus Wöhrl – ist in
Spitzbogenarkaden aufgelöst,
ein in der Zeit des Expressio-
nismus beliebtes gotisierendes
Element. Die reiche Bauplastik
in Formen des Art déco ist vor
allem auf den 1. Stock konzentriert – Kinderfiguren an den
dekorativen Fensterpfeilern,
Büsten und emblematische
Motive im Fries darüber. –
Nach Schäden im Zweiten
Weltkrieg wiederhergestellt.

Sendlinger Straße 27; Aufn. 1995

Sendlinger Straße 29/31; Aufn. 1995

Sendlinger Straße 29/31. *Haus zum Singlspieler.* Das heutige
Doppelhaus (1897/98 von Hans Grässel) steht an der Stelle von
fünf auf Sandtners Stadtmodell von 1570 dargestellten, damals
noch vergleichsweise niedrigen Bürgerhäusern, aus denen – z. T.
im Besitz und baulich vereint – die drei höher gezonten, bei Stimmelmayr (um 1800) skizzierten Anwesen hervorgingen: nördlich
das „Eckhaus des Singlspieler Bräuers" (nach einer Bierbrauerfamilie im 17. und 18. Jh.); in der Mitte ein im späten 18. Jh. ausgebautes fünfgeschossiges Doppelhaus eines Seifensieders (ein Teil
davon war zuvor – 1772–80 – im Besitz des Rokokobaumeisters
Franz Anton Kirchgrabner gewesen); das südliche „Kramer Eckhaus", seit 1774 Kaufmannsbesitz, gehörte zuvor der Familie
Knöbel bzw. dem Knöbelschen Benefizium bei St. Peter. Rückseitig – an der Schmidstraße – schloss sich eine 1745 erbaute Ro-
koko-Kapelle an, die 1746 vom Freisinger Weihbischof Joh. Ferd.

◁ Sendlinger
Straße 27, Fassa-
dendetail

Sendlinger
Straße 29/31; bauzeit-
licher Grundriss
2. Obergeschoss

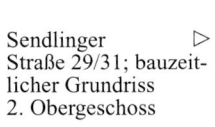

Sendlinger Straße 29/31; Aufn. 1995

Frhr. von Pödigheim zu Ehren der Unbefleckten Empfängnis konsekriert wurde und 1782 von Pius VI. ein Altarprivilegium nebst Ablass bewilligt erhielt, demnach nicht unbedeutend gewesen sein kann (1882 als baufällig abgebrochen); J. M. Forsters Charakterisierung der sog. Knöbelkapelle als „schmal, aber luftig und hoch" mit zwei kleinen Kuppeln und einem Glockentürmchen lässt an einen Bau in der Nachfolge bzw. im Wettbe-

Sendlinger Straße 31, südliche Eckfigur

Sendlinger Straße 31, Wandbild „Singlspieler"

werb mit der benachbarten, ebenfalls privaten Asamkirche denken. Stimmelmayr (Nr. 100) gibt die Außenansicht des die Kapelle enthaltenden Rückgebäudes mit dem Türmchen wieder.

Die ganze Gruppe erwarb 1897 der Architekt und Baumeister Jakob Baudrexl, der an ihrer Stelle einen vierflügeligen Neubau aufführen ließ. Gemäß Baulinienplan von 1895 wollte die Stadt den schmalen Mittelabschnitt der Sendlinger Straße um ca. 3 m verbreitern und einigte sich mit dem Bauherrn gegen Ablösung auf eine Rücknahme der drei Außenfronten. Zugleich machte sie die Fassadengestaltung „auf der Grundlage im wesentlichen vorhandener Baugrundrisse" durch den städt. Bauamtmann Hans Grässel zur Bedingung. Das im Großen gesehen symmetrisch angelegte Doppelhaus enthielt in den beiden rustizierten Untergeschossen Geschäftslokalitäten mit verschieden großen Korb- bzw. Segmentbogenöffnungen, in den oberen Geschossen in jeder Hälfte drei Vier- bis Fünfzimmerwohnungen mit hofseitig gelegenen Nebenräumen.

Die Neubebauung in großstädtischem Maßstab mit zeitgemäß gesteigerter Geschosshöhe, jedoch in einer geschmackvoll-zurückhaltenden Einkleidung in eine stimmungshafte deutsche Renaissance – wie es sie mit diesem Formenaufwand im alten München niemals gab – ist für die damals intendierte Altstadtinterpretation durch das Stadtbauamt und Architekten wie Grässel, Ostenrieder oder (am Platzl) sogar Max Littmann charakteristisch. Mit seinen fünf hohen Volutengiebeln – zwei davon an der Sendlinger Straße – spielt der Baukomplex gegenüber der Asamkirche sein Volumen keineswegs herunter. Die Putzfassaden werden durch zwei flache, reich skulptierte Muschelkalkerker an der Hauptfront und zwei verputzte an der Schmidstraße rhythmisch akzentuiert und durch Fresken von A. Pfleiderer – an die alte Münchner Fassadenmalerei anknüpfend – belebt: zwei kleine

Bildfelder nahe den Ecken erinnern an das historische Umfeld (Blick zum Sendlinger Torturm; Vorbebauung an der Schmidstraße mit der namengebenden einstigen Hof- und Wagenschmiede); zwei größere vertikale Gemälde mit einem Musikanten bzw. einer Tänzerin („zur Charakteristik des Hausnamens") unterstützen mit ihrer altdeutschen Ornamentik den Stimmungscharakter. Die Ecken sind mit gotisierenden Hausteinfiguren unter Kuppelbaldachinen besetzt: nördlich hl. Michael (als Seelenwäger mit Schwert und Waage), südlich hl. Maria (?) mit Hausmodell.

Die Hausgruppe wurde 1986/87 unter Erhaltung und sorgfältiger Restaurierung der Fassaden völlig entkernt und im Inneren erneuert (Architekturbüro Marion und Wieslaw Gwiazda).

Sendlinger Straße 30. *Priesterhaus St. Johann Nepomuk.* Das damals noch viergeschossige Bürgerhaus rechts von der kurz zuvor begonnenen Johann-Nepomuk-Kirche erwarb, sicher auch unter dem Aspekt baulicher Zusammenhänge, der Maler Cosmas Damian Asam am 23. Mai 1723 zur Gründung eines Priesterhauses, zu welcher am 19. Juni d. J. die kurfürstliche Erlaubnis erteilt wurde. Das Anwesen ging am 28. August 1734 durch Kauf an den Wirkl. Geh. Rat und Chorherrn von St. Andreas in Freising, Dr. Philipp Franz Lindtmayr (Bruder der Mystikerin Maria Anna L.), über, von dem es zusammen mit vier jungen Kuraten am 24. Dezember d. J. nach der Benediktion der Kirche bezogen wurde. Lindtmayr war bereits Gründer und Direktor von der Weiterbildung und dem Unterhalt junger Priester dienenden Priesterhäusern in Dorfen und Miesbach; die Kuraten (später sechs) sollten zugleich die Betreuung der neuen Kirche übernehmen. Bis weit ins 19. Jh. kämpfte die Stiftung mit finanziellen Schwierigkeiten; 1759 ging die Asamkirche, 1762 auch das Asamhaus in ihr Eigentum über (s. Nr. 32, 34).

Der baufällige Altbau wurde ab 4. März 1771 (nicht vollständig) abgetragen, am 20. Juli 1771 im Beisein des Kurfürsten Max III. Joseph der Grundstein zum Neubau gelegt, der am 29. September 1772 bezogen und bis 1773 ganz vollendet wurde. Der bisher wenig bekannte Münchner Maurermeister Matthias Krinner († 1791) – Sohn des namhaften Linzer Spätbarockbaumeisters Johann Matthias Krinner – hatte zusammen mit Zimmermeister Joseph Mahl im März 1771 das Gutachten über den schlechten Zustand des Altbaus gefertigt; er ist wohl auch als der maßgeblich planende Architekt des Neubaus anzusehen, für den J. Mahl als Zimmermeister belegt ist (Maurerpolier Paulus Hang); dies könnte auch den österreichisch anmutenden Habitus der Fassade erklären. – 1944 durchschlug eine Bombe das Haus, das erst 1954 wieder bezogen werden konnte. Gesamtrenovierungen außen und innen erfolgten 1858/59, 1909/10, 1972–75, 1981 (Fassade) und zuletzt 1991–93 mit inneren Ausbaumaßnahmen.

Der Vorgängerbau mit sich bewusst der Kirche unterordnender Trauhöhe ist z. T. auf Ignaz Günthers Ansicht der Asamkirchenfassade von 1761 sichtbar. Der aus Raumbedarf um ein Geschoss erhöhte Neubau von 1771–73 hat zwar die Gesamtkonzeption der Baugruppe missachtet, weist jedoch eine der gestaltungsreichsten, bisher meist dem Umkreis von François de Cuvilliés d. J. zugewiesenen Spätbarockfassaden der Altstadt auf und ist auch als eines der wenigen mit den originalen inneren Strukturen erhaltenen Häuser bemerkenswert. In den Neubau wurden ältere Bestandteile einbezogen; vor allem erfolgte eine Erweiterung an der Rückseite.

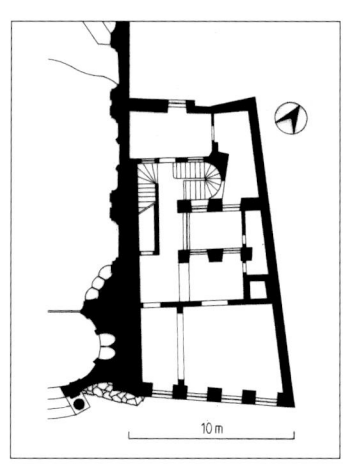

Sendlinger Straße 30; Grundriss 1. Obergeschoss

Sendlinger Straße 30; Aufn. 1995

BAUGESCHICHTE: Anlass war nach unverbürgter Tradition ein Gelübde für Egid Quirins Rettung im Donaudurchbruch bei Weltenburg, den die Felsbrocken am Sockel symbolisieren sollen. Zudem ist die Kirche eines der eindruckvollsten Zeugnisse für die verbreitete Verehrung des Johannes von Nepomuk nach dessen 1729 erfolgter Heiligsprechung. Das Vorhaben der Künstlerbrüder konkurrierte zunächst (um 1731) mit einem Kirchenbauprojekt des Klosters Benediktbeuern (Besitzer des Hauses Sendlinger Straße 42) und benachbarter Bürger, das nach verzögernden Auseinandersetzungen schließlich absorbiert wurde. Egid Quirins Baugesuch zunächst für eine Hauskapelle (1731) wurde vom Dekan von St. Peter, Anton Cajetan von Unertl, nur mit Vorbehalten hingenommen, von der kurfürstl. Regierung 1732 vorerst abgelehnt. Der Bildhauer hatte (nach dem Wohnhaus Nr. 34) am 13. März 1733 auch das rechte Nachbar-

Die nur vier Achsen breite Fassade mit Korbbogenöffnungen und ornamentalen Scheitelsteinen im bandrustizierten Erdgeschoss sowie leicht profiliertem Gurtgesims darüber wird vor allem durch den Gegensatz von grauem Rauputzgrund und hellen, glatten, dekorativ geformten Fensterumrahmungen geprägt, deren Verdachungen von stockwerkweise wechselnder Gestalt beinahe, im 2. Stock sogar real zu durchgehenden Gesimsen von stark plastischer Wirkung zusammenwachsen; auch das Traufgesims ist betont kräftig. – Fassung nach Befund um 1991. Über der Eingangsnische Rocaillekartusche mit Stuckrelief des hl. Johann Nepomuk (Halbfigur) von dem Stuckator Johann Baptist Heringer. Das Innere wird im Erdgeschoss links entlang der Kirche von einem durchgehenden Flur mit Stuckfeldern an den böhmischen Kappen und den Gurten erschlossen; rechts anliegend der kleine (jetzt glasüberdachte) Lichthof und an seiner Rückseite (westlich) die gewendelt schließende Treppe zum 1. Stock; sie findet ihre Fortsetzung jenseits des hier verengten Flures entlang der Kirchenwand. Erdgeschossräume meist gewölbt. Im 1. Stock straßenseitig Saal (ehem. Refektorium) mit Sockelvertäfelung sowie Flachdecke über Hohlkehle; die südlichste der vier Achsen durch korbbogigen Unterzug abgesondert. Ähnliche Gestaltungselemente sowie Füllungstüren mit Beschlägen auch in den Geschossen darüber, hier straßenseitig je zwei Räume. – Das im Luftkrieg völlig zerstörte nördliche Nachbarhaus – jetzt Nr. 28 – schloss sich mit seinem weit nach Westen und auch nach Süden ausgreifenden Rückgebäude teilweise an die Rückseite des Priesterhauses, wie dort noch ablesbar ist, und an den Chor der Asamkirche an, neben dem nördlich nur ein schmaler Lichthof frei blieb.

Sendlinger Straße 32. *Kath. Kirche St. Johannes von Nepomuk (Asamkirche).* Die 1733–46 von den Brüdern Cosmas Damian und Egid Quirin Asam auf beschränktem Grund erbaute schmale, lang gestreckte Saalkirche gilt als ein Hauptwerk der bayerischen Sakralarchitektur des 18. Jh. Die vielfach nach ihren Erbauern genannte „Asamkirche" zwischen deren Wohnhaus (Nr. 34) und dem von ihnen gestifteten Priesterhaus (Nr. 30) entstand als private Unternehmung der zu Ansehen und Wohlstand gelangten Künstlerbrüder und dokumentiert zugleich deren persönliche wie die zeittypische Frömmigkeit.

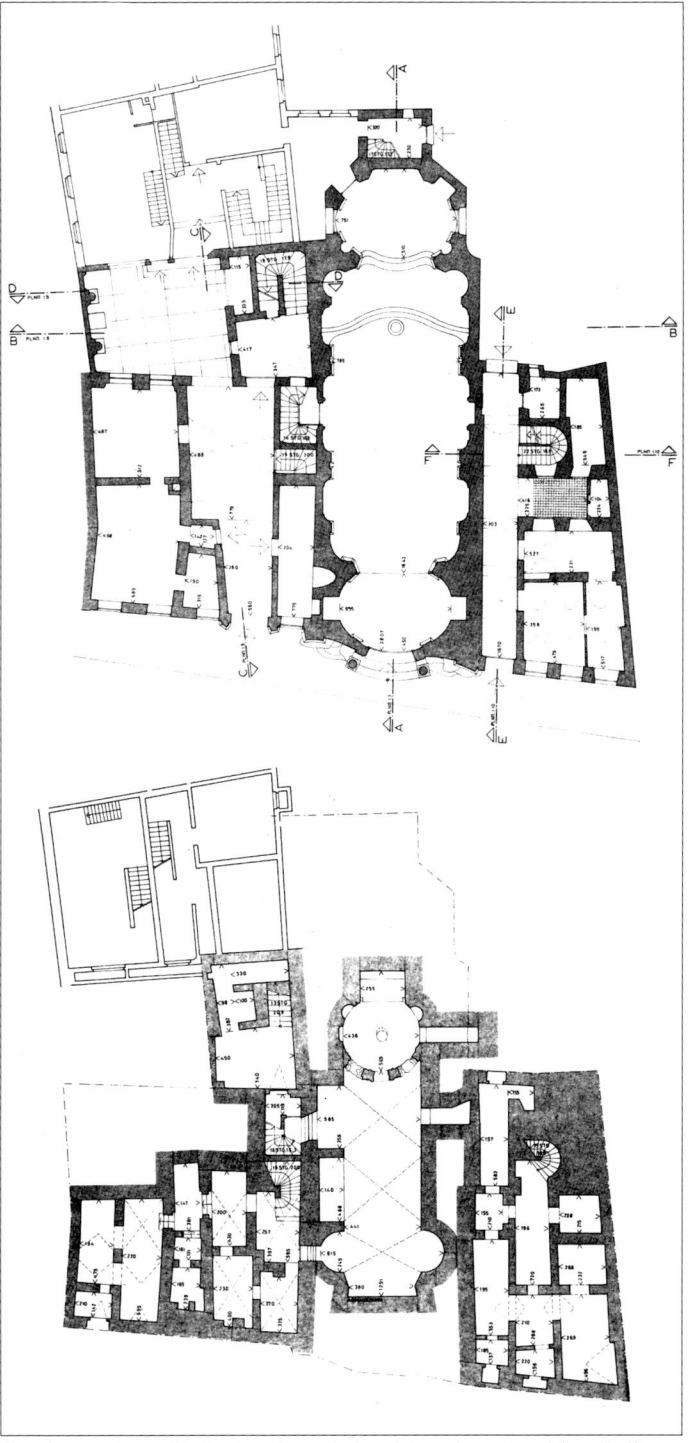

Sendlinger Straße 30, 32, 34, Asamkirchen-Komplex; Grundrisse Keller und Erdgeschoss von Enno Burmeister, 1971

Sendlinger Straße 30, 32, 34, Asamkirchen-Komplex; Aufn. um 1900

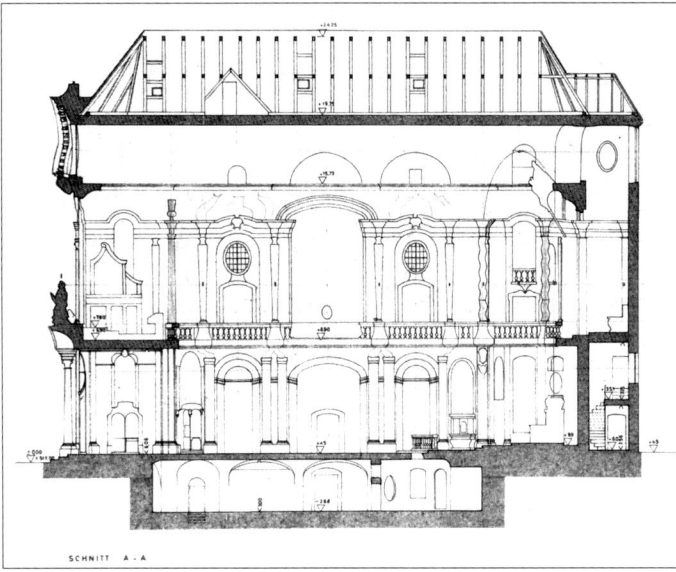

Sendlinger Straße 32, Asamkirche; Längsschnitt von Enno Burmeister (ohne Turm), 1972

haus als Bauplatz für die Kirche erworben; sein erneuter Antrag vom 26. März 1733 zum Bau einer Kirche zu Ehren der hll. Johannes von Nepomuk und Karl Borromäus wurde nunmehr genehmigt und bereits am 16. Mai, dem Festtag Johann Nepomuks, durch den sechsjährigen Kurprinzen Max (III.) Joseph und Dekan Unertl der Grundstein gelegt, den Abt Magnus Pachinger von Benediktbeuern zuvor gesegnet hatte. (Im gleichen Jahr wurde auch das Priesterhaus gegründet.) In der Forschung wird meist Egid Quirin Asam als für den architektonischen Entwurf maßgeblich angesehen, obwohl auch Cosmas Damian die Berufsbezeichnung Architekt führte; N. Lieb (1983, S. 4) nahm die Mitarbeit eines sachkundigen, verantwortlichen bürgerlichen Maurermeisters, vielleicht Johann Michael Fischers, an.

Schon Ende 1734 wird die Kirchenfassade als fast fertig erwähnt, der Rohbau samt Gruft von Dekan Unertl (am 24. Dezember) benediziert und das Priesterhaus bezogen. Das Chrono-

gramm auf Cosmas Damians Deckenbild in der Kirche ergibt die Jahreszahl 1735. Im folgenden Jahr erhielten die Brüder nicht verwendete Marmormaterialien aus der Residenz und Weltenburg, 1737 aus Prag eine Nepomukreliquie. Ein Reisebericht des Bamberger Architekten J. J. Michael Küchel von 1737 erwähnt die Kapelle, welche die Künstlerbrüder „aus ihren eignen mitteln bauen lassen … und darinnen das Vornehmbste der hoh Altar, welchen die Cherubin, wie im Buch der Königen am 8ten Cap. stehet, von der Arche mit ihren Flügeln bedecken" (betr. den originalen Hauptaltar samt Schrein mit Liegefigur des Heiligen und Engeln darüber, wie ihn auch das Votivbild von 1746 in der Vorhalle zeigt). Egid Asam bat die Stadt 1737 und 1740 um Wasser für eine geplante Brunnenanlage in Verbindung mit den Felsengruppen an der Fassade; 1738 erwähnt er in einem Brief „die ausmachung des Chors", wohl dessen Ausstattung u. a. mit der Gruppe des Gnadenstuhls in der Höhe. Für die liturgische Nutzung und Raumgestaltung bedeutsam war zweifellos die Einführung der Dreifaltigkeitsbruderschaft 1739, für die der obere Altar auf der Empore bestimmt war, was Änderungen in diesem Bereich veranlasst haben dürfte, vor allem den Ausbau des Chorerkers. Beim Tode Cosmas Damians (10. Mai 1739) war die Raumausstattung noch längst nicht vollendet; sein Bruder führte sie weiter. Über der Orgel ist das Wappen Kaiser Karls VII. (1742–45) angebracht. Zur Zeit der Weihe am 1. Mai 1746 durch Weihbischof Johann Ferdinand Frhr. von Pödigheim waren die Arbeiten weitgehend abgeschlossen, doch u. a. große Teile des Stucks noch ungefasst. Nach Egid Asams Tod 1750 ging die Kirche zunächst an seinen Neffen Franz Erasmus und andere Verwandte über, erst 1759 – wie ursprünglich verfügt – in den Besitz der Priesterhausstiftung (bis heute). 1751 wurde noch aus einem Legat Egid Quirins, vielleicht auch nach seinem Entwurf das Glockentürmchen aufgesetzt, im selben Jahr durch Anton Bayr, München, die Orgel erbaut (die heutige 1978 von Wilhelm Stöberl mit rekonstruiertem Prospekt); 1752 und 1798 wurden die Glocken gestiftet, 1776 das (die Raumkontinuität unterbrechende) prächtige Gitter zwischen Vorhalle und Hauptraum eingebaut. Eine Federzeichnung Ignaz Günthers von 1761 (SGSM, Inv.-Nr. 32070) zeigt die Fassade zusammen mit dem Dachreiter-Abschluss und dem noch niedrigeren alten Priesterhaus. 1783 ließ die Bruderschaft einen neuen Hauptaltar aufstellen. Im späteren 18. Jh. erst wurden – vielleicht an der Stelle von C. D. Asam geplanter Fresken – die großen Ölbilder an den Erdgeschoss-Seitenwänden angebracht.

Aus einem Schreiben des Priesterhausdirektors Blasius Miller von 1795 an das Ordinariat, in dem über Nässeschäden geklagt wird, wie aus einer Pfarrbeschreibung von 1817 ist zu erschließen, dass sich damals an der Abschlusswand über dem oberen Choraltar ein versilbertes Stuckrelief (Egid Asams, vielleicht von 1739?) des vor Maria knienden Johannes von Nepomuk unterhalb eines großen, runden Fensters befand, vermutlich einer Öffnung in der Höhe hinter der Dreifaltigkeitsgruppe. Um 1824 wurde in dem stark geschädigten Bereich stattdessen ein großes Ölbild der Dreifaltigkeit von Andreas Seidl angebracht, das mitsamt dem Chorerker, der Sakristei (mit dem dort gelagerten Gestühl), der Orgel und dem Dachreiter den Bombenangriffen von April bis Dezember 1944 zum Opfer fiel. Kurz zuvor – 1941–44 – war eine schon länger geplante Innenrestaurierung durchgeführt worden; frühere Restaurierungen fanden u. a. 1860/61 (außen und innen), 1910 (Fassade), 1913 und 1930 (Raum-Entstaubungen) statt.

Schon 1945 wurden Aufräumungs-, Sicherungs- und Wiederherstellungsarbeiten vorgenommen, u. a. nach Plan von Baurat Eglinger der Bau der Sakristei samt Vorraum und Oratorium sowie des oberen Chorschlusses auf erweitertem, nunmehr auch regelmäßigem Grundriss (ermöglicht durch Zerstörung der Anschlussbebauung; das Chorfenster hinter der Dreifaltigkeitsgruppe ist seitdem korbbogig geschlossen). Weitere Einzelmaßnahmen folgten bis in die Fünfziger Jahre, u. a. 1954–56 die provisorische Restaurierung des Deckenbildes durch Toni Roth; 1959–61 wurde die bis dahin roh gemauerte, nur durch ein „häßliches Kinobild" verdeckte Chorschlusswand mit einem (schon 1944 von Franz Lorch gefertigten) Stuckrelief des hl. Johannes von Nepomuk verkleidet.

Bei der Restaurierung der Fassade 1972–75 (Leitung Enno Burmeister) wurde deren mehrfarbige Fassung nach Befund wiederhergestellt und der Dachreiter rekonstruiert. – Während der durch die großzügige Stiftung von Leo Benz (Fa. Alois Zettler) ermöglichten gründlichen Innenrestaurierung 1975–77 (Details bis 1983) unter Leitung von Erwin Schleich lenkte die 1977 kulminierende öffentliche Kontroverse um ein von ihm im Obergeschoss der Nachkriegs-Chorschlussmauer eingebrochenes großes Fenster (gemäß Annahme von Carl Lamb 1937), das schließlich wieder stark reduziert wurde, die Aufmerksamkeit von der Wiedergewinnung der kostbaren originalen Gestaltung und Fassung der gealterten, im 19. Jh. z. T. veränderten Raumschale und des (schon 1908 für ruinös erklärten) Deckenbildes ab, die nach Maßgabe der Restauratoren Fritz Buchenrieder und Helmut Reichwald vom Bayer. Landesamt für Denkmalpflege erfolgte. – Bei der Fassadenrestaurierung (samt Asamhaus) 1999 konnte aufgrund neuer Befundanalysen ein (von Arch. Wolfram Schmitz angefochtenes) reich differenziertes, dem Original weitgehend angenähertes Farbkonzept realisiert werden.

BAUBESCHREIBUNG UND AUSSTATTUNG: Die Asamkirche ist nach Westen gerichtet. Die spätbarock bewegte, konkav-konvexe Fassade im Osten hat als tektonisches Gerüst eine Ädikula aus mächtigen schräg gestellten Kolossalpilastern mit Gebälkstücken und einem großen, geschweiften, ein Rundfenster umschließenden Giebel, der zwei jeweils kleinere, mit ihm korrespondierende Schweifgiebel überfängt – den mehrfach gebrochenen doppelten Giebel der konkaven, aus Pfeilern und Innensäulen gebildeten Ädikula um das große Hauptfenster und darunter die vorgeblendete Säulenädikula des Hauptportals, deren flankierende, volutenartig verbreiterte Pilaster unten in rohes Felsgestein (s. oben) übergehen (heute im Sinn des Felsens gedeutet, auf dem Christus die Kirche gründete). Die mit dieser Sockelpartie anhebende, nach oben gesteigerte Dynamik der sich über die normale Traufhöhe der Umgebung emporhebenden Fassadenkomposition wird durch den schwerpunktmäßig verteilten

plastischen Dekor aus Ornamentik, Reliefs und Figuren sowie durch die reiche Polychromie samt partiellen Vergoldungen interpretiert. Die geschnitzten, Ovalöffnungen und rundes Oberlicht umschließenden Torflügel enthalten vier bewegte, szenische Reliefs Egid Quirin Asams: oben Johannes von Nepomuk im Kerker und seine Folterung, unten die Bestrafung calvinistischer Schänder seines Grabes (1619) sowie die von seinem Grab ausgehende wunderbare Hilfe für Leidende (vgl. Stuckreliefs im Treppenhaus des Asamhauses, wohl Entwürfe). Den stärksten plastischen wie inhaltlichen Akzent bildet die Stuckfigurengruppe des von Engeln mit seinen Attributen flankierten, auf Gewölk mit Engelsköpfen knienden Titelheiligen vor dem großen (konvex verglasten) Mittelfenster (vgl. Fassade von SS. Stimmate di S. Francesco in Rom). Den Fenstergiebel darüber besetzen die Allegorien der drei göttlichen Tugenden – der Glaube, die Hoffnung und als Schlussstein in der Mitte die Liebe in Gestalt eines vergoldeten, brennenden und geflügelten Herzens. Die dekorativ frei gestalteten Kapitelle der die Fassade rahmenden Pilaster umschließen Reliefporträts Papst Benedikts XIII. (der Johannes von Nepomuk 1729 kanonisierte) und des Freisinger Fürstbischofs Johann Theodor von Bayern. Der den First krönende, im Straßenbild wirksame, kupferverkleidete Dachreiter wurde 1975 rekonstruiert. Zwischen der schräg fluchtenden Fassade und dem Innenraum vermittelt geschickt die ungleiche Mauerstärke der Eingangswand.

Dem meist mit Begriffen wie Malerarchitektur, dekorativ, illusionistisch u. ä. (im 19. Jh. auch als überladen) charakterisierten Raum, der im europäischen Maßstab zweifellos die extremsten, exzentrischen Möglichkeiten spätbarocker sakraler Inszenierung repräsentiert, liegen gleichwohl ein klares tektonisches Gerüst und eine konstruierte, reale wie gemalte Perspektive zugrunde. Der schachtartig schmale, kaum 9 m breite, 28 m lang gestreckte und über 18 m hohe, an sich ungünstig proportionierte Raum mit in die Häuserzeile eingespannten, fensterlosen Längsseiten gliedert sich grundrissmäßig in eine querovale Vorhalle mit darüberliegender Orgelempore, das längsgerichtete Schiff mit abgerundeten Ecken und den wiederum querovalen Altarraum. Vertikal wird der Raum energisch durch die ihn in halber Höhe umgürtende, über einer Voute vorgekragte Empore geteilt, die – an den Schmalseiten mit bewegt kurvierter Brüstung – im Westen zum oberen Altarraum samt Chorerker, im Osten zur Orgelempore erweitert ist. Die dreiachsige, Blendarkaden umschlie-

Asamkirche; Aufn. nach 1945

Asamkirche, Fassadendetail; Aufn. 2005

Asamkirche, Schnitzportal

Asamkirche, Deckengemälde; Aufn. 1996

ßende Längswandgliederung, im Untergeschoss durch Doppel-pilaster, im Obergeschoss durch elegante, dekorativ umspielte Hermenpilaster, ist im breiteren Mitteljoch durch Wandbilder zumindest andeutungsweise querschiffartig erweitert, wirkungs-voll vor allem im höheren, licht und weit wirkenden Emporenge-schoss mit in die zweite Voute eingreifender Mittelarkade und räumlich-illusionistischem Fresko. Die frei in den Raum vorkra-gende obere Voute verbirgt den Ansatz der von Ost und West in-direkt beleuchteten, freskierten Tonnendecke, die somit über dem Abschlussgesims zu schweben scheint. Wesentlich mitbe-stimmt wird das Raumbild durch die – weißen Grund ausschlie-ßende – differenzierte und delikate Polychromie der marmorier-ten, glänzenden Oberflächengestaltung samt reicher, vielfach vergoldeter Dekoration (meist Stuck und Stuckmarmor). Die Kostbarkeit der Raumschale vereint sich mit den gemalten und figürlichen Elementen der Ausstattung zu einer bis ins letzte De-tail künstlerisch abgestimmten Gesamtwirkung.

C. D. Asams den gesamten Raum überspannendes, 1735 datier-tes Deckenbild vereint in seiner architektonischen Szenerie, die im stark verkürzten, gotischen Prager Veitsdom gipfelt, Darstel-lungen aus dem Leben des hl. Johannes von Nepomuk bis zum Brückensturz mit seiner Glorie im Himmel und seiner Verehrung auf Erden. Die Verehrung veranschaulichen auch die großen mittleren Wandbilder über der Empore. Weitere Szenen aus sei-ner Vita umziehen den Raum in der Voute unter der Wölbung als Zyklus versilberter Stuckreliefs von E. Qu. Asam, der sich the-matisch an einer Stichfolge von Joh. Andreas Pfeffel (Augsburg 1724/30) orientierte. Ein Stich Pfeffels war wahrscheinlich auch die Grundlage des einstigen versilberten Reliefs mit dem vor Maria knienden Johannes von Nepomuk an der Chorschluss-wand über dem Emporenaltar (heute Ersatzlösung von 1982/83: Figurengruppe Maria und Johannes von Nepomuk nach Vorbild

Asamkirche, Blick nach Westen; Aufn. 1996

Asamkirche, Blick nach Osten; Aufn. 1996

Asamkirche, Südseite, Wandbild „Verehrung des hl. Johann Nepomuk"; Aufn. 1996

Asamkirche, Südwand, Obergeschoss; Aufn. 1996

Asamkirche, Oberer Choraltar mit Engeln von Ignaz Günther; Aufn. 1996

in Osterhofen um Glorie mit gelb verglaster Öffnung). Der heutige Bruderschaftsaltar auf der Empore, ein Werk Ignaz Günthers von 1767 mit zwei Anbetungsengeln und (1945 beschädigtem) Tabernakel, wurde erst 1913 aus Griesstätt erworben. Auf den originalen, im mittleren 19. Jh. leider verkauften, seitdem verschollenen Bruderschaftsaltar (aus Ebenholz und Silber) bezogen ist dessen berninesker Überbau aus vier gestaffelt auf der Emporenbrüstung stehenden, gewundenen Säulen mit Gebälkstücken, welche die scheinbar frei im Raum (vor dem oberen Ostfenster) schwebende, golden und silbern gefasste Stuckfigu-

rengruppe der Dreifaltigkeit tragen, eine der kühnsten Inventionen E. Qu. Asams, angeordnet gemäß dem traditionellen Typus des „Gnadenstuhls" – Gottvater vor sich den Gekreuzigten haltend, den Engel umschweben, darüber die Taube des Hl. Geistes; unten am Kreuzende eine kleine verglaste, von einer (welcher?) rückwärtigen Lichtquelle durchleuchtete Glorie. Den oberen Altar flankieren die weißen Stuckfiguren der beiden hll. Johannes Baptist (links, Nachbildung nach Kriegsverlust) und Evangelist. Zum Teil verändert wurde auch der Hauptaltar im Erdgeschoss, vor allem 1783 im Auftrag der Bruderschaft durch Roman Anton

Asamkirche, Altarraum-Obergeschoss; Aufn. 1996

Asamkirche, Ostseite mit Orgel und Kaiserwappen; hist. Aufn.

Asamkirche, Decke der Vorhalle; Aufn. 1996

Asamkirche, Dreifaltigkeitsgruppe über dem Hochaltar

Asamkirche, Epitaph Frhr. von Zech

Asamkirche, Bruno-Cenodoxus-Gruppe

Asamkirche, Gruft; Aufn. 2008

Engelhermen an der Rückwand verkürzte. Auch die schräg gestellten, von Baldachinen auf silbern gefassten Engelhermen überfangenen Seitenaltäre in den westlichen Ecknischen, ursprünglich den hll. Quirinus und Aegidius geweiht, erhielten andere Figuren: links Maria de Victoria noch aus der Asamzeit, rechts hl. Josef von 1923, im Schrein darunter Reliquienleib des hl. Victor, 1750 von Kaiserinwitwe Maria Amalie geschenkt. – Rechts davor die Kanzel mit Brüstungsrelief Predigt Johannes des Täufers. – Die flächenfüllenden großen Ölbilder in den Erdgeschoss-Mittelachsen sind moderne Kopien von Karl Manninger, rechts Fußwaschung Petri (nach Franz Erasmus Asam), links Vertreibung der Wechsler (nach Christian Winck, 1794); letzteres umgibt die Tür zur Grufttreppe. Zu E. Qu. Asams Hauptwerken zählen die weißen Stuckfigurengruppen über den Beichtstühlen in den rückwärtigen Raumecken: rechts der hl. Bruno, der einen unbußfertig verdammten Sünder (Cenodoxus) aus dem Grab beschwört, links ein Engel mit erlöster Seele.

In der ovalen Vorhalle mit vier Karyatidenengeln unter der zart dekorierten Flachdecke stehen in Nischen über den seitlichen Beichtstühlen die hll. Petrus und Hieronymus. Links von letzterem Ignaz Günthers künstlerisch wie ikonographisch bemerkenswertes Rotmarmorepitaph des 1757 25-jährig verstorbenen Johann Nepomuk Joseph Reichsfreiherrn von Zech, besetzt mit vergoldeten Figuren, u. a. unten dem den Lebensfaden durchschneidenden Tod (Entwurf im MStM, MS I Nr. 1198).

Die Gruft (in der E. Qu. Asam bestattet sein wollte, doch starb er 1750 in Mannheim) unter der Kirche ist ein niedriger Raum mit drei Kreuzgratgewölben, Ziegelpflaster und mehreren Grabplatten des 18. Jh. (u. a. der Frhrn. von Zech und mehrerer Kuraten) vor allem an der Ostwand. Im Westen durch konvexe, mehrfach durchbrochene Felsarkatur abgetrennter, runder Chorteil mit Kleeblattnische und Holzfigur des Grabchristus; in der flachen Wölbung Rundöffnung zur Kirche, umgeben von gemaltem Gewölk und Brokatmuster. Das Langhaus der Gruft hingegen blieb Rohbau, z. T. mit Vorzeichnungen zu geplantem Stuck auf dem Wandputz. – Zum alten Besitz der Kirche zählt die von E. Qu. Asam entworfene, 1742 von dem Münchner Goldschmied Joh. Christoph Steinbacher ausgeführte Sonnenmonstranz.

Sendlinger Straße 33a. Das Mietshaus auf alter Baulinie springt neben dem nördlich benachbarten Neubau der Nachkriegszeit vor (Straßenverbreiterung im Mittelabschnitt seit 1895 geplant, vgl. Nr. 27 und 29/31). Auf Sandtners Stadtmodell (1570) ein zweigeschossiges Traufhaus, bei Stimmelmayr (gegen 1800) viergeschossig. Das bestehende fünfgeschossige Mietshaus ließ der Uhrmachermeister Karl Wex 1889 durch das Technische Büro Ing. Otto Dix erbauen. Die Neurenaissancefassade wird durch die breitere Mittelachse mit Dreierfenstergruppen bzw. polygonalem zweigeschossigem Erker spannungsvoll rhythmisiert. Im Erdgeschoss Laden mit erneuerter Schaufensterfront; links langer Flur zur U-förmig gewendelten Treppe links vom Lichthof zwischen dem Vorderhaus und dem (nicht erhaltenen) Rückgebäude. Die feuersichere Treppe fertigte Schlossermeister Georg Rusp.

Sendlinger Straße 34. *Asamhaus*, um 1735 von Egid Quirin Asam unter Verwendung von Bestandteilen zweier 1729/34 erworbener Bürgerhäuser als eigenes Wohnhaus erbaut und mit prächtiger Stuckfassade ausgestattet. Sandtners Stadtmodell von 1570 zeigt die bei-

Boos, vielleicht nach Entwurf von Christian Winck, von dem ein Entwurf für das linke der beiden Silbertreibreliefs über der Mensa erhalten ist. Über dem verglasten Sarkophag mit der Liegefigur des hl. Johannes von Nepomuk ragt eine schlanke Pyramide mit seiner rekonstruierten Zungenreliquie (statt Herz Jesu von 1925) und umgebendem Strahlenkranz auf, den E. Schleich zugunsten der wieder sichtbar gemachten, vorhanghaltenden

Sendlinger Straße 33a; Aufn. 1995

Sendlinger Straße 34; Aufn. um 1900

den Vorgängerhäuser, das linke zweigeschossig mit Steildach, Mittelerker und zwei seitlichen Halbgiebelgauben, das rechte dreigeschossig mit Graben- bzw. nach links ansteigendem Pultdach und zwei Eingängen, vielleicht ein Doppelhaus. Der Hofbildhauer Egid Quirin Asam (†1750; bzw. formell sein Bruder Cosmas Damian, † 1739) erwarb am 21. März 1729 erst das rechte (nördliche, der späteren Kirche benachbarte) Haus von Hofrat Joseph Anton Kray und dessen Bruder, am 22. Oktober 1734 auch das (ihm schon seit 1730 zugesagte) südliche Nachbarhaus von einer Erzbruderschaft, die es soeben von Dr. Johann Lampacher, Pfarrer zu Sandelzhausen, geerbt hatte.

Wie weitgehend der viergeschossige Wohnhausneubau Altsubstanz verwendete, ist im Einzelnen noch unklar, da über (anzunehmende) Umbauten in der Zeit zwischen 1570 und 1729 nichts überliefert ist. So dürfte der in der Spätbarockzeit „unmoderne" Erker in der rechten Fassadenhälfte zwar übernommen sein, aber nicht von dem bei Sandtner dargestellten spätmittelalterlichen, viel niedrigeren und völlig anders strukturierten Haus stammen. (Stimmelmayrs Skizze, obwohl aus dem späteren 18. Jh., zeigt das Asamhaus seltsamerweise noch – oder irrtümlich – dreigeschossig mit dem Erker über der Durchfahrt.) Egid Asam, auf Einnahmen angewiesen, musste das Haus großenteils vermieten (C. D. Asams Wohn- und Sterbehaus s. Theatinerstraße 38). – Renoviert wurde die Fassade 1791 (u. a. Ausbesserung des rohen Rustikastucks im Erdgeschoss), 1859 (Beseitigung des schadhaften Erdgeschoss-Stucks), 1885 (mit Rekonstruktion des letzteren), 1913, 1955 (Beseitigung des vermeintlich nicht originalen Erdgeschoss-Stucks), 1974 und 1999. Das Innere wurde 1791, 1794 (Dachausbau), 1859 und nach Luftkriegsschäden von 1944/45 (Dach, Brand in den Obergeschossen) bis 1947 instand gesetzt (Rückgebäude-Neubau 1959).

Sendlinger Straße 34, Asamhaus; Aufn. 2005

Asamhaus, Fassadendetail; Aufn. 1995

Asamhaus, Fassadendetail; Aufn. 2005

Die an formalem Reichtum wie künstlerischer Qualität kaum zu überbietende Fassadengestaltung repräsentiert zwar Wohlstand, Selbstbewusstsein und sozialen Status des Künstlers, verzichtet andererseits auf den Adelspalästen vorbehaltene tektonische, dem klassischen Kanon verbundene Gliederungselemente; sie ist vielmehr in ihrer atektonisch-dekorativen, die Wandfläche überziehenden Fülle „eine ebenso aufwendige wie einmalige Umsetzung der in München seit dem 16. Jh. üblichen Fassadenbemalung in eine plastische Dekoration" (Dehio 1996), somit durchaus bürgerlich wie zugleich durch einen höchst differenzierten philosophisch-mythologisch-theologischen Gehalt geprägt, dessen zur Schau gebotenes geistiges Niveau zur Entstehungszeit mit der alles durchdringenden, alle Stände verbindenden Volksfrömmigkeit eine nahtlose Einheit bildete.

Gliedernde Architekturelemente sind der Erker mit seinen großen, querformatigen Fenstern (vgl. St.-Jakobs-Platz 20), der auf das Korbbogentor flankierenden schräg gestellten Hermenpfeilern ruht, die in Stuckfiguren übergehen, ferner die reich profilierten, geohrten Fensterumrahmungen und das kräftige, profilierte Traufgesims im Anschluss an den Architrav der Kirchenfassade; die Begrenzung links bildet eine schmale (vom Fallrohr z. T. verdeckte) Lisene. Problematisch ist das Gurtgesims über dem Erdgeschoss, das über den beiden linken Fensterachsen 1955 ergänzt wurde; die mehrfach wohl im Wesentlichen in originaler Form erneuerte Verkleidung des Erdgeschosses mit Felsbrocken imitierenden stuckierten oder aufgeputzten Partien, die über den Fenstern keilsteinartig formiert waren, wurde 1955 beseitigt. Erhalten sind bis heute die roh bossierten Elemente in der Sockelzone unterhalb der (jetzt schlicht profilgerahmten) Erdgeschossfenster, die mit dem Felsgestein zu Seiten des Kirchenportals korrespondieren.

Sendlinger Straße 34, Asamhaus, Treppenhaus; Aufn. 1996

Asamhaus, Treppenhaus, Stuckrelief „Bestrafung calvinist. Grabschänder"

Egid Quirin Asams die Wandflächen der Obergeschosse überdeckender und verbindender, vor allem im Bereich der Fensterbrüstungen zu figürlichen Gruppen verdichteter Stuckdekor folgt einem komplexen Programm scholastisch-thomistischen Geistes (das am Eingehendsten von Woeckel 1952 analysiert wurde; vgl. auch das Fassadenschema bei Biller/Rasp 2003). Speziell im Bezug auf Wirken und Aufgabe des Künstlers wird in der äußersten Achse links die Sphäre der hinfälligen Natur dargestellt, in der rechts anschließenden Doppelachse

Asamhaus, Hofwand mit Johann-Nepomuk-Figur; Aufn. 1995

erscheinen die im Bildungsideal der antiken Mythologie verkörperten Fähigkeiten und Bestrebungen des Menschen, der unter der Schirmherrschaft des Lichtgottes Apoll (oben) und der Pallas Athene (unten) die irdischen Wissenschaften und Künste auf der Grundlage von Strebsamkeit und Tugend entwickelt. Den von der Natur zur Übernatur, vom Diesseits zu Erlösung und Ewigkeit die Verbindung herstellenden christlichen Heilsinhalten ist – der Kirche benachbart – der Erker gewidmet, an dem (von oben) Monogramm und Herz Jesu, die Büste der Unbefleckten Jungfrau Maria und ein (jetzt leeres) Medaillon mit dem hl. Josef (ehem. Ölbild) angebracht sind. Über dem Eingang weisen die Allegorien der Künste samt der Stadtgöttin sowie die flankierenden Hermenfiguren von Poesie und Musik auf die konkrete Bestimmung des Hauses als Künstlerwirkungsstätte hin. Die beiden von E. Qu. Asam virtuos geschnitzten Türflügel zeigen allegorische Relieffiguren von Engeln, die über Sünde und Tod triumphieren (Originale als Leihgabe im Diözesanmuseum Freising; Ersatzflügel derzeit nur mit Füllungen). – Bei der Fassadenrestaurierung 1974 wurde gemäß damaligem Befund die einfarbig-helle Farbgebung nachvollzogen; nur die Marmorierung der Lisene links und des Traufgesimses stellte die Verbindung zur Polychromie der Kirchenfront her. Bei der Restaurierung 1999 wurde die Farbgebung nach Befund z. T. revidiert und ergänzt, die Fehlstelle im Erdgeschoss durch eine Art Bandrustika.
Die Durchfahrt mit vier flachen Kreuzgratgewölben führt sowohl zum Hof wie zu dem rechts von ihm zwischen Vorder- und Hinterhaus gelegenen, an die Kirche grenzenden Treppenhaus. Ein Teil der Durchfahrt wurde nachträglich zugunsten der Erweiterung des links benachbarten Geschäftslokals abgetrennt. Der Bauteil links der Durchfahrt entspricht (mit zwei Fenster-

achsen bzw. der Breite eines Zimmers) dem südlichen der beiden Vorgängerhäuser (das ähnlich schmal war wie das Nachbarhaus Nr. 36, s. dort).
Vorplatz der Treppe mit zwei Kreuzgratgewölben, östlich einfache Tür zur Gruft mit aufgemalter Armer Seele (weibliche Halbfigur in Ovalfeld). Die Treppe ist um einen massiven Kern gewendelt, die Schachtecken sind mit korinthisierenden Stuckmarmor-Viertelsäulen besetzt; an den Wänden Reste bzw. freigelegte Partien von illusionistischer Malerei, u. a. ein Schein-Schmiedeeisengeländer, ferner Zierfelder in Stuckmarmor, vier Reliefs mit Szenen aus dem Leben des hl. Johannes von Nepomuk (Stuckversionen der Schnitzreliefs am Kirchenportal, s. dort) sowie ein Stuck-Kruzifix; über den Türen im 1. Stock figürliche Fresken (Johannes von Nepomuk, Engel). Wohnungen 1999 restauriert; die kreuzgratgewölbten Flure zwischen Hof und Kirche mit letzterer durch Oratorien und Sichtöffnungen verbunden; im Erkerzimmer des 1. Stocks Tafelparkett; in E. Qu. Asams Wohnung im 3. Stock straßenseitig großer Raum (mit Mittelerker) wiederhergestellt, mit freigelegter klassizistischer Wandbemalung (Felderteilung).
Bemerkenswert ist die dreifache Blendnischengruppe an der südlichen Abschlusswand des Hofes; derartige barockzeitliche innerstädtische Hof- und Gartenarchitekturen sind in München leider fast völlig verschwunden. Vor der von Halbsäulen flankierten breiteren Mittelachse steht seit 1913 eine 1,98 m große Stuckfigur des hl. Johannes von Nepomuk, vor 1746 von E. Qu. Asam geschaffen (Abguss; Original jetzt als Leihgabe im Diözesanmuseum Freising). Die Figur ist erstmals für 1773 nachgewiesen, als sie in einer Kapelle im einstigen Garten des Asamhauses aufgestellt wurde.

Sendlinger Straße 35. Als Bäckeranwesen schon seit dem 16. Jh. nachweisbar, genannt „Zum Streicherbäck" nach dem Bäckermeister Bernhard Streicher, Besitzer ab 1614. Auf Sandtners Stadtmodell (1570) ein dreigeschossiges Traufhaus; Stimmelmayr (gegen 1800) beschreibt eine auf die Bäckerei bezügliche Wandmalerei mit einem Hanswurst und Spruch. Das jetzige fünfgeschossige Wohn- und Geschäftshaus entspricht mit seiner Gliederung in Vorder- und Rückgebäude, die seitlich (hier rechts) des Lichthofes verbunden sind, noch dem traditionellen Altmünchner Typus; Grundrissbildung ziemlich regelmäßig; die karge klassizistische Fassadengestaltung lässt auf einen weitgehenden Um- oder Neubau um 1800/10 schließen. Die Fensteranordnung ist rhythmisiert, indem die drei mittleren Achsen enger zusammengezogen sind; der 4. Stock durch Gesims abgesetzt; weit vorkragendes Traufgesims. Am 1. Stock befindet sich eine Darstellung der Immaculata. Kellerräume mit böhmischen Kappen. Erdgeschoss mehrfach umgestaltet, u. a. 1873 für den Bäckermeister Christian Kellerer mit Neurenaissance-Ladenfront; damals Durchfahrt vom linken Hausrand an den rechten (statt ehemaliger einläufiger Treppe) verlegt, neue Treppe rechts vom Lichthof. Laut Häuserbuch IV Umbau im Jahr 1900. 1988 Sanierung durch Architekturbüro Gerhard Lehmann.

[**Sendlinger Straße 36.** Schmale fünfgeschossige Fassade von 1977 als Nachbildung eines damals abgebrochenen Bürgerhauses (s. Abb. S. CXXI). Das drei Fensterachsen breite Handwerkerhaus – seit 1673 vielfach Seilern gehörig – wurde 1977 wegen Baufälligkeit abgebrochen und durch einen Neubau mit Fassadenkopie ersetzt. Sandtners Stadtmodell von 1570 zeigt hier noch ein zweigeschossiges Traufhaus samt Rückgebäude, Stimmelmayrs Skizze aus dem 18. Jh. bereits den fünfgeschossigen Bau.]

Sendlinger Straße 41. Auf den beiden seit dem späten 19. Jh. vereinten Parzellen stehen auf dem Stadtmodell von Sandtner von 1570 zwei niedrige, zweigeschossige Traufhäuser mit Ohrwascheln – bei Stimmelmayr (gegen 1800) aufgestockt; das lin-

Sendlinger Straße 35

Sendlinger Straße 41; Aufn. 1995

Sendlinger Straße 43; Aufn. 1996

erker, den ionische Kolossalpilaster flankieren; die ornamentalen Details am Manierismus orientiert. Über der Mittelachse Attika; das ursprüngliche, wesentlich steilere Dach mit drei Gauben nicht erhalten. Die dreiläufige Treppe liegt rückwärts rechts von der Durchfahrt; je Geschoss eine Wohnung.

ke Anwesen war der ehem. Gilgenbräu (nach Georg Gilg, Bierbrauer im späten 17. Jh.), das rechte gehörte ab 1724 dem Hofmaler Nikolaus Gottfried Stuber († 1749).

Im Auftrag des Seifensieders bzw. -fabrikanten Karl A. Prembs entstand 1890/91 durch J. G. Mayer das breit proportionierte fünfgeschossige Neurenaissance-Mietshaus mit Hofflügel links (vor mehrfach erneuertem Rückgebäude). Die symmetrische Fassade ist in unterschiedlicher Art – nach oben hin in geschossweise jeweils reduzierter Form – in Putz rustiziert, die Fensterachsen sind rhythmisiert angeordnet. Im Erdgeschoss gestalterisch erneuerte Läden, geschieden durch die in die Mitte gelegte Durchfahrt; links von ihr die Treppe. In den Obergeschossen jeweils zwei Mietwohnungen.

Sendlinger Straße 43. Auf Sandtners Stadtmodell von 1570 noch ein zweigeschossiges Traufhaus, bei Stimmelmayr im späten 18. Jh. ein dreigeschossiges Bierzäpflerhaus (des Bierwirtes Joseph Schöttl, ab 1731); seit 1839 im Besitz der Familie Malia. Der Charcutier bzw. Schweinemetzger Franz Malia ließ 1884/85 das bestehende fünfgeschossige Geschäfts- und Mietshaus im Neurenaissancestil (samt einfachem zweigeschossigem Nebengebäude im Hof rechts) mit im Wesentlichen symmetrischem Grundriss von Oscar Strelin erbauen. Die drei Achsen (im niedrigeren 1. wie 4. Stock mit je zwei Fenstern) breite Straßenfront zeigt die für die 1880er Jahre charakteristische gedrängte, plastische Formenfülle: rustiziertes Erdgeschoss mit drei Stichbogenarkaden (zwei Läden, der linke mit erhaltener Stuckdecke; links die Durchfahrt), die drei obersten Geschosse mit klinkerverkleideten Wandflächen, 2. und 3. Stock mit polygonalem Mittel-

dell von Sandtner (1570) zweigeschossig, bei Stimmelmayr (gegen 1800) aufgestockt; den Zustand um 1885 zeigt Bauer/Valentin 1982, Abb. 50. Der im Auftrag des Hafnermeisters bzw. Ofenfabrikanten Karl Rasp 1898/99 von Heinrich Volbehr aufgeführte fünfgeschossige Neubau erhob sich mit gesteigerter Geschoss-, Trauf- und Firsthöhe über die benachbarten Neurenaissancehäuser (Nr. 41, 43 und das kriegszerstörte Eckhaus Blumenstraße 48 von 1885), von denen es sich auch in stilistischer Hinsicht absichtsvoll unterscheidet – mit seiner Bezugnahme auf altdeutsch-bürgerliche Formen der Übergangszeit von der Spätgotik zur Renaissance ist es den Schöpfungen Max Ostenrieders geistesverwandt (vgl. dessen gleichzeitiges Haus Sendlinger Straße 56). Erstrebt ist die Synthese eines zu malerischer Asymmetrie tendierenden Baukörpers und einer aufwendigen, altertümelnden Formensprache mit modern-großstädtischer Funktionalität, wie sie u. a. an den beiden als Geschäftsbereich ablesbaren unteren Geschossen deutlich wird – am Erdgeschoss mit den ursprünglich flachbogig schließenden Schaufensterarkaden und den noch erhaltenen großen Bogenfenstern darüber. Den malerischen Eindruck verstärken die sich von den Putzflächen abhebenden Muschelkalkstrukturen des Geschäftsbereichs, der beiden prächtigen Erker und der Mittelloggia im 4. Stock. Seit dem Zweiten Weltkrieg fehlen eine in Hausmitte angebrachte Muttergottesfigur und die originale Steildachzone mit seitlichen Treppengiebeln, Dacherker nach Altnürnberger Art über dem linken Erker und hohem Treppengiebel mit Türmchen auf der Spitze oberhalb des rechten Erkers. Bei der 1973 durchgeführten Restaurierung erhielt das Erdgeschoss eine moderne Gestaltung, sodass der heutige Gesamteindruck gegenüber dem Originalzustand spürbar reduziert ist.

Der Bau wird rechts von der Mitte durch die (ehem.) Durchfahrt erschlossen, an deren Ende links im Hofwinkel das Treppenhaus liegt. Die Obergeschosse enthielten je drei Wohnungen, eine davon im links situierten Hofflügel. Seit 1921 gehört das Haus der Münchener Rückversicherungs-Gesellschaft.

Sendlinger Straße 45. Das stattliche Geschäfts- und Wohnhaus steht auf der Grundfläche zweier alter Bürgerhäuser – auf dem Stadtmo-

Sendlinger Straße 45, Zustand vor 1939 (re. Nr. 47, zerstört)

Sendlinger Straße 45; Aufn. 1995

Sendlinger Straße 46, Oberottl-Passage; Aufn. 1997

[**Sendlinger Straße 46.** Oberottl-Haus und -Passage, 1929/1930 von Heinrich Maurer. Ehemals Brauerei und Gasthof „Zum Oberottl", seit 2. Hälfte 16. Jh. nachweisbar, auf Sandtners Stadtmodell von 1570 zwei Häuser (links traufständig, rechts mit hohem Halbgiebel), bei Stimmelmayr im späteren 18. Jh. breit dreigeschossig, im 19. Jh. spätklassizistisch viergeschossig erneuert, angeblich noch mit gotischen Gewölben (Bauer 1982, Abb. S. 86), 1929 abgebrochen. Der fünfgeschossige Bürohausneubau mit Passage bis zur Kreuzstraße, Läden im Erdgeschoss und ausgebautem Dach gehört zu den wenigen großen Baumaßnahmen der Zwischenkriegszeit in der Altstadt. Die um Fensterprofilrahmen und -teilungen reduzierte Lochfassade ist gestalterisch entwertet, bemerkenswert hingegen die restaurierte Passage als einziges neusachliches Beispiel der Gattung in München. Das schmale fünfgeschossige Rückgebäude Kreuzstraße 17 stammt noch aus dem 19. Jh., im Kern bzw. unteren Teil wohl aus klassizistischer Zeit.]

Sendlinger Straße 49. *Sendlinger Tor*, 1318 erstmals erwähnt; von der mittelalterlichen Anlage haben sich – ebenfalls verändert – nur noch zwei polygonale Flankentürme des 15. Jh. und die seitlichen Zwingermauern erhalten. Am äußeren Ende der Sendlinger Straße entstand im Zuge des neuen, im späteren 13. bis ins frühe 14. Jh. angelegten Befestigungsringes um die stark erweiterte Stadt das (Äußere) Sendlinger Tor als Gegenstück zum älteren (1808 abgebrochenen) Inneren Tor bzw. Pütrich- oder Ruffiniturm zwischen den heutigen Häusern Sendlinger Straße 1 und 2. Erstmals 1318/19 wird zusammen mit den anderen Toren die „porta Sentlingeriorum" erwähnt, 1325/26 das „Sentlingertor". Der Torturm wurde 1411 durch einen Maler Hans von Speyer bemalt, 1419 erfolgte abermals eine Zahlung an zwei Maler für die heraldische Rautenbemalung der Türme vom Anger- bis zum Sendlinger Tor. Der weitere Ausbau zur Torburg erfolgte im Zusammenhang mit der 1430 angesichts der Hussitengefahr der Stadt von den Herzögen Ernst und Wilhelm III. zugestandenen Verstärkung der Stadtbefestigung durch Erhöhung und eine zweite vorgelagerte Zwingermauer; diese Baumaßnahmen zogen sich bis ca. 1480 hin. In diese Periode sind die beiden den Wehrhof im Zwinger einschließenden Seitenmauern, die sechseckigen vorgeschobenen Flankentürme (in denen stehende Geschütze 1587 erwähnt werden) und die beide verbindende Schildmauer zu datieren, ebenso die jenseits der einstigen Brücke über den Stadtgraben vorgelagerte halbrunde Barbakane (die in der 1. Hälfte des 17. Jh. durch eine zugespitzte Bastion der Wallbefestigung ersetzt wurde). In

Sendlinger Straße 49, Sendlinger Tor, Innenseite; Radierung, 1805

dieser in den Grundzügen den anderen drei Haupttoren wie auch dem nahen Angertor entsprechenden Form ist das Sendlinger Tor auf Sandtners Stadtmodell von 1570 dargestellt, der rechteckige Hauptturm mit kielbogiger Durchfahrtsöffnung, feldseitiger Mauerverstärkung und Zinnenkranz. In Erwartung des Besuches König Maximilians I. ließ die Stadt Anfang 1491 das Sendlinger (wie auch das Anger-)Tor außen wie innen durch Jan Polack dekorativ bemalen. Ferdinand Schießls Ansicht der Innenseite von 1805 (Radierung) zeigt die dort beiderseits des Torturms an die Mauer gelehnten zweigeschossigen Häuser des Stadtbrunnmeisters (links) und des Stadtzolleinnehmers (rechts). Nach einer Zeichnung Domenico Quaglios von 1808 hatte der Torturm im Oberteil flache, gestuft schließende Blenden (vom spätgotischen Typ, ursprünglich wohl mit Gemälden); ansonsten ist zu erkennen, dass die in Backstein gemauerte Toranlage damals noch ihren (z. T. stark abgewitterten) Verputz besaß; die Sechsecktürme hatten statt der Zinnen bzw. über ihnen flache Zeltdächer (schon auf Ansicht von M. Wening, 1701, wie erneuert heute noch).

Im Zeitalter der Entfestigung drohten dem Tor wiederholt Umbau oder Abbruch. Das Stichwerk von F. Cuvilliés d. J. aus den 1770er Jahren enthält einen frühklassizistischen Umbau-Vorschlag. Zu Beginn des 19. Jh. entstanden mehrere Pläne Franz Thurns für eine kreisrunde Platzanlage vor dem umzugestaltenden Tor (mit

Sendlinger Straße 49, Sendlinger Tor, Innenseite; Aufn. 1995

abzubrechendem Hauptturm). Der in den Grundzügen verwandten, 1809 genehmigten Platzgestaltung nach dem Konzept von Friedrich Ludwig von Sckell fiel der Haupttorturm zum Opfer, der im Februar/März 1810 abgebrochen wurde, während die ihn flankierenden Häuser an der Mauer-Innenseite erhalten blieben; die außen vorgelagerte Bastion wurde eingeebnet. Weitere Umbau- und Abbruchsvorschläge der Folgezeit überlebte die verbliebene Restsubstanz vor allem aus finanziellen Gründen. Erst 1860/61 erfolgte nach Plänen von Arnold Zenetti der Durchbruch zweier kleinerer Torbögen zu Seiten des mittleren in der Schildmauer und zugleich eine romantisch-gotisierende Fassadengestaltung an deren Innenseite und an den Zwingerhofmauern, wobei die seitlich anschließenden Häuser abgebrochen wurden. Die Stadtmauer-Restabschnitte beiderseits des Tores wurden im Süden 1872/73, im Norden erst 1883–86 abgetragen, um diese Zeit auch der Graben aufgefüllt, wobei die Außenansicht des Torbaus an Höhe verlor, und die 1861 erweiterte Brücke beseitigt. Seit 1892 (bis 1944) durchquerte die Straßenbahn (anfangs nur einspurig) das Tor, dessen Existenz abermals bedroht war. Joseph Geyer (1898) und August Thiersch (1903) legten eingreifende Umbauprojekte vor. Ausgeführt wurde 1906 das schonende Planungskonzept von Wilhelm Bertsch, der einen einzigen großen Durchfahrtsbogen in die Schildwand sowie Fußgängerdurchgänge in die Sechsecktürme einbrach. In dieser Gestalt – nach Behebung der Luftkriegsschäden vor allem im Abschlussbereich der Flankentürme 1949–52 – blieb die Toranlage bis heute erhalten. Die letzte umfassende Restaurierung fand 1978–82 statt.

Die durch Gesimse geteilten Sechsecktürme und die Schildmauer – sämtlich mit zahlreichen zugesetzten, doch in den Umrissen ablesbaren Öffnungen aus verschiedenen früheren Phasen – präsentieren sich heute in (mehrfach, vor allem um 1980) ausgebessertem Sichtziegelmauerwerk mit einzelnen Putzresten. Die beiden Torhof-Seitenwände samt den im rechten Winkel anschließenden kurzen Mauerabschnitten weisen eine zweigeschossige neugotische Gliederung von 1860 mit strebepfeilerähnlichen Wandvorlagen und Erdgeschossarkaden (Blenden bzw. Türen und Schaufenster zu moderner Hinterbauung) auf, die Schildmauer-Innenseite seitliche Lisenen und abschließenden Bogenfries; die Wandflächen sind geschlämmt, die Gliederungen verputzt. In der mittleren Blendarkade der Nordseite neugotischer Bronze-Kruzifixus. Der Nordturm ist heute stark überwachsen.

Sendlinger Straße 50/52 (mit Kreuzstraße 21, kein Denkmal). Wohn- und Geschäftshaus, ehem. *Leistbräu*; mit Hofgebäude (Nr. 52). Auf Sandtners Stadtmodell (1570) sind zwei zweigeschossige Traufhäuser mit je einem Flacherker dargestellt; Stimmelmayrs Skizze (gegen 1800) zeigt im Wesentlichen noch dieselbe Bebauung, lediglich das rechte Haus („der Leisbräu") ohne Erker, mit gegen links verlegter Durchfahrt und drei Zwerchhäusern bzw. Ohrwascheln. Dieses rechte Anwesen, seit etwa 1640 mit

Sendlinger Straße 50; Aufn. 1995

Kreuzstraße 21 als Rückgebäude verbunden (Häuserbuch III), gehörte nachweislich seit dem späten 15. Jh. Bierbrauern – im 3. Viertel des 17. Jh. einem Hanns Leist oder Leiss, ab 1820 Johann Haindl, der 1833 auch das linke Nachbarhaus (um 1650 Besitz des Kupferstechers Johann Sadeler) erwarb und auf der Doppelparzelle den noch bestehenden Neubau des Leistbräu aufführen ließ.

Das ursprünglich nur viergeschossige, über dem 1. Stock 1834 datierte klassizistische Vorderhaus (Ansicht von 1909 bei Bauer 1982, S. 80), bis heute mit Gastlokal im rustizierten Erdgeschoss, das zu Seiten der rundbogigen, mit fünf Flachkuppeln gewölbten Durchfahrt früher Rechteckfenster aufwies, besitzt eine der wenigen noch erhaltenen klassizistischen Bürgerhausfassaden in der Altstadt, deren Gestaltung den Palaststil Klenzes vereinfachend abwandelt, jedoch mit nach oben jeweils reduzierten Fensterrahmungen – im 1. Stock Ädikulen, im 2. gerade Verdachungen, im 3. Stock nur die profilierten Faschen – feinfühlig abgestuft ist. (Architekt bis jetzt nicht festgestellt.) Die Obergeschosse enthielten je eine große Wohneinheit mit Mittelquergang, die U-förmige Treppe wurde in die rechte rückseitige Ecke gelegt.

In dem 1842 von Josef Sedlmayr (Franziskanerbrauerei) erworbenen Komplex wurde noch bis 1865 gebraut. Unter dem Geh. Kommerzienrat Gabriel Sedlmayr/Leistbräu AG erfolgte 1912/13 ein weitgehender Um- und Ausbau nach Plänen von Georg Meister. Das Vorderhaus wurde unter Erhöhung des bisherigen 3. Stocks und entsprechender Verlegung des durch Konsolen bereicherten Gesimses um ein 5. Geschoss in angepassten Formen aufgestockt, das Erdgeschoss durch große Bogenöffnungen verändert, das Rückgebäude an der Kreuzstraße um ein 5. Geschoss über Gurtgesims erhöht. Dazwischen entstand eine grundstücksbedingt unregelmäßige, lang gestreckte viergeschossige Hofbebauung in äußerlich schlichten Formen (große Fenster, gerundete Balkone), die zusammen mit Vorder- und Rückgebäude um drei Höfe gruppiert und durch eine Folge von flachkuppelig gewölbten Passagen erschlossen ist. Die Gastwirtschaft im Vorderhaus wurde nach rückwärts erweitert, rechts von der Durchfahrt ein Laden eingerichtet.

Sendlinger Tor, Außenseite; Aufn. 1995

Sendlinger Straße 54. Auf Sandtners Stadtmodell (1570) ein zweigeschossiges Traufhaus mit Ohrwaschel, mächtigem Satteldach und Rückgebäude; bei Stimmelmayr (gegen 1800) viergeschossig mit zwei Ohrwascheln. Nach dem Besitzer seit 1766, dem Koch Martin Zächerl, noch im frühen 19. Jh. „zum Kochmartl" genannt (Häuserbuch IV).

Auf der von ihm 1878 erworbenen schmalen, gebogenen Altstadtparzelle (vgl. Nr. 56) ließ Eduard Preisinger, Besitzer einer Fabrik technischer Werkzeuge in Augsburg, 1884 ein fünfgeschossiges Mietshaus mit Flügelgebäude links vom Hof neu errichten; im älteren, den Hof winkelförmig abschließenden Rückgebäude (dreigeschossiger Werkstättentrakt) wurde gleichzeitig eine Bäckerei eingerichtet. Der Entwurf stammt von Maurermeister Alois Bischoff, der sich in der Bauleitung mit den Baumeistern Josef Lutz und Heinrich Hilgert ablöste. Das Erdgeschoss nahm zwei Läden (im linken ab 1906 Café) und rechts davon die Einfahrt auf, die Obergeschosse je eine Wohnung mit drei Räumen zur Straße. Die ursprüngliche feuersichere Treppe lag links am Ende der Durchfahrt (1927 verlegt).

Der vier Achsen breiten Putzfassade in Neurenaissanceformen – auf einem Plan der wohl intendierten Farbgebung gemäß blassblaugrün angelegt – gibt der zwei Achsen breite, durch Pilaster gegliederte Mittelerker in den beiden bevorzugten Wohnetagen – mit Balkon im 3. Stock – eine gewisse repräsentative Note; der 4. Stock ist über einem Gesims abgesetzt. Fassadenrestaurierung 1975. – 1907 wurde hier eines der ältesten Kinos in München eingerichtet (Elektra, später Helios-Theater, mit nur 100 Plätzen; 1922 geschlossen).

Sendlinger Straße 56. *Wohn- und Geschäftshaus Krafft.* Der späthistoristische Neubau hatte sich der schmalen und tiefen, im Rückbereich zudem nach links (Südwesten) hin abgebogenen Altstadtparzelle einzufügen. (Die parallelen gekrümmten Grundstücksgrenzen vermitteln im gesamten Block zwischen den Baulinien an der Sendlinger und der Kreuzstraße, die zur ehem. Stadtmauer hin konvergieren.) Sandtners Modell von 1570 zeigt noch eine in diesem Stadtrandbereich vorherrschende niedere Bebauung, Stimmelmayr skizziert ein dreigeschossiges Traufhaus mit Aufzugsgaube links, das er als „Gips-Melber-Haus" bezeichnet – das Anwesen gehörte (nach Häuserbuch III) ab 1718 einem Melber, 1775–1837 Gipsmüllern, ab 1853 dem Essigfabrikaten Jakob Krafft. Dessen gleichnamiger Sohn – ein

Sendlinger Straße 54; Aufn. 1995   Sendlinger Straße 60; Aufn. 1995

Likörfabrikant – veranlasste den Neubau von 1899, der im Erdgeschoss hinter zwei großen Arkaden Geschäfte (samt Flur links) und darüber – bei schwieriger Grundrissbildung – je Geschoss zwei Wohnungen vorsah, getrennt durch das hofseitig rechts im Seitenflügel angeordnete Treppenhaus. Die größeren vorderseitigen Wohneinheiten sind mit drei Zimmern zur Straße hin bevorzugt.

Die fünfgeschossige, nur drei Achsen breite Straßenfront ist unter Max Ostenrieders die Münchner Altstadt im altdeutschen und gesteigert malerischen Sinn akzentuierenden, an Spätestgotik und Deutsche Renaissance anknüpfenden Schöpfungen die exzentrischste, in ihrer gesuchten Altertümlichkeit („Astwerkgotik") zeitgenössisch jugendstiligen bis frühmodernen Gestaltungstendenzen diametral entgegengesetzt. Die Wirkung wird durch die reiche, in München eher ungewohnte Natursteingliederung (Muschelkalk) bestimmt, die sich vom Kalkmörtelputz abhebt. Der Pfeiler zwischen den Erdgeschossbögen hatte ursprünglich die rundplastische naturalistische Form eines Baumes mit knorrigem Stamm und Geäst (vgl. Kreuzstraße 1). Die Fenstergruppen im 1. Stock folgen gotischen Vorbildern. Der prächtige Steinerker in der Mitte des 2. Stocks mit rippengewölbter Loggia, Brüstungsreliefs (Reiter, Wappen) und Eckfialen zitiert in stark reduzierter Form das Goldene Dachl in Innsbruck; seinem Dachfirst ist das Relief einer Strahlenkranzmadonna aufgesetzt. Die flankierenden Fenster krönt krauses Astwerk. In den Maßwerkfries, der das oberste Geschoss absetzt, sind die Wappen des Reiches, Münchens und Bayerns eingelassen.

Nicht erhalten sind – außer im 1. Stock – die originalen, kleinteiligen Sprossenfenster sowie die großenteils polychrome Fassung der Natursteingliederung, u. a. die „rote, blaue und grüne Tönung der Kehlen, des Astwerks und der Wappen etc. in Verbindung mit reicher Vergoldung". Überdies fehlen kleinere, zur Stimmung beitragende Details wie Kugellampen und Schlauder im Erdgeschoss und die gotische Inschrift „Ao. Dni. 1899" im 3. Stock. Die Dachgaube, ehemals mit Klappläden, zitiert eher rustikale Vorbilder.

Sendlinger Straße 56; Aufn. 1995

Sendlinger Straße 56, Erker; Aufn. 1995

Als romantische Evokation der im späten Historismus hochgeschätzten Blütezeit Kaiser Maximilians und Albrecht Dürers fand die Fassade viel Beachtung in der zeitgenössischen Fachliteratur. – Im Inneren sind einzelne Stuckdecken erhalten.

Sendlinger Straße 60. Das alte Bürgerhaus, auf Sandtners Stadtmodell (von 1570) ein zweigeschossiges Traufhaus, bei Stimmelmayr (gegen 1800) dreigeschossig, erwarb 1896 der Baumeister (Bauführer) Josef Dietz, der auf dem schmalen, nach links (gegen Süden) abgebogenen Grundstück (vgl. Nr. 54 und 56) nach Entwurf von Georg Müller unter eigener Bauleitung das bestehende fünfgeschossige Mietshaus zu errichten begann, das er im Folgejahr noch während des Baus (um die geplanten Dachausbauten reduzierte Tekturpläne von Hans Thaler) an den Schuhmachermeister Xaver Stocker verkaufte. Die dekorativen Details der drei Doppelfensterachsen breiten, sandsteinverkleideten Fassade tendieren zur sog. Deutschen Renaissance. Nach der originalen Konzeption enthielt das (veränderte) Erdgeschoss ein Verkaufslokal, links davon die Durchfahrt zum schmalen Lichthof, am rechten Gebäuderand in der Mitte das Treppenhaus; je Geschoss eine Großwohnung. 1977/78 Umbau- und Sanierungsmaßnahmen.

Sendlinger Straße 62. Die beiden letzten Häuser an der Sendlinger Straße stadtauswärts rechts sind auf Sandtners Stadtmodell von 1570 zweigeschossig, das Eckhaus etwas stattlicher mit zwei Flacherkern im Obergeschoss (wohl ein Doppelhaus), seitlichem Giebel zur Kreuzstraße und rückwärtigem Hof oder Garten, der (nach Häuserbuch III) um 1788 mit einem Rückgebäude

Sendlinger Straße 62; Aufn. 1995

von Sendlinger Straße 47 (alte Nr., rechts vom Eckhaus) bebaut wurde. Bei Stimmelmayr (gegen 1800) ist das Eckhaus drei-, das Nachbarhaus viergeschossig.

Auf diesem städtebaulich ungemein bedeutsamen Areal am südwestlichen Altstadteingang ließ der Tabakhändler Martin Wörle 1884–86 einen in diesem Bereich neuartig monumentalen fünfgeschossigen Neubau in repräsentativen, an den Wiener Ringstraßenstil erinnernden Neurenaissanceformen errichten, der sichtlich als großstädtischer Initialbau gedacht war, jedoch keine gleichartige Fortsetzung fand und vor allem mit der bis heute erhaltenen benachbarten Kleinhausgruppe Kreuzstraße 27/Herzog-Wilhelm-Straße 29–31 (s. dort) extrem kontrastiert. Die Baulinie der linken Seitenfront wurde etwas vorgerückt, in der vorgesehenen Weise später aber nicht mehr nach Nordwesten fortgesetzt.

Der zunächst beauftragte Architekt Josef Kroneder legte am 7. Oktober 1884 die verantwortliche Bauleitung nieder, „nachdem die Ausführung des Neubaues dem Baumeister Ludwig

Bayer übertragen wurde" (Bauakt), der in demselben Monat die Bauleitung übernahm. Die Eingabe- und Tekturpläne sowie die ungewohnt sorgfältig gezeichneten Detailentwürfe der Jahre 1884–86 wurden von Bayer signiert; wieweit und ob er Vorgaben Kroneders verarbeitete, ist vorerst nicht feststellbar.

Das leicht spitzwinkelige Grundstück mit zwei ungleich langen Flügeln veranlasste eine interessante Grundrissbildung mit abgeschrägter, durch einen polygonalen Erker akzentuierter Ecke, hinter der in allen Geschossen ein symmetrisch-unregelmäßiger Sechseckraum samt ebensolchem Vorzimmer angeordnet ist nebst anschließend in den Hofwinkel vortretender U-förmiger Treppe (stark erneuert, mit noch erhaltenen Füllungstüren zu den Wohnungen). Vom Eingangsvestibül im linken Flügel vermittelt ein kleiner fünfeckiger Vorplatz den Übergang zum Treppenhaus. Ansonsten enthält das Erdgeschoss zahlreiche Läden mit rundbogigen Schaufenstern. In den Obergeschossen liegen je zwei große Wohneinheiten, wobei das sechseckige Eckzimmer dem kürzeren Trakt an der Sendlinger Straße zugeteilt ist.

Am Äußeren werden beide Flügel durch zu Flachrisaliten verbreiterte Seitenachsen gefasst; das Arkaden-Erdgeschoss und der mezzaninartige 1. Stock sind als Sockelzone mit kräftiger Putzrustika behandelt, die beiden Hauptgeschosse durch korinthische Kolossalpilaster an den Risaliten zusammengefasst, der 4. Stock – mit Rundbogenfenstern und kleinteiliger Gliederung – durch je ein kräftiges Konsolgesims abgesetzt und abgeschlossen. Nicht erhalten sind am längeren Seitenflügel die Erdgeschoss-Rustika sowie die dekorativen Details und das Traufgesims im 4. Stock; vor allem fehlt der über der Eckabschrägung früher aufragende Voluten-Zwerchgiebel. 1979 wurde die Fassade restauriert, 2000 die Südseite.

Sendlinger-Tor-Platz

(Vgl. Ensemble Altstadt.) Der vor dem (südwestlich situierten) südlichen Haupttor der mittelalterlichen Stadtmauer angelegte Platz ist Bestandteil der klassizistischen Ringstraßenbildung vor der halbmondförmigen Westseite der Altstadt auf dem Gelände der ab 1791 sukzessive abgetragenen und eingeebneten Wallbefestigung des 17. Jh. Vor dem Sendlinger Tor (s. Sendlinger Straße 46) ist auf Sandtners Stadtmodell von 1570 und dem Volckmer-Stadtplan von 1613 eine halbrunde Bastion dargestellt, mit dem Tor durch eine gemauerte mehrbogige Brücke über den Stadtgraben verbunden. Dieses Halbrondell wurde von der polygonalen Bastion b der Wallbefestigung von 1619 ff. umfangen

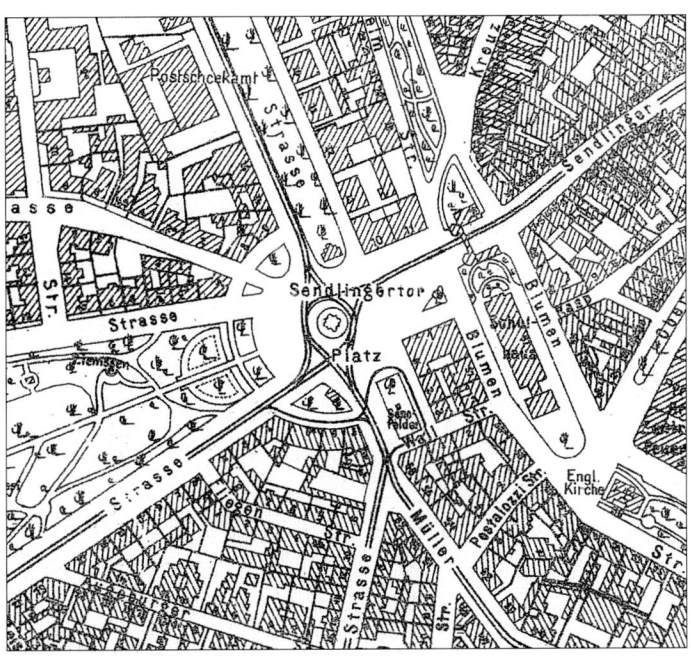

Sendlinger-Tor-Platz; Stadtkarte, um 1920

Sendlinger-Tor-Platz, Nordostseite; Postkarte, um 1900

(vgl. Stadtplan von M. Merian 1644); der Weg zur Umwallung hinaus bzw. herein erfolgte nicht frontal vor dem Stadttor, sondern abgeknickt weiter südlich zwischen den Bastionen a und b mit vorgelegter Holzbrücke über den Wallgraben. Die (innere) Rundbastion wurde bald durch ein erhöhtes, zugespitztes Cavalier (Geschützstellung) ersetzt (vgl. Stadtansicht von M. Wening 1701; Stadtplan von M. Paur 1705; auf Festungsplan von 1785 mit „Herrn von Frenau Garten" ausgefüllt).

Im Zuge der Entfestigung sah ein städtebauliches Projekt von Franz Thurn (1806) vor dem Tor ein von Pappeln gesäumtes Kreisrondell (um einen Obelisken) vor, das von erhöhten Eckpavillons der die neue Sonnenstraße (s. dort) stadtseitig säumenden langen Reihenhausgruppen sowie stadtseitig von schräg gestellten niedrigeren Trakten flankiert werden sollte. Für die Realisierung maßgebend wurde das städtebauliche Konzept des Gartenarchitekten Friedrich Ludwig von Sckell (1809, beschlossen 1812) mit einem rechteckigen Platzteil vor dem Stadttor (zu dessen kontrovers diskutierter Beseitigung bzw. Teilabtragung s. Sendlinger Straße 46) und stadtauswärts einem von Baumreihen gesäumten Halbrondell jenseits der tangential vorbeigeführten Sonnenstraße; die vom Halbrondell ausstrahlenden Diagonalen der Lindwurm- und Nußbaumstraße schlossen den begrünten Vorplatz vor dem Allgemeinen Krankenhaus ein (Nußbaumanlagen; vgl. Chevalley/Weski 2004). 1810 wurde die Platzfläche eingeebnet. Vor dem Stadttor entstanden nach Konzept von Johann Ulrich Himbsel spiegelbildliche klassizistische Wohnhausblöcke mit erhöhten Eckpavillons an der Sonnenstraße, nordseitig (heute Sendlinger-Tor-Platz 10/11, s. dort) 1814 ein dreigeschossiges Walmdachhaus an der Ecke zur Sonnenstraße nebst (1815) stadtseitig benachbartem Arkadentrakt (Geschäfte; später doppelt aufgestockt) und (1829) viergeschos-

sigem Eckhaus an der Herzog-Wilhelm-Straße; die gesamte Gruppe wurde 1913/14 durch den noch bestehenden stattlichen Neubau ersetzt. An der südlich gegenüberliegenden Vorplatzseite wurde die spiegelbildlich in etwa analoge Erstbebauung von 1819/20 durch den fünfgeschossigen neubarocken Block (weitgehender Umbau) des Ring-Hotels (1898/99 von Georg Hamann) ersetzt, der 1941 durch Otto Hartmann zur Kreissparkasse München umgebaut wurde; 1949/50 veränderter Wiederaufbau durch Georg Schiener, ersetzt 1984–87 durch den auch die rückseitig anschließenden Grundstücke des Gevierts umfassenden siebengeschossigen Walmdachblock der Kreissparkasse von Paolo Nestler. Stadtseitig daneben entstand im ehem. inneren Stadtgrabenbereich 1876/77 das Schulhaus Sendlinger-Tor-Platz 14 (s. dort).

Da im Süden die breit konzipierte Sonnenstraße wegen der bereits 1796/97 angelegten schmalen Müllerstraße (s. dort) nicht weiter geführt werden konnte, endet sie hier in der Art eines rechteckigen Platzteils, der seit Einführung des Altstadtringes von der Blumenstraße her (s. dort) unorganisch von der z. T. durch Baumbepflanzung verschleierten Brandgiebelmauer des Hauses Müllerstraße 56 (s. dort) abgeschlossen wird. In die Südwestecke des Platzteils mündet, spitzwinklig zur Müllerstraße, die Thalkirchner Straße, ein alter Verkehrsweg, ein (s. Chevalley/Weski 2004).

Von der dreigeschossigen klassizistischen Erstbebauung des Halbrondells ist nichts mehr erhalten mit Ausnahme des zuletzt – erst Mitte des 19. Jh. – entstandenen, vor dem Luftkrieg viergeschossigen Eckhauses Lindwurmstraße 1 (heute vereinfacht und verändert). Die sukzessive Rondellbebauung begann 1820 mit dem mittleren der drei Häuser der Nordhälfte von Maurermeister Joseph Höchl, der 1827 auch das an das südliche Eckhaus Nr. 5 außenseitig anschließende Haus Nr. 4 ausführte; 1824 erbaute Maurermeister Rudolf Röschenauer das (noch bis zum Luftkrieg erhaltene) freistehende Haus Nr. 7 im Zwickel zwischen Pettenkofer- und Nußbaumstraße. Die südliche Rondellhälfte wurde ab 1980 nach einheitlichen Richtlinien (die künftig auch für Lindwurmstraße 1 gelten) sechsgeschossig neu bebaut. Im 1979 abgebrochenen Eckhaus Nr. 5 war 1834 Aloys Senefelder, der Erfinder der Lithographie, gestorben (Gedenktafel des 19. Jh. am Neubau wieder angebracht); das 1877 in der ehemals nördlich vorgelagerten Grünanlage aufgestellte Senefelder-Denkmal steht heute auf dem Marsplatz (s. dort). Die nördliche Rondellhälfte, schon im späten 19. Jh. durch die Neubaugruppe Nr. 8/9 in Deutscher Renaissance verändert, wurde nach dem Zweiten Weltkrieg ab 1954 mit drei siebengeschossigen Geschäftshäusern von nüchtern-trockenem Charakter neu bebaut, deren linkes (Nr. 7) die Einmündung der Pettenkoferstraße überbrückt. Zwischen beiden Rondellhälften entstand in den Nußbaumanlagen 1953–55 die neue Evangelisch-Lutherische Bischofskirche St. Matthäus von Gustav Gsaenger (s. Chevalley/Weski 2004, S. 460 ff.), die mit ihrem 52 m hohen Turm eine neue Platz- und Stadtteildominante bildet, andererseits jedoch den intendierten städtebaulichen Zusammenhang zwischen dem Torplatz und dem hinter die Anlagen zurückgesetzten Krankenhaus versperrt (Ersatzbau für die 1938 abgebrochene klassizistische Matthäuskirche zwischen Karlsplatz und dem Nordende der Sonnenstraße).

Sendlinger-Tor-Platz, Südostseite zur Müllerstraße; Aufn. um 1955

Sendlinger-Tor-Platz, Matthäuskirche a. d. Westseite; Aufn. 2000

Nächst dem Karlsplatz/Stachus am anderen Ende der Sonnenstraße war der Sendlinger-Tor-Platz allzeit ein Hauptbrennpunkt
des Verkehrs. Die traditionelle Kreuzungssituation – einerseits
die Achse Sendlinger Straße/Lindwurmstraße zwischen der Altstadt und den südwestlichen Stadtteilen, überquert von dem die
Altstadt gürtenden Ring Sonnenstraße/Müllerstraße – ist, zusammen mit der zentral positionierten Grünanlage (Baumbepflanzung 1870 um Fontäne von 1872) 1963 (Ringverkehr um
Kreisplatte) und nochmals 1970/72 im Zuge des Verkehrsaus-
baues mit Einführung der neuen Straßendurchbrüche des zur
Sendlinger Straße parallelen Oberangers und der in den Altstadtring einbezogenen, verlängert abgeschwenkten Blumenstraße,
grundlegend verändert worden. 1972 wurde in verschobener Lage eine neue Fontänengruppenkomposition nach Entwurf von
Heiner Schumann realisiert. Die Straßenbahnachse Lindwurmstraße (seit 1882)–Sendlinger Straße (1892–1934) wurde durch
die 1971 eröffnete Nord-Süd-U-Bahn ersetzt, die seit 1980 von
einer weiteren U-Bahnstrecke gekreuzt wird (weiträumiger Un-
tergeschossausbau). Weiterhin verkehrt die den alten Stadtkern
außenseitig umfahrende Straßenbahnlinie Sonnenstraße–Müllerstraße (seit 1878). Bis 1955 stand an der Platz-Nordseite zwischen den Fahrbahnen der Sonnenstraße ein neubarockes, über-
kuppeltes Wartehaus, erbaut um 1900 von Hartwig Eggers. Die
1892 eröffnete Trambahnverbindung (von der Sendlinger Straße
her) über die Thalkirchner Straße zum Isartalbahnhof wurde
1967 stillgelegt. (Siehe Flurkarte S. 1031)

Sendlinger-Tor-Platz. *Nußbaumanlagen*, s. Chevalley/Weski
2004, Bd. 2, S. 459.

Sendlinger-Tor-Platz 10/11. Sog. *Sendlingerblock*; vgl. Ensemble Altstadt. Zur klassizistischen Vorgängerbebauung im Rahmen damaliger Stadtplanung vgl. Sendlinger-Tor-Platz/Vor-
spann. Das drei- bis viergeschossige, veränderte und im großstädtisch gewordenen Umfeld unansehnlich wirkende Doppel-
Anwesen von 1814/15 und 1829 musste kurz vor dem Ersten
Weltkrieg – wie zuvor schon der gegenüberliegende Block der
(heutigen) Kreissparkasse – einem die städtebauliche Situation
wirkungsvoll interpretierenden, stattlicheren Neubau weichen.
Der sog. Sendlingerblock, im Großen gesehen dreiflügelig-sym-
metrisch um einen kleinen Hof im Norden angelegt, besteht aus

Sendlinger-Tor-Platz 11 (links Nr. 10); Aufn. 1995

den Eckhäusern Nr. 10 mit Seitenfront zur Sonnenstraße und
Nr. 11 Ecke Herzog-Wilhelm-Straße, letzteres von Anfang an
mit Lichtspieltheater. Bauherr war die Heilmann'sche Grundbe-
sitz-Verwaltung G.m.b.H.; Ausführung 1913–14 durch das Baugeschäft Heilmann und Littmann (Pläne – außer von J. bzw.
Otto Heilmann – vielfach von Arch. Wiedenhofer unterschrie-
ben, im Bauakt auch mehrfach Andreas Dürrbeck genannt; Bauleiter Hawel); Frühbeispiel eines Stahlbetonbaus in München.
Das Äußere, mit Eingänge, Schaufenster und Zwischen- bzw.
Galeriegeschoss umfassenden Arkaden im Erdgeschoss, vier
Obergeschossen, deren letztes durch einen gedeckten Gesims-
vorsprung deutlich abgesetzt ist, und (nach Luftkriegsschäden
z. T. erneuertem, verändert ausgebautem) Walmdach, ist in seiner Gestaltung – Putz, z. T. Beton-Kunststein, Bauplastik – der
frei historisierenden, überwiegend barockisierenden Reformarchitektur am Ende der Jugendstilzeit zuzuordnen. Die drei in
sich symmetrischen Fronten sind jeweils individuell gestaltet,
mit Pfeilerloggia im Mittelteil des letzten Geschosses, die breite
Südseite zum Platz hin mit leicht eingezogenem Mittelteil (in der
Mitte über dem Erdgeschoss Bauinschrift mit Datum 1913), die
Fassade zur Sonnenstraße mit zwei die als Loggia ausgebildete
Mittelachse flankierenden Flacherkern, die Ostseite an der Herzog-Wilhelm-Straße mit Fluchtbalkon des Kino-Galeriegeschos-

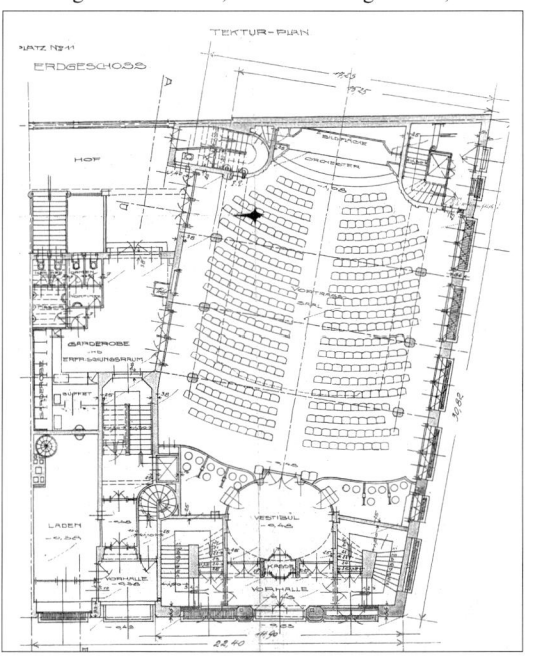

Sendlinger-Tor-Platz 11; Grundriss Erdgeschoss, 1914

Sendlinger-Tor-Platz 10/11 (von links); Aufn. 1995

ses sowie zwei Flacherkern, die von 1984 aufgesetzten Zwerchhäusern überhöht werden. Die ursprünglich freistehende Giebelwand an der Sonnenstraße wurde durch eine Blendengliederung belebt (in diesem Bereich schwere Luftkriegsschäden). Die Dachgauben hatten ursprünglich sämtlich Halbkreisform.

Im Innenausbau – mit Zylinderstegdecken – dominierte Sachlichkeit über Repräsentation. Haus Nr. 10 enthielt in seiner rechten, nördlichen Hälfte (platzseitig) ursprünglich ein Automatenrestaurant (bis 1921), im Eckbereich einen großen Laden (Textilkaufhaus), an der Sonnenstraße etwa in der Mitte den Flur vor der zentral gelegenen halbpolygonalen Treppe, nördlich davon zwei kleine Läden und entlang der Kommunmauer die Durchfahrt; in den Obergeschossen jeweils zwei Großwohnungen bzw. Büros und Arztpraxen.

Im Haus Nr. 11 war – rechts von der Zwischenwand zur linken Blockhälfte – zunächst ein schmaler Laden (bald zusätzlicher Eingangsbereich) und der Vorplatz nebst Flur zur Treppe situiert. Den größten Teil des Erd- und 1. Obergeschosses nimmt bis heute das 1913 eröffnete Lichtspieltheater ein (Filmtheater am Sendlinger Tor, vor 1945 zur Ufa gehörig), eine Gründung des Filmtheater-Unternehmers und -Pioniers Carl Gabriel (vgl. Dachauer Straße 16). Der Eingangs-Vorraum nebst anschließendem (modernisiertem) Halbkreisvestibül liegt an der Platzseite, flankiert von den Galerieaufgängen. Der längsrechteckige Zuschauerraum, eine verkleidete Eisenkonstruktion, ist in seinen Grundstrukturen – um dekorative Details reduziert – erhalten; die Raumform folgt dem traditionellen Typus eines Theatersaals, mit zwischen die durchgehenden Pfeiler eingespannter Galerie an drei Seiten (im Obergeschoss ursprünglich Arkaden) und Kassettendecke; in der Raumfassung dominieren (heute) rot und weiß. Die Baupläne zeigen im Norden ein vertieftes Orchester und eine bühnenportalartig gerahmte (heute noch von einem Vorhang verdeckte) Bildfläche, hinter der sich keine bespielbare Bühne, sondern die Kommunmauer befindet. Im Parkett flankierten je drei Logen den Eingang (heute verändert), die Galerie ist rückseitig über dem Vestibül durch ansteigende Sitzreihen erweitert. Dem Längsbalkon außen an der Nordseite entspricht hofseitig eine Terrasse (über Garderobe und Buffet mit Fluchttreppe). Die Eingangsfassade im Kinobereich wurde im Hinblick auf Werbungsmöglichkeiten 1935 und 1963 modern umgestaltet, das Kellergeschoss darunter nach dem Zweiten Weltkrieg als Gaststätte („Hahnhof") umgebaut (Pläne 1946 von C. Wopperer). Die drei Geschosse über dem Kino enthielten je drei Wohneinheiten; eine kleine im Westen und die große Eckwohnung wurden durch das Treppenhaus im Südflügel, die dritte nordseitige Wohnung im Flügel an der Herzog-Wilhelm-Straße durch eine eigene Treppe in der Nordostecke erschlossen.

Sendlinger-Tor-Platz 14 (mit An der Hauptfeuerwache 15). Sog. *Blumenschule* (ehem. Volksschule, jetzt Berufsschule). Das in der Umgangssprache „Blumenschule" genannte Gebäude (ehemals Blumenstraße 61) wurde für die St.-Peters-Pfarrschule errichtet. Diese war zuvor – gemäß der seit 1844 geltenden Schulbezirkseinteilung nach Pfarrsprengeln – in der einstigen Kreuzschule nördlich des Sendlinger Tores (erbaut 1813 über dem Stadtgraben zwischen Herzogspital- und Josephspitalstraße; bis 1880) untergebracht; zusätzlich gab es die 1867–69 von Arnold Zenetti erbaute Petersschule B im Rosental 7/Ecke Viktualienmarkt (später Kaufmannsschule, luftkriegszerstört). Die Mädchenschulen waren im Servitinnen- und Angerkloster untergebracht.

Dem Schulneubau inmitten der seit 1873/74 so benannten, damals z. T. neu formierten Blumenstraße musste der Restabschnitt der doppelten Stadtmauer südlich des Sendlinger Tores weichen (1872/73 abgetragen), die hier durch das runde Faust- oder Henkertürmchen mit Kegelhelm, das einst wohl als Abtritt diente, reizvoll akzentuiert wurde; an der Mauerinnenseite stand hier bis ca. 1841 der kleine Satteldachbau des Scharfrichter- oder Henkerhauses.

Der 1876–77 von August Voit d. J. erbaute lang gestreckte, viergeschossige Block mit flachem Walmdach verkörpert in seiner Geschlossenheit und allseitigen Symmetrie wie in der Rationalität seiner Grundrissstruktur und der strengen Fassadengliederung mit Elementen aus der italienischen

Sendlinger-Tor-Platz 14, sog. Blumenschule; Aufn. 1995

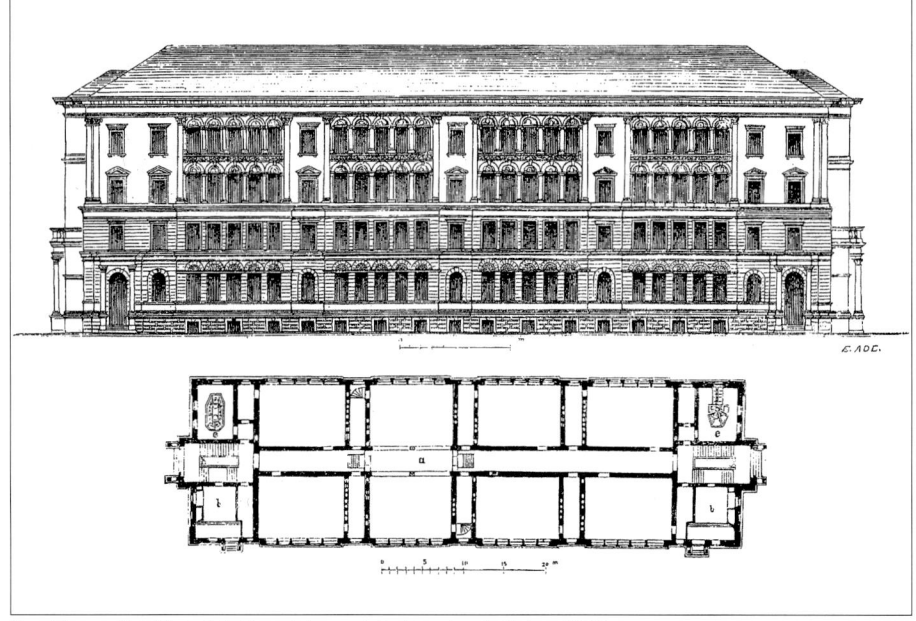

Sendlinger-Tor-Platz 14; Grundriss und Aufriss (nach Reber 1876)

Sendlinger-Tor-Platz 14 mit Turnhalle; Aufn. 1995

Palastarchitektur der Renaissance eine bestimmte Entwicklungsphase des bemerkenswerten städtischen Schulbaues in München; mit seiner Synthese einer aufwendigen Stilrezeption, die ihn als öffentlichen Repräsentationsbau kennzeichnet, und einer klar ablesbaren funktionsbedingten Gliederung bedeutete dieser Typus einen wesentlichen Fortschritt im Vergleich zu dem andernorts noch zählebigen Palasttypus. (Der spätere Münchner Reformschulbau konnte allenfalls an der rigorosen Rationalität Anstoß nehmen, die als gefühlskalt, stimmungslos, monoton und kasernenhaft empfunden wurde.) Gleich anderen Schulbauten des städt. Baubeamten August Voit (Sohn) wie an der Schwanthaler-, Türken-, Kirchen- und Klenzestraße entsprach die Blumenschule einem von Stadtbaurat Arnold Zenetti 1873 ausgearbeiteten Programm.

Der systematisierte Grundriss aller vier Geschosse ordnet zu Seiten des Mittelflures an jeder Längsfront vier gleichgroße Säle mit je fünf eng gereihten Fenstern an; die Klassenräume werden durch ihnen zugeordnete, außen als Einzelfenster ablesbare schmale Garderoben getrennt. An den Blockenden zusammengefasst wurden die übrigen Funktionsräume wie Lehrer- und Konferenzzimmer, Bücherei, Karzer und Aborte; die Schmalseiten-Mittelrisalite mit ihren beiden großen Rundbogenöffnungen übereinander kennzeichneten die Lage der Haupteingänge (für Knaben und Mädchen getrennt) und der zweiläufigen, in Eisen konstruierten Treppenhäuser. Im Souterrain waren außer den Kellern und der Heizungsanlage die Hausmeisterwohnung, Waschküche, Speisesaal und Suppenküche untergebracht.

In dem klassische Repräsentations- wie rationale Zweckformen vereinenden Fassadenaufbau sind die beiden als zart rustizierte Sockelzone behandelten Untergeschosse wie die durch – an den Ecken verdoppelte – korinthische Pilaster zusammengefassten oberen Geschosse jeweils mit reich differenzierten Sockeln und Gebälken ausgestattet, sodass an den Längsseiten kräftige Horizontalteilungen dominieren, während die Schmalseiten durch die Vertikale geprägt sind. Der funktionsbedingte Rhythmus der Längsseitengliederung resultiert aus dem Wechsel der Klassenzimmer-Fenstergruppen (in den beiden oberen Geschossen als Pfeilerarkaden mit Halbkreisblenden ausgebildet) mit den pilasterflankierten schmalen Zwischenachsen der Garderoben bzw. den zweiachsigen Eckkompartimenten. Das Erdgeschoss ist über den Fenstergruppen und an den Eckpfeilern durch Triglyphen bereichert, um den lastenden Sockelcharakter zu unterstreichen.

Als Turnsaal dienten ursprünglich zwei miteinander verbundene, von Front zu Front durchgehende Raumeinheiten. Erst 1891 entstand, mit der südöstlichen Schmalseite durch ein Zwischenglied verbunden, nach Plänen von Karl Hocheder d. Ä. der gesonderte Turnhallenbau, ein an einen Tempel erinnernder Satteldachbau mit ionischen Kolossalpilastern, dreiteiligem Gebälk und

Dreiecksgiebeln an den Straßenfronten; den beiden übereinanderliegenden Hallen entspricht die unterschiedliche Fassadengestaltung des Erdgeschosses – Putzrustika, breite Stichbogenfenster – und des Obergeschosses mit seinen Dreifenstergruppen.

Singlspielerstraße

(Vgl. Ensemble Altstadt.) Kurze Verbindung von der Sendlinger Straße südostwärts hinab zum Oberanger, benannt nach einer ehem. Brauerei und Gastwirtschaft zum Singlspieler an der Nordwestecke (vgl. Sendlinger Straße 29/31, sog. Singlspielerhaus, Neubau von 1898). Auf Consonis Stadtplan von 1806 sehr schmales „Singlspieler Gäßchen" (zu älteren Namen vgl. Stahleder 1992), beim Bau des Singlspielerhauses auf 5 m verbreitert.

ARCHÄOLOGISCHE BEFUNDE: Größere Bodeneingriffe und Umbauten sind aus jüngerer Zeit nicht bekannt, deshalb ist mit untertägig erhaltenen Resten von mittelalterlichen und frühneuzeitlichen Bauwerken wie verrohrten Bächen und Pflastern zu rechnen.

Bei dem Grundstück Sendlinger Straße 29/31 wurde bei der Neubebauung 1897/98 die Mauerfront zurückversetzt, sodass sich heute die Fundamente der ehemaligen Straßenfront unter der Singlspielerstraße befinden.

Sondermeierstraße 1. *Gaststätte Zum Aumeister.*

Der Aujägermeister, der das seit 1789 sukzessive in den Englischen Garten (s. dort) umgewandelte landesfürstliche Jagdrevier der Isarauen betreute, hatte seinen Sitz ursprünglich im Lehel nahe der Isar (an der heutigen Gewürzmühlstraße).

Nach Einbeziehung auch der Hirschau in den Englischen Garten als dessen Nordhälfte zu Beginn des 19. Jh. wurde 1810–11 durch Hofmaurermeister Joseph Deiglmayr am äußersten Nordende des lang gestreckten Landschaftsgartens ein neues Aujägermeisterhaus erbaut (BHStA, Plan-Slg. 7849 und 7850; mit Lisenen). Nach Th. Dombart (1972) lag der Planung ein Entwurf von Emanuel Joseph von Herigoyen zugrunde, was von der Forschung bezweifelt wird (vgl. Reidel 1982). 1919 ging das Gebäude an die Krongutsverwaltung (heute Schlösserverwaltung) über; es wird als Gaststätte genutzt, der ein Biergarten vorgelegt ist.

Zweigeschossiges klassizistisches Walmdachhaus mit profiliertem Traufgesims und zwei profilierten Kaminköpfen. Hauptfront im Osten mit sieben Fensterachsen und kleiner Freitreppe vor der heute stichbogig schließenden Mitteltür. Südlich zwei, im Norden drei (im Obergeschoss nur ein) Fenster. Die schmucklose, traditionell gelb gestrichene Fassade wird wesentlich durch die dunkelgrünen Fensterläden belebt. Mittelflur mit Korbbogengurten, rechts anliegend eckig-gewendelte Treppe mit (erneuertem) Holzbalustergeländer. Kellerräume mit Kreuzgratgewölben (jetzt WC). Rückseitig völlig veränderte bzw. jüngere Anbauten zu Restaurantzwecken.

Sondermeierstraße 1, Gaststätte „Zum Aumeister"

Sonnenstraße

Die Sonnenstraße wurde als breite Ring-Esplanade auf dem Befestigungsgelände zwischen Karls- und Sendlinger Tor 1812 geplant und 1815–17 angelegt. Ihre Vorgeschichte reicht jedoch offensichtlich in die frühe Zeit der von Graf Rumford ab 1791 eingeleiteten Entfestigung zurück (s. Karlsplatz), denn der ab 1796 errichtete südliche Seitenflügel des Karlsplatz-Halbrondells und die 1796–97 angelegte Ringchaussee bestimmten die seitlichen Begrenzungen der Straße in ihrem nördlichen Teil. Ab 1803 wurden – u. a. von Franz Thurn – für eine Bebauung des Befestigungsgeländes zwischen Karls- und Sendlinger Tor Entwürfe vorgelegt, die im Zusammenhang mit Ideenskizzen zur Anlage des Sendlinger-Tor-Platzes standen (s. dort), deren Aussicht auf Verwirklichung allerdings gering war, da die Arbeit an der Entfestigung im südlichen Altstadtbereich während des ersten Jahrzehnts des 19. Jh. stagnierte und das überplante Gebiet noch nicht freigelegt war. Erst mit dem Beschluss zum Bau des Allgemeinen Krankenhauses gegenüber dem Sendlinger Tor (s. Chevalley/Weski 2004, Ziemssenstraße 1) und mit der Ernennung Friedrich Ludwig von Sckells zum Leiter einer städtebaulichen Kommission 1809 traten die Planungen in eine konkretere Phase. Sie mündeten 1812 in den von Sckell bearbeiteten zweiten Abschnitt des Generalplans für die Münchner Stadterweiterung, der die Anlage der Sonnenstraße und die Neuordnung des Geländes zwischen dem Sendlinger Tor und dem neuen Krankenhaus regelte (s. auch Chevalley/Weski 2004, Nußbaumanlagen). Sckells Plan greift die in der Rumford-Zeit festgelegten Fluchtlinien zur Bestimmung der Breite des nördlichen Teils der neuen Ringstraße auf; der Knick nach Südosten, der im weiteren Verlauf auf die Krümmung der Altstadtbegrenzung antwortet, wiederholt auf der Feldseite die Trassierung der Ringchaussee, die hier den Vorsprung der Bastion St. Elisabeth

Sonnenstraße, Blick vom Karlsplatz nach Süden mit ehem. Matthäuskirche; Lithographie von C. Lebschée, 1830

hatte berücksichtigen müssen, auf der Stadtseite erfolgt er jedoch nicht parallel, sondern mit einer gewissen Verschiebung, was im südlichen Teil der Straße einen Verlust an Breite bewirkt; jenseits des Sendlinger-Tor-Platzes ist der Straßenkörper noch ein Stück weitergeführt, als Ansatz zu einer wahrscheinlich vorgesehenen Fortsetzung nach Südosten; die Feldseite bleibt auf Sckells Plan weitgehend unbebaut, auf der Stadtseite ist eine offene Bebauung mit rückwärtigen Gärten vorgesehen, die sich bis zum Stadtgraben erstrecken; die außen verlaufenden Fahrwege schließen eine breite, mittlere, mit einer vierfachen Baumreihe bestandene Esplanade ein. Nach der Niederlegung der Befestigungsanlagen 1815 wurde die Sonnenstraße in dieser Form bis 1817 ausgeführt. Die Bebauung der Stadtseite erfolgte bis 1824. Durch den Bau der protestantischen Matthäus-Kirche von Johann Nepomuk Pertsch (s. Chevalley/Weski 2004, Nußbaumstraße 1) auf der Esplanade des nördlichen Straßenabschnitts 1827–33 verlor die Anlage ihren durchgehend offenen Charakter: der Kirchenbau riegelte den Karlsplatz nach Süden ab, in ungefähr symmetrischer Entsprechung zu dessen nördlichem Abschluss am Übergang zum Maximiliansplatz und zur Sophienstraße. Der Abbruch der Kirche 1938 schuf den durchgehenden heutigen Straßenraum.

Die ersten Planungen Sckells von 1809 hatten um den neu anzulegenden Sendlinger-Tor-Platz eine Gartenstadt-Bebauung vorgesehen, die jedoch nicht zustande kam, da 1811 um das Allgemeine Krankenhaus eine bebauungsfreie Zone durchgesetzt wurde. Stattdessen erhielt die Sonnenstraße auf ihrer Ostseite eine homogene offene Bebauung aus in der Detailgestaltung schlicht klassizistischen mittelgroßen Mietshäusern, meist dreigeschossig mit Walmdach, deren Anordnung den damals fortschrittlichen Anschauungen der 1824 publizierten Sonnenbau-Lehre des Dr. Bernhard Christoph Faust (1755–1842) folgte, die im selben Jahr von Prof. Vorherr an der Münchner Baugewerkschule vorgetragen wurde und von hier vermittelt in der Stadterweiterung von La Chaux-de-Fonds im Schweizer Jura (1835) ihre eindrucksvollste Realisation erfuhr. Die Sonnenbau-Theorie propagierte eine Ausrichtung der freigestellten Häuser mit der Wohnseite nach Süden (an der Sonnenstraße nur nach West/Südwest möglich) mit Trennung von den rückseitig gesondert im Garten bzw. Hof platzierten Neben- und Wirtschaftsfunktionen. Diese Strukturen waren z. T. noch bis zum Zweiten Weltkrieg anschaulich; das letzte klassizistische Haus Nr. 23 wurde erst um 1971 als inzwischen völliger Solitär abgebrochen. Weniger homogen entwickelte sich die Westseite, z. T. von Anfang an mit geschlossener Bebauung. Die großstädtische Entwicklung führte zu Umbauten, Aufstockungen und in Volumen wie Aufwand gesteigerten späthistoristischen Neubauten, die ausnahmslos dem Luftkrieg zum Opfer fielen. Erwähnt seien an der Westseite auf Nr. 24 nördlich der Frauenklinik das Reisinge-

Sonnenstraße; Plan von Gustav Wenng, 1882

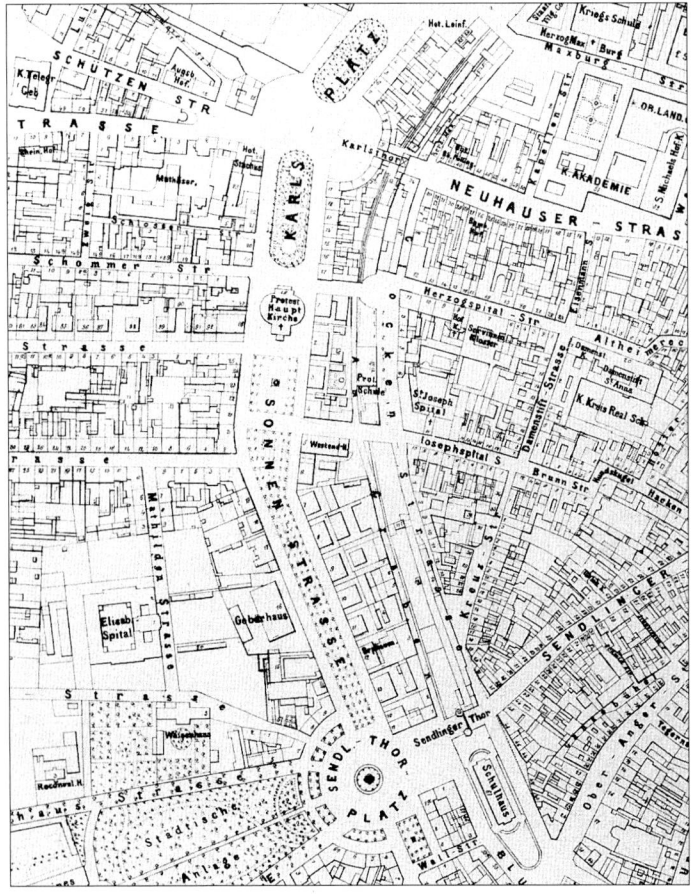

rianum (Alte Poliklinik) von 1863 (Umbau der Villa des ehem. Krankenhausdirektors Dietl), das Hotel Trefler (später Wagner/Sonnenhof, heute Nr. 14), 1893 von August Brüchle (Umbau) mit rückseitig großem Biergarten und Konzertsaal für Unterhaltungsmusik (vgl. Chevalley/Weski 2004, Landwehrstraße 8), sowie das Hotel Reichshof (südlich der Frauenklinik, heute Nr. 28/30), 1899–1900 von Gustav Pfeiffer.

Aus der frühmodernen Phase zwischen den Weltkriegen ist das die Ecksituation wirksam interpretierende Geschäftshaus Landwehrstraße 1 (1928 von Ludwig Grothe; Damenkonfektionshaus J. Singer) bemerkenswert (erhalten; mit reduzierter Fensterteilung). An der Ostseite wurde das Kino Phöbus-Palast (Ufa-Palast) rückseitig an das schon erwähnte klassizistische Haus Nr. 8 (heute 23) angebaut (1925/26 von Ludwig Grothe aufwendig im Art-déco-Stil, damals eines der größten Kinos in Europa; nicht erhalten).

Ein Wettbewerb in der Notzeit von 1947 für die Neugestaltung der weitgehend kriegszerstörten Bebauung (eingeschlossen eine neue Matthäuskirche im Bereich an der Josephspitalstraße) hatte keine Auswirkungen auf den in der Folge individuell ausgeführten Wiederaufbau, der dem großzügigen Boulevard (im Wortsinn, da auf dem ehemaligen Bollwerk) kaum adäquate urbane Qualitäten zu verleihen vermochte. Beeinträchtigend wirkten u. a., trotz den Eindruck verbessernder Baumpflanzung, die umfangreichen Gleisanlagen der Straßenbahn, die hier seit 1878 (zunächst als Pferdebahn) verkehrt. (Siehe Flurkarte S. 1031)

Sonnenstraße 26. Ehem. Frauenklinik, später Postscheckamt. Im 18. Jh. befand sich an dieser Stelle ein in zwei Gemälden von Peter Horemans (Stadtmuseum) überliefertes, barockes Gartenschlösschen, das die Elisabethinerinnen 1754 von Maria Johanna La Rosée erwarben, um es als Gartenhaus ihrer Kloster- und Spitalgründung zu nutzen (s. Chevalley/Weski 2004, Mathildenstraße 10). Das Schlösschen, in dem 1782 die Nonnen des aufgelassenen Ridlerklosters (s. Max-Joseph-Platz 3) Zuflucht fanden und das seitdem „Klösterle" genannt wurde, verband man im gleichen Jahr durch einen Gang mit dem Elisabethinerinnenkloster. Nach der Auflösung des Ordens 1809 nahm das Gartenhaus 1812 die Landärztliche Schule, dann 1832 die Gebäranstalt auf (ein Projekt, hier die Sternwarte einzurichten, war ge-

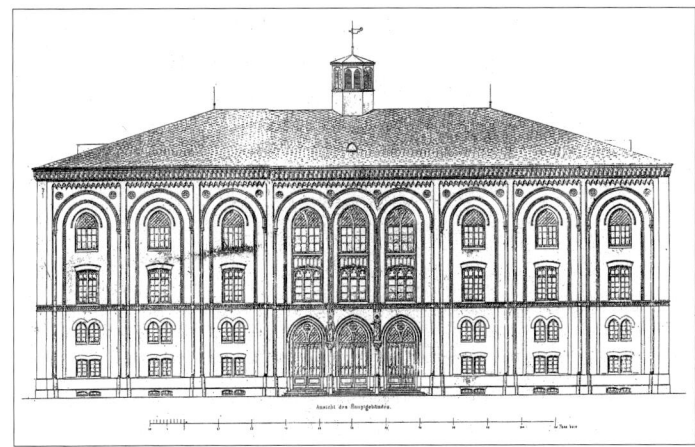

Sonnenstraße 26; Ansicht von Arnold Zenetti, 1858

scheitert, und auch eine Planung von Joseph Pertsch aus dem Jahr 1838, an dieser Stelle den neuen Bahnhof zu platzieren, wurde nicht weiter verfolgt). Die Gebäranstalt, ursprünglich Teil des Heiliggeistspitals (s. Chevalley/Weski 2004, Mathildenstraße 10; vgl. Prälat-Miller-Weg 1; später Neubau Dom-Pedro-Platz 6) war, bevor sie im Klösterle untergebracht wurde, 1802 ins Findelhaus neben dem Elisabethinerinnenkloster verlegt, 1819 dann dem Allgemeinen Krankenhaus (s. Chevalley/Weski 2004, Ziemssenstraße 1) einverleibt worden. Das barocke Gartengebäude konnte der neuen Nutzung allerdings nicht genügen. Es wurde abgebrochen und 1853–56 durch den für die damaligen Verhältnisse in jeder Beziehung fortschrittlichen, im Wesentlichen heute noch bestehenden Neubau ersetzt. Die auf Karl Muffat zurückgehenden Entwürfe wurden durch Franz Xaver Beyschlag überarbeitet, für die Fassadengestaltung zeichnete Friedrich Bürklein verantwortlich; die Bauleitung lag in Händen von Arnold Zenetti. Nach der Verlegung der Gebäranstalt in die neu erbaute Frauenklinik 1916 (s. Chevalley/Weski 2004, Maistraße 11–19) wurde das Haus an der Sonnenstraße zum Postscheckamt umgewidmet. Robert Vorhoelzer und Franz Holzhammer ordneten 1920–22 die Binnendisposition völlig neu und veränderten die Fassaden.

Sonnenstraße 26; Aufn. 1995   ▷

Sonnenstraße 26, Portalgewände

Die 1853–56 errichtete Gebäranstalt mit ihrer von Friedrich Bürklein gestalteten Fassade ist ein Prototyp des Maximilianstils, der in Reaktion auf die klassizistische Flächenhaftigkeit ludovizianischer Architektur sich um eine kleinteilige, die Vertikale betonende Gliederung bemühte und eine Verblendung mit geformten, verschieden getönten Vorsetzziegeln bevorzugte (s. Ensemble Maximilianstraße). Innerhalb der die Achsen einfassenden, spitzbogig schließenden Blendrahmen befand sich ursprünglich jeweils eine Superposition verschieden dimensionierter und geformter Fensteröffnungen, die von filigranen Dekorstäben in den profilierten Laibungen gesäumt werden (vgl. Gärtners Ludwigstraße 27). Das Aufbrechen der gesamten Blcndflächen und ihre Vergitterung mit nach oben in ein stilisiertes Maßwerk übergehenden Pfosten ist Bestandteil der Umgestaltung von 1920–22, die sich offensichtlich am Fassadenschema der ebenfalls von Bürklein erbauten Regierung von Oberbayern orientiert hat (s. Maximilianstraße 39). Bei der Fassadensanierung von 1977–79 ist es nicht gelungen, die ergänzenden, neuen Formsteine der gealterten, stark gedunkelten Gesamtfarbigkeit anzupassen.

Beim Umbau 1920 ff. wurde das Gebäude entkernt bis auf das noch erhaltene Vestibül, eine Pfeilerhalle von 3 zu 3 Jochen mit Kreuzgratgewölben auf Stichbogengurten, ursprünglich mit einem geraden Treppenlauf in der rückwärtigen Hälfte des Mittelschiffs; anschließend in der Mittelachse lagen, von den Treppenhäusern flankiert, übereinander gewölbte Holzlege, Hörsaal (Zwischengeschoss), Arbeits- und Speisesaal (1. Stock) und Kapelle. Das Vestibül flankieren die neusachlichen (ehem.) Schalterhallen von 1920 ff. Die damalige Adaptierung war mit einem rückwärtigen Erweiterungsbau verbunden, der mit dem Altbau einen schmalen, querrechteckigen Hof einschließt. Partielle Umbauten fanden 1889 und – durch W. Holzhammer – 1933 statt, der 1942–44 die bombenzerstörte Nordseite in zeitgemäß neuklassisch-monumentalen Formen als Rohbacksteinbau mit Kolossallisenen wiederherstellte. Nördlich (Nr. 24) entstand 1950/52 bzw. 1956/57 der Neubau der Postsparkasse an der Stelle der zerstörten Alten Poliklinik, südlich (Nr. 28/30, statt des ehem. Hotel Reichshof) und südwestlich bis zur Pettenkoferstraße 1974–77 nach Plänen von Prof. Riedl und Peter Doerfler ein großer Erweiterungsbau. Nach dem Neubau der Postbank an der Bayer-/Paul-Heyse-Straße erfolgte 1996 ff. der Umbau zum Bürokomplex (Telekom und Postbankfiliale) durch Norbert Koch und Partner; dabei wurde die bisher durch einen Anbau verdeckte östliche Achse der Altbau-Nordseite mit noch originaler Gliederung von 1853/56 freigelegt und restauriert. (2008 vorgesehene Nutzung und Adaptierung als Privatklinik.)

Sonnenstraße 26, Erdgeschoss, Eingangshalle

Sophienstraße

(Vgl. Ensemble Maxvorstadt II, zu dem Nr. 6 und 7 sowie das um 2000 abgebrochene Gebäude Nr. 9/10 gehören.) Im Rasterplan der klassizistischen Maxvorstadt bildet die etwa halbkreisförmige, im nördlichen Scheitel – dem Ansatzpunkt der Arcis- bzw. späteren Meiserstraße/künftig Katharina-von-Bora-Straße – abgeflachte Sophienstraße eine durch die Nordumgrenzung des Alten Botanischen Gartens (s. dort) bedingte Ausnahme. Benannt wurde sie 1810 nach Prinzessin Sophie (1805–1872), Schwester König Max Josephs, Gemahlin des Erzherzogs Franz Karl und Mutter Kaiser Franz Josephs von Österreich. An der Südseite stand – an der Stelle des ursprünglichen botanischen Institutsgebäudes – von 1854 bis zum Brand 1931 der Glaspalast; seit 1935/37 bildet das Park-Café (s. Sophienstraße 7) den südlichen Blickpunkt der Achse Meiser-/Arcisstraße. Die dem Ostrand des Gartens östlich gegenüberliegende gebogene Häuserzeile zwischen dem Lenbachplatz (s. dort) und der seit 1860 tangential einmündenden Arcostraße (s. dort) wurde bis auf das spitzwinklige Eckhaus Nr. 5 (s. dort) nach den Luftkriegsschäden durch Neubauten ersetzt. Zerstört wurde auch das markante Eckhaus Nr. 1 von Gabriel Seidl (Gaststätte Deutsches Haus, 1880), ein Frühbeispiel der wiederbelebten Deutschen Renaissance (vgl. Lenbachplatz/Vorspann). Östlich des Beginns der Meiserstraße erstreckt sich der neuklassizistische Komplex der Oberfinanzdirektion von 1938–42 (vgl. Sophienstraße 6, auch zur Vorbebauung). Westlich der Meiserstraße bis zur Luisenstraße und nordseitig bis an die Karlstraße entstand zu Beginn des 21. Jh. die weitläufige Neubaugruppe der sog. Lenbachhöfe; zu ihr gehört, mit konkaver Fassade entlang dem Westteil der Sophienstraße, ein von Hilmer und Sattler entworfenes neungeschossiges Hotel (The Charles, eröffnet 2007). Zur Vorbebauung des Areals – ursprünglich z. T. Erweiterung des Botanischen Gartens, mit Hochschulinstituten aus verschiedenen Epochen – vgl. Karlstraße 23–29, Luisenstraße 14/16, Meiserstraße 1/3. (Siehe Plan von 1849 auf S. 46.)

Die Sophienstraße nebst Umfeld ist Schauplatz des autobiographischen Romans „Die Schaukel" (1934) von Annette Kolb (1870–1967); die Schriftstellerin wuchs im einstigen Wohnhaus Sophienstraße 7, einem Rest der alten Institutsbauten, der unmittelbar vor der Nordseite des Glaspalast-Westflügels stehen geblieben war, als Tochter des renommierten Gartenarchitekten Max Kolb (1820–1915) auf, der seit 1860 Leiter des Botanischen Gartens war und ab 1869 die städtischen Grünanlagen betreute.

Sophienstraße 5. Mietshaus, erbaut 1847 (als Sophienstraße 1d) von Maurermeister Franz Xaver Kobinger nach Entwurf von Matthias Berger (Zimmermann 1984 erwähnt auch den Gärtner-Schüler Anton Braunmühl). Eigentümer war nach Wenngs Atlas (1849) der Tapetenh(ändler?) A. Schorrmer. Das auf spitzwinkligem Grund stehende viergeschossige Eckhaus bildet den Abschluss einer im Zusammenhang entstandenen, ansonsten nicht mehr erhaltenen Häuserreihe am Beginn der Sophienstraße, dem gebogenen Ostrand des Alten Botanischen Gartens gegenüber; die Nordseite war ursprünglich dem Garten des Grafen Arco zugewendet (später Arcostraße, s. dort). Der abgeschrägten Ecke ist ein zweigeschossiger polygonaler Bodenerker vorgesetzt, der ursprünglich noch (vor dem 2. Obergeschoss) eine Laube aus filigranen Rundbogenarkaden trug (heute ungedeckter Austritt). Zur Bauzeit gehörte das Haus zu den stilistisch modernsten in München; mit seinem Verzicht auf klassizistische Gestaltungselemente, seiner vertikalen rhythmischen Gliederung durch Lisenen bzw. vorgezogene einzelne Fensterachsen und dem vorkragenden (vereinfachten) Dachüberstand nimmt es den Maximilianstil vorweg. Leider sind die feineren Gliederungsstrukturen einer Purifizierung zum Opfer

Sophienstraße 5; Aufn. 1995

Sophienstraße; Flurkarte, M. 1:2500

gefallen. Die Fenster schließen im Erdgeschoss stichbogig, im 1. Obergeschoss rundbogig; die beiden obersten Geschosse haben dichter übereinander angeordnete Rechteckfenster. Über dem Rundbogentor in der Mitte der Ostseite (Türflügel noch mit Füllungen) ist im 1. Stock ein kleiner polygonaler Balkon mit Vierpässen an der Brüstung angebracht.

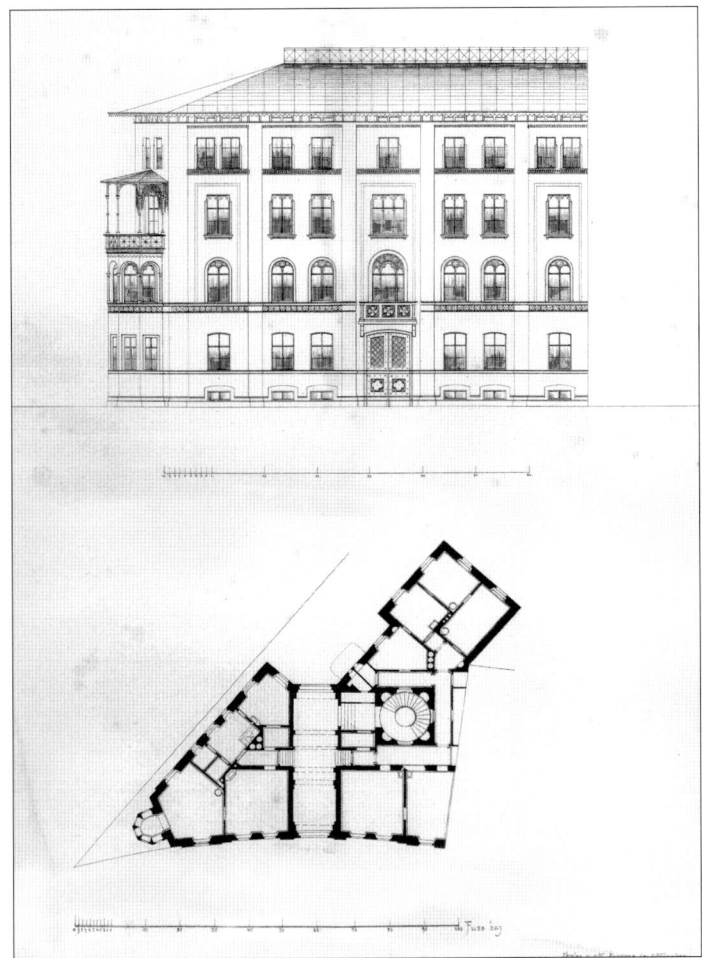

Sophienstraße 5; Grundriss und Fassadenaufriss, 1859

Der Grundriss – mit einem schiefwinklig rechts angesetzten rückwärtigen Flügel neben dem nach Norden offenen, von einem Pfeiler-Gitter-Zaun begrenten Gartenhof – ist lagebedingt kompliziert. Das Erdgeschoss teilt mittig die Durchfahrt mit Flachtonne und dichter Folge von Gurten auf Wandvorlagen. Rechts davon im südlichen Hausteil ist, hinter einem Vorplatz mit Kassettendecke, das kreisrunde Treppenhaus mit Balusterstabgeländer und Oberlicht situiert. Die bevorzugten Wohnräume sind entlang der leicht konkaven Front an der Sophienstraße aufgereiht, die Eckposition nimmt jeweils ein unregelmäßig sechseckiger Raum ein, in den beiden unteren Geschossen durch den Erker erweitert.

(Heutige Nutzung überwiegend durch Büroeinheiten; Erlaubnis zu Fenstererneuerung 1989, Fassadenrenovierung und neue Dachdeckung 1993).

Sophienstraße 6 (mit Meiserstraße 2). *Oberfinanzpräsidium.* Das Areal, das der Komplex der Finanzbehörden der 1930er Jahre mitsamt seinen modernen Erweiterungen im Osten (bis zur Barer Straße) und Norden (zur Karlstraße) einnimmt, hat eine vielschichtige Vorbebauung. Schon die Stadtpläne von Pachmayr (1802/03) und Rickauer (1812) verzeichnen hier am späte-

Sophienstraße 6, Westseite

Sophienstraße 6, Südseite mit Saalbau; Aufn. 1995

zes wahrgenommen wird. Im Westen an der Meiserstraße bildet sie, zusammen mit dem klassizistischen Gebäude Meiserstraße 4/Karlstraße 21 (s. dort), einen flachen Ehrenhof. Der Mittelteil des Südflügels weist, bei gleichbleibender Traufhöhe, eine abweichende Geschossteilung auf, mit offener Arkadenhalle und darüber den hohen Fenstern des großen Festsaals; die zweischiffige kreuzgratgewölbte Halle bildet die Verbindung zum repräsentativen Osthof, in dem zwei Rotmarmor-Schalenbrunnen stehen. Die Fortsetzung der Südfront gegen Osten entlang der Arcostraße ist zurückgesetzt und leicht konvex gebogen. Die viergeschossigen Glattputzfassaden sind weitgehend von sach-

Sophienstraße 6, Südseite, Ostflügel an der Arcostraße

Sophienstraße 6, Hof nach Norden;
Aufn. 1995

ren Beginn der Barer Straße ein Palais mit kurzer, darauf zuführender Kastanienallee und rückseitigem großem Garten – nach K. Rambaldi (1894) das bis 1860 existierende „unscheinbare Palais des Grafen Ludwig von Arco" (1773–1854), des zweiten Gemahls (seit 1804) der Kurfürstin Marie Leopoldine (Witwe Karl Theodors), das nach seinem Tod der Landwirtschaftliche Zentralverein erwarb. – Westlich davon an der Meiserstraße/Ecke Sophienstraße ist in Wenngs Atlas von 1849 das freistehende stattliche Haus der Gräfin von Törring-Seefeld-Minucci (erbaut wohl um 1820) samt östlich anschließendem Garten eingetragen. Beide Adelssitze – auch auf dem Stadtmodell von Seitz (Mitte 19. Jh.) dargestellt – wichen um 1860/70 einer dichten, vielteiligen Mietshausbebauung, die wiederum im „Dritten Reich" großenteils abgetragen wurde.

Im Wettbewerb für das damalige Landesfinanzamt (1937) erhielt Theo Pabst den ersten Preis, der zweite Preisträger Franz Stadler, Garmisch-Partenkirchen, jedoch den Auftrag für den zwei Höfe umschließenden, weitläufigen Komplex, der von 1938–42 (bez.) aufgeführt wurde. Die viergeschossige Baumasse mit fast 150 m langer Südfassade ist so gruppiert, dass sie kaum als Gan-

licher Schlichtheit, Sockel, Fensterrahmungen und profiliertes Traufgesims aus Naturstein (Muschelkalk), die Fenster im 1. Stock durch Sohlbänke und Scheitelsteine zurückhaltend betont, in bestimmten Schwerpunktbereichen durch gerade Verdachungen zusätzlich stärker hervorgehoben. Monumentalisierende Akzente bilden die Portalgewände sowie die Säulen und Pfeiler der offenen Arkadenhalle. Über ihrem östlichen Bogen straßenseitig Reichsadler-Relief, über der dreifachen Haupteingangsgruppe an der nördlichen Hofseite gegenüber der Halle Adler mit bayerischem Staatswappen kombiniert. Kleine barockisierende Öffnungen im obersten Hofgeschoss und beiderseits des Südeingangs am Westbau sind ein regionalistisches Zitat. Ein rückwärts rechtwinklig an den Flügel der Arcostraße anschließender Trakt begrenzt einen dritten, nach Norden (ehemals) offenen Hof.

Die innere Disposition des Verwaltungsbaus ist zweibündig. Im Zeitstil aufwendiger gestaltet ist die auf einen schmalen Vorraum folgende quer gelegte, flach gedeckte Eingangshalle, die mit gelbem Marmor verkleidete Doppelpfeilerstellungen säumen; die säulenflankierten Durchgänge an den Schmalseiten verbinden mit den Haupttreppenhäusern vom Pfeilerschachttyp. Im Südflügel über der offenen Bogenhalle liegt der große Fest- und Sitzungssaal, als „Sophiensaal" auch für öffentliche Veranstaltungen und Konzerte genutzt, mit kannelierten, an den durchfensterten Längswänden verdoppelten Pilastern und Kassettendecke. Von Mai 1947 bis Januar 1949 tagte hier der bayerische Landtag bis zu seiner Übersiedlung ins Maximilianeum.

Der östliche Erweiterungsbau an der Barer Straße 1–3/Ecke Arco- und Karlstraße entstand 1991 nach Plänen von Hilmer und Sattler an der Stelle von Nachkriegs-Behelfsbauten.

Sophienstraße 7/7a/15 siehe Alter Botanischer Garten.

Sophienstraße 7. *Park-Café* und Restaurant, 1935–37 von Oswald E. Bieber errichtet. Eröffnet am 22. August 1936. Im nördlichen Scheitel des etwa halbkreisförmigen Alten Botanischen Gartens (s. dort) situiert; Hauptbaukörper – mit Details im vereinfachend neuklassizistischen Zeitstil – kubisch mit Erd-, nied-

Sophienstraße 6, Sophiensaal

Sophienstraße 7, Büste an der Südseite

Sophienstraße 7 von Norden; Aufn. 1995

bauten, die zusammen mit Pergolen die südlich vorgelegte Frei-
schankfläche begrenzen; über den drei Eingängen des Südrisalits Steinbüsten von Joseph Wackerle. – Den quadratischen
Hauptsaal umzieht eine Galerie mit von je zwei Pfeilern getragenen ausgerundeten Ecken.

Sophienstraße 7–10. Vgl. Ensemble Maxvorstadt II.

Sophienstraße 7a. *Kunstausstellungspavillon* im Alten Botanischen Garten (s. dort), 1935–37 von Oswald E. Bieber. Eröffnet
am 29. Mai 1937; nach Luftkriegsschäden vom Schutzverband
bildender Künstler wiederaufgebaut, eröffnet mit der ersten
Ausstellung am 9. September 1950. In der Tradition klas-
sisch/barocker Typologie stehender, kubischer, (z. T. transpa-
rent) flach gedeckter Pavillon; Putzbau mit Natursteindetails
(Muschelkalk), Blendengliederung, profiliertem Traufgesims
und Attika; an den vier Seiten jeweils Mittelrisalit mit Pilastern,
Gebälk und Naturstein-Portalrahmung; über den Eingängen
(drei davon jetzt vermauert) allegorische Steinreliefs – verschiedene Kunstgattungen – von Joseph Wackerle.

Sophienstraße 7a, Ausstellungspavillon von Südosten;
Aufn. 1995

Sparkassenstraße

(Vgl. Ensemble Altstadt, Kern des Graggenauer Viertels.) Die
1907 nach der um diese Zeit an ihrem Südende ostseitig erbauten
Stadtsparkasse (s. Sparkassenstraße 2/4) benannte Straße ist somit eine historisch junge Anlage innerhalb der Altstadt, andererseits entspricht ihr leicht gebogener Verlauf zwischen Tal und
Pfisterstraße einer topographisch und entwicklungsgeschichtlich
markanten Nahtstelle im Stadtgefüge – dem 1906/08 (zwischen
Tal und Ledererstraße) bzw. bis 1918 (bis zur Münzstraße) überwölbten, 1968 aufgelassenen Pfisterbach außenseitig im Osten
vor der dem Terrassenrand folgenden ältesten, hochmittelalterlichen Stadtmauer; er fungierte zunächst sicher zugleich als Stadtgraben, in der Folge als Mühlbach, an dem östlich des erhöht gelegenen Alten Hofes (s. dort) die zu diesem ältesten landesfürst-
lichen Sitz gehörige Pfistermühle situiert war (vgl. Pfisterstraße
4). Außerhalb der Mauer erwuchs wohl schon im 13. Jh. eine ge-
werbereiche Vorstadt im Bereich von Stadtbächen. Südlich vom
Alten Hof, zwischen (Altem) Rathaus und Ledererstraße, entstanden an der Außenseite der ehem. Stadtmauer Rückgebäude
von Bürgerhäusern an der Burgstraße (heute Sparkassenstraße 1–
11 und Ledererstraße 2, s. diese), ihnen gegenüber südlich an der
Ecke zum Tal das seit dem 16. Jh. als Stadtschreiberei zum Rathauskomplex gezogene Bürgerhaus (s. Sparkassenstraße 2/4,
Vorbebauung). Mit den Neubauten des städtischen Amtsgebäu-
des (samt Sparkasse) und der „Scholastika" (s. Sparkassenstraße
5) nördlich davon war eine ostseitige Erweiterung des nunmehrigen Straßenraumes über dem Bachverlauf verbunden, zugleich
eine städtebauliche Monumentalisierung und Aufwertung, der
sich die Einzelhäuser westlich gegenüber anschlossen. Auch der
längst zum staatlichen Ämtergebäude gewordene Alte Hof, zu

Sparkassenstraße, Blick nach Norden; Aufn. 1907

Sparkassenstraße, Nordteil nach Norden; Aufn. vor 1909

dem auch das um 1730 als Teil des Braunen Bräuhauses erneuerte spätere Zerwirkgebäude (s. Ledererstraße 3) gehörte, erfuhr im Bereich seines Ost- und Nordflügels im 19. und 20. Jh. vielfache bauliche Erneuerungen, zuletzt in radikaler Weise in den Jahren nach 2000. Ihm ostseitig gegenüber, an der Stelle des heutigen Hotels Platzl wurde 1857 ein kgl. Brunnenhaus mit Wasserturm erbaut (in Betrieb bis ca. 1894), dessen Ruinen nach dem Zweiten Weltkrieg bis 1971 noch zu sehen waren. Ältestes anschauliches Baudenkmal an der Sparkassenstraße ist somit die ehem. Pfistermühle aus dem 16. Jh. an der Nordostecke (s. Pfisterstraße 4), neben der noch ein letzter kurzer Rest des heute trockenen Bachbettes zu sehen ist.

ARCHÄOLOGISCHE BEFUNDE: Bodeneingriffe und Umbauten sind aus jüngerer Zeit nicht bekannt, deshalb ist mit untertägig erhaltenen Resten von Vorgängerbauten, möglicherweise auch mit Brunnen und Latrinen, zu rechnen. Unter Sparkassenstraße 1 und Sparkassenstraße 5 (zugl. Burgstraße 4) befinden sich Teile mittelalterlicher und neuzeitlicher Bebauung. Unter Sparkassenstraße 5 werden Reste des Stadtgrabens vermutet.
Wasserleitung des Mittelalters oder der Neuzeit sowie Funde des Mittelalters (Fundst.-Nr.: 7835/0392). Im Bereich des alten Bachbettes Ecke Sparkassenstraße/Tal stieß man 1967 bei Ausschachtungsarbeiten für die S-Bahn unter dem heutigen Straßenniveau auf mittelalterliche Funde und Reste einer hölzernen Wasserleitung. Es handelt sich um zwei ineinandergreifende Endstücke zweier hölzerner Wasserleitungsrohre aus halbierten, ausgehöhlten Baumstämmen. Zu den Funden zählen ein saxartiges Eisenmesser mit anhaftenden Griffresten und anoxidiertem Bronzeschnällchen mit unbeweglichem Bügel und rahmenförmigem Beschlagteil, ein Tonnäpfchen, ein Tondeckel mit abgesetztem Knauf, weitere Keramikbruchstücke, fünf Bruchstücke von Ofenkacheln sowie die Hälfte eines Glasbecherbodens mit gekniffenem Standring. Die Zeitstellung des Komplexes ist nicht einfach zu bestimmen, aber die Schnalle datiert am ehesten ins 15./16. Jh.

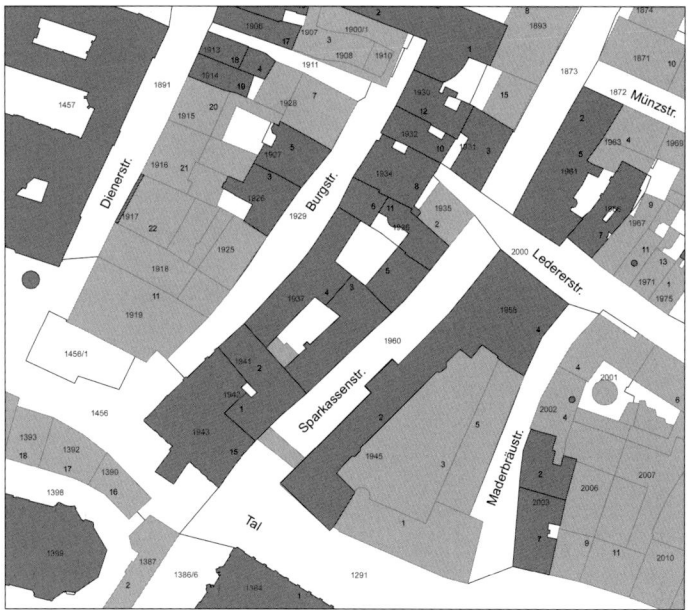

Sparkassenstraße; Flurkarte, M. 1:2500

Sparkassenstraße, Blick nach Norden; Aufn. 1999

Sparkassenstraße 1. Rückgebäude von Burgstraße 2 (s. dort), Fassade 1908 von Max Albrecht.

Sparkassenstraße 2/4. *Stadtsparkasse* (und ehem. städt. Verwaltungsgebäude). Der heute den gesamten Block zwischen Tal im Süden, Sparkassenstraße im Westen, Ledererstraße im Norden und Maderbräustraße im Osten ausfüllende Hauptsitz der Stadtsparkasse ist in mehreren Bauabschnitten entstanden, von denen die beiden älteren aus der Zeit des Späthistorismus – im Wesentlichen der West- und Nordteil des Komplexes – Denkmalcharakter haben. Bezeichnend für diese ältere Phase ist der selbstverständliche Anspruch der Architekten- und Bauherrengeneration um die Wende zum 20. Jh., altstädtische Bausubstanz durch eine historisierende, künstlerisch qualitätvolle Neubebauung adäquat ersetzen, ja die Situation städtebaulich und atmosphärisch sogar aufwerten zu können. So entstand hier eine der nach heutigen Begriffen – zumal im Verein mit der „Scholastika" (s. Ledererstraße 5) gesehen – signifikantesten Baugruppen der Altstadt.
Auf dem in Nord-Süd-Richtung lang gestreckten, unregelmäßig begrenzten Areal standen, mit der Schauseite zum Tal im Süden, acht schmale Bürgerhäuser nebst meist zugehöriger, weniger kompakter Rückbebauung; die gesamte Baugruppe flankierte, vor die nördliche Flucht des Tals vorspringend, mit leicht konkaver Baulinie dessen Anfang östlich vom Alten Rathaus und gegenüber der Heiliggeistkirche. Das mit dem Rathaus durch einen Bogen über den Pfisterbach verbundene dreigeschossige Eckhaus (alt Tal Nr. 1) mit neugotischen Erdgeschossarkaden, im Mittelalter der Patrizierfamilie Ridler gehörig, auf dem Sandtner-Stadtmodell von 1570 zweigiebelig, war seit 1595 Sitz der Stadtschreiberei und in der Folge wechselnder Verwaltungsfunktionen (bei Stimmelmayr, um 1800, „Stadtoberrichter und Syndicus Haus"; bis 1861 mit gotischem Laubenhof, Abb. MB I, S. 85). 1840 erwarb die Stadt das benachbarte viergeschossige Traufhaus Tal Nr. 2 hinzu.
Die Neubebauung des Areals begann im Norden mit dem neuen Gebäude der Stadtsparkasse (gegründet 1823, zuvor am Unteren Anger, heutige Nr. 8, untergebracht) 1898/99 nach Plänen des städtischen Bauamtmanns (ab 1900 Baurates) Hans Grässel. Dafür wurden das seit 1844 der Stadt gehörige Haus mit alter Nr. Ledererstraße 2 (Westseite zum Pfisterbach), erbaut 1738 von Philipp Jakob Köglsperger mit prachtvoller Stuckfassade, sowie ein Nebengebäude weiter östlich abgebrochen. Dieser Bauteil (heute Sparkassenstraße 4 mit Maderbräugasse 5) ist mit seiner anspruchsvollen Gestaltung in der (trotz über dem Pfisterbach neu angelegter Sparkassenstraße) altstädtisch beengten Situation nur als erster Bauabschnitt einer vorgesehenen Gesamtlösung zu verstehen. Der Fortsetzungsbau gegen Süden wurde 1906–08 ebenfalls durch Grässel an der Stelle der Häuser Tal 1 und 2 als

Sparkassenstraße 2/4, Westseite; Aufn. 1995

Sitz des Stadtbauamtes und anderer Dienststellen ausgeführt; zur Bauzeit war er mit seiner dem älteren Trakt angeglichenen, unreduziert historistischen Formensprache bereits antiquiert (hierin dem gleichzeitigen Erweiterungsbau des Neuen Rathauses in der Nähe verwandt).

Der viergeschossige (im Norden wegen der hohen Kassenhalle dreigeschossige) Gesamtkomplex, ein verputzter Backsteinbau mit Sockel, Gliederungen, polygonalen Erkern und Portalen in Muschelkalk, wurde äußerlich im Stil der sog. deutschen Renaissance gestaltet, wobei Grässel sich vorwiegend an deren mitteldeutsch/sächsischer Spielart des 16. und frühen 17. Jh. orientierte, die im Gegensatz zur heimischen Architektur dieser Zeit reichlich als Vorbilder geeignete Repräsentationsmotive auf-

wies. Die 107 m lange, von der alten Baulinie zurückgesetzte Front an der neu geschaffenen Sparkassenstraße erhält ihr Gepräge durch die gleichmäßige Reihung reich gegliederter (und nutzraumschaffender) Zwerchhäuser, ein im mitteldeutschen Raum bei Renaissance-Rathäusern (z. B. Leipzig, Wittenberg, Stadtilm), Schlössern (Torgau, Merseburg, auch in der im Werk Gabriel von Seidls häufig zitierten Weser-Renaissance, z. B. Hämelschenburg) und Domen (Halle, Merseburg) überaus verbreitetes Gliederungsmotiv; eine besondere Nähe besteht zu der (sogar gleichfalls leicht geknickten) östlichen Längsfront des Dresdner Schlosses (entlang der Schloßstraße), das 1889–1901 historisierend um- und ausgebaut wurde. Die Ecken des Neubaukomplexes besetzte Grässel mit polygonalen, zwiebelkuppelgedeckten Erkern, die lange Front beleben drei Flacherker sowie Portalvorbauten.

Die beiden Sparkassenportale am Nordbau tragen das Datum 1899, das säulenflankierte westliche ist mit den allegorischen Zwickelfiguren von „Fleiß" und „Sparsamkeit", das kleinere im Osten – bis 1906 Eingang zur Ortskrankenkasse – mit dem Tympanonrelief „Jesus heilt den Gichtbrüchigen" (Inschrift) ausgestattet; am kleinen Flacherker im 1. Stock der Nordseite erinnert eine Inschrift an Baubeginn am St. Piustag (5. Mai) 1898 und Vollendung im Oktober 1899. Dem ehem. Haupteingang zum Stadtbauamt in der Mitte der Längsfront ist ein drei Achsen breiter Balkon (heute ohne Bodenplatte) auf Pfeilerarkaden vorgelegt, auf dessen Brüstung vier allegorische Figuren von Heinrich Düll und Georg Pezold stehen – (von links) Tiefbau, öffentliche Gesundheitspflege, Maschinenbau und Hochbau. Am Fuß des Erkers an der Südwestecke ist unter einer entsprechenden Inschrift eine kleine Porträtbüste des Baumeisters Hans Grässel angebracht. Die Südfront zum Tal akzentuiert ein Relief mit der Ansicht des Vorgängerbaues samt Altem Rathaus im Hintergrund und erläuternder Inschrift; darunter ist (als Kopie von 1907) ein vom Altbau übernommenes Relief einer Löwin mit ihren drei Jungen eingelassen. Der ästhetisch wie funktionell motivierte, auf einem Bogen ruhende Übergang vom 1. Stock zum Alten Rathaus (restauriert 1996) hatte an dieser Stelle einen Vorgänger.

Originale Innenräume sind allein im Nordteil erhalten, so vor allem die alte, noch heute genutzte Kassenhalle, ein dreiseitig durch hohe Rundbogenfenster belichteter zweischiffiger Saal, unterteilt durch Pfeilerarkaden und mit barockisierender Stuckdecke (Rahmenformen, in den einzelnen Feldern farbige Sonnenmotive sowie die Wappen des Reiches, Bayerns und Mün-

Sparkassenstraße 2/4, Nordseite an der Ledererstraße; Aufn. 1995

Sparkassenstraße 2/4, Südseite vom Tal; Aufn. 1995

Sparkassenstraße 2/4, Vorbau an der Westseite; Aufn. 1995

chens). Die südlich vorgelagerte quadratische Wartehalle mit Glasdach wurde modernisiert; an den zweigeschossigen Lichthofwänden darüber ist die polychrom gefasste, reiche und zarte Stuckdekoration noch erhalten, die seit jeher als eine der gelungensten Inventionen Grässels galt.

Im Hinblick auf eine geplante Erweiterung erwarb die Stadt 1935 die damaligen Anwesen Tal 3, 4, 5, 6, 7 und 8, doch kam der Neubau bis zum Zweiten Weltkrieg nicht zustande (mit Ausnahme eines Luftschutzkellers von 1941, heute Weinlokal); eine Luftaufnahme von 1945 zeigt die abgeräumte Fläche. Auf Sandtners Stadtmodell von 1570 ist die der prominenten Lage gemäß stattliche Reihe spätmittelalterlicher Bürgerhäuser zu sehen, die später freilich laufend verändert wurden; Nr. 3, 4 und 5 hatten zuletzt schlicht spätklassizistische Fassaden, Nr. 6 war das 1900 von Max Ostenrieder in aufwendiger deutscher Renaissance neu errichtete Däntlhaus, Nr. 7 (Geschäftshaus Heinrich Bronberger) ein schmaler, früher Skelettbau von 1900; Nr. 8, das sog. Met-Eck, wurde 1902 von Heilmann und Littmann mit Architekt Erich Göbel für die Lebzelter- und Wachszieherfamilie Gautsch in malerisch-historisierenden Formen neu erbaut (Vorgänger war ein fünfgeschossiger kubischer Bau mit Fassadengestaltung wohl des späten 18. Jh., an dessen städtebaulicher Wirkung sich der Sparkassenneubau der Nachkriegszeit orientierte). Wegen der vorgezogenen Baulinie beherrscht die jeweilige Bebauung auf dem Eckgrundstück das Straßenbild des Tals für den Blick in Richtung Stadtmitte.

Der Neubau der Stadtsparkasse wurde erst 1954–57 nach Plänen von Werner Eichberg (Mitarbeiter Häffner, Kunze) zusammen mit dem städt. Hochbauamt (Albert Heichlinger, Max Panitz und Sebastian Rosenthal) realisiert, wobei der Hof als neue weiträumige Schalterhalle überdacht wurde, deren westliche Begrenzung die Rückfassade des Altbaus bildet. Der Skelettbau erhielt eine Lochfassade mit (ursprünglich farbig abgesetztem) gemus-

Sparkassenstraße 2/4, Erweiterungsbau im Südosten (Tal); Aufn. 1988

tertem Streifenputz und Fußgängerarkaden, die sich im Altbau fortsetzen. 1989–92 kam es zu einer weitgehenden inneren Neustrukturierung und Umgestaltung nach Entwurf von Paolo Nestler, wobei die alte Kassenhalle im Nordbau wieder zugänglich gemacht wurde.

Sparkassenstraße 3. Ehem. Büro- und Wohnhaus, jetzt städt. Verwaltungsgebäude. Ursprünglich ein unmittelbar am Pfisterbach gelegenes Rückgebäude bereits in der heutigen Höhe, das zum 1842 nach Brand neu erbauten, im Zweiten Weltkrieg zerstörten Zengerbräuhaus an der Burgstraße (s. dort Nr. 4) gehörte. 1891 wurde es im Auftrag der Kaufleute Emil Wilhelm und Adolf Brougier durch das Baugeschäft Jakob Heilmann umgebaut, mit Lagerräumen im Keller, das spätere Straßenniveau nur wenig überragendem Parterre, zweischiffigem Großraumbüro im 1. Stock – außen durch die großen Fensterformate ablesbar – und Großwohnungen mit beiderseits eines Mittelgangs angeordneten Räumen in den oberen Geschossen. Eingang und (veränderte) Treppe am rechten Rand. Die in zurückhaltenden Formen an die deutsche Renaissance erinnernde Fassade gipfelte ursprünglich in einem reich gestalteten mittleren Zwerchhaus (kriegszerstört); auch die zweiteiligen Dachgauben mit Segmentgiebeln gingen verloren. Die Firma Franz Kathreiners Nachfolger GmbH ließ 1909/10 durch Eugen Hönig und Karl Söldner Umbaumaßnahmen durchführen, wobei u. a. die bis dahin rechteckigen Fenster im Erdgeschoss zum heutigen breiten Format mit Segmentbogenschluss erweitert und einige Zieraufsätze über dem Traufgesims entfernt wurden. In dem seit 1920 der Stadt gehörenden Gebäude wurden u. a. 1952 und 1997 verschiedene Veränderungen vorgenommen.

Sparkassenstraße 4. Siehe Sparkassenstraße 2/4.

Sparkassenstraße 5. Rückgebäude von Burgstraße 4, s. dort.

Sparkassenstraße 10. ARCHÄOLOGISCHE BEFUNDE s. Münzstraße.

Sparkassenstraße 11. Einheit mit Burgstraße 6 (s. dort). Sandtners Stadtmodell von 1570 zeigt das Rückgebäude von Burgstraße 6 am Pfisterbach als stattlichen Bau vom spätgotischen Typus mit asymmetrischem Breiterker und Dachgeschossloggien zwischen Pultdachgauben (Ohrwascheln). Der nach Anlage der Sparkassenstraße 1909–10 von Karl Stöhr zusammen mit dem Vorderhaus errichtete fünfgeschossige Wohn- und Geschäftshausneubau erhielt, wohl in Bezugnahme auf die Stadtsparkasse gegenüber, eine Fassadengestaltung in deutscher Renaissance mit zwei Geschäftsetagen in Kunststeinrustika sowie einem Mittelerker in zwei Wohngeschossen. Nicht erhalten ist das originale mit einem Volutengiebel schließende Zwerchhaus samt flankierenden Standgauben. (Zur Geschichte und zum Inneren vgl. Burgstraße 6.)

Sparkassenstraße 2/4, Nordseite, Fenster mit Bauinschrift

Sparkassenstraße 4, Portal an der Westseite

Sparkassenstraße 2/4, Halle im Nordteil; Aufn. vor 1966

Sparkassenstraße 3; Aufn. 1995   Sparkassenstraße 11; Aufn. 1995

Sporerstraße

(Vgl. Ensemble Altstadt.) Im ältesten Stadtkern kurze, schmale Verbindung von der Weinstraße zur Südostecke des Frauenplatzes, einer der radial angeordneten Zugänge von der Stadtmitte zur Frauenkirche; heute mit Bebauung der Wiederaufbauzeit nach dem Zweiten Weltkrieg, mit nordseitig im Mittelteil zurückgenommener Baulinie. Den historischen Zustand veranschaulichen Sandtners Stadtmodell (1570) und Stimmelmayrs Skizzen (gegen/um 1800). Der Name Sporer-, zuvor auch Schlossergässl (und anders), geht auf ein hier ausgeübtes Handwerk zurück.

ARCHÄOLOGISCHE BEFUNDE: Größere Bodeneingriffe und Umbauten sind aus jüngerer Zeit nicht bekannt, deshalb ist mit untertägig erhaltenen Resten von mittelalterlichen und frühneuzeitlichen Bauwerken wie verrohrten Bächen und Pflastern zu rechnen.

Steinheilstraße

1877 nach dem Physiker, Astronomen und Instrumentenbauer Karl August von Steinheil (1801–1870) benannte kurze Ost-West-Verbindung innerhalb der rechtwinklig angelegten Maxvorstadt zwischen Luisen- und Augustenstraße. Mietshäuser meist im Luftkrieg zerstört.

Steinheilstraße 1. Anstelle einer kleineren Vorbebauung errichtete 1886–87 Architekt Behles für den Privatier Ludwig Schneider das verhältnismäßig große Anwesen. Die Baumassenverteilung nahm Behles beinahe zweiflügelig vor, dem breiten Riegel (bei großer Bautiefe) an der Straße setzte er einen westlichen Rückflügel an. Die Hofdurchfahrt (bauzeitliche, reich beschnitzte Tore erhalten) steckte er mittig ins Gebäude, östlich neben dieser liegt am eingeklinkten Hofwinkel und von diesem her belichtet das Treppenhaus. Gemäß Eingabeplan kamen in jeder Etage zwei Wohnungen zum Liegen, wobei derjenigen, die sich in den Rückflügel hinein erstreckte, zwei Räume zur Straße hin zugeschlagen worden sind. Gemäß Erstzustand sind auch die Erdgeschossräume westlich der Durchfahrt als Laden genutzt worden, diese wurden 1905 von Baumeister Stadler für die „Kunstmalerswitwe" Franziska Knabl zur Wohnung ausgewechselt. Die Fassade ist geschlichtet überkommen, zunächst war sie in einer Neurenaissance-Manier garniert, die spätklassizistisch verpflichtet geblieben war. Eng gesetzte seitliche Fensterachsen schrieb Behles flachen Risaliten ein, die einen mittleren Fassadenzug von fünf Achsen einspannen. Die geschosstrennenden Gesimse haben sich erhalten, die Verdachungen der Fenster des 1. Obergeschosses waren überaus aufwendig, sie wurden abgenommen. Im Luftkrieg wurde der unmittelbare und mittelbare Umgriff des Hauses vollständig zerstört, von Nr. 1 war die Dachzone betroffen.

Steinheilstraße 1; Aufn. 1997

Steinheilstraße 12. Das Haus an der westlichen Ecke Steinheil-/Enhuberstraße wurde 1877–78 auf zuvor unbebautem Grund, und hier auf eigens eingemessener Parzelle, errichtet. Baumeister Josef Lutz fungierte als Bauwerber und Erbauer in Personalunion. Er disponierte den Bau zu zwei Flügeln über rechtem Winkel. 1881 vollzog Lutz im Erdgeschoss an der Enhuberstra-

Steinheil- und Enhuberstraße; Planung von 1875

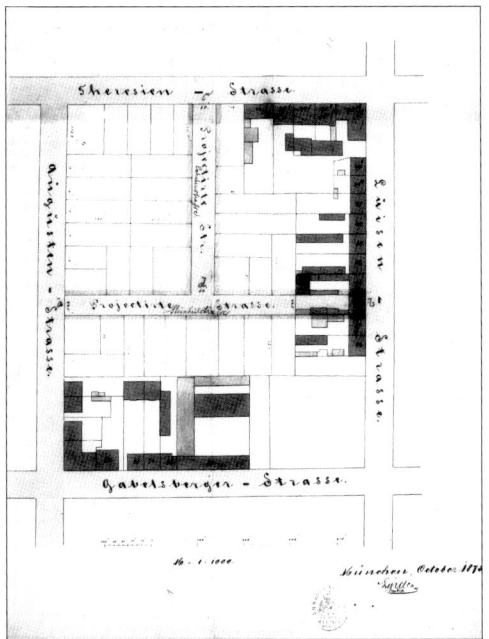

Steinheilstraße; Flurkarte, M. 1:2500

◁ Steinheilstraße 12;
Aufn. 1995

ße die „Cassierung einer Ladentüre". 1898 schließlich gab der neue Eigentümer Johann Wilhelm die Durchfahrt in der westlichen Achse des Flügels an der Steinheilstraße auf und ließ stattdessen zwei weitere Wohnräume einbauen, den Hauseingang verlegte er – dem heutigen Zustand entsprechend – in die dritte Achse von Westen (ausführ. Baumeister Lorenz Ranzinger). Gemäß Eingabeplan von 1877 befanden sich in den Obergeschossen jeweils zwei Wohnungen. Die Fassaden des Anwesens zeugen von einer typischen spätklassizistischen Schlichtheit (Proto-Neurenaissance), die (noch) auf Rhythmisierungen und Bewegung in den Fassadenschichten verzichtet. Ihrer Zeitstellung und topographischen Position gemäß ist das Anwesen ein charakteristischer Bau für die Maxvorstadt, allzumal er sich in einem Quartier befindet, das in den späten Flächenbombardements des Zweiten Weltkriegs fast vollständig zerstört worden ist. Anstelle der 1954 nicht verwirklichten, aber beabsichtigten Aufstockung eines 4. Obergeschosses erfolgte schließlich 1958 nach Plänen des Architekten Josef Seebacher der ergänzende Ausbau des Dachgeschosses. 1954 war nach den Vorschlägen von Architekt Sellmayr die Fassade leicht geschlichtet worden. (Fassadenrenovierung und Erneuerungen von Fenstern 1988; durchgreifende Umbauarbeiten 2005.)

Steinheilstraße 20. Das *Café Jasmin* im Erdgeschoss eines Nachkriegs-Neubaus (Ecke Augustenstraße) hat in seinen übereck gelegenen, ineinander übergehenden Gasträumen die komplette Innenausstattung von 1955 nach Plänen des Dekorationsgeschäftes Eugen Heiden, München, bewahrt – ein selten gewordenes Beispiel einer zeittypischen Einrichtung.

Steinheilstraße 20, Café Jasmin

Steinsdorfstraße

Als Folge der Erschließung des vorstädtischen Bereichs an der Isar durch die Maximilianstraße und im Zusammenhang mit der Regulierung und Uferbefestigung entstand entlang der Westseite des Flusses von der Maximiliansbrücke im Norden bis zur Zweibrückenstraße bzw. Ludwigsbrücke im Süden die Kaistraße (Quaistraße, so amtlich seit 1878), 1888 umbenannt nach Kaspar von Steinsdorf (1797–1879), 2. Bürgermeister seit 1837 und rechtskundigem 1. Bürgermeister von München 1854–70. Die westseitige Zeilenbebauung mit späthistoristischen Mietshäusern großbürgerlich-herrschaftlichen Charakters wurde als monumentaler, repräsentativer Abschluss der geschlossenen Innenstadtbebauung gegenüber der neu geordneten Flusslandschaft geplant (mit der etwas jüngeren Widenmayerstraße als nördlicher Fortsetzung). Zuerst entstand – mit Neurenaissancefassaden – die Häuserzeile der Nordhälfte, von der original nur noch die Eckhäuser Steinsdorfstraße 1 – heute Maximilianstraße 58 (s. dort) von 1880 und Steinsdorfstraße 8 (s. dort; z.T. vereinfacht) von 1879 an der Nordostecke des Mariannenplatzes erhalten sind.

Im Bereich der Südhälfte vom neu angelegten Mariannenplatz (s. dort), in dessen Mitte sich in der Folge (1893–96) der mächtige Kuppelbau der Evang. Lukaskirche erhob (s. Mariannenplatz 3), bis zur Zweibrückenstraße befand sich bis dahin die für Münchens Wirtschaftsleben traditionell höchst bedeutsame (Untere) Floßlände mitsamt den Gastwirtschaften Ketterl (heute Nr. 10, s. dort) und zum Grünen Baum (heute Steinsdorfstraße 14, s. dort). Hier entstanden nach Entwurf von Emanuel Seidl – sein erster großer Auftrag – mit künstlerischen Details von Rudolf Seitz 1887–88 die provisorischen Bauten (Holz, Gips) der 1888 vom Bayerischen Kunstgewerbeverein veranstalteten Deutsch-Nationalen Kunstgewerbeausstellung, eine lang gestreckte Folge von durch Arkadengalerien verbundenen Pavillons in Neubarockformen, ein einflussreich gewordenes Frühbeispiel der um diese Zeit erfolgten Würdigung und Rezeption der zuvor lange verachteten Kunst des Barock und Rokoko (vgl. auch Praterinsel 5). E. Seidl entwarf 1891 auch ein Gesamtprojekt für die Folgebebauung und führte selbst einige Neubauten in diesem Bereich

Steinsdorfstraße; Flurkarte, M. 1:2500

auf (vgl. Ländstraße 5), so das nicht mehr erhaltene stattliche Eckhaus Steinsdorfstraße 22 an der Zweibrückenstraße mit Café Neptun im Erdgeschoss (vgl. Chevalley/Weski 2004, Abb. S. 705).

Eine höchst aufwendige neubarocke Gestaltung erhielten demgemäß sämtliche Mietshäuser südlich des Mariannenplatzes, für die überdies die Zusammenfassung in symmetrischen, breit gelagerten Blöcken charakteristisch wurde (vgl. Steinsdorfstraße 10/Mariannenplatz 4, Steinsdorfstraße 12/13/14). Dem Luftkrieg (bzw. ein Restteil dem Abbruch) zum Opfer fiel die in München unerreicht monumentale Mietshausanlage Steinsdorfstraße 15–20

Steinsdorfstraße, Südteil, Kunstgewerbe-Ausstellung; Stich von H. Nisle, 1888

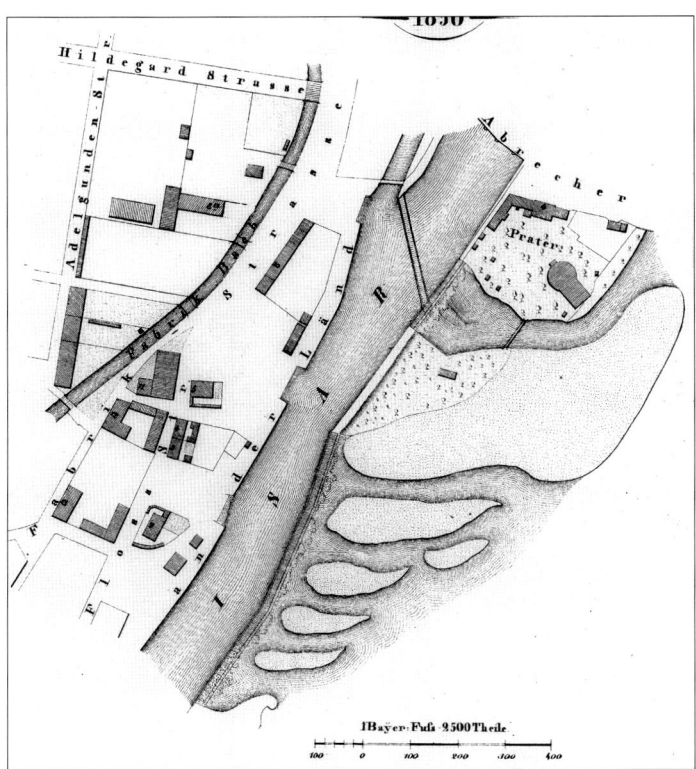

Steinsdorfstraße, Nordteil; Plan von Gustav Wenng, 1850

Steinsdorfstraße, Nordteil (Blick vom Maximilianeum); Postkarte, um 1910

Steinsdorfstraße, ehem. Baugruppe 15–20 am Südende; hist. Aufnahme

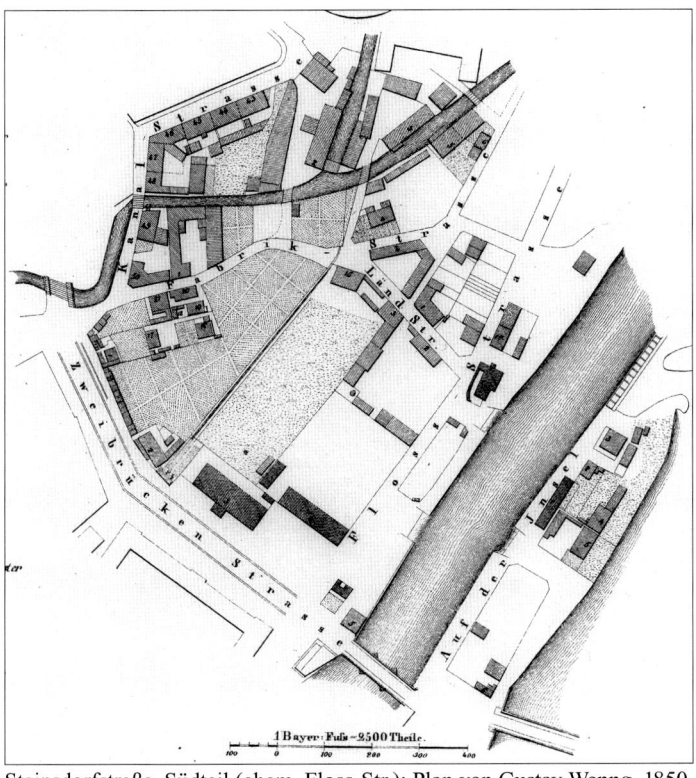

Steinsdorfstraße, Südteil (ehem. Floss-Str.); Plan von Gustav Wenng, 1850

Steinsdorfstraße 10–14 (von rechts); Aufn. 1994

Steinsdorfstraße 3, 4, 5, Nachkriegsbauten von J. Ludwig; Aufn. 1955

(heute Neubauten auf alter Baulinie), 1890–92 von Albin Lincke und Max Littmann (Frühwerk von letzterem), gruppiert um zwei Straßenhöfe (nach Wiener Vorbild) sowie vier Innenhöfe; insbesondere der zwischen den Straßenhöfen vortretende Mittelblock mit seiner fast kirchenartigen Front mit großem Nischenmotiv, Prunkgiebel und Türmchen auf dem Mansarddach war eine Dominante im Stadtbild (erhaltener Seitenteil ist Ländstraße 6, s. dort).

Mit dieser Baugruppe war beabsichtigt, „dem Spekulationsgeist, der von der ‚Gründerzeit‘ her noch umging, künstlerische Fesseln anzulegen; denn es handelte sich hier nicht darum, möglichst viel Räume zu gewinnen, das heißt möglichst viel Mietzins aus einem Gebäude herauszuschlagen, sondern es auf gesunde hygienische und ästhetische Basis zu stellen und harmonische Beziehung zur Umgebung, zu Fluß und Landschaft und den monumentalen Bauwerken der Nachbarschaft zu schaffen" (Wolf 1931, S. 9 f.). Dennoch bleibt in sozialer Hinsicht der Luxuscharakter zu konstatieren. Das festliche Ambiente vervollständigte die Anlage einer den Kai begleitenden Allee. – Der Kleinbau der öffentlichen Bedürfnisanstalt am Nordende rechts vor der Maximiliansbrücke entstand 1906 nach Entwürfen von Richard Schachner (Megele 1951). – Vgl. den Beitrag von Johannes Hallinger.

Steinsdorfstraße 1. Jetzt Maximilianstraße 58, vgl. dort.

Steinsdorfstraße 7/8; Grundrisse und Ansicht von 1886

Steinsdorfstraße 8. Anstelle von Holzlagerschuppen betrieb der Privatier Josef Holzinger ab 1877 (bis 1879) den Neubau des bestehenden, monumentalen Mietshauses. Nach Baugewerkszeitung (1886) „entworfen vom Architekten Lorenz Bauer; ausgeführt und im Besitz vom Baumeister Hock" (als Doppelhaus mit dem nicht erhaltenen Haus Nr. 7). Die städtebaulichen Funktionen des Hauses sind zweierlei: Es schließt den Mariannenplatz noch Nordosten hin kantig ab und es bildet den Anhebungs- und Schlussbau der Fassadenabwicklung entlang der Steinsdorfstraße bis zur Maximilianstraße und im Widersinn von dort her. Eine Baumassenverteilung nahm der ausführende Baumeister Karl Hock mit einem Grundriss über zwei Flügeln wahr, ausmittig steckte er den Zugang in die Fassade an der Steinsdorfstraße. Dieser führt über ein Zwischenpodest (Hochparterre) zum Treppenhaus am Hofwinkel, das von einer Nordfenster-Achse her be-

Steinsdorfstraße, Nordteil mit Eckhaus Nr. 8; hist. Aufnahme

lichtet wird. Gemäß Erstzustand waren in jedem Geschoss zwei großzügige Wohnungen untergebracht, mit vier bzw. fünf Wohnräumen und weiteren Nebenräumen, welche die Häuser am von finanzkräftigen Investoren attraktiv bebauten Isarquai als großbürgerlich-herrschaftlich kennzeichnen. Das bestehende Anwesen Steinsdorfstraße 8 ist eines der frühen Beispiele hierfür. Es entstand noch vor dem linksseitigen Uferverbau zwischen Ludwigs- und Maximiliansbrücke, der ab 1886 erfolgte. Gutachterlich war zuvor die vermittels Grundschwellen/Buhnen erreichte Tieferführung der Isar und damit eine größere Hochwassersicherheit bestätigt worden, über 35 Jahre hinweg hatte man

Steinsdorfstraße 8; Aufn. 1994

Tiefbaumaßnahmen betrieben und beobachtet. Die Großzeit des Ausbaus der Äußeren Isarstraße erfolgte nach Abschluss der Herstellung der Kaimauern auch zwischen Maximilians- und Prinzregentenbrücke und weiter nach Norden 1893–1904. Seiner frühen Entstehungszeit entsprechend erhielt das große Mietshaus Fassadendurchbildungen in Neurenaissance-Auffassung. Eine enorme Höhenentwicklung wurde dadurch erreicht, dass man auch das 1. Obergeschoss sockelgleich behandelt hat und so 2. und 3. Obergeschoss als Hauptgeschosse heraushob. Auch der ursprünglich mit einer eigenen kugelförmigen Kupferhaube verdachte runde Eckerker (bauzeitlich mit muschelförmig angelegtem Unterzug) wurde erst oberhalb des 1. Obergeschosses angesetzt. Beide Fassaden werden von Zwerchhäusern hervorgehoben, die von seichten Risaliten (in die drei Achsen eingeschrieben sind) über die gesamte Fassade hinweg vorbereitet werden. Die Zwerchgiebel waren ursprünglich als mehrregistrige Renaissanceaufbauten angelegt. Die stattgehabten Schlichtungen haben an der Durchbildung der Fassade wenig ändern können, die Modellierung der Fassadenschichten durch geführtes Licht- und Schattenspiel freilich ist etwa bei rustizierten Flächen ein anderes als bei blanken Rauputzflächen. (Fenstererneuerungen 1978–1979/96–97/99/2000; Modernisierung und Ausbau des Dachgeschosses 1983–85; Wohnungsrenovierungen 1986/88/89–92/96; wiederum Arbeiten an der Fassade 1994; Instandsetzung des Treppenhauses und Personenaufzugs 1995/97; Sanierung der straßenseitigen Balkone 2001, Arbeiten an der Dachhaut 2006.)

Steinsdorfstraße 10 (mit Mariannenplatz 4, s. dort). Vgl. auch Ensemble Platzfolge Lehel. Wenngs Stadtplan von 1882 zeigt an der neuen Quai-Straße und der alten, parallelen Floßstraße südlich des (künftigen) Mariannenplatzes noch eine lockere, regellos-kleinteilige Vorstadtbebauung mit Kleinhäusern und Gärten, der amtliche Plan von 1891 bereits das geräumte, noch unbebaute Areal des künftigen Blockes, dessen Osthälfte an dem 1887 nach Bürgermeister Steinsdorf († 1879) benannten Kai 1893/94 mit einem palastartig proportionierten Wohnblock überbaut wurde. Etwa im Bereich von dessen Südostecke und davor stand bis 1887 die neben dem Grünen Baum unweit südlich (s. Steinsdorfstraße 14) meistbesuchte Gaststätte an der Floßlände, Zum Ketterl (Floßstraße 2), so genannt nach einem Bierwirt Balthasar Ketterl, der das Anwesen 1696 übernommen hatte. Das zweigeschossige Satteldachhaus war noch 1864 um einen sog. Glasgarten erweitert worden; zu den Gästen zählten auch Richard Wagner und der Dirigent Hans Richter.
Der Neubau erforderte wegen prominenter Lage am Kai und neben der Lukaskirche die Allerhöchste Genehmigung; die Pläne der Architekten Albin Lincke und Carl Vent vom Juni 1893 wurden am 22. Juli/14. Oktober von der Stadt genehmigt; Rohbaubesichtigung am 4. Juli 1894, Schlussbesichtigung am 8. Oktober, Wohnungsbewilligung vom 27. November 1894. Der Bauherr, Kommerzienrat und Handelsrichter Jakob Poelt, der das Grundstück von der Stadt erwarb, bezog in dem repräsentativen, breit gelagerten Mietshausblock neubarocker Prägung selbst eine Erdgeschosswohnung, deren Ausstattung durch die Möbelfirma Anton Pössenbacher z. T. erhalten ist. Der viergeschossige Dreiflügelkomplex, in dessen Nordflügel das selbständig zugängliche Haus Mariannenplatz 4 (s. dort) gestalterisch integriert ist, hat palastartige Proportionen und eine der städtebaulichen Lage wie dem herrschaftlichen Charakter der Wohnungen entsprechende aufwendige Fassadengliederung in Renaissance- und Barockformen mit neuklassizistischen Anklängen. Im mit kraftvoller Sandsteinrustika verkleideten Erdgeschoss umschließen rhythmisch verteilte Rundbogen- und Rechteckblenden mit Scheitelsteinbüsten und -masken die rechteckigen Fenster. Feiner in Glattputz rustiziert sind das 1. und 2. Obergeschoss. Der 3. Stock ist durch einen Mäandergurt (Sandstein) abgesetzt, den

Steinsdorfstraße 10/Ecke Mariannenplatz; Aufn. 1994

Steinsdorfstraße 10/Ecke Obermaierstraße; Aufn. 1994

Steinsdorfstraße 10, Balkon an der Nordseite

Abschluss bildet ein kräftiges Konsolgesims. Die vertikale plastische Ausformung des Baukörpers erfolgt durch von Balkonen abgeschlossene Runderker an den beiden Ecken im 1. und 2. Stock sowie durch dekorativ reich behandelte Risalite (z. T. Sandstein); zwei von ihnen unterteilen die Längsfront am Kai, mit Nischenfiguren im 2. und tempelartiger ionischer Säulenloggia samt Dreiecksgiebel im 3. Obergeschoss. Ein etwas einfacher gegliederter Risalit an der Nordseite, mit Abschluss durch Segmentgiebel, gehört zum Haus Mariannenplatz 4; links davon am Ende des Bauteils Steinsdorfstraße 10 akzentuiert ein Prunkbalkon mit Brüstungsrelief (weibliche Liegende) und Ädikulatür im 2. Obergeschoss die Nordfront; der Südflügel an der Obermeierstraße ist im 1. und 2. Obergeschoss mit einem Kastenerker besetzt, das Erdgeschoss hier etwas einfacher. Am südöstlichen Runderker gotisierendes Kreuzigungsrelief.

Rundbogeneingang (mit Bauherrn-Initialen JP am Schlussstein sowie Füllungstorflügeln) und vereinfachtes Vestibül in der Mitte des Hauptflügels am Kai. Von der hofseitig anschließenden, steinernen, dreiarmigen Podesttreppe mit reichem Schmiedeeisengeländer und ornamentaler Fensterfarbverglasung (bez. C. Ule, München 1894) waren je zwei durch lange Mittelgänge erschlossene Großwohneinheiten zugänglich (die südliche mit je acht, die nördliche mit sechs Zimmern; im Erdgeschoss durch das Vestibül getrennt), mit jeweils einem Salon in Ecklage; Wohnräume entlang den drei Außenfronten, Nebenräume zum Hof; Nebentreppen für Personal an den Flügelenden. Zu den prominenten Mietern gehörte der erfolgreiche Schriftsteller Ludwig Ganghofer († 1920), dessen Stadtwohnung (im 3. Stock) bis zum Ersten Weltkrieg ein gesellschaftlicher Mittelpunkt mit namhaften Besuchern war.

Im südlichen Seitenflügel 1922 Dachausbau (Arch. Fritz Hessemer, Bauherr Kommerzienrat Direktor Max Weisenfeld); ab 1933 Wohnungsteilungen; nach Kriegsschäden 1944/45 vor allem im Nordflügel und Südostteilbereich sukzessive Wiederherstellung bis Mitte der 1950er Jahre mit Dacherneuerungen; u. a. 1947 Abbau schadhafter Details und Instandsetzungen durch Architekt Grote.

Steinsdorfstraße 10, Wandbrunnen im Hof

Das früher den Hof westlich abschließende abgebrochene Rückgebäude enthielt u. a. Stall und Remise, darüber Kutscherwohnung und Waschküche; den an die Hoffront gegenüber versetzten Rotmarmor-Wandbrunnen mit Balusterfuß und Halbrundbecken zieren am keilförmigen Oberteil eine Wasserspeier-Löwenmaske (Bronze) und auf dem Giebel eine antikisierende Theater-Maske (heute reduziert; vgl. Bistritzki 1974, Abb. 485).

Steinsdorfstraße 12. Die monumentale Häusergruppe Steinsdorfstraße 12/13/14 entstand auf eigens eingemessenen Parzellen anstelle von Holzlagerplätzen. Denn hier, in unmittelbarer Nähe zur Hauptlände betrieben zahlreiche bekannte Zimmerei-Unternehmer über Jahrzehnte des Baubooms ihre Lager- und Abbindeplätze. Gleich südlich des Neubaus auf dem Gelände von Ländstraße 2 Franz Xaver Reifenstuel, westlich im neu festgelegten Häuserblock Peter Erlacher an der Fabrikstraße 4 oder gleich nördlich der neuen Obermaierstraße Zimmermeister Karl Stitzinger. Die Wandlung der ehemaligen Gewerbeflächen zu Baugründen für gehobene, mitunter herrschaftliche Bauten ist programmatisch für den Strukturwandel des Lehels generell.

Die Planung der drei Bauten als einem Gesamtkomplex betrieb ab 1891 das Bau- und Steinmetzgeschäft Georg Meister. Es sollte Meisters größtes Projekt werden. Noch im Bau fand das Riesenprojekt 1894 einen Niederschlag in der zeitgenössischen Berliner Architekten-Literatur. Dies auch wegen der Materialvielfalt, die zum Einsatz kam und schließlich Aushängeschild des Planers sein sollte: Steinmetzarbeiten in Kronacher Sandstein und ein Sockel aus Blauberger Granit, Zonung nicht zuletzt durch verschiedenfarbige Putze. Die drei Bauten zeichnen über die gemeinsame Vorplanung hinaus eine individuelle Feinplanung und Baugeschichte, die sich bei Nr. 14 schließlich bis 1897 hinziehen sollte, aus. Die Baulinienkommission legte zwischen der Länd- und Obermaierstraße einen Baublock fest, der sich von der Isar her nach Westen leicht verjüngte. So beschreibt die über zwei Flügeln 1890–92 für den Rentier Johann Geyer errich-

Steinsdorfstraße 12 (links Nr. 13, 14); Aufn. 1994

tete Nr. 12 an der Steinsdorfstraße ihrer Grundform nach einen leicht spitzen Winkel. Dem Fassadenstoß im Osten begegnete Meister vermittels Abschrägung der Ecke. Mit Zugang mittig in der Fassade an der Obermaierstraße und über ein hohes Zwischenpodest wird das runde Treppenhaus am Hofwinkel erreicht. Eine Wendeltreppe (kreisrunde Laterne) mit trapezförmigen Vorplätzen führt zu den Wohnungen im Obergeschoss. In allen Geschossen brachte man gemäß Eingabeplan zwei Wohnungen unter. Bauzeitlich war in der westlichen Achse ein Laden mit angeschlossener kleiner Wohneinheit untergebracht. Der gehobene vornehme Wohnanspruch gipfelt bei Nr. 12 wie auch bei Nr. 14 in den sechseckigen Eckräumen, die sich in die pavillonartig vorgestellten Bauteile hinein erstrecken. Im Luftkrieg war das Anwesen nicht direkt betroffen, so findet es sich weitgehend bauzeitlich überliefert. Die repräsentativen Neubarockformen sind nicht Teil einer Garnitur, sondern durchgreifende Durchbildung des gesamten Gebäudes. Eine Bauteile-Ponderation ist zum einen auf das zweiflügelige Teilhaus hin kalkuliert, zum an-

Steinsdorfstraße 12, Atlanten am Erkerunterzug

Steinsdorfstraße 12, 13, 14; Fassadenaufriss, Ostseite, Projekt von G. Meister, 1894

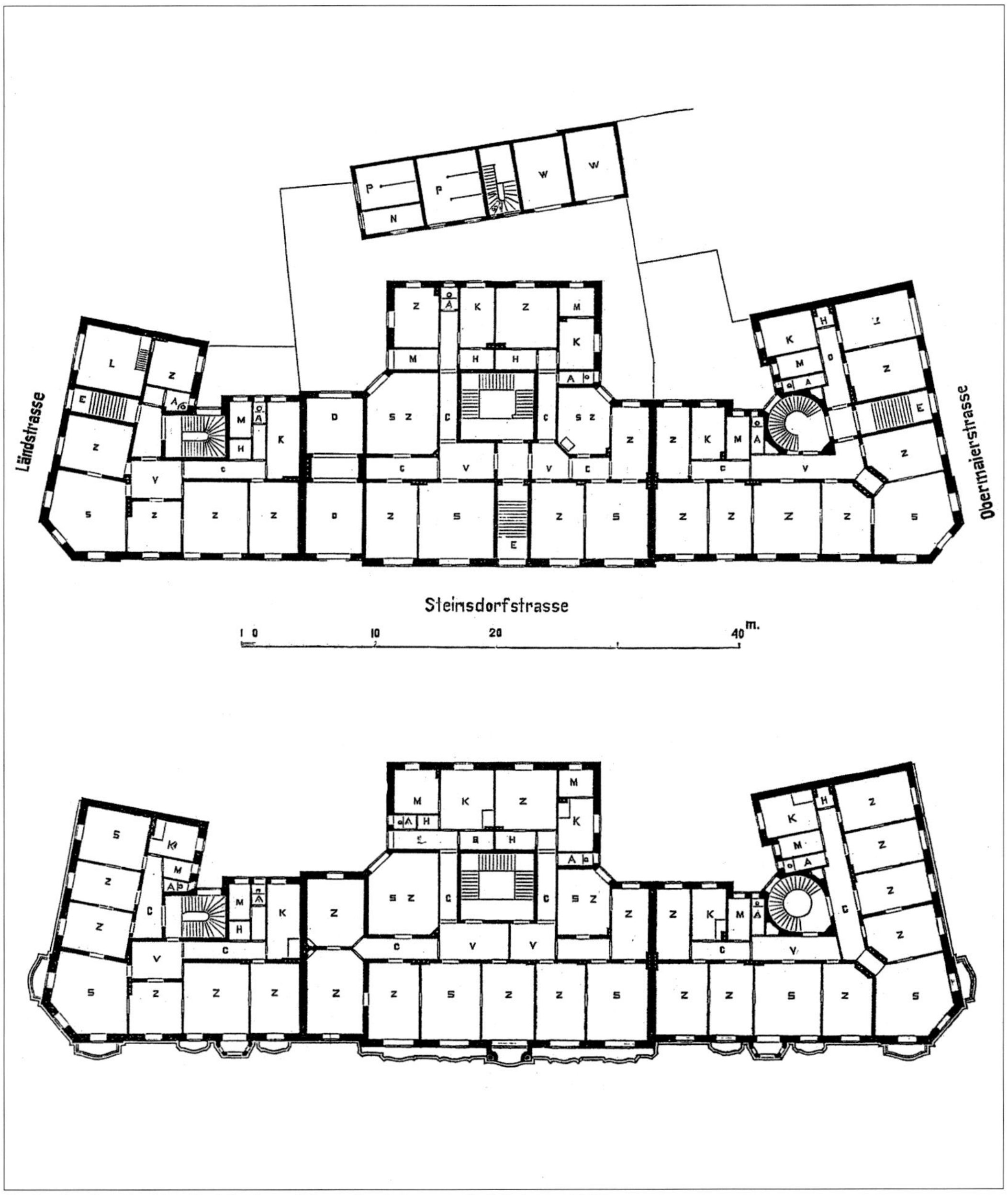

Steinsdorfstraße 12, 13, 14; Grundrisse, Projekt von G. Meister, 1894

deren auf die ganze Baugruppe ausgerichtet. In barocker Manier wurden Erdgeschoss und 1. Obergeschosses als Sockel behandelt, 2. und 3. Obergeschoss als die Hauptgeschosse ausgeschieden; hierdurch erreichte Meister wie viele seiner Zeitgenossen die beachtliche Höhentendenz des viergeschossigen Anwesens. Hauptakzente sind in der Ostfassade der hohe, mehrfach gebrochene Kuppelturm über dem Eckpavillon und der zweigeschossige Polygonalerker, der oberhalb des 1. Obergeschosses ansetzt und von Atlanten getragen wird (am skulptierten Pfeilköcher des rechten Atlanten ist „Anton Kaindl" zu lesen, der hier die Bildhauerarbeiten ausführte, erfahren in der Produktion neubarocker Auffassung, wie sechs Jahre vorher bei Thierschstraße 25/27/29, s. dort). Wie bei Nr. 14 hatte auch bei Nr. 12 vor der ersten Achse der Seitenfassade, hier am 2. Obergeschoss, ein steinerner Balkon Bestand. Dieser wurde 1921 von der Firma Karl Stöhr rückgebaut, die einfachen Steinbaluster in die Brüstungszone zurückgezogen. (Erste Beteiligung des BLfD 1970–71 bei Fragen beabsichtigter Instandsetzungen; 1981–85 Fassadenrenovierung mit Fenstererneuerungen; Ausbau des Dachgeschosses und Fassadeninstandsetzung 1997–1998; insbesondere Anbau eines Aufzugs, Sanierung des Natursteinsockels und Erneuerung des Natursteinbalkons, Nutzungsänderung bei Kellerausbau 2004–05.)

Steinsdorfstraße 13. Georg Meister legte in der Vorplanung die Fassadenlänge des mittleren der drei Bauten auf beinahe 28 Meter fest. Im Sinne des barocken Schlossbaus, dem die Gesamtanlage genealogisch verpflichtet ist, bildet Haus Nr. 13 an der Steinsdorfstraße den Mittelpavillon der monumentalen Neubarock-Gruppe. Die Genehmigungsplanung betrieb Architekt Franz Hammel 1894–96 für den Bauunternehmer Johann Aunitzky. Dabei zeigt es sich, dass innere Struktur und Fassadengestalt nicht bauteilkongruent sind, denn Nr. 13 zählt scheinbar fünf Fensterachsen. Die Erschließung jedoch greift eine Achse weiter südlich auch in die Räume oberhalb der breiten Durchfahrt hin aus. Ausmittig, hierin der Lage des Eingangs entsprechend, setzte Meister dem Riegel an der Straße einen breiten mittigen Rückflügel an, dies mit abgeschrägten Stoßpunkten, in die er weitere Fensterachsen einbrachte. Die Baumassenverteilung nahm Hammel in anderer Weise vor als sie von Meister idealisierend geplant und 1894 sogar publiziert worden war. (Meister sah einen zu dieser Zeit höchst modernen Grundrisstyp vor, indem er das quadratische Treppenhaus zentral ins Gebäude zu stecken und von oben zu belichten beabsichtigte.) Hammel zog das Treppenhaus weiter nach Westen in den Rückflügel hinein und verlieh der doppelläufigen Podesttreppe vermittels einer eigenen Nordfensterachse Licht. Das aufwendig neubarock stuckierte Vestibül, dem das hohe Zwischenpodest ins Hochparterre eingesetzt ist, blieb erhalten. Die Treppe erschließt gemäß Eingabeplan zwei großzügige Wohnungen in jeder Etage, wobei die Wirtschaftsräume und Magdkammern in den Rückflügel gelegt worden waren. Die Straßenfront des Mittelpavillons zeichnet sechs Achsen und fünf Geschosse aus. Die mittleren der beiden Achsen sind risalitartig artikuliert, sie werden vor der Dachzone (ein fassadenwirksames Mansardwalmdach) von einem Rundbogengiebel, dem ein hochovaler Okulus mit Festonrahmen eingeschrieben ist, zusammengefasst und überhöht. Einheitlich mit den beiden Flügelbauten Nr. 14 und 12 wurden Erdgeschoss und 1. Obergeschoss gemeinsam rustiziert und so sockelgleich behandelt. Letzterer Kunstgriff verstärkt den Eindruck von Schwere und Höhe zugleich. 1895 errichtete Franz Hammel ein erdgeschossiges Rückgebäude in der gesamten Breite der Parzelle mit Mansarddach und verschiedenen Blendgiebelformen. Hier waren Remisen und Waschküchen untergebracht, später Kfz-Garagen, und 1925 wurde das Rückgebäude für Heinrich Roeckl teilweise zu Wohnzwecken erschlossen. Nach dem Zweiten Weltkrieg, den das Gebäude weitgehend unbeschädigt überstanden hatte, gelangte das Haus in das Eigentum der Münchner Werkhilfe e. V., die hier ein Gastarbeiter-Wohnheim einrichtete. Im Keller des Hauses existierte in den frühen 1970er Jahren der „Club Steinsdorf 13", der amtlich als „Gammler- und Hippielokal" seinen Niederschlag gefunden hat. (Renovierung der straßenseitigen Fassade 1974–1975; wiederum Ausbesserungen an der Fassade 1982; Renovierung der Fassaden und Hofpflasterung 1994.)

Steinsdorfstraße 14. In Abwandlung der von Georg Meister 1891 aufgelegten Vorplanung reichte Baumeister Hans Hartl 1896 eine Genehmigungsplanung ein, die er für sich selbst bis 1897 verwirklichte. Die von Hartl veränderten Partien betrafen die innere Struktur und Erschließung des Südflügels der 1894 auch in einschlägigen Architekten-Blättern publizierten, ideali-

Steinsdorfstraße 13; Aufn. 1994

sierenden Pläne Georg Meisters. In seiner Großform bildet der Bau das südliche Pendant des Nordflügels Steinsdorfstraße 12 und zusammen mit diesem die Seitenflügel einer schlossartigen Gruppe mit Nr. 13 als dem wuchtigen Mittelpavillon. Die Baumassenverteilung nahm Hans Hartl, wie schon von Meister projektiert, über zwei Flügeln vor, die er spitzwinklig disponierte. Mit dem südlichen Flügel schuf er die Anhebung ins Straßengewände der neuen Ländstraße hinein. Den Eingang (mit schlichtem kupfernem Vorzeichen, geplant und ausgeführt 1908 von Ludwig Deiglmayr & Co.) legte er in die nördliche Achse von der Steinsdorfstraße her, über ein hohes Zwischenpodest gelangt man zum nach rückwärts anschließenden Treppenhaus, das eigens ausgebaut wurde. Im Unterschied zu den früher fertiggestellten Häusern Nr. 13 und 12 brachte man in den Geschossen gemäß Eingabeplan jeweils eine sehr große Wohnung unter, die großbürgerlich-herrschaftlichen Ansprüchen Genüge leisten konnte (im Erdgeschoss unter Abzug eines Zimmers für einen Tagesportier). Entsprechend titulierte Hartl den eingereichten Bauplan mit „Neubau eines herrschaftlichen Wohngebäudes". Wie die früheren Nachbarbauten Nr. 13 und 12 stellt auch Haus

◁◁ Steinsdorfstraße 13, Gitter der
        Durchfahrt; Aufn. 1994

◁ Steinsdorfstraße 13, Vestibül;
     Aufn. 1995

Steinsdorfstraße 14, Gedenktafel ▷

Steinsdorfstraße 14 (rechts Nr. 13, 12); Aufn. 1994

Sterneckerstraße

(Vgl. Ensemble Altstadt.) Eine der kurzen schmalen Seitengassen in der östlichen keilförmigen Stadterweiterung aus dem 1. Drittel des 14. Jh., die das Tal südseitig mit der Stadtmauer (an der Südseite der heutigen Westenriederstraße, s. dort) verbanden. Höchst bemerkenswert ist Nr. 2 (s. dort) in der Mitte der Westseite als eines der wenigen erhaltenen Bürgerhäuser mit mittelalterlicher Bausubstanz. Die Ostseite wurde 1901/02 einheitlich neu bebaut (s. Nr. 1 sowie Tal 38, Westenriederstraße 45). Der Name – früher natürlich Sterneckergasse – ist vom Eckhaus Tal 38 abgeleitet, das im 16. und 17. Jh. der Bierbrauerfamilie Sternegger gehörte (ehem. Sterneckerbräu). Früher (so 1527) nach dem am Südende stehenden einstigen Taeckentor (oder -turm) der Stadtmauer benannt, das gegen oder um 1400 vermauert wurde. (Siehe Flurkarte S. 1095)

[**Sterneckerstraße 1.** Teil einer Baugruppe mit Tal 38 und Westenriederstraße 45 (s. diese). Der wegen seiner Situation an der schmalen Gasse nur dreigeschossige Mittelteil – ein Mietshaus in deutscher Renaissance – des um 1901 von Heilmann und Littmann neu erbauten Sterneckerbräu-Komplexes, eingespannt zwischen die fünfgeschossigen Eckhäuser Tal 38 und Westenriederstraße 45, weist äußerlich dieselben Gestaltungsmerkmale auf; im Erdgeschoss Fensterarkaden sowie zwei Eingänge (originale Türblätter mit vergitterter Öffnung), in der Mittelachse über den Treppenhausfenstern Zwerchhaus.]

◁ Steinsdorfstraße 14, Vorbebauung „Grüner Baum"; Stich von F. X. Jungwirth, 1767

Sterneckerstraße 1 (kein BDm) ▷

Nr. 14 eine Reminiszenz barocken Schlossbaus dar, mit hoher Sockelpartie, helleren Hauptgeschossen und – vor allem in Ponderation mit Nr. 12 – der prominenten Gestaltung der Ecke mit ihrem Kuppelturm. Im Luftkrieg blieb das Gebäude weitgehend unberührt. In der Erdgeschoss-Rustika, zwischen der zweiten und dritten Fensterachse an der Steinsdorfstraße brachte man eine Gedenktafel an, die an die legendäre Flößerwirtschaft „Zum Grünen Baum" erinnert, die bis 1886 unmittelbar vor dem späteren Haus Nr. 14 lag und nach Ankauf durch die Stadt München zugunsten der ambitionierten Durchführung der Äußeren Isarstraße niedergelegt worden war.
(Erste Beteiligung des BLfD die Fassadenrenovierung betreffend 1966 und wieder 1972; Erwägung zum Ausbau des Dachgeschosses 1974; Fassadenrenovierung und Arbeiten an der historischen Ausstattung in einigen Wohneinheiten 1983–84 und an den Fassaden wieder 1996; Anbau eines Außenaufzugs 2004; Innenrenovierungsarbeiten mit historisch verpflichteten Fenstererneuerungen 2005–06.)

Sterneckerstraße 2. Das Altmünchner Bürgerhaus mit vier niedrigen Geschossen, dessen ältester Bestandteil ein ehemaliger Speicherbau des mittleren 14. Jh. im rückwärtigen Bereich der rechten Haushälfte ist, erfuhr an Vorderhaus und linkem Gebäudeteil (ursprünglich Stallung) wohl im späteren 15. Jh. eine massive Erneuerung und wurde um 1570 ausgebaut. Gegen 1595 fand eine Aufstockung um zwei Geschosse statt, in welche kleine Zinswohnungen eingerichtet wurden. Das links (südlich) etwas vor der Baulinie stehende, äußerlich schlichte, traufständige Haus mit 2005 nach Befund wiederhergestellter Quaderbemalung und Kreuzstockfenstern ist als eines der ältesten unter den wenigen erhaltenen in München höchst bemerkenswert. Erst nach Räumung des verwohnten, häufig veränderten Inneren sowie Besitzerwechsel konnte ab 1993 durch Bauforschung die komplexe Entstehung und Struktur geklärt und eine denkmalgerechte Gesamtsanierung verwirklicht werden. In dem der Edith-Haberland-Stiftung gehörenden Haus ist heute eine Gastwirtschaft, darüber das Bier- und Oktoberfestmuseum untergebracht.

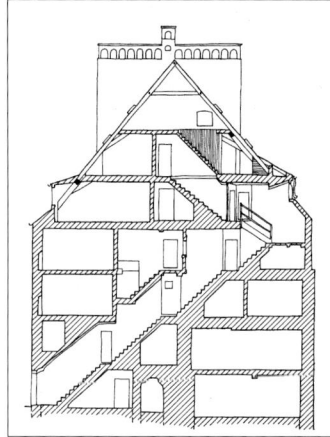

Sterneckerstraße 2; Querschnitt,
Maßaufnahme 1966

Kern des Gebäudes ist in der Nordwestecke – im rückwärtigen Bereich der rechten Gebäudehälfte – ein rechteckiger, zweigeschossiger ehem. Speicherbau, entstanden kurz nach 1346 (Dendrodatum einer Deckenbohle), mit massiven, feuersicheren Ziegelmauern, großenteils mit wechselnden Lagen von Ziegeln und Flusskieseln; die Nordwand stammt von einem ehemaligen benachbarten Speicher, an den angebaut wurde. Die übrigen Gebäudeteile, ursprünglich in Holz oder Fachwerk anzunehmen, wurden in einer späteren Phase wohl des 15. Jh. massiv erneuert, mit einläufiger Treppe vom Himmelsleiter genannten Typ entlang der Nordwand des Vorderhauses. Um 1569/70 (Dendrodatum der Decke über dem Erdgeschoss) erfolgte ein weiterer Ausbau des linken Gebäudeteils. Sandtners Stadtmodell von 1570 stellt zwei zweigeschossige Traufhäuser mit Pultdächern dar, das linke zweiachsig, das rechte um eine Achse breiter und rückseitig tiefer, mit meist noch der heutigen Situation entsprechenden Eingängen und Öffnungen. 1573 erbte das Haus mit Stallung daneben (= linker Gebäudeteil) und Garten dahinter vom Ratsmitglied Hans Starnberger dessen Tochter Anna, verheiratet mit Hanns Steinauer, Mitglied des inneren Rats zu Ingolstadt (Häuserbuch IV). Zu deren Zeit erfolgte Ende des 16. Jh. eine doppelte Aufstockung (Dendrodaten 1595/ 1596) zur Gewinnung von kleinen Mietwohneinheiten (im ge-

Sterneckerstraße 2; Aufn. 2005

1 ältester Bestand, Speicherbau, 2 Speicherbau des Nachbarhauses, 3 ehem. kleiner Hof, später Küche, 4 Wohnbereich, ehem. in Holzbauweise, 5 Treppe zum Obergeschoss, 6 südlicher Haustteil, 1563 „Stallung", 7 Hofbereich, 1563 „Garten"

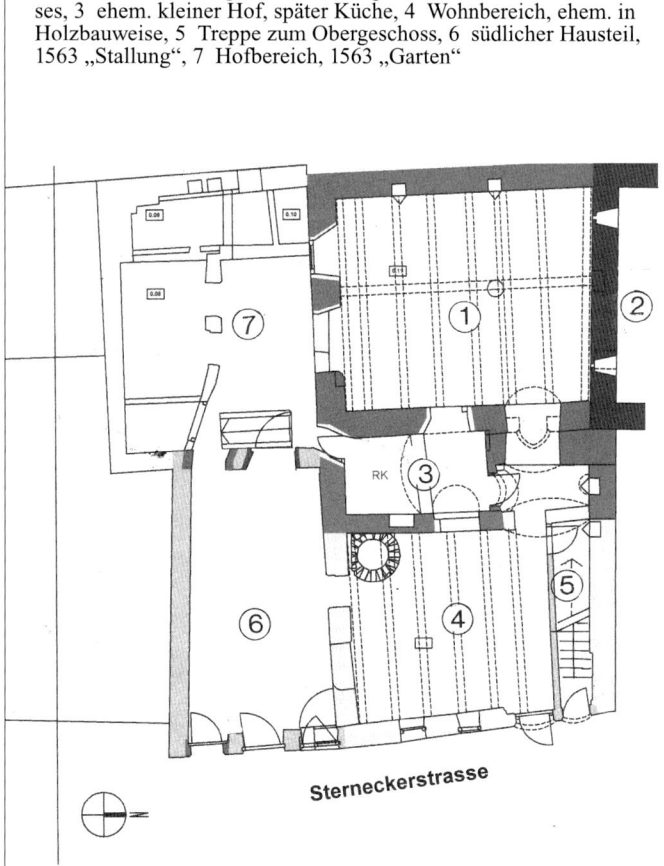

Sterneckerstraße 2; Grundriss Erdgeschoss, Baualtersplan von Stefan Ebeling

samten Anwesen insgesamt acht bis zehn) mit jeweils einer Rauchküche; die Himmelsleiter wurde nach Westen fortgesetzt (Holzstufen 1984 ausgewechselt). Das Erdgeschoss beider Haushälften wurde gewerblich genutzt, zuletzt vor der Sanierung als Keller.

Kräftige Zwischenwände trennen die beiden Haushälften. Im rückwärtigen Bereich des rechten Gebäudeteils, dem Speicherbau des mittleren 14. Jh. sind die (heute unverputzten bzw. geschlämmten) Backsteinwände sichtbar, z. T. (vor allem an der Nordseite) mit Flusskiesellagen durchsetzt; im Erdgeschoss, mit zwei Kommunzeichen-Nischen im Westen, heute Bierstube; darüber die sog. Gotische Stube mit spitzbogiger Blendnische im Norden und in der Art von Kassetten mit Maserierung (?) bemalten Deckenbohlen. Südlich davon, an der Stelle eines ursprünglichen kleinen Zwischenhofes, große Schwarzküchen in beiden Geschossen. Im Nordwesten kleiner Hof (1573 „Garten") mit teils erneuerten bzw. teils neuen Holzlauben, jetzt über dem 1. Obergeschoss mit Glasdach abgeschlossen; an der Ostseite völlig erneuerte gewendelte Treppe. Die heute museal genutzten beiden obersten Geschosse enthielten in beiden Haushälften jeweils eine Wohneinheit nach vorn zur Gasse bzw. rückwärts zum Hof hin, mit kleinen Schwarzküchen. Auch das steile Satteldach wurde zweigeschossig mit Wohnungen und Schwarzküchen ausgebaut.

ARCHÄOLOGISCHE BEFUNDE: Gebäude und Detailbefunde (Fehlboden) und Funde des Spätmittelalters (Fundst.-Nr.: 7835/0186). Im Hof des mittelalterlichen Gebäudes fand 2001 eine bauarchäologische Untersuchung statt. Außerdem konnten aus einem Fehlboden zahlreiche spätmittelalterliche Funde geborgen werden, die Einblick in die materielle Kultur der damaligen Hausbewohner geben.

Sterneckerstraße 2, 2. Obergeschoss

Sterneckerstraße 2, Rauchküche im Dachgeschoss

Sternstraße

Die Sternstraße ist eine der Süd-Nord-Verbindungen des Lehels, deren alter Verlauf weder konkret datiert noch deren Benennung hinsichtlich ihrer Herkunft erklärt werden kann. Der Überlieferung nach rührt die Bezeichnung von einem Gasthaus „Zum Stern" her, das an dieser Straße betrieben worden ist. Seit alters her führte die Sternstraße vom Abrecher vor dem Prater nach Norden bis zur Holzgartenstraße und erfuhr von hier an mit der schnurgeraden Bogenhauser Straße eine direkte nördliche Fortsetzung. Sie war also eine der alten Ein- und Ausfallstraßen in das Herz der nördlichen St.-Anna-Vorstadt. Für die Menschen des mittleren 19. Jh. stellte die Sternstraße eine direkte Süd-Nord-Trasse dar, war als Fußweg die Alternative für eine mehrfach verschwenkende und abknickende Verbindung vom Übergang an der Maximiliansbrücke nach Norden

Sterneckerstraße 2, sog. Himmelsleiter ab Erdgeschoss

Sterneckerstraße 2, Laube im Hof vor Restaurierung

Sterneckerstraße 2, Speicherbau, Erdgeschoss

Sterneckerstraße 2, Speicherbau, Erdgeschoss, Westwand; Aufn. 2001

Sternstraße; Plan von Gustav Wenng, um 1850

hinauf, etwa über Baustraße, Gewürzmühlstraße, Tattenbachstraße und schließlich Holzgartenstraße. Als Fuhr- und Fahrweg war sie ebenso wenig geeignet wie die Mühlstraße oder Innere Isarstraße, da die mittleren Breiten dieser beiden Läufe ein Durchkommen von Fuhrwerken nur bedingt oder gar nicht zuließen. Fuhrwerke hatten die Äußere Isarstraße zu passieren, die jedoch erst nach Beginn der Isar-Korrektions-Maßnahmen sicherer und von Hochwässern frei gelegt war (freilich nicht endgültig). Der Bereich des Isarwestufers nördlich der Praterinsel ist als verhältnismäßig breite Schwemmterrasse anzusehen, woran weiter nördlich die Straßenbezeichnung „Am Gries" noch erinnert. Als in der Tat „griesig", d. i. locker kiesig sind die Baugründe in diesem Bereich zwischen Äußerer Isarstraße und dem Triftkanal auch überliefert. Entsprechend waren die Neubauten auf der Ostseite der Sternstraße, hier zwischen der Koch-

straße (S) und der Liebigstraße (N) bodenmechanisch arg herausgefordert und auch weiter im Norden, etwa bei Bauten der mittleren Widenmayerstraße in Höhe des Vincentinums vereinigen die Baugeschichten Schwierigkeiten mit Nachsetzungen auf sich. Sprechend verdeutlicht werden die Unsicherheiten des Geländes von der Entscheidung des Königl. Kriegsministeriums, das ehem. Tattenbachsche Lehel, dessen östliche Saumstraße die Sternstraße immer schon gebildet hatte, nach intensiver Untersuchung der Böden doch nicht mit einer Infanteriekaserne zu bebauen, da der gegebene hohe Grundwasserspiegel kostenintensive Sicherungen der Baugruben gezeitigt hätte und darüber hinaus regelmäßig Hochwässer drohten. Für die Armee war das Lehel 1816 erworben und schließlich 1823 zur bloßen Vorbehaltsfläche verworfen und an mehrere Pächter vergeben worden.

Sternstraße nach Norden (zwischen Koch- und Liebigstraße); Aufn. vor 1895

Sternstraße nach Süden (zwischen Koch- und Liebigstraße); Aufn. vor 1895

Sternstraße; Flurkarte, M. 1:2500

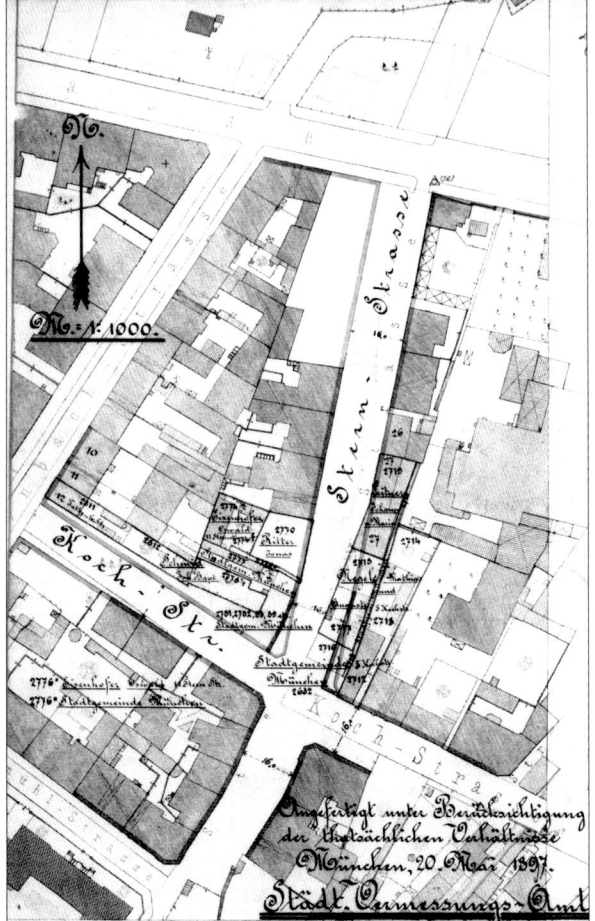

Sternstraße zwischen Gewürzmühl- und Liebigstraße; Situationsplan von 1897

Der Wechsel vom kleinteilig bebauten Vorstadtquartier zu einem Münchner Viertel, das großstädtische Urbanität prägt, vollzog sich bei der Sternstraße signifikant und gewissermaßen ruckartig. Planerisch legte der Magistrat das neue Alignement der Straße und geradezu eine Umkehrung des bis dahin bestehenden Bausystems fest, die Maßgaben waren dabei brandschutztechnischer, gesundheitlicher und aber auch städtebaulicher Art. Die Stadt erwarb die Anwesen auf der Westseite des alten Straßenlaufs, ließ diese 1895–96 abbrechen und arrondierte die Strecke zwischen der ebenfalls neu festgesetzten Kochstraße (S) und der Liebigstraße (N) in acht westliche und sieben östliche Parzellen. Die Grundflächen der abgebrochenen Kleinhäuser gingen fast vollständig in der Verkehrsfläche der neu aligniierten Straße auf. (Der Magistrat entschied sich hier zu einem Vorgehen, das er kurz vorher schon bei der Reitmor-/weiland Mühlstraße praktiziert hatte.)

Die östlich rückwärtigen Grenzen der Parzellen an der Ostseite der Sternstraße, wiederum zwischen der Kochstraße (S) und der Liebigstraße (N), heute mit den geraden Nummern von 18 bis 30, folgen dem westlichen Beschlacht des sog. Feuerbächls, das nach 1895 sukzessive eingefüllt worden ist. (Das Feuerbächl war kein selbständiger Stadtbach. Es zweigte unterhalb der Maximilianstraße vom Triftkanal ab und mündete unterhalb der Prinzregentenstraße in den Wienerkanal, schließlich mit diesem in den Hofhammerschmiedbach. Bei der Verbreiterung der Kochstraße und der Durchführung der Liebigstraße war der Bachlauf eigens zu überwölben gewesen.) Das Feuerbächl trennte im beschriebenen Abschnitt die Parzellen an der Sternstraße vom östlich gelegenen Gelände der sog. St.-Anna-Brauerei, die hier, von der Liebigstraße her erschlossen, bis in die frühen 1920er Jahre wirtschaftete und schließlich 1924 beseitigt wurde, um einer 1927 fertiggestellten Großgarage Platz zu machen.

Mit Ausnahme eines starken Zerstörungsfokus im Bereich der Kreuzung Robert-Koch-Straße/Sternstraße, Robert-Koch-Straße 7 (NW), 14 (SW), 16 (SO), Sternstraße 18 (NO) und einem Einzeltreffer im südlichen Abschnitt der Straße in Nr. 4 überstand die Bebauung der Sternstraße den Luftkrieg weitgehend unbeschadet, um dann in den Jahren nach dem Zweiten Weltkrieg planvolle Veränderungen durch einzelne Änderungsanträge zu erfahren; hier sei der westliche Abschnitt zwischen der Gewürzmühlstraße (S) und der Robert-Koch-Straße (N) hervorgehoben. Die Anwesen Sternstraße 5, 7 und 9 wurden 1957–60 zugunsten einer der Erweiterungen des Versicherungskomplexes beseitigt – schon 1930 war der südwestliche Eckbau Gewürzmühlstraße 15 abgebrochen worden. Die Anwesen waren – als Ersatz für wenig repräsentative Kleinhäuser, u. a. eine Gastwirtschaft (Haus Nr. 1 an der Sternstraße) – zwischen 1880 und 1897 entstanden, wurden im Zweiten Weltkrieg nicht beschädigt, hatten aber dennoch den sich wandelnden Strukturen zu weichen.

Der Abschnitt zwischen der Robert-Koch-Straße und der Liebigstraße belegt bis heute dasjenige Bausystem, das der Münchner Magistrat für die Erschließung des Quartiers planvoll favorisiert hatte: Straßengewände in geschlossener Zeilenbauweise, drei Obergeschosse mit ausgebauten Dachgeschossen und malerisch abwechslungsreicher Dachlandschaft, eine große Varietät an Erkertürmchen und Dachhausformen kam hier zum Einsatz. Freilich beeinträchtigt die heutige Straßenverkehrs-Situation die Nachvollziehbarkeit der historisch gewordenen städtebaulichen Absicht, denn die Sternstraße funktioniert zur Zeit (Status: 2008) als zweispurige, aber einbahnige Einfallstraße nach Süden, dies in Verlängerung der ebenso organisierten Oettingenstraße (die beiden Straßen bilden so den Ausgleich zur Steinsdorf- und Widenmayerstraße, die als Ausfallstraßen nach Norden hin fungieren). Schon in den späten 1920er Jahren hatte es Klagen wegen des hohen Verkehrsaufkommens seitens der Bewohnerschaft gerade im baulich gut überlieferten Abschnitt gegeben.

Blick in die Sternstraße nach Süden

Sternstraße 3 (mit Gewürzmühlstraße 8). Bildet mit dem westlich angeschlossenen Anwesen Thierschstraße 48 einen zusammenhängenden Bürokomplex, der zwischen Thierschplatz (W) und Sternstraße (O) die gesamte Südseite der Gewürzmühlstraße ausmacht (Status: 2008). Bis ins Jahr 2007 waren die Bürogebäude an der Nordseite der Gewürzmühlstraße mittels zweier überdeckter Übergänge mit den südlichen Hauptgebäuden verbunden. Die hier ansässige Versicherungskammer Bayern (so bezeichnet seit 1994), vormals Bayerische Versicherungskammer und davor (Königliche) Brandversicherungskammer, stellt den größten kontingenten Gebäudekomplex im Lehel dar. Schon der, im Kern noch vorhandene, historische Gründungsbau Sternstraße 3 spricht hinsichtlich seiner Dimensionen für sich: Entlang der Sternstraße misst er 75 Meter, sein südlicher Seitenflügel reicht 35 Meter ins Grundstück und entlang der Gewürzmühlstraße im Norden maß der Erstling mehr als 42 Meter. Dieser Kernbau entstand nach den Plänen des seinerzeitigen Königlichen Landbauamtes in den Jahren 1875 bis 1879 auf dem Areal des Hofbaustadels, also auf einer staatlichen Flächenreserve.

Die schon 1811 gegründete Bayerische Landesbrandversicherungsanstalt hatte mit der Gesetzesnovelle vom 3. April 1875 eine behördliche Institutionalisierung erhalten. König Ludwig II. errichtete die Brandversicherungskammer und setzte fest, dass deren Beamte vom Königlichen Staatsministerium des Innern ernannt würden. Zunächst amtete man in einigen Räumen des Alten Rathauses („Thal Nr. 1"), dann kam es zum Neubau im Lehel. Der Ursprungsbau bestach durch seine Eleganz: Ein dreigeschossiger Mittelpavillon an der Sternstraße, 31 Meter breit, überragte die beiden Seitenflügel, die nur zwei Geschosse hoch waren. Gleichsam „auf der grünen Wiese" entstand ein Mixtum aus italienischem Stadt-Palazzo und einer weit ausgreifenden herrschaftlichen Villa, wie sie für die späte Villeggiatura veneziana typisch war. Die Italianità des Baus wurde noch dadurch verstärkt, indem man das sehr flach geneigte, beinahe nicht fassadenwirksame Walmdach auf dem Mittelpavillon attikaähnlich mit einer umlaufenden Balustrade kaschierte. Der Mittel- und Hauptbau beherbergte auch die durchaus repräsentative Wohnstatt des ersten Präsidenten der Brandversicherungskammer, Matthäus von Jodlbauer (gest. 1890). Das Erdgeschoss rustizierte man umlaufend, über einem Sockelquaderwerk besteht die Rustika in Putzquadern. Die Öffnungen des Erdgeschosses schloss man einheitlich rundbogig. Ein kräftiges Kaffgesims hob die Hauptgeschosse vom Erdgeschoss ab. Das Obergeschoss der Seitenflügel machten Fenster mit geohrten profilierten Rahmungen und Verdachungen in Dreiecksgiebeln aus. Die Fenster des 1. Obergeschosses im Mittelrisalit erhielten hingegen segmentbogenförmige Verdachungen, die des 2. Obergeschosses gerade Gesimsstücke über schlicht profilierten Sturzfeldern. Den Hauptakzent der Fassade zur Sternstraße hin bildet der Portikus, mit dem man den Hauptzugang hervorhob: Zwei Vollsäulen tragen einen seichten steinbewehrten Austritt vor dem Hauptraum des 1. Obergeschosses.

Schon mit dem Neubau des Wilhelmsgymnasiums, südwestlich der Brandversicherungskammer und ebenfalls auf dem Grund der Hofbauintendanz entstanden, hatten die Baubeamten des Königs wenige Jahre zuvor neue Maßstäbe gesetzt. Der Schulbau vermittelte in Dimension und Gestalt die baulichen Ambitionen der Maximilianstraße an einer entscheidenden Straßenkreuzung. Der Bau der Brandversicherungskammer auf dem gleichen Areal, aber weiter im Nordosten, näher zur Isar hin gelegen, konfrontierte nun auch die zweite Baureihe mit den gestalterischen Vorstellungen der königlichen Baubeamten. Das vis-à-vis des Flügels an der Sternstraße bildete zunächst eine kleinteilige vorstädtische Bebauung (Sternstraße 2 und 4) und nördlich auffolgend ein 1866–69 errichteter Dreispänner (Sternstraße 6, 8 und 10). Sternstraße 2 und 4 entstanden dann 1882–1883 als Zweitbebauung neu, viergeschossig und aufwendig in Neurenaissanceformen dekoriert. Bauwerber war ein Schmiedemeister, Ludwig Samassa, Planer und Erbauer der im Lehel stark beschäftigte Heinrich Thommen. Das Gegenüber des Nordflügels an der Gewürzmühlstraße stellten mit Nr. 7, 9 und 11 drei Neurenaissance-Mietshäuser dar, die sich der Spekulant Johann Seitz 1875–76 erbauen hatte lassen, die östlich auffolgende Nr. 13 entstand bis 1879 ebenfalls in Neurenaissanceformen; Gewürzmühlstraße 15 ließ sich der Gastwirt Martin Stauch 1889 errichten, als Nachfolgebau der legendären Gastwirtschaft „Jägerwirt". Die genannten fünf Häuser an der Nordseite der Gewürzmühlstraße stellten allesamt eine Zweitbebauung dar und waren formal ein Reflex der städtebaulich prägenden Großbauten Wilhelmsgymnasium und Brandversicherungskammer.

Noch unter Präsident Jodlbauer kam es zur Aufstockung der beiden Seitenflügel zur Dreigeschossigkeit, denn mit der Reichweite der Anstalt war deren Platzbedarf gewachsen, was bis zum Ende des 20. Jh. nicht abreißen sollte. Mit dem Gesetz vom 13.2.1884 wurde auch die Hagelversicherung der Kgl. Brandversicherungskammer unterstellt und 1890 vereinigte man die Pfälzische Brandversicherungsanstalt mit derjenigen für die rechtsrheinischen Landesteile. Unter dem zweiten Nachfolger Jodlbauers, Heinrich Ritter von Haag, erweiterte man ab 1896 den Münchner Dienstsitz im Lehel um beinahe die gleiche Nutzfläche nach Westen, in Richtung zum (seit 1886 sogenannten) Thierschplatz hin. Die Planung lag wiederum in den Händen des Landbauamtes. Mit einem mächtigen dreigeschossigen Riegel schloss man westlich an den älteren Flügel entlang der Gewürzmühlstraße an (der Zugang von dorther erhielt die Nr. 8 an der gleichnamigen Straße) und verlängerte diesen nach Süden, mit doppelt abknickender Grundlinie. An seinem Südpavillon erhielt der Bau einen Rückflügel, die dortige Seitenfassade bildet ein Gegenüber mit dem benachbarten Wilhelmsgymnasium. Während der dem Platz zugewandte Fassadenabschnitt den Neurenaissance-Gedanken nur mehr in vier Gruppen eng gesetzter Fensterpaare, also rein rhythmisch umsetzte, erhielt der westliche Eingangsbau (an der Thierschstraße mit 48 nummeriert) zwei seichte seitliche Risalite, denen jeweils ein eng gesetztes Achsenpaar eingeschrieben ist, und entsprechend einen zurückgesetzten Fassadenmittelzug, den drei eng gesetzte Paare an Fensterachsen ausmachen. Wie schon am Mutterbau, so schloss man auch beim Erweiterungsbau die Fenster des Erdgeschosses halbrund. Der Hauptzugang des Hauses Thierschstraße 48 erhielt ein aufwendiges Portal, wenngleich schlichter als bei Sternstraße 3.

Im Jahr des Präsidentschaftswechsels von Ferdinand von Englert auf dessen Nachfolger Carl August von Sutner 1928 erhielten beide Baukomplexe einheitlich ein 3. Obergeschoss. Vor allem der Erstbau an der Sternstraße erfuhr dadurch eine Veränderung

Sternstraße 3 (li.) mit Gewürzmühlstraße 8 vor Rückbau der Übergänge; Aufn. 2007

Westseite von Sternstraße 3 (Thierschstraße 48); Aufn. 2007

seiner historischen Dimensionalität, die ihn von der ursprünglichen Bauabsicht letztlich abrückte.

(1969–71 entstanden im Innenhof zwischen den älteren Bauten Sternstraße 3 und Thierschstraße 48 eine Mehrzweckhalle und ein Hallenschwimmbad mit Sauna für die Mitarbeiter des im Lehel inzwischen zum größten Arbeitgeber avancierten Unternehmens; dies anstelle ebenerdiger Autogaragen und Autowaschhallen. Abbruch des Gelenkbaus zwischen den Nordflügeln an der Gewürzmühlstraße und ergänzender Neubau im Jahr 1992. Im Mai 1994 beschloss der Ministerrat, dass sich der Staat aus dem Versicherungsgeschäft zurückziehe, die Versicherungskammer ging für 2,5 Mrd. Mark an die Sparkassen. Durchgreifende Renovierung von Thierschstraße 48 in den Jahren 1997–1999, hier Fenstererneuerung 2004. 2005–09 Verwirklichung des „Lehel-Carré" durch die Architekten Claus + Forster; hierfür u. a. Abbruch und Wiederaufbau der Gebäudeecke an der Tat-

Sternstraße 3, Wandgemälde „Der Segen der Versicherung" von Adolf von Grundherr (zerstört)

tenbach-/Gewürzmühlstraße. 2007 Rückbau der beiden gedeckten Übergänge zwischen den Nordflügeln und den Dienstgebäuden an der Gewürzmühlstraße.)

[Nicht in die Denkmalliste eingetragene Erweiterungsbauten. Die Expansion der Verwaltung der Versicherungskammer ging weiter. Die folgende Baugeschichte der Versicherungskammer gleicht einer „Rückbau-Geschichte" eines ganzen Quartiers und steht zugleich beispielhaft für einen Strukturwandel, weg von einem sozial gewandelten Wohnquartier und Lebensraum, hin zu erweiterten Bürokomplexen mit ihren appendizierten Funktionsbauten.

Nordblock (Umgrenzung: Tattenbachstraße/W, Robert-Koch-Straße/N, Sternstraße/O und Gewürzmühlstraße/S): Unter Präsident Hans Otto Schmitt (amt. 1929–37) hatte man der fortschreitenden Geschäftsausweitung erneut Rechnung zu tragen. Die Versicherungskammer erwarb Gewürzmühlstraße 13 und 15, brach die Bauten ab und erbaute nach den Plänen von Architekt Georg Holzbauer 1935/36 den fortan als Gewürzmühlstraße 13 geführten Verwaltungssitz. Monumentalisch vergröberte klassische Formen prägten sein Erscheinungsbild bis 2005. An der Ecke befand sich eine lebensgroße Figur des heiligen Florian, ganz im Habitus eines Deutschen Ritters und mit Siegesfahne (die Figur sollte später die Titelseite der kammereigenen Feldpostnachrichten schmücken). Mit dem Hauptgebäude verband dieses Haus bis ins Jahr 2007 ein geschlossener Übergang. An dessen Ostseite waren als reliefierte Zementarbeiten ein Bauer und eine Bäuerin, links und rechts neben einer großen Uhr, die wiederum ein Strahlenkranz umgab, zu sehen; an der Westflanke des Überganges versinnbildlichten ein Schmied sowie ein Maurer den Gewerbefleiß des Nährstandes. Und die Adaptation des nördlich gelegenen Häuserblocks sollte weiter gehen. Die Anwesen Gewürzmühlstraße 11 und 9 erwarb die Kammer 1958 und ließ sie abbrechen, das Haus Nr. 7 an der Ecke Gewürzmühl-/Tattenbachstraße war infolge des Luftkrieges unbewohnbar geworden, seine Ruine wurde gesprengt, das Grundstück gelangte ebenfalls in den Besitz der Versicherung. Herstellung des gedeckten Glasüberganges zwischen Gewürzmühlstraße 8 (S) und Nr. 9 (N) 1959/60. Die Anwesen Tattenbachstraße 2 und 4 hatte die Kammer schon fünf Jahr zuvor erworben und abtragen lassen (beide Häuser reichten in die 1850er Jahre zurück und waren gut durch den Zweiten Weltkrieg gekommen). Die Häuser Robert-Koch-Straße 8, 10, 12 und 14 waren als Zweitbebauung zwischen 1884 und 1892 von Baumeister Heinrich Thomen für den Kaufmann Ludwig Bauer errichtet worden. Nr. 8 war am 28.4.1944 getroffen worden, der Abbruch durch die Kammer wurde im Frühjahr 1952 vollzogen. Nr. 10 erlitt am gleichen Tag einen Brandbombentreffer, das Haus wurde im Winter 1953/54 abgebrochen. Nr. 12 erlitt ebenfalls erhebliche Beschädigungen im Luftkrieg, bis 1957 wurden die vorhandenen Ladenräume behelfsmäßig genutzt; zusammen mit Nr. 14 wurde auch Nr. 12 dann 1957 abgebrochen. Die östliche Begrenzung des beschriebenen Häuserblocks machten die Häuser Sternstraße 9, 7 und 5 aus. Alle drei Bauten stellten Zweitbebauungen dar, die während des Zweiten Weltkriegs unbeschadet blieben; bei Nr. 7 ist schon zur Erbauungszeit von massiven bodenmechanischen Schwierigkeiten die Rede. Sternstraße 9 war bis 1897 erbaut worden (von Baumeister Franz Häußleigner für sich selbst), es wurde von der Kammer 1961 abgebrochen. Haus Nr. 7 an der Sternstraße war bis 1895 entstanden (nach dem Plan von Georg Guinin für den Baumeister Georg Hainthaler), es wurde im Winter 1964/65 abgebrochen. Und Haus Nr. 5 an der Sternstraße, eine Gastwirtschaft, stellte die älteste Zweitbebauung dieser Reihe dar. Es war 1880 erbaut worden (Baumeister Mathias Vogt und Baumeister Georg Weiskopf für den Gastwirt Jakob Wimmer) und wurde im Winter 1953/54 im Auftrag der Versicherungskammer abgebrochen. ·

Neben die Erweiterung nach Norden trat die vor allem mit ihrem Kopfbau Maximilianstraße 53 das Stadtbild dominierende Erweiterung nach Südosten (Umgrenzung: Sternstraße/W, Gewürzmühlstraße/N, Widenmayerstraße/O und Maximilianstraße/S). Dabei begegnete die Stadtverwaltung den Bauabsichten der Versicherungskammer mit dem Hinweis, dass südlich vorgelagert, vor der Maximiliansbrücke der kreuzungsfreie Übergang in die Isar-Parallele gewährleistet sein müsse. Der Abbruch der Bauten Maximilianstraße 18 (später 53), die Beseitigung der Nebengebäude des kriegszerstörten Anwesens Maximilianstraße 19 (später 55), der Rückgebäude von Widenmayerstraße 1 und 2 sowie der verbliebenen Altbauten Sternstraße 2, 6, 8 und 10 (Nr. 4 war kriegszerstört) war in Vorgesprächen zwischen Planern und Genehmigungsbehörden als ausgemachte Sache behandelt worden. Dabei ging man zunächst auch davon aus, dass die Anwesen Widenmayerstraße 1 (s. dort) und auch Gewürzmühlstraße 10 (s. dort), eben das südöstliche Eckhaus an der Kreuzung Gewürzmühl-/Sternstraße, fallen werden. Diese beiden beabsichtigten Abbrüche konnten verhindert werden. Die Stadtverwaltung beschäftigte sich 1971/72 mit dem vergleichsweise ungeregelt bewirtschafteten Areal in durchaus prominenter Umgebung im Hinblick auf die bevorstehenden Olympischen Spiele in München unter dem Betreff „Verschönerung des Stadtbildes bis 72". Den Bauplatz Maximilianstraße 19 (später 55) hatte die Kammer schon 1955 zugekauft, von einem Nachfahren des Josef Klarer. Die 1893–94 von Architekt August Brüchle für Josef Klarer erbaute Maximilianstraße 18 (später 53) hatte den Luftkrieg ähnlich wie Widenmayerstraße 1 überstanden, Maximilianstraße 19 war wie Sternstraße 4 ein Totalschaden. Die Versicherungskammer ließ Maximilianstraße 18 sowie Sternstraße 2 und 6 im Frühjahr 1971 abbrechen. Kurz vor Beginn der Olympiade konnte Hebweih' gefeiert werden. Der zweite Bauabschnitt des Kopfbaus ist schließlich 1974 fertiggestellt; ein wuchtiger Übergang verbindet diesen mit dem Altbau Sternstraße 3. Wie viele andere Baumaßnahmen fallen diese Arbeiten in die kurze Ära des Präsidenten Robert Wehgartner (amt. 1967–1974 †). Unter dessen Nachfolger, Wilhelm Knies, legte man 1976 Sternstraße 8 nieder, das südliche Teilhaus des Dreispänners (s. o.) sowie 1977 das Haus Sternstraße 10; letzteres war 1881–83 von Alois Dietz für Josef Dietz anstelle eines älteren Vorgängerbaus errichtet worden. 1985 gab man die Rückgebäude von Gewürzmühlstraße 12 (s. dort) und Widenmayerstraße 2 auf. Es galt, Platz für eine erweitertes EDV-Gebäude zu schaffen. Mit dem Hintergebäude von Widenmayerstraße 2 (s. dort) verbindet sich ein Stück Filmgeschichte („Pumuckl"-Serie), doch war es infolge massiven Hausschwamm-Befalls nicht mehr zu halten. Auf dem Areal nördlich des Kopfbaus von 1974, Maximilianstraße 53, entstand eine Erweiterung, in die auch die markanten Gebäude Gewürzmühlstraße 10, 1905 erbaut, und Gewürzmühlstraße 12, 1911 errichtet, mit integriert worden sind; die Arbeiten wurden 1989 abgeschlossen. Dass die zuletzt erwähnten Bauten gehalten werden konnten, dies ist auf ein neues Verständnis von gewordenen Denkmälern im Allgemeinen und im Besonderen auf die in den 1980er Jahren gewandelte Bewertung der Architektur der späten Gründerzeit und des Jugendstils zurückzuführen.]

[**Sternstraße 5/7/9.** Abgegangene Altbebauung. Ab 1880 hatte der Gastwirt Jakob Wimmer den Bau eines Wohnhauses anstelle einer alten Gastwirtschaft (alte Nr. 1 an der Sternstraße) betrieben. Während der Erbauung gelangte das Anwesen in den Besitz der ausführenden Baumeister Mathias Vogt und Georg Weiskopf. Es entstand ein dreigeschossiges Mietshaus mit Bäckerladen und rückwärts ausgebauter Backstube; zwei Kleinwohnungen waren in jeder Etage untergebracht. Das Haus überstand den Zweiten Weltkrieg unbeschadet, es wurde im August

1957 zugunsten einer Erweiterung der Bayerischen Versicherungskammer abgebrochen. Die Erweiterung überformte den ganzen Block zwischen Tattenbachstraße (W), Robert-Koch-Straße (N), Sternstraße (O) und Gewürzmühlstraße (S).
Als auf die Kleinhäuser mit den alten Nummern 3 und 4 auffolgende Zweitbebauung waren auch die Anwesen 7 und 9 entstanden, Nr. 7 innerhalb eines Bausommers im Jahr 1895 von Georg Guinin für den Baumeister Georg Hainthaler. Von 1919 bis zum Abbruch des Anwesens 1964–65 reihen sich zahllose Beschwerden der Bewohner des Hauses, das als jüngstes in die verbliebende Lücke zwischen Nr. 5 und 7 gestellt worden war, wegen Nachsetzungen, Rissen und Verformungen, die zunächst als Folge des starken Straßenverkehrs angesehen wurden (seit 1937 galt auf der Sternstraße für Lastwägen über sechs Tonnen Gesamtgewicht eine Geschwindigkeitsbeschränkung von 15 km/h). Das viergeschossige Mietshaus überdauerte die Nachbaranwesen zu seinen beiden Seiten um wenige Jahre. Dem Ankauf durch die Versicherungskammer waren zähe Anwalts- und Anordnungsschreiben vorausgegangen, ein Gutachten wies die ungünstigen Bodenverhältnisse nach, denen man bauzeitlich bei der Gründung ungenügend begegnet sei.
Nr. 9 an der Sternstraße hatte Baumeister Franz Häußleigner 1895–97 für sich selbst erbaut, als viergeschossiges Mietshaus mit einer Wohnung in jeder Etage. Die Fassade war mittig durch einen dreigeschossigen Erker akzentuiert. Das quer hinter die beiden Häuser gestellte Rückgebäude war 1896 vollendet worden. Das Haus überstand den Zweiten Weltkrieg unbeschadet, es wurde 1960–61 abgebrochen, wiederum zugunsten einer Erweiterung der Bayerischen Versicherungskammer.]

Sternstraße 11. Anstelle alter, unbebauter Gartenflächen, die westlich hinter den Kleinhäusen an der Westseite der Sternstraße lagen, entstanden die Häuser mit den ungeraden Nummern 11 bis 21 sowie Robert-Koch-Straße 7 und Liebigstraße 16. Die zugehörigen Herbergsbauten waren 1895–96 abgebrochen, ihre Grundflächen dem neu arrondierten Straßenverlauf zugeschlagen worden.
Schlossermeister Carl Amesmeier erwarb 1898 die Fläche, die westlich der abgebrochenen, alten Nr. 12 (fotografisch dokumentiert, vgl. Sternstraße/Vorspann) und seiner kleinteiligen Nebengebäude eingemessen worden war. Auf dem gleichen Grundstück befand sich, ganz an die westliche Parzellengrenze mit den Gründen an der Tattenbachstraße herangerückt, die Herberge mit der alten Nr. 11. Deren Lage entsprach in etwa dem heutigen Hinterhof von Nr. 11/neu. Das Baugeschäft des Georg Guinin erbaute für Amesmeier bis 1899 ein verhältnismäßig breites Mietshaus mit (zunächst) drei Obergeschossen. Er wählte einen zu dieser Zeit beliebten Grundrisstyp mit leicht ausmittigem Rückflügel, womit nördlich wie südlich zusätzliche rückwärtige Fensterachsen geschaffen werden konnten. Das Treppenhaus, zugänglich über ein mittelhohes Zwischenpodest vom leicht ausmittig in die Straßenfront gesetzten Hausgang her, erhält Seitenlicht von Süden vermittels der hier einspringenden Hofecke. Die doppelläufige Podesttreppe erschließt gemäß Eingabeplan zwei Wohnungen je Etage. (Guinin kann als einer der viel beschäftigten Architekten im Lehel angesehen werden: Bis 1897 hatte er Sternstraße 21 von Grund auf neu erbaut, mit einer Grundrissdisposition wie bei Nr. 11 und gleichzeitig mit letzterem Neubau baute er Nr. 13 im Erdgeschoss um.) Bei der Gestaltung der Fassade in neubarocken Formen entschied sich Guinin in einer für diese Stilausprägung typischen Weise (Stichwort: barocke Schwere), Erdgeschoss und 1. Obergeschoss eine gemeinsame Putzstreifenrustika vorzulegen und das 2. Obergeschoss als das eigentliche Hauptgeschoss oberhalb eines kräftigen Gurtgesimses zu behandeln. Vertikalisierende Akzente bilden die beiden Erker, die den je äußeren Fensterachsen angesetzt worden

Sternstraße 11; Aufn. 1994   Sternstraße 13; Aufn. 1994

sind, südlich ein Polygonalerker, nördlich ein Flacherker mit schmalen Seitenfenstern. Ursprünglich überhöhte ein Erkerturm mit einer Kupferhaube, die zum Hauptdach hin raffiniert gemittelt war, den südlichen Erker, den nördlichen ein kleineres Dachhaus mit Segmentbogengiebel, in den zwei Fenster eng gesetzt worden waren. Durch die schließlich vollzogene Aufmauerung des ehemaligen Dachgeschosses zu einem weiteren Vollgeschoss wurde freilich die charakteristische Höhenentwicklung verändert und die Einheitlichkeit des westlichen Straßengewändes der Sternstraße (weiter) geschwächt.
(Erste Fassadenrenovierung 1980, Renovierung des aufwendigen Entrees 1994, 1997 schließlich weitere Arbeiten an der Fassade.)

Sternstraße 13. Anstelle alter, unbebauter Gartenflächen, die westlich hinter den Kleinhäusern an der Westseite der Sternstraße lagen, entstanden die Häuser mit den ungeraden Nummern 11 bis 21 sowie Robert-Koch-Straße 7 und Liebigstraße 16. Die zugehörigen Herbergsbauten waren 1895–96 abgebrochen, ihre Grundflächen dem neu arrondierten Straßenverlauf zugeschlagen worden. Baumeister Franz Köstler erwarb die für Nr. 13, 15 und 17 vorgesehenen Bauplätze und errichtete die drei Mietshäuser gleichzeitig, 1895–97, und in einem Zug für sich selbst.
Der Neubau mit der Nr. 13 entstand auf der bis dahin unbebauten Gartenfläche, die sich westlich hinter der alten Herberge mit der gleichen Hausnummer (fotografisch dokumentiert, vgl. Sternstraße/Vorspann) erstreckt hatte.
Für Nr. 13 wählte Köstler einen Grundrisstyp, der in seiner Anlage dem von Nr. 11 entspricht: Einem Riegel an der Straße ist ein mittiger Rückflügel angesetzt, wodurch zu beiden Grundstücksgrenzen hin Belichtungszonen bleiben, die weitere Durchfensterungen, in diesem Fall nach Süden und Norden hin, erlauben. Der Treppenhausschacht wurde nördlich an den Hofwinkel disponiert und erhält Seitenlicht von Süden her. Die doppelläufige Podesttreppe mit schmalem Auge liegt der ausmittig eingesteckten Durchfahrt nördlich an und wird über diese erreicht. Die Erdgeschossräume südlich der Durchfahrt, straßenseitig mit einem Rundbogenfenster geschlossen, dienen seit jeher als Laden. Die Nutzung als Gastwirtschaft deuteten auch die nördlich der Durchfahrt gelegenen Rundbogenfenster des Erdgeschosses an (schon ein Jahr nach Fertigstellung war 1898 das Erdgeschoss nach den Plänen Georg Guinins dergestalt verändert worden). Gemäß Eingabeplan befinden sich zwei unterschiedlich zugeschnittene Wohnungen in jedem Obergeschoss. Die Fassadenfläche zwischen Sockel und Traufe ist in ihrer Struktur weitgehend bauzeitlich überliefert. Köstler rhythmisierte die Straßenfront vermittels der Eng- und Weitsetzung von Fensterachsen, ein gängiges Verfahren. Erdgeschoss und 1. Obergeschoss wurden sockelartig zusammengefasst, indem man ihnen gemeinsam eine schlichte Rustika vorlegte, und so 2. und 3. Obergeschoss als

Hauptgeschosse herausgehoben. Diese werden von (geschlichteten) kolossalen Lisenen übergriffen. Zwei zweigeschossige Flacherker mit sehr schmalen Seitenfenstern legte der Baumeister den jeweils äußeren, breiten Fensterachsen vor. Hier wurden nicht in der üblichen Weise dreiteilige Querstockfenster, sondern – eine Besonderheit – zwei zweiteilige Fenster dieser Art auf Stoß gesetzt. Die Gestaltung der Dachzone ist modern, der historische Wechsel breiter und schmaler Gauben und deren Höhenentwicklung fanden entscheidende Beachtung. Die überkommene Binnengestaltung der Fassade kennzeichnen Anklänge einer Neurenaissance, wie sie für Mehrparteien-Mietshäuser dieser Zeitstellung typisch war. (Eine erste, schlichtende Fassadenrenovierung fand 1978 statt. 2004 baute man westlich an das Wechselpodest der Treppe einen Personenaufzug an. 2005 erfolgten schließlich die Instandsetzung der Fassade sowie Arbeiten an den Fenstern.)

Sternstraße 15. Anstelle alter, unbebauter Gartenflächen, die westlich hinter den Kleinhäusern an der Westseite der Sternstraße lagen, entstanden die Häuser mit den ungeraden Nummern 11 bis 21 sowie Robert-Koch-Straße 7 und Liebigstraße 16. Die zugehörigen Herbergsbauten waren 1895–96 abgebrochen, ihre Grundflächen dem neu arrondierten Straßenverlauf zugeschlagen worden. Baumeister Franz Köstler erwarb die für Nr. 13, 15 und 17 vorgesehenen Bauplätze und errichtete die drei Miethäuser gleichzeitig, 1895–97, und in einem Zug für sich selbst. Der Neubau mit der Nr. 15 entstand auf der bis dahin unbebauten Gartenfläche, die westlich hinter der Herberge mit der alten Nr. 14 (fotografisch dokumentiert, vgl. Sternstraße/Vorspann) gelegen hatte. Die Grundflächen der alten Herbergsbauten auf der Westseite der Sternstraße waren in diesem Abschnitt vollständig im neuen Straßenverlauf aufgegangen.

Das Haus erhielt einen nördlichen Rückflügel, der die gesamte Grundstückstiefe einnimmt und parallel zum südlichen hinter Nr. 17 verläuft. Zur Schaffung weiterer Lichtachsen klinkte man die rückwärtige Grundlinie einmal ein, das Treppenhaus erhält so vom Hofwinkel her südliches Seitenlicht. Den Hauseingang

Sternstraße 15, 17 (von links); Aufn. 1994

steckte Köstler mittig in die Straßenfront, über ihn erreicht man die nördlich nebenliegende Treppe; dieser Übergang ist bauzeitlich aufwendig gestaltet. Gemäß Eingabeplan befinden sich in jeder Etage zwei Wohnungen, und auch die Laden-Teilnutzung im Erdgeschoss sowie die Wohnnutzung des Dachgeschosses (straßenseitig) entspricht dem Frühzustand des Anwesens (Bewirtschaftung des Dachraums zu zwei Ebenen später). Die Fassade wird von einem dreigeschossigen Polygonalerker mit Erkertürmchen vor der Dachzone akzentuiert, den man ausmittig in die Straßenfront des Einzelhauses setzte, der jedoch im Zusammenspiel der Abwicklung mit dem nördlich angrenzenden Haus Nr. 17 in dem dortigen Erker ein symmetrisierendes Pendant findet. Der Erkerunterzug wurde oberhalb des Stichbogenfensters im Erdgeschoss sphärisch verschliffen, alle Fenster der Obergeschosse erhielten geohrte Putzrahmungen mit stilisierten Scheitelsteinen. Zusätzlich verdachte man die Fenster des 1. Obergeschosses mit geraden Gesimsstücken, im 2. Obergeschoss alternierend mit schwebenden Dreiecksgiebeln. Zahlreiche Neurenaissancedetails auch im Inneren des Hauses belegen eine insgesamt gehobene Ausstattung, wie sie aber für Bauten in dieser Mittellage innerhalb des Quartiers typisch war. (Eine erste Fassadeninstandsetzung fand 1976 statt, dann zwischenzeitlich teilweiser Ersatz von Fenstern. 2005 kam es zu einer behutsamen Neuauflage der Arbeiten u. a. an der Straßenfront.)

Sternstraße 16. Auf zuvor unbebautem Wiesen- und Gartengrund, der sich östlich hinter den alten Herbergen Nr. 33, 34 und 35/36 (aufsteigend von Nord nach Süd) bis zur alten Mühlstraße hin erstreckt hatte, entstand das Mietshaus hart am östlichen Beschlacht des ehemaligen sog. Feuerbächls. Das Haus Nr. 16 bildete den frühesten Neubau an der Sternstraße in dem Abschnitt zwischen der Gewürzmühlstraße (S) und der Kochstraße (N). Die Arbeiten am Haus begannen im April 1894, der Rohbau war im Juli 1895 abgeschlossen. Gleichzeitig mit dem Beginn der Arbeiten ließ die Stadtgemeinde die erwähnten Herbergsbauten beseitigen und das Gerinne des ehemaligen Feuerbächls verfüllen, um den aufgeweiteten, neu aligniierten Verlauf der Sternstraße herzustellen. Mit dem Bau des Hauses verbanden sich städtebauliche Veränderungen und schließlich Umwälzungen, die das soziale Gefüge eines ganzen Quartiers verändern sollten. Darüber hinaus ist die Entstehung des Hauses ein anschauliches Beispiel für die spekulative Investitionsbereitschaft der Vertreter des Nährstandes gerade in diesem letzten Jahrzehnt vor der Jahrhundertwende, bei der die Anleger ganz auf die weitere Entwicklung des Stadtviertels vertrauten. Der Bäckermeister Heinrich Gottsmann beauftragte die Fa. Gebrüder Graessel und Krauss mit der Planung und Erbauung des Hauses. Es entstand ein viergeschossiger Riegel an der Straße mit einem mittig angesetzten dreigeschossigen Rückflügel. Die ausmittig gesteckte Durchfahrt führt zum Treppenhaus, das vom südlichen Hofwinkel her belichtet wird (bauzeitliches Portal erhalten und beachtenswert die sphärisch eingetiefte Portaleinfassung). Im Erdgeschoss betrieb Gottsmann seine Bäckerei, darüber befanden sich in jeder Etage zwei unterschiedlich zugeschnittene Wohnungen, dies gemäß Eingabeplan. 1903 wechselte das Haus den Besitzer, der neue Eigentümer Friedrich Gruber ließ die Bäckerei nach einer Planung von Alois Barbist in Erd- und Kellergeschoss erweitern sowie im Rückflügel

Sternstraße 16, Eingangsportal

Sternstraße 16; Aufn. 1994

einen weiteren Backofen einbauen (ausf. Baumeister Franz Wolf). Für die Gestaltung der Fassaden wählten Graessel und Krauss eine Stilausprägung der Neurenaissance mit nordischen Anklängen, den Obergeschossen blendeten sie Sichtziegel vor. Die Rhythmisierung der Fassade erfolgte ganz im Sinne der Stillage durch die Eng- und Weitsetzung von Fensterachsen. Außerdem wurde die Mitte betont, die hier zusammengezogenen Fensterpaare wurden einer eigenen Wandvorlage eingeschrieben und so ein Fassadenmittelzug artikuliert, der im Dachhaus aufgipfelt – ursprünglich von einem Volutengiebel bekrönt. Beachtung verdienen die Überfangbögen oberhalb einiger Fenster der Hauptgeschosse als ein echtes Stilmerkmal. Der historisierende Wechsel von angeputzten Architekturgliedern wie Fensterrahmungen und -verdachungen, aber auch verschiedenen Gurtgesimsen und stilisierten Rustiken mit den Blankziegeln wird so überaus variationsreich inszeniert. (Fassadenrenovierung mit einer ersten Ersetzung der Fenster 1978, sodann 1981–82 Vermehrung der Abgeschlossenheiten; Nutzungsänderung Friseursalon zu Kindergarten 1997.)

Sternstraße 17. Anstelle alter, unbebauter Gartenflächen, die westlich hinter den Kleinhäusern an der Westseite der Sternstraße lagen, entstanden die Häuser mit den ungeraden Nummern 11 bis 21 sowie Robert-Koch-Straße 7 und Liebigstraße 16. Die zugehörigen Herbergsbauten waren 1895–96 abgebrochen, ihre Grundflächen dem neu arrondierten Straßenverlauf zugeschlagen worden. Baumeister Franz Köstler erwarb die für Nr. 13, 15 und 17 vorgesehenen Bauplätze und errichtete die drei Miethäuser gleichzeitig, 1895–97, und in einem Zug für sich selbst. Der Neubau mit der Nr. 17 (Abb. S. 1083) entstand auf der bis dahin unbebauten Gartenfläche, die westlich hinter der Herberge mit der alten Nr. 15 und von dieser durch eine Hoffläche gesondert gelegen hatte. (Die Grundflächen der alten Herbergsbauten auf der Westseite der Sternstraße waren in diesem Abschnitt vollständig in der neuen Sternstraße aufgegangen.)
Das Haus erhielt einen südlichen Rückflügel, der die gesamte Grundstückstiefe einnimmt und parallel zum nördlichen hinter Nr. 15 verläuft. Zur Schaffung weiterer Lichtachsen klinkte man die rückwärtige Grundlinie einmal ein, das Treppenhaus erhält so vom Hofwinkel her nördliches Seitenlicht. Den Hauseingang steckte Köstler mittig in die Straßenfront, über ihn erreicht man die südlich nebenliegende Treppe. Zwei Wohnungen befinden sich gemäß Erstzustand in jeder Etage, die Nutzung der südlich neben dem Hauszugang liegenden Erdgeschossräume als Laden sowie die Wohnnutzung der straßenseitigen Dachräume entspricht dem Frühzustand des Hauses (erweiternde Erschließung des Dachraums zu zwei Ebenen deutlich später). Im Blick auf den Einzelbau setzte Köstler der Straßenseite einen Polygonalerker ausmittig an, die Beachtung der exakten und bis in die Grundrisse hineinspielenden Symmetrie des Baus mit seinem südlichen Nachbarn belegt den Erker als über die Fassadenabwicklungen ausponderiertes Gestaltungselement. Die Binnengestaltung der Fassade besticht durch eine solide Neurenaissance-Anverwandlung: Alle Fenster der Obergeschosse erhielten angeputzte geohrte Rahmen und stilisierte Scheitelsteine, die Fenster des 1. und 2. Obergeschosses überdies schwebende, schlichte Verdachungen; hier schuf man vertikale Verklammerungen, ge-

Sternstraße 18; Aufn. 1981

Sternstraße 18; Aufn. 1994

wissermaßen um die Hauptgeschosse weiter hervorzuheben. Den Brüstungsfeldern der Fenster des 2. Obergeschosses schrieb man stilisierte Schabracken ein und zog die Felder in die Sturzzonen der Fenster des 1. Obergeschosses herunter. (Zum Nachteil der historischen Erscheinung des Hauses fanden, hierin Nr. 15 vergleichbar, teilweise Ersetzungen von Fenstern statt, dies freilich auch, um dem Verkehrslärm zu begegnen.)

Sternstraße 18. Vergleichsweise spät, erst 1906–07 kam es zur Neubebauung der nordöstlichen Ecke Koch-/Sternstraße. Westlich vor der alten Koch-Gasse hatte in voller Breite das Anwesen Sternstraße 29 gestanden. Dieses sowie dessen nördlicher Nachbar Nr. 28, ein Kleinsthaus, waren schließlich ganz im Alignement der neuen Straßenführung aufgegangen. Nr. 18 kam auf einer Parzelle zu stehen, die im Zuge der Anlage der Sternstraße durch die Stadtgemeinde München frei geräumt worden war. Östlich hatte den Bauplatz das sog. Feuerbächl durchzogen (1895–96 Zug um Zug verfüllt), sein Gerinne ging im Fundament des kurzen Ostflügels des Hauses auf. Mit zwölf Metern Fassadenlänge an der Kochstraße und beinahe 30 Metern an der Sternstraße stellt das Anwesen noch heute einen wuchtigen Eckakzent dar – freilich durch den Luftkrieg erheblich geschwächt. Architekt des Anwesens, das in typisch münchnerischer Weise Jugendstilformen neubarock anverwandelt zum Einsatz brachte, war Alois Prestele, Bauwerber waren die Geschwister Negele. (Die Familie Negele hatte mit Haus Nr. 31/alt an der Sternstraße unweit ein Anwesen besessen, das sie von der Stadtgemeinde München für die Anlage der Sternstraße abgelöst bekamen. Die dort rechtsnachfolgenden Geschwister waren schon 1899–1900 als Investoren im Lehel aufgetreten, die Erbauung von Widenmayerstraße 8 zusammen mit Reitmorstraße 2a war unter ihrer Bauwerberschaft geschehen.)

Der ausmittig in die Fassade an der Sternstraße gesteckte Eingang, ebenerdig und mit Kreuzgratgewölben, führt zum rückwärtigen, nicht eigens über die rückwärtige Grundlinie ausgebauten Treppenhaus (modernisiert). Die zweiarmige Treppe erschloss gemäß Eingabeplan zwei Wohnungen je Etage, die bauflügelweise mit quer gelagerten Fluren organisiert waren (seit den 1980er Jahren bis zu fünf Abgeschlossenheiten je Etage). Infolge erheblicher Kriegszerstörung verlor das Haus mit seinem Dachtragwerk die Dachwohnungen und auch das 3. Obergeschoss war vorübergehend nicht bewohnbar. Das aufgebrachte, flach geneigte Notdach hatte bis 1983/84 Bestand. Bis dahin kam dem Zwerchhaus über der Fassade an der Sternstraße Kulissencharakter zu, das sich heute in der Dachzone der Front an der Robert-Koch-Straße erhebende Dachhaus ist ein Rekonstrukt von 1984. Hauptakzent der Fassaden bildet die charakteristische Ecklösung, ein polygonaler Eckerker, der oberhalb des 1. Obergeschosses ansetzt und die Fenster des 3. Obergeschosses mit Scheinaustritten bedient; der bestehende Eckerkerturm ist hinsichtlich seiner formalen Gestaltung Näherungswert des Vorkriegszustandes. (Insgesamt dominiert, gerade auch bei der Fensterwahl, die Gesamtsanierung der Jahre 1984–85; Nachrüstung eines Personenaufzugs eben zu dieser Zeit.)

Sternstraße 19. Anstelle alter, unbebauter Gartenflächen, die westlich hinter den Kleinhäusern an der Westseite der Sternstraße lagen, entstanden die Häuser mit den ungeraden Nummern 11 bis 21 sowie Robert-Koch-Straße 7 und Liebigstraße 16. Die zugehörigen Herbergsbauten waren 1895–96 abgebrochen, ihre Grundflächen dem neu arrondierten Straßenverlauf zugeschlagen worden. Schreinermeister Valentin Theobald war Eigentümer der alten Nr. 16 an der Sternstraße, die er im Jahr seines Neubauantrags zur Demolierung freigab, denn auch dessen Grundfläche sollte ganz im neuen Straßenverlauf aufgehen. Der Neubau, heute Nr. 19, kam hinter dem alten Wohngebäude anstelle der alten Schreinerei zu stehen. Schon 1875 hatte Theobald den Baumeister Mayrhofer mit der Erbauung eines Rückgebäudes beauftragt, das ganz an die rückwärtige Parzellengrenze herangerückt worden ist und im Kern noch besteht (die drei Geschosse beherbergen heute eine Schneiderei, Status: 2007). Der Neubau des bestehenden Vordergebäudes war 1897 abgeschlossen, mit ihm erfolgten Umbauten am Rückgebäude und eine teilweise Unterkellerung des Hofraums. Ausführende waren die Baumeister M. Wildhagen für den Wohnbau und Franz Xaver Ilg für die Ausbauarbeiten unter dem Hinterhof (zur vollständigen Unterkellerung des Hofes kam es schließlich 1946). Eine reine Hofdurchfahrt ohne Aufschluss ins Haus brachte Wildhagen mittig im Vorderhaus unter, den Zugang zum Treppenhaus disponierte er eigens in die südliche Achse. Über ein mittelhohes Zwischenpodest gelangt man zum rückwärtigen Treppenhaus in einem eigenen, seichten Ausbau über die rückwärtige Grundlinie, die doppelläufige Podesttreppe erschließt gemäß Eingabeplan eine Wohnung je Etage. Das Entree besticht durch gestalterischen Aufwand, neubarocke Stuckarbeiten und Deckenmalereien. (Diese Ornamente wie auch die Binnengestaltung der Fassade belegen, dass barocke Formen beinahe ungebrochen über die Zeit des 19. Jh. beliebt waren und zum gängigen, d. i. traditionell geübten Repertoire der Handwerker gehörten, ein süddeutsches Phänomen, dem sich die bisweilen hohe Handwerklichkeit mancher Wiederaufbauleistung nach dem Zweiten Weltkrieg verdankt.) Schon bauzeitlich war der Dachraum straßenseitig als Wohnung ausgebaut, auch die Ladennutzung zwischen Durchfahrt und Hauseingang entspricht dem Frühzustand, die Schaufenstergestaltung ist erhalten geblieben (Status: 1994). Die Fassade erhielt ihren Rhythmus durch Eng- und Weitsetzung der Fensterachsen, mittig schrieb ihr Wildhagen einen vergleichsweise schlanken Polygonalerker ein, der vor der Dachzone ein eigenes Turmgeschoss und ein Glockendach mit

Sternstraße 19; Aufn. 1994

Sternstraße 20; Aufn. 1994

Sternstraße 19, Entree, Decke

Knaufkugel erhielt. Dem Erkerunterzug gab man die Binnenstruktur einer Muschel, Muschelapplikationen sind es auch, die den stilisierten kolossalen Wandvorlagen als Kapitellersatz dienen. So fußt die Fassadengestaltung auf einer flächenhaft stilisierenden Anverwandlung gängigen Formenguts (wie dies im Jugendstil programmatisch sein wird), dem schließlich erhaben angetragene Standardformen eingespielt und aufgarniert wurden. (Eine Fassadenrenovierung mit Ersetzung von Fenstern fand 1981 statt, die Instandsetzung des beachtlichen Treppenhauses schließlich 2004.)

Sternstraße 20. Der Bauplatz des Hauses wurde in zuvor unbebautes Areal eingemessen, mit seiner vorderen Grundlinie legte der Magistrat die Ostseite der Sternstraße weiter fest. Rückwärtig hatte das Grundstück das 1895–96 Zug um Zug verfüllte Feuerbächl durchflossen. Die Bachstrecke wurde abschnittweise entweder der öffentlichen Verkehrsfläche zugeschlagen oder den Baugrundstücken, sein Gerinneabschnitt über den Bauplatz von Nr. 20 ging im Fundament des Hauses auf. Wie schon beim südlichen Nachbargebäude war der ausführende Architekt Alois Prestele, die beiden Häuser entstanden ab 1905 gleichzeitig. Prestele legte das Treppenhaus nördlich neben die ausmittig eingesteckte Durchfahrt, die von hier zugängliche Treppe baute er in einem eigenen, halbrunden Treppenhauserker aus. Gemäß Eingabeplan erschließt die doppelläufige Podesttreppe (mit eingerundeten Wechselpodesten) zwei Wohnungen je Etage.
Die Fassade wird von einem flachen Erker akzentuiert, dessen Grundlinie ein gestrecktes Kreissegment ausmacht. Im Blick auf die Straßenfront des Einzelhauses organisiert der Erker in der nördlichen Achse diese unsymmetrisch, doch findet der Bauteil Korrespondenzen in den verwandten Ausbauten des südlichen Nachbargebäudes, mit dessen Abwicklung diejenige von Nr. 20 übereinstimmt. Die spezifische Erkerform stellt eine amalgamierend gewonnene Bauteil-Form dar und ist im Münchner Mietshausbau selten, im Lehel kennt man zwei Vertreterinnen: Das 1899–1900 in einem Zug mit Widenmayerstraße 10 erbaute Haus Reitmorstraße 6, Bauwerber waren dort ebenfalls die Geschwister Negele, zeichnet sich auch durch einen Erker dieser Formgebung aus; und auch das 1907 (Ausf. 1912) ebenfalls von Alois Prestele geplante Anwesen Gewürzmühlstraße 12 (s. dort) erhielt

einen Erker dieses Zuschnitts ausmittig angesetzt. Als weiteres Charakteristikum der Straßenfront ist die hoch in die Fassadenfläche gezogene Rustika vor dem Erdgeschoss anzusprechen, die späthistoristische Tendenz zur Geometrisierung und flächigen Anverwandlung traditioneller Stilformen (u. U. bis zu deren Unkenntlichkeit) findet hierdurch anschaulichen Ausdruck.
(1980–81 wurde das Haus einer Gesamtsanierung unterzogen, in deren Zug man auch die bestehende Befensterung herstellte, 1999 weitere Arbeiten an der Fassade.)

Sternstraße 21. Anstelle alter, unbebauter Gartenflächen, die westlich hinter den Kleinhäusern an der Westseite der Sternstraße lagen, entstanden die Häuser mit den ungeraden Nummern 11 bis 21 sowie Robert-Koch-Straße 7 und Liebigstraße 16. Die zugehörigen Herbergsbauten waren 1895–96 abgebrochen, ihre Grundflächen dem neu arrondierten Straßenverlauf zugeschlagen worden. Der Neubau von Nr. 21 entstand westlich der aufgegebenen Kleinhäuser Nr. 17 und 18, anstelle eines Rückgebäudes hinter Nr. 17 und der Gartenfläche hinter Nr. 18.
Eigentümer der Parzelle wurde der als „Realitätenbesitzer" firmierende Josef Seebacher, der 1896 Georg Guinin mit der Überplanung der Parzelle beauftragte. Seebacher war zu dieser Zeit als Eigentümer etlicher Bauplätze im Lehel eingetragen, im unmittelbaren Umgriff waren es die Grundstücke der heutigen Häuser Tattenbachstraße 18 und 20, Liebigstraße 14 und 16 sowie Sternstraße 21, also kontingente Flächen. Gleichzeitig mit Sternstraße 21 ließ Seebacher Tattenbachstraße 20 errichten, hier wie dort hatte er mit Georg Guinin kontraktiert und hier wie dort fungierte Seebacher selbst als Bauleiter. (Guinin kann als einer der viel beschäftigten Architekten im Lehel bezeichnet werden: Nach Abschluss der Arbeiten an Haus Nr. 21 an der Sternstraße errichtete er Nr. 11 ebenfalls von Grund auf neu und mit verwandter Grundrissdisposition und baute Nr. 13 im Erdgeschoss um.) Der Grundrisstyp, der bei Sternstraße 21 umgesetzt wurde, war verbreitet und ebenso beliebt: Einem breiten und nicht allzu tiefen Riegel an der Straße setzte man einen mittigen Rückflügel an, der südlich und nördlich zu den Grundstücksgrenzen hin freigestellt war und also die Einbringung weiterer Belichtungsachsen erlaubte. Die sich in der Zeilenbauweise zwangsläufig einstellenden Dunkelzonen konnten so minimiert werden. Das Treppenhaus mit seiner doppelläufigen Podesttreppe legte Guinin in den nördlichen Hofwinkel, südlich an die (zwischenzeitlich modernisierte) Durchfahrt, es erhält Seitenlicht von Norden. Hier im Hofwinkel rüstete man 1993 einen außen geführten Personenaufzug nach. Im Sinne des Eingabeplans sind in jedem Obergeschoss zwei Wohnungen unterschiedlicher Größe untergebracht. Die straßenseitige Nutzung des Dachraums als Wohnung war ebenfalls Teil der ersten Genehmigung (die weitergehende Adaptation des Dachraums sogar zu zwei Ausbauebenen mit Austritten hinter den Blendgiebeln ist freilich jüngeren Datums). Schon gemäß seinem Frühzustand hatte das Erdgeschoss als Bäckerei und Laden gedient, auch der kleinere Bereich nördlich der Durchfahrt. Die in den 1950er Jahren vollzogene Nutzungsänderung brachte ein für diese Zeit typisches Aufbrechen der Fassadenzone im Erdgeschoss mit sich. Hier richtete man ein Café ein, dessen geschlossen durchkonzipierte Fünfziger-Jahre-Ausstattung 1989 denkmalkundlich gewürdigt und in die Denkmalliste eingetragen worden ist.
In Großform und Binnengestaltung bilden die drei Obergeschosse sowie auch die Dachaufbauten den typisch münchnerischen Vertreter einer Fassade, bei der stark flächig aufgefasstes klassisches Formengut (an sich Stilmerkmal eines sanften Jugendstils) neben erhaben stuckierten, barocken Garnituren zu finden ist. Flache Erker mit schmalsten Seitenfenstern in den jeweils äußeren Achsen spannen einen Fassadenmittelzug ein, der weiters durch eine Engsetzung und teilweise Kuppelung der mittleren Fensterachsen zentralisiert wurde.

Sternstraße 22. Anstelle zweier Vorgängerbauten, deren vordere Grundlinien in einem überstumpfen Winkel zueinander verliefen, erbaute sich 1898–1900 der Baumeister Franz Häusleigner ein durchaus breites, aber wenig tiefes und hinsichtlich seiner rückwärtigen Grundlinie kurioses Anwesen, geplant vom Bautechnischen Büro Alois Barbist. (Franz Häusleigner/Häußleigner hatte ab 1895 die südlicher an der Sternstraße gelegenen Häuser Nr. 7 und 9 für sich selbst errichtet.) Der südliche der beiden Vorgängerbauten war dreigeschossig und südlich freigestellt, der nördliche nur zweigeschossig. Mit dem Neubau setzte der Magistrat auch eine Begradigung der Baulinie durch. Die hintere Grundstücksgrenze bildete das Gerinne des 1895 aufgegebenen sog. Feuerbächls, ein Hindernis der stadträumlichen Erschließung, das aber als nicht selbständiger Bachlauf schließlich völlig beseitigt werden konnte; die heutigen östlichen Parzellengrenzen von Nr. 22, 24 und auch 26 beschreiben noch den Verlauf seines Gerinnes. Der mittig eingesteckte Hauszugang führt über ein mittelhohes Podest zum rückwärtig quer liegenden Treppenhaus, das vom überaus schmalen Hofraum her belichtet wird. (Hier hat sich die bauzeitliche östliche Hofabschlussmauer mit einer Parataxe von sechs stichbogigen Arkaden erhalten.) Die einläufig gewundene Treppe mit breitem Podest zwischen den Wohnungstüren erschließt schließlich zwei Wohnungen je Etage, eine südlich und

Sternstraße 21; Aufn. 2008

Sternstraße 22; Aufn. 1994

Sternstraße 26; Aufn. 1994

eine nördlich im Haus disponiert. Die Teilnutzung des Erdgeschosses als Laden sowie die straßenseitige Wohnnutzung des Dachraumes entspricht dem amtlicherseits genehmigten Frühzustand. Die Anbringung von Küchenbalkonen, jeweils in den seichten südlichen und nördlichen Hofwinkel gesetzt, geschah 1906 für den neuen Eigentümer Jakob Reisner, der Delikatessenhändler war, die Ausführung lag bei Maurermeister Johann Baptist Fasser. Es war schon fast ein Stilmerkmal der Münchner Mietshäuser der Jahre um 1900, eine Fassade mittels zweier Erker zu instrumentieren und zu symmetrisieren. So bildet Nr. 22 nicht das einzige Haus an der Sternstraße, das in dieser Weise gestaltet worden ist. Der jeweils zweiten Fensterachse legte Barbist einen dreigeschossigen Flacherker mit überaus schmalen Seitenfenstern vor, diese spannen den Mittelzug der Fassade ein, der seinerseits durch die Engsetzung der mittleren beiden Fensterachsen zentriert und von einem Zwerchhaus überhöht wird. Hauptakzent der Fassade bildete einstmals der Zwerchhaus-Blendgiebel mit mehrfach gebrochener Gesimslinie und geschwungenen Volutenwangen, er ist jedoch nur geschlichtet überkommen. Darüber hinaus führten Fassadenglättungen zur Verunklärung von spezifischen Stilausprägungen, sodass Elemente wie die profilierten, geohrten Rahmungen aller Fenster der Obergeschosse und die kanonischen Verdachungen der Fenster des 2. Obergeschosses zwar von strenger Neurenaissance künden, die stilisierten Schabracken der Brüstungszonen der Fenster desselben Geschosses aber Rückschlüsse auf eine amalgamierende Formauffassung geben, die typisch für den späthistoristischen Eklektizismus ist. (Erste Arbeiten an der Fassade fanden 1984 statt, eine durchgreifende Instandsetzung derselben mit Fenstererneuerungen vollzog man 1997–98.)

Sternstraße 24. Das Anwesen wurde 1897–98 anstelle der alten Herberge Nr. 26 errichtet, die traufseitig dreigeschossig an der engsten Stelle der historischen Sternstraße stand. Johann Klingler war der Bauwerber des Neubaus auf der vergleichsweise schmalen Parzelle westlich vor dem großen Komplex der St.-Anna-Brauerei (vgl. Sternstraße/Vorspann). Rückwärtig lag das Gerinne des sog. Feuerbächls im Grundstück, ein nicht selbständiger Bachlauf, der 1895 ff. sukzessive eingefüllt worden ist. Architekt Emil Ludwig errichtete

Sternstraße 24, Aufn. 1994

das fünfachsige Mietshaus mit südlichem Rückflügel für den Gastwirt Johann Klingler. (Eine folgenlos gebliebene Einlassung ging der Genehmigung seitens des östlichen Nachbarn voraus, der „Aktiengesellschaft Klosterbrauerei München"; um den möglichen ungeregelten Übergang aus Erdgeschoss und 1. Obergeschoss auf das Brauereigelände zu unterbinden, forderte deren Direktor Philipp Carbin die Vergitterung der rückwärtigen Fenster des Neubaus. Doch handelte es sich nach Ansicht der LBK um eine privatrechtliche und keine baupolizeilich maßgebliche Angelegenheit.) Er legte den schmalen und kurzen Eingang in die nördliche Achse und schloss nach wenigen Metern das quer gelagerte Treppenhaus an, das vor der rückwärtigen Grundlinie eingezogen bleibt. Eine halb gewendete Podesttreppe erschließt eine Wohnung je Etage, mit den quer gesteckten, schmalen Fluren und den Bädern in Dunkelzonen.
Die Fassade des Hauses verdankt ihre aktuelle Gestalt einer 1938 planvoll stattgehabten Schlichtung, bei der man Gesimse, Lisenen und den Dekor der Brüstungszonen beseitigte und nur die an-

geputzten, profilierten Fensterrahmungen mit stilisierten Scheitelsteinen sowie die schlichte Putzstreifenrustika vor dem Erdgeschoss bestehen ließ. Hierdurch wurde die ursprünglich reicher in Neurenaissanceformen gestaltete Fassade auf Andeutungen dieser Stilausprägung reduziert. Den markanten Hauptakzent der Straßenfront bildet der kräftige viergeschossige Polygonalerker, der als mittlere Fensterachse fungiert und vor der Dachzone einen Erkerturm ausbildet, mit Pyramidendach und oberhalb des obersten Fensters rundbogig geführtem Traufgesims. Die nach dem Krieg erfolgte Auswechslung sprossengeteilter Fenster zu einfach geteilten betonte den Wechsel von Rauputz-Wandflächen und Öffnungen um ein Weiteres. (Unsicherheiten des Baugrundes beschäftigten die Hauseigentümer wie aber auch die Stadtgemeinde München schon ab 1927, es wurden Nachsetzungen und erhebliche Rissebildungen protokolliert. Zwei Jahre zuvor, 1924–1925 hatte man den gesamten Komplex der östlich angrenzenden St.-Anna-Brauerei niedergelegt, es entstand bis 1927 eine Großgarage; heute moderne Hofbebauung Liebigstraße 20a/b/c.)

Sternstraße 26. Anstelle der alten Herberge Nr. 25, einem schon dreigeschossigen schlichten Vorstadthaus, das traufseitig, unmittelbar nördlich vor dem engsten Abschnitt der Sternstraße gestanden hat, errichtete 1895–96 der in diesen Jahren viel beschäftigte Münchner Architekt Georg Guinin das bestehende Anwesen. Bauwerber war Georg Hainthaler. Die rückwärtige Grundstücksgrenze bildete das alte Gerinne des sog. Feuerbächls, östlich schloss sich das große Gelände der „Aktiengesellschaft Klosterbrauerei München" an, wie die St.-Anna-Brauerei z. d. Zeit formell hieß. Guinin konnte hier nicht wie bei den gleichzeitigen Bauten Sternstraße 21 und Tattenbachstraße 20 oder dem wenig späteren Anwesen Nr. 11 an der Sternstraße einen mittigen Rückflügel an das Vordergebäude anschließen, in das hinein Wirtschafts- und auch Bedientenräume zu disponieren waren, dafür war die Parzelle nicht tief genug. Guinin organisierte das Anwesen zentralisiert, legte mittig den Hauseingang ins Erdgeschoss, baute das östlich anschließende Treppenhaus (mit einer doppelläufigen Podesttreppe) in einem eigenen Bodenerker über die rückwärtige Grundlinie aus und ordnete jeder Etage zwei weitgehend symmetrisch geschnittene Wohnungen zu. Die reich gegliederte und stuckierte Neubarockfassade besticht durch ihren bauzeitlichen Bestand (Renovierung mit exakter Berücksichtigung der historischen Fensterteilungen 1992). Den jeweils äußeren Achsen wurden viergeschossige Polygonalerker vorgesetzt, die vor der Dachzone eigene Erkertürme mit Glockendächern ausbilden. In guter neubarocker Tradition wurden das Erd- und 1. Obergeschoss rustiziert und also dem Sockelbereich zugeschlagen, 2. und 3. Obergeschoss oberhalb eines kräftigen Gurtgesimses als Hauptgeschosse abgeschieden; hier übergreifen kolossale Wandvorlagen mit eigenen Sockeln in Höhe der Brüstungszone des 2. Obergeschosses beide Geschosse und bewirken zusammen mit den gestreckten Erkern eine beachtliche Höhenentwicklung. Weitere Details belegen die Reife der Gestaltung: Das Hauptportal erhielt einen Segmentbogengiebel als Verdachung, der Konsolen aufruht, das Portalgewände ist sphärisch eingezogen; beachtlich auch die aufwendigen Dekore in den Sturzfeldern der Fenster der Hauptgeschosse.
(Seit 1927 beschäftigten Bewegungen im Baugrund Eigentümer und Stadtgemeinde, eklatante Risse waren durch Nachsetzungen entstanden, nicht zuletzt auch an der Fassade durch Verformungen ablesbar. 1924–25 war der Brauereikomplex östlich der Häuser mit den geraden Nummern 22 bis 28 abgebrochen und 1927 an seiner Stelle eine Großgarage errichtet worden. Lästiger Schwerlastverkehr liegt den zahllosen Beschwerden von Anwohnern dieses Abschnitts der Sternstraße an die Stadtverwaltung München zwischen 1933 und 1956 zugrunde. Nachdem die Setzungen 1986 – der Neubau des nördlich anschließenden Hauses

Nr. 28 tat sein Übriges – noch nicht zur Ruhe gekommen zu sein schienen, beschäftigte sich sogar die Boulevard-Presse mit dem Thema. 1988 ff. kam es zu weiteren erheblichen Erdbewegungen im unmittelbaren Umgriff des Hauses, durch die Einschachtung einer von Liebigstraße 20 her anzufahrenden Tiefgarage.)

[**Sternstraße 28.** Als Kuriosum der Stadtbildpflege ist der bestehende Bau Sternstraße 28, der kein Baudenkmal ist, anzusehen. Er wurde mit altartiger Fassade 1990 als Neu- und „Wiederaufbau" genehmigt und sogleich von Dipl.-Ing. Konrad Hirsdorf und Dr. Ing. Joachim Schmalz für die Grundstücksverwaltungs- und Verwertungsgesellschaft Sternstraße mbH ausgeführt. Der 1897–88 errichtete Vorgängerbau war 1985–86 wegen massiver Bauschäden abtragen worden. Die entstandene Baugrube war in bodenmechanischer Hinsicht und im Hinblick auf die erforderliche statische Sicherung der vorübergehend blank stehenden Nachbarbauten eine Herausforderung.]

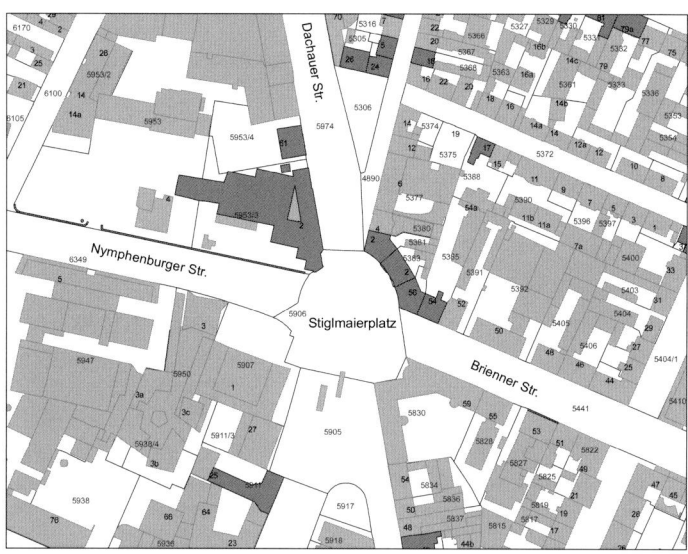

◁ Stiglmaierplatz; Flurkarte, 2007, M. 1:5000

Stiglmaierplatz

Ursprünglich als klassizistischer Rondellplatz konzipierter Verkehrsknoten am Übergang von der Brienner Straße, der Hauptachse der rasterförmigen Maxvorstadt, zur Nymphenburger Straße an der Kreuzung mit der Dachauer und am Ansatz der Schleißheimer Straße; ab 1808 Kronprinzplatz genannt (analog dem Ostteil der Brienner Straße ab Königsplatz), seit 1812 Ludwigsplatz (nach dem Kronprinzen), seit 1829 Luitpoldplatz (nach einem Sohn Ludwigs I., dem späteren Prinzregenten). 1845 erhielt der Platz seinen endgültigen Namen nach dem Bildhauer und Erzgießer Johann Baptist Stiglmaier (1791–1844; vgl. Erzgießereistraße unweit westlich). Die Kreisform (mit ca. 65 m Durchmesser) war ursprünglich nur durch Einfriedungen – zum Teil von Gärten – kenntlich; die offene, ungeordnete Bebauung im Umfeld hatte noch lange vorstädtischen Charakter. Im Südwesten (Stiglmaierplatz 1) entstand 1811, hinter konkaver Einfriedung, ein klassizistischer Solitärbau (vergleichbar der Bebauung um den kreisrunden Karolinenplatz); das Walmdachhaus erwarb 1851 Joseph Gabriel Mayer, Gründer (1847) der Mayer'schen Kunstanstalt (vgl. Seidlstraße 25) und Inspektor der hier bis 1859 untergebrachten kgl. Erziehungsanstalt für krüppelhafte Kinder. Eine geschlossene mehrgeschossige Zirkelbebauung begrenzt den Platz seit 1873/76 lediglich im Nordostsektor in Gestalt der Dreierhausgruppe Stiglmaierplatz 2 mit Schleißheimer Straße 2 und Brienner Straße 56 (vgl. dort). Durch den mehrfach erweiterten und umgebauten Löwenbräukeller im Nordwesten (vgl. Nymphenburger Straße 2) mit seinem vorgeschobenen zylindrischen Kegeldachturm von 1893/95 erhielt der Platz seine ihn bis heute prägende Dominante. Die Rondellform wurde in der Folge sukzessive verwischt, durchbrochen und – mit Ausnahme der Dreiergruppe im Nordosten – aufgegeben, u. a. durch Einführung der (um 1970 zudem verbreiterten) Seidl-

Stiglmaierplatz, links Nymphenburger Straße; Luftaufnahme um 1920

straße im Süden zu Beginn des 20. Jh., durch Luftkriegsschäden, Verbreiterung der Dachauer Straße im Norden unter Verzicht auf die Wiederbebauung des Restgrundstückes im Zwickel mit der Schleißheimer Straße, im Zusammenhang mit dem Verkehrsausbau mehrfach völlig veränderter Oberflächengestaltung mit Platzerweiterung nach Süden sowie durch stattliche Bürohaus-Neubauten mit neuer Grundrissfiguration. Den südlichen Abschluss in der Gabelung der Dachauer und Seidlstraße bildet heute das Wüstenrot-Verwaltungsgebäude (Dachauer Straße 37; 1974–75 von Kurt Ackermann und Partner). – Den Vorkriegszustand (mit vorabendlichem Stoßverkehr) stellt ein mehrfach abgebildetes Ölgemälde von Wilhelm Heise (1935) dar (MStM, Inv. Nr. 38/1488); links der einstige polygonale Pavillon (WC, Kiosk) von 1911.

Stiglmaierplatz 2. Das siebenachsige Haus mit vier Obergeschossen bildet den erhabenen Mittelbau des nördlichen Rondellviertels am Stiglmaierplatz. Die beiden Flankenbauten, um ein Geschoss niedriger und platzseitig jeweils nur fünfachsig, schließen den Platz zur Schleißheimer Straße nach Norden und der Brienner Straße nach Osten hin auf. Im Kern reicht das Haus wie Schleißheimer Straße 2 und Brienner Straße 56 ins Jahr 1873 zurück, Apotheker Ludwig Haiss ließ von Baumeister Max Steinmetz die drei Bauten bis 1876 errichten. Die ursprüngliche Hofdurchfahrt liegt in der mittleren Achse, rückwärtig südlich, ohne eigenen Ausbau schließt seitlich das Treppenhaus mit halb gewendelter Podesttreppe an. Die Fassade wurde 1915 von Franz Rank für Exz. Ritter von Haiss gestalterisch überarbeitet (gemeinsam mit beiden Nachbarhäusern). Zusammen mit Schleißheimer Straße 2 wurde auch das Haus Stieglmaierplatz 2 im Luftkrieg erheblich zerstört. Die Wiederinstandsetzung erfolgte 1949 nach den Plänen des Architekten Artur Holzheimer, begleitet von erheblichen Schlichtungen der Fassade. Bauherr war die Bene-

Stiglmaierplatz 2; Aufn. 2008

diktinerabtei Ettal. (Ein Plan von 1953 referiert im Nordabschnitt des 4. Obergeschosses einen Kapelleneinbau.). 1975 bestand die Erdgeschoss-Nutzung in Bankbetrieb und einem Tagescafé mit Konditorei. Jüngst, 2001–05, unterzog man das Anwesen einer Generalsanierung mit Dachgeschossausbau und Nutzungsänderungen. (Fassadenrenovierung 1976, Fenstererneuerungen 1987 und erneut Renovierung der Fassade 1990.) An der Fassade wurden die Gliederungen in der Form von 1915 rekonstruiert.

Stiglmaierplatz mit Löwenbräukeller; Luftaufnahme um 1920

Stollbergstraße; Flurkarte, M. 1:2500

Stollbergstraße

(Vgl. Ensemble Altstadt.) Die 1968 nach Georg Stollberg (1853–1926), Regisseur am westlich benachbarten Schauspielhaus (vgl. Maximilianstraße 26/28), auch langjähriger Direktor des Theaters am Gärtnerplatz, benannte Straße war ehemals der nordwestliche Abschnitt der Kanalstraße (s. dort), der durch die Anlage des Altstadtrings (vgl. Thomas-Wimmer-Ring) von dem noch den alten Namen tragenden Ostteil abgetrennt und am südlichen Ende zur Herrnstraße durchgebrochen wurde. Wie ihre nördliche Fortsetzung jenseits der Maximilianstraße, die Herzog-Rudolf-Straße (s. dort), entspricht ihr Verlauf dem Graben an der Außenseite der vormaligen Wallbefestigung aus der 1. Hälfte des 17. Jh.

Etwa an der Stelle der heutigen Nachkriegsbauten Stollbergstraße 5/7 stand einstmals (Kanalstraße 29) das 1883/84 von Franz Kil erbaute Maximiliansbad (Schwimmhalle), das 1921 zu einem Versammlungssaal umgebaut wurde.

Stollbergstraße 11 (links Hildegardstraße 7); Aufn. 1995

Stollbergstraße 11–17 (von links);   Stollbergstraße 9; Aufn. 1996
Aufn. um 1940

Stollbergstraße 9 (vormals Kanalstraße 31). Auf zuvor unbebautem Grund entstand 1862 durch den Architekten J. Thomas das bestehende Wohnhaus für ihn selbst. Zunächst dreigeschossig und spätklassizistisch gestaltet, kam es siebenachsig an der Straße zu stehen und blieb südlich frei. Privatier Karl Stitzinger ließ das Anwesen 1877 um einen Oberstock erhöhen. Das geringfügig niedrigere Format der Fenster des 3. Obergeschosses erklärt sich aus der spezifischen Verfahrensweise Stitzingers zur Gewinnung eines 4. Vollgeschosses, er veränderte die Dachneigung unter Beibehaltung der alten Firsthöhe und gewann so höhere Fassaden-Stirnflächen (Traufgebälk mit Zahnfries aus dieser Zeit erhalten). Der Eingang (reich beschnitzte Eingangstüre mit vergittertem Oberlicht aus der Frühzeit erhalten) des bautiefen Hauses kam mittig im Grundriss zu liegen, die rückwärtige und also von Westen durchfensterte doppelläufige Podesttreppe bleibt ohne Ausbau und erschließt zwei Wohnungen je Etage, Dunkelzonen hellte man vermittels einer Verschaltung zu den direkt belichteten Räumen hin auf. Der Kriegsschadensbericht vermeldet keinen direkten Treffer 1942–45. (Fassadenrenovierung 1976, Fassadeninstandsetzung 1999; Arbeiten an den Türen und Fenstern im Treppenhaus 2003; 2006 Abbruch von Rückgebäuden, die 1947 als Wiederaufbauten errichtet worden waren, zugunsten eines Neubaus von „Wohnungen für Künstler der zentrumsnahen Kultureinrichtungen".)

Stollbergstraße 11 (vormals Hildegardstraße 1). Seit den späten 1860er Jahren ließ sich der Fabrikbesitzer Anton Riemerschmid von Baumeister Reinhold Hirschberg anstelle rein gewerbsmäßig genutzter Gründe zwischen Herrnstraße (W), Maximilianstraße (N), Kanal-/später Stollbergstraße (O) und Hildegardstraße (S) zahlreiche Mietshäuser erbauen. Das spätere Haus Stollbergstraße 11 entstand zusammen mit Hildegardstraße 3/5 als bauliche Einheit 1872–74. Die Nähe zur Maximilianstraße erforderte eine späte Anpassung des Baustils, die amtlicherseits eigens genehmigt worden ist. Pavillonartig erhielt Nr. 11 vier Fensterachsen mit einer Höhe von vier Geschossen über einem Souterrain. Die nördliche Partie zählt nur drei Geschosse oberhalb eines als Laden genutzten Halbgeschosses, daneben, weiter im Norden, liegen Durchfahrt und Hauseingang. Die vordere, d. i. südliche Grundlinie des westlichen Nachbarhauses Hildegardstraße 7 wurde nördlich zurückgelegt, das Haus zählt nur drei Vollgeschosse und bil-

Stollbergstraße 12; Aufn. 1995

Stollbergstraße 13; Aufn. 1995

Stollbergstraße 12, Corpshaus Germania, Wappen

Stollbergstraße 12, Konventszimmer

Stollbergstraße 12, Halle im Erdgeschoss nach Westen

det so einen niedrigeren Verbindungsbau zu Hildegardstraße 3/5, das wiederum höher geführt worden ist. Im Luftkrieg blieb das Haus verschont. (Modernisierung von Wohnungen und Dachgeschossausbau 1972; Fassadenrenovierung 1974; Instandsetzung der Fassade und Erneuerung der Dachhaut 1996; Anbau eines Aufzugs und Einziehung von Trennwänden 2000.)

Stollbergstraße 12. *Corpshaus Germania.* Unter den Münchner studentischen Corpshäusern des späten Historismus ist, nach Zerstörung oder Veränderung anderer, das des Corps Germania als gut erhaltenes Beispiel bemerkenswert. Nach Gabriel von Seidls Entwürfen führte Architekt Georg Meister ab 1906 den im November 1907 eröffneten Bau aus; beide waren selbst „Germanen". Das 1945 von den Amerikanern beschlagnahmte Haus, ab 1949 Sitz des Bayer. Werbefunks, stand erst seit Anfang der 1960er Jahre wieder dem Corps zur Verfügung. Das in die Zeilenbebauung eingefügte, maßstäblich intime Gebäude steht nach der Kriegszerstörung der Nachbarhäuser heute zwischen Neubauten.

Für die Gattung charakteristisch ist die Orientierung an der „deutschen Renaissance" des 16. Jh., die als Ausdruck altdeutschen Wesens und damit assoziierter Redlichkeit und Gemütlichkeit empfunden wurde. Die kleinformatige Fassade in Putz mit Natursteingliederungen (Muschelkalk) ist durch äußerst abwechslungsreiche Gestaltung gekennzeichnet; die drei Reliefkartuschen schuf Anton Pruska. Sockel- und Erdgeschoss durchdringen sich, dem Rundbogenportal links (mit Schmiedeeisen-Oberlichtgitter) entspricht rechts ein Rundbogenfenster (mit Brüstungsgitter), zum Conventzimmer gehörig wie das mittlere Rechteckfenster, das mit dem großen, fahnenflankierten Corpswappen darüber (Steinrelief) verklammert ist. Das Fensterband im 1. Stock greift auf die dreiseitigen Erker in den Seitenachsen über; die Erker tragen den dem additiv durch Putzlisenen mit Gebälk gegliederten obersten Geschoss vorgelegten Breitbalkon mit Schmiedeeisengeländer. (Fensterteilungen vereinfacht.)

Das Innere ist weitgehend original erhalten. Im Tiefgeschoss Paukboden und Corpsdienerwohnung. Auf das tonnengewölbte Entree mit Differenztreppe folgt die etwa quadratische Vorhalle mit zwei Unterzügen auf Säulen und stuckierten Balken; Porträts Gabriel von Seidls und Gabriel Sedlmayrs von Wilhelm Räuber 1909; straßenseitig Conventzimmer mit stuckierter Kassettendecke; dahinter Büro, links in hofseitigem Annex die zweiläufige Holztreppe. Im 1. Stock Vorraum mit zwei Kreuzgratgewölben; straßenseitig Kneipe mit dekorativ bemalter Holzdecke, nördlich daneben (mit dem linken Fassadenerker) gewölbtes Philisterzimmer (ehemals vertäfelt). Der Festsaal im letzten Geschoss, mit Zugang zum Balkon und an Eisenstangen aufgehängter Decke, wurde 1960 modern umgestaltet.

Stollbergstraße 13 (vormals Kanalstraße 20). Auf zuvor unbebautem Grund, durchflossen vom Kanalbächl, errichtete Baumeister Ludwig Bayer für die Gebrüder Riemerschmid (Fabrikbesitzer) 1879–81 das bestehende Wohnhaus. 1874 hatte man das Kanalbächl in den Straßenlauf verlegt, um den Baugrund zu gewinnen. Das viergeschossige Wohnhaus erhielt sieben gleichmäßige Achsen, seine frühere Einfahrt wurde in die mittlere Achse gesteckt, das nördlich anschließende Treppenhaus, rückwärtig ohne Ausbau, führt über eine doppelläufige Podesttreppe zu zwei Wohnungen in jedem Obergeschoss, dies gemäß Eingabeplan. Mittig zwischen den Fenstern des 2. und 3. Obergeschosses erhielt die Fassade ein einfaches Gurtgesims, die Fenster darunter versah man mit schlicht gefasten Laibungen, die Fenster darüber erhielten Profilrahmen, im 2. Obergeschoss gerade Verdachungen und im 3. Obergeschoss kleine Sohlbankgesimse. Das kräftig durchgebildete Traufgebälk hat sich erhalten, den Luftkrieg überstand das Anwesen unbeschadet. (Befunduntersuchung an der Fassade 1990.)

Stollbergstraße 14 (vormals Kanalstraße 51). Anstelle eines kleinen Gärtneranwesens errichtete Baumeister Ludwig Bayer für den Zementwarenfabrikanten Ludwig Aufschläger 1875–76 den bestehenden Bau auf leicht auswinklig eingemessener Parzelle. Er kam viergeschossig zu fünf Achsen, wobei die mittlere Achse einem flachen Risalit eingeschrieben worden ist, zum Stehen. Die je äußeren beiden Fensterachsen wurden eng gesetzt. Die Fassade wurde Schlichtungen unterzogen, doch steht ihre Auffassung formal in klassizistischer Tradition. Über einem hohen, durchgewölbten Kellergeschoss liegt gemäß Eingabeplan in jeder Etage eine mittelgroße Wohnung mit quer gelagertem Flur, dabei konnten bei diesem nur zehn Meter tiefen Gebäude Dunkelzonen vermieden werden. Den Zugang (bauzeitliche, hohe Eingangstüre mit reichem Schnitzdekor und vergittertem Oberlicht mit Setzholz wie bei Nr. 9 erhalten) steckte man in die nördliche Achse, rückwärts liegt das Treppenhaus mit halb gewendelter Podesttreppe an, ohne Ausbau über die rückwärtige Grundlinie, von dort her belichtet. 3. Obergeschoss und Dachgeschoss wurden maisonetteartig verschaltet. Im Inneren haben sich interessante bauzeitliche Details erhalten. (Fassadenrenovierung und Fenstererneuerungen 1981; erweiternder Dachgeschossausbau mit Aufsetzung zusätzlicher Gauben 1999–2000; Konservierung bauzeitlicher Böden, Fassaden- und Treppenhausinstandsetzung 2002–06.)

Stollbergstraße 15 (vormals Kanalstraße 21). Auf Gartengrund wurde der Platz für das Wohnhaus eingemessen, das 1879–81 Ludwig Bayer für die Fabrikbesitzer Gebrüder Riemerschmid erbaute. Bayer legte die Einfahrt in die südliche Achse (doppelflügeliges Neurenaissancetor erhalten), rückwärtig seitlich befindet sich das Treppenhaus. Die doppelläufige Podesttreppe erschließt die Obergeschosse. In jeder Etage kam gemäß Eingabeplan eine Wohnung zum Liegen. Den Hauptraum bildet jeweils ein salonartiges Mittelzimmer hinter drei eng gesetzten Fenstern zur Straße hin. In strengen, aber reichen Formen ist die Fassade durchgebildet. Zwei weit gesetzte seitliche Fensterachsen spannen die drei eng gesetzten mittleren Fensterachsen ein, diese bilden den prominenten mittleren Fassadenzug, der als Risalit bei eigens verkröpftem Traufgesims einen klaren Dreiecksgiebel erhielt (mit Okulus im Giebelfeld). Besonders hob Bayer die Hauptgeschosse hervor, hier flankieren kannelierte Pilaster die Fensterrahmen, tragen ein vorgeblendetes Gerüst mit eigener tektonischer Struktur; einheitlich erhielten die Brüstungszonen vegetabilische Stuckfelder. Die durchmodellierten, fein abgestimmten Fassadenschichten erfuhren durch die modernen Einscheibenverglasungen mit hinterlegter Sprossenteilung einen Bruch. (Befundung der Fassade 1990; Instandsetzung des Treppenhauses inkl. der dortigen Fenster 2002; erweiternder Ausbau des Dachgeschosses 2000.)

Stollbergstraße 17 (vormals Kanalstraße 22). Auf freier Gartenfläche errichteten Maurermeister Reinhold Hirschberg und Zimmermeister Michael Stitzinger das bestehende Anwesen für den Fabrikanten Anton Riemerschmid 1864–65. Nach gängigem Muster zur Erschließung legte Hirschberg die Durchfahrt in die mittlere Achse und schloss nördlich ein eingezogen bleibendes Treppenhaus an. Die halb gewendelte Podesttreppe, von Westen her schmal belichtet, erschließt gemäß Eingabeplan zwei Wohnungen in jeder Etage. Ähnlich wie bei Stollbergstraße 13 brachte Hirschberg zwischen 1. und 2. Obergeschoss ein durchlaufendes Gurtgesims ein. Die Fenster darunter erhielten einfach gefaste Laibungen, die Fenster darüber Profilrahmen, die des 2. Obergeschosses dekorierte Brüstungszonen und gerade Verdachungen mit Akroterien im Maximilianstil, die des 3. Oberge-

Stollbergstraße 14; Aufn. 1995

Stollbergstraße 15; Aufn. 1995

Stollbergstraße 17; Aufn. 1995   ▷

Stollbergstraße 14, Tür

Stollbergstraße 15, Tor

schosses profilierte Sohlbänke mit kleinen Konsolen. Beachtlich sind Zahn- und Wellenfries sowie das Konsolgesims des Traufgebälks. Als schaufensterähnliche Zurichtung ist die Tiefersetzung der Sohlbänke der Fenster des Erdgeschosses zu sehen, die man in den mittleren 1990er Jahren vornahm und die die Geschlossenheit im Sockelbereich (vgl. Stollbergstraße 13) aufhob. (Fassadenrenovierung 1981–82; Einbau einer zusätzl. Treppe ins 1. Obergeschoss 1996; Erneuerung der Dachhaut, der hofseitigen Fassade und hier der Fenster 1999–2000; Fassadenrenovierung mit Befundung 2003–04.)

Stollbergstraße 18. Münchens wohl bemerkenswertestem erhaltenem Wohnhaus im neugotischen Stil wurde wegen seiner Lage in der Nachbarschaft der Maximilianstraße von den Baubehörden besondere Aufmerksamkeit zuteil – der im Winter

1856/57 im Auftrag des Steinmetzmeisters Heinrich Blum begonnene Bau wurde eingestellt und auf Veranlassung Friedrich
Bürkleins ein geänderter Eingabeplan des Maurermeisters
Windwart und des Zimmermeisters Peter Erlacher vorgelegt,
der das Herausragen einer Kommunwand und vorstehende Pfeiler vermied und im April 1857 die Genehmigung erhielt. Er sah
eine schlichte, nur durch Lisenen und Fenstergruppen rhythmisierte Fassadengestaltung vor. Die endgültige, der Ausführung
zugrunde liegende Fassadentektur mit Genehmigung vom 26.
August 1857 trägt die Signatur R. Bleibinhaus (nach Hölz
1997). Es dürfte sich um den (bei Megele I 1951) erwähnten
Zimmermeister (Georg?) Bleibinhaus handeln, der mit Maurermeister Windwart zusammen 1857 das Ökonomiegebäude der
Armen Schulschwestern am Mariahilfplatz errichtete. Sollte
der aufwendige Entwurf von einem Zimmermeister gefertigt
worden sein, wäre dies nur unter starker Einflussnahme eines

Stollbergstraße 18, Fassadenreliefs

Stollbergstraße 18; Aufn. 1995

namhaften Architekten – etwa Friedrich Bürkleins oder Matthias Bergers – und in jedem Fall des Steinmetzen und Bauherrn
Heinrich Blum denkbar. Im Oktober 1857 wurde der Dachstuhl
aufgesetzt, am 15. Dezember 1858 der Wohnungskonsens erteilt.
Unmittelbares Vorbild für die Fassadengestaltung des dreigeschossigen Mietshauses war das neugotische (kriegszerstörte)
Wohnhaus des Historikers Prof. Johann Nepomuk Sepp (heute
Rheinbergerstraße 1a; 1854–56 von Matthias Berger), ebenfalls
mit erhöhtem, von Zinnen abgeschlossenem Mittelrisalit. Von
den zeitgleichen Wohnhäusern im synthetischen Maximilianstil
an der Maximilianstraße unterscheidet sich das Haus Blum
durch die Konzentration allein auf die neugotische Komponente,
den stärker betonten Farbkontrast zwischen dem Ziegelrot der
gering dimensionierten Wandflächen in Rohbackstein und dem
hellen Natursteinmaterial (Kelheimer Kalkstein) der Gliederungen. In der weitgehenden Auflösung der Wände in Strukturen
und Öffnungen steht der Bau außerhalb der zeitlosen Münchner
Tradition. Durch seinen reichen bauplastischen Dekor und den
in München seltener verwendeten Naturstein ist er geradezu wer-
bewirksam als Bauobjekt eines Steinmetzen anschaulich. Die
Rundbogenblenden zwischen den beiden Obergeschossen umschließen Relieffiguren – in der Mitte die thronende Muttergottes, flankiert von der hl. Anna (Pfarrpatronin) mit dem Marien-
kind und dem hl. Heinrich (Namenspatron des Bauherrn) mit
dem Modell des Bamberger Domes; in den Feldern der seitlichen Rücklagen stehen Putten als Allegorien der vier Jahreszeiten, an den Pfeilern, die den Mittelrisalit begrenzen, vollplasti-

sche Ritterfiguren auf Konsolen und unter Baldachinen. Kennzeichnend für die qualitätvolle Fassadenkomposition ist der von
unten nach oben zunehmende Vertikalismus, ablesbar an den
waagrecht schließenden Erdgeschossöffnungen, den Flachbo-
genschlüssen im 1. und den Spitzbogenfenstern im 2. Stock, verbunden mit dem sich steigernden Aufwand dekorativer Details
bis hin zu dem Blendmaßwerk und der zinnenbekrönten Arkatur
am Mittelrisalit und dem filigranen Bogenfries samt Dreipass-
Attika an den niedrigeren Flankenteilen. Das prächtige, geschnitzte Einfahrtstor mit zwei Halbfiguren in den oberen
Blendmaßwerkfeldern sowie die meisten originalen Fensterkonstruktionen sind noch erhalten.
Das Innere – mit Durchfahrt
links, rechts davon rückseitig
angeordneter   zweiläufiger
Treppe und einer vier Zimmer
umfassenden Wohneinheit je
Geschoss – hat zahlreiche originale Ausstattungsdetails bewahrt wie die Tore von der
Durchfahrt zum Hof und zum
Treppenhaus, die steinmetzmäßig behandelten Türstöcke
in Marmor, die Wohnungs-
und Zimmertüren, Fußböden
und Stuckdecken. – Die letzte
Gesamtrestaurierung   wurde
1989 ff. durchgeführt.

Stollbergstraße 18, Tor

Stollbergstraße 20. Das ursprünglich dreigeschossige Wohnhaus auf quadratischem Grundriss wurde 1856 im Auftrag von Julius Grubert, Geschäftsführer der Palmschen Hofbuchhandlung, nach Entwurf von Matthias Berger „unter Oberaufsicht von Friedrich Bürklein ausgeführt." Der von Berger signierte, von Bürklein zur Kenntnis genommene originale Fassadenriss zeigt eine sparsame Gliederung im Maximilianstil (ohne dessen typische Strecklisenen), mit gotisierenden Elementen am flachen, mit einem Spitzhelm bekrönten Mittelerker; links (nördlich) ist der Ansatz eines damals geplanten gleichartigen Hauses (s. Nr. 22) dargestellt. Hofseitig war der Bau um ein niedriges Geschoss höher. Erschließung durch Vestibül an der linken Seite mit gewendelter Treppe am Ende.

1890 erfolgte eine Aufstockung durch Architekt Emil Ludwig mit straßenseitig drei Zimmern; hofseitig wurde das schon bestehende niedrige Geschoss entsprechend erhöht. Vermutlich stammt aus dieser Zeit auch die Neurenaissancegliederung der Fassade, die später jedoch vereinfacht wurde. In der Mitte der Rückseite wurde 1900 ein Bodenerker angebaut (Küchenerweiterung), südlich daneben 1905 eine Altane durch Heilmann und Littmann.

Stollbergstraße 22. Auf dem Fassadenriss des rechten Nachbarhauses (s. Nr. 20) ist eine damals (1856) vorgesehene gleichartige Anschlussbebauung angedeutet. Ausgeführt wurde 1860/61 ein ursprünglich dreigeschossiges Wohnhaus für den Schriftgießereibesitzer Gustav Lorenz (Bauherr auch der nördlichen Nachbarhäuser Maximilianstraße 32 und 34, s. dort) nach von Friedrich Bürklein signierten Plänen. Weshalb Architekt und Bauherr sich im Geltungsbereich des Maximilianstils für eine traditionelle klassizistische Fassadengestaltung entschieden, bleibt unklar. Das rustizierte Erdgeschoss entspricht in etwa dem sog. Rundbogenstil Gärtnerscher Provenienz, die beiden Obergeschosse mit von Pilastern begrenzten Außenachsen und gleichfalls von Pilastern eingefasstem Rundbogenmotiv in der Mitte der Beletage stehen in der Nachfolge Métiviers oder Klenzes. Den Abschluss bildete ursprünglich ein hohes dreiteiliges Gebälk, das ein nur hofseitig belichtetes niedriges Geschoss maskierte. 1875 wurde der prächtige Gusseisenbalkon in der Mitte des 1. Stocks angefügt. 1907 erfolgten innen Umbaumaßnahmen durch Karl Stöhr im Auftrag des Fabrikbesitzers Friedrich Heilbronner. Nach Luftkriegsschäden wurde das Haus 1946 bzw. 1953 instand gesetzt und dabei unter Verlust des originalen Abschlussgebälks aufgestockt.

Im Inneren folgt auf das in der linken Achse gelegene Vestibül rechts anschließend ein Vorplatz und die gewendelte Treppe mit einem originellen Schmiedeeisengeländer aus sich windenden Schlangenleibern.

Stollbergstraße 22; Aufn. 1995   Stollbergstraße 20; Aufn. 1995

Tal

(Vgl. Ensemble Altstadt, auch dessen Teilbereich Kern des Graggenauer Viertels.) Das Tal (lateinisch vallis), erstmals 1253 und in der Folge erst wiederum ab 1316/19 mehrfach erwähnt, ist die unterhalb der Altstadtterrasse gelegene Hauptachse im östlichen Stadterweiterungsgebiet des 13. und frühen 14. Jh., das sich (im Norden zusätzlich um den Bereich um das Platzl verbreitert) lediglich in Keilform an das Oval der leoninischen Kernstadt anschloss, offenbar in (mindestens zwei) Etappen gewachsen und – im Einzelnen schwer genauer zu datieren – von der zweiten Stadtbefestigung umschlossen. Im Zuge der für Münchens Stadtentwicklung konstitutiven Salzstraße erstreckt sich das Tal vom Talburgtor – dem späteren Rathausturm – ostwärts in die Richtung des Isar-Übergangs bzw. der Floßlände, ehemals in

Tal nach Westen mit ehem. Hockbrücke; Lithographie von Gustav Kraus, um 1839

Süd-Nord-Richtung von Stadtbächen gekreuzt – unmittelbar vor dem Talburgtor bzw. (Alten) Rathaus vom Pfisterbach (vgl. Sparkassenstraße) und in der Mitte vom Kalten- oder Katzenbach (vgl. Radlsteg und Hochbrückenstraße), den bis 1872 die 1323 ersterwähnte Hochbrücke (ursprünglich Horbrücke), flankiert von Pferdeschwemme und Stegen, hochgebogen überquerte; nördlich schloss sich die im 14. Jh. erwähnte Horbruck- oder Hochbrucksmühle an (vgl. Tal 15). Das hier situierte Tal- oder Kaltenbachtor, erwähnt 1319 (nach Stahleder 1992 wohl schon im mittleren 13. Jh. entstanden), bildete vorübergehend den offenbar nicht besonders massiven Ostabschluss der Stadt, da es – im Unterschied zu den vier funktionslos gewordenen Tortürmen der Heinrichsstadt – beseitigt wurde, nachdem am Ostende des Tals 1337 das Isartor fertiggestellt worden war.

Den Ansatz für die Ostentwicklung des Straßenzuges vor dem Talburgtor bildete der wachsende Komplex des wohl 1208 gegründeten Heiliggeistspitals samt (schon älterer?) Katharinenkapelle und nachmaliger Heiliggeistkirche (s. Prälat-Miller-Weg 1) sowie nördlich gegenüber die – wie heute noch der Block der Stadtsparkasse – stark aus der nördlichen Baulinie vortretende Gruppe von ursprünglich acht Hausparzellen mit dem seit 1595 den Rathauskomplex funktionell ergänzenden Eckhaus Nr. 1 neben dem Pfisterbach im Westen und dem für den Blick von Osten her markanten Met- oder Gautsch-Eck (zuletzt Tal 8) an der Maderbräustraße (vgl. Sparkassenstraße 2/4). In der Maderbräustraße (daher der ehem. Bachlbräu, s. Tal 7) und südlich des Tals nach Osten versetzt zwischen den heutigen Häusern Nr. 14 und 16 überquerte das Tal – streckenweise der Länge nach in Straßenmitte fließend – ein weiterer schmaler Bachlauf (vgl. Stadtplan von T. Volckmer 1613; südseitig noch auf dem Consoni-Plan von 1806 offen dargestellt; z. T. als Lederbach bezeichnet).

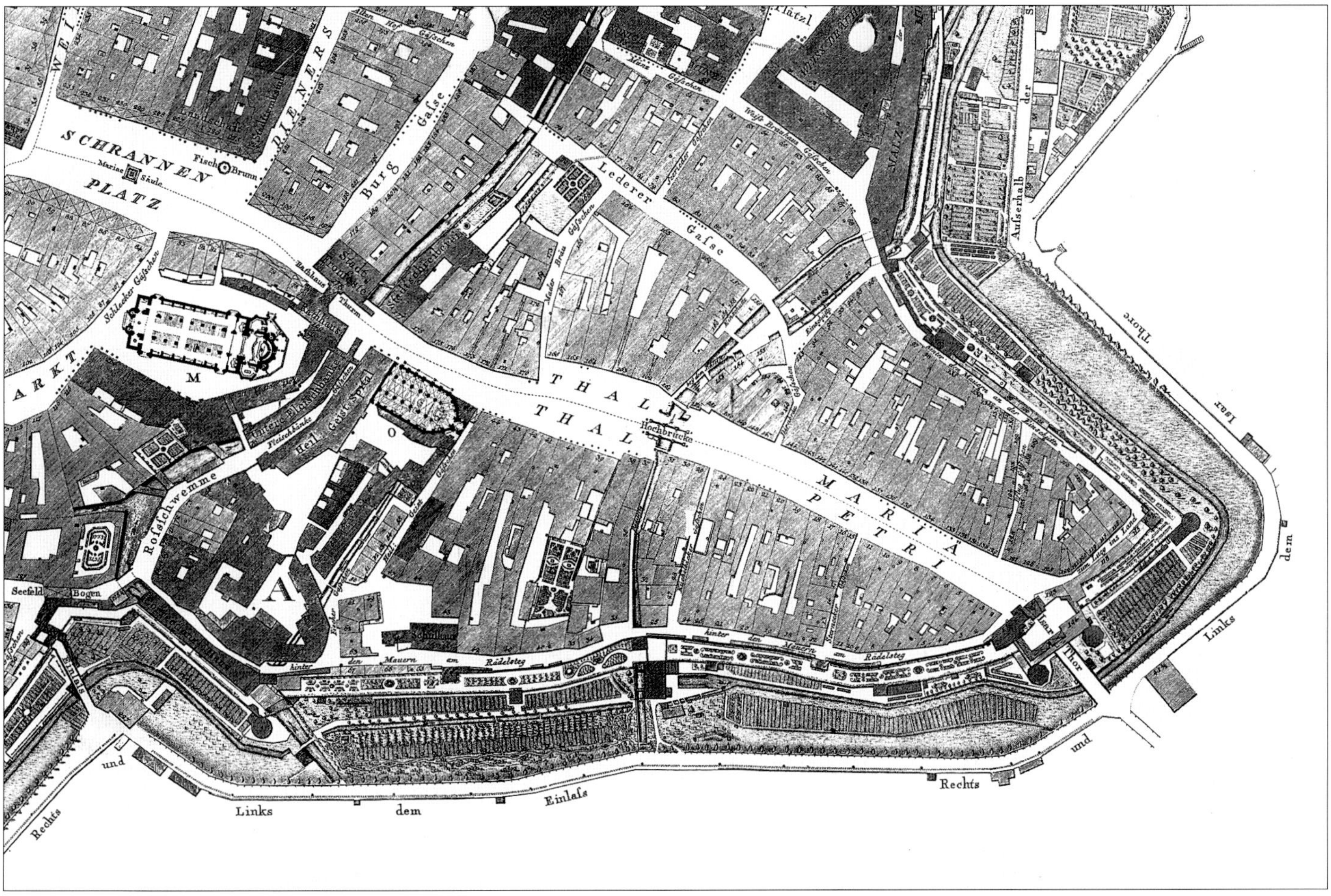

Tal; Stadtplan von J. Consoni, 1806 (Ausschnitt)

Sucht man in der baulichen Struktur des Tals nach möglichen Zäsuren, die Planungs- oder Wachstumsschübe kennzeichnen könnten, so fällt dieser versetzte Bachlauf mitsamt dem nordseitig vorspringenden Met-Eck ins Auge wie zweitens die beiderseitige Verengung zu Seiten der einstigen Hochbrücke bzw. des Kaltenbachtores. Insgesamt jedoch trägt der großzügige, zwischen Talburg- und Isartor fast 400 m lange, im Mittelteil bis 40 m breite Straßenzug die Merkmale eines einheitlich konzipierten, sich spindelförmig verbreiternden Straßenmarktes mit leicht geschwungenen Seitenwänden und im Gegensatz zu dieser weiträumigen Hauptachse äußerst schmalen (z. T. in neuerer Zeit verbreiterten) Quergassen, vor allem in der keilförmig über den Kaltenbach hinaus vorgeschobenen Osthälfte „im Gries" (wie allgemein der Flusskiesel-Anschwemmungsbereich entlang

Tal; Flurkarte,
M. 1:2500

Tal nach Westen; Postkarte, um 1890

ARCHÄOLOGISCHE BEFUNDE: Spätmittelalterliches Keramikgefäß (Fundst.-Nr.: 7835/0389). Bei Erdarbeiten zur Vorbereitung des S-Bahnbaus 1968 wurde in etwa 6 m Tiefe im alten Bachbett ein Tongefäß mit schmalem Kragenrand geborgen. Weitere Befunde s. Sparkassenstraße.

Tal. *Merkurbrunnen*; s. vor Tal 11/13.

Tal 4 (vormals)/Rückgebäude. Das am Südende des lang gestreckten Grundstücks (Vordergebäude Nachkriegsneubau) situierte, sich mit der Westseite an das seit 1810 in gleichem Besitz befindliche Haus Heiliggeiststraße 2 (s. dort) anlehnende (und baulich heute mit ihm verbundene) Rückgebäude, das östlich an die Bebauung von Tal 6 grenzt, gehört zu den wenigen erhaltenen Altmünchner Bürgerhäusern. Der viergeschossige Bau mit Mietswohnungen, ohne alte Unterkellerung, wendet die Südseite dem schmalen Hof hinter Dreifaltigkeitsplatz 1 zu (s. dort). Vielleicht sind in den

der Isar genannt wurde, vgl. die ehem. Vorstadtgasse Am Gries weiter nördlich). Als Stellplatz für die Fuhrwerke des Warenverkehrs und Standort von Einkehrgasthöfen übernahm das Tal, das zusammen mit seinen Seitengassen für sich schon die Dimensionen einer durchschnittlichen Kleinstadt vom Straßenmarkttypus besitzt, ergänzend zum räumlich beschränkten (Haupt-)Markt (seit 1854 Marienplatz) Funktionen, die in anderen Städten meist am zentralen Platz selbst angesiedelt waren. Zudem war das Talquartier bevorzugter Wohnsitz von (für das Fuhrwesen benötigten) Schmieden und Wagnern, von den an den Stadtbächen ansässigen Gewerben, u. a. Lederern (Gerbern), sowie von Flößern und Fischern. Doch bildete es keine eigene Verwaltungseinheit, sondern wurde zum Graggenauer Viertel (nördlich) und dem Angerviertel (südlich) gerechnet und war seit 1271 kirchlich in das Tal Mariä (nördlich) bzw. das Tal Petri (südlich) geteilt (so noch auf dem Consoni-Stadtplan von 1806), während das Spital eigene Pfarrrechte besaß.

Von der schon in der Zeit des Klassizismus, Biedermeier und Historismus weitgehend erneuerten oder ausgetauschten Bausubstanz hat wenig den Zweiten Weltkrieg überstanden, doch ist der Altstadtcharakter dank alter Baulinien, überwiegend erhaltener schmaler Parzellenteilung und zurückhaltend neutraler, wenn auch meist architektonisch mittelmäßiger Neubauten insgesamt noch spürbar – ein in der Wiederaufbauphase Nachkriegsdeutschlands eher seltenes Beispiel. Die von 1888 bis 1968 verkehrende Straßenbahn wurde durch die unterirdische Trasse der 1972 eröffneten S-Bahn ersetzt.

bestehenden Bau des 17./18. Jh., der bis in die jüngste Zeit wiederholt verändert wurde, noch Reste des schon auf Sandtners Stadtmodell von 1570 dargestellten niedrigeren Rückgebäudes mit sehr steilem Quersatteldach einbezogen, das sich an die Rückseite des Pöckhenhauses des Heiliggeistspitals anlehnte. An der Nordostecke, östlich neben der flachtonnengewölbten Durchfahrt (Südteil heute in Gastwirtschaft von Heiliggeiststraße 2 einbezogen) ist das stattliche zweiläufige Treppenhaus mit Geländer aus kräftigen Vierkant-Holzbalustern in der Art des späteren 18. Jh. situiert. Jedes Geschoss umfasste zwei Wohnungen, die größere über einen leicht trapezförmigen Vorraum von der Treppe her erschlossen, die im Winkel dazu angelegte Nebenwohnung über einen kurzen offenen Laubengang entlang der nördlichen Hoffassade; die Laubengang-Gitterbrüstungen aus sich überschneidenden Spitzbögen im Stil des „gotisierenden Klassizismus" stammen aus dem frühen 19. Jh. (die gleiche Form im Treppenhaus von Heiliggeiststraße 2). Ausbaudetails aus barocker wie klassizistischer Zeit, z. B. zweifelderige Füllungstüren mit Spiralbeschlägen, Zugschlössern bzw. klassizistischen Kastenschlössern, Fenster; barocker liegender Dachstuhl (Quersatteldach) des 18. Jh. Um 1985 Gesamtsanierung mit Grundrissänderungen und Dachausbau; südseitig Balkonanbau. Ein gleichfalls viergeschossiger schmaler Seitenflügel mit stichbogig erweiterten Fensterstürzen schließt sich an der westlichen Hofseite dem Haus Heiliggeiststraße 2 an, mit dem es die Durchfahrt gemeinsam hat.

Das städtebaulich bemerkenswert positionierte *Vorderhaus* Tal 4/ Ecke Heiliggeiststraße, am Beginn der östlich der Kirche das Tal südseitig begrenzenden Häuserzeile, ist ein sechsgeschossiger Neubau von Franz Roth 1951 (für Metzgermeister Michael Ott, Ausführung Fa. Karl Stöhr) mit dem Umfeld angepasster traditionalistischer, durch Rahmenformen gegliederter Fassade. Der biedermeierlich schmucklose fünfgeschossige, im Krieg zerstörte Vorgängerbau war 1860 durch zusammenfassenden Umbau zweier älterer Häuser unter Erhaltung eines großen Teils der alten Umfassungsmauern entstanden (Maurermeister Jo-

Tal 4, Rückgebäude, Treppe   Tal 4, Rückgebäude (links Heiliggeiststraße 2)

Tal 4, Rückgebäude im Hof; Aufn.   Tal 6; Aufn. 1995 (kein BDm)
2007

hann Babenstuber, Bauherr Buchhalter Sebastian Frankl). Nicht realisiert wurde ein Umbauprojekt von Franz Roth 1927 in art-déco-mäßig stilisierter Moderne.

[*Tal 6. Ehem. *Högerbräu*. Das Fragment einer Originalfassade von Max Ostenrieder aus den Jahren 1901/02 wurde nach Kriegszerstörung in einen Geschäftshausneubau von 1980 einbezogen und im oberen Bereich frei ergänzt. Das Anwesen war nachweislich seit 1454 Brauerei (bis Mitte 19. Jh., seitdem nur Gaststätte; um 1630 kurze Zeit im Besitz des Bierbrauers Hans Höger); auf Sandtners Stadtmodell (1570) ein zweigeschossiges Traufhaus, bei Stimmelmayr (Ende 18. Jh.) viergeschossig („Högerbräu – mit Zunamen Teufl – mit einem eisernen Schild, worauf ein Schütz mit einem Spielbogen auf den Teufl schießt"; im mittleren 18. Jh. gehörte das Anwesen einem Bierbrauer Franz Xaver Teufl). Die sehr schmale, tiefe Parzelle erstreckte sich rückseitig,

Tal 7; Aufn. 1995

wo die Brauereifunktionen untergebracht waren, bis an die Ostseite des Heiliggeist-Friedhofs (s. Dreifaltigkeitsplatz 3). Durch Gastwirt Franz Gruber, Eigentümer vom Erwerb 1896 bis zur Zwangsversteigerung 1903, erfolgte 1901/02 ein Neubau nach Entwurf von Max Ostenrieder in den für diesen Architekten charakteristischen Formen einer ins Exzentrisch-Malerische gesteigerten „altdeutschen" Renaissance. Die nur drei Achsen breite Fassade (heute einzig erhaltener Bauteil) bildete mit der stilistisch verwandten des links benachbarten Gasthofs zum Schlicker (Nr. 8, 1897 von Heilmann und Littmann, kriegszerstört) eine Gruppe mit zwei stattlichen Ziergiebeln und gleicher, die Nachbarhäuser überragender Firsthöhe.

Von der jahrzehntelang zwischen Neubauten verfallenen, nur noch dreigeschossigen Kriegsruine des Högerbräu wurden beim Geschäftshausneubau 1980 (Arch. A. Mayer-Suhr) die erhaltenen Muschelkalkgliederungen in die wie zuvor verputzte Fassade in originaler Position und Substanz wiedereingefügt, die fehlenden Obergeschosse in reduzierter Form frei ergänzt; an der Stelle des einstigen, reich mit Bauplastik ausgestatteten Schweifgiebels mit dem Datum 1901 bildet jetzt ein viel kleineres Zwerchhaus den oberen Abschluss.

An bauplastischen Details sind erhalten: im Erdgeschoss rechts zwei Engel am Türsturz mit dem Schriftband „Eingang", darüber eine weibliche Halbfigur; an der breit stichbogigen Gasthausarkade Bacchantenmaske als Schlussstein, flankiert von der Bauinschrift („Erbaut A. D. 1901/Franz Gruber"); skulptierte Säulen am Breiterker im 2. Stock.]

Tal 7 (vormals 10). Eckhaus mit Gaststätte *Weißes Bräuhaus*; zugehörig Maderbräustraße 2 (s. dort). Bis zur (1898/99 beschlossenen) Verbreiterung der Maderbräustraße an ihrem südlichen Ende standen auf dem heutigen Grundstück Tal 7 zwei Häuser (alt Tal 9 und 10), auf alten Ansichten – so auf Sandtners Stadtmodell von 1570, bei J. P. Stimmelmayr gegen 1800, auf dem Stadtmodell von Seitz nach 1842 und noch auf frühem Foto des Tals gegen Westen – westlich (alte Nr. 9) ein viergeschossiges Eckhaus mit Pultdach (Halbgiebel im Süden), genannt Bachlbräu (da am ehem. Lederbachl; zugehörig Maderbräustraße 2, s. dort); östlich (alte Nr. 10) ein dreigeschossiges Traufseithaus mit hohem Steildach, der ehem. Maderbräu (genannt nach Besitzerfamilie von 1642–1778), zu welchem – das Eckhaus Nr. 9 umgreifend – Maderbräustraße 4 gehörte (s. dort; der eigentliche Brauereitrakt). Im letzten Zustand vor dem Abbruch 1901 waren (auf Fotos um 1890/1900) beide Häuser fünfgeschossig, das Eckhaus mit mächtigem Dachaufsatz in französischer Art (mit umgitterter Belvedere-Plattform).

Nach Rückgang des Weißbierkonsums hatte der bayerische Staat sein Monopol aufgegeben und das Weiße Bräuhaus (vgl. Platzl 9/Hofbräuhaus) ab 1802 verpachtet; Georg Schneider sen., Pächter seit 1855, erwarb das staatliche Weißbierregal und verlegte die Produktion in den vom ihm 1872 gekauften ehem. Maderbräu-Komplex (der nach Versteigerung 1869 kurzzeitig dem Baumeister Carl Del Bondio gehört hatte). Mit seinem nach Neueinrichtung 1874 eröffneten Betrieb wurde Georg Schneider sen. „zum Pionier des modernen Weißbierbrauwesens" (Merk/Sieber 1991). 1886 wurde durch Georg Schneider jun. das Bachlbräu-Eckhaus (alte Nr. 9) hinzuerworben. Auf dem westlich durch die Straßenverbreiterung reduzierten Doppelgrundstück (ehemals Tal 9/10; mit Maderbräustraße 2, s. dort) wurde 1902/03 das noch bestehende Weiße Bräuhaus mit Gaststätte im Erdgeschoss und Wohnungen darüber durch das Baugeschäft Heilmann und Littmann errichtet, vielleicht mit wesentlicher Beteiligung des in der Firma tätigen Architekten Erich Goebel, dessen Mitarbeit am gleichzeitig im gleichen barockisierenden Stil erbauten, westlich benachbarten Eckhaus (alte Nr. 8, genannt Met-Eck oder Gautsch-Haus; vgl. Sparkassenstraße 2/4) ausdrücklich erwähnt wird (MB I 1912). Die beiden aufeinander bezogenen fünfge-schossigen Eckhäuser bildeten (bis zum Abbruch von Nr. 8 1939) eine städtebaulich wirkungsvolle, im Sinne der Bauzeit malerische, die Situation im Stadtbild aufwertende und berei-chernde Gruppe (vgl. die damalige Neubebauung am Platzl). Die fünfachsige, im Ganzen symmetrische Südfassade des Wei-ßen Bräuhauses mit dreiseitig-polygonalem Mittelerker und Schweifgiebel sowie rechtwinklig dazu die breite, asymmetri-sche Ostfassade des Gautsch-Hauses mit Eckturmerker und Gie-bel, Teil des stark vorspringenden westlichsten Gebäudeblocks an der Tal-Nordseite, schlossen sich für den vom Isartor her sich stadteinwärts Bewegenden zu einem raumbildenden Blickfang zusammen.

Der Baukörper mit Erker und hohem Giebel entspricht (wie ehe-mals auch bei Nr. 8) der Auffassung der sog. Deutschen Renais-sance von einem altdeutschen Bürgerhaus, die Gliederung im Detail hingegen ist schlicht barockisierend, mit Blenden zwi-schen Lisenen sowie erhöhten und vertieften Putzfeldern, eher barock auch der geschweifte Umriss des Giebels mit ovalem Re-lief des hl. Florian. Der heute nicht mehr vorhandene, sparsame Dekor mit Lorbeer- und Tuchgirlanden zitierte den frühklassizis-tischen „Zopfstil". Im Erdgeschoss große korbbogige Gaststät-tenfenster; die Gaststättentür im Süden neben der Ecke wird von einer Natursteinrahmung mit Girlande und Dreiecksgiebel ein-gefasst. Die längere Seitenfront im Westen ist zweiteilig, der ecknahe Abschnitt gipfelt bescheidener in einem Mittelzwerch-haus mit Dreiecksgiebel, der rückwärts anschließende Teil war als Übergang zur Nachbarschaft um ein Geschoss niedriger (heute mit Aufstockung statt der früheren Gauben). Der Haus-eingang liegt an der Südseite rechts, der lange, tonnengewölbte Flur verbindet über den schmalen Lichthof zum in der Gebäude-mitte situierten Haupttreppenhaus.

Die weitgehend erhaltene bzw. um 1990 restaurierte Gastwirt-schaft – im Vorderhaus die ehem. Schwemme – mit zwei Pfeilern und Vertäfelung ist im schmäleren rückwärtigen Teil (westlich vom Treppenhaus), der einstigen Schänke, tonnengewölbt (die nördlich anschließende sog. Bürgerstube liegt im Bauteil Mader-bräustraße 2, s. dort).

Tal 11; Aufn. 2005 (kein BDm)

Das 1944 bombengeschädigte Gebäude wurde in teilweise – vor allem in der Dachzone – vereinfachter Form wieder-hergestellt, die Brauerei ganz nach Kelheim in das dortige, bereits 1928 von der Familie Schneider erworbene ehem. kurfürstliche Weiße Bräuhaus verlegt. Das Münchner Anwe-sen – bis heute im Familien-besitz – erhielt bei der 1993 abgeschlossenen Außen- und Innenrestaurierung (Arch. Wolfram E. Gregory) seine in alter Form rekonstruierten Giebel an den beiden Fronten wieder, der 1. Stock – ursprünglich Wohnung, später verändert – wurde in die Gaststättennutzung einbezogen und entsprechend umgestaltet.

[**Tal 8.** Hotel Schlicker, s. Westenriederstraße 15 (Rückgebäude von Tal 8).]

[**Tal 11.** Geschäftshaus *Böhmler* (Möbelgeschäft, gegründet 1875 von Johann Georg Böhmler). Wiederaufgebaut 1949/52 un-ter Einbeziehung von Resten des neubarocken, im Luftkrieg 1944 zerstörten Vorgängerbaues (1896/97 von Adolf Rupp, Aus-führung Baugeschäft Lincke und Vent; die zweigeschossige La-denzone um 1930, Fassade 1939 vereinfachend verändert), vor allem des durch Balkone geteilten Nischenmotivs in der Mitte; das frühere 5. Obergeschoss zu Zwerchhaus zwischen Dachgau-ben reduziert; Balkongitter im 2. Stock bez. GB 1939, das Ober-lichtgitter am linken Eingang 1875 J. G. Böhmler 1949. 1955 durch die westlich benachbarte Passage (Tal 9) erweitert. – Der Vorgängerbau (mit Rückgebäude Ledererstraße 6), auf Sandt-ners Stadtmodell von 1570 ein dreigeschossiges Traufhaus mit zwei Flacherkern und drei Aufzugsgauben, wurde Hammertha-ler Hof genannt nach einem Gastwirt (Wolfgang H.) im 1. Drit-

Tal 7 (mit Maderbräustraße 2); Grundrisse Erd- (links) und 2. Ober-geschoss, um 1903

Vor Tal 11/13, Merkurbrunnen

tel des 17. Jh., dessen Frau Margarethe die sog. Hammerthaler Muttergottes, eine gotische Figur des 15. Jh., von Tegernsee nach München brachte (jetzt in der Heiliggeistkirche, s. dort). Von 1751 bis zu seinem Tod 1785 wohnte hier als Mieter (im Rückgebäude) der Hofmaurermeister Leonhard Matthäus Giessl.]

Tal 15, Eckfigur (kein BDm)

Tal 15, Vorgängerbebauung; Radierung von F. Bollinger, 1805

Vor **Tal 11/13** (vormals). *Merkurbrunnen.* Der die den Handel beschirmende Gottheit darstellende Brunnen, 1902 von Friedrich von Thiersch konzipiert, wurde sinnvollerweise neben dem von ihm entworfenen Haus für Handel und Gewerbe Maximiliansplatz 8 (s. dort) in den Eschenanlagen errichtet – enthüllt am 2. August 1911 (H. K. Marschall; nach A. Toussaint bereits am 3. Juni 1902 „unter Wasser gesetzt") –, dort wo seit 1968 der vom Karlsplatz transferierte Nornenbrunnen steht. Der im Zweiten Weltkrieg beschädigte Merkurbrunnen war im städtischen Bauhof gelagert und wurde nach seiner Restaurierung 1975 im Tal/Ecke Hochbrückenstraße unter einer (historischer Altstadtstruktur fremden) Baumgruppe neu aufgestellt. Die steinerne Schale auf gedrungenem Balusterfuß trägt auf einem zylindrischen Postament mit den Wasserausläufen die Bronzefigur Merkurs nach Modell von Hugo Kaufmann, die dem als Prototyp manieristischer Plastik häufig kopierten Urbild des Giovanni da Bologna von etwa 1574 (Florenz, Museo Nazionale) ziemlich getreu nachgebildet ist; die Figur des auf einem Windstrahl zum Flug ansetzenden Gottes war wegen ihrer raffinierten Balance seit jeher berühmt.
Der Beckenrand trägt die (neuere) eingravierte Inschrift „Merkurbrunnen gestaltet 1902 von Friedrich von Thiersch", der Kopf des blasenden Windes die Signatur der (von 1896–1909 existierenden) Erzgießerei Renaissance München. (Die darüber gleichsam schwebende derzeitige Figur Merkurs ist ein Nachguss von 1994 als Ersatz für das gestohlene Original, dessen Verbleib bis jetzt nicht geklärt wurde.)

[**Tal 15.** *Däntl-Haus*, erbaut 1936 für den Kaufmann Johann Baptist Däntl als Ersatz für eine Baugruppe von ca. 1870 (nach dem Zweiten Weltkrieg um 5. Obergeschoss aufgestockt); an der abgeschrägten Ecke Steinfigur eines Bäckergesellen mit Inschrifttafel an der Konsole („Hier neben stand das Haus, welches Kaiser Ludwig der Bayer der Bäckerbruderschaft schenkte, weil die Bäckerknechte in der Schlacht bei Ampfing am 28. Sept. 1322 ihm das Leben gerettet").
Die frühere Bebauung – mit einem Teil der Hochbrücke davor – ist auf einem Kupferstich von Ferdinand Bollinger (s. Abb.) dargestellt: an der Ecke vorspringend das turmartige Haus der Bäckerknecht-Bruderschaft mit reicher Fassadenmalerei des 18. Jh. in Rokokoformen (Bau im Kern älter, vielleicht Rest einer Stadtbefestigung am Kaltenbachtor; vgl. Stadtmodelle von Sandtner 1570 und Seitz um 1850), u. a. Privilegienerteilung an die Bruderschaft durch Kaiser Ludwig samt Inschriften sowie mehrere Heilige; rechts davon die Südseite (mit Einfahrtstor) der Horbruck- oder Hochbrückmühle, gleichfalls mit Rokoko-Fassadenmalerei (u. a. hl. Johannes von Nepomuk). Die Baugruppe wurde 1870 abgetragen.]

[***Tal 16.** Die Fassade des späten 18. Jh. wurde in originaler Form am Neubau von 1965 rekonstruiert. Auf Sandtners Stadtmodell (1570) zweigeschossig mit nach links ansteigendem Pultdach, auf

Stimmelmayrs Skizze (2. Hälfte 18. Jh.) viergeschossig, demnach bald danach aufgestockt. Das einstige, im Kern vielleicht noch teilweise mittelalterliche Bürgerhaus, laut Begehungsprotokoll von 1962 mit Erdgeschossgewölben (Flur) und Dachstuhl „wohl des 17. Jahrhunderts" (?) sowie Stuckdecken und Brettbaluster-Treppengeländer des späten 18. Jh., wurde 1965 als baufällig abgetragen und von der Stadtsparkasse als neuer Eigentümerin 1965/66 durch einen Bürohausneubau mit einer Nachbildung der frühklassizistischen Fassade – doch mit etwas gesteigerten Geschosshöhen – ersetzt (Arch. Enno Burmeister).
Stimmelmayr charakterisiert das „Kramer Haus, wenigst jetzt, nebst einigem Eck und Winkl", da die dreiachsige Front neben dem schräg anschließenden Nachbarhaus links (s. Nr. 18) zurückspringt und selbst mit einer Schrägachse zum zurückgesetzten Haus Nr. 14 überleitet. Die fünfgeschossige Putzfassade (samt der westlichen Seitenachse) wird durch rustizierte Lisenen und reich profilierte Fensterumrahmungen sowie variierte Brüstungsfelder mit zarten Stuckgirlanden und -rosetten gegliedert; die Mittelachse betont über dem 1. Stock ein Medaillon (ehem. Madonnenbild?), unter dem letzten, vier Fenster umfassenden Geschoss eine Halbrundblende zwischen Voluten. Das rustizierte Erdgeschoss ist jetzt in drei Stichbogenarkaden geöffnet (ehemals Haustür in der linken Achse). – Den frühklassizistischen Umbau dürfte der Handelsmann Matthias Auer, Eigentümer 1782–98, veranlasst haben, da sich zwischen diesen Daten der Wert des Hauses verdoppelte. (Ein barockisierendes Neubauprojekt von Emil Ludwig 1899 wurde nicht realisiert.)]

Tal 18 (ehem. 69). Auf Sandtners Stadtmodell (1570) schmales Eckhaus mit hohem, ostseitig zum Radlsteg (Kaltenbach) geneigtem Pultdach und lisenengegliedertem Halbgiebel an der schmalen dreiachsigen Nordseite zum Tal hin (hier Eingang

Tal 18; Aufn. 2005

Tal 16; Aufn. 1996 (kein BDm)

links neben der Ecke); das Eckhaus bildete mit dem Nachbarhaus (heute Nr. 16, s. dort), dessen Straßenfront bis heute leicht zurückgesetzt ist, einen Block mit gemeinsamem Dachfirst. Gemäß Häuserbuch IV (1966) werden beide Häuser – in der östlichen Stadterweiterung schon des 13. Jh. gelegen – im 15. Jh. erwähnt; das Eckhaus war vom 16. bis ins frühe 19. Jh. ein Bäckeranwesen, der sog. Küchelbäcker.

Neu- oder gründlicher Umbau und Aufstockung des Altmünchner Bürgerhauses vielleicht in der Zeit von etwa 1700 bis 1740 (Wertsteigerungen). Auf Stimmelmayrs Skizzen (2. Hälfte 18. Jh.) ist das Haus viergeschossig dargestellt („das Küchelbacher Eckhaus, etwa ‚Zum Fischer' genannt"; nach Hauseigentümer 1773/74, dem Bäcker Johann Georg Fischer), mit Tür etwa in der Mitte der Längsfront am Radlsteg.

Der Bestandsplan von 1872 zeigt den nach Süden lang gestreckten Bau ohne Hof noch mit Eingang in der abgeschrägten rechten Achse der vier Fensterachsen umfassenden Nordseite am Tal, mit anschließendem engem Flur entlang der Westwand und inliegender Treppe sowie straßenseitig aufgereihten Zimmern. 1872/73 erfolgte durch Baumeister J. Thomas ein Umbau im Auftrag der Privatiere Anna Dreisser, von der das Anwesen (nach Häuserbuch IV 1966) 1873 an den Gutsbesitzer August von Bauer-Breitenfeld überging. Das Erdgeschoss wurde vollständig in Läden aufgeteilt. Den Eingang etwa in der Mitte der Längsseite verband der Flur mit dem neuen Treppenhaus. Etwa die Hälfte der Zwischenwände wurde ausgewechselt bzw. verlegt, die Kamine erneuert. Zwischen den schon vorhandenen Risalit- oder Pavillonaufbauten (4. Obergeschoss) im Norden und Süden, die bereits auf dem Seitzschen Stadtmodell (Mitte 19. Jh.) zu erkennen sind, erfolgte entlang dem Radlsteg eine Aufstockung („Angleichung"; zuvor Dachgauben). Aus dieser Zeit dürfte auch die vorhandene spätklassizistische Putzgliederung stammen. – 1880 Ladenumbau im Nordteil (mit Eisensäule). 1882 „Erhöhung der Fenster" (doch wohl allenfalls im 1. Stock, da die der drei oberen Geschosse bis heute kleinformatig sind).

Tal 19. Ursprünglich zwei Anwesen (seit 1866 im Besitz vereint), östlich das Eckhaus an der Dürnbräustraße ein Hufschmiedhaus, auf Sandtners Stadtmodell von 1570 dreigeschossig mit Südgiebel, auf Stimmelmayrs Skizze (gegen 1800) viergeschossig mit zwei Ohrwascheln an der südwärtigen Traufseite; westlich anschließend ein Weißgerber- bzw. Lodereranwesen, 1570 zweigeschossig mit Zinnengiebel, nach Stimmelmayr dreigeschossig mit zwei Ohrwascheln. Ein 1889 vom damaligen Eigentümer des Doppelanwesens, dem Architekten Johann Baptist Grassl, geplantes fünfgeschossiges Neurenaissancehaus wurde nicht ausgeführt.

Die Neubebauung in Form eines Wohn- und Geschäftshauses erfolgte erst 1894/95 nach Plänen des Architekten und Baugeschäftsinhabers Ludwig Herrmann, der das Eckgrundstück 1894 erworben hatte. Die Bauakten erwähnen die Mitwirkung von Architekt Carl Herrmann. Der fünfgeschossige Südteil mit Hauptfront zum Tal hin und der nur dreigeschossige Nordflügel entlang der schmalen Dürnbräustraße umschließen einen westseitigen Hof. Das Erdgeschoss des Vorderhauses zum Tal hin enthielt ursprünglich drei Läden, die 1899 beim Umbau für den Kleiderhändler Pinkus Kalter zusammengefasst wurden (Arch. Ludwig Herrmann; 1913 Verbindungstreppe zum 1. Stock). Das von seiner Gründung 1888/89 bis in die NS-Zeit einer aus Polen stammenden jüdischen Familie gehörende Geschäft J. Kalter, Herren- und Knabenbekleidung, war durch den Werbeslogan „Kalter Haus/Goldene 19" bekannt (nach der Hausnummer), weil kein Kleidungsstück mehr als 19 Mark kostete. Der niedrigere Nordflügel enthielt drei Läden, die ebenfalls später umgebaut und vereinheitlicht wurden, u. a. 1914 (Weinwirtschaft). Der Hauseingang liegt etwa in der Mitte der Seitenfront; vom Trep-

Tal 19; Aufn. 2005

penhaus mit Spiraleisengeländer zugänglich sind die im Vorderhaus gelegenen Großwohnungen (mit hakenförmigem Flur) und die kleineren Wohneinheiten im niedrigeren Nordflügel. Die Südfassade zum Tal hin mit Mittelerker wies ursprünglich eine prächtige neubarocke Gliederung und Dekoration auf; sie wurde 1935 durch Architekt Max Wiederanders im Auftrag der Geschäftsfrau Eda Kalter (Hausbesitzerin seit 1927) vereinfachend umgestaltet.

Tal 20. Die städtebaulich markante Ecksituation Tal/Radlsteg-Ostseite, mit der die im 1. Drittel des 14. Jh. ostwärts bis zum Isartor verlängerte südliche Baulinie des Tals eröffnet wurde, ist auf Sandtners Stadtmodell (1570) mit zwei stattlichen viergeschossigen Bürgerhäusern (früher Tal 67 und 68) besetzt, deren Pultdächer sich zu einer Giebelform bzw. zu gemeinsamem Satteldach vereinen; die längere Westseite von Nr. 68 war dem Katzen- oder Radlbach zugewendet (vgl. Radlsteg). Auf Stimmelmayrs Skizze (gegen 1800) ist Nr. 67 fünfgeschossig mit zwei Ohrwascheln, Nr. 68 („Kramer an der Hochbrücke nebst Bach zum Radlsteg") mit Zwiebelturmerker an der Ecke dargestellt. Ein Foto von 1895 zeigt Nr. 67 dreiachsig/fünfgeschossig mit schlicht spätklassizistischer Fassade, am viergeschossigen Haus Nr. 68 hat der Eckerker sein Kuppeldach verloren (Stadtvergleich 1996, S. 108). Das ehem. Eckhaus Nr. 68 wurde 1896 von der Stadt erworben und abgebrochen, seine Grundfläche zur Erweiterung des Radlstegs verwendet. An der Stelle von Nr. 67 entstand 1896/97 das heutige Eckhaus Nr. 20 mit nur zwei (Doppel-)Achsen an der Nordseite, das sich auf schmaler, hofloser Parzelle dem Radlsteg entlang nach Süden erstreckt. Bauherr des Geschäfts- und Wohnhauses war zunächst (Juli 1896) der Kaufmann Jakob Lissauer, den im Oktober (Pläne von Baugeschäft Heilmann und Littmann) die Fa. Gebrüder Jakob und Paul Schulhoff, Modewarenhandlung, ablöste; im September 1897 war der Neubau fertig. 1908 Umbauten in Erd- und Dachgeschoss durch Heilmann und Littmann. Die neubarocke Fassadengliederung wurde wohl schon vor dem Zweiten Weltkrieg vereinfachend auf flächig-geometrische Grundstrukturen (Lisenen, Brüstungsfelder) reduziert. Die beiden unteren, geschäftlich genutzten Geschosse sind in großen Schaufensterarkaden zusammengefasst und deutlich von drei Wohngeschossen darüber – jedes mit einer Drei- und einer Vierzimmerwohnung – geschieden. Etwa in der Mitte der Längsseite ist der Hauseingang situiert, über ihm das Treppenhaus an den in der Höhe versetzten Fenstern und dem Zwerchhaus ablesbar. Die

Tal 20 (links), rechts Tal 18, dazwischen Radlsteg); Aufn. 2005

Tal 20; Aufn. 2005

drei nördlichen Fensterachsen der Längsfassade sind als mit einem hohen Schweifgiebel abgeschlossener, risalitartiger Eckpavillon gestaltet, der vor die Baulinie der Westhälfte des Tales tretend einen städtebaulich wirkungsvollen Blickfang bildet; das 1. Wohngeschoss dieses Ecktraktes begleiten Längsbalkone mit dekorativen Eisengittern, die Mittelachse der Giebelteilfront ist zusätzlich durch Schweifbalkone in den beiden oberen Geschosse bereichert.

Tal 21. Ehem. *Dürnbräu*. Auf Sandtners Stadtmodell von 1570 zwei Häuser, westlich ein dreigeschossiges Eckhaus mit zur Dürnbräugasse geneigtem Pultdach, östlich ein dreigeschossiges Traufseithaus mit Ohrwaschel rechts; das Eckhaus war das Dürnbräu-Anwesen, benannt nach einem Bierbrauer Georg Dürr im 1. Drittel des 17. Jh., das rechts benachbarte Haus ein Bäckeranwesen. Stimmelmayr (gegen 1800) stellt beide Häuser viergeschossig dar, mit einem Zwiebeltürmchen an der Ecke.
Der Dürnbrauer Johann Nepomuk Schwanghart, seit 1819 im Besitz des Brauhauses, erwarb 1825 auch das Bäckeranwesen und ließ an beider Stelle um 1828 den (mit Veränderungen) noch bestehenden, ursprünglich viergeschossigen Bau aufführen (nach Häuserbuch I 1958). Ab 1863 im Besitz des Bierbrauers Gabriel Sedlmayr bzw. später der Spatenbrauerei. Zugehörig als Rückgebäude (früher mit Brauhausnutzungen) stets Dürnbräustraße 2.
Allein die Südfassade zum Tal hin weist eine klassizistische Gliederung auf; die vier mittleren Fensterachsen sind näher zusammengerückt, die Geschosse durch Gurtgesimse getrennt, auf denen die Fenster stehen, die im 3. Obergeschoss zusätzlich mit Sohlbankkonsolen. Nicht erhalten sind (vgl. Plan von 1901, Ansicht von 1928) die Brüstungsfelder unter den Fenstern des 1. Stocks, die geraden Fensterverdachungen im 1. und 2. Stock und das Konsolgesims an der ehem. Traufe (Vereinfachungen möglicherweise 1936). Im rustizierten Erdgeschoss ursprünglich Kellerfenster und hoch sitzende Rundbogenfenster, in der 2. Achse von rechts rundbogiges Einfahrtstor (dem links spiegelbildlich eine Blendarkade entsprach), rechts außen die Haustür, an die sich die schmale, geradlinige Treppe zum 1. Stock anschloss; links daneben war die U-förmige Treppe zu den oberen Geschossen situiert. Das Erdgeschoss umfasste (nach Grundrissen von 1883 und 1901) links von der Durchfahrt das vier Fensterachsen breite Gastzimmer der Wirtschaft, links davon im Eckbereich (mit zwei Südfenstern) das Nebenzimmer, dahinter die Küche. In

Tal 21; Aufn. 2005

den Obergeschossen weiträumige, durch hakenförmigen Flur erschlossene Wohnungen, von denen fakultativ eine kleine Wohneinheit im Nordteil des Seitenflügels an der Dürnbräugasse abgeteilt werden konnte, zugänglich durch eine eigene kleine Wendeltreppe am Nordende. Die Westfassade mit 8 bzw. 9 Fensterachsen ist (wohl von jeher) völlig schmucklos.
1901 Erneuerung des abgebrannten Dachstuhls. 1936 Umgestaltung der Gaststätte sowie ihrer Fassade (Fa. Karl Stöhr), mit volkstümlich-figuralen Malereien an den Fensterpfeilern (Trachtenmotive). 1984–86 Umbau und Aufstockung um ein 4., äußerlich angepasstes Obergeschoss (Arch. Helmuth Boos), Erdgeschoss als Bankfiliale völlig umgestaltet und nordöstlich in den Hofbereich erweitert, mit geänderter Fassade (Hauptmotiv hohe, bis zum Boden verlängerte Rundbogenöffnungen), auch die Obergeschoss-Grundrisse z. T. verändert; Treppenhaus heute am Nordende. Nordseitig (Dürnbräustraße 2) gleichzeitig statt bisheriger, oft umgestalteter und erneuerter Rückbebauung Neubau eines dreigeschossigen Bürogebäudes mit Gaststätte Zum Dürnbräu im Erdgeschoss. 2003 Erdgeschoss im Eckhaus, bislang Bankfiliale, für neue geschäftliche Nutzung umgebaut.

Tal 24 (früher 65). Von dem 1857 für den Eisenhändler Johann Ev. Schweykart erbauten viergeschossigen Eckhaus (auf dem Seitzschen Stadtmodell um 1850 ist das Grundstück gerade unbebaut; auf Sandtners Stadtmodell 1570 ein Pultdachhaus) sind aus Gründen des Stadtbildes in den Geschäftshausneubau der Fa. Möbel-Huber (heute „Hess im Huber-Haus") 1977/79 (Arch. Illig u. Partner) nur die vier Fensterachsen breite Hauptfassade zum Tal und zwei Achsen an der Küchelbäckerstraße erhalten geblieben (Erdgeschoss verändert, Aufstockung; um 2000 abermals Umbau). Die Fassadengestaltung ist schlicht, mit für das mittlere 19. Jh. typischen dünnen Archivolten über den Stichbogenfenstern im 1. u. 2. Stock; an der Ecke im 1. Stock gotisierende Hausmadonna (freie Nachbildung des beschädigten Originals). Dem Geschäftshausneubau angeschlossen wurde, außen als gestalterisch selbständige Einheit (fünf Geschosse, drei Achsen) ablesbar, das schmale östliche Nachbargrundstück (ehem. Tal 64), das an die alte Kommunwand von Nr. 26 grenzt.

Tal 24; Aufn. 1995

Tal 21; Zustand 1901

Tal 24, Hausmadonna

Tal 26; Aufn. 1995

Tal 26. Ehem. *Metzgerbräu.* Von den beiden Häusern mit seit 1907 gemeinsamer Nummer ist das breitere linke (Ostteil) trotz seiner äußeren Schlichtheit eines der interessantesten der Altstadt, heute noch dreigeschossig mit fünf Fensterachsen wie schon auf Sandtners Stadtmodell von 1570, daher im Kern wohl ins 16. Jh. zu datieren. Auffällig ist die im Vergleich zur Umgebung bzw. dem üblichen Altstadthaus ungewöhnliche Geschosshöhe. Der Stadtplan von J. Consoni (1806) zeigt das Haus mit zum einstigen Rückgebäude an der Westenriederstraße (Nr. 23) überleitenden schmalen Seitenflügeln, die in stark verkürzter Form noch vorhanden sind. Das (nicht unterkellerte) Vorderhaus besitzt ein im Vergleich zur Darstellung auf dem Sandtner-Modell offenbar steileres Dach. Der mächtige dreigeschossige Dachstuhl, einer der seltenen noch historischen in der Altstadt, ist gemäß seiner technisch relativ aufwendigen Konstruktion etwa in die Zeit um 1600 zu datieren. Die Kombination eines liegenden Kehlbalkendaches mit Hängesäulen, wodurch die Last auf die Außenmauern übertragen wird, ermöglichte die Anlage eines Saales im 2. Obergeschoss, der wohl in der 1. Hälfte des 19. Jh. (nach den schlicht spätklassizistisch-biedermeierlichen Türen und Beschlägen zu schließen) durch Zwischenwände zu Wohnzwecken unterteilt wurde. 1996 wurde die durch barocke profilierte Stuckrahmen gegliederte Hohlkehlendecke des ehem. Saales und des nördlich angrenzenden Vorsaa-

Tal 26; Dachwerksmodell von Hilmar Goll, 1997

Tal 26, Stuckrahmendecke im 2. Obergeschoss; Aufn. 1997

les freigelegt, den Formen nach um 1710/20 zu datieren (also jünger als der Dachstuhl, wohl nicht die älteste Saaldecke). Teile einer gleichartigen Stuckfelderdecke wurden im nördlich benachbarten Raum im westlichen Hofflügel freigelegt, an den Hofwänden außen Spuren einer Fassadenbemalung des 18. Jh. (mit Feldern) festgestellt. Vom 1. zum 2. Stock führt eine Treppe mit kräftigen klassizistischen Holzbalustern (um oder bald nach 1800). Im Erdgeschoss des östlichen Seitenflügels ist ein Raum mit zwei der Tonnenform angenäherten böhmischen Kappen und Zwischengurt erhalten (wohl klassizistisch).

Stimmelmayr (gegen oder um 1800) skizziert das linke Haus (unzutreffend nur vierachsig) mit Rundbogentor rechts – das „Metzger Bräu Haus mit großer Einfahrt, wo die Metzger nach dem Brunnenspringen am Fastnacht Montag einzogen" (im Zusammenhang mit dem alten Brauchtum des Metzgersprunges).

Der seit 1765 überlieferte Name „Metzgerbräu" konnte bisher nicht eindeutig geklärt werden. Die seit dem 15. Jh. nachgewiesene Brauerei – eine der größten im alten München (für die 1800 das Rückgebäude umgebaut wurde) – wurde bis zum Erwerb durch die AG Brauerei zum Münchner Kindl 1887 betrieben, danach nur noch die Gaststätte weitergeführt. Daneben ist seit dem 16. Jh. die für das Tal typische Funktion als Fremden-Herberge (Einkehr-Gasthof für Warenzüge) gesichert.

Tal 26; Aufn. 2005

Tal 26, Treppe vom 1. zum 2. OG; Aufn. 1997

Das schmale rechte (westliche) Haus, vom 16.–18. Jh. im Besitz von Lebzeltern, gibt das Sandtner-Modell dreiachsig mit drei Geschossen, Flacherker und nach Westen geneigtem Pultdach bzw. Halbgiebel wieder; bei Stimmelmayr ist es ein viergeschossiges Traufhaus mit Ohrwaschel links. 1890 ließ es der Privatier Heinrich Franz Schmidt durch einen fünfgeschossigen Neubau mit (nach dem Zweiten Weltkrieg radikal vereinfachter) Neurenaissancefassade ersetzen, in den vielleicht bis zum 1. Stock (1995 noch mit drei Fenstern) Substanz vom Vorgängerbau einbezogen wurde. Die Erschließung erfolgt durch einen – im Vorderteil auffallend engen, wohl älteren – Flur entlang der Westmauer. Daran schließt sich links die Treppe zum 1. Stock mit Oberlicht an; die Fortsetzung, beiden vereinigten Häusern gemeinsam, ist nach links (Osten) verlagert. Die Unionsbrauerei Schülein u. Cie., ab 1905 Eigentümerin beider Häuser, ließ 1906/07 das Erdgeschoss als Gaststätte umbauen und durch eine

Tal 26, Dachstuhl; Aufn. 1997   Tal 26, Dachstuhl; Aufn. 1997

beide Gebäudeteile vereinende Fassadengestaltung mit Putzrustika und großen Rundbogenöffnungen zusammenfassen (vgl. Abb. bei Bauer 1982), die inzwischen wieder beseitigt wurde. Damals wurden auch die drei Fenster im 1. Stock des westlichen Gebäudeteils unten verkürzt. Das 1906/07 nach Entwurf von Lorenz Krieg in Deutscher Renaissance neu erbaute stattliche Rückgebäude Westenriederstraße 21 (mit 22, 23) ist nicht erhalten (Nachkriegsneubau).

Bei der grundlegenden Sanierung des längere Zeit leer stehenden, vernachlässigten Doppelhauses 1996 ff. erhielt der niedrigere linke (östliche) Bauteil drei neue große Rundbogenöffnungen im nunmehr in Putz rustizierten Erdgeschoss und einen Dachausbau mit zwei Rängen von Schleppgauben. An der Fassade des rechten, höheren Gebäudeteils wurden Erdgeschoss und 1. Stock zu Geschäftszwecken zusammengezogen und modern gestaltet, die drei oberen Geschosse erhielten eine Redaktion in Annäherung an die frühere Neurenaissancegliederung.

ARCHÄOLOGISCHE BEFUNDE: Parzellenbebauung vermutlich des Spätmittelalters und der Neuzeit (Fundst.-Nr.: 7835/0401). Umbau- und Renovierungsmaßnahmen machten punktuelle Fundamentuntersuchungen notwendig. Unter dem Fußboden hatten sich mehrere Befunde erhalten, darunter eine Grube mit Abbruchmaterial eines Ofens. Eine der

Tal 28; Aufn. 2005   ▷

Sondagen lag an der Grenze der Kommunmauer und ergab eine Kontinuität der Parzellengrenzen von der ersten Bebauung bis heute.

Tal 28 (vgl. Westenriederstraße 37). Schmale, sehr tiefe Parzelle mit drei westseitigen Höfen und drei Rückgebäuden, als letztes im Süden das immer zugehörige Haus Westenriederstraße 37. Vom 16. bis ins 19. Jh. Bäckereianwesen (zum Hausnamen Draxlbäcker vgl. Stahleder 1992).

Das Vorderhaus im Tal bis zum 2. Stock im Kern wohl spätmittelalterlich (Deckenbalken im Erdgeschoss dendrochronologisch 1522–24) – auf dem Stadtmodell von Sandtner (1570) dreigeschossig und drei Fensterachsen breit, auf der Skizze von Stimmelmayr (späteres 18. Jh.) bereits fünfgeschossig (doch Öffnungen im Erdgeschoss nicht angegeben). Die im späten 18. Jh. erfolgte Aufstockung ist an dem die Fassade in halber Höhe teilenden profilierten Gurtgesims ablesbar. Die beiden Obergeschosse des Bürgerhauses sind niedriger, mit profilierter Traufe und altem Dachstuhl. Die Gestaltung der Putzfassade mit Blenden um die Fenster und Scheitelsteinen im unteren Teil sowie Fensterfaschen und Brüstungsfeldern in den beiden Obergeschossen zeigt frühklassizistisches Gepräge, stammt jedoch vielleicht aus zwei verschiedenen Phasen. Erdgeschoss verändert; über dem 1. Stock Ovalrahmen (zuletzt leer, jetzt neubarockes Marienbild). Fassadenrenovierungen fanden 1966 und 1995 statt, bei der letzten wurde die Ladenfront analog dem Zustand um 1900 gestaltet. Erschließung des Erdgeschosses durch schmalen Flur links, der die an der Kommunwand gelegene Treppe umschließt; in den Obergeschossen belichtete Wohnräume nur zur Straße (je zwei) bzw. zum ersten Hof, dazwischen Nebenräume samt Küchen; ein weiterer Wohnraum seitlich vom ersten Hof. Im 1. und 2. Stock des Vorderhauses Wohnungstüren mit geschweiften Füllungen (2. Hälfte 18. Jh.); im Dachstuhl eine Stütze bez. MS 1790 (Matthias Spöckmayr, Bäckermeister, damals Hausbesitzer). Die Umbaumaßnahmen des Jahres 1874 betrafen vor allem das Erdgeschoss (Ladeneinbau, Verlegung der Treppe). Die Höfe sind durch offene tonnengewölbte Durchfahrten (vgl. Flur von Westenriederstraße 37) in den dreigeschossigen Rückgebäuden verbunden, die hofbegrenzende Kommunmauer zum Nachbaranwesen (Tal 26, Westenriederstraße 35) ist alt, vielleicht noch spätmittelalterlich, mit Kommunzeichen (sog. Lichtnischen). Das erste (nördlichste) Rückgebäude dendrochronologisch (Deckenbalken über 1. Stock, Dachstuhl) 1770/71 datiert, mit Brettbalustern am Treppengeländer; Keller mit Mittelpfeiler, flachbogigen Gurten und vier flachen böhmischen Kappen.

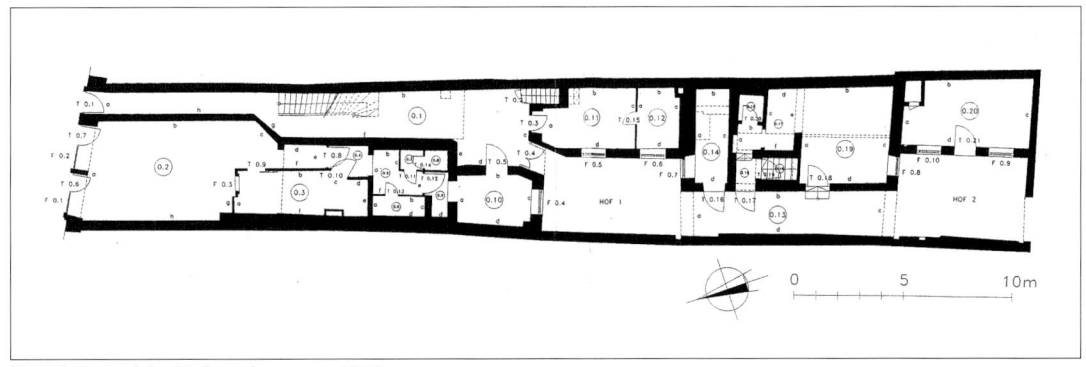

Tal 28; Grundriss Erdgeschoss, um 1990

Tal 30 (re. 28); Aufn. um 1900 | Tal 30; Aufn. 1990 (kein BDm)

[**Tal 30.** Neubau von 1985, mit Nachbildung der Putzfassade (in der Art des späten 18. Jh.) des abgebrochenen Vorgängerbaues (ehem. Gasthaus zum Soller). Der traditionsreiche Soller-Gebäudekomplex mit zwei Rückgebäuden hintereinander entstand durch Vereinigung und Umbau zweier Häuser – auf Sandtners Stadtmodell um 1570 jeweils dreigeschossig mit Flacherkern und Halbgiebelgauben – im Jahre 1782, mit um diese Zeit neu gestalteten frühklassizistischen Fassaden. Noch Stimmelmayrs Skizze (späteres 18. Jh.) zeigt die beiden Häuser gestalterisch unterschieden, das breitere östliche inzwischen aufgestockt. – Die Fassadengestaltung im Tal von 1985 wiederholt einen Zustand, der auch auf der Ansicht von 1939 in Häuserbuch IV (1966) erscheint und mit der des gleichfalls 1985 abgebrochenen Rückgebäudes Westenriederstraße 39 übereinstimmt, nicht jedoch mit älteren Aufnahmen von ca. 1900 (z. B. bei Bauer 1982); bei dem letzten Zustand scheint es sich um eine jüngere Redaktion analog dem Rückgebäude gehandelt zu haben.]

[**Tal 36** (früher 56). Schmales Eckhaus mit Längsseite an der Sterneckerstraße, im Kern Neubau in aufwendiger Neurenaissance, 1889 von Heilmann und Littmann für Firma A. Gerstle (Geschäftsbereich mit großen Öffnungen in Erd- und 1. Obergeschoss), darüber zwei Wohngeschosse, Dach im Eckbereich ursprünglich als hoch ragender Pyramidenstumpf; durch fast vollständige Fassadenvereinfachung entwertet.]

Tal 38 (früher 54). Ehem. *Sterneckerbräu* (Gruppe mit Sterneckerstraße 1 und Westenriederstraße 45, s. dort). Das stattliche

Eckhaus in Deutscher Renaissance wurde 1901/02 von Heilmann und Littmann an der Stelle von zwei (ursprünglich drei) Vorgängerhäusern für den Brauereibesitzer Joseph Höcherl errichtet, ehemals mit Gastwirtschaft Sterneckerbräu im Erdgeschoss, die in der Frühgeschichte der NSDAP deren frequentiertes Versammlungslokal wurde – 1919–25 erste Geschäftsstelle, 1933 als Parteimuseum mit sog. Gründungszimmer eingerichtet. – Die Fassaden mit rustikagerahmten Erdgeschossarkaden (heute Schaufenster) wurden in den vier Obergeschossen z. T. vereinfacht, mit asymmetrischer Erkerkomposition in der Mitte der Hauptseite zum Tal, polygonaler Ecklösung und mit Flacherker an der Seitenfront; die ehemals steilere Dachzone nach Luftkriegsschäden stark reduziert, ursprünglich mit hohem Schweifgiebel über der Mitte und Kuppelturm über der Ecke. (Besser erhalten ist das gleichzeitig erbaute Eckhaus Westenriederstraße 45 – s. dort –, ein zum Sterneckerbräu gehöriges Rückgebäude.) Nach Schließung der Gaststätte (1957) Erdgeschoss zu Möbelgeschäft umgebaut.

Von den drei Vorgängerhäusern war das westliche an der Ecke traditionell der Sterneckerbräu; auf dem Stadtmodell von J. Sandtner (1570) drei zweigeschossige Häuser (von Osten: mit Zinnengiebel, Traufsatteldach, Pultgiebeldach, ähnlich noch auf der Skizze von Stimmelmayr gegen 1800, doch statt des Zinnengiebels Pultdach). Vor dem Abbruch (1901) hatte das viergeschossige Eckhaus (schon auf zwei zusammengefassten Parzellen) eine schlichte klassizistische Fassadengestaltung.

[**Tal 40.** Wohn- und Geschäftshaus von 1900/01 mit Mittelerker, wiederaufgebaut um 1950; vgl. im Einzelnen Westenriederstraße 47 (Rückgebäude von Tal 40).]

Tal 41. Hotel *Torbräu*. Das dem Isartor benachbarte Hotel nimmt den Platz dreier zweigeschossiger Bürgerhäuser aus dem Spätmittelalter ein; das Stadtmodell von Sandtner 1570 (und noch Stimmelmayrs Skizze aus dem späteren 18. Jh., erstmals mit dem Namen Thor Bräuer) zeigt ein baulich ineinander verschränktes Doppel-Halbgiebelhaus an der Ecke zur Pflugstraße; das östlich anschließende Anwesen wird 1570 als Bräuhaus erwähnt.

Auf den vereinigten Parzellen ließ der Bierbrauer Franz Xaver Duschl 1809 einen fünfgeschossigen klassizistischen Neubau aufführen. Ihn ersetzte 1899/1900 der im Auftrag des Gastwirts Stefan Scheuerer errichtete Hotel-Neubau von Georg Hamann, ein stattliches fünfgeschossiges Eckhaus in deutscher Renaissance. Nach schweren Luftkriegsschäden erfolgte 1946–51 der

Tal 36, 38, 40 (von rechts); ▷
Aufn. 1995

Tal 38, Fassadendetail

Tal 41; Aufn. 1995

Wiederaufbau in stark reduzierter Form. Von der originalen Gestaltung blieben die Erdgeschoss-Arkaden (heute offen) des Café-Restaurants und der Balkon im 2. Stock (mit neuem Gittergeländer) übrig; verloren sind die auffälligsten Details wie die zweiachsige Balkonloggia darüber im 3. Stock, die von einer Zwiebelkuppel bekrönte Eckloggia im 3. Stock und das reich gegliederte, geschweifte Zwerchhaus in der Mitte der Hauptfront. Der breite Balkon über dem Erdgeschoss ist eine Zutat der Wiederaufbauzeit.

Tal 43. Auf Sandtners Stadtmodell von 1570 ein dreigeschossiges Traufseithaus mit hohem Dach. Auf Stimmelmayrs Skizze des Torbräu-Stocks (gegen 1800) viergeschossig („Kupferschmied Eck", da im 18. Jh. im Besitz von Kupferschmieden), so auch noch auf dem Seitz-Modell der Stadt (Mitte 19. Jh.). Neubau als Geschäfts- und Mietshaus 1896/97 von Georg und Michael Dosch für Johann Grauvogl, städt. Buchhalter, fünfgeschossig mit Fassade in deutscher Renaissance. Auf schmalem, lang gezogenen Grundstück, mit linksseitiger, am Nordende des Hofes nach rechts abgewinkelter Rückbebauung. Im Erdgeschoss Laden mit drei Arkadenöffnungen, rechts Rundbogentor und Durchfahrt, links von ihr rückseitig die zweiläufige Treppe, in den Obergeschossen je eine Wohnung, mit Nebenräumen rückseitig links vom Hof verlängert. Nach Luftkriegsschäden wurden nur die drei unteren Geschosse wiederaufgebaut (Pläne 1947 von Robert Heck). 2005 Aufstockung um zwei Geschosse mit den zerstörten Oberteil der Fassade rekonstruierender Gestaltung (Arch. Meier-Scupin u. Partner). Im 1. Obergeschoss drei breite Stichbogenfenster und Relief Schutzmantelmadonna, in den durch breites Gurtgesims abgesetzten drei oberen Geschossen jeweils drei Doppelfenstergruppen; über den beiden rechten Achsen Schweifgiebel, links davon Dacherker. 1. und 2. Obergeschoss 2005 mit Grundrissänderungen der Wohnungen neu ausgebaut. – Dreigeschossiges Rückgebäude mit Dachgauben 1896/97, 1950 zweigeschossig wiederaufgebaut.

Tal 50. *Isartor.* Die 1337 vollendete Befestigungsanlage wurde 1833–35 durch Friedrich Gärtner restauriert. Im Zuge der Restaurierung erhielt das Isartor ein Fresko von Bernhard Neher d. J. Das Isartor am östlichen Ende der keilförmig gegen den Fluss gerichteten Stadterweiterung des 14. Jh. ist von den Münchner Stadttoren – trotz starker Erneuerungen – das einzige als Ganzes überkommene, zudem eine der stattlichsten Torburgen in Altbayern. Es ersetzte das 1318/19 erwähnte Kaltenbachtor weiter westlich etwa in der Mitte des Tal genannten Straßenzuges. Am gegen Osten vorgeschobenen neuen Tor bezog zu Pfingsten 1337 der Torwächter seinen Posten. Aus der Ursprungszeit stammt allein der stattliche, querrechteckige Torturm, der einzige in München erhaltene. Im Zuge des zwischen 1429 und 1499 erfolgten weiteren Ausbaues der Stadtbefestigung, die durch eine zweite, äußere Mauer samt Graben verstärkt wurde, entstand die dem Turm feldseitig vorgelegte Barbakane – der von Mauern umschlossene Vorhof mitsamt den beiden achteckigen Flankentürmen an den vorderen Ecken, aus deren Schießscharten man mit Handfeuerwaffen Torhof, Graben und Vorfeld bestreichen konnte. Die Torburg – insgesamt ein verputzter Backsteinbau – wurde in die kräftige Farbgestaltung mit einbezogen, welche die Stadtbefestigung im 15. Jh. erhielt; zumindest am Hauptturm sind waagrecht lie-

Tal 43; Aufn. 1995

Tal 43; Aufn. 2005

gende heraldische Rauten – wohl in den Reichs- bzw. Stadtfarben schwarz-gelb – durch Ansichten von 1829 und 1834 sowie Befund von geritzten Umrissen 1972 nachgewiesen.

Bei Erweiterung der Durchfahrt in spätgotischer Zeit entstand die sie an der Ostseite rahmende Mauerverstärkung samt dreilappiger Blende, die seit jeher eine gemalte (mehrfach, zuletzt 1862 von Adolf Baumann erneuerte, 2003 restaurierte) Kreuzigungsgruppe umschloss; weiter oben – etwa in halber Höhe – enthielten zwei kleine Rechteckblenden wohl ebenfalls gemalte Wappen (erkennbar auf Ansichten bis ca. 1830). Möglicherweise handelt es sich hierbei um die Gemälde oben und unten am Isartor, für die Jan Polack 1492 bezahlt wurde. Michael Wolgemuts Holzschnitt in der Schedelschen Weltchronik von 1493 und das Sandtnersche Stadtmodell von 1570 zeigen den Torturm mit mächtigem Steildach (so noch M. Paurs Stadtplan von 1705), die Schildmauer zwischen den durch Gesimse gegliederten, mit Zin-

Tal 50, Isartor, Innenseite; Radierung von F. Bollinger, 1805

nen abgeschlossenen Flankentürmen von einem großen Torbogen durchbrochen, in den die Brücke über den Graben mündet. Die Zahlung, die der Maler Michl Ölgast 1556 für den Ölfarbenanstrich „vom neuen Iserthor" in schwarz mit roten Bändern erhielt (Hartig 1930), dürfte auf neue hölzerne Torflügel zu beziehen sein. Von einer Renovierung trug das Tor früher die Jahreszahl 1608. Im Zusammenhang mit der maximilianischen Wallbefestigung von 1619–45 wurde dem Isartor ein Vortor mitsamt spitzem Ravelin vorgelegt. Spätestens aus dieser Phase dürften die heutigen breit-stichbogigen Geschützscharten der Flankentürme stammen. An der Stadtmauer-Innenseite schlossen sich an den Torturm beiderseits die Häuser des Stadtwagners und des Stadtzöllners an. Die Stadtansicht von B. Bellotto gen. Canaletto von 1761 zeigt den Hauptturm mit einem relativ flachen Walmdach, die Flankentürme mit aufgesetzten Zeltdächern.

Isartor von Osten; Ansicht von H. Adam, 1829

Isartor nach Kriegsschäden; Aufn. um 1945

Als wichtiger Stadtzugang im Zuge der Salzstraße, vom Fluss und von den Vororten am rechten Ufer her nahm das Isartor eine gewisse Vorzugsstellung ein. Es war der Sitz des 1360 erstmals genannten Salzscheibenzöllners, der von jeder Scheibe Salz eine Abgabe erhob – eine der Stadt von den Herzögen regelmäßig, schließlich 1445 „auf ewige Zeiten" zugestandene Bewilligung. Wiederholt fanden hier feierliche Empfänge statt, u. a. 1473 für Kaiser Friedrich III. und 1530 für Kaiser Karl V.; 1634 im Dreißigjährigen Krieg zogen hier Gustav Adolf von Schweden und Friedrich V. von der Pfalz, der böhmische „Winterkönig", ein (Stich von Matthäus Merian); 1836 empfingen die Münchner hier den aus Griechenland heimkehrenden König Ludwig I. (Lithographie von Gustav Kraus).

Im Zuge der Entfestigung Münchens drohte dem Isartor wiederholt der Abbruch; mehrfach entstanden klassizistische Umbauprojekte (z. B. von François Cuvilliés d. J., 1775; Franz Thurn/Ferdinand Bollinger, 1805/07; Klenze, 1822; Ersatz durch einen Triumphbogen mit idealem Platzprojekt von Gustav Vorherr, 1820). Nach Abtragung der Stadtmauern, der seitlichen Hofmauern und der Anschlussbauten standen Torturm und Achtecktürme samt Stirnfront zusammenhanglos und isoliert, dem Verfall preisgegeben da, wie auf mehreren Ansichten um 1820/30 dargestellt. Südwestlich benachbart entstand 1812 das Kgl. Theater am Isartor von Emanuel Joseph von Herigoyen (Ruine 1953 abgetragen; vgl. Westenriederstraße 1), der 1817 einen bemerkenswert substanzerhaltenden Entwurf zur Wieder-

Isartor und Tal-Ostteil; Stadtmodell von Jakob Sandtner, 1570

Tal 50, Isartor von Osten; Aufn. 1989

Isartor mit renoviertem Gemäldefries; Aufn. nach 1954

◁ Isartor von Süden; Aufn. 1989

Isartor, Torturm, Ostseite; ▷
Aufn. 1989

Isartor, Westseite; Aufn. 1989

herstellung des Isartores ausarbeitete; 1829 wurde der Akademiedirektor Peter Cornelius mit einem Restaurierungsvorschlag aktiv. Ein gotisierendes Umbauprojekt von Franz Thurn (1831) sah die Beseitigung des Hauptturmes vor.

Die Rettung des Isartores ist ausschließlich Ludwig I. zu verdanken, der sich schon als Kronprinz 1823 für die Erhaltung eingesetzt hatte. Die vom König 1831/32 gewünschte Instandsetzung mitsamt Wiedererrichtung der Verbindungsmauern zwischen den Türmen lehnte die Stadt als zu kostspielig und zwecklos sowie aus Verkehrsrücksichten ab, worauf Ludwig 1832 beschloss, das Tor auf Kosten seiner eigenen Kabinettskasse zu restaurieren (wofür er ein überschwängliches Dankschreiben des Magistrats erhielt). Die Wiederherstellung durch Friedrich von Gärtner (Baubeginn April 1833) gab der Toranlage ein großenteils neues, romantisches Gepräge und den Charakter eines bayerischen und wittelsbachischen Nationaldenkmals. Der Hauptturm wurde in der Höhe reduziert und durch Eckpfeiler verstärkt; alle drei Türme erhielten dem italienischen Wehrbau des Mittelalters entlehnte, schräg vorgekragte Konsolgesimse; die Verbindungsmauern wurden neu aufgeführt; die östliche Stirnwand, nunmehr mit drei Torbögen und Zinnenabschluss, erhielt

Isartor; Grundriss, 1972

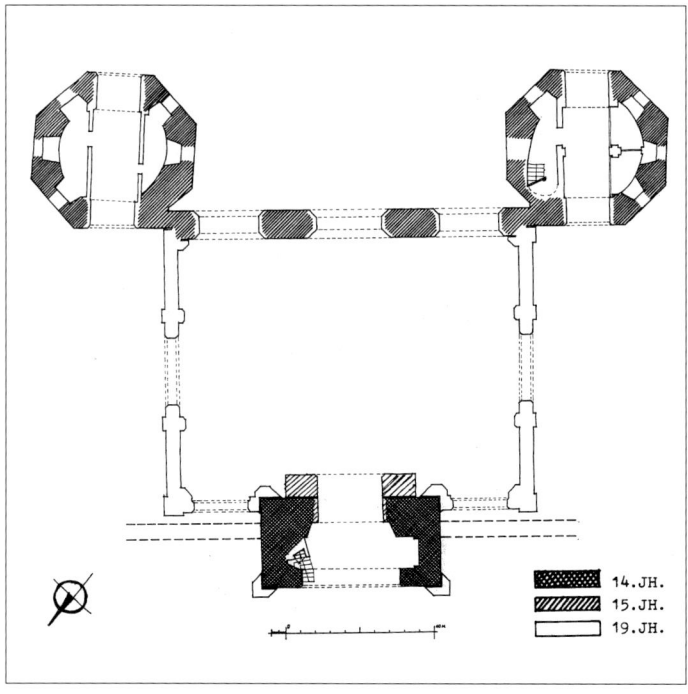

14.JH.
15.JH.
19.JH.

eine reiche gotisierende Lisenen- und Blendengliederung sowie (nach 1945 entfernte) große Sandsteinfiguren der bayerischen Ordenspatrone St. Georg und St. Michael von Konrad Eberhard vor den Zwischenpfeilern. Hauptelement der Neugestaltung wurde darüber der 21,85 m breite, 2,33 m hohe Gemäldefries mit dem monumentalen, vielfigurigen Historienbild des Cornelius-Schülers Bernhard Neher, das den (legendären, unhistorischen) Einzug König Ludwigs des Bayern und des verbündeten Böhmenkönigs Johann von Luxemburg durch das Isartor nach dem Sieg über den Gegenkönig Friedrich den Schönen in der Schlacht bei Ampfing/Mühldorf (1322) schildert. Das am 11. Oktober 1835 enthüllte Gemälde (Karton im Museum zu Weimar erhalten) führte B. Neher unter Mitarbeit von Clemens Kögl in Freskotechnik aus, doch musste es infolge Verwitterung 1881 durch eine Kopie in Keimschen Mineralfarben ersetzt werden (letzte Restaurierungen 1954/Toni Roth, 1971–72 PKZ, 2007 Angelika Post und Robert Zenger, Gröbenzell). Die Achtecktürme erhielten gleichzeitig unter dem Konsolgesims einen Fries aus 32 Wappen von Teilnehmern der Schlacht, der Hauptturm 1860 eine große Uhr, die Flankentürme 1888 Durchgangstore. Zuvor war das Isartor abermals – gemäß Magistratsbeschluss von 1871 – vom Abbruch bedroht gewesen, gegen den um 1880 vor allem Lorenz Gedon protestiert hatte.

Im Bombenkrieg 1944 erlitt das Isartor erhebliche Schäden. Der Hauptturm wies an der Nordseite, vor allem im Oberteil, senkrechte Risse auf, ähnlich der nördliche Achteckturm, an dem die Stürze der Öffnungen vielfach ausgebrochen, die Zinnen herabgestürzt waren; der Südturm war leichter beschädigt. Bei der sukzessiven Wiederherstellung von 1946 bis 1957 wurden die damals nicht geschätzten neugotischen Merkmale stark reduziert, die Konsolgesimse der Flankentürme beseitigt, an den Eckzinnen ein reduziertes Wappenprogramm angebracht und vorkragende flache Zeltdächer aufgesetzt. Das heute dem Durchgangsverkehr entzogene, auf einer Verkehrsinsel isolierte Bauwerk wurde museal belebt – der Südturm nahm 1959 das (Karl-)„Valentin-Musäum" auf (mit einem stimmungsvollen Lokal im Stil der Jahrhundertwende), das 1973 durch das Volkssängermuseum im Nordturm ergänzt wurde. Nachdem im Zusammenhang mit der Planung der S-Bahn sogar ein Abbruch und kopierender Neubau erwogen worden war, erfolgte 1971/72 eine umfassende Gesamtrestaurierung durch die polnische Firma PKZ (Staatliche Werkstätten für Denkmalpflege), wobei die angestrebte Annäherung an ein mittelalterliches Erscheinungsbild (neuer hölzerner „Wehrgang" im Torhof als Verbindung zwischen den Museumstürmen) mit den zu erhaltenden Elementen des 19. Jh. – vor allem dem Fresko Nehers – eine Synthese herzustellen versuchen musste.

Tattenbachstraße

Dieser Straßenlauf, schnurgerade verbindet er seit 1825 den Lehel- späterhin Thierschplatz im Süden mit der Liebig- vormals Holzgartenstraße im Norden, ist in Lage und Benennung Inbegriff der Geschichte der St.-Anna-Vorstadt. Das Gelände zwischen der heutigen Triftstraße (W), der Liebigstraße (N), der Westseite der Sternstraße sowie der Nordseite der Gewürzmühlstraße und des Thierschplatzes (S) machte bis 1816 das sogenannte Tattenbachsche Lehel aus, das namengebend für das ganze Stadtquartier wurde. 1817 war das 8½ Tagwerk (=2,805 ha) große Schlößlgut vom Kgl. Kriegsministerium für 20.200 Gulden dem Grafen Heinrich von Tattenbach und Valley abgekauft worden. Die Tattenbachs unterhielten hier Gründe seit 1657. Gemäß der Überlieferung war das ganze Gelände eingeplankt, dies wohl, um eine ungeregelte Beweidung durch Haustiere von den Herbergen an der nahen Sternstraße zu unterbinden. Ursprüngliches Hauptgebäude, auf das später auch eine Schankgerechtigkeit für Bier kam, stellte das sog. Schlößl dar, zwei zusammengebaute Anwesen exakt in der Lage der heutigen Anwesen Tattenbachstraße 1 und hieran westlich angrenzend Thierschplatz 5 (vgl. dort), von dem Joseph Puschkin eine malerische Ansicht überliefert hat. Die Gründe, die nördlich hinter diesem Schlößl lagen, wurden auch „Schlößlanger" genannt.

Zu den Verkaufsverhandlungen war es gekommen, da Kriegsökonomierat Frey den Bau einer Infanteriekaserne erwog, die er in möglichst großer Nähe zur Lehel-, Hofgarten- und Seidenhauskaserne wissen wollte. Doch obsiegten die Argumente der Militäringenieure, die das Gelände für zu feucht befanden, notwendige Sicherungen der Baugrube für zu kostenintensiv hielten und schließlich auch die regelmäßig statthabenden Überschwemmungen von der Isar her zu bedenken gaben. Dem Staatsärar blieb weiters wenig anderes übrig, als das Gelände und die Bauten an einige Pächter zu vergeben. Und zur Erschließung des Geländes wurde 1825 die Tattenbachstraße aligniiert, an ihrer Ostseite entstanden bis 1850 etliche kleine Vorstadthäuser als geschlossene Zeile; 1891 schließlich war diese Seite vollständig bebaut. Die Flächen zwischen dem Triftkanal (W) und der Tattenbachstraße (O) dienten die folgenden Jahrzehnte einer Gärtnerei als Wirtschaftsgründe und dem Militär als Fohlenhof. Auch entstand in den späten 1820er Jahren östlich an das sog.

Tattenbachstraße; Flurkarte, M. 1:2 500

Gschlößlwirtshaus ein hoher zweiachsiger Anbau, der sich nach Norden entlang der Tattenbachstraße erstreckte und den Kern der heutigen Anwesen Thierschplatz 5 und Tattenbachstraße 1 ausmacht.

Die bestehende Bebauung entlang der Tattenbachstraße besteht in absichtsvoll die Kleinteiligkeit vorstädtischer Erstbauten überformender Zweitbebauung, dies auf der Ostseite des Straßenlaufs, im Besonderen zwischen der Robert-Koch-Straße (S) und der

Tattenbachstraße (spätere, re. Sternstraße); „Situations-Plan von dem sogenannten Schlößlanger in der St. Anna Vorstadt", 1823

Liebigstraße (N). Die historische Bebauung besteht hier in Miethäusern zu drei Obergeschossen und mit etlichen hohen Dach- und Zwerchhäusern, aber auch malerisch vielgestaltigen Erkertürmen, wie sie für die Bauten zwischen 1890 und 1900 typisch sind. Als einschneidende Kriegszerstörungen sind die beiden Eckbauten Gewürzmühlstraße 7 (nordöstliche Ecke Tattenbach-/Gewürzmühlstraße), Tattenbachstraße 2 (südöstliche Ecke Tattenbach-/Robert-Koch-Straße) sowie Tattenbachstraße 7 anzusprechen. Mit der Aufgabe des letzteren Anwesens zusammen mit dessen südlichem Nachbargebäude Tattenbachstraße 5 nach dem Zweiten Weltkrieg verbindet sich die Entstehung einer kuriosen Freifläche, die zwar mehrfach Gegenstand von ambitionierten Planungen war, jedoch erst 2006–08 überbaut werden sollte.

An der Westseite der Tattenbachstraße im damaligen „Kgl. Gebäude" Nr. 2 (Wenngs Atlas 1850; vgl. heute Nr. 3) hatte Wilhelm Kaulbach 1835–49 – zunächst zusammen mit dem Bildhauer Johann Leeb – ein (feuchtes, ungünstiges) Atelier (nebst Wohnung), in dem er 1835–37 das großformatige Bild der „Hunnenschlacht" malte.

Die vergleichsweise schmale Tattenbachstraße hatte Trambahnverkehr von 1906 bis zur Verlagerung auf eine westlich parallele Trasse 1963.

Tattenbachstraße 1; Aufn. 1995

Tattenbachstraße 1. Das bescheidene vierachsige und viergeschossige Mietshaus ohne rückwärtigen Ausbau war seit alters her Teil des sog. Gschlößlwirtshauses, also jener Tattenbachschen Dependance, die hier im Lehel von 1657 bis 1817 Bestand hatte und lange Hofmarksrechte auf sich vereinigen konnte. Auf dem Anwesen ruhte auch eine Bierschankgerechtigkeit, die 1817 mit ein Verkaufsgegenstand war. Das heutige Mietshaus war der nördliche Erweiterungsbau der Gschlößlwirtschaft am Lehelplatz (seit 1886 offiziell Thierschplatz) und bis ins Jahr 1887 stets mit diesem verbunden. Der Civilingenieur Hermann Schmitt hatte die Baulichkeiten, die die heutigen Anwesen Thierschplatz 4 und 5 sowie Tattenbachstraße 1 beschreiben, 1885 erworben und war sogleich daran gegangen, Nr. 4 als prächtiges, den Platz dominierendes Wohn- und Geschäftshaus von Grund auf neu zu erbauen. Beim Anwesen mit der späteren Nr. 5 am Thierschplatz verfuhr Schmitt in faszinierender Weise bestandschonend, er vollzog hier nur An- und Aufbauten (vgl. dort). Die nördliche Verlängerung von Thierschplatz 5 stellt Tattenbachstraße 1 dar, wobei die beiden Häuser Kellerabschnitte verbinden, die mit der ersten Bebauung der Tattenbachstraße (ab 1825) entstanden und wohl Teil der alten Gschlößlwirtschaft sind. Ein Bauriegel in der Lage der heutigen Häuser Nr. 4 und 5 ist bereits im späten 18. Jh. nachweisbar, der späterhin als Tattenbachstraße 1 nummerierte Bau stellt einen vorstädtisch-schlichten Anbau der ersten geregelten Ausbauphase der Tattenbachstraße in den späten 1820er Jahren dar. Das zunächst dreigeschossige Haus wurde wohl zusammen mit dem platzseitigen Abschnitt (zwei Achsen mit engerem Fensterabstand als die westlich anschließenden – noch heute nachvollziehbar) zu einem unbekannten Zeitpunkt, aber vor 1885 um ein 3. Obergeschoss erhöht. 1890 kam es zur Herstellung von Abgeschlossenheiten, die die Wohngeschosse von Tattenbachstraße 1 vom südlichen Bauabschnitt abtrennten, im Keller blieben die beiden Häuser verbunden. Der Eingang von Tattenbachstraße 1 wurde in die Straßenseite gesteckt und gleichzeitig ein schlüpfbarer Kamin aufgehoben. Hermann Schmitt steilte das Dach, um eine Dachwohnung unterbringen zu können. (Fasadenrenovierung 1980, Nutzungsänderung im Erdgeschoss, Laden zu Büro 2003.)
(Die Bebauung des freien Grundstücks nördlich von Tattenbachstraße 1, das seit alters her als Garten und Hoffläche des Anwesens gedient hatte, aber nach der vollständigen Überformung der Bauten im Umgriff zum attraktiven Eckgrundstück geworden war, wurde zwar schon früher betrieben, kam jedoch erst 1983 ff. zustande).

[Tattenbachstraße 2. Teil des Ensembles „Platzfolge Lehel" (s. dort). Der bestehende Trakt auf den ehemaligen Parzellen Nr. 2 und 4 an der Tattenbachstraße, und also der ganze Westflügel des vollständig von der Versicherungskammer überbauten Blocks zwischen Tattenbachstraße (W), Robert-

Tattenbachstraße 2 (abgebrochen); Aufn. 1995

Koch-Straße (N), Sternstraße (O) und Gewürzmühlstraße (S) entstand 1954–55 für die Bayerische Landesbrandversicherungsanstalt (vgl. den Abschnitt zur Kgl. Brandversicherungskammer im Beitrag von Johannes Hallinger). Abbruch und Neubau des gesamten Blocks 2008 im Gange.]

Tattenbachstraße 3. Die Westseite der Tattenbachstraße, nördlich oberhalb der Kochstraße, war seit alters her eine Fläche, die die Hofbauintendanz bewirtschaftete. In den Verhandlungen zwischen Innenministerium und Magistrat betreffs einer Erschließung des Lehels zog man für den im Bezug auf beabsichtigte Straßenaufweitungen vermehrten Flächenbedarf stets die dem Staat gehörigen, also von kgl. Beamten verwalteten Areale mit ins Kalkül. (Dieser Funktionswandel von Lager und Wirtschaftsflächen, die dem Hof nachgeordnet waren, zu Verkehrsflächen, die einem neuen Anspruch zu genügen hatten, bzw. zu Baugründen, stellt einen eigenen Aspekt des Strukturwandels im Lehel dar.)
Sogleich nach der Preisgabe der Fläche zwischen dem westlich gelegenen Triftkanal (aufgelassen 1876, eingefüllt 1881), der neuen Liebigstraße (N), der Tattenbachstraße (O) sowie dem Lehel- und späteren Thierschplatz (S) wurden Arrondierungen vorgenommen und an der Westseite der Tattenbachstraße vier großzügige Bauplätze eingemessen (die nördliche Parzelle später geteilt). Ganz den Vorstellungen der Stadtplanung entsprechend wurden die Eckhäuser Nr. 3 und 9 zuerst errichtet; der Baubeginn beider Anwesen datiert ins Jahr 1891.
Nach der Festlegung des Alignements der die Tattenbachstraße west-östlich querenden Kochstraße wurden die Grundlinien des markanten Eckhauses Tattenbachstraße 3 fixiert. Der Bau entstand auf bis dahin unbebautem Grund, Bauwerber und Bauherr in Personalunion war Heinrich Thommen. Gleichzeitig und in einem Zug mit Tattenbachstraße 3 erbaute Thommen auch die westlich gelegenen Häuser Robert-Koch-Straße 3 und 1, von denen Nr. 1 im Zweiten Weltkrieg stark in Mitleidenschaft gezogen worden ist (vgl. Robert-Koch-Straße 3). Der zweiflüglige Bau kam über einem leicht stumpfen Winkel zum Stehen, die Grundlinien des Hofwinkels wurden gängig eingeklinkt, um das dorthin gesteckte, rechteckige Treppenhaus zu belichten. Über den leicht ausmittig im Flügel an der Tattenbachstraße liegenden Hauszugang erreicht man gemäß Eingabeplan zwei Wohnungen je Etage, bauflügelweise organisiert.
Der viergeschossige Eckerker mit eigenem Glockendach über einer Art Erkerturm markiert zusammen mit dem verwandten Motiv des östlich gegenüberstehenden Hauses Tattenbachstraße 6 ein südliches Straßenportal. Doch während Nr. 6 ein echter Anhebungsbau eines geschlossenen Straßengewändes wurde, hatte sich der Magistrat bei der Westseite dazu entschlossen, die nach 1894 ff. errichteten Bauten Nr. 5 und 7 zusammen bauen zu lassen und südlich bzw. nördlich freizustellen. Die Binnengestal-

Tattenbachstraße 3; Aufn. 1995

tung der Fassaden von Nr. 3 beschreibt eine für ihre Zeitstellung konservative Anverwandlung in Formen einer klassisch gewordenen Neurenaissance, bei der „aufgarniert" und nicht durchgebildet worden ist. Das gängige Rhythmisierungsprinzip bildet die Eng- und Weitsetzung von Fensterachsen und beinahe programmatisch bestehen die hohen Dachaufbauten über seichten Risaliten als Zwitter zwischen Dachhäusern und Zwerchhäusern. (Fensterersetzung im Erdgeschoss 1978, im 1. Obergeschoss 1981; Fassadenrenovierung, Fenstererneuerung sowie Arbeiten an der Dachhaut 1983; Renovierungsarbeiten am Treppenhaus 1997–98.)

[**Tattenbachstraße 5 und 7.** Abgegangene Bauten. Baumeister Heinrich Hilgert hatte 1895–96 die beiden Häuser Tattenbachstraße 5 und 7 für sich selbst errichtet.

Nr. 5 gelangte nach seiner Fertigstellung in den Besitz der Privatiere und Fabrikantengattin Therese Hilsenbeck, die im Erdgeschoss eine Gastwirtschaft einbauen ließ; in den Obergeschossen befanden sich zwei Wohnungen je Etage, erschlossen von einem Treppenhaus, das hofseitig zugänglich war. Im Unterschied zum nördlichen Nachbargebäude Nr. 7 überstand Nr. 5 den Luftkrieg weitgehend unbeschadet (zügig beseitigte Baugebrechen an der nördlichen Außenmauer). Eine Schlichtung der Fassade fand 1954/55 statt. 1968 schließlich gelangte es in den Besitz der Zentralkasse der Bayerischen Volksbanken, die seinen Bestand verwarfen. Im August 1972 kam es zum zunächst nicht genehmigten Abbruch des Wohnhauses (acht Wohnungen mit insg. 650 qm), 1977 beseitigte man auch die rückwärtigen Garagenbauten.

Nr. 7 nahm in jeder Etage zwei Wohnungen auf, erschlossen von der mittig rückwärtigen Treppe, die von der Straße her zugänglich war. Es wurde im Luftkrieg erheblich betroffen, das Rückgebäude dabei vollständig zerstört. Das Vorderhaus erhielt ein Notdach, das erst 1951 durch ein neues Dachtragwerk ersetzt worden ist (Bauwerber Deutscher Hausbau Painhofer & Co.). Die Reste des Rückgebäudes beseitigte man 1969, unmittelbar nachdem die Bauten in den Besitz der Bayerischen Volksbanken gelangt waren. Der Abbruch des Vordergebäudes war 6/1970 genehmigt worden, er erfolgte Ende 7/1972.

Das Genehmigungsverfahren zugunsten eines Neubaus der Zentralkasse Bayerischer Volksbanken zog sich von der Einreichung der Pläne 1969 bis nach 1975 hin, planender Architekt war Fred Angerer (TH München). Angerers Planung kam nicht zur Ausführung, die Bauplätze blieben als städtebauliche Wüstung bestehen und wurden bis 2005 als gesperrte Kfz-Parkplätze bewirtschaftet. 1990 schalteten sich auch politische Organe der Stadt ein, sie forderten die Eigentümer auf, eine Bebauung zu betreiben. 2005–06 begannen – nach einem Freistand von über 30 Jahren – die Aushubarbeiten für den bestehenden Komplex.]

Tattenbachstraße 6. Anstelle dreier, schon Ende der 1820er Jahre erbauter Kleinhäuser (Nr. 12, 11 und 10 alt) entstand 1900 der zweiflügelige Eckbau Tattenbachstraße 6, mit einer langen westlichen Front an der Tattenbachstraße und einer kürzeren an der Kochstraße, hier im Zeilenschluss mit dem östlich angrenzenden Haus Nr. 5, das 1899 als repräsentatives Vordergebäude für die Kinderbewahranstalt des Krippenvereins München erbaut worden ist (s. dort). Heinrich Hilgert trat als Bauwerber und Baumeister in Personalunion auf. Er steckte den ebenerdigen Hauszugang mittig in den Riegel an der Tattenbachstraße, parallel zum Wirtshauseingang. Das Treppenhaus bleibt rückwärtig eingezogen; die doppelläufige Podesttreppe erschloss gemäß Eingabeplan zwei Wohnungen je Etage. Zur Vermeidung von Dunkelzonen entschied man sich in den nördlichen Wohneinheiten zur seinerzeit modernen Verschaltung von Korridoren und Wohnräumen über schräg gestellte Zwischenwände. Schon im Frühzustand war der Spitzbodenbereich oberhalb des bewirtschafteten Dachraums ausgeschieden und mittels kleinformati-

Tattenbachstraße 6; Aufn. 1994   Tattenbachstraße 6, Westseite; Aufn. 1994

ger Schleppgauben belichtet. (Die bestehende zweite Gaubenreihe mit stehenden Dachfenstern ist freilich das Ergebnis einer intensivierenden Wohnraumgewinnung und deren gestalterischer Zwänge, hier der mittleren 1980er Jahre und alle Wohngeschosse des Anwesens betreffend.) Den Hauptakzent der Fassade bildet der viergeschossige Polygonalerker (im Erdgeschoss über einem kräftigen Rundpfeiler vor der schräg gestellten Hausecke aufgeständert), der mit seinem obersten Geschoss einen eigenen Erkerturm ausbildet, dieser mit Glockendach und Laterne bekrönt; je seitlich schließen sich an das Turmgeschoss Dachhäuser mit Wellengiebel an. Die Ecklösung erhielt so eine bezeichnende Vielansichtigkeit, die das Maß verdeutlicht, in dem Hilgert die Position des Hauses in seinem städtebaulichen Umfeld ins Kalkül gezogen hatte. Weitere, auch mehrstufige Giebelaufbauten prägen die Dachlandschaft des langen Baus. So betonte Hilgert die Eingangsachse nicht nur mit einem Flacherker mit

Tattenbachstraße 6, Gaststätte nach Süden

Tattenbachstraße 6, Gaststätte nach Norden

überaus schmalen Seitenfenstern, sondern in der Dachzone mit einem echten Zwerchhaus, dessen Giebellinie regelrecht onduliert zu sein scheint. Auch die nördliche Schlussachse der Fassade an der Tattenbachstraße sowie die östliche Abschlussachse an der Kochstraße betonte der Baumeister mittels dieser motivischen Kombination, dort jedoch mit kleineren Erkern und bescheidener bemessenen Dachhäusern. Die Binnengestaltung macht phantasiereicher Neurenaissancezierrat aus und charakterisiert das Anwesen als einen vergleichsweise konservativen Vertreter innerhalb der Bandbreite an Rückgriffsmöglichkeiten auf verfügbare Stilausprägungen um die Jahrhundertwende.

Schon gemäß Erstzustand wurde das Erdgeschoss als Gastwirtschaft genutzt. Der südliche Abschnitt wurde 2004–05 strukturell geändert und neuen Nutzungen angepasst, dabei ist zu bemerken, dass die bestehenden Blindbögen im Erdgeschoss an der Robert-Koch-Straße dem Eingabezustand von 1900 entsprechen, die zusätzliche Türe nach Süden jedoch nicht. Der nördliche Abschnitt beherbergt ein bemerkenswertes Beispiel Münchner Wirtshaus-Ausstattung, die zuerst für eine „Altdeutsche Weinstube" geschaffen worden ist. Der Gastraum wird von einer flachen Stichkappentonne überspannt, drei durch skulptierte Steinsäulen getrennte Stichbogenfenster und Täferwerk mit Flachschnitzerei spielen auf die „altdeutsche Stube" an. An der Nordseite zeigt ein Wandbild den Einzug Kaiser Ludwigs in München (nach dem Fresko am Isartor); ostseits schließt sich ein ebenfalls altdeutsch ausgestaltetes Nebenzimmer mit Kassettendecke an. (Generalsanierung 1984–85, Arbeiten an den Rabitzgewölben des Gastraumes 1987, Fassadenrenovierung 2002, zu 2004–05 s. oben.)

Tattenbachstraße 9. Das große nördliche der ursprünglich vier Grundstücke an der Westseite der Tattenbachstraße (zwischen Koch- und Liebigstraße) teilte der Magistrat nachträglich auf und schlug den größerflächigen Nordteil dem Anwesen Liebigstraße 12a zu. Beide Anwesen, das nördliche an der Liebigstraße sowie das kleinere südliche, errichteten die Architekten Ziebland & Kollmus 1891–92 für sich selbst, Tattenbachstraße 9 gewissermaßen in Verlängerung der Grundlinien des Südflügels von Liebigstraße 12a. Der Zugang von Süden führt direkt in das quadratische Treppenhaus, das ganz an die südliche Grundlinie herangerückt worden ist und in den historischen Geschossen durch breite korbbogige, dreiteilige Treppenhausfenster belichtet wird. Eine gewendelte Podesttreppe erschließt eine mittelgroße Wohnung je Etage, dies gemäß Eingabeplan. Wegen der Außenlage des ganzen Bauabschnitts ergaben sich Dunkelzonen nur im Bereich der nördlichen Grenzmauer. Die rückwärtige Veranda führte 1899 Architekt Karl Opitz aus. Die erhaltene Fassadenzier besteht in reifen Neubarockformen und entspricht hierin der Durchbildung von Liebigstraße 12a. Der südlichen Achse des straßenseitig zweiachsigen Teilhauses, als flacher Risalit ausgebildet, wurde ein dreigeschossiger, kantiger Erker mit schmalen Seitenfenstern angesetzt. Diese Instrumentierung korrespondiert mit der Ecklösung von Liebigstraße 12a. Gerade die hohe handwerkliche Qualität des neubarocken Zierrats belegt das süddeutsche Phänomen, dass dergleichen Formen über die „feindlichen Jahrzehnte" des 19. Jh. gefragt blieben und somit eine echte, auch handwerkliche Tradition entstehen konnte, der sich nach dem Zweiten Weltkrieg zahlreiche Wiederaufbau-Erfolge verdanken. Doch die Fassadenzier blieb bei Nr. 9 an der Tattenbachstraße auf diejenigen Achsen beschränkt, die seinerzeit von der Straße her eingesehen werden konnten, die westlichen Achsen der Seitenfassade blieben hinterhausartig weiters unstrukturiert. Die städtebauliche Situation einer freien Einsehbarkeit der Seitenfront von Tattenbachstraße 9 bedingten zunächst die Folgen des Zweiten Weltkriegs und sodann Planungs- und Genehmigungsvorgänge, die sich bis nach 1975 hinzogen. Die Wiederbebauung der südlichen Parzellen wurde schließlich 2006 in Angriff genommen.

Tattenbachstraße 9; Aufn. 1994   Tattenbachstraße 16; Aufn. 1994

1970 entschied man sich zur Aufstockung eines 4. Vollgeschosses, das nach den Plänen von Architekt Jos. Eisner verwirklicht worden ist. Der erweiternde Dachgeschossausbau erfolgte 1983. (Fassadenrenovierung 1983–84, Instandsetzung der Hofeinfriedung 1986/2005.)

[**Tattenbachstraße 12.** Auf der Parzelle mit der alten Nr. 7 errichteten die Gebr. Graessel & Krauss (vgl. auch Nr. 16) 1897 ein Neurenaissance-Mietshaus mit einem in München beinahe einzigartig dekorierten Erker. Es ging nach seiner Fertigstellung in das Eigentum des Arztes Hofrat Josef Werner über. Entstanden war es nach der Demolierung eines zweigeschossigen traufständigen Vorstadthauses, das sich in gleicher Lage 1827 der Hafnermeister Jakob Wüst hatte errichten lassen. Das Rückgebäude, welches weiterhin Bestand hatte, war 1877 von Baumeister Glöckle für den Maler Neumann errichtet worden. Das 1897 neu gebaute Vorderhaus (auch dort existierte neben der Hofdurchfahrt ein separater Hauseingang wie bei der nahen Nr. 16) überstand den Zweiten Weltkrieg weitgehend unbeschadet, es wurde 1972 zugunsten des bestehenden Hauses abgebrochen. In diesem Jahr kam es auf beiden Seiten der Tattenbachstraße zu einschneidenden Beseitigungen von Altbestand (vgl. Nr. 5/7).]

[**Tattenbachstraße 14.** Das bestehende Mietshaus stellt im Kern die überformte und mehrfach umgebaute Zweitbebauung der Parzelle (mit der alten Nr. 6) dar. Es wurde 1889–91 von Georg Guinin, einem viel beschäftigten Planer im Lehel, für den Bildhauer Josef Pauli anstelle eines demolierten biedermeierlichen Vorstadthauses erbaut.]

Tattenbachstraße 16. Auf der Parzelle mit der alten Nr. 5 war der in den späten 1820er Jahren entstandene und später aufgestockte Vorgängerbau Teil der Zeile aus neun gleichartigen

Tattenbachstraße 16, Einfahrt und Haustür

Wohnhäusern, die schon um 1850 eine geschlossene Ostseite der Tattenbachstraße bildeten. Sie bestanden in blockhaften Vordergebäuden ohne Ausbau und Nr. 5 bewirtschaftete ein langes nördliches Seitengebäude, in dem eine Werkstätte untergebracht war. Dieses ließ Sattlermeister Michael Ernstberger 1874 durch ein dreigeschossig aufgemauertes Seitengebäude ersetzen und hieran östlich anschließend ein eigenes Rückgebäude an die hintere Grundstückgrenze setzen. Ausführender Maurermeister war Georg Koehler. Das Rückgebäude wurde 1890 wiederum zu Wohnzwecken umgebaut und erhielt durch Maurermeister Max Stadler eine Dachwohnung. Der Schreinermeister Michael Ernstberger beauftragte 1897 die Firma Gebr. Graessel & Krauss mit der Herstellung eines Vordergebäudes in der heutigen Gestalt, die Bewohnbarkeit wurde ein Jahr später bestätigt. Ausmittig steckten die Erbauer die Hofdurchfahrt ins Vordergebäude und legten südlich daneben den Hauszugang mit eigener Türe. Über ein mittelhohes Zwischenpodest erreicht man hier die rückwärtig ohne Ausbau bleibende doppelläufige Podesttreppe, gemäß Eingabeplan erschließt diese eine Wohnung je Etage. Die Fassadengestaltung wie auch etliche Ausstattungsdetails, etwa die 1993 sanierte, beachtliche Lamperie im Eingangsbereich (wie auch die Portalflügel und die Haustüre), verdeutlichen den Beruf des Bauherrn und belegen darüber hinaus die Vorliebe für barockisierende Mischformen, die sich in weiten Bevölkerungsteilen beinahe über das ganze 19. Jh. hinweg halten konnte. Dabei ist das vergleichsweise schmale Anwesen bezeichnend unsymmetrisch organisiert: Der kräftige zweigeschossige Erker wurde ausmittig in die Fassade gesetzt, er bedient mit seiner Deckplatte mit mauerbewehrter Brüstung das 3. Obergeschoss als Austritt; seine Wangen wurden angeschrägt, erhielten Seitenfenster und jeweils oberhalb dieser, fast spielerisch zusätzlich, hochovale Okuli. In der Dachzone darüber, ebenfalls ausmittig, überhöht ein Dachhaus mit eng gesetztem Fensterpaar und hohem, vorgeblendetem Schweifgiebel diesen Fassadenzug. Die nördlichen beiden Fensterachsen setzte man eng, traditionell ein Instrument der Rhythmisierung, doch findet innerhalb der Straßenfront von Nr. 16 keine Ponderation dieses Motivs statt. Die Fassadenfläche selbst wurde geringfügig purifiziert, geblieben sind die ursprünglich ornamental vermittelten Dekorfelder in den Sturz- und Brüstungsfeldern der Obergeschosse. (Fassadenrenovierung 1975, Fahnenstange zu Werbezwecken 1993–94, erneute Fassadenrenovierung und Ertüchtigung der Fenster 1993–94.)

[**Tattenbachstraße 18.** Das Anwesen entstand gleichzeitig und zusammen mit Nr. 20, mit dem es auch ein formal verwandter Grundriss und bauzeitlich eine entsprechende, insgesamt korrespondierende Fassadengestaltung verband. Bauwerber und zugleich Bauleiter war wie bei Nr. 20 Josef Seebacher, Planer Georg Guinin (vgl. auch Sternstraße 21).
Seine charakteristische Erdgeschoss-Ladengestaltung erhielt das viergeschossige Miets- und Geschäftshaus 1910 durch Bautechniker Wilhelm Sturow, im Zuge einer Ladenauswechslung für den Metzgermeister Johann Bauhofer. Die entscheidende Veränderung nahm 1956–58 das Ingenieurbüro Josef Zech für Hans Bauhofer vor, die Fassade wurde planvoll von allen Stuckzierraten und Anputzungen „bereinigt". Im Jahr 2005 vollzog man eine Nutzungsänderung im Erdgeschoss (Laden zu Büro) und baute das Dachgeschoss erweiternd aus. Die bestehende Dekoration der Fassade (Status 2007) verdankt sich einem historisierenden Anpassungsversuch an das Nachbargebäude im Rahmen der jüngsten Umbaukampagnen.]

Tattenbachstraße 20. Josef Seebacher war Eigentümer etlicher zusammenhängender Parzellen an Tattenbach-, Liebig- und Sternstraße. 1853 hatte sich Paulus Seebacher von Maurermeister Babenstuber ein „bürgerliches Wohngebäude" erbauen lassen, es stand dreigeschossig zu sechs Achsen traufseitig an der

Tattenbachstraße und erhielt die alte Nr. 3, die bislang einem kleinen Wäscheranwesen gegolten hatte, das sich in etwa in der Position der östlichen Achsen von Liebigstraße 14 befand. Maurermeister M. Vornehm erbaute an der östlich rückwärtigen Grundstücksgrenze 1869 ein Stallgebäude für Paulus Seebacher. Der Schlossermeister Josef Seebacher ließ 1880 im Vorderhaus einen Laden einbauen, 1885 – nun firmierte er als „Fabrikant" – das Rückgebäude unterkellern und im gleichen Jahr einen Verbindungs-

Tattenbachstraße 20; Aufn. 1994 (kein BDm)

gang zwischen Vorder- und Rückgebäude herstellen. Im Zuge der Neu-Aligniierung der Liebigstraße gab Josef Seebacher jun. die elterlichen Grundstücke auf, ließ sie amtlicherseits neu parzellieren und betrieb deren Bebauung selbst. Die laufende Bodenpreisteuerung in der St.-Anna-Vorstadt legte eine Investition in Immobilien nahe und mag leicht zu finanziellen Spekulationen ermuntert haben. Fast gängig arbeitete J. Seebacher mit dem Baubüro Georg Guinin zusammen, das die Planungen vornahm, Seebacher selbst zeichnete dann als Bauleiter verantwortlich. Die Pläne für die Erbauung von Nr. 20 an der Tattenbachstraße reichte Seebacher 1895 ein, die Arbeiten an diesem Anwesen begannen gleichzeitig mit denen an Liebigstraße 14 und 16 sowie Sternstraße 21. Das Anwesen Nr. 20 an der Tattenbachstraße entstand als relativ schmales an der Straße, aber mit einem südlichen Rückflügel tief ins Grundstück reichend. Der leicht ausmittig in den Riegel an der Straße gesteckte, schmale Hauseingang führt ebenerdig zum Treppenhaus am Hofwinkel. Gemäß Eingabeplan erschließt die doppelläufige Podesttreppe – die Wechselpodeste empfangen Licht von Norden – zwei Wohnungen je Etage; dabei wurde der Wohneinheit im Rückflügel nur ein Zimmer zur Straße zugeschlagen, mit den Versorgungsräumen vermittels eines langen Korridors (beinahe 15 Meter) verbunden. Die Ladennutzung südlich und nördlich des Hauszuganges entspricht dem Frühzustand des Anwesens, der großflächige Aufschluss des Erdgeschosses ist bauzeitlich. Die Fenster der Obergeschosse finden sich einheitlich gerahmt, die des 3. Obergeschosses mit geohrten Profilrahmungen, die des 2. mit geraden Gesimsstücken und die des 1. Obergeschosses rundbogig verdacht. Hauptakzent der Fassade bildet der Polygonalerker vor der nördlichen Achse, der vor der Dachzone einen eigenen Erkerturm ausbildet (bauzeitlich wie derjenige von Nr. 18, der die gemeinsame Abwicklung abschließt, verdacht). Die südlichen Achsen betonte Guinin durch Engsetzung, ein traditionelles Motiv, das innerhalb der Einzelhausfassade ohne Ponderation bleibt, aber wohl mit der entsprechenden Gestaltung bei Haus Nr. 18 korrespondiert (vgl. auch Nr. 16, hier kam es ebenfalls zu einer Engsetzung ohne Ponderation). Hinsichtlich stilcharakteristischer Elemente bleibt die Fassade von Nr. 20 sparsam und der Neurenaissance verpflichtet.
Baumeister Georg Wagerer unterkellerte den Wirtschaftshof 1924 für Louis und Anna Meyhöfer. Für Letztere baute Joseph Urban 1933 die ursprünglich glockendachförmige Haube über dem Erker zu einem einfachen, flach geneigten Zeltdach zurück. 1983 schließlich vollzog man die Erkeraufstockung zur heutigen Gestalt, gleichzeitig mit einem erweiternden Ausbau des Dachgeschosses und einer Wohnflächenmehrung insgesamt. Die ursprüngliche Erkergestaltung von Nr. 20 findet sich bei Nr. 18 noch bündig überliefert.

Tengstraße (Südteil bis Georgenstraße)

Straße der nördlichen Maxvorstadt, deren leicht verschwenkender Verlauf von der Zieblandstraße am westlichen Abschluss des Alten Nördlichen Friedhofs nach Norden bis zum Hohenzollernplatz im westlichen Schwabing führt. Sie schneidet dabei von Süden nach Norden Görres-, Adalbert-, Neureuther-, Georgen-, Agnes-, Elisabeth- und Bauerstraße. 1892 trassiert, trägt die Tengstraße seit 1893 ihren Namen nach Josef von Teng (1786–1837), der von 1836 bis zu seinem Tod Erster Bürgermeister der Stadt München war.

Mitte der 90er Jahre des 19. Jh. wurden von der Stadt München die zu Beginn des Jahrhunderts gründenden Pläne aufgegeben, die Maxvorstadt nach Norden hin stets konsequent geometrisch anzulegen. Als Endpunkt dieser hippodamischen Anlage ist die 1898 begonnene Kirche St. Joseph anzusehen. Die Vorgaben für die Festlegung der Baulinien in Nordschwabing nach 1895 wa-

◁ Tengstraße 1; Aufn. 1997

ren am malerischen Städtebau orientiert. Die Bebauung der Tengstraße besteht in Mehrparteien-Mietshäusern, die, in den ersten Jahren des 20. Jh. entstanden, mit ihren Fassadengestaltungen sowohl retrospektiv verfuhren (vgl. die Häuser Nr. 1 und 4) als auch besonderen Auffassungen des Jugendstils folgen (vgl. die Häuser Nr. 6, 11 und 15).

Die Tengstraße, bis zum Luftkrieg eine der vornehmsten Mietswohnhauslagen, hatte 1910–61 Straßenbahnverkehr.

Tengstraße; Flurkarte, M. 1:5 000

Tengstraße 1. Das Mietshaus in Neurenaissanceformen wurde 1889 von Johann Grübel für den Rentier Josef Knauer als rechteckiger Block mit flachem rückwärtigem Pavillon und zunächst mit abgewalmtem Mansarddach errichtet. Der hofseitige Eingang erschließt zwei Wohnungen ohne Dunkelzonen je Stockwerk. Die Fassade war in der Erdgeschosszone ursprünglich rustiziert.

Für den Spenglermeister J. Pretzner erstellte Wilhelm Schmid 1909 eine großzügige Dachwohnung mit zweiachsigem Eckaufbau, dessen erneuertes Pyramidendach die Form der Ersterbauung wiederholt.

Infolge der Bombardements während des Zweiten Weltkriegs befand sich das Anwesen 1946 in unbewohnbar einsturzgefährdetem Zustand. Doch konnte es mittels massiver Verklammerung der Außenmauern dennoch gehalten werden und ist somit weitgehend original erhalten.

Tengstraße 4. Der Eckbau in deutscher Renaissance dominiert die südliche Straßenecke Neureuther-/Tengstraße. Jede Fassade wird von einem Dacherker mit Okulus im Giebelfeld sowie in gleicher Achse von einem zweigeschossigen Flacherker mit schmalen Seitenbelichtungen akzentuiert. Die Giebellinien der Dacherker waren ursprünglich doppelt geschweift, wurden nach dem Zweiten Weltkrieg vereinfacht wiederholt. Im Erstzustand waren die Fenster des 3. Obergeschosses mit Läden versehen – Reminiszenzen des Heimatstils. Eine erste Fassadenglättung fand 1952 statt, 1996 wurden die Fenster ausgewechselt und die Fassade zur heutigen Gestalt überarbeitet. Das Treppenhaus im Hofwinkel erschließt zwei Wohnungen je Etage und die schon 1904 eingerichteten Dachwohnungen.

Es ist ein Charakteristikum der Besitzergeschichte vieler Schwabinger Mietshäuser, dass sie von Baumeistern oder Architekten für sich selbst erbaut worden sind und bereits während der Erbauung oder jedenfalls während der ersten Jahre ihres Bestandes mehr als ein Besitzerwechsel stattfand. Das Anwesen an der Tengstraße 4 vermag dies zu veranschaulichen. Nach Plänen des Architekten August Brüchle begann man 1903 mit dem Bau eben auf einer Parzelle, die sich im Besitz des Bauherrn selbst befand, der überdies Eigentümer mehrerer Grundstücke an der Tengstraße war. Der den Bau ausführende Bauunternehmer Ludwig Amann wurde 1904 Eigentümer, führte den Bau fort und gestaltete die Fassaden nach einer zweiten Tektur von der Hand Ludwig Dinglreiters. Schon ein Jahr später, 1905, gelangte das Mietshaus in den Besitz Josef Baudrexels.

Tengstraße 6. Den die nördliche Straßenecke Neureuther-/Tengstraße akzentuierenden Mietshausbau in Jugendstilformen mit Eckerker und Flacherkern errichtete Andreas Hainthaler 1903–1904 für sich selbst. Es entstand ein leicht stumpfwinkliger Bau mit Treppenhaus im Hofwinkel. Bemerkenswert ist die Form des Treppenhauses, es ist zwei konkaven Wänden eingeschrieben. Jede Etage weist zwei Wohnungen auf mit Bädern in der Dunkel-

Tengstraße 4; Aufn. 1997

Tengstraße 6; Aufn. 1997

Die Fassade hat ihre stark barockisierend aufgefassten Jugendstilelemente größtenteils bewahrt. Das Hochparterre zeigt die ursprüngliche Putzrustika; die beiden Hauptgeschosse darüber bilden eine von Kranzgesimsen zusammengefasste Einheit. Putzfelder schaffen vertikale Fensterbänder. Dem Hauptgeschoss ist in der zweiten Fensterachse von Süden ein zweigeschossiger Flacherker aufgesetzt, der das 3. Obergeschoss mit einem Balkon bedient. Die flächigen Schabracken der Fenster des 2. Obergeschosses reichen in die reich ornamentierten Sturzfelder der Fenster des 1. Obergeschosses hinein. Die Schultern der Brüstungszonen unter den Fenstern im 2. Obergeschoss zeigen Guttae. Auch die Dachzone ist weitgehend original erhalten: Die mittleren beiden Fensterachsen der Fassade werden von einem Zwerchhaus überhöht (ursprünglich von Voluten flankiert), über den äußeren beiden Fensterachsen befinden sich Dachgauben mit dreiteiligen Rundbogenfenstern. Insgesamt ergibt sich der Eindruck eines Mischstils aus Elementen des Neubarock bei jugendstiliger Bewegtheit in der Binnenausführung.

zone. Stuckdekor und ein Madonnenrelief bereichern das äußere Erscheinungsbild. Der Dachgeschossausbau erfolgte 1923. Ein schwerer Brandschaden nach einem Fliegerangriff im Februar 1945 machte die oberen beiden Geschosse unbewohnbar und vernichtete die bei dem Wiederaufbau nicht wiederhergestellten Dachaufbauten. So wurde der Eckerker ursprünglich von einer Zwiebelhaube abgeschlossen und die drei heute höher verdachten Achsen der Fassade an der Neureutherstraße waren von einer gemeinsamen Giebelfassade mit querovalem Okulus im Giebelfeld überhöht. Die Fassade an der Neureutherstraße stellte damit Korrespondenzen mit derjenigen an der südlichen Straßenecke gegenüber her.

Tengstraße 11. Das reich dekorierte Mietshaus kann als das am besten erhaltene historische Gebäude an der Tengstraße angesprochen werden. Es wurde vom Baumeister Ernst Mayrhofer 1906–07 für sich selbst errichtet. Jedes Stockwerk wurde von einer Wohnung mit quer gelagertem Flur eingenommen. Die vor dem Treppenabsatz dem Flur nördlich angelagerte Dunkelzone fungierte als Garderobe, die den Flur im Süden verlängernde Dunkelzone nahm das Bad ein. Die Dachwohnung entstammt der Erbauungszeit.

Tengstraße 15. Das weitgehend original erhaltene Mietshaus errichtete Ernst Mayrhofer 1907 für sich selbst. Er folgte in der Grundrissstruktur dem ein Jahr früher ebenfalls von ihm erbauten Haus an der Tengstraße 11. Jede Etage wird von einer großzügigen Wohnung mit quer gelagertem Flur eingenommen; Bäder und Garderoben befanden sich in den dunkelzonigen Enden des Flures. Der Einbau einer Dachwohnung entspricht dem Erstzustand. Flacherker zu drei Achteln setzen in den äußeren beiden Fensterachsen über dem 1. Hauptgeschoss an und werden von Gauben mit dreieckigen Ziergiebeln in der Dachzone überhöht. Hier ist über die beiden mittleren Fensterachsen ein ursprünglich von einem Pyramidendach bekröntes Zwerchhaus gesetzt.

Im Zusammenspiel von Putzfelderung und Stuckapplikationen ergibt sich eine Fassade, die eine stark geometrisierende Auffassung des Jugendstils widerspiegelt; gewissermaßen als Vertreterin einer Stilnuancierung, die sich von den zu dieser Zeit häufigen floralen Spielarten des Münchner Jugendstils absetzt.

Tengstraße 15; Aufn. 1997   ▷▷

Tengstraße 11; Aufn. 1997   ▷

Tengstraße 6, Muttergottesrelief

Theatinerstraße

(Vgl. Ensemble Altstadt.) Die seit etwa 1800 nach dem Theatinerkloster an ihrem Nordende benannte, optisch vom Südturm der Theatinerkirche abgeschlossene Straße hieß ehemals Schwabinger Gasse – Äußere oder Hintere im Unterschied zur östlich parallelen, mit ihr zur Innenseite des 1817 abgebrochenen Schwabinger Tores (vgl. Odeonsplatz) konvergierenden Vorderen Schwabinger Gasse (heute Residenzstraße). In Fortsetzung der von der Markt-Westseite ausgehenden Weinstraße im ältesten Stadtkern durchschnitt die Theatinerstraße die nördliche Stadterweiterung der 2. Hälfte des 13. Jh. außerhalb des 1691 abgebrochenen Wilbrechtsturmes der ersten Stadtbefestigung (s. Weinstraße/Vorspann und Weinstraße 11). Die beiden einstigen Schwabinger Gassen von den beiden alten Schwabinger Toren nordwärts zum neuen wurden sicher gleichzeitig angelegt und waren (zumindest bis in neuere Zeit vielfach) durch Parzellen in einer Hand verbunden. Die Kreuzviertel (westlich) und Graggenauer Viertel trennende, bis heute wichtigste Nord-Süd-Achse in der Altstadt-Nordhälfte – eine der Hauptgeschäftsstraßen, mit Straßenbahn von 1907 bis 1934 (bzw. 1944), seit 1975 Fußgängerzone – weist (von der Kirche abgesehen) heute keine Altbausubstanz der Zeit vor 1900 mehr auf; der Osttrakt des Theatinerklosters (s. Nr. 20/21) wie gegenüber die prächtige Westfassade des Preysing-Palais (s. Residenzstraße 27) sind Rekonstruktionen. Vor dem in diesem Bereich besonders verheerenden Luftkrieg wurde die vergleichsweise schmale Straße von nicht streng parallelen, leicht gekrümmten Häuserzeilen mitsamt einzelnen Vorsprüngen infolge Straßenerweiterungen eingefaßt, mit weitgehend in der Zeit des Barock und Rokoko, des Klassizismus und Biedermeier und im späten Historismus veränderter oder (vielfach unter Zusammenfassung von Parzellen) ausgewechselter Bebauung in z. T. adeligem Besitz. – Hausnummerierung bis heute in alter Art durchgehend von 1 bis 23 an der Westseite und im Osten rückläufig bis (ehemals) Nr. 52 im Süden.

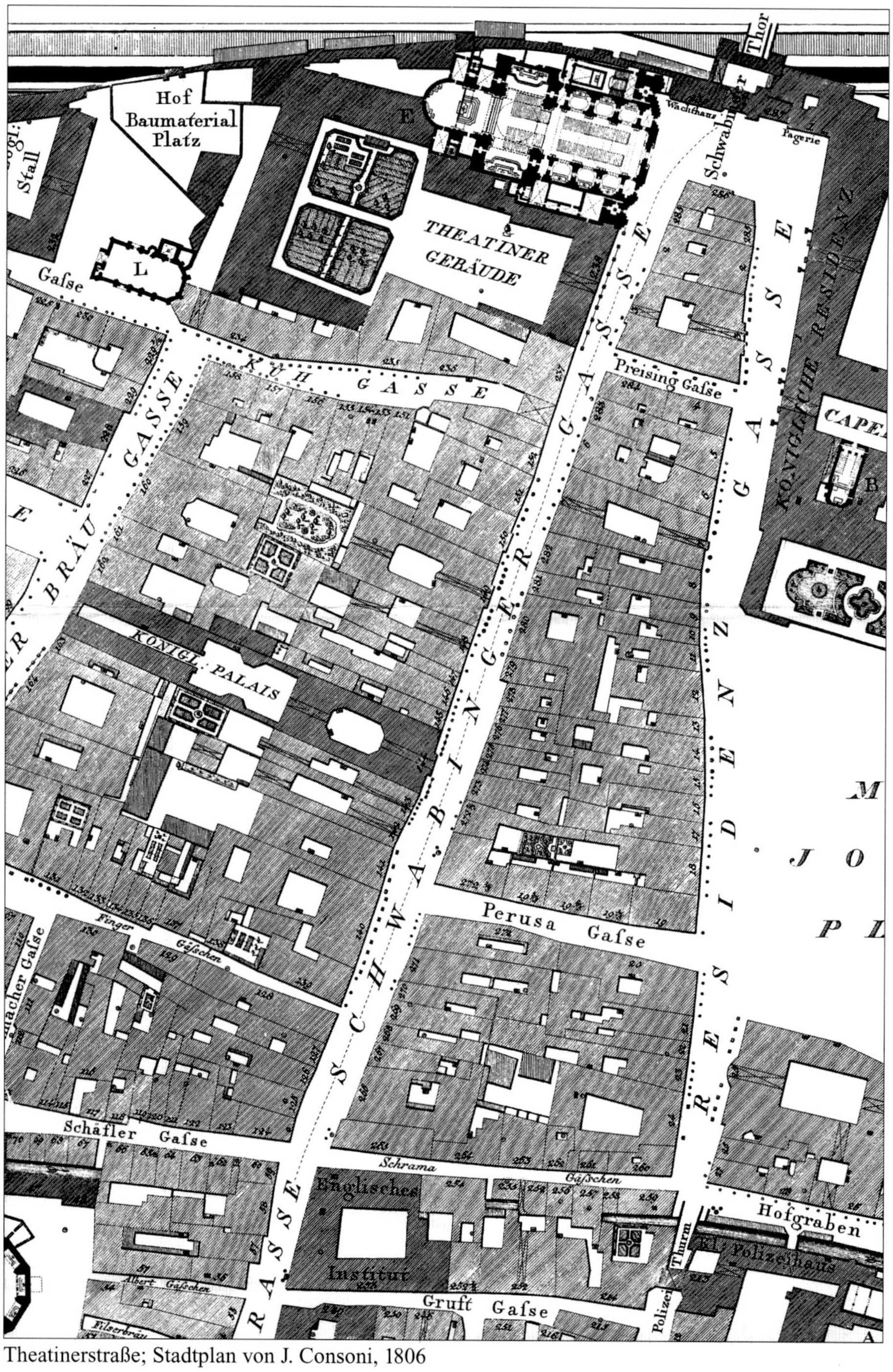

Theatinerstraße; Stadtplan von J. Consoni, 1806

Theatinerstraße, ehem. Mielich-Haus; hist. Ansicht

Theatinerstraße, Nordteil, links Mielich-Haus und Hypobank; Aufn. um 1925/30

Ehem. Palais Piosasque de Non
(zerstört); Aufn. Ende 19. Jh.

Am Südende ostseitig sind die ehem. Hausparzellen Nr. 50, 51 und 52 in der Nachkriegszeit dem Areal des bis heute unbebauten sog. Marienhofes (s. dort) bzw. der ihn nördlich begrenzenden, nordwärts verschobenen Schrammerstraße zugeteilt worden; die sich nördlich anschließenden Häuser Nr. 47, 48 und 49, nach dem Krieg in schlechtem Zustand noch erhalten, wurden später durch eine Neubaugruppe auf reduzierter Grundfläche ersetzt im Hinblick auf den hier (seit 1897) doppelt abgeknickt kreuzenden Straßenbahnverkehr von der Perusastraße in die (1894 stark verbreitete) Maffeistraße (s. dort).

Die bestehende ostseitige, leicht gekrümmte Häuserzeile zwischen Perusa- und Viscardistraße (Nr. 29–44), sechsgeschossige Geschäftshäuser mit flächigen Fassaden und gleicher Traufhöhe (die den Altbau Nr. 38 flankieren, s. dort), ist eine der bemerkenswerteren, vergleichsweise homogenen Leistungen der Wiederaufbauzeit in der Altstadt, bedeutsam überdies durch das hier im Innenbereich realisierte Konzept (Arch. G. H. Winkler und Reich) geöffneter, durch Passagen verbundener Höfe (s. Nr. 32 sowie Residenzstraße 13). Von der Vorkriegsbebauung waren erwähnenswert u. a.: das klassizistische Eckhaus Nr. 44 an der Nordseite der Perusastraße, Teil der letztere säumenden homogenen Häusergruppe von 1803 ff. des Maurermeisters Joseph Deiglmayr an der Stelle des abgebrochenen Pütrichklosters (vgl. Max-Joseph-Platz/Vorspann); nördlich anschließend die drei aufwendig gegliederten Geschäftshäuser Nr. 42/43 (erbaut 1900), 40/41 (1895 von Heilmann und Littmann) und 38 (1904, erhalten). Ab Nr. 36 vorspringende Baulinie; Nr. 35 palaisartig, vom 17. bis Anfang des 19. Jh. in wechselndem Adelsbesitz. Haus Nr. 33 gehörte ab 1812 der Großbäckerei-Familie Seidl (die Architektenbrüder Gabriel und Emanuel Seidl wurden hier 1848 bzw. 1856 geboren). Nr. 32 und 31, in der Barockzeit in adeligem Besitz, hatten palaisartig proportionierte Fassaden mit in den Obergeschossen noch z. T. erhaltener barocker Gliederung. – Nördlich der Viscardistraße wurde die originale Bürgerhausbebauung zwischen Theatiner- und Residenzstraße – endend mit dem markanten Kopfbau des „Bauerngirgl" gegenüber dem (Äußeren) Schwabinger Tor – in zwei Etappen ersetzt, erst durch das spätbarocke Preysing-Palais und nördlich davon ab 1840 durch die Feldherrnhalle als Südabschluss des neuen Odeonsplatzes auf stark zurückgesetzter Baulinie (vgl. im Einzelnen Residenzstraße 27, Odeonsplatz/Vorspann, Odeonsplatz/Feldherrnhalle).

Theatinerstraße gegen Norden nach Luftangriff 1944

Theatinerstraße nach Norden; Aufn. 2007

Theatinerstraße 1, 3/Ecke Maffeistraße; Aufn. 1995

Die Vorkriegsbebauung der Westseite begann im Süden mit Nr. 1 (Neurenaissance-Geschäftshaus, 1883) und 3 (Börsenbazar, 1874–77 von Albert Schmidt; mit Längsfront an der Südseite der Maffeistraße, s. dort). Am Neubau Nr. 1/Ecke Schäfflerstraße (um 1950) modern-realistische Figur eines Schäfflers (Gegenstück zu der an Weinstraße 12, s. dort). Zur historischen Abfolge der Bebauung zwischen Maffei- und Brienner Straße vgl. im Einzelnen Theatinerstraße 7 (1910 auf reduzierter Fläche erbaut an der Stelle des Tattenbach-Palais), Nr. 8 (Neubau 1910/11 auf zurückgenommener Baulinie), Nr. 11–18 (HypoVereinsbank), 20/21 (ehem. Theatinerkloster) und Nr. 22, die barocke Theatinerkirche. Deren ostseitige Zweiturmfassade und das nördlich angebaute klassizistische Doppelpalais Nr. 23/24 (Ecke Brienner Straße) sind Bestandteile der von Klenze nach Abbruch des Schwabinger Tores (1817) realisierten städtebaulichen Konzeption des Odeonsplatzes. – Im mehrfach gewachsenen und veränderten Großkomplex der HypoVereinsbank (s. Nr. 10), der zuletzt gemäß dem Konzept der „Fünf Höfe" grundlegend umgestaltet wurde, aufgegangen sind u. a. die Grundstücke Nr. 10 (alt), das Haus des Malers Hans Mielich mit zuletzt spätbarocker Fassade von ca. 1740, der 1886 von der Bayer. Hypotheken- und Wechselbank erworbene, ursprünglich kurfürstliche, verschiedenartig genutzte Palastbau Nr. 12 (ersetzt durch Bankneubau 1896/98 und nach Zerstörung 1948 ff.), Nr. 16, das von François Cuvilliés 1726–32 für den kurfürstl. Kämmerer Joseph Graf von Piosasque de Non erbaute Palais mit viersäuligem Balkon und Dreiecksgiebel am Mittelrisalit, Nr. 17, im 17./18. Jh. meist Adelsbesitz (1665–1736 Grafen von Portia), mit Dreiecksgiebel am Mittelrisalit, Nr. 18 (Barockfassade mit Mittelrisalit; 1728–1861 der renommierte Gasthof „Goldener Hirsch", in dem u. a. Casanova, Mozart, Gluck, Lessing und

Joseph II. übernachteten; vgl. Schattenhofer 1972, S. 386 f.), sowie Nr. 19, ein vergleichsweise kleines Adelshaus mit reich dekorierter Barockfassade wohl von Joseph Effner (vgl. Hemmeter 1995, Abb. S. 127). Haus Nr. 20, das barocke Palais Berchem, ein (nach Heym 1984) nach 1676 wohl von Henrico Zuccalli ausgebauter Dreiflügelkomplex, überspannte mit dem sog. Kühbogen in seinem Osttrakt die Einmündung der Kuhgasse (heute Salvatorstraße, s. dort). Nr. 19 und 20, seit dem frühen 19. Jh. staatlich, waren bis zur Zerstörung dem Innenministerium im ehem. Theatinerkloster angeschlossen.

ARCHÄOLOGISCHE BEFUNDE: Mauer und Funde vermutlich des Mittelalters oder der Neuzeit (Fundst.-Nr.: 7835/0005).

Theatinerstraße 7, Arco-Palais (rechts Nr. 8); Aufn. 1995

Bei Sanierungsarbeiten am Fundament der östlich gelegenen Fahnenstange vor der Feldherrnhalle wurden 1995 Tierknochen und Reste einer West-Ost verlaufenden Ziegelmauer aufgedeckt. Eine Verbindung zum ehemaligen Schwabinger Tor ist möglich.

Theatinerstraße 7. Sog. *Arco-Palais*; zugehörig Maffeistraße 4. Auf dem Eckgrundstück zur ehemals sehr schmalen Fingergasse (1874 verbreitert zur heutigen Maffeistraße, s. dort) steht auf dem Stadtmodell von Sandtner (1570) ein markantes spätgotisches Gasthaus, ein dreigeschossiger Satteldachbau mit türmchenflankiertem Treppengiebel und zwei Flacherkern im Osten und Zinnenabschluss an der südlichen Längsseite. 1742 erwarb es Maximilian Reichsgraf von Rheinstein-Tattenbach, dem bereits mehrere Nachbargrundstücke gehörten; noch Stimmelmayr (späteres 18. Jh.) stellt das gotische Eckhaus dar. Nördlich an-

schließend zeigt das Sandtner-Modell vier schmale dreigeschossige Traufhäuser mit Flacherkern und Rückgebäuden; an ihrer Stelle ließ um 1767/70 Joseph Ferdinand Reichsgraf von Rheinstein-Tattenbach eines der ehemals stattlichsten Adelspalais in München errichten, mit zwei Höfen hintereinander und einer zwölf Fensterachsen breiten, dreigeschossigen Fassade mit bereits frühklassizistischen Anklängen – vielleicht von François de Cuvilliés d. J. (Lieb 1988), mit dessen kleinteilig-parataktisch gegliedertem, keine barocken Dominanten aufweisenden Ständehaus (s. Roßmarkt 15) das Tattenbach-Palais eine gewisse Verwandtschaft zeigte; im Einzelnen war bei ihm die dekorative Note stärker ausgebildet. Stimmelmayr zeichnet das Tattenbach-Palais noch mit dem originalen Dreiecksgiebel in der Mitte. Lediglich die graue Marmorumrahmung des einstigen Mittelportals mit den übereck gestellten ionischen Pfeilern und dem flachen Schweifgesims (heute im BNM) ist noch stark dem Rokoko verpflichtet. (Türflügel von Johann Michael Pössenbacher. – Ins BNM gelangte 1951 auch ein stilistisch die gleiche Übergangssituation verkörperndes Kabinett aus dem einstigen Palais in der Art einer Weinspalier-Laube, mit Holzschnitzereien von Pössenbacher und Malereien auf Taft von Joseph Zächenberger, um 1772/79.) – 1827 ging das Palais durch Erbschaft an die Grafen von Arco-Valley über.

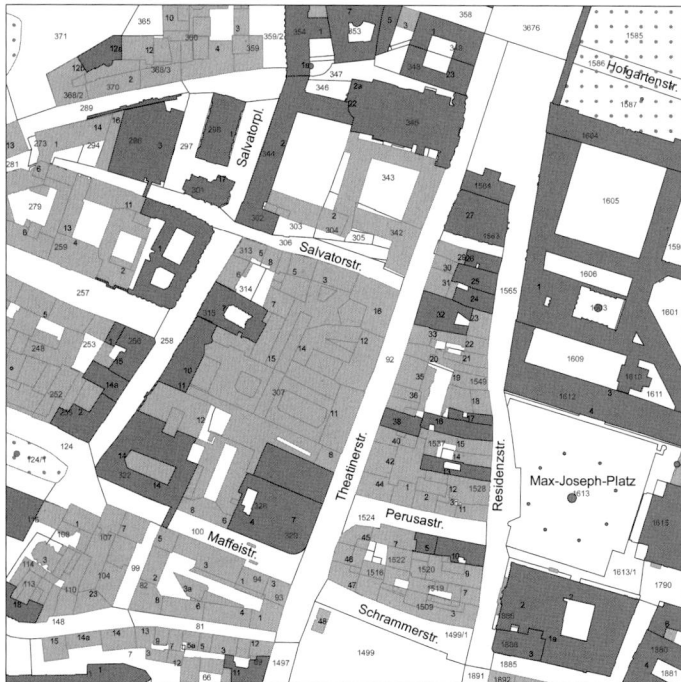
Theatinerstraße; Flurkarte, M. 1:5000

Theatinerstraße 7, Vorbebauung (Palais Tattenbach); Aufn. 1900

Im Zuge der Verbreiterung und Neubebauung der Maffeistraße wurde um 1874/76 das einstige Gasthaus an der Ecke abgebrochen und durch einen gestalterisch dem Palais angeglichenen südlichen Erweiterungsbau – mit Verlängerung der ostseitigen Hauptfront um vier Achsen und abgeschrägter Ecke – ersetzt, zugleich der gesamte Komplex um ein Geschoss in angepassten Formen erhöht, mit einem hohen, von stehenden Volutenpaaren besetzten Gebälk (vgl. Portia-Palais) als Abschluss. Auch die auf das einstige Eckhaus folgenden Nachbaranwesen an der Maffeistraße (vier auf dem Sandtner-Modell), darunter das einstige Kaplanhaus der Impler-Messstiftung der Frauenkirche samt Garten (seit 1716 den Grafen Tattenbach gehörig), wurden baulich ersetzt (heute Nr. 4).

Bereits 1908/10 wurde das gesamte Arco-Palais wieder abgebrochen und durch den bestehenden Geschäftshaus-Neubau von Georg Meister (künstlerische Mitarbeit: Oswald E. Bieber) ersetzt, dessen städtebaulich signifikantes Hauptmotiv die – verkehrstechnisch bedingte, die Verbindung von der Maffei- zur Perusastraße erleichternde – Abrundung der Ecke ist; zugleich wurde die Baulinie an der Ostseite zurückgenommen. Der fünfgeschossige Neubau gehört zu den architektonisch bemerkenswerten Geschäftshäusern Münchens in der pluralistischen Phase nach Historismus und Jugendstil. Die Fassadengestaltung, keinem benennbaren historischen Stil mehr verpflichtet, andererseits noch nicht von schlichter Sachlichkeit berührt, sucht die Einfügung in die Altstadtumgebung mittels einer kleinteiligen, reliefartig zarten, Leerflächen vermeidenden Rastergliederung, deren Hauptelement die je zwei Fensterachsen zusammenfassenden Lisenen sind, denen die Pfeiler zwischen den Läden im natursteinverkleideten Erdgeschoss entsprechen. Die vier Eingangsachsen sind durch flache, dreiseitig polygonale Erker zurückhaltend betont, die Fenster im 1. Stock zu Dreiergruppen vereinigt, denen ein durchgehendes Brüstungsgitter vorgelegt ist. Das 4. Obergeschoss – mit Stichbogenfenstern – ist durch ein vordachartiges Gesims kräftig abgesetzt; ihm entspricht am niedrigeren Seitenflügel Maffeistraße 4 ein Dachausbau mit stehenden Gauben. Ausgeprägt ist die vornehme, dezent polychrome dekorative Note mit Reliefs in den Brüstungsfeldern, z. T. mit Majolikafiguren von Josef Wackerle.

Soweit überhaupt konkrete historische Vorbilder benannt werden können, ist an Dresdner Altstadthäuser des mittleren und späteren 18. Jh. zu denken (den Stil Knöffels und seiner Nachfolger); speziell das Motiv der Eckabrundung war dort markant am Hause Neumarkt 1 unweit der Frauenkirche ausgeprägt. Der am Arco-Palais vollzogene Schritt über den Historismus hinaus wird im Vergleich mit dem wenig älteren, noch rein neubarocken Eckrundbau Residenzstraße 3 (s. dort) deutlich. Auch Elemente des Heimatstils sind einbezogen, außer dem erwähnten Vordach die profilierten Holzpfosten der Erkerfenster.

Kunstgeschichtlich denkwürdig wurde das Arco-Palais als Sitz der „Modernen Galerie Thannhauser", in der u. a. vom 1.–15. Dezember 1909 und vom 1.–14. September 1910 die für die Avantgarde bedeutsamen Ausstellungen der Neuen Künstlervereinigung München und vom 18. Dezember 1911 bis 3. Januar 1912 die epochemachende Ausstellung „Der Blaue Reiter" stattfanden; auch Futuristen sowie zweimal Picasso (1913,1922) wurden hier präsentiert. Heinrich Thannhauser (1859–1935) und auch sein Sohn Justin haben somit Münchens Kulturleben entscheidend mitbestimmt. Die von Paul Wenz (Baugeschäft Heilmann und Littmann) gestaltete (1928 geschlossene) Galerie umfasste neun Räume im 3. Obergeschoss des Flügels Maffeistraße 4 und dazu ein Foyer mit Oberlicht im Erdgeschoss. – Auch der Erbauer Georg Meister hatte im Arco-Palais sein Architekturbüro und Baugeschäft. 1918–33 war Maffeistraße 4 Sitz des Generalsekretariats der Bayerischen Volkspartei.

Der im Zweiten Weltkrieg schwer beschädigte Komplex wurde 1946 unter rekonstruierender Ergänzung an der Südseite fehlender Fassadenpartien wiederhergestellt, 1991/92 restauriert und innen abermals weitgehend umgebaut (Eigentümer: Wittelsbacher Ausgleichsfonds).

Theatinerstraße 8. Sog. *Gablerhaus*; jetzt Teil der HypoVereinsbank. Auf Sandtners Stadtmodell (1570) ein dreigeschossiges traufseitiges Doppelhaus; bei Stimmelmayr ebenfalls dreigeschossig mit Flacherker in der Mitte, damals dem Geheimen Konferenzminister unter Max III. Joseph, dem Grafen Johann Joseph von Baumgarten (1712–1772) gehörig. Seit 1809 staatlich, zunächst als Postgebäude (bis zum Neubau der Hauptpost, s. Residenzstraße 1), später als Kgl. Stadtkommandantur genutzt. Die dreigeschossige Fassade mit kräftigem Konsolgesims wies zuletzt eine klassizistische Gestaltung auf (Abb. bei Bauer 1982).

Nach dem Umzug der Stadtkommandantur in das Armeemuseum am Hofgarten wurde der Bau an der Theatinerstraße überflüssig und 1910 an die Immobilien-Handelsgesellschaft m.b.H. verkauft, hinter der die benachbarte Bayer. Vereinsbank stand. In diesem Bereich war schon seit 1860 ein Durchbruch in der Verlängerung der Perusastraße erwogen worden; 1908 fertigte Karl Kraus ein imponierendes Projekt zu einer Luitpoldpassage (Abb. bei Steffan 1969). Stattdessen ließen die Erwerber 1910/11 auf etwas zurückgesetzter Baulinie ein fünfgeschossiges Geschäftshaus nach Entwurf von Georg Meister und seinem künstlerischen Mitarbeiter Oswald Eduard Bieber (Fassadengestaltung) errichten. Der schmale, tiefe Bau nahm im Erdgeschoss links den langen Durchgang zum in der Mitte gelegenen Hof und dem rechts von ihm situierten Treppenhaus auf, rechts davon zwei verschieden große Läden, einen sehr weiträumigen rechts mit rückwärts anschließendem Lagerraum und neben dem Durchgang einen kleineren mit zwei in einem sich bereits dem Art déco nähernden Stil holzgetäfelten Räumen für das Feinkostgeschäft Alfred Boettner (Laden, dahinter „Frühstücksstube"; Ausstattung 1998 mit dem Restaurant nach Pfisterstraße 9 transferiert, s. dort). Die Obergeschosse enthielten Büros, u. a. der Annoncen-Expedition Rudolf Mosse (später Gabler).

Die mit Muschelkalk verkleidete historisierende Fassade ist weitgehend in Fenster aufgelöst, mit breiteren Außenachsen und dekorativ skulptierten, schmalen Fensterpfeilern; das oberste Geschoss (früher mit Fensterläden) ist hinter einem durchlaufenden Balkongitter leicht zurückgesetzt; den Abschluss bildet ein Segmentgiebel mit ursprünglich zwei Relieffiguren. Fortschrittlich waren die zur geordneten Anbringung der Firmennamensschilder eigens vorgesehenen, von Gesimsprofilen gesäumten Brüstungsfelder zwischen den Geschossen. Der Verlust der originalen Schaufenster wie (1968) der kleinteiligen Fensterversprossungen minderte den Gesamteindruck. Die zur Bauzeit als qualitätvoll gewürdigte Fassade ist als westlicher Abschluss der Perusastraße von hoher städtebaulicher Bedeutung.

Nach schweren Luftkriegsschäden wurden im Inneren 1946 und später wiederholt Umbaumaßnahmen vorgenommen, u. a. 1960 das Treppenhaus ausgewechselt. Die Bayerische Hypotheken- und Wechselbank als Eigentümerin ließ um 1995 durch die Architekten Jacques Herzog und Pierre de Meuron die Planung für einen Neubau – u. a. mit Kunsthalle – hinter der alten Fassade erstellen (realisiert um 2000; vgl. Nr. 11).

Theatinerstraße 8; Aufn. 2008

[**Theatinerstraße 11** (= Zusammenfassung von 9–18). HypoVereinsbank, ehem. Bayerische Hypotheken- und Wechselbank, östlicher Bauteil (Westteil s. Kardinal-Faulhaber-Straße 10), 1948–
51 von Adolf Abel (Fassade) und Milan Waas, Bauteil Salvatorstraße 7 (nördlich) 1952, Theatinerstraße 10 1952/53 (südlich,
mit Passage); Eckbebauung Theatinerstraße/Salvatorstraße
1959/60 von G. H. und Claus Winkler mit C. W. Buchner; große
Kassenhalle mit Deckenfresko von Hermann Kaspar 1950. Der
Ostflügel des Bankkomplexes an der Theatinerstraße (ohne Erweiterungen) von 1896–98 bzw. nach Kriegszerstörung neu von
1948–51 steht auf vier mittelalterlichen Bürgerhausparzellen
(auf Sandtners Stadtmodell von 1570 zwei- bis dreigeschossige
Bebauung mit unterschiedlich ausgebildeter Dachzone), deren
zwei südliche im 18. Jh. mit einem Adelspalais nach Entwurf von
François de Cuvilliés d. Ä. überbaut wurden: begonnen um 1741
im Auftrag des Kurfürsten Karl Albrecht für Gräfin Fugger-Zinneberg (nach Trautmann 1895; so nicht in Häuserbuch II), Fassade erst 1759/60 von Cuvilliés, ausgeführt durch Karl Albrecht
von Lespilliez (eine den Münchner Frühklassizismus der Folgezeit prägende Schöpfung); es wurde 1760/62 von Kurfürst Max
III. Joseph zusammen mit dem rückseitig an der (heutigen) Kardinal-Faulhaber-Straße anschließenden Gebäude, das er zum
Maut- und Packhaus bestimmte, erworben; der so entstandene
lang gestreckte, drei Höfe umschließende Komplex diente u. a.
als Sitz der 1759 gegründeten Akademie der Wissenschaften, eines Teils der Hofbibliothek sowie der 1770 gegründeten Zeichnungsschule (Vorläufer der Kunstakademie), 1784–99 des Malteser-Großpriors Graf bzw. Fürst Karl August von Bretzenheim
(natürlicher Sohn Karl Theodors), dann des Herzogs Wilhelm in
Bayern und 1816–21 des Herzogs von Leuchtenberg. Das von
L. Westenrieder (1782) gerühmte „herrliche Gebäude" mit seiner „meisterhaften Stiege" – bisher nicht eingehend erforscht –
wurde ab 1806 „Königl. Palais" genannt (vgl. den Stadtplan von
J. Consoni), ging 1827 an den berühmten Verleger Johann Friedrich Frhr. von Cotta über (daher „Cotta-Haus" genannt), später
an die verwandte freiherrliche Familie von Reischach und 1886
an die 1835 gegründete Bayerische Hypotheken- und Wechselbank (vgl. Residenzstraße 27). Diese erwarb 1891 noch die beiden nördlich angrenzenden Bürgerhäuser, deren südliches (alt
Nr. 12b) 1608–35 dem Hofbaumeister und Bildhauer Hans
Krumpper und dann nacheinander den Malern Johann Ulrich
Loth († 1662) und Karl Loth (Sohn, † 1698) gehört hatte. Auf
den drei (ursprünglich vier) Parzellen entstand 1896–98 der

◁ Theatinerstraße 11
(links Nr. 8);
Aufn. 2005

Theatinerstraße 11, ehem. Bayerische Hypotheken- und Wechselbank; Aufn. 1898

Theatinerstraße 11, ehem. Schalterhalle (zerstört); Aufn. 1898

Theatinerstraße 11, Deckengemälde in der Buchhandlung

Bankneubau (Ostteil) nach Plänen von Emil Schmidt, Berlin, ein
monumentaler palastartiger Neubarockbau mit von den Münchner Architekten Eduard Reuter und Schobloch entworfener Ostfassade aus Naturstein, an der die vier Portalsäulen vom Vorgängerbau wiederverwendet oder eher frei nachgebildet waren; die
Attika krönte eine die Weltkugel tragende Atlasfigur. Auch die
Innenräume, u. a. das Vestibül mit Haupttreppe, die beiden glasgedeckten Kassenhöfe und der große Sitzungssaal, waren opulent ausgestattet. Erhalten blieb nach den Kriegszerstörungen
von 1944/45 nur der Westtrakt (s. Kardinal-Faulhaber-Straße
10). In den nach dem Zweiten Weltkrieg weiter expandierenden
Bankkomplex einbezogen wurden auch die Ruinengrundstücke
des südlich angrenzenden Mielich-Hauses (alte Nr. 10, dem Maler Hans Mielich, † 1573, gehörig, später Adelsbesitz mit reicher
Rokokofassade vielleicht von Johann Baptist Gunetzrhainer,

1740/47) und im Norden (alte Nr. 16) des Palais Piosasque de Non von François de Cuvilliés d. Ä. (1726–32). Adolf Abels Bankneubau von 1948 ff. mit lang gestreckter Putzfassade und dominierend breitem, erhöhtem Mittelrisalit ist bemerkenswert als Versuch der Wiederaufbauphase, eine Großstruktur in die Altstadtumgebung einzufügen bzw. im weitgehend zerstörten Umfeld etwas von der Altstadtatmosphäre zugleich mit einem gewissen Repräsentationsanspruch anklingen zu lassen. Die an sich sachlich aufgefasste Rauputzfassade ist mit einzelnen traditionellen und kunsthandwerklichen Details wie Natursteingliederungen und Vergitterungen durchsetzt. Den Eingangsbereich schmücken vier Bronzefiguren – Allegorien der Tätigkeiten und Leistungen des Bankgeschäftes – von Elmar Dietz und Roland Friederichsen. Mit modernen Mitteln an eine traditionelle Gattung anzuknüpfen versuchte auch das 256 m² große Fresko von Hermann Kaspar (1950) an der Tonnenwölbung der großen Kassenhalle: an den Längsseiten die acht Kreise Bayerns (mit der Pfalz), an der westlichen Schmalseite eine Allegorie der Bank mit deren Wappen im Zentrum, gegenüber eine Allegorie des Wiederaufbaus. Die sog. Hypo-Passage im Süden (um 1986 nach Brand z. T. verändert) war einzig verwirklichter Teil eines Konzeptes von Adolf Abel zur Erschließung der Altstadt-Innenhofbereiche durch Fußgängerpassagen.

Fünf Höfe. Der zwischen vier Straßen gelegene Altstadtblock wurde 1999–2003 durch das „Fünf Höfe" genannte System von Höfen und Passagen mit insgesamt 54 Einzelgeschäften gehobenen Charakters und verschiedenen Formats, Gastronomie, Tiefgarage und die baulich erneuerte Hypo-Kunsthalle erschlossen, „das größte Innenstadtprojekt Deutschlands" (Haberlik 2004) nach Gesamtkonzept von Herzog & de Meuron, Basel. Neu entstand ein Bauteil (ehem. Theatinerstraße 9) mit mehrschichtiger Fassade aus dunklen Bronzeelementen (Lamellen) zwischen der erhalten gebliebenen, neu hinterbauten Fassade von Nr. 8 (s. dort) und dem erhöhten Abelschen Mitteltrakt von 1948, der somit seine mittig-symmetrische Position verlor. Den Viscardihof (Nordostecke) schmückt eine große Hängekugel von Olafur Eliasson. Den Maffeihof im Süden (zur Maffeistraße hin) gestaltete Ivano Gianola, Mendrisio, den Amirahof im Norden mitsamt einem Wohnhaus an der Salvatorstraße Hilmer & Sattler. Das große Deckenbild von Hermann Kaspar (1950) aus der ehem. Kassenhalle überwölbt jetzt den Hauptraum der Buchhandlung Hugendubel (im 1. Stock).]

Theatinerstraße 20/21, 22, 23. Vgl. Ensemble Ludwigstraße/ Odeonsplatz sowie Ensemble Altstadt, Bauten- und Platzgruppe Residenz/Hofgarten/Max-Joseph-Platz/Odeonsplatz.

[**Theatinerstraße 20/21** (mit Salvatorstraße 2). Bayerisches Staatsministerium für Unterricht und Kultus sowie Bayerisches Staatsministerium für Wissenschaft, Forschung und Kunst, östliche Teile des Komplexes an der Stelle des ehem. Theatinerklosters südlich der Kirche (s. Nr. 22), 1970–72 von Gustav Gsaenger, der an die Kirchenfassade anschließende Ostflügel an der Theatinerstraße als Rekonstruktion des einstigen Kloster-Haupttraktes von 1679. (Westteile s. Salvatorplatz 2.) Als Bauplatz für das Kloster der 1662 berufenen Theatiner erwarb Kurfürstin Henriette Adelaide ein Areal von der Schwabinger Gasse (Theatinerstraße) im Osten bis zum (heutigen) Salvatorplatz im Westen, das im Norden von einem Abschnitt der Stadtbefestigung westlich des Schwabinger Tores und im Süden von der Rückfront einiger Anwesen an der Nordseite des Kühgassels (Salvatorstraße) begrenzt wurde. Die (etwa) neun Bürgerhäuser an der Schwabinger Gasse zeigt sowohl Sandtners Stadtmodell von 1570 wie der Stadtplan von Tobias Volckmer von 1613, der auch das westlich dahinterliegende (alte) herzogl. Zeughaus verzeichnet, das nach einem Brandschaden (1599) in den 1616–24 östlich der Residenz am heutigen Marstallplatz errichteten Neubau

Theatinerstraße 20/21, Ruine des ehem. Klosters; Aufn. um 1945

Theatinerstraße 20/21, ehem. Theatinerkloster (rekonstruiert); Aufn. 1996

übersiedelte. Dem Klosterbau wurden auch der in diesem westlichen Bereich liegende kurfürstl. Falkenhof und Hundezwinger sowie außerdem im Südosten an der Ecke Theatiner-/Salvatorstraße zwei zuvor den Salesianerinnen überlassene Häuser mitsamt deren Gärten zur Verfügung gestellt (in der Folge nach einem Grundstückstausch z. T. in das die Salvatorstraße mit dem sog. Kühbogen überwölbende Palais Berchem einbezogen, dessen Fassadengliederung die des Klosters fortsetzte). Die Baugeschichte des Klosters ist noch nicht abschließend geklärt. Es wurden zuerst 1663 ff. wohl eng mit dem Baukörper der Kirche verbundene Gebäude samt Sakristei errichtet, das Kloster nach J. M. Forster (1895) bereits 1669, nach J. Koegel (1899) „im vorderen Teil" 1675 bezogen. Der größte Teil der weitläufigen Anlage entstand jedoch erst von 1675 bis ca. 1680 – der Westflügel am Salvatorplatz wurde 1675, der Osttrakt an der Theatinerstraße im Anschluss an den südlichen Kirchturm 1679 begonnen (G. Dischinger), wo die drei Vorgängerhäuser erst 1676 angekauft worden waren. Ausführender Baumeister war nach den Rechnungen und M. Wening (1701) Lorenzo Perti aus Como. Pläne der Bauzeit (vgl. Dischinger 1988, Nr. 334 ff.), M. Wenings Ansichten von 1701 und auch noch J. Consonis Stadtplan von 1806 zeigen die weitläufige Anlage mit einem dreiflügeligen, dreigeschossigen Ostteil südlich der Kirche und einem ausgeweiteten, nur zweigeschossigen Westteil, die zusammen einen großen, kunstvoll bepflanzten Gartenhof umschließen, der (nach Wening) vom Kurfürsten unterhalten, also vom Hofgärtner betreut wurde. Wening hebt außerdem das an einer Seite halbrund schließende Refektorium (südlich des Westtraktes) und die schöne, aussichtsreiche Bibliothek (erbaut um 1680, mit Schnitzarbeiten von Andreas Faistenberger) im erhöhten Nordwestpavillon hervor; sie brannte 1771 aus und wurde ab 1773 von C. A. Lespilliez wiederhergestellt. Nach der bereits im Oktober 1801 erfolgten Klosteraufhebung wurde der Komplex zum zentralen sog. Ministerialgebäude, welches sich schließlich nach wechselnden Nutzungen und Auszügen allein das Innen- und das Kultusministerium teilten, letzteres ab 1872 auf den Westteil konzentriert, während das Innenministerium die im Luftkrieg völlig zerstörte Osthälfte einnahm. Beide dehnten sich sukzessive auch in die südlich angrenzenden Häuser an der Salvatorstraße aus, beginnend mit dem seit 1822 staatlichen Palais Berchem im Osten (ehemals Theatinerstraße 20), fortgesetzt u. a. mit dem Erwerb des ehem. Palais Waldkirch (Salvatorstraße 20, 18. Jh.) 1913, und zuletzt 1938 des ehem. Palais Minucci im Südwesten (s. Salvatorplatz 2). Nach dem Zweiten Weltkrieg übernahm das Kultusministerium das Gesamtareal; an der Stelle von Behelfsläden entstand 1970–72 nach Entwurf von Gustav Gsaenger im Ostteil der um den der Allgemeinheit geöffneten sog. Theatinerhof südlich der Kirche gruppierte Vierflügelkomplex mit einem das einstige Hofareal unterteilenden neuen Westflügel und einer Vorplatzbildung im Süden (neuer Haupteingang Salvatorstraße 2). Die gelbe Putzfassade des Erweiterungsbaues lehnt sich in stark vereinfachter Form an den Charakter des barocken Klosters an; lediglich die städtebaulich wichtige, an die Kirche anschließende Ostfassade wiederholt in weitgehend getreuer Rekonstruktion die originale Fassadengliederung von 1679. Kennzeichnend sind das in Rauputz rustizierte Erdgeschoss, die Dreiecks- und Segmentgiebel über den hohen Fenstern des Hauptgeschosses, die auf sich friesartig zusammenschließenden Brüstungsfeldern stehen, die waagrechten Fensterverdachungen im 2. Stock und das reich profilierte Traufgesims. Die drei als Flacherker vorgezogenen Fenster im 1. Stock des Südteils folgen dem Vorbild des ansonsten dem Osttrakt angeglichenen (Henrico Zuccalli zugeschriebenen) Palais Berchem, das freilich vor 1944 die Salvatorstraße überbrückte, während der heutige Ostflügel hier endet und zugleich die neue südliche Vorplatzbildung im Osten begrenzt. Die eigentliche Klosterfront an der Theatinerstraße war – so auch auf M. Wenings Ansicht – 13 Achsen lang, mit dem gleichartigen Berchem-Palais bildete sie eine städtebaulich wesentlich gewichtigere Komponente. Im Boden des von Arkaden mit Läden und (nördlich) einem Café umzogenen Theatinerhofes ist eine Brunnenanlage von Hans Rucker (1973) mit konkaven und konvexen Strukturen in Carraramarmor eingelassen.]

Theatinerstraße 22. Die *Theatinerkirche St. Cajetan* wurde 1663–75 nach Plänen von Agostino Barelli und Henrico Zuccalli als gewestete kreuzförmig-basilikale Anlage mit Zweiturmfront und Vierungskuppel errichtet. Ihre Fassade vollendete 1765–68 François Cuvilliés d. Ä.

Baugeschichte: Die Theatinerkirche entstand an der Stelle von drei Bürgerhäusern an der Westseite des Nordendes der Schwabinger Gasse (Theatinerstraße), die Kurfürstin Henriette Adelaide, geb. kgl. Prinzessin von Savoyen und Piemont, zusammen mit weiteren südlich anschließenden Anwesen 1662 erworben hatte; außerdem wurden noch vier andere, schon seit dem späten 16. Jh. herzogliche bzw. kurfürstliche Häuser an der schmalen Gasse entlang der Stadtmauer westlich des Schwabinger Tores abgebrochen (vgl. Sandtners Stadtmodell, 1570). Mit dem St. Adelheid und Cajetan geweihten Kirchenbau löste das Kurfürstenpaar Ferdinand Maria († 1679) und Henriette Adelaide († 1676) nach der Geburt des lang ersehnten Thronerben Max Emanuel (11. Juli 1662) ein Gelübde von 1659 ein; zugleich wurde der der Kurfürstin heimatlich vertraute, 1524 vom hl. Cajetan von Thiene gegründete Orden der Theatiner oder Regulierten Chorherren, dem auch ihr Beichtvater angehörte, berufen. Für den auch als Hofkirche und Grablege fungierenden Neubau forderte die Kurfürstin ausdrücklich ein Höchstmaß an Repräsentation und international vergleichbarer Modernität, womit auch für Bayern entwicklungsgeschichtlich folgenreiche neue Maßstäbe gesetzt wurden. Der programmatische Monumentalbau vom Schema der Kreuzkuppelbasilika steht in europäischen Bezügen zwischen der Votivkirche für die Geburt Ludwigs XIV. in Paris, Val de Grace, und der von der Kurfürstin als Muster gewünschten Mutterkirche des Theatinerordens, S. Andrea della Valle in Rom. Nachdem der anderweitig ausgelastete Guarino Guarini als Architekt nicht zu gewinnen war, erging der Auftrag an Agostino Barelli aus Bologna, der mit einer ersten, noch nicht zufriedenstellenden (nicht erhaltenen) Planserie im April 1663 nach München kam, begleitet von Bauhandwerkern und seinem Palier Lorenzo Perti aus Como, der bis zu seinem Tod 1692 als Bauführer von Kirche und Kloster fungierte. Nach Vorlage neuer, genehmigter Pläne erfolgte am 29. April 1663 die Grundsteinlegung durch Abt Coelestin Probst von Andechs. Nach anhaltenden Differenzen mit dem bei Hof einflussreichen Theatinerpater und zeitweiligen Propst Antonio Spinelli, der auf Maßabweichungen hingewiesen hatte, wurde diesem 1665–72 die oberste Bauleitung übertragen, während der ihm hinfort unterstellte Barelli, der München 1668–72 sogar verließ, 1667 doch weiterentwickelte Pläne und nach seiner Rückkehr 1672–74 Entwürfe für die Kuppel samt Laterne fertigte, deren Bau 1674 begonnen wurde. Die seit 1666 vorbereiteten Arbeiten am Dachstuhl begannen 1668 (Hofzimmermeister Johann Waldtmann). Am Stuckdekor, zunächst im Langhaus, arbeitete seit 1672 der Comasker oder Tessiner Carlo Brentano Moret(t)i, bis er 1674 wieder nach Nürnberg zog (wo er zuvor in der Heiliggeistkirche und anschließend im Fembohaus tätig war); ihm folgten der Tessiner Prospero

Theatinerkirche und Umgebung; Luftaufnahme von 1996

Brenni und sein junger Bruder Giovanni Battista (II), während der Hofbildhauer Wolfgang Leutner (Leithner) Stuckplastiken modellierte. Die z. T. erst im Rohbau fertige Kirche wurde am 11. Juli 1675 vom Freisinger Weihbischof Johann Kaspar Kühner konsekriert. Die Innenansicht mit dem Castrum doloris für die am 18. März 1676 verstorbene Kurfürstin (Stich von Jeremias Renner nach H. Zuccalli) zeigt die Gewölbegurte (ausgenommen die der Vierung) noch ohne Stuckdekor.

Der Tod der Stifterin schwächte zeitweilig die Position Spinellis, der auch mit dem Barelli als künstlerisch verantwortlicher Architekt 1674 bzw. endgültig 1676 ablösenden Graubündner (H)enrico Zuccalli in Konflikt geriet. Zwar konnte Zuccalli im Inneren nur mehr redigierend eingreifen, doch geht vor allem die endgültige Gestaltung der Kuppel

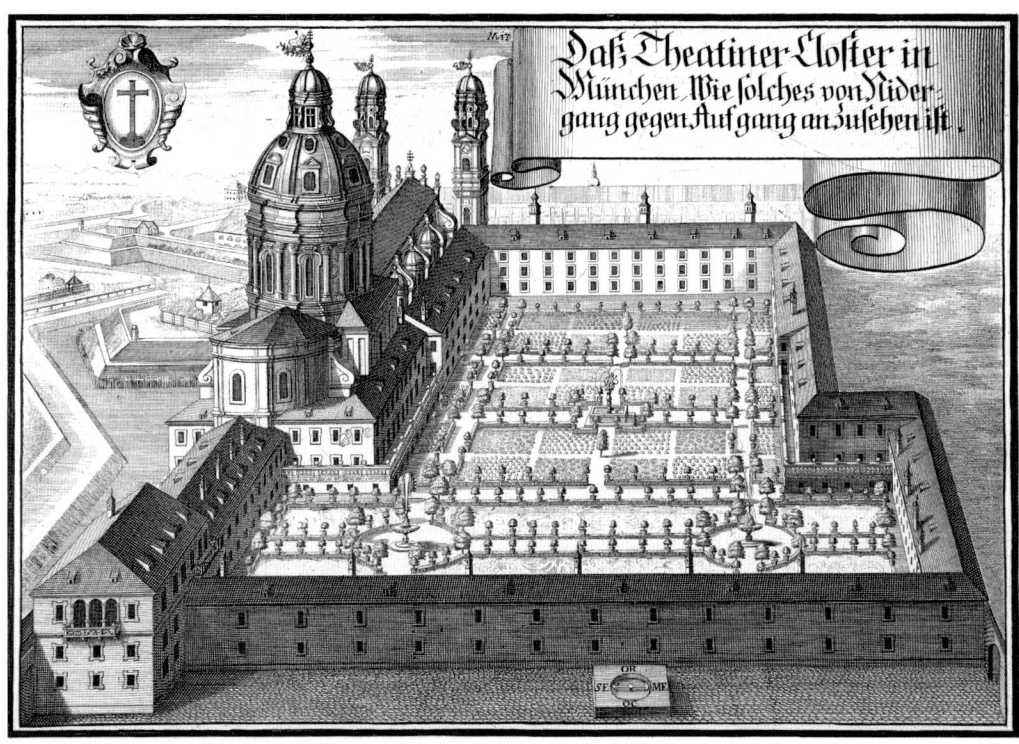

Theatinerkirche und -kloster von Westen; Kupferstich von Michael Wening, um 1700

sowie die (in der Folge nur im Rohbau ausgeführte) definitive Fassadenkonzeption auf ihn zurück. Im Einzelnen sind die Anteile von Barelli, Spinelli, Perti, Zuccalli und des als Planzeichner für letzteren arbeitenden Johann Andreas Trubillio nicht immer eindeutig zu klären. Nicht erst als Zutat Zuccallis gelten heute die sekundär an die konventionelle italienische Volutengiebelfront beiderseits angefügten Türme, vielmehr waren sie gemäß den Intentionen der Kurfürstin bereits von Barelli und Spinelli vorgesehen. Ihre Gestaltung veränderte sich im Verlauf der Planungen; ihre Position wurde statt vor- zurückgesetzt; die von Barelli vorgesehene Säulengliederung ersetzte Zuccalli durch Pilaster. Der von Jean Sauvé aus Paris (1672 in München nachgewiesen) gestochene Fassadenriss (MStM, Inv. Nr. 53/357) stellt eine Konzeption Barellis mit vorgerückten sechsgeschossigen Türmen dar, welche die Kuppel weit überragen. Für den oberen Abschluss der (auf drei Geschosse reduzierten) Türme liegen mehrere Varianten vor, vor allem zwei auf einem Fassadenaufriss von Zuccalli und Trubillio (von 1676/78) eingetragene, die bei weitem nicht die Qualität und unverwechselbar signifikante Gestalt der ausgeführten Lösung aufweisen, die ein etwa gleichzeitiger, von G. Dischinger (1988, Nr. 342) Spinelli zugeschriebener Turmriss zeigt. Die sichtlich von Sta. Maria della Salute in Venedig inspirierte, ins Kleinformat umgesetzte Lösung mit volutenumringtem Oktogon und Kuppel könnte durchaus von dem aus dem Veneto stammenden Spinelli angeregt worden sein. Die auf einer Stadtansicht Michael Wenings von etwa 1680 noch fehlenden Türme sind auf einer

anderen von 1693 bereits vorhanden (Ausst. Kat. Wening 1977, Nr. 113 bzw. 6). Glocken wurden 1673, 1675 und zwei weitere 1685 gegossen (kriegszerstört), eine Turmuhr 1685/86 von Melchior Sturm gefertigt. Nach R. Paulus (1912, S. 55 f.) wurde der damals schon bis zur halben Höhe fertige rechte Turm 1684/85 durch Lorenzo Perti vollendet, der andere 1685–92 ausgeführt, nach J. Koegel (1899, S. 20) erst 1696 vollendet (Bauarbeiten vor allem 1692–95 archivalisch belegt).

In der Fürstengruft unter dem Chor, als deren Ausbauzeit J. Koegel (1899, S. 53 ff.) 1679–85 angibt, wurde nach der 1676 verstorbenen Kurfürstin und vier hierher aus St. Michael transferierten Kindern am 1. Juni 1679 auch Kurfürst Ferdinand Maria (vorerst interimistisch) beigesetzt. („Grabung der Grufft" erst ab

Theatinerkirche und -kloster von Osten; Kupferstich von Michael Wening, um 1700

Ende 1679 bis 1680, Malerarbeiten an ihrem Altar 1685 archivalisch belegt.) An der Nordseite des Langhauses, mit einer Ecke an die Stadtmauer stoßend, entstand unter Zuccallis Leitung ab 1683 die am 5. Mai 1688 geweihte Loretokapelle mit einer Nachbildung der Casa Santa sowie die östlich angrenzende, bis an den Nordturm reichende Heilige Stiege. Beide Annexe wurden 1820 abgebrochen; die dreiläufige Scala Santa, nach römischem, in der Barockzeit vielfach nachgeahmtem Vorbild, ist in Stichen von Joh. Stridbeck d. J. (1697) und Franz X. Jungwirth (1751) und auf dem Kirchengrundriss in Cuvilliés' „Architecture" überliefert (in München gab es weitere Hll. Stiegen bei St. Jakob am Anger und im Ridlerkloster). An der Stuckdekoration dieser Kapellenbauten wie der Oratorien im Chor arbeitete Giovanni Niccolò Perti (Sohn des Lorenzo) 1685–88. Um diese Zeit erhielt die Kirche nach den Angaben Spinellis ihre Ausstattung mit Altären, Kanzel, Beichtstühlen und Bänken. Antonio Viscardi als Nachfolger des 1692 verstorbenen L. Perti hatte bis 1695 nur noch restliche Baumaßnahmen zu Ende zu führen, u. a. an der Kuppel und einem der Türme.

Über den Zustand der mit Ausnahme der Flankentürme unvollendeten Fassade ist im Einzelnen wenig bekannt; 1678 war sie offenbar bis zum Hauptgesims verputzt worden (Paulus 1912, S. 53). M. Wenings Fassadenriss von 1696 (Ausst. Kat. Wening 1977, Nr. 115) und wohl auch seine späteren Einzel- und Stadtansichten nehmen die Vollendung vorweg. Die schematische Darstellung auf M. Paurs Stadtplan von 1705 wie der sämtliche Details stark vereinfachende Stich von F. X. Jungwirth nach Nik. Stuber (Mitte 18. Jh.; Paulus 1912, Abb. 48) sind wenig aussagekräftig. Der Rohbauzustand wurde wegen der beengten Situation an der schmalen Straße und neben der Stadtmauer wohl kaum als vorrangiges Problem empfunden. Erst 1765 legte François de Cuvilliés d. Ä. († 1768) im Auftrag von Kurfürst Max III. Joseph einen die Vorgaben Barellis zeitgemäß redigierenden Fassadenplan vor – sein letztes Werk –, der unter der Bauleitung seines gleichnamigen Sohnes (von Beginn an?) bis 1767 (Datum auf der Inschrifttafel über dem Portal) bzw. vollständig bis 1768 ausgeführt wurde. Den Auftrag für die Fassadenplastiken verstand Roman Anton Boos an sich zu ziehen, obwohl Ignaz Günther mit Vorarbeiten bereits begonnen hatte.

Das Theatinerkloster, bereits im späten 18. Jh. im Niedergang begriffen, wurde Ende 1801 von Kurfürst Max IV. Joseph aufgehoben und der bisherige Propst als Kirchenpräfekt und Administrator der Stiftung eingesetzt. Die gleichwohl zeitweise als Heulager benutzte Kirche wurde erst 1806 als Hofkirche (Titel 1826 erneuert) wieder geöffnet, an der zahlreiche Pfründenstiftungen weiterbestanden. Ludwig I. errichtete 1839 das kgl. Hof- und Kollegiatstift zum hl. Kajetan, dem auch die Allerheiligen-Hofkirche angeschlossen war, mit einem (in seiner Eigenschaft als Direktor der Hofkapelle infulierten) Propst und einem Dekan an der Spitze. Berühmtester Propst war der Theologe Ignaz von

Theatinerstraße 22, Theatinerkirche St. Cajetan, Blick vom Odeonsplatz; Aufn. 1942

Döllinger ab 1847 (exkommuniziert 1871, † 1890), unter dem die Kirche 1856 renoviert wurde. Nach dem Tod Maximilians II. (1864) erbaute Eduard Riedel dessen (1865 vollendete) Grabkapelle an der Nordseite des Langhauses; vorausgegangen waren zu Lebzeiten des Königs weit umfangreichere Projekte westlich des Chores (und für andere Standorte).

Im Luftkrieg erlitt die Kirche am 13. Juli (Dachstuhlbrand), 27. November und 17. Dezember 1944 sowie am 7. Januar 1945 schwere Bombenschäden, wobei Dekoration und Ausstattung stärker betroffen waren als die Bausubstanz; allerdings waren Kuppel und Fassade durch Risse gefährdet; wegen des fehlenden Dachstuhls entstanden noch nach Kriegsende Schäden am Gewölbestuck. Am stärksten zerstört wurde die Ausstattung im Chorbereich – Hochaltar samt dem auf die Stiftung der Kirche bezogenen Gemälde von Antonio Zanchi aus Venedig (Entwurf erhalten; BStGS, Inv. 7356), Chorschranke (nur beschädigt), Or-

Theatinerkirche, ehem. Hl. Stiege; Stich von J. Stridbeck, um 1700

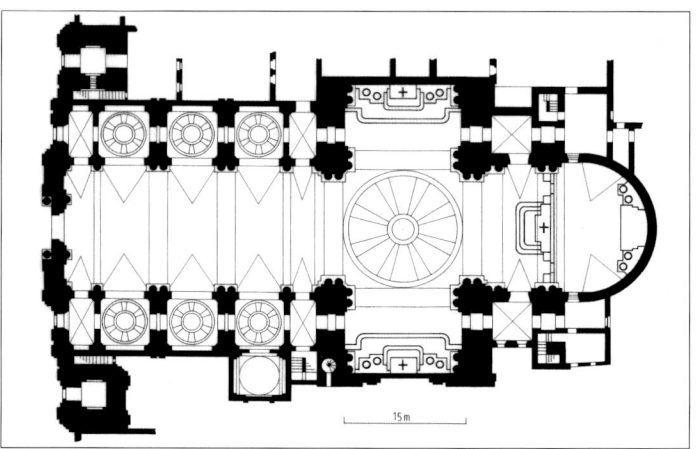

Theatinerkirche; Grundriss

Theatinerkirche, Blick auf den Südturm vom Nordturm; Aufn. 2008

Theatinerkirche von Westen; Aufn. 1996

gel, seitliche Oratorien, ferner die Sakristei samt Ausstattung, der ausgebrannte Südturm und der Altar in der angrenzenden Langhauskapelle sowie die Anbauten im Süden samt Heiliggrabkapelle. Nach Sicherungs- und Wiederherstellungsarbeiten (u. a. neues Dachwerk) 1946–49 wurden zunächst das Langhaus-Mittelschiff und das südliche Seitenschiff wieder geöffnet, die übrigen Bauteile folgten erst 1955. Die Kupferdeckung der Kuppel und der Türme wurde 1975 erneuert. Bei der Restaurierung des Innenraumes 1999 ff. erhielt die Kuppelschale nach Befund wieder die farbige Fassung von 1720 (weißer Stuck auf gelbem Grund). – Seit 1954 wird die Kirche von Dominikanern betreut.

BAUBESCHREIBUNG UND AUSSTATTUNG: Durch ihre Dimensionen (lichte Länge 72,5 m, Mittelschiff 15,5 m breit und 28,5 m hoch, Kuppel 70 m und Türme 64,6 m hoch) sollte die Theatinerkirche nach dem Willen der Kurfürstin mit Frauen- und Michaelskirche wetteifern und sie an Modernität übertreffen; dies bedeutete die Rezeption des letztlich durch Il Gesù und speziell durch die Ordens-Mutterkirche S. Andrea della Valle in Rom repräsentierten Kreuzkuppelschemas; daneben wurden in Details wie im Habitus Bologneser Einflüsse (Dom S. Pietro, Theatinerkirche S. Paolo, S. Lucia) maßgebend, worauf erstmals Adriano Peroni (1958) hinwies. Wegen der durch Stadtmauer und schmale Gasse beengten Lage und unvollendeter Fassade war die städtebauliche Ausstrahlung ursprünglich in erster Linie auf die Wirkung des Baukörpers in der Stadtsilhouette beschränkt, ehe Klenze die Kirche als Dominante in seine weiträumige klassizistische Stadterweiterung von 1816 ff. (vgl. Odeonsplatz) einbezog und Gärtner sie durch Zurücknahme der Baulinie der Feldherrnhalle weiter freilegte sowie ihrem weit gestellten Turmpaar kontrapostisch mit dem ebensolchen seiner Ludwigskirche antwortete.

Der stattliche, sich über die Dachlandschaft erhebende, gegen Westen gerichtete Baukörper in Form des lateinischen Kreuzes mit mäßig vortretenden Querarmen und halbrundem Chorschluss, mit den Volutenstreben über den niedrigen Seitenschiffen, den flach geneigten Dächern und der über ihnen mit von ionischen Säulenpaaren besetztem Tambour frei aufragenden, durch Gurte und Lukarnen gegliederten Steilkuppel samt Laterne strahlt eine nördlich der Alpen einzigartige „italianità" aus. Dächer und Kuppel sind mit Kupfer gedeckt. Die von Barelli konzipierte, von Zuccalli abgewandelte Ostfassade entspricht dem etwa durch S. Susanna in Rom verkörperten, letztlich auf den Gesù zurückgehenden zweigeschossigen, durch die Vertikalgliederung rhythmisierten Typus mit schmalerem, volutenflankiertem Oberteil und abschließendem Dreiecksgiebel; sie wurde von Cuvilliés 1765 ff. in einem

Theatinerkirche; Aufn. 1965

Theatinerkirche, Nordseite, Gruftkapelle Maximilians II.

die barocke Plastizität vornehm mäßigenden Charakter abschließend redigiert, wobei er auch die Voluten zu konkaven Zwickelfüllungen reduzierte. Für das deutschen Gepflogenheiten entsprechende Turmpaar war sicher der Salzburger Dom vorbildhaft, doch gelangte Barelli mit den nicht in die Fassade einbezogenen, sondern seitlich angesetzten Türmen (vgl. Serlio, 7 Libri dell' Archittetura II/V, 1584) zu einer völlig anderen, für Deutschland eher untypischen Lösung (vgl. – ohne direkten Bezug – Notre Dame in Versailles von 1684/86 und später die Kathedrale in Noto, Sizilien), die auch auf die Seitenansicht aus der Straßenenge berechnet war. Die Fassade ist von den Türmen zur Mitte hin zweifach vorgestaffelt, die Mittelachse mit dem segmentgiebelbekrönten Hauptportal, über dem eine Bauinschrifttafel von 1767 eingelassen ist, und dem großen Hochschifffenster im Gegensinn eingetieft. Von 1767/68 stammt die bauplastische Ausstattung von Roman Anton Boos (nach Vorgaben des 1765 zunächst beauftragten Ignaz Günther, unter im Einzelnen ungeklärter Mitwirkung von Johann Baptist Straub): in den Seitenachsen des Mittelteils die Nischenfiguren (Kelheimer Kalkstein) der hll. Kajetan und Maximilian im unteren und der hll. Adelheid und Ferdinand im oberen Geschoss, das prunkvolle Allianzwappen Bayern und Sachsen/Polen-Litauen (Kurfürst Max III. Joseph und Maria Anna) im Giebelfeld sowie Vasenaufsätze; dazu kommen Stuckreliefs – Tondi mit St. Petrus und Paulus in den Seitenschiffachsen sowie nach Modellen von Straub ausgeführte dekorative Felder mit Putten. Den verputzten Außenbau zeigen die Ansichten bis ins 2. Viertel des 19. Jh. in hellen Grautönen, dann wurde er in die seitdem gewohnte, durch ockergelbe Töne bestimmte Gesamtredaktion des Odeonsplatzes mit einbezogen (wohl bei der erwähnten Restaurierung 1856; Befunduntersuchung an der Ostfassade 2007/08 im Vorfeld einer Außenrestaurierung).

Der Innenraum, im längs- wie quergerichteten Hochschiff mit gestelzten, durch breite Gurte jochweise unterteilten Stichkappentonnen gewölbt, wird durch seine besonders reiche Instrumentierung mit kannelierten korinthischen Halbsäulen charakterisiert (von Einfluss auf Viscardis Bauten), das Langhaus ferner (wohl bolognesisch bestimmt) durch die den drei Jochen mit triumphbogenartiger Wandgliederung an den beiden Enden angeschlossenen schmalen Joche mit niedrigen Arkaden und darüber von Ädikulen gerahmten Oratorien mit Balkon (vgl. Balkone im Salzburger Dom). Über dem dreiteiligen verkröpften Gebälk, das den Raum umzieht, ist eine hohe, ebenfalls verkröpfte Attika eingeschaltet, welche die Vertikalproportion unterstreicht. Die Langhaus-Seitenschiffe werden – in den drei breiten Jochen – durch überkuppelte (von Barelli ursprünglich mit Laternen geplante) Kapellen gebildet, deren verbindende Rundbogen-Durchgänge von perspektivisch wirksamen architektonischen Rahmungen umgeben sind. Den Raumeindruck prägt beherrschend die einheitliche

Trauergerüst für Kurfürstin Henriette Adelaide; Stich von J. Renner nach H. Zucalli, 1676

Weißfassung im Verein mit dem überaus reichen, voluminösen Stuck sowohl dekorativer wie figürlicher Art. Diese Art der Raumgestaltung – in der Folge für den süddeutschen Kirchenbau unter Einschluss sukzessive erweiterter Bildfelder (vgl. Dom in Passau, Speinshart) maßgebend – steht einerseits in der durch St. Michael (und auch den Salzburger Dom) wie durch regionale Stuckaturschulen geprägten Tradition, verkörpert andererseits eine auch in Italien vor allem durch welschalpine Meister verbreitete Dekorationsvariante, neben der die polychrome Marmorierung der Raumschale (auch in die Habsburgischen Länder) expandierte; auch S. Andrea della Valle war zunächst weiß gefasst.

Theatinerkirche, Südseite, Blick vom Theatinerhof; Aufn. 2005

Theatinerkirche nach Kriegsschäden; Aufn. um 1945

Theatinerkirche, Altarraum; Aufn. 1996

Theatinerkirche, Kuppel und Chorgewölbe; Aufn. 1996

Innerhalb der fast flächendeckenden Stuckdekoration, die durch eine Fülle von Engeln – vielfach mit Attributen – belebt wird, dominieren einzelne großformatige Plastiken, so in den Stuckfeldern der Apsis zu Seiten des Hochaltars die Reliefmedaillons des Salvators und Mariens, an den Querhaus-Schmalseiten die überlebensgroßen Nischenfiguren der vier lateinischen Kirchenväter (südlich Gregor d. Gr. und Augustinus, nördlich Ambrosius und Hieronymus; von Wolfgang Leuthner). An der triumphbogenartig gegliederten Eingangswand ist, zwischen den Sitzfiguren der Religion und der Magnificentia (mit dem Kirchengrundriss), die 1675 datierte Tafel mit der Stiftungsinschrift eingelassen; darüber das Allianzwappen Bayern/Savoyen. Die Seitenschiffkuppeln wiesen ursprünglich eine Grisaillebemalung von Martin Zendralli auf (bezahlt 1695). Die Nischenfiguren (von Wolfgang Leuthner, auch Balthasar Ableitner zugeschrieben) im Kuppeltambour unterhalb der Fenster sind (nach Lampl 1967) Allegorien der Acht Seligkeiten. Der Stuckdekor in der Kuppelschale wurde 1720 durch Giovanni Francesco Morazzi erneuert und 1789 renoviert; das Leinwandbild in der Laterne – Gottvater, 1764 von Ignaz Schilling – ersetzte (als Kopie) ein 1720 gemaltes von Jacopo Amigoni.

Die Einrichtung des Chorarmes gemäß originaler Disposition wurde nach den Kriegsschäden nicht rekonstruierend wiederhergestellt; verzichtet wurde auf die seitlich vorkragenden Gehäuse – Kurfürstenloge und Musikempore – und auf die (nach Fotos noch großenteils erhaltene) Chorschranke mit von den vier Evangelistenfiguren Balthasar Ableitners (um 1670/72; zwei zerstört) flankierten Portalen beiderseits des (im 19. Jh. und 1930 veränderten) Altars, hinter dem das Chorgestühl in der Apsisrundung angeordnet war (vgl. Kajetanerkirche Salzburg); Altar, Chorgitter und Orgel dahinter in der bisherigen modernen Form werden durch eine 2007/08 im Gang befindliche Neugestaltung

Theatinerkirche, Langhaus nach Osten; Aufn. 1996

Theatinerkirche, Blick nach Westen; Aufn. 1996

Theatinerkirche, südliches Seitenschiff nach
Westen; Aufn. 1996

Theatinerkirche, nördliches Querschiff; Aufn.
1956

Theatinerkirche, südliche Mittelschiffswand;
Aufn. 1996

des Altarraumbereiches ersetzt; die Lösung sieht die (bereits erfolgte) Wiederaufstellung der beiden barocken Chorschranken-
portale sowie der (nach Kriegsschäden restaurierten) Evangelistenfiguren nebst Nachbildung des hl. Matthäus (Totalverlust)
vor (Markus und Johannes wurden – bisher ersatzlos – von den
Querschiffaltären wieder heruntergenommen, s. unten). Getrennt vom Altar ist das zum Teil rekonstruierte mächtige Reta-
bel an der Apsis-Rückwand mit vier laubumwundenen Spiral-
säulen und gesprengtem Giebel zu Seiten der das Chorfenster
rahmenden Auszugsädikula; auf den Schweifgiebelschenkeln
stehen die Stuckfiguren dem Hause Savoyen verbundener Heili-
ger und Seliger, von links die Klarissin Ludovica (Luise) und ihr
Vater Herzog Amadeus IX., Ludwig IX. von Frankreich und die
Dominikanerin Margareta (nach Altmann 1978). Anstelle des
verbrannten Hochaltarbildes von A. Zanchi wurde ein Bild des
Flamen Caspar de Crayer mit der thronenden Muttergottes und
Heiligen von 1646 (Leihgabe BStGS; aus der Augustinerkirche
in Brüssel) samt rahmender Draperie eingesetzt; darüber das
Wappen des Stifterpaares (Bayern/Savoyen), im Scheitel das des
Theatinerordens. Ursprünglich war das Hochaltarretabel farbig,
wohl analog der Kanzel braun gefasst mit Vergoldungen.

Dem Schema des Hochaltar-Retabels entsprechen mit Abwand-
lungen die beiden mächtigen Altäre an den Querhaus-Stirnwän-
den – nördlich der Marienaltar mit großem Gemälde der Heiligen Sippe mit der Muttergottes im Zentrum, 1676 von dem Bo-
lognesen Carlo Cignani, darunter auf der Mensa das Vorsatzbild
Mariä Verkündigung von George Desmarées (1763; Rahmen von
Joh. Bapt. Straub entworfen); auf dem Sprenggiebel Stuckfiguren (von links) der hll. Christina, Maximilian, Margareta von
Savoyen und (statt ehem. Rochus) Markus (von der Chorschranke; kürzlich entfernt). Im Südquerschiff großes Altarbild des hl.
Cajetan als Fürbitter während der Pest in Neapel, 1667–71 von
Joachim Sandrart; darunter Vorsatzbild hl. Florian; auf dem Giebel Stuckfiguren der hll. Cäcilia, Johannes Evangelist (von der
ehem. Chorschranke; kürzlich entfernt), Antonius von Padua
und Katharina.

Die den Typus der großen Altäre im kleineren Maßstab individuell variierenden viersäuligen Altaraufbauten an den Außenwänden der Langhaus-Seitenkapellen umschließen weitere Gemälde namhafter Künstler: südlich (von Westen) Tod des hl.
Andreas von Avellino (Theatiner) von Carl Loth 1677, Kreuz-
abnahme von Jacopo Tintoretto († 1591; Werkstatt?), 1670 für

Theatinerkirche, Altarraum vor Kriegsschäden

Theatinerkirche, südliches Seitenschiff,
Kreuzaltar mit Gemälde von Tintoretto

Theatinerkirche, Kanzel

Altarbild „Schutzengel" von
A. Zanchi

Altarbild „hl. Andreas" von
C. Loth

die Kurfürstin in Venedig erworben, sel. Margareta von Savoyen, 1676 von Antonio Triva (Altar zerstört), hl. Georg, 1760 von Joseph Weiß (auf kleinem Vorjoch-Altar); nördlich in der Mittelkapelle Schutzengelbild von Antonio Zanchi 1677 und in der östlichen Nachbarkapelle die vier hll. Jungfrauen Margareta, Lucia, Agatha und Apollonia, 1676 eingesetzt, von Pietro Liberi. Bemerkenswerte Schmiedeeisenarbeiten sind die Gitter von Elias Kässl (1675–78) vor den Seitenaltären. Über dem Haupteingang wurde ein großes Altarbild aus der ehem. Augustinerkirche (Leihgabe BStGS) angebracht, die hll. Ursula und Cordula von Peter Candid († 1628).

Die schräg am südöstlichen Vierungspfeiler angebrachte Kanzel mit hoch ragendem Schalldeckelaufbau ist ein über querrechteckigem Grundriss entwickeltes üppiges Schnitzwerk aus dunkel gebeiztem Eichenholz, 1685–89 von Andreas Faistenberger; an der Brüstung Büsten Christi, Mariens und der hll. Cajetan und Andreas von Avellino. Faistenberger fertigte auch die Beichtstühle; zwei weitere in Rokokoformen, an der Eingangswand aufgestellt, stammen aus der Michaelskirche.

Zwei früh verstorbenen Kindern König Max I. Joseph sind klassizistische Grabdenkmäler im nördlichen Querhaus gewidmet:

westlich Prinz Maximilian Joseph Friedrich († 1803) von Franz Jakob Schwanthaler und östlich das aufwendigere Monument für Prinzessin Josepha Caroline († 1821), 1825 von Leo von Klenze mit Relief von Konrad Eberhard. – An der Stelle der 1820 abgebrochenen Loretokapelle steht, nördlich des westlichen Kuppeljoches des rechten Seitenschiffs, die Grabkapelle Maximilians II. († 1864) und seiner Gemahlin Marie, geb. von Preußen († 1889), ein spätklassizistischer Kuppelbau (in Renaissance-Tradition) von Eduard Riedel (1864/65), mit den Marmorsarkophagen des Königspaares sowie allegorischen Relieffiguren „Religion" und „Adel" von Georg Zell in den Schildwand-Tondi; der am 12. August 1890 geweihte Altar wurde vor einer damals vermauerten Tür errichtet; sie ist – von Pilastern gerahmt – auch am größtenteils in Naturstein ausgeführten Außenbau erkennbar.

Theatinerkirche, Grabkapelle Maximilian II.

Theatinerkirche, nördliches Querschiff, Ostwand

Holzportal im nördlichen Seitenschiff; Aufn. 2002

Fürstengruft, Kaiser Karl VII. und
Gemahlin

Gruft unter dem nördl. Querschiff,
Grabplatte J. S. Gonzaga

Musikzimmer, „hl. Cäcilie" von
Chr. Wink

Fürstengruft, König Max I. Joseph
u. Caroline geb. v. Baden

Fürstengruft, König Otto v.
Griechenland u. Gemahlin

Gruft unter dem nördlichen Querschiff; Aufn. 1998

Die Fürstengruft unter dem Chor ist – nach denjenigen der Frau-
en- und der Michaelskirche – die jüngste der drei Münchner Be-
gräbnisstätten des Hauses Wittelsbach, angelegt 1679–85, erweitert (?) nach 1755 (Koegel 1899, S. 55), angeblich „erneuert" 1755
unter Max III. Joseph (für 1750 sind Arbeiten belegt, für 1755
liegt ein Erweiterungsvorschlag der ehem. Mönchsgruft vor) sowie umgestaltet und erweitert 1824/25 unter König Max I. Joseph,
nachdem die Särge von 74 Theatinerpatres auf den Friedhof gebracht worden waren. Kronprinz Rupprecht ließ die Särge 1935
z. T. umgruppieren und die Gruft 1952 renovieren. Die durchweg
gewölbte Anlage besteht aus einem etwa halbkreisförmigen Mittelraum zwischen drei rechteckigen Gruftkammern im Osten und
fünf radial um einen gebogenen Umgang im Westen angeordneten Abteilungen. Dazwischen liegen nördlich der Zugang und

Fürstengruft, Ostreihe Abt. I, Särge der Kurfürsten Ferdinand Maria, Max Emanuel und Max
III. Joseph sowie der Kurfürstinnen Henriette Adelaide und Therese Kunigunde

Theatinerkirche, Grabdenkmal Josepha Caroline v.
Bayern († 1821)

Theatinerkirche, nördliches Fürstenoratorium, Gewölbe

südlich gegenüber die Gruft mit den Metallsarkophagen des Kaiserpaares Karl VII. (Kurfürst Karl Albrecht, † 1745) und Maria Amalia (Tochter Kaiser Josephs I., † 1756). In der ersten Abteilung der Ostreihe stehen die Särge des Gründerpaares der Theatinerkirche, Kurfürst Ferdinand Maria († 1679) und Henriette Adelaide (geb. von Savoyen, † 1676), des Kurfürsten Maximilian II. Emanuel († 1726) und seiner zweiten Gemahlin Therese Kunigunde Sobieska († 1730) sowie der Kurfürsten Max III. Joseph († 1777) und Karl Theodor († 1799). In der mittleren der Radialkammern im Westen sind die etwas repräsentativer gestalteten Sarkophage König Max I. Josephs († 1825) und seiner zweiten Gemahlin Karoline (geb. von Baden, † 1841) aufgestellt; die mitsamt dem zweibogigen Bronzegehäuse 1843 von Georg Friedrich Ziebland entworfen wurden; in der links angrenzenden Kammer ruhen u. a. Prinzregent Luitpold († 1912) und seine Frau Auguste (geb. von Toskana, † 1864), in der äußersten Kammer rechts (nördlich) das griechische Königspaar Otto († 1867) und Amalie

Kapelle im Nordturm, Gewölbe

(geb. von Oldenburg, † 1875). Außer den genannten regierenden Persönlichkeiten sind zahlreiche weitere Familienangehörige in der Gruft bestattet, aus neuerer Zeit u. a. in der mittleren Gruft der Ostseite Kronprinz Rupprecht († 1955) und seine Frau Gabriele von Bayern († 1912). – Unter der Kirche existieren noch mehrere (unzugängliche) Gruftkammern meist adeliger Familien oder prominenter Persönlichkeiten; die wohl größte (zwei gewölbte Kammern) vor dem Frauenaltar im rechten Querschiff wurde 1998 untersucht, in ihr sind drei Grabplatten mit Inschriften und Wappen erhalten (Nr. 167, 180 und 182 der nach Koegel 1899, S. 64 ff. hier Bestatteten, u. a. Johannes Prinz von Gonzaga, † 1752; Forster 1895, S. 153 f. erwähnt nur diese drei hier Beigesetzten). Ursprünglich gab es auch einen kleinen Friedhof (geweiht 1696) nördlich zwischen Loretokapelle und Stadtmauer.
Von den *Nebenräumen* der Theatinerkirche sind zwei in der originalen barocken Gestaltung erhalten geblieben. Rechts (nördlich) vom Chor befindet sich im 1. Obergeschoss (hinter dem Balkon bzw. dem ehemals hier vorkragenden Gehäuse) das Fürsten-Oratorium mit Stuckdekor an der flachkuppeligen Decke (Hl. Geist in Früchterahmen) und ostseitig einem kleinen Altar mit Gemälde Mariä Himmelfahrt und textilem Antependium. Im angrenzenden schlichten derzeitigen Musikzimmer zwei Ölgemälde: hl. Cäcilia mit Engel, bez. C. W. P. 1773 (= Christian Wink), sehr qualitätvoll; hl. Cajetan mit Jesuskind. – Das 1. Obergeschoss des Nordturmes ist als kapellenartiger quadratischer Raum mit von ionischen Pilastern besetzten Schrägecken und reichem Stuckdekor ausgebildet – am flachkuppeligen Gewölbe im mittleren Rundfeld Gottvater in von Engeln gehaltenem Kranz, in den vier Zwickeln Propheten in Flachrelief. Vermutlich stand der Raum im Zusammenhang mit der 1820 abgebrochenen Hl. Stiege und Loretokapelle an der Westseite des Turmes (vgl. Kirchengrundriss auf Stadtplan von J. Consoni 1806).

Theatinerkirche, Kapelle im Nordturm, Blick nach Westen

Theatinerstraße 23, Hof; Aufn. 1996

Theatinerstraße 23. Klassizistisches Wohn-, jetzt Geschäftshaus, bildet eine Einheit mit dem Eckhaus (ehem. Nr. 25, jetzt) Brienner Straße 1/Moy-Palais (s. dort).

Theatinerstraße 32. Wohn- und Geschäftshaus, mit (zur Residenzstraße verbindender) sog. Theatiner-Passage, 1954/ 1955 von Jean Ehrhard, und mit „Theatiner-Filmkunst-Lichtspieltheater", 1956 von Hanns Atzenbeck; Straßenfassade natursteinverkleidet, mit Schaufenster-Aufglasungen im Erd- und leicht vorkragendem Obergeschoss; die Erdgeschoss-Schaufenster-Vitrinen zum Innenhof hinter eingestellten Rundpfeilern trichterförmig eingezogen; mittig in die Passage eingestellte und zu den Innenhof-Emporen geschwungen führende Freitreppe, mit Neonröhren-Handläufen und gefächertem Glasdach; Schaufenster und Türrahmen aus eloxiertem Aluminium, Rundpfeiler mit Kleinsteinmosaikverkleidung. Lichtspieltheater, in das Erd- und Untergeschoss des nördlichen Hausteils integriert; mit Ausstattung.

Der im Luftkrieg zerstörte viergeschossige Vorgängerbau, mit Läden im wohl veränderten Erdgeschoss und rhythmischer Gliederung durch rustizierte Kolossallisenen darüber, war ursprünglich ein niedriges Rückgebäude von Residenzstraße 23 – vgl. das Sandtnersche Stadtmodell von 1570 –, im 18. Jh. noch dreigeschossig (vgl. Stimmelmayr), damals im Besitz der Grafen von Lösch.

Theatinerstraße 32; Aufn. 1995

Theatinerstraße 38. Das schmale Anwesen entstand anstelle von zwei nur je drei Fensterachsen breiten mittelalterlichen Bürgerhäusern (ehemals Nr. 38 und 39), die das Sandtnersche Stadtmodell (1570) als besonders malerische Gruppe mit Flacherkern und Aufzugs-Halbgiebeln zeigt. Unter den Eigentümern waren bedeutende Künstlerpersönlichkeiten: das linke (nördliche) Haus Nr. 38 gehörte von 1619 bis zu seinem Tod 1633 dem Bildhauer und Elfenbeinschnitzer Christoph Angermayr, von 1684 bis zu seinem Tod 1735 dem Hofbildhauer Andreas Faistenberger, Nr. 39 1659–94 dem Maler Niklas Prugger, nach dessen Tod seinem Schwiegersohn, dem Maler Hans Georg Asam († 1711) und ab 1720 dessen berühmtem Sohn Cosmas Damian (hier gestorben am 10. Mai 1739).

1902 erwarb der Tapetenfabrikant und Linoleumhändler Franz Fischer, kgl. bayer. Hoflieferant, beide Häuser und ließ an ihrer Stelle 1903/04 durch die Baufirma Heilmann und Littmann ein neues Ge-

Theatinerstraße 38; Aufn. 1996

schäfts- und Wohnhaus nach Plänen von Max Littmann und seinem Mitarbeiter Erich Goebel errichten.

Auf die Firma Fischer folgte in der Zwischenkriegszeit die Hamburg-Amerika-Linie. Im Erdgeschoss befand sich 1939–94 das Café Feldherrnhalle. Von 1904 bis 1944 war der namhafte Fotograf – vor allem Porträtist – Franz Grainer Mieter des Ateliers im 4. Stock. Als Skelettbau mit Eisenbetondecken und Steinfassade widerstand das Gebäude als einziges in der Häuserreihe der völligen Brandzerstörung im Bombenkrieg, obwohl es 1944 mehrfach schwer beschädigt wurde. Der Wiederaufbau war 1946 abgeschlossen; 1995 erfolgte ein Umbau mit Restaurierung der Fassade und Aufstockung (verglaster Dachgeschossausbau) durch Architekt Volker Schmücking, wobei auch der verglaste Mittelteil der beiden Untergeschosse neu gestaltet wurde.

Das Geschäftshaus der Fa. Fischer u. Sohn galt zur Entstehungszeit – die Fassade ist 1903 datiert – als eines der ele-

Theatinerstraße 38, Werbung der Bauzeit

gantesten, architektonisch qualitätvollsten Münchens und wurde als solches in der Fachliteratur – so auch noch in der Gegenwart – häufig gewürdigt. Als Synthese von fortschrittlicher Konstruktionsweise, funktioneller Organisation und erlesen-vornehmem, geschmackvollem Traditionalismus ist es kennzeichnend für Littmanns persönlichen Stil wie für die damalige Münchner Architektursituation überhaupt. Die schmale fünfgeschossige Fassade vereinigt ohne den sonst häufigen ästhetischen Bruch die frühklassizistisch stilisierten massiven Partien und Gliederungen aus gelbem Königsbacher Sandstein mit großflächigen Verglasungen in dem die beiden unteren Geschosse vereinenden Geschäftsbereich, während die drei oberen Etagen zur Vermietung vorgesehen waren. Die an spätbarocken, vor allem sakralen Vorbildern orientierte konkav-konvexe Bewegtheit der Fassade bezweckte andererseits eine dreiseitig vortretende, erweiterte Präsentation in der an sich sehr beengten Schaufensterzone, die von

Theatinerstraße 38, Fassadendetail; Aufn. 2006

Theatinerstraße 32, Passage; Aufn. 1995

den zurückgesetzten Eingängen flankiert wird. Die aufwendige Bauplastik – u. a. verschiedene Girlandenmotive, Mäander, Putten, Fruchtkörbe, ein (kriegsbeschädigter) Puttenfries zwischen 2. und 3. Stock sowie bekrönende Vasen auf den rahmenden Pfeilern – fertigte die Steinmetzfirma Philipp Holzmann u. Co. Gestaltungselemente der Bauzeit sind im Inneren noch im gefliesten Hausflur, im vertäfelten Treppenhaus und im Verkaufsraum des 1. Stocks (Pfeiler, profilierte Unterzüge, Hohlkehlen und Stuckprofile) erhalten, ferner noch einzelne originale Türen und Fenster.

[**Theatinerstraße 45.** Im Neubau Engel-Apotheke, mit zwei vergoldeten Lindenholzfiguren sitzender Engel mit Salbgefäß bzw. Buch, 1817/18 von Franz Jakob Schwanthaler; am Sitzpodest jeweils der Name des Apothekers Gregor Lesmüller; künstlerisch wie werbungsgeschichtlich bemerkenswert, ursprünglich in Halbkreisblenden über den Apothekentüren beiderseits der Ecke des im Luftkrieg zerstörten Hauses.]

Theklastraße

(Vgl. Ensemble Altstadt.) Kurze Querverbindung zwischen den in klassizistischer Zeit im Bereich der ehem. Wallbefestigung angelegten parallelen Achsen der Blumen- und der Müllerstraße (vgl. jeweils dort); erstmals auf G. Wenngs Stadtplan von 1858/59 eingetragen, mit dem Namen auf Plan von 1880. Sie stellte eine Verbindung von dem seit 1853 mit der Schrannenhalle besetzten südöstlichen Altstadtrand (vgl. Viktualienmarkt 15) zum Militärlazarett her (vgl. Müllerstraße 7). Benannt wird sie nach der St.-Thekla-Kapelle im einstigen Lazarett (vgl. Rambaldi 1894). Die beiderseitige Bebauung wurde im Luftkrieg zerstört.

Theresienstraße

1812 nach der damaligen Kronprinzessin, späteren Königin Therese geb. Prinzessin von Sachsen-Hildburghausen (1792–1854), Gemahlin Ludwigs I. benannt (zu abschnittsweise älteren Bezeichnungen ab 1808 vgl. Rambaldi 1894). Die gerade, rund 1,5 km lange Achse zwischen Ludwigstraße im Osten und Schleißheimer Straße im Westen ist die nördlichste durchgehende Begrenzung des alten Südteils der im frühen 19. Jh. rechtwinklig angelegten Maxvorstadt vor deren Erweiterung (die Löwen-, später Schellingstraße noch weiter nördlich war anfangs nur auf den kurzen Ostabschnitt beschränkt), auf allen Stadtplänen seit 1812 eingetragen. Östlich wird sie vom (nicht als Straße weitergeführten) Bauwich zwischen dem ehem. Kriegsministerium und der Staatsbibliothek fortgesetzt. Westlich endet sie gegenüber der spitzen Einmündung der Maßmannstraße (s. dort) in die Schleißheimer Straße. Die Bebauung erst mit Vorstadt-, später (z. T. als deren Ersatz) aufgezonten Mietshäusern erfolgte im Großen gesehen bzw. sich verdichtend von Ost nach West. Zwischen Türken- und Barer Straße tangiert die Theresienstraße nordseitig das Areal der vormaligen klassizistischen Türkenkaserne (vgl. Türkenstraße 15); im anschließenden Mittelteil trennt sie die Alte von der Neuen Pinakothek sowie den Altbau der Technischen Universität von deren (heute durch zwei Überbrückungen angebundenem) Erweiterungsgelände im Norden (an der Stelle kriegszerstörter Mietshäuser). Von der Bebauung vor dem Luftkrieg ist wenig erhalten geblieben. Im Haus Nr. 3 (zerstört, heute Neubau) wurde am 6. Mai 1871 der Dichter Christian Morgenstern († 1914) als Sohn des Landschaftsmalers Carl Ernst Morgenstern (1847–1928) geboren. Wegen der Lage im Hochschul- und Museumsviertel wie im Umfeld der Schwabinger Bohème hatten zahlreiche Künstler, Schriftsteller und Gelehrte ihren Wohnsitz an der Theresienstraße. Typologisch bemerkenswert waren Mehrfach-Atelierhäuser (Rückgebäude) wie Nr. 34, 71a, 75, 136, 138 und 148. – Von der Straßenbahn befahren wurde die Theresienstraße (westlich bis zur Augustenstraße) 1882–1961 (vor dem Zweiten Weltkrieg Teilstrecke des sog. Nordrings).

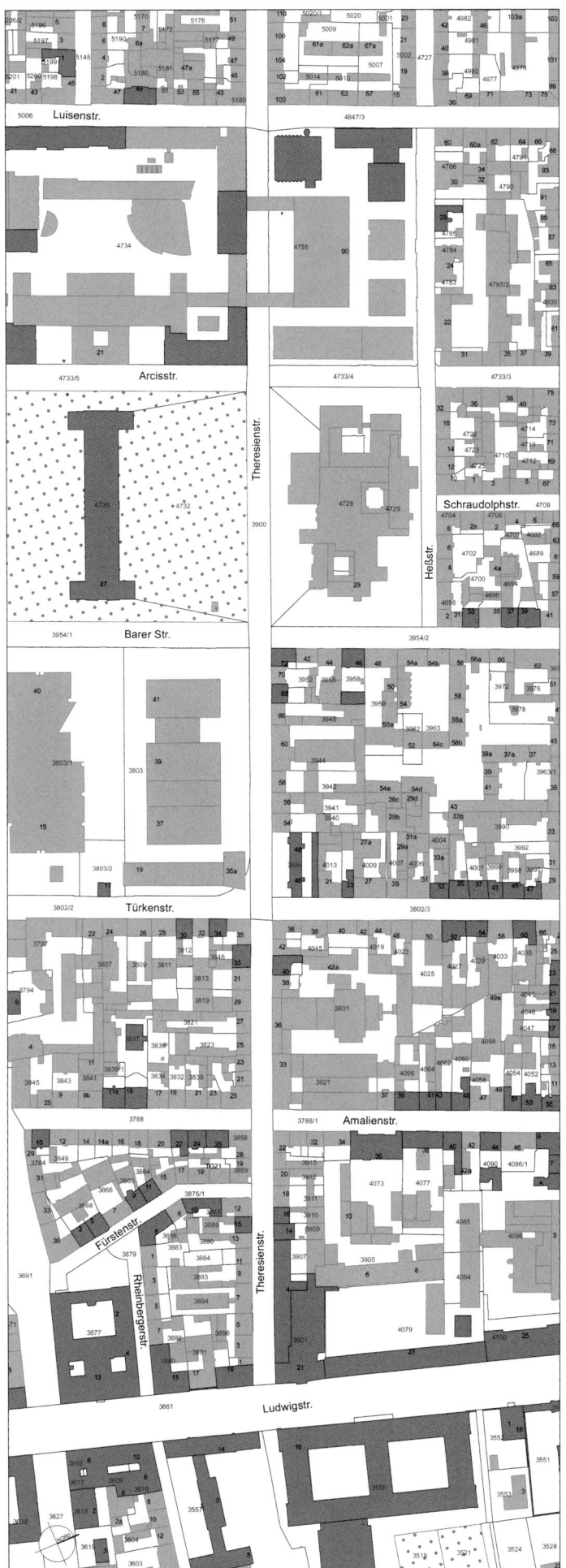

Theresienstraße; Flurkarte, M. 1:5000

Theresienstraße (vor Nr. 90). *Ohm-Denkmal*. Das ursprünglich in der Grünanlage vor der Südostecke der Technischen Hochschule (s. Arcisstraße 21) stehende Denkmal wurde wegen des von G. Bestelmeyer 1923 ff. errichteten Erweiterungsbaues 1929 an der Hochschulstraße im Inneren des Hochschulgeländes neu aufgestellt und 1972 an den heutigen Standort im Vorhof des sog. U-Traktes an der Nordseite der Theresienstraße abermals versetzt, wobei die Sitzfigur aus Marmor einen modernen Betonsockel erhielt. – Der Physiker Georg Simon Ohm (1787–1854) wirkte – erst spät in seiner Bedeutung erkannt – von 1849 bis zu seinem Tode als Professor an der Universität München.

Das am 5. Juli 1895 enthüllte Denkmal entstand in Zusammenarbeit des Bildhauers Wilhelm von Rümann und des Architekturprofessors August von Thiersch. Der von letzterem entworfene ursprüngliche Sockel trug an der Vorderseite ein Relief („Meister Joh. Wolfg. Ohm mit seinen Söhnen Simon und Martin in der Werkstatt" in Erlangen, wo der Vater Universitätsschlossermeister war). Die lebendig modellierte, in Haltung und Ausdruck zugleich realistische und würdevolle, 2,10 m hohe Sitzfigur des Gelehrten in zeitgenössischer Kleidung wirkt durch das Material – weißen Carraramarmor – gleichwohl überhöht und idealisiert. In der Nachfolge des von Wagmüller beim Liebigdenkmal am Maximiliansplatz (s. dort) ausgeprägten Typus handelt es sich zweifellos um eines der qualitätvollsten Gelehrtendenkmäler, nach Aufstellungsart und -ort heute freilich isoliert.

Theresienstraße 4. Bayerische Versicherungsbank, Erweiterungsbau von 1937/38 (s. Ludwigstraße 21).

[**Theresienstraße 9/11/13.** Mietshausgruppe, Neubau nach Zerstörung im Luftkrieg. An Nr. 9 Gedenktafel an den Sprachforscher Johann Andreas Schmeller, der von 1836 bis zu seinem Tod 1852 im Vorgängerhaus wohnte. Im Hof von Nr. 13 (Galerie Herbert Freudenberger) Wandfresko (4 x 11 m) von Herbert Achternbusch, „Komm doch an den Tisch" (sign. Herbert A. 27.6.1997).]

Theresienstraße 14. Zunächst dreigeschossig errichtete Ludwig Deiglmayr 1828 ein fünfachsiges Wohngebäude für den kgl. Hofbau-Conducteur Jodl; das Gelände war bis dahin unbebaut gewesen. Ein Jahr später, 1829, erfolgte die Aufstockung um ein weiteres Obergeschoss. In jeder Etage ist gemäß Eingabeplan eine Wohnung untergebracht, erschlossen durch das rückwärtige (ohne Ausbau über die rückwärtige Grundlinie gebliebene) Treppenhaus, das östlich neben der Durchfahrt in der westlichen Achse liegt. Die Gestaltung der Fassade kann als ein Reflex auf die Bauten Klenzes angesehen werden: Große seitliche Bögen spannen im Erdgeschoss drei kleinere Rundbogenfenster ein, die Geschosse darüber nehmen den so vorgegebenen Rhythmus auf, wobei die mittleren drei Achsen enger gesetzt wurden und zu den je äußeren ein breiteres Intrafenestrum erhielten. J. P. Bockhorni betrieb in den 1880er Jahren im Rückgebäude eine Glasmalerei-Werkstätte (Einbau eines Glasbrennofens 1884); vgl. auch die Aufglasungen der Durchfahrtstore.

Theresienstraße, Ohm-Denkmal

Theresienstraße 14 und 16 (von rechts); Aufn. 1995

(Instandsetzung der Fassade 1956; Fassadenrenovierung und Fenstererneuerung 1979–80; Erneuerung der Fenster, Erneuerung der Dacheindeckung, Umbau der Wohnungen im 3. Obergeschoss und Dachgeschoss 1991; erneut Instandsetzung der Fassade und der Fenster 9/2001.)

Theresienstraße 15. In dem um 1850 entstandenen Mietshaus der zweiten Bauphase an der Theresienstraße nahm Maurermeister Vornehm 1853 für die Bäckerswitwe W. Ziegler eine Ladenauswechslung vor; der Eingabeplan referiert die bestehenden Gurtgesimse und stichbogenförmigen Verdachungen und vor allem die Viergeschossigkeit des Anwesens. Der Zeitpunkt der Aufstockung um ein weiteres Obergeschoss ist (noch) unklar, anzunehmen sind in auch baurechtlich möglicher Analogie die 1890er Jahre (vgl. u. a. Theresienstraße 68, 70 und 72). Seiner Entstehungszeit entsprechend zeichnet das Anwesen eine große Bautiefe aus, die Durchfahrt liegt seitlich in der östlichen Achse, das anliegende Treppenhaus bleibt vor der rückwärtigen Grundlinie eingezogen und gemäß Erstzustand waren Dunkelzonen durch alkovenartige Aufbrüche zu den belichteten Räumen hin auszugleichen. Beachtung verdient die geschossabhängige Höhenstaffelung der straßenseitigen Fenster, die vermittels der Fensterteilungen auch noch lesbar veranschaulicht worden ist. Das Haus erlitt im Luftkrieg einen Treffer, der Dachtragwerk und 4. Obergeschoss arg in Mitleidenschaft zog. Erst kurz nach 1953 kam es zur Wiederherstellung der Kriegszerstörungen und in diesem Zug zum Einbau einer Dachwohnung. (Fassadenrenovierung 1978; Instandsetzung der Fassade 1998–99.)

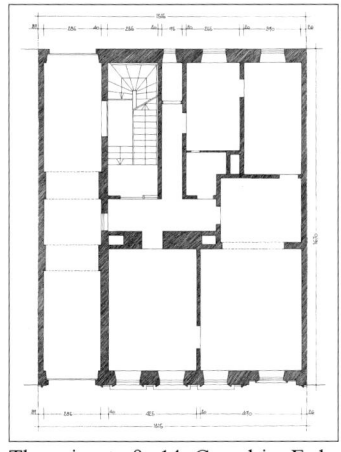
Theresienstraße 14; Grundriss Erdgeschoss, 1956

Theresienstraße 16. Der Überlieferung nach war Nr. 16 zusammen mit Nr. 14 entstanden, mit dem es strukturelle und gestalterische Gemeinsamkeiten verbindet, die wenigstens die gleiche planende Hand nahe legen. Es datiert (wohl) in die späten 1820er Jahre, ist also zur ersten Bebauungsphase der Theresienstraße zu rechnen. Die halbgeschossartige Höhe des 3. Obergeschosses deutet darüber hinaus darauf hin, dass die Aufstockung zur Viergeschossigkeit früh, d. h. auch um 1830 stattfand, da die Aufstockungen der Häuser an der Theresienstraße in den folgenden Jahrzehnten stets Vollgeschosse umsetzten. Beinahe spiegelsymmetrisch mit seinem östlichen Nachbarn liegt die Durchfahrt von Nr. 16 in der östlichen Achse, das nebenliegende Treppenhaus bleibt vor der rückwärtigen Grundlinie eingezogen. Die Dunkelzonen, die sich aus der erheblichen Bautiefe ergeben hatten, mussten vermittels von Aufbrüchen zu den belichteten Räumen hin ausgeglichen werden. Die von Strenge und gleichzeitiger Schlichtheit gekennzeichnete Fassadengestaltung stellt einen stilistischen Reflex der offiziellen Bauten an der nahen Ludwigstraße im bürgerlichen Wohnbau dar, der in der spezifisch münchnerischen Baugeschichte als Klenze-Stil zu bezeichnen ist. 1898 ist das Anwesen als Eigentum der Maria Stockmayr genannt, 1932 ist von den „Stockmayr'schen Erben" die Rede. (Fassadenrenovierung und Fensterauswechslung im Vorderhaus 1979–80; Renovierung der Dachgeschosswohnung im Rückgebäude 2000; wieder Instandsetzung von Fassade und Fenstern 2001–02.)

Theresienstraße 33. Das schlichte biedermeierliche Anwesen errichtete 1843 der Maurerpalier Johann Lieglein als reines Wohnanwesen auf zuvor unbebautem Grund, zunächst für sich selbst. Bald verkaufte er es an Hofrat J. Perner ab. Gemäß Eingabeplanung waren in jeder Etage zwei Wohnungen untergebracht, erschlossen durch das rückwärtige Treppenhaus, das östlich neben der mittigen Durchfahrt zum Liegen kam und rückwärtig ohne Ausbau geblieben ist. Der Entstehungszeit des Hauses gemäß erbrachte die Grundrissdisposition (bei erheblicher Bautiefe) Dunkelzonen, denen man im modernen Sinn mittels Verschaltung von Wohnräumen zu begegnen suchte. In beinahe gängiger Weise hatte Lieglein eine Parataxe von sieben Fensterachsen umgesetzt. Zu einem späteren Zeitpunkt wurden schlichte gerade Verdachungen abgenommen, sodass von der ursprünglich klassizistischen Fassade nur mehr die geschosstrennenden Gurtgesimse geblieben sind. Im Zusammenhang mit Baufällen in der

Theresienstraße 15; Aufn. 1995   Theresienstraße 33; Aufn. 1995

Nachbarschaft scheinen 1883 „Herr Bachmeyer" als Eigentümer des Anwesens und 1906 Frau Margarethe Pachmayer als Besitzerin auf. Die Schaufensterveränderung zur heutigen Gestalt nahm man 1955–56 vor, dabei gab man die letzten Rustika-Partien der Fassade auf. (Erneuerung der Fenster und Ersetzung der Glasbausteine im Treppenhaus durch Sprossenfenster 1992.)

[**Theresienstraße 34/36/38.** Heizkraftwerk, 1957/58 von Theo Pabst und Stadtbauamt München an der Stelle kriegszerstörter Mietshäuser mit im Blockinneren aufragender, im Fernbild dominierender Schornsteinummantelung mit Hochhauscharakter. – Nr. 38 war im 19./20. Jh. das viel besuchte Restaurant „Wittelsbacher Garten".]

Theresienstraße 40. An der Stelle eines im April 1899 abgebrochenen Vorgängerhauses (die Nordseite der Theresienstraße zwischen Amalien- und Türkenstraße war gemäß Stadtplan von 1826 damals bereits völlig bebaut) ließ der Architekt und Baugeschäftsinhaber Ludwig Herrmann – selbst Bauherr wie Planfertiger – bis 1900 ein fünfgeschossiges Wohn- und Geschäftshaus errichten, in dessen 2. Stock er selbst einzog. Erdgeschoss (mit gewölbter Durchfahrt in der Mitte) und 1. Stock wurden als Geschäftsräume in Eisenkonstruktion ausgeführt, der 1. Stock jedoch schon 1901 durch „Gypswände" in eine Wohnung umgewandelt, die zusammen mit dem 3. und 4. Stock in der Folge (noch 1913) die Pension Berta Himmler aufnahm. Im 4. Stock nordseitig befand sich ein großes Atelier. 1939 wurde die Fassade renoviert, nach schwersten Luftkriegsschäden hinter der fast freistehenden, restaurierten Fassade das Haus um 1950 als weitgehender Neubau wiedererrichtet.

Die ehemals in ein historistisches Umfeld eingebundene, heute vereinzelte Fassade ist durch gestalterische Qualität ausgezeichnet, einmal durch die ablesbare Trennung des Geschäftsbereiches in Eisenskelettbauweise (vgl. Lenbachplatz 3) von den historisierenden Wohngeschossen darüber bei nichtsdestoweniger gestalterischer Homogenität, zum anderen durch die Eleganz der sich an die Münchner Übergangsphase vom Rokoko zum Frühklassizismus orientierenden, sechs Fensterachsen breiten Putzfassade mit bemerkenswertem Stuckdekor, besonders reich in den beiden durch Lisenen begrenzten Mittelachsen – hier im 2. Obergeschoss Eisenbalkon sowie über den Fenstern großes Stuckrelief

Theresienstraße 40; Aufn. 1995

Theresienstraße 40; Fassadendetail

mit zentralem Marienmedaillon (Immaculata, in der Nachfolge etwa von Ignaz Günther), über dem 3. Obergeschoss Embleme von Kunst (links, u. a. antikischer Rückenakttorso) und Wissenschaft (?). In den seitlichen Achsen sind gleichfalls die Fenster im 2. Obergeschoss hervorgehoben (Girlanden im Brüstungsfeld; über dem Sturz Adlermotiv). – Erhalten sind die geschnitzten Torflügel sowie die Durchfahrt mit drei Kreuzgratgewölben und (stark erneuerter) Holzvertäfelung (Sockel, Lisenen). (Fassadenrenovierung 1983–84; Anhebung des Pultdachs am Rückflügel 2006/07.)

Theresienstraße 46/48. Der achtgeschossige Wohnbau mit zurückgesetzter Südfassade und Ladenzone in Stahlbeton (Schottenbauweise) entstand 1950–52 nach Plänen von Sep Ruf. Prägend sind der Flachdachüberstand auf blockhohen Metallstützen, die durchgehenden Balkonzonen und raumhohe Fensterelemente. Der mit seiner südseitigen Längsfront an der Theresienstraße von der Baulinie stark zurückgenommene, scheibenförmige Bau mit östlicher Schmalseite zur Türkenstraße wurde im Rahmen des sozialen Wohnungsbaus durch den Verein zur Behebung der Wohnungsnot e. V. Nürnberg errichtet; der Block enthält im Erdgeschoss acht Läden, in den sieben Obergeschossen je sechs 50–60 m² große Wohneinheiten, von denen jeweils drei einem rückwärtigen Treppenhaus zugeordnet sind. Der zurückgesetzte östliche Bauteil bewirkt eine gestalterische Abwechslung im Eckbereich. Den sämtlich nach Süden ausgerichteten Wohnräumen sind durchgehende Balkonloggien vorgelegt. Die Garagen samt Fahrradraum und Waschküche schließen als parallele Zeile rückseitig den Hof ab. – In der noch konservativ gestimmten Situation der Münchner Nachkriegsarchitektur verkörperte das markante Flachdach-„Hochhaus" in mehrfacher Hinsicht einen neuartigen Typus. – 2008 Restaurierung. – An der Ostseite Gedenktafel an den Dichter und Arzt Hans Carossa, der 1914–29 im Vorgängerhaus Nr. 46 wohnte.

Theresienstraße 46/48; Aufn. 1995

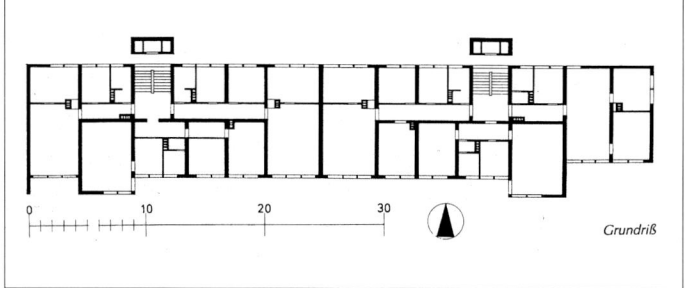

Theresienstraße 46/48; Grundriss Normalgeschoss

Theresienstraße 68; Aufn. 1995   Theresienstraße 73; Aufn. 1995

Theresienstraße 68. Den dreigeschossigen spätklassizistischen Bestand – nach 1857, aber vor 1865 auf bis dahin unbebautem Grund entstanden – ließ die Rentierswitwe Margarete Baumgartner 1884 von C. W. Warmbach um zwei weitere Obergeschosse erhöhen. Die seitliche Durchfahrt in der westlichen Achse führt zum nebenliegenden Treppenhaus. Eine Wohnung kam gemäß Eingabeplan in jeder Etage zu liegen, mit quer gelagerten Fluren und durch die Bautiefe bedingten Dunkelzonen. 1910 baute man einen östlichen Rückflügel an und im Erdgeschoss einen Laden ein, Bauwerber war der Rentner Peter Tambosi, Ausführende die Firma Liebergesell & Lehmann. Das Anwesen findet sich hinsichtlich seiner historischen Struktur und Gestaltungen beachtlich dicht überliefert. Die mit Terrakotta-Platten verkleidete Fassade verleiht dem Anwesen einen gehobenen Renaissance-/Neurenaissance-Anspruch. Die Wahl des Bau- und Verkleidungsmaterials und insbesondere die damit (wohl) beabsichtigte Erscheinungsweise des Anwesens legt eine Orientierung an der Alten Pinakothek, dem städtebaulich dominanten Großbau in unmittelbarer Nachbarschaft nahe, da von den Neubauten Theresienstraße 68, 70 und 72 über die freie Exerzierfläche der Türkenkaserne hinweg eine direkte Blickbeziehung zu diesem Kgl. Bau bestand. Freilich wurde der historische Zusammenhang vor allem durch den Verlust von Theresienstraße 70 stark reduziert. (Dachgeschossausbau, Anbringung von Gauben 9/1982, Erneuerung der Dacheindeckung 9/1984, Fenstererneuerung 8/1984)

[**Theresienstraße 70.** Wie die westlichen und östlichen Nachbargebäude war auch die alte Nr. 70 an der Theresienstraße nach 1857, aber vor 1865 erbaut worden. Das Haus bewirtschaftete mit dem Eckhaus Nr. 72 sowie diesem nördlich anschließend auch mit Barer Straße 42 einen gemeinsamen Hinterhof. Um 1888 ist als Eigentümer Ludwig Frhr. von Mandl aktenkundig. Das Haus wurde vom Luftkrieg erheblich betroffen und schließlich unbewohnbar. Der bestehende Bau wurde als Wiederaufbau 1956 genehmigt.]

Theresienstraße 72. Den spätklassizistischen, zunächst dreigeschossigen Bestand (nach 1857, aber vor 1865 entstanden) ließ 1889 Alexander Graf von Wolckenstein-Rodenegg um ein weiteres Obergeschoss erhöhen. Angelegt als Zweiflügelbau schließt das Haus markant die nordöstliche Ecke Theresien-/Barer Straße. Bauzeitlich befand sich der Hauseingang mittig in der Fassade an der Theresienstraße und das Erdgeschoss war nur teilweise als Laden genutzt; 1929 kam es zum Umbau des Erdgeschosses zu einer Konditorei und einem Tagescafé für Josef Ettbauer durch die Baugesellschaft Süddeutschland (eine verwandte Nutzung besteht seit dieser Zeit; Status: 2008) und der Verlegung des Eingangs. Gemäß Eingabeplan von 1889 befand sich in jedem Obergeschoss eine großzügige Wohnung. Die durch die Bautiefe be-

Theresienstraße 72; Aufn. 1995

dingten Dunkelzonen suchte man vom Treppenhaus her aufzu-
hellen. Beachtung verdienen die Fassaden des Eckhauses, hier
hatte man Terrakotta-Platten als Blendmaterial gewählt (vgl.
auch Theresienstraße 68). Ein vergleichsweise einfaches Mietshaus, dem man das äußere Erscheinungsbild eines italienischen
Palastes aufprägte, eben in Neurenaissance-Manier anverwandelte, wurde so zum Reflex der Alten Pinakothek, also eines offiziellen Baus in den privaten Wohnbau hinein. Die Alte Pinakothek, in unmittelbarer Nachbarschaft, bildete die entscheidende
städtebauliche Dominante. Denn hier, an der nordöstlichen Ecke
der Türkenkaserne, bestand schon seinerzeit ein unmittelbarer
Sichtbezug zwischen dem Kgl. Bau und den Neubauten mit den
heutigen Nrn. 68, 70 und 72. (Auswechslung der Fenster im 1.
und 3. Obergeschoss 1999–2000.)

Theresienstraße 73. Die Parzelle des Hauses Nr. 73 an der
Theresienstraße war schon in der Mitte des 19. Jh. bebaut. In
den 1870er Jahren wurde die Südseite der Straße Zug um Zug
verdichtet. Zwischen Augustenstraße (O) und Schleißheimer
Straße (W) entstanden viergeschossige Wohn- und Geschäftshäuser im geschlossenen System. Das bestehende Haus Nr. 73
ist einer der wenigen erhaltenen Vertreter dieses Typs. Ganz im
Sinne der 2. Münchner Bauordnung von 1879 erhielt der Bau einen östlichen Rückflügel, und am rückwärtigen Stoß von vorderem Bauriegel und Rückflügel klinkte man den Hofwinkel
schräg ein. So konnten zusätzliche Fensterachsen bei gleichzeitiger Einhaltung des mindest geforderten Fensterabstandes
eingebracht werden. Den Eingang steckte man mittig in den
Grundriss. Im tonnengewölbten Entree haben sich die bauzeitlichen Täfer und angeputzte Wandvorlagen erhalten. Die doppelläufige Podesttreppe erhält an ihren Wechselpodesten Licht
von rückwärts, sie erschließt zwei Wohnungen in jeder Etage,
dies gemäß Eingabeplan. Die siebenachsige Neurenaissancefassade ist vergleichsweise streng klassizistisch anverwandelt:
Das Erdgeschoss fand sich ursprünglich durchgängig rustiziert,
die Rhythmisierung der Fassade geschah durch Eng- und Weitsetzung der Fensterachsen. Dabei setzte man die je äußeren und
die mittlere weit ab und schrieb sie einer seichten Wandvorlage
ein. Alle Fenster der Fassade erhielten profilierte Rahmungen
und Brüstungszonen mit stilisierten Schabracken, allein die
Verdachungsformen variieren geschossweise. Die Fenster des
1. Obergeschosses erhielten einheitlich Dreiecksgiebel, die des

2. gerade Verdachungen und die des 3. Stocks ebenfalls gerade,
jedoch mit niedrigerem Sturzfeld. Bemerkenswert ist, dass sich
das bauzeitliche Traufgebälk und hier auch der kleinteilige
Zahnfries erhalten haben. An der Westseite des Rückflügels,
hier auf Höhe des 1. Obergeschosses befindet sich ein einge-
schossiger, dreieckiger Erker (in der Art einer Auslucht) mit
Kupferdach.
(Ein 1977 beabsichtigter Abbruch des Gebäudes konnte abgewendet werden. Anfang der 1980er Jahre erneuerte man die
Fenster, nach rückwärts einheitlich zu solchen mit Einscheibenverglasung, zur Straße hin zu solcher mit einfacher Teilung, aber
breiten Profilen.)

Theresienstraße 90. (N 2) Institut für Hochspannungs- und An-
lagentechnik der Technischen Universität, sog. Hochvolthaus,
kubischer Gebäudeblock aus Hochspannungshalle im südlichen
und Institutsräumen im nördlichen Teil, 1957–63 von Werner
Eichberg und Franz Hart; Experimentierhalle mit geschlossener
Sichtmauerwerksfläche zur Theresienstraße, an der Ost- und
Westseite sägezahnförmig angeordnete Sichtmauerwerksschei-
ben mit senkrechten Fensterschlitzen und freistehende Treppen-
türme; Institutsräume in Stahlbetonskelettbauweise mit Sicht-
mauerwerksausfachungen; Bau aus Sicherheitsgründen durch
einen Kiesgraben von der Straße abgesetzt.

Theresienstraße 90. (N 3) Institut für Elektrotechnik der Technischen Universität, mit Maschinenhalle entlang der Luisenstraße, 1959–64 von Gustav Hassenpflug; sechsgeschossiger kubischer Institutsbau mit zurückgesetztem Dachgeschoss und gel-
ber Klinkerausmauerung zwischen sichtbaren Betonfertigteilen;
lang gestreckte, fensterlose Maschinenhalle, Rasterfassade mit
Klinkerverkleidung im Sockelbereich.

Theresienstraße 90 (N 3), Institut für Elektronik mit Maschinenhalle;
Aufn. 2000

Theresienstraße 90 (N 2); Hochvolt-Haus; Aufn. 1995

Theresienstraße 90 (N 6), Materialprüfungsamt (kein BDm)

Die beiden Institutsbauten N 2 und (nördlich davon) N 3 entstanden an der Stelle einer späthistoristischen Randbebauung an der Westseite des rechteckigen Häuserblocks zwischen Luisen-, Theresien-, Arcis- und Heßstraße, der nach völliger Zerstörung im Zweiten Weltkrieg der Technischen Universität als Erweiterungsgelände zugeteilt wurde. – [Das lang gestreckte Gebäude (N 6) im Osten entlang der Arcisstraße, Materialprüfungsamt und Lehrstuhl für Massivbau, entstand 1955–57 und 1966–69 nach Entwurf von Werner Eichberg.]

Theresienstraße 93. Eine Bebauung auf den Parzellen der heutigen Häuser Schleißheimer Straße 62 und Theresienstraße 93 ist seit 1849/50 belegt; diese wohl in den 1830er Jahren entstandene Vorbebauung wurde 1897 zugunsten der bestehenden Wohn- und Wirtschaftsanwesen abgebrochen. So bestand die Erstbebauung des Areals aus drei Anwesen: An der Ecke ein zweigeschossiges, abgewalmtes Haus und östlich anschließend ein Werkstattgebäude/Atelier und diesem wiederum östlich anschließend ein weiteres bescheidenes Wohnhaus. Wenng (1850) referiert als Eigentümer bei den Ersteren den Bildhauer Fr. Sanguinetti, die Eingabepläne von 1863 belegen den Bauwerber Mathias Seybold, der in diesem Jahr Atelier und Eckhaus zusammenlegen und um ein 2. Obergeschoss aufstocken ließ. 1864 ist als Eigentümerin des Hauses, in dem nun eine Gastwirtschaft untergebracht ist, Anna

Seybold genannt, ab 1872 ist der Gastwirt Johann Huber aktenkundig. Noch 1893–94 ließ der wiederum neue Eigentümer, Schuhmachermeister Michael Lindmayr, das Anwesen umbauen und in Neurenaissance-Manier dekorieren. Ihm kaufte Gastwirt Jakob Schuler 1896 das Anwesen ab und ließ von Architekt Paul Dietze eine Planung für die beiden Neubauten Schleißheimer Straße 62 und Theresienstraße 93 auflegen. Theresienstraße 93 gelangte mit genehmigter Planung 1897 in den Besitz von „Restaurateur" Andreas Gollwitzer, der schließlich den Neubau ausführen ließ (Eigentümer des südlich angrenzenden Hauses Schleißheimer Straße 62 blieb Jakob Schuler). Das Haus bildet den Anhebungsbau zweier Fassadenfolgen, entlang der Theresienstraße nach Osten und entlang der Schleißheimer Straße nach Süden. Es entstand ein markanter fünfgeschossiger zweiflügeliger Eckbau. Die straßenseitigen Grundlinien laufen leicht spitzwinklig aufeinander zu, eine bauliche Gegebenheit, die Dietze vermittels einer abgeschrägten Ecke entschärfte; hier brachte der Architekt schließlich den Restauranteingang unter und darüber einen viergeschossigen Polygonalerker, überhöht von einem durchgebildeten Dachhaus mit Schweifgiebel, wobei die Wangen des breiten Giebelaufsatzes je seitlich auf die Grundlinien weggeknickt wurden – ein kurioses Detail. Formverwandte (echte) Zwerchhäuser bilden die Mittelzüge der beiden straßenseitigen Fassaden; diejenige der Theresienstraße wurde darüber hinaus durch zwei dreigeschossige Flacherker mit schmalen Seitenfenstern hervorgehoben, die streng dem Rhythmus der Fensterachsen eingebunden wurden, der ansonsten dem gängigen Muster einer Eng- und Weitsetzung der Achsen folgt. Der Zugang zu den Obergeschossen und den darin untergebrachten Wohnungen geschieht durch die Einfahrt im Flügel an der Theresienstraße, hier liegt westlich das große Treppenhaus an, das vom eingeklinkten Hofwinkel her belichtet wird. Die dreiflügelige Podesttreppe führt gemäß Eingabeplan zu drei, im Sinne der Erbauungszeit mittelgroßen Wohnungen in jeder Etage. Fassadengestaltung und vor allem der Überlieferungsgrad zeichnen den Bau als vorzügliches Beispiel für die Durchbildung eines Hauses in den Formen der deutschen Neurenaissance aus – im Unterschied zur reinen Aufprägung von entsprechendem Zierrat auf die Baukörper – und damit als typischen Vertreter des gehobenen Mietshausbaus, auch in eher peripherer Vorstadt.

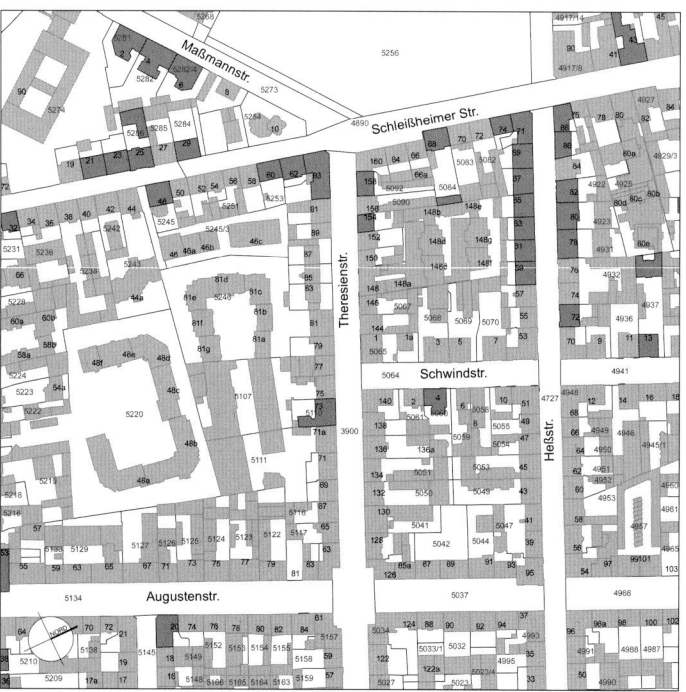

Theresienstraße 73–158; Flurkarte, M. 1:5000

Theresienstraße 93; Aufn. 1995

Theresienstraße 154; Aufn. 1995

Theresienstraße 154. Auf zuvor unbebauter Parzelle ließ sich Carl Stöckinger 1863 das Vorstadthaus erbauen, das mit seinen drei Geschossen und den dezent rhythmisierten fünf Achsen noch heute ein beachtliches Zeugnis für die zweite Ausbauphase der Theresienstraße darstellt. Sowohl im Fassadenaufriss wie auch in der Struktur des Hauses ist sein spätklassizistisches Gepräge sehr gut überliefert. Der in Baumitte gesteckte Eingang führt zum rückwärtigen Treppenhaus, das für seine Entstehungszeit typisch ohne Ausbau über die rückwärtige Grundlinie geblieben ist. In jeder Etage sind gemäß Eingabeplan zwei kleinere Wohnungen untergebracht, als Folge der Bautiefe beinhalten beide auch Dunkelzonen. Der bestehende Ladeneinbau östlich des Eingangs rührt von einer Auswechslung her, die 1894 Josef Treznik vornehmen ließ.

Theresienstraße 158. In den frühen 1860er Jahren (nach 1857, aber vor 1865) war das bestehende Anwesen zunächst dreigeschossig und als reines Wohnhaus erbaut worden. Es bildete die Erstbebauung auf bis dahin unbebauter Parzelle. Die Struktur des Hauses und die Blockhaftigkeit seiner Großform künden noch heute von spätklassizistischer Strenge: Die Durchfahrt (Torflügel von 1896 erhalten) in der östlichen Achse führt zum westlich nebenliegenden Treppenhaus, das – typisch für die Erbauungszeit – rückwärtig ohne Ausbau bleibt. Zwei mittelgroße

Theresienstraße 158, Friseursalon

Theresienstraße 158, Friseursalon, Empfangsraum

Theresienstraße 158; ▷
Aufn. 1995

Wohnungen sind gemäß Eingabeplan in jeder Etage untergebracht, mit Dunkelzonen, die durch die Bautiefe bedingt wurden. Architekt Friedrich Adam plante für die „Carlschen Relikten" 1896 die Erhöhung um ein 3. Geschoss. Nach dieser Ausführung gelangte das Anwesen in das Eigentum von Hans Burger, der noch 1896 den Architekten Heinrich Witzel mit einer neuen Fassadengestaltung beauftragte. Es wurde die spätklassizistische Einfachheit, wie sie etwa bei der nahen Nr. 154 nachvollziehbar geblieben ist, gegen neubarocke Garnitur ausgetauscht, die freilich der alten Strenge und Blockhaftigkeit aufgeprägt erscheinen muss, aber doch Zeichen für einen veränderten Anspruch der Bauherrschaft ist. Das Haus verlor im Luftkrieg sein Dachtragwerk, das 1946 wiederhergestellt worden ist. – Im Erdgeschoss befindet sich seit 1904 ein Friseursalon mit bemerkenswert erhaltener Ausstattung der Zeit von ca. 1910–60. (Fassadenrenovierung und Instandsetzung von Fenstern und Ladenkonstruktion im Erdgeschoss 1988–89; Instandsetzung der Fassade und des Treppenhauses 2001–02.)

Thiereckstraße

(Vgl. Ensemble Altstadt.) Im ältesten Stadtkern kurze, unregelmäßig begrenzte, heute hofartig wirkende Verbindung von der Kaufingerstraße zum Frauenplatz, von Süden her durch eine Passage im Haus Kaufingerstraße 8 (s. dort) zugänglich. Seit dem späten 18. Jh. benannt nach Hofkammerrat Friedrich Karl Thpiereck, seit 1761 Eigentümer von Kaufingerstraße 12 (alt Nr. 31), seit 1776 auch des Rückgebäudes Thiereckstraße 1; seine Witwe vermachte ihr Vermögen den Armen der Stadt. (Zu älteren überlieferten Namen vgl. Stahleder 1992.) Passagen durch die Anwesen Marienplatz 2 (s. dort) und Weinstraße 3 (s. dort) stellen die Verbindung nach Osten her; eine weitere im Haus Thiereckstraße 2 (Nachkriegs-Wiederaufbau) vermittelt den Durchgang zum Frauenplatz im Norden. Eine Gedenktafel von 1983 erinnert an den spektakulären Einsturz des Hauses Thiereckstraße 3 (Rückgebäude von Weinstraße 3, s. dort; angebracht im Hof) im Jahre 1801.

ARCHÄOLOGISCHE BEFUNDE: Größere Bodeneingriffe und Umbauten sind aus jüngerer Zeit nicht bekannt. Deshalb ist mit untertägig erhaltenen Resten von Bauwerken, unter der Straße mit verrohrten Bächen und Pflastern und unter den Gebäuden mit Resten von Vorgängerbauten, möglicherweise mit Brunnen und Latrinen, zu rechnen.
Unter Thiereckstraße 2 und 4 befinden sich Teile mittelalterlicher und neuzeitlicher Bebauung.

Thierschplatz nach Nordwesten, links Thierschstraße 51, 53, 55; Aufn. 1995

Thierschplatz

Der kleine Dreieckplatz am Nordende der Thierschstraße (s. dort) in der Gabelung von Trift- und Tattenbachstraße, west-östlich von der Gewürzmühlstraße überquert, erhielt 1886 seinen Namen (zuvor Lehelplatz) und um diese Zeit seine noch heute den Eindruck bestimmende, rahmende, späthistoristische Bebauung anstelle der bis dahin vorstädtisch-offenen. In der baumbestandenen, durch den Ceresbrunnen akzentuierten Platzfläche befindet sich seit 1988 der östliche Ausgang des U-Bahnhofs Lehel. Westseitig befährt den Platz die Straßenbahn seit 1890 (bis 1963 auch ostseitig zur Tattenbachstraße). Vgl. Thierschstraße 51, 52, 53 sowie den Beitrag von Johannes Hallinger. (Siehe Flurkarte S. 1142)

Thierschplatz. *Ceres-, Ernte-* oder *Schnitterinbrunnen*. Gemäß Inschrift auf der Rückseite des Postaments gestiftet 1905 von Rentier Karl Waitzfelder (daher mitunter Waitzfelderbrunnen genannt). Das nach oben verjüngte Postament samt zwei seitlichen wasserspeienden Delphinköpfen und Halbschalen wie die auf ihm kniende Figur der Erntegöttin Ceres, die eine Garbe bindet, sind aus Euville-Marmor (Oolith), die knapp den Boden überragenden beiderseitigen Becken und die mittig-frontalen Stufenantritte aus Treuchtlinger Jurakalk. Nach Thieme/Becker XXII (1928) das Hauptwerk des Bildhauers Erwin Kurz. Oberfläche bei Restaurierung abgearbeitet.

Thierschplatz 1. Jetzt Thierschstraße 53, vgl. dort.

Thierschplatz 2. Jetzt Thierschstraße 55, vgl. dort.

Thierschplatz 3. Auf einem Grundstück, das über Jahrhunderte gewerbsmäßig genutzt worden war, zuletzt stand hier die Bauersche Sägemühle, ließ sich der Holzhändler Johann Baptist Bauer von Baumeister Franz Rattenhuber 1883–84 das bestehende

Thierschplatz, Ceres-, Ernte- oder Schnitterinbrunnen; Aufn. 1994

Mietshaus errichten. (Kurz nach der Erbauung, 1886, wurde der neu entstandene Platz umbenannt und seine alte Bezeichnung „Lehelplatz" aufgegeben.) Schon drei Jahre früher hatte Baumeister M. Dietz rückwärtig ein zugehöriges Rückgebäude an der Kochstraße errichtet, das bis nach dem Zweiten Weltkrieg Bestand hatte. Bei der Einmessung der Triftstraße hatte die Baulinienkommission des Magistrats bodenmechanische Gegebenheiten zu berücksichtigen, weshalb der Bauplatz von Nr. 3 am Thierschplatz eher unregelmäßig ausfallen musste. Die Baumassenverteilung des fünfgeschossigen Baus (Hochparterre und vier Obergeschosse) setzte Rattenhuber über zwei Flügeln um, die in einem stumpfen Winkel zueinander liegen. Der Eingang (mit prächtiger Portaleinfassung und erhaltener bauzeitlicher Türe) wurde mittig in den platzseitigen Flügel gesteckt, das anschließende und eigens ausgebaute Treppenhaus mit doppelläufiger

Thierschplatz 3; Aufn. 1994

Podesttreppe erschließt gemäß Eingabeplan zwei Wohnungen je Etage. Dabei bedingte die Bautiefe Räume in Dunkelzonen, die durch Verschaltung hin zu den direkt belichteten Räumen abgeschwächt werden mussten. Die Fassaden des großen Hauses bestechen durch eine Anverwandlung in den Formen einer reifen Neurenaissance. Das 1. Obergeschoss schlug man vermittels einer Putzquaderrustika dem Sockel zu, 2. und 3. Obergeschoss wurden als Hauptgeschosse behandelt. Entsprechend trennen Gurtgesimse die Geschosse darunter, die Fenster der Hauptgeschosse wurden verklammernd einer gemeinsamen Fassadenzone eingeschrieben und erhielten überlegt positionierte Verdachungen. Die Rhythmisierung der Platzfassade geschah gängig durch Eng- und Weitsetzung der Achsen. Städtebaulich fiel dem Bau eine zweifache Rolle zu, erhabener Bau zur Herstellung des Platzgewändes und Übergang zur Fassadenabwicklung in die Triftstraße hinein, die vom Thierschplatz aus malerisch nach Norden verschwenkt, deren Verlauf jedoch nicht das Ergebnis „malerischen Städtebaus" ist, sondern von bodenmechanischen Gegebenheiten erzwungen worden ist. (Teilweiser Ausbau des Dachgeschosses 1960, erweiternd 1987; Fenstererneuerungen, Fassadenrenovierung mit Befundung und Erneuerung der Dachhaut 1990–91; Arbeiten an Haustüre, Entree, Treppenhaus und Haustechnik 1994; Reparaturarbeiten an Fenstern 1998.)

Thierschplatz 3–5. Vgl. Ensemble Platzfolge Lehel.

Thierschplatz 4. Der „Civilingenieur" (im Unterschied zum „Militäringenieur") Hermann Schmitt hatte 1885 das Gschößlwirtshaus mit seinen Nebengebäuden erworben. Das bestehende Anwesen ließ er ein Jahr später westlich des Altbestandes nach seinen eigenen Plänen von Grund auf neu erbauen. (Die rückwärtige Grundstücksgrenze bildete zu dieser Zeit noch der „Hofblumentreibgarten", erst 1890 führte man dort die Kochstraße

Thierschplatz 4; Aufn. 1994   Thierschplatz 5; Aufn. 1994

durch.) Schmitt erbaute ein großes Mietshaus zu fünf Geschossen wie zwei Jahre vorher den westlichen Nachbarbau mit Hochparterre und in Neurenaissanceformen. Gleichzeitig mit dem Vordergebäude ließ Schmitt auch einen rückwärtigen Stall in einem zweigeschossigen Gebäude an der späteren Kochstraße errichten. Die Baumassenverteilung nahm Schmitt mit einem Rückflügel vor, der aus einer breiten Einklinkung der Grundlinien entstand. Durchfahrt und Eingang kamen in der östlichen Achse zum Liegen. Das Treppenhaus befindet sich am Hofwinkel, von diesem her belichtet, und erschließt zwei große Wohnungen in jeder Etage, dies gemäß Eingabeplan. Die Gestaltung der Fassade folgt derjenigen des westlichen Nachbarbaus, der ebenfalls das 1. Obergeschoss als Sockel und 2. und 3. Obergeschoss als Hauptgeschosse behandelt. Die als Risalit ausgebildete Eingangachse rechts wird links von einem eng gesetzten Fensterachsen-Paar ausponderiert, ein Kunstgriff der Neurenaissance. In die Brüstungszonen der Fenster der Hauptgeschosse setzte Schmitt Balusterreihen und alle Fenster dieses Fassadenfeldes finden sich mit geraden Gesimsstücken verdacht. (1963 fanden Umbauten und v. a. eine Aufstockung des ehemaligen Stallgebäudes an der Robert-Koch-Straße statt, Planer war Architekt Ludwig Ernst; das Dachgeschoss des Vordergebäudes wurde 1986 ausgebaut und dabei nach rückwärts eine Dachterrasse geschaffen; 1993 Außenanbau eines Personenaufzugs.)

Thierschplatz 5. Das ehemalige Gschlößlwirtshaus am Lehelplatz hatte 1885 Hermann Schmitt, ein „Civilingenieur" (im Unterschied zum „Militäringenieur") erworben. Nach Parzellierung des Grundes wurden drei Bauplätze eingemessen: Tattenbachstraße 1, Thierschplatz 4 und 5. Während Schmitt Nr. 4 am Thierschplatz als Neubau von Grund auf errichten ließ, verfuhr er bei Nr. 5 erstaunlich bestandsschonend. Denn ein hier bestehendes, turmartiges Eckhaus, das zu zwei Achsen und bereits viergeschossig westlich an der Mündung der Tattenbachstraße stand, brach er nicht etwa ab, sondern überformte es und schloss westlich einen dreiachsigen Anbau an. Die erhaltenen Keller unter Thierschplatz 5 (und auch unter Tattenbachstraße 1) vermögen dies anschaulich zu belegen. Schmitt betrieb einen Umbau, der sich schließlich bis 1890 hinzog. Die drei westlichen Achsen, deutlich von den östlichen, älteren abgerückt, sind als Neubau zu betrachten, die integrierte Eckpartie datiert früher, ins erste Jahrzehnt des 19. Jh. (die Bauleitung hatte Schmitt Theodor Hartmann übertragen). Der Eingang kam leicht ausmittig von Süden her im Gebäude zu liegen, das eine Baumassenverteilung über zwei Flügeln erfuhr. Das alte Treppenhaus mit dem hiesigen Übergang in die alten Keller disponierte Schmitt an den Hofwinkel des Neubaus, es wird von einer Westfenster-Achse belichtet. Gemäß Eingabeplan wurden zwei mittelgroße Wohnungen in jedem Obergeschoss geschaffen. Das Erdge-

schoss des Hauses blickt auf eine bewegte Veränderungsgeschichte zurück: 1902 ließ Schmitt von Baumeister Hans Hartl den Abschnitt westlich des Durchgangs zum Laden auswechseln. 1904 fand eine Umgestaltung des östlich des Eingangs liegenden Gastlokals zu Läden statt (wiederum für Schmitt, diesmal durch Baumeister Anton Wagner). 1979 schließlich hob hier die Nutzung als Gastlokal erneut an, die bis dato andauert (Status: 2007). Die Gestaltung der Fassaden besteht in einer Neurenaissance, die im Ganzen spätklassizistisch verpflichtet bleibt und große formale Verwandtschaft mit Thierschplatz 4 aufweist. Baugeschichtlich charakteristisches Detail jedoch ist, dass unter Berücksichtigung des Altbestandes Ingenieur Schmitt ein Hochparterre bei Nr. 5 nicht verwirklichen konnte und es also zu Höhenunterschieden in den Geschossen und somit in der Gesimsführung zu Nr. 4 hin kommen musste. (Dachgeschossausbau 1973–74.)

Thierschstraße

Straße der St.-Anna-Vorstadt, die vom Isartorplatz im Süden über mehrere leichte Knicke in nordöstlicher Richtung verläuft, senkrecht den östlichen Abschluss der Maximilianstraße – mit dem Max-II.-Monument im Schnittpunkt – überquert und schließlich jenseits des Thierschplatzes eine Fortsetzung in der Triftstraße findet. Erst seit 1890 wird der beschriebene Straßenverlauf einheitlich nach dem Münchner Professor und Präsidenten der Akademie der Wissenschaften Friedrich Wilhelm Thiersch (gest. 1860) genannt. In diesem Jahr wurde der bis dahin „An der unteren Lände" oder „Fabrikstraße" genannte südliche Abschnitt vom Isartorplatz bis zum Mariannenplatz der schon 1876 für den nördlichen Teil vergebenen Benennung zugeschlagen. Der Straßenzug ist charakteristisch für die städtebauliche Entwicklung und stadträumliche Erschließung, die in diesem Bereich ruckweise und ohne Generalplan bis zum Lehel herauf erfolgte und ohne übergreifendes Straßenkreuz blieb bis zur Anlage der Maximilianstraße ab 1853.

Die Arrondierung geschah ohne Rücksicht auf die Bachläufe, die städteplanerisch eigentlich störten. Die späthistoristische Bebauung der Thierschstraße ist gekennzeichnet vom Willen zur Repräsentation und zur Aufwertung eines zuvor vielgestaltigen Quartiers mit zahlreichen Herbergen und Gewerben. Straßenbahnverkehr hat die Thierschstraße schon seit 1882 bzw. (nördlich vom Maxdenkmal) 1890. – Vgl. den Beitrag von Johannes Hallinger.

Thierschstraße ▷
nach Nordosten
(rechts Nr. 14);
Aufn. 1995

Thierschstraße 1. Auf zwei neu eingemessenen Parzellen, die nördlich bis an den schließlich eingewölbten Hofhammerschmiedbach heranreichten, entstanden die Häuser Nr. 1 und Nr. 3 ab 1900 gleichzeitig und bei gleicher Personnage. Bauwerber war der Malzfabrikant Anton Bucher, Ausführender die Firma Heilmann & Littmann. (Vorplanungen durch das Baugeschäft und Architekturbüro E. Dressler waren schließlich nicht kontraktiert worden.) Die Grundrisse der beiden Häuser schnitt man formal eng verwandt und annähernd spiegelsymmetrisch zu. Nach rückwärts erhielten die Riegel an der Straße entlang der Grundstücksgrenze parallel geführte Rückflügel, Nr. 1 somit einen östlichen. In jedem Obergeschoss kamen zwei Wohnungen zum Liegen, erschlossen von einer dreiläufigen Podesttreppe im hofseits zugänglichen Treppenhaus, das Licht von Süden erhält. Bei Nr. 1 wurde der Ostwohnung auf der Straßenseite nur ein Fenster, das in der östlichen Achse, zugeschlagen, ansonsten greift die Wohneinheit in den Rückflügel hinein. Die Nutzung der straßenseitigen Räume als Läden entspricht dem Erstzustand. 1907–08 nahmen die Architekten Stengel & Hofer Umbauten im Hofraum für die Deutsche Lebensversicherung ARMINIA AG vor (ein altes Wohnhaus, das noch auf dem Gelände verblieben war, wurde sogleich 1903 abgebrochen). Anpassungsarbeiten am über dem Bachlauf stehenden Rückgebäude nahm 1909 Baumeister Vinzenz Götzel für Lorenz Bogenberger vor. Ein erweiternder Dachgeschossausbau geschah nach dem Zweiten Weltkrieg, 1947–61 für Josef Hepfinger/Bau und Ver-

trieb von Mühlen- und Sägewerksanlagen. Malerisch ausmittig setzten Heilmann & Littmann das Zwerchhaus über die beiden südlichen der insgesamt vier Achsen zählenden Fassade. Ein Polygonalerker über drei Geschosse wurde der westlichen Achse vorgesetzt, dieser findet sich in der östlichen Achse vermittels dreier seichter gemauerter Balkone ausponderiert. Das voll ausgebaute Zwerchhaus erhielt einen vorgeblendeten Stufengiebel. Die Binnendekoration besteht in Neurenaissancezierrat durchwegs freier Anwendung, für die sich auch die Hilfsbezeichnung „Dürer-Renaissance" eingebürgert hat. Der Riegel hinter den Rückflügeln von Thierschstraße 1 und 3 wurde infolge des Luftkriegs total zerstört. (Fassadenrenovierungen 1977–78 und Fassadenrenovierung 1987; Arbeiten an der Fassade und Austausch der Fenster 1996.)

Thierschstraße 3. Wie das westliche Nachbaranwesen Nr. 1 entstand auch Nr. 3 ab 1900 anstelle einer gewerbsmäßigen Vorbebauung, gleichzeitig mit diesem und bei gleicher Personnage. Bauwerber war der Malzfabrikant Anton Bucher, ausführende Baufirma die viel beschäftigten Heilmann & Littmann. Ein beinahe spiegelsymmetrischer Grundriss verbindet Nr. 3 mit Nr. 1 formal. Der Eingang erfolgt über die Durchfahrt in der östlichen Achse, das Treppenhaus liegt im Hofwinkel, wird von diesem her belichtet und führt zu zwei Wohnungen in jedem Obergeschoss. Dabei wurde in der Straßenfront nur die westliche Fensterachse derjenigen Wohnung zugeschlagen, die sich in den Rückflügel hinein erstreckt. Die Neugestaltung des Erdgeschosses zu einem Ladengeschoss erfolgte 1952; die Zusammenlegung der ursprünglich drei Läden zu einem Raumkontingent zugunsten des Einbaus einer Postdienststelle erfolgte ab 1976; hierfür Verlegung der Treppe in das Kellergeschoss. 1993 kam es zu weiteren Veränderungen im Erdgeschoss und vor allem zum maximierenden Ausbau des Dachgeschosses mit hoher Glaskanzel und zahlreichen zusätzlichen stehenden Dachfenstern. Seit diesem Umbau findet sich das Treppenhaus (erst ab dem 1. Obergeschoss bauzeitlich erhalten) von der Hofseite her erschlossen; die doppelläufige Podesttreppe erhält Licht von oben. Die Straßenfront des Hauses ist als hohe Zwerchhaus-Fassade ausgebildet, der hinter dem Giebel liegende Dachraum voll ausgebaut (hohe Aufglasung im Giebelfeld). Dieser Fassaden-Mittelzug wird von zwei breiten

Thierschstraße 1, Diele mit ÜbereCktüren

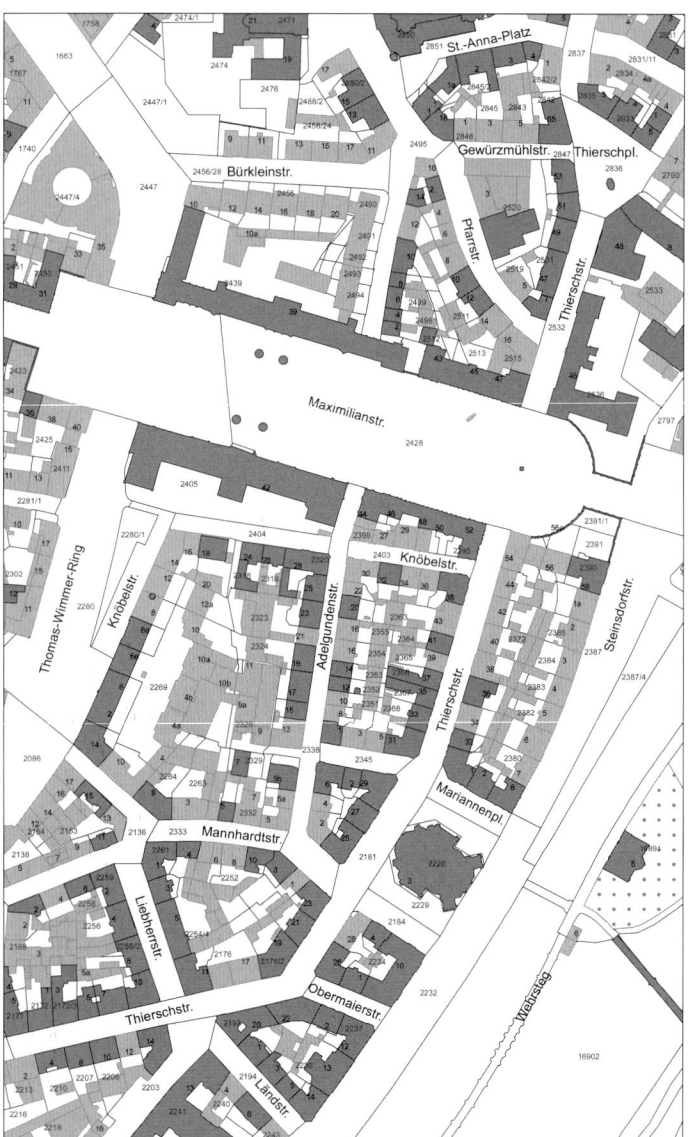

Thierschstraße und Thierschplatz; Flurkarte, M. 1:5000

Thierschstraße 1, Deckenstuck

Thierschstraße 3; Aufn. 2007

Thierschstraße 1; Aufn. 1995

Thierschstraße 4/6; Aufn. 1995

dreigeschossigen Flacherkern mit schmalen Seitenfenstern flankiert. Die Fenster der Fassade zeichnen sich durch eine hohe Varietät in den Verdachungsformen aus. Der Binnenzierrat kombiniert nach Art der sog. Dürer-Renaissance klassische Motive und gotisch Anverwandeltes. Das Rückgebäude des Anwesens, über dem eigens eingewölbten Stadthammerschmiedbach errichtet, wurde im Luftkrieg völlig zerstört. (Erneuerung der Dachhaut 2003; Instandsetzung der Fassade 2004.)

Thierschstraße 4. Anstelle einer gewerbsmäßigen Vorbebauung, über die hinweg seitens des Magistrats eine Verbreiterung der Fabrik-/Thierschstraße sowie eine Neuparzellierung der Gründe südlich des Straßenverlaufs rigoros neu festgelegt worden war, wurde das bestehende Mietshaus 1881 erbaut. Bauwerber war Schreinermeister Johann Moser, Planer und Ausführender Baumeister Heimbach. Die rückwärtige Grundlinie wurde breit und regelmäßig eingeklinkt, sodass ein leicht hufeisenförmiger Grundriss entstand. Mittig rückwärtig liegt das Treppenhaus ohne eigenen Ausbau an, von der Straße her zugänglich. In der östlichen Achse befindet sich die Hofdurchfahrt. Zwei Wohnungen brachte man gemäß Eingabeplan in jeder Etage unter. Die entstandenen Dunkelzonen glich man durch Aufschlüsse hin zu den direkt belichteten Räumen aus. 1896 stellte Maurermeister Josef Kerschreiter zwei Läden im zunächst wohngenutzten Erdgeschoss her. Von Bautechniker Johann Schretter ließ sich Privatier Leonhard Arnold im Jahr 1900 eine große Dachwohnung einbauen mit eigens geplantem Anschluss an das Treppenhaus. 1967 fanden im westlichen Abschnitt des Erdgeschosses zur Einrichtung einer Imbiss-Stube weitere Anpassungsarbeiten statt. Und 1988 verband man den Laden östlich des Eingangs mit Räumen im 1. Obergeschoss vermittels einer eigenen Geschosstreppe. Die Fassade des Hauses besticht, was auch für die beiden östlich auffolgenden Häuser gelten kann, durch ihre lehrbuchartige Anverwandlung in Neurenaissanceformen, die überdies sehr gut überliefert sind. Zwei flache Risalite, denen stets nur eine Fensterachse eingeschrieben sind, spannen einen sechsachsigen mittleren Fassadenzug ein. Oberhalb des Erdgeschosses verklammerte man ein Gurtgesims mit dem Sohlbankgesims der Fenster des 1. Obergeschosses zu einem Brüstungsband. 1. und 2. Obergeschoss behandelte man als Hauptgeschosse, die Fassadenfläche wurde schlicht rustiziert, die Brüstungszonen der Fenster des 2. Obergeschosses sitzen den verbunden durchlaufenden, geraden Verdachungen der Fenster des 1. Obergeschosses auf und bilden so Fensterbänder. Daneben alternieren bei den

Verdachungen der Fenster des 2. Obergeschosses Segmentbogen- und Dreiecksgiebel. Die Fenster des 1. Obergeschosses erhielten einheitlich flankierende kannelierte Pilaster als Rahmungen, die der folgenden beiden Obergeschosse geohrte Profilrahmen. Das Gebäude blieb im Zweiten Weltkrieg weitgehend verschont, einzig das südlich benachbarte, innerhalb des Baublocks gelegene Anwesen wurde voll getroffen. (Fassadenrenovierungen 1977/1978 sowie 2003; Erneuerung der Dachhaut 1984; Erneuerung der Dachgeschossfenster 2000 sowie zweier Schaufenster und einer Ladentüre 2004.)

Thierschstraße 5. Auf zuvor unbebautem Grund entstand 1881–1882 das Wohn- und Wirtschaftsanwesen durch Architekt Max Deißböck für sich selbst. Die rückwärtige, d. i. nördliche Grundstücksgrenze bildete das südliche Beschlacht des Stadthammerschmiedbaches. Gemäß Frühzustand befanden sich im Erdgeschoss zwei unterschiedlich große Wohneinheiten. Die Durchfahrt in der westlichen Achse führt zum nebenliegenden Treppenhaus, das in jedem Obergeschoss eine Wohnung erschließt. Die Wohnungen erstrecken sich in einen kurzen östlichen Rückflügel hinein; zur Vermeidung von Dunkelzonen, wenigstens in den östlichen Abschnitten, bildet das Haus an seiner dortigen Grundstücksgrenze gemeinsam mit der zwei Jahre später erbauten Nr. 7 einen Grenzlichthof aus. 1893 wurde im Erdgeschoss ein Laden eingebaut, Ausführender war wieder Architekt Max Deißböck, der jedoch zwischenzeitlich an Jacob Walther verkauft hatte. Die letzte im Erdgeschoss verbliebene Wohneinheit wurde 1901 zugunsten der Einrichtung eines Weinlokals, in dem schließlich auch der Laden aufgehen sollte, für den Weingroßhändler Ludwig Fritzl ausgewechselt. (1904 gelangte das Haus in das Eigentum des Hoteliers Paul Kuoni, 1913 sind die „Bacharachschen Relikten" aktenkundig.) Das ausgebrannte Dach wurde erst im Jahr 1950 ersetzt und 1964 zur Dachwohnung erschlossen. Das erst 1892 erbaute Rückgebäude war durch den Luftkrieg erheblich in Mitleidenschaft gezogen worden. Die Straßenfront des Anwesens verkörpert

Thierschstraße 5; Aufn. 1995

eine Spielart der Neurenaissance, bei der Putzstrukturen bewusst neben Blankziegelflächen gesetzt wurden. Dabei wurde auch das 1. Obergeschoss sockelartig strukturiert und erhielt eine variierte Putzquaderrustika, als eigentliche Hauptgeschosse wurden das 2. und 3. Obergeschoss oberhalb eines an den Sohlbänken verkröpften Gurtgesimses behandelt. Gewissermaßen klassisch der Fassadenrhythmus – produziert durch Eng- und Weitsetzung der Fensterachsen.
(Errichtung eines neuen Rückgebäudes 1992; Renovierung des Restaurants, des Einfahrttors und der Durchfahrt 1993; Nutzungsänderung: Wohnraum zu Büroflächen in 1. und 3. Obergeschoss 2004; Erhöhung des Daches 2004.)

Thierschstraße 7. Auf zuvor unbebauter Parzelle errichtete Architekt Max Deißböck das Mietshaus 1884–85 für sich selbst. Die rückwärtige, d. i. die nördliche Grundstücksgrenze bildete das südliche Beschlacht des Stadthammerschmiedbaches. Schon zwei Jahre zuvor hatte Deißböck das westliche Nachbarhaus Nr. 5 fertiggestellt. Die ausmittig in das Gebäude gesteckte Durchfahrt führt zum östlich nebenliegenden Treppenhaus, das zwei Wohnungen je Etage erschließt. Die westliche der beiden Wohneinheiten reicht in den dortigen kurzen Rückflügel hinein. Zur Aufhebung zwangsläufiger Dunkelzonen wenigstens in den westlichen Wohneinheiten bildete Deißböck einen Grenzlichthof mit dem Nachbaranwesen Nr. 5 aus. Gleichzeitig mit dem Vorderhaus hatte der Investor auch ein ebenerdiges Rückgebäude über auswinklig viereckigem Grundriss errichtet. Seine Mansarde war zu Wohnzwecken ausgebaut, im Erdgeschoss befanden sich Pferdeställe und Werkstätten. Diese ließ der Hopfenhändler A. Mohr 1893 durch Wohnungen auswechseln. Die Straßenfront des Hauses war ursprünglich ähnlich der von Nr. 5 ausgebildet. Doch wurden 1960/66 im Zuge der Herstellung der noch bestehenden Ladenzuschnitte Anputzungen und also die Beseitigung der Rustiken vorgenommen. Die Kombination von Blankziegelflächen als einer Spielart der Neurenaissance mit durch Putzstrukturen gestalteten Oberflächen ist aber nachvollziehbar geblieben. Den Hauptakzent bildet ein zweigeschossiger Polygonalerker oberhalb der Durchfahrt, mit sphärisch ausgebildetem Unterzug, dreiseitiger Durchfensterung und flachem Kupferdach.

Thierschstraße 7; Aufn. 1995

Thierschstraße 8/10. Auf zuvor unbebautem, ausschließlich nutzgärtnerisch bewirtschaftetem Grund entstanden 1883 die beiden Häuser Thierschstraße 8 und 10 in einem Zug. In ihrer Struktur entsprechen sich die beiden Bauten beinahe spiegelbildlich, ihre Fassaden waren ursprünglich annähernd identisch. Bauwerber des Komplexes war der Spenglermeister Anton Riehl, Ingenieur Karl Schmidt führte ihn aus. Nr. 8 erhielt seine Hofdurchfahrt in der östlichen Achse, mittig wurde ein Übergang zum zentral und quer im Haus gelegenen Treppenhaus (einläufig mit gezogenen Stufen und von oben belichtet) angeschlossen. Zwei Wohnungen sind gemäß Eingabeplan in jeder Etage untergebracht; Dunkelzonen ergaben sich aus der erheblichen Bautiefe, diese mussten durch Aufschlüsse zu den direkt belichteten Räumen hin ausgeglichen werden. Das Haus verlor im Luftkrieg sein Dachtragwerk, es erhielt 1945 auf 46 zunächst ein Notdach. Der Ausbau des Dachgeschosses erfolgte in zwei Schritten, 1957 und 1976. Das vorhandene Rückgebäude ent-

Thierschstraße 8; Aufn. 1995

Thierschstraße 10; Aufn. 1995

stand ab 1969 auf zuvor weitgehend freier Fläche. (Fassadeninstandsetzung sowie Erneuerung der Fenster im 3. Obergeschoss und Dachgeschoss 1975–76, Erneuerung der Schaufenster 1984.) Das Haus Nr. 10 spiegelt den Grundriss von Nr. 8 weitgehend symmetrisch: Durchfahrt in der westlichen Achse, zentral im Bau liegt ein Treppenhaus (einläufige Podesttreppe mit gezogenen Stufen, von oben belichtet), das mittig von der Durchfahrt her zugänglich ist und zwei Wohnungen je Etage erschließt. Auch hier wurden die infolge der erheblichen Bautiefe entstandenen Dunkelzonen durch Aufschlüsse zu belichteten Zimmern hin entschärft. Im Erdgeschoss war schon bauzeitlich eine Bäckerei untergebracht, deren Backstube 1889 durch Maurermeister Josef Zötz in den Keller verlegt worden ist. Gleichzeitig wurde der Laden umgebaut. Bauwerber war Bäckermeister Sebastian Soller, der später, 1913, von Architekt Philipp Avril im Hofraum einen Lagerkeller bauen ließ. Weitere Änderungen im Ladengeschoss sind für 1929 aktenkundig, zu dieser Zeit war die Konditorei F. X. Seiffert im Erd- und Kellergeschoss untergebracht, ausführende Baufirma war Vinzenz Götzel Nachf. Dach und Dachwohnungen wurden im Luftkrieg zerstört und schon im Winter auf 1946 wiederhergestellt (Planleger Arch. Oskar Popp). Die infolge von Splittern beschädigte Fassade wurde 1952–53 wieder instand gesetzt, sodann 1976 und 1980 überarbeitet. Die straßenseitigen Fenster erneuerte man ebf. 1976.
Die Fassaden der beiden Häuser wurden verwandt organisiert. Ihre Rhythmisierung besteht in weit und eng gesetzten Fensterachsen. Jeweils seitlich schrieb man eine Fensterachse einem seichten Risalit ein, wodurch ein mittlerer, fünfachsiger Fassadenzug eingespannt wird. Schlicht und gleichsam lehrbuchhaft wurden die Fenster der Hauptgeschosse verdacht und variierend komponiert.

Thierschstraße 11. Gruppe mit Liebherrstraße 5 (s. dort). Die Baugruppe Ecke Liebherr-/Thierschstraße entstand im Bereich der in das späte 16. Jh. zurückgehenden, 1621 durch den Ratsherrn Caspar Häckl baulich erneuerten (1692 z. T. zerstörten) und nach ihm benannten Hacklmühle, die später den Jesuiten, Maltesern und zuletzt privaten Besitzern gehörte (vgl. Kohl 1969). „Simon Walser's Mühle" ist im Relief auf der Gedenktafel im Erdgeschoss des Eckhauses (Front zur Liebherrstraße) dargestellt, mit gotisierender Inschrift darunter: „Hier stand die Walser-Hackl-Mühle abgebrochen i. Jahre 1900 / an deren Stelle wurden i. J. 1910 diese Häuser von Osk. Schmid / durch die Arch. Hönig u. Söldner erbaut".
Beim Bau der „Geschäftsmiethäuser" für den Fabrikbesitzer Oskar Schmid durch Eugen Hönig und Karl Söldner mussten die sich unter dem Gebäudeteil Liebherrstraße 5 gabelnden Stadtbäche – der Fabrik- und Hacklmühlbach – „auf Spannweiten bis zu 16 m überbrückt werden". Als erster Bauabschnitt entstand

Thierschstraße 11; Aufn. 1994

Thierschstraße 11; Aufn. um 1910

1909/10 Liebherrstraße 5 mit einen unregelmäßigen Hof einschließendem Seitenflügel rechts und Rückgebäude, letzteres als Elektrizitätswerk in der Nachfolge der Wasserkraftnutzung der einstigen Mühle.

Die Baugruppe setzt sich aus dem städtebaulich dominierenden historisierenden Eckbaukörper mit steilem Sattel-, heute Walmdach und dem langen, niedrigeren Seitenflügel an der Liebherrstraße zusammen. Die flächige Erdgeschosswand wird von der Folge der Schaufenster- und Eingangsarkaden durchbrochen. Die

Thierschstraße 11; Ansicht, 1911

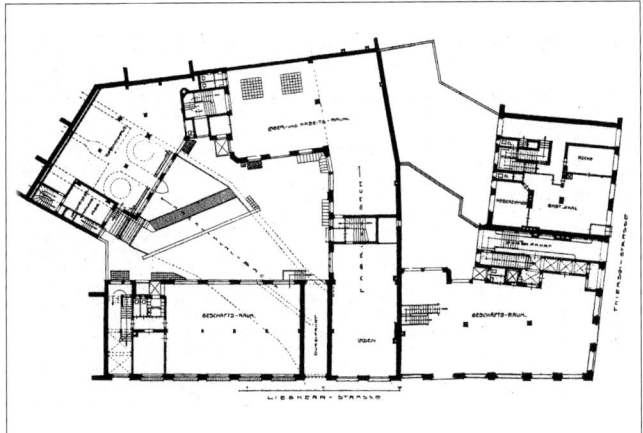

Thierschstraße 11; Grundriss Erdgeschoss, 1911

vier, seitlich drei Obergeschosse sind weitestgehend in kleinteilig versprosste Fensterflächen zwischen die Vertikale betonenden Stützen aufgelöst – Rechteckpfeiler am Seitenbau, ursprünglich gerundete, reich profilierte (heute rechteckige) Stützen am Eckbau. Während an Liebherrstraße 5 im 1. und 2. Stock die Öffnungen als flachbogige Erker ausgebildet sind, erhielten jene am Eckbau im 1. Stock Balkone. Das 3. Geschoss am Längsbau wie das 4. am dadurch dominant wirkenden, vertikalisierten Eckbau ist über einem kräftigen Zwischengesims abgesetzt. Der durch vertikale Profile gegliederte, aufragende Südgiebel des Eckbaus ist heute durch ein Walmdach ersetzt. Die Fassade von Liebherrstraße 5 fassen flache, wandhafte Seitenrisalite mit kräftigen Pfeilern und zusätzlich mittlerem Gurtgesims ein, deren Giebel nicht erhalten sind. Die an Nr. 5 rechts anschließenden drei Achsen gehören zum Eckhaus Thierschstraße 11.

Das hinzuerworbene benachbarte Neurenaissancehaus Thierschstraße 15 wurde erst später gestalterisch dem Eckhaus Nr. 11 angepasst. Der seit 1920 in Nr. 15 ansässige Franz Eher Verlag, bis 1945 Herausgeber des Zentralorgans der NSDAP „Völkischer Beobachter" wie von Hitlers „Mein Kampf", mietete 1927 auch das Eckhaus Nr. 11 und erwarb es 1932; in der Folge (1938/39) Umbau von Nr. 17 und Neubau von Nr. 15 (Arch. Hans Gedon). – Nach schweren Luftkriegsschäden (Nr. 15 Totalschaden) erfolgte der Wiederaufbau als Sitz von Verlagen und Buchhändlern (in der Folge wechselnde Nutzungen) vor allem am Eckbau in die gestalterischen Details stark vereinfachenden Formen. An der Putzfassade von Liebherrstraße 5 sind die Profile der Gesimse und der Kassettenfelder zwischen den Geschossen erhalten, der Gesamtumriss ist jedoch durch Verlust der beiden Risalitgiebel und die niedrige Aufstockung in voller Länge verändert. In ihrer originalen Gestalt gehörten die beiden Geschäftsmiethäuser typologisch wie stilistisch zu den modernsten Münchner Beispielen einer sich vom Historismus lösenden Reformarchitektur.

Thierschstraße 11, Gedenktafel

Thierschstraße 14; Aufn. 1996

Thierschstraße 14. 1898 legte die Baulinienkommission den Verlauf der Liebherrstraße amtlich fest, nachdem das dort gelegene Straßenbahndepot aufgegeben und abgebrochen worden war. Die endgültige Festlegung der Baulinien an der so entstandenen platzartigen Kreuzungssituation von Thiersch-, Liebherr- und Ländstraße erfolgte schließlich für einen geplanten Neubau, den der Gastwirt Georg Rupprecht planen ließ, der jedoch bis 1906 nicht zustande kam, da in diesem Jahr die noch existierende, eher einfache Vorbebauung den Eigentümer wechselte.

Thierschstraße 14, Westseite; Aufn. 1995

Thierschstraße 14, Westseite, Fassadendetail

Der Bauunternehmer August Günther errichtete das noch bestehende Anwesen schließlich 1907–08 nach den neuen Plänen des Architekten Ludwig Franz Spreither. Es entstand ein mächtiger, platzwirksamer Dreiflügelbau mit drei Fassaden. Annähernd mittig kam der Hauszugang von der Ostseite her im Gebäude zu liegen, er führt zum Treppenhaus am Hofwinkel. Eine große einläufige Podesttreppe mit gezogenen Stufen führt zu den drei Wohnungen, die gemäß Eingabeplan in jedem Obergeschoss untergebracht sind. Die Nutzung des Erdgeschosses durch Läden und eine Gastwirtschaft entspricht dem Frühzustand. Die Gestaltung der Fassaden besticht durch eine malerisch asymmetrische Verteilung der Baumassen, die vom kalkulierten Wechsel dreiteiliger Kreuzstockfenster und zweiteiliger Querstockfenster begleitet wird. Ein dreigeschossiger Flacherker mit eigenem Pavillondach dominiert die Fassade an der Liebherrstraße, von ihm spannen sich drei durchlaufende Balkone nach Osten zum mächtigen Eckerker am Knick der Fassaden Liebherr-/ Ländstraße. Von diesem reich mit Jugendstilornamentik und Sinnsprüchen überzogenen Polygonalerker führen lange Balkone bis zum ausmittig nördlich in die Platzfassade gesetzten viergeschossigen Flacherker. Das gleiche Motiv dominiert die fünfachsige Fassade an der Thierschstraße: Seichte Balkonläufe führen vor dem 2., 3. und 4. Obergeschoss von einem zweigeschossigen Flacherker mit schmalen Seitenfenstern nach Westen zu einem viergeschossigen Erker vor der äußeren westlichen Achse. Die spielerisch ausponderierte Verteilung der Bauglieder ergibt im Zusammenspiel mit der jugendstiligen Stuck- und Putzzier bewegte Fassadenbilder, die in der St.-Anna-Vorstadt wohl einzigartig geblieben sind. Die Dachlandschaft des mehrgliedrigen Baus litt im Luftkrieg arg, was dem historischen Gesamteindruck Abbruch tat. (Instandsetzung von Dach und Fassaden 1983–84, Erneuerung der Fenster 1988–89; wiederum Arbeiten an den Fenstern, im Erdgeschoss 1994, 1996, 1998 und 2001; Einbau eines Aufzugs mit überaus originellem Format in das Treppenhausauge 2005; Arbeiten an den Balkonen 2007; Fassadenrenovierung 2008.)

Thierschstraße 19. Auf zuvor unbebautem Grund entstand das große Mietshaus als Zweiflügelbau über einem stumpfwinkligen Grundriss. Die vorderen Grundlinien des Hauses folgen dem charakteristischen Straßenknick in diesem Abschnitt der Thierschstraße. Bauwerber und Erbauer in Personalunion war Ludwig Deiglmayr. Die rückwärtige Grundstücksgrenze, an die das gleichzeitige Rückgebäude angesetzt wurde, machte das südliche Beschlacht des Fabrikbaches aus (nördlich von Thierschstraße 11/unter Liebherrstraße 5 teilte sich der Stadthammerschmiedbach in den Hacklmühlbach, der in nördlicher Richtung weiterfloss, und den Fabrikbach, der östlich abzog). Die Hofdurchfahrt kam in der westlichen Achse zum Liegen. Der Aufstieg in die Wohnungen in den Obergeschossen erfolgte durch das rückwärtige Treppenhaus, zwei Wohnungen waren gemäß Erstzustand in jeder Etage untergebracht worden. Rückwärtig über dem kürzeren Westflügel ließen sich 1909 die „Moradellischen Relikten" durch Baumeister Max Albrecht ein hohes Atelierfenster aufsetzen und den Dachraum dahinter entspre-

Thierschstraße 19; Aufn. 1995

chend erschließen. Die nur teilweise Nutzung des Erdgeschosses zu Ladenzwecken entspricht dem Frühzustand des Anwesens. Die Fassaden wurden im Sinne einer klassischen, an norditalienischen Vorbildern orientierten Neurenaissance gestaltet, mit reduzierter Bewegtheit, aber variationsreich (vgl. u. a. die unterschiedlichen Verdachungen) dekoriert. Elementar erfolgte die Rhythmisierung durch Eng- und Weitsetzung der Fensterachsen. Den Hauptakzent der Fassade bildet die Ecklösung am Fassadenstoß, denn diese stellt kalkuliertes Eckmotiv und Point de vue der östlich mündenden Obermaierstraße in einem dar. Ein seichter Risalit erhielt in der Dachzone eigene Dachgrate, gleich einem Pavillondach, vor dem Knick selbst baut sich ein dreigeschossiger Eckerker auf, vor dem 1. und 2. Obergeschoss kastenförmig, vor dem 3. Obergeschoss verspringt er ins Polygon. Er erhielt ein hohes, kegelförmiges Dach. (Im Luftkrieg blieb das Mietshaus ohne direkten Treffer, als Totalverlust ist das mittelbar benachbarte Anwesen Thierschstraße 15 zu nennen.)

Thierschstraße 20; Aufn. 2007

Thierschstraße 19, 21, 22, 23, 25–59, 31–44, 46–49, 51, 53, 55. Vgl. Ensemble Platzfolge Lehel.

Thierschstraße 20. Der „Wagen- und Geschirrfabrikant" Johann Häusler ließ den zweigeschossigen Holzmagazinstadel, den sich 1818 Peter Erlacher errichten hatte lassen (ausf. Maurermeister war Georg Röschenauer), nach seinem Erwerb abbrechen. Der Magistrat legte den Verlauf der Thierschstraße hart entlang dessen Nordflügel fest, in diesem befanden sich die Zimmerwerkstätte und der Bauholztrockenstadel. Häusler beauftragte 1893 die Firma Karl Stöhr mit der Erbauung dreier zusammenhängender Häuser auf dem frei geräumten Areal: Thierschstraße 20 und diesem östlich anschließend Ländstraße 1, beide in Neurenaissanceformen, sowie weiter östlich anschließend Ländstraße 3, dieses in neubarocken Formen, ganz im Sinne einer späthistorischen „variatio delectat". Die Fassade an der Ländstraße misst 25 m Länge, und über 36 m ist die Straßenfront der Thierschstraße lang. Die Grundlinien der bei-

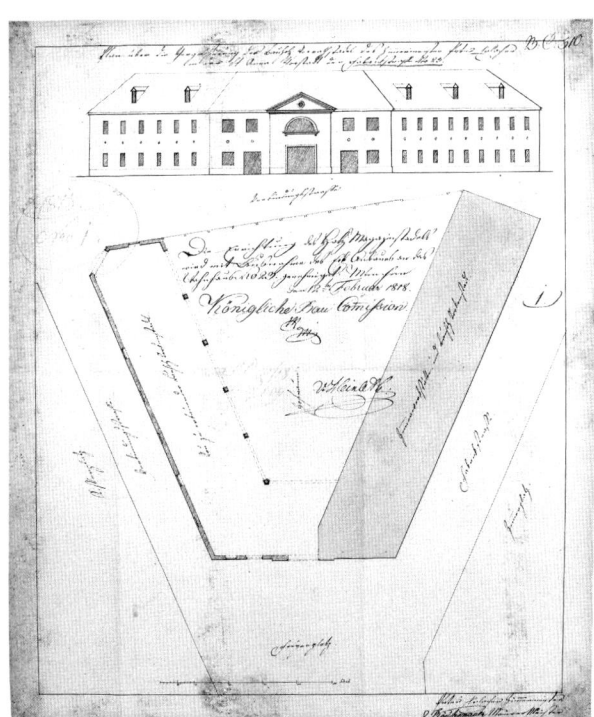

Thierschstraße 20, Genehmigungsplan zur Vorbebauung, 1818

den Flügel laufen in spitzem Winkel aufeinander zu, was Stöhr vermittels einer Abschrägung der Ecke entschärfte. Die Durchfahrt steckte man östlich in den Flügel an der Thierschstraße, rechts daneben liegt das Treppenhaus an, ursprünglich auch von der Durchfahrt her zugänglich; erst in den 1980er Jahren verlegte man den Hauptzugang parallel neben die Einfahrt. Das Treppenhaus erhielt nach rückwärts einen eigenen Ausbau mit Fensterachse und pavillonartigem Dach. Drei Wohnungen sind gemäß Eingabeplan in jeder Etage untergebracht, wobei man die zwangsläufigen Dunkelzonen in den Abschnitten zwischen den Bauflügeln mit einem zentralen Lichtschacht unterband. 1986–87 veränderte man das Erdgeschoss entscheidend, ersetzte die historische Struktur durch massive Träger und vergrößerte so die Raumkontingenz. Die Fassaden des Hauses bestechen (mit Ausnahme der Fenster) durch ihren beinahe authentisch zu nennenden Überlieferungsgrad. Rustizierte Putzlisenen gliedern Backsteinflächen und schaffen im Wechsel und Nebeneinander der beiden Materialien einen Eindruck nordischer Renaissance, die beinahe monumental anverwandelt worden ist. Das Formenrepertoire dieser speziellen und im München der 1880/90er Jahre sehr beliebten historistischen Spielart der Neurenaissance (vgl. u. a. die Häuser der Adalbertstraße, aber auch die prominenten Bauten Georg von Hauberrissers) wurde voll ausgeschöpft: zweigeschossige massive Erker, die vor der Dachzone eigene Erkertürme mit Zeltdächern erhielten, Dachhäuser mit mehrregistrigen Giebeln flankiert von kleineren Dachhäusern verwandter Machart und im Fassadenfeld darunter von risalitartigen Vorlagen vorbereitet. Beachtung verdient die Ecklösung: Die jeweils letzten Fensterachsen vor dem Fassadenstoß sind einem Risalit eingeschrieben, wodurch die dreizügige Ecke leicht vorgestellt worden ist; die Pavillonartigkeit wird durch eine eigene Verdachung noch unterstrichen, der zweigeschossige Eckerker, den man der Ecklösung zusätzlich ansetzte, erhielt vor der Dachzone einen attikaähnlichen Aufsatz mit eigener Verdachung. Die beschriebene Eckgestaltung bildet darüber hinaus ein markantes Motiv am Kreuzungsplatz dreier Straßenverläufe und den Point de vue der Thierschstraße von Südwesten her. (Fassadenrenovierung und Erneuerung von Fenstern 1978; Sanierungsarbeiten und wiederum Fenstererneuerung 1986; Umbauten im Erdgeschoss mit Einbau von Schaufenstern 1987; jüngste Instandsetzung der Fassade 2002.)

Thierschstraße 22;   ▷
Aufn. 1995

Thierschstraße 21. Das Haus kam 1893–94 anstelle einer kleineren Vorbebauung auf eigens arrondierter Parzelle zum Stehen, gleichzeitig mit dem östlichen Nachbargebäude Nr. 23. Die rückwärtige Grundstücksgrenze bildete der Fabrikbach, im Rückgebäude wurde ein Wasserwerk betrieben. Auftraggeber des Neubaus war Johann Aunitzky, von Beruf Spenglermeister, Ausführender Baumeister Franz Hammel. Der von der Durchfahrt in der östlichen Achse separierte Hauszugang kam leicht ausmittig im Riegel an der Straße zum Liegen, das rückwärtige Treppenhaus führt gemäß Eingabeplan zu zwei Wohnungen in jeder Etage. Die Fassade des Hauses wurde ganz im Sinne kanonischen Neubarocks streng symmetrisierend organisiert, dabei geschah die Rhythmisierung gängig durch die Eng- und Weitsetzung von Fensterachsen. Die Fassadenmitte wird durch einen flachen Risalit betont, dem man zwei Fensterachsen einschrieb, vor der Dachzone von einem Segmentbogengiebel überhöht. Monumentale, rustizierte Lisenen überspannen 1., 2. und 3. Obergeschoss als die Hauptgeschosse. Vor die je seitlichen Fensterachsen setzte man flache Polygonalerker mit eigenen Verdachungen in Höhe der Brüstungszone des 4. Obergeschosses. Beachtung verdient der neubarocke Stuckzierrat: Gesprengte Wellengiebel machen die Verdachungen der Fenster des 1. Obergeschosses aus; in den Giebelfeldern der Erker ist reife C-Bogen-Ornamentik zu sehen und die Intrafenestra des 4. Obergeschosses machen reliefierte Prunkvasen aus. Vier Jahre nach Fertigstellung des Vordergebäudes kam es zum Neubau des Rückgebäudes mit wiederum integrierter Radhütte für den Betrieb eines Wasserwerks. (Fassadenrenovierung mit Ersetzung der Erdgeschoss-Rustika durch Kacheln 1977; erneut Arbeiten an der Fassade 1984; Erneuerung des Dachhaut 1985; jüngste Instandsetzung der Fassade und der Fenster 6/2001.)

Thierschstraße 22. Auf zuvor weitgehend unbebautem Grund, dem Bauplatz wurde vom Magistrat ein Teil einer vorher als Straße genutzten Fläche östlich des Erlacherschen Holzmagazins zugeschlagen (vgl. Nr. 20), kam der Zweiflügelbau 1899–1901 zum Stehen. Das Baugeschäft J. Maier errichtete ihn für Theodor Heck, die Pläne stammen von Architekt Ludwig Grothe. Die beiden Flügel erheben sich über einem stumpfen Winkel und legen als Straßengewände den südlichen Übergang von der Thierschstraße in die Obermaierstraße fest. Das Portal (mit dreipassförmiger Supraporte, der ein runder Okulus eingeschrieben und die mit Tschinellen schlagenden und Schalmei blasenden Kindergestalten reich stuckiert ist) führt zum einseitig ausgebauten Treppenhaus am Hofwinkel. Den Scheitelstein macht eine Löwenfratze mit weit aufgerissenem Maul aus.
Zwei große Wohnungen sind gemäß Eingabeplan in jeder Etage untergebracht. Gemäß Erstzustand wird nur der südwestliche Anteil neben dem Hauseingang als Laden genutzt, der östliche Abschnitt als Wohnung. Die Fassade besticht durch die malerische Gruppierung von Bauteilen und Gestaltungselementen im Stil der deutschen Renaissance, garniert mit aufwendigem plastischem Dekor. Zentrales Motiv ist ein Zwerchhaus-Fassadenfeld mit stilechtem Schweifgiebel, das von zwei Polygonalerkern flankiert wird. Dabei zog man den nördlichen Erker über vier Geschosse, den südlichen setzte man erst oberhalb des 2. Obergeschosses an. Der Unterzug des weiter herabreichenden Erkers erhielt gotische Rippen,

Thierschstraße 22, Eckerkerfuß

die aus zwei Stuckfiguren auslaufen: links ein Narr mit Narrenkappe und Bierkrug, rechts ein Mönch mit Rosenkranz und Büchern. Mittig eingeschrieben findet sich dem Zwerchhaus-Fassadenfeld ein zweiachsiger Flacherker vor 2. und 3. Obergeschoss. Dieser bleibt vor dem unteren Geschoss geschlossen (in das hiesige Intrafenestrum setzte man über einer Konsole als Hausfigur einen Rittersmann mit geöffnetem Visier, hohem Federbusch und Lanze), vor dem oberen wurde der Erker als Austritt ausgebildet

Thierschstraße 22, Breiterker und Hausfigur;
Aufn. 1995

und loggienartig von zwei Stichbögen über drei Pfeilern überfangen. Die steinernen Brüstungen tragen links ein Wappenfeld mit dem Reichsadler und rechts ein ebensolches mit dem nach links aufsteigenden bayerischen Löwen. Die Rückstellung der Außenwände des 4. Obergeschosses hinter die Grundlinie ist bauzeitlich, die notwendigen Brüstungen verdeutlichen die seitens der Bauherrschaft favorisierte Stilausprägung in der Nähe der Dürer-Renaissance. Ursprünglich bekrönten welsche Hauben die beiden Erker, doch wurden diese ein Opfer des Luftkriegs. Die Wiederherstellung des ausgebrannten Dachtragwerks und auch die Verdachung der Hauben nahm 1946–49 Heinrich Grothe für M. Brunninger vor. (Fassadenrenovierung 1986; Erneuerung der Fenster 1990–91; Renovierung der Erdgeschossfassade und Erneuerung der Schaufenster 2003.)

Thierschstraße 23. An der heutigen Ecke Thiersch-/Mannhardtstraße befanden sich bis 1893 ein in die Trasse der neu arrondierten Straße reichendes Kleinhaus und hinter diesem zwei Wasserwerke; eines südöstlich des Fabrikbaches, das über das ganze 19. Jh. eine Lohmühle betrieb, und eines nordwestlich dieses Bachlaufes, das um 1850 im Eigentum des Großhändlers und Fabrikanten Johann Anton von Maffei war und später in den Besitz von Eduard Hartmann gelangte. In etwa im Verlauf der Mannhardtstraße (erst 1899 so benannt) existierte ein hölzerner Übergang über den Fabrikbach, der die Fabrikstraße (bis 1890 übliche Bezeichnung für den noch nicht befestigten Verlauf der späteren Thierschstraße) nach Nordwesten in Richtung der Kanalstraße aufschloss. Bis 1899 war dieser kurze Straßenabschnitt nominell noch der Adelgundenstraße zugeschlagen.

Das Areal südöstlich des Fabrikbachs erwarb Spenglermeister Johann Aunitzky. Vorbesitzer von Haus Nr. 8 (alt), der Lohmühle, war der Lodermeister Metzger, der des Kleinhauses Nr. 9 (alt) der „Realitätenbesitzer" Georg Roth. Aunitzky beauftragte Architekt Franz Hammel, die bestehenden Häuser Thierschstraße 21 und 23 zu errichten, dies zwar in einem Zug, aber bezeichnender Weise nicht als Baublock, vielmehr in formaler Hinsicht jeweils völlig eigenständig (Wohnungsbewilligung bei Nr. 23 im Oktober 1894). Mit dem Haus Nr. 23 legte man die westliche Straßenecke Thiersch-/Adelgunden-/späterhin Mannhardtstraße fest. Es entstand ein zweiflügeliger Bau mit tief eingezogenem Hofwinkel. (Die vorderen Grundlinien der beiden Fassaden laufen dabei in leicht stumpfem Winkel aufeinander zu.) Den Eingang steckte Hammel mittig in den Flügel an der Thierschstraße. Über ein Zwischenpodest gelangt man zum längs anschließenden Treppenhaus, dessen westliche Zwischenpodeste vom Hofwinkel her

Thierschstraße 23; Aufn. 1995

Thierschstraße 25, 27, 29 (links), rechts Lukaskirche; Aufn. 1994

Licht erhalten. Die doppelläufige Podesttreppe erschließt in jeder Etage zwei Wohnungen, dies gemäß Eingabeplan. 1927 baute die Fa. Held & Francke für den neuen Eigentümer, Apotheker A. Schlemmer, den Dachraum des südlichen Flügels zu einer Hausmeisterwohnung aus.

Die Fassaden des Hauses erhielten von Hammel eine neubarocke Garnitur, die der Fläche verhaftet bleibt und nicht in der Großform anverwandelt wird, wie dies etwa beim fünf Jahre vorher abgeschlossenen, benachbarten monumentalen Baublock Thierschstraße 25/27/29 der Fall war. Das Erdgeschoss zeigt eine schlichte Putzstreifenrustika, die drei Geschosse darüber werden von monumentalisierenden, aber seichten Wandvorlagen zu Hauptgeschossen zusammengespannt. Geschossweise verdachte man die Fenster einheitlich: im 1. Obergeschoss mit geschulterten Segmentbogengiebeln, im 2. mit schlichteren geraden Verdachungen und im 3. mit Stürzen, die den durchlaufenden Architrav seicht verkröpft aufnehmen; die Fenster des 4. Obergeschosses erhielten einfache profilierte Rahmungen. In die vierte Achse der Fassade an der Mannhardtstraße komponierte Hammel einen viergeschossigen Polygonalerker, dessen Höhenzug bis zur Kriegszerstörung in einer Bekrönung vor der Dachzone aufgipfelte.

Stärker akzentuiert wurden die jeweils vor der Fassadenecke stehenden Fensterachsen, dies zugunsten einer Betonung der Ecke wie der städtebaulichen Situation überhaupt. Die Wandvorlagen sind hier erhabener ausgeführt, bekamen ionisierende Kapitelle. Der kräftige Wasserschlag zwischen 3. und 4. Obergeschoss wurde in diesen Fensterbahnen segmentbogenförmig nach oben gezogen, ganz im Sinne einer barocken Dynamisierung klassischer Architekturelemente. Vor den Fenstertüren des 1. und 3. Obergeschosses brachte man Balkonzungen mit neubarock gestalteten schmiedeeisernen Gittern an. Die darübersitzende, bekrönende Kupferhaube mit Knauf und Spitz verdeutlicht seit ihrer Wiederherstellung die bauzeitlich beabsichtigte städtebauliche Funktion des Eckhauses als markantem Anhebungs- und Schlussbau der Fassadenabwicklungen entlang der Mannhardt- und der Thierschstraße. Der Bau hat freilich sein stilistisches Vis-à-vis in der palastartigen Dreiergruppe Thierschstraße 25/27/29, die 1889 entstanden war. Im Blick auf die formale Ausstattung von Thierschstraße 21 und 23 kommt der genannten neubarocken Monumentalgruppe eine echte städtebaulich prägende Rolle zu. Der Luftkrieg zog das Anwesen Nr. 23 erheblich in Mitleidenschaft. Der Flügel an der Mannhardtstraße brannte vollständig aus, das Dachtragwerk des ganzen Hauses ging verloren. Doch man entschied sich gegen einen Abbruch. An den Wiederaufbauarbeiten, die sich einschließlich des Teilausbaus des Dachgeschosses von 1947 bis 1951 hinzogen, waren planerisch und praktisch die Architekten Hans Heilmeier, Georg Eichbauer und Friedrich Haindl beteiligt. (Fassadeninstandsetzung 1974/75; Renovierung der Fassade 2004.)

Thierschstraße 25. Zusammen mit Nr. 27 und dem spiegelbildlichen Nr. 29 eine den Mariannenplatz (vgl. dort) westlich begrenzende, monumentale Baugruppe. Die 1889 für die Baumeister Rudolf und Ferdinand Schratz von Albin Lincke und Max Littmann erbaute Bautengruppe mit Mietshausnutzung markiert in ihrer Anlage und durch die Wahl ihrer Bauformen einen Höhepunkt im planerisch forcierten Übergang der St.-Anna-Vorstadt vom vorstädtischen, von Gewerbeniederlassungen dominierten Stadtbezirk hin zu einem vornehmen Wohnquartier. Das am Fabrikbach gelegene Areal zwischen der Adelgundenstraße im Westen, der Mariannenstraße im

Thierschstraße 25; Aufn. 1994

Norden und der Thierschstraße im Osten war davor das Betriebsgelände des Lederwarenfabrikanten Anton Schwarzmann.

Circa drei Jahre bevor man sich zum Bau der dritten evangelischen Kirche Münchens, der St. Lukaskirche, auf dem schon 1877 eingemessenen Mariannenplatz entschloss, war die Errichtung der Bautengruppe beendet. Bei der Anlage der den Mariannenplatz westlich abschließenden Häusergruppe wurde auf bestehende stadträumliche Hindernisse keine Rücksicht genommen: Zur Sicherung des Baugrunds ließen die Bauherren Schratz zunächst den die projektierten Parzellen durchziehenden Fabrikbach überwölben. (Die Auflassung des Baches er-

Thierschstraße 29; Aufn. 1994

folgte 1964–70.) Die rückwärtigen Bauabschnitte der Gruppe Thierschstraße 25 und 27 kamen schließlich über dem Bachlauf zum Stehen, unter Nr. 29 schwenkte der Bach nach Osten und unterquerte die Thierschstraße mittig vor dem Eckbau. Im Haus Nr. 25 erschloss das Treppenhaus im Hofwinkel zwei herrschaftliche Wohnungen je Etage, die sich in den beiden Flügeln des über einem spitzwinkligen Grundriss errichteten Anwesens an der Ecke Mannhardt-/Thierschstraße befanden. Der Gestaltung der Fassaden der Häuser – mit reichem plastischem Dekor von Anton Kaindl – entspricht die neubarockpompöse Innendekoration: Die Stuckaturen in den Treppenaufgängen und auch in einzelnen Räumen stammen von Weipert und Nowotny. Die überkuppelte Bautengruppe ist als ein Reflex auf die internationale Strömung der Architektur aufzufassen, da ausgehend von Frankreich seit der Mitte des 19. Jh. auf Formen des Hochbarock zurückgegriffen wurde und diese ganz im Sinne des Historismus anderen Bauaufgaben, etwa Opernhäusern, Justizpalästen oder Mietshäusern, anverwandelt wurden.

Thierschstraße 26. Über spitzwinkligem Grundriss erhebt sich das stattliche zweiflügelige Mietshaus in Neurenaissanceformen und akzentuiert malerisch die nordöstliche Ecke Thiersch-/Obermaierstraße. Die westliche Baulinie des Gebäudes bildet gemeinsam mit der von Haus Nr. 28 eine Flucht mit dem Chor der Evang.-Luth. Pfarrkirche St. Lukas im Nordosten und flankiert so den nach Norden hin einschwenkenden Verlauf der Thierschstraße. Heinrich Neumann wollte das Anwesen 1893 mit seiner eigenen Baufirma für sich selbst errichten. Doch schon ein Jahr nach Baubeginn gelangte das Haus in den Besitz Andreas Hainthalers, der zur Vollendung der Arbeiten den Architekten E. Schmetzler zuzog. Die Erstellung der Erker erfolgte durch die Firma Ludwig Kiessling & Cie Eisenhochbau, Brückenbau & Kesselschmiede. Das Treppenhaus am rückwärtigen Hofwinkel erschloss ursprünglich zwei Wohnungen je Etage. Als vergleichbar selten sind die Salons über sechseckigem Grundriss hinter der abgegrateten Ecke und ihrem zweigeschossigen Erker hervorzuheben. Im Jahr 1927 erfolgte die Aufstockung zur Fünfgeschossigkeit durch die Süddeutsche Held und Francke AG für den Apotheker Schlemmer. Der heute bestehende Ziergiebel über dem Dachgesims wurde 1985 erbaut als formale Erinnerung an den 1927 aufgegebenen lyraförmigen Schmuckgiebel über dem 3. Obergeschoss.

Thierschstraße 27; Aufn. 1994

Thierschstraße 32; Aufn. 1995

Thierschstraße 27. Die Fassade des Mietshauses bildet als risalitartig überhöhter Mittelbau den zentralen Akzent der neubarocken, monumentalen Baugruppe mit Nr. 25 und 29 (1889 von Albin Lincke und Max Littmann), die städtebaulich prägend mit der Lukaskirche korrespondiert. Die Skulpturen am Äußeren der betont prächtigen Hausteinfassade stammen von Anton Kaindl, die reichen Ausstattungsarbeiten im Innern von Weipert und Nowotny. Die mittig rückwärtige Treppe erschloss eine repräsentative Wohnung je Geschoss. Im Dachbereich wurde 1946 durch den Architekten Wilhelm Becker für den Kunstmaler Carl Durban ein Atelier eingerichtet. (Vgl. die Beschreibung bei Thierschstraße 25.)

Thierschstraße 29. Das an der südwestlichen Ecke Mariannen-/Thierschstraße über einem spitzwinkligen Grundriss erbaute Mietshaus, Teil der monumentalen Baugruppe mit Thierschstraße 25 und 27, wurde über einem Abschnitt des Fabrikbachs errichtet, der in den beiden Jahren zuvor durch eine Überwölbung entsprechend gesichert worden war. Wie auch Thierschstraße 25 und 27 wurde es von Albin Lincke und Max Littmann für die Baumeister Rudolf und Ferndinand Schratz erbaut. Die Fertigstellung des neubarocken, überkuppelten Eckbaus erfolgte 1890. Zwei vornehme Wohnungen je Etage wurden ursprünglich vom Treppenhaus (über tropfenförmigem Grundriss) im Hofwinkel aus erschlossen, doch haben 1934 vorgenommene Wohnungsteilungen die Struktur des Innern verändert. (Vgl. die Beschreibung bei Thierschstraße 25.)

Thierschstraße 31. Über einem stumpfen Winkel entstand 1881 der stattliche Neurenaissance-Eckbau mit Mietshausnutzung an der nordwestlichen Ecke Mariannen-/Thierschstraße nach Plänen von Sigmund Aichinger. Das Gebäude leitet eine geschlossene Flucht von Bauten entlang der Westseite der Thierschstraße bis zur Knöbelstraße im Norden ein. Es wurde zunächst für die Witwe des Floßmeisters Thadäus Heiß (vgl. Thierschstraße 33), Creszentia Heiß, geplant, gelangte jedoch während der Bauarbeiten in den Besitz des ausführenden Architekten Aichinger. Das annähernd quadratische Treppenhaus im Hofwinkel erschließt zwei Wohnungen je Etage. Die Fassade des Gebäudes ist streng instrumentiert, die abgegratete Hausecke leicht vorgelegt. Flache dreigeschossige Erker mit kleiner Seitendurchfensterung schließen die Fassaden zur Mariannen- sowie Thierschstraße prägnant ab.

Thierschstraße 32. Die Baufirma [Hans] Osswald–[Philip] Adam & Co. hatte in den mittleren 70er Jahren des 19. Jh. zahlreiche arrondierte Parzellen entlang der Thierschstraße und am heutigen Mariannenplatz erworben und nach eigener Planung selbst bebaut. Das Neurenaissance-Mietshaus Nr. 32 an der Thierschstraße entstand 1879–80, gleichzeitig mit dem südlich anschließenden Eckhaus Mariannenplatz 1. Die Bauarbeiten begannen im Jahr der Fertigstellung des an der Thierschstraße gegenüberliegenden Doppelmietshauses Nr. 35/37, das in verwandten Formen ebenfalls für Osswald–Adam & Co. errichtet worden war. Für den Bau von Haus Nr. 32/Mariannenplatz 1 musste der Fabrikbach überwölbt werden. Das zu Haus Nr. 32 gehörige Rückgebäude kam über dem Bachlauf zum Stehen. Die rückwärtige, quer ins Gebäude gelegte Treppe erschließt eine Wohnung je Etage. Ein südlicher Grenzlichtschacht gewährleistet die Belichtung. Die Fassade des Anwesens wird durch den wuchtigen, reich instrumentierten Erker betont, bei dem die mittleren drei Fensterachsen rhythmisierend eng gesetzt wurden. Mit Rustikavorlagen im Erdgeschoss werden vor dem 1. und 2. Obergeschoss ummauerte Austritte mit flankierenden Altanen im Viertelkreis-Format getragen. Ein abgewandeltes Zitat aus der klassischen Architektur ist der Abschluss des Erkeraufbaus vor dem 3. Obergeschoss.

Thierschstraße 33. Das Mietanwesen im Stil der Neurenaissance, geplant von Alois Dietz mit einer Wohnung im 1. Obergeschoss und je zweien in den Geschossen darüber, ließ sich der Floßmeister Thadäus Heiß errichten (bez. 1877). An der Ausführung war Architekt Alois Barbist maßgeblich beteiligt. Die Küchen der Wohneinheiten lagen ursprünglich in der tiefen Dunkelzone der Gebäudemitte. Die Fassade wird durch die Engsetzung von formatgleichen Fenstern rhythmisiert. Einem Rahmenmotiv verwandt wurden die beiden südlichen und nördlichen Fensterachsen risalitartig und konsequent bis zum Dachgesims vorgelegt. Gleichsam spielerisch alternieren die Fensterverdachungen zwischen dem 1., 2. und 3. Obergeschoss.

Thierschstraße 26; Aufn. 1995

Thierschstraße 31; Aufn. 1995

Thierschstraße 33; Aufn. 1995

Thierschstraße 35 und 37 (von links); Aufn. 1994

Thierschstraße 35. Bildet eine stattliche Gruppe mit Nr. 37 (s. dort). Den Ausbau der südlichen St-Anna-Vorstadt dominierte in den 70er und 80er Jahren des 19. Jh. die Baufirma Osswald–Adam & Co. Zahlreiche arrondierte Parzellen entlang der Thierschstraße aber auch andernorts befanden sich im Besitz der Firma und wurden durch diese selbst bebaut. Die Neurenaissance-Mietanwesen Thierschstraße 35 und 37 wurden 1877 in einem Zug erbaut, ihnen ist ein symmetrischer Grundriss des sog. „neuen Typs" zugrunde gelegt. Die Gebäudetiefe ist absichtlich geringer gehalten (12,5 m), um die übliche Dunkelzone zu vermeiden. Nr. 35 erstreckt sich mit einem nördlichen Rückflügel in das Grundstück, dem entlang der Grundstücksgrenze ein südlicher Flügelbau des Nachbaranwesens Nr. 37 entspricht. Das Treppenhaus in der einspringenden Ecke zwischen Vorderhaus und Rückflügel erschloss ursprünglich je eine Wohnung in je-

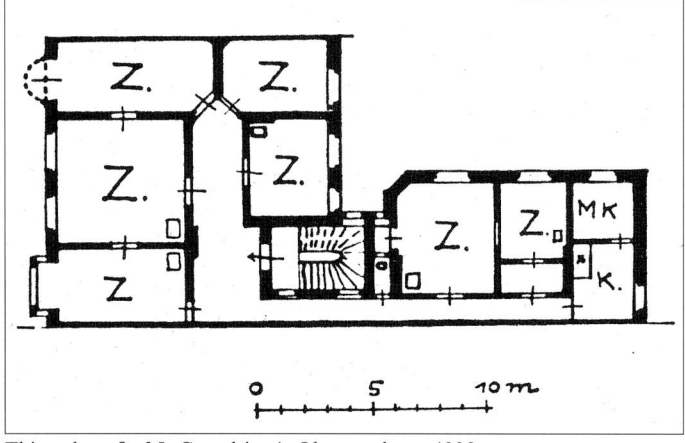

Thierschstraße 35; Grundriss 1. Obergeschoss, 1928

dem Geschoss. (Dachgeschossausbau 1977, verkleinernde Wohnungseinteilung 1982.)

Die Wohnhäuser herrschaftlichen Zuschnitts erhielten eine entsprechend erhabene Fassadengestaltung. Über den je außen liegenden Durchfahrten wurden zwei Fensterachsen rhythmisierend eng gesetzt und zusammenfassend leicht vorgelegt. Die Mitte betonen die beiden formgleichen Erker nahe der gemeinsamen Grundstücksgrenze. Beachtung verdient der Formwechsel der Fensterverdachungen, dies besonders im Vergleich mit dem südlich angrenzenden Haus Nr. 33.

Thierschstraße 36. Das Mietshaus wurde 1878 von Johann Steinbacher für den Holzhändler Johann Holzner geplant, gelangte jedoch im Jahr darauf in den Besitz Felix Höfeles, der den Bau schließlich mit leicht veränderter Wohnungseinteilung nach Tektur durch die Baufirma Osswald–Adam und Co. 1879 erstellen ließ. Das Haus hat einen kurzen nördlichen Rückflügel, das halbrund geschlossene Treppenhaus im Hofwinkel erschließt eine Wohnung je Etage. Zur Aufhebung der Dunkelzonen wurde ein Lichtschacht an die nördliche Grundstücksgrenze gesetzt. Die reich gegliederte Fassade des Mietanwesens wird von einem zweigeschossigen, erheblich über die Gehbahn auskragenden Polygonalerker akzentuiert, dessen oberer Abschluss dem 3. Obergeschoss als bewehrter Austritt dient. Entgegen anderen Neurenaissancebauten an der Thierschstraße (vgl. das Doppelmietshaus Nr. 35/37 gegenüber) wurde bei der vorliegenden Fassadengestaltung die Horizontale stärker betont, die höhenbetonte Zusammenfassung zweier Geschosse wurde hier erst über dem 2. Obergeschoss für die niedrigeren Geschosse darüber angewendet, die Geschosse darunter je für sich und damit breitenbetont abgewickelt. Die Brüstungszonen der Fenster des 2. Obergeschosses sowie die der Fenster neben dem Erker im Geschoss darunter zeigen Szenen mit spielenden Putten. (Dachgeschossausbau in zwei Schritten 1958 und 1992.)

Thierschstraße 37. Stattliche Gruppe mit Nr. 35 (s. dort). Das Neurenaissance-Mietanwesen entstand 1877 in einem Zug mit dem südlich benachbarten Haus Nr. 35, beide durch die Baufirma von Hans Osswald und Philip Adam. Der symmetrisch entsprechende Grundriss brachte den tiefen Rückflügel auf die südliche Grundstückgrenze (näheres s. unter Nr. 35). Auch bei der Gestaltung der prächtigen Fassade wurde bis ins Detail symmetrisierend (Erker, reiche Gliederung) verfahren. (Bis 1983 wurden der Einbau einer Dachwohnung und Wohnungsteilungen vollzogen.)

Thierschstraße 41. Das für den Kupferschmiedemeister J. Schweyer 1877–78 nach Plänen von Albert Schmidt errichtete Mietshaus in klassischer Renaissance mit einer Wohnung je Vorderhausetage war infolge des Zweiten Weltkriegs erheblich beschädigt. Die Fassade wird von der Anwendung klassischer Renaissanceformen geprägt: 1. und 2. Obergeschoss sind je für sich instrumentiert, die niedrigeren Geschosse darüber vertikal zusammengefasst. Erdgeschoss durch spätere Ladeneinbauten verändert. Im 1. Stock Nische mit Marienfigur. Das auf etwa quadratischem Grundriss stehende Haus mit einer Wohnung je Geschoss wurde durch eine komplizierte Treppenanlage erschlossen, die links von der in der rechten äußeren Achse gelegenen Durchfahrt ansetzt und die oberen Geschosse

Thierschstraße 41; Aufn. 1994

Thierschstraße 36; Aufn. 1996

Thierschstraße 46, Wilhelmsgymnasium von Südwesten; Aufn. 1994

über der Durchfahrtsmitte halbgewendelt (mit Oberlicht) fortsetzt. – Adolf Hitler bewohnte 1920–29 als Untermieter ein Zimmer im 1. Stock, woran in der NS-Zeit eine Gedenktafel erinnerte.

Thierschstraße 46. *Wilhelmsgymnasium.* (Vgl. Ensemble Maximilianstraße bzw. Ensemblefolge Lehel.) Das renommierte älteste Gymnasium Münchens geht auf die 1559–1773 von den Jesuiten geleitete Anstalt zurück, die seit 1576 in einem Neubau an der (späteren) Ettstraße untergebracht war, der 1592 dem Chor der Michaelskirche weichen musste, ab 1592 im Komplex des Jesuitenkollegiums (s. Neuhauser Straße 8), 1802–26 im ehem. Karmelitenkloster (s. Karmeliterstraße 1), dann vorübergehend im Hause Dienerstraße 12, einem Teil des Alten Hofes, schließlich 1830–77 zunehmend beengt im Palais Herzogspitalstraße 12 (s. dort), wo keine Turnhalle zur Verfügung stand.
Der Neubau, zu dem der Grundstein am 19. April 1875 gelegt und dessen Eröffnung am 24. Oktober 1877 gefeiert wurde, steht im Zusammenhang mit der Vollendung der Maximilianstraße an deren östlichem Ende nach dem Tode ihres königlichen Initiators (1864), wobei wie bei den Wohnhäusern südlich gegenüber (s. Maximilianstraße 54, 56, Steinsdorfstraße 1) der gotisierende Maximilianstil zugunsten einer sich an der italienischen Renaissance orientierenden Formensprache aufgegeben wurde. Der entwerfende Architekt, Oberbaurat Carl Leimbach, ließ sich vor allem von Motiven der Cancelleria in Rom (von Bramante u. a.) inspirieren. Der stattliche dreigeschossige Bau besetzt eine städte-

bauliche Schlüsselposition im Nordosten des Rondells um das Maxmonument an der Kreuzung mit der wichtigen Nord-Süd-Achse der Thierschstraße, der die lange Hauptfassade zugewendet ist, während der Südflügel die das Forum der Maximilianstraße nördlich begrenzende Bebauung gegen Osten weiterführt.
Die Materialien des exponierten südwestlichen Eckpavillons – gelblicher Schilfsandstein mit Rotsandsteingliederungen – werden an den übrigen Fronten durch entsprechenden Farbanstrich imitiert. Das Erdgeschoss und der niedrige 1. Stock sind in Putz gequadert. Zwischen die um ein Geschoss erhöhten Eckrisalite mit 3 zu 3 Achsen und flachen Zeltdächern ist der niedrigere (1902 von Friedrich von Thiersch über dem Kranzgesims um ein niederes Geschoss aufgestockte), elf Fensterachsen lange Haupttrakt im Westen mit dem Mittelportal, das eine zweisäulige Rotsandsteinädikula umrahmt, eingespannt. Das hohe 3. Geschoss ist durch korinthische Pilaster und Rundbogenfenster mit gerader Verdachung (Bramante-Typ) hervorgehoben; in den obersten Geschossen der Risalite sind die Rundbogenfenster in Doppel- bzw. in der Mitte zu Dreiergruppen zusammengefasst, die auf dem Gebälk stehen. Das dem Forum zugewandte doppelt hohe Erdgeschoss des Südrisalits ist durch besonders hohe Rundbogenfenster ausgezeichnet; das Fenster der Südseite flankieren Rundbogennischen mit Standbildern des Sophokles und Cicero von Bildhauer Anton Heinrich Heß, der auch die Medaillons im Hauptgeschoss darüber mit Reliefbüsten der Gelehrten Friedrich Wilhelm Thiersch und Andreas Schmeller schuf. Der übrige zurückspringende Südflügel ist gleich dem westlichen gegliedert;

Wilhelmsgymnasium von Norden; Aufn. 1994

Wilhelmsgymnasium, Südseite; Aufn. 1994

Thierschstraße 46, Südfassade,
Figur Ciceros

der ihn östlich abschließende Pavillon enthielt die (im Krieg zerstörte) Aula mit Kassettendecke und Sgraffitogemälden (von Ludwig v. Lange) in der Apsis. Das Gymnasium erlitt 1943–45 wiederholt schwere Bombenschäden, vor allem im Südtrakt samt Südwestpavillon, die 1950–54 sukzessive behoben wurden; der ehem. Aula-Pavillon im Südosten entstand erst 1985 in vereinfachter Form (mit zwei Turnhallen) neu.

Im Inneren sind das mäßig große Vestibül und die anschließende Treppe aufwendig gestaltet, ersteres dreischiffig, der breite Mittelteil mit Rahmenstuck an der Spiegeldecke, die schmalen Abseiten hinter Doppelarkaden auf je einer toskanischen Rotmarmorsäule mit preußischen Kappen gewölbt. Die Arkade vor der Treppe schließt ein prächtiges Gitter; Wände und Pfeiler der zweiläufigen Treppe sind in farbigem Glanzstuck marmoriert, das Geländer bis zum 1. Stock aus Steinbalustern gebildet, darüber Schmiedeeisen. – Zugehörig Balustradeneinfriedung (1881) des südlich anschließenden Gartens (s. Maximilianstraße, Gartenmauern).

Thierschstraße 47. Das den Thierschplatz südwestlich begrenzende, breit gelagerte Mietshaus errichtete Georg Bürkel 1879 für sich selbst, drei Jahre nach Auflassung des Triftkanals, der in zehn Meter Entfernung vor der Fassade des Hauses in nordöstlicher Richtung vorbeiführte (bis 1881 war die Verfüllung abgeschlossen und die „Triftstraße" als Verlängerung der Thierschstraße nach Osten hin arrondiert). Zwei Wohnungen waren gemäß Eingabeplan in jedem Stockwerk vorgesehen. Die äußere Erscheinung des Hauses war ursprünglich einem mächtigen Renaissancepalast nachempfunden, doch wurden bei einer Fassadenredaktion im Jahre 1937 das mächtige Gesims über dem 3. Obergeschoss entfernt, das entsprechende über dem Erdgeschoss reduziert und den Fenstern der Obergeschosse einheitliche schlicht profilierte Kastenrahmungen gegeben. (Der Einbau von Dachwohnungen erfolgte im Zuge der Gesamtsanierung bis 1979). Im Haus wohnte der Schriftsteller Maximilian Schmidt gen. Waldschmidt, der hier 1919 auch starb (Gedenktafel).

Thierschstraße 48. Vgl. Sternstraße 3.

Thierschstraße 49. Gleichzeitig mit dem nördlich anschließenden Anwesen Thierschstraße 51 und dem Haus Nr. 53 an der Ecke zur Gewürzmühlstraße errichtete der Baumeister Franz

Thierschstraße 47; Aufn. 1994

Thierschstraße 49; Aufn. 1994

Rattenhuber 1882 das Mietshaus für sich selbst. Die Häuser lagen in unmittelbarer Nähe zum 1876 aufgelassenen Triftkanal, der schließlich bis 1881 verfüllt und als Verlängerung der Thierschstraße über den Thierschplatz hinaus nach Norden als „Triftstraße" arrondiert worden ist. Das Innere des Hauses Nr. 49, ursprünglich zwei Wohnungen je Etage, ist in mehreren Schritten den Anforderungen der Hotel-/Pensionsnutzung gemäß umgestaltet worden. Mitte der 1980er Jahre wurde die insgesamt schlichte Neurenaissancefassade – mit zwei Seitenrisaliten – durch den Einbau der doppelten Hotelzugangstüre im Erdgeschoss in ihrer Wirkung verändert. Ursprünglich war hier eine schmale Haustüre mit Oberlicht in der Breite eines Fensters eingebaut. Der platzseitig gerichtete Balkon des 2. Obergeschosses war so das akzentuierende Würdemotiv der Fassade.

Thierschstraße 51. Zusammen mit Haus Nr. 49, dem südlich angrenzenden Nachbargebäude, und Nr. 53, dem nördlich angrenzenden Haus, errichtete der Baumeister Franz Rattenhuber auch Nr. 51 an der Thierschstraße für sich selbst. Die städtebauliche Situation am alten Lehelplatz wurde damit eine völlig neue. Vom frühen 17. Jh. an war der spätere Lehelplatz an seiner Westseite vom Verlauf des Triftkanals gekennzeichnet. Im Jahr 1870 schließlich stellten die Hofbeamten die Trift ein; doch behielten sie sich eine mögliche Beschickung des Kgl. Holzgartens (Areal des heutigen Bayerischen Nationalmuseums und weiter nach Norden bis etwa zur Paradiesstraße) mittels der Trift über zehn Jahre als mögliche Alternative zum eigentlich preiswerteren Transport von Brennholz via Eisenbahn vor (vgl. auch den Beitrag von Johannes Hallinger). Letztendlich gab die Hofadministration den Triftkanal 1880 auf, 1881 wurde er weitgehend eingefüllt und konnte damit von der Baulinienkommission überplant werden. Der Terrainbeschaffenheit trugen die Baubeamten insofern Rechnung, als sie die vordere, d. i. Fassadenlinie hart am Beschlacht des Triftkanals einzogen, nicht aber über Schutt und Geröll, die weiteren Nachsetzungen ausgeliefert sein würden.

Der Baumeister Rattenhuber erwarb die drei vom Magistrat neu eingemessenen Parzellen vor der Ecke zur Gewürzmühlstraße und überplante sie mit eigenen Mitteln. Über Grundlinien mit zweiflügeliger Tendenz (überaus flacher, überstumpfer Winkel der straßenseitigen Baulinien) entstand im Jahr 1882 das heutige Anwesen Thierschstraße 51 zu vier Geschossen. Drei Fensterachsen konnte Rattenhuber der Linie an der Thierschstraße, vier Achsen der Platzsituation zuschlagen. Der mittleren der drei Achsen an der Thierschstraße schrieb der Baumeister den Eingang ein. Die hohe Türe öffnet sich über ein gehobenes Entree und führt über ein anschließendes Zwischenpodest (Windfangtüren am Ende des Podests mit alter farbiger Verglasung) in ein dreiseitig über die rückwärtige Grundlinie ausgebautes Treppenhaus. Die doppelläufige Podesttreppe erschließt gemäß Eingabeplan zwei Wohnungen je Etage, wobei die Wohnungseingänge an der Längsseite des Podests nebeneinanderliegen und gestalterisch gekuppelt worden sind. Die Straßenseite macht eine Behandlung aus, die die dem Platz zugewandte, vierachsige Partie der Fassade reicher und die Thierschstraßenseite eher einfacher und vereinheitlichend gestaltet hat. Den Mittelzug der vierachsigen Fassade kennzeichnet eine zweiachsige Rücklage zu zwei Achsen, risalitartig finden sich hier die äußeren Achsen vorgestellt (die Eckrustizierungen tragen ihr Übriges zur Hervorhebung bei). Als Neurenaissancefassade ist die Schauseite des Hauses anzusprechen: Erdgeschoss und 1. Obergeschoss wurden rustiziert, das Erdgeschoss quaderförmig, das 1. Obergeschoss als schlichtere Putzstreifenrustika; die Geschosse darüber stehen schon entstehungszeitlich im Rauputz. Die Fenster des Erdgeschosses rahmte man profiliert und mit stilisierten Scheitelsteinen, die des 1. Obergeschosses mit geohrten profilierten Rah-

Thierschstraße 51; Aufn. 1994   Thierschstraße 53; Aufn. 1995

mungen, die des 2. mit hohen Sturzfeldern und geraden Verdachungen und die des 3. Obergeschosses schlichter mit einfach profilierten Rahmungen und blanken Scheitelsteinen. Das Traufgebälk hat sich weitgehend erhalten, dabei blieb der Fries geglättet schlicht. Für den Eigentümer und Apotheker Max Beck erfolgte 1923 der Ausbau des südlichen Abschnitts des Dachraums zum Wohnraum (ausf. Arch. Wilhelm Baumgartner). 1962/63 erneuerte man die straßenseitigen Balkone. (Fassadenrenovierung 1977 und wieder im Jahr 2002, ebf. 2002 Arbeiten am Treppenhaus.)

Thierschstraße 53. Der Baumeister Franz Rattenhuber erwarb 1882 das Areal westlich des Lehelplatzes (1893 auf ausdrücklichen Wunsch der Bewohner in „Thierschplatz" umbenannt) und errichtete sich Thierschstraße 49, 51 und 53 in einem Zug innerhalb anderthalb Jahren. Die östliche Einmessungslinie des Bauplatzes machte bis zu dieser Zeit das westliche Beschlacht des Triftkanals aus, außerdem hatte eine Triftkanal-Abzweigung die Parzelle diagonal gequert. Das Haus kam also auf einem Terrain zu stehen, das erst seit etwas mehr als zehn Jahren (Aufgabe der Trift 1870) nicht mehr von Wasser durchflossen war und bei dem weniger als ein Jahr nach Einfüllung dieser Bachläufe (im Jahr 1880 offizielle Aufgabe des Triftkanals) auch noch Nachsetzungen zu befürchten waren. Mit Haus Nr. 53 hatte Rattenhuber die südliche Ecke der Thiersch-/Gewürzmühlstraße festzulegen. In dieser städtebaulich nicht unproblematischen Situation bestimmte die Lokalbaukommission einen Neubau zu fünf Geschossen, was ein durchaus wuchtiges Eckhaus zur Folge hatte. Es entstand bis 1883 ein zweiflügeliger Bau über stumpfem Winkel, den Fassadenstoß entschärfte man mittels einer breiten, platzwirksamen Abschrägung. Der Eingang liegt mittig im Riegel an der Thierschstraße (Hauseingangstüre neuzeitlich), über ein Zwischenpodest gelangt man zum Treppenhaus, das mit seiner Schmalseite vor der Grundlinie eingezogen am Hofwinkel liegt (die Wechselpodeste von dort her belichtet). Die doppelläufige Podesttreppe erschließt in jeder Etage zwei Wohnungen, dies gemäß Eingabeplanung. An den Längsseiten des Eingangspodests liegen die Wohnungstüren jeweils nebeneinander, sie wurden gestalterisch gekuppelt. Die Großform der Neurenaissancefassade bestimmen risalitartig vorgestellte Fensterachsen, so geschehen an der südlichen Achse der Schauseite zur Thierschstraße hin und an der abgeschrägten Ecke. Dort zog man drei Achsen zu einem Eckmotiv zusammen, gleichsam kulminierend in einem zweigeschossigen Erker, der vor die Fensterachse in der abgeschrägten Ecke gesetzt worden ist. Kräftige Konsolen tragen diesen, Dreiviertelsäulen bilden seine Eckmotive, seine Deckplatte bedient die Fenstertüre des 3. Obergeschosses mit einem Austritt, dessen bauzeitlicher Schmiedeeisenkorb erhalten ist. Die Fassade an der Thierschstraße wurde

durch einen breiten Balkon vor dem 2. Obergeschoss akzentuiert. Drei Konsolen tragen ihn, seine entstehungszeitliche Bewehrung ist ebenfalls erhalten geblieben. Erdgeschoss und 1. Obergeschoss erhielten eine Quaderrustika, kräftige Wasserschläge markieren dabei die Brüstungszone der Fenster des 1. Obergeschosses. Die Fenster des Erdgeschosses wurden profiliert gerahmt, ihre Stürze zieren stilisierte Scheitelsteine. Die Fenster des 1. Obergeschosses erhielten ebenfalls profilierte, aber auch geohrte Rahmungen. Die drei Geschosse darüber stehen blank im Rauputz, was der Fassade einen erheblichen Höhenzug verleiht. Letzteres rührt von einer 1934 stattgehabten Glättung her: Infolge von ungeregeltem Wassereintrag waren die Zementkonsolen aufgefroren, was schon im Jahr 1923 zum Herabfallen loser Dekorteile geführt hatte (Verletzung einer Passantin in diesem Jahr aktenkundig). Man entschied sich daraufhin, den ursprünglichen Fries des Traufgesimses und die Rahmungen der Fenster des 2., 3. und 4. Obergeschosses abnehmen zu lassen. Das Anwesen hatte unter dem Luftkrieg erheblich zu leiden, sein Westflügel in der Gewürzmühlstraße wurde stark zerstört, sein Dachtragwerk verlor es einschließlich der Zerrbalkenlage. Architekt Eduard Degler stellte ab Februar 1948 das Anwesen für die Purgersche Erbengemeinschaft wieder her. 1953 kam es im Erdgeschoss zur Einrichtung einer Gastwirtschaft (später Getränkemarkt). (1991– 1994 Dachgeschossausbau, Erneuerung der Dachhaut, Ertüchtigung der Fenster und Liftanbau; kleinere Umbauten 2000/01; Wohnungssanierungen und Fenstererneuerungen 2001/02, Umnutzung Getränkemarkt zu Büro im gleichen Jahr; Instandsetzung der Fassade 2003/04.)

Thierschstraße 55. In nur einem Bausommer errichtete der Baumeister Heinrich Lehmpuhl das bestehende Anwesen 1885 für sich selbst (Wohnungsbewilligung Dezember desselben Jahres). Mit diesem Bau wurde der Straßenraum des Lehel- und später Thierschplatzes nach Westen hin abgeschlossen. Es entstand ein zweiflügeliger Bau über spitzem Winkel; dabei entschärfte man den Fassadenstoß in gängiger Weise durch Abschrägung und motivische Betonung der Ecke. Der Bauplatz war eigens eingemessen worden und hat eine eigene Vorgeschichte. Ein einfacheres Vorgängergebäude ließ Lehmpuhl abbrechen. Die Grundlinie zur Triftstraße hin, d. i. der nördliche der beiden Flügel, kam hart am Beschlacht des Triftkanals zu stehen, von dem durch das Terrain eine Abzweigung in Richtung Nordwesten bis zum Gewürzmühlbach zog. Auch zweigte ein schnurgerader Seitenbach vom Triftkanal östlich ab und wurde in Höhe des heutigen Anwesens Triftstraße 9 wieder in den Letzteren zurückgeschlagen. Die drei Läufe, von denen das Anwesen hinsichtlich seiner Terrainbeschaffenheit betroffen war, wurden letztlich 1881 aufgegeben, nachdem schon seit 1870 kein Holz mehr getriftet worden war. Der bauliche Charakter des Lehelplatzes änderte sich so innerhalb eines Jahrzehnts (vgl. Thierschstraße 51 und 53, Thierschplatz 3, 4, und 5 sowie das baulich prägende Wilhelmsgymnasium Thierschstraße 46, erbaut 1876/77, mit dem kgl. Baubeamte die kleinteiligen Bauten in der Umgebung regelrecht konfrontierten).

Der Eingabeplan für die Errichtung von Nr. 55 referiert ein auf gehobene Ansprüche ausgerichtetes Wohn- und Geschäftshaus. Ausmittig steckte Lehmpuhl den Eingang in den platzseitigen Flügel, über ein Zwischenpodest führt das Entree zum Treppenhaus, das am Hofwinkel quer liegt. Die doppelläufige Podesttreppe, ihr nördliches Wechselpodest erhält Licht von hofseits, erschließt zwei große Wohnungen in jeder Etage, flügelweise organisiert. (Abb. S. 1156)

Thierschstraße 55; Aufn. 1995

Schon gemäß Erstzustand war im Erdgeschoss ein Ladengeschäft untergebracht, mit Zugang von der abgeschrägten Ecke
her. Infolge des Luftkriegs verlor das Haus sein Dachtragwerk
und darüber hinaus beinahe alle Ausbaudetails (Wiederaufbau
bis 1949, das Anwesen war zeitweise unbewohnbar).
Die Fassaden des Hauses konnten gehalten werden, sie sind Beispiele für das spätgründerzeitliche Kombinieren von Renais-
sancemotiven, die man dem italienischen Palastbau entlehnte,
mit Versatzstücken eher nordischen Einschlags. Zusammen mit
Thierschstraße 53 bildet Nr. 55 ein Portal am Übergang vom
Thierschplatz in die Gewürzmühlstraße. Diesem zwei Jahre zuvor fertiggestellten südlichen Pendantbau entsprechend wurden
bei beiden Fassaden die Achsen vor der Ecke demselben Motiv
zugeschlagen, man artikulierte einen seichten Risalit. Ebenso
verfuhr man bei den seitlichen Abschlussachsen der beiden Fassaden. Das Erdgeschoss war ursprünglich durchrustiziert, bei
den Eck- und Abschlussmotiven zog man die Rustizierung in das
1. Obergeschoss hoch. Die intrafenestralen Flächen im 1. Obergeschoss gestaltete man mit Backsteinen auf Sicht, die Laibungen profilierte man. Ein kräftiger Wasserschlag setzt 2. und
3. Obergeschoss als Hauptgeschosse ab, er bildet mit einem
Kaffgesims ein umlaufendes Band vor der Brüstungszone der
Fenster des 3. Obergeschosses (selten überliefertes Detail: das
Kaffgesims wurde vor den Sohlbänken der Öffnungen in diesem
Geschoss verkröpft). Die Mauerflächen der Hauptgeschosse belebt der beinahe programmatische Wechsel von Blankziegel-
Rücklage und Putzzierrat. Durchwegs klassizistisch verpflichtet
variierte Lehmpuhl die Verdachungen der Fenster in den Hauptgeschossen, mit Segmentbogengiebeln, Dreiecksgiebeln und geraden Verdachungen mit schlichteren profilierten Gebälkstücken. Die Fenster des 4. Obergeschosses sind weniger hoch, sie
werden von seichten Wandvorlagen flankiert, deren stilisierte
Kapitelle an das Traufgesims anstoßen. Den Hauptakzent der
Fassade bildet der dreigeschossige, kräftig durchgebildete Erker
an der Ecke. Eine Fensterachse ist ihm eingeschrieben. Seine
Deckplatte bedient die Fenstertüre des 4. Obergeschosses mit einem Austritt, dessen Brüstung gemauert ist: Voluten halten hier

die Seiten, dem vorderen Brüstungsfeld ist ein Bogen mit stili-
siertem Scheitelstein und diesem eine große Muschel eingeschrieben.
Haus Nr. 55 an der Thierschstraße verkörpert den spätesten bürgerlichen Bau am neuen Lehelplatz, gleichzeitig mit ihm wurde
das Anwesen Thierschplatz 4 neu erbaut und das Eckhaus
Thierschplatz 5 (hier war die alte Gschlößlwirtschaft beheima-
tet) ergänzend überbaut (vgl. dort). Und ein Jahr später, 1886 benannte der Magistrat den Lehelplatz in Thierschplatz um, auf
Bitten der Bewohnerschaft hin. (Fensterauswechslungen im Jahr
2000; Wohnungsrenovierung im 4. Obergeschoss 2003.)

Thomas-Wimmer-Ring

(Vgl. Ensemble Altstadt; Teil von dessen östlicher Begrenzung.)
1964 nach dem Münchner Oberbürgermeister von 1948–60
(†1964) benannter Südteil des nach 1965 rechtskräftig geworde-
nem Bebauungsplan in den Folgejahren durchgebrochenen Altstadtrings Nordost vom Westteil des Forums der Maximilianstraße südwärts zum Isartorplatz (zu letzterem vgl. Chevalley/Weski
2004, S. 322 f.) vor dem östlichen Stadttor (s. Tal 50). An der
Südseite des Forums der Maximilianstraße wurden 1970 drei
nicht im Luftkrieg zerstörte Wohnhäuser abgebrochen, die das
Ensemble störende Lücke 1983–85 durch den Neubau Maximilianstraße 38/40 (s. dort) mit rekonstruiertem, doch nach Westen
zurückgesetztem Kopfbau teilweise geschlossen. Gegenüber erhielt der schmale westliche Eckrisalit des Völkerkundemuseums
(vgl. Maximilianstraße 42) durch einen südseitigen Anbau mehr
städtebauliches Gewicht. Südlich davon wird die erhalten gebliebene, nun nahe an den Ring herantretende ostseitige Häuserreihe an der Knöbelstraße (s. dort Nr. 2–14) der neuen Situation
kaum gerecht. Die Einmündung in den Isartorplatz flankieren
westlich ein Stadtsparkassen-Neubau mit Stadtmauerrest im
Tiefgeschoss (s. Thomas-Wimmer-Ring 1) und schräg gegenüber der Bürohauskomplex Isartorplatz 1 (1982–84 von Hentrich
und Petschnigg mit Partner). (Siehe Flurkarte S. 410)

Thomas-Wimmer-Ring 1/1a. Auf dem Gelände des einstigen
doppelten Stadtmauerrings nördlich vom 1337 eröffneten Isartor
entstand gemäß dem von Ulrich Himbsel 1816 ausgearbeiteten
Bebauungsplan der Baukommission für den Bereich vor dem

Thomas-Wimmer-Ring 1/1a, Stadtmauerreste mit
Rundturm

Stadttor in den 1820er Jahren ein homogener klassizistischer Wohn- und Geschäftshausblock (ehemals Tal 41, 42 und Herrnstraße 1, viergeschossig mit Fensterarkaden im Erdgeschoss; vielleicht unter Mitwirkung Klenzes); er wurde im Luftkrieg zerstört, ebenso die niedrigere nördliche Anschlussbebauung an der Ostseite der Gasse Lueg ins Land (s. dort; ehemals Nr. 5 und 6). Nach Durchbruch des Altstadtringes entstand an dessen Südende westlich ein mit seiner maßvollen Höhenentwicklung das benachbarte Isartor berücksichtigender Neubau für die Stadtsparkasse (1987/88 von Andreas Hempel; in weitgehend verglaster Skelettbauweise). Bei der Grundaushebung stieß man 1984 auf Reste der spätmittelalterlichen Stadtbefestigung des 14. und 15. Jh., was im Hinblick auf Erforschung, Erhaltung und Sichtbarmachung eine Umplanung zur Folge hatte. Im nördlich angrenzenden Bereich wurden 1987/88 beim Abbruch des Rückgebäudes Herrnstraße 11 die Fundamente des sog. Prinzessturmes freigelegt.

Von der inneren, älteren, ursprünglich rund 10 m hohen Stadtmauer zwischen dem Isartorturm und dem 1343 erstmals erwähnten, teilweise noch erhaltenen Eckturm Lueg ins Land unweit nördlich davon (vgl. Marienstraße 2) wurde 1984 ein Abschnitt an der Ostseite der kurzen Gasse Lueg ins Land vor der Seitenfront des Sparkassengebäudes freigelegt, der als modern abgedecktes bzw. stark ergänztes, ungleichmäßig niedriges Ziegelmauerfragment sichtbar blieb, während der beiderseitig anschließende Stadtmauerverlauf im Bodenbelag angegeben ist. – Östlich parallel ist in der tief gelegenen Erdgeschosshalle des Bürogebäudes – auch von außen durch die großflächige Verglasung wahrnehmbar – ein 50 m langer Restteil der in der Zeit zwischen 1430 und 1472 erbauten äußeren Zwingermauer aus Nagelfluhquadern und Füllmauerwerk erhalten – das außenseitig zum ehem. Stadtgraben mit der untersten Lage vortretende Nagelfluh-Bossenquader-Fundament der darüber ehemals bis zu ca. 5 m aufragenden Ziegelmauer.

Weiter nördlich in der abgesenkten Südwestecke des Passagenhofs zwischen Thomas-Wimmer-Ring 1a und 3 ist das 1978/88 freigelegte Nagelfluh-Fundament eines zylindrischen Turmes von 9,5 m Durchmesser sichtbar belassen worden – des 1473 und 1490 als Scheiblingturm (Gattungsname für Rundtürme) erwähnten, seit dem 19. Jh. ohne historische Begründung Prinzessturm genannten Eckturmes der Zwingermauer (s. Abb. S. 523), der dem mächtigen viereckigen Luegerturm der älteren inneren Stadtmauer (s. Marienstraße 21) vorgelegt war (vgl. Stadtansicht von 1493 in der Schedelschen Weltchronik). An das Fundament des (ursprünglich mit Zinnenkranz bekrönten) Rundturmes schließen sich gegen Westen und Süden Abschnitte aufgehenden Ziegelmauerwerks an, Reste der äußeren Stadtmauer des 15. Jh. mitsamt einer in der Eckposition dazwischen schräg gestellten, vermauerten Stichbogentür. Das kurze westliche Mauerstück stößt an die Ostwand des rückwärtigen Gebäudeflügels von Marienstraße 21, der vom Rundturm gegen Süden abzweigende Mauerabschnitt findet seine Fortsetzung innerhalb des Bürohauses Thomas-Wimmer-Ring 1.

Thorwaldsenstraße

Die Straße im Südostrandbereich des ehem. Kasernenviertels, zunächst „Südliche Lazarethstraße", da ihre Westhälfte das Areal des 1868–74 erbauten Militärlazaretts (heute Herzzentrum, s. Lothstraße 11) an dessen südlicher Schmalseite tangiert, wurde 1886 nach dem dänischen Bildhauer Bertel Thorvaldsen (1770–1844) benannt. Die Osthälfte zwischen Lori- und Lothstraße wurde in den 1880er Jahren großenteils mit Familien-Reihenhäusern von Heilmann und Littmann in Deutscher Renaissance bebaut, der Westteil bis zur Lazarettstraße südseitig um 1890/1900 mit Mietshäusern. Festgelegt waren für die Straße offene Bauweise (meist Zweispänner) und Vorgärten. Im Zweiten Weltkrieg nahezu Totalschaden. (Siehe Flurkarte S. 480)

Thorwaldsenstraße, Nordseite, Familienhäuser von Max Littmann (zerstört)

Thorwaldsenstraße 12. Auf zuvor unbebauter Parzelle entstand im offenen Bausystem (mit Vorgartenlinie und westlich freigestellt) das villenartige Teilhaus nach Plan von Max Littmann für Jakob Heilmann; Erstbezug 1885 durch Dr. Alois Hierl. Das Anwesen war als herrschaftliches Einfamilienhaus angelegt, mit Wirtschaftsräumen im Souterrain und repräsentativem Aufschluss der Gesellschaftsräume, eigenen Verkehrswegen für die Hausangestellten und einer wohlkalkulierten Einbeziehung der Gartenaustritte vom Hochparterre aus. Es entstand ein tiefer Baublock mit einem Eingang von der Seitenfassade her, diesem schrieb Littmann einen Risalit ein. Markant positionierte der Architekt einen Bodenerker über oktogonaler Grundform an der südwestlichen Ecke, über Rundpfeilern abgeständert erhielt das 1. Obergeschoss einen Südaustritt mit steinerner Balustrade; eine derartige Bewehrung macht auch den attikaähnlichen Aufbau über dem kräftig durchgebildeten Traufgebälk mit seiner hohen Frieszone aus. Am Unterzug des Südbalkons, hier im Sturzfeld des breiten Erdgeschossfensters, ist ein antikisierendes Relief von hoher skulpturaler Qualität eingesetzt, das friesartig aufgereiht tanzende Mädchen zeigt. 1911 ließ der Kunstmaler Otto Hierl-Deronco wiederum von Heilmann & Littmann Um- und Anbauten vornehmen, die z. T. nachvollziehbar geblieben sind: Es wurde nach Norden hin ein Speisesaal angebaut, der erdgeschossig mit Vollsäulen und Rundbogenfenstern eine Terrasse trägt, deren Bewehrung wiederum in einer steinernen Balustrade besteht, ein Motiv, das auch bei den Gartenschranken zur Anwendung kam. In ähnlicher Formensprache ließ Hierl-Deronco an den Eingang im Westen ein gemauertes Vorzeichen mit Austrittsfläche vor dem 1. Obergeschoss setzen. Für den Kunstmaler entscheidend wurde ein Dachgeschossausbau nach Norden mit großem Atelierfenster, eine Erweiterung, die schließlich im Zweiten Weltkrieg zerstört worden ist. Die Seitenbelich-

Thorwaldsenstraße 12; Aufn. um 1885

Thorwaldsenstraße 12; Aufn. 1995

tung geschieht durch hochovale Okuli. Die äußere Baugestalt und insbesondere die eingesetzten Materialien stellen einen Reflex des Umfelds dar. Die älteren, riesenhaft angelegten und städtebaulich höchst dominanten Militärbauten rund um die Max-II.-Kaserne bestanden wie diese selbst in Blankziegelbauten, die man mit Hausteinelementen gliederte. Infolge der exorbitanten Zerstörungen, die das Umfeld der Kaserne und auch das Hierl-Deronco-Anwesen im Luftkrieg erfuhren, ist die historische Gestalt dieses ganzen Stadtquartiers erheblich geschwächt, aus den Jahren des Wiederaufbaus herauf kam es zu einer Dominanz von Putzbauten und damit einem vollständigen Gestaltwandel. Thorwaldsenstraße 12 ist eines der wenigen Relikte und charakterisiert die ursprüngliche Bebauung bündig. 1950 kam es zum durchgreifenden Umbau des Hauses, in den ehemaligen Speisesaal wurde eine Werkstätte eingebaut, in den beiden Obergeschossen schuf man jeweils zwei Abgeschlossenheiten.

◁ Thorwaldsenstraße 12, rückseitiger Anbau; Aufn. 1995

Thorwaldsenstraße 12, Säulenbalkon und Relief   ▽

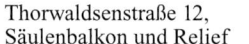

Tillystraße

Die 1890 nach dem bayerischen Feldherrn Johann Tserklaes Graf von Tilly (1559–1632) benannte Verbindung zwischen der Deroystraße im Westen und der Wredestraße im Osten entstand auf dem seit dem späten 19. Jh. aufgeteilten und sukzessive bebauten einstigen Marsfeld (vgl. Marsplatz und -straße), wo mehrere neue Straßen die Namen von Heerführern erhielten. Die kurze Straße wird ganz von öffentlichen Gebäuden flankiert, nördlich von der Akademie für das Graphische Gewerbe (s. Pranckhstraße 2) und rückwärtigen Annexen des Wittelsbacher-Gymnasiums (s. Marsplatz 1), südlich vom lang gestreckten Komplex des Paketzustellamtes von 1925–30 (s. Arnulfstraße 62, mit Tillystraße 3).

Tillystraße 3. Teil des Paketzustellamtes, s. Arnulfstraße 62.

Tivolistraße

Kurze, jedoch wichtige Verbindung von der Bogenhauser Brücke (s. Max-Joseph-Brücke) in deren Verlängerung nordwestwärts über den Eisbach (Tivolibrücke, massiv seit 1906, zuvor hölzern) zum Englischen Garten, den als Fortsetzung eine – heute für den Durchgangsverkehr gesperrte – Straße nach Schwabing durchquert. Von der Tivolistraße nehmen nach Süden die repräsentative Widenmayerstraße am Isarkai und die Oettingenstraße, nach Norden die Hirschauer Straße ihren Anfang (s. jeweils dort). Ihren Namen trägt die Straße seit 1897 nach der ehemals nördlich von ihr situierten Gastwirtschaft Zum Tivoli, die seit etwa 1830 eine volkstümliche, vielseitige Vergnügungsstätte war, aber in der Notzeit nach dem Ersten Weltkrieg geschlossen und abgebrochen wurde (ursprünglich ein 1812 von Joseph Höchl für den Hoflieferanten Raphael Kaula erbautes Sommerhaus). Auf dem Nordteil des Tivoli-Areals entstand 1838 (als Erweiterung der vormaligen Neumühle von 1808/09) die Ludwigs-Malzmühle, ab 1871 Tivoli-Kunstmühle genannt, auf deren Gelände ab 1969 ein modernes Bürohausquartier mit völlig neu geordneter Verkehrserschließung errichtet wurde, vgl. Am Tucherpark. (Siehe Flurkarte S. 633)

Tivolistraße 1. Die Erbauung des Eckhauses Tivolistraße 1 vereinigt auf sich eine wechselvolle Geschichte. Schon im Jahr 1900 plante man die Bebauung des Grundstücks östlich am Eisbach hart am sog. Riedldamm. Die Eigentümer des Areals, Leonhard Moll und Wilhelm Wacker, ließen deshalb Ufermauern herstellen, um so den Baugrund zu sichern. Das östliche Nachbaranwesen hatten die beiden in demselben Jahr bezugsfertig stellen lassen. Letzterer Bau bildet heute den Kopfbau einer langen Folge gleichartiger, monumentaler Mietshäuser, die als Riesenprojekt schon um 1900 von Wilhelm Spannagel geplant, aber erst 1911–12 nach neuer Planung von Otto Prollius ausgeführt werden sollten. Nr. 52 an der Widenmayerstraße (s. dort) stand also über zehn Jahre mit blanker südlicher Brandmauer vor der Max-Joseph-Brücke frei. Die hieran östlich angrenzende Fläche war zwar ebenfalls 1900 befestigt worden (s. oben), der geplante Bau kam jedoch ebenso wenig wie die Ausführung der langen Zeile Widenmayerstraße 46–51 zustande. Erst 1914 begannen die Arbeiten an Tivolistraße 1, Baumeister Anton Kolb war der neue Eigentümer, der Architekt Josef Huber mit dem Ergänzungsbau beauftragte. Huber nahm eine Baumassenverteilung über zwei Flügeln vor, die einen leichten stumpfen Winkel zueinander beschreiben, und schloss die Freifläche zwischen dem Rückgebäude von Widenmayerstraße 51 und dem östlichen Nachbargebäude Widenmayerstraße 52, das ohne Hochparterre und in anderer Stilausprägung entstanden war. Die Bauarbeiten zogen sich bis 1915 hin (Bewohnbarkeit in diesem Jahr bestätigt,

Tivolistraße 1; Aufn. 1996

Tivolistraße 1, Westseite; Aufn. 1996

das Haus bildet – zusammen mit Nr. 38 an der Widenmayerstraße – den spätesten Neubau, einige der verbliebenen Lücken entlang der prominenten Kaistraße wurden dann erst in den 1920er Jahren geschlossen). Im Rohbauzustand war das Anwesen in den Besitz des Fabrikanten Lorenz Sporer (Metallwaren, u. a. Ausbauteile für die Dachspenglerei) gelangt, der mit der Fertigstellung Ludwig Sporer beauftragte, welcher auch die Einfriedung zum Eisbach hin besorgte. Der Eingang liegt mittig im Nordflügel, er führt über ein hohes Zwischenpodest zum Treppenhaus am Hofwinkel. Die hier von Osten belichtete doppelläufige Podesttreppe erschließt in jedem Obergeschoss zwei Wohnungen, dies gemäß Eingabeplan, auch das Erdgeschoss ist vollständig wohngenutzt. Die vielgestaltige Dachlandschaft des Hauses wurde im Luftkrieg arg in Mitleidenschaft gezogen. Bei der Wiederherstellung von Dachtragwerk und -wohnungen 1946–47 verzichtete man auf die ursprünglichen Hauben über den beiden markanten Flacherkern, zum einen in der mittleren Eingangsachse der Nordfassade und zum anderen vor der Südachse in der Fassade zum Eisbach hin. Auch die ursprüngliche Putzgliederung findet sich tendenziell geschlichtet überliefert, sie zeichnete den Bau als jugendstilig anverwandelt aus. Die entscheidenden Gestaltungselemente zur Bewältigung der großen Fassadenflächen des erhabenen Baus sind geblieben. (Fassadenfassung neu 1974–75; Fenstererneuerungen 1980; Erneuerung der Dachhaut mit gleichzeitigen Überlegungen zur Wiedergewinnung der Turmhelme 1988–89.)

Tivolistraße 4. Jetzt Hirschauer Straße 6, vgl. dort.

Triftstraße

Kurze Verbindung im Lehel von der Nordwestecke des dreieckigen Thierschplatzes (s. dort) nordwärts bis zur Liebigstraße, jenseits von dieser durch die Wagmüllerstraße fortgesetzt (s. dort). Die Trasse entspricht dem 1881 aufgehobenen und in der Folge aufgefüllten Triftkanal, der unter Maximilian I. zu Beginn des 17. Jh. durch Hans Reifenstuel als Transportweg zum (zuletzt kgl.) Holzgarten ausgebaut worden war. Erst danach Bebauung mit späthistoristischen Mietshäusern. Straßenbahn seit 1890 bis heute. Vgl. den Beitrag von Johannes Hallinger. (Siehe Flurkarte S. 1109)

Triftstraße 5; Aufn. 1994

Triftstraße 1, 5. Vgl. Ensemble St.-Anna-Platz (Lehel).

Triftstraße 5. Die südliche Platzbebauung am St.-Anna-Platz und die Kochstraße bilden von Westen nach Osten einen bis zur Triftstraße leicht nach Norden aufschwingenden und ab dort wieder südwärts gewandten Verlauf, die Bebauung der Nordwestecke von Koch-/Triftstraße stellt also einen markanten Bezugspunkt der Verläufe dar. Den hier im Zusammenhang der Erbauung der neuen St.-Anna-Kirche eigens eingemessenen Bauplatz erwarben 1885 die Gebrüder P. und F. Bronberger und beauftragten Johann Wittig mit der Erbauung des bestehenden Eckhauses. Es wurde nördlich freigestellt und zum westlichen Nachbarbau hin angeschlossen. Die Baumassenverteilung disponierte Wittig über zwei Flügeln im rechten Winkel zueinander und ohne Entschärfung des Fassadenstoßes an der Ecke, sondern vielmehr mit klarer Betonung derselben. Den Eingang legte Wittig nach Norden, das Treppenhaus dort an die Grundlinie. Die halbgewendelte Podesttreppe erschloss gemäß Eingabeplan eine Wohnung in jeder Etage. 1968 nutzte man die Wohnungen der Obergeschosse in Büros um, 1982 kam es zur Wiederherstellung von Wohneinheiten. Die Fassaden des Hauses bestechen durch ihre Neurenaissance-Durchbildung. Hauptmotiv ist der pavillonartige Aufbau der Ecke, der als international verbreitetes Motiv dieser Stilausprägung betrachtet werden kann: Von seichten Risaliten, in die hinein zwei Fensterachsen eng gesetzt worden sind, über kolossale, die Hauptgeschosse übergreifende Pilaster hinweg, mit voll durchgebildetem Konsolfries und verkröpftem Gurtgesims bereitete Wittig die charakteristische Bauteilverdachung an der Ecke vor – ein gekapptes Pyramidendach, dessen Deckplatte als gitterbewehrter Austritt dient. Die Mansarddächer der beiden Flügel wurden niedriger gehalten, wodurch die Markanz des Eckmotivs noch gesteigert wird. Die Fenster des 1. Obergeschosses verdachte man aufwendig, diejenigen zur Ecke hin mit gesprengten Rundbogengiebeln mit Stuckbüsten. Im Luftkrieg erlitt Nr. 5 keinen direkten Treffer. (Dacharbeiten mit Wiederherstellung des Dachfensters und Fenstererneuerungen 1986–87; Nutzungsänderungen, Aufzugseinbau und Fassadenrenovierung 2005–06.)

Triftstraße 9; Aufn. 1994

Triftstraße 9. Auf zuvor unbebautem Grund war das bestehende Anwesen 1886–87 zunächst dreigeschossig für den Rentier A. Manzinger erbaut worden. Für den Folgebesitzer Ing. A. Roschmann stockte es das Baugeschäft Josef Kalb 1898 um ein weiteres Geschoss auf und errichtete auch die breiten Dachhäuser. Den Grundriss hatte man mit einem Riegel an der Straße, der südlich freigestellt bleibt und einem nördlichen Rückflügel entlang der dortigen Grundstücksgrenze festgelegt. Das Wohn- und Geschäftshaus erfuhr im Erdgeschoss etliche Veränderungen, in Verbindung der Flächenerweiterung für die Ladennutzung wurde auch der Hauseingang verlegt. Ursprünglich existierte ein Übergang zum mittig im Gebäude, an der nördlichen Grenzgrundlinie positionierten Treppenhaus (mit Oberlicht) von der südlichen Seitenfassade her. Diesen gab man in den mittleren 1970er Jahren auf und verlegte ihn zur Seite hin, in die nördliche Achse der Fassade an der Triftstraße. Gemäß Erstzustand war in jedem Obergeschoss eine Wohnung untergebracht, wovon man bald abrückte. Die Fassadengestaltung ist in ihrer Großform bündig überliefert, den Hauptakzent bildet der polygonale Erker an der südöstlichen Ecke mit angedeutetem Turmgeschoss und spitzer Haube, die Seitenfassade überhöht ein Dreicksgiebel, die Straßenfassade dominiert ein Dachhaus, zwei Achsen breit und mit einem Okulus im Giebelfeld. Im Zweiten Weltkrieg blieb Nr. 9 von direkten Treffern verschont. (Erneuerung der Dachhaut 1985; Einbau eines Lifts in das Treppenhaus-Auge 1994/95; Fassadeninstandsetzung 2002–03.)

Triftstraße 11. Beinahe zehn Jahre nach Erbauung von Nr. 9 setzte Baumeister Andreas Eisele an dessen blank stehende nördliche Brandmauer ab 1896 die bestehende Nr. 11 an. Eisele war Eigentümer der zusammenhängenden (heutigen) Parzellen Liebigstraße 8, 10 und 10a sowie Triftstraße 11 und 13, die er nach eigener Planung überbaute. Den Vorgaben zum offenen System folgend stellte Eisele Nr. 11 an der Triftstraße nördlich frei. Mit drei breiten Fensterachsen kam das Wohnhaus am Straßenlauf zum Stehen, den Eingang (bauzeitliche, zweiflügelige Haustüre erhalten) steckte man hier in die südliche Achse entlang der Grenzmauer. Die Seitenfront zeichnet sich durch mehrere Rücksprünge der Grundlinie aus. Der Treppenhausschacht kam mittig im Gebäude, ebenfalls an der Grenzmauer zum Liegen, belichtet vermittels einer großen oberen Aufglasung. Der Eingabeplan weist in jedem Geschoss eine großzügige Wohnung aus. 1923 erschloss Baumeister Wilhelm Baumgartner für die Hausbesitzerin Maria Baumgartner die rückwärtigen Abschnitte des Dachraums zu zusätzlichen Wohnflächen. Die Fassade kennzeichnet reifer neubarocker Dekor. Mittig, gewissermaßen das Hauptmotiv, setzte man einen zweigeschossigen Erker mit schmalen Seitenfenstern ein, dessen Unterzug über dem Stichbogenfenster des Erdgeschosses konvex verschliffen worden ist und dessen Deckplatte der Wohnung des 3. Obergeschosses zum Austritt dient (bauzeitliches, bauchiges Schmiedeeisengitter erhalten). Oberhalb einer stilisierten Streifenrustika bilden 1. und 2. Obergeschoss die Hauptgeschosse mit verklammerten Sturzfeldern und Brüstungszonen. Beachtlich ist die Binnenstruktur in den Brüstungszonen der Fenster des Erdgeschosses, die eine genaue Kenntnis barocker Bauten voraussetzt. Direkte Treffer betrafen Nr. 11 im Luftkrieg nicht. (Fassaden- und Fensterinstandsetzung 1974, Ausbau des Dachgeschosses 2002.)

Triftstraße 13. Gleichzeitig, 1896–97, mit dem südlichen Nachbaranwesen Nr. 11 an der Triftstraße sowie den nördlich benachbarten Häusern Liebigstraße 8, 10 und 10a erbaute Baumeister Andreas Eisele für sich selbst auch Nr. 13, auf zuvor unbebautem Grund westlich am 1876 aufgegebenen und Zug um Zug eingefüllten Triftkanal. Das Haus entstand zusammen mit dem Eckhaus Liebig-/Triftstraße, das jedoch nicht erhalten ist. Mit Hochparterre und drei Obergeschossen erhebt es sich vierachsig an der Straße. Die Baumassenverteilung dieses südlich freigestellten Baus nahm Eisele über zwei Flügeln vor, dabei erhielt die südliche Seitenfront mehrere Grundlinieneinsprünge. Der Eingang erfolgt von der Seite her, hier über eine äußere Vortreppe. Das Treppenhaus (eine gerade einläufige Treppe mit gezogenen Stufen) liegt am Hofwinkel und erhält Licht von Norden. Gemäß Erstzustand kam eine Wohnung in jeder Etage zum Liegen, doch wurde die Eingabestruktur von 1896 mehrfach überformt. Im Dachgeschoss fand 1916 ein erster Ausbau statt, Architekt Ludwig Kracher richtete für Friedrich Deiglmayr u. Cons.

Triftstraße 13; Aufn. 1994

Triftstraße 11; Aufn. 1994

nach rückwärts eine Dachkammer für eine Dienstmagd ein. Der Dachgeschossausbau zur heutigen Gestalt (Status: 2007) geschah 1962 und 1972. 1988–89 weitete man schließlich die Pensionsnutzung auf mehrer Geschosse aus. Nach 1994 erfolgte in den betroffenen Abschnitten die Umnutzung zu Büroräumen. Fassade: Hauptmotiv der Fassade ist eine pavillonartig, über seichtem Risalit und eigenem Dachansatz formulierte Eckpartie, der Eisele straßenseitig zusätzlich einen zweigeschossigen Erker ansetzte (bauzeitliches schmiedeisernes Gitter am Austritt vor dem 3. Obergeschoss erhalten), welcher motivisch eng mit demjenigen an Haus Nr. 11 verwandt ist. Über einem stilisiert rustizierten Erdgeschoss erheben sich 1. und 2. Obergeschoss als die Hauptgeschosse. Die Rhythmisierung der Fassade erfolgte vermittels Eng- und Weitsetzung, aber auch durch verschieden breite Formate der Fenster. Der Luftkrieg zog das Anwesen durch einen Nahtreffer in Mitleidenschaft, bei dem das nördlich benachbarte Haus Liebigstraße 10a beinahe vollständig zerstört worden ist. (Fassadeninstandsetzung 1979, Fensterererneuerungen 1988, Fassadenarbeiten 1995, Nutzungsänderungen Pension in Büros und Aufzugseinbau 1996.)

Türkenstraße

Eine der langen geraden Nord-Süd-Achsen (ca. 1,25 km) der zu Beginn des 19. Jh. im rechtwinkligen Schema angelegten Maxvorstadt, beginnend im Süden an der Brienner Straße, nordwärts zunächst bis zur Löwen-, der späteren Schellingstraße reichend, Mitte des 19. Jh. bis zur Adalbert-, später bis zur Georgenstraße verlängert. Der Südteil (bis Theresienstraße) trug 1808–12 den Namen Florastraße. Der Name Türkenstraße bezieht sich auf den ehem. (aufgefüllten) Türkengraben (s. Fürsten-, Kurfürsten- und Nordendstraße), dessen Trasse sie nördlich der Schellingstraße in spitzem Winkel schneidet (im Bereich der Türkenschule, s. Türkenstraße 68). Typisch für die Anlage der Maxvorstadt ist die mangelnde, da fortsetzungslose Verkehrsanbindung an den Enden.

Die Bebauung schritt im Wesentlichen von Süden nach Norden fort, wobei die vorstädtische Erstbebauung vielfach stattlicheren Neubauten wich. Im Südteil (bis Theresienstraße) ergab sich kein homogenes Straßenbild aufgrund monumentaler Bautypen aus verschiedenen Phasen, die sich nicht in die kleinteilige Parzellierung der Wohnhauszeilen einfügten – so das ehem. Wittelsbacherpalais ostseitig am Beginn (s. Brienner Straße 20; heute Landesbank), die ehem. Tonhalle (s. Türkenstraße 5/7), die ehem. Türkenkaserne (s. Türkenstraße 17; hier heute Pinakothek der Moderne und Sammlung Brandhorst) und ostseitig Nr. 16 an der Ecke Gabelsbergerstraße der lang gestreckte, traditionalistische Komplex der Bayer. Zentraldarlehenskasse (später Raiffeisen-Zentralkasse) von Hönig und Söldner, Nordteil 1922/23, leicht zurückgesetzter Südteil (mit reicher Bauplastik) 1927/28, eines der stattlichsten Verwaltungsgebäude der 1920er Jahre in München. – Das Eckhaus Nr. 6 südlich gegenüber, mit prächtig neubarock ausgestattetem Café Mirabell von 1896–1920, danach der renommierten Bilderrahmenfirma Pfefferle gehörend, musste 1972 der Verbreiterung der Gabelsbergerstraße weichen.

Dank der Lage im Hochschul- und Museumsviertel sowie im Umfeld der mit dem Begriff „Schwabing" assoziierten Bohème waren an der Türkenstraße allzeit prominente Literaten, Künstler und Gelehrte sowie zur Szene gehörige Lokale ansässig; bis heute legendär sind die „Elf Scharfrichter", das 1901 im Hinter-

Türkenstraße, Nordabschnitt ab Schellingstraße (rechts Nr. 68, Schule); Postkarte, um 1915

haus (ehem. Fechtboden, umgebaut von Max Langheinrich) des „Goldenen Hirschen" (Türkenstraße 28, heute Neubau) gegründete Kabarett, sowie die Künstlerkneipe „Simplicissimus" (Türkenstraße 57, s. dort). Von der Traditionsgaststätte „Allotria" (Nr. 33) in der Elendszeit nach dem Zweiten Weltkrieg berichtet eindringlich Walter Kolbenhoff in „Schellingstraße 48" (Ausgabe 2008, S. 198 ff.; in der Folge Jazzlokal, jetzt Café Puck). Auch das über den Weltkrieg hinweg renommierte Restaurant „Lohengrin"

schräg gegenüber (Nr. 50, zuletzt in Neubau) existiert nicht mehr. Vor allem der Nordteil der Straße etwa ab Theresienstraße hat dank nicht weniger noch erhaltener Fassaden aus der Vorkriegszeit (vergleichbar der parallelen Amalienstraße und dem Ostteil der Schellingstraße) ein in München wie in deutschen Großstädten überhaupt selten gewordenes, zeitlos-urbanes Milieu bewahrt.

Die platzartig-intime ostseitige Erweiterung zwischen Nr. 68 (Schule, s. dort) im Süden und den Häusern Nr. 72 (s. dort) und 74 (Eckhaus mit ehem. Milieu-Kino „Türkendolch") im Norden wurde 1997 Georg-Elser-Platz benannt; der 1945 in Dachau ermordete Urheber des missglückten Hitler-Attentats vom 8. November 1939 im Bürgerbräukeller hatte zuvor zeitweilig als Untermieter im Haus Türkenstraße 97 gewohnt.

Filmgeschichtlich höchst bedeutsam sind die ARRI-Filmstudios im Norden (westlich der Kunstakademie, Türkenstraße 89, baulich gewachsen, 1944 zerstört, oft verändert, begründet um die Zeit des Ersten Weltkriegs von August Arnold und Rudolf Richter; Nr. 91 Arri-Filmtheater, 1958 von Paolo Nestler).

Türkenstraße 6 (vor Abbruch)

ARCHÄOLOGISCHE BEFUNDE: Bronzegefäß vermutlich der Urnenfelder- oder Hallstattzeit (Fundst.-Nr.: 7835/0109). Bei Bauarbeiten an der Ecke Türken-/Gabelsbergerstraße stießen Arbeiter 1862 auf eine verzierte eherne Urne. Dabei sollen sich Tierknochen befunden haben. Genaueres ist unbekannt.

Türkenstraße (links), in der Mitte ehem. Kaserne; hist. Luftaufnahme

Türkenstraße 6, ehem. Rahmengeschäft/Café; hist. Aufn.

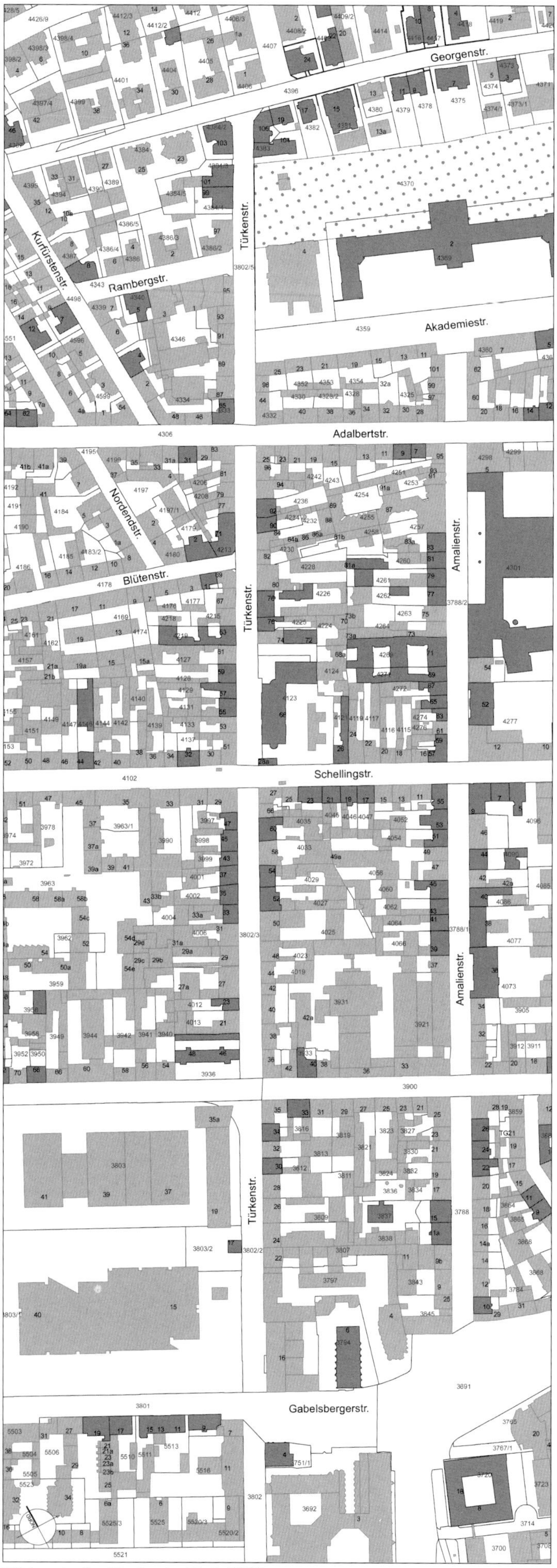

Türkenstraße; Flurkarte, M. 1:5000

Türkenstraße nach Süden (von links Nr. 6, 4, 2 und Wittelsbacher-Palais); Aufn. um 1900

Türkenstraße 16/Ecke Gabelsbergerstraße, rechts Markuskirche

Türkenstraße 4. Ehem. *Palais Dürckheim*, später *Preußische Gesandtschaft.* Straßenseitig am Westrand einer schmalen, sich lang gegen Osten erstreckenden Parzelle, die vom Gartenareal des ehemals nördlich benachbarten Eckhauses abgetrennt wurde, ließen sich Graf Georg Friedrich Wilhelm Alfred von Dürckheim-Montmartin (gest. 1879), kgl. bayer. Kämmerer und Obersthofmeister der Königin Therese, und seine Frau Sophie Albertine Prinzessin von Oettingen-Wallerstein (gest. 1880) 1842–44 durch Franz Jakob Kreuter (Ausführung Maurermeister Carl Deiglmayr) ein freistehendes, mäßig großes, doch erlesen gestaltetes und funktionell durchdachtes Palais, typologisch eher ein villenartiges Stadthaus, errichten, das 1857–1909 Sitz der Preußischen Gesandtschaft war (vgl. Prinzregentenstraße 7). Der in seinem Stellenwert innerhalb der Münchner Privathausarchitektur in der Übergangszeit zwischen dem Klassizismus Klenzescher Prägung und dem Maximilianstil des 3. Jahrhundertvier-

Türkenstraße 4, Fassadendetail

Türkenstraße 4, ehem. Palais Dürckheim; Aufn. 1995

tels von Florian Zimmermann (1987) und Christoph Hölz (2003) gewürdigte, sich an der Berliner Schinkel-Schule orientierende kubische Bau in italianisierenden Neurenaissanceformen weist nur an der Straßenseite eine anspruchsvolle, vorwiegend flächig-polychrome Verkleidung in gelbem, hell- und dunkelrotem Backstein auf, in den beiden Obergeschossen eine schmale rote Bänderung auf hellem Fond. Auf vertikale Gliederungen im klassischen Sinn ist verzichtet, horizontale Teilungen bilden nur die Zierfriese über dem hohen Sockel, dem Erdgeschoss und unter dem weit vorkragenden, ziemlich flachen Sparrendach. (Keramische Verkleidung, Terrakotta-Dekor und Holzsparren wurden in der Folge in die Stilsynthese der Maximilianstraße einbezogene Elemente.) Die Fensteranordnung ist durch die breiteren Außenachsen rhythmisiert. Plastisches Volumen haben lediglich die gleichsam eingesetzten Sandsteinteile, so die Verdachungen der Fenster im 1. Stock und (ursprünglich) die Ausbildung der Mitteleinfahrt in Form einer Serliana (Palladiomotiv),

deren verglastes Bogenfeld von den noch vorhandenen beiden Relieftondi – Amor mit Löwe als Herr der Erde, Amor mit Zerberus als Bezwinger der Unterwelt; nach Thorvaldsen (wohl Abgüsse) – flankiert wurde. Beim Umbau 1912/13 für Graf Max von Drechsel wurde die Durchfahrt in die linke Seitenachse verlegt, im Mittelbereich (unter Verwendung originaler Bestandteile) eine Folge von drei gleichartigen, pilasterflankierten Rundbogenfenstern eingefügt, deren radial rot-weiß gestreifte Archivolten das Motiv des allein noch original erhaltenen rechten Erdgeschossfensters wiederholen. Die drei anderen Putzfassaden sind schlicht, z. T. mit eingeschobenem Mezzanin (Dienerschafts- und Nebenräume) und mit asymmetrisch-zweckgemäßer (mehrfach, zuletzt 1982 veränderter) Fensteranordnung. Der originalen Mitteldurchfahrt entsprachen zwei parallele Rückgebäude (Stall, Remise), an die sich der geometrisch strukturierte Garten anschloss. – Erhalten ist von Kreuters Hand ein reizvoller, farbig aquarellierter Entwurf zur spätklassizistisch-zarten Deckenbemalung des Salons in der Beletage (MStM, Inv. Nr. 30/1821/3). Am Einfahrtsportal Eichenholz-Türflügel mit Füllungen und Oberlicht.

Später zeitweise Sitz des Bayer. Landeskriminalamtes. Der nach dem Zweiten Weltkrieg vernachlässigte, um 1970 vom Abbruch bedrohte Bau steht heute – nach Abbruch des späthistoristischen nördlichen Nachbar-Eckhauses (ehem. Nr. 6) und Verbreiterung der Gabelsbergerstraße – städtebaulich isoliert; er wurde 1976 ff. in den Neubaukomplex der östlich und südlich benachbarten Bayer. Landesbank einbezogen und als deren Tagungs- und Gästehaus bis 1982 adaptiert und restauriert (Architekturbüro Beck/ Enz/Yelin). Innenräume gemäß dem z. T. veränderten Zustand um zentrale Vestibüle gruppiert, Haupttreppe gegen Osten, mit drei um alten Aufzug gelegten Läufen; im Salon einfache Stuckdecke (Rahmen, Mittel- und Eckrosetten). Neuerdings als „Palais Pinakothek" von den Bayerischen Staatsgemäldesammlungen genutzt.

[**Türkenstraße 5/7** (Ecke Prinz-Ludwig-Straße). Abgegangene Tonhalle, erbaut 1895 nach Entwurf von Martin Dülfer (Bauleitung Fedor Lehmann; Ausf. Fa. Kalb). Zerstört 1944, Ruine nach dem Krieg abgetragen (heute Bürohaus-Neubauten). Ursprünglich „Kaimsäle", entstanden dank privater Initiative des Klavierfabrikantensohnes Dr. Franz Kaim, der schon 1893 eine Konzertreihe mit eigenem Orchester ins Leben gerufen hatte. Das aus kommerziellen Gründen mehrfach nutzbare, gestalterisch und funktionell bemerkenswerte Gebäude in barockisierenden Jugendstilformen enthielt im 1. Stock den flachtonnengewölbten Großen Konzertsaal mit Orgel über dem Podium und Emporen an drei Seiten (ab 1936: 1272 Sitzplätze); ferner u. a. einen Kammermusiksaal im 2. Stock und ein Restaurant im Erdgeschoss. Das seit 1942 städtische Gebäude, Stammhaus der Münchner Philharmoniker, war bis zum Luftkrieg neben dem älteren Odeon die wichtigste Stätte des Münchner Musiklebens, reich an musikgeschichtlich bemerkenswerten Ereignissen (Schauplatz auch einer Episode in Thomas Manns „Dr. Faustus"). (Abb. S. 1164)]

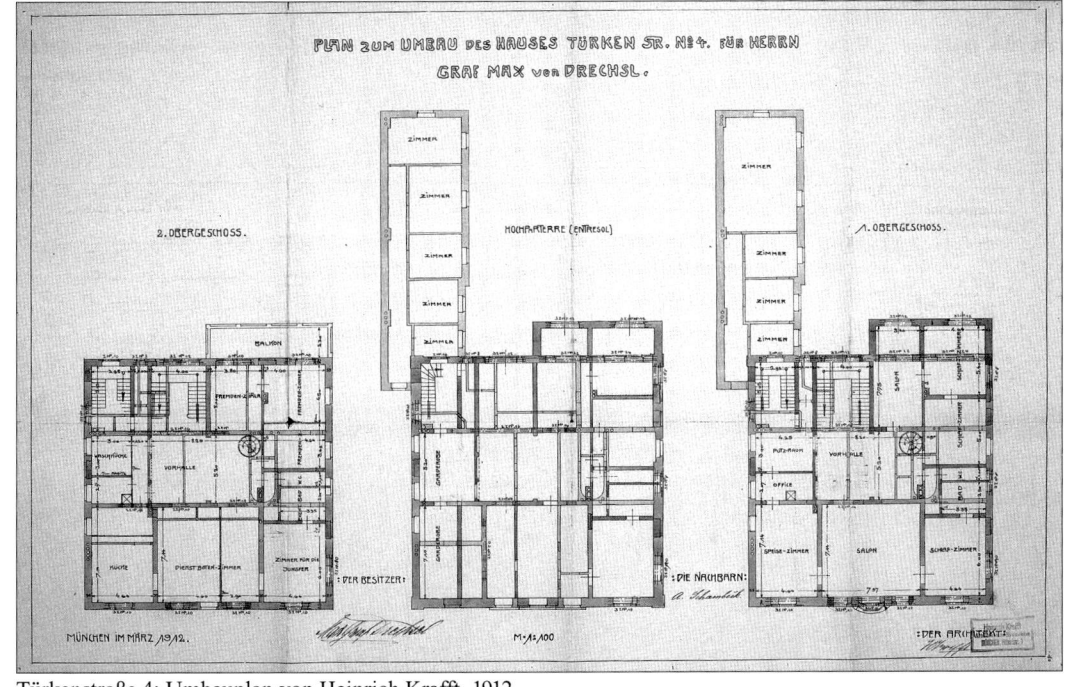

Türkenstraße 4; Umbauplan von Heinrich Krafft, 1912

Türkenstraße 5/7, Tonhalle (zerstört); Aufn. um 1900

Ehem. Türkenkaserne; Stich um 1840

Türkenstraße 5/7, ehem. Tonhalle; hist. Aufn.

gestrecktes Exerzierhaus abgeschlossen. Den herben, schlichten Klassizismus der Entwicklungsphase vor Klenze kennzeichnete Franz Reber (1876) treffend als den „derb classischen Styl der Weinbrenner'schen Schule" bzw. den „Dorismus der französischen Republik". Die zeitweise von drei Regimentern benützte Kaserne beherbergte ab 1894 allein das Infanterie-Leibregiment; bei der folgenden Instandsetzung wurde der Mittelrisalit im Osten als Offizierskasino eingerichtet. Am 25.

Türkenstraße 17, ehem. Eingangshalle; Aufn. 2003

Türkenstraße 17. Von der ehem. *Türkenkaserne* blieb nur ein Rest des Mittelrisalits mit dem einstigen Hauptportal, einer neubarocken Gedenktafel darüber und einem viersäuligen Vestibül erhalten.

Bereits 1809 wurde ein Kasernenkomplex im Hinblick auf die beschleunigte Bebauung der neuen Maxvorstadt vorgesehen, zunächst als Umrahmung des künftigen Königsplatzes. Nach Standortsuche in anderen Stadtbereichen begann 1823 der Bau doch in der Maxvorstadt in dem von Türken-, Gabelsberger-, Barer- und Theresienstraße begrenzten Geviert; der Grundstein wurde am 14. Juli 1823 links vom noch erhaltenen Haupttor in der Mitte des 800 Schuh (ca. 233 m) langen Hauptflügels im Osten an der Türkenstraße gelegt, von welcher sich der gebräuchliche Name der Infanterie-(später Prinz-Arnulf-)Kaserne ableitete. Bezogen wurde sie sukzessive von Ende November 1824 bis September 1826. Die meist dem kgl. Baurat Franz Thurn zugeschriebenen Pläne wurden laut deren Beschriftung „Unter Leitung des Ingenieurs Oberstlieutnant Becker entworfen durch Friedrich von La Roche, Ingenieur Lieutnant" (Zimmermann 1980); die Ansicht auf L. Schmidtners Stadtplan von 1827 nennt als Baumeister K. von Becker. Die riesige dreigeschossige Dreiflügelanlage wurde durch viergeschossige, gestreckte Walmdach-Pavillons an den Ecken und in den Seitenmitten gegliedert, im Detail durch Erdgeschossrustika, an den Pavillons ferner durch Eckrustika, gerade Fensterverdachungen im 1. und ein weiteres Gurtgesims über dem 3. Geschoss. Aufgrund Anordnung Ludwigs I. von 1825 wurden die Seitenflügel im Norden und Süden im Hinblick auf die westlich benachbarte (Alte) Pinakothek und deren Sicherheit nur bis einschließlich der Mittelpavillons ausgeführt, die begonnenen Westteile wieder abgetragen, aber 1872–74 in der ursprünglich geplanten Form nachträglich realisiert. Die Westseite des großen Hofes wurde 1886 durch ein freistehendes, lang

August 1919 fand hier in Anwesenheit von Reichspräsident Ebert die Übernahme des bayerischen Heeres in die Reichswehr statt. Der im Zweiten Weltkrieg 1944 unterschiedlich schwer zerstörte, in einzelnen Abschnitten erhaltene Komplex wurde Anfang der 1960er Jahre leider völlig abgetragen, ausgenommen ein allzu kleines, tektonisch unorganisches, zweigeschossig/dreiachsiges Fragment vom Mittelrisalit des östlichen Mittelpavillons, mit dem korbbogigen Haupttor und darüber der von Fahnen flankierten querovalen Inschrifttafel zum Gedenken an das 1815–1919 bestehende Kgl. bayerische Infanterie-Leib-Regiment.

Im Gegensatz zur früheren Randbebauung des Vierseitareals im städtebaulichen Zusammenhang der Maxvorstadt entstand auf dem Nordteil des Geländes (Theresienstraße 37–41) 1968–72 der zurückgesetzte, dreiteilige Block von Institutsbauten der Ludwig-Maximilians-Universität (Physik, Mathematik, Geowissenschaften, mit Museum „Reich der Kristalle") und im Südbereich

Türkenstraße 17; Aufn. 1995

1996–2002 das Großprojekt der „Pinakothek der Moderne" nach Entwurf von Stephan Braunfels (s. Barer Straße 40); an der Nordostseite wird 2008 der Neubau für die Sammlung Brandhorst (Sauerbruch Hutton Architekten, Berlin) fertiggestellt.

[**Türkenstraße 22.** Die Ostseite der Türkenstraße vis-à-vis des Kopfbaus der Infanteriekaserne war in den mittleren 1840er Jahren geschlossen worden. In diese Zeit reichte auch die erste Bebauung des überaus tiefen, für die Maxvorstadt charakteristischen Grundstücks von Nr. 22 zurück. Eine Staffelung dreier Hinterhöfe mit drei Rückgebäuden und der entsprechenden Zahl von Seitengebäuden entlang der nördlichen Grundstücksgrenze machte die Bebauung aus. Der Luftkrieg betraf die Baulichkeiten arg: Zweites und drittes Rückgebäude sowie das dritte Seitengebäude wurden fast völlig zerstört. 1976 ließ der Bayer. Raiffeisenverband e. V. u. a. das insgesamt viergeschossige Vordergebäude abbrechen, es war im ersten Entwurf der Denkmalliste eingetragen. Bei der „originalgetreuen" Erstellung der Straßenfront des Neubaus lehnte man sich hinsichtlich Zuschnitt und Gestaltung formal an die alte Fassade von 1898 an, passte sie jedoch einer mit vier Obergeschossen veränderten Höhenentwicklung an.]

Türkenstraße 23. Als Relikt in stark kriegszerstörter Umgebung ist das Vorderhaus von Nr. 23 anzusehen. So war 1945 das riesige Geviert zwischen Türken-, Schelling-, Ludwig- und Theresienstraße in seiner Südhälfte vollständig zerstört, und im ebenso großflächigen Geviert von Barer-, Schelling-, Türken- und Theresienstraße war im Südabschnitt kein Haus mehr bewohnbar. Eine Bebauung der schmalen, aber tief in den Block greifenden Parzel-

Türkenstraße 23; Aufn. 1995

Türkenstraße 22 (rechts Nr. 16); Aufn. vor 1976 (kein BDm)

le ist schon in den 1820er Jahren greifbar. Ludwig Deiglmayr, Inhaber der Baufirma Ludwig Deiglmayr und Cie. ließ den bestehenden Bau 1903–04 errichten, nachdem er zehn Jahre zuvor ein neues Rückgebäude hatte erbauen lassen. Für beide Projekte wurde der biedermeierzeitliche Vorbestand niedergelegt. Die Baumassenverteilung auf der weniger als zehn Meter breiten Parzelle konnte trotzdem konventionell verwirklicht werden: Dem Block an der Straße liegt ein nördlicher Rückflügel an, dem seinerseits ein eigenständiges Seitengebäude auffolgt. Am Stoß der Grundlinien von Rückflügel und vorderem Block schuf Deiglmayr eine tiefe Einklinkung zur Ermöglichung weiterer Belichtungsachsen. Die segmentbogig geschlossene Hofdurchfahrt kam in der südlichen Achse zu liegen, ihr liegt seitlich das quadratische Treppenhaus an. Eine halbgewendelte Podesttreppe führt gemäß Eingabeplan zu einer Wohnung in jeder Etage; die Nutzung des Erdgeschosses als Laden entspricht dem Frühzustand des Hauses. Die barockisierende Fassade wird durch einen konvexen Erker in der Mitte des 2. und 3. Obergeschosses belebt; die Balusterbrüstung des Balkons darüber ist vor den seitlichen Fenstern des letzten Geschosses fortgesetzt. In den 1920er Jahren befand sich das Anwesen im Besitz des Bayerischen Kommunalschriften-Verlags, im Rückgebäude waren Druckerei und Binderei untergebracht, im Vorderhaus die Verlagsbüros und der Verkauf. Nach dem Zweiten Weltkrieg, in dem das Vorderhaus von Nr. 23 als einziges in einem großen Umgriff nur Schäden am Dach zu verzeichnen hatte, gelangte das Anwesen in Staatsbesitz und nach den Planungen des Landbauamts wurde 1960 der Dachraum erweiternd erschlossen (große stehende Dachfenster anstelle kleinerer Schleppgauben), bei der Wiederherstellung des mittleren Dachhauses verfuhr man leicht vereinfachend. (Fassadenrenovierung 1984; Umbau des Ladens im Erdgeschoss und Arbeiten an der Erdgeschossfassade 2002; jüngste Instandsetzung der Fassade 2005–06.)

Türkenstraße 30. Auf bis dahin unbebautem Grund errichtete sich Maurermeister Johann Friedrich Schöpke um 1845 in einem Zug zwei weitgehend gleichartige Häuser, die heutige Nr. 30 sowie nördlich angrenzend die im Luftkrieg zerstörte Nr. 32. Die stichbogig eingewölbte Durchfahrt von Nr. 30 (bauzeitliche Torflügel erhalten) steckte Schöpke seitlich in die nördliche Achse, sie führt zum rückwärtig nebenliegenden Treppenhaus. Die große doppelläufige Podesttreppe bleibt, der Entstehungszeit entsprechend, ohne Ausbau über die hintere Grundlinie. Gemäß Eingabeplan ist in jeder Etage eine Wohnung untergebracht. Die sich wegen der Bautiefe ergebenden Dunkelzonen wurden durch Aufschlüsse zu den belichteten Räumen hin gemildert. Die äußere Dimensionalität des Hauses war ursprünglich ganz von der Klassizität seiner Schauseite bestimmt, vier waagrechte Register ponderierten drei vertikale Fassadenfelder aus, Höhen- und Breitenverhältnis waren so kalkuliert. (Die historische Höhenent-

Türkenstraße 30; Aufn. 1995

wicklung wurde nach 1991 infolge der Intensivbewirtschaftung des Dachraums als Wohnraum und der damit verbundenen zweiten Gaubenreihe neu interpretiert.) Die Fassade des Anwesens wie auch sein untergegangener Zwilling Nr. 32 dürfen als erste Reflexe des ab 1843 von Franz Jakob Kreuter erbauten Palais Dürckheim (vgl. Türkenstraße 4) angesehen werden. Die bewusste Abkehr von reinen Putzfassaden, die verlebendigende Anwendung verschiedenfarbiger Blendziegel, dies in Verbin-

Türkenstraße 33; Aufn. 1995

Türkenstraße 35; Aufn. 1995

Türkenstraße 37; Aufn. 1995

dung mit dem Hauptmerkmal des sog. Rundbogenstils Gärtners, brachten Privatbauten neuer Stilausprägung und neuer Eleganz hervor. Die bewegte variantenreiche Behandlung der Oberfläche scheint durch die klassizistische Strenge des Baukörpers ausgeglichen, die Rhythmisierung der Fassade erfolgte mit dem schlichten Mittel der Eng- und Weitsetzung von Fensterachsen, die je äußeren wurden abgesetzt und eigens gefeldert, die mittleren drei eng gesetzt und in ein gemeinsames Feld zusammengezogen. (Der geplante Abbruch des Hauses unter Erhalt der historischen Straßenfassade wurde zunächst am 2.11.1977 genehmigt, eine Verlängerung dieser Genehmigung jedoch 1985 mit Verweis auf das DSchG abgelehnt; schließlich Gesamtinstandsetzung 1991 mit erweiterndem Ausbau des Dachgeschosses; wieder Arbeiten am Dach 2004.)

Türkenstraße 33. Das Grundstück des heutigen Hauses Nr. 33 war schon in der ersten Ausbauphase der Türkenstraße bebaut. In den frühen 1820er Jahren stand es, zunächst vierachsig, an der vorderen Baulinie, war jedoch südlich freigestellt. Erst in den 1870er Jahren wurde die Hofdurchfahrt überbaut und so die Bebauungszeile erweitert. Der Luftkrieg zog auch Nr. 33 in Mitleidenschaft, das gesamte südlich angrenzende Areal bis zur Theresienstraße war im Mai 1945 unbewohnbar und auch die rückwärtig unmittelbar angrenzenden Häuser brannten am 7.1.1945 aus. So ist Nr. 33 durch die Wiederherstellung substanziell erheblich geschwächt worden; geblieben ist eine äußere Dimensionalität, die von der klassizistisch/spätklassizistischen Auffassung her kommt, und die alte Erschließung mit ihren Hauptcharakteristika: Die Durchfahrt in der südlichen Achse (Torflügel der Mitte des 19. Jh. erhalten) führt zum rückwärtig nebenliegenden Treppenhaus, das rückwärtig ohne Ausbau geblieben ist. Den Aufstieg zu den Wohnungen, zwei in jeder Etage, leistet eine enge doppelläufige Podesttreppe, die wie auch beinahe alle Wohnungstüren weitgehend erneuert ist. Die einzig erhaltene Fassadenzier besteht in einer schlichten Erdgeschossrustika, die jedoch nachträglich den modernen Straßenfenstern des heutigen Café-Lokals angepasst worden ist (früher Gaststätte Allotria, s. Türkenstraße/Vorspann). (Umbauten und Dachgeschossausbau 1989–90; Renovierung der Erdgeschossfassade 1992–93; Anbringung eines Nasenschilds 2002; 2006 Dachgeschossaufstockung mit weiteren Umbaumaßnahmen geplant.)

Türkenstraße 34; Aufn. 1995

Türkenstraße 34. Als Erstbebauung auf einem zuvor freien Grundstück vis-à-vis der sog. Türkenkaserne entstand das viergeschossige Anwesen 1842–43 für den Maurerpolier Johann Lieglein nach einem Plan von Maurermeister Deiglmayr. Sein heutiger Bestand entspricht in seiner äußeren Dimensionalität wie auch seiner Struktur weitgehend der schlichten biedermeierzeitlichen Auffassung der Entstehungszeit. Der Hauszugang liegt in der südlichen Achse; er war ursprünglich stichbogig geschlossen und führt zum rückwärtig nebenliegenden Treppenhaus, das ohne eigenen Ausbau geblieben ist. Die halbgewendelte Podesttreppe erschließt gemäß Eingabeplan zwei Wohnungen in jeder Etage. Die Bautiefe bedingte Dunkelzonen, denen man mit Aufschlüssen (Alkoven) zu den belichteten Räumen hin begegnete. Bis 1890 fand sich auch das Erdgeschoss ausschließlich wohngenutzt, in diesem Jahr ließ Privatier Ernst Marschall von Bautechniker August Zöllner das Erdgeschoss zu Läden umbauen. Der bauliche Umgriff hinter und vor allem südlich/südöstlich des Hauses wurde durch den Luftkrieg einschneidend betroffen, Nr. 34 selbst blieb ohne direkten Treffer. Ein 1981 beabsichtigter Abbruch des Anwesens konnte 1983 abgewendet werden. (Umbau, Sanierung, Ausbau des Dachgeschosses sowie Erneuerung der Fenster 1987–90.)

Türkenstraße 35. In der ersten Hälfte der 1850er Jahre wurde das Haus auf einer zuvor unbebauten Parzelle aufgeführt. Diese Erstbebauung macht den Kern des bestehenden Anwesens aus. Ursprünglich viergeschossig, mit erheblicher Bautiefe und der für die Bauten dieser Jahre typischen Rhythmisierung der Fensterachsen bildet das Haus einen Teil der weitgehend unversehrten Fassadenfolge der ungeraden Nrn. 33 bis 47 und mit diesen wohl den einzigen Abschnitt der Türkenstraße mit nachvollziehbarem historischem Straßengewände. Die segmentbogig geschlossene Durchfahrt in der südlichen Achse gewährte ursprünglich nicht den Übergang ins Treppenhaus, sie war zunächst reiner Hinterhofaufschluss. Bis 1893 war das Erdgeschoss noch hauptsächlich wohngenutzt und der Eingang erfolgte mittig von der Straße her. Erst in diesem Jahr ließen die Gebr. Fraenkel, Pferdehändler, den Eingang vom Durchgang her zugunsten einer Vergrößerung der verwertbaren Ladenfläche umstecken. Die Pläne fertigte Baumeister Josef Stock. Im Sinne des Frühzustandes (Bestandsplan von 1879) waren in jeder Etage zwei mittelgroße Wohnungen untergebracht, Stock legte diese jeweils zusammen, sodass nach 1893 in jeder Etage eine größere Wohnung existierte. Dem so gehobenen Anspruch im inneren Zuschnitt hatte das Äußere Rechnung zu tragen, die Pferdehändler gaben die klassizistische Schlichtheit der Fassade auf und beauftragten Stock mit der Garnierung der Fassade in den moderneren Formen der Neurenaissance. Oberhalb des 3. Obergeschosses ließen sie fassadenmittig einen turmartigen Dachhausaufbau verwirklichen, der dem Luftkrieg zum Opfer fiel. Das heutige Aussehen der Fassade wird von der Aufsetzung eines als Halbgeschoss ausgebildeten 4. Obergeschosses geprägt (Anhebung des Daches bei verminderter Neigung), einer entscheidenden Veränderung, die 1974 von Architekt Anton Eckert umgesetzt worden ist. (Die Modernisierung des Hauses berücksichtigte auch Fenstersetzungen, dabei wurden die gewählten Profile v. a. an der Straßenseite gestaltwirksam.)

Türkenstraße 43; Aufn. 1995

Türkenstraße 45; Aufn. 1995

Türkenstraße 47; Aufn. 1995

Türkenstraße 37. Der Gastwirt Johann Baptist Hautmann ließ sich 1882–83 Vorder- und Rückgebäude von Baumeister Josef Kirschenhofer neu erbauen. Eine Vorbebauung ist schon für die frühen 1820er Jahre nachgewiesen. Bereits 1885 verkaufte Hautmann die Gebäude an den Gastwirt Lorenz Hemmeter. Charakteristisch für die Parzelle ist, dass die Grundstücksgrenzen auswinklig schräg ins Areal eingemessen werden mussten und also die Grundlinien bis heute entsprechend verlaufen. Die Durchfahrt in der südlichen Achse führt auf halber Strecke zum Übergang ins mittig rückwärtige Treppenhaus, das nach Westen ohne Ausbau bleibt. Die doppelläufige Podesttreppe führt gemäß Eingabeplan zu zwei kleinen Wohnungen mit Dunkelzonen in jedem Obergeschoss. Gemäß Frühzustand existiert im Erdgeschoss in der nördlichen Dunkelzone eine enge Treppe in das Kellergeschoss (im Erdgeschoss war eine Gastwirtschaft untergebracht, die Tragwand quer im Haus wurde im Gastraum durch zwei Gusseisenstützen ersetzt). Das Rückgebäude erhielt eine rechteckige Ausklinkung der westlichen Grundlinie, um dort die Zahl der Belichtungsachsen zu vermehren. Hier sind, wie im Vorderhaus, zwei Wohnungen je Etage untergebracht. Die Fassade des Vorderhauses ist beinahe authentisch verbindlich erhalten geblieben. Die Rhythmisierung der Straßenfront erfolgte gängig durch eine Eng- und Weitsetzung der Fensterachsen, das 1. Obergeschoss wurde durchrustiziert und so sockelgleich behandelt, 2. und 3. Obergeschoss somit als Hauptgeschosse ausgeschieden. Die Fenster des 2. Obergeschosses finden sich einheitlich mit Dreiecksgiebeln, die des 3. Obergeschosses mit geraden Gesimsstücken verdacht. Während die Fenstergewände der Öffnungen im 2. Obergeschoss Pilaster flankieren, sind die Fenster aller anderen Geschosse mit geohrten Profilen gerahmt. (Fassadenrenovierung 1981; Erweiterung und Sanierung zweier Wohneinheiten im Dachgeschoss 2000; am Rückgebäude Wiederherstellung und Modernisierung 2000; Erneuerung des Eingangstores 2000–01; Einbau eines Treppenlifts 2001; jüngste Instandsetzung der Fassade 2004–05.)

Türkenstraße 43. Der als „Charcutier" firmierende Sebastian Bayerlacher ließ sich 1890 von Baumeister Franz Xaver Ilg anstelle einer niedergelegten Bebauung von 1810/20 das bestehende Vordergebäude samt Rückgebäude und einem an die nördliche Grundstücksgrenze gelegten ebenerdigen Verbindungsgang erbauen. Im Sinne einer Zweitbebauung wurde die schmale Parzelle so vollständig neu überformt. Die Organisation des Vordergebäudes folgte einem konventionellen Schema: Seitliche Hofdurchfahrt in der südlichen Achse, diesem rückwärtig nebenliegend das Treppenhaus in flachem Ausbau über die rückwärtige Grundlinie; eine Wohnung ist gemäß Eingabeplan in jede Etage geplant, die Bautiefe freilich bedingte (noch) Dunkelzonen, die man durch Aufschlüsse zu den belichteten Räumen hin aufhob. 1933 ließ Sebastian Bayerlacher von Architekt Carl Bauer den

Dachraum zur Wohnung erschließen und straßenseitig drei Gauben aufsetzen. 1934 gelangte das Anwesen in den Besitz der Deutschen Arbeitsfront. Die Fassade des Hauses, das im Luftkrieg erstaunlich unversehrt blieb, ist dreiachsig angelegt. Der mittleren Achse setzte Ilg einen zweigeschossigen Polygonalerker an (vor dem 2. und 3. Obergeschoss), der dreiseitig durchfenstert einen dekorierten Unterzug und eine gedrückte Zwiebelhaube erhielt. Die Geschosse trennen Gurtgesimse, variierende Rustiken ziehen sich bis vor das 3. Obergeschoss hinauf. Die Fenster des 4. Obergeschosses flankieren Wandvorlagen mit stilisierten ionischen Kapitellen, und auch das Kranzgesims des Traufgebälks ist erhalten geblieben. Insgesamt bildet Nr. 43 ein gut überliefertes Zeugnis eines Neurenaissance-Mietshauses, das als Folge- und Ersatzbau einer Zeile eingepasst werden musste. (Fassadenrenovierung 1982; Erneuerung des Eingangstores/Drittbestand 2001; erneut Arbeiten an der Fassade 2003–2004 im Auftrag des Freistaats Bayern.)

Türkenstraße 45. Anstelle einer schon in den frühen 1820er Jahren existierenden Vorbebauung (ein südlich freigestelltes schlichtes Vorstadthaus) ließ sich der Hafnermeister Josef Bräu 1874–75 ein fünfgeschossiges Mietshaus errichten. Das bestehende nördliche Seitengebäude hatte Planfertiger Berger ins Kalkül zu ziehen. Genehmigt wurde sowohl eine Verbreiterung des Baublocks nach Süden, womit man einen Zeilenschluss herstellte, als auch eine erweiterte Bautiefe; darüber hinaus wurde mittels Durchstoßung der nördlichen Brandmauer zum Nachbarhof hin eine zusätzliche Belichtungsachse geschaffen. Die Durchfahrt kam in der zweiten südlichen Achse zum Liegen, nördlich rückwärtig liegt das Treppenhaus an, ohne Ausbau über die hintere Grundlinie. Gemäß Eingabeplan wurden in jeder Etage zwei mittelgroße Wohnungen verwirklicht, die südliche wegen der erheblichen Bautiefe mit Dunkelzonen. Im Sinne des Frühzustandes war das Erdgeschoss nicht vollständig als Laden genutzt. Die insgesamt gut überlieferte Fassadengestaltung bildet ein Beispiel für die partienweise Behandlung einer Straßenfront. Oberhalb des Ladengeschosses findet sich ein fünfachsiges 1. Obergeschoss, mit Rauputzstreifen rustiziert und so dem Sockel zugeschlagen, die Geschosse darüber bildete man mit einer vermehrten Zahl an Fensterachsen aus, diese in Neurenaissance-Manier durch Eng- und Weitsetzung rhythmisiert. Die Fassadengestaltung bleibt, und dies gerade im Unterschied zu den Nachbarbauten, Garnitur im Unterschied zur Durchbildung einer Front in der gewünschten Stilausprägung. Beachtlich ist der erhaltene Zahnfries im Traufgebälk. Den Zweiten Weltkrieg konnte das Anwesen ohne direkten Treffer überstehen. (Fassadenrenovierung 1981; Erneuerung der Dachhaut 1993; durchgreifende Sanierung und Abbruch eines rückwärtigen Anbaus 2001 u. a. mit Erneuerung des Eingangstors.)

Türkenstraße 47. Der Hafnermeister Josef Bräu, Eigentümer des 1874–75 von Grund auf neu erbauten südlichen Nachbaranwesens, erwarb schließlich auch Nr. 47 an der Türkenstraße (alte Nr. 22), das in kurzer Zeit drei Besitzerwechsel erlebt hatte. Auf den Holzhändler Bäumler war ein Weideneder gefolgt, der die Gebäude 1874 an Hans Lederer veräußerte, dem Bräu dann als nächster Eigentümer auffolgte. Bräu beauftragte den Bautechniker A. Lebold 1882 mit der Planung für ein Wohn- und Geschäftshaus mit fünf Geschossen, das schließlich bis 1884 fertiggestellt worden ist. Die Demolierung eines Altbestandes, der in Form eines bescheidenen und vergleichsweise wenig tiefen Vorstadthauses schon in den frühen 1820er Jahren nachweisbar ist, war den Neubauarbeiten vorausgegangen. Es entstand ein Vorderhaus mit zweifach verspringender rückwärtiger Grundlinie, die Hofdurchfahrt steckte Lebold leicht ausmittig nördlich in den Grundriss, das hier südlich nebenliegende Treppenhaus erschließt mittels einer halbgewendelten Podesttreppe in jedem Obergeschoss zwei Wohnungen unterschiedlichen Zuschnitts, dies gemäß Eingabeplanung. Die reine Ladennutzung im Erdgeschoss entspricht dem Frühzustand. Im Unterschied zum südlichen Nachbargebäude besticht die Fassade des Hauses Nr. 47 durch ihre Durchbildung in Neurenaissanceformen grosso modo. Oberhalb des Wasserschlags über dem Erdgeschoss setzte Lebold die jeweils äußeren zwei Fensterachsen eng und schrieb sie seichten, risalitähnlichen Vorlagen ein. Diese spannen einen zweiachsigen Fassadenmittelzug ein. Die Rhythmisierung der Fassade geschah durch Eng- und Weitsetzung der Fensterachsen, wobei man die eng gesetzten Achsen verkuppelnd verdachte und überdies Sturzfelder und Brüstungszonen über die Geschosse hinweg verklammerte. Weitere Stilmerkmale in Neurenaissancemanier sind die Parallelführung und Verklammerung von Gurt- und Sohlbankgesimsen, die variantenreiche und geschossdifferenzierte Verdachung der Fenster, die Behandlung von 2. und 3. Obergeschoss als den Hauptgeschossen, der durchlaufende Zahnfries oberhalb der Fenster des 3. Obergeschosses und zusätzlich eine Abschlussleiste in Form eines klassischen ionischen Kymas unterhalb der Traufe. Der amtlichen Schadenskartierung nach überstand das Anwesen den Luftkrieg ohne direkten Treffer. (Fassadenrenovierung mit leicht vereinfachender Fenstergestaltung 1980.) (Abb. S. 1167)

Türkenstraße 52. Anstelle einer schon in den frühen 1820er Jahren nachweisbaren Bebauung errichtete Baumeister Heinrich Lehmpuhl 1882–83 für den „Kunstanstaltsbesitzer" Franz Grassl einen Neubau mit südlichem und nördlichem Zeilenschluss. Mittig rückwärtig erhielt der Riegel an der Straße einen hinteren Ostflügel, in den hinein Lehmpuhl die Wirtschaftsräume der beiden Wohnungen, die in jedem Obergeschoss zu liegen kamen, disponierte. Zentral in den Bau steckte man das Treppenhaus, die Planung für das Oberlicht darüber stammt von Bautechniker Martin Wintergerst, der einmal ein viel beschäftigter Bauführer in der Maxvorstadt werden sollte (vgl. seine Bauten an der Schellingstraße). Ein überaus tief ins Grundstück reichendes Ateliergebäude ließ ebenfalls Franz Grassl durch den Architekten Dressler erbauen. Dieses wurde 1891 für den Zahnarzt Johann Baptist Michal von Ignaz Satz aus- und aufgebaut. Gleichzeitig entstand für den Dentisten ein hinter dem Vorderhaus südlich rückwärtiger Flügelbau mit einem Grenzlichthof in derselben Richtung, ausgeführt von Georg Guinin. Das Rückgebäude plante ebenfalls zunächst Guinin, es kam jedoch erst 1894 zustande, dann nach der Planung von Ludwig Seemüller; auch dieses bildet als Dreiflügelbau mit mehrfach eingeklinkten Grundlinien eine Art von Binnenhof aus, der dem tief in der Parzelle liegenden Haus notwendigen Lichteinfall ermöglicht. 1899 wurde dahinter, an der nördlichen Grundstücksgrenze, von der Baufirma Liebergesell & Lehmann ein Ausstellungspavillon für den

Türkenstraße 54; Aufn. 1997   Türkenstraße 52; Aufn. 1997

Bauspengler und Zinkornamentenfabrikanten Johann Schneider errichtet. Der Luftkrieg zog das Seitengebäude erheblich in Mitleidenschaft, auch das Vordergebäude verlor sein Dachtragwerk. Bei den Wiederherstellungsarbeiten verfuhr man weniger rekonstruierend als reduzierend. Die nach dem Krieg erfolgte Aufsetzung eines weiteren Halbgeschosses wirkte sich auf die Straßenfront verändernd aus, auch die Wahl verkleinerter Fensterformate für das 3. Obergeschoss tat der historischen Erscheinung Abbruch. Diese war ursprünglich mit Formen klassizierenden Neubarocks akzentuiert worden. Geblieben sind der charakteristische Rhythmus der Fassade sowie als Hauptmotiv der kräftige fassadenmittige Erker, der das 3. Obergeschoss mit einem Austritt bedient. (Fassadenrenovierung und Ersetzung der Fenster zu solchen mit Einscheibenverglasungen 1974; Nachreichung einer Tektur für eine schon durchgeführte Maßnahme 7/1992.)

Türkenstraße 54. Anstelle einer vielgestaltigen, schon in den frühen 1820er Jahren nachweisbaren Vorbebauung ließ sich Spenglermeister Johann Schneider 1890–91 Haupt-, Seiten- und Rückgebäude von Grund auf neu erbauen. Planfertiger war Johann Nepomuk Bürkel. Die nördlichen Räume des zum Vordergebäude gehörigen Rückflügels und das Treppenhaus des Seitengebäudes partizipieren vom Lichteinfall vermittels des nördlichen Grenzlichthofes; durch Ausbildung eines weiteren westlichen Grenzlichthofes konnten für das Rückgebäude zusätzliche Belichtungsachsen geschaffen werden. Seitlich an der Hofdurchfahrt liegt ein Übergang zum Treppenhaus am Hofwinkel an, die doppelläufige und vom Hof her belichtete Podesttreppe erschließt zwei unterschiedlich große Wohnungen je Etage, dies gemäß Eingabeplanung. Die Fassade des Hauses ist das beachtliche Ergebnis einer in den späten 1920er Jahren redigierten Neurenaissancefront. Zu seicht angedeuteten Bahnen wurden die Fenster dreier Geschosse verklammert, den Hauptakzent bildet ein Polygonalerker ausmittig vor einer der nördlichen Fensterachsen; ein vergleichsweise selten eingesetztes Motiv stellen die geschulterten Dreiecksgiebel-Verdachungen der Fenster des 3. Obergeschosses dar. (Fassadenrenovierung und Ersetzung der Fenster zu solchen mit Einscheibenverglasung 1974, wodurch die Fassadenschicht regelrecht aufgebrochen worden ist; räumliche Erweiterung der Buchhandlung im Erdgeschoss 1998.)

Türkenstraße 55. Anstelle einer in die 1840er Jahre zurückreichenden Wohnbebauung (Nebengebäude durchwegs früher) ließ sich der Fabrikant Georg Hemmeter 1894–95 Haupt-, Flügel- und Rückgebäude von Baumeister Franz Xaver Ilg planen und neu erbauen (eine entsprechende Planung durch das Baugeschäft Karl Stöhr war nicht kontraktiert worden). Noch im Jahr 1894 hatte Hemmeter die Altbauten vom „Hofwaschanstaltsbesitzer" Anton Schober erworben, der auch die benachbarte Nr. 57 besaß und nach dem Verkauf dort selbst als Bauherr eines umfassen-

Türkenstraße 55; Aufn. 1995

Türkenstraße 57; Aufn. 1995

den neuen Komplexes firmierte. Nr. 55 erhielt einen tiefen südlichen Rückflügel, der an das Mittelgebäude (Rückgebäude) anschließt. Ausmittig nördlich legte Ilg die Durchfahrt in das Vorderhaus und platzierte südlich anliegend das Treppenhaus, das in jedem Obergeschoss zwei unterschiedlich geschnittene Wohnungen erschließt. Im Rückgebäude brachte man gemäß Eingabeplan nur eine Wohnung je Etage unter, auch hier legte man das Treppenhaus rückwärtig südlich an die Durchfahrt. Die Fassade des Vorderhauses besticht durch ihre reife und gedrängte Neubarockgestaltung. Gängig erfolgte die Rhythmisierung durch Eng- und Weitsetzung von Fensterachsen, wobei hier noch die Berücksichtigung unterschiedlich breiter Fensteröffnungen hinzukommt. Organisch herausgefordert setzte Ilg vor die südliche Fensterachse des 2. und 3. Obergeschosses einen Erker mit reich gestaltetem Unterzug und gedrückter Kupferhaube. Das 1. Obergeschoss versah er mit einer schlichten Streifenrustika und schlug es so dem Sockelgeschoss zu. Die Verdachungen der Fenster gerieten phantasiereich: oberhalb der Fenster des 1. Obergeschosses stilisierte Radialschnitte, die je äußeren Fenster im 2. Obergeschoss erhielten geschulterte Dreiecksgiebel, die eng gesetzten des Fassadenmittelzugs gebrochene Wellengiebel mit reich ornamentierten Sturzfeldern. Mittig, aber nach unten axial unvermittelt setzte Ilg ein Dachhaus hinter die Traufe, mit geschweiftem Knickgiebel und lyraförmigen Wangen. Er schrieb ihm zwei Rundbogenfenster ein und darüber eine mit C-Bögen reich neubarock gestaltete Kartusche (hier ist die Jahreszahl 1881 zu lesen). Der Bezug des Datums in der Kartusche zur Geschichte des Baus bleibt (noch) unklar. Mitsamt seinen Rückbauten blieb das Anwesen im Luftkrieg von direkten Treffern verschont. (Instandsetzung der Fassade 1995; Umbauarbeiten und Renovierung 2003–04 zusammen mit Nr. 57/Eigentum der Süddt. Terraingesellschaft Bernhard Schramm KG; Anpassung der Treppenhausfenster und Instandsetzung des Treppenhauses 2004–05.)

Türkenstraße 57. Vor Beginn der Gründungsarbeiten an den bestehenden Bauten wurde 1894 die Vorbebauung, die im Kern aus den frühen 1820er Jahren stammte, abgeräumt. Der „Hof-Waschanstalts-Besitzer" Anton Schober war der Bauwerber; er hatte zunächst auch Nr. 55 durchplanen lassen, dieses Haus je-

doch verkauft und fungierte schließlich nur mehr bei Nr. 57 als Bauherr. Georg Guinin erbaute für ihn das Mietshaus, das mit dem gleichzeitigen südlichen Nachbaranwesen einen gemeinsamen Hof ausbildete und bewirtschaftete. Dem Riegel an der Türkenstraße schloss Guinin rückwärtig einen nördlichen Flügel an, an den sich ein Annex des Rückgebäudes anschließt. Das Treppenhaus legte er an den Hofwinkel mit einer Belichtungsachse von dort her. Zwei Wohnungen sind gemäß Eingabeplan in jeder Etage des Vordergebäudes untergebracht. Ursprünglich erfolgte der Zugang zum Treppenhaus über die eigene Hofdurchfahrt in der südlichen Achse; erst später wurde diese zum zusätzlichen Laden ausgewechselt und der Zugang durch die Durchfahrt der südlich benachbarten Nr. 55 organisiert. Die Hauptnutzung des Erdgeschosses von Nr. 57 besteht seit alters her in einer Gastwirtschaft. Vergleichsweise schmal und mit nur vier Fensterachsen entstand die neue Fassade zwischen der gleichzeitigen Nr. 55 im Süden und der schon 1879 fertiggestellten Nr. 59 nördlich. Die gleichmäßige Reihung von vier Fensterachsen, nach oben hin dezent vereinfachend ausdifferenzierte Gesimse und die geschossweise variierten Verdachungen kennzeichnen die Straßenfront als Beispiel einer neubarocken Garnitur, die konsequent angewandt wurde, deren Stilcharakteristika aber nicht die Großform dominieren sollten. (Instandsetzung der Fassade und Neugestaltung/Renovierung des Lokals 1995; Instandsetzung des Treppenhauses 2004–05.)
Die Gastwirtschaft (um 1900 „Neue Dichtelei", ab 1903 gleich der berühmten Zeitschrift „Simplicissimus" genannt) war lange Zeit unter der legendären Gastwirtin Kathi Kobus († 1929) ein zentraler Treffpunkt der Münchner Bohème, wo auch Lesungen, Sketche, Kabarett usw. stattfanden bzw. improvisiert wurden (Kriegsschaden 1944; heute „Alter Simpl").

[**Türkenstraße 58.** Kein Baudenkmal. Der Abbruch der Baulichkeiten geschah 7/1978 mit der Maßgabe des Erhalts der Straßenfassade des Vordergebäudes. Der von 1978–79 an für das Studentenwerk erstellte Neubau stellt die dritte Bebauung der Parzelle dar. Schon in den frühen 1820er Jahren stand an der Straße ein bescheidenes zweigeschossiges Vorstadthaus (Eigentümer 1844 der Maurerpalier Philipp Motz), das schließlich 1873 südlich dahinter von Maurermeister Vornehm ein großes Seitengebäude erhielt (Eigentümer war Schweinemetzger Johann Kröner). Ein großes Rückgebäude zu Wohnzwecken entstand zwei Jahre später nach Plänen des Bauführers Josef Lutz. Noch hatte das kleine Haus an der Straße Bestand. Kurz nach 1889 verkaufte Kröner, er nannte sich jetzt „Johann Nepomuk Kröner Hof-Charkutier", das Grundstück an den Investor Baumeister Heinrich Neumann, der 1894–95 in einem Zug mit dem nördlichen Nachbargebäude Nr. 60 einen großen Neubau erstellte. Schon 1896 verkaufte Neu-

Türkenstraße 58 (li. Nr. 60); Aufn. 1995 (kein BDm)

mann die Liegenschaft an Georg Pschorr weiter. Den Abbruch des Anwesens vollführte man mit einer fotografisch dokumentierten sinnfälligen Handhabung: Zum Schutz vor einem Herabstürzen von Schutt auf den Gehsteig umstellte man das Baugerüst mit allen greifbaren bauzeitlichen Füllungstüren, die durch den Abbruch obsolet geworden waren. (Renovierung der Schauseite 1989; Erneuerung der Dachhaut 2006.)]

Türkenstraße 59. Das gediegene, bemerkenswert überlieferte Neurenaissance-Mietshaus entstand 1878 als Erstbebauung auf bis dahin unbebautem Grund. Das Grundstück war rückwärtig schon in den frühen 1820er Jahren bebaut, nach Osten zur Straße hin war eine Art Vorgarten frei geblieben. Bauherr war der Kupferschmiedemeister Johann Kuhn, Ausführender der Baumeister J. Sprenger. Der Baumeister legte die Durchfahrt (bauzeitliche Torflügel erhalten) in die südliche Achse, schloss von dieser her einen Übergang zum mittig rückwärtigen Treppenhaus an. Dieses blieb (noch) ohne Ausbau über die rückwärtige Grundlinie. Die jeweils zwei mittelgroßen Wohnungen in den Obergeschossen waren gemäß Frühzustand spiegelsymmetrisch organisiert. Die Fassade stellt ein Lehrbuchbeispiel für die Neurenaissance-Schauseite eines Münchner Mietshauses dar. Rhythmisiert wurde sie durch Eng- und Weitsetzung der Fensterachsen, so bilden die jeweils äußeren Achsen durch Absetzung einen Fassadenmittelzug aus, dem vier enger gesetzte Achsen eingeschrieben sind. Zwischen Erdgeschoss und 1. Obergeschoss sowie zwischen 1. und 2. Obergeschoss wurden Gurt- und Sohlbankgesimse parallel geführt, sie spannen die Fenster des 1. Obergeschosses ein, das eine feine Rustika vorgelegt bekam und so sockelgleich abgesetzt worden ist. Als Hauptgeschosse wurden 2. und 3. Obergeschoss behandelt und in ein Fassadenfeld zusammengespannt, das nach oben hin mit einem durchgebildeten Gurtgesims abgeschlosssen wurde; letzteres wird von einem nur selten erhaltenen „laufenden Hund" begleitet. Die Verdachungen variieren geschossweise, während die Fenster des 1. Obergeschosses einzig stilisierte Scheitelsteine erhielten, verdachte man die je äußeren Fenster im 2. Obergeschoss mit Segmentbogengiebeln, die enger gesetzten im Mittelzug mit Dreiecksgiebeln sowie die Fenster des 3. Obergeschosses einheitlich mit geraden Gesimsstücken; über den Fenstern des 4. Obergeschosses (mit geohrten Profilrahmen) mittelte man die Scheiben des darüber verlaufenden Frieses im Dachgebälk ein. Beachtlich

Türkenstraße 59; Aufn. 1995

ist auch, dass die in Schmatzputz bossierten Rustikaquader des Erdgeschosses mit ihren charakteristischen Steinschnitt-Nachzeichnungen weitgehend erhalten geblieben sind. (Fassadenrenovierung 1986, Erneuerung der Dachhaut und Taubenvergrämung 2000.)

Türkenstraße 60. Der bestehende, 1893–95 aufgeführte Bau ersetzte eine Vorbebauung, die schon in den frühen 1820er Jahren entstanden war. Baumeister Heinrich Neumann verwirklichte für sich selbst nach vollständiger Abräumung der alten Baulichkeiten Vorder- und Rückgebäude mit je eigener Erschließung. In den breiten Riegel des Vordergebäudes legte Neumann mittig die Hofdurchfahrt, nördlich daneben das Treppenhaus, das in jedem Obergeschoss zwei große Wohnungen erschließt; die jeweils nördliche erstreckt sich im richtungsgleichen Rückflügel, an

Türkenstraße 60; Aufn. 1995   Türkenstraße 63; Aufn. 1995

den der Ansatzflügel des Rückgebäudes anschließt. Eine Einklinkung der Grundlinien ermöglichte die Belichtung des Treppenhauses. Das Rückgebäude erhielt ebenfalls einen mittigen Zugang, der zum rückwärtigen Treppenhaus führt, das polygonal in einen östlichen Grenzlichthof hineinragt. Auch im Hinterhaus sind gemäß Frühzustand zwei Wohnungen in jeder Etage untergebracht. Die Fassade des Vordergebäudes besticht durch eine Behandlung, die neubarocken Formen verwandt ist. Das 1. Obergeschoss wurde sockelgleich behandelt und bleibt über eine schlichte Rustika hinaus weiters unbehandelt. Als Hauptgeschosse gestaltete Neumann das 2. und 3. Obergeschoss: Er verklammerte die Fenster der beiden Geschosse jeweils zu Bahnen und zog sie durch kolossale Vorlagen zusammen. Darüber hinaus setzte er hier vor die eng gesetzten nördlichen Fensterpaare einen flachen zweigeschossigen Erker mit schmalen Seitenfenstern; dessen Deckplatte bedient im 3. Obergeschoss ein dreiteiliges Fenster mit Fenstertüre mit einem gitterbewehrten Austritt. Die Rhythmisierung der Fassade erfolgte verhalten durch Eng- und Weitsetzung der Fensterachsen. Das bis zu seiner Zerstörung im Luftkrieg steiler geneigte Dach, was am Verlauf der Brandmauer nachvollziehbar geblieben ist, zeichnete ursprünglich in der Dachzone oberhalb der Erkerachse ein Giebelaufsatz aus, der jedoch schon 1936 modifiziert worden war. (Arbeiten an der Fassade 1980 und 1997, Dachsanierung 1999.)

Türkenstraße 63. Nach Beseitigung der bis in die frühen 1820er Jahre zurückreichenden Vorbebauung errichtete das Architekturbüro B. Neubauer bis 1906 die bestehenden Gebäude. Die erste Eingabe datiert ins Jahr 1900, Bauwerberin war die „Kaminkehrermeisterswitwe" Elise Kargus. Es entstand eine Staffelung zweier Hinterhöfe mit hufeisenförmigen Grundrissen, nach Norden hin offen. Neubauer disponierte einen tiefen Flügel entlang der südlichen Grundstücksgrenze und legte die Durchfahrten in die nördliche Achse ganz an die entsprechende Parzellengrenze. Ein Treppenhaus, mittig in den Rückflügel gesteckt und hofseits zugänglich, bedient die Wohnungen in Vorderhaus und Zwischengebäude gleichermaßen, jeweils eine große Wohneinheit gemäß Eingabeplan. Dieses Treppenhaus wurde in den 1930er Jahren erneuert. Das zweite Treppenhaus legte Neubauer an den Hofwinkel, den Seitengebäude und zweites Rückgebäude am zweiten Hinterhof ausbilden. Die große doppelläufige Treppe mit ihren von Norden belichteten, überaus großflächigen Wechselpodesten erschließt hier, ebenfalls bauzeitlich, drei mittelgroße Wohnungen. Auch hat sich hier die historische Treppe mit ihrem charakteristischen Geländer erhalten. Die Teilnutzung des Erdgeschosses im Vorderhaus mit drei kleinen, abgeschlossenen Läden entspricht dem Frühzustand. Die Straßenfront gestaltete man in barockisierendem Jugendstil, gewissermaßen einer spezifisch münchnerischen Spielart und lokaltypischen Anverwandlung einer internationalen Stilausprägung, die amalgamierte Barockformen neben stilisierte flächige Putzornamente brachte und dabei ziemlich frei und außerkanonisch verfahren konnte. Eingetiefte Putzfelder kennzeichnen die Fassaden der Seiten- und Rückgebäude, die zusammen mit dem Vordergebäude hinsichtlich ihres Erhaltungsgrades eine eindrucksvolle Baugruppe bilden. Nr. 63 an der Türkenstraße ist ein lehrreich anschauliches Beispiel für die historische Bautenstaffelung auf den tiefen Parzellen der Maxvorstadt. Im Luftkrieg erlitt das Vordergebäude einen Teilschaden, der Abschnitte des Dachtragwerks und das 3. Obergeschoss in der südlichen Hälfte betraf. (Arbeiten an der Fassade im Erdgeschoss 1981; durchgreifende Renovierung der Fassade und der Fenster 1992–93; Fenstererneuerungen und Arbeiten an den Fassaden des Rückgebäudes 2001; Gesamtinstandsetzung 2004.)

Türkenstraße 68. An der Stelle eines kleinen Feuerhauses von Arnold Zenetti aus der Mitte des 19. Jh. entstand 1872–74 ein Schulhaus nach den Richtlinien eben dieses städtischen Baurates, gemäß Megele (1951) nach Entwurf von Zenetti und August Voit d. J. In Grundriss und Fassadengestaltung entsprach der viergeschossige Neurenaissancebau im Wesentlichen der noch wohlerhaltenen „Blumenschule" August Voits (vgl. Sendlinger-Tor-Platz 14), doch mit polygonalen (heute halbrunden) Treppenhausrisaliten an den Schmalseiten im Norden und Süden. An der Nordostecke wurde 1900/01 im rechten Winkel ein Erweiterungsbau samt Turnhalle nach Entwurf des städt. Baubeamten Hermann Frauenholz angefügt. Dieser Nordflügel mit neubarocker Putzfassade, der den Zweiten Weltkrieg überstand, ist zweiteilig: westlich ein höherer dreigeschossiger Block mit Bandrustika, Rundbogenfenstern und dekorativ gerahmtem Rundbogeneingang im Erdgeschoss; die Obergeschosse weisen eine Lisenen- und Putzfeldergliederung mit Anklängen an den Louis-XVI-Stil auf; östlich schließt sich der zweigeschossige Turnhallentrakt mit ionischen Kolossallisenen an.
Der am 9./10. März 1943 schwer beschädigte Hauptbau von 1874 ist in der neuen Gestalt, die ihm Gustav Gsaenger 1951/52 gab, nicht lediglich als vereinfachter Wiederaufbau zu werten, sondern als selbständige architektonische Leistung. Die westliche Längsfront an der Türkenstraße zeigt noch die originale rhythmisierte Fensteranordnung von 1874 sowie ein Gurtgesims über dem Erdgeschoss. Die Hofseite mit Fensterbändern und vorgelegten schmalen Balkonen wurde neu gestaltet. An die Stelle des Daches trat eine begehbare Terrasse mit zinnenartigem horizontalem Abschluss. Charakteristische Merkmale der Fassade sind ihr ursprünglich kräftiger roter Farbanstrich und die kleinteiligen weiß/grauen Fensterversprossungen. (Vgl. auch Abb. S. 1161)

Türkenstraße 71; Aufn. 1995

Türkenstraße 68, Schule (rechts Schellingstraße 28a); Aufn. 1995

Türkenstraße 68, Nordflügel; Aufn. 1995

Türkenstraße 71. Baumeister Rudolf Schratz erbaute1891–92 das über einem stumpfen Winkel zweiflügelige Wohn- und Wirtschaftsanwesen für sich selbst. Der Baugrund war teilweise bebaut; an der Türkenstraße, etwa in Höhe der beiden eng gesetzten nördlichen Fensterachsen, bestand ein schlichtes vorstädtisches Wohngebäude, das schon 1826 entstanden war, aber offensichtlich in den Neubau nicht integrierenswert schien, es wurde niedergelegt (ein Demolierungsprotokoll vom Dezember des Jahres 1891 ist erhalten). Mit über 32 m Fassadenlänge an der Türkenstraße und 15 m an der Blütenstraße erhebt sich der Neubau (drei ältere Parzellen wurden insgesamt überplant) markant an der nördlichen Ecke Türken-/Blütenstraße. Den repräsentativen Eingang steckte Schratz mittig in den Flügel entlang der Türkenstraße, er führt zum rückwärtigen, eigens ausgebauten Treppenhaus. Die doppelläufige Podesttreppe erschließt in jedem Obergeschoss drei Wohnungen, dies gemäß Eingabeplan. Beachtenswert ist der Zuschnitt der Salons hinter den eng gesetzten Fenstern der abgeschrägten Ecke, diese erhielten sechs Raumecken. Im Erdgeschoss war gemäß Erstzustand im größeren Abschnitt südlich des Durchganges eine Restauration untergebracht, die Ladennutzung in den Räumen nördlich des Einganges ist das Ergebnis einer Auswechslung von Wohnräumen (1898 und 1903). Das bestehende Mansarddach gibt in Neigung und äußerer Dimensionalität die bauzeitliche Gestalt wieder. Die hohen Gauben mit ihren über den Riegelgrat reichenden Decken und den großformatigen stehenden Dachfenstern freilich haben die ursprüngliche Geschlossenheit der Dachlandschaft gewandelt. Die Fassadentekturen – bereits vom Mai 1891 – stammen von den Architekten Lincke & Littmann. Die der beachtlichen Baumasse aufgeprägten Formen wurden aus dem barockzeitlichen Palastbau gewonnen. Die mittige Eingangsachse wurde zwerchhausartig betont. Dafür sprengte man das kräftig durchgebildete Traufgebälk auf und überhöhte diesen dreiachsigen Mittelzug mit einem Schweifgiebel und bekrönendem Segmentbogengiebel. Das Eingangsportal selbst erhielt eine Hervorhebung vermittels eines gesprengten Dreiecksgiebels. Die Fassadenzone hat im Erdgeschoss erheblich gelitten, doch ist die Erhabenheit nachvollziehbar geblieben, vor allem durch die sockelgleiche Behandlung des 1. Obergeschosses und die kolossale Verklammerung der drei Obergeschosse darüber (dies ein entscheidendes Stilmittel des Neubarock). Die Rhythmisierung der Fassade geschah gängig durch die Eng- und Weitsetzung von Fensterachsen. (Fassadenrenovierung 1982; Ausbau des Dachgeschosses 1991; Renovierung des nördl. Ladens im Erdgeschoss 1997; wiederum Instandsetzung der Fassade, der Fenster und des Treppenhauses 1998; erweiternder Ausbau des Dachgeschosses 1998–99 und 2002; wieder Renovierung des südl. Ladens 2000; jüngste Instandsetzung der Fassade 2005.)

Türkenstraße 72; Aufn. 1995

geschoss 1997; Gesamtrenovierung mit Erneuerung der Dachhaut sowie Instandsetzung des Treppenhauses 1998; Renovierung von Wohnungen in Dach- und 3. Obergeschoss 2002–03.)

Türkenstraße 76. Auf dem Grundstück ist ab den frühen 1840er Jahren Bebauung nachweisbar. Der Glasermeister Josef Schwägerl ließ dann 1889–90 zunächst Seiten- und Rückgebäude nach einer Planung der Architekten Adam & Lothary neu erbauen. Vorne an der Straße blieb der dreigeschossige Altbestand zunächst stehen. Erst 1900 ging Schwägerl daran, diesen durch einen Neubau zu ersetzen (eine erhaltene erste Planung von F. X. Ilg kam nicht zum Kontrakt). Liebergesell & Lehmann planten schließlich den beachtlich überlieferten Wohn- und Geschäftshausbau und vollendeten ihn 1902. Seiner Entstehungszeit entsprechend erhielt der Bau einen modernen Grundriss und mit diesem eine überlegte Baumassenverteilung: Dem Riegel an der Straße schloss man einen nördlichen Rückflügel an, die halbgewendelte Podesttreppe kam zum Hof hin zum Liegen, hier von einer eigenen Einklinkung der Grundlinien her belichtet. Über ein leichtes Zwischenpodest gelangt man von der südlich ausmittigen Durchfahrt auf halber Höhe zum Stiegenhaus, das in jedem Obergeschoss zwei mittelgroße Wohnungen erschließt, deren nördliche sich in den Rückflügel hinein erstreckt. Die Fassade, in ihrer Großform mit vier gleichmäßigen Achsen gängig zugeschnitten, besticht durch einen Dekorationsstil, der den Bauten Martin Dülfers eng verwandt ist (vgl. die nahe Schellingstraße 26). Die Blockhaftigkeit der Fassadenschicht wird durch wenige Kunstgriffe aufgelöst: vor die je seitlichen Achsen setzten Liebergesell & Lehmann flache zweigeschossige Erker, die Fenster der Hauptgeschosse erhielten phantasiereiche, geschossweise variierende Verdachungen. Den Hauptakzent bildet das hohe (leicht geschlichtete) Zwerchhaus mit seinem halbrunden Blendgiebel. Schwägerls Neubau ist als moderner Mietshausbau in konservativer, von Neurenaissance- und Neubarockbauten geprägter Umgebung anzusehen. Die Anverwandlung in Jugendstilformen machte allenthalben hinsichtlich einer üblichen Symmetrisierung Zugeständnisse. (Instandsetzung der Fassade und Fenster, Erneuerung der Dacheindeckung 2003.)

Türkenstraße 71, Fassadendetail

Türkenstraße 72. In den frühen 1840er Jahren entstanden auf zuvor unbebautem Grund drei dreigeschossige Vorstadthäuser, die 1850 Zimmermeister Peter Erlacher gehörten. Die drei Bauten bildeten einen Riegel in das Grundstück hinein, südlich lag eine große Gartenfläche vor ihnen. Der längere mittlere Bau sowie dessen östliches Nachbaranwesen fungierten seit 1880–81 als Bavariabad oder später sog. Türkenbad. Der als Kaufmann firmierende Max von Dall'Armi ließ die Bauten 1890–92 aufstocken und umbauen, ausführender Baumeister war Franz Xaver Renner. Die zusammengelegten Häuser erhielten einen zentralen Eingang von der Südseite her. 1897 schließlich ließ von Dall'Armi als „Badbesitzer" das Erdgeschoss des Gebäudes zu einem Brausebad umbauen, dabei wurde der westliche Bau mit einem zusätzlichen Hauseingang aufgeschlossen. (Die beiden weiteren Straßenzugänge im östlichen Abschnitt entstanden 1911 durch Hartl & Schmidbauer.) Seit 1890 führt der mittige Zugang zum rückwärtigen, eigens ausgebauten Treppenhaus. Hier gelangt man gemäß Eingabeplan über eine doppelläufige Podesttreppe zu zwei großen Wohnungen in jedem Obergeschoss. Die Fassadenbehandlung besticht durch eine klassische Neurenaissance, die dem langen Bau eine strenge Façon verleiht: Vermittels durchlaufender Gurtgesimse wurden die Geschosse getrennt und das Erdgeschoss mit Rauputz-Rustikaquadern versehen; alle Fenster des Hauses wurden halbrund geschlossen, die Verdachungen bestehen ausschließlich in geraden Gesimsstücken. Auch das Kranzgesims des Traufgebälks hat sich erhalten. In gängiger Weise rhythmisierte man die Fassade durch Eng- und Weitsetzung der Fensterachsen. (Wohnungssanierung im 3. Obergeschoss 1986, im 1. Obergeschoss 1987; Fassadenrenovierung mit Erneuerung von Fenstern 1990; Wohnungssanierung im 2. Obergeschoss 1991–92; Instandsetzung der Fassade und Fenster 1997–98, Renovierung einer weiteren Wohnung im 2. Ober-

Türkenstraße 78. Das straßenseitig sieben Fensterachsen breite klassizistische Wohnhaus zu drei Geschossen aus der Mitte des 19. Jh. veranschaulicht die meist schlichte Art der nur noch in wenigen Resten erhaltenen Erstbebauung in der Maxvorstadt; früher schloss sich ein gleichartiges, ebenfalls siebenachsiges

Türkenstraße 76; Aufn. 1995

Haus nördlich an (heute Nachkriegsneubau Nr. 80). Im Stadtatlas von G. Wenng 1849 sind diese beiden Häuser als Bestandteil einer sechsteiligen Gruppe Türkenstraße 42a–g an der Stelle der heutigen Häuser Nr. 72–80 (gerade Nummern) dargestellt und als Eigentümer von Nr. 42a/b (heute 78/80) wird der Maurer C. Straßberger – wahrscheinlich der Erbauer – genannt. Nr. 78 wird mittig von einer Durchfahrt erschlossen. Im Treppenhaus sind das hölzerne Balusterstabgeländer und Füllungstüren erhalten. – An der Stelle eines Nr. 78 und 80 gemeinsamen Rückgebäudes auf dem Plan von 1849 steht heute im Hof von Nr. 78 links ein hakenförmiges Nebengebäude, dessen Plan 1864 von Maurermeister (Max) Kuppelmayr und Zimmermeister Georg Bleibinhaus signiert wurde; rechts weitere, malerisch-unregelmäßige Hofbebauung des späteren 19. Jh. Eine Ansicht von ca. 1910 zeigt im Vorderhaus links das Gasthaus zum Englischen Stall (heute Türkenhof). Die Erdgeschossöffnungen sind meist verändert (ursprünglich Rechteckfenster).

Türkenstraße 85. Auf zuvor unbebautem Grund entstand das Wohn- und Geschäftshaus 1877–78 als vergleichsweise schlichte Eckbebauung (nordwestliche Ecke von Türken-/Adalbertstraße) über einem zweiflügeligen Grundriss. Die Durchfahrt legte Zimmermeister Anton Sedlmair, der das Haus für sich selbst erbaute, in die Mitte des Riegels an der Türkenstraße, eine einzügige Treppe liegt hier südlich rückwärtig an und führt zur doppelläufigen Podesttreppe oberhalb der Durchfahrt. Zwei Wohnungen klar unterschiedlicher Größe kamen gemäß Eingabeplan in jeder Etage zum Liegen. Die Fassaden des insgesamt blockhaften Hauses erhielten eine schlichte Neurenaissance-Dekoration, die sich in den Obergeschossen weitgehend erhalten hat. Der Fassadenstoß zur Ecke hin wurde vermittels einer Abschrägung der Ecke entschärft. Die Rhythmisierung der Fassaden geschah in gängiger Weise durch Eng- und Weitsetzung der Fensterachsen, die eng gesetzten erhielten verkuppelnde Verdachungen. Die Fensterauswechslung zu solchen mit Einscheibenverglasungen (teilweise mit aufgeklebter Sprossenteilung) verdeutlicht die nachhaltige Bedeutung der Fensterwahl für die Geschlossenheit der Fassadenschicht.

Türkenstraße 85; Aufn. 1995

Türkenstraße 78; Aufn. 2000

Türkenstraße 78, Hof nach Osten; Aufn. 2000

Türkenstraße 90. Auf einer Parzelle mit nach Nordosten versetzten seitlichen Grenzen entstand das bestehende Haus 1885–1888 für den Metzgermeister Nikolaus Sailer, gleichzeitig mit einem Rückgebäude. Die Bauten bildeten den Ersatz für eine schon in den frühen 1820er Jahren nachweisbare vorstädtische Bebauung. Planfertiger und Ausführender der Neubauten war Baumeister Josef Kirschenhofer. Es entstand ein schlichtes viergeschossiges Wohn- und Geschäftshaus zu vier Achsen. Die Durchfahrt kam in der südlichen Achse zum Liegen, das annähernd quadratische Treppenhaus mit seiner halbgewendelten Podesttreppe liegt dieser mittig an und musste von oben her belichtet werden. Gemäß Eingabeplan ist in jeder Etage eine größere Wohnung untergebracht. Die Bautiefe bedingte (noch) Dunkelzonen. Die Teilnutzung des Erdgeschosses als Laden entspricht dem Frühzustand des Anwesens. Die Fassade des Hauses ist leicht geschlichtet überkommen. Eine kräftige Putzquaderrustika macht das Erdgeschoss aus, darüber wurden abschließendes Gurt- und das Sohlbankgesims des 1. Obergeschosses verklammert, 1. und 2. Obergeschoss als Hauptgeschosse behandelt, hier die Fenster des 1. Obergeschosses segmentbogig und die des 2. Obergeschosses mit Dreiecksgiebeln verdacht. Durch den Verlust der Sturzfelder im 2. Obergeschoss erscheinen die dortigen Verdachungen ohne Verbund. Die Rhythmisierung erfolgte gängig durch Eng- und Weitsetzung der Fensterachsen sowie hier zusätzlich durch die Artikulation verschieden breiter Fensterformate. Den zwischenzeitlich vereinfachten Hauptakzent der Fassadengestaltung bildete der geschweifte Blendgiebel vor dem mittig in die Dachzone gesetzten Dachhaus. Auch die Fassadenfläche auf Höhe des 3. Obergeschosses und vermittelnder Zierrat in der Zone darunter wurden im Rahmen mehrerer Überarbeitungen der Neurenaissancefassade abgenommen. (Ausbau des Dachgeschosses 2004.) (Abb. S. 1174)

Türkenstraße 90; Aufn. 1995

Türkenstraße 92; Aufn. 1995

Türkenstraße 92. Der „Gipsformator" Felix Nanny ließ 1865 an das mit nur drei Achsen Breite und dreigeschossig an der Türkenstraße stehende Anwesen aus den Jahren des ersten Ausbaus rückflügelartig ein Hintergebäude ansetzen. Das Haus stand zu diesem Zeitpunkt nördlich frei. 1876 schließlich entschied sich derselbe, das Haus nach Norden hin zu verlängern, hier mit der Nr. 94 die Zeile zu schließen und um zwei Stockwerke zu erhöhen. Planfertiger waren August Nanny und Wolfgang Arnold. Die Hofdurchfahrt wurde in der Lage der alten Zufahrt in den Riegel an der Straße gesteckt, auf mittlerer Strecke schließt südlich das Treppenhaus an, das rückwärtig ohne Ausbau bleibt. Zwei Wohnungen sind gemäß Veränderungsplan von 1876 in jedem Obergeschoss untergebracht. Die mit Anbau und Aufstockung zwangsläufig verbundenen Veränderungen der Dimensionen konnten weitgehend kaschiert werden, der Beruf des Bauherrn mag hier dem Vorhaben zupass gekommen sein. An den unterschiedlich breiten Interfenestralen (Wandfläche zwischen den Fenstern) links und rechts neben der mittleren Fensterachse ist ein baugeschichtlich bedingtes Unmaß erkennbar geblieben. Insgesamt besticht die Fassade mit Ausnahme der Fenster des 4. Obergeschosses durch ihre kräftig durchgebildeten Neurenaissancedetails und verdeutlicht die frühe Entstehungszeit. Eine 1969 beabsichtigte, totale Schlichtung der Fassade ist nicht verwirklicht worden. (Fassadenrenovierung und Erneuerung der Dachhaut 1997, Änderung der Fassade im Erdgeschoss 2000.)

Türkenstraße 99/101. Das monumentale vornehme Doppelmietshaus entstand auf unbebautem Grund ab 1886 (1886/87 laut Bauinschriften über den Risalitfenstern im 2. Stock). Bauwerber war Kaufmann Rudolf Steffan, Planer und ausführender Architekt Friedrich Steffan. Der Bauplatz vis-à-vis des Westpavillons der Akademie kann als durchaus prominent und städtebaulich herausfordernd gelten. Entsprechend gehoben baute Steffan. Die beiden Teilhäuser bilden einen monolithen palaisartigen Block, der die reale Zweiheit kaschierte. Rückwärtig setzte man einen deutlich schmäleren Rückflügel an, wodurch die Vermehrung der Fensterachsen möglich wurde. Zur Aufhellung der zentral im tiefen Baublock liegenden Räume steckte Steffan einen Kommunlichthof ins Gebäude (über einer Grundfläche von über 20 m²). Dieser belichtet gemäß Frühzustand östlich die Bäder, westlich die Dienstbotenkam-

Türkenstraße 101, Fassadendetail

mern sowie nördlich und südlich die nebenliegenden Korridore. Die Häuser erhielten ihre Zugänge über kleine Freitreppen von den Seitenfassaden her. Die so erschlossenen Grundrisse waren gemäß Frühzustand streng spiegelsymmetrisch angelegt. Den reich gestalteten Eingängen liegen westlich kleine Einzimmer-Wohneinheiten für die Aufwärterin an. Die Treppenhäuser liegen schmalseitig an den rückwärtigen Hofwinkeln, die großzügigen Podesttreppen führen gemäß Eingabeplan zu jeweils nur einer Wohnung je Etage in jedem Teilhaus. Die ambitionierte äußere Vorstellung der Baumassen gleicht einem französischen Stadtpalast. Zwei seitliche Pavillons (Pyramidendach mit einschwingenden Graten), straßenseitig zusätzlich mit reich gestalteten Balkons hervorgehoben und von stilisierten Rustikalisenen markiert, spannen eine Parataxe von acht Fensterachsen ein. Das Erdgeschoss wurde rustiziert, den interfenestralen Feldern des 3. Obergeschosses setzte man gerahmte Stuckfelder ein. Kräftig durch-

Türkenstraße 99/101; Aufn. 1995

gebildete Gurtgesimse begrenzen 1. und 2. Obergeschoss als Hauptgeschosse, deren Fenster erhielten geschosseinheitliche Verdachungen. Das in Struktur und Bestand dicht überlieferte Doppelhaus stellt eines der wenigen erhaltenen Beispiele in München dar, bei dem sich die Erbauer weniger an norditalienischen Renaissancefassaden oder den nordischen Spielarten des Rückgriffs auf klassische Formen orientierten, sondern konsequent französische Vorbilder beachteten (vgl. auch das 1879–80 erbaute Haus Schleißheimer Straße 25).

In den von Norden her belichteten Räumen oberhalb des Eingangs zu Nr. 101 richtete 1930 L. F. Limburg eine Kapelle ein. Auftraggeber waren die Franziskanerinnen, die hier ein Studentinnen-Wohnheim betreiben. Dieses war 1957–58 von Josef Ruf durch einen dreigeschossigen Neubau auf dem westlich angrenzenden Grundstück erheblich erweitert worden. Mit dem Vorderhaus verband Ruf den Neubau durch einen ebenerdigen Verbindungsgang (heute Studentinnenheim St. Michael der Dillinger Franziskanerinnen-Provinz Maria Medingen in Mödingen). (Erneuerung der Fenster mit Ausnahme der Hauskapellenfenster, nördl. Nebenfront mit Glasgemälde 1979; Fassadenrenovierung 5/1982.)

Türkenstraße 103. Zwei Jahre nach Abschluss der Arbeiten am östlichen Pendantbau, dem gegenüberstehenden Eckhaus Türken-/Georgenstraße, und nur ein Jahr nach Abschluss der Arbeiten am südlich benachbarten monumentalen Doppelmietshaus Türkenstraße 99/101 begann der Aushub für den großen Eckbau Türkenstraße 103. Der somit 1888–90 ausgeführte Bau hatte den spitzwinkligen Anschluss der Türkenstraße an die Georgenstraße ins Kalkül zu ziehen, er befand sich damit in einer städtebaulich herausgeforderten Situation, der die Planer Rechnung zu tragen hatten. Dabei war die vorgeschriebene Vorgartenlinie entlang der Südseite der Georgenstraße mit zu gestalten, die dortige Einfriedung aus der Bauzeit ist erhalten geblieben. Es entstand auf zuvor unbebautem Grund ein origineller Zweiflügelbau mit vermittelnder abgeschrägter Ecke. Die Personnage war die gleiche wie beim

Türkenstraße 103, links 99/101; Aufn. 1995

südlichen Doppelmietshaus: Als Bauwerber trat der Kaufmann Rudolf Steffan auf, Planer war Architekt Friedrich Steffan. Der mittig in den Bauflügel an der Türkenstraße gesteckte Eingang führt über ein Zwischenpodest zum runden Treppenhaus im Hofwinkel (in einer Einklinkung der rückwärtigen Grundlinien von diesem her belichtet). Trapezförmige Vorpodeste schließen in jeder Etage zwei unterschiedlich große Wohnungen auf. Beachtlich sind die Zuschnitte der sechseckigen Salons hinter der abgeschrägten Ecke mit ihren nordostwärts gerichteten Eintritten in den vorgebauten Erker. Dieser stellt kompositorisch eine Kuriosität dar: Steffan schuf vor Erd- und 1. Obergeschoss einen zu drei Achteln geschlossenen Bodenerker, dreiseitig schmal durchfenstert und rustiziert. Oberhalb des 2. Obergeschosses erhielt der Bauteil einen eigenen Wasserschlag, der den Einsprung zum Rechteck darüber vermittelt, denn vor dem 2. und 3. Obergeschoss ist ein Flacherker angesetzt, der das schlichtere obere Register des Bodenerkers ausbildet; hier den anderen Fassadenflächen entsprechend gestaltet. Diese zeichnen sich an der Türkenstraße durch eine strenge Parataxe von sechs Fensterachsen aus, die südlich von einem Risalit begrenzt werden, dem eine weitere, weit gesetzte Achse eingeschrieben ist. Eine verwandte Lösung artikulierte Steffan auch in der Fassade an der Georgenstraße, hier zählt das Fassaden-Hauptfeld jedoch fünf Achsen, doch wird dieses auch hier seitlich, d. i. westlich von einer weit gesetzten, risalitgebundenen Achse abgeschlossen. In Streifen gesetzte, abwechselnd gelbliche und rötliche Blendziegel verleihen dem Gebäude ein insgesamt exotisches Gepräge, die umgesetzten Formen jedoch sind der Neurenaissance verpflichtet. Die Dachzone freilich war bis zur Kriegszerstörung um Vieles reicher gestaltet. Die bestehende Dachneigung ist das Ergebnis der Herstellung eines ersten Notdaches nach den Treffern im Luftkrieg. Denn ursprünglich war der südliche Risalit der Fassade an der Türkenstraße von einem geschweiften Blendgiebel, der Eckerker durch ein hoch aufragendes Pyramidendach überhöht, das nordwärts gestellte Dachfenster eines großzügigen Atelierausbaus, mittig in der Dachzone über der Fassade an der Georgenstraße, als Ädikulum mit Volutenwangen gestaltet. Bauherr der Wiederherstellungsarbeiten nach dem Zweiten Weltkrieg war der akademische Maler Erwin Steiner, Sohn des Josef Georg von Steiner, der Staatsrat im Bayerischen Kultusministerium gewesen ist. (Fassadenrenovierung 1985; Beantragung ei-

nes Dachgeschossausbaus mit geschweiftem Giebel und Turm 3/1994; Instandsetzung der Fassade, der Fenster und des Treppenhauses 1997–98.) – Im 1. Stock wohnte ca. 1891–1902 der Maler und Akademiedirektor Ludwig von Löfftz († 1910).

Türkenstraße 104/106. Die großen Mietshäuser Türkenstraße 104 und 106 entstanden 1895–96 gleichzeitig und als ein Komplex mit Georgenstraße 19 für den Baumeister Johann Sperber nach den Plänen von S. Seemüller. Das vergleichsweise umfassende Eckgrundstück war bis dahin unbebaute Wiesenfläche. Der Baublock hatte verschiedene städtebauliche Anforderungen zu erfüllen, die zu vereinigen die eigentliche Herausforderung darstellte: Die Straßenführung am Übergang Türken-/Georgenstraße mit ihrem versetzten Übergang zur Anhebung der Friedrichstraße, nur 25 m weiter östlich, war bis dahin ohne bauliche Führung. Die Häuser Nr. 104 und 106 an der Türkenstraße stellen ein geradezu monumentales Anhebungs-Straßengewände dar, zum einen zwischen der Südecke von Nr. 104 an der Einfriedung der Akademie entlang bis zur nördlichen Ecke von Türken/Akademiestraße und zum anderen von der Ecke Türken-/Georgenstraße nach Osten hin, unter Beachtung der charakteristischen Vorgartenlinie, die das hier gepflegte offene System ausmacht. Die drei Bauten bilden zum Straßenstoß hin einen Flügelbau über stumpfem Winkel, und man schloss den Komplex mit einem tiefen südlichen Riegel zum Dreiflügelbau, der nach Osten offen bleiben sollte, da

Türkenstraße 104/106 von Südosten; Aufn. 2007

man die südliche Freistellung und die Blickbeziehung zur Akademie hin ins Kalkül zu ziehen hatte. Die stumpfe Ecke wiederum entschärfte Seemüller vermittels einer überbreiten Abschrägung, die innerhalb der Fassadenabwicklung mit vier Fensterachsen regelrecht eigens thematisiert worden ist. Nr. 104 erhielt ihren Eingang von der südlichen Seitenfassade her, über ein Zwischenpodest erreicht man das rückwärtig quer positionierte und von Norden her belichtete Treppenhaus, das gemäß Eingabeplan eine große, herrschaftlich zugeschnittene Wohnung je Etage erschließt (Vermehrung der Abgeschlossenheiten später). Den Zugang in Nr. 106 disponierte man von der Straße her. Auch hier erreicht man über ein Zwischenpodest ein nach rückwärts ausgebautes, aber gerade gestecktes Treppenhaus, von Osten belichtet, und auch hier war gemäß Erstzustand in jeder Etage eine großzügige Wohneinheit untergebracht. Beachtung verdient dabei der Zuschnitt des herrschaftlichen Salons, der hinter der abgeschräg-

Türkenstraße 104/106 mit Georgenstraße 19 (von rechts); Aufn. 1995

ten Ecke in den Wohnungen zu liegen kam und dessen Anschlüsse an die Verkehrswege einige Kunstgriffe erforderten. Nach Vereinfachung präsentieren sich die Fassaden heute als formal reduzierte Neubarockfronten. Im Luftkrieg wurden insbesondere Nr. 104 und Georgenstraße 19 erheblich in Mitleidenschaft gezogen, beide Häuser waren teilweise unbewohnbar. Nr. 104 war als Palastfassade mit seitlichen Pavillonandeutungen und klarer Betonung der Mitte ausgebildet. Bis zur Kriegszerstörung fanden sich die Seitenrisalite eigens verdacht, bei der Wiederherstellung gab man die eigenen Dachgrate auf. Ein hoher Schweifgiebel vor der Dachzone überhöhte den dreigeschossigen Erker in der Eingangsachse. Nachvollziehbar verkuppelte man eng gesetzte Fensterpaare bei stiltypischer Varietät in der Verdachung. Die nicht minder herausfordernde äußere Kubatur und Fassadenfläche von Nr. 106 bewältigte Seemüller mit den entsprechenden Instrumentarien: Den Höhenzug minderte der Baumeister, indem er das 1. Obergeschoss mitrustizierte und also sockelgleich behandelte. Einheitlich sind 2. und 3. Obergeschoss als Hauptgeschosse behandelt. Gekuppelte, eng gesetzte Fensterpaare schaffen den Flächenausgleich, einzig zur abgeschrägten Ecke hin schaltete Seemüller jeweils eine einfache Achse ein. Die städtebauliche Dominante bildet der leicht rhythmisierte Fassadenzug an der Ecke. Hier wurde ein breiter dreigeschossiger Erker mittig angesetzt, seine Deckplatte bedient die rundbogig geschlossene Fenstertüre der Dachwohnung mit einem gitterbewehrten Austritt; dieser ist einem vier Achsen breiten Schweifgiebel eingeschrieben, dem Hauptakzent der Fassaden. (Bei Nr. 104 Fassadenrenovierung und Fenstererneuerung 1982; durchgreifende Instandsetzung 1994–96. Bei Nr. 106 Umbau und Sanierung 1980–81; Instandsetzung der Fassade 2006.) – Nr. 104 war nach dem Zweiten Weltkrieg bis 1991 Ignaz-Döllinger-Haus der Altkatholischen Kirche.

Ehem. Galeriestraße/Ecke Königinstraße mit „Harmlos"-Figur; Aufn. um 1900

Unsöldstraße

1970 nach dem Ingenieur Johann Felix Unsöld (1852–1931) benannt, dessen Erfindung der Roheiserzeugung ihm 1892/93 den Bau der ersten künstlichen Halleneisbahn Deutschlands ermöglichte (im Volksmund „Schachterleis" genannt wegen der überdeckten Holzkonstruktion; noch nach dem Zweiten Weltkrieg benützt; heute Miethäuser Unsöldstraße 6/8). Zuvor stand hier (seit 1620) die sog. Stadtmühle am Stadtmühlbach.
Die heutige Unsöldstraße war ursprünglich die östliche Fortsetzung der Galeriestraße (s. dort) über die ehem. Wallbefestigung bzw. die Pilotystraße hinaus ins Lehel, der Galeriestraße 1886 zugeteilt, mit späthistoristischen Miethäusern zunächst bis zur Bruderstraße (vgl. Stadtplan 1891), dann im Verlauf des bisherigen sog. Brudergangs über zwei Stadtbäche hinweg bis zur Wagmüllerstraße verlängert. Die beim Durchbruch des Altstadtrings Nordost (vgl. Franz-Joseph-Strauß-Ring) erfolgte völlige Abhängung des östlichen Abschnitts, der nunmehr westlich nur bis zur (jetzigen) Seitzstraße reicht, bedingte die Neubenennung 1970. (Auf ehem. Straßengrund steht z. T. der Südflügel der zwischen Ring und Seitzstraße 1966–69 errichteten Obersten Baubehörde.) Von der noblen, dem Charakter der nördlich benachbarten Prinzregentenstraße entsprechenden späthistoristischen und jugendstilzeitlichen Miethausbebauung – v. a. im Bereich zwischen Hofgarten und (heutiger) Seitzstraße – ist nach Luftkrieg und späteren Eingriffen fast nichts übrig geblieben. – Über die Galeriestraße wurde seit 1890 die das Lehel durchquerende Straßenbahnverbindung zwischen Ludwigstraße und Maxmonument geleitet (1961 eingestellt). (Siehe Flurkarte S. 820)

Unsöldstraße 7 (vormals Galeriestraße 29). Nach Ausweisung der Unsöldstraße als aufgeweitete Straßenführung (16 m breit) im Verlauf des alten Brudergangs galt es, den Papiererbach, den Stadtmühlbach und den Stadtsägmühlbach zu überwölben. Wei-

Unsöldstraße, ehem.   ▷
Eisbahn; Aufn. 1943

Unsöldstraße 9/11; Aufn. 2000

Unsöldstraße 7; Aufn. 2000

ter östlich querte auch der Triftkanal das Gelände, dieser war jedoch 1872 aufgegeben und sukzessive verfüllt worden. Verortet gemäß der topographischen Situation vor Arrondierung der neuen Unsöldstraße kam der Neubau anstelle kleiner Rückgebäude hart westlich vor dem Stadtmühlbach und nördlich unweit der alten Stadtmühle zum Stehen. Die alten Strukturen waren vollständig in der neuen stadträumlichen Erschließung aufgegangen. Das bestehende, prächtige Doppelerker-Haus (beinahe 25 m Fassadenlänge) erbaute 1897 Paul Rinke jun. für sich selbst. Es steht östlich frei, Rinke nahm eine Baumassenverteilung über einen Riegel an der Straße mit kurzem, östlich angesetztem Rückflügel vor. Der Eingang kam ausmittig westlich im Haus zu liegen, er führt über ein Zwischenpodest zum Treppenhaus am Hofwinkel, von dorther belichtet. Gemäß Eingabeplan sind zwei großzügige Wohnungen in jeder Etage, so auch im Erdgeschoss untergebracht. Die Fassade des Hauses bleibt blockhaft, wenig durchgebildet, zwei flache Polygonalerker sind ihr angesetzt, in der Dachzone bei streng durchlaufender Traufe korrespondieren zwei hohe Dachhäuser mit den Erkerachsen darunter. Die aufwendige Neubarock-Gestaltung der Fassade ist keine Durchbildung, sondern Garnitur. Doch ist ihre Handwerklichkeit beachtlich und hoch einzuschätzen. Als Vermittlung zu den schwebenden Verdachungen oberhalb der Fenster der Hauptgeschosse brachte man Sturzfelder in reichen Neubarock- und auch Neurokokoformen ein. Da sind Muschelränder, C-Bögen, Flechtbandwerk, stilisiertes Rollwerk in den Kolossalpilastern und als Hinweis auf die exakte Kenntnis der echten Vorbilder groteske Details etwa in den Brüstungszonen der Fenster des 1. Obergeschosses. Die handwerkliche Grundlage zur Produktion barocken Stucks sollte im süddeutschen Raum entgegen den Bestrebungen von offizieller Seite über das 19. Jh. hinweg niemals wirklich zum Erliegen kommen. In bestimmten Gesellschaftsgruppen, durchaus vor dem Wiederaufflammen der Formen im Neubarock, blieben Zierrate spätbarocker Art gefragt. Und im Blick auf vielerorts notwendig gewordene Ergänzungen und Rekonstruktionen nach den Zerstörungen infolge des Zweiten Weltkriegs ist zu sagen, dass manch eine Wiederherstellung nur vor dem Hintergrund dieser Tradition gelingen konnte. Im Luftkrieg blieb das Anwesen weitgehend unbeschadet. (Instandsetzungsarbeiten an der Fassade 1977, 1988 und 1999.)

Unsöldstraße 9/11. (Ehem.) *Postgebäude mit Postamt,* erbaut 1927/28 von Robert Vorhoelzer und Walter Schmidt (mit Josef Klier und Georg Pflugfelder). Das Postamt wurde am 1. Septem-

ber 1928 eröffnet. Im Unterschied zu kompromisslos modernen Postbauten von Vorhoelzer und Schmidt in den Folgejahren (Tegernseer Landstraße, Fraunhoferstraße, Harras, Goetheplatz) zeigt das palaisartig proportionierte, viergeschossige Dienst- und Wohngebäude an der ehem. Galeriestraße wohl in Anpassung an die Umgebung noch historisierende Anklänge: im Erdgeschoss eine polierte Natursteinverkleidung, beiderseits des Mitteleingangs romanisierende Biforienfenster (in den Ecken Läden), Obergeschosse verputzt bis auf Eckrustizierung, klassizisierende Fenstersohlbänke und Konsolgesims an der Traufe, Walmdach. Die elegante, leicht konvexe Fassade folgt dem Straßenverlauf. Der um das Oberlicht der Schalterhalle gelegte, im rechten Winkel anschließende rückseitige Flügel, terrassenförmig abgetreppt und mit Flachdachterrassen, ist hingegen von historischen Reminiszenzen völlig frei. – In der Dienstwohnung im 1. Stock lebte Vorhoelzer bis 1938. Nach Bombenschäden vom Sommer 1944 im rückwärtigen Gebäudeteil erfolgte der Wiederaufbau bis 1949 und 1952/53.

Unsöldstraße 15 (vormals Galeriestraße 37). Nach Überwölbung des Stadtsägmühlbaches, dem östlichen der drei süd-nördlich verlaufenden Gerinne, die die neu festgelegte Unsöldstraße querten, konnte die Bebauung voranschreiten. Unmittelbar östlich des östlichen Beschlachts des Stadtsägmühlbaches kam 1898 das Haus Nr. 15 an der Unsöldstraße zum Stehen. Vorausgegangen war die Niederlegung nachgeordneter Nebengebäude. Bauwerber war der Kaufmann J. Grauvogl, Erbauer Architekt Otto Dix. Das westlich freigestellte Gebäude erhielt eine Baumassenverteilung mit zwei rückwärtigen, symmetrisch angeordneten kurzen Flügeln, zwischen die das Treppenhaus eingestellt wurde, das nach rückwärts jedoch ohne Ausbau bleibt. In allen Etagen sind gemäß Eingabeplan zwei Wohnungen untergebracht. Dabei kamen in den kurzen Rückflügeln die Mädchenkammern unter. Die geschlichtete Fassade zeichnete sich früher durch Neurenaissancedekor aus. Die Reduzierung des Fassadendekors ge-

Unsöldstraße 15; Aufn. 2007

schah planvoll und war keine Folge des Zweiten Weltkriegs. Geblieben ist ein überaus flacher Polygonalerker zu zwei Geschossen, der in die westliche Achse gesetzt worden ist und hier oberhalb des 1. Obergeschosses ansetzt. Zwei ungefüllte Medaillonfelder mit Rundgiebeln flankieren die mittlere Fensterachse auf Höhe des 2. Obergeschosses. (Reparaturen an der Fassade, Erneuerung der Dachhaut und funktionalistischer Ersatz der Haustüre 1988; erneute Instandsetzungsarbeiten an der Fassade 1997–98.)

Unsöldstraße 20 (vormals Galeriestraße 38). Auf zuvor unbebautem Grund errichtete der Architekt Hans Thaler für August Mayer das bestehende stattliche Mietshaus 1902, mit annähernd 25 Metern Fassadenlänge an der Unsöld-/vormals Galeriestraße und über 15 Metern an der Wagmüllerstraße. Unter Beachtung der Vorgaben seitens der Baulinienkommission des Magistrats disponierte Thaler die Baumassenverteilung zu einem Zweiflügelbau über stumpfem Winkel mit kurzem Rückflügel am westlichen Riegel. Mit seinem wuchtigen, oktogonal zugerissenen Eckpavillon mit hohem Zeltdach bildet er über den Baublock hinweg ein städtebaulich wirksames Pendant zum südlich gelegenen, aber zwanzig Jahre früher entstandenen Bau von Gabriel von Seidl an der Ecke Wagmüller-/Liebigstraße (hier Haus Nr. 21). Den Eingang steckte Thaler leicht ausmittig in den Westflügel, dieser führt zum von Süden belichteten Treppenhaus, das gemäß Eingabeplan zwei Wohnungen in jeder Etage erschloss; die große Wohneinheit östlich des Eingangs teilte man später in zwei Abgeschlossenheiten auf. Ein erster Dachgeschossausbau datiert ins Jahr 1940, 1947 erweiterte man den Dachraum zu Wohnzwecken nach rückwärts. Die Fassade wurde tendenziell neubarock, über eine Garnitur hinaus durchaus durchgebildet. Während Thaler die rustizierten Flächen der Erdgeschossfassaden an der Ecke auf harten Stoß setzte, entschärfte er in den Geschossen darüber vermittels des Einsatzes von abschrägenden, übereck gesetzten Bauteilen. Die Eingangsachse hob er mit einer schlanken Zwerchhaus-Formation hervor, der er vor dem 1. und 2. Obergeschoss einen Erker mit Dreiachtelpolygon betonte. Dem strengen Dreiecksgiebel, mit dem er das Zwerchhaus überhöhte, schrieb er eine stilisierte Muschel ein. Einheitlich fasste er die drei Obergeschosse jeweils zu Fensterbahnen zusammen, kolossale Lisenen bringen eine klare Höhentendenz zustande. (Vom BLfD begleitete Restaurierung und Sanierung 1980; Instandsetzung der Fassaden mit partienweiser Erneuerung der Fenster 1999–2000.)

Unterer Anger von Süden; Aufn. 1995

Unterer Anger

(Vgl. Ensemble Altstadt.) Der Untere Anger (auf Consonis Stadtplan 1806 Angerbach Gasse) ist, annähernd parallel zum Oberanger (s. dort), die zweite Längsachse des Angerviertels; sie verband dessen Mittelpunkt, den Anger vor der St. Jakobskirche (vgl. St.-Jakobs-Platz), mit dem um 1810 (Haupttorturm) bzw. 1869/71 (äußere Türme) abgebrochenen Angertor der zweiten Stadtbefestigung, welche die bis dahin gewachsenen Vorstadtbereiche im späteren 13. Jh. zusammenfasste (vgl. Angertorstraße). Der bis 1914 inmitten der Straße offen laufende, sehr schmale Kleine Angerbach wurde in seinem Nordteil in jüngerer Zeit verschiedentlich verlegt, zeitweise durch das Angerkloster, 1795 unter dem Feuerhaus am Jakobsplatz hinweggeführt (vgl. im Einzelnen Rädlinger 2004). Die mit Bürger-, meist Handwerkerhäusern besetzte Westseite bildete im Norden die westliche Begrenzung des St.-Jakobs-Platzes (vgl. Ignaz-Günther-Haus, St.-Jakobs-Platz 20, früher Unterer Anger 30), ehe die dortige Häuserzeile 1795 mit dem frei auf dem Platz stehenden Feuerhaus ein Gegenüber erhielt. Südlich des Platzes wurde die Straße ostseitig bis kurz vor ihrem Ende von den weitläufigen Baulichkeiten des Angerklosters mitsamt der Jakobskirche an dessen Nordrand begrenzt (vgl. Unterer Anger 1, 2). Die Kirche und das anschließende, schon im 19. Jh. völlig umgebaute Kloster sind heute Nachkriegsneubauten. Südlich davon entstand an der Stelle von Wirtschaftsgebäuden des Klosters 1820–26 die klassizistische Fronfeste, Vorgängerbau des heutigen neuklassizistischen Verwaltungsgebäudes Nr. 3 (s. dort), an das sich süd-

Unsöldstraße 20; Aufn. 1995

Unterer Anger 28 (zerstört); Aufn. um 1904

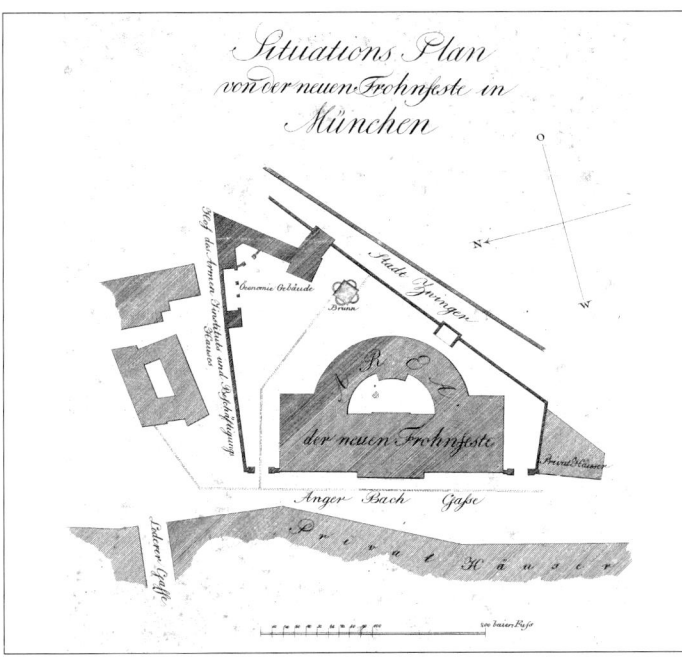

Unterer Anger mit ehem. Fronfeste; Lageplan von Sutor, um 1826

lich das Städtische Hochhaus von 1926/29 anschließt (vgl. Blumenstraße 28/28a/28b). An der westlichen Straßenseite, deren geschlossene Bebauung durch den Tegernseer Klosterhof mit Garten unterbrochen wurde (vgl. Nr. 16 und Klosterhofstraße), waren schon vor dem Zweiten Weltkrieg kaum Bürgerhäuser der Zeit vor 1800 erhalten (ausgenommen das Ignaz-Günther-Haus mitsamt zwei westlichen Nachbarn); Wohn- und Geschäftshäuser – mit vermehrter Geschosszahl auf vielfach zusammengeleg-

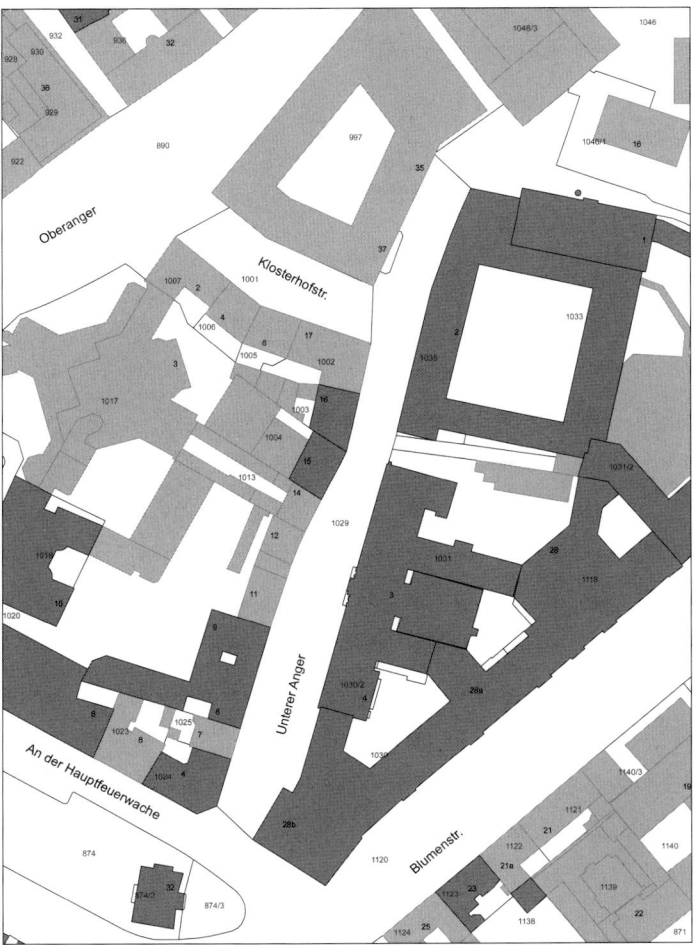

Unterer Anger; Flurkarte, M. 1:2500

Unterer Anger von Süden, rechts ehem. Fronfeste; Gemälde von Otto v. Rupprecht, 1879

ten Parzellen – vom Biedermeier bis zur Reformarchitektur des frühen 20. Jh. (bemerkenswert ehem. Nr. 28, 1904 von Martin Dülfer) bestimmten das Bild bis um 1940.

Unterer Anger 1, 2. Kloster- und Institutskirche *St. Jakob der Armen Schulschwestern.* Bis zur Zerstörung im Luftkrieg 1944 war St. Jakob am Anger die einzige noch teilweise romanische Kirche in der Innenstadt, ursprünglich eine querschifflose flachgedeckte Basilika alpenländischen Typs mit drei Apsiden und Rundpfeilern, die möglicherweise – Ziel einer im Mittelalter lebhaften Wallfahrt zum hl. Jakobus d. Ä. (päpstlicher Ablass 1257) – in die Zeit vor der Klostergründung durch die Franziskaner zurückging. Diese erfolgte nach der Tradition 1221/22, nach Johannes Gatz (BFA III, 1957) vielleicht erst im mittleren 13. Jh. Nach Verlegung des Klosters in den Nordteil der Stadt übernahmen (aus Söflingen kommende) Klarissen 1284 St. Jakob als erstes Münchner Frauenkloster, das dank patrizischer Familienverbindungen und wiederholten Eintritts von Töchtern aus dem Hause Wittelsbach bis zur Säkularisation 1803 höchstes Ansehen genoss und als einziges landständisches Kloster Münchens von Äbtissinnen geleitet wurde.

Nach Astrid Bosch (1996) stammte der 41 m lange Bau, der vor 1944 nur noch im Chorteil romanische Details erkennen ließ, insgesamt aus dem 12./13. Jh. und wurde (vielleicht anlässlich der Übergabe an die Klarissen) frühgotisch gewölbt; das Langhaus wurde nach Einsturz 1404–08 als spätgotische gewölbte Emporenhalle unter Erhaltung mindestens der alten Westwand neu errichtet. Ein Erweiterungs- wie ein Neubauprojekt (Ovalbau in der

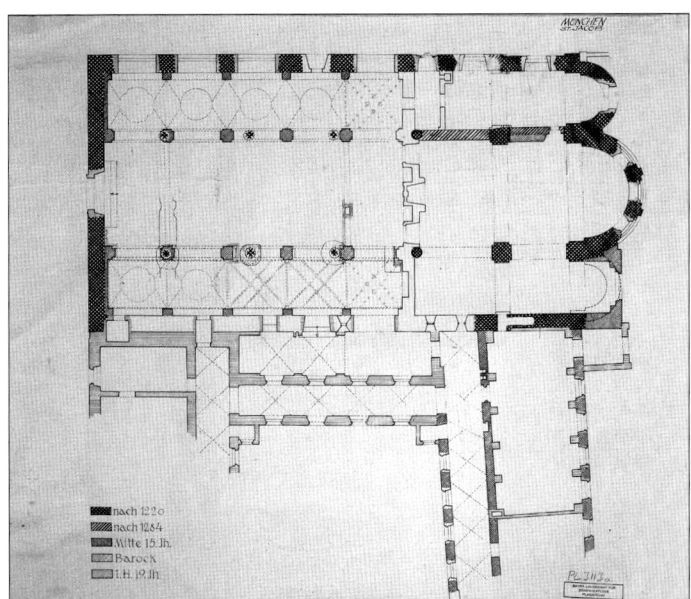

Unterer Anger 1, 2, St. Jakob am Anger; Baualtersplan, vor 1945

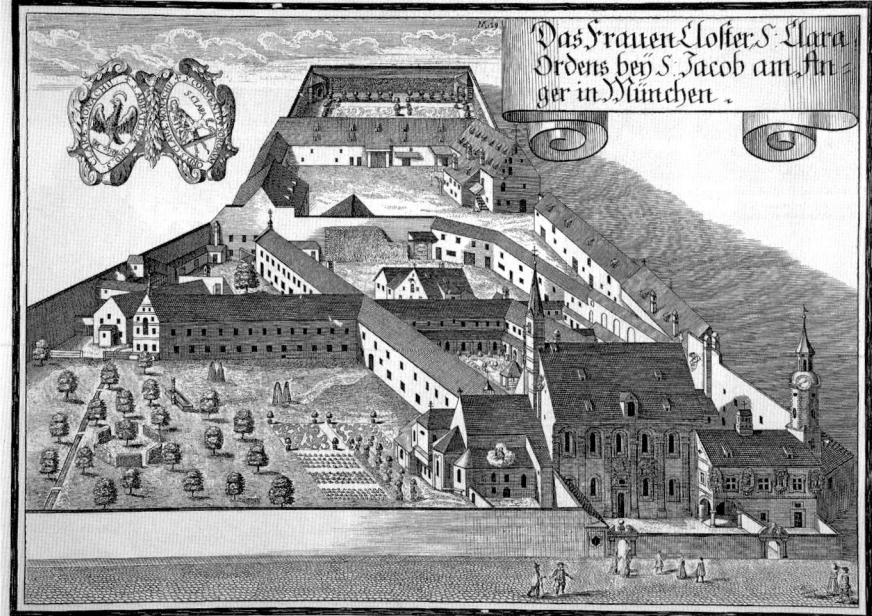

Kloster St. Jakob am Anger; Kupferstich von Michael Wening, 1701

St. Jakob am Anger, nördliches Seitenschiff; Aufn. vor 1940

Nachfolge von St. Anna im Lehel) von Johann Michael Pröbstl 1735/37 blieb unausgeführt (auch Egid Quirin Asam machte 1737 Gestaltungsvorschläge); statt dessen wurde die Kirche 1737/38 durch Johann Baptist Zimmermann umgebaut und mit Stuck und Fresken ausgestattet (ausgenommen die vermauerten, gotisch gewölbten Emporen). Nach der Klosteraufhebung erhielt die nunmehrige Filialkirche 1810/11 durch Karl von Fischer äußerlich eine neue Gestaltung, mit ihrer kargen Westfassade eines der seltenen Beispiele klassizistischen Sakralbaus in München.

Der Fassadenumbau war u. a. durch den Abbruch (1807) des Väterhauses (Hospiz der das Kloster betreuenden Franziskaner; 1681 baulich erneuert) veranlasst, das auf der Klosteransicht von M. Wening (1701) im Anschluss an die Nordwestecke der Kirche (im Bild vorne rechts mit Uhrturm) dargestellt ist, während sich der weitläufige Klosterkomplex nach Süden und der Garten nach Osten erstreckten. – Die seit 1803 staatlichen Gebäude – u. a. als Armeninstitut und Mädchenschule genutzt – überließ Ludwig I. nach adaptierender Instandsetzung des Klosters 1843 (z. T. romanisierender Neubau) den 1833 von Karolina bzw. (Ordensname) M. Theresia von Jesu Gerhardinger (1797–1879) gegründeten Armen Schulschwestern als deren Mutterhaus; bis 1957 war hier der Sitz des Generalats der schon im 19. Jh. weltweit – vor allem in Nordamerika – verbreiteten Kongregation. Die Kirche sollte nach Plan von Friedrich Löwel 1888 romanisiert werden, doch kam es

St. Jakob am Anger, Nordseite; Aufn. 1930

St. Jakob nach Westen (Rekonstruktion von H. Ehlers)

St. Jakob am Anger, romanischer Chor; hist. Aufn.

St. Jakob am Anger von Süden nach Kriegszerstörung; Aufn. nach 1945

St. Jakob am Anger, Nordseite; Aufn. 1997

St. Jakob am Anger nach Osten;
Aufn. 1997

St. Jakob am Anger nach Westen;
Aufn. 1997

setzt – Grundsteinlegung 29. September 1955, Weihe 7. Oktober 1956 –, der in den Nordflügel des insgesamt neu aufgeführten Klosterkomplexes auch materialmäßig eingebunden ist. Der lichte Rechtecksaal mit etwas niedrigeren Abseiten hinter dünnen Stützen sowie Emporen mit verglaster Brüstung an drei Seiten – westlich als tiefer Nonnenchor – ist die moderne Version einer Staffelhalle mit verjüngtem, flachbogig schließendem Altarraum. Bemerkenswert die maßwerkartig durchbrochenen Fenster aus Betonformsteinen. Deckenmalerei von Franz Nagel; über dem Hochaltar Figurengruppe der Krönung Mariens durch den Gekreuzigten, Holz mit Silberplatten beschlagen, 1958 von Josef Henselmann; Bronzetüre der Nordseite sowie davor Bronzefigur des hl. Jakobus auf Säule 1956 von Toni Rückel. Im westlichen Kapellenraum über der Grabstätte der 1985 seliggesprochenen M. Theresia von Jesu Gerhardinger gefaßte Holzfigur der Mater dolorosa, 1680 von Bürgermeister Joachim von Embach gestiftet (Vater der als heiligmäßig geltenden, 1689 verstorbenen Schwester Hortulana). Zwei jetzt an den Längswänden angebrachte Fresko-Medaillons mit der Muttergottes bzw. Johannes dem Täufer, um 1435/40 unter italienischem Einfluss entstanden (Lieb 1988), wurden 1954 von den Langhausarkaden der Ruine abgenommen.

Von im Klosterbesitz erhaltenen alten Kunstwerken zu nennen sind vor allem zwei Sitzfiguren des hl. Jakobus d. Ä. – eine 65 cm große, beschädigte Steinfigur von etwa 1330 mit Fassungsresten (1843 im Bauschutt der Kirche gefunden) sowie (jetzt über dem linken Seitenaltar) eine gefaßte Holzfigur von ca. 1490. Ins BNM (Inv. Nr. MA 962) gelangte eine gleichfalls 1843 gefundene, sehr qualitätvolle Sandsteinfigur der thronenden Muttergottes von ca. 1330, die als Stiftung Kaiser Ludwigs des Bayern gilt.

Das mit der Kirche gleichzeitig von Friedrich Haindl erbaute *Kloster* (Unterer Anger 2), ebenfalls mit Sichtziegelfassaden, ist um einen Rechteckhof südlich der Kirche gruppiert, mit einem weiteren Flügel als Verbindung zwischen Kirche und Gymnasium (s. Blumenstraße 26). Zu den bemerkenswerten Raumgestaltungen der 1950er Jahre in München gehört die große Eingangshalle südöstlich der Kirche, ähnlich dieser an drei Seiten von Emporen umzogen, zum Hof hin verglast, mit frei in den Raum gestelltem, leicht geschwungenem Treppenlauf. Im Hof Eulenbrunnen aus Majolika, 1958 von Josef Henselmann.

St. Jakob am Anger, hl. Jakobus, um 1490

1889–91 nur zu einer Renovierung, deren auffallendstes Detail das (sichtlich vom Cornelius-Fresko in St. Ludwig inspirierte) große, figurenreiche, halbrund schließende Wandgemälde der Marienkrönung von Josef Kastner, Wien, an der Trennmauer zwischen Laienkirche und Chor war. 1914–16 entstand der große neue Schulbau (s. Blumenstraße 26). Kloster und Kirche fielen am 17. Dezember 1944 dem Bombenkrieg zum Opfer; der romanische Chor wurde völlig vernichtet. 1950 erwarb das Generalat das Areal vom Staat.

Das allein unbeschädigte untere linke Seitenschiff des Langhauses wurde 1951 restauriert, das Wiederaufbauprojekt Georg Hubmanns von 1951/52 (zweigeschossig) aber nicht verwirklicht, stattdessen die Kirchenruine trotz Protestes namhafter Kunsthistoriker 1954 abgebrochen und durch einen *Neubau* von Friedrich Haindl in Sichtziegelmauerwerk mit Glockengaube er-

St. Jakob am Anger, Fresko-Medaillon Muttergottes, um 1430/40

St. Jakob am Anger, Fresko-Medaillon Johannes d. Täufer, um 1430/40

St. Jakob am Anger, hl. Jakobus, 14. Jh.

Unterer Anger 1, Kloster, Eingangshalle nach Süden; Aufn. 1998

Kloster, Eingangshalle; Aufn. 1998

ARCHÄOLOGISCHE BEFUNDE: Vermutlich untertägige mittelalterliche Teile der bestehenden neuzeitlichen Jakobskirche sowie des Klosters (Fundst.-Nr.: 7835/0386, 7835/0387). Beim Neubau der im Krieg zerstörten Kirche mit Klosteranlage konnten Teile der romanischen Vorgängerkirche dokumentiert werden, die möglicherweise in die Mitte des 12. Jh. datiert. Vermutlich sind noch weitere Reste dieser Vorgängeranlage im Boden untertägig erhalten.

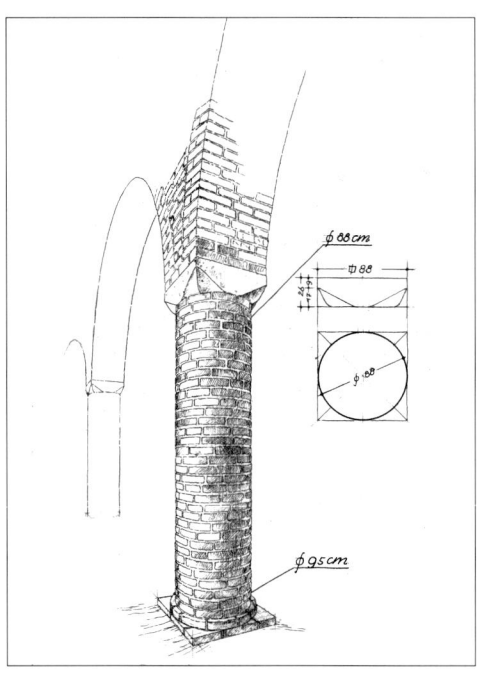

◁ St. Jakob am Anger, romanische Säule; aufgenommen 1952/54 vor Abriss

Unterer Anger 3. *Städtisches Verwaltungsgebäude.* Die Vorgängerbebauung an der Ostseite des Unteren Angers bildeten bis 1820 von Norden her gesehen Wirtschaftsgebäude, Brauerei und Garten des nördlich benachbarten Angerklosters (s. Nr. 2) sowie mehrere (auf dem Sandtnerschen Stadtmodell von 1572 niedrige, traufständige) Bürgerhäuser. 1820–26 entstand hier die staatliche *Fronfeste* (Untersuchungs-, sog. Kriminalgefängnis) nach Entwurf von Oberbaurat Johann Nepomuk Pertsch, noch fünfzig Jahre später nach F. Reber der einzige damals zeitgemäßen Ansprüchen genügende Justizbau Münchens. Der dreigeschossige Walmdachbau mit erhöhtem Mittelrisalit und rückseitig anschließendem halbkreisförmigem Zellentrakt zeigte äußerlich (gleich anderen Gerichtsbauten der Zeit, etwa dem Landesgericht samt Gefängnis in Wien VIII, 1831 ff.) „sprechende" Anklänge an den durch kräftige Rustizierung charakterisierten fortifikatorischen Stil des Cinquecento (etwa bei Ammanati oder Sanmicheli) und galt lange als vergleichsweise human und zugleich zweckmäßig. Den funktionslos gewordenen Bau, eine der interessantesten Schöpfungen des Münchner Klassizismus, erwarb die Stadt 1913 zum Abbruch. Bereits 1909 hatte sie das südlich benachbarte, städtebaulich markant in der Gabelung stehende, viereinhalbgeschossige Neurenaissance-Gasthaus zur Schranne (Neubau von 1897) erworben, in dem das städt. Statistische Amt untergebracht wurde.

Der Neubau von 1913–17, dessen Fertigstellung sich bis weit in den Ersten Weltkrieg hinzog, stand am Beginn der Zusammenlegung der Verwaltungen der städtischen Elektrizitäts-, Gas- und Wasserwerke samt Abteilungen des Stadtbauamtes, die zunächst auf dem Gelände des alten Gaswerks an der Thalkirchner Straße vorgesehen war, dann aber im altstädtischen Bereich von Fronfeste und Schrannenhalle realisiert wurde. Der drei Erdgeschoss-Arkaden bzw. darüber acht Fensterachsen der symme-

Unterer Anger 3, ehem. Fronfeste vor Abbruch 1913

trischen Straßenfront umfassende südliche Bauabschnitt wurde erst in den 1920er Jahren nach Abbruch des Gasthauses zur Schranne zusammen mit dem anschließenden städt. Hochhaus (s. Blumenstraße 28, 28a, b) ausgeführt. Der vom Stadtbauamt nach Entwurf des Stadtbaurats Robert Rehlen (Leiter der Hochbau-Abteilung III) in Ziegelmauerwerk errichtete monumentale neuklassizistische Komplex besteht aus dem ca. 83 m langen Trakt an der Straße und zwei beiderseits des Mittelhofes angesetzten Flügeln. Die enorm lang gestreckte Hauptfassade ist durch eine hohe, den Sockel einbeziehende Erdgeschosszone mit Fensterarkaden und das herabgezogene Walmdach mit Gauben auf fünf Geschosse reduziert und horizontal durch kräftige Gurtgesimse unterteilt. Die Erdgeschoss und den mezzaninartig wirkenden 1. Stock – mit Nischen zwischen den Fenstern – zusammenfassenden mächtigen ionischen Säulenpaare mit Balkon

sind bis zur durchgehenden Balusterbrüstung darüber hinaufge-
zogen, bis dahin die Fassade mit Kunststein verkleidet, während
die Obergeschosse verputzt sind. Über einem ausladenden Konsolgesims ist das oberste Geschoss abgesetzt. Nördlich stellen
zwei rundbogige Durchfahrten die Verbindung zum Angerkloster her. Bauplastik und Ornamentik sind sparsam akzentuierend
eingesetzt: über dem Hauptportal mit vorgelegtem Portikus ein
Relief mit allegorischer Büste über gekreuzten Fackeln, über
dem linken Nebeneingang ein „Münchner Kindl", über den Ar-
kadenscheiteln Rosetten. Die Fenstergewände sind mit kleinen
Pfeilern besetzt, die statt Kapitellen Art-déco-Ornamente tragen.
Im Inneren sind das Vestibül (mit Differenztreppe) und das anschließende, z. T. in den Hof vortretende, geschossweise dreiläufige Treppenhaus mit grünen Kacheln verkleidet; beiderseits im
Vestibül in Flachnischen zwischen den Wandpfeilern je drei allegorische männliche Figuren antikisierenden Typs in grüner
Majolika, von Emil Manz signiert; im gleichfalls in grüner Keramik ausgebildeten Treppengeländer durchbrochene Felder mit
Tierfiguren, in der oberen Abschlussbrüstung vier Kinderfiguren; auf dem oberen Endpfeilerpaar sitzende Sphingen.
Das in der Münchner Altstadt einzige großmaßstäbliche Beispiel
für den die Phase 1910–20 charakterisierenden monumentalen
Neuklassizismus, das mit Büro- und Verwaltungsbauten etwa in
Hamburg, Berlin oder Leipzig vergleichbar ist, entstand bezeichnenderweise nicht durch private, kommerzielle Initiative,
zudem in einer die städtebauliche Wirkung einschränkenden Abseitslage (die auch den gleichzeitigen Komplex der Münchner
Rückversicherung in Schwabing kennzeichnet). – Nach Luftkriegsschäden wurde der Bau 1948/49 wiederhergestellt.

Unterer Anger 3; Aufn. 1995

Unterer Anger 3, Mittelteil; Aufn. 1995

Unterer Anger 8/9. Nebengebäude des Hauptfeuerhauses (s. An
der Hauptfeuerwache 8). Von ursprünglich vier Bürgerhausparzellen – Sandtners Stadtmodell (1570) zeigt ein zweigeschossiges und sonst dreigeschossige Traufhäuser – wurden die mittleren in der 1. Hälfte des 18. Jh. zusammengefasst; von den zuletzt
drei Hausnummern 8, 9 und 10 gehörten die beiden rechten ab
1798 als Rückbebauung zum Landschaftshaus der Stände
(s. Roßmarkt 15) und ab 1807 der Stadt. – An ihrer Stelle entstand 1906/07 in Ergänzung des kurz zuvor erbauten Hauptfeuerhauses nach Plänen des städt. Baurates Robert Rehlen das den
Übungshof östlich abschließende viergeschossige Dienstwohn-
gebäude „für Chargierte der Berufsfeuerwehr und für die bei der
Berufsfeuerwehr dienstlich beschäftigten Fahrer des städt. Mar-
stalles"; in den beiden unteren Geschossen, äußerlich durch weitere Fensterabstände ablesbar, waren zudem „die Geschäfts-

◁ Unterer Anger 3, Treppenhaus,
obere Halle; Aufn. 1997

Unterer Anger 3, Vestibül,   ▷
Südwand; Aufn. 1997

Unterer Anger 8/9; Aufn. 1995

Unterer Anger 15; Aufn. 1995

Architekt Anton Schneider (der bzw. dessen Frau Bertha damals Eigentümer war), dreiflügelig mit drei Obergeschossen. A. Schneider gab dem Vordergebäude seine endgültige Gestalt (Pläne von 1899, genehmigt 1900, Rohbau Dezember 1901 fertig, Vollendung 1902), wobei das 4. Obergeschoss aufgesetzt, z. T. auch das Seitengebäude aufgestockt wurde; die bis dahin noch schlicht spätklassizistische Fassade (mit geraden Fensterverdachungen im 2. Obergeschoss) erhielt die heutige reiche Neubarockgliederung mit Lisenen, geschweiften Fensterverdachungen im 2. und 3. Obergeschoss, Stuckdekor und volutenflankiertem

räume der freiwilligen Feuerwehr und jene für den ständigen Wachdienst der Wasserversorgungsabteilung des Stadtbauamtes … untergebracht" (MB I 1912). An den Schmalseiten des querrechteckigen Hofes wurden die Küchen und außen anschließend die beiden Treppenhäuser angeordnet, entlang den hofseitigen Erschließungsgängen die von den Außenfronten belichteten Wohnräume. Die Fassadengestaltung zeigt eine für die städtischen Funktionsbauten der Jahre vor dem Ersten Weltkrieg typische Verbindung von dominierenden, sachlich-ungegliederten Putzflächen mit akzentuierend eingesetzten historisierenden Elementen, hier im 3. Obergeschoss mit dichterer Wohnungsfensterreihung, Hermenpilastern, Nischen und Fries, und in dem über einem Klebedach abgesetzten obersten Geschoss; der dreiachsige linke Bauteil ist turmartig um zwei Geschosse erhöht und straßen- wie hofseitig mit einem barockisierenden Volutengiebel abgeschlossen.

Unterer Anger 15. Das fünfgeschossige Mietshaus mit weitgehend homogen wirkender Neubarockfassade von 1899/1902 ist das Ergebnis einer komplexen Baugeschichte. Auf Sandtners Stadtmodell (1570) ist ein erdgeschossiger Stadel mit mächtigem Satteldach und hoher Aufzugsgaube (Ohrwaschel) rechts dargestellt (dahinter im Hof ein weiterer hoher Stadel), nach Häuserbuch IV (1966) bis zur Säkularisation dem gegenüberliegenden Klarissenkloster gehörig, 1804 (als „Zimmermannsstadel") durch den Probstbräu Johann Antretter erworben, noch 1844 als Heu- und Getreidestadel mit einem Malzhäuschen bezeichnet. Gemäß Bauakt (LBK, jetzt SAM) wurde der Stadel 1844 durch Maurermeister Carl Deiglmayr und Zimmermeister Michael Reifenstuel für den bürgerlichen Bierbrauer Georg Hagn als Wohngebäude umgebaut, samt hofseitig links anschließendem neuen Flügelbau mit Schlachtraum und Stallungen. Den alten Stadel zeigen die Pläne als sechs Achsen breiten Traufseitbau mit Durchfahrt rechts (wie heute noch), straßenseitigen Stichbogenöffnungen (Keller-, Erdgeschoss- und niedrigere Obergeschossfenster); an der Hofseite spärliche, unregelmäßig verteilte kleine Öffnungen, in der Mitte großes rechteckiges Einfahrtstor. – 1862 wurde das Haus, das damals eine spätklassizistische Fassade mit horizontalgefugtem Erd- samt 1. Obergeschoss und Stichbogenfenster im Erdgeschoss besaß, um ein 3. Obergeschoss aufgestockt (Bauherr Egid Bernhard, Bierwirt zum Pfau), 1878 das Dachgeschoss für Wohnzwecke ausgebaut (von Maurermeister Schmelzle für Gastwirt Karl Bernhard). 1893 erfolgte ein umfangreicher Rückgebäude-Neubau durch

Mittelzwerchhaus; in der Mitte des 2. Obergeschosses Hausfigurennische. Die Fenster im niedrigeren 1. Obergeschoss wurden 1924 verbreitert (bauliche Änderung durch Fa. Heilmann und Littmann für Firma Südkauf). Das Erdgeschoss mitsamt Treppe links von der Durchfahrt und gastronomischer bzw. Ladennutzung wurde wiederholt umgebaut.

Unterer Anger 16. Das viergeschossige, schlicht spätklassizistische Mietshaus, erbaut 1862/63 von Maurermeister Reinhold Hirschberg und Zimmermeister Franz Ehrengut für Bierbrauer Joseph Lochner, bildet mit dem rechts angrenzenden gleichartigen (veränderten) Eckhaus Nr. 17 eine Baugruppe und schließt sich der gleichzeitigen, stark erneuerten Bebauung an der Südseite der Klosterhofstraße (s. dort) an. Dieses gesamte Areal, ehemals der Tegernseer Klosterhof samt Garten, gehörte zuletzt (seit 1839) dem Großhändler Salomon Rau.

Haus Nr. 16 auf trapezförmiger Grundfläche wird mittig durch die Durchfahrt und die rechts von ihrem Ende gelegene Treppe erschlossen; jedes Geschoss enthielt zwei Wohnungen. 1877 erfolgte der zwei Fenster links von der Durchfahrt ersetzende Einbau eines Verkaufsladens durch Baumeister J. Thomas für den damaligen Hausbesitzer, den Dekorationsmaler Josef (oder Johann?) Mangold; Ladenauswechslungen wurden 1912, 1926 (Teilung) und 1978 (Einbau eines Stehausschanks) vorgenommen. Die 1991 renovierte Fassade wird nur durch Gurtgesimse über dem Erdgeschoss und unter dem letzten Geschoss, Fenstersohlbänke mit kleinen Konsolen im 2. Stock und ein kräftiges Konsolgesims an der Traufe gegliedert; erhalten sind die Torflügel mit Füllungen, die Fenster heute leider sprossenlos. – Das 1866 als Waschhaus und Malereiwerkstätte erbaute niedrige Rückgebäude rechts und als Abschluss des kleinen Hofes wurde 1939 instand gesetzt. – Das benachbarte Eckhaus Nr. 17, mit Durchfahrt links entlang Nr. 16, wird von einem schräg im Hofwinkel situierten Treppenhaus her erschlossen und hatte je Geschoss drei Wohnungen; an der Ecke im 1. Stock weibliche Figur der Bauzeit.

Unterer Anger 16; Aufn. 1995

Veterinärstraße

Verbindung von der Ludwigstraße bzw. schon deren Vorläufer, der Schwabinger Landstraße zum Englischen Garten, benannt nach der 1790 gegründeten Tierarznei- oder Veterinärschule, von deren Erstanlage nur noch der Torbau erhalten ist (s. Veterinärstraße 13). Die kurze, in Resten noch klassizistisch bebaute Straße setzt die mit den beiden Brunnen besetzte West-Ost-Achse des Universitätsforums (s. Geschwister-Scholl-Platz, Professor-Huber-Platz) nach Osten fort, aufgrund der älteren Entstehungszeit nach den flankierenden Kopfbauten des Georgianums (südlich) und des Max-Joseph-Stifts (nördlich) leicht abgeschrägt; in der Folge schneidet sie die Kaulbachstraße im rechten Winkel und endet kurz danach an der Königinstraße, durch einen breiten Weg in den Englischen Garten hinein verlängert. Ihre Trasse ist (noch ohne Bebauung außer der Veterinärschule) schon auf dem Plan des Englischen Gartens von 1806 (Topograph. Bureau) und den Stadtplänen der Folgejahre eingetragen (noch ohne Namen).

Veterinärstraße nach Westen; Aufn. 1978

Veterinärstraße 1; Aufn. 1995

Veterinärstraße 1. Ehem. Fritz-Beck-Studentenhaus, jetzt Institute der Ludwig-Maximilians-Universität, 1952/53 von Harald Roth unter Zurücknahme der Bauflucht und Verwendung von Trümmerziegeln errichtet; Fassaden aus geschlämmtem Sichtziegelmauerwerk, gewölbtes Vordach auf Eisenstützen; im Foyer Gedenktafel an den 1934 von den Nationalsozialisten ermordeten Studentenführer Fritz Beck.

Brunnenskulptur, reliefierte Bronzesäule mit Szenen aus Dante Alighieris „Göttlicher Komödie", 1965 von Max Faller; im Gartenhof.

Veterinärstraße 6. Zusammen mit Haus Nr. 8 und 10 bildet das bestehende Anwesen die älteste Bebauung der nördlichen Schönfeldvorstadt, die Häuser entstanden zwischen 1803 und 1812. Haus Nr. 6, schlicht, klassizistisch und blockhaft, ist seit alters her ein Wohnhaus. Der Eingang in der östlichen Achse führt anschließend ins Treppenhaus, die halb gewendelte Podesttreppe erschließt in jeder Etage eine Wohnung, gemäß Erstzustand. Die klassizisierende Fassadengestaltung, stilrein überliefert, erhielt das Haus 1828 durch Carl Deiglmayr für den Privat-Kammerdiener Simon Huber. 1924 baute man das Dachgeschoss aus, Planer war Dipl.-Ing. Oscar Hauff, Auftraggeber Kaufmann Josef Weigand. (1990 Fassadenrenovierung mit teilweiser Erneuerung der Fenster und partienweiser Erneuerung der Dachhaut; Renovierungen im Innern 2004.)

Veterinärstraße 1; Fassadenaufriss, 1955

◁ Veterinärstraße; Flurkarte, M. 1:2500

Veterinärstraße 6; Aufn. 1995

Veterinärstraße 7. Bis in die mittleren 70er Jahre des 19. Jh. wurde auf der Nordseite der Veterinärstraße eine Nutzgärtnerei betrieben. Das Anziehen der Bodenpreise ließen auch Gründe in dieser Lage lukrativ werden. Baumeister Martin Vornehm erwarb den Grund der drei heutigen Häuser Veterinärstraße 7, 9 und 11 und bebaute sie 1877–83 für sich selbst. Auf zuvor unbebautem Grund entstand Haus Nr. 7 bis 1878. Die gewölbte Durchfahrt des erheblich tiefen Baus liegt in der östlichen Achse, auf halber Strecke schließt nach Westen hin ein Zwischenpodest den Übergang zum rückwärtig nebenliegenden Treppenhaus auf. Eine doppelläufige Podesttreppe, die nach rückwärts eingezogen bleibt, führt zu einer Wohnung in jeder Etage, dies gemäß Eingabeplan. Die Gestaltung der fünfachsigen Fassade (mit Kniestockdurchfensterung) ist aus ihrer Bauzeit dicht überliefert. Baumeister Vornehm entschied sich für eine dem Klassizismus verpflichtete, zurückgenommene Neurenaissance. Im Luftkrieg blieb das Anwesen unbeschadet. (2003 massiv betriebene Ausbauplanung für das Dachgeschoss.)

Veterinärstraße 8. Wie Nr. 6 und 10 reicht Nr. 8 an der Veterinärstraße ebenfalls in die ersten Jahre des 19. Jh. zurück (Planlegungspflicht ab 1817). Registratorisch greifbar wird der Ausbau einer Dachkammer im Anwesen des Kammerdieners Johann Zellner durch die Baufirma Joseph Höchl Witwe und den Zimmermeister Stitzinger. Zellner wird als Eigentümer auch in Wenngs Atlas 1850 genannt.

Veterinärstraße 8; Aufn. 1995

1927 stockte Hans Tax das Anwesen um ein Ateliergeschoss auf (der Bau erhielt ein flaches Walmdach mit Aufschieblingen, das Atelierfenster einen Dreiecks-Blendgiebel), Auftraggeber war Oskar Wiedenhofer. Der vierachsige Bau erhielt einen Eingang in der westlichen Achse, es schließt sich eine halb gewendelte Podesttreppe an, die eingezogen bleibt. Gemäß Eingabeplan ist in jeder Etage eine Wohnung untergebracht. Es ist davon auszugehen, dass die klassizisierende Fassade ähnlich wie bei Nr. 6 erst in den späten 1820er Jahren hergestellt worden ist. Im Luftkrieg blieb das Anwesen verschont. (Fassadenrenovierung 1991 und Erneuerung der Dachhaut, Fassadeninstandsetzung 1999; Instandsetzung des Treppenhauses 2005–06.)

Veterinärstraße 9. Auf zuvor unbebautem Grund, der lange Jahrzehnte einer Nutzgärtnerei als Wirtschaftsfläche gedient hatte, errichtete Martin Vornehm das bestehende Anwesen 1878–79 für sich selbst. Ein schmaler Eingang kam in der westlichen Achse zum Liegen, er führt zum anschließenden, eingezogenen Treppenhaus mit halb gewendelter Podesttreppe und schmaler nördlicher Belichtungsachse. Eine Wohnung ist gemäß Eingabeplan in jeder Etage untergebracht. Die fünf Vollgeschosse entsprechen dem Erstzustand. Mittig in die fünfachsige Fassade setzte Vornehm einen dreigeschossigen kantigen Erker mit kleinen Seitenfenstern; Deckplatte einfach verdacht. Die Fassade wurde in schlichten Neurenaissanceformen gestaltet, flächig und geschossweise variiert. (Ausbau des Dachgeschosses nach dem Zweiten Weltkrieg, aber nicht infolge von Zerstörung; Fassadenrenovierung 1979; neu aufgezimmerter Dachstuhl 1995; Instandsetzung der Fassade, Ertüchtigung der Fenster und Erneuerung der Dachhaut 1997.)

Veterinärstraße 7; Aufn. 1995   Veterinärstraße 9; Aufn. 1995

Veterinärstraße 10. Wie Nr. 6 und 8 reicht Nr. 10 an der Veterinärstraße ins erste Jahrzehnt des 19. Jh. zurück. Es ist davon auszugehen, dass der Kern des Hauses, insbesondere die erhaltenen Keller (die Partie, die von sieben westlichen Achsen des Riegels an der Veterinärstraße beschrieben wird, ist über einem einjochigen Kellergewölbe zum Stehen gekommen, ein formverwandter Keller befindet sich unter den drei südlichen Achsen des Bauabschnitts an der Kaulbachstraße), ins späte 18. Jh. zurückreicht. Der registratorischen Überlieferung nach handelte es sich zunächst um ein langes Doppelwohngebäude, das bis 1828 erdgeschossig war. In diesem Jahr genehmigte man dem Gürtler Wimmer die Erhöhung des Doppelhauses um ein Geschoss, 1829 darf er ein gemauertes Rückgebäude errichten. 1843 wird nach rückwärts für den Kaufmann Heinzelmann, der als „Vorstadtkramer" unterschreibt, eine Dachkammer einge-

Veterinärstraße 10, Nordseite; Aufn. 1995

richtet. Schon zu dieser Zeit existierte im östlichen Abschnitt des langen Riegels, zur Kaulbachstraße hin, ein kleiner Laden. Diesen ließ 1886 Cäcilie Schrättle durch den Maurermeister Martin Vornehm erweitern. Die Herstellung der Schaufenster zur bestehenden Gestalt nahm 1908 Max Albrecht für die Geschwister Hofmann vor. Zusammen mit einem Schopfbau nach Süden und dem langen Flügel Kaulbachstraße 41 und 43 (s. dort) bildet das Haus eine nach Westen offene Dreiflügelanlage, die schon 1994 mit einer hier nachweisbaren Weingeist-, Spiritus- und Essigfabrik in Verbindung gebracht worden ist. Teile der Ausstattung und die Beachtung historischer Baulichkeiten im näheren Umgriff erhärten dies. Die freilich schlichte äußere Gestalt stellt einen Reflex der ursprünglichen Funktion des Baus dar, einfache geohrte Fensterfaschen bilden die beinahe einzige Hervorhebung. (Die Gesamtinstandsetzung, die man nach 1997 in Angriff nahm, wurde in zwei Abschnitten vorgenommen und im Jahr 2000 abgeschlossen.)

Veterinärstraße 11; Aufn. 1995

Veterinärstraße 13/Königinstraße 8–16, Tierärztliche Fakultät; Aufn. 1995

Veterinärstraße 11. Als spätester der drei Bauten, die Martin Vornehm ab 1878 auf dem Gelände einer ehemaligen Gärtnerei errichtete, entstand 1881–83 Haus Nr. 11 an der Veterinärstraße, dies nach Niederlegung eines alten Nebengebäudes. Die Baumassenverteilung nahm Vornehm mit zwei Flügeln über geradem Winkel vor, nördlich freigestellt. Den Treppenhausschacht steckte er an den Hofwinkel, den er nicht einklinkte; eine eigene westwärts gerichtete Fensterachse belichtete Wechselpodeste. Der Zugang ins Haus erfolgt von der Veterinärstraße her, er führt zur doppelläufigen Podesttreppe. Diese erschließt in jeder Etage zwei Wohnungen gemäß Eingabeplan. Bei der Gestaltung der Fassade orientierte sich Vornehm an der klassischen Neurenaissance, die er einfach umsetzte. Den Hauptakzent bildet die Ecklösung, pavillonartig stellte der Baumeister hier eng gesetzte Fensterachsen leicht vor und schrieb sie rustizierten Lisenen ein, im Traufgebälk erhielt das Bauglied eine eigene Verkröpfung. Die Rhythmisierung der horizontal in Einzelgeschosse geteilten Fassade nahm er gängig durch Eng- und Weitsetzung der Fensterachsen vor, die Fenster des 2. Obergeschosses erhielten schlichte Gesimsstücke zur Verdachung, die eng gesetzten sind verkuppelt. Wie Nr. 7 so erhielt auch Nr. 11 eine Kniestockdurchfensterung. (Fassadenrenovierung 1990; Dachgeschoss-Teilausbau 1991–92 u. a. mit hoher Glaskanzel ohne stilistischen Bezug und architektonischen Eigenwert.)

Veterinärstraße 13. *Tor* am südlichen Ende des Komplexes der *Tierärztlichen Fakultät*. Die durch Reskript des Kurfürsten Karl Theodor vom 26. März 1790 gegründete Tierarznei- oder Veterinärschule erhielt ihren Sitz am Westrand des Englischen Gartens, unterhalb der sanften Niederterrasse, auf der die Wiesen-, heute Königinstraße verläuft. Hier am Schwabinger Bach bezog das neue Institut einen bereits bestehenden (1724 erwähnten) Wirtschaftshof des (1773 aufgehobenen) Jesuiten-, später Malteserordens, die ehemalige „Jesuitenwasch", deren locker und unregelmäßig um den lang gestreckten Hof gruppierte Bauten Franz Thurn (mit Bauzeichner Michael Mittermayr) adaptierte. Neu erbaute er 1790 lediglich das frühklassizistische Einfahrtstor im Süden – vielleicht nach Entwurf von Friedrich Ludwig Sckell –, das aus der Frühzeit der Schule allein noch existiert und Denkmalcharakter besitzt. Der freistehende dreiteilige Putzbau besteht aus dem hohen, rundbogigen Einfahrtstor in einer Ädikula aus toskanischen Pilastern und plastisch betontem Dreiecksgiebel mit Reliefemblem einer Schale mit zwei Äskulap-Schlangen sowie seitlichen Rechteckdurchgängen mit girlandengeschmücken Feldern darüber und Attika über dem fortgesetzten Kämpfergesims der Mittelarkade. Das Portal bildete ursprünglich den nördlichen Point de vue einer geraden, langen Wegachse der ehem. Militärgärten, einer Keimzelle des Englischen Gartens.

1810 erfolgte die Erhebung zur Central-Veterinärschule des Königreiches Bayern (ab 1890 Hochschule, seit 1914 Fakultät der Universität). Großzügige Pläne zu einem symmetrischen Neubaukomplex von 1810/11 (Projekte von Andreas Gärtner, Karl Klumpp d. Ä. und Ulrich Himbsel) sowie 1816 (von Franz Thurn) wurden nicht ausgeführt, stattdessen im Lauf des 19. Jh. sukzessive einzelne bescheidene Neubauten. Erst 1896–1900 entstand entlang der Königinstraße ein insgesamt ca. 150 m langer Komplex von Klinikbauten in aufwendigen Formen eines barockisierenden Jugendstils nach Plänen von Julius Metzger; von ihnen stehen nach den schweren Luftkriegsschäden noch der südliche Kopfbau und der Mittelbaublock in beim Wiederaufbau (1945–55) sehr stark vereinfachter, veränderter Form. Nördlich davon auf dem Gelände der einstigen Kgl. Baumschule errichtete das Universitätsbauamt 1953–57 den lang gestreckten Neubau Königinstraße 12/14/16, vor dem ein Brunnen mit Äskulap-Schlange (1958 von Lothar Dietz, Bronzeguss Hans Mayr) aufgestellt wurde.

Veterinärstraße 13, Tor an der Südseite, Aufn. 1995

Viktualienmarkt

(Vgl. Ensemble Altstadt.) Münchens zentraler, durch sein volks-
tümliches Milieu ausgezeichneter (werk-)täglicher Lebensmit-
tel-, Obst- und Gemüsemarkt, seit ca. 1802 gemäß zeittypischer
Antikenmode neulateinisch „Viktualienmarkt" genannt, ist kein
planmäßig angelegter, architektonisch gefasster Platz, sondern
im Verlauf des 19. Jh. vor allem durch Abbrüche abschnittsweise gewachsen. Er breitet sich in dem von (heute nicht sichtbaren) Stadtbacharmen durchflossenen, niederen Vorfeld der ältesten welfischen Kernstadt aus; die nordwestliche Begrenzung
zum Petersbergl mit Münchens ältester Pfarrkirche bildet heute
die Metzgerladenzeile (s. Nr. 2). Die nördliche Platzhälfte wurde ehemals größtenteils vom weitläufigen Komplex des im
frühen 13. Jh. gegründeten Heiliggeistspitals eingenommen, die
Südhälfte liegt im Bereich der einstigen (zweiten) Stadtbefestigung. In das kleinteilig-vielgestaltige, als malerisch geltende
Platzbild wirken von Norden her die vertikalen Akzente der
Peterskirche und des Alten Rathauses herein. Die dominierende
nördliche Platzbegrenzung bildet heute die Heiliggeist-Pfarr-
kirche (s. Prälat-Miller-Weg 1). An sie schloss sich bis zu ihrer
Westerweiterung 1885 der mächtige zweigeschossige Satteldachbau des Frauenspitals („Weiberbau") mit zweischiffiger Gewölbehalle im Erdgeschoss an, leicht abgewinkelt nach Süden
fortgesetzt durch den etwas kleineren Männerbau. Den Südteil
des Spitalkomplexes bildeten bis zur Stadtmauer hin die unregelmäßig polygonal um einen Hof gruppierten Wirtschafts- und
Verwaltungsgebäude; östlich bis zum Fischerbach hin waren die
Benefiziatenhäuser in zwei parallelen Zeilen angeordnet, deren
östliche den heutigen Nachfolgebauten Nr. 1/2 (= Prälat-Miller-
Weg 3, Pfarrhaus von 1847/48, nach Kriegsschaden Neubau
1955/56 von Walter Braband), 3 und 5 (s. dieses) entspricht.
Der traditionell auf dem Ostteil des Schrannen-(Marien-)platzes,
ab 1801 auf dem Petersplatz stattfindende Marktbetrieb wurde
1807 durch kgl. Entschließung in den Innenhof des Spitals verlegt und dieser durch Abbruch der westlichen Benefiziatenhäu-
serzeile erweitert. Im Zuge der Übersiedlung des Spitals ins
ehem. Elisabethinerinnenkloster an der Mathildenstraße (s. Che-
valley/Weski 2004) erwarb die Stadt 1823 dessen gesamtes bisheriges Areal und ließ in den folgenden Jahren die Wirtschafts-
und die meisten anderen Nebengebäude sowie auch – zunächst
die Westhälfte – des südlich benachbart an die Stadtmauer ge-

Viktualienmarkt nach Norden; Postkarte, um 1900

lehnten, lang gestreckten Zucht- und Korrektionshauses von
1682 abbrechen. 1870 folgten der Männerbau des Spitals sowie
fünf schon länger zuvor von der Stadt gekaufte Bürgerhäuser, die
zwischen dem ehem. Wirtschaftskomplex und dem hier zur Roßschwemme erweiterten Stadtbach (weiter nördlich Pfisterbach
genannt) lagen, sowie die nördlich anschließend über dem Bach
stehende, dem Männer- und (1885 abgebrochenen) Weiberbau
parallele Untere Fleischbank, die 1880/81 durch die (westlich
zurückgesetzte) Metzgerzeile (s. Nr. 2) ersetzt wurde.
Die Südhälfte der Platzfläche liegt im Bereich der ehem. Stadtmauer des späten 13./frühen 14. Jh. und der ihr im 15. Jh. vorgelegten äußeren Mauer sowie des breiten Stadtgrabens (den der
Stadtbach offenbar mittels einer Trogbrücke überquerte, vgl. den
Volckmer-Stadtplan, 1613). Der Befestigungsring beschrieb hier
einen flachen Winkel von der heutigen Blumen- und Prälat-Zistl-
Straße zu der den Stadtteil um das Tal südlich begrenzenden Wes-
tenrieder- bzw. mit ihr parallelen Frauenstraße. Nahe der Knick-
stelle standen der das Rosental (s. dort) östlich abschließende mittelalterliche Rosenturm (1720 durch den Seefeldbogen ersetzt,
1825/26 abgebrochen) und das mittelalterliche Schiffertor, dessen
Funktion ab 1582 das (innere und äußere) Einlaßtor unweit südlich
übernahm (vgl. Am Einlaß; wohl 1826 abgebrochen). 1851–1853
entstand im Bereich des Stadtgrabens die neue große Schrannenhalle (s. Viktualienmarkt 15), deren erhaltener nördlicher Kopfbau
den Markt im Südwesten be-
grenzt. Im heutigen östlichen
Platzbereich bildeten zwei den
Stadtbach flankierende spätmittelalterliche Befestigungs-
türme, der kräftige, zylindrische Scheiblingsturm im Zuge
der äußeren Stadtmauer (1871
abgebrochen) und der zur inneren Mauer gehörige viereckige,
mit Zinnen abgeschlossene Fischerturm (am Westende der
heutigen Westenriederstraße)
eine besonders malerische
Gruppe; letzterer wurde erst
1891 zusammen mit dem östlich anstoßenden Café Gröber
abgetragen (neues Café Gröber
s. Frauenstraße 6). (Siehe Plan
S. 1202.)
Die Überwölbung des Roß-
schwemmbaches ermöglichte
die architektonische Fassung
der Markt-Westseite mit dem
(nicht erhaltenen) großen Neu-

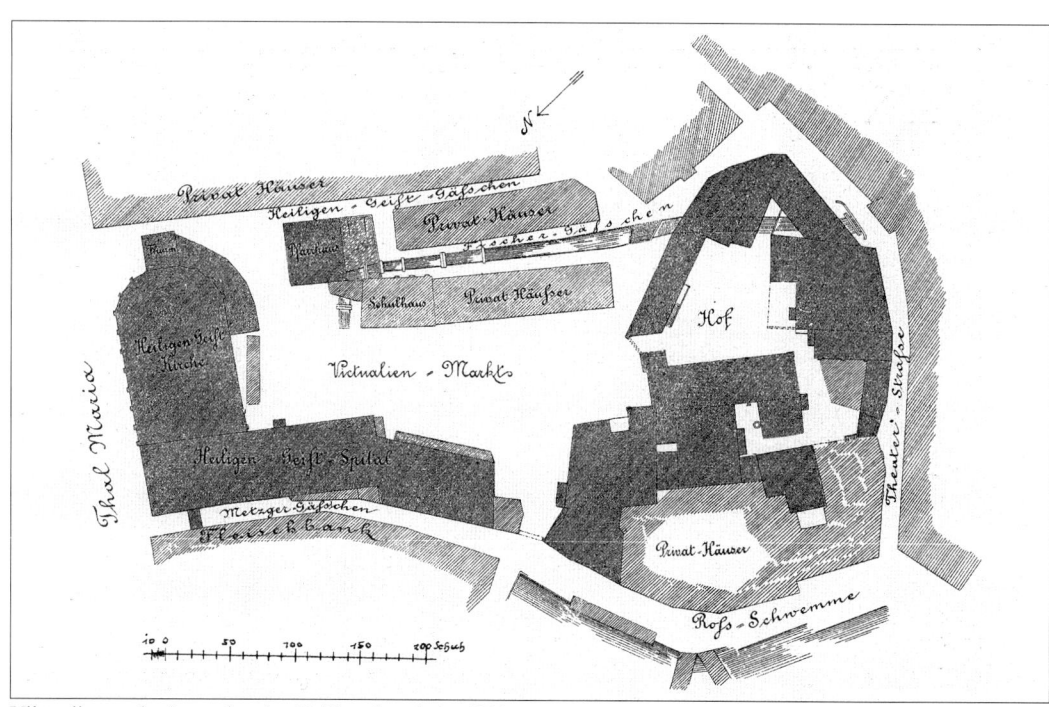

Viktualienmarkt; Lageplan des Heiliggeistspitals, 1808

renaissance-Schulhaus (Eckgebäude Rosental 7, 1867–69 von Arnold Zenetti; an der Nordseite des einstigen Seefeldbogens) sowie der Häuser Nr. 8 (s. dort), 6 (Neurenaissance, 1881 von Carl Wilhelm Warmbach, nicht erhalten) und 4 (Anbau mit Terrasse zu Petersplatz 8, s. dort). 1877 wurde an der den Markt südlich begrenzenden Frauenstraße (s. dort) der Durchbruch zur Reichenbachstraße und somit der Anschluss an das neu entstandene Viertel um den Gärtnerplatz hergestellt; ab 1896 verkehrte hier von der Endschleife südlich der Heiliggeistkirche die Straßenbahn (bis 1960). Von der systematisierten baulichen Neuordnung der Markteinrichtungen im späten 19. Jh. – u. a. Fleischhalle (1885; 1899 auf die Fläche südlich der Kirche transferiert) und Fischhalle (1898, im Osten) – ist nichts erhalten. Nach den Kriegszerstörungen 1943–45 entstand zunächst 1949 eine in der Folge mehrfach veränderte und erweiterte Neubebauung mit massiven Ständen und Hallen, 1957 eine teilweise Unterkellerung, im Zuge der Umgestaltungsmaßnahmen von 1969–75 eine Baumbepflanzung (meist Kastanien für Biergärten), verbunden mit weitgehender Verkehrsberuhigung. Dem volkstümlichen Milieu förderlich war die Aufstellung eines Maibaums (1963) und mehrerer Gedenkbrunnen für verstorbene Münchner Volkssänger und Volksschauspieler (ab 1953). Bei Aushubarbeiten 1974 wurden südlich der Kirche vorübergehend Grundmauern des ehem. Heiliggeistspitals freigelegt.

Viktualienmarkt nach Norden mit St. Peter;
Aufn. um 1900

Viktualienmarkt, ehem. Scheiblings- und Fischerturm; Aufn. 1855

Viktualienmarkt nach Norden; Aufn. 1995

Gedenkbrunnen (Kalkstein, mit unterlebensgroßen Bronzefiguren) wurden errichtet für Karl Valentin († 1948), 1953 von Ernst Andreas Rauch (Guss Agostino Zuppa), Weiß Ferdl († 1949), 1953 von Josef Erber (Guss Hans Mayr), Liesl Karlstadt († 1960), 1961 von Hans Osel (Guss H. Mayr), Ida Schumacher († 1956), 1977 von Marlene Neubauer-Woerner, Elise Aulinger († 1965), 1977 von Toni Rückel, und für den Roider Jackl († 1975), 1977 von Hans Osel.

ARCHÄOLOGISCHE BEFUNDE: Größere Bodeneingriffe und Umbauten sind aus jüngerer Zeit nicht bekannt. Deshalb ist mit untertägig erhaltenen Resten von Bauwerken, unter der Straße mit verrohrten Bächen und Pflastern und unter den Gebäuden mit Resten von Vorgängerbauten, möglicherweise mit Brunnen und Latrinen, zu rechnen.
Unter Viktualienmarkt 4 (zugl. Petersplatz 8), Viktualienmarkt 6 (zugl. Rindermarkt 2) und Viktualienmarkt 8 befinden sich Teile mittelalterlicher und neuzeitlicher Bebauung.

Viktualienmarkt 2 siehe Viktualienmarkt 15 (alt), S. 1192.

Viktualienmarkt 4 (früher 14). Zweigeschossiger Ergänzungsbau des ehem. Café Neumayr mit Dachterrasse, 1883/84 von Carl Wilhelm Warmbach, gehört zum Eckhaus Petersplatz 8 von 1807 (s. dort). (Fassadenaufriss S. 1190)

Viktualienmarkt; Flurkarte, M. 1:2 500

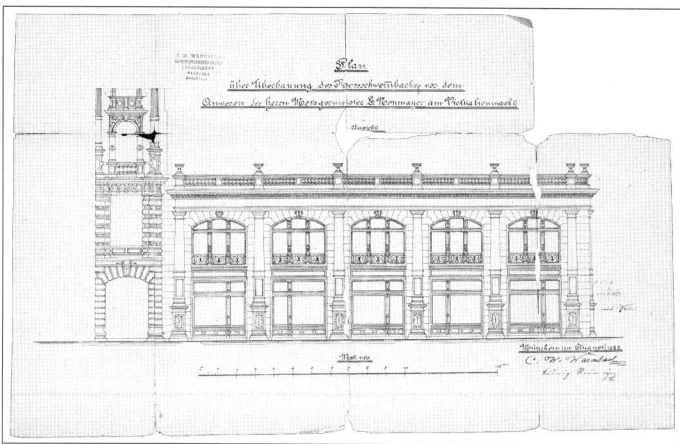

Viktualienmarkt 4; Eingabeplan 1883

Viktualienmarkt 5; Aufn. 1995

Viktualienmarkt 5. Das barockisierende Wohn- und Geschäftshaus von 1899, nach dem Zweiten Weltkrieg verändert wiederaufgebaut, bildet den südlichen Abschluss einer den Markt östlich begrenzenden Häuserreihe, die – ohne Höfe und Rückgebäude – ihre Rückseite dem (heute überwölbten) Fischerbach zuwendet. 1811 erfolgte auf zwei Parzellen der Neubau eines viergeschossigen Wohnhauses mit Schopfwalmdach durch den Fischermeister und Cafétier Joseph Poppinger (Café Poppinger bis 1865); seit 1871 Samenhandlung Schmitz bis heute. Unter Hinzunahme des schmalen Anwesens mit der ehem. Nr. 4 (Fischerhaus) ließ Hoflieferant Karl Schmitz 1898/99 durch Baugeschäft Josef Kössler einen weitgehenden Umbau ausführen; einer Variante in Renaissanceformen wurde – vor allem im Hinblick auf die nahe Heiliggeistkirche – eine barockisierende, heimatlich gestimmte Gestaltung vorgezogen und auch die Allerhöchste Genehmigung eingeholt; hinzugefügt wurden zwei Eckerker im Süden, die einen malerischen Giebel flankierten, grüne Fensterläden und dekorative Dachgauben mit seitlichen Voluten; am Nordende entstand an der Stelle von Nr. 4 ein zwischen die alten Kommunmauern eingefügter, risalitartig mit Erker und Zwerchhaus ausgebildeter Neubau. Nach Kriegsschäden Wiederaufbau 1948/49 nach Plänen von Franz Berberich mit den erhaltenen Außenmauern; südöstlicher Eckerker rekonstruiert, auf Südgiebel verzichtet, Gliederung teilweise verändert, insbesondere am Nordrisalit; erhalten blieb u. a. das kennzeichnende Motiv der Giebelverdachungen über jedem zweiten Fenster. Inneres erneuert, inzwischen mehrfach verändert; 1972 Einbau einer Eingangspassage an der Südwestecke. Mit dem bewusst volkstümlich-malerischen Erscheinungsbild, zumal den beiden Zwiebelturmerkern, und im Zusammenwirken mit benachbarten Bauten, vor allem Heiliggeiststraße 6, ist der städtebauliche Stellenwert und örtliche Milieuwert des Hauses beträchtlich.

Viktualienmarkt 8. Geschäfts- und Wohnhaus *Kustermann*. Das 1876–78 überbaute Grundstück am südöstlichen ehem. Altstadtrand schloss sich rückseitig an Rindermarkt 3 an, das sich hinter schmaler Vorderfront keilförmig gegen Südosten verbreiterte und auf dem Stadtplan von J. Consoni (1806) einen geschlossenen sowie einen offenen Hof umgibt; letzterer reichte bis zum Stadtgrabenbach der welfischen Kernstadt, der sich hier mit dem Großen Angerbach zur breiten Roßschwemme vereinigte (um sich dann als Pfisterbach gegen Norden fortzusetzen). Durch die Auflassung der genannten Bäche samt Roßschwemme 1867/68 wurde die geschlossene Randbebauung an der Nordwestseite des Viktualienmarktes möglich.

Zur prominente Namen und Nutzungen beinhaltenden Besitzgeschichte von Rindermarkt 3 – in der Barockzeit Posthalterei – vgl. Häuserbuch IV 1966. Als dreigeschossiges Traufhaus mit Flacherker und Aufzugsgauben ist es auf Sandtners Stadtmodell dargestellt, ähnlich, doch viergeschossig auf den Ansichten von Joh. Stridbeck (um 1700; „Herrn Bombardi Behausung") und J. P. Stimmelmayr (gegen oder um 1800). Der Kaufmann Max Kustermann erwarb 1873 das Anwesen (bis heute Fa. F. S. Kustermann nach ihrem Gründer, dem Eisenwarenhändler Franz Seraph K.) und ließ es mitsamt dem rückseitig hinzuerworbenen Baugrundstück über der Roßschwemme 1876–78 von Albert Schmidt mit einem großzügigen Geschäfts- und Neubaukomplex überbauen, den die unregelmäßige Begrenzung und die durch die Lage auf der Terrassenkante bedingten Niveauunterschiede prägen. Die (verschiedentlich veränderte) Gesamtanlage gliederte sich in drei parallele fünfgeschossige Baukörper, die durch zwei überdeckte Höfe, eine Passage (öffentliche Durchfahrt) westlich und durch entlang der Hof-Ostseite sich erstreckende Trakte verbunden war. Die Verkaufsräume wurden in einem Stützensystem aus Eisensäulen und -trägern konstruiert.

Viktualienmarkt 8; Aufn. 1995

Das untere der ansonsten vermietbaren Wohngeschosse enthielt die nach Entwürfen von A. Schmidt herrschaftlich ausgestattete Wohnung des Bauherrn mit Gemälden von Michael Echter (im getäfelten Salon zum Rindermarkt hin) und Eugen Neureuther sowie plastischem Dekor von Anton Hess. Der nur 12 m breite Bauteil Rindermarkt 3, bis zum Zweiten Weltkrieg mit fünfgeschossiger, durch zwei Flacherker belebter, repräsentativ gegliederter Neurenaissancefassade, wurde modern wiederaufgebaut. Die allein noch erhaltene, ca. 24 m breite Südfassade am Viktualienmarkt (renoviert 1974) gehört zu einem der frühesten, gestalterisch anspruchsvollsten Geschäftshausbauten vom modern-großstädtischen Typus, wie ihn vor allem Albert Schmidt in München einführte; der von ihm vertretene, italienisch und französisch geprägte Renaissancismus wurde in der Folge weithin durch regionale Bezüge und Streben nach „malerischer" Wirkung in einem vermeintlich „münchnerischen" Sinn verdrängt. Kennzeichnend sind die klare Trennung in die in großen Arkaden zusammengefasste zweigeschossige Geschäftszone und den dreigeschossigen (früheren) Wohnbereich darüber, mit dem durchgehenden Balkon auf Volutenkonsolen als energischer Zäsur, sowie der differenzierte Materialaufwand: in der kräftig rustizierten Arkadenzone (heute blassroter) Ruhpoldinger Knollenmarmor, aus ebensolchem Tridentinischen die Balkonkonsolen; Balkonbrüstung und Obergeschossgliederungen in gelblichem Nürtinger Sandstein, Wandflächen und Pilasterschäfte mit „feinen, gelbrothen Münchener Verblendziegeln verkleidet"; in den Lünetten des Piano nobile Sgraffitodarstellungen, bezogen auf Eisenhandel und -guss (in der Mitte Merkur). Die durch die toskanischen Kolossalpilaster geschiedenen Zwillingsfenster der beiden Hauptgeschosse sind mit ihren Ädikularahmungen zu vertikalen Gesamtfiguren zusammengefasst; über dem dreiteiligen Gebälk mit Ornamentfries ist das letzte Geschoss mit Rundbogenfenstern und Konsolgesims abgesetzt.

Die Passage in der linken und der mit einem reichen Gitter verschlossene Vorraum in der rechten Erdgeschossarkade wie das anschließende Treppenhaus haben noch Elemente der originalen Wandgliederung bewahrt. Im sich über verschiedene Ebenen erstreckenden durchgehenden Verkaufsbereich ist die bemerkenswerte Gusseisenkonstruktion teilweise unverkleidet sichtbar (Säulen; im 1. Obergeschoss südlich Arkatur mit Hermen-

Viktualienmarkt 8, Torgitter

Viktualienmarkt 8, historische Eisenkonstruktion im Hof; Aufn. 2004

karyatiden). – Ein Rest der Eisenkonstruktion ist heute als Spolie im südwestlich angrenzenden Hof ausgestellt.

ARCHÄOLOGISCHE BEFUNDE: Steingebäude des Spätmittelalters und der Neuzeit sowie Bachverbauung des Mittelalters und der Neuzeit (Fundst.-Nr.: 7835/0187, 7835/0353). Im Vorfeld des Einbaus einer Tiefgarage im Hof des Kustermann-Blocks fanden 2000 bis 2002 archäologische Grabungen statt. Dabei kamen Siedlungsschichten, Keller und andere Mauerzüge vom Spätmittelalter bis in die Neuzeit zum Vorschein. Außerdem wurde ein Teilstück des überwölbten Stadtbachs angeschnitten. Die älteste Fassung desselben bestand aus mehreren Lagen Tuffblöcken und datiert noch ins Mittelalter. Gegen dieses gemauerte Gerinne schlossen sich verschiedene kellerartige Baulichkeiten an. Im späten 16. Jh. erfolgte die partielle Überwölbung des Stadtbaches, welcher im Verlauf des 18. Jh. vollständig geschlossen und größtenteils überbaut wurde.

Viktualienmarkt 15, Schrannenhalle, Südostseite nach Norden; hist. Ansicht

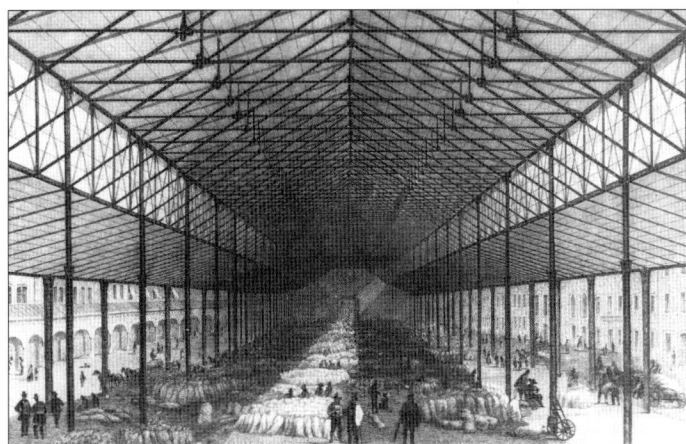

Schrannenhalle, Inneres; Stahlstich, um 1854

Viktualienmarkt 15 (vormals Prälat-Zistl-Straße 3 bzw. Blumenstraße 24). Nördlicher, in situ erhaltener Kopfbau der ehem. *Schrannenhalle*, und südlich anschließend 2003–05 wiederaufgestellter Teil derselben. Für die seit alters auf dem Schrannenplatz (seit 1854 Marienplatz) jeweils am Samstag unter freiem Himmel abgehaltene Schranne, die dort zunehmend beengt war und verkehrsbehindernd wirkte, wurde eine Verlegung lange erwogen, bereits 1812 ff. der Maximiliansplatz als Standort diskutiert (Karl von Fischer; 1816 Projekt von Klenze). Münchens Entwicklung zu einem der führenden Getreidehandelsplätze erzwang schließlich eine großzügige Lösung. Entwürfe liegen u. a. von Franz Jakob Kreuter, Ludwig Lange und Eduard Metzger vor. Ein Projekt Friedrich von Gärtners von 1843 für die Blumenstraße, das lang gestreckte offene Hallen in Holzbauweise vorsah, die zwischen einen massivem Mittel- und ebensolchen

Viktualienmarkt 15, Schrannenhalle, nördlicher Kopfbau; Aufn. 2005

Schrannenhalle, nördlicher Kopfbau, Inneres; Aufn. 1998

Schrannenhalle, Längsseite (Prälat-Zistl-Straße); Aufn. 2005 (kein BDm)

Schrannenhalle, Kapitell einer Gusseisensäule (kein BDm)

Kopfbauten eingespannt werden sollten, bildete noch ein Jahrzehnt später die Grundlage für die Ausführung (1851–53) nach Entwürfen des Stadtbaurates Karl Muffat. Voraus ging 1848 der Beschluss beider Gemeindekollegien, die Halle in den Bereich der z. T. erst damals abgetragenen Stadtbefestigung zwischen Viktualienmarkt und Angertor zu situieren. Am 2. Juni 1851 begannen die Bauarbeiten am südwestlichen Eckbau, am 9. Oktober erfolgte im Mittelpavillon die Grundsteinlegung in Anwesenheit des Königs, nach dem der Bau den Namen „Maximilians-Getreidehalle" erhielt; die Arbeiten wurden abschnittsweise von Juni bis September 1853 abgeschlossen (Einweihung am 15. September durch Dompropst Dr. Martin von Deutinger). Die Maurerarbeiten führten Carl Deiglmayr (Mittelgebäude) und Joh. N. Bürkel (Kopfbauten) aus, die Zimmerarbeiten Michael Reifenstuel bzw. C. Sitzinger, die eisernen Hallenkonstruktionen die Nürnberger Maschinenfabrik Cramer-Klett unter Werkmeister Ludwig Werder; auch die Münchner Maschinenfabrik Maffei wurde zur Mitwirkung herangezogen. Die beiden Giebelseiten des Mittelbaues trugen Fresken von Johann Georg Hiltensperger (hl. Maria, hl. Benno). Im Unterschied zu Gärtners Vorprojekt wurden die beiden je 164 m langen offenen Hallen, bezeichnend für die Aufgeschlossenheit neuen Techniken gegenüber unter Maximilian II., als Gusseisenkonstruktionen – mit Schmiedeeisensparren – von basilikalem Querschnitt mit Blecheindeckung und verglastem Oberlichtband im 12,16 m breiten Mittelschiff ausgeführt, dem sich die pultgedeckten Abseiten von genau halber Breite anschlossen; der Stützenabstand betrug 9,63 m. Erstmals in Süddeutschland wurden die kurz zuvor entwickelten Wiegmann-Polonceau-Binder verwendet, die stabile Dreieckverbände wie auch das Zerlegen in große Einzelelemente ermöglichten. Aus Wetterschutzgründen wurden die Hallen 1872 seitlich durch verglaste Holzelemente geschlossen.

Durch seine enorme Gesamtlänge von 1477 Fuß bayerisch (431 m) wirkte der technisch fortschrittliche Nutzbau in dieser Altstadt-Randlage als städtebauliche Barriere, die nach seinem Bedeutungsverlust als Stätte des Getreidehandels zu Beginn des 20. Jh. und nach Eröffnung der neuen Großmarkthalle (s. Chevalley/Weski 2004) sukzessive abgebrochen wurde – zuerst 1912/14 der Mittelteil zugunsten des Klosters der Armen Schulschwestern (s. Blumenstraße 26), 1926/28 der Südteil zugunsten des Technischen Rathauses (s. Blumenstraße 28) und nach einem Brandschaden 1932/33 der Restteil im Norden mit Ausnahme des Kopfbaues. Ein 124,5 m langes Teilstück der Eisenkonstruktion wurde 1933 als Lagerhalle auf das Gelände des städt. Gaswerks an der Dachauer Straße 148 transferiert; seine Instandsetzung und Rückführung an den angestammten, lange unbebauten Platz wurde seit 1980 erwogen und 1994 vom Stadtrat beschlossen. 1997 erfolgte demgemäß der Abbau der Halle auf dem Gaswerksgelände. Vgl. auch Blumenstraße 22 (Hochbunker von 1941).

Der in situ erhaltene *nördliche Kopfbau* am Viktualienmarkt, zuletzt hauptsächlich als Freibank, heute als Gastwirtschaft genutzt, ist ein äußerlich nach dem Zweiten Weltkrieg vereinfachter, vor allem um die Ornamentik unter den Giebeltraufen reduzierter Putzbau mit mäßig steilem Satteldach; die Giebelseiten sind durch Lisenen gegliedert, die Türblätter noch original. Die Fassaden wurden nach dem Zweiten Weltkrieg durch eine farbige Felderteilung und (an der nördlichen Längsseite) drei gemalte Embleme belebt (kürzlich wieder beseitigt). In der dreischiffigen, vier Joche langen Erdgeschosshalle tragen gefaste Pfeiler mit durch Profilstäbe begrenzten Kämpfern die durch Längsgurte geschiedenen Kreuzgratgewölbe. Der Raum diente ursprünglich als Markt für Ölfrüchte, später (nach Reber 1876) als Schmalzwaage, der Saal darüber „für Versammlungen oder sonstige öffentliche Zwecke" (der einstige Südpavillon enthielt die Fässeraiche, darüber Schulräume, der Mittelbau unten Getreidelagerräume, im 1. Stock den Hopfenmarkt und darüber den Wollmarkt).

Die Wiederaufstellung des Hallenfragmentes der historischen Eisenkonstruktion am angestammten Platz im Anschluss an den nördlichen Kopfbau in den Jahren 2003/04 sieht eine gemischte Nutzung „aus Markt, Gastronomie und kulturellen Aktivitäten" vor; der nördliche Kopfbau wird als „traditionelle bayerische Wirtschaft" betrieben; sein neu errichtetes Pendant im Süden in bewusst moderner Gestaltung enthält u. a. die Abfahrt zur Tiefgarage (Arch. Stefan A. Schamer, Wien). Grundsteinlegung am 25 Juli 2003, Eröffnung am 8. September 2005. Die Realisierung durch einen Investor hatte eine intensive kommerzielle und Event-Nutzung zur Folge, die Verglasungen der ursprünglich offenen Halle und in ihr die gedrängte Fülle von Einbauten mit z. T. zwei Ebenen verunklärten die Wirkung der bemerkenswerten Konstruktion wie des Raumes.

Viktualienmarkt 15 (alte Nr.; jetzt 2). *Metzgerzeile.* Der Standort der Metzgerladenreihe am Hang zwischen Peters- und Heiliggeistkirche bezeugt trotz aller Gestaltwandlungen die Kontinuität einer der (ehemals) bedeutendsten Versorgungseinrichtungen Münchens. Die 1253 auf dem Markt (Marienplatz) er-

Viktualienmarkt 15 (alt; jetzt 2); Aufn. 1995

Viktualienmarkt 15 (alt; jetzt 2), Metzgerzeile, alter Südteil; Aufn. 1995

wähnten Fleischbänke wurden infolge der durch König Ludwig IV. 1315 der Stadt erteilten Privilegien vor das Talburgtor (Rathausturm) verlegt, wo sie 1318/19 bezeugt sind. Im Unterschied zur Oberen Fleischbank am Färbergraben wird 1338 die Untere „über dem Bach" erwähnt – sie erhob sich praktischerweise über dem Roßschwemm- bzw. weiter nördlich Pfisterbach genannten Gewässer unmittelbar vor der Mauer der welfischen Urstadt östlich unterhalb der Peterskirche. Nachrichten von 1426–28 weisen auf einen Neubau hin; 1520 fand ein Umbau statt (u. a. neues Schlachthaus). Sandtners Stadtmodell von 1570 zeigt einen lang gestreckten, niedrigen Satteldachbau mit erhöhtem, stattlicherem Nordteil, Stimmelmayrs skizzierte Abwicklung aus dem späten 18. Jh. einen homogenen einfachen Satteldachbau (auf seit jeher leicht konvex abgeknicktem Grundriss).

1870 wurde die (verschiedentlich jeweils zeitgemäß umgestaltete) Fleischbank abgebrochen und in den östlich parallelen ehem. Weiberbau des Spitals verlegt (bis zu dessen Abbruch 1885; danach Fleischhalle auf dem Viktualienmarkt); 1879 folgte das Schlachthaus. Die westlich unmittelbar parallele Altbebauung am Ostende des Petersplatzes (s. dort) – von Norden Wieskapelle, Türmerwohnung, Petersschule – wurde von der Stadt 1880 erworben und abgetragen, der Bachlauf überwölbt. Hinter ihn nach Westen zurückgesetzt entstand 1880/81 die den freigelegten Hang überbauende neue Metzgerzeile samt darüberliegender Terrasse für den Blumenmarkt. Die Entwürfe des städt. Bauamtmanns Hartwig Eggers (1879/80) orientierten sich zunächst an Neurenaissance und Barock (mit einer vasenbesetzten Balustrade als Abschluss), doch musste er auf Verlangen der Stadtverwaltung zur Neugotik übergehen; damit erfolgte eine Bezugnahme zu dem (bis zum Luftkrieg) nördlich sich als unmittelbare Fortsetzung anschließenden Standesamt (der um 1865 von Arnold Zenetti „regotisierten" ehem. Stadtwaage) bzw. in

weiterem Sinn zum Gesamtkomplex des zuvor neugotisch redigierten Alten Rathauses (s. dort). Die Überwölbung des Bachlaufes ermöglichte die Verbreiterung des Fleischbankgäßchens (vgl. Consoni-Stadtplan 1806) zu einer breiteren Straßenverbindung vom Viktualienmarkt zum Tal und Marienplatz im Norden, deren Bild seit 1885 die neue Westfassade der Heiliggeistkirche (auf dem Areal des ehem. Spitaltraktes) beherrscht.

Die (im Volksmund auch „Zwölf Apostel" genannte) Metzgerzeile wurde im Zweiten Weltkrieg im Nord- und Mittelbereich völlig zerstört und danach zunächst in anspruchslos schlichtester Form wiederhergestellt; leidlich erhalten blieb lediglich der Südteil mit vier Arkaden, der offenen, gewölbten Vorhalle hinter der Eckabschrägung und der (einstigen) öffentlichen Toilette dahinter. Im Zuge der gestalterischen Überarbeitung 1979–81 wurde der neugotische Südteil durch Wiederanbringung ausgelagerter Details ergänzt, der Nordteil erhielt wieder stichbogige Ladenöffnungen sowie eine Rohbacksteinverkleidung mit Lisenen. Die neugotische Arkadenfolge – überwiegend in Kalkstein – wird durch Strebepfeiler gegliedert, deren die Blendmaßwerkbrüstung teilende und überragende Aufsätze mit Satteldächern bzw. an betonten Stellen mit Fialen abschließen. (Im Eckbereich heute ein Café mit pavillonartigem Obergeschoss auf der Terrasse.)

Viscardistraße

Kurze Verbindung zwischen Residenzstraße im Osten und Theatinerstraße im Westen, 1567 durchgebrochen (Stahleder 1992; schon auf Sandtners Stadtmodell 1570), daher ursprünglich „Neugasse", später (Graf-)Preysing-Gässel bzw. Preysinggasse (so auf Consoni-Stadtplan 1806), da nordseitig völlig von der südlichen Nebenfront des Preysing-Palais begrenzt (s. Residenzstraße 27). 1931 nach dem Barockarchitekten Giovanni Antonio Viscardi (1645–1713) benannt (um Verwechslung mit der Preysingstraße in Haidhausen auszuschließen).

Von-der-Tann-Straße

Der ursprüngliche Name Frühlingstraße erscheint erstmals auf dem Stadtplan von 1812; die in der seit Ende des 18. Jh. entstandenen Schönfeldvorstadt (vgl. Schönfeld-, Kaulbach- und Königinstraße) gelegene, früher nur schmale Verbindung zwischen der Königinstraße im Osten und der Fürstenstraße im Westen ist noch ohne Namen bereits auf Plänen seit 1802 eingetragen, der im frühen 19. Jh. beseitigten, den Hofgarten umgreifenden Wallbefestigung des 17. Jh. nordseitig unmittelbar vorgelegt und zunächst noch von Privatgärten mit nur spärlicher Bebauung gesäumt.

Bedeutung und Bebauungsdichte wuchsen mit der Entstehung des im östlichen Endbereich gelegenen Prinz-Carl-Palais (vgl. Franz-Josef-Strauß-Ring 1), dessen lang gestreckte Nebengebäude die Südseite der Frühlingstraße begrenzten, und der Anlage der letztere durchschneidenden breiten Ludwigstraße, durch die der Westteil abgehängt wurde (er wurde unter Verbreiterung um 1955 dem neuen Oskar-von-Miller-Ring zugeschlagen, vgl. dort). Den Typus der frühen, noch offenen Bebauung im Schönfeldviertel repräsentiert heute allein das stark zurückgesetzte, freistehende Walmdachhaus Nr. 3; in der Folge entstanden mehrgeschossige klassizistische Wohnhauszeilen im Norden, von denen Nr. 7 am besten erhalten ist, und ehemals (bis 1937) auch im Süden zwischen dem Palais-Nebentrakt und der Ludwigstraße, z. T. mit Rückseite zum Palaisgarten, der hier heute an die stark verbreiterte Straße grenzt. Stadtpläne von 1826 und 1827 zeigen die bereits geschlossene Häuserreihe an der Südseite, die Bebauung an der Nordseite erfolgte unmittelbar danach, beginnend u. a. mit dem (verändert noch erhaltenen) Schulhaus Nr. 1. 1872 erhielt die Straße ihren heutigen Namen nach General Ludwig von der Tann (1815–1881), dem bayerischen Heerführer in den Kriegen von 1866 und (erfolgreich) 1870/71, der in Haus Nr. 7 wohnte.

Von-der-Tann-Straße 15, Atelier Elvira (zerstört); hist. Aufn.

Ehem. Atelier Elvira, Gartenseite

Der östliche Abschnitt der Nordseite wies vor der Zerstörung im Luftkrieg eine uneinheitliche nachklassizistische Bebauung auf. Hier stand (ehemals Nr. 15, heute auf dem Grundstück des US-Generalkonsulats, vgl. Königinstraße 5), westlich an das Eckhaus von 1863 (Mietshaus, ab 1869 Sitz des Generalkommandos) anschließend, das 1898 von August Endell (Ausführung Dietrich und Voigt) für Anita Augspurg und Sophia Goudstikker erbaute, maßstäblich intime *Photoatelier Elvira*, eine höchst originelle Gesamtschöpfung der dekorativen Richtung des Jugendstils, eingeschlossen die Ausstattung. Insbesondere die sparsam befensterte, vielfarbige Fassade mit dem ihren Obergeschossbereich großformatig ausfüllenden bewegten Stuckornament genießt bis heute legendären Ruhm. Stellenwert

besitzt das einstige Hof-Atelier Elvira im Übrigen auch in der Geschichte der Fotografie wie der Frauenbewegung. Im Zusammenhang der für den Festzug zum „Tag der deutschen Kunst", doch sicher auch zugunsten des Verkehrs 1937 ausgeführten Straßenverbreiterung, der die gesamte südseitige Bebauung zum Opfer fiel, wurde die damalige Hausbesitzerin veranlasst, die den Richtlinien über „Schönheit und Sauberkeit in Stadt und Land" widersprechende Fassadengestaltung des Ateliers radikal zu vereinfachen (Ausführung der Arbeiten vom 6. bis 14. Juli 1937; Luftkriegsruine später abgebrochen). Pläne der NS-Zeit zu einer mit Geschäftsarkaden ausgestatteten beiderseitigen Neubebauung der Straße gelangten nicht zur Ausführung; realisiert wurde lediglich der Umbau des Prinz-Carl-Palais (s. dort) sowie der Neubau des Zentrallandesministeriums (s. Ludwigstraße 2). Nach dem Zweiten Weltkrieg wurde die verbreiterte Von-der-Tann-Straße folgerichtig nördlichster Bestandteil des sukzessive angelegten Altstadtringes; sie verbindet den Oskar-von-Miller-Ring im Westen mit dem am östlichen Ende vor dem Prinz-Carl-Palais nach Süden abgeschwenkten Franz-Josef-Strauß-Ring (vgl. jeweils dort); auch bildet sie nunmehr die bislang fehlende westliche Fortsetzung der verkehrsreichen Prinzregentenstraße; unter ihr wurde 1967–72 der die Ludwigstraße unterquerende Altstadtringtunnel angelegt. Zu der nach den Kriegsschäden großenteils veränderten oder erneuerten nordseitigen Bebauung gehört das lang gestreckte Bürohaus Nr. 12/13, erbaut 1965/66 von Josef Wiedemann, mit abstrakt-plastischen Strukturen von Blasius Gerg an der Natursteinverkleidung der Fassade (renoviert 2000). Das östliche Ende der Zeile wurde beim freigestellten Neubau des US-Generalkonsulats (s. Königinstraße 5) in städtebaulich problematischer Weise aufgelöst.

Von-der-Tann-Straße 2. Ehem. Schule, jetzt Bank. Die Bezirksschule der Schönfeldvorstadt – ab 1844 St.-Ludwigs-Pfarrschule – für Knaben und Mädchen entstand 1827–29 nach bereits 1826 vorliegenden Plänen von Baurat Johann Ulrich Himbsel, der sich in der Fassadengestaltung eng an die florentinisch-rundbogige Variante des Klenzeschen Renaissancismus anlehnte, hier in unmittelbarem Bezug zum westlich angrenzenden Block Ludwigstraße 6/8/10 (s. dort); doch folgten auch seine anderen Schulbauten dieser Richtung – die Dompfarrschule an der Maffeistraße (Nordseite, ehem. Nr. 18; 1829) und vor allem die der

Von-der-Tann-Straße; Flurkarte, M. 1:2 500

Von-der-Tann-Straße 2 (links Ludwigstraße 6); Aufn. 1995

Von-der-Tann-Straße 7; Aufn. 1995

Schönfeldschule typologisch und stilistisch eng verwandte Maxvorstadt-Schule von 1828/29 (s. Luisenstraße 7). Diese beiden, jeweils mit einem Magazin für Feuerlösch-Gerätschaften im Erdgeschoss verbunden, galten zu ihrer Zeit als vorbildliche Typen, die vermutlich Anregungen einer Studienreise Himbsels nach Frankreich verarbeiteten.

Die dreigeschossige, durch Gurtgesimse geteilte Fassade ist im kräftig rustizierten Erdgeschoss in sieben Rundbogenarkaden geöffnet, mit Volutenschlusssteinen mit Ausnahme der etwas niedrigeren ehem. Eingänge beiderseits der mittleren Durchfahrt. Auf diese dreischiffig disponierte Erschließung folgten jenseits des Querflures die beiden zweiläufigen Treppen zu Seiten der gewölbten Durchfahrt. Links davon war im Erdgeschoss das Feuerwehrmagazin untergebracht. In den Obergeschossen waren die jeweils fünf Schulsäle dreiseitig um den Treppenbereich angeordnet, straßenseitig an den drei Fenstergruppen ablesbar, zwei nach rückwärts orientiert. Das im Palastviertel gelegene Schulhaus war äußerlich etwas aufwendiger gegliedert als die Luisenschule, vor allem durch das zusätzliche vertikale Element der rhythmisch angeordneten, im 2. Stock verdoppelten Pilaster. Den Abschluss bildet ein stark plastisches Konsolgesims mit Steilvoluten gleich dem Nachbarblock (jedoch auch an der Luisenschule).

Das seit dem späten 19. Jh. anderweitig, u. a. als Frauenarbeits- und als Berufsschule genutzte Gebäude brannte im Zweiten Weltkrieg aus und ging 1949 an die Deutsche Beamtenversicherung über, die es 1950/51 wiederaufbaute (Arch. Winkler). Die Bayerische Handelsbank erwarb es 1961 und ließ es in der Folge

Von-der-Tann-Straße 3; Aufn. 1995

für ihre Bedürfnisse adaptieren, wobei vor allem die Zone des Volutengesimses erhöht und zu einem weiteren Geschoss ausgebaut wurde. Die Fassade wurde 1985 renoviert.

Von-der-Tann-Straße 3. Das kleine freistehende Vorstadthaus im klassizistischen Stil wurde 1814 nach Plänen von Rudolf Röschenauer aufgeführt und ist weit hinter den Vorgarten zurückgesetzt. (P. Breuer 1937 gibt als Baujahr 1816 an.) Das dreigeschossige Walmdachhaus gehört zur ersten Bebauungsschicht an der damaligen Frühlingstraße noch vom ursprünglichen Charakter der Schönfeldvorstadt mit hinter Vorgärten stehenden, villenartigen Wohnhäusern. Die Gestaltung ist einfach, von dezenter Vornehmheit, mit Gurtgesims über dem Erdgeschoss und reich profiliertem Traufgesims; die Ecklisenen sind im Erdgeschoss rustiziert wie ebenda der flache, dreiachsige Mittelrisalit, an dem das stichbogige Portal durch eine gerade Verdachung auf Konsolen und die Fenster des höheren Hauptgeschosses durch Konsolen unter den Sohlbänken sowie durch eingetiefte Umrahmungen ausgezeichnet sind. Über der Tür heute ein Tondo mit Madonnenrelief (früher kleine Rundbogennische mit Figur). Leider nicht erhalten ist die einstige Rechteckblende zwischen den Obergeschossen des Risalits mit zartem Stuckdekor (zwei Füllhörner mit Ranken und Palmetten).

Um 1850 gehörte das Haus der Hofmusikerswitwe Cäcilie Weidenhiller, in der 1. Hälfte des 20. Jh. war es Wohnsitz des Malers Ludwig Bolgiano. Die Bayerische Handelsbank (s. Nr. 2) ließ es um 1981 entkernen und für ihre Zwecke ausbauen. Erhalten blieb nur der mächtige tonnengewölbte Keller.

Von-der-Tann-Straße 7. Das fünfgeschossige klassizistische Mietshaus von 1829 – eines der seltenen auch in ihrer Struktur noch großenteils erhaltenen – entstand als der breitere, um ein Geschoss höhere Mittelteil einer die sieben Häuser Nr. 4–10 umfassenden Reihe, die der Maurermeister und Bauunternehmer Rudolf Röschenauer um 1830 erbaute (er selbst besaß um 1849 noch Nr. 5, 6 und 7). Haus Nr. 7 war auch hinsichtlich Gestaltung, Ausstattung und hofseitigen Nebengebäuden das vornehmste der Gruppe, mit dem am reichsten gegliederten Äußeren.

Die neun Achsen breite, reich gegliederte Putzfassade, bei den Renovierungen 1978 und 1993 gemäß (im Detail reicher differenziertem) Befund rosafarben gestrichen (inzwischen verändert), ist unter Verzicht auf übergeordnete vertikale Elemente lediglich additiv mit Details aus dem Klenzeschen Formenrepertoire gegliedert, horizontal durch Gurtgesimse geteilt und mit einem Konsolgesims abgeschlossen. Das Erdgeschoss – mit

Stichbogentor und -fenstern – ist mit kräftigerem Fugenschnitt rustiziert. Die beiden etwas feiner rustizierten Hauptgeschosse sind als Blendarkadenfolgen mit Kämpfergesimsen an den Pfeilern und reichem antikisierendem Dekor in den Bogenfeldern über den Rechteckfenstern ausgebildet. Die beiden niedrigeren obersten Geschosse – eine Pfeilerarkadenabfolge mit dekorierten Bogenfeldern und darüber kleine Rechteckfenster auf Sohlbänken mit Konsolen – sind durch Pilaster bzw. rustizierte Ecklisenen zusammengefasst.

In der mittigen Durchfahrt mit Spiegeldecke ist der Mittelabschnitt durch Korbbogengurte ausgesondert; beidseitig Antrittsstufen in Halbkreisnischen mit Türen, rechts zu einer Wohnung, links zum gewendelten Treppenhaus mit Eisenstabgeländer. An den halbrunden innenseitigen Podesten (den Hoffenstern gegenüber) sind jeweils diagonal die beiden Wohnungstüren (mit Oberlichtgittern) angeordnet, die mit ihrer nach außen hin konvexen Biegung dem Grundriss des halbrund schließenden Wohnungsvestibüls entsprechen.

Im Hof links zweigeschossiges Nebengebäude, rechts ehem. Stallung (zu Garagen umgebaut); das einstige Kutscherhäusl in der Mittelachse abgebrochen. – Im Hause wohnte in der Zeit nach dem Krieg von 1870/71 der bayerische General Ludwig Frhr. von der Tann (später Brienner Straße; † 1881), nach welchem die ehem. Frühlingstraße 1872 umbenannt wurde.

Von-der-Tann-Straße 9. Der viergeschossige Bau ist Bestandteil der von Rudolf Röschenauer um 1830 erbauten Mietshausgruppe Nr. 4–10 (vgl. Nr. 7), deren Fassadengestaltung – bei gleicher Trauf- und Firsthöhe – sich in Details unterschied. Die rhythmisierte Fensteranordnung mit den Dreiergruppen in der Mitte – im 1. Stock ursprünglich durch einen Dreiecksgiebel zusammengefasst – blieb auch beim Umbau 1909 erhalten, den das Baugeschäft Heilmann und Littmann (Bauführer Karl Klin-

Von-der-Tann-Straße 7, Fassadendetail

zuvor stichbogig; rechts davon ovale Werbe-Inschrifttafel für das Malergeschäft Georg Fuchs (im Rückgebäude). Im Inneren wurden 1909 die Kamine ausgewechselt und ein neues, ausgebautes Dachwerk errichtet. Ansonsten blieb der Grundriss mit U-förmiger Treppe hofseitig rechts von der Durchfahrt sowie mit je einer Wohneinheit pro Geschoss erhalten – straßenseitig drei Zimmer, dunkler Mittelflur, rückseitig ein weiteres Zimmer links von der Treppe sowie Küche und Nebenräume. 1947/49

Von-der-Tann-Straße 7, Rückgebäude; Aufn. 1996

Von-der-Tann-Straße 9; Aufn. 1995

Von-der-Tann-Straße 9; Fassadenansicht vor Umbau 1909

Von-der-Tann-Straße 7, Treppenhaus; Aufn. 1998

ger) im Auftrag des kgl. Rates Ernst Seeberger ausführte. Die neuklassizistische Fassade erhielt eine noble, stark vertikal strukturierte Putzgliederung mit z. T. veränderten Fensterformaten, in den jeweils äußeren Achsen Fenstertüren mit französischen, girlandenbesetzten Gitterbalkonen, zu deren Gunsten das Gesims über dem horizontal rustizierten Erdgeschoss tiefer gelegt wurde. Das Einfahrstor links schließt korbbogig statt

nach Kriegsschäden Wiederinstandsetzung des 2. und 3. Obergeschosses mit Dachstuhl (Bauherr Bayer. Gemeindebank). – Rückgebäude-Neubau (statt kleineren Vorgängers) 1879 für Schlossermeister Siegfried Sandtner, Umbaumaßnahmen 1932 von Paul Bücklers.

[Von-der-Tann-Straße, ehem. Nr. 15. Abgegangenes *Photoatelier Elvira.* Vgl. Von-der-Tann-Straße/Vorspann.]

Von-der-Tann-Straße 9, historische Werbung

Wagmüllerstraße

Die mit ihrem Verlauf dem stillgelegten Triftkanal folgende, die Triftstraße (s. dort) bis zur neu ausgelegten Prinzregentenstraße verlängernde Straße wurde 1897 nach dem Bildhauer Michael Wagmüller (1831–1881) benannt und um diese Zeit im Anschluss an die vornehme Prinzregentenstraße (s. dort) mit Miethäusern herrschaftlichen Charakters bebaut, von denen nur Nr. 18 und 20 im Wesentlichen erhalten geblieben sind. Andere existieren nur noch in purifizierter Form, so Nr. 14, in dem allein das Vestibül mit Differenzstufen, reicher neubarocker Wandgliederung und Stuckdekor original erhalten ist, und das leider erst nach dem Zweiten Weltkrieg gründlich vereinfachte, zu Amtsräumen adaptierte, breit gestreckte Haus Nr. 23, von dessen Eleganz noch das fast groteske Fragment eines Fassadenplans zeugt (erbaut 1897/98 vom Techn. Büro Barbist für Baumeistersgattin Barbara Schuler, 1898 an Realitätenbesitzer Theodor Höch ver-

Wagmüllerstraße 18; Aufn. 2007

kauft; ursprünglich mit Zwerchgiebeln über den beiden Erkern; Baugruppe mit Nr. 21). – Trambahn im Südteil (zwischen Unsöld- und Liebigstraße) ab 1897 (Teil der Verbindung Ludwigstraße–Maxmonument), in voller Länge seit 1963 (Verlegung von der Trasse Tattenbach-/Oettingenstraße).

Wagmüllerstraße 18. Mit einer Fassadenlänge von 34 Metern und einer leicht abknickenden vorderen Grundlinie entstand das Haus 1897–98 auf zuvor unbebautem Grund. In Ausdehnung, Zuschnitt und Ausstattung ist es den hochherrschaftlichen Häusern an Prinzregenten-, Steinsdorf- und Widenmayerstraße vergleichbar. Auftraggeber war Georg Hainthaler, Planleger der viel beschäftigte Georg Guinin. Der mittig in die beachtliche Neurenaissancefassade gelegte Eingang führt über ein hohes Zwischenpodest in aufwendig gestaltetem Entree zum zentral im Gebäude liegenden annähernd quadratischen Treppenhaus; hier baute man eine dreiarmige Podesttreppe mit quadratischen Wechselpodesten und großer Laterne in den Treppenhausschacht ein, von oben großflächig belichtet. Guinin verwirklichte einen modernen Grundrisstyp: Mittig rückwärtig setzte er dem breiten Riegel an der Straße einen Rückflügel an. Die Stoßlinien klinkte er tief ein, um weitere Belichtungsachsen zu ermöglichen. Die Wohnungen, in jeder Etage zwei, wurden beinahe spiegelsymmetrisch organisiert, dabei kamen die Bäder in den Dunkelzonen zu liegen. Von Symmetrie ist auch die Fassadengestaltung des Doppelerker-Hauses geprägt, das Instrumentarium erstreckt sich von Engsetzung, Verkuppelung bis zur paarweisen Behandlung. Eine Quaderrustika macht das Erdgeschoss aus, den drei Obergeschossen legte Guinin eine schlichtere Streifenrustika vor. Nach dem Zweiten Weltkrieg, jedoch nicht infolge von Zerstörung, kam es zur Vereinfachung der Dachzone, man baute die

Wagmüllerstraße 23; Eingabeplan von 1897
(Fragment)

Wagmüllerstraße; Flurkarte, 2007, M. 1:2 500

Wagmüllerstraße 18, Decke im 1. Obergeschoss (Raum 110)

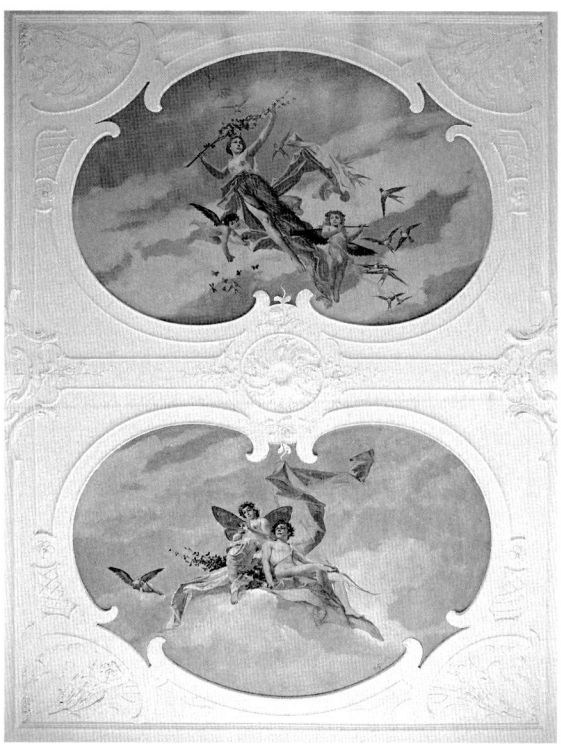

Wagmüllerstraße 18, Decke im 3. Obergeschoss (Raum 211)

Wagmüllerstraße 18, Deckenbild im 1. Obergeschoss (Raum 109)

der, wie Verdachungen, glatt verputzt; gemäß der von Seidlschen ersten Farbgebung waren die Fenstersprossen rot und alle Gitter hellgrün. Zur forcierten Verlebendigung der Fassadenschicht durch Licht und Schatten trat also, durchaus modisch, auch das Spiel mit Farbwerten. Zu bedenken gilt, dass Emanuel von Seidl hier in einer Umgebung baute, die von Neubauten seines Bruders Gabriel dominiert wurde. (Den Luftkrieg überstand das Anwesen beinahe unberührt. 1992 Instandsetzung der Fassade, 1998 Ausbesserungen der Fassadenzier, Generalsanierung zusammen mit Nr. 18 2003–07.) In Teilen des Gebäudes war von 1996 bis 2005 die Landesstelle für nichtstaatliche Museen in Bayern untergebracht. – Im Vestibül und im 1. Obergeschoss (4. Raum, Decke) ist Stuckdekor erhalten.

beiden prächtigen Erkergiebel, denen ursprünglich auch Point-de-vue-Wirkung zukam, zurück. (1990 Fassadenrenovierung und Erneuerung der Dachhaut, 1993 im November Entdeckung der Gemäldeausstattung, Generalsanierung und Restaurierung der Stuckierungen und Malereien 2003–07; 1996–2005 war hier die Landesstelle für die nichtstaatlichen Museen in Bayern untergebracht, seit 2005 ist Trägerin die Immobiliengesellschaft Freistaat Bayern.)

Seltenheitswert in München besitzen die im 1. bis 3. Obergeschoss erhaltenen Stuckdecken samt zahlreichen, mehrfach von M(artin?) Wiegand signierten Deckengemälden barockisierenden, z. T. auch (Raum I/110) jugendstiligen Charakters. Im Flur des 2. Obergeschosses wurden auch Reste dekorativer Wandmalerei freigelegt.

Wagmüllerstraße 20. In geradezu riesenhafter Dimension wurde 1896 der Bauplatz für Wagmüllerstraße 20 eingemessen. Nach Plänen von Emanuel von Seidl errichteten sich 1897–98 die Baumeister Rudolf und Ferdinand Schratz ein über 35 m breites und ca. 16 m tiefes, herrschaftlich zugemessenes Mietshaus. In Größe und Gestaltung ist das Haus, ähnlich wie sein südliches Nachbargebäude, nur mehr mit Häusern an der Steinsdorf- und Widenmayerstraße und ehemals an der Prinzregentenstraße vergleichbar. Streng mittig legte man den Hauseingang in den Bau, durch ein aufwendig gestaltetes Entree und über ein hohes Zwischenpodest gelangt man zur rückwärtigen, eigens ausgebauten doppelläufigen Podesttreppe. In jeder Etage brachte man gemäß Erstzustand zwei großzügige Wohnungen unter, die einander beinahe spiegelsymmetrisch entsprechen. 1938 kam es zum Dachgeschossausbau für das Luftkreiskommando V. Vor Beginn der Bauarbeiten hatten sich die Bauwerber notariell zu verpflichten, die Rückfront des Hauses „so dunkel zu streichen, dass kein Lichtreflex entsteht" und dass jede „nachteilige Lichtwirkung für die Schule" fernzuhalten sei. Denn östlich angrenzend befand sich die Kgl. Luitpold-Kreis-Realschule (vgl. Alexandrastraße), die nach dem Krieg weiter nördlich an der Seeaustraße neu errichtet wurde. Die schlossartig dimensionierte und instrumentierte Neubarockfassade erhielt einen Betonsockel, eine Fassade mit rauem Kalkmörtelputz, architektonische Glie-

Wagmüllerstraße 20; Aufn. 1995

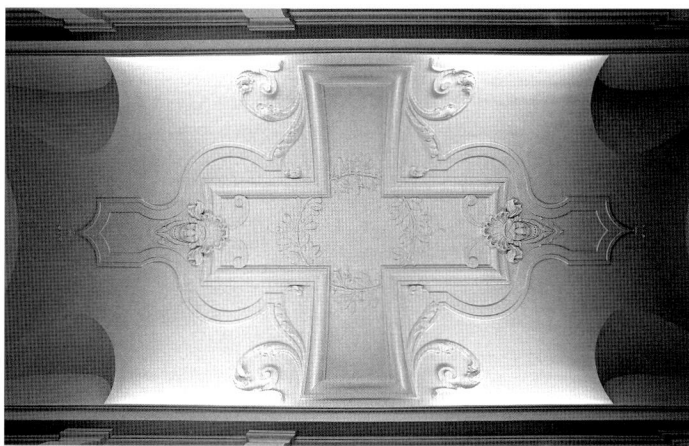

Wagmüllerstraße 20, Vestibül, Stuckdecke

◁ Wagmüllerstraße 20, Vestibül,
Stuckdetail

Wallstraße

(Vgl. Ensemble Altstadt.) Das kurze westliche Ende der Blumenstraße (s. dort) wurde nach deren abgeschwenkter Einführung in den Sendlinger-Tor-Platz (s. dort; 1970/72) Wallstraße genannt; ihre nördliche Begrenzung bildet die Blumenschule von 1876/77 (s. Sendlinger-Tor-Platz 14), die südliche die Kreissparkasse von 1984–87 (Entwurf Paolo Nestler; vgl. Sendlinger-Tor-Platz/Vorspann). – Die vormalige, 1828 im rechten Winkel zur heutigen angelegte Wallstraße hatte ihren Namen nach der von ihr überquerten ehemaligen Wallbefestigung aus der 1. Hälfte des 17. Jh. erhalten; sie ist in der erweiterten Verkehrsfläche der verlagerten Blumenstraße östlich der Kreissparkasse aufgegangen.

Weinstraße

(Vgl. Ensemble Altstadt.) Der Name wird gewöhnlich mit hier ansässigem Weinhandel und Weinwirtschaften in Verbindung gebracht. (Der Weinmarkt fand in der Nachbarschaft auf dem Markt-, heute Marienplatz statt; städtische Weinstadel waren an der Diener- und Burgstraße situiert.) Im Verkehrsnetz der ältesten, hochmittelalterlichen Kernstadt verband die Weinstraße in Fortsetzung der Rosenstraße die westliche Schmalseite des Marktes mit dem westlichen der beiden Nordtore (vgl. unweit östlich den später sog. Krümleinsturm am Ende der parallelen Dienerstraße) und reicht somit nur bis zur Kreuzung mit der von Westen einmündenden Schäfflerstraße bzw. der Schrammerstraße östlich (letztere nach 1945 nach Norden verschwenkt), die der Außenseite des ehem. Stadtgrabens folgen.

Von der auf Sandtners Stadtmodell von 1570 dargestellten Bebauung spätmittelalterlichen Charakters ist nichts erhalten. Typologisches Interesse erwecken die beiden nur zweigeschossigen Flachgiebelhäuser alpenländischer Art auf den heutigen Parzellen Nr. 1/2 (Doppelhaus) und 3, die Gustav Schneider als Blockbauten mit vorgelegten Holzlauben interpretierte (Nr. 2 war um 1570 bereits massiv ausgebaut), somit letzte Zeugnisse nichtmassiver Bauweise, wie sie die Bauordnung von 1315 bzw. 1342 aus Brandschutzgründen abzuschaffen bestrebt war (Holzlaube von Nr. 1 auch auf Marktansicht von Nikolaus Solis 1568 zu erkennen). Auf Nr. 1 entstand in der Folge – nach K. Erdmannsdorffer um 1613 – das schmale viergeschossige Traufhaus der (bis heute volkstümlichen) Gastwirtschaft zum Donisl mit flachem Mittelerker und hoch ragendem Steildach (1945 zerstört; der Neubau, von Leonhard Zapf, wurde gestalterisch der Gruppe Marienplatz 1 und 2 angeglichen, mit Reliefansicht des Altbaus am Flacherker und Fassadenmalerei). Die westseitigen Häuser hatten gemäß Sandtner-Modell bis zur Sporerstraße Erdgeschossarkaden in Fortsetzung derer am Markt. Die westseitig zum Frauenplatz führende dichte Abfolge äußerst schmaler Gassen – Sporer-, Filser(bräu)- und Thalergasse (letztere seit ca. 1800 Albertstraße) – ergab entlang der Weinstraße nur Eckgrundstücke, die mit dem in solcher Situation in Alt-München häufigen Typus des (hoflosen) Pultdachhauses besetzt waren, der hier in einer für die Altstadt einzigartigen Reihung von sechs straßenseitigen Halbgiebeln auftrat. Die beiden die Sporergasse flankierenden Eckhäuser zeigt bereits Stimmelmayrs Skizze (gegen 1800) verändert; auf Nr. 5 entstand nach Plänen Albert Schmidts von 1873 eines der ersten modernen Wohn- und Geschäftshäuser Münchens mit zweigeschossiger Ladenzone und drei Wohngeschossen (Neurenaissance; mit langer Seitenfront). Das Eckhaus Nr. 6 hatte als einziges an der Weinstraße bis zum Luftkrieg zumindest in den drei obersten Geschossen noch eine barocke Fassadengliederung. Das Nachbarhaus Nr. 7, mit markantem Pultdach bis weit ins 19. Jh., war vor dem Luftkrieg ein historisierendes Geschäftshaus mit weitgehend in kleinsprossige Fenster aufgelöster Skelettfassade. Zwischen Filser- und Albertstraße erbaute der Gärtner-Schüler Johann Moninger 1847 (an der Stelle zweier Pultdachhäuser, das südliche ehemals Filserbräu) einen Block in an den Maximilianstil gemahnenden Formen mit weit vorkragendem Sparrendach (Café London; später verändert, ab 1891 Sitz der Baufirma Heilmann und Littmann, für sie 1949/50 von Anton Ackermann samt ehem. Rathaus-Lichtspielen in traditioneller Gestaltung wiederaufgebaut, = Nr. 8).

Weinstraße 7 und 8, dazwischen Filserstraße;
Mitte 19. Jh.

Weinstraße nach Norden, rechts Polizeidirektion;
Aufn. um 1920

Am Nordende verengte sich die Weinstraße zwischen der beiderseits an den Torturm der ersten Stadtbefestigung grenzenden Bebauung. Der (erst im 14. Jh. mehrfach erwähnte) Torturm, auf Sandtners Stadtmodell von mäßiger Höhe mit Quersatteldach (auf der Stadtansicht von 1493 rechts vom Dom; auf Lebschées Rekonstruktion monumentalisiert), wurde im Mittelalter – nach Besitzern des östlich anschließenden Anwesens Nr. 13 bis 1522 – *Wilbrechtsturm*, später Nadel- oder Schäfflerturm genannt und 1691 abgebrochen zusammen mit dem Haus Nr. 13, das im 16. Jh. als Wohnsitz der (vor ihrem Gemahl geflohenen) Herzogin Sabina von Württemberg, dann der Jakobäa von Baden, Witwe Herzog Wilhelms IV., gedient hatte. An seiner Stelle erbaute Henrico Zuccalli 1691–94 das Institut der Englischen Fräulein, das 1808–12 zur Polizeidirektion umgebaut wurde (s. Marienhof). Das Grundstück des im Luftkrieg zerstörten Komplexes wie das des südlich benachbarten Blockes zwischen Gruft- und Landschaftsstraße (Nr. 14, Haus der Familie Ligsalz, im 17. Jh. der Ratsfamilie Voglmaier, ab 1722 der Englischen Fräulein als Wohnheim für arme Mädchen, 1898 umgebaut) ist jetzt Teil der Freifläche des sog. Marienhofes (s. dort) nördlich des Rathauses. Zugunsten der Westerweiterung des Neuen Rathauses (s. Marienplatz 8) wurden 1898/99 sechs Bürgerhäuser zwischen Marienplatz und Landschaftstraße abgebrochen, zugleich die Weinstraße in diesem Bereich etwas verbreitert wie 1914 auch an ihrem Nordende beim Neubau von Nr. 10/11 (s. dort); der damals trotz Protesten dort abgebrochene, neben dem einstigen Torturm vorspringende Vorgängerbau, die alte Schutzmannskaserne, hatte eine der reichsten Spätbarockfassaden (um 1725) der Altstadt aufgewiesen. Das nördlich angrenzende Eckhaus Nr. 12 an der Schäfflerstraße, um 1845/47 von Jordan Maurer umgebaut, stand noch bis zum Luftkrieg etwas vor der (neuen) Baulinie (deren Zurücknahme im Nordbereich der Weinstraße bereits 1890 vorgesehen war). Am Neubau Nr. 12 von ca. 1950 Neubarockfigur eines Schäfflers mit Aufschrift „Schäfflereck" auf der Konsole wiederangebracht (nach Biller/Rasp, 2003, Zinkguss von 1888 nach Modell von Robert und Augustin Seitz). – Straßenbahnverkehr gab es auf der Achse Wein- und Theatinerstraße von 1907 bis 1934 (bzw. 1944); seit 1972 ist sie Teil der Fußgängerzone Altstadt. (Siehe Flurkarte S. 552)

ARCHÄOLOGISCHE BEFUNDE: Größere Bodeneingriffe und Umbauten sind aus jüngerer Zeit nicht bekannt. Deshalb ist mit untertägig erhaltenen Resten von Bauwerken, unter der Straße mit verrohrten Bächen und Pflastern und unter den Gebäuden mit Resten mittelalterlicher und frühneuzeitlicher Vorgängerbauten, möglicherweise mit Brunnen und Latrinen, zu rechnen.
Unter Weinstraße 1, 6, 7, 9, 11 und 12 befinden sich Teile mittelalterlicher und neuzeitlicher Bebauung.

Weinstraße 3. *„Indanthren-Haus"*, Geschäfts- und Verwaltungsgebäude für die Farbwerke Hoechst. Nach Gustav Schneiders Interpretation des Sandtnerschen Stadtmodells von 1570 war hier noch bis ins spätere 16. Jh. ein typengeschichtlich rares, altertümliches Haus mit flachem Satteldach und der Fassade vorgeblendeten zweigeschossigen Holzlauben erhalten. Bei Stimmelmayr (gegen 1800) ein viergeschossiges Traufhaus mit sechs Fensterachsen und Erdgeschossarkaden („ein Coffeschenk"); vor dem Zweiten Weltkrieg eine viergeschossige Neurenaissancefassade. Das im Auftrag der Farbwerke Hoechst 1954 von Georg Hellmuth Winkler erbaute sechsgeschossige Geschäftshaus (Stahlbetonkonstruktion) mit Fußgängerarkaden ist durch die abstrakte Flächenmusterung seiner Keramikplattenverkleidung nach Entwurf von Blasius Spreng bemerkenswert. Diese farbig fein abgestimmte Oberflächeninterpretation kennzeichnet das Bestreben, die in der Wiederaufbauzeit in München dominierenden einfachen Lochfassaden gestalterisch zu beleben und aufzuwerten (vgl. ehemals Bayerstraße 3–5, Mathäser-Bierhallen). Zugang

Weinstraße 3; Aufn. 2008

über den durch eine Passage erschlossenen Innenhof, mit Zierbrunnen (Wandrelief Vater mit Kind; Bronze) von Franz Mikorey (1956). Rechts vom Hauseingang Gedenktafel (Ersatz für kriegszerstörte am Haus Thiereckstraße 3) an Einsturz des Vorgängerbaues 1801, wobei der spätere Optiker Joseph Fraunhofer, damals noch Glaserlehrling, gerettet wurde (Kalksteinrelief, 1983 von Hans Geiger).

Weinstraße 4. Geschäftshaus (urspr. Fa. Salamander). Auf Sandtners Stadtmodell (1570) ein dreigeschossiges Haus mit Erdgeschossarkaden, Erker und abgetrepptem Zwerchhaus bzw. Ohrwascheln sowie umbautem Hof; bei Stimmelmayr (gegen 1800) ein viergeschossiges Traufhaus mit Arkaden, der „Weinwirth zu den drey Mohren". Eine Gedenktafel an den hier am 20. März 1842 verstorbenen, um die Münchner Geschichtsforschung verdienten Felix Joseph Lipowsky war (nach A. Alckens) bereits 1935 „nicht mehr auffindbar".
Die Schuhfabrikanten Leopold und Paul Regensteiner erwarben das Anwesen 1908 und ließen 1908/09 von der Fa. Heilmann und Littmann auf der nur 12 m breiten, 50 m tiefen Altstadtparzelle das neue Geschäftshaus der Schuhfirma Salamander errichten. Seit 1928 Bayerische Beamtenversicherung. Der Architekt Max Neumann sparte in der Mitte der Nordseite einen schmalen Hof aus und legte neben ihm ins Zentrum das ovale Treppenhaus; der Zugang erfolgt entlang der Nordwand durch einen langen Flur mit kassettierten Gurten an der Tonnenwölbung. Flur wie Treppe (mit Holzstabgeländer) sind von bereits frühsachlicher Schlichtheit, aufwendiger allein die beiden in jedem Geschoss nebeneinanderliegenden Wohnungstüren mit Oberlicht. Das Geschäft (heute Bank) nimmt, durch den Treppenbereich in der Mitte verengt, das ganze übrige Erdgeschoss ein.
Die Gliederung der vornehm neuklassizistischen Fassade, die anspruchsvoll in Naturstein (bis zum 1. Stock Muschelkalk, die drei oberen Geschosse Main-

Weinstraße 4, originaler Eingangsbereich

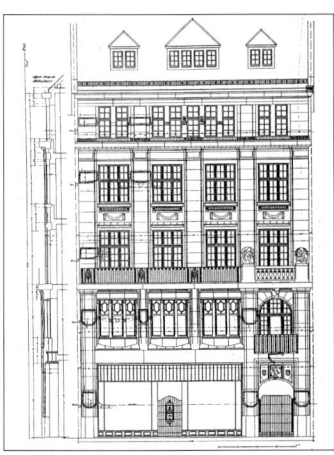

Weinstraße 4; Fassadenaufriss, 1910

sandstein) verkleidet ist, fasst jeweils zwei Geschosse zusammen – die ehem. Laden-front mit den polygonalen Bay windows darüber durch kräftige Pfeiler, die beiden Bürogeschosse über dem durchgehenden Balkon durch Lisenen; das abschließende Wohngeschoss ist über einem kräftigen Gesims abgesetzt. Die Bauplastik schuf der Bildhauer Eduard Beyrer: zwei Figu-rengruppen von Kindern mit Schwan bzw. Pfau auf dem Steinbalkon im 2. Stock über dem Eingangsbereich. (Auch Beteiligung des Bildhauers Mathias Gasteiger wird er-wähnt.) – Bemerkenswert sind die erhalte-nen, für das Erscheinungsbild wichtigen kleinteiligen Sprossenfenster. Durch die Anlage der Fußgängerarkaden in der ge-samten Häuserreihe in den 1950er Jahren wurde das Erdgeschoss völlig verändert, das Portal rechts (mit Reliefschmuck und Bauinschrift) zerstört.

Weinstraße 4; Aufn. 1996

Weinstraße 11; Aufn. 1994

Weinstraße 11 (vormals 10/11). Der heutige Wohn- und Ge-schäftshausbau steht an der Stelle zweier mehrgeschossiger mit-telalterlicher Bürgerhäuser (vgl. Sandtners Stadtmodell, 1570), deren südliches (links) mit vorspringender Baulinie an das 1691 abgebrochene Innere Schwabinger Tor der ältesten Stadtbefesti-gung – auch Wilbrechtsturm (und anders) genannt – grenzte und als ehem. Gasthaus zum Goldenen Hahn, dann ab 1854 bis zum Abbruch 1914 (nach Neubau des Polizeipräsidiums) als Kaserne der Schutzmannschaft zu den bemerkenswerten Altstadthäusern gehörte, ausgezeichnet durch eine überaus reich gegliederte und stuckierte Fassade von etwa 1725/30 in stilistisch dem Preysing-

Weinstraße 10; Aufn. vor Abbruch 1914

Weinstraße 10, Hof; Aufn. 1914

Palais (s. Residenzstraße 27) nahestehenden Formen, vier Fensterachsen breit gegen Os-ten, zwei (aufgrund des Vor-sprungs) gegen Süden, mit zarter dekoriertem, vielleicht aufgestocktem 4. Geschoss, das bereits auf Stimmelmayrs Skizze (1800) vorhanden ist, vom nördlichen Nachbarhaus durch ein „Mäurl" mit einer Öffnung (ehemaliger Stadt-grabenbereich) getrennt. Zu Nr. 10 gehörte eine rückseitig anschließende Bebauung an der Ecke Frauenplatz/Albert-gasse, gleichfalls 1914 abge-brochen (s. Frauenplatz 11), mit einem lang gestreckten Hof, den in den beiden Ober-geschossen Laubengänge (den österreichischen Pawlatschen entsprechend) mit klassizisti-schen Eisengeländern flan-kierten.
Der stattliche Neubau von 1914, den der Kürschnermeis-ter Thomas Nester, Besitzer des nördlichen Hauses schon seit 1888, zusammen mit der Fa. Philipp Wwe. (Inh. Hein-rich von Dall'Armi; Rückbe-bauung Frauenplatz 11) nach

Planungen von Max Neumann errichten ließ, ist rückseitig, den alten Parzellen entsprechend, ungleich und unregelmäßig entwi-ckelt – die linke Hälfte wesentlich tiefer als die rechte, hinter der der Hof angeordnet ist. Nach schweren Schäden im Zweiten Weltkrieg blieben im Wesentlichen die Umfassungsmauern der linken Hälfte erhalten. Beim Wiederaufbau 1951/52 durch Ar-chitekt Horst W. Pietz entstand die rechte Fassadenhälfte mit ein-facher Putzgliederung neu. An der ursprünglich symmetrischen, in gelblichem Sandstein verkleideten Front sind die Funktionen klar unterschieden: Erdgeschoss (mit Pfeilern zwischen den Schaufenstern) und 1. Stock (mit ionischen Pilastern zwischen den großen Öffnungen und mit Büstenmedaillons in den Halb-kreisblenden darüber) zeigen neuklassizistische Anklänge, die drei Wohngeschosse darüber hingegen barockisierende Formen mit konvexen Lisenen, verkröpften Gesimsen, geschweiften Fensterverdachungen und polygonalem, reich gegliedertem Er-ker, dem ein gleichartiger in der rechten Fassadenhälfte ent-sprach. Im 2. Stock verband die Erker ein nur z. T. erhaltenes Balkongitter; die Kartusche über dem Fenster des 3. Stocks in der (einstigen) Mittelachse ist (verändert) „R. 69" bez. In den Hofecken links gerundete Vorsprünge, vorn für das Treppen-haus, rückwärts mit zwei Balkongittern.

ARCHÄOLOGISCHE BEFUNDE: Vermutlich Reste der Stadtmauer aus dem 12. Jh. (Fundst.-Nr.: 7835/0322). Beim Umbau und schließlich Abbruch des Gebäudes wurden 1889 und 1914 mas-sive Mauerreste aufgedeckt. Die Konstruktion und Lage deuten auf die Reste der ersten Stadtmauer aus dem 12. Jh. hin.

Weinstraße 11, Fassadendetail; hist. Aufn.

Westenriederstraße

(Vgl. Ensemble Altstadt; Nr. 13, 15 zum Platzbild Dreifaltigkeitsplatz.) Die den erst im frühen 19. Jh. freigelegten Viktualienmarkt – zuvor Bereich des Heiliggeistspitals – im Westen mit dem östlichen Ende des Tals beim Isartor verbindende Straße ist seit 1848 nach dem im Haus Nr. 21 (s. dort) geborenen Historiker Lorenz von Westenrieder (1748–1829) benannt; auf Consonis Stadtplan von 1806 trägt sie die Lagebezeichnung „hinter den Mauern am Radlsteg", womit zugleich die mittige Querverbindung zum Tal angesprochen ist. Mit ihrem leicht gekrümmten Verlauf und der unregelmäßigen nördlichen Baulinie erstreckt sich die ehemals schmale Gasse entlang der Innenseite der einstigen doppelten Stadtmauer, die hier die östliche Stadterweiterung mit dem Tal als Mittelachse bis hin zum 1337 eröffneten Isartor südseitig begrenzte. Somit ist mittelalterlichen Ursprungs nur die nordseitige Bebauung, meist aus Rückgebäuden auf lang gestreckten Parzellen mit Hauptgebäuden an der Tal-Südseite hervorgegangen. An der Südseite entstanden im ehemaligen Stadtmauerbereich – der vorgelegte Stadtgrabenbach verlief in der Mitte zwischen Westenrieder- und Frauenstraße – seit dem frühen 19. Jh. klassizistische Neubauten teils öffentlichen Charakters wie 1812 das Isartortheater am Ostende (vgl. Nr. 1) und 1824–26 die Synagoge (vgl. Nr. 7), beide nicht mehr erhalten, teils Mietshäuser (vgl. die Gruppe Nr. 14, 16, 18); zeitweise war der Name „Theaterstraße" gültig (bis 1848). An die Westseite des umgenutzten Theaters schloss sich 1866/67 ein Schulhaus von Arnold Zenetti an (erweitert 1887 von Friedrich Loewel); das Areal der beiden im Luftkrieg zerstörten Gebäude präsentiert sich heute als unbebaute, leicht nach Süden zur Frauenstraße (ehem. Wall) ansteigende Grünfläche, die östlich vom Isartor, westlich von der 1900/01 erbauten Riemerschmid-Handelsschule (vgl. Frauenstraße 19/Westenriederstraße 20) abgeschlossen wird, städtebaulich jedoch unbefriedigend wirkt, da die freigelegten Häuserzeilen insbesondere an der altstädtischen Westenriederstraße nicht als Platzwände konzipiert sind. (Nicht realisiert wurde der Entwurf Friedrich Ludwig von Sckells von 1811 für eine englische Parkanlage an der gesamten Südseite der

Westenriederstraße 1, ehem. Isartortheater; Aufn. um 1930

Ruine des Isartortheaters, rechts Isartor; Aufn. 1949

Westenriederstraße im Anschluss an das Theater.) Das einstige städtische Brunnhaus am Katzenbach (1614, mehrfach umgebaut) musste dem Neubau der Handelsschule weichen (vgl. im Detail Frauenstraße 19; auch Zwingerstraße). Weiter östlich, gegenüber vom Südende der Sterneckerstraße (s. dort), stand das gegen oder um 1400 vermauerte Taeckentor. – Trotz fragmentarischer Bebauung und weitgehender Luftkriegsschäden, Moder-

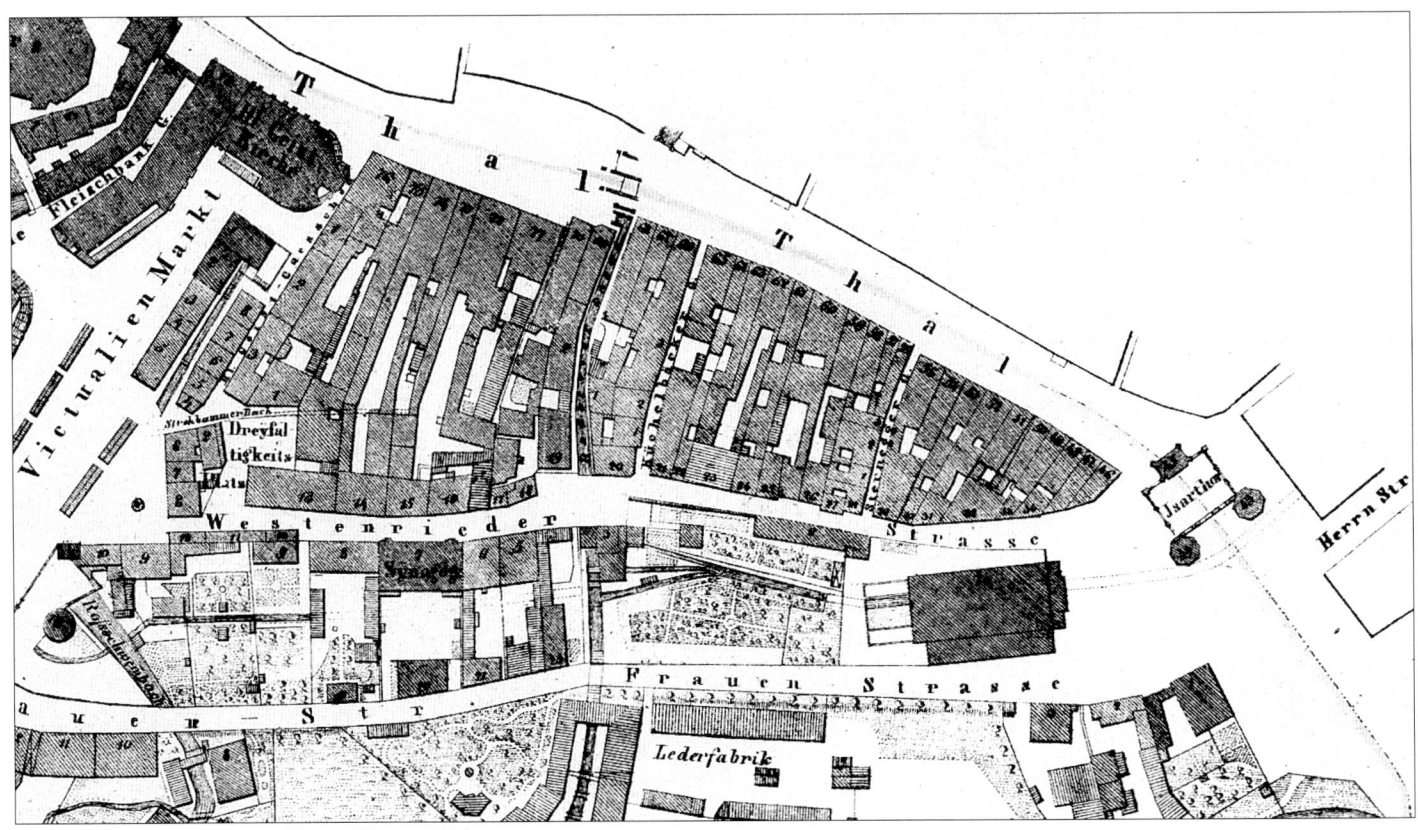

Westenriederstraße; Plan von Gustav Wenng, 1858

nisierungen, Neubauten und Baulücken hat die Westenrieder-straße vor allem im Westabschnitt noch ein wahrnehmbares Alt-stadtgepräge bewahrt. (Siehe Flurkarte S. 1095)

[**Westenriederstraße 1.** Abgegangenes *Isartortheater* (heute un-bebautes Areal), erbaut 1812 unter König Max I. Joseph durch Emanuel Joseph von Herigoyen als kleineres, vor allem für volks-tümliche Aufführungen bestimmtes zweites Hoftheater neben dem 1811–18 errichteten großen Hof- und Nationaltheater. Der König hatte die nach einem Brand obdachlos gewordene Wein-müllersche Theatergruppe übernommen und 30.000 fl. als Zu-schuss für den Bau eines zweiten Hoftheaters zur Verfügung ge-stellt. Der (nach Stahleder 2005) am 14. Oktober 1811 eröffnete, nicht ganz vollendete Bau – der nördliche Längsseitentrakt wur-de zurückgestellt und nie mehr ausgeführt – mit viersäuligem tos-kanischem Portikus am niedrigeren Eingangstrakt im Osten und gleich dem Nationaltheater aus der Kreisform entwickeltem Zu-schauerraum (für 1200 Personen) mit Parkettlogen, zwei weiteren Logenrängen und Galerie wurde bereits 1825 von Ludwig I. als Konkurrenz des großen Hoftheaters geschlossen, in der Folge verschieden genutzt und umgebaut, u. a. als städt. Leihhaus (1844–1931; Ende 19. Jh. Abbruch des südlichen Längsseitenflü-gels), und diente 1931–44 nach Umbau durch Hanns Atzenbeck als Kino Atlantik-Palast (1160 Plätze, nur mit Parkett); die ausge-brannte Luftkriegsruine wurde 1953 abgetragen.]

Westenriederstraße 7, ehem. Synagoge, Inne-res; Federzeichnung von J. B. Métivier, 1825

[**Westenriederstraße 7** (heute 10/12). Abgegangene *Synagoge*, derzeit unbebautes Grundstück. Nachdem für die 1815 gegrün-dete, wachsende jüdische Gemeinde (1825 knapp 150 Familien) die Räumlichkeiten im Haus Tal 13 längst zu eng geworden wa-ren, entstand die erste neuzeitliche Synagoge Münchens nach Plänen von Jean Baptiste Métivier; Grundsteinlegung am 26. Ju-li 1824, Einweihung am 21. April 1826 in Anwesenheit Ludwigs I. und seiner Gemahlin. Der klassizistische, in die Häuserzeile eingebundene, etwa 30 m lange Bau (im ehem. Stadtmauerbe-reich) hatte zur Straße eine eher palazzoähnliche zweigeschossi-ge Längsfront mit zwei Seitenrisaliten für die getrennten Eingän-ge der Männer (westlich) bzw. zur „Damentreppe" (östlich). Das Innere, mit flachbogiger, kalottengewölbter Nische im Osten für den ädikulaförmigen Thoraschrein, mit in Raummitte situiertem Vorlesepult (Almemor) und mit von seitlichen Rotmarmorsäu-lenreihen getragenen Frauenemporen, erhielt durch die Kasset-tentonne eine monumentale Note und gehörte mit seiner reich differenzierten Polychromie zu den eindrucksvollen Raum-

schöpfungen des Münchner Klassizismus. Südlich getrennt an der Frauenstraße 20, heute 11 (s. dort), stand das zugehörige Ge-meindehaus. Nach Vollendung der neuen Hauptsynagoge (1887; vgl. Herzog-Max-Straße/Vorspann) wurde das Grundstück Wes-tenrieder-/Frauenstraße versteigert, die alte Synagoge 1889 ab-gebrochen und durch ein im Luftkrieg zerstörtes Mietshaus ersetzt.]

[**Westenriederstraße 8.** An der Stelle eines zweigeschossigen klassizistischen Wohnhauses (an das östlich die Synagoge, ehem. Nr. 7, grenzte) viergeschossiger Neurenaissance-Neubau des späteren 19. Jh. mit Läden im Erdgeschoss und mittig rund-bogigem Einfahrtstor; breit proportionierte Fassade zu sieben Fensterachsen mit reduzierter Gliederung. (Ehem. Rückgebäude s. Frauenstraße 9.)]

Westenriederstraße 13. (Vgl. Ensemble Altstadt, Platzbild Drei-faltigkeitsplatz.) Das lang gestreckte (12 zu 5 Achsen), drei-seitig freistehende klassizistische Mietshaus mit Geschäften im häufig umgebauten Erdgeschoss, nach F. Zimmermann (1984) „im Kern 1819–20" bzw. damals umgebaut von Maurermeister Scherm († 1825), entstand lt. Häuserbuch IV (1966) 1822/25 durch Umbau von Stadeln in ein Wohnhaus mit Stadel. Auf dem Stadtplan von J. Consoni 1806 ist hier noch die 1679–81 erbau-te, 1802 exsekrierte, um 1825 abgebrochene Dreifaltigkeitska-pelle, die den Heiliggeistspital-Friedhof (heute Dreifaltigkeits-platz, s. dort) südseitig abschloss, sowie ein östlich an sie gren-zendes Schulhaus dargestellt. Laut Häuserbuch IV wurde 1802 die Kapelle (wohl in erster Linie deren Stadel) in eine Knaben-schule umgewandelt. 1813 erwarb der Neugartenwirt Franz Xaver Krenkl das Anwesen bei öffentlicher Versteigerung. J. P. Stimmelmayrs Skizzen (um 1800) zeigen die Kapelle mit Zwie-belürmchen über dem Giebel der westlichen Eingangsfront. Noch in Wenngs Atlas 1850 ist ihre Grundfläche unbebaut, das östlich benachbarte Wohnhaus Nr. 13, damals dem „Früchten-händler" Johann Dauner gehörig, demgemäß kürzer als heute. Den Mitte des 19. Jh. bestehenden Bau zeigt das Seitzsche Stadt-modell ebenfalls noch kürzer und zwar dreigeschossig mit gegen Westen abgewalmtem Dach und zahlreichen Gauben. Somit wurde das Haus erst später nach Westen verlängert, aufgestockt und gestalterisch vereinheitlicht (in Bauakten derzeit nicht nach-weisbar). Ein Teilgrundriss von 1996 zeigt östlich der zwei Ach-sen umfassenden Verlängerung eine leicht schräg verlaufende, kräftige Zwischenwand – die vormalige westliche Außenwand –, die auch Grundriss-Unregelmäßigkeiten in den beiden Wohnein-heiten westlich des etwa mittig nordseitig situierten Treppenhau-ses bedingt (Erschließung durch unregelmäßig begrenzte, paral-lele Mittellängsgänge); die Osthälfte des Gebäudes, mit je einer großen Wohneinheit mit Mittellängsflur, ist regelmäßig dispo-niert. – An der Südwestecke im 1. Stock Nische mit neugotischer Marienfigur.

Westenriederstraße 13; Aufn. 1995

Westenriederstraße 14 (früher Nr. 6). Nach Häuserbuch IV (1966) kaufte der Bierwirt Bernhard Hofer 1824 den Bauplatz von dem kgl. Advokaten Emanuel v. Nibler und errichtete darauf ein Mietshaus mit Gastwirtschaft (in der Folge Zum Fischerwirt, heute Beim Sedlmayr). Baumeister des viergeschossigen, kubischen Gebäudes mit schlicht klassizistischer Fassade war vielleicht – wie bei Nr. 16 – Joseph Höchl. Ab 1901 erfolgten Umbauplanungen in Verbindung mit dem südlich angrenzenden

Westenriederstraße 18; Aufn. 1995

Westenriederstraße 16; Aufn. 1995

Westenriederstraße 14; Aufn. 1995

Anwesen Frauenstraße 13 (seit 1890 in gemeinsamem Besitz; vgl. dort). Die weitgehenden Umbaumaßnahmen für beide Häuser wurden 1904–05 nach Plänen von Oscar Strelin im Auftrag der Actienbrauerei zum Eberl-Faber durchgeführt (Rohbauanzeige 1904). Für die Fassade an der Westenriederstraße liegt ein Umgestaltungsentwurf von O. Strelin in reichen Neurenaissanceformen vor, dem am bestehenden Bau nur die drei breiten, rustizierten Erdgeschossarkaden entsprechen. Die Gaststätte hinter den beiden rechten Arkaden wurde zu Beginn des 20. Jh. und später noch mehrfach umgebaut sowie hofseitig erweitert. Die Durchfahrt ist links (östlich) situiert, rechts von ihr hofseitig die Treppe; die Obergeschosse enthielten je eine Wohnung. Das ausgebaute Mansarddach wurde nach Luftkriegsschäden 1950 wiederaufgebaut. – Die Gastwirtschaft gehörte zeitweise dem 1990 ermordeten Volksschauspieler Walter Sedlmayr.

Westenriederstraße 15 (früher Nr. 14). Rückgebäude von Tal 8/Hotel Schlicker. Das seit jeher mit dem traditionsreichen Gasthof im Tal verbundene südliche Rückgebäude ist auf Sandtners Stadtmodell von 1570 als zweigeschossiges Traufseithaus dargestellt, auf Stimmelmayrs Skizze (gegen 1800) als niedriges Wirtschaftsgebäude mit großem Einfahrtstor in der Mitte („hinterer Theil oder Stadl vom Weinwirth Schlicker oder ‚Beym Weißen Rößl', mit einem Durchgang auf das Thal hinaus"). Auf dem Stadtmodell von Seitz (Mitte 19. Jh.) niedriger Bau mit mächtigem Satteldach (drei Schleppgaubenränge). – 1890/91 erfolgte der Neubau eines Wohnhauses für Gasthofbesitzer Peter Koller durch das Baugeschäft Johann Grübel. (Der lang gestreckte Gesamtkomplex umfasste zwischen Vorder- und Rückgebäude zwei weitere Hofhäuser.) Das Erdgeschoss ist bereits original durch rustizierte Pfeiler in fünf Achsen geteilt, ursprünglich mit Läden, in der zweiten Achse von links Durchfahrt, rechts von ihr zur Hofseitenmitte zweiläufige Treppe, in den Obergeschossen je zwei Wohneinheiten mit drei bzw. zwei Zimmern straßenseitig und einem nebst Küche und Nebenräumen hofseitig; ausgebautes Mansarddach. Von der ursprünglich wesentlich reicheren Neurenaissancegliederung der Fassade, u. a. mit geraden Fensterverdachungen bzw. teilweise Dreiecksgiebeln, sind nur die profilierten Fensterumrahmungen und die Sohlbankkonsolen im durch ein Gesims abgesetzten 3. Obergeschoss erhalten (Fassade schon auf Vorkriegsan-

Westenriederstraße 15; Aufn. 1995

sicht in Häuserbuch IV z. T. vereinfacht dargestellt). Dachgeschoss mehrfach neu ausgebaut, zuletzt 2004 samt Liftanbau an der Hofseite. (Das Vordergebäude des Hotels Schlicker „Zum Goldenen Löwen" im Tal, neu erbaut von Heilmann und Littmann 1897 in deutscher Renaissance, wurde nach Zerstörung im Luftkrieg bis 1975 in moderner Form wiedererrichtet.)

Westenriederstraße 16 (früher 5). Die vom 28. Dezember 1824 datierten Pläne des viergeschossigen klassizistischen Mietshauses für Bauunternehmer Aloys Endl sind von Baumeister Joseph Höchl und Zimmermeister Stitzinger unterzeichnet. Nach Häuserbuch IV (1966) erwarb Magistratsaktuar Endl den Bauplatz 1825 von dem kgl. Advokaten Emanuel v. Nibler (vgl. Nr. 14). Das mit seiner schlichten Fassadengestaltung – Erdgeschoss flach rustiziert, Fenster mit profilierten Faschen und im 2. Obergeschoss mit Sohlbänken, letztes Geschoss niedriger, über Gurtgesims abgesetzt – und innerem Raumgefüge samt Details weitgehend erhaltene Haus wurde 1870 geringfügig verändert und um 1990 mit wenigen Eingriffen denkmalgerecht saniert (Arch. Helmut Hoffmann). Entgegen Höchls Plan ist die Durchfahrt nebst seitlich anliegender, U-förmiger (mit Holzbalusterstäben) Treppe nicht links, sondern am rechten Hausrand situiert (die Blendarkade links bis auf Rechteckfenster vermauert). Die Wohneinheiten in jedem Geschoss sind um eine zentral gelegene achteckige Diele gruppiert. Gewölbte Keller; im Erdgeschoss heute Verkaufsläden. Klassizistische Torflügel. – Vgl. Frauenstraße 15 (Neubau 1876/77 auf rückseitigem Grundstücksteil).

Westenriederstraße 18 (früher Nr. 4). Mit dem dreiseitig (östlich zum schmalem Bauwich, südlich zum Hof) freistehenden viergeschossigen Mietshaus endet die geschlossene Häuserreihe an der Südseite der Westenriederstraße. Zur Vorgeschichte des im Bereich der mittelalterlichen Stadtbefestigung gelegenen Grundstücks vgl. Häuserbuch IV (1966). Der Neubau, den 1872/73 der Baumeister Johann Widmann für den Schäfflermeister Josef Schneider errichtete, grenzte im Osten an das Areal des städtischen Brunnhauses (vgl. Frauenstraße 19); im ersten Planungsstadium sollte die nordöstliche Hausecke sich an den (1834 im klassizistischen Rustikalstil umgestalteten) Wasserturm über dem Katzenbach anschließen, doch wurde dann eine freistehende Lösung verwirklicht. Das heute völlig veränderte Erdgeschoss wies nordseitig an der Straße gemäß Plantektur von 1873 fünf den Fensterachsen darüber entsprechend angeordnete hohe, rechteckige Ladentüren auf (statt zunächst geplanter Fenster); die Mittelachse ist leicht vorgezogen, die Mitte der Ostseite durch einen Flacherker in den drei Obergeschossen bereichert, der durch den dicht davorgestellten Schulneubau (Frauenstraße 19) seine Funktion verlor. In der Achse links vom Erker ist der Hauseingang situiert, die U-förmige Treppe in der Südostecke. Jedes Geschoss enthielt eine Wohneinheit mit ursprünglich drei

Zimmern im Norden, einem Zimmer mit dem Erker mittig im Osten und einem weiteren in der Südwestecke. Inneninstandsetzung mit Änderungen in der Zeit um 1975/1982. Die schlichte Fassadengliederung folgt noch klassizistisch-biedermeierlicher Tradition; unter der Traufe verlief früher ein Fries mit kleinen, axial angeordneten Tondi.

Westenriederstraße 20. Städt. Riemerschmid-Wirtschaftsschule, s. Frauenstraße 19.

Westenriederstraße 21 (früher 16). Das schlicht klassizistische Wohnhaus entstand wahrscheinlich, nachdem (Häuserbuch IV 1966) der Lehnrössler Josef Riedelberger 1801 das „hintere Stöckl" des Anwesens Tal 10 (ehem. Nr. 72) erworben hatte (mitsamt Nr. 16a, jetzt 23, s. dort). J. P. Stimmelmayrs Skizze, die ein dreigeschossiges Traufseithaus („dermaliges Lehenrößler

Westenriederstraße 21, Gedenktafel

Haus") zeigt, ist also wohl nach 1801 entstanden. Die Wertsteigerung beim Verkauf 1819 (Häuserbuch) deutet auf vorherigen größeren Neubau hin. 1859 (Genehmigung vom 25. Mai) erfolgte die Aufstockung (für Lohnkutscher Max Lotter). Kleinere Umbaumaßnahmen wurden 1903 von Oscar Strelin für die Erben des Cafétiers Ludwig Groeber vorgenommen. Gemäß damaligem Plan bildet die Grundfläche ein Parallelogramm (Kommunwände schräg zur Baulinie); im Erdgeschoss drei Läden samt rückwärtigen Lagerräumen, Eingangsflur mit einliegender Treppe in der dritten Achse von Westen (links); im 1. Stock je eine Wohnung im West- und Ostteil mit Zimmern zur Straße und Rückseite, finstere Küchen mit Vorplätzen im Mittelbereich. (Später in den Obergeschossen je vier Wohneinheiten.) Nur ein kleiner Keller südlich im Mittelbereich. Die ursprünglich rustizierte Erdgeschossfront ist heute geglättet und verändert (Öffnungen schon im Zustand 1939 – Abb. in Häuserbuch – wie heute). Das aufgestockte 3. Obergeschoss niedriger, über Gurtgesims abgesetzt. 1984 Inneres saniert und umgebaut (zusammen mit Nr. 23), samt Dachausbau. Gemäß Gedenktafel des 19. Jh. wurde hier am 1. August 1748 der Geschichtsschreiber Lorenz Westenrieder geboren (doch wohl im Vorgängerbau, dem 1801 erwähnten „Stöckl"). Auf Sandtners Stadtmodell von 1570 ist hier ein niedriger, zweigeschossiger Traufseitbau dargestellt.

Westenriederstraße 23 (früher 16a). Zusammen mit dem westlichen Nachbarhaus Nr. 21 bis 1801 Rückgebäude von Tal 10 (früher 72, Gasthof zum Bögner); auch nach dem Verkauf waren Nr. 21 und 23 in gemeinschaftlichem Besitz. Der weniger breite Ostteil des Doppelanwesens, von Nr. 21 schon zuvor durch eine Kommunwand völlig getrennt, wurde 1877/78 von Baumeister Georg Lenbach (jüngerer Bruder des „Malerfürsten") im Auftrag des Privatiers Max Lotter zwischen den erhalten gebliebenen beiderseitigen Kommunwänden völlig neu erbaut; lediglich von der Rückwand im Norden Fundament und Teile der hinsichtlich der Öffnungen stark veränderten Erdgeschosswand übernommen. Der viergeschossige, vier Fensterachsen breite Miethausbau auf der Grundfläche eines Parallelogramms enthielt im Erdgeschoss (mit ursprünglich gequaderter, modern veränderter Fassade) links einen Laden samt rückwärtigen Nebenräumen,

Westenriederstraße 21; Aufn. 1995   Westenriederstraße 23; Aufn. 1995

rechts Eingangsflur und Treppe, in den Obergeschossen je eine Wohnung mit straßenseitig zwei Zimmern. Nur der Südteil wurde unterkellert. Auf G. Lenbachs Eingabeplan ist die Fassade ohne den Dekor und die geraden Verdachungen über den Fenstern dargestellt, doch entspricht die Ornamentik durchaus dem (etwas verspäteten) klassizistischen Zeitgeschmack. 1985 innere Modernisierungsmaßnahmen (zugleich mit Nr. 21).

[**Westenriederstraße 25** (früher 17). Viergeschossiges, drei Achsen breites Bürgerhaus mit Stichbogenfenstern und Mansardsatteldach, auf neubarocker Kartusche modern dat. 1546. Nach Häuserbuch IV (1966) 1726 von Nr. 27 (früher 18) abgetrenntes zweigeschossiges Nebengebäude; auf Skizze von J. P. Stimmelmayr (um 1800) schon viergeschossig. Vgl. Nr. 27.]

Westenriederstraße 27 (früher 18). Das dreiseitig freistehende Bürgerhaus am Ostende der nördlichen Zeilenbebauung hat, da das Nachbar-Eckhaus Nr. 29 stark zurückgesetzt ist, mit seiner dreiachsigen, einer platzartigen Straßenerweiterung zugewendeten Ostgiebelseite städtebaulichen Stellenwert. Das auf rechteckigem (leicht parallelogrammartigem) Grundriss stehende Haus (ohne Binnenhof) ist wohl bis zum 2. Obergeschoss im Kern noch spätgotischer oder frühneuzeitlicher Bestand, auf Sandtners Stadtmodell von 1570 noch dreigeschossig mit Satteldach, später aufgestockt wiederum mit Satteldach, auf J. P. Stimmelmayrs Skizze (um 1800) schon viergeschossig. Auf Straßenansicht von 1889 (Aquarell von L. Huber, MStM) sind die aufgeputzte Eckquaderung und die Fensterrahmungen schon dargestellt, letztere vielleicht erst etwas später in der heutigen geohrten Form mit Scheitelsteinen verändert. Die schon auf Hubers Ansicht auf Straßenniveau sitzenden Fenster des tiefer liegenden Erdgeschosses wurden später zu Schaufenstern stark erweitert. Die zweiläufige Treppe liegt etwa in der Mitte der vier Fensterachsen breiten Südseite; dahinter rückseitig ehemals jeweils Küche (nach Plan von 1969 zwei Bäder der Kleinwohnungseinheiten); früher flankierten je zwei unterschiedlich große Eckzimmer den mittigen Treppen- und Küchenbereich, dazu eine Kammer östlich neben der Treppe. Im baulichen bzw. Grundrissgefüge ergab sich eine Verzahnung mit dem bis 1726 als Nebengebäude zugehörigen Haus Nr. 25 (früher 17), zu dem 1846 „eine Kammer zu ebener Erde an der nordwestlichen Ecke" von Nr. 27 gehörte (Häuserbuch IV). Fassade 1977 renoviert.

Westenriederstraße 27; Aufn. 1995

Westenriederstraße 27a. Das an der Westseite des Hofes dreiseitig freistehende (nur im Westen vor allem im Südteil an im
Lauf der Zeit veränderte Nachbarbebauung grenzende) Rückgebäude, ein viergeschossiges Satteldachhaus der 1. Hälfte des
18. Jh. mit vorgesetztem hölzernem Wendeltreppenturm in der
Mitte der Ostseite (Obergeschosse in Fachwerk), repräsentiert
einen in der Altstadt höchst selten gewordenen sozial schlichten
Mietshaustypus. „Sowohl das Erschließungssystem und die
Grundrissstruktur als auch die Größe und die Proportion der
einfach gehaltenen Räumlichkeiten sind von hoher Aussage-
kraft für die Lebenswelt der handwerklichen und kleinbürgerlichen Gesellschaftsschichten im barocken München" (Gutachten Dr. Uli Walter/BLfD 1995). Für die Barockzeit typisch ist
die symmetrische Grundrissbildung mit je zwei kleinen Wohnungseinheiten (insgesamt vier Zimmer, jeweils in Ecklage)
und zwei mittig in der Osthälfte hinter dem Wendeltreppen-Vor-
platz gelegenen Dunkelküchen, deren offene Kamingewölbe im

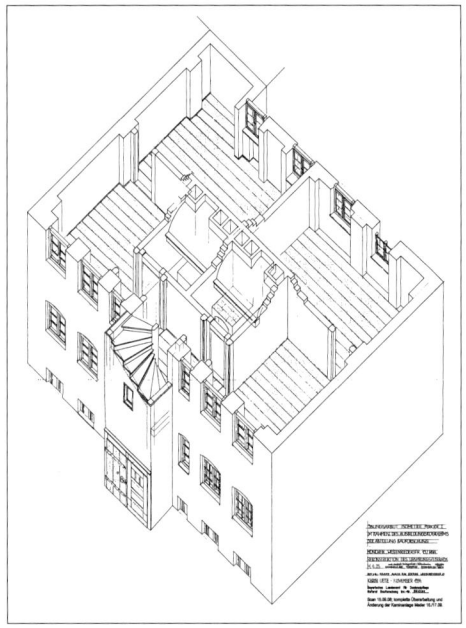

◁ Westenrieder-
straße 27a; Isome-
trie des Erstzu-
standes von Karin
Uetz, revidiert
von Gerd Mader,
2008

19. Jh. durch geschlossene Kaminzüge ersetzt wurden. Durch-
schnittliche Raumhöhe 2,06 m. Die Belichtung erfolgt von den
Längsseiten her durch Fenster mit stichbogig überhöhtem Sturz;
die je Geschoss nur vier Fenster der Westseite wurden 1886 jeweils in drei Richtungen stark erweitert (Baumeister M. Reifenstuel, Bauherr Privatier Franz Xaver Bauer). Im Kellergeschoss Kamingewölbe wohl für einen ehem. Handwerksbetrieb.
Dachwerk liegender Stuhl, Firstrichtung Nord-Süd (Dendrodatum 1720/21). Ausbaudetails (Fenster, Türen) noch vielfach
18./19. Jh. Nach vieljährigem Leerstand 2003 ff. Gesamtsanierung zu Wohnzwecken mit Dachausbau, nordseitigem Anbau
von Balkonen, Abbruch der südseitigen Holzlege.

Westenriederstraße 29/*Vordergebäude* (früher 19). Das freistehende viergeschossige Bürgerhaus mit in der Altstadt selte-
nem Schopfwalmdach, im Kernbestand wohl 18. Jh., wendet
seine schmalere Südseite mit fünf Fensterachsen einer platzartigen Erweiterung der Westenriederstraße zu; die östliche, siebenachsige Längsseite am Radlsteg stand unmittelbar am Westrand des 1872/73 überwölbten Katzen- oder Kaltenbaches (vgl.
Radlsteg/Vorspann). Das auf Sandtners Stadtmodell von 1570
dargestellte zweigeschossige Haus mit ostseitigem Schopfwalmgiebel ist als Vorgängerbau anzusehen. Gemäß Häuserbuch IV (1966) gehörte das Anwesen abwechselnd Eigentümern höheren Standes sowie Kaufleuten oder Handwerkern.
Das auf M. Paurs (im Detail vereinfachendem) Stadtplan von

Westenriederstraße 29, Vordergebäude (links Nr. 27); Aufn. 2005

1705 dargestellte zweigeschossige Satteldachhaus ist vielleicht
schon mit heutigem Bestand identisch. Die enorme Wertsteigerung zwischen 1720 und 1798 deutet auf große Baumaßnahmen
im 18. Jh. hin, durch die das Haus zur Viergeschossigkeit aufgestockt wurde. J. P. Stimmelmayr (um 1800) skizziert es in seiner
Ansicht der Radlsteg-Westseite bereits viergeschossig mit zutreffend sieben Fensterachsen, jedoch noch mit Satteldach (auf
Ansicht von der heutigen Westenriederstraße her sicher ungenau oder früher nur dreigeschossig mit abgewalmtem Dach).
Das kleinere Fensterformat im 3., durch ein Gurtgesims abgesetzten Obergeschoss deutet wohl auf eine Aufstockung hin.
Das heutige Schopfwalmdach ist auf dem Seitzschen Stadtmodell Mitte des 19. Jh. schon vorhanden. Die Bachüberwölbung
gab Anlass zu Änderungen, u. a. Einbau von Verkaufsläden mit
großen Schaufenstertüren (1873). Ein weiterer Erdgeschossum-
bau erfolgte 1898/99 durch Baumeister Heinrich Flaschenträger
im Auftrag des Lehrers Franz Josef Sedlmayr, mit großen
Schaufenstern im Süden und Osten für insgesamt fünf Läden
(Eisenstützen und Wandträger von Fa. F. S. Kustermann). Die
Wohnungsgrundrisse wurden später z. T. verändert, u. a. durch
Einbau von Bädern (Plangenehmigung 1964). 1985 Dachausbau
genehmigt.
Die Erschließung erfolgt schon gemäß Plänen des 19. Jh. von der
Mitte der Ostseite her durch einen Flur mit inliegender Treppe.
Ein Grundriss von 1898 (1. und 2. Stock) zeigt die damals noch
weitgehend intakte, zur Symmetrie tendierende, somit für die
Barockzeit charakteristische Raumdisposition mit Zimmern entlang den vier Außenwänden und mittlerer Dunkelzone beiderseits des Treppenflurs, wobei durch Beschriftung nur eine
(dunkle) Küche in der Südhälfte gekennzeichnet ist; eine (vielleicht variable) Aufteilung in Wohnungseinheiten ist nicht eindeutig ablesbar.

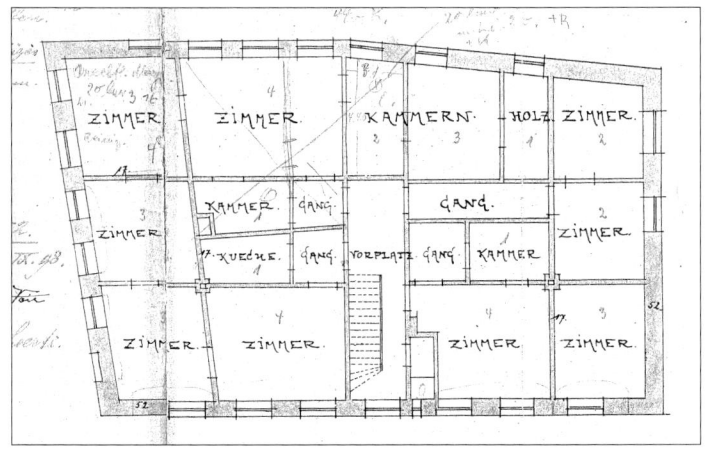

Westenriederstraße 29, Vordergebäude; Grundriss 1. und 2. Obergeschoss,
1898

Westenrieder- ▷
straße 31; Aufn. 1995

Westenrieder- ▷▷
straße 43, rechts 45;
Aufn. 1994

Westenriederstraße 31 (früher 20). Auf dem schmalen Grundstück zwischen dem (1896/97 verbreiterten) Radlsteg (s. dort; mit ehem. Katzenbach) im Westen und der Küchelbäckergasse im Osten ist auf Sandtners Stadtmodell von 1570 eine kleinteilige, niedrige Bebauung dargestellt, auf Stimmelmayrs Skizzen (gegen 1800) im Süden das zweigeschossige Giebelhaus eines Schäfflers und nördlich dahinter das zweigeschossige Haus eines Krautschneiders; beide Häuser sind so noch auf dem Seitz-Modell der Stadt aus dem mittleren 19. Jh. zu sehen. – Architekt Paul Dietze erbaute auf dem von ihm erworbenen Areal östlich der neuen Baulinie 1896–97 ein fünfgeschossiges Doppeleckhaus mit um ein Geschoss niedrigerem Nordteil im Anschluss an das ebenfalls von ihm erbaute viergeschossige Haus Radlsteg 1 (heute ein Nachkriegs-Neubau). Die aufwendige Fassadengestaltung in Formen der deutschen Renaissance ist auf die städtebaulich dominierende Wirkung der schmalen, hoch ragenden Südseite hin konzipiert, die – asymmetrisch mit einem Flacherker in der linken Hälfte – in einem barockisierenden Volutengiebel gipfelt; ein weiterer Flacherker bereichert die Westseite. Das außen in Putz gebänderte Erdgeschoss enthält Läden; links vom ostseitigen Hauseingang ist die zweiläufige Treppe situiert; in den Obergeschossen je zwei Wohnungen mit Mittellängsflur, eine große, dreiseitig belichtete im Südteil, eine kleinere nördlich davon zwischen den Nebengassen. Gewölbte Keller; Dachgeschossausbau um 1980.

Westenriederstraße 37.
Wohnhaus, ehem. Rückgebäude von Tal 28. Das Haus war durch Jahrhunderte das südlichste der drei Rückgebäude des Bäckereianwesens Tal 28 (s. dort). In seiner heutigen viergeschossigen Form stammt es aus dem (späteren?) 18. Jh., mit völlig schmuckloser, bei der Renovierung von 1976 mit klassizisierender Fel-

derteilung bemalter Fassade. Erschließung in der Mitte durch Korbbogentür und tonnengewölbten Flur; die Treppe liegt im Seitenflügel rechts (östlich) des Hofes.

Westenriederstraße 43 (früher 27). Das heutige Eckgebäude entstand an der Stelle von drei Altbauten an der Westenriederstraße, ehemals Nr. 27 und Eckhaus Nr. 28 sowie ein an letzteres anschließendes Haus an der Sterneckerstraße (alt Nr. 1); dieses ist auf Sandtners Stadtmodell von 1570 zweigeschossig, das Eckhaus mit Südgiebel zwei- bis dreigeschossig, Haus Nr. 27 als erdgeschossiger Traufseitbau dargestellt. Auf Stimmelmayrs Skizze (gegen 1800) hat das Eckhaus ein Pultdach, Nr. 26 ist ein dreigeschossiges Traufseithaus und tritt leicht vor die beiderseitige Baulinie vor wie auch auf den Stadtmodellen von 1570 und von Seitz (Mitte 19. Jh.) sowie auf dem Stadtplan von Consoni (1806). – Der fünfgeschossige Neubau, den 1899 das Baugeschäft Heilmann und Littmann (im Bauakt wird Arch. Carl Tittrich erwähnt; Bauleitung J. Heim) für den Kaufmann (Leder-Großhändler) Jakob Lissauer unter leichter Zurücknahme der Baulinie im Osten errichtete, enthielt im Erdgeschoss Läden – einen großen samt hofseitigem Kontor in der gesamten Osthälfte sowie zwei weitere gegen Süden links vom Hauseingang. Der Eingangsflur führt zur mittig zur Hofecke hin situierten U-förmigen Treppe; in den Obergeschossen je zwei Wohnungen, eine mit vier straßenseitigen Zimmern im Südflügel, eine Dreizimmereinheit im Ostflügel. 1915 Einbau einer Kaffeeschenke im Erdgeschoss für den Eiergroßhändler Johann Spachtholz. 1944 Fliegerschaden; in den 1960er Jahren Teilmodernisierung. Die ursprünglich reich in Neubarockformen gegliederte Südfassade zeigt ein Foto von etwa 1966 im Zustand einer weitgehenden, bereits wieder gealterten, wohl nach dem Zweiten Weltkrieg vorgenommenen Vereinfachung, die bei späteren Restaurierungen – zuletzt 2005 – teilweise wieder rückgängig gemacht wurde. Die vier Fensterachsen breite Südfassade wird durch seitliche Flacherker mit Balusterbalkonen im 4. Obergeschoss und einen geschweiften Zwerchgiebel bereichert, das letzte Geschoss durch ein Gurtgesims abgesondert. (Nicht ausgeführt wurde 1899 ein auf dem westlichen Nachbargrundstück geplanter, ähnlich gegliederter Neubau).

Westenriederstraße 37; Aufn. 1994

Westenriederstraße 45; Aufn. 1994   Westenriederstraße 47; Aufn. 1994

Westenriederstraße 45 (früher 29). Mietshaus in Deutscher Renaissance, 1901 von Heilmann und Littmann, südlicher Eckbauteil einer Häusergruppe mit Sterneckerstraße 1 und Tal 38 (s. jeweils dort). Ehemals Rückgebäude von Tal 38, zusammen mit dem gesamten Sterneckerbräu-Komplex 1901 neu errichtet, in seiner Fassadengestaltung dem Eckhaus im Tal in etwa spiegelbildlich entsprechend, gleich diesem mit Flacherker an der Seitenfront und mit Kuppelturm über der polygonalen Ecke (der an Tal 38 heute fehlt); die ehemals rustikagerahmten Erdgeschossarkaden zu Rechteckschaufenstern reduziert, darüber vier Obergeschosse mit Wohnungen. Der dekorierte Flacherker an der Südseite (mit Stern als Hauszeichen) bez. „A. D. 1901" und „R(enov.) 1987". Seitlich Eingangstürblatt mit vergitterter Öffnung wie an Sterneckerstraße 1. An der Ecke im 1. Stock neue gotisierende Hausmadonna (statt beschädigter früherer), an der Konsole zwei Engelsköpfe.
Als Vorgängerhaus ist auf dem Seitzschen Stadtmodell (Mitte 19. Jh.) ein stattlicher Schopfwalmbau dargestellt.

Westenriederstraße 47 (früher Nr. 31; Rückgebäude von Tal 40). Als Rückgebäude (noch niedrig auf Sandtners Stadtmodell von 1570, später ein mehrgeschossiges Traufhaus) stets mit dem Haus Tal 40 (früher Nr. 52; bis ins frühe 19. Jh. ein Bäckeranwesen) verbunden. Auf dem sehr lang gestreckten, schmalen Grundstück ließ der Charcutier Michael Karl 1900/01 durch Karl Stöhr (auch Bauleiter; Mitwirkung von Eduard Herbert erwähnt) den Neubau (bez. 1900) eines Wohn- und Geschäftshauses aufführen. Das Vorderhaus im Norden hatte zum Tal hin eine reiche Fassadengestaltung in (stark gotisierender) deutscher Renaissance mit Zwerchgiebel (um 1950 nach Luftkriegsschaden stark vereinfacht wiederaufgebaut; erhalten der polygonale Mittelerker). Das erneuerte Vorderhaus und das erhalten gebliebene viergeschossige Rückgebäude an der Westenriederstraße sind durch ein gemeinsames Treppenhaus an der Hof-Westseite verbunden. Die Baulinie an der Westenriederstraße verläuft schräg zur Längsachse des Anwesens, entsprechend komplex ist die Grundrissstruktur; im Erdgeschoss (erneuerter) Laden, rechts der Eingangsflur; in den Obergeschossen je eine Wohnung mit straßenseitig drei Räumen (die äußeren von polygonalem Format), Küche hofseitig; weitere Räume nebst Gang entlang der westlichen Kommunmauer bis zum Treppenhaus im Norden. Der gestalterische Schwerpunkt der vier Achsen breiten Fassade ist mittels polygonalem Erker im 3. und 4. Obergeschoss und Zwerchhaus mit Schweifgiebel darüber einseitig nach links verschoben. Gemäß Originalplan waren die Fensterlaibungen im 3. Obergeschoss gotisierend profiliert, die Traufe durch einen Fries mit Büstentondi und der geschweifte Zwerchgiebel durch ein dekorumgebenes Schild mit der Bauherren-Initiale K bereichert, auch die Dachgauben etwas reicher gestaltet.

Widenmayerstraße
(Vgl. Ensemble Widenmayerstraße.) Straße des Lehels, die zwischen der Maximilianstraße im Süden und der Tivolistraße/Max-Joseph-Brücke im Norden links der Isar und parallel zu dieser verläuft (vgl. den Beitrag von Johannes Hallinger). Bis 1896 und einige Jahre darüber hinaus bezeichneten Münchner diese Uferstraße als Äußere Isarstraße. Im genannten Jahr taufte man amtlicherseits den Straßenzug aber nach keinem Geringeren als Johannes von Widenmayer, der 1893 verstorben war und als Erster Bürgermeister der Stadt München viel für die „Assanierung" der Stadt und vor allem des Lehels in die Wege geleitet hatte. Der Begriff der Assanierung meint die allgemeine öffentliche Wohlfahrtspflege und also die Hebung der hygienischen Verhältnisse durch den Bau von Kanalisation, die Scheidung von Ab- und Brauchwässer usf.
Nur bedingt ist die Widenmayerstraße als Verlängerung der Steinsdorfstraße anzusehen (freilich im Weichbild der Stadt in gleicher Lage), da bis zu ihrem Ausbau die Stern-, Oettingen- und Emil-Riedel-Straße die weitere Fortsetzung nach Norden und also stadträumliche Erschließung gewährleisteten. Seit alters war die Äußere Isarstraße von Fuhrwerken stark frequentiert, aber wenig reguliert und zu Hochwasserzeiten unsicher. Bei Hochwasser alternative Süd-Nord-Verbindungen hin zur Bogenhauser Brücke waren eben die Stern-, Oettingen- und Emil-Riedel-Straße resp. in bezeichnungsmäßiger Hinsicht deren Vorläufer, die Sternstraße und Bogenhauser Straße.
Eine Ausweisung und schließlich Bebauung der Widenmayerstraße war erst nach erfolgreicher Regulierung der Isar (Isarkorrektion) möglich geworden. Diese hatte die Kgl. Oberste Baubehörde der Regierung von Oberbayern schon seit den 1850er Jahren betrieben. Tiefbautechnische Maßnahmen hatten dafür gesorgt, dass sich die Isar auf ihrer Strecke durch die Stadt tiefer eingrub und so ihr Hochwasserbett berechenbarer wurde (Näheres im Beitrag von J. Hallinger). Von der Aschaffenburger Firma Sager & Wörner errichtete Kaimauern sorgten schließlich bis 1904 für eine nicht nur bodenmechanisch, sondern auch in eigentumsrechtlicher Hinsicht gesicherte Arrondierung der Bauplätze. (Mit der bleibenden Unsicherheit bei der Gründung von Bauten ging man ganz unterschiedlich um. Entweder legte man im „griesigen", also locker kiesigen Grund sog. Streifenfundamente an, oder man kofferte tief aus und baute einfach zwei Keller übereinander, wie bei Nr. 25 geschehen.)

Widenmayerstraße 1–18; Flurkarte, M. 1:5000

Die Charakteristik der Bebauung der Widenmayerstraße wird von Monumentalität bestimmt. Etliche Superlative fanden und finden sich dort vereinigt. Die älteren Bauten an der Äußeren Isarstraße waren die Häuser Nr. 11 und 15, ansonsten waren die Plätze unbebaut. Das Haus Nr. 11 entstand als siebenachsiger und dreigeschossiger Traufseitbau schon 1877, war 1899 aufgestockt worden, ging jedoch im Zweiten Weltkrieg unter. Das gleiche Schicksal erlitt Nr. 15, das als Hanfstaengl-Villa 1888 errichtet worden war, zweieinhalbgeschossig und freistehend. Nach dem Krieg schloss man auch dort die Zeile. Als echter Superlativ hinsichtlich äußerer und innerer Kubatur ist Haus Nr. 14 anzusprechen, es war über 50 Meter lang, ging aber auch im Zweiten Weltkrieg unter.

Der früheste Bau nach neuer Arrondierung der Widenmayerstraße war Haus Nr. 1, das als pompöse Dreiergruppe zusammen mit Maximilianstraße 18 und 19 (alte Nrn.) 1894 auf dem Areal des Klarerschen Sägewerkes errichtet worden war. Maximilianstraße 18 und Widenmayerstraße 1 überstanden die Bombardements, der Anhebungsbau an der Isarstraße konnte gehalten werden, Haus Nr. 18 musste erst lange nach dem Zweiten Weltkrieg dem Neubau von Maximilianstraße 53 weichen.

Bis 1899 (Fertigstellung von Nr. 2) waren zwei Baublöcke der Widenmayerstraße bis zur südlichen Ecke mit der Robert-Koch-Straße abgeschlossen. Und kurios: Im Jahr 1900 war auch das nördlichste Anwesen an der Widenmayerstraße, Haus Nr. 52, fertiggebaut. Dieses sollte zwölf Jahre an der Ecke Widenmayer-/Tivolistraße mit blanker südlicher Brandmauer frei stehen.

Mit Ausnahme der Anwesen Nr. 10 und 12 wurden dann alle anderen Häuser an der Widenmayerstraße erst ab 1909 errichtet. Für Nr. 9 hatte es schon 1902 Planungen gegeben, zur Ausführung kam aber erst 1927 eine Neuplanung. Auch der große Block ganz im Norden der Straße, mit den Haus-Nrn. ab 46 aufwärts, hatte eine erste Überplanung erfahren, die aber anschließend nicht zustande gekommen war. Die Bauzeiten zogen sich vielfach bis kurz vor den Ersten Weltkrieg hin, im Falle von Nr. 38 sogar in diesen hinein (vgl. die denkwürdige Inschrift über dem dortigen Hauseingang).

Die prominenteste Baulücke der Widenmayerstraße blieb bis 1986 der Bauplatz von Nr. 17, trotz mehrfacher Überplanung war bis dahin kein Bau verwirklicht worden.

Als Höhepunkte großzügigen Mietshausbaus mit herrschaftlichem Zuschnitt sind die Häuser ab Nr. 46 nach Norden mit einschließlich Nr. 51 anzusprechen. Wie verschiedentlich auch bei anderen Bauten an der Widenmayerstraße (vgl. auch Nr. 29 und 31) hat sich ganz anschaulich die Separierung der Dienstbotenwege von denen der Herrschaft erhalten. Es existieren zwei Treppenhäuser, die jeweils simultan die Etagenwohnungen bedienen. Es ist klar, dass die Bediententreppe untergeordnet liegt

(am Binnenhof und nur zugänglich über eine Durchfahrt im Souterrain) und einfacher ausgestattet ist, dass die Bedientenzimmer weniger Licht, z. B. keinerlei direktes Sonnenlicht erhalten und aus praktischen Gründen unmittelbar an der Küche und der Holzlege anliegen usf. Mit den Bauten Widenmayerstraße 46 bis 51 verwirklichte man auch in München, kurz vor dem Ersten Weltkrieg, Grundrisse, wie sie in Berlin und Paris entstanden waren.

Hervorzuheben sind die beiden Portalbauten der Crusiusstraße, welche die Widenmayerstraße auf halber Höhe quert, die Häuser Nr. 29 und 31. Beide sind nach den Plänen Franz Deiningers erbaut worden, beide erhielten einen umbauten Innenhof, der die Zweiklassenbewirtschaftung letztlich möglich machte (vgl. Widenmayerstraße 47–51). Neuklassizistische Formen lösen bei diesen beiden Mietshäusern, vor allem bei Nr. 31 erhalten, die ältere modische und für München typische Vorliebe ab, Elemente des Jugendstils neubarock anzuverwandeln. Hier herrscht eine Stillage vor, die sich international orientiert hat und beinahe als sachlich zu bewerten ist.

Als ungutes Mixtum von Kriegsverlust und erzwungenem verkehrlichem Ausbau der Landeshauptstadt ist der Restabbruch der Jahn-Turnhalle, Widenmayerstraße 40, anzusprechen. Ein ganzes Stadtviertel verlor mit ihr einen Identifikationsbau. 1943 und 1944 getroffen, brach man sie schließlich 1962/63 ab, um die Fahrbahnen der Isartangente zu verbreitern.

(Der historische Bestand an Häusern an der Widenmayerstraße ist erstaunlich dicht überliefert. Dies verwundert vor allem deshalb, da einzelne Bauten an der Widenmayerstraße Opfer schon der frühesten Bombardements durch die Alliierten geworden waren, etwa am 22. September 1942. Die Piloten folgten bei schlechterer Sicht dem Silberstreif der Isar, so die späteren Aussagen. Aber die mittelbare Lage zur Kernstadt scheint die Häuser schließlich vor dem schlimmsten Möglichen bewahrt zu haben.)

Widenmayerstraße. *Christophorus-Figur*, schräg gegenüber von Nr. 16. Im Zuge der repräsentativen Ausgestaltung des Isarkais ließ die Stadtgemeinde 1909 aus Mitteln des Kunstfonds gegenüber der Einmündung der Liebigstraße auf einer vorspringenden Aussichtsterrasse (außen dat. 1893) mit durchbrochener vergitterter Steinbrüstung und Sitzbänken die Kalksteinfigur des hl. Christophorus, des Schutzpatrons der Flussschiffer und Fährleute, aufstellen, eine Arbeit von Bernhard Bleeker (1881–1968) aus dessen früher Schaffenszeit vor dem Ersten Weltkrieg. Der sich auf einen Baumstamm stützende legendäre Riese ist unter der Last des Christuskindes in die Knie gesunken. Der breite Sockel der Figur ist schräg in die nordöstliche Ecke des zweiseitigen Geländers eingefügt. (Oberfläche der Skulptur zum Teil abgewittert und bemoost.)

Widenmayerstraße, Christophorus-Terrasse; Aufn. 1996

Terrasse mit Christophorus-Figur; Aufn. 2006

Widenmayerstraße 1; Aufn. 1994

Widenmayerstraße 2; Aufn. 1994

Die bestehende Fassade in stattlichen Neubarockformen entspricht weitgehend der 1893 eingereichten und von „allerhöchster Seite" (rev. Frhr. von Feilitzsch, einem Mitglied der Kunstkommission) genehmigten Tektur und vermag den hohen städtebaulichen Anspruch des Anwesens zu belegen. Das 1. Obergeschoss behandelte Brüchle wie ein Entresol, schlug es dem Sockel zu. Er fasste Erdgeschoss und 1. Obergeschoss sowie 2. und 3. Obergeschoss zusammen und setzte das 4. Obergeschoss durch einen kräftigen Wasserschlag mit Kranzgesims ab. Die mittleren drei Achsen fasste Brüchle zusammen, legte sie seicht vor und überhöhte den so gebildeten Mittelrisalit durch einen pompösen Dreiecksgiebel. Dieser wird von einer

Widenmayerstraße 1. In einem Zug mit den nicht mehr bestehenden Bauten Maximilianstraße 18 und 19 (heute Nr. 53, s. dort; Neubau der Bayerischen Versicherungskammer) ließ Josef Klarer 1893–94 von Architekt August Brüchle auch die Nr. 1 an der Widenmayerstraße errichten. Der fünfgeschossige Bau mit seiner aufwendigen Giebelfront war schon im Eingabeplan als „herrschaftlich" tituliert worden. Vorausgegangen war der Erbauung dieses Großkomplexes eine sich beinahe ein Jahrzehnt hinziehende, zuletzt auch advokatisch gewordene Auseinandersetzung um die behördlicherseits forcierte Beseitigung der Vorbebauung. Denn die schließlich abgetragene sog. Klarersche Hofsägemühle stellte der Einschätzung der Stadtplanung und der Baubeamten des Hofes nach eine ästhetische Beeinträchtigung der Maximilianstraße dar. Die Arbeitsfähigkeit des Sägewerks war seit der Befestigung des Isar-Westufers eingeschränkt, ein einfaches Schleifen von Bauholz vom Fluss her in die Säge hinein nicht mehr möglich. Doch hielt Josef Klarer entgegen den Planungsabsichten des Magistrats an der überkommenen Nutzung fest, seine Vorstellungen vom Wert der Liegenschaft setzten sich erheblich von der entsprechenden amtlichen Einschätzung ab (vgl. den Beitrag von Johannes Hallinger).

Vor der Fundamentierung von Maximilianstraße 18, 19 und Widenmayerstraße 1 begradigte man den Hofhammerschmiedbach, dessen östliches Beschlacht die rückwärtige Baulinie des Anwesens ausmacht, der kurze nördliche Rückflügel des Hauses kam schließlich über dem Bachlauf zu stehen. Den Verlauf der alten Inneren Isarstraße gab man auf und schlug deren Fläche den Bauplätzen zu. (Erst 1901/02 setzte man die weitere Einwölbung des Baches nach Norden hin um, nachdem man 1896/97 die Durchführung der Gewürzmühlstraße verwirklichte hatte.) Unter Preisgabe der alten stadträumlichen Erschließung definierte die Stadtplanung einen neuen Baublock, den die Maximilianstraße (S), die Sternstraße (W), die Gewürzmühlstraße (N) und die Äußere Isarstraße, späterhin Widenmayerstraße (O) bis heute bilden.

Widenmayerstraße Nr. 1 wurde mit zwei Wohnungen je Etage verwirklicht, erschlossen durch ein rückwärtiges Treppenhaus (mit doppelläufiger Podesttreppe) ohne Ausbau, das nördlich neben die repräsentative, gebäudemittige Durchfahrt gelegt worden ist.

2,8 Meter hohen, weiblichen Allegorie bekrönt (Restaurierung 2003). Die Kupferblech-Treibarbeit stellt eine Frauenfigur mit Helm, Schild und Lanze dar, die 1897 (dat.) von Hygin Kiene nach einem Modell von Anton Kaindl hergestellt worden ist. Die Figur erhielt im Frühjahr 2003 eine neue Innenkonstruktion (deren Blitzableiterfunktion war schon früher bedacht worden), ihre Ermüdungen wurden partienweise rückgeformt, die Lanzenspitze rekonstruiert.

Ein frühes Bombardement im Jahr 1942 (20.9.) zog die Fassade durch Luftdruckzerstörungen in Mitleidenschaft. 1972 beabsichtigte man den Abbruch des Hauses, der jedoch abgewendet werden konnte. Für den Neubau des südlich und westlich angrenzenden Verwaltungskomplexes (Maximilianstraße 53 und 55, zuvor 18 und 19) beschloss man eine Rückversetzung der östlichen Baulinie, wodurch es zur fünf Meter tiefen Freistellung der südlichen Brandmauer von Haus Nr. 1 an der Widenmayerstraße kam. Deren historisierende, formal an der Straßenfront angelehnte Gestaltung erfolgte dann 1976–77. (Instandsetzung der Fassaden 1988).

Widenmayerstraße 1–19, 22–29, 31, 32, 34–52. Vgl. Ensemble Widenmayerstraße.

Widenmayerstraße 2, Giebel

Widenmayerstraße 2. Ein erster Bauplan, von der Hand des Architekten August Brüchle, war für Widenmayerstraße 2 schon im Jahr 1893 entstanden; Josef Klarer hatte die Bebauung dieser Parzelle in einem Zug mit Widenmayerstraße 1 und den südlichen Anwesen Maximilianstraße 18 und 19 beabsichtigt. Doch wurde diese Planung nicht verwirklicht. Der Baugrund gelangte in den Besitz von Karl Vogt, Mitinhaber der Baufirma Vogt & Prestele. Vogt beauftragte 1897 Architekt August Nopper mit einer Neuplanung, die schließlich auch die nördlich anschließende Parzelle Widenmayerstraße 3 mit einbeziehen sollte und deren Ausführung bis 1899 fertiggestellt war. Mit der Bebauung des neu arrondierten Blocks zwischen der Maximilianstraße (S), der Sternstraße (W), der Gewürzmühlstraße (N) sowie der Äußeren Isar-, der späteren Widenmayerstraße (O) verband sich eine erneuerte stadträumliche Erschließung, die bis dahin greifbare sog. Innere Isarstraße wurde aufgegeben und den Bauplätzen zugeschlagen. Der kurze Rückflügel des Anwesens Widenmayerstraße 2 befindet sich südlich entlang dem nördlichen des Nachbargebäudes und wie dieser über dem Lauf des Hofhammerschmiedbaches. Der ausmittig nach Norden gerückten Durchfahrt liegt ohne Ausbau über die rückwärtige Grundlinie das Treppenhaus an. Dessen Lage im Hofwinkel berücksichtigte schon gemäß Erstzustand einen zugehörigen Personenaufzug. Ursprünglich befand sich in jeder Etage eine großzügig geschnittene Wohnung. Erste Wohnungsteilungen fanden 1932/33 statt. Das darüber hinaus erstaunlich dicht überlieferte Mietshaus überstand den Luftkrieg weitgehend unbeschadet und belegt bis heute herrschaftlich zugeschnittenes Wohnen an der jüngsten der verwirklichten Münchner Prachtstraßen. Entsprechend aufwendig wurden die Schauseite des Hauses und dessen Eingangsbereich durchgebildet. Wie bei Nr. 1 fasste der Architekt Erdgeschoss und 1. Obergeschoss zusammen, behandelte das Wohngeschoss oberhalb des Hochparterres wie ein Entresol. Die drei folgenden Obergeschosse fasste er hauptgeschossartig mit kolossalen Wandvorlagen zusammen; die neubarocke Schwere des breiten Gebäudes ist wesentliches Ergebnis dieser Kunstgriffe. Die mittleren drei Achsen schrieb man einem seichten Risalit ein, der einen eigenen Traufansatz erhielt und über einem kräftig durchgebildeten Traufgebälk von einem kleeblattförmigen Blendgiebel überhöht wird. Dieser stellt eine Variation des entsprechenden gestalterischen Motivs bei Nr. 1 dar und findet eine kompositorische Entsprechung im Eckpavillon von Widenmayerstraße 3, mit dem die Fassadenabwicklung nördlich abschließt. Dem Giebelfeld wurden erhaben reliefierte, groß dimensionierte Blattranken, Bänder und Putten eingeschrieben. Die im Frühjahr 2003 restaurierte Bekrönungsfigur, eine überlebensgroße, drei Meter hohe Kupfertreibarbeit von Hygin Kiene nach dem Modell von R. Krieger (Werkstätte für kunstgewerbliche Arbeiten in der Schleißheimer Straße), stellt einen Matrosen, wohl eine Personifikation der Seefahrt, dar. Sanierungsarbeiten an der Fassade nahm man 1974 vor, eine durchgreifende Instandsetzung der Fassaden geschah 1991–92. (1908 ließ Therese Straub von der Fa. Karl Stöhr im Hinterhof des Anwesens ein kleines Werkstatt- und Chauffeurshaus errichten, das in der Verfilmung von Elis Kauts „Pumuckl" Meister Eders Werkstätte bildete. Das schließlich nicht sanierbare Nebengebäude wurde 1985 abgebrochen.)

Widenmayerstraße 3. Ein Jahr nach Beginn der Bauarbeiten am südlich angrenzenden Mietshaus wurde auch auf der 1897 arrondierten Eckparzelle, die die Gewürzmühlstraße im Norden mit der Widenmayerstraße im Osten bildet, mit der Verwirklichung der Nopperschen Planung für das vornehme Mietshaus begonnen. Bauherr war wiederum Karl Vogt, Mitinhaber der Firma Vogt & Prestele. Vorhandene Vorgängerbauten, die überdies die Baufluchten der Widenmayerstraße (noch) nicht beachtet hatten, wurden abgebrochen sowie die Innere Isarstraße aufgegeben und

dem Bauplatz zugeschlagen. Der an der Gewürzmühlstraße gelegene Flügel des zweiflügeligen Baus kam schließlich über einem eigenen Wölbabschnitt des Hofhammerschmiedbaches zum Stehen, wie die östliche Einmündung der Gewürzmühlstraße überhaupt erst nach einer Einwölbung dieses Baches zur neuen stadträumlichen Erschließungsachse werden konnte. Ganz im Sinne der Beschlüsse des Magistrats bildet der Bau das südliche Gewände des Mündungsportals der so neu festgelegten Gewürzmühlstraße.

Den Zugang des Anwesens organisierte Nopper von der nordöstlichen Straßenecke her, nicht etwa einer Abschrägung eingeschrieben, sondern vielmehr als Teil einer konvexen Ecklösung. Diese markante Eckgestaltung hob Nopper durch eine reiche Instrumentierung bis hinauf ins 4. Obergeschoss hervor. Über einem hohen Sockel, das 1. Obergeschoss wurde wie ein Entresol behandelt, legte man hier den drei weiteren Obergeschossen kolossale Dreiviertelsäulen vor. Gerade im Vergleich mit der gleichzeitig errichteten, eher zurückhaltenden nördlich auffolgenden Bautengruppe Widenmayerstraße 4, 5 und 6 wurden die Fassaden von Nr. 2 und 3 im Sinne einer wuchtig-pompösen Neubarockauffassung instrumentiert. Die beim Luftangriff am 27.11.1944 durch Brand zerstörte Überhöhung der Eckpartie ponderierte den wuchtigen Giebel von Nr. 2 aus und fungierte als Anhebungs- und Schlussakzent der Fassadenfolge zwischen Maximilianstraße im Süden und Gewürzmühlstraße im Norden (dieser Luftangriff zog einen Brand nach sich, der auch das 3. und 4. Obergeschoss teilweise zerstörte). Freilich ist infolge der heutigen Einbahnregelung der Widenmayerstraße die städtebaulich markante Lösung nur bedingt nachvollziehbar. Die durchgreifende Instandsetzung der Fassade fand 1988–89 statt. Im Jahr 2005 setzte man nach altem Vorbild dem Eckpavillon wieder ein kupfernes Zeltdach auf.

Widenmayerstraße 3; Aufn. 2008

Widenmayerstraße 4 (rechts 5 und 6); Aufn. 1994

Widenmayerstraße 4. Der Architekt Franz Hammel überplante ab 1897 für den Bauunternehmer Johann Aunitzky die neu arrondierten Parzellen zwischen der Robert-Koch-Straße (N), der Äußeren Isarstraße (O) und der Gewürzmühlstraße (S). Die westliche Begrenzung der drei Bauplätze stellte das östliche Beschlacht des Hofhammerschmiedbachs dar (ähnlich wie beim südlich angrenzenden Baublock). Die Bauarbeiten begannen im Jahr 1897 bei Nr. 4 und zogen sich bei Nr. 6 bis ins Jahr 1900 hin. Zusammen mit dem gegenüber, an der südlichen Straßenecke stehenden Anwesen Widenmayerstraße 3 bildet das Haus Nr. 4 das Straßenportal der von hier nach Westen verlaufenden Gewürzmühlstraße. Das im Hofwinkel des zweiflügeligen Baus untergebrachte Treppenhaus, mit Einklinkung der Grundlinien zur hofseitigen Belichtung, erschließt gemäß Eingabeplan zwei Wohnungen je Etage. Die Instrumentierung der Fassade erfolgte mit vergleichsweise flächigem Dekor in neubarocken Formen, die so reduzierte Bewegung der Fassadenschicht unterstreicht den herrschaftlichen Charakter der Mietshausgruppe, die das Anwesen zusammen mit den nördlich anschließenden Bauten Nr. 5 und 6 bildet. Wie das südliche Pendant Widenmayerstraße 3 sticht auch die Nr. 4 durch eine Eckbetonung hervor, hier jedoch mit der vergleichsweise strengen Lösung in Form eines gebrochenen Pyramidendachs. Das Hochparterre überzog man mit einer Rauputz-Streifenrustika, die folgenden drei Obergeschosse fasste man als Hauptgeschosse zusammen und schnürte sie vom 4. Obergeschoss mit einem kräftigen, mehrfach verkröpften Wasserschlag ab. Die vertikale Gliederung stellte Hammel konservativ mit Polygonalerkern her.
Gemäß der amtlichen Kriegsschadenskartei erlitt das Anwesen im Zweiten Weltkrieg keine Zerstörungen, es findet sich vergleichsweise dicht überliefert. (Fassadenrenovierung 1983 einheitlich mit Nr. 5 und 6.)

Widenmayerstraße 5. Das herrschaftliche Mietshaus, mit einer östlichen Grundlinie von über 30 Metern beachtlich breit, bildet den mittleren Bau der entstehungsgeschichtlich und formal zusammengehörigen Gruppe Widenmayerstraße 4, 5 und 6. Architekt Franz Hammel plante und errichtete diese Häuser für den Bauunternehmer Johann Aunitzky. Vier erhabene Vollgeschosse über einem ebensolchen Hochparterre heben die Bautengruppe heraus und mögen gerade im Nebeneinander mit weiterhin be-

standener, kleinteiliger Vorstadtbebauung über Jahre hinweg Signal für den Funktions- und Gestaltwandel eines ganzen Stadtquartiers gewesen sein; frühe Fotografien belegen dies. Und der Baublock sollte sogar unter den Neubauten in seinem nächsten Umgriff Maßstäbe setzen; dies kann das Nebeneinander der Bauhöhen verdeutlichen, etwa mit dem südlich benachbarten Anwesen Widenmayerstraße 3, ebenfalls ab 1897 erbaut, und dem nördlich der Robert-Koch-Straße gegenüberliegenden Bau Widenmayerstraße 7, der schon 1893 entstanden war.
Das mittig rückwärtige Treppenhaus mit flach ausgebautem Treppenhauserker erschloss gemäß Eingabeplan zwei Wohnungen je Etage. Die Fassade wird durch die rhythmische Gruppierung der mittleren drei Fensterachsen und einen mittig eingesetzten, konvexen Flacherker akzentuiert, der oberhalb des Eingangs, hier über dem 1. Obergeschoss anhebt und dessen Deckplatte dem 4. Obergeschoss als schmaler Austritt dient. Die loggienartige Veränderung des charakteristischen Dachhauses (amalgamierend schrieb Hammel einem überfangenden Segmentbogengiebel einen gesprengten Dreiecksgiebel ein) erfolgte schon 1939 durch Architekt J. Gyssler. Das frühe Bombardement vom 20.9.1942 zog Nr. 5 und 6 an der Widenmayerstraße durch Luftdruck und Splitter in Mitleidenschaft, während der südliche Nachbarbau, Widenmayerstraße 4, wohl nicht in Mitleidenschaft gezogen wurde. (Die neubarocke Fassade wurde 1983 einheitlich mit Nr. 4 und 6 renoviert. Das Zwerchhaus erfuhr im Jahr 2004 eine Neugestaltung.)

Widenmayerstraße 6. Als erstes der drei zusammengehörigen und symmetrisierenden Bauten Widenmayerstraße 4, 5 und 6 wurde das Anwesen an der Ecke zur Robert-Koch-Straße als Zweiflügelbau über einem spitzen Winkel errichtet; Bauherr aller drei Bauten war Johann Aunitzky, als Architekt fungierte Franz Hammel. Die Genannten hatten schon vier Jahre früher, ab 1893 bei der Erbauung von Erhardtstraße 4 und 5, also bei weiter isaraufwärts gelegenen Häusern, mit ähnlichem städtebaulichem Anspruch zusammengearbeitet.
Im Sinne der vom Magistrat 1894 beschlossenen Korrektur der Baulinien im östlichen Anschluss der Kochstraße (ab 1931 Robert-Koch-Straße) an die Äußere Isarstraße wurde die Vorgängerbebauung beseitigt. In diesem neu definierten Baublock, wie

Widenmayerstraße 7; Aufn. 1994

Widenmayerstraße 5; Aufn. 2007

Widenmayerstraße 6; Aufn. 1994

auf der nördlichen Seite der Robert-Koch-Straße, das vier Jahre früher fertiggestellt worden war.

Das Treppenhaus im Hofwinkel, belichtet vermittels einer Einklinkung der rückwärtigen Grundlinien, erschließt gemäß Eingabeplan über eine zweiarmige Podesttreppe zwei Wohnungen je Etage; dabei waren die Bäder in den entstandenen Dunkelzonen untergebracht. Die Fassadengestaltung des Anwesens zeichnet sich durch eine flache, schlicht zurückgenommene, neubarocke Instrumentierung aus, die im Vergleich mit den gleichzeitigen, neubarock durchgebildeten Bauten Widenmayerstraße 2 und 3 vornehm zurückhaltend erscheinen muss, dem mächtigen Kubus wurden erstarrte neubarocke Formen gleichsam

auch schon in jenem, der weiter südlich lag und bis zur Maximilianstraße reichte, gab man die Verläufe von Mühlstraße und Innerer Isarstraße auf, schlug deren Flächen den zu bebauenden Parzellen zu. Hindernis und bauliche Herausforderung zugleich blieb jedoch der Hofhammerschmiedbach, der die rückwärtige Parzellengrenze der Bauten Widenmayerstraße 1 bis 6 bildete und erst ab Winter 1964 nicht mehr mit Wasser beaufschlagt wurde. Der nach Westen ausgreifende Gebäudeflügel von Haus Nr. 6 (mit einer Gesamtlänge von 28 m) kam über diesem Bachlauf zum Stehen. Schon 1875 war der Hofhammerschmiedbach unter der Kochstraße überwölbt worden, doch blieb nach dem neuen Alignement der Kochstraße der Bachlauf zwischen der Straßenüberwölbung und der Wohnhaus-Überbauung, eben vor der Nordfassade des Mietshauses für ca. 2 m offen, was erst 1901 behoben worden ist. Städtebaulich fungiert der Bau als Anhebungs- und Schlussbau der Fassadenfolge ab Nr. 4 im Süden und als südlicher Portalbau mit dem korrespondierenden Haus Nr. 7

aufgarniert. Die Bewegung der Fassadenfläche wurde auf zwei zweigeschossige Flacherker reduziert, die man in die südliche der Achsen an der Widenmayerstraße und mittig in die mit sieben Achsen tief in die Robert-Koch-Straße reichende Nordfassade setzte. Die Fensterachse der abgeschrägten Ecke akzentuiert ein dreigeschossiger Erker, der das 4. Obergeschoss als Austritt bedient. Ein Ecktürmchen mit Pyramidendach überhöht den Bau markant. (Beim Luftangriff am 20.9.1942 erlitt das Anwesen leichtere Schäden durch Luftdruck und Splitter. Einheitlich mit Nr. 4 und 5 renovierte man 1983 die Fassaden des Hauses, der Turmhelm erhielt 1988–89 eine neue Eindeckung.)

Widenmayerstraße 7. Zusammen mit dem eigens abgeschlossenen Haus Reitmorstraße 2 (bis 1898 Mühlstraße gen.) errichtete Alexander Bluhm 1893–94 das Anwesen Widenmayerstraße 7 für sich selbst, als auswinklig dreiflügeligen Bau. Der Eckbau kam mit sechs geraden Achsen an der Kochstraße (seit 1930 Robert-Koch-Straße), einer Achse in der abgeschrägten Ecke und nur drei Achsen an der Widenmayerstraße zum Stehen. Die Verläufe von Stern- und Widenmayerstraße bilden nach Norden hin unregelmäßig trapezförmig aufweitende Baublöcke. So beschloss der Magistrat, von der Nordseite der Kochstraße an, den alten Straßenverlauf der Mühlstraße als Erschließungsachse beizubehalten (in den südlich gelegenen beiden Baublöcken waren bei deren Neufestlegung Mühlstraße und Innere Isarstraße aufgegeben worden) und als Nord-Süd-Verbindung auszubauen. Die westliche Grenze des Bauareals stellte der bis 1901 entlang der Mühl-/Reitmorstraße offen fließende Hofhammerschmiedbach dar.

Widenmayerstraße 7 (rechts Nr. 8); Aufn. 2006

Widenmayerstraße 7 von Südwesten (links Reitmorstraße); Aufn. 2006

Das mächtige Anwesen bildet ein ungleiches Pendant zu Haus Nr. 6 an der südlichen Ecke von Widenmayer- und Robert-Koch-Straße, denn die Bauhöhe ist allzu unterschiedlich. Verbindendes Motiv mit Nr. 6 ist die auch bei Nr. 7 abgeschrägte Ecke, mit der man in gängiger Weise harte Bruchkanten in Fassadenverläufen abschwächte.

Wenige Bauten an der Widenmayerstraße vereinigen auf sich eine ähnlich wechselvolle Geschichte wie Widenmayerstraße 7, gerade was die äußere Gestaltung eines Mietshauses betrifft. Der mittig in der Südfassade liegende Hauszugang erschloss gemäß Eingabeplan eine Wohnung je Etage, dies über das rückwärtige Treppenhaus mit Oberlicht (eine doppelläufige Podesttreppe hinter hohem Zwischenpodest) am Hofwinkel, den der Südflügel mit dem eigens erschlossenen Westflügel Reitmorstraße 2 bildet. Doch erfolgten gleichzeitig mit dem Dachausbau 1935 Wohnungsteilungen im 1., 2. und 3. Obergeschoss (Arch. Adalbert Huber) und 1938/39 wurde schließlich der im Erdgeschoss untergebrachte Laden in eine Wohnung umgebaut (Arch. Karl Weinzierl). Die Kriegsschadenskartei der Lokalbaukommission verzeichnet leichtere Beschädigungen durch Splitter und Luftdruck infolge des frühen Bombardements vom 20.9.1942. Die ursprünglich aufwendig dekorierte Fassade wurde schließlich 1956 geglättet (Arch. Johann Albrecht). Bis zur Rekonstruktion der Fassadenzier 2005 (orientiert an historischen Fotografien), also beinahe 50 Jahre nach deren bewusster Beseitigung, war das neubarocke Gepräge der Fassaden- und Vestibülgestaltung auf Charakteristika der Großform beschränkt; hier sind die in die Fußflächen des Mansarddaches gesetzten Ochsenaugenfenster als eine in München seltene motivische Aneignung des Neubarock hervorzuheben (Dachgeschossausbau 1994). Die gestalterische Annäherung der Fassaden an den Zustand vor 1956 bewerkstelligte man mit einem modularen Einsatz von Lisenen, rustizierten Lisenen, Gesimsen und Fensterverdachungen. Dabei hatte man bei den Instandsetzungsmaßnahmen für die Fenster modernes Material gewählt, die historische Struktur des Hauses aber geschont (hofseitig Außenaufzug und Balkonanlage 1997/98).

Widenmayerstraße 8. Nach Abbruch der Vorbebauung, eines kleineren zweigeschossigen Mansarddachhauses zu fünf Achsen, mit Zugang in der nördlichen Achse, errichtete Baumeister Josef Wölker 1899/1900 das Anwesen Widenmayerstraße 8 für die Geschwister Negele, in einem Zug mit Reitmorstraße 2a. (Die Baulichkeiten auf dem Gelände zwischen Hofhammerschmiedbach im Westen und Äußerer Isarstraße im Osten befanden sich davor im Eigentum des Kaufmanns Carl Jenke und gelangten schließlich über dessen Erben in den Besitz der unweit hiervon, in der Kochstraße ansässigen Geschwister Negele). Die Parzelle war, verglichen mit anderen an der Widenmayer-

straße, mit nur 14,5 Metern als eine der schmalsten an der Äußeren Isarstraße eingemessen worden. Die heute noch bestehende Bebauung der südlich angrenzenden Parzelle war schon fünf Jahre früher abgeschlossen, für den nördlich angrenzenden Bauplatz ist hingegen ein Freistand bis 1927 belegt, denn entsprechende Planungen aus dem Jahr 1902 waren nicht verwirklicht worden.

Das Treppenhaus liegt im nördlichen Rückflügel, der die Anwesen Reitmorstraße 2a und Widenmayerstraße 8 verbindet, es wird vom südlich anliegenden Hofraum her belichtet. Die Treppe erschließt gemäß Erstzustand zwei Wohnungen je Etage, eine im westlichen Haus (Reitmorstraße 2a) und eine im Haus an der Widenmayerstraße. Zwangsläufig sind die Bäder in den Dunkelzonen untergebracht. An der Fassade wurden durch Wölker Gliederungselemente in dicht gedrängter Weise zur Wirkung gebracht: kolossale Pilaster übergreifen über dem Rustika-Erdgeschoss drei Geschosse, der zwei eng gesetzte Fensterachsen einfassende Mittelerker über drei Obergeschosse bedient das 4. Obergeschoss als Austritt und wird vom eigentlichen Charakteristikum der Fassade, dem mit dicht gedrängter ornamentaler Fülle dekorierten Schweifgiebel überhöht. (Im Zweiten Weltkrieg weitgehend unbeschadet geblieben; Fassadeninstandsetzung 1988.)

Widenmayerstraße 9. Schon 1924 hatte die Bayerische Versicherungskammer für ihre Niederlassung im Lehel den Architekten Franz Deininger mit einer Bauplanung beauftragt, doch wurde der Baubeginn durch dessen Tod verzögert. Deiningers Witwe führte das Büro weiter und 1927 begannen die Arbeiten (frühere Bauplanungen für den Privatier Adolf Büchl, schon von 1902 waren nicht zur Ausführung gekommen). Auf den bis dahin unbebauten Parzellen nördlich der bestehenden Häuser Reitmorstraße 2 und Widenmayerstraße 8 entstanden so Reitmorstraße 4 und Nr. 9 an der Widenmayerstraße in einem Zug. Die je straßenseitigen Flügel werden von einem südlichen Rückflügel verbunden. Die Anwesen bilden zusammen mit der Bautengruppe Widenmayerstraße 10/Reitmorstraße 6, die ihrerseits durch einen tiefen nördlichen Rückflügel verbunden sind, eine große Hinterhofsituation.

Der breite Eingang in der nördlichen Achse führt zum rückwärtigen, eigens ausgebauten Treppenhaus, das einen Treppenhauserker über segmentbogiger Grundlinie erhielt; die Wechselpodeste der doppelläufigen Treppe wurden diesem eingerundet. Zwei Räume der ursprünglich großzügigen Etagenwohnungen wurden in den Rückflügel verlegt und erhalten dadurch Licht von Norden. Eine erste Adaptation von Wohnräumen zu solchen reiner Büronutzung fand 1973 statt, zunächst das 3. Obergeschoss betreffend, Erdgeschoss, 1. und 2. Obergeschoss folgten auf (Modernisierung von Erdgeschoss, 1. und 2. Obergeschoss im Jahr 2005).

Anders als das mehrfach veränderte Innere von Haus Nr. 9 ist dessen Fassade von Änderungen und vor allem Kriegszerstörungen weitgehend verschont geblieben. Diese ist ein gutes Beispiel für die versachlichende Reduzierung der architektonischen Gestaltungsdetails in der Zeit des Neuklassizismus. Augenfällig wurde diese charakteristische Stilausprägung in bis zur Bildhaftigkeit vergröberten Details, etwa beim Dachgesims. (Einige Balkonfenster baute man

Widenmayerstraße 8, Eingang

Widenmayerstraße 8; Aufn. 1994

Widenmayerstraße 9; Aufn. 1994

Widenmayerstraße 10; Aufn. 1994

1981 zu Austrittstüren um, eine Instandsetzung der straßenseitigen Fenster fand 2003 statt, die der Fassaden 2004.)

Widenmayerstraße 10 (mit Reitmorstraße 6). Für den „Realitätenbesitzer" Fritz Werner errichtete Architekt August Nopper 1902 auf zuvor frei geräumten Parzellen den bestehenden wuchtigen Mietshauskomplex. Die Vorbebauung auf den zusammenhängenden Bauplätzen Reitmorstraße 6 und Widenmayerstraße 10 bestand in zweigeschossigen Satteldachhäusern, die traufseitig an der Straße standen. Den fast 19 m breiten Bau an der Reitmorstraße und das 22 m breite Haus an der Widenmayerstraße verband Nopper mit einem gemeinsamen nördlichen Rückflügel; so bildet die Baugruppe zusammen mit den südlich anschließenden Anwesen Widenmayerstraße 6 und Reitmorstraße 4 (ihrerseits durch einen südlichen Rückflügel verbunden) seit 1928 eine große Hinterhofsituation. Bis ins letztgenannte Jahr waren die südlich angrenzenden Parzellen unbebaut geblieben.

Gemäß Erstzustand war im Anwesen an der Widenmayerstraße 10 ursprünglich eine herrschaftlich zugeschnittene Wohnung je Etage untergebracht, erschlossen durch ein großzügiges rechteckiges Treppenhaus, dem eine dreiarmige Treppe mit breiten Podesten vor den Wohnungen eingeschrieben ist. Bereits bauzeitlich berücksichtigte der Grundriss einen diagonal ans Treppenhaus gesetzten Personenaufzug.

Der Fassadendekor wird durch eine Amalgamierung neubarocker und jugendstiliger Formen gekennzeichnet. Außerkanonisch und phantasiereich wurde der dreigeschossige zentrale Fassadenerker gestaltet, indem man zwei eng gesetzte Fenster zusammenzog. Hier kam das Motiv einer Rustizierung bis zum Wasserschlag über dem 3. Obergeschoss zum Einsatz, und mit konkaven Mauerflächen wird der Erker seitlich zur Fassade vermittelt. Der Übergang vom Neubarock zu einer protostiligen Mischform des Jugendstils hat hier seinen anschaulichen Ausdruck gefunden; „Stilübergang" ist freilich ein positives Prädikat in einer Zeit zahlloser Stil-

Widenmayerstraße 10, Hofseite

übergänge. Kleinere Luftdruckschäden betrafen das Gebäude durch das frühe Bombardement vom 20.9.42. Das in gestalterischer Hinsicht herausgefordert gebliebene, breite Dachhaus, mit zurückgesetzter Stirnwand zur Gewährleistung eines tiefen Austritts, rührt von einer Umbaumaßnahme nach 1957 her. (Fensterauswechslungen 1960, Ertüchtigung der charakteristischen Treppenhausfenster 1992, Fassadenrenovierungen 1982 und 1992, Gesamtinstandsetzung 2001–02.)

[**Widenmayerstraße 11.** Für den Privatier Theodor Hermann hatte 1877 Baumeister Karl Reitz ein für damalige Verhältnisse durchaus großes Wohnhaus (mit rückwärtigem Waschhaus „nebst Badezimmer") an der Äußeren Isarstraße errichtet. Es war ein viergeschossiger Bau zu sieben Achsen entstanden, der 1898–99 von Architekt Adolf Voll für den prakt. Arzt Theodor Sepp (auch Eigentümer der westlich benachbarten Reitmorstraße 8) um ein weiteres Geschoss aufgestockt worden war. So zeigt die um 1900, von den östlichen Isaranlagen aus aufgenommene Panoramafotografie einen hohen fünfgeschossigen Satteldachbau mit Kniestockdurchfensterung, mit Zugang von der mittleren Achse her und eingeschossigen Flacherkern im 2. Obergeschoss, dies jeweils vor den Fenstern der zweiten und sechsten Achse. Dieses Haus wurde am 7.1.1945 infolge von Brandbombentreffern total zerstört, vierzehn Wohneinheiten waren zu räumen. Der bestehende Neubau anstelle des kriegszerstörten Anwesens war 1954 abgeschlossen und schließlich die gleiche Zahl neuer Wohneinheiten entstanden.]

Widenmayerstraße 10, originale Dachlösung; Aufn. 1957

Widenmayerstraße 12; Aufn. 1994

Widenmayerstraße 12. Auf zuvor unbebautem Grund ließ sich Hofrat Michael Sepp 1905–06 das breit gelagerte Mietshaus (die Länge seiner Fassade an der Straße beträgt 32,5 m) von Baumeister Josef Wölker erbauen, der schon fünf Jahre zuvor in der nahen Nachbarschaft Bauplanungen umgesetzt hatte (Widenmayerstraße 8 zus. mit Reitmorstraße 2a). Der Riegelbau ohne Rückflügel wird von einem mittig rückwärtigen Treppenhaus im halbrund ausgebauten Pavillon erschlossen. Eine doppelläufige Podesttreppe, deren westliches Podest eingerundet ist, führt gemäß Eingabeplan zu zwei Wohnungen in jeder Etage.
Die Fensterachsen der Fassade werden mit dreiteiligen Kreuzstockfenstern parataktisch behandelt, und die in ihrer Rücklagefläche völlig symmetrisch angelegte Straßenfront findet sich nur durch die Erker modelliert. Die beiden äußeren, dreigeschossigen Flacherker heben kantig vor dem 1. Obergeschoss an, erhielten jedoch vor dem 2. und 3. Obergeschoss eingerundete Schmalseiten mit kleinen Seitendurchfensterungen. Den mittleren Flacherker bildete man nur zweigeschossig, vor dem 2. und 3. Obergeschoss, und seicht konvex aus, in jedem Geschoss schrieb man ihm drei schmale Fensterbahnen ein. Sein Unterzug wurde wie ein Rahmenmotiv mit einem gestauchten Bogen vom Fenster des 1. Obergeschosses her vermittelt. Die Deckplatten aller drei Erker bedienen die dahinterliegenden Räume des 4. Obergeschosses als Austritte. In der Dachzone befand sich bis zu seiner Kriegszerstörung ein drei Achsen breiter, neubarocker Blendgiebel, der die Höhenentwicklung des Hauses stark betonte und auf einer Überfliegungsaufnahme von 1905 gut dokumentiert ist. Stilgeschichtlich betrachtet markiert das Haus den Übergang vom dekorativen Überschwang des Neubarock zu den eher flächenbetonten Formen des Neuklassizismus.
Das Anwesen Widenmayerstraße 12 vereinigt auf sich eine bittere Kriegsschadens-Geschichte: Am 24./25.3.1944 wurden sein Dachtragwerk und die Wohnungen bis zum 3. Obergeschoss herunter zerstört, am 25.4.1944 erlitt es einen neuerlichen Treffer mit einem Löschwasserschaden bis ins 2. Obergeschoss herab und am 7.1.1945 wurde es nach einem dritten Treffer vollständig unbewohnbar. Doch hielten die Eigentümer an der soliden Substanz des Hauses fest, es wurde bis 1951 von Architekt Georg Henneberger wiederhergestellt. Der Dachgeschossausbau zur heutigen Gestalt erfolgte schließlich 1987/88. (Fassadeninstandsetzung 1996.)

[**Widenmayerstraße 14.** Bis zum Beginn der Bauarbeiten an Widenmayerstraße 14 im Jahr 1908 erstreckte sich zwischen dem 1906 fertiggestellten südlichen Nachbaranwesen Widenmayerstraße 12 (Nr. 13 war als eigener Bau nicht berücksichtigt) und der Südseite der 1888 von Hofrat Edgar Hanfstaengl beauftragten Villa an der Ecke Widenmayer-/Liebigstraße ein freies Grundstück mit dichtem Baumbestand. Mit einer Fassadenlänge von über 50 Metern wurde Widenmayerstraße 14 zum größten Mietanwesen, das jemals an der Prachtstraße verwirklicht worden ist. Es war bis 1909 nach den Plänen des Architekten Ludwig Grothe für den Rentier Paul Schoening erbaut worden (vgl. Reitmorstraße 30, hier arbeiteten ein Jahr später Grothe und Schoening erneut zusammen). Der im Stadtarchiv erhaltene Grundriss verdeutlicht den prächtigen Anspruch, der durch das Gebäude umgesetzt worden war: Das zentral in den Grundriss gesteckte Treppenhaus, von oben her belichtet, barg mehrfach gebrochene Treppenläufe, die Küchen lagen südlich und nördlich nebenan. Westlich schlossen sich die Magdkammern an, diese waren neben die Bedienten- und Lieferantentreppen gruppiert. So fanden sich die Wirtschaftsräume zu einem eigenen Block zusammengefasst, den Grothe als selbständigen Pavillon nach Westen hin ausbaute. Die zwei Wohnungen in jeder Etage umfassten je acht Wohnräume.
Infolge eines Brandbombentreffers wurde das Anwesen am 7.1.1945 total zerstört, es galt 21 Wohneinheiten zu räumen. 1950 plante Architekt Fritz Waydhas für Alois Harbeck einen Neubau, mit weitgehend dem Vorgängerbau entsprechenden Grundlinien, aber mit sechs Wohnungen in jeder Etage. Den ursprünglichen Plan, die Fassade wieder in der „alten Form" herzustellen, gab man schließlich auf.]

[**Widenmayerstraße 15.** An der Ecke Widenmayer-/vormals Äußere Isarstraße mit der Liebigstraße hatte sich Hofrat Edgar Hanfstaengl 1888 eine erhabene Villa zu zweieinhalb Geschossen erbauen lassen. Zu seiner Entstehungszeit stand der Villenbau beinahe vollständig frei, und auch die Arbeiten am Isarkai hatten noch nicht begonnen. Hanfstaengl hatte die Berliner (!) Architekten Kayser & von Groszheim mit dem Bau beauftragt, Bauleiter war H. Rings. Das Anwesen gelangte schließlich in den Besitz des Rentiers Paul Schoening, der Eigentümer zahlreicher Häuser in der St.-Anna-Vorstadt war und im Zuge der Erbauung des südlich an die Villa angrenzenden, riesigen Mietshauses Widenmayerstraße 14 im Jahr 1909 auch An- und Umbauten an diesem, eigentlich in einen gärtnerisch gestalteten Umgriff eingebundenen Anwesen vornehmen ließ. Doch hatten sich u. a. die magistralen Vorstellungen zur Bebauung entlang der Isar nach 1888 vollständig gewandelt, eine freistehende Einfamilien-Villa sollte innerhalb geschlossener Blockbebauung bald einen Fremdkörper darstellen. 1929 gelangte die somit „ehemalige" Hanstaengl-Villa in den Besitz des Corps Frankonia, dann in den der Studentenkameradschaft Scheubner-Richter, die das Haus infolge eines Brandbomben-Volltreffers am 7.1.1945 verlor. Zwei große Wohnungen und das Kameradschaftsheim waren zu räumen. Der in den 1950er Jahren vollzogene Neubau an gleicher Stelle (als Widenmayerstraße 15/Liebigstraße 30) behielt in Abwandlung der Vorgartenlinien des zerstörten Vorgängerbaus eine Einklinkung der Baulinie an der südlichen Mündungsecke der beiden Straßen bei und gewährleistet so eine forumartige Aufweitung, der Aussichtsterrasse mit der Christophorusfigur (s. oben) auf der Ostseite der Widenmayerstraße gegenüber.]

Widenmayerstraße 16. Die Architekten Georg Meister und Oswald E. Bieber planten und erbauten 1910–11 das mächtige, barockisierende Verwaltungsgebäude an der Ecke Liebig-/Widenmayerstraße auf einem Grundstück, das zuvor einer Gärtnerei als Wirtschaftsfläche gedient hatte. Bauherrin war die Thu-

Widenmayerstraße 16 (links Liebigstraße); Aufn. 1994

ringia-Versicherung, die sich an dieser Stelle einen repräsentativen Münchner Firmensitz schuf.

Die Überwölbung des Hofhammerschmiedbachs auf Höhe der Liebigstraße war schon 1874 erfolgt und damit der östliche Anschluss dieses Straßenlaufs an die Äußere Isarstraße gewährleistet. (Die vorderen Grundlinien der Ostbebauung der Reitmorstraße arrondierte man hart am östlichen Beschlacht dieses langen Bachlaufs.) Ein Blick auf die 1909 zwischen Reitmorstraße und Widenmayerstraße in Höhe der Liebigstraße neu aligniierten Baulinien veranschaulicht die Vorstellungen des Münchner Magistrats bei der Erschließung des Lehels: Die für die vorstädtischen Produktions- und Lebensverhältnisse typische Unregelmäßigkeit der Anlagen sollte einer repräsentativen großbürgerlichen Bebauung weichen, die gesuchte neue stadträumliche Erschließung sollte in entsprechender Weise großzügig und klar sein. So kam die nördliche Grundstückslinie des Neubaus in etwa auf dem Verlauf des ehemaligen Gig(g)l-Gässchens zu liegen, das also als alte Verbindung zwischen Hofwinkel und Äußerer Isarstraße aufgegeben wurde.

Der monumentale Eckbau wird von der Liebigstraße her erschlossen, seine auf diese Straße ausgerichtete Südfassade misst beinahe 38 Meter Breite. Die innere Struktur des Gebäudes war ursprünglich ganz auf eine Nutzung als vorzeigbarer Büro- und Verwaltungsbau hin ausgerichtet, mit reduziertem Wohnanteil (Hausmeister etc.). Eine General-Nutzungsänderung 1996–97 brachte Strukturveränderungen mit sich, wie sie bei einer Adaptation von Büro- als Wohnräumen und der Herstellung entsprechend notwendiger Abgeschlossenheiten unausbleiblich sind. Hinzu kommt, dass beim Bombardement vom 7.1.1945 das Dachtragwerk des großen Anwesens weitgehend vernichtet worden war, die Wiedergewinnung eines bewirtschaftbaren Dachraums sich Jahre hinzog.

Die Gestaltung der Fassade und Eingangsbereiche des ehemaligen Verwaltungsgebäudes ist ihren Großformen nach als reduzierter Neubarock zu verstehen, als ein Beispiel für eine moderne, frei anverwandelnde Interpretation des Neo-Stils – dies im Unterschied zu den 15 Jahre früher von den gleichen Architekten Meister und Bieber erbauten Häusern Steinsdorfstraße 12 bis 14 (s. dort), weiter die Isar aufwärts ebenfalls am Kai gelegen. Letztere stellen im Unterschied zu Widenmayerstraße 16 monumentale Neubarockbauten dar. Und zeitgleich mit Widen-

mayerstraße 16 arbeiteten die genannten Architekten an den formal verwandten Bauten Theatinerstraße 7 und 8 (s. dort). Für die Gestaltung von Widenmayerstraße 16 ist die Mitwirkung des Kommerzienrates Karl Stiersdorfer belegt. Schon die zeitgenössische Architekten-Literatur thematisierte den Zementmörtelverputz der Fassaden, den man, um eine wirksame Abhebung von den helleren Steinornamenten zu erreichen, grau eingetönt hatte.

ARCHÄOLOGISCHE BEFUNDE: *(unter dem Bürgersteig vor Widenmayerstr. 16)* Depotfunde der Älteren Urnenfelderzeit (Fundst.-Nr.: 7835/0101). An der Ecke Widenmayer-/Liebigstraße wurde 1899 ein frühurnenfelderzeitlicher Hortfund freigelegt (s. Abb. S. XXXIV). In der Nähe, in der Widenmayerstraße, kam 1913 abermals ein Hort der gleichen Zeitstufe zum Vorschein. Die Vermutung, dass ursprünglich beide Fundkomplexe zusammen gehörten, erscheint aber nicht unbedingt zwingend, da es unwahrscheinlich ist, dass ein Hortfund durch den Fluss in zwei aus mehreren Stücken bestehende Teile zerrissen wird.

[**Widenmayerstraße 17.** Das bis 1986 unbebaute, bis zum Beginn der Bauarbeiten eingefriedete Grundstück gehörte ursprünglich zum nördlich anschließenden Hanfstaengl-Haus, wurde schließlich abverkauft und von Architekt Heinrich C. Kiessling im Auftrag einer Eigentümergemeinschaft bis 1987 mit dem bestehenden Mietshaus bebaut. Für das 25 Meter breite Anwesen wählte Kiessling einen denkbar konservativen Grundriss. Dies zeitigte nicht nur die Relevanz einer über Jahrzehnte unverbrüchlichen Münchner Bauordnung, sondern auch die intelligente Bewirtschaftung einer Parzelle bei gleichzeitig gebotener Beachtung des straßenseitigen Zeilenschlusses. So verlegte der Architekt die Durchfahrt in die nördliche Achse des Hauses, steckte den Hauszugang mittig in den Riegel an der Straße, den südlichen Rückflügel setzte er durch eine tiefe Einklinkung der Grundlinie vom Hauptgebäude ab – auch dies ein beinahe traditioneller Kunstgriff zur Schaffung weiterer Lichtachsen. Und nicht anders als drei Generationen früher verlegte Kiessling das Treppenhaus an den Hofwinkel, mit Belichtung eben von dort her; den Lift schloss er südlich an. Der Riegel an der Straße erhielt vier Obergeschosse, der Rückflügel zeichnet sich durch ein Geschoss weniger aus, da oberhalb des 3. Geschosses eine Dachterrasse umgesetzt worden ist.]

Widenmayerstraße 18. Edgar Hanfstaengl (gest. 1910), Inhaber des 1833 von seinem Vater Franz (gest. 1879) gegründeten, künstlerisch vielseitigen Unternehmens, ließ sich 1888 ff. an der Liebigstraße (auf dem Areal der heutigen Anwesen Liebigstraße 30 und Widenmayerstraße 15) durch die renommierten Berliner Architekten Heinrich Kayser und Karl von Groszheim eine herrschaftliche Neurenaissancevilla errichten, Bauleiter war H. Rings. Die Villa war eines der großzügigsten Beispiele der Gattung des Münchner Künstlerwohnsitzes und wurde zu einem gesellschaftlichen Mittelpunkt, sie ging am 7.1.1945 unter. Unweit nördlich hiervon entstand unter seinem Sohn Edgar (II., 1883–1958) das neue Geschäftshaus des Kunstverlags, für das der Architekt John Herbert Rosenthal 1925–26 eine noble, dem in den 1920er Jahren verbreiteten, reduzierten Neuklassizismus und auch der repräsentativen Situation am Isarkai entsprechende Fassadengestaltung mit funktionsgemäß variierten Geschosshöhen entwarf (drei Jahre vorher hatte Rosenthal das weiter isarabwärts gelegene große Mietshaus Widenmayerstraße 27 erbaut). Sockel- und Erdgeschoss bilden eine mit Naturstein verkleidete, durch Lisenen gegliederte Einheit, die ein markant profiliertes Gurtgesims abschließt; in der Mitte ist hinter einer Säulenstellung die offene Vorhalle eingezogen. An den verputzten Obergeschossen sind die hohen Fenstertüren in den fünf Mittelachsen des höheren 4. Geschosses durch Balkone und gerade Verdachungen ausgezeichnet. Das durch ein betontes Gesims abgesonderte, oberste Geschoss ist im Mittelteil als Terrasse und Loggia eingezogen.

Das Vorderhaus über querrechteckigem Grundriss nahm die Direktions- und Büroräume des Verlags, im 1. Stock eine Lagerhalle, in den Geschossen darüber Wohnungen auf. In der Mitte ist eine Schachttreppe zum Hochparterre angeordnet, nach Westen anschließend um den Aufzug das fast quadratische Treppenhaus. Mittig rückwärtig setzte man einen Rückflügel an, dieser beherbergte den technischen Betrieb (Packräume im Keller, Lager und Labor im Erdgeschoss, im 1. Stock den Kupferdruck, im 2. Stock den Lichtdruck, im 3. Stock ein Atelier).

Widenmayerstraße 18; Aufn. 2008

Schon am 18.3.1944 erlitten die Bauten erhebliche Luftdruckschaden durch Sprengbomben; am 7.1.1945 brannten der Dachstuhl und die Wohnungen im 3. Obergeschoss völlig aus und das Rückgebäude wurde beim gleichen Angriff völlig zerstört. Der Wiederaufbau erfolgte in den Jahren 1946–48 durch Architekt Karl Nungesser. (Eine erste Fassadenrenovierung führte man 1986 durch. Der Dachgeschossausbau mit dem Bemühen, die Walmdachgauben in Bezug zur nachträglichen Aufstockung zu setzen, erfolgte 1994–95 gleichzeitig mit den Umbaumaßnahmen für eine rückwärtige Dachterrasse. Die jüngste Fassadeninstandsetzung mit Ertüchtigung der Fenster und begleitende Arbeiten am Treppenhaus datieren ins Jahr 2001.)

[**Widenmayerstraße 19.** Bis 1938 mit Nr. 20, 21 und 22. Maurermeister Franz Kil hatte 1861 für Georg Gsottschneider ein dreigeschossiges Mietshaus erbaut, das zu fünf Achsen an der Äußeren Isarstraße zum Stehen kam, dicht an die schon 1853 von

Widenmayerstraße 18, südl. Nachbarparzelle erst ab 1986 bebaut; Aufn. 1980

Johann Nepomuk Bürkel (ebenfalls für Gsottschneider) erbauten Häuser Nr. 20 und 21 herangebaut. Gsottschneider war auch Eigentümer von Liegenschaften nördlich der späteren Prinzregentenstraße, dort von Häusern an der uralten Leheler Straße Am Gries. Die spätklassizistische Nr. 19 an der Äußeren Isarstraße zählte drei Geschosse, stand gemäß der heutigen Baulinie etwas ins Grundstück zurückgesetzt mit fünf Fensterachsen im Osten und einem klaren Abstand zum südlich benachbarten Hanfstaengl-Bau. Das Haus war südlich abgewalmt. Nördlich schlossen sich, ohne Wich, Nr. 20 und 21 an, ein langes zweigeschossiges Doppelhaus, das traufseitig hinter einer Vorgartenlinie stand. Die Nr. 19 wird bereits 1923 als „zum Abbruch vollkommen reif" bezeichnet.

Zur Bebauung der südlichen Ecke dieser beiden Prachtstraßen gab es zahlreiche Ansätze, deren Zustandekommen – Ironie des Schicksals – mehrfach scheiterte. Die Geschwister Röhrer, Nacheigentümer Gsottschneiders, richteten 1898 ein Schreiben an die Stadtverwaltung München, in dem sie ihren Unmut über die bereits verausgabten Planungssummen zum Ausdruck bringen, „behufs sachgemäßer Ausgestaltung der Einmündung der Prinzregentenstraße in die Widenmayerstraße & für die Herstellung ihres Neubaues bisher verausgabt": Für den Arch. Emanuel la Roche für die Anfertigung eines großen F.-Bildes „behufs Abänderung der Baulinie aus einem Rondell in ein Forum" 500 Mark, für Ing. Carl del Bondio für Eingabepläne 1500 Mark, für F.-Entwurf und Perspektive an Arch. M. Dülfer 1080 Mark und für Perspektive und Eingabepläne von Prof. Emanuel Seidl 1850 Mark. Die genannten Projekte sollten allesamt nicht zustande kommen.

Die vernachlässigten und abbruchreifen Liegenschaften erwarb schließlich 1938 die Fa. Leonhard Moll aus dem Besitz von das „Braune Band von Deutschland" und veranlasste ein Jahr darauf die Abbrucharbeiten. Mit der Beseitigung der Anwesen Nr. 19, 20, 21 und 22 verschwand auch der sog. Bettschaftswinkel, eine schon im frühen 19. Jh. greifbare kleine Gasse, die süd-nördlich verlaufen war und die westliche Begrenzung der Bauplätze gebildet hatte. Bis 1952 blieb das frei geräumte Areal unbebaut. Das Haus Prinzregentenstraße 54, ein großer Eckbau, der die östliche Ecke dieser Straße mit der Reitmorstraße markierte und also die westliche Begrenzung der Gründe zur Isar hin darstellte, ging im Zweiten Weltkrieg vollständig unter. Bei der Erbauung von Prinzregentenstraße 56 und Widenmayerstraße 19 nach dem Krieg (Bauherr waren die Farbwerke Hoechst) forcierte man eine Einklinkung der Baulinien am Schnittpunkt der Straßenläufe, um eine Art Forum zu schaffen. Das hohe Verkehrsaufkommen in dem Bereich schmälert die Möglichkeit eines tatsächlichen

Nachvollzugs dieses städtebaulichen Kunstgriffs. Doch bilden die südliche und nördliche Einklinkung der Baulinien (vgl. Widenmayerstraße 22/ Prinzregentenstraße 11a) eine weiche, raumbildende Vermittlung der Übergänge.]

[Widenmayerstraße 22/Prinzregentenstraße 11a. (Die ursprünglich südlich der Prinzregentenstraße angesiedelte Nr. 22 an der Widenmayerstraße vergab man nach dem Zweiten Weltkrieg an das erste Haus nördlich der Kreuzung der beiden Prachtstraßen.) Nach der bis 1952 verwirklichten Eckbebauung Widenmayerstraße 19/Prinzregentenstraße 56 nördlich gegenüber hatten 1953 die Arbeiten an der Erstellung des zweiteiligen Wohnhauses Widenmayerstra-

Blick vom Ballon auf die Widenmayerstraße, Nr. 23–29 noch nicht bebaut, Crusiusstraße noch nicht trassiert; Aufn. 1904

ße 22/Prinzregentenstraße 11a begonnen, das aus zwei versetzten, verschieden hohen Baukörpern ein Pendant zur südlichen Bautengruppe bildet, zusammen mit dieser durch eine Einklinkung der Baulinien an der Ecke ein Forum schafft und also eine weiche, raumbildende Vermittlung der Übergänge. Der Ersatzbau für einen im Zweiten Weltkrieg vollständig zerstörten Vorgänger entstand für die Fa. Gerling nach den Plänen von Josef Wiedemann, die Ausführung hatte die Baufirma Fries inne. Verkröpft vorspringende Loggienbalkone und die schon in der zeitgenössischen Architekten-Literatur gewürdigten, großen voll verglasten Wohndielen über der Durchfahrt sind stilbildende Merkmale des Wohnhausbaus in den 1950er Jahren.]

Widenmayerstraße 23. Das reich gegliederte und aufwendig stuckierte Mietshaus entstand auf zuvor unbebauter, eigens arrondierter Parzelle 1908–09 nach den Plänen des Architekten Georg Meister. Bauherr war der Privatier Friedrich Krasser. Die westlich unmittelbar hinter dem geplanten Neubau gelegenen Kleinhäuser Am Gries 1c und 1d wurden im Januar 1908 abgebrochen, 1b war schon 1906 beseitigt worden. Der Neubau von Nr. 23 stellte das erste Haus an der Widenmayerstraße zwischen der Prinzregentenstraße (Ausführung der Prinzregentenbrücke im Jahr 1901) im Süden und der Paradiesstraße im Norden dar. Grundlegende Voraussetzung für eine Bebauung in diesem Bereich war die Regulierung der Isar, die der Magistrat für die Strecke zwischen der Maximiliansbrücke im Süden und der Max-Joseph-Brücke im Norden erst 1899 beschlossen hatte. Die Erbauung der Kaimauer zwischen den genannten Brücken zog sich bis 1904 hin. Sie wurde in großem Schwung durch die Schwemmterrasse „Am Gries" trassiert (mit „Gries" bezeichnete man seit alters her einen flachen, sandig-kiesigen, häufigen Überschwemmungen ausgesetzten Uferbereich). Der hinter der neuen Kaikonstruktion gelegene alte Uferbereich wurde aufgefüllt und planiert und schon nach fünf Jahren, also kurzer Setzungszeit parzelliert und als Bauplätze ausgewiesen. So forderte die kritische Beobachtung des Baugrundes bei den Aushubarbeiten für das Anwesen Nr. 23 im Jahr 1908 die Notwendigkeit, unter der Kellersohle eine zusätzliche Grundplatte einzubringen. Entsprechend seicht kofferte man das Souterrain als unechtes Kellergeschoss in den Grund, was bei allen Bauten (mit Ausnahme der Nr. 25/25a, hier doppelter Keller), die entlang der Widenmayerstraße nach Norden hin auffolgen, der Fall

ist, und hob das Hochparterre weit heraus. Zur Ruhe kamen die Setzungen bei Nr. 23 an der Widenmayerstraße schließlich erst nach zusätzlichen Fundamentpunktierungen in den frühen 1930er Jahren.

Das prächtige Mietshaus wird durch einen Eingang in der südlichen Achse erschlossen, dem sich im Hofwinkel, den das Vorderhaus mit dem südlichen Rückflügel bildet, ein großzügiges

Widenmayerstraße 23; Aufn. 1994

Treppenhaus anschließt. Dieses führt gemäß Eingabeplan zu einer Wohnung je Etage. Der Ausbau des Dachgeschosses war schon 1918 vorgenommen worden. Die stilgeschichtlich beachtliche Fassadengestaltung stellt nicht nur im Werk des Architekten, sondern auch allgemein im Blick auf die Entwicklung der Münchner Bauten ein aufschlussreiches Beispiel dar: Die schweren Neubarockformen, die Georg Meister noch zehn Jahre vorher (vgl. Steinsdorfstraße 12–14) eingesetzt hatte, erscheinen bei Widenmayerstraße 23 moderner anverwandelt und mit ornamentalen Anklängen an den Jugendstil. Das Haus steht stilistisch zwischen dem monumentalen neubarocken Block an der Steinsdorfstraße und der freier anverwandelten Nr. 16 an der Widenmayerstraße, dem Haus, das ab 1910 gleichzeitig mit Theatinerstraße 7 und 8 entstand. Der breite, flächige Erker (mit Bauinschrift) ist ausmittig in die Fassade gesetzt, und gewissermaßen als symmetrisierende Ausponderierung schloss man nördlich neben den Erker vor dem 2., 3. und 4. Obergeschoss Austritte an (vor dem 2. und 3. loggienartig ausgebildet). Prominent betont wird das Gebäude durch den flachen Schweifgiebel mit geknicktem Gesims, der von einer Figurengruppe (Amor reitet den Kentaur) bekrönt wird – motivisch eng verwandt mit dem zehn Jahre älteren Anwesen Widenmayerstraße 2 weiter isaraufwärts, dem städtebaulich eine ähnliche Bedeutung zukommt (vermittelnder Anhebungsbau nahe der Mündung einer weiteren Prachtstraße). Das Anwesen, für das keine Kriegsbeschädigung dokumentiert ist, blieb weitgehend original erhalten.
(Eine Fassadenrenovierung mit Ergänzungs- bzw. Reparaturarbeiten an der Stuckzier der Fassade nahm man 1982–83 vor, die Erneuerung der Dachhaut geschah ebenfalls 1983; einen erweiternden Dachgeschossausbau setzte man 2004–05 um, im Jahr 2006 erfolgten weitere Arbeiten an der Fassade und an der Dachhaut.)

[**Widenmayerstraße 24.** Die Parzelle zwischen der südlich angrenzenden Nr. 23 an der Widenmayerstraße (bebaut 1909) und der nördlich anschließenden Nr. 25/25a (bebaut 1910), also ein Bauplatz in prominenter Lage, blieb bis ins Jahr 1960 unbebaut. Dies, obwohl ambitionierte Planungen finanziert worden waren: 1909–10 ließ der Fabrikant und Hoflieferant Friedrich Wamsler das Gelände von Architekt Anton Wörz (vgl. Lerchenfeldstraße 11, 13 und 15) sowie 1912–13 von Gustav von Cube (vgl. Widenmayerstraße 28) großzügig überplanen. Und ob-

wohl ein Schreiben des Königl. Ministeriums des Innern das allerhöchste Einverständnis für die Herstellung der vorgelegten Fassadentektur zum Ausdruck brachte, sollte der Bau schließlich nicht zustande kommen. Ein weiteres, durchaus ehrgeiziges Bauprojekt forcierte die Münchner Wohnungsbaugesellschaft 1924, nach Erstem Weltkrieg und überstandener Geldentwertung, mit Plänen aus dem Architekturbüro Deininger. Der frühe Tod Franz Deiningers (vgl. Widenmayerstraße 9) sollte jedoch dafür sorgen, dass auch diese Bauabsichten nicht zur Umsetzung kamen. So blieb die Parzelle bis lange nach dem Zweiten Weltkrieg, bis 1960 unbebaut. In diesem Jahr begannen die Bauarbeiten an dem bestehenden Bau, sie wurden 1962 abgeschlossen. Vorausgegangen war ein bodenmechanisches Gutachten, das Streifenfundamente und einzelne Fundamentpunktierungen gefordert hatte. Nach den Plänen des Architekten Walter von Breunig wurde die 22 Meter breite Baulücke (bei 33 Metern West-Ost-Erstreckung) mit einem großen Haus zu sieben Vollgeschossen geschlossen. Baumassenverteilung und Grundrissdisposition nehmen sich überraschend konventionell aus: langer nördlicher Rückflügel, Eingang in der nördlichen Achse, Übergang ins Treppenhaus über ein Zwischenpodest und Belichtung des Treppenhauses durch Einklinkung der Grundlinien des Hofwinkels. Allein die Größen der Wohneinheiten wiederholen nicht die Dimension von Bauten der späten Gründerzeit an der Widenmayerstraße: Nur im Erdgeschoss ist gemäß Eingabeplan das ganze Geschoss als Einheit aufgeschlossen, hier jedoch nicht wohngenutzt, in den Obergeschossen darüber befinden sich jeweils bis zu fünf verschieden große Wohnungen. Vom Treppenhaus aus führen nördlich angesetzte Zwischenpodeste zu aufschließenden Vorplätzen, die eine Teilerschließung des benachbarten Hauses Nr. 25/25a gewährleisten. (Als historische Versatzstücke stellte man zwei polierte Rotmarmorsäulen gleichsam traditionell am Zwischenpodest auf; Fassadenrenovierungen in den Jahren 1975 und 1990, Ausbau des Dachgeschosses 1996.)]

Widenmayerstraße 25/25a. Commerzienrat Heinrich Roeckl ließ sich 1910–11 von Emanuel von Seidl und Hugo M. Roeckl das 30 Meter breite Doppelmietshaus erbauen. Die betreffende Parzelle war erst 1904 im Zuge der Arbeiten an der Isar-Kaimauer (Isarregulierung) geschaffen worden, bei deren Trassierung man den alten Uferbereich östlich der Kleinhäuser von Am Gries vollständig überplante und einheitlich nivellierte. Frühe Aufnahmen aus der Zeit um 1904/05, vor der Erbauung der langen Zeile zwischen Widenmayerstraße 23 und 29 (Ecke Crusiusstraße) belegen, dass die hier hergestellte Kiesplanie von einer dünnen Grasnarbe und niedrigem Buschwerk überzogen war, die Häuser von Am Gries unverbauten Blick über die Isar hinweg auf die östlichen Isaranlagen hatten. Gleichzeitig mit Nr. 25/25a entstand unter anderer Bauwerberschaft und planerischer Ägide auch das nördlich angrenzende Haus Nr. 26, die südlich benachbarte Parzelle sollte bis 1960 unbebaut bleiben. Etwaigen Nachsetzungen des Baugrundes (wie bei der unweit entfernten Nr. 23) begegneten Roeckl und Seidl, indem sie das Fundament tief auskoffern ließen und sowohl ein tief liegendes Kellergeschoss und darüber ein Souterrain zur Ausführung brachten; die Fundamentplatte des Kellers kam so fünf Meter unter Straßenniveau zum Liegen.
Das seinem Äußeren nach weitgehend symmetrisierte Doppelhaus zeichnet sich im Innern durch höchst heterogene Strukturen aus; im Süden setzten Roeckl und Seidl einen tiefen Rückflügel an, es ergaben sich Wohnbereiche mit Zimmern, die Licht nur von Norden erhalten. Die Wohnung im Hochparterre erschloss man vermittels eines Separatzuganges in der südlichen Achse. Der Eingang in der nördlichen Achse führt zum rückwärtig halbrund ausgebauten Treppenhaus; großzügig durchfenstert nahm

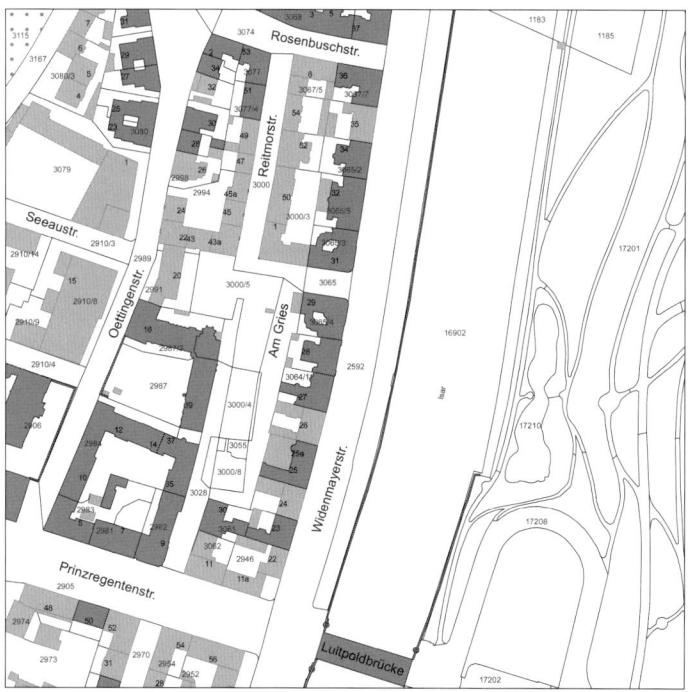

Widenmayerstraße 23–36; Flurkarte, M. 1:5000

Widenmayerstraße 25/25a; Aufn. 1994

rungen auf, kehrte manche Gestaltungsprinzipien regelrecht um – ein Wesensmerkmal des späten Heimatstils, bei dem verschiedene Stilausprägungen amalgamierend anverwandelt wurden und die kanonische Terminologie ein Ende finden musste. So thematisierte man bei Widenmayerstraße 25/25a die tragende Rolle von Wandvorlagen und legte vor die unteren zweieinhalb Geschosse kolossale Pilaster, die einen kräftigen Wasserschlag und darüber die beiden markanten Dachhäuser tragen. Deren Giebelgesimse beschreiben leicht gestufte Dreiecke, charakteristisch für Emanuel von Seidl wurden sie an den Fußpunkten der Wangen onduliert. Dabei lässt E. von Seidl die Fassenflä-

es eine repräsentative, halb gewendelte Podesttreppe auf, am südlichen Vorpodest liegt schon bauzeitlich ein Personenaufzug an. Die Wirtschaftsräume sowie die Wohnräume des Personals verlegte man in den Rückflügel und gewährleistete die dortige Erschließung durch eine eigene Dienstbotentreppe, die man westlich dem Rückflügel ansetzte und so auch die verschiedenwertigen Verkehrswege voneinander schied. Die Wirtschaftsbereiche wurden klar von den Wohn- und Repräsentationsbereichen, die Verkehrswege der Angestellten von den Bewegungsräumen der Herrschaften getrennt. Die Grundrisse waren gemäß Eingabeplan herrschaftlich zugemessen, sozialgeschichtlich betrachtet wohl ein Spiegel für den Wohlstand, aber auch die Gesellschaftsverhältnisse der Jahre vor dem Ersten Weltkrieg. Die Hofseite dominiert der an die Nordpartie der Rückseite gruppierte Treppenhaus-Bodenerker (im Hofwinkel, den Vorderhaus und Rückflügel bilden, installierte man im Sinne moderner Erleichterung einen eigenen Kohlenaufzug). Später rück-

Widenmayerstraße 25, Aufgang zur Erdgeschosswohnung

gebaut befand sich hofseitig im Sinne des Erstzustandes ein zweigeschossiger ovaler Ausbau, der, eigens fundamentiert, die Räume der Wohnung im Hochparterre mit einem Tanzsaal erweiterte und deren Ausstattung noch würdevoll steigerte.

Bei der Gestaltung von Fassaden und Ausstattung stand Emanuel von Seidl als Berater und wohl auch bewährter Projektant Hugo M. Roeckl zur Seite. Verspielt gab man traditionelle Fassadeninstrumentie-

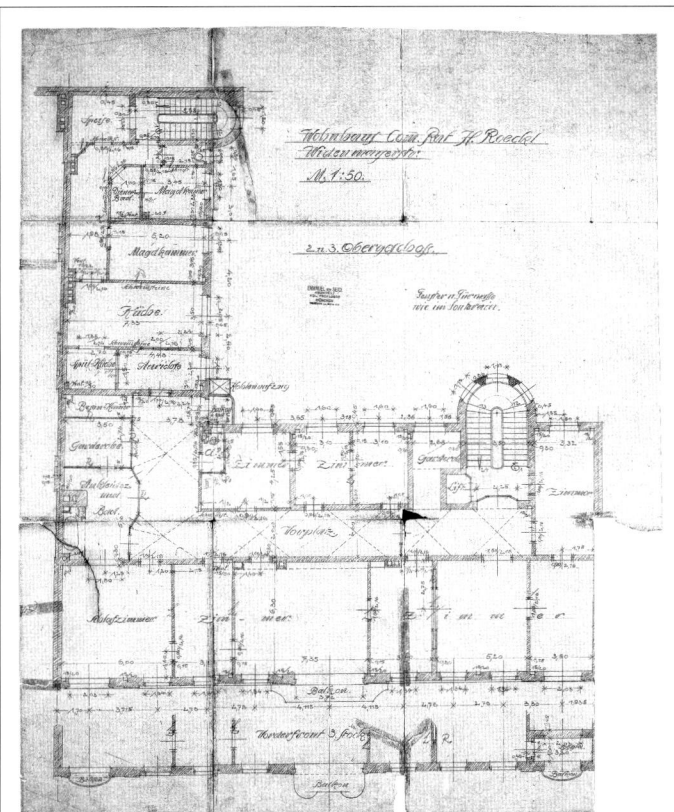

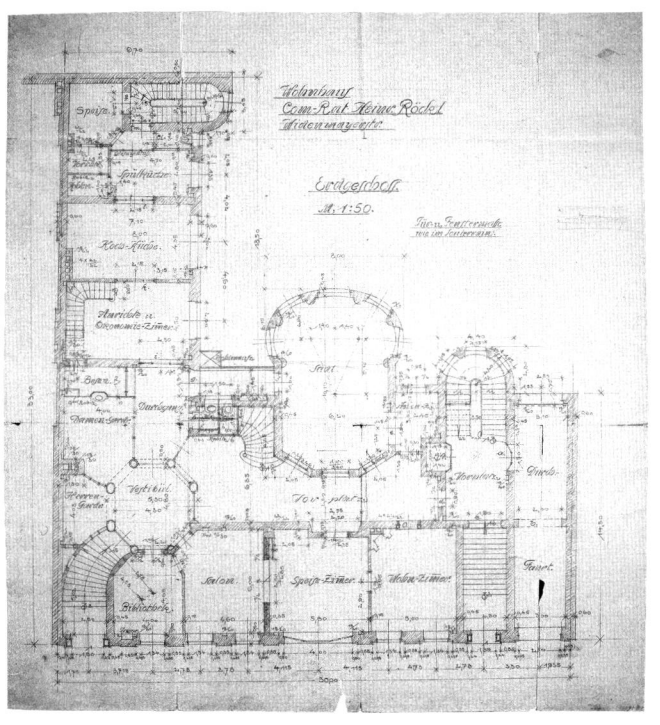

Widenmayerstraße 25; Grundrisse Erdgeschoss sowie 2./3. Obergeschoss, Eingabeplan 1910

chen oberhalb des vergröberten Gurtgesimses blank und kühl; in der Literatur wird gerade dieses Spezifikum als entscheidender Stilunterschied zwischen den Brüdern Seidl angesehen. Fantasiereich geschwungene Balkone vermitteln vor der überbreiten Fensterachse zwischen den beiden von den Dachhäusern dominierten Fassadenzügen.

Am 25. April 1944 erlitten die Anwesen einen Brandbombentreffer und infolgedessen einen erheblichen Löschwasserschaden. Das behelfsmäßige Notdach ersetzte Architekt Hans Conradi 1952–53 für „Frau Geheimrat" Louise Roeckl und schuf zwei Dachwohnungen. Gleichzeitig mit der Erbauung des südlichen Nachbarhauses Nr. 24 (Plan von Walter von Breunig, ausf. Baufirma Georg Hubmann) kam es 1959–60 auch zu Änderungen und Zubauten bei Nr. 25: Die südliche Brandmauer wurde durchstoßen, hinter der südlichen Achse von Nr. 25 hat man Vor-

Widenmayerstraße 25, Deckenspiegel im Erdgeschoss

Widenmayerstraße 25, Erdgeschosswohnung, Vestibül

plätze für die Wohnungen von Nr. 24, aber auch die Zugänge zu den Wohnungen im Rückflügel von Nr. 25 neu geschaffen. Die westlich an den Rückflügel von Nr. 25 angebaute Bediententreppe gab man auf und adaptierte deren Grundfläche im 2., 3. und 4. Obergeschoss als Wohnräume. Mit einem Fahrniveau auf Höhe der Souterrainsohle wurde 1959–60 der Hofraum von Nr. 25 zur Tiefgarage ausgebaut; Planung ebf. Walter von Breunig. (Die Fassade des südlichen Teilhauses renovierte man 1975 unter Beachtung der beim nördlichen Teilhaus überlieferten, entstehungszeitlichen Farbigkeit. Weitere vereinheitlichende Arbeiten an den Fassaden und eine Erneuerung der Dachhaut erfolgten 1990–91.)

[**Widenmayerstraße 26.** Der Rentier Friedrich Krasser hatte 1910 das Baugeschäft Georg Meister mit der Erbauung eines herrschaftlichen Mietshauses auf der Parzelle Nr. 26 an der Widenmayerstraße beauftragt (die Wohnungsbewilligung erhielt der Bau 1912), auf bis dahin unbebautem Grund östlich vor den Kleinhäusern von Am Gries. Dort befand sich, wenige Meter westlich hinter dem wuchtigen Neubau, in dem 1881 fertiggestellten, dreiachsigen und dreigeschossigen Haus Am Gries 4 das „Gasthaus zum tapferen Bären", das noch Jahrzehnte wirtschaften sollte. So verstellte der Neubau von Widenmayerstraße 26 diesem Gastlokal die Sicht nach Osten auf die Isar und die östlichen Isaranlagen hin (Am Gries 4 wurde 1964 abgebrochen, s. dort). Die Konfrontation von Neu und Alt ist größer nicht zu denken. Und nicht nur dies, auch das bis 1903 nach den Plänen von Gabriel von Seidl errichtete Vincentinum wurde mit der Erbauung von Widenmayerstraße 26 zur zweiten Baureihe abgeschnürt, bis 1910 hatte der Ausblick aus den Obergeschossen ein unverstelltes Ostpanorama gewährt.

Ein tiefer Rückflügel lag an der nördlichen Grundstücksgrenze; doch erst 10 Jahre später, nach den Unsicherheiten des Ersten Weltkriegs und der Geldentwertung sollte die hier nordwärts angrenzende Parzelle Nr. 27 an der Widenmayerstraße bebaut werden. Das an Nr. 26 südlich benachbarte Doppelhaus Widenmayerstraße 25/25a war gleichzeitig mit diesem entstanden. Friedrich Krasser und Georg Meister hatten schon zwei Jahre vorher kontraktiert, im Zusammenhang der Erbauung von Widenmayerstraße Nr. 23 (s. dort). Meister ist in den Jahren vor dem Ersten Weltkrieg als ein viel beschäftigter Münchner Architekt anzusehen. 1918–19 baute Ludwig Grothe bei Nr. 26 den Dachraum zu Wohnungen um und schuf eine zusätzliche äußere Nebentreppe.

Das Haus erlitt im Luftkrieg mehrere Treffer. Die Schutträumung zog sich bis 1951 hin; ein Gutachten von 1954 bestätigt, dass das Vorderhaus nicht mehr instandsetzungsfähig war. Schließlich kam es in diesem Jahr zur Neuherstellung des bestehenden großen Mietshauses durch den Architekten Hans Günther für diesen selbst. Dabei schloss man das erhalten und instandsetzungsfähig gebliebene, großzügige alte Treppenhaus an den Neubau an. (Einbau neuer Fenster 1983/87 mit Rollläden mit externen Kästen sowie Fassadenrenovierung und Fensterreparaturen am Neubau 1991.)

Im Haus Nr. 26 wohnte bis zu seinem Tode 1936 der Kulturphilosoph Oswald Spengler („Der Untergang des Abendlandes", ersch. 1919, 2. Bd. 1922).]

Widenmayerstraße 27. Als „Baugesellschaft Widenmayerstraße A. G." ließ die Philipp Holzmann AG, sie war die Mehrheitseignerin der Baugesellschaft, 1922–23 das in stilistischer Hinsicht konservative Mietshaus von John Herbert Rosenthal unter Beteiligung von Bernhard Bichler planen. Es entstand

Widenmayerstraße 27, Relief über dem Eingang

Widenmayerstraße 27; Aufn. 1994

Widenmayerstraße 28, Notdach bis 1986; Aufn. 1972

zehn Jahre nach stattgehabter Überbauung der südlich wie auch der nördlich angrenzenden Parzelle. Die Erbauung der dortigen Mietshäuser war 1912 abgeschlossen, das fast 25 Meter breite Grundstück zwischen Nr. 26 und Nr. 28 an der Widenmayerstraße war über die Zeit des Ersten Weltkriegs hinweg eine Baulücke geblieben.

Der bis an die westliche Grundstücksgrenze heranreichende, tiefe Rückflügel ist leicht ausmittig angesetzt, wodurch ein südlicher und ein nördlicher Hofraum ausgebildet wird. In den Rückflügel plante man ursprünglich die Wirtschafts- und untergeordneten Wohnräume, allzumal waren die Dienstbotengelasse über ein eigenes Treppenhaus erreichbar. Gemäß Eingabeplan erschloss das großzügige, annähernd quadratische Treppenhaus mit Laterne, Oberlicht und seitlich angeschlossenem Personenaufzug eine Wohnung je Etage.

Das äußere Erscheinungsbild des Hauses wird von einer reduzierten, klassizisierenden Neubarock-Auffassung gekennzeichnet, die in der Großform traditionell verfährt, in den Binnenformen jedoch die alten Schmuckelemente nur mehr Akzenten gleich zum Einsatz bringt. Die Fassade dominiert eine insgesamt flächige Auffassung, zitatgleich sind Schmuckformen aufgarniert worden (Rosenthal arbeitete drei Jahre später am Hanfstaengl-Haus weiter isaraufwärts, das als neuklassizistisch gelten kann).

(Fassadenrenovierung 1983, Balkonsanierung im 1. Obergeschoss 1987, Fenstererneuerung und vereinzelt -ertüchtigung 1995 sowie erweiternder Dachgeschossausbau 2004–05.)

Widenmayerstraße 28. Der Architekt Gustav von Cube hatte die freie, vom Magistrat eigens für die Erbauung eines herrschaftlichen Mietshauses eingemessene Parzelle für sich selbst erworben und setzte den Bau ab 1911 nach seinen Plänen um. Die Allerhöchste Genehmigung seiner Fassadentektur erhielt der Bau 1912 nach Abschluss der Rohbauarbeiten, Adressat des

Widenmayerstraße 28; Aufn. 1994

Placets war der Kommerzienrat und Kunstverleger Max Hirmer, in dessen Besitz das Haus im selben Jahr übergegangen war.

Der Grundriss des Hauses wird von einer angestreben Baumassenverteilung gekennzeichnet, die eine Vermehrung von direkt belichteten Räumen in denjenigen Bereichen, die meist unumgänglich Dunkelzonen waren, ergeben und so auch die Wertschöpfung erhöhen sollte. Dem an der Straße liegenden, symmetrisch durchfensterten Querriegel (bei einer Gesamtbreite im Osten von 24,5 Metern) schließt sich ein mittiger Rückflügel an, der tief in die Parzelle disponiert wurde, aber zu Am Gries hin von einem eingefriedeten Hofraum umgriffen wird. An den Anschlusspunkten der Grundlinien von Rückflügel und Vorderhaus schuf man Einklinkungen, um weitere schmale Fensterachsen einstellen zu können. Eine große zweiarmige Treppe mit östlich vorgeschaltetem Personenaufzug befindet sich in der südlichen Achse, gemäß Eingabeplan erschließt dieses Treppenhaus eine großzügige Wohnung je Etage. Eine eigene Dienstbotentreppe legte man an die abgewandte und untergeordnete Nordseite des Rückflügels, hier an den Hofwinkel. Die Trennung der Verkehrswege des Personals von denjenigen der Herrschaft war damit gewährleistet, auch die Beschickung der jeweils im Rückflügel untergebrachten Wirtschaftsräume der Etagenwohnungen war so möglich, ohne die Herrschaft zu inkommodieren.

Der Baustil des späten Mietshauses lässt sich vom Jugendstil herleiten, wird jedoch von einer klassizisierenden Symmetrie und strenger Flächenhaftigkeit getragen. Ein Vergleich mit dem unweit stehenden Doppelhaus Widenmayerstraße 25/25a, das nur ein Jahr vorher begonnen worden war, macht den Reichtum an Gliederung deutlich, der bei Nr. 28 umgesetzt worden ist. Im Unterschied zur planen und bildhaften Gestaltung am Bau Roeckls und von Seidls modellierte Gustav von Cube verschiedene Fassadenschichten fein aus und schuf durch den Wechsel von Verschattungen und erhaben im Licht stehenden Partien Bewegung. Am 25. April 1944 erlitt das Haus einen Brandbombeneinschlag, der das Dachtragwerk und das charakteristische kubische Dachhaus zerstörte. Ein Löschwasserschaden machte die Geschosse darunter unbewohnbar. Das aufgezimmerte Notdach, abgeschleppt zu einer Trauflinie oberhalb des 3. Obergeschosses, prägte das Erscheinungsbild des Mietshauses bis 1986. In diesem Jahr setzte man nach den Plänen des Architekten Jörg Spengler die historisierende Wiedergewinnung der untergegangenen Dachlandschaft mit dem kantigen Dachhaus um und vermochte so, die einstige Flächen-/Massenausgewogenheit der Fassade wiederherzustellen.

(Wohnungsteilung im Erdgeschoss 1976/83, Instandsetzung von Fassade und Treppenhaus 1997, erweiternde Erschließung des Dachraums mit einer zweiten Dachgeschossebene auch im Rückflügel 1998–99, Arbeiten am Treppenhaus sowie Renovierung des Hochparterres 2001.)

Widenmayerstraße 29. Der monumentale, neuklassizistische Eckbau entstand auf eigens eingemessener Parzelle 1912–13 nach den Plänen Franz Deiningers. Bauwerber war der Baumeister Joseph Burger. Das prächtige Mietshaus bildet bis heute ein symmetrisches Pendant zu Nr. 31, mit dessen Ausführung man schon ein Jahr zuvor begonnen hatte. Die Arrondierung der Bauplätze von Nr. 29 und 31 hatte die nach Osten hin verlängerte Durchführung der Seeaustraße ins Kalkül gezogen, absichtsvoll über die kleinteilige Bebauung zwischen Hofhammerschmiedbach und dem Verlauf der Straße Am Gries hinweg. Dieses idealisierte Alignement verfolgte der Magistrat schon ab 1891. Doch sollte die Trasse zu keiner Zeit zustande kommen, 1933 schließlich benannte man die bestehende Stichstrasse zu Am Gries als „Crusiusstraße". Die Definition von Baublöcken und Straßenzügen vermittels des östlichen Abschnitts der Seeaustraße/Crusiusstraße erbrachte für die Bauten Nr. 29 und 31 an der Widenmayerstraße eine gesteigerte städtebauliche Funktion, der die Großform wie auch die Binnengestaltung Genüge zu leisten hatte. In der Fassadenfolge der Prachtbauten entlang der Widenmayerstraße fungieren sie als Anhebungs- und Schlussbauten, gemeinsam bilden sie das östliche Straßenportal der Crusiusstraße. Entsprechend waren die Fassadentekturen der Häuser der Kunstkommission, gebildet aus königlichen und städtischen Beamten, zum Entschied vorzulegen und wurden abschließend „allerhöchst" von Prinzregent Luitpold genehmigt.

Die Grundrisse der beiden Häuser sind beinahe symmetrisch übereinstimmend: Zwei Flügel (31 Meter an der Crusius- und 28,5 Meter an der Widenmayerstraße) liegen je straßenparallel im rechten Winkel zueinander mit zur Straßenecke hin gerundeten Gebäudeecken, polygonal umschließen Rückflügel den Lichthof, in den Hofwinkel wurden ovaloide Treppenhäuser gesetzt, mit halb gewendelten Treppenläufen und annähernd dreieckigen Podesten vor den Wohnungszugängen; auch ein nebenliegender Personenaufzug war integriert worden. Man berücksichtigte eine separate Bediententreppe an der Außenseite des südwestlichen Flügels, also vom herrschaftlichen Treppenhaus und den Verkehrswegen der Herrschaft größtmöglich abgesondert.

Der späten Zeitstellung innerhalb des Ausbaus der Widenmayerstraße entsprechend wurde bei der Dekoration der Fassaden auf neubarocke Formen weitgehend verzichtet, dies zugunsten einer mehr von Nüchternheit und Klarheit geprägten Gestaltung mit verstärkt neuklassizistischen Tendenzen. Nicht wenige Bauten an der Widenmayerstraße zeichnen Fassaden und etwa Eingangsbereiche aus, die nationaltypisch oder regionaltypisch gestaltet worden sind. Bauten wie Widenmayerstraße 29, 31 oder auch 37 belegen die Überwindung dieser Stilausprägungen hin zu einer in der urbanen Architektur international greifbaren dekorativen Beschränkung und formalen Klarheit.

Das Haus Nr. 29 wurde am 25.4.1944 schwer getroffen und brannte bis ins 3. Obergeschoss herunter aus, ein erheblicher Löschwasserschaden ist belegt. Die stattgehabten Veränderungen in der Dachzone, die der Vergleich mit Haus Nr. 31 erkennen lässt, durch abgewalmte Hauben anstelle der hohen Rundgiebel sind das Ergebnis der Nachkriegs-Wiederherstellung.

(Eine erste Fassadenrenovierung war 1981 erfolgt, weitere Arbeiten an der Fassade und die Erneuerung der Dachhaut geschahen 1989, Erneuerung der Dachgeschossfenster 1997, Renovierungsarbeiten in Treppenhaus und Eingangsbereich sowie Ertüchtigung der Fenster 1997, Umnutzungen von Büroräumen in Praxisräume im 2. Obergeschoss 1998 und erweiternder Ausbau des Dachgeschosses 1999–2000. Jüngst kam es zur modischen Neugestaltung des Entrees, wechselndem Zeitgeschmack entsprechend wurden Edelstahl, polierter Stein, helles Holz und Glas kombiniert.)

In Nr. 29 wuchs der nachmalige Modeschöpfer Rudolph Moshammer auf, dessen Vater als Direktor der dort ansässigen Württemberg. Feuerversicherung in einer Zehnzimmerwohnung lebte.

Widenmayerstraße 31. Im Jahr 1911 hatte Franz Deininger mit den Arbeiten an Widenmayerstraße 31 begonnen, schon mit Aufnahme der Planungen war es als nördliches, formgleiches Pendant zum gegenüberliegenden Haus Nr. 29 berechnet worden und findet sich nicht nur hinsichtlich seiner Disposition faszinierend dicht überliefert. Die Arbeiten am dortigen Neubau, Bauwerber war ein anderer Investor, begannen jedoch ein Jahr später. Bauherr von Nr. 31 war der Hofbadbesitzer Max Reininger (das Kgl. Hofbad/Maximiliansbad, 1883–84 erbaut, befand sich an der Kanalstraße und wurde bis 1920 betrieben). Die große Parzelle war eigens eingemessen worden, mit ihr wurde nicht nur ein Bauplatz definiert (mit 28,5 Metern an der Widenmayerstraße und 31 Metern Südfassade ein durchaus großes Areal), sondern auch die planerische Festlegung des östlichen Abschnitts der Seeaustraße geschaffen. Die städtebaulich hervorgehobene Lage des neu zu erbauenden Hauses lag damit offen, die Großform wie auch die gestalterischen Details hatten diesen Anforderungen zu genügen. Entsprechend war die Beteiligung der Kunstkommission (vgl. Widenmayerstraße/Vorspann) für die Bauanträge nicht nur dieser Prachtstraße ein obligatorischer Schritt des Baugenehmigungsverfahrens. Die städtebauliche Dominanz des Anwesens kam auch in seinem unmittelbaren baulichen Umgriff zum Tragen. Nur wenige Meter nordwestlich hinter Nr. 31 befanden sich bis 1975–76 die Kleinhäuser Am Gries 19, 20, 20a, 20b und 21. Seit 1875 wurde bis in die 1920er Jahre im Erdgeschoss von Nr. 19 Am Gries das „Gasthaus zum Morgenstern" betrieben. Die Erbauung der beiden mächtigen Riegel Widenmayerstraße 31 und 32 schnürten die Häuserreihe von Am Gries schließlich als zweite Baureihe, überdies in Format und Gestaltung den Neubauten unterlegen, ab. Struktur und Gestaltung von Nr. 31 (wie auch bei Nr. 29) trugen einem hohen, herrschaftlichen Anspruch Rechnung. Dem südöstlichen Winkel, den die bei-

Widenmayerstraße 29 (links Nr. 28 und 27); Aufn. 1994

den mächtigen Flügel an den Straßen bilden, setzte Deininger ein querovales Treppenhaus mit großem Auge und angeschlossenem Personenaufzug ein. Rückflügel umschließen einen Binnen-Lichthof. In den Lichthof wurden Korridorerker ausgebaut, die den Wohnwert der dahinterliegenden Wohnungen weiter steiger(te)n – ein in München beinahe einzigartiges Motiv. Die Bediententreppe wurde von der Vordertreppe größtmöglich abgesondert, man disponierte diese in den abgewandten Rückflügel nordwestlich dem repräsentativen Zugang gegenüber; hier kamen auch die Wirtschaftsräume sowie die Schlafräume der Angestellten zum Liegen. Gemäß Eingabeplan befinden sich zwei Wohnungen in jeder Etage.

Der monumentale Eckbau Nr. 31 war glücklicherweise von den Folgen des Zweiten Weltkriegs weniger betroffen als sein Gegenüber. Die charakteristi-

Widenmayerstraße 31; Aufn. 2008

schen Rundgiebelaufbauten haben sich hier erhalten und verdeutlichen die kräftige Durchbildung der Fassade. (Die Verandaverglasung im Mezzanin ist eine spätere moderne Zutat.) Das Anwesen kann als Reflex internationaler Architektur angesehen werden, was gerade im Vergleich mit den zahlreichen, gleichzeitig entstandenen Bauten in der nächsten Umgebung deutlich wird. Deininger verzichtete auf formal-dekorative Anspielungen auf nationale oder auch regionale Stilausprägungen (es bedeutete geradezu eine münchnerische Spezialität, neubarocken Zierrat jugendstilig anzuverwandeln) und artikulierte klar und neuklassizistisch. Hiervon kündet auch das Entree, das im Unterschied zu demselben bei Nr. 29 stilbezeichnend überliefert ist: Über einem hohen, mit polierten Steinplatten verkleideten Sockel vermittelt die stuckierte Wandgestaltung zum kassettierten Tonnengewölbe. Vereinzelt haben sich auch Art-déco-Supraporten erhalten.

(Vor 1974 kam es zur Hinzufügung der Glasveranden im Mezzanin sowie des umlaufenden Balkons. Der Einbau von Doppelfenstern im Souterrain geschah 1991, eine Fassadeninstandsetzung, Fensterertüchtigung und Erneuerung der Dachhaut nahm

man 1997 vor. Die Herstellung der gegebenen hofseitigen Dachlandschaft wurde ebf. 1997 umgesetzt; 1998 erweiternder Dachgeschossausbau, Restaurierung der bemerkenswerten Hauseingangstüre 2004.)

Widenmayerstraße 32. Das herrschaftliche und dabei beachtlich breite Mietshaus (35 Meter Fassadenlänge bei einer Bautiefe von 22 Metern und einer west-östlichen Erstreckung der Parzelle von 31 Metern) wurde 1911 von Architekt Ludwig Grothe für den Baumeister Karl Vogt geplant. Der Vergleich mit anderen Bauten an der Widenmayerstraße verdeutlicht, dass Vogt bei allen gestalterischen Entscheidungen eine beinahe gigantische äußere Kubatur mit ins Kalkül zu ziehen hatte (nur das vollständig kriegszerstörte Haus Nr. 14 an der Widenmayerstraße war größer, s. dort). Schon in der zeitgenössischen Architekten-Literatur wurde das Haus hinsichtlich seiner Größe und Gestaltung als „über das Normale hinausgehend" bezeichnet. Der Bau war 1912 vollendet, die Fundamentierung hatte den bodenmechanischen Spezifika Rechnung zu tragen, die sich aus der mit weniger als einem Jahrzehnt vergleichsweise kurzen Setzungszeit der Kiesbank ergaben. Die

Widenmayerstraße 32 (links Nr. 31);   ▷
Aufn. 1994

Widenmayerstraße 32; Aufn. 1972

Widenmayerstraße 32, Erkerkonsolfiguren

betreffende Parzelle war nach Abschluss der Isar-Uferregulierung 1904 und Errichtung der Kaimauer auf dem neu angefüllten und planierten Grund arrondiert worden. Fundamente und Sockel wurden zum Ausgleich weiterer zu erwartender Setzungen in Beton ausgeführt. Zusammen mit dem südlich benachbarten Haus Nr. 31 schnürte der Bau die westlich dahinterliegenden Kleinhäuser von Am Gries als zweite Baureihe ab. Unmittelbar hinter Nr. 32 wurde in Nr. 19 am Gries seit 1875 bis in die 1920er Jahre das „Gasthaus zum Morgenstern" betrieben. Von dessen Ostfenstern aus hatte man bis 1911 freien Blick in Richtung Isar und die östlichen Isaranlagen.

Den Grundriss kennzeichnet ein beachtlich breiter und dabei wenig tiefer rückwärtiger Ausbau mit Einklinkungen der Anschlussgrundlinien zur Belichtung der hier untergebrachten Wirtschafts- und Bedientenräume. Für das Personal sah der Bauplan rückwärts ein eigenes Treppenhaus vor. Die Verkehrswege von Herrschaft und Bedienten waren größtmöglich voneinander geschieden. Das repräsentative Haupttreppenhaus, mit großem Treppenauge und von oben belichtet, steckte man zentral in den Baukörper, schon bauzeitlich hatte man südöstlich am breiten Vorplatzpodest einen Personenaufzug berücksichtigt. Gemäß Eingabeplan befinden sich zwei Wohnungen in jeder Etage. Das Entree gestaltete man erhaben: stuckierte Gewände vermitteln über einem hohen, marmorverkleideten Sockel zum kassettierten Tonnengewölbe hin.

Wie die Fundamente hatte man den Sockel des Hauses in Beton ausgeführt und auf Sicht belassen, der Verputz wurde in Kalkmörtel vorgenommen; die Bildhauerarbeiten stammen von Josef Köpf. Wie beim benachbarten Anwesen Nr. 34 dominiert die Fassade eine flächige, beinahe erstarrte jugendstilige Dekoration, die reliefartig zurückgenommen scheint. Entsprechend greifen die zwischen die beiden Erker eingezogenen Balkone der Mittelzone nicht plastisch Raum wie dies noch wenige Jahre vorher bei rein neubarocken Fassadengestaltungen der Fall war. Gleichsam als verniedlichte Atlanten sind zwischen Konsolen und Kymata „wohlgenährte" Putten eingepasst, die gerade im Nebeneinander mit den Großformen der Fassadendekoration die Umsetzung des klassisch-antiken Formenkanons bei ähnlichen Bauten konterkarieren (vgl. die treffliche Internationalität der gleichzeitigen Gestaltung von Nr. 31 und 29 an der Widenmayerstraße). Architekturgeschichtlich stellen dergleichen Anverwandlungen den Höhe- und Schlusspunkt eklektizistischer Architektur vor dem Ersten Weltkrieg dar (für die tastende Suche nach Neuem, gerade in dieser Zeit, ist in der späteren Architektur- und Architekten-Literatur die Bezeichnung „Stilsynthese" üblich geworden).

Bei einem Brand infolge des Bombardements vom 18.3.1944 wurde das Dachgeschoss total zerstört. Es kam zur Aufsetzung eines Notdaches. Ein 1971 erwogener Abbruch konnte abgewendet werden. Im Jahr 1981 erfolgte die Wiederherstellung der alten Firsthöhe, rückseits mit ateliermäßiger Flächenaufglasung, eine Fassadenrenovierung nahm man 1984 vor; 1990–91 setzte man weitere Veränderungen der Rückfassade um. Ein erweiternder Ausbau des Dachraums datiert ins Jahr 1993, dabei setzte man eine zweite Gaubenreihe mit stehenden halbrunden Fenstern ein, Instandsetzung der Fassaden 1998 sowie Erneuerung der Fenster in Souterrain, Erdgeschoss und 1. Obergeschoss 1999.)

Widenmayerstraße 34. In einem Zug mit dem westlich benachbarten Haus Reitmorstraße 52 (s. dort) ließ sich Schlossermeister Thomas Hupfauf 1911–12 Widenmayerstraße 34 erbauen. Grasnarbe und angeflogenes Buschwerk waren abzuziehen, um den Fundamentgrund auszukoffern, das Terrain war erst 1904 anplaniert worden, die Setzungszeit also denkbar kurz. Das mit 24 Metern Breite an der Widenmayerstraße stehende Mietshaus erschloss Ludwig Grothe durch einen breiten Hauszugang in der nördlichen Achse. Dieser führt zu einem annähernd quadratischen Treppenhaus, das ursprünglich eine herrschaftliche Wohnung je Etage erschloss. Die Wirtschaftsräume sowie die Schlafräume der Bedienten waren im mittigen Rückflügel vorgesehen.

Zwei gerundete Erker über einem eingeziegelten Wasserschlag dominieren die Fassade in der Großform. Diese sind den Obergeschossen symmetrisch vorgelegt und stoßen an eine eigene, vorgezogene Trauflinie an, die vor dem Fassadenmittelzug ein regelrechtes Vordach ausbildet. Kantige Balkonzungen sind hier den Wohnungen vorgelegt. Die Fassadengestaltung des Hauses verdeutlicht beredt die letzte Phase eklektizistischen Bauens vor dem Ersten Weltkrieg: Umgesetzte Bauzier ist insgesamt vergröbert (vgl. die Gaubenverkleidungen) und in den Partien, in die traditionell würdevolle Architekturzier eingebracht wurde, etwa im Portalbereich und in den Zwischenfensterzonen oberhalb der Kolossalgliederung, ist diese spielerischen Verniedlichungen gewichen. Der Versatzstück-Charakter der intrafenestralen Reliefs (bauplastische Arbeiten von Josef Köpf) wird augenfällig, wenn diese der Flächengliederung dienen und nicht Bauteilen zugeordnet worden sind. Die Leichtigkeit jugendstiliger Gestaltung wurde bei Widenmayerstraße 34 durch die symmetrische Schwere und Kantigkeit der Bauteile konterkariert, das Anwesen stellt ein Beispiel für die tastende Stilgewinnung in den Jahren vor dem Ersten Weltkrieg dar.

Infolge der Luftangriffe vom 13.7.1944 wurde das nördlich benachbarte Anwesen Haus Nr. 35 (Neubau von 1953–55) schwer getroffen und Haus Nr. 34 vor allem durch Brand erheblich in Mitleidenschaft gezogen. Mit dem Einbau großflächiger Kippfenster hob man 1984 die bauzeitlichen Teilungen auf. Anlässlich eines Änderungsantrags wird amtlicherseits 1989 die geänderte städtebauliche Struktur ins Feld geführt, bei der die ehemalige Hinterhofsituation nun als im Stadtbild wirksam erkannt wurde.

(1992 Ausbau des Dachgeschosses zu zwei Ebenen, 2001–02 Anpassung der Durchfahrt als Tiefgarageneinfahrt und geringe Änderungen bei den Dachgauben. Im 3. und 4. Obergeschoss waren seit den 1960er Jahren die Restaurierungswerkstätten und ab der 2. Hälfte der 1970er Jahre die Abteilung Inventarisation des Bayerischen Landesamtes für Denkmalpflege bis zum Umzug in die Alte Münze (1980) mietweise untergebracht.)

Widenmayerstraße 34, Eingang

Widenmayerstraße 34; Aufn. 1994

Widenmayerstraße 36 (links Nr. 35); Aufn. 1994

[**Widenmayerstraße 35.** Das 1910–11 gleichzeitig und zusammen mit den Häusern Nr. 32, 34 und 36 an der Widenmayerstraße sowie Rosenbuschstraße 6 und Reitmorstraße 54 und 52 von Ludwig Grothe geplante und ausgeführte Mietshaus wurde am 13. Juli 1944 total zerstört. Das gleiche Bombardement betraf auch die südlich benachbarte Widenmayerstraße 34 erheblich und führte beim nordwestlich benachbarten Haus Rosenbuschstraße 6 zu Zerstörungen in einem Ausmaß, dass letzteres ebenso wie Widenmayerstraße 35 selbst nicht wiederaufgebaut werden konnte. (Der einstmals prächtig geschlossene Baublock erhielt so neben einer substanziellen auch eine einschneidende Schwächung in gestalterischer Hinsicht.)

Nach Beseitigung der Ruine errichtete der Architekt Hans Günther 1953–55 den bestehenden Bau für sich selbst. Günther arbeitete gleichzeitig am Neubau Widenmayerstraße 26, weiter isaraufwärts gelegen; dort hatte er sich mit der gleichen Bauaufgabe zu beschäftigen, der Schließung einer kriegsbedingt entstandenen Lücke. Dort wie hier entschloss er sich zu einer Baumassenverteilung auf der Parzelle, die als typisch für die Bauten an der Widenmayerstraße angesehen werden kann: Dem Riegel an der Straße, der den Zeilenschluss herzustellen hatte und dessen Front notwendigerweise gestalterisch herausgeforderter Teil einer von Bauten der späten Gründerzeit dominierten Fassadenabwicklung werden musste, diesem vorderen Querhaus schloss Günther einen nördlichen Rückflügel an. Konventionell klinkte er die Grundlinien im Hofwinkel tief ein, um das dorthin gesteckte Treppenhaus ausreichend zu belichten. Die Hofdurchfahrt legte Günther in die südliche Achse, den Hauseingang entsprechend in die nördliche. Allein die Wohnungszuschnitte sollten der veränderten Nachfrage nach Mietwohnraum Rechnung tragen, es wurden in jeder Etage bis zu fünf, mitunter Einzimmerwohnungen untergebracht. Gestalterische Charakteristika dieses 1950er-Jahre-Baus sind Flächigkeit und Linearität, besonders deutlich nachzuvollziehen an der straßenseitigen Front mit ihren hinter die Grundlinie eingezogenen Balkonläufen.

(Instandsetzung der Fassade und der hofseitigen Fenster sowie Erneuerung der Balkongeländer und Renovierung der Dachgeschossterrasse, gemäß DSchG Nähefall, 1999.)]

Widenmayerstraße 36. Der mächtige Eckbau entstand 1910–11 nach den Plänen von Architekt Ludwig Grothe für den Baumeister Karl Vogt. Er bildet zusammen mit dem gegenüber befind-

lichen Haus Nr. 37 das östliche Straßenportal der Rosenbuschstraße. Mit seiner Fassade von 30 Metern Länge entlang der Rosenbuschstraße hält er überdies einen charakteristischen Anteil am Gewände dieses jungen Straßenverlaufs. Den Zugang von Widenmayerstraße 36 legte man abseitig in die breite Fassade an der Rosenbuschstraße. Das an den Hofwinkel disponierte Treppenhaus mit schon bauzeitlich angeschlossenem Personenaufzug erschließt gemäß Eingabeplan zwei Wohnungen je Etage. Der zweiflügelige Bau zeichnet sich durch mehrfache Einsprünge der rückwärtigen Grundlinien aus, wodurch man zusätzliche Belichtungsachsen schaffen konnte. Die straßenseitige Erscheinung des monumentalen Eckhauses und Pendants zu Nr. 37 ist heute die eines Teilhauses, da die Fassadenabwicklungen von Nr. 35 und 36 an der Widenmayerstraße im Zusammenklang berechnet und Bauteil-Korrespondenzen berücksichtigt worden waren; desgleichen verfuhr man mit den Abwicklungen von Rosenbuschstraße 6 und der Nordfassade von Widenmayerstraße 36. Am 13.7.1944 wurden Widenmayerstraße 35 und Rosenbuschstraße 6 infolge verheerender Brandbombeneinschläge total zerstört, der Eckbau durch Feuer und Löschwasser bis herunter ins 2. Obergeschoss erheblich beschädigt. Die Dachzone ist das Ergebnis von Notsicherungsmaßnahmen, deren Annäherung an den Erstzustand Schritt für Schritt erfolgte. Doch Eingangsbereich und vor allem die Fassaden des Hauses blieben Zeugnis einer Jugendstil-Auffassung, die Internationales reflektiert hat, sich gerade im Vergleich mit zahlreichen Bauten – auch an der Widenmayerstraße – von lokalen Vorlieben befreit zu haben scheint. Stilprägend ist jedenfalls der Mut zur Asymmetrie am Einzelbau und etwa der parallele Einsatz von Bauteilen gleicher Funktion und Aufgabe bei hingegen unterschiedlicher Dimensionierung: Da werden zwei eng gesetzte Fensterachsen einer flachen, erkerartigen Vorlage eingeschrieben und gleichzeitig kräftige Polygonalerker ausgebildet, die Fassadenflächen mit diesen aber ausmittig organisiert. Die über die Folgen des Zweiten Weltkriegs gerettete Pracht bezieht bei Nr. 36 auch Fenster mit ein, denn der Einsatz von zweiteiligen und/oder dreiteiligen Fenstern war von Grothe bewusst ins Kalkül gezogen worden.

(Renovierung der Fassade inkl. behutsamer Ertüchtigung des Fensterbestandes 1984–85, wiederum Arbeiten an der Fassade 1997, Erweiterung der Wohnnutzung ins Souterrain hinein 2004.)

Widenmayerstraße 37; Aufn. 1994

Widenmayerstraße 37. Das mächtige, von Franz Popp entworfene Eckhaus bildete das früheste Projekt zur Festlegung der Häuserfolge entlang der Widenmayerstraße zwischen den neu arrondierten Straßenanschlüssen mit Rosenbuschstraße im Süden und der Pardiesstraße im Norden. Nr. 37 wurde regelrecht „in die grüne Wiese" gestellt. Erst nach seiner Fertigstellung (Bewohnbarkeit Herbst 1912) sollten die Aushubarbeiten für die nach Norden auffolgenden Bauten Nr. 38 und 39 sowie das nächste Eckhaus Nr. 41 beginnen, der Zeilenschluss sich schließlich bis nach Ausbruch des Ersten Weltkriegs hinziehen. Dem Magistrat war daran gelegen, dass bei neu arrondierten Flächen stets zuerst die Eckbauten erstellt wurden, verkaufte diese als erste ab und gab sie zur Bebauung frei. Entsprechend intensiv widmete sich die Künstlerkommission den Eckbauten, da diesen mit zwei Fassaden eine hervorgehobene städtebauliche Bedeutung zukam. Bauherr des herrschaftlich zugeschnittenen Eckhauses, das mit 34 Metern an der Widenmayerstraße und mit 24

Widenmayerstraße 37–52; Flurkarte, M. 1:5 000

Metern an der Rosenbuschstraße zum Stehen kam, war der Schreinermeister Wolfgang Genosko. Der Zugang, den man ausmittig in den Grundriss legte, führt von der Widenmayerstraße her über ein hohes Zwischenpodest ins anschließende Treppenhaus am Hofwinkel und wird von diesem her belichtet. Gemäß Eingabeplan war zunächst in jeder Etage eine Wohnung untergebracht. Die im Detail jugendstilig dekorierten, aber im Großen neubarock aufgefassten Fassadenschichten (s. a. die erhaltene Nordfassade von Widenmayerstraße 41, ebf. ein Werk Franz Popps) wurden 1922–23 im Zuge eines Ausbaus des Dachgeschosses versachlichend geglättet (Architekten Andrée & Wolff für die Fa. Colloidwerke GmbH). In diesen Jahren entstand das westlich anschließende Anwesen Rosenbuschstraße 5, nach den Plänen von Eduard Herbert und Otho Orlando Kurz, den beiden Architekten, denen schon in Anbetracht der Vielzahl ihrer Bauten – aber auch im Hinblick auf den von ihnen verbreiteten Stil – in der nördlichen St.-Anna-Vorstadt stilbildende Dominanz zugebilligt werden muss.
(Eine erste Wohnungsteilung nahm 1934 Baumeister Hermann Aigner im 2. Obergeschoss vor. Das im Zweiten Weltkrieg weitgehend verschonte Haus wurde schließlich beinahe vollständig einer Nutzung als Verwaltungsgebäude zugeführt. Fassadenrenovierung 1983–84, 1998 Umbau zu einem wiederum hauptsächlich Wohnzwecken dienenden Gebäude mit einer deutlich reduzierten Zahl an Büros.)

Widenmayerstraße 38. Gleichzeitig mit dem nördlich angrenzenden Haus Nr. 39 errichteten Eduard Herbert und Otho Orlando Kurz das Haus 1913–14, dabei zog sich die Herstellung der Bewohnbarkeit bis nach Kriegsbeginn hin, eine Tatsache, auf die der gemeißelte Spruch am Eingangsportal rekurriert. Herbert und Kurz fungierten als Bauherren und Baumeister in Personalunion. Im Status eines Vorprojekts hatten die erfahrenen Bauwerber das Riesenprojekt schon 1912 der Künstlerkommission vorgelegt, die Fassadentekturen erhielten schließlich 1913 das Licet von „allerhöchster" Seite (an der Kommission waren u. a. beteiligt: Friedrich von Thiersch, Theodor Fischer, Georg von Hauberrisser, Karl Hocheder, Architekt Josef Rank).
Der trapezförmig zugeschnittene Häuserblock zwischen der Rosenbuschstraße (S), der Emil-Riedel-Straße (W), der Paradiesstraße (N) und der Widenmayerstraße (O) war vor 1910 weitgehend unbebaut, an seiner südwestlichen Ecke befanden sich zwei kleinere Altbauten, die später abgeräumt wurden, an seiner nordwestlichen Ecke begannen 1907 die Arbeiten an Emil-Riedel-Straße 10, an seiner südöstlichen Ecke 1910 die Arbeiten an Widenmayerstraße 37 und an seiner nordöstlichen Ecke begannen die Aushubarbeiten für Widenmayerstraße 41 im Jahr 1911. In den vier Bausommern von 1911 bis 1914 war der beschriebene Baublock hergestellt worden.
Die Baumassenverteilung auf dem großen Grundstück nahmen Herbert und Kurz unter Beachtung der Bauordnungsnovellierung von 1895, insbesondere der durch diese beförderten Grundrisseinteilung vor. Zur Belichtung des mit 31 Metern erheblich tiefen Baublocks setzten die Architekten zwei Lichthofvarianten zugleich ein, wobei ihnen freilich die Tatsache des Doppelbauprojekts zupass kommen sollte: Zum einen legten sie einen zentralen Lichthof in das Gebäude und gruppierten die Wohnungen gewissermaßen um diesen herum, und zum anderen konnten sie die gängigen Dunkelzonen entlang der Grundstücksgrenze unterbinden, indem sie hier einen mit Nr. 39 kommunen Grenzlichthof verwirklichten. Zusätzlich erhielt die südliche Grundlinie einen doppelten Versprung nach Norden, wodurch zusätzliche Belichtungsachsen gewonnen wurden. Die Versorgungsräume wie auch die Bedientenkammern schloss man an den zentralen Lichthof an, entsprechend verlegte man die Dienerschaftstreppe in den rückwärtigen Querbau.

Widenmayerstraße 38; Aufn. 2008   Widenmayerstraße 38, Portal

Die Behandlung des Erdgeschosses als Hochparterre und somit die Ausbildung eines nur gering eingetieften Souterrains tragen dem herrschaftlichen Anspruch des Hauses zusätzlich Rechnung. Gewissermaßen Novum ist ein ebenerdiges Vestibül ohne Anstieg, es führt zum Treppenhaus mit dreiarmiger Podesttreppe über quadratischem Grundriss (Personenaufzug im Treppenhaus-Auge seit 1965). Die Fassade (mit einer Breite von 28 m) ist im Unterschied zu einer mancherorts üblichen, einfachen Garnitur in fast beliebiger Stilart eine echte Durchbildung in den Formen klassizistischen Jugendstils. Oberhalb eines kräftigen, beinahe vordachähnlichen Wasserschlags übergreifen kolossale ionische Wandvorlagen die Hauptgeschosse, sie alternieren mit flachen Polygonalerkern; letzteres Gestaltungselement stellt eine Art von motivischem Favorit der Zeit um 1910 dar (vgl. Max Neumanns Adelheidstraße 10). Stilisierte ionische Kapitelle tragen den wuchtigen Sturz des reich gestalteten Hausteinportals, dem die Worte eingeschrieben sind: DEM HERDE ZUM SCHUTZ DEN WETTERN ZUM TRUTZ/1914 MICH GEBAR DAS EISERNE JAHR 1914; darüber Muschel mit Venusrelief zwischen Füllhörnern. In seinem von lokalen Vorlieben weitgehend freien, eher neuklassizistischen Stilgepräge ist das Haus den gleichzeitigen Anwesen Widenmayerstraße 29 und 31 vergleichbar.

Gemäß Kriegschadenskartei der Lokalbaukommission wurde am 18.3.44 das Dachtragwerk infolge eines Brandbombeneinschlags vollkommen zerstört. Bei der Wiederherstellung von Dachgeschoss und Attikazone verfuhr man leicht vereinfachend. (Fassadenrenovierung hofseitig 1983, Fassadenrenovierung straßenseitig 1987, die Erneuerung der Fenster im 5. Obergeschoss erfolgte 1994.)

[**Widenmayerstraße 39.** Zusammen mit dem südlich angrenzenden Nachbargebäude Nr. 38 errichteten 1913–14 Eduard Herbert und Otho Orlando Kurz für sich selbst auch Nr. 39. Wie das nördlich benachbarte Haus Nr. 41 wurde auch Nr. 39 im Krieg total zerstört. (Die Hausnummer 40 hatte die Stadtverwaltung bereits 1904 an die von Hans Hartl erbaute sog. Jahn-Turnhalle vergeben, die als Ruine bis 1962 nordöstlich des Kopfbaus Widenmayerstraße Nr. 45, der Mündung der Karolinenstraße gegenüber gestanden hat.) Der Grundriss des Hauses Nr. 39 zeichnete sich durch einen Binnen-Lichthof aus, wie er bei Nr. 38 erhalten geblieben ist und einen Grenzlichthof, den es zusammen mit Nr. 38 ausgebildet hatte. Ein Antwortschreiben des General-

konservators Torsten Gebhard vom 10.10.1962 belegt die Ablehnung einer Anfrage seitens der Anwesenbesitzer, die sich bezüglich der möglichen Denkmaleigenschaft und also Förderwürdigkeit des Hauses an das Bayerische Landesamt für Denkmalpflege gewandt hatten. Das Haus war zu dieser Zeit noch eine Ruine und die Eigentümer spielten mit dem Gedanken eines Wiederaufbaus. Die Beseitigung der Ruine erfolgte schließlich im Winter 1963–64, der bestehende Bau erfuhr seine Schlussabnahme 1969, ausführender Architekt war Herbert Korn, Bauherr und Grundstückseigentümer war Norbert Goldstern, Bauträger die Firma Baufinanz/Dr. Bullmer und Rüttenauer GmbH. Es entstand ein siebengeschossiges Mietshaus mit ausgebautem, hofseits einem Vollgeschoss gleich behandeltem Dachgeschoss. Die Balkone ließ man leicht über den Gehsteig auskragen, ein entscheidendes Gestaltungselement. Bei anderen Nachkriegsbauten an der Widenmayerstraße verblieben Balkone klar hinter der Grundlinie eingezogen (vgl. Nr. 5), waren diese entweder nur angedeutet worden, oder man verzichtete vollständig auf Austritte vor die Fassadenfläche (vgl. Nr. 24 und 26). (Kunststofffenster erhielt das Anwesen 1982, die Balkonverglasungen im Erdgeschoss brachte man 1998 an.)]

[**Widenmayerstraße 40.** Abgegangene Turnhalle. Der „Turn- und Sportverein Jahn" war 1887 als Turnerschaft München gegründet worden. Der „Turnverein St. Anna", gegründet 1890, ging schließlich 1897 im „Turnverein Jahn" auf. Wenige Jahre danach ging man an den von Seiten der Stadt unterstützten Neubau einer Turnhalle. 1904, im Jahr nach Abschluss der Arbeiten an der Uferbefestigung, begannen die Fundamentierungsarbeiten für den riesigen Bau der Jahn-Turnhalle, den man nahe an der Isar platzierte. Die Planung stammte von Hans Hartl, seine Firma führte die Bauarbeiten aus.

Der Bau stand zunächst völlig frei; das einzige Anwesen in diesem Abschnitt der Widenmayerstraße befand sich seit 1900 unmittelbar vor der Max-Joseph-Brücke, das Eckhaus Widenmayerstraße 52. Die Erbauung der geschlossenen Zeile Nr. 46 bis 51 begann erst 1909 und sollte sich bis 1913 hinziehen.

Im Ersten Weltkrieg diente die Turnhalle als Kaserne. Auch nach Beginn des Zweiten Weltkriegs kam es zur Belegung durch die Wehrmacht. In der Nacht vom 2. auf 3. Oktober 1943 erlitt die Halle Beschädigungen durch Luftdruck, dabei wurde der sog. kleine Turnsaal im Obergeschoss zerstört. In der Nacht des 16. Juli 1944 brannte die Halle schließlich vollständig aus. Noch bei

Widenmayerstraße 40, ehem. Jahn-Turnhalle, rechts Max-Joseph-Brücke; Postkarte, 1905

Küchen zu liegen kamen. Dienerschaftstreppen, etliche blieben in den Bauten an der Widenmayerstraße bis heute erhalten, bilden bezeichnende, bau- und sozialgeschichtlich aufschlussreiche Bestandteile großbürgerlicher Mietshäuser. Die rückwärtige, hofseitige Ansicht des Hauses ist ein Lehrbuchbeispiel für den absichtsvollen Grundlinienversatz zur Schaffung von zusätzlichen Belichtungsachsen und so die Unterdrückung von Dunkelzonen im Innern.

der großen, verkehrspolitisch motivierten und städtebaulich folgenschweren Baulinienänderung 1959–62 wird Haus Nr. 40 als (noch nicht abgeräumte) Ruine bezeichnet. Zur Herstellung eines Isarrings (Isartangente) hatte man die Verbreiterung der Widenmayerstraße von 21 Metern auf 45 Meter beschlossen, dies von der Karolinenstraße ab nach Norden bis zur Max-Joseph-Brücke hin. Die von der Stadt selbst betriebene Planung wurde schließlich 1962 verabschiedet, die Ruine des Turnhallenbaus im Winter 1962–63 beseitigt.]

Widenmayerstraße 41. Gegenstand des Denkmallisten-Eintrags sind die historischen Abschnitte des Mietshauses, die Seitenfassade an der Paradiesstraße, seine Ostfassade hingegen stammt aus dem Jahr 1956.

Architekt Oskar Schuler hatte 1912–13 nach den Plänen von Franz Popp (vgl. Widenmayerstraße 37) für den Kaufmann Josef Limmer den mächtigen Zweiflügelbau an der südlichen Ecke Paradies-/Widenmayerstraße verwirklicht. Tiefbauliche Voraussetzung für die Herstellung der Paradiesstraße wie auch der Fundamentierung des Nordflügels von Haus Nr. 41 an der Widenmayerstraße war die Einwölbung des Hofhammerschmiedbaches, die in diesen Abschnitten im Frühjahr 1912 abgeschlossen worden war.

Schon vor der amtlichen Bewilligung seiner Bewohnbarkeit gelangte das riesige Anwesen (25 Meter an der Widenmayerstraße und 40 Meter an der Paradiesstraße) 1913 in den Besitz des „Rittergutsbesitzers" Frhr. von Zakrzewsky. Zusammen mit der schon 1910 fertiggestellten Nr. 42 nördlich vis-à-vis bildet die Nr. 41 das östliche Straßenportal der Mündung der neuen Paradiesstraße in die Widenmayerstraße. Gemäß Erstzustand waren in jeder Etage zwei Wohnungen untergebracht, im Flügel an der Widenmaystraße eine Achtzimmer- und in dem an der Paradiesstraße eine Fünfzimmerwohnung, erschlossen vom Eingang an der Nordseite her. Hier disponierte Popp den Treppenhausschacht an die nördliche Grundlinie, betonte diesen in der Fassade durch den üblichen Höhenversatz im Fensteranstieg, eine großzügige doppelläufige Podesttreppe mit schon bauzeitlichem Personenaufzug in der Treppenlaterne führt als Herrschaftstreppe zu den Wohnungen. Dem Personal war eine eigene, reine Wirtschaftstreppe zugedacht, die man in den Nordflügel integriert hatte und an der beide

Infolge eines Brandbomben-Volltreffers am 18. März 1944 gingen das Dachtragwerk, mit diesem die stiltypischen Dachaufbauten und also die Dachwohnungen vollständig verloren. Der Flügel an der Widenmayerstraße wurde so schwer getroffen, dass man sich für einen Neubau entschied, der 1956 nach den Plänen Otto F. Neugebauers ausgeführt worden ist. Die erweiternde Erschließung des Dachraums (Balkone u. a.) zu Wohnzwecken wurde 1961 nach den Plänen Peter Liloffs vorgenommen. Entree, zahlreiche Ausstattungsdetails und Abschnitte der purifizierten Nordfassade (rustiziert vorgelegtes Hochparterre, geschossübergreifende rustizierte Lisenen und schlichte Fenstersturzgesimse) erinnern an die durch den Zweiten Weltkrieg erheblich in Mitleidenschaft gezogene Pracht.

(Arbeiten an der Fassade 1980, Fenstererneuerung 1983, Fassadenrenovierung sowie Erneuerung der Dachhaut und Sanierung der Balkone 1996; 1999 Beseitigung der Nebentreppen zugunsten zusätzlicher Wohnräume, Fenster- und Fassadeninstandsetzung sowie Herstellung der Dachgauben zur heutigen Gestalt im Jahr 2002.)

Widenmayerstraße 42. Seit alters her liefen Bogenhauser Fußweg (= Oettingen- und Emil-Riedel-Straße) und vom Wasserstand der Isar abhängige Ufer-Saumwege nördlich des Kupferhammers spitz aufeinander zu. Im Groben trugen die Stadtväter bei der Arrondierung des unregelmäßigen Blocks, den Emil-Riedel-Straße (W), Dianastraße (N), Widenmayerstraße (O) und Paradiesstraße (S) bilden, diesen Vorbedingungen Rechnung, und die Straßenverläufe zeichnen bis heute die alten Verbindungen nach. Das Areal wurde in sechs Parzellen eingeteilt, Emil-Riedel-Straße 16 und 18 sowie Widenmayerstraße 42, 43, 44 und 45. Der flächenmäßig größte Bauplatz im südwestlichen Abschnitt des beschriebenen Blocks wurde Nr. 16 an der Emil-Riedel-Straße zugedacht, hier erbaute das Landbauamt Mün-

Widenmayerstraße 41 (Nordseite an der Paradiesstraße); Aufn. 1996

Widenmayerstraße 42 (rechts Nr. 43); Aufn. 2007

chen (= Staatl. Hochbauamt) 1901–03 nach den Plänen von Bauamtmann Adolf Schulze ein großes Verwaltungsgebäude und unterhielt südlich anschließend bis in die 1990er Jahre ein Baumagazin.

Fünf der sechs im genannten Block arrondierten Parzellen hatte Johann Venzl 1908 erworben und beauftragte die Architekten Heinrich Stengel und Paul Hofer mit der Bebauung. Den zeitlich frühesten Bau an der Widenmayerstraße (Genehmigung der Fassade Mai 1909) bildet die südliche Nr. 42, die sich wie der nördlichere Mehrflügelbau Nr. 45 in besonderer städtebaulicher Situation befindet. Denn zusammen mit dem südlich gegenüberliegenden Haus Widenmayerstraße 41 bildet die Nr. 42 das östliche Straßenportal der Paradiesstraße an deren Mündung in die Prachtstraße an der Isar. Zugleich stellt Nr. 42 den Anhebungsbau der Fassadenfolge bis zur nördlichen Nr. 45 dar. Der Zweiflügelbau erhielt eine breite Einklinkung der rückwärtigen Grundlinie, wodurch der Nordabschnitt, in dem auch die separate Dienstbotentreppe untergebracht worden ist, pavillonartig hervorgehoben wurde. Der Übergang zu den angrenzenden Wirtschaftsräumen und auch den Schlafbereichen des Personals war über eingezogene, gedeckte Laubengänge möglich. Die Erschließung gewährleistet ein Hauszugang, der von der Ostseite her aufgeschlossen worden ist und über ein sehr hohes Zwischenpodest zur dreiarmigen Podesttreppe führt. Der marmorverkleidete Zugang, tonnengewölbt und mit Nischen in den Gewänden, in die verniedlichte mythologische Kindergestalten eingestellt worden sind –, wobei man die Nischen wolkenförmig einstuckierte – atmet den Ausdruck einer Spätzeit. Diese herrschaftliche Haupttreppe, unter kassettiertem Plafond, kam in gängiger Weise am Hofwinkel zum Liegen; dem Vorpodest der Wohnungen (zwei in jeder Etage, bauflügelweise organisiert) wurde schon bauzeitlich nördlich ein Personenaufzug angeschlossen. Die Fassadengestaltung erfolgte in den Formen des Jugendstils.

Die Kriegsschadenskartei der Lokalbaukommission verzeichnet für Nr. 42 einen Sprengbombenvolltreffer am 21. April 1945, das Haus war infolgedessen gemäß amtlicher Feststellung vollständig unbewohnbar.

(Fenstererneuerung und Fassadenrenovierung 1979–80; Dachgeschossausbau rückwärtig zu zwei Ebenen 1990–91 mit zurückhaltender Gaubengestaltung und Herstellung einer Dachterrasse, eingetieft in die Dachflächenverfallung des Hofwinkels; Fassaden- und Fensterinstandsetzung 1995.)

Widenmayerstraße 43; Aufn. 1994

Widenmayerstraße 43. Wenige Monate nach Abschluss der Fundamentierung des südlich angrenzenden Hauses Widenmayerstraße Nr. 42 begannen bei Nr. 43 die Arbeiten (Licet von „Allerhöchster Seite" im Juli 1909). Hier wie dort war der Privatier Johann Venzl Bauwerber, Planung und Ausführung lagen in den Händen der Architekten Stengel & Hofer, die Bauleitung hatte Otto Stadler inne. Rückwärtig erhielt der Riegel an der Straße einen kurzen Ausbau, im Anschlusswinkel wurde die einfach gewendelte Dienstbotentreppe eingebaut. Mit Zugang in der südlichen Achse und einer Führung über ein hohes Zwischenpodest kam die hervorgehobene Haupttreppe quer im Grundriss zum Liegen, gemäß Eingabeplan erschließt sie eine große Wohnung je Etage. Die Fassade wird dominiert von zwei parallel geführten, hohen Erkern, zwischen die man vor die mittlere Fensterachse Balkone einspannte. Dieses Motiv artikulierten Stengel & Hofer innerhalb der Bebauung an der Widenmayerstraße vergleichsweise früh, es taucht abgewandelt auch bei den südlicher gelegenen, jedoch späteren Bauten Widenmayerstraße 36 und 32 (beide erbaut 1912) wieder auf; auch bei Nr. 45 bedienten sich die Architekten dieser Bauteil-Disponierung. In die konkav eingezogenen Erkerwangen setzten sie schmale Seitendurchfensterungen. Vor der Dachzone wird der Erker von einem hohen, rundbogig geschlossenen Dachhaus überhöht (erweiternder Dachgeschossausbau nach rückwärts schon 1929–30). Die Binnengestaltung der Fassade besticht durch eine insgesamt jugendstilige Auffassung, die streng symmetrisierend umgesetzt gleichsam als Folie den Baumassen aufgeprägt worden ist. Regelrechtes Leitmotiv der Gestaltung scheint die Dreiteiligkeit gewesen zu sein. Die Straßenfront von Nr. 43 ist Teil der Fassadenabwicklung von Nr. 41 bis 45 und bildet mit diesen eine faszinierende Gruppe, deren Nachvollziehbarkeit sich freilich durch die aktuelle Verkehrssituation (die Widenmayerstraße als einbahnige, aber mehrspurige Ausfallstraße) geschmälert findet.

(Im Unterschied zu Nr. 42 geringe Kriegsschäden. Fassadenrenovierung 1985–86 sowie Erneuerung der Dachhaut und Arbeiten an der Fassade 1998–99.)

Der Schriftsteller Ödön von Horváth (1901–1938) wohnte in Nr. 43 1914–18 (als Schüler des Wilhelmsgymnasiums).

Widenmayerstraße 44. Als letzter der vier Bauten in einer Zeile sollte die Nr. 44 das königliche Placet erhalten, am 11. September 1909. Im Vergleich mit den anderen, gleichzeitig und bei gleicher Personnage erbauten Häusern, bildet Nr. 44 ein kleineres Anwesen, mit einer Breite von beinahe 24 Metern an der Straße und einer Bautiefe von ca. 13 Metern aber immer noch beachtlich dimensioniert. Gemäß Eingabeplan wollte Johann Venzl in jeder Etage eine herrschaftlich organisierte Wohnung untergebracht wissen. Die Architekten Stengel & Hofer griffen dabei auf die Möglichkeit eines eigens ausgebauten Treppenhauses zurück, wie dies zumeist bei Bauten üblich geworden war, die ohne tiefen Rückflügel disponiert wurden. So führt der ausmittig gesteckte Hauszugang über ein hohes Zwischenpodest zum rückwärtigen Haupttreppenhaus, die westlichen Wechselpodeste der doppelläufigen Podesttreppe rundete man in den Ausbau ein. Nördlich schloss man schon bauzeitlich den Vorpodesten einen Personenaufzug an. Die Bedienten erhielten straßenseitig einen ei-

Widenmayerstraße 44, Aufn. 1994

genen Zugang ins Souterrain, und durch dieses den Aufstieg in die Wohnungen durch ein eigenes Treppenhaus im nördlichen Abschnitt. In den 1930er Jahren kam es zu entscheidenden Veränderungen: 1933–34 wurden die Wohnungen im 1. und 2. Obergeschoss geteilt (Ausf. Fa. Heilmann & Littmann), 1936 schuf man zwei Wohneinheiten im 3. Obergeschoss (Plan von Architekt Hans Stöcklein) und 1937 vergrößerte man (wiederum Heilmann & Littmann) die Wohnung im Souterrain; Eigentümerin war zu dieser Zeit die Werdauer Grobgarnspinnerei GmbH. Die Vereinfachung der Fassade, die nur mehr in Großform und Disposition ihrer Bauteile Jugendstiliges erkennen lässt – ausmittiger Einsatz von Erkern unterschiedlichen Formats, hoher Zwerchhausgiebel mit parabelförmigem Schluss – ist ebenfalls in den Jahren nach 1935 erfolgt. Im Zweiten Weltkrieg blieb das Anwesen weitgehend unbeschadet.
(Fenstererneuerung am ganzen Anwesen 1980, dabei straßenseitig Beachtung der bauzeitlichen Teilung; die Ersetzung der Nebentreppe/Bedententreppe zu Wohnraum erfolgte 1985, eine Fassadeninstandsetzung führte man 1999–2000 durch.)

Widenmayerstraße 45. Haus Nr. 45 an der Widenmayerstraße bildet den nördlichen Abschlussbau auf der unregelmäßig trapezförmigen Parzelle zwischen der Paradiesstraße (S) und der Dianastraße (N). Stengel & Hofer errichteten bis 1911 auch diesen, wie schon Widenmayerstraße 42, 43 und 44 sowie Emil-Riedel-Straße 18, für Johann Venzl, der als großer Investor anzusprechen ist. Das seiner Anlage nach zweiflügelige Haus erhielt westlich, zum Zeilenschluss an der Emil-Riedel-Straße die Andeutung eines dritten Flügels. Der mächtige Bau vereinigt drei Fassaden auf sich: Eine Fassade von über 25 Metern Länge an der Widenmayerstraße, eine Front von über 24 Metern Länge zum nördlichen Vorplatz hin und eine Straßenfront von 10 Metern Länge an der Emil-Riedel-Straße. Das königl. Placet hatten die Tekturen am 1. Sept. 1909 erhalten und städtebaulich ist das Haus bis heute von hoher Bedeutung, wenngleich der Straßenverkehr die einfache Rezeption der städtebaulichen Situation und architektonischen Lösung erschwert. Der mittig in den Riegel an der Widenmayerstraße gesteckte Hauszugang führt über ein hohes Zwischenpodest zur rückwärtig quer liegenden Treppe (mit nördlich anliegendem Personenaufzug). Ursprünglich war in jeder Etage eine großbürgerlich zugeschnittene Wohnung untergebracht. Im nordwestlichen Hofwinkel brachte man eine separate Dienstbotentreppe unter, die überdies einen eigenen, kleinformatigen Zugang von der Emil-Riedel-Straße her erhielt.

Nach den Plänen von Architekt Hans Stöcklein wurde 1933 das 2. Obergeschoss in zwei Wohneinheiten aufgeteilt, 1934 verfuhr man mit dem 1. und 3. Obergeschoss ebenso.
Die Architekten Stengel & Hofer fassten den Bau insgesamt schwer und blockhaft auf, die Fassadengestaltungen bestehen in ihrer Großform in symmetrisierend eingesetzten Flacherkern, solche setzten sie in der fünfachsigen Fassade an der Widenmayerstraße vor die zweite und vierte Achse und spannten dazwischen breite Balkone ein – ein bei Bauten an dieser jüngsten Münchner Prachtstraße beinahe gängiges Motiv. Auch das breite, kastige Dachhaus darüber kann als stilbildendes und beliebtes Motiv angesprochen werden (vgl. Widenmayerstraße 36). Ebenfalls symmetrisierend legten die Architekten Flacherker vor die vierachsige Nordfassade des Hauses, hier die äußeren Achsen betonend. Die Dachzone darüber macht vergleichsweise bescheiden eine Parataxe von vier gleichen, rundbogig geschlossenen Gauben aus. Die schmälere Fassade an der Emil-Riedel-Straße gestalteten Stengel & Hofer durch ein Aufbrechen der Fassadenschichten; mit korbbogig geschlossenen Loggien, deren Austrittsflächen hinter der Grundlinie zurückgesetzt bleiben, artikulierten sie hier die südliche Achse. Sie griffen damit auf ein Gestaltungselement zurück, das für die im gleichen Jahr, 1911, begonnene Zeile Widenmayerstraße 46, 47, 48, 49 und 50 geradezu stilbildend werden sollte.
Das Haus überstand den Zweiten Weltkrieg weitgehend unbeschadet – dies im Unterschied etwa zu Nr. 46 in unmittelbarer Nähe, das erheblich zerstört worden ist –, und findet sich bis in die jugendstiligen Ausstattungsdetails faszinierend dicht überliefert. (Erneuerung der Fenster 1978, Fassadenrenovierung und Erneuerung der Dachhaut 1984, weitere Fassadeninstandsetzungsarbeiten 1990.) – In Nr. 45 (Stadtadressbücher 1970, 1975) wohnte der Schriftsteller Wolfgang Koeppen († 1996).

Widenmayerstraße 46/Aufgang I (im Blick auf die gesamte Baugruppe). Bis zu seiner Kriegszerstörung bildete Haus Nr. 46 den geradezu riesenhaften südlichen Anhebungsbau der in einem Zug erstellten Häuserfolge bis einschließlich Nr. 51 an der Widenmayerstraße. Nr. 46 vereinigte weitere städtebauliche Funktionen auf sich: Sein Westflügel hatte zur auswinklig verlaufenden Karolinenstraße, hier zum Anwesen Nr. 4 an diesem kurzen Straßenlauf, zu vermitteln, und sein nördlicher Abschnitt hatte den Rücksprung der Grundlinie vorzubereiten, der die Position der Häuser Nr. 47 bis 50 ausmacht und das Erscheinungsbild der ganzen Baugruppe charakterisiert.

Widenmayerstraße 45   ▷
(links Nr. 44, 43); Aufn. 1994

Widenmayerstraße 45, Nord- und
Westseite; Aufn. 1995

Widenmayerstraße 46a (links) und Häusergruppe 47–52; Aufn. 1994

Wilhelm Spannagel hatte das große Areal schon Jahre zuvor überplant, von seinen Projekten kam jedoch nur Haus Nr. 52 zustande, das im Jahr 1900 vollendet, über zehn Jahre mit blanker südlicher Brandmauer frei vor der Max-Joseph-Brücke stehen

Widenmayerstraße 46 (links Karolinenstraße 4); Aufn. 1996

sollte. Der Baumeister und Investor Anton Weber erwarb schließlich die Parzellen und beauftragte Architekt Otto Prollius mit der Überplanung und Erbauung der Bautengruppe, die eines der größten, von einem Privatmann betriebenen Bauprojekte in München vor dem Ersten Weltkrieg bedeutete. Vor der Einreichung der auf die Einzelparzellen bezogenen Bauanträge hatte Weber mit dem Magistrat unter dem Betreff „Genehmigungsrecht bzgl. Grundrisse und Fassadengestaltung" einen Servitutsvertrag geschlossen; es waren darin die Baulinien und -höhen vorfestgelegt worden. Es entstanden bis 1912 gleichzeitig sieben Anwesen, die zu den größten Miethäusern Münchens in der Zeit vor dem Ersten Weltkrieg zu rechnen sind. Neben ihrer Größe sind sie hinsichtlich der gewählten Struktur wie auch Gestaltung hervorzuheben, in beiden Gesichtspunkten stellen sie einen Reflex der internationalen Architektur ihrer Zeit dar und blieben weitgehend frei von lokalen Stilausprägungen.

Die Kriegsschadenskartei der Lokalbaukommission protokolliert für Haus Nr. 46 drei einschneidende Teilzerstörungen: Am 18.3.1944 wurde das Dach infolge eines Brandbombentreffers teilweise zerstört, am 16.7.1944 brannte der Dachstuhl vollständig ab, das Anwesen wurde bis zum 3. Obergeschoss herunter unbewohnbar, und ein Sprengbomben-Volltreffer am 21.4.45 zerstörte das Haupttreppenhaus und zog die Unbewohnbarkeit auch des 2. und auch 1. Obergeschosses nach sich. Das Anwesen konnte nur mehr über die Nebentreppe (Nr. 46 I) betreten werden. 1955–56 erfolgte schließlich die Beseitigung des zerstörten Bauabschnitts an der Ecke und die Erbauung des bestehenden Hauses nach den Plänen des Architekten Hans Conradi. Dabei hielt man an den alten Grundlinien fest, wodurch die ursprüngliche Baumassenverteilung nachvollziehbar geblieben ist, mit Ausnahme der veränderten Höhenentwicklung. Denn nun macht diese ein Achtgeschosser aus. (Dabei erschloss Conradi das Anwesen vergleichsweise konservativ über ein überhohes Zwischenpodest, das tief ins Gebäude und dort zur Treppe im Hofwinkel führt. Die Wechselpodeste erhalten hier Licht aus Nordwesten. Entgegen der bauzeitlichen Großzügigkeit nehmen heute – Status: Winter 2007 – 41 Abgeschlossenheiten den Baublock ein.)

Der Hauptzugang in den historischen Abschnitt von Nr. 46 befindet sich als Nr. 46 I in der westlichen Achse an der Karolinenstraße, er führt über ein hohes Zwischenpodest zur alten Dienstbotentreppe, einer engen, doppelläufigen Podesttreppe. Den Knick des Straßenverlaufs in die Karolinenstraße akzentuierte Prollius 1911/12 mit einem Runderker vor dem 1. und 2. Obergeschoss, dem er östlich Balkonzungen anschloss. Und gleichsam programmatisch brach Prollius die Fassadenschicht auf, indem er die westliche Achse mit breiten Loggien versah, im obersten Geschoss mit einem Korbbogen abgeschlossen, in den Geschossen darunter kolonna-

Widenmayerstraße 46–51 (links unten ehem. Turnhalle Nr. 40); Eingabeplan von Otto Prollius, 1911

denartig mit eingestellten Säulen. Das Motiv zurückgesetzter Fassadenschichten hinter durchaus tiefen Überfangbögen ist eine Art Leitmotiv der Fassadengestaltung des gesamten Baublocks. Die Binnengestaltung machen vornehm eingefrorene Jugendstilelemente aus. (Dachgeschossausbau zu zwei Ebenen 1992.)

Widenmayerstraße 46a. Pavillonartig fassen Nr. 46a im Süden und Nr. 51 nördlich die Häuser Nr. 47 bis 50 ein. Deren Fassaden disponierte Architekt Otto Prollius auf einer um fünf Meter zurückgesetzten Grundlinie, wodurch eine Vorgartenlinie entstand, die die Erhabenheit der Bauten weiter steigerte. Das Haus wurde im Zweiten Weltkrieg total zerstört, es war vollständig unbewohnbar. Beim Wiederaufbau konnte man die Außenmauern weitgehend und insbesondere den charakteristischen polygonalen Eckerker halten. Die Höhenentwicklung der Ostfassade veränderte man durch Aufmauerung eines Halbgeschosses und Ausbau einer Dachterrasse. Doch verdeutlichen die erhalten gebliebenen Fronten und reduzierte jugendstilige Gestaltungsdetails die gestalterische Funktion des Hauses innerhalb der Bautengruppe und dessen bauzeitliche Pracht. (Beachtenswert die 1950er-Jahre-Treppe: Ein einarmiger, halbkreisförmig geschwungener Lauf steigt nach rechts auf und bildet mit den gerade geführten Podesten ein halbkreisförmiges Auge, in das nachträglich, bedauerlicherweise, ein Lift eingestellt worden ist. Fenstererneuerung 1983, Ertüchtigung von Dachhaut und Fenster 2000.)

Widenmayerstraße 47. Die vier Häuser Nr. 47 bis 50 disponierte Otto Prollius 1911/12 auf einer um fünf Meter zurückgesetzten Grundlinie, eine Bewegung der Baulinien, die er mit den Bauten Nr. 46a im Süden und Nr. 51 nördlich vermittelte. Nr. 47 gliedert sich in drei Teilhäuser, das Vorderhaus, einen Zwischenbau sowie schon bauzeitlich ein sog. „Gartenhaus", dem westlich, zum Eisbach hin eine gärtnerisch gestaltete Freifläche vorgeschaltet worden ist. Zusammen mit den südlich anschließenden Miethäusern Karolinenstraße 4 und Widenmayerstraße 46/46a bilden die drei Teilhäuser einen unregelmäßigen Innenhof. Letzterer nimmt heute den ruhenden Verkehr auf und gewährleistet die Zugänglichkeit der beiden zu Nr. 47 gehörigen Hinterhäuser, deren Gestaltung und Ausstattung in üblicher Weise etwas bescheidener ausfielen als es die Prätentionen eines Vordergebäudes forderten. Das Vorderhaus erschließt ein Treppenhaus, das in seiner Grundauffassung denjenigen der nördlich auffolgenden Häuser gleicht, jedoch hofseits nur einachsig durchfenstert (Art-déco-Verglasungen erhalten) worden ist. Im Unterschied zu Nr. 48, 49 und 50 machen die Gestaltung des Entrees in Nr. 47 Stuckfelder und kleine Kacheln aus. Eine dreiarmige Podesttreppe mit viertelkreisförmigen Wechselpodesten bildet die den Herrschaften vorbehaltene Haupttreppe und führt

gemäß Eingabeplan zu zwei Wohnungen je Etage (Herstellung eines zusätzlichen Seiteneingangs im 4. Obergeschoss 2004). Schon bauzeitlich hatte man einen Personenaufzug in das Treppenhaus-Auge eingestellt (1964 erneuert). Die Nebentreppe zur Erschließung der Wirtschafts- und Bedientenräume legte man rückwärtig neben die Durchfahrt in der südlichen Achse und baute sie in einem polygonalen Treppenhauserker aus. Den Zugang steckte Prollius ausmittig in den Grundriss, überfing den Eingang mit einem Rundbogen und betonte die Eingangsachse weiters mit einem flachen Polygonalerker, den er vor die Hauptgeschosse legte; dessen Deckplatte dient dem 3. Obergeschoss als Austritt. Diesen Fassadenzug überhöht vor der Dachzone ein Dachhaus mit angeschrägten Wangen und rundbogig hochgezogenem Dachgesims. Leitmotivisch gestaltete Prollius in den Hauptgeschossen die Fenster der südliche Achse hinter tiefen Loggien. Die Binnengestaltung der Fassadenfläche machen vornehm erstarrte Jugendstilformen aus.

Den Zwischenbau ließ sich Baumeister Anton Weber als nördliches Seitengebäude planen und ausführen, er stellt die Verbindung zum Gartenbau her, der seinerseits zweiflügelig angelegt worden ist und nach Westen, zum Eisbach hin einer eigenen städtebaulichen Wirkung Rechnung zu tragen hatte. Der dortigen Hausecke stellte Prollius einen runden Bodenerker vor, mit kupferner Kuppelhaube über einem Halbgeschoss, dem er querovale Okuli einschrieb. (Vorder- und Seitengebäude waren am 21.4.1945 infolge eines Sprengbombentreffers in Mitleidenschaft gezogen worden. Erneuerung der Dachhaut und Renovierung der Fassade des Vordergebäudes erfolgten 1990–91.)

Widenmayerstraße 48, 49, 50. Otto Prollius und Anton Weber (Bauleiter war Hubert Schmid) wählten für die drei Prachtbauten (1911/12) einen Grundriss, der in Berlin schon in der 2. Hälfte des 19. Jh. Anwendung gefunden hat, in München – zumal in Umsetzung auf eine Baugruppe – ein Novum darstellte. Die Häuser Nr. 48, 49 und 50 zeichnet eine Fassadenbreite von 24 Metern aus, ihre Bautiefe beträgt satte 34 Meter. Alle drei Bauten wurden mit einem großen Binnenhof strukturiert, der es möglich machte, unter Beibehaltung des geschlossenen Bausystems den beiderseitigen Anbau an die Nachbargrenzen maximal zu betreiben; symmetrisch dimensionierte Flügelbauten verbinden entlang der Grundstücksgrenzen das Vorderhaus mit einem rückwärtigen Querbau, die Wohnungen wurden um den so gebildeten Hof herum organisiert. Dabei trat neben die Diele, die den Übergang vom Treppenhaus in die Wohnung gewährleistet, zwangsläufig ein weiterer Verkehrsraum (sog. „Berliner Stube"), der dem Durchgang von den vorne gelegenen Haupträumen zu den rückwärtigen Schlaf- und Wirtschaftsräumen diente. Doch bot die neue Grundrissform die Möglichkeit, auch diesen Raum direkt zu belichten. Die vordere Haupt- und Herrschaftstreppe wurde mittig in den Grundriss gesteckt und wird über ein hohes Zwischenpodest erreicht. Straßenseitig betonte Prollius den Hauszugang mittels eines residenziellen Estraden-Portikus. Die Haupttreppe ist als dreiarmige Podesttreppe mit viertelkreisförmigen Wechselpodesten in einem runden, dreiachsig durchfensterten Treppenhaus-Pavillon ausgebaut. Entree und Treppenhauswände kachelte man bei Nr. 48 grün, bei Nr. 49 und 50 dunkelrot, die eingetieften Kassettenfelder der Decke wurden

Widenmayerstraße 47, Vorgartengitter

Widenmayerstraße 49, Portal

Widenmayerstraße 49, 50, 51/Tivolistraße 1 (von rechts), Rückseite nach Westen von der Theodorparkstraße aus; Aufn. 1996

Widenmayerstraße 49, Rückseite nach W von Theodorparkstraße aus

dezent stuckiert. Auch die Art-déco-Verglasungen im Treppenhaus haben sich erhalten. Die Podestbereiche erhielten eine hohe dunkle Wandvertäfelung und wurden mit einer flachen Tonnenwölbung überspannt. Die Hausmeisterwohnung brachte man im Souterrain unter, zugänglich von der Durchfahrt in der südlichen Achse her. Letztere gewährleistet auch die Zugänglichkeit des Innenhofes und hier der Dienerschaftstreppe, die als halb gewendelte Podesttreppe am rückwärtigen Querbau einen eigenen Ausbau erhielt. Die Verkehrswege von Herrschaft und Bedienten waren somit größtmöglich voneinander geschieden.

Die Ostfassaden der drei Bauten organisierte Prollius einheitlich und einander entsprechend. Ihre mittleren drei Achsen zog er in

damit die Fassadenschicht auf und schuf eine Dynamik von Fenster- und Austrittsöffnungen, eine Art von Inversion der „Erkertümelei", die eine nüchterne und schließlich versachlichende Behandlung von Fassadenflächen vorbereiten sollte.

Darüber hinaus zeichnen die drei Groß-Mietshäuser Gartenfassaden aus, die nach Westen hin städtebaulich wirksam sind, hierin Nr. 47 im Süden und Nr. 51 im Norden vergleichbar. Auch dies kann als einzigartig innerhalb der Münchner Bauten der Jahre vor dem Ersten Weltkrieg angesehen werden, dass ein Architekt die Rückseite eines Mietshauses als zweite Schaufassade auszubilden hatte und nicht einfach, ohne weitere Garnitur im Rauputz, stehen lassen konnte. Anders als bei den ostseitigen Hauptfassaden verfuhr Prollius bei den Westfassaden nach dem Prinzip einer „Variatio delectat": Polygonale Bodenerker in der zweiten Achse von Nr. 48 und der zweiten Achse von Nr. 50 korrespondieren und bilden eine Art Rahmen. Oberhalb des 1. Obergeschosses setzt bei beiden Bauten ein Flacherker an, der vor 1. und 2. Obergeschoss gesetzt wurde und dessen Deckplatte das 3. Obergeschoss als Austritt bedient. Dieser wird von einer dreiteiligen Arkadenstellung betont, die in der Dachzone,

Widenmayerstraße 47; Aufn. 1994

Widenmayerstraße 48; Aufn. 1994

Widenmayerstraße 49; Aufn. 1994

einen flachen Mittelrisalit zusammen, der ein eigens verkröpftes Dachgesims erhielt. Vier flach kannelierte Kolossalpilaster übergreifen die Hauptgeschosse und bilden einen hoheitlich-strengen Fassadenmittelzug. Diese pointierte Mittelzone betonte Prollius in der Dachzone überdies mit einem Dachhaus – zwerchhausartig durchbrach er hier die Trauflinie – mit abgeschrägten Wangen und einem rundbogig aufgesprengten Gesims. Festonartig fallen von einer hochovalen Kartusche oberhalb des zentralen Fensters des 3. Obergeschosses Blattranken über die Fensterfaschen herab und bilden so einen markanten Schulterrahmen. In den Hauptgeschossen brachte Prollius ein Gestaltungselement zum Einsatz, das als Leitmotiv des gesamten Baublocks aufzufassen ist, die je äußeren Fensterachsen setzte er hinter die Grundlinie zurück und schaltete ihnen von Doppelarkaden überfangene Loggien vor. Der Architekt brach

vermittelt über eine eigene Verdachung, in einem schmalen Dachhaus aufgipfelt. Zentrum der Fassadenabwicklung ist die Rückseite von Nr. 49, ein zweiachsiger, flacher Bodenerker, der in einem hohen, rundbogig geschlossenen Zwerchhaus ausläuft. Dem halbrunden Giebel ist ein querovaler Okulus mit Festons eingeschrieben, er wird von einer Prunkvase bekrönt.

Gleichzeitigkeit und formale Entsprechungen bis ins Detail sind die Wesensmerkmale der drei Bauten im Hinblick auf ihre Bau- und Ausstattungsgeschichte, doch vereinigen sie auf sich – nach einer Standzeit von beinahe einhundert Jahren – durchaus einschneidende und individualisierende Veränderungsgeschichte(n). Bei Widenmayerstraße 48 erfolgte 1921 ein erweiterter Dachgeschossausbau. Gemäß Kriegsschadenskartei der Lokalbaukommission wurde am 21.4.1945 infolge des dortigen Sprengbombentreffers die Kommunmauer mit Haus Nr. 47 aufgerissen. (Erneuerung der Dachhaut und Erneuerung/Ertüchtigung der Fenster fanden 1979–80 statt; Fassadenrenovierung 1983, und wiederum Arbeiten an Dach, Fenstern und der straßenseitigen Fassade 1987. 2006–07 erfolgte die leicht strukturverändernde Sanierung des Souterrains.)

Bei Widenmayerstraße 49 kam es infolge eines Sprengbombennebentreffers, der die Kommunmauer mit Nr. 50 betraf, am 21.4.1945 zu Beschädigungen (u. a. Splitter in der Fassade). (Fenstererneuerung 1979, Fassadenrenovierung 1987–88 und Sanierung der Balkone im Innenhof im Jahr 1988.)

Bei Widenmayerstraße 50 verzeichnet die Kriegsschadenskartei für den 21.4.1945 einen Sprengbombennebentreffer, der die Kommunmauer mit Nr. 49 betraf. Ein weiterer Sprengbombentreffer gleichentags zerstörte den nördlichen Seitenflügel von Nr. 50 beinahe vollständig. (Hier kam es zu einer nachträglichen Verschaltung von Haupttreppenhaus und rückwärtiger Dienstbotentreppe auf der Höhe zwischen Hochparterre und 1. Obergeschoss mittels eines gedeckten Übergangs und also zu einem Verbau des Innenhofs. 1982 sanierte man die Dachhaut und führte eine Fassadenrenovierung durch. Die Fenster erneuerte man 1984. Der Dachgeschossausbau wurde 1987 verwirklicht, ergänzend nach rückwärts 1991. 1997 diskutierte

Widenmayerstraße 50; Aufn. 1994

Widenmayerstraße 51; Aufn. 1994

man die Aufglasung offener Loggien, nachvollziehbares Ansinnen bei Beachtung des Straßenverkehrsaufkommens. Der denkmalfachliche Einwand zielte auf die durch einen derartigen Verbau bedingte Reduzierung der Tiefenstaffelung der Fassade – ein Wesensmerkmal des Mietshausbaus um 1910 allgemein und der Mietshausgruppe der nördlichen Widenmayerstraße im Besonderen.)

Widenmayerstraße 51. Das Haus korrespondiert gestalterisch mit der südlich gelegenen Nr. 46a, es vermittelt zwischen der Baulinie an der Widenmayerstraße und einem Rücksprung der Baulinie vor den Häusern Nr. 50, 49, 48 und 47, mit dem man eine fünf Meter tiefe Vorgartenlinie artikulierte und dem herrschaftlichen Anspruch der Häuser weiter Rechnung trug. Die Ecksituation entschärfte Otto Prollius vermittels einer Abschrägung der Grundlinien und schuf mit dem polygonalen Eckerker mit Kuppelhaube einen markanten Akzent (vgl. das gleiche Motiv bei Nr. 47/Gartenseite). Dem Riegel an der Straße setzte man in der vollen Bautiefe (34 Meter) des südlichen Nachbargebäudes einen Rückflügel an und verband diesen mit einem weiteren, westlichen Querriegel am Eisbach, der mit eigener Fassade eigenständig durchgebildet wurde. Das somit dreiflügelige Mietshaus bildet einen großen, nach Norden hin offenen Innenhof aus. Im Sinne des Eingabeplans waren im Bau am Eisbach wie im Vorderhaus je eine herrschaftliche Wohnung untergebracht, das südliche Seitengebäude nahm zentral die Bediententreppe und westlich und östlich anliegend die Wirtschaftsräume sowie die Wohnräume des Personals auf. Die Hofzufahrt von der Widenmayerstraße her legte man in die südliche Achse, die Haupttreppe in die nördliche Achse, rückwärtig mit einem dreiachsig durchfensterten Treppenhaus-Pavillon. Hier hinein baute man, mit den Stiegen der Nachbarbauten eng verwandt, eine dreiarmige Podesttreppe mit viertelkreisförmigen Wechselpodesten. Das erhabene Entree wurde mit Marmorinkrustationen und einem flachen, kassettierten Tonnengewölbe prominent gestaltet. Der Rohbau war im Juli 1912 vollendet, die Bauleitung hatte wie schon bei den südlichen Häusern Hubert Schmid inne. Im Erstzustand ragte die Brandmauer von Nr. 51 blank über diejenige des schon 1900 fertiggestellten, nördlichen Nachbargebäudes Nr. 52 hinaus, was zu Beschwerden und zu Rückbaumaßnahmen führen sollte. Man entschied sich schließlich für ein gebrochenes Walmdach für den Anschluss der Ausmittlung.

Widenmayerstraße 51, rechts Nr. 52; Aufn. 1912

Widenmayerstraße 50, Rückseite nach Westen; Aufn. 1996

Widenmayerstraße 51, Rückseite nach Westen; Aufn. 1996

Die Fassade an der Widenmayerstraße wird von dezenten und geometrisierend anverwandelten Jugendstilformen gekennzeichnet. Die Fassade des Hauses am Eisbach garnierte Prollius in den Binnenformen vergleichsweise sparsam, die Großform jedoch bildete er mit jenem Gestaltungselement durch, das für die ganze Bautengruppe ein regelrechtes Leitmotiv darstellte: hinter der Grundlinie verbleibende Austritte, in diesem Fall mauerbewehrt und von Doppelarkaden überfangen. Vermittels dieser Loggien brach Prollius die Fassadenschicht auf, invertierte gleichsam die Funktion von Erkern und schuf so eine Tiefenstaffelung der Außenhaut.
(Gemäß Kriegsschadenskartei erlitt das Anwesen am 16.7.1944 Spreng- und Brandschäden infolge eines Nahtreffers im Hof. Die Fassadeninstandsetzung und eine Erneuerung der Fenster erfolgten 1978. Insgesamt hatten die Belange der Denkmalpflege den hier seit der Nachkriegszeit gegebenen Klinikbetrieb, Klinik Dr. Michael Schreiber, zu berücksichtigen, die Herstellung sicherheitlicher Verkehrsflächen und -wege bedeutet meist zwangsläufig substanzreduzierende Baumaßnahmen.)

Widenmayerstraße 52. Als erster und einziger verwirklichter Bau einer als geschlossene Zeile geplanten Gruppe von Bauten wurde Widenmayerstraße 52 1899–1900 erbaut, also über zehn Jahre vor dem Zustandekommen der südlich anschließenden Häuser. Nr. 52 stand bis 1911 mit blanker südlicher Brandmauer vor Tivolistraße und Max-Joseph-Brücke frei, gleichsam auf der „grünen Wiese". Bauwerber waren Baumeister Leonhard Moll, der zugleich die Ausführung der Pläne wahrnahm, und Kunstmühldirektor Wilhelm Wacker, Architekt war Wilhelm Spannagel. Der markante Eckbau wird von zwei Flügeln gebildet. Ebenerdig führt ein breiter Hauszugang von der Ostseite zum rechteckigen Treppenhaus am Hofwinkel, gemäß Erstzustand waren in jedem Obergeschoss drei Wohnungen untergebracht, das Erdgeschoss wird seit alters her als Gaststätte genutzt. Dieser frühe Bau an der Widenmayerstraße hielt noch nicht jene megaloman zugeschnittenen, herrschaftlichen Wohnungen vor, wie sie wenige Jahre darauf für die Bauten an dieser jüngsten Münchner Prachtstraße üblich werden sollten. Spannagel hatte auf die Umsetzung eines Hochparterres verzichtet, was den Bau von seinen beiden Nachbargebäuden unterscheidet (vgl. Widenmayerstraße 51 und Tivolistraße 1) und ihn als vergleichsweise „schwere" Ecklösung kennzeichnet. Auch seine äußere Erscheinung betreffend, sticht das stilrein überlieferte und im Zweiten Weltkrieg weitgehend verschonte Haus von seinen Nachbarn ab.

Widenmayerstraße 47–52 (von links); Aufn. 1913

Die beiden Fassaden prägen drei Erkertürme mit Glockendächern, zwischen die man Dachhäuser stellte, deren Giebel reich geschwungen sind. Dabei setzte Spannagel die seitlichen Erkertürme tief in die Dachzone, bereitete sie durch Flacherker vor dem 2. und 3. Obergeschoss vor. Der mittlere Erkerturm betont die Hausecke markant, er wurde polygonal ausgebildet und ist reich ornamentiert. Auch die beiden Dachhäuser setzte der Architekt weit hinter die Grundlinien, tief in die Dachzone und erreichte so zwei Estraden oberhalb des 3. Obergeschosses. Die Fassaden erhielten einen Verputz aus Kalkmörtel, die Ornamente stellte man mit Antragsmörtel her, die Portale wurden in Haustein ausgeführt. Dem Bau kam eine zeitgenössische Beachtung in Bauwelt und Architekten-Literatur zu. Da war die Rede von einer „Abkehr von den alten, verflauten, unorganisch verwendeten Neurenaissance-Formen". Spannagel sei einer der ersten, die versuchten, „das Mietwohnhaus als ein organisch gewachsenes Gebäude von innen heraus zu gestalten". Doch verdeutlicht gerade das zehn Jahre später hergestellte Nebeneinander des späten Neurenaissancebaus mit vornehm erstarrten Jugendstilformen (vgl. Nr. 51, 50 usf.), dass die stilistische Entwicklung anders verlaufen sollte, allzumal beim Ausbau des nördlichen Lehels. (Status der baulichen Änderungen: 1974 Veränderungen an Portal und Archivolten im Erdgeschoss sowie Erneuerung der Fenster im 4. Obergeschoss. 1984 Verlegung des Restauranteingangs nach Westen, Herstellung einer Brüstung beim alten Eingang und Neugestaltung von Fenstern im Norden. Eine Instandsetzung der Fassade setzte man 2002 um.)

Widenmayerstraße 52 (links Nr. 51); ▷
Aufn. 1994

Widenmayerstraße 52, Erker

◁ Windenmacher-
straße, ehem. Nr. 4
(zerstört); Ansicht
1805

Windenmacherstraße

(Vgl. Ensemble Altstadt.) Kurze Verbindung zwischen Löwen-grube im Süden und Maffeistraße im Norden, nach H. Stahleder (1992) erst 1483 durchgebrochen; benannt nach einem Hand-werksbetrieb; heute ohne historische Bebauung. Westseitig Ge-schäftshaus der Firma Loden-Frey (1949, Süderweiterung 1958; s. Maffeistraße 7/9). An der Ostseite der Westtrakt (= Winden-macherstraße 2) des 2001 vollendeten Schäfflerhof-Komplexes, mit älterem Eckbau an der Maffeistraße (vgl. im Einzelnen Maf-feistraße/Vorspann und Schäfflerstraße); an der lang gestreckten Rohbacksteinfassade entlang der Windenmacherstraße drei Ge-denktafeln, von Nord nach Süd: 1. An den Baumeister Jörg von Halsbach, gestorben hier im ehem. Ridler-Messhaus (Mess-stiftung bei U. L. Frau). – 2. An den Bildhauer Ludwig Michael von Schwanthaler, der im ehem. Haus Nr. 6 am 26. August 1802 geboren wurde. – 3. An den kgl. Kreisrat und Schriftsteller Joseph Anton von Destouches, der 1832 im vormaligen Haus Nr. 5 starb.

Am Südende der Westseite (ehem. Nr. 4/Ecke Löwengrube) be-fand sich bis Anfang des 19. Jh. das 1325 erstmals erwähnte Frauenbad; auf Sandtners Stadtmodell von 1570 ein stattlicher Satteldachbau (Doppelhaus) mit Ostgiebel; zuletzt (vor dem Luftkrieg) ein fünfgeschossiges klassizistisches Eckhaus von 1803 (Neubau von 1958 – s. oben – auf reduzierter Fläche).

Winzererstraße (Südteil bis Georgenstraße)

Die 1891 nach Kaspar Winzerer († 1542), Landsknechtsführer und Pfleger von Tölz, benannte Straße, die im Süden an der Heß-straße beginnt, scheidet die im rechtwinkligen Schema angelegte Maxvorstadt (mit Mietshäusern) an deren Nordwestrand vom ehem. Kasernenviertel; sie setzt sich nordwärts in Schwabing-West fort. (Siehe Flurkarte S. 485)

Winzererstraße 9–11

[**Winzererstraße 9–11.** Erbaut 1936–38 als Heeresverwaltungs-schule (Entwurf Oberbaurat Rasp), bestehend aus zwei haken-förmigen, symmetrisch gruppierten dreigeschossigen Schu-lungsgebäuden mit Breitfenstern und flachen Walmdächern; heute Teil des Bayer. Staatsministeriums für Arbeit, Sozial-ordnung, Frauen und Familie, für das umfangreiche Neubauten westlich im rückwärtigen Bereich zwischen Schelling- und Gör-resstraße aufgeführt wurden (unter Abbruch des Unterkunfts-gebäudes von 1938).]

Winzererstraße 46. Auf zuvor unbebautem Grund errichtete der Baumeister Alois Schmid (Inhaber der Firma Josef Schretz-mayr) das bestehende Mietshaus 1910–11 für sich selbst. Es ent-stand über einem vergleichsweise modernen Grundriss: Dem Riegel an der Straße setzte man einen mittigen Rückflügel an und bemaß dessen Abstand zu den nördlichen und südlichen

Winzererstraße 48   Winzererstraße 46

Grundstücksgrenzen so, dass auch die Seitenfassaden des Flü-gelbaus durchfenstert werden konnten. Das Treppenhaus legte Schmid zentral ins Gebäude, es ist von der Durchfahrt in der südlichen Achse her über ein Zwischenpodest zugänglich. Die doppelläufige Podesttreppe mit großem Auge wird vermittels eines großen Oberlichts belichtet. Zwei Wohnungen brachte man gemäß Erstzustand in jeder Etage unter, dabei kamen die Bäder in den Dunkelzonen zum Liegen, die Garderoben erhalten vom Treppenhaus her Licht, in den Rückflügel legte man die Küchen sowie die Magdkammern. Die vierachsige Fassade rhythmisierte Schmid durch breite (dreiteilige Fenster) und schmale (zweitei-lige) Fensterbahnen. Betont wurde der Mittelzug der Straßen-front: Die mittleren beiden Fensterachsen fasste man vor dem 2. und 3. Obergeschoss in einem breiten Erker zusammen, dessen Unterzug oberhalb der rundbogig geschlossenen Fenster des 1. Obergeschosses segmentbogig hoch gezogen worden ist. In der Dachzone wird diese mittlere Fassadenpartie von einem breiten Dachhaus überhöht – ursprünglich mit hohem Dreiecks-giebel (und Okulus). Die wenigen überkommenen Stilmerkmale belegen eine gestalterische Absicht, die unscharf bleibt und all-gemein als historisierend aufgefasst werden kann. (Das obere Geschoss des Dachtragwerks wurde teilweise kriegszerstört und 1947 wiederhergestellt. Über der südlichen Achse befindet sich oberhalb der Traufe ein fassadenwirksamer Austritt jüngeren Datums.)

Winzererstraße 48. Für sich selbst errichtete der Baumeister Jakob Aumiller das bestehende Anwesen in den Jahren 1903–04. Der Grund war zuvor unbebaut, eine Planung im Jahr 1900 (an-dere Bauwerber) schließlich nicht zustande gekommen. Ein ver-gleichsweise moderner Grundriss, der ganz der jüngsten Novel-lierung der Münchner Bauordnung vom Juli 1895 entsprach, liegt dem Haus zugrunde. (Man hatte u. a. die Hofraum-Größen sowie die Bebauung der Rückplätze unter Berücksichtigung gesundheitlicher Maßgaben neu geregelt.) Dem Riegel an der Straße wurde mittig ein Rückflügel angesetzt, dessen Seitenfassaden man so weit von den Grundstücksgrenzen zurückrückte, dass auch diese mit zusätzlichen Belichtungsachsen versehen werden konnten. Bei Nr. 48 (im Unterschied zum südlichen Nachbarbau Nr. 46) erhielt die nördliche Grundlinie des Rückflügels eine zusätzliche Einklinkung vor dem rückwärtigen Hofwinkel. Die Durchfahrt liegt in der nördlichen Achse, rechter Hand gelangt man über ein Zwischenpodest zum Treppenhaus am nördlichen Hofwinkel (die Wechselpodeste der doppelläufigen Podesttreppe werden von dort her belichtet). Zwei Wohnungen sind gemäß Eingabeplan in jeder Etage untergebracht; dabei verlegte man die Küchen und Magdkammern in den Rückflü-

Wittelsbacherplatz mit Abmarsch der griechischen Truppen; Lithographie von Gustav Kraus, 1833

gel, die Bäder in die Dunkelzonen. Die Fassade des Hauses besticht mit einer reifen jugendstiligen Anverwandlung. Ein kräftiger Wasserschlag oberhalb des Erdgeschosses und ein ebensolcher unter dem 3. Obergeschoss scheiden 1. und 2. Obergeschoss als Hauptgeschosse aus. Ihren Rhythmus erhielt die Straßenfront durch die unterschiedlich breiten Fensterformate (zwei dreiteilige äußere Fensterbahnen fassen drei mittlere zweiteilige ein). Zusätzlich erhielten die Interfenestralen Putzfelder eingetieft, deren Rücklagen vegetabilischen Jugendstildekor zeigen. Kolossale Lisenen schaffen einen Höhenzug, der schließlich im dreiteiligen Dachhaus aufgipfelt. In Anlehnung an gestalterische Elemente des Heimatstils wurde der Aufbau in der Dachzone verdacht. (Ein erster Umbau der Dachgeschosswohnung datiert in die Jahre 1958/59; ausf. Arch. Christian Ebert. Erneuerung der Dachhaut und Arbeiten an der Fassade 1995.)

Wittelsbacherplatz

(Teil des Ensembles Maxvorstadt II, s. dort). Benennung seit Anfang 1827. Den gegen 100 m langen, ca. 65 m breiten, in der Regel als saalförmig charakterisierten Rechteckplatz, eine Hauptschöpfung klassizistischer Stadtbaukunst, hat Leo von Klenze, nach dessen Entwürfen die wichtigsten umgebenden Gebäude entstanden, in den 1820er Jahren nachträglich dem von Karl v. Fischer und Friedrich Ludwig Sckell redigierten Generalplan der Maxvorstadt (1808 ff.) angefügt, wobei er eine gutachtliche Anregung Karl von Fischers von 1817 zum Odeonsplatz-Konzept weiterentwickelte. Der Stadtplan von Rickauer/Schleich 1812 zeigt im späteren Platzbereich noch eine unregelmäßig-schräge Verbindung entlang der Außenseite der Wallbefestigung vom Anfang der Königstraße zur alten Schwabinger Landstraße sowie eine sehr lockere vorstädtische Bebauung, der Stadtplan von 1826 bereits die vollendete Platzumbauung. (Aufgegeben wurde das Projekt einer evangelischen Kirche an der Nordseite – vgl. Nr. 4 – bzw. gemäß einem Lageplan Klenzes von 1822 in der Mitte des Platzes.)

Der südlich von der Königstraße (seit 1826 Brienner Straße) tangierte Platz steht an seiner Nordostecke mit dem gleichfalls von Klenze konzipierten Odeonsplatz in Verbindung, wobei das beiden zugeordnete Palais Nr. 4 die vermittelnde Gelenkfunktion einnimmt. Die Platzfläche erhielt mit Thorvaldsen/Klenzes Reiterstandbild des Kurfürsten Maximilian (enthüllt 1839) einen Mittelpunkt von überragender künstlerischer Qualität.

Haus Nr. 2 im Nordwesten zeigen die ältesten Platzansichten als viergeschossigen Walmdachbau (erbaut 1810 durch den Bierwirt

Josef Neusigl, 1812–17 Schule, 1880 abgebrochen, danach fünfgeschossiges Neurenaissancehaus; nach Kriegszerstörung angepasst-zurückhaltender Neubau in Ergänzung zu Nr. 4). Westlich von Nr. 4 stand ursprünglich noch eine kleinformatige ältere Restbebauung (zweigeschossig mit Mansarddach, nach G. Wenng 1849 Besitz des Gastwirtes Xaver Mitterwallner; westlich zurückgesetzt anschließend ein zweigeschossiges Walmdachhaus), die später durch Erweiterungsbauten von Nr. 4 ersetzt wurde. Die Ostseite begrenzen das Odeon (s. Odeonsplatz 3) und Nr. 6, die Südseite die Häuser Brienner Straße 7 und 9/Amiraplatz 1 (s. dort). – Vor Albert Schmidts Neubau der Synagoge an der Herzog-Max-Straße 1884–87 (s. dort) war ab 1870 das Neusigl-Anwesen Nr. 2 an der Nordwestseite als Bauplatz vorgesehen gewesen (Entwürfe von Edwin Oppler, Emil

Wittelsbacherplatz gegen Nordwesten nach Kriegsschäden; Aufn. 1946

Wittelsbacherplatz mit Bockerlbahn; Aufn. 1945

Wittelsbacherplatz von Südwesten; Aufn. 1995

fentliche Ehrung seines Vorfahren, des 1597–1651 regierenden Kurfürsten, der in der bayerischen wie deutschen Geschichte eine führende Rolle spielte – u. a. als Sieger in der Schlacht auf dem Weißen Berg bei Prag 1620 –, bedeutete für Ludwig I. eine aktuelle politische Aussage nicht zuletzt auch im Sinne der eigenen Legitimierung, was – wie Minister von Abels Ansprache bei der Einweihung erkennen ließ – auch verstanden wurde. Den Auftrag erhielt Bertel Thorvaldsen, der wegen des vollendeten Leuchtenberg-Grabmals in St. Michael (s. dort) nach München gekommen war, am 15. Februar 1830 vom König, in dessen Namen Leo von Klenze am

Lange, v. Riedheim; ein mit fantastisch bewegten Kuppeltürmen das klassizistische Umfeld negierendes Projekt von Albert Schmidt).

Erst in der Prinzregentenzeit erhielt der Platz gemäß damaliger Mode entlang den Rändern eine Bepflanzung mit Pappeln und kleinem Ahorn sowie in der Mitte eine gepflasterte Rechteckinsel mit dem Denkmal südlich vorgelegter kleiner Grünfläche. Der nach 1945 dominierende Autoparkplatz wurde erst 1972 aufgehoben, 1977 die Platzoberfläche nach Entwurf des städt. Baureferats – Sebastian Rosenthal – in die Strukturen einfühlend interpretierender Weise mit Granitplattenbelag und Kleinsteinfriesen neu gestaltet, mit niedriger Baumpflanzung vor den drei Platzwänden.

Wittelsbacherplatz. *Reiterstandbild des Kurfürsten Maximilian I.;* in Platzmitte. Das schon von den Zeitgenossen als Meisterwerk gewürdigte Denkmal zählt auch nach heutigen Begriffen „zu den schönsten Reiterbildern der Zeit zwischen den Befreiungskriegen und der Revolution 1848/49" (Scharf 1984). Die öf-

27. Februar den Vertrag mit dem Bildhauer abschloss. In Rom fertigte Thorvaldsen 1831 als Vorarbeit die Gipsbüste des Kurfürsten und ab 1833 das große Gipsmodell, das italienische Fuhrleute am 24. August 1836 in der Münchner Erzgießerei ablieferten, deren Leiter Johann Baptist Stiglmaier der Guss übertragen wurde. Dieser erfolgte im April 1839 in zwei Teilen: das Pferd mit der unteren Partie des Reiters, dessen Oberteil gesondert. Bis September arbeiteten die Ziseleure an der Oberflächenbehandlung. Unterdessen erstellte der Steinmetz Franz Höllriegel nach

Wittelsbacherplatz; Flurkarte, M. 1:2500

Wittelsbacherplatz, Denkmal Maximilians I.; Aufn. 1981

Denkmal Maximilians I.; Aufn. 1981

Klenzes Entwurf den Sockel aus Granitmarmor von Neubeuern. Zwei von Thorvaldsen vorgesehene Sockelreliefs mit Allegorien von Herrschertugenden – Staatslenkung und Gerechtigkeit – wurden nicht ausgeführt (Gipsmodelle im Th.-Museum Kopenhagen); den formal einfachen Unterbau von elementarer Klarheit, als dessen Vorbild der Bildhauer den des Marc-Aurel-Denkmals auf dem Kapitol wünschte, zieren somit nur die Bronze-Inschriften an den Schmalseiten, vorn der Name des Geehrten, rückseitig die Widmung durch Ludwig I. mit dem Datum der Enthüllung am 12. Oktober 1839, einem Jahrestag der Leipziger Völkerschlacht. Die unterste Sockelstufe steckt seit 1977 im erhöhten Plattenbelag der Platzfläche. Die Signatur des Bildhauers und Gießers ist (nach Marggraff 1840) auf der Unterseite des Sattelgurtes angebracht samt dem Hinweis, dass der Guss „aus türkischen Kanonen von bei Navarin in den Grund gebohrten Schiffen" erfolgte.

Die 5 m hohe, ursprünglich (wie eine alte Ansicht zeigt) im rötlichen Goldbronzeton leuchtende, heute patinierte Reiterfigur steht typologisch in der Tradition barockzeitlicher Herrscherdenkmäler, doch ohne deren vielfach pathetische Dynamik, die dann später auch wieder im Realismus und Neubarock üblich wird. „Der Churfürst ist als Feldherr dargestellt, wie er, sitzend auf hohem Ross, den rechten Arm mit vorgestrecktem Zeigefinger wie zum Befehl des Aufbruchs gegen den Feind erhebt, während die Linke das mit dem rechten Fuss bereits vorgeschrittene Thier mit dem Zügel einhält ... Des Churfürsten Kleidung ist die ritterliche Feldtracht des deutschen Mittelalters. Er erscheint vollständig gewappnet, mit Brust- und Rückenharnisch, mit Halbschienen an Armen und Beinen und mit übergehängter Feldbinde, das lange Schwert an der Seite, die Pistolen im Sattelgurt steckend ... Seine Brust schmückt der Orden des goldenen Vlieses; das un-

bedeckte Haupt zeigt lang herabfallendes, schlichtes Haar" (Marggraff 1840); die ausdrucksstarken Gesichtszüge orientierten sich an zeitgenössischen Porträts, vor allem von Niklas Prugger. Die Darstellung „im nationalen Zeitkostüm" des 17. Jh. erscheint bemerkenswert, da sie im Gegensatz zu der im Klassizismus verbreiteten, z. T. dogmatischen Auffassung einer antikisierend überhöhenden Idealisierung steht. Die ausstrahlende echte Idealität dieses Denkmals wird hingegen allein mit künstlerischen Mitteln und durch die ausgewogene Proportionierung erreicht.

Wittelsbacherplatz 1. *Palais Arco-Zinneberg.* Mit seinem betonten Mittelrisalit ist das Palais der monumentalste Einzelbau im Ensemble des Platzes, den es westlich begrenzt. Das traditionell mit 1820 angegebene Baudatum wurde erst von B. V. Karnapp (Ausst. Kat. Klassizismus 1980) aufgrund eines Fassadenaufrisses berichtigt, auf dem die Genehmigung der Lokalbaukommission vom 20. August 1824 vermerkt ist (StadtAM LBK 10717). Die Errichtung ging 1824/25 nach Plänen Leo von Klenzes vonstatten. Bauherren des gleich Nr. 4 unter spekulativem Aspekt errichteten Palais waren Maurermeister Rudolf Röschenauer und Zimmermeister Franz Xaver Gampenrieder; von letzterem erwarb es am 11. Mai 1833 Maximilian Graf von Arco-Zinneberg (1811–1885), der jüngere Sohn der Witwe des Kurfürsten Karl Theodor, Maria Leopoldine († 1848), aus ihrer zweiten Ehe mit Ludwig Graf von Arco († 1854). Das Gebäude ist bis heute im Familienbesitz.

Der dreiseitig freistehende Bau mit 13 Fensterachsen breiter Platzfront schloss mit seinen kurzen Seitenflügeln – außen je fünf Achsen – den rückseitigen Hof ein. Der dreigeschossige, durch Eckquaderung, Gurtgesimse unter den Fenstersohlen und kräftiges Konsolgesims an der Traufe gegliederte Block wandelt

Wittelsbacherplatz 1, Palais Arco-Zinneberg; Aufn. um 1940

Wittelsbacherplatz 1, Palais Arco-Zinneberg; Aufn. 1995

formal den Palasttypus der römisch-florentinischen Hochrenaissance in klassizistischer Weise ab. Die geohrten Fensterrahmungen sind in den beiden hohen Untergeschossen durch waagrechte Verdachungen bereichert, die niedrige Sockelzone war von querrechteckigen Kellerfenstern durchbrochen. Den dreiachsigen Mittelrisalit zeichnen der allein in originaler Substanz erhaltene viersäulige toskanische Säulenbalkon aus Granit vor dem Rundbogentor und darüber das abgewandelte Palladiomotiv um die Fenstertür des ehem. Saales aus (O. Hederer, 1964, weist auf das Vorbild des Palazzo Manelli-Riccardi in Florenz hin), bereichert durch zarten Stuckdekor. Den Abschluss bildete ein sehr flach geneigtes Walmdach, überragt von der außen als flache Kalotte über knappem

Wittelsbacherplatz 4; Aufn. 1995

Tambour hervortretenden Saalkuppel. – Der Mittelbau enthielt über der dreijochigen, mit Flachkuppel gewölbten Durchfahrt (die nach dem Luftkrieg noch vorhanden war) den zweigeschossigen, kreisrunden Festsaal mit (gemäß Klenzes Schnitt) säulengetragener Galerie und kassettierter Halbkugelkuppel samt Oberlichtlaterne. In den Hofwinkeln beiderseits der Rotunde waren die beiden verschieden großen, gewendelten Treppen angeordnet, eine (nach Hederer) mit anmutig dekorierter Kassettenkuppel. Die großzügige Raumfolge war nach dem Prinzip der Enfilade angelegt. Berühmt war der in seiner Art unübertroffene Trophäensaal des durch seine Jagdleidenschaft legendären Grafen Maximilian, ein Rechteckraum mit Oberlicht, in erdrückender Fülle ausgestattet mit der (1933 verkauften) Geweihsammlung, die zu einem Grundstock des Deutschen Jagdmuseums wurde.

Das innen verschiedentlich veränderte, an der Südseite 1928 für Geschäftszwecke der „Deutschen Werkstätten" umgebaute Palais wurde durch Luftangriff vom 28. August 1944 zur Brandruine. Der „vorübergehenden Abtragung" des in der Folge stark witterungsgeschädigten Mauerwerks – ein Vorgang, vergleichbar Abbruch und Neubau des Leuchtenberg-Palais (s. Odeonsplatz 4) – stimmte auch die Denkmalpflege zu. Der im Auftrag von Ulrich Philipp Graf von Arco-Zinneberg 1959/60 durchge-

führte Neubau (Arch. G. Hellmuth Winkler und Claus Winkler; Entwurf gemeinsam mit J. F. Becvar und Georg Alexander Roemmich) als Geschäfts- und Bürohaus mit Rekonstruktion der im klassizistischen Ensemble unverzichtbaren Fassade und wiederverwendetem originalem Säulenbalkon weicht in zwei Details von der ursprünglichen Konzeption Klenzes ab: Die Erdgeschossfenster wurden als Ladentüren bzw. Schaufenster durch den Sockel heruntergeschlitzt (unter Verzicht auf die Kellerfenster), das kupfergedeckte, mit Gauben ausgebaute neue Walmdach unter Verzicht auf die Mittelkuppel wesentlich steiler aufgeführt. Links vom Portikus wurde ein gräfliches Reliefwappen eingelassen (sign. Mikorey). Die inneren Strukturen sind völlig neu, die Fassaden zum Hof siebengeschossig bzw. in den neu erbauten Seitenflügeln (südlich Brienner Straße 10, s. dort; nördlich Finkenstraße 8, letzteres seit jeher zugehöriges Nebengebäude) sechsgeschossig. – Letzte Fassadenrenovierung 1976, mit Farbanstrich – helle Gliederungen auf gelbem Grund –, wie ihn u. a. schon eine Ansicht von 1839 zeigt. Die zuvor störend einteiligen Fenster wurden 1994 mit Sprossen erneuert.

Wittelsbacherplatz 4. Ehem. *Ludwig-Ferdinand-Palais (Alfons-Palais)*; jetzt Verwaltung der Siemens AG; Ostseite Kardinal-Döpfner-Straße 1. Für die städtebauliche Gelenkposition zwischen seinen Platzgestaltungen – dem Odeonsplatz im Osten und dem Wittelsbacherplatz im Süden – entwarf Leo von Klenze 1818/19 Pläne zur (ersten) protestantischen Kirche Münchens, die dem im klassizistischen Sakralbau Europas geläufigen, vom Pantheon abgeleiteten Zentralbauschema mit Kuppel entsprachen; der Eingangsportikus an der Ostseite sollte den Abschluss des kurzen, straßenartigen Platzteiles zwischen Leuchtenberg-Palais und (späterem) Odeon bilden. (Eine Variante sah einen Saalbau mit Turm vor.) Das Oberkonsistorium lehnte den doch äußerst repräsentativen Standort als abseitig außerhalb der Stadt gelegen ab. Auch eine Nutzung des Kuppelbaus als Kriegergedenkstätte für die Opfer der Napoleonischen Ära wurde erwogen.

Das hier dann 1825/26 aufgeführte Wohngebäude zählte zur zeittypischen Gattung der für Verkauf bzw. Vermietung vorgesehenen Palaisbauten (vgl. benachbart Nr. 1/Arco-Palais). Bauherr war der Silber- und Golddrahtfabrikant Karl Anton Vogel, der das Grundstück vom kurzfristigen Erstbesitzer Joseph Sigritz, Mitglied der Staatsschuldentilgungs-Kommission, 1824 erwarb. Die von Klenze mindestens hinsichtlich der Fassadengestaltung entworfenen Pläne wurden am 14. Juni 1825 genehmigt, der

Wittelsbacherplatz 4, Ostseite vom Odeonsplatz aus; Aufn. 1995

wohl weitgehend fertige Bau am 18. Mai 1826 durch den ausführenden, vermutlich auch für die Grundrisse verantwortlichen Maurermeister Franz Xaver Widmann († 1859) erworben. Klenze († 1864) bewohnte als Mieter selbst 25 Jahre lang das Hauptgeschoss („über zwei Stiegen"), bis er 1859 in das Haus seines Sohnes (Ottostraße 6) umzog.

Den zweiflügeligen Bau teilt ein auch um die rustizierten Ecklisenen herumgezogenes kräftiges Gurtgesims in zwei Hälften: unten Erd- und Zwischengeschoss, letzteres mit quadratischen Fenstern, darüber zwei Obergeschosse. Die auf dünnen Sohlbankgesimsen stehenden Fenster der drei hohen Geschosse sind rundbogig geschlossen, im Erd- und Hauptgeschoss mit geraden Verdachungen verbunden (sog. Bramantefenster, häufig bei Klenze, z. B. an der Pinakothek; O. Hederer erinnert an die Porta Borsari, Verona). Die an sich schmalere Ostseite ist als dem Odeonsplatz zugewandte Eingangsfront (= Kardinal-Döpfner-Straße 1) bevorzugt behandelt, zwischen den Außenachsen der gesamte Mittelteil als Risalit mit zu dichter Pfeilerarkadenfolge zusammengezogenen Fensterreihen ausgebildet, das Rundbogentor (ursprünglich Durchfahrt) mit einer bis zum (neubarock erneuerten) Gitterbalkon im Hauptgeschoss reichenden Bandrustika-Platte umgeben. Den Abschluss bilden Konsolgesims und Walmdach. Die Südfront war ursprünglich nur neun Achsen breit (nach Planvarianten jedoch elfachsig vorgesehen); sie wurde erst 1850 in gleicher Formensprache um drei Achsen nach Westen verlängert, später (um 1900?) auch noch den vier nunmehrigen Mittelfenstern ein Balkon mit Balusterbrüstung vorgelegt, den fünf rustizierte Lisenen scheinbar stützten; erst seit damals erfüllte der Bau voll seine Abschlussfunktion für den Platz. Stilistisch ist das Äußere eine Synthese von Merkmalen der italienischen Renaissance-Palastarchitektur mit französisch-klassizistischen Detailgliederungen.

Die Originalpläne zeigen Treppenhäuser in jedem Flügel, was auf eine potenzielle Nutzung zweier selbständiger Abschnitte hindeutet, und einen niedrigen Wirtschaftstrakt (u. a. Stall, Remise) an der Hof-Westseite, der im Lauf des 19. Jh. stark erweitert und erhöht wurde, mit breitem Durchfahrtsbogen westlich des Hauptgebäudes.

Ab 1878 gehörte das Palais der Adalbertinischen Linie des Hauses Wittelsbach – den Nachkommen des Prinzen Adalbert († 1875), des jüngsten Sohnes König Ludwigs I. Es diente als Stadtpalais der Prinzen Ludwig Ferdinand (1859–1949, Dr. med. und Musiker) und (bis nach dem Ersten Weltkrieg) Alfons (1862–1933) mit ihren Familien; Sommersitz war Nymphenburg. Ab 1925 war das Gebäude an die Firma Südholz vermietet. Durch den Luftangriff am 25. April 1944 wurde es bis auf die Außenmauern zerstört (wohl durch Brand), 1948/49 wieder instandgesetzt (Arch. Herbert und Höhne) unter Erhaltung der

Wittelsbacherplatz 6; Aufn. 1998

originalen Fassaden und Rekonstruktion des Konsolgesimses an der Traufe und des Daches. Es war seit 1949 als Sitz der Hauptverwaltung an die Fa. Siemens vermietet, die es später von Dr. Adalbert Prinz von Bayern (Historiker, Schriftsteller, Diplomat, † 1970) und dessen Schwester Prinzessin Pilar (Malerin) erwarb und in der Folge innen – z. T. nach Entwurf von Hans Hollein – weitgehend umbaute; u. a. wurde 1968 ein neuer Haupteingang in der Mitte der Südseite (zwei nach unten verlängerte Fenster) samt vorgelegter Freitreppe geschaffen (Arch. Hans Maurer). Bei der Fassadenrestaurierung von 1975 erhielt der Bau wieder den durch Befund und frühere Ansichten gesicherten rosafarbigen Anstrich.

[**Wittelsbacherplatz 6.** Geschäfts- und Verwaltungsgebäude, jetzt Teil des Bayer. Staatsministeriums des Innern (s. Odeonsplatz 3), 1950/51 von Josef Wiedemann, dem Ensemble angepasster Nachfolgebau des ehem. Méjan-Palais von Leo von Klenze; konstitutiver Bestandteil der Platzbebauung. Etienne Graf Méjan († 1846), Sekretär des Herzogs Eugen von Leuchtenberg und später kgl. bayer. Kämmerer, ließ sich 1823/24 durch Jean Baptiste Métivier an der Südostecke des Wittelsbacherplatzes ein dreigeschossiges Palais errichten, dessen Fassadengestaltung Klenze im Zusammenhang mit seinen anderen Gebäuden am Platz entwarf. Der zunächst dreigeschossige Putzbau war in seinen Details auf das nördlich anschließende Odeon abgestimmt, doch etwas einfacher gegliedert, mit etwas geringerer Traufhöhe und rustiziertem Erdgeschoss. Das im mittleren 19. Jh. aufgestockte, im Zweiten Weltkrieg zerstörte Gebäude war zeitweise Hôtel d'Angleterre; das Erdgeschoss wurde 1902 von John Archibald Campbell zu eleganten Verkaufsräumen der renommierten Möbel- und Ausstattungsfirma Anton Pössenbacher umgestaltet (hier bis 1925); 1911 richtete Campbell im Hause auch das vornehme Unterhaltungslokal „Odeon-Casino" ein. – Josef Wiedemanns vollständiger Neubau von 1950/51 (Ausführung Fries u. Co.) ist als Beispiel eines dem Ensemble angepassten, doch nicht kopierenden Wiederaufbaus bemerkenswert. Das Erdgeschoss ist in große Schaufensterarkaden (ehem. Automobilgeschäft) aufgelöst, die Mitte der 15 Fensterachsen langen Platzfront durch eine Naturstein-Portalädikula mit darüber vorkragendem Balkon akzentuiert. Das zusätzliche 4., attikaartige niedrige Obergeschoss wurde bei der Fassadenrenovierung von 1979 durch hell abgesetzte Putzfelder zwischen den Fenstern bereichert, wie bereits im ersten Wiederaufbauplan vorgesehen war.]

Wredestraße

Verbindet das östliche Ende des Marsplatzes mit der Arnulfstraße im Süden, auf dem vormaligen Marsfeld (vgl. Marsplatz und -straße); gleich der westlich parallelen Deroystraße (s. dort) 1890 nach einem bayerischen Feldherrn benannt. Karl Philipp Fürst von Wrede (1767–1838) gehörte zu den militärisch wie politisch führenden Persönlichkeiten Bayerns im 1. Drittel des 19. Jh. Seine Verdienste würdigte Ludwig I. durch ein Standbild in der Feldherrnhalle.

Wurzerstraße

(Vgl. Ensemble Altstadt.) Die schmale, von der Maximilianstraße nach Norden abzweigende Straße endet heute, durch eine Umkehrschleife mit der westlich annähernd parallelen Marstallstraße verbunden, vor dem um 1967/70 angelegten Karl-Scharnagl-Ring; früher wurde sie nach Norden durch die Pilotystraße bis zur Prinzregentenstraße fortgesetzt. Ihr geradliniger Verlauf entspricht dem Wallweg auf der einstigen Wallbefestigung aus der 1. Hälfte des 17. Jh.; der Name Wurzerstraße erscheint erstmals auf dem Katasterplan von 1814 und ist vom nahebei gelegenen, 1872 abgebrochenen Wurzertor (auch Kost- oder Graggenauer Tor) abzuleiten (vgl. Am Kosttor). Die

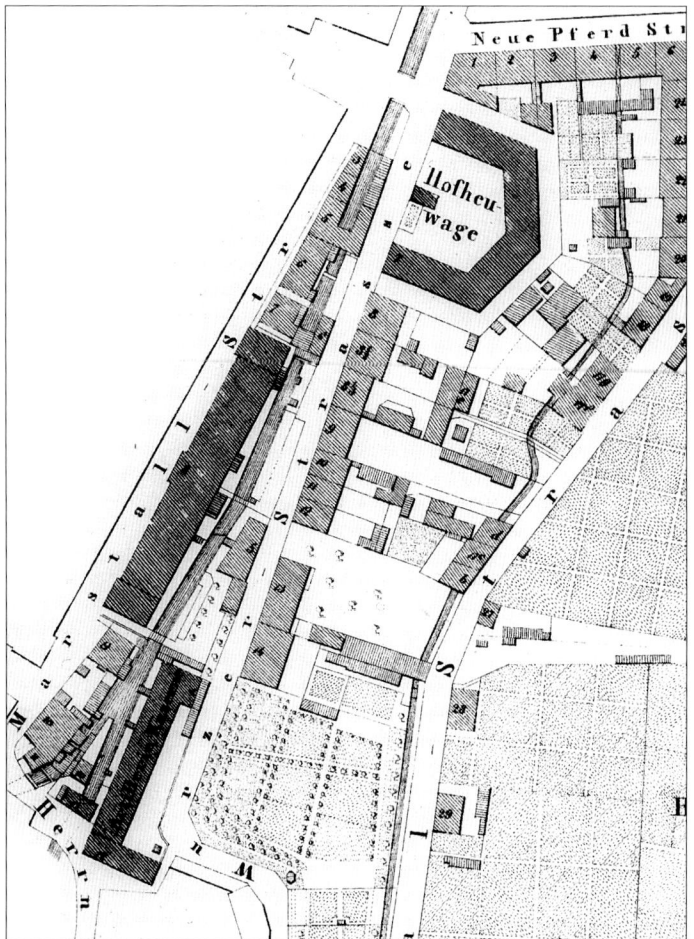

Wurzerstraße; Plan von Gustav Wenng, 1850

heute auf ihren Nordabschnitt reduzierte Wurzerstraße beginnt im Süden an der Nordflanke der ehem. Bastion m (Bräuhausbastion) der Wallbefestigung und wird hier von der ab 1854 angelegten Maximilianstraße durchquert; ursprünglich (vgl. Wenngs Atlas 1850, St.-Anna-Vorstadt, Plan Nr. 1 und 6) folgte ihr Südteil dem Umriss der Bastion m und endete an der platzartigen Kreuzung mehrerer Straßen vor der 1882 erbauten Herrnschule (vgl. Herrnstraße 21). Ein Rest dieses südlichen Abschnitts der Wurzerstraße, heute ohne jeden Zusammenhang mit dem noch bestehenden Nordteil, wird jetzt zur Hochbrückenstraße gerechnet (vgl. dort, Vorspann und Häusergruppe Nr. 16, 18, 20).

Auf dem Gelände der aufgehobenen Festung entstanden im frühen 19. Jh. Gärten und eine lockere vorstädtische Bebauung, die sich in der Folge allmählich verdichtete. Den Zustand kurz vor dem Durchbruch der Maximilianstraße zeigt neben Wenngs Atlas anschaulich das Seitzsche Stadtmodell; auf ihm ist die zu Beginn des 18. Jh. erbaute, 1854/55 abgebrochene Kosttor- oder Artilleriekaserne (westseitig am heutigen Straßenbeginn, von der Maximilianstraße durchschnitten) nicht mehr dargestellt. Das Modell zeigt auch den zwischen Marstall- und Wurzerstraße verlaufenden, später von Wohnhäuserzeilen eingeschlossenen Kainzmühlbach sowie ostseitig am Nordende der Wurzerstraße das auf der vormaligen Bastion l (Köglmühlbastion) um 1781/85 erbaute, deren polygonalen Umfang innenseitig wiederholende Hofheumagazin samt Hofheuwaage (Neubau 1873, im Luftkrieg zerstört). Das Areal der ehem. Bastion l ist im neuen Altstadtring aufgegangen. Nach den schweren Kriegsschäden ist die beiderseitige Bebauung der Wurzerstraße heute modern mit Ausnahme der den Südanfang flankierenden Gebäude Maximilianstraße 17/19 (Hotel Vier Jahreszeiten, über dem Mühlbach) und 21 (vgl. diese).

Zentnerstraße (Südteil bis Georgenstraße)

Die im Nordwesten der Maxvorstadt von der Schellingstraße nordwärts bis zur Hohenzollernstraße im westlichen Schwabing führende Straße erhielt ihren Namen 1890 nach dem bayer. Staatsminister Georg Friedrich Frhr. von Zentner (1752–1835), der u. a. wesentlichen Anteil an der Ausarbeitung der bayer. Verfassung von 1818 hatte. Die Mietshausbebauung seit Ende des 19. Jh. wurde, wie auch die Schule (s. Nr. 12) am Südanfang, im Luftkrieg weitgehend zerstört.

Zentnerstraße 2. *Bronzebüste* des *Moritz von Schwind.* Der 1804 in Wien geborene Maler Moritz von Schwind war 1828–1840 in München ansässig, wo er ab 1847 als Akademieprofessor wirkte und 1871 starb. Sein Denkmal, laut Inschrift „errichtet von seinen Schülern, Freunden und Verehrern 4. Juli 1893", stand bis zum Zweiten Weltkrieg auf der Isarinsel zwischen den beiden Maximiliansbrücken. Ein romanisierender Sockel mit Relief nach Schwinds „Melusine" (von Reinhard Schnauder), den zwei weibliche allegorische Sitzfiguren aus Bronze flankierten, trug die allein noch erhaltene, wie die Seitenfiguren von dem Dresdner Bildhauer Ernst Julius Hähnel 1890 modellierte (sign.) und von Ferdinand von Miller d. J. gegossene Porträtbüste. Seit 1974 steht die 1,85 m hohe Erzbüste auf einem modernen, zylindrischen Granitsockel im Hof der Volksschule an der Zentner- und Schwindstraße (erbaut 1890/91, nach Kriegszerstörung neu 1955–58).

Zentnerstraße 2, Schwind-Büste; Aufn. 1995

Zentnerstraße; Flurkarte, M. 1:2 500

Zentnerstraße 3; Aufn. 1995

Zentnerstraße 3. Auf zuvor unbebautem Grund ließ sich Baumeister Simon Schuler nach einem Plan von Bautechniker W. Schreiner 1890 das bestehende Anwesen erbauen. Die Durchfahrt (bauzeitliche Torflügel erhalten) steckte Schreiner in die südliche Achse, auf halber Höhe schließt nördlich der Übergang zum Treppenhaus an, das mittig rückwärtig im Gebäude liegt und ohne Ausbau geblieben ist. Die doppelläufige Podesttreppe erschließt zwei Wohnungen in jeder oberen Etage, wobei Vorplätze und Holzlegen gemäß Eingabeplan in den Dunkelzonen zu liegen kamen. Die Teilnutzung des Erdgeschosses als Laden entspricht dem Erstzustand. Die Fassade des Hauses wurde in Neurenaissanceformen reich gegliedert und besticht durch ihre bündige Überlieferung. Gurtgesims oberhalb des Erdgeschosses und Sohlbankgesims vor dem 1. Obergeschoss wurden verklammert, die Geschosse darüber als Hauptgeschosse behandelt, ihre Rücklage besteht in einer schlichten Rustizierung. Die Rhythmisierung der Fassade erfolgte gängig durch Eng- und Weitsetzung der Fensterachsen sowie unterschiedlich breite Fensterformate. Die zu Paaren eng gesetzten Fenster wurden gekuppelt verdacht. Im Luftkrieg blieb das Anwesen unversehrt. Beachtlich ist, dass auch die Dachzone ohne Beunruhigung der bauzeitlichen Baumassenverteilung geblieben ist (Status: 2007).

Zentnerstraße 13. Auf zuvor unbebautem Grund errichtete der finanzkräftige Baumeister Franz Häusleigner 1892 das Anwesen für sich selbst. Häusleigner verwirklichte dabei einen seinerzeit modernen Grundrisstyp: Im Zentrum des Baus kam ein quadratischer Treppenhausschacht zum Einsatz, die diesem eingeschriebene dreiarmige Podesttreppe mit quadratischen Wechselpodesten erhält ihr Licht von oben. Den Zugang gewährt eine auf halber Höhe von der Durchfahrt in der nördlichen Achse her

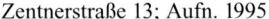

Zentnerstraße 13; Aufn. 1995

Zentnerstraße 15; Aufn. 2007

geführte Vortreppe. Rückwärtig schuf Häusleigner südlich wie nördlich rechteckige Einklinkungen der Grundlinien, um mögliche Geschossfläche und Belichtungserfordernisse auszutarieren. In jedem Obergeschoss kamen je zwei Wohnungen zum Liegen, die Teilnutzung des Erdgeschosses als Laden entspricht dem Erstzustand. Die Fassade des Hauses stellt eine schlichtere Variante in Neurenaissanceformen vor als dies beim nur zwei Jahre früheren Bau Zentnerstraße 3 der Fall ist. Auch hier wurden eng gesetzte Fensterpaare gemeinsam verdacht und unterschiedliche Fensterformate unterschieden. Gewissermaßen eine Zutat ist die risalitartig vorgestellte, südliche Ladenachse. Im Luftkrieg blieb das Mietshaus verschont, hierin seinem unmittelbaren Umgriff vergleichbar. Die gestalterisch deutlich hervortretende Aufstockung um ein weiteres Vollgeschoss geschah 1958, Auftraggeber war Josef Graf, Planer Adolf Frischeisen. (Fassadenrenovierung und Fenstererneuerung 1977.)

Zentnerstraße 15. Auf eigens eingemessenem Baugrundstück errichtete 1903 Architekt Carl Rawer das bestehende Mietshaus für den Baumeister Nikolaus Beck. Das Anwesen wurde nördlich freigestellt, und von der Görresstraße an in den Norden setzte die Baulinienkommission entlang der Zentnerstraße eine Vorgartenlinie durch. Blockhaft ohne Flügelbau kam das Anwesen

Zentnerstraße 15; Eingabeplan, 1903   ▷

Zentnerstraße 13; Grundriss 1. Obergeschoss, 1892

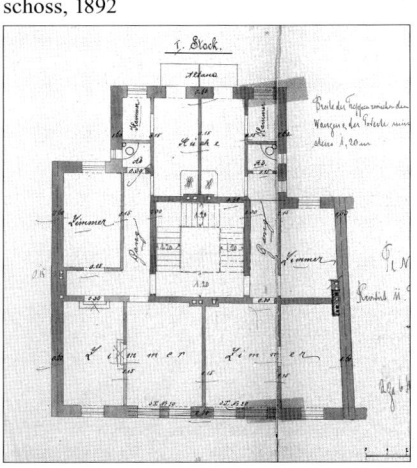

als nördliche Verlängerung des früheren Mietshauses Görres-straße 30 zu stehen. Der Eingang wurde leicht ausmittig von Osten her verwirklicht, über ein knappes Zwischenpodest gelangt man zur rückwärtigen Stiege. Die doppelläufige Podesttreppe, ohne Ausbau nach rückwärts, erschließt drei Wohneinheiten, kleine und mittelgroße, in jedem Obergeschoss. Gemäß Frühzustand befinden sich im Erdgeschoss zwei Wohnungen und zusätzlich eine im Dachgeschoss; bei letzterer ist im Eingabeplan vom „Atelier im Turm" die Rede. In ihrer Großform wird die Fassade von einem hohen dreiachsigen Dachhaus mit zwischenzeitlich begradigter Giebelkontur dominiert, das nördlich von einem hohen turmartigen Pavillonbau flankiert wird. Dieser erhielt ein hohes Zeltdach (Haube mit Aufschieblingen). Die ursprünglich klarer nachvollziehbar in Mischformen von Jugendstil und Neurenaissance dekorierte Fassade erfuhr nicht nur formale Reduktionen ihrer dekorativen Ausstattung, Einscheibenverglasungen – wohl aus den 1960er Jahren – bilden den Ersatz der Erstausstattung an Fenstern und so (je nach Lichteinfall) eine Beunruhigung der eigentlich als geschlossen beabsichtigten Fassadenschicht. Infolge des Luftkriegs wurde das Haus indirekt in Mitleidenschaft gezogen, das südlich angrenzende Haus total zerstört. (Reparatur und Teilerneuerung des Dachtragwerks 1994; Generalsanierung u. a. mit Ausbau des Dachgeschosses und Fassadeninstandsetzung; Fenstererneuerung/Drittbestand 2004).

Zentnerstraße 17. Auf zuvor unbebautem Grund ließ sich der Baumeister Peter Hartl 1906–07 den bestehenden Bau errichten. Die Planung lag in den Händen des Technischen Büros Adolf Wentzel. Das südlich benachbarte Anwesen Zentnerstraße 15 war 1903 erbaut worden, Bauwerber war dort ebenfalls ein Baumeister, der das Haus sogleich nach der amtlichen Bestätigung der Bewohnbarkeit an Amalie Pollmann abverkaufte. 1908 schloss man an den fertiggestellten Rohbau von Nr. 17 das nördliche Nachbaranwesen Nr. 19 an. Zur Zeit der Erbauung von Haus Nr. 17 war die Eigentümerin der baureifen Parzelle von Nr. 19 noch Frau Therese Lindl. Diese verkaufte noch im gleichen Jahr den Grund an die Baumeistersgattin Katharina Hierl, die den Architekten Hans Schmeidl sogleich mit der Planung des neuen Anwesens beauftragte, das schließlich bis heute zusammen mit Nr. 17 einen abgeschnürten Hinterhof bildet. Die Spekulation mit Hauseigentum und davor schon mit potenziellen Baugründen führte zu beinahe unüberschaubar häufigem Eigentümerwechsel.

Haus Nr. 17 blieb südlich freigestellt (Hofdurchfahrt) und hatte eine fünf Meter tiefe Vorgartenlinie zu beachten (bauzeitliche Einfriedung erhalten). Dem Pavillon an der Straße setzte Wentzel einen Rückflügel an, der am Hofwinkel zusätzlich eine rechteckige Einklinkung erhielt (zur Setzung weiterer Fensterachsen). Der Zugang erfolgt von der Mitte der Straßenfassade her, über ein hohes Zwischenpodest gelangt man zum Treppenhaus am

Hofwinkel; hier belichtet eine breite Fensterachse den Aufgang. Im Entree haben sich der Jugendstil-Stuckdekor sowie die Holztäfer erhalten, im Treppenhaus verschiedentlich die Farbverglasungen. Die einläufige Podesttreppe mit gezogenen Stufen erschließt gemäß Eingabeplan in jeder Etage drei Wohnungen (bauzeitlicher Türenbestand mit Ausnahme der Hauseingangstüre weitgehend erhalten).

Die Zwerchhaus-Fassade steht in Rauputz mit geglätteten Fensterrahmungen und weiterem Dekor in den Formen eines barockisierenden Jugendstils. Das Erdgeschoss machen Rundbogenfenster aus. Einen dreigeschossigen Flacherker (ohne Seitendurchfensterung) setzte man markant vor die mittlere der fünf Achsen. Der Unterzug des Erkers wurde segmentbogig angezogen, die Deckplatte des Erkers bedient die Dachwohnung als Austritt. Im Erker (hier im Sturzfeld des Fenster im 2. Obergeschoss) findet sich die Bezeichnung „1907". Auch setzte man rechts und links des Erkers über kräftigen Konsolen schmale Balkone mit Schmiedeeisengittern vor die Fenstertüren der beiden straßenzugewandten Wohneinheiten des 2. Obergeschosses. Neben dem Erker tritt als augenfälliges Bauteil der Zwerchgiebel, dessen Kontur als amalgamierter Schweifgiebel anzusehen ist, der die zwischen Neubarock und Jugendstil changierenden Stileigenschaften der Fassadendurchbildung deutlich werden lässt.

Gerade im Nebeneinander des Anwesens mit seinem südlichen Nachbargebäude Nr. 15 an der Zentnerstraße wird die Bedeutung von Fensterteilungen (im Unterschied zu Einscheibenverglasungen) für die Geschlossenheit der Fassadenschicht deutlich. (Balkonreparaturen 1986; Erneuerung der Dachhaut 1990/91.)

Zentnerstraße 19. Im Jahr nach der Fertigstellung des südlichen Nachbaranwesens Zentnerstraße 17 begannen 1908 die Arbeiten am bestehenden Wohn- und Geschäftshaus, mit dessen Erbauung die Baumeistersgattin Katharina Hierl den Architekten Hans Schmeidl beauftragt hatte. Das große Anwesen steht nördlich frei, hier liegt die Durchfahrt zum gleichzeitigen Rückgebäude, einer Bäckerei, außerdem wurde es vermittels eines Vorgartenstreifens von der Straße abgerückt. Schmeidl verwirklichte einen modernen Grundriss, verteilte die Baumassen über zwei Flügel und disponierte den Treppenhausschacht mittig im Gebäude mit eigenem, großem Oberlicht. Den Zugang steckte er mit hohem tonnengewölbtem Entree in die Mitte der Straßenfassade, über ein hohes Zwischenpodest gelangt man zur doppelläufigen Podesttreppe, die zwei Wohnungen in jeder Etage erschließt. Dabei wurden die Wirtschaftsräume und Magdkammern nach rückwärts ausgebaut. Schon bauzeitlich war der Südabschnitt des Dachraums zur vergleichsweise großen Dachwohnung ausgebaut und in der nördlichen Partie des Erdgeschosses ein Laden eingerichtet (später geschlossen). Die Behandlung der Fassaden, ihre malerische Durchbildung wird von einer forcierten Vielgestaltigkeit geprägt (vgl. u. a. die zahlreichen Balkonformate). Die Straßenfront nach Osten erhielt einen dominierenden Mittelzug. Hier hebt ein dreiachsiger Flacherker oberhalb des Eingangs an, verspringt vor dem 3. Obergeschoss zur Zweiachsigkeit, die aber zugunsten eines breiten korbbogigen Fensters aufgegeben wird. Die Deckplatte des Erkers bedient den Austritt vor einem Zwerchhaus, dessen Wangen konkav eingeschwungen wurden und dessen Giebel schlicht dreieckig abschließt (hochovaler Okulus im Giebelfeld). Typisch für die malerische Anverwandlung des Außenbaus sind weiters die pavillonartige Artikulation der Seitenfassade sowie in der Binnengestaltung die Einziegelung aller Wasserschlagsflächen. Darüber hinaus brach Schmeidl die Fassadenschichten geradezu spielerisch auf, was freilich durch die nachträgliche Aufglasung der Loggia im 3. Obergeschoss konterkariert wurde.

Zentnerstraße 17; Aufn. 1996

Zentnerstraße 19; Aufn. 2008

Zieblandstraße

Die von der Barer Straße im Osten zur Schwindstraße im Westen führende, nach dem Architekten Georg Friedrich Ziebland (1800–1873) benannte Straße im nördlichen Bereich der rechtwinklig angelegten Maxvorstadt tangiert mit ihrem Mittelteil die Südseite des 1866–69 angelegten Alten Nördlichen Friedhofs (vgl. Arcisstraße 45). Bebauung ursprünglich mit – nach dem Luftkrieg meist durch Neubauten ersetzten – aufwendig späthistoristischen viergeschossigen Mietshäusern, im Abschnitt zwischen Schraudolph- und Augustenstraße hinter Vorgärten. Der einstige vornehme Charakter des homogenen Straßenbildes ist heute nicht mehr nachvollziehbar.

Zieblandstraße 14. Das Mehrfamilienwohnhaus errichtete der Architekt Josef Wiedemann in Mitarbeit mit Rudolf Ehrmann 1956/57 im Auftrag seiner Ehefrau.

Zieblandstraße nach Westen (ab Tengstraße); Aufn. um 1905

Das Gebäude liegt auf einem ungleichmäßigen Grundstück an der Ecke Zieblandstraße/Tengstraße (s. Flurkarte S. 109). Nach Westen schließen Wohnbauten der Nachkriegszeit unmittelbar an, nach Norden steht es frei und nach einem Abstand folgt ein

Zieblandstraße 14; Aufn. 2008

Zieblandstraße (Westabschnitt); Flurkarte, M. 1:2 500

1889 erbautes Mietshaus (Tengstraße 1, s. dort); östlich gegenüber erstreckt sich der Alte Nördliche Friedhof. Das Wohnhaus mit einer zweifach geknickten Fassade hat über einem hohen Erdgeschoss und fünf Obergeschossen ein flach geneigtes Walmdach. Das Erdgeschoss ist an der Südfassade, die wegen der auf diese zuführende Luisenstraße die Hauptansicht darstellt, von den Obergeschossen abgesetzt. Im Gegensatz zu dem geschlossenen Sockel sind die Obergeschosse mit Fenstern und Loggien mit schräg gestellten Türen großflächig geöffnet. An der Ostseite und Südwestseite befinden sich große Fenster. Der Zugang zu dem Wohnhaus erfolgt über die Ostseite. Nach der weit aufgeglasten Tür und einem mehrstufigen Aufstieg gelangt man in das Treppenhaus des Erdgeschosses. Die Grundrisse der Wohnungen variieren von Einzimmer- bis zu Vierzimmerwohnungen. Die Wohnräume sind großzügig befenstert, die nach Süden weisenden Räume öffnen sich auch zu einer Loggia. Eine Nutzung des Dachgeschosses zu Wohnzwecken ist bereits in den Eingabeplänen vermerkt.

Der Bestand an bauzeitlichen Fenstern und Innentüren ist in großen Teilen erhalten. Bis zum November 2007 wurden in vier Wohnungen die Fenster saniert. Die Fenster im Dachgeschoss wurden um 1995 ersetzt, die Dachflächenliegefenster nachträglich eingesetzt. Die Außenfarbigkeit wurde später, der ursprünglichen Bemalung folgend, jedoch in blasseren Farben, erneuert. Im Wohnungsbau der 1950er Jahre nimmt das Mehrfamilienhaus von Josef Wiedemann eine herausgehobene Stellung ein. Die großflächige Belichtung und die Variabilität der Grundrisslösungen entstammen zeitgenössischen Forderungen an modernes Bauen. Innerhalb der Stadt München bildet es damit in einem vielfach noch von konservativer Architekturauffassung geprägten Bauen zu dieser Zeit eine Ausnahme. Mit dem hohen Sockelgeschoss und dem Verzicht auf ein Flachdach nimmt Wiedemann dagegen auch auf die Bebauung der Umgebung Rücksicht und fügt sich dieser zumindest in der Kubatur ein.

Zieblandstraße 34. Auf zuvor unbebautem Grund errichtete 1888–90 Steinmetzmeister Anton Treutler das repräsentative Neurenaissance-Mietshaus für sich selbst. Der Zeilenbau erhielt westlich rückwärtig eine Einklinkung der Baulinie, in dieser Achse kam die Durchfahrt zum Liegen, auf halber Höhe schließt an diese der Übergang zum Treppenhaus an. Die einzügige Podesttreppe mit ins Rund gezogenen Stufen und langer rechteckiger Laterne liegt zentral im Gebäude und wird von oben belichtet. Zwei Wohnungen wurden in jeder Etage untergebracht. Bauzeitlich befand sich im Dachgeschoss ein großzügiges Atelier. Die Fassade des Anwesens besticht durch strenge symmetrische Ponderation. Da sind zwei je seitliche Risalite: Im Erdgeschoss grob bossiert rustiziert, vor dem 1. Obergeschoss fein geputzte Quader-Rustiken, vor dem 2. Obergeschoss rustizierte Ecklisenen, die Ziegelrücklagen einrahmen, und vor dem 3. Obergeschoss streifiger Wechsel von Blankziegeln und Putzbändern. Die Risalite spannen ein mittleres Fassadenfeld ein, in das zwei eng gesetzte Fensterpaare mit gemeinsamen, geschossweise variierenden Verdachungen eingestellt sind. Insgesamt vermittelt die Fassade, mit Ausnahme der Dachzone, ein Lehrbuchbeispiel für eine beliebte Spielart nordischer Renaissance. Im Luftkrieg wurde das Dachtragwerk des Hauses zerstört, das Anwesen war teilweise unbewohnbar. Die Wiederherstellung verzichtete auf die Wiederholung der zeltdachbekrönten Erkeraufbauten, die ursprüng-

Zieblandstraße 34; Aufn. 1995   Zieblandstraße 41; Aufn. 1995

lich die Risalite bekrönt hatten. Der erneute Ausbau des Dachgeschosses setzte Gauben weit hinter das Traufgebälk und hielt so ihre Fassadenwirksamkeit gering. (Latente Abbruchpläne 1981 verhindert, Fassadenrenovierung und Fenstererneuerung 1983.)

Zieblandstraße 41. Auf zuvor unbebautem Grund errichtete der Bauunternehmer Johann Maurer 1887–88 das Wohn- und Wirtschaftsgebäude für sich selbst. Zur Planlegung brachte er Grundrisse und Fassadentekturen von unterschiedlichen Händen, so für Baumassenverteilung und Raumaufteilung von Exter & Specht „Architect. Projectirungs- u. Auskunftsbureau" und für die Fassade vom Baugeschäft Josef Hölzle (zugleich Nachbar). Gleichzeitig entstand ein reines Rückgebäude ohne Verbindung zum Vorderhaus, zweigeschossig und nach Plan von Bautechniker Jakob Freundorfer. 1918 kam es zu einem einfachen Dachgeschossausbau für den Kaufmann Hans König nach einem Plan von Maurermeister Paul Asam. Der Eingang geschah von der mittleren Strecke der Durchfahrt in der östlichen Achse her, hier schließt mit kurzem Übergang das Treppenhaus an. Die einläufige Podesttreppe mit gezogenen Stufen liegt zentral im Gebäude, wird von oben her belichtet und führt zu zwei mittel-

großen Wohnungen in jedem Obergeschoss. Die Nutzung des Erdgeschosses als Gastwirtschaft entspricht dem Frühzustand. Die Fassade kennzeichnet eine reiche Anverwandlung in der Stilausprägung nordischer Neurenaissance (vgl. die verwandte Front von Zieblandstraße 34). Erdgeschoss und 1. Obergeschoss wurden variierend rustiziert, 2. und 3. Obergeschoss erhielten Blankziegel vorgeblendet und wurden mit angeputztem Dekor ornamentiert. Den Hauptakzent der Fassade bildet ein ausmittig angesetzter Risalit, in den hinein zwei Fensterachsen eng gesetzt wurden und der vor der Dachzone ein eigenes, insgesamt kantiges Dachhaus erhielt. Der erhaltenen Bekrönung des Dachhauses schrieb man die Binnenstruktur einer Muschel ein, ähnlich verfuhr man im Giebelfeld des Dreieckgiebels, mit dem das Fensterpaar des 2. Obergeschosses im Risalit verdacht worden ist. (Im Luftkrieg wurden beide Nachbarbauten von Nr. 41 erheblich in Mitleidenschaft gezogen. Beachtlich ist die straßenseitig ruhige und wenig fassadenwirksame Dachzone, Status: 1995.)

Zwingerstraße

(Vgl. Ensemble Altstadt.) Kurze Nord-Süd-Verbindung im südöstlichen Altstadtrandbereich quer durch das Gelände der ehem. Stadtbefestigungen von der Westenrieder- über die Frauen- zur Rumfordstraße (vgl. jeweils dort). Der seit 1868 gültige Straßenname erinnert an den Zwischenraum innerhalb der Stadtmauern des 14. und 15. Jh. bzw. zwischen diesem doppelten mittelalterlichen Mauerring und der Wallbefestigung aus der 1. Hälfte des 17. Jh. Den Nordteil der Straße begrenzt westlich die Riemerschmid-Handelsschule Frauenstraße 19 (s. dort)/Westenriederstraße 20. Das Grundstück der einstigen Volksschule östlich gegenüber ist seit deren Zerstörung im Luftkrieg unbebaut. – Die Südhälfte der Zwingerstraße wurde nach dem Zweiten Weltkrieg verbreitert, die Grundstücke an der Westseite blieben unbebaut. Die störende östliche Brandmauer des Neurenaissance-Hauses Frauenstraße 28 (s. dort) erhielt – wie auch eine Rückgebäudewand – 1978 (im Auftrag der Deutschen Lloyd Versicherungen) durch ein großflächiges *mural* (s. Abb. S. 239) architektonisch-illusionistischen Charakters von dem amerikanischen Künstler Richard Haas (geb. 1936) eine das Stadtbild verbessernde wie bereichernde Gestaltung; die Erhaltung des Kunstwerks ist derzeit (2007/08) im Zusammenhang mit einer geplanten Wiederbebauung ungeklärt.

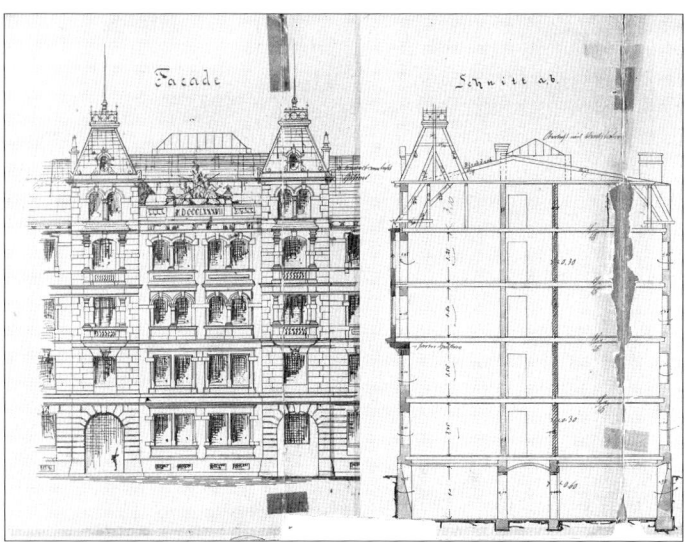

Zieblandstraße 34; Eingabeplan, 1888

Kartenteil

Hinweise zum Kartenteil

Allgemeine Legende zu den Ensemble-Plänen:

Die Ensemble-Pläne zeigen die jeweilige Ensemblefläche (orange), Einzelbaudenkmäler (rot), Historische Park- oder Gartenanlagen als eigenständiges Werk der Gartenbaukunst oder als Bestandteil eines Einzeldenkmals (grün), Natürliche oder gestaltete Wasserflächen als Bestandteil eines Einzeldenkmals (blau).

Die das Ensemble prägenden Elemente sind die Einzeldenkmäler (rot), Historische Park- oder Gartenanlagen als Einzeldenkmäler (grün), Straßen- und Platzbilder besonderer Bedeutung (schraffiert).

Für alle Karten gilt: Sie beinhalten keine rechtlich verbindlichen Aussagen zum Denkmalwert, zur Denkmaleigenschaft und zur topographischen Situation der einzelnen Objekte. Der jeweils aktuelle Stand der Denkmalerfassung findet sich im BayernViewer-denkmal auf der Homepage des BLfD (www.blfd.bayern.de).

GIS-Bearbeiter: Dipl.-Ing. Roland Wanninger und Dipl.-Ing Johannes Valenta unter Mitarbeit von Dr. Burkhard Körner.

Kartengrundlage: DFK (Landesamt für Vermessung und Geoinformation München)

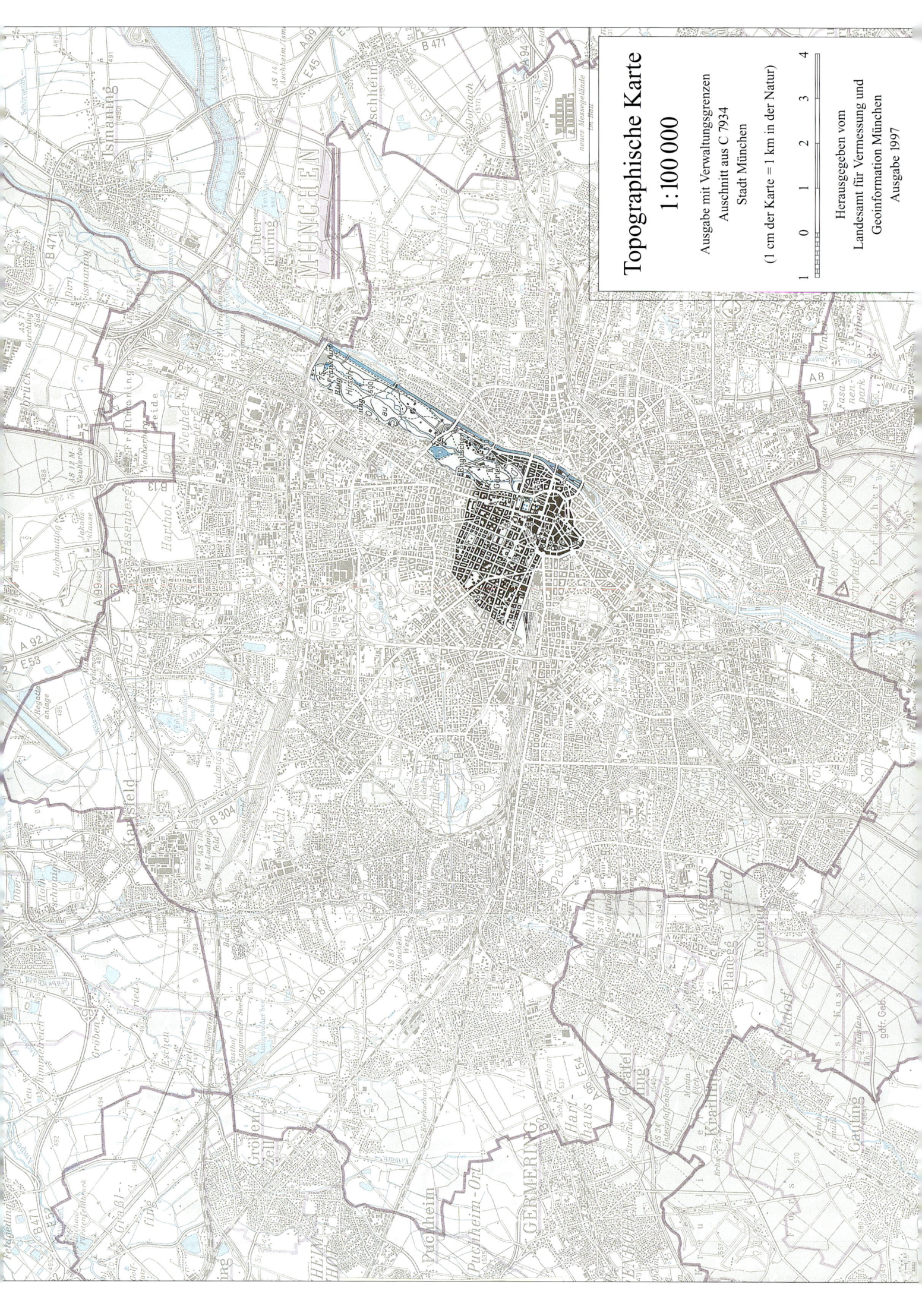

Topographische Karte
1:100 000

Ausgabe mit Verwaltungsgrenzen
Auschnitt aus C 7934
Stadt München

(1 cm der Karte = 1 km in der Natur)

1 0 1 2 3 4

Herausgegeben vom
Landesamt für Vermessung und
Geoinformation München
Ausgabe 1997

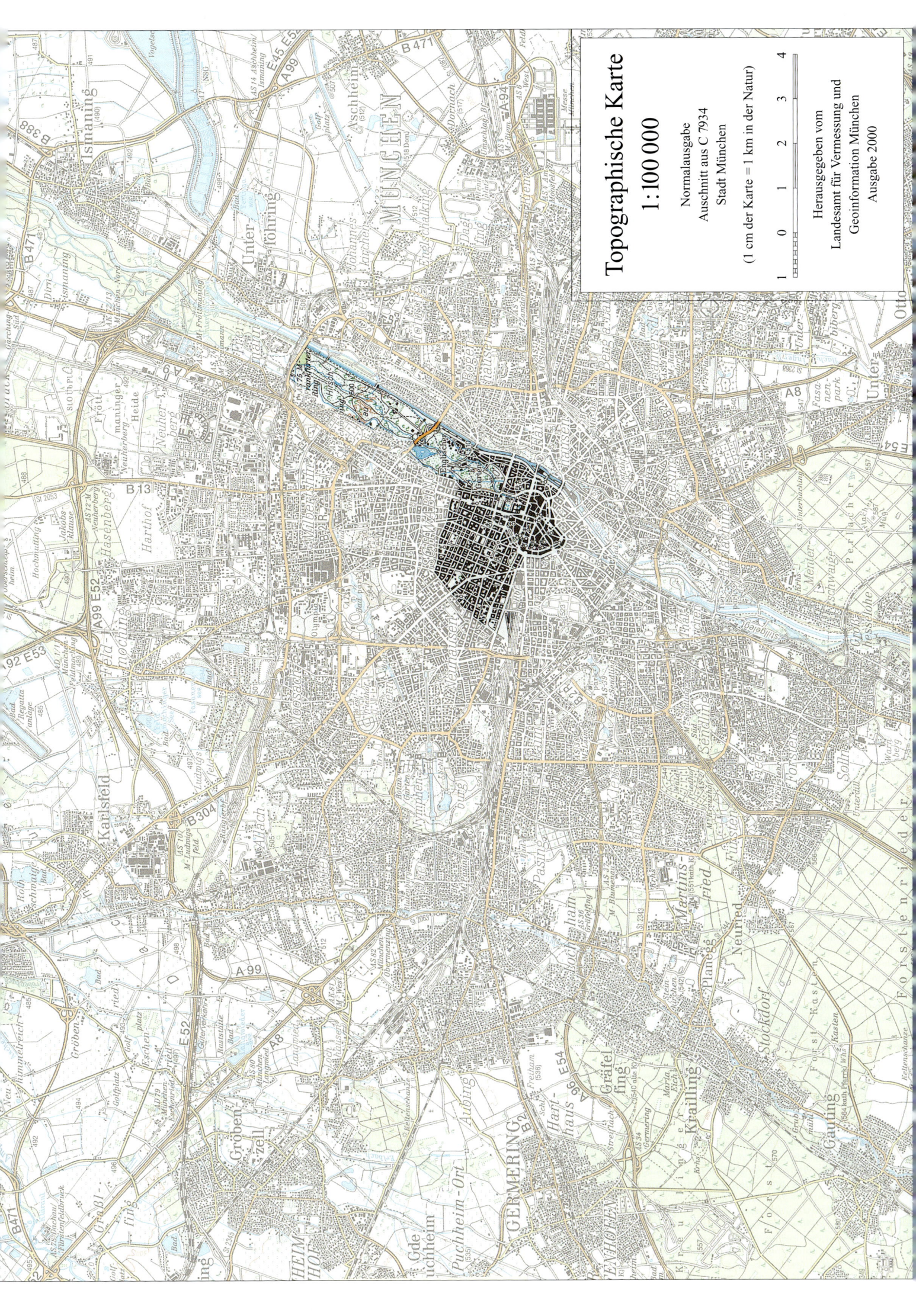

Topographische Karte
1:100 000

Normalausgabe
Auschnitt aus C 7934
Stadt München

(1 cm der Karte = 1 km in der Natur)

1   0   1   2   3   4

Herausgegeben vom
Landesamt für Vermessung und
Geoinformation München
Ausgabe 2000

Maßstab: 1:7000
Kartographie und Layout:
Roland Wanninger

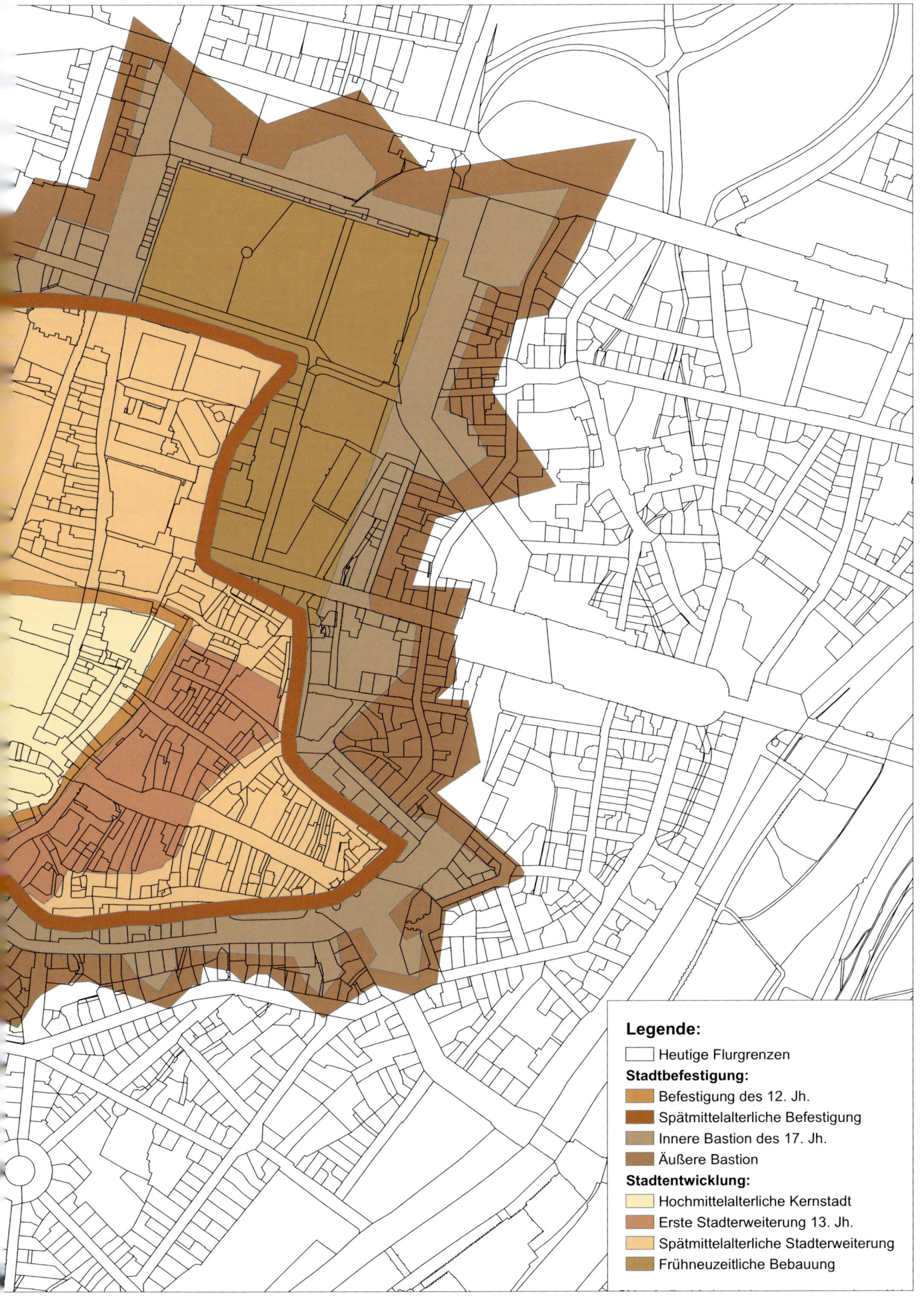

Legende:

☐ Heutige Flurgrenzen

Stadtbefestigung:

■ Befestigung des 12. Jh.

■ Spätmittelalterliche Befestigung

■ Innere Bastion des 17. Jh.

■ Äußere Bastion

Stadtentwicklung:

■ Hochmittelalterliche Kernstadt

■ Erste Stadterweiterung 13. Jh.

■ Spätmittelalterliche Stadterweiterung

■ Frühneuzeitliche Bebauung

Maßstab: 1:7000 Quelle: Dr. Christian Behrer
Kartographie und Layout:
Johannes Valenta, Roland Wanninger

Legende:

Flurstücke

Grenzen der ehemaligen Befestigung

Positiv-Negativ Kartierung

Keine Archäologische Substanz mehr

Archäologische Substanz vorhanden

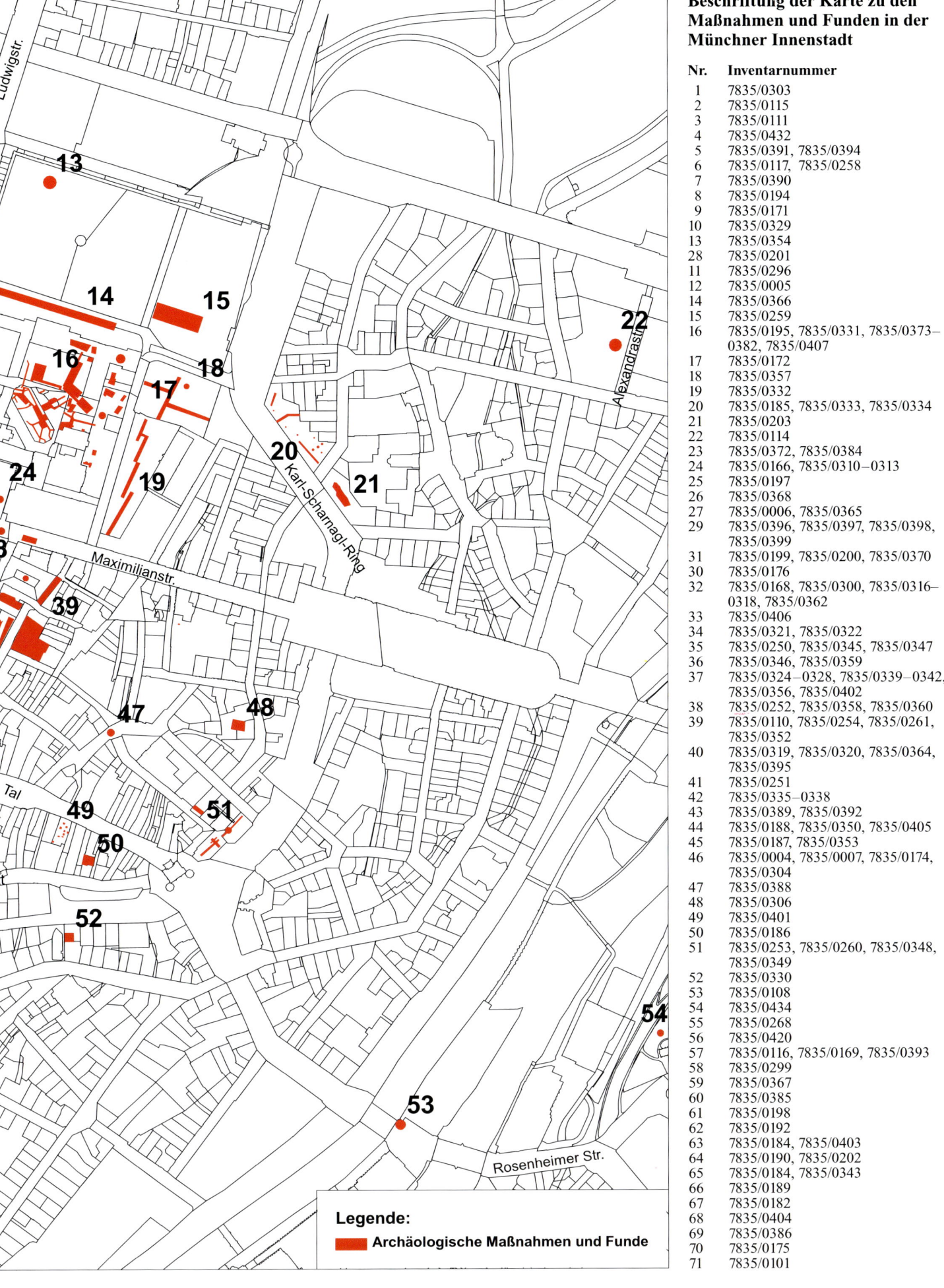

Beschriftung der Karte zu den Maßnahmen und Funden in der Münchner Innenstadt

Nr.	Inventarnummer
1	7835/0303
2	7835/0115
3	7835/0111
4	7835/0432
5	7835/0391, 7835/0394
6	7835/0117, 7835/0258
7	7835/0390
8	7835/0194
9	7835/0171
10	7835/0329
13	7835/0354
28	7835/0201
11	7835/0296
12	7835/0005
14	7835/0366
15	7835/0259
16	7835/0195, 7835/0331, 7835/0373–0382, 7835/0407
17	7835/0172
18	7835/0357
19	7835/0332
20	7835/0185, 7835/0333, 7835/0334
21	7835/0203
22	7835/0114
23	7835/0372, 7835/0384
24	7835/0166, 7835/0310–0313
25	7835/0197
26	7835/0368
27	7835/0006, 7835/0365
29	7835/0396, 7835/0397, 7835/0398, 7835/0399
31	7835/0199, 7835/0200, 7835/0370
30	7835/0176
32	7835/0168, 7835/0300, 7835/0316–0318, 7835/0362
33	7835/0406
34	7835/0321, 7835/0322
35	7835/0250, 7835/0345, 7835/0347
36	7835/0346, 7835/0359
37	7835/0324–0328, 7835/0339–0342, 7835/0356, 7835/0402
38	7835/0252, 7835/0358, 7835/0360
39	7835/0110, 7835/0254, 7835/0261, 7835/0352
40	7835/0319, 7835/0320, 7835/0364, 7835/0395
41	7835/0251
42	7835/0335–0338
43	7835/0389, 7835/0392
44	7835/0188, 7835/0350, 7835/0405
45	7835/0187, 7835/0353
46	7835/0004, 7835/0007, 7835/0174, 7835/0304
47	7835/0388
48	7835/0306
49	7835/0401
50	7835/0186
51	7835/0253, 7835/0260, 7835/0348, 7835/0349
52	7835/0330
53	7835/0108
54	7835/0434
55	7835/0268
56	7835/0420
57	7835/0116, 7835/0169, 7835/0393
58	7835/0299
59	7835/0367
60	7835/0385
61	7835/0198
62	7835/0192
63	7835/0184, 7835/0403
64	7835/0190, 7835/0202
65	7835/0184, 7835/0343
66	7835/0189
67	7835/0182
68	7835/0404
69	7835/0386
70	7835/0175
71	7835/0101

Legende:

Archäologische Maßnahmen und Funde

◁ Maxvorstadt und Schwabing, archäologische
Fundstellen nördlich der Kernstadt

Färbergraben, Überlagerung des revidierten Plans zum Urkataster von 1849 mit der digitalen Flurkarte; die Nachkriegsbebauung nimmt keinen Bezug zur ehemaligen Parzelleneinteilung

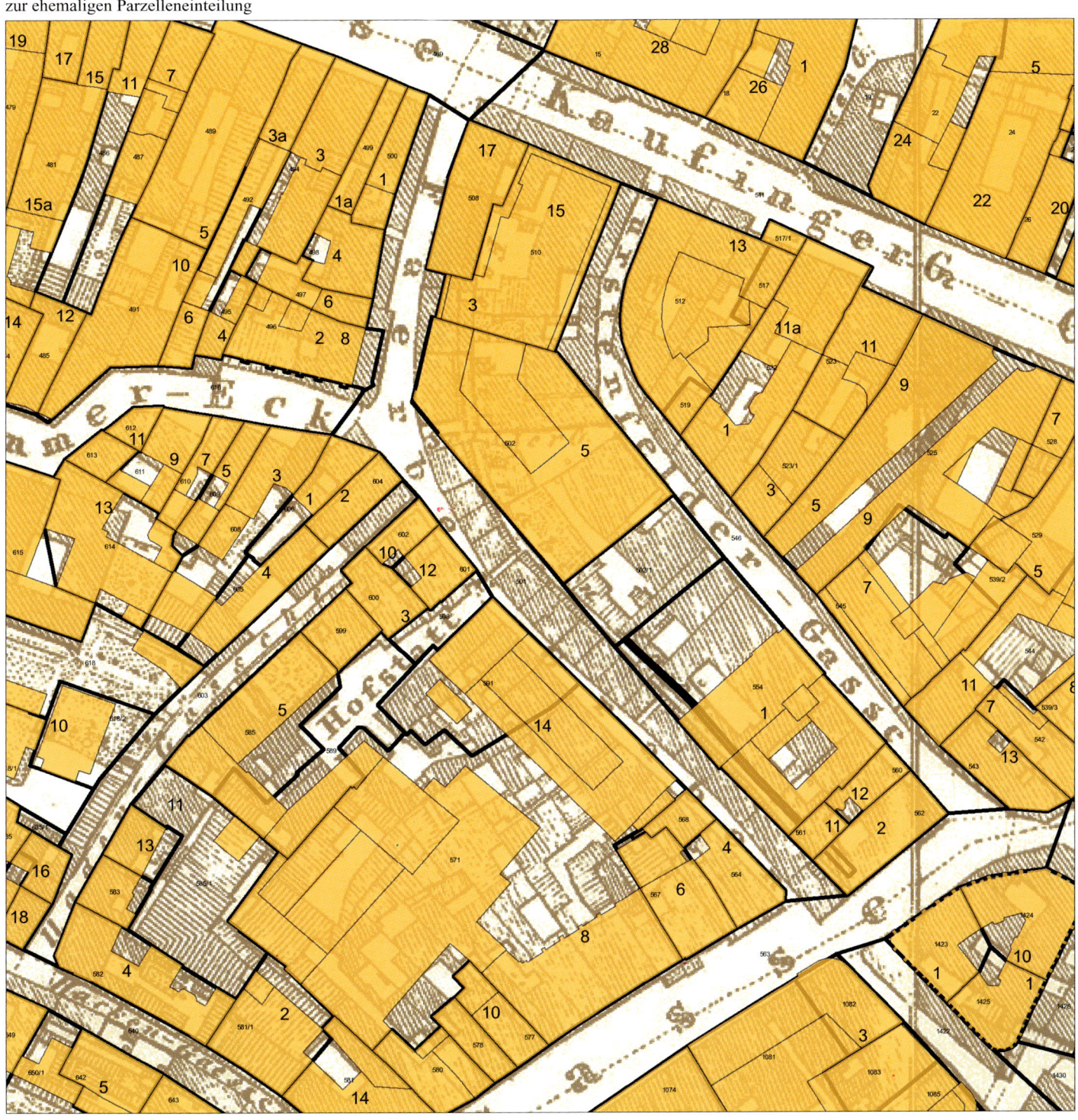

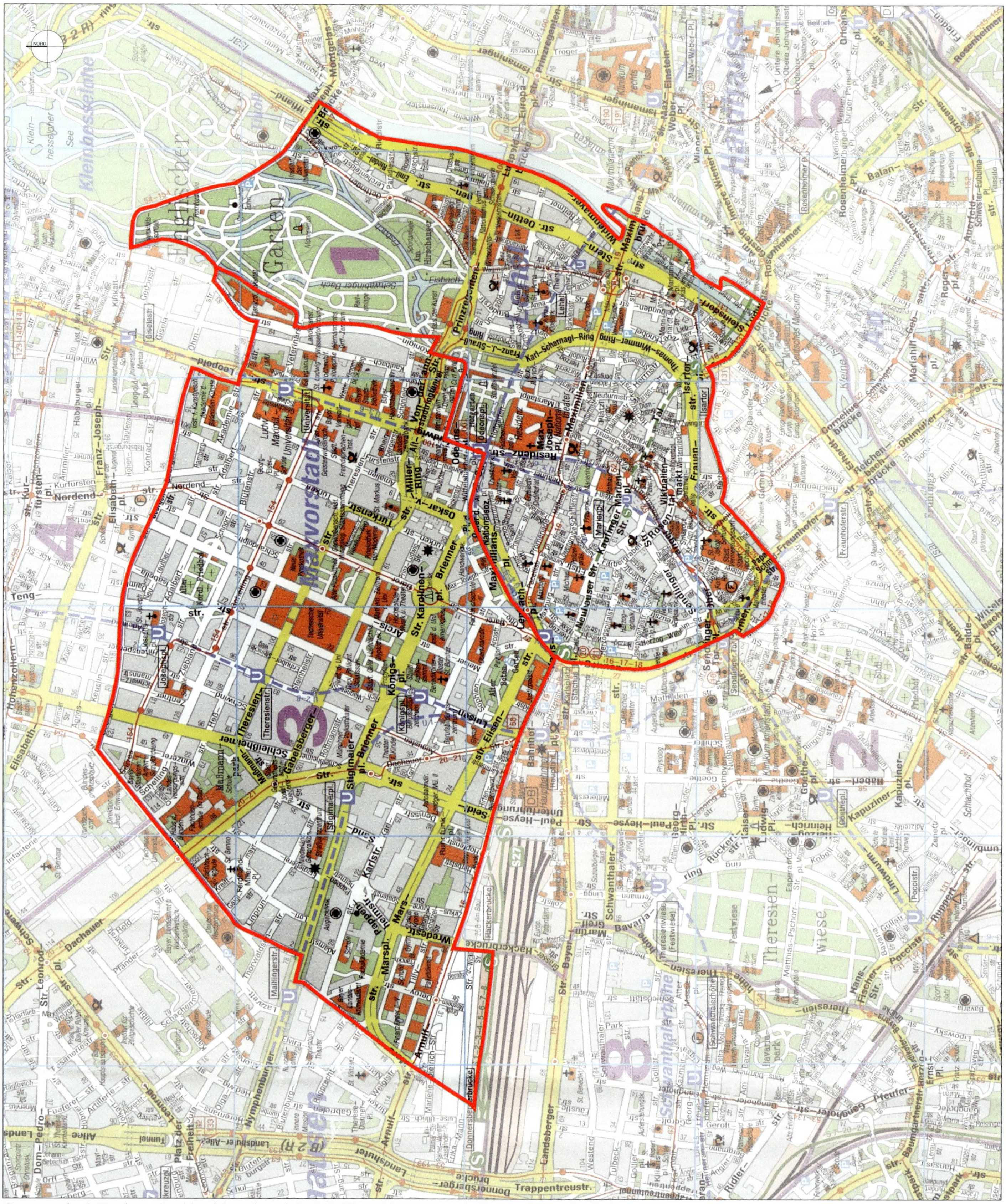

Grenzen der Münchner Stadtbezirke Altstadt-Lehel (1) und Maxvorstadt (3); amtlicher Stadtplan, 2005

Ensemble Altstadt München über digitaler Flurkarte, Maßstab 1:7500   ▷

◻ Ensemble

◼ Einzeldenkmäler

▨ Straßen- und Platzbild besonderer Bedeutung

◼ Historische Park- oder Gartenanlage als
   eigenständiges Werk der Gartenbaukunst
   oder als Bestandteil eines Baudenkmals

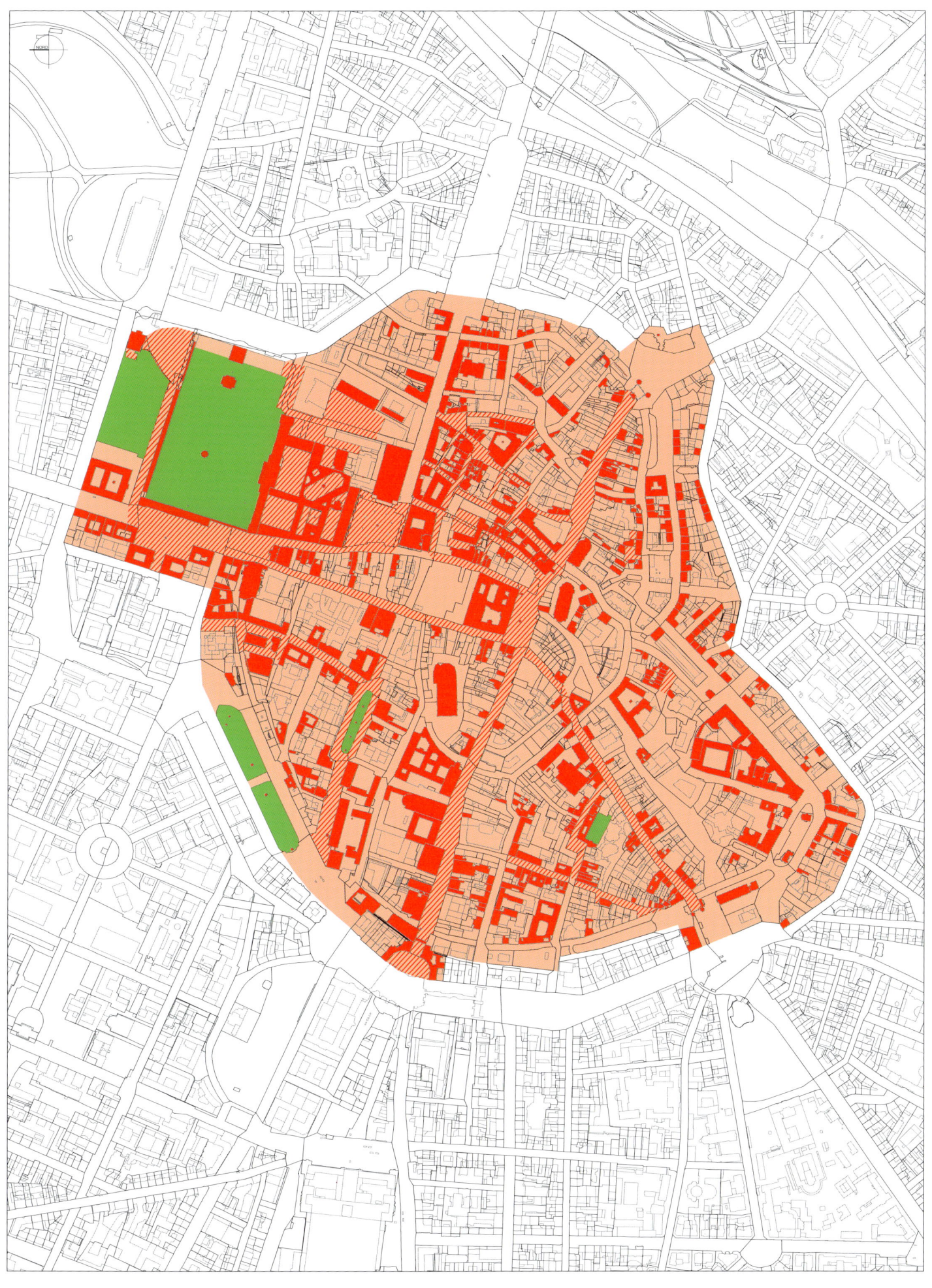

Platzfolge Lehel: Thierschplatz – Forum Maximilianstraße – Mariannenplatz

△ Ensemble über digitaler Flurkarte, Maßstab 1:5000

Ensemble

Einzeldenkmäler

Historische Park- oder Gartenanlage als eigenständiges Werk der Gartenbaukunst oder als Bestandteil eines Baudenkmals

◁ Ensemble Leopoldstraße (Forum) mit Schackstraße über digitaler Flurkarte, Maßstab 1:5000

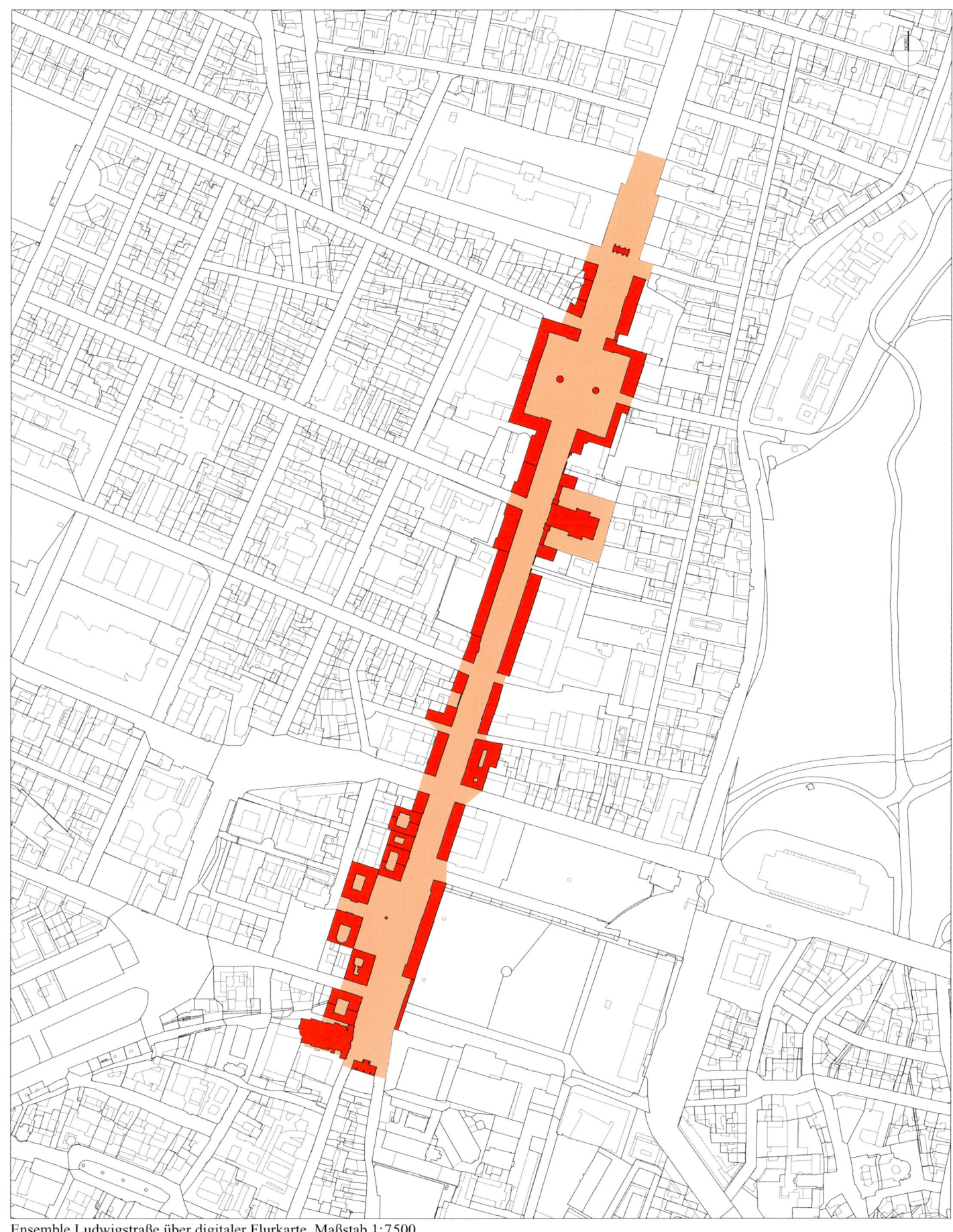

Ensemble Ludwigstraße über digitaler Flurkarte, Maßstab 1:7500

Ensemble   Einzeldenkmäler

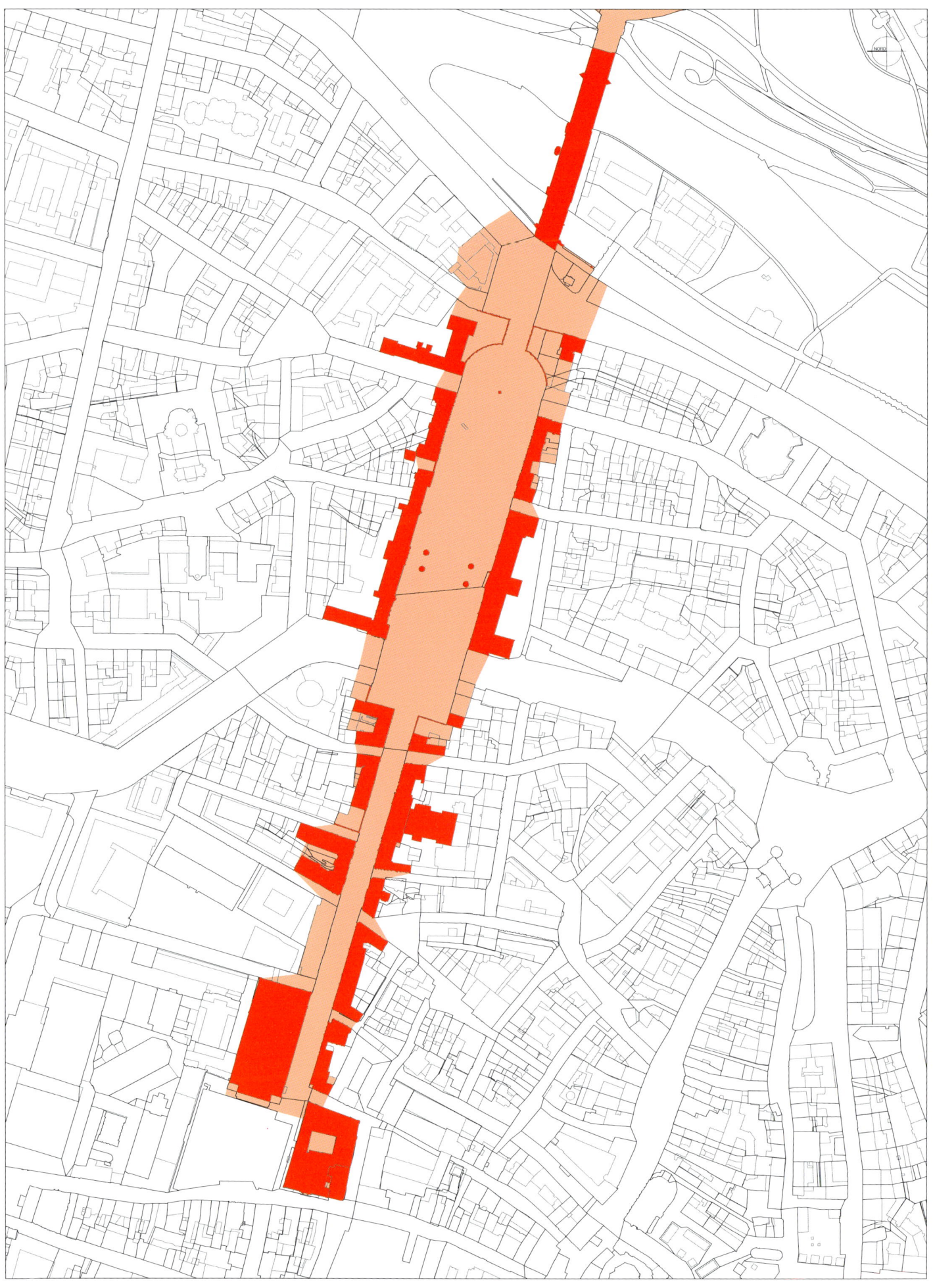

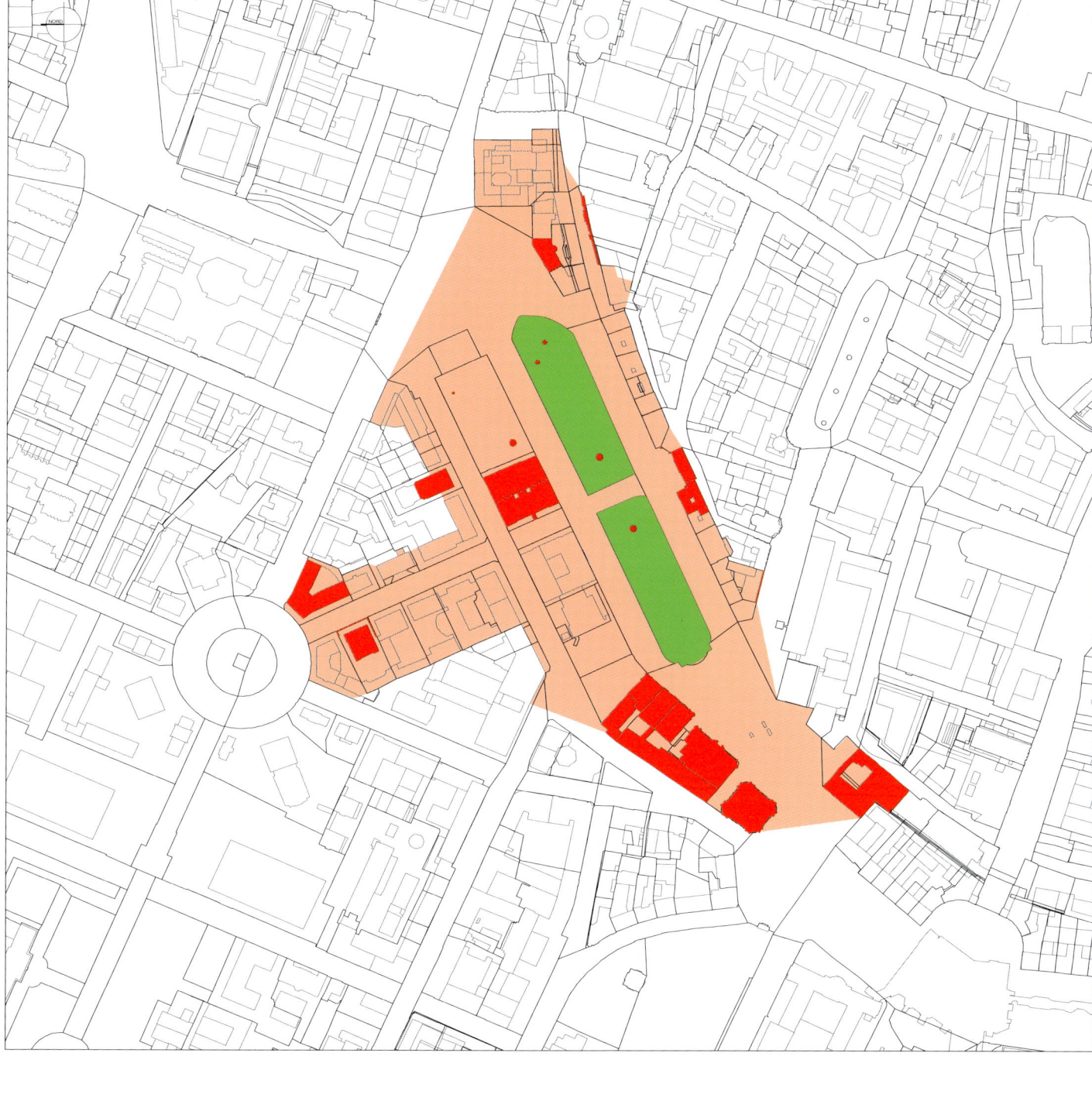

△   Ensemble Maximilianstraße über digitaler
Flurkarte, Maßstab 1:5000
(Ausschnitt nur Links der Isar)

Ensemble

Einzeldenkmäler

Historische Park- oder Gartenanlage als eigenständiges Werk
der Gartenbaukunst oder als
Bestandteil eines Baudenkmals

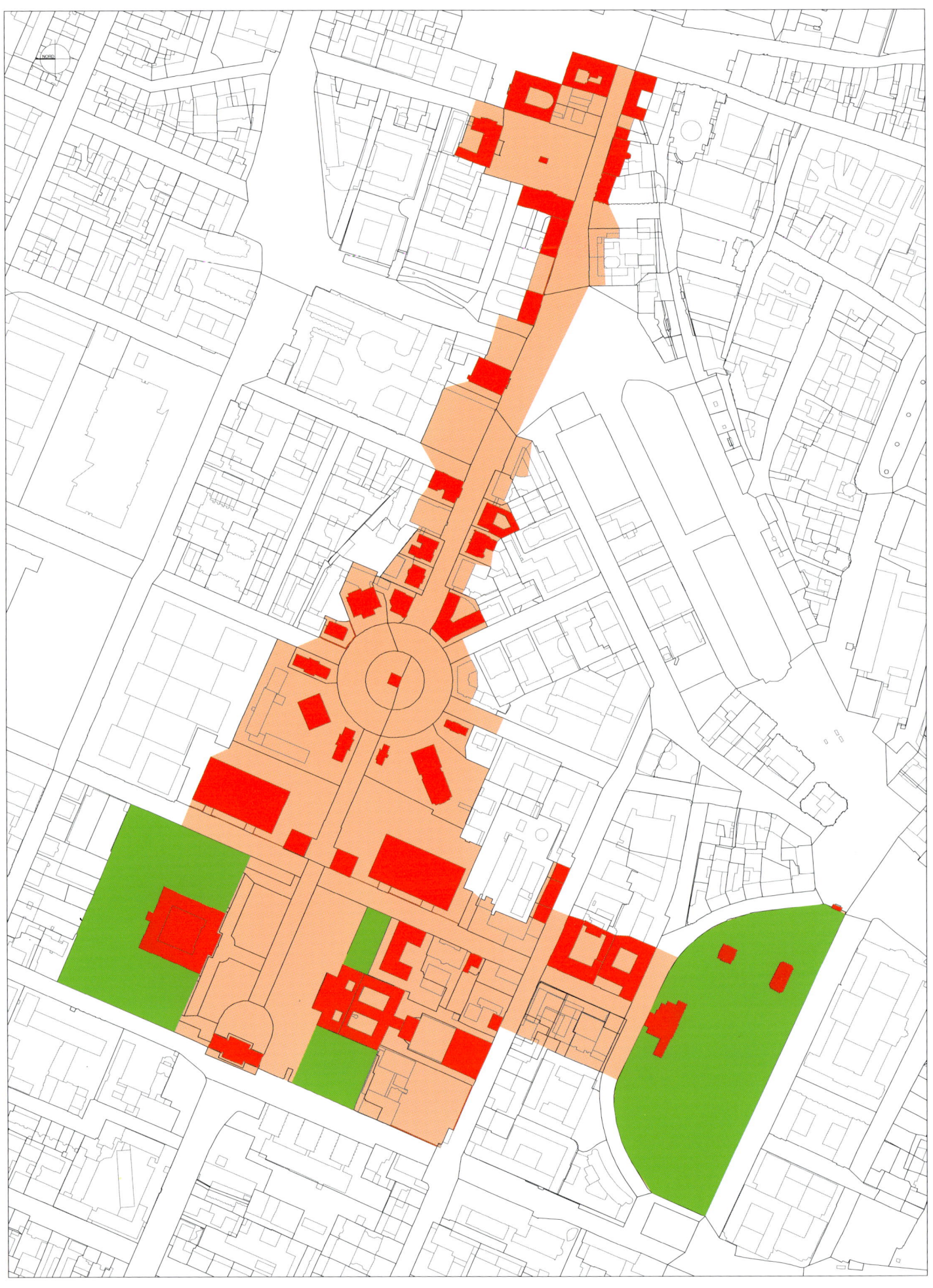

△   Ensemble Maxvorstadt II über digitaler
Flurkarte, Maßstab 1:5 000

▽   Ensemble Prinzregentenstraße
links und rechts der Isar (hier
Teil links) über digitaler Flurkarte, Maßstab 1:5 000

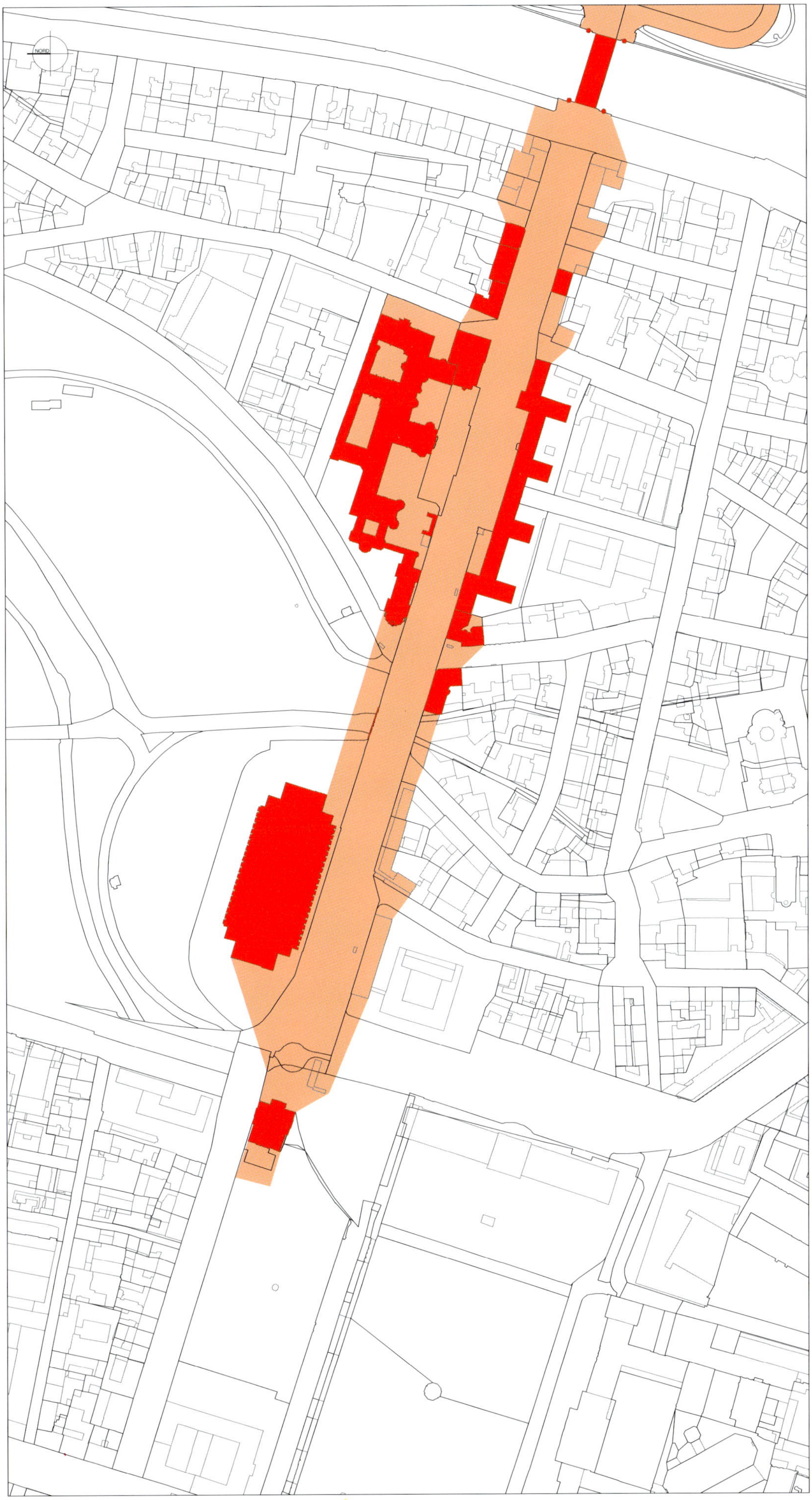

■ Einzeldenkmäler

■ Ensemble

■ Historische Park- oder Gartenanlage als eigenständiges Werk
der Gartenbaukunst oder als Bestandteil eines Baudenkmals

◁ Ensemble Richard-Wagner-Straße über
digitaler Flurkarte, Maßstab 1:2 500

Ensemble

Einzeldenkmäler

▽ Ensemble St.-Anna-Platz (Lehel) über
digitaler Flurkarte, Maßstab 1:2 500

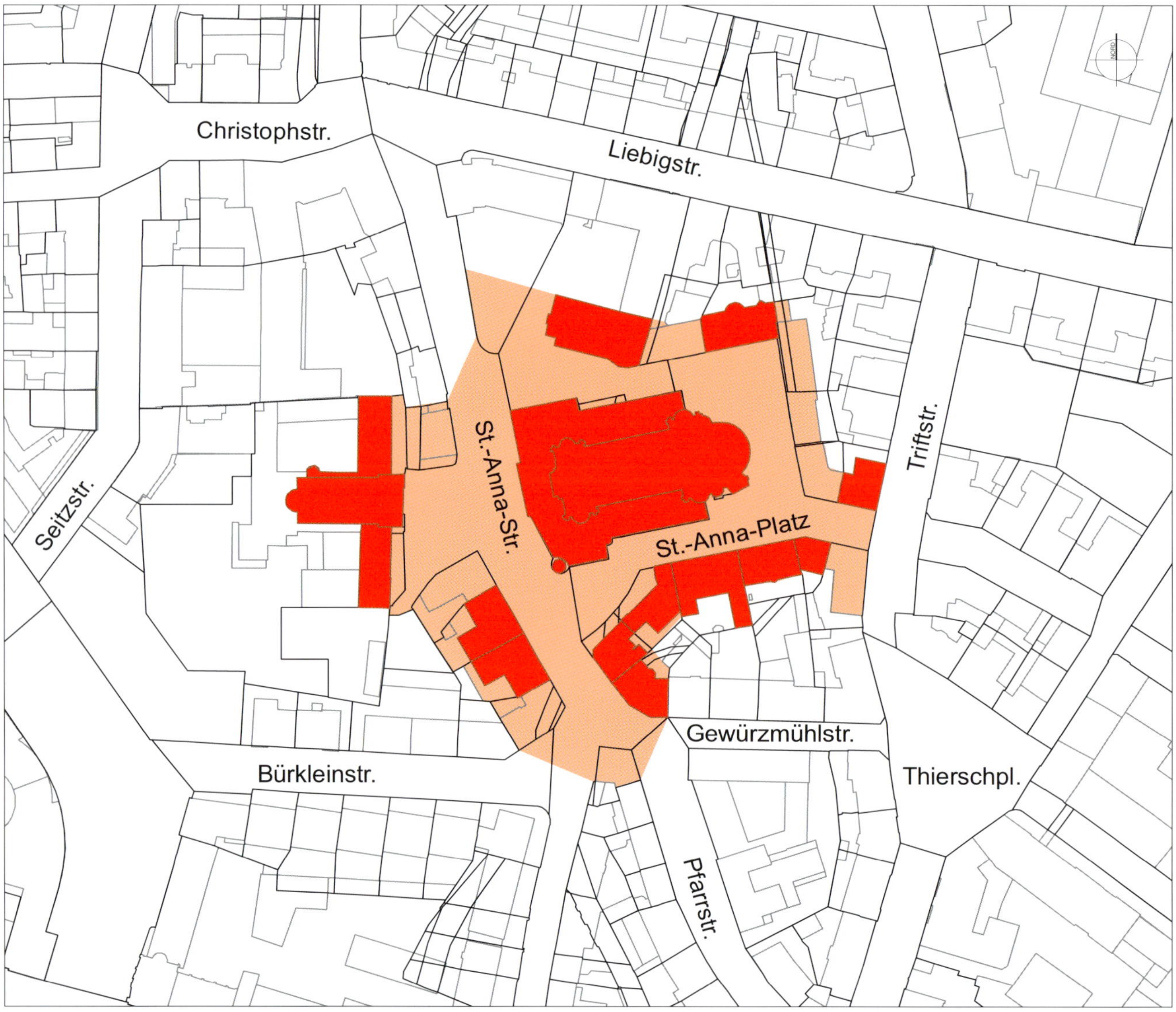

Ensemble Widenmayerstraße über digitaler Flurkarte, Maßstab 1:7500

Ensemble   Einzeldenkmäler

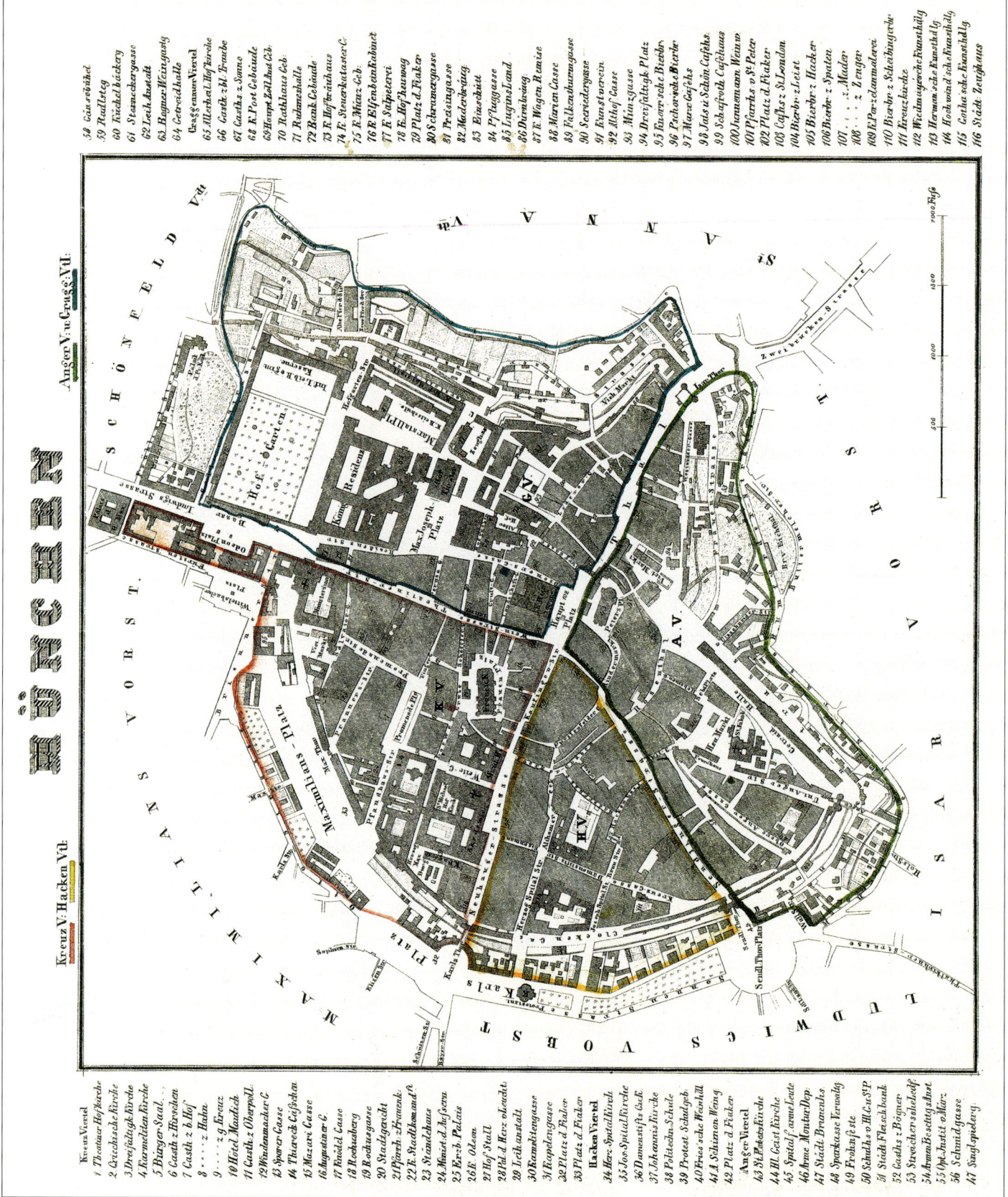

Die vier Polizeidistrikte der Münchener Altstadt; Gustav Wenng, Topographischer Atlas von München, 1849/51

Anhang

Abkürzungsverzeichnis

AB	Ars Bavarica	KH	Kunst und Handwerk
ABZ	Allgemeine Bauzeitung	LBK	Lokalbaukommission
AEMF	Archiv des Erzbistums München und Freising	Lkr.	Landkreis
AMTUM	Architekturmuseum der Technischen Universität München	LMU	Ludwig-Maximilians-Universität München
		MB	München und seine Bauten
AJ	Archäologisches Jahrbuch	MBB	Münchner Bürgerliche Baukunst der Gegenwart
AR	Architektonische Rundschau	MBM	*Miscellanea Bavarica Monacensia. Dissertationen zur*
BayHStA	Bayerisches Hauptstaatsarchiv München		*Bayerischen Landes- und Münchner Stadtgeschichte,*
BDm	Baudenkmal		hrsg. v. Karl Bosl und Richard Bauer (Neue Schriftenrei-
BFA	*Bavaria Franciscana Antiqua. Ehemalige Franziskaner-*		he des Stadtarchivs München)
	klöster im heutigen Bayern, hrsg. v. der bayerischen	MJBK	Münchner Jahrbuch der bildenden Kunst
	Franziskanerprovinz, 5 Bde., Landshut 1954–61 (Mün-	Mon	Monacensia-Sammlung der Stadtbibliothek München
	chen in Bd. III)	Mskr.	Manuskript
BLfD	Bayerisches Landesamt für Denkmalpflege	MStM	Münchner Stadtmuseum
BM	Der Baumeister	MNN	Münchner Neueste Nachrichten
BNM	Bayerisches Nationalmuseum München	NDBZ	Neudeutsche Bauzeitung
BStB	Bayerische Staatsbibliothek München	OA	Oberbayerisches Archiv, hrsg. v. Historischen Verein von
BStGS (AP, NP)	Bayerische Staatsgemäldesammlungen (Alte Pinakothek,		Oberbayern
	Neue Pinakothek)	OBB	Oberste Baubehörde
BSV	Bayerische Verwaltung der staatlichen Schlösser, Gärten	SBZ	Süddeutsche Bauzeitung
	und Seen	SGSM	Staatliche Graphische Sammlung München
BVBl	Bayerische Vorgeschichtsblätter	StA	Staatsarchiv
BZ	Die Bauzeitung	StadtAM	Stadtarchiv München
CK	Die Christliche Kunst	StadtAM LBK	Stadtarchiv München, Lokalbaukommission
DBZ	Deutsche Bauzeitung	SK	Kalender für katholische Christen (sog. Sulzbacher
DK	Dekorative Kunst		Kalender), Sulzbach 1841 ff.
DKD	Deutsche Kunst und Denkmalpflege (bis 1933 Zeitschrift	SZ	Süddeutsche Zeitung
	für Denkmalpflege, seit 1994 Die Denkmalpflege)	TH	Technische Hochschule München
DSchG	Bayer. Denkmalschutzgesetz	TU	Technische Universität München
GHA	Geheimes Hausarchiv	WV	Werkverzeichnis
JBD	Jahrbuch der Bayerischen Denkmalpflege (bis 1967	ZbBv	Zentralblatt der Bauverwaltung
	Berichte des Bayerischen Landesamts für Denkmal-	ZfbK	Zeitschrift für bildende Kunst
	pflege)	Zs.	Zeitschrift
JVCK	Jahrbuch des Vereins für christliche Kunst		
HRR	Heiliges Römisches Reich		
KA	Bayerisches Hauptstaatsarchiv Abt. IV (Kriegsarchiv)		
KDB	Die Kunstdenkmäler von Bayern – zu München: *Die*		
	Kunstdenkmale des Königsreichs Bayern I/Oberbayern,		
	III. Teil (Bezirksamt München I und II), München 1895,		
	IV. Teil (Stadt München), München 1902 (Nachdruck		
	München 1982)		

Personenregister

Vogt, Karl & Prestele, Alois (Baugeschäft)
CXLV, 172, 1211
Vogt, Mathias (Ba) 1081
Voigt, Dietrich siehe Dietrich & Voigt
Voit, August von (Ba, Oberbaurat) LXXV, 18,
23, 47, 114, 375, 530, 602, 607, 640, 934, 979
Voit, Carl/Karl (Bauamtsassessor) 477, 572, 806
Voit d. J., August (Ba) 1056 f., 1171
Volbehr, Heinrich (Ba) 134, 270, 472, 529, 795,
797, 812
Volckmer, Tobias (Ste) XVII f., XXIII f.,
XXVII, XXXII, LXXXVI, CXXI, CXXV,
101, 162, 166, 174, 180, 194, 215, 287, 290,
292, 301, 304, 308, 320, 330, 341, 353, 371,
381 f., 441, 443 f., 448, 454, 556, 570, 576,
579, 610, 635, 714, 747 f., 750, 754, 775, 778,
780, 787, 790, 795, 839, 874, 882, 928, 946,
951, 953, 958, 983, 1019, 1021 f., 1094, 1121,
1188
Volk, Gottfried (Ba) 312 f., 569, 1007
Volk, Gustav 701
Volk, Julius (Ba) 282, 1005
Volkart, Rudolf (Dechant) 769
Volkhardt, Franz (Besitzer Hotel Bayer. Hof)
844 f.
Voll, Adolf (Ba) 1215
Vollert, Peter (Ba) 292
Vollmeier, Karl (Privatier) 736
Volpini, Giuseppe (Bi) 948
Voltz, Albert (Ap) 522
Voltz, Julius (Ba) 700
Volz, Friedrich (Ma) 598
Volz, Wilhelm (Ma) 695
Voraus, Gustav (Ma, Lithograph) 999
Vorherr, Gustav (Ba) 371, 383, 1058, 1106
Vorhoelzer, Robert (Ba) LXXVIII, CLXIV, 89,
102 f., 1059, 1177
Vornehm, Martin (Ba) 117, 408, 1113, 1134,
1169, 1186 f.
Vornehm, Sebastian (Ba) 408

Waas, Milan (Ba) 1120
Wachter, Albert Heinrich (Civilingenieur) 134
Wacker, Wilhelm (Investor, Kunstmühldirektor)
392, 1158, 1237
Wackerle, Joseph/Josef (Bi) 47, 88, 104, 324,
403, 499, 504, 567, 652, 723, 817, 836, 1063,
1119
Waderé, Heinrich (Bi) 95, 99, 202, 204 f., 229,
355, 457, 461, 463, 813, 846, 965
Wächtler, Elise 802
Wämpl, Johann Rudolph (Kurfürstl. Revisions-
rat) 287
Wagerer, Georg (Ba) 1113
Wagmann, Günther (Ba) 714
Wagmüller, Michael (Bi) 19, 92, 96, 594 f., 629,
1134, 1197
Wagner, A. (Ba) 27, 708
Wagner, Anton (Br) 693, 695, 1141
Wagner, Adolf (Gauleiter, Staatsminister) 403
Wagner, Alexander (Sándor) (Ma) 630
Wagner, Barbara 779
Wagner, Ferdinand (Ma) 560, 788, 819
Wagner, Friedrich (Ba) 404
Wagner, Hans (Ba) 139
Wagner, Hans 779
Wagner, Jakob (Torwart Neuveste) XCII
Wagner, Johann Martin von (Bi, Ma, Kunst-
sammler, Kunstagent) 432 f., 494, 496, 584
Wagner, Josef (Besitzer der Augustinerbrauerei
und des Knorrkellers) 101, 693
Wagner, Josef (Ma) 285
Wagner, Richard (Mus) LXXVII, 131, 527, 645,
894, 931, 1071

Wagner, Therese 693
Wagus, F. (Technisches Zeichungs-Bureau) 857
Wahl, Carl (Korsettfabrikant) 771
Wahl, Graf Franz Albrecht von der 867
Wahl, Gräfin 109
Wahler, Karl (Ma) 202, 943
Waitzfelder, Karl (Rentier) 1140
Walbrun, B. (Ba) 858
Walbrun, C. (Ba) 125
Walch, Leonhard 701 f.
Waldbott-Bassenheim, Graf Hugo von (Reichs-
rat) 390
Waldbrunn (Ba) 236
Waldbrunn, Korbinian (Ba) 478
Waldburg-Wolfegg, Graf (Ba) 741
Waldenfels, Mathilde von (Bi, Ma) 98 (Grabstein)
Waldhauser, Georg (Parapluiemacher) 655
Waldkirch, General Johann Baptist Graf 140
Waldschmidt, Maximilian Schmidt gen.
(Schriftsteller) 1154
Waldtmann, Johann (Zi) 1122
Walk, Egid (Kgl. Sekretär, Kanzelist) 649
Walker, Franz (Bi) 629
Wallach, Julius 502, 925
Wallach, Moritz 502
Walli, Marian (Pfarrvikar) CXXIV f.
Wallner, Hanns (Me) XCII
Walser, Maria (Besitzerin d. Hacklmühle)
CXXV, CL
Walser, Lorenz (Stu) 903
Walter, Josef (Schr) 1013
Walterspiel, Alfred 614
Walterspiel, Otto 614
Walther, Jacob 1143
Walther, Karl (Ma) 131, 664
Walther, Ph. Fr. von (Geh. Rat) 506
Walz, Tino (Ba) 14, 872
Wambsgans, Georg 1004
Wamsler, Friedrich (Hoflieferant, Fa) 1220
Wandel, Hoefer & Lorch (Architekturbüro)
LXXXII, 984
Ward, Maria (Gründerin des Instituts der Engli-
schen Fräulein) 545
Warmbach, Carl Wilhelm (Ba) 770, 1136, 1189
Wartenberg, Grafen 939
Wasserburger, Ludwig 268
Wassermann, vormals Kerzenfabrik Ullmann
(Fa) 160
Waydhas, Fritz (Ba) 1216
Wayss & Freitag (Baufirma) CXXVII, 207, 350
Weber, Anton (Ba) CXLV, 392, 1233 f.
Weber, Carl Maria von (Mus) 641, 1029
Weber, Carlo (Ba) siehe Auer und Weber
Weber, Franz Xaver (Ma) 95 (Grabstätte)
Weber, Friedrich (Ste) XXX, 588
Weber, Georg (Ba) 570
Weber, Hans (Ba) 816
Weber, Horst (Ba) 574, 1024
Weber, Johann (Ba) 824
Weber, Max (Jurist, Nationalökonom, Sozio-
loge) LXXVII, LXXXIII
Wechner + May (Ingenieurgesellschaft) 1006
Wechs, J. B. (Baderei-Inhaber) 661
Wechs, Thomas (Ba) 328
Weckbecker, August (Bi) 229
Weckbecker, Ludwig von (Ba) 772
Wedekind, Frank (Dichter, Dramatiker)
LXXVII, 836
Wegner, Peter (Ba) 989
Wehgartner, Robert (Präsident der Brandversi-
cherungskammer) 1081
Wehner, Anton von (Kultusminister) 703
Wehner, Hermann von (Regierungsassessor)
341, 703

Wehner, Josef Magnus (Schriftsteller) 972
Weideneder 1168
Weideneder, Franz (Ba, Privatier) 38, 522
Weidenhiller, Cäcilie (Hofmusikerswitwe) 1195
Weiersmüller, Ludwig (Ba) 81
Weigand, Josef (Kfm) 1185
Weiller, Cajetan von (Lyceumsrektor) 384
Weinbrenner, Friedrich (Ba) 129, 643
Weinert, Otto (Ba) 24
Weingärtner, Josef 1007
Weinhart, Andreas (Bi) 675
Weinhart, Caspar/Kaspar (Bi) 331, 876
Weinherr (Ste) 669
Weinholdt, Moritz (Ma) 95 (Grabstätte)
Weinmeister, Blasius (Kurfürstl. Kriegskassier)
443 (Epitaph)
Weinmeister, Anna Maria 443 (Epitaph)
Weinzierl, Karl (Ba) 1214
Weipert und Nowotny (Ba) 1151
Weisenfeld, Max (Kommerzienrat, Direktor)
1072
Weiskopf, Georg (Ba) 1081
Weiss, Andreas 443 (Epitaph)
Weiß, Anton (Ba) 388
Weiß, Eugen (Ba) 668
Weiss, Euphrosina 443 (Epitaph)
Weiss, F. (Ma) 678
Weiß, Ferdl (Volkssänger, -schauspieler) 1189
Weiß, Friedrich 995
Weiss, Joseph (Käsehändler) 452
Weiß, Joseph (Ma) 1129
Weiss, Joseph Andreas (Ma) 646
Weiss/Knoll 95 (Familiengrabmal)
Weiße Rose (Widerstandsgruppe) 815
Weissenfels, Edwin (Bi) 463, 813, 826
Weißenhahn, Georg Michael 161, 176, 439, 774
Weitze (Bi) 91
Weitzmann, Rudolf (Ba) 256
Weixelsdorfer (Knopfmacher) 973
Welden, Freiherr August von 268
Weller, Egon (Kunsthändler) 802
Weller, Kurt (Bi) 849
Wende & Spiegel (Firma) 1008
Wendland, Freiherr von 243
Wenger, Hans (Schr) 565
Wenglein, Bartel/Bartholomäus (Gi) 880, 890
Wenig (Zi) 193
Wenig, Anton (Ba) 250
Wening, Jakob (Bauführer) 141, 299, 394
Wening, Michael (Ste) XX f., XXVI, XXXII f.,
XCIX, 194, 213, 226, 305, 322, 324, 382–
384, 394, 454, 545, 548 f., 554–556, 635 f.,
666, 680 f., 730, 748, 750, 754, 874 f., 880,
887–889, 892, 898–901, 907, 958, 960, 1050,
1054, 1121–1124, 1180
Wenng, Gustav (Kartograph) CXXVI, CXLI, 25,
27, 32 f., 46, 70–72, 81, 100 f., 110, 119 f.,
124–126, 132, 135, 141, 143 f., 158, 168 f.,
232, 237, 242, 252, 288, 291, 294, 297, 317 f.,
323, 372, 374, 380, 399, 402, 411, 415 f., 444,
471, 522, 525 f., 568, 573 f., 588, 592 f., 650,
654–657, 659, 693, 705, 710, 714, 732, 755,
759, 774, 803, 806, 815, 840, 852, 943, 966,
968, 976, 999, 1005, 1016, 1026 f., 1058,
1060, 1062, 1069, 1071, 1109, 1133, 1138,
1173, 1202 f., 1239, 1244
Wentzel, Adolf (Ba) 452, 469 f., 1246
Wenz, Paul (Ba) 1119
Wenzel, Johann (Blumenfabrikant) 295
Wenzl, Johann (Bä) 70
Werl, Hans (Ma) 879, 882, 889
Werder, Ludwig (Leiter der Nürnberger Firma
Cramer-Klett) 47, 640, 1192
Werneck, Reinhard Freiherr von 180, 182

Orts- und Sachregister

Literaturverzeichnis

Abgekürzt zitierte Literatur

Adressbuch – Münchner Stadtadressbuch (jeweiliger Jahrgang)

AHRENS 1983 – AHRENS, HELMUT: *Ludwig Thoma. Sein Leben, sein Werk, seine Zeit*, Pfaffenhofen 1983

Akademischer Architektenverein München

ALBERT 1896 – ALBERT, JOSEPH: *Münchner Neubauten*, München 1896

ALCKENS 1935 – ALCKENS, AUGUST: *Die Gedenktafeln der Stadt München*, München 1935

ALCKENS 1936 – ALCKENS, AUGUST: *Die Denkmäler und Denksteine der Stadt München*, München 1936

ALCKENS 1965 – ALCKENS, AUGUST: *Münchner Forscher und Erfinder des 19. Jahrhunderts*, München 1965

ALCKENS 1973 – ALCKENS, AUGUST: *München in Erz und Stein. Gedenktafeln, Denkmäler, Gedenkbrunnen*, Mainburg 1973

Alte Firmen 1955 – SCHAFFER, REINHOLD (Hg.): *Das Buch mit alten Firmen der Landeshauptstadt München*, Prien a. Chiemsee/München 1955

ALTMANN 2008 – ALTMANN, LOTHAR: *Streifzüge durch Münchens Kunstgeschichte. Von der Romanik bis zur Gegenwart*, Regensburg 2008

Antonius von Padua, Franziskanische Monatsschrift, Landshut

ANWANDER-HEISSE 1992 – ANWANDER-HEISSE, EVA: *Glasmalerei in München im 19. Jahrhundert* (MBM 161), München 1992

Arbeitshefte des BLfD – Arbeitshefte des Bayerischen Landesamtes für Denkmalpflege, München 1978 ff.

Architekturführer 1994 – NERDINGER, WINFRIED (Hg.): *Architekturführer München*, Berlin 1994

Architekturführer 2002 – NERDINGER, WINFRIED (Hg.): *Architekturführer München*, 2. Aufl., Berlin 2002

Architekturführer Bayern 1985 – *Architekturführer Bayern*, hg. v. Bund Deutscher Architekten Bayern, München 1985

Architekturführer Deutschland 1996 – NERDINGER, WINFRIED/TAFEL, CORNELIUS: *Architekturführer Deutschland 20. Jahrhundert*, Basel 1996

Architektur-Studien. Aufnahmen und Entwürfe, hg. v. Akademischen Architekten-Verein der TU-München

ARNDT-BAEREND 1986 – ARNDT-BAEREND, SABINE: *Die Klostersäkularisation in München 1802/03* (MBM 95), München 1986

ARNOLD 1964 – ARNOLD, CHRISTIAN: *Konrad Eberhard 1768–1859; Bildhauer und Maler. Leben und Werke eines Allgäuer Künstlergeschlechts*, Augsburg 1964

AUFLEGER/TRAUTMANN 1897a – AUFLEGER, OTTO/TRAUTMANN, KARL (Hg.): *Alt-München in Bild und Wort*, München 1897

AUFLEGER/TRAUTMANN 1897b – AUFLEGER, OTTO/TRAUTMANN, KARL: *Münchener Architektur des 18. Jahrhunderts.*, 2. Aufl., München 1897

Ausst. Kat. Albrecht Adam 1981 – HASE-SCHMUNDT, ULRIKE VON (Hg.): *Albrecht Adam und seine Familie. Zur Geschichte einer Münchner Künstlerdynastie im 19. und 20. Jahrhundert*, Ausst. Kat. MStM 1981/82, München 1981

Ausst. Kat. Andere Tradition 1981 – FISCHER, WEND (Bearb.): *Die andere Tradition. Architektur in München von 1800 bis heute*, Ausstellungsreihe der Münchner Rück „Erkundungen", München 1981

Ausst. Kat. Anrüchig 1990 – *Anrüchig*, Ausst. Kat. MStM, München 1990

Ausst. Kat. Ansichten 1977 – SEMBACH, KLAUS-JÜRGEN (Hg.): *München. Photographische Ansichten 1885 bis 1915*, München 1977

Ausst. Kat. Architekturschule 1993 – NERDINGER, WINFRIED/BLOHM, KATHARINA (Hg.): *Architekturschule München 1868–1993. 125 Jahre Technische Universität München*, Ausst. Kat., München 1993

Ausst. Kat. Architekturzeichnung 1986 – NERDINGER, WINFRIED/ZIMMERMANN, FLORIAN (Hg.): *Die Architekturzeichnung. Zeichnungen aus der Architektursammlung der Technischen Hochschule München*, Ausst. Kat., München 1986

Ausst. Kat. Armee 1987 – *Bayern und seine Armee*, Ausst. Kat. BayHStA/Kriegsarchiv, München 1987

Ausst. Kat. Asam 1986 – BUSHART, BRUNO/RUPPRECHT, BERNHARD (Hg.): *Cosmas Damian Asam 1686–1739. Leben und Werk*, Ausst. Kat. Aldersbach, München 1986

Ausst. Kat. Aufbauzeit 1984 – NERDINGER, WINFRIED: *Aufbauzeit. Planen und Bauen. München 1945–1950*, Ausst. Kat., München 1984

Ausst. Kat. Aufklärung 1984 – MOISY, SIGRID VON: *Von der Aufklärung zur Romantik, geistige Strömungen in München*, Ausst. Kat. Bayerische Staatsbibliothek, München 1984

Ausst. Kat. Ausstellungspark 1984 – *Vom Ausstellungspark zum internationalen Messeplatz. München 1904–1984*, Ausst. Kat., München 1984

Ausst. Kat. Ažbe-Schule 1988 – AMBROZIC, KATHARINA: *Wege der Moderne und die Ažbe-Schule in München*, Ausst. Kat. Wiesbaden und Ljubljana 1988, Recklinghausen 1988

Ausst. Kat. Bauen im Nationalsozialismus 1993 – NERDINGER, WINFRIED (Hg.): *Bauen im Nationalsozialismus, Bayern 1933–1945*, Ausst. Kat., München 1993

Ausst. Kat. Bautradition 1985 – NERDINGER, WINFRIED (Hg.): *Süddeutsche Bautradition im 20. Jahrhundert. Architekten der Bayerischen Akademie der Schönen Künste*, Ausst. Kat., München 1985

Ausst. Kat. Bayern ohne Klöster 2003 – BRAUN, RAINER (Hg.): *Bayern ohne Klöster? Die Säkularisation 1802/03 und die Folgen*, Ausst. Kat. BayHStA, München 2003

Ausst. Kat. Bayerns Krone 2006 – ERICHSEN, JOHANNES/HEINEMANN, KATHARINA (Hg.): *Bayerns Krone 1806: 200 Jahre Königreich Bayern*, Ausst. Kat., München 2006

Ausst. Kat. Beblo 1991 – *Bauen auf Tradition. Fritz Beblo, Stadtbaurat in Straßburg und München*, hg. v. Stadtarchiv München, München 1991

Ausst. Kat. Bürokratie und Kult 1995 – LAUTERBACH, IRIS/ROSENFELD, JULIAN/STEINLE, PIERO (Hg.): *Bürokratie und Kult. Das Parteizentrum der NSDAP am Königsplatz in München*, Ausst. Kat., München 1995

Ausst. Kat. Carl von Fischer 1982 – NERDINGER, WINFRIED: *Carl von Fischer 1782–1820*, Gesamtkatalog, hg. von der Architektursammlung der TU München und der Carl-von-Fischer-Gesellschaft, München 1982

Ausst. Kat. Deutsche Künstler 1981 – *Deutsche Künstler um Ludwig I. in Rom*, Ausst. Kat. Staatliche Graphische Sammlung München, München 1981

Ausst. Kat. Döllgast 1987 – *Hans Döllgast 1891–1974*, hg. v. d. TU München/BDA, München 1987

Ausst. Kat. Effner 1987 – SCHMID, ELMAR D./HEYM, SABINE: *Joseph Effner 1687–1745. Bauten für Kurfürst Max Emanuel*, Ausstellungstexte, München 1987

Ausst. Kat. Erträumte Nation 1995 – HEYDENREUTER, REINHARD: *Die erträumte Nation: Griechenlands Wiedergeburt im 19. Jahrhundert. Bilder und Dokumente zu den bayerisch-griechischen Beziehungen im 19. Jahrhundert*, Ausst. Kat., München 1995

Ausst. Kat. Europäisches Rokoko 1958 – *Europäisches Rokoko*, Ausst. Kat., München 1958

Ausst. Kat. Fenster zur Vergangenheit 2006 – GREIPL, EGON JOHANNES (Hg.): *München – Fenster zur Vergangenheit. Fotos vom alten München 1855–1947 aus dem Bildarchiv des Bayerischen Landesamtes für Denkmalpflege*, Ausst. Kat. BLfD, München 2006

Ausst. Kat. Franz Hanfstaengl 1984 – HEINZ GEBHARDT: *Franz Hanfstaengl*, Ausst. Kat. MStM, München 1984

Ausst. Kat. Franz von Lenbach 1987 – *Franz von Lenbach 1836–1904*, Ausst. Kat. Städt. Galerie im Lenbachhaus, München 1987

Ausst. Kat. Friedensengel 1999 – GÖTZ, NORBERT (Hg.): *Friedensengel*, Ausst. Kat. MStM, München 1999

Ausst. Kat. Frühe Herzöge 1980 – GLASER, HUBERT (Hg.): *Wittelsbach und Bayern I: Die Zeit der frühen Herzöge. Von Otto I. zu Ludwig dem*

Bayern, Ausst. Kat. Burg Trausnitz, Landshut, 2 Bde., München/Zürich 1980

Ausst. Kat. Gärtner 1992 – NERDINGER, WINFRIED (Hg.): *Friedrich von Gärtner. Ein Architektenleben 1791–1847*, Ausst. Kat., München 1992

Ausst. Kat. Gasteiger 1985 – SCHMID, ELMAR D./HEYM, SABINE: *Mathias und Anna Gasteiger*, Dachau 1985

Ausst. Kat. Glaspalast 1978 – *Vom Glaspalast zum Gaskessel. Münchens Weg ins technische Zeitalter* (Arbeitshefte des BLfD 3), München 1978

Ausst. Kat. Glyptothek 1980 – VIERNEISEL, KLAUS/LEINZ, GOTTLIEB (Hg.): *Glyptothek München 1830–1980*, Jubiläumsausstellung zur Entstehungs- und Baugeschichte, München 1980

Ausst. Kat. Hauptstadt der Bewegung 1993 – HAE-RENDEL, ULRIKE (Hg.): *München – „Hauptstadt der Bewegung"*, Ausst. Kat. MStM, München 1993

Ausst. Kat. Hellas 1999 – BAUMSTARK, REINHOLD (Hg.): *Das neue Hellas. Griechen und Bayern zur Zeit Ludwigs I.*, Ausst. Kat., München 1999

Ausst. Kat. Hochhäuser 1998 – ZIMMERMANN, FLORIAN (Hg.): *Hochhäuser in München 1920–1995*, Ausst. Kat. FH München, München 1998

Ausst. Kat. Isar 1983 – PLESSEN, MARIE-LOUISE (Hg.): *Die Isar. Ein Lebenslauf*, Ausst. Kat. MStM 1983

Ausst. Kat. Johann Michael Fischer 1995 – DISCHINGER, GARIELE/PETER, FRANZ (Hg.): *Johann Michael Fischer*, Ausst. Kat., 2 Bde., Tübingen 1995

Ausst. Kat. Jugendstil 1996 – OTTOMEYER, HANS (Hg.): *Wege in die Moderne. Jugendstil in München 1896 bis 1914*, Ausst. Kat. Staatl. Museen Kassel, Kassel 1996

Ausst. Kat. Klassizismus 1980 – NERDINGER, WIN-FRIED (Hg.): *Klassizismus in Bayern, Schwaben und Franken. Architekturzeichnungen 1775–1825*, Ausst. Kat., München 1980

Ausst. Kat. Klenze 1985 – FREESE, PETER (Hg.): *Ein Griechischer Traum. Leo von Klenze – der Archäologe*, Ausst. Kat. Glyptothek, München 1985

Ausst. Kat. Klenze 2000 – NERDINGER, WINFRIED (Hg.): *Leo von Klenze*, Ausst. Kat., München 2000

Ausst. Kat. Klöster 1991 – KIRMEIER, JOSEF/TREML, MANFRED (Hg.): *Glanz und Ende der alten Klöster. Säkularisation im bayerischen Oberland 1803*, Ausst. Kat. Benediktbeuern, München 1991

Ausst. Kat. Königsplatz 1988 – *Der Königsplatz 1812–1988. Eine Bilddokumentation zur Geschichte des Platzes*, Ausst. Kat. Staatl. Antikensammlungen München/Stadtarchiv München, München 1988

Ausst. Kat. Leitenstorfer 1992 – MEITINGER, OTTO/EHRMANN, ANDREAS (Hg.): *Hermann Leitenstorfer 1886–1972*, Ausst. Kat. TU München, München 1992

Ausst. Kat. Letzte Reise 1984 – METKEN, SIGRID (Hg.): *Die letzte Reise. Sterben, Tod und Trauersitten in Oberbayern*, Ausst. Kat. MStM, München 1984

Ausst. Kat. Ludwig I. 1986 – ERICHSEN, JOHANNES u. a. (Hg.): *Vorwärts, vorwärts sollst du schauen. Geschichte, Politik und Kunst unter Ludwig I.*, Ausst. Kat. Nürnberg 1986 (Bd. 8), Aufsätze (Bd. 9) München 1986

Ausst. Kat. Max Emanuel 1976 – GLASER, HUBERT (Hg.): *Kurfürst Max Emanuel. Bayern und Europa um 1700*, Ausst. Kat., 2 Bde., München 1976

Ausst. Kat. Max I. Joseph 1980 – GLASER, HUBERT (Hg.): *Wittelsbach und Bayern III: Krone und Verfassung. König Max I. Joseph und der neue Staat*, Ausst. Kat. München, 2 Bde., München/Zürich 1980

Ausst. Kat. Maximilian I. 1980 – GLASER, HUBERT (Hg.): *Wittelsbach und Bayern II: Um Glauben und Reich. Kurfürst Maximilian I.*, Ausst. Kat. München, 2 Bde., München/Zürich 1980

Ausst. Kat. Maximilian I. 2001 – *Maximilian I. von Bayern 1573–1651. Fürst der Zeitenwende*, Ausst. Kat. Stadtarchiv, wiss. Stadtbibliothek und Stadtmuseum Ingolstadt, Ingolstadt 2001

Ausst. Kat. Maximilian II. 1997 – NERDINGER, WINFRIED (Hg.): *Zwischen Glaspalast und Maximilianeum, Architektur in Bayern zur Zeit Maximilians II., 1848–1864*, Ausst. Kat., München 1997

Ausst. Kat. Montgelas 1996 – *Bayern entsteht. Montgelas und sein Ansbacher Mémoire von 1796*, hg. v. Haus der Bayerischen Geschichte, Augsburg 1996

Ausst. Kat. München und Oberbayern 1971 – *München und Oberbayern. Stadtansichten und Landschaften 1400–1870*, Ausst. Kat. MStM im Linzer Schloßmuseum 1971 (Red. Volker Duvigneau)

Ausst. Kat. Münchens Vorzeit 1927 – BIRKNER, FERDINAND/WAGNER, FRIEDRICH: *Aus Münchens Vorzeit*, Ausst. Kat. Prähist. Staatssammlung, München 1927

Ausst. Kat. Münchner Landschaftsmalerei 1979 – ZWEITE, ARMIN (Hg.): *Münchner Landschaftsmalerei 1800–1850*, Ausst. Kat. Städt. Galerie im Lenbachhaus, München 1979

Ausst. Kat. Münchner Lebenswelten 2008 – GREIPL, EGON JOHANNES (Hg.): *Münchner Lebenswelten im Wandel. Au, Haidhausen und Giesing 1890–1914*, Ausst. Kat. BLfD, München 2008

Ausst. Kat. Münchner Secession 1975 – *Die Münchner Secession und ihre Galerie*, Ausst. Kat. MStM, München 1975 (bearb. v. Renate Heise)

Ausst. Kat. Neureuther 1978 – NERDINGER, WIN-FRIED/HUFNAGL, FLORIAN: *Gottfried von Neureuther. Architekt der Neorenaissance in Bayern 1811–1887*, Ausst. Kat., München 1987

Ausst. Kat. Newa und Isar 2003 – HETZER, GER-HARD (Hg.): *Zwischen Newa und Isar. Blick auf bayerisch-russische Beziehungen im 19. Jahrhundert*, Ausst. Kat. Staatl. Archive Bayerns, München 2003

Ausst. Kat. Nymphenburger Moderne 1997 – ZIFFER, ALFRED: *Nymphenburger Moderne*, Ausst. Kat. MStM, München 1997

Ausst. Kat. Prinzregentenzeit 1988 – GÖTZ, NOR-BERT/SCHACK-SIMITZIS, CLEMENTINE (Hg.): *Die Prinzregentenzeit*, Ausst. Kat. MStM, München 1988

Ausst. Kat. Riemerschmid 1982 – NERDINGER, WINFRIED (Hg.): *Richard Riemerschmid. Vom Jugendstil zum Werkbund*, Ausst. Kat., München 1982

Ausst. Kat. Romantik 1987 – NERDINGER, WIN-FRIED (Hg.): *Romantik und Restauration. Architektur in Bayern zur Zeit Ludwigs I. 1825–1848*, Ausst. Kat., München 1987

Ausst. Kat. Rottmann 1997 – *Landschaft als Geschichte – Carl Rottmann*, Ausst. Kat. Heidelberg/München 1997

Ausst. Kat. Salz 1995 – *Salz macht Geschichte*, hg. v. Haus der Bayerischen Geschichte, Ausst. Kat., München 1995

Ausst. Kat. Slg. Proebst, 1968 – *München im Bild aus der Sammlung Carlo Proebst*, Ausst. Kat. MStM, München 1968

Ausst. Kat. St. Ludwig 1995 – *St. Ludwig in München*, Ausst. Kat. BayHStA/Pfarrei St. Ludwig, München 1995

Ausst. Kat. Secession 2008 – BUHRS, MICHAEL (Hg.): *Secession 1892–1914. Die Münchner Secession*, Ausst. Kat. Villa Stuck, München 2008

Ausst. Kat. Sep Ruf 2008 – NERDINGER, WINFRIED (Hg.): *Sep Ruf 1908–1982. Tradition mit Moderne*, Ausst. Kat. TU München/Pinakothek d. Moderne, München 2008

Ausst. Kat. Stadtbild 1990 – DUVIGNEAU, VOLKER (Hg.): *Stadtbild München. Ansichten, Modelle und Pläne aus 5 Jahrhunderten*, Ausst. Kat. MStM, München 1990

Ausst. Kat. Süddeutsche Bautradition 1985 – NERDINGER, WINFRIED (Hg.): *Süddeutsche Bautradition im 20. Jahrhundert. Architekten der Bayerischen Akademie der Schönen Künste*, Ausst. Kat. Residenz München, München 1985

Ausst. Kat. Theodor Fischer 1988 – NERDINGER, WINFRIED: *Theodor Fischer. Architekt und Städtebauer 1862–1938*, Ausst. Kat. Architektursammlung TU München/MStM, Berlin 1988

Ausst. Kat. Thiersch 1977 – NERDINGER WINFRIED: *Friedrich von Thiersch. Ein Münchner Architekt des Späthistorismus 1852–1921*, Ausst. Kat., München 1977

Ausst. Kat. Ton/Bild 1999 – *Der Ton – Das Bild. Die Bayern und ihr Rundfunk 1924, 1949, 1999*, hg. v. Haus der Bayerischen Geschichte, Ausst. Kat., München 1999

Ausst. Kat. Vorhoelzer 1990 – AICHER FLO-RIAN/DREPPER, UWE (Hg.): *Robert Vorhoelzer – Ein Architektenleben. Die klassische Moderne der Post*, Ausst. Kat., München 1990

Ausst. Kat. Wallach 2007 – STÄNDECKE, MONIKA (Hg.): *Dirndl, Truhen, Edelweiss – Die Volkskunst der Brüder Wallach*, Ausst. Kat. Jüdisches Museum München, München 2007

Ausst. Kat. Wening 1977 – STETTER, GERTRUD: *Michael Wening. Der Kupferstecher der Max-Emanuel-Zeit*, Ausst. Kat. MStM, München 1977

Ausst. Kat. Wie geplant 2004 – *München wie geplant. Die Entwicklung der Stadt von 1158 bis 2008*, hg. v. d. Landeshauptstadt München/MStM/Referat für Stadtplanung und Bauordnung/StadtAM, München 2004

Ausst. Kat. Wiedemann 1994 – *Josef Wiedemann. Bauten und Projekte*, Ausst. Kat. TU München, 2. Aufl., München 1994

Ausst. Kat. Wunderkinder 2005 – NERDINGER, WINFRIED (Hg.): *Architektur der Wunderkinder. Aufbruch und Verdrängung in Bayern 1945–1960*, Ausst. Kat. AMTUM, Salzburg/München 2005

Ausst. Kat. Zwanziger Jahre 1979 – STÖLZL, CHRISTOPH (Hg.): *Die Zwanziger Jahre in München*, Ausst. Kat. MStM, München 1979

BACKMEISTER-COLLACOTT 2006 – BACKMEISTER-COLLACOTT, ILKA: *Josef Wiedemann. Leben und Werk eines Münchner Architekten*, Tübingen 2006

BÄHTE 1965 – BÄHTE, KRISTIAN: *Wer wohnte wo in Schwabing?*, München 1965

BÄRNREUTHER 1993 – BÄRNREUTHER, ANDREA: *Revision der Moderne unterm Hakenkreuz. Planungen für ein „neues München"*, München 1993

BAHNS 1987 – BAHNS, JÖRG: Zwischen Biedermeier und Jugendstil, Möbel im Historismus, München 1987

BARY 1980 – BARY, ROSWITHA VON: Henriette Adelaide von Savoyen, Kurfürstin von Bayern, München 1980

BARY 1997 – BARY, ROSWITHA VON: Herzogsdienst und Bürgerfreiheit. Verfassung und Verwaltung der Stadt München im Mittelalter, München 1997

Baudenkmalpflege 1999 – Baudenkmalpflege in München. Vorbildliche Instandsetzungen, hg. v. d. Landeshauptstadt München – Planungsreferat, Untere Denkmalschutzbehörde (Bearb. Heinz Selig), München 1999

Bauen in München 1980 – Bauen in München 1890–1950. Eine Vortragsreihe in der Bayerischen Akademie der Schönen Künste (Arbeitshefte des BLfD 7), München 1980

BAUER 1982 – BAUER, RICHARD/GRAF, EVA MARIA/MÜNZ, ERWIN (Hg.): Zu Gast im alten München. Erinnerungen an Hotels, Wirtschaften und Cafés, München 1982

BAUER 1987a – BAUER, RICHARD (Hg.): Zu Gast im alten München. Erinnerungen an Hotels, Wirtschaften und Cafés, 4. Aufl., München 1987

BAUER 1987b – BAUER, RICHARD: Fliegeralarm. Luftangriffe auf München 1940–1945, München 1987

BAUER 1992 – BAUER, RICHARD (Hg.): Geschichte der Stadt München, München 1992

BAUER 1993 – BAUER, HERMANN/BAUER, ANNA: Klöster in Bayern. Eine Kunst- und Kulturgeschichte der Klöster in Oberbayern, Niederbayern und der Oberpfalz, 2. Aufl., München 1993

BAUER 1994a – BAUER, REINHARD: Münchens Altstadt, München 1994

BAUER 1994b – BAUER, RICHARD: Ansichten und Einsichten. Hans Grässels Fotosammlung zur Architekturgeschichte Münchens 1860–1945, München 1994

BAUER 1995 – BAUER, REINHARD: Maxvorstadt zwischen Münchens Altstadt und Schwabing. Stadtteilbuch, München 1995

BAUER 1997a – BAUER, RICHARD: Marienplatz und Rathaus, München 1997

BAUER 1997b – BAUER, RICHARD: Fliegeralarm. Luftangriffe auf München 1940–1945, 2. Aufl., München 1997

BAUER 2000 – BAUER, INGOLF (Hg.): Das Bayerische Nationalmuseum. Der Neubau an der Prinzregentenstraße 1892–1900, München 2000

BAUER 2002 – BAUER, RICHARD: Monachium Frisingense. Neue Quellen und Aspekte zur freisingischen Frühgeschichte Münchens, in: OA 126 (2002), S. 1–163

BAUER 2003a – BAUER, RICHARD: Geschichte Münchens. Vom Mittelalter bis zur Gegenwart, München 2003

BAUER 2003b – BAUER, RICHARD: München als Villikation der Huosi und als freisingisches Reichskirchengut, in: OA 127 (2003), S. 1 ff.

BAUER 2004 – BAUER, RICHARD: Die Dotation des Alpolt und Huasuni zu Schwabing und Sendling (782) und ihre Bedeutung für die Frühgeschichte Münchens, in: OA 128 (2004), S. 11 ff.

BAUER 2006 – BAUER, HANS: Die römische Fernstraße Salzburg–Augsburg nach dem Itinerarium Antonini and der Tabula Peutingeriana, in: OA 130 (2006), S. 67 ff.

BAUER/GRAF 1986 – BAUER, RICHARD/GRAF, EVA MARIA: Stadt im Überblick. München im Luftbild 1890–1935, München 1986

BAUER/GRAF 1990 – BAUER, RICHARD/GRAF, EVA MARIA: Stadt und Vorstadt. Münchner Architekturen, Situationen und Szenen 1895–1935, fotografiert von Georg Pettendorfer. Der Norden und Nordwesten, München 1990

BAUER/GRAF 1991 – BAUER, RICHARD/GRAF, EVA MARIA: Links und rechts der Isar. Bilder aus dem großen und kleinen bürgerlichen München 1895–1935, aufgenommen von Georg Pettendorfer, München 1991

BAUER/GRAF 1996 – BAUER, RICHARD/GRAF, EVA MARIA: Stadtvergleich. Münchner Ansichten, München 1985, 4. Aufl. 1996

BAUER/KÜSTER/WESKI 1993 – BAUER, SIBYLLE/KÜSTER, HANSJÖRG/WESKI, TIMM: Zum täglichen Leben in der römer- und merowingerzeitlichen Siedlung von Eching. Ergebnisse der Phosphatanalyse, Dendrochronologie und Vegetationsgeschichte, in: Archäologisches Korrespondenzblatt 23 (1993), S. 111–126

BAUER/MÜNCHHOFF 1990 – BAUER, REINHARD/MÜNCHHOFF, URSULA (Hg.): „Lauter gemähte Wiesen für die Reaktion". Die erste Hälfte des 19. Jahrhunderts in den Tagebüchern Johann Andreas Schmellers, München/Zürich 1990

BAUER/RUPPRECHT 1987 und 1989 – BAUER, HERMANN/RUPPRECHT, BERNHARD (Hg.): Corpus der barocken Deckenmalerei in Deutschland, Bd. 3, Bayern, Stadt und Landkreis München, Teil I, Sakralbauten, München 1987 und Teil II, Profanbauten, München 1989

BAUER/VALENTIN 1982 – BAUER, RICHARD: Das alte München. Photographien 1855–1912, gesammelt von Karl Valentin, München 1982

BAUMANN 1832 – BAUMANN, C. A.: Die Haupt- und Residenzstadt München und ihre Umgebungen, München 1832 (Nachdruck Erlangen 1979)

BAUMGARTNER 1805 – BAUMGARTNER, ANTON: Polizey-Uebersicht von München, München 1804/05

BAUMGARTNER 1814 – BAUMGARTNER, ANTON: Rückkehr des Papstes Pius VII. nach Rom: von der bürgerlichen Congregation in München den 15. May 1814 nebst einer Beschreibung des Bürgersaales, München 1814

BAUMGARTNER 1981 – BAUMGARTNER, GEORG: Königliche Träume. Ludwig II. und seine Bauten, München 1981

BAUMGARTNER/KRUEGER 1988 – BAUMGARTNER, ERWIN/KRUEGER, INGEBORG: Phoenix aus Sand und Asche, München 1988

Bauten der bayerischen Justiz – HOEPNER, R. A. (Hg.): Bauten der bayerischen Justiz, Assling-Pörsdorf, um 1965

Bauten und Plätze 1985/88 – HEDERER, OSWALD (Hg.): Bauten und Plätze in München, 3. Aufl., München 1885/88

Bauwelt – Die Bauwelt

BAYERN 1940 – BAYERN, ADALBERT PRINZ VON: Eugen Beauharnais: der Stiefsohn Napoleons. Ein Lebensbild, München 1940

BAYERN 1991 – BAYERN, ADALBERT PRINZ VON: Erinnerungen, München 1991

Bayern und die Antike 1999 – Bayern und die Antike. Festschrift Maximilians-Gymnasium, München 1999

BEBLO 1928 – BEBLO, FRITZ: Neue Stadtbaukunst. München, Berlin/Leipzig 1928

BEHN 1984 – BEHN, HELGA: Die Architektur des deutschen Warenhauses von ihren Anfängen bis 1933, Diss. Köln 1984

BEHRER 2001 – BEHRER, CHRISTIAN: Das unterirdische München. Stadtkernarchäologie in der bayerischen Landeshauptstadt, München 2001

BEHRINGER 1987 – BEHRINGER, WOLFGANG: Rundgang durch das mittelalterliche München, München 1987

BEHRINGER 1991 – BEHRINGER, WOLFGANG: Löwenbräu. Von den Anfängen des Münchner Brauwesens bis zur Gegenwart, München 1991

BEHRINGER/ROECK 1999 – BEHRINGER, WOLFGANG/ROECK, BERND (Hg.): Das Bild der Stadt in der Neuzeit 1400–1800, München 1999

BEKH 1963 – BEKH, WOLFGANG JOHANNES: Schützenswerte Häuser der Landeshauptstadt München. Eine Inventarisation (Wissenschaftliche Veröffentlichungen des Heimatpflegers von Oberbayern; H. 2/Reihe B), München 1963

BERNHEIMER 1957 – BERNHEIMER, OTTO: Erinnerungen eines alten Münchners, München 1957

BERTHOLD/MATERN 1983 – BERTHOLD, EVA/MATERN, NORBERT: München im Bombenkrieg, Düsseldorf 1983

BERTRAM 1955 – BERTRAM, WALTHER: Wettbewerb zum Wiederaufbau des Nationaltheaters in München, in: DKD 13 (1955), S. 26–32

BERTRAM 1956a – BERTRAM, WALTHER: Der Wiederaufbau der Alten Akademie (Wilhelminum) in München, in: DKD 14 (1956), S. 56–64

BERTRAM 1956b – BERTRAM, WALTHER: Die Alte Akademie in München, in: DKD 14 (1956), S. 91 f.

BERTRAM 1957 – BERTRAM, WALTHER: Der Wiederaufbau des alten Residenztheaters in München, in: DKD 15 (1957), S. 12–18

BERTRAM 1958 – BERTRAM, WALTHER: Der Wiederaufbau des alten Residenztheaters in München, in: DKD 16 (1958), S. 95–100

BESELER/GUTSCHOW 1988 – BESELER, HARTWIG/GUTSCHOW, NIELS: Kriegsschicksale deutscher Architektur. Verluste – Schäden – Wiederaufbau, Bd. II: Süd (Bayern bearb. von Karlheinz Hemmeter), Neumünster 1988

BETZ 1960 – BETZ, WALTHER: Die Wallbefestigung von München (MBM 9), München 1960

BFA – Bavaria Franciscana Antiqua. Ehemalige Franziskanerklöster im heutigen Bayern, hg. v. d. bayerischen Franziskanerprovinz, 5 Bde., Landshut 1954–61 (München in Bd. III)

BIBRA 1970 – BIBRA, MARINA FREIIN VON: Wandmalereien in Oberbayern 1320–1570 (MBM 25), München 1970

BILLER/RASP 1994 – BILLER, JOSEF H./RASP, HANS-PETER: München – Kunst- und Kulturlexikon, Stadtführer und Handbuch, 3. überarb. Aufl., München 1994

BILLER/RASP 1997 – BILLER, JOSEF H./RASP, HANS-PETER: München – Kunst- und Kulturlexikon, Stadtführer und Handbuch, 4. überarb., aktualisierte Aufl., München 1997

BILLER/RASP 1999 – BILLER, JOSEF H./RASP, HANS-PETER: München – Kunst und Kultur, Stadtführer und Handbuch, 5. überarb. Aufl., München 1999

BILLER/RASP 2003 – BILLER, JOSEF H./RASP, HANS-PETER: München – Kunst und Kultur, Stadtführer und Handbuch, 15. völlig neu bearb. Aufl., München 2003

BILLER/RASP 2005 – BILLER, JOSEF H./RASP, HANS-PETER: München – Kunst und Kultur, Stadtführer und Handbuch, 17. Auflage, München 2005

BILLETER/GÜNTHER/KRÄMER 2002 – BILLETER, FELIX/GÜNTHER, ANTJE/KRÄMER, STEFFEN (Hg.): Münchner Moderne. Kunst und Architektur der zwanziger Jahre, München/Berlin 2002

BISTRITZKI 1974 – BISTRITZKI, OTTO JOSEF: Brunnen in München (historische Einleitung Michael Schattenhofer), München 1974

Blätter für Architektur und Kunsthandwerk

BNM 1911 – *Führer durch das Bayerische Nationalmuseum in München*, 10. Amtl. Ausgabe, München 1911

BNM 1955 – *Kunst und Kunsthandwerk. Meisterwerke im Bayerischen Nationalmuseum München. Festschrift zum hundertjährigen Bestehen des Museums*, München 1955

BNM 1979 – *Bayerisches Nationalmuseum München, Führer durch die Schausammlungen*, 40. Ausgabe, München 1979

BODE 1992 – BODE, PETER M.: *München in den 50er Jahren. Architektur des Wiederaufbaus am Beispiel von Hans Fries*, München 1992

Bodengütekarte 1962 – *Bodengütekarte von Bayern* 1:100.000, Bl. Nr. 30 München, München 1962

BÖS 1992 – BÖS, WERNER: *Gotik in Oberbayern*, München 1992

BÖSSL 1966 – BÖSSL, HANS: *Gabriel von Seidl*, in: OA 88 (1966), S. 5–111

BOSL 1960 – BOSL, KARL: *Die „Geistliche Hofakademie" Kaiser Ludwigs des Bayern im alten Franziskanerkloster zu München*, in: *Der Mönch im Wappen. Aus Geschichte und Gegenwart des katholischen München*, München 1960, S. 97 ff.

BOSL 1983 – BOSL, KARL: *Herrschaftsbildende Kräfte im Isarraum*, in: PLESSEN 1983, S. 40–51

BRAUN 1919 – BRAUN, JOSEPH: *Die Kirchenbauten der deutschen Jesuiten*, Bd. 2, Freiburg 1919

BRAUNFELS 1977 – BRAUNFELS, WOLFGANG: *Abendländische Stadtbaukunst. Herrschaftsform und Baugestalt*, Köln 1977

BRAUNFELS 1979 – BRAUNFELS, WOLFGANG: *Die Kunst im Heiligen Römischen Reich Deutscher Nation, Bd. 1 (Die weltlichen Fürstentümer)*, München 1979

BRAUNFELS 1986 – BRAUNFELS, WOLFGANG: *François Cuvilliés*, München 1986

BRENNINGER 1978 – BRENNINGER, GEORG: *Orgeln in Altbayern*, München 1978

BREUER 1937 – BREUER, PETER: *Münchner Künstlerköpfe*, München 1937

BREUER 1977 – BREUER, TILMANN: *Probleme der Feststellung und Festlegung von Ensembles im Großstadtbereich München*, in: DKD 35/2 (1977), S. 193–210

BREUER 1992 – BREUER, TILMANN: *Stadtdenkmal und Landdenkmal. Grenzbegriffe der Baudenkmalpflege*, in: Schönere Heimat 71/1 (1992), S. 264–270

BRIX 1984 – BRIX, MICHAEL: „*Möge München dereinst als Kronjuwel einer friedlichen Welt erstrahlen"* – *Formale Leitlinien des Wiederaufbaus Innere Stadt*, in: Ausst. Kat. Aufbauzeit 1984

BRIX 1985 – BRIX, MICHAEL: *Fassadenwettbewerbe. Ein Programm der Stadtbildpflege um 1900*, in: MECKSEPER, CORD/SIEBENMORGEN, HARALD (Hg.): *Die alte Stadt: Denkmal oder Lebensraum? Die Sicht der mittelalterlichen Stadtarchitektur im 19. und 20. Jahrhundert*, Göttingen 1985, S. 67–89

BRUNNACKER 1957 – BRUNNACKER, KARL: *Die Geschichte der Böden im jüngeren Pleistozän in Bayern*, in: Geologica Bavarica 34 (1957), S. 57 ff.

BRUNNER 1951 – BRUNNER, HERBERT: *Altar- und Raumkunst bei Egid Quirin Asam*, Phil. Diss. München 1951

BRUNS 1992 – BRUNS, BRIGITTE: *Ein „Haus der Tausend". Bauprojekte des Rundfunks in München von 1926 bis 1950*, München 1992

BURCKHARDT 1913 – BURCKHARDT, JAKOB: *Briefe an einen Architekten 1870–1889*, München 1913

BURGHOLZER 1796 – BURGHOLZER, JOSEPH: *Stadtgeschichte von München als Wegweiser für Fremde und Reisende*, 2 Bde., München 1796

BURMEISTER 1997 – BURMEISTER, ENNO: *Der Turm des alten Rathauses in München*, in: *Rekonstruktion in der Denkmalpflege. Überlegungen – Definitionen – Erfahrungsberichte*, hg. v. Deutsches Nationalkomitee für Denkmalschutz, Bonn 1997, S. 95–99

BURMEISTER 1999a – BURMEISTER, ENNO: *Die baugeschichtliche Entwicklung des Alten Hofes in München*, München 1999

BURMEISTER 1999b – BURMEISTER, ENNO: *Münchner Stadtheimatpflege*, in: Denkmalschutz und Denkmalpflege in München 1999, S. 54 f.

BUTTLAR 1984 – BUTTLAR, ADRIAN VON: *Fischer und Klenze – Münchner Klassizismus am Scheideweg*, in: BECK, HERBERT (Hg.): *Ideal und Wirklichkeit der bildenden Kunst im späten 18. Jahrhundert*, Berlin 1984

BUTTLAR 1985 – BUTTLAR, ADRIAN VON: *Klenzes Beitrag zur Polychromie-Frage*, in: Ausst. Kat. Klenze, München 1985

BUTTLAR 1988 – BUTTLAR, ADRIAN VON (Hg.): *Der Münchner Hofgarten, Beiträge zur Spurensicherung*, München 1988

BUTTLAR 1999 – BUTTLAR, ADRIAN VON: *Leo von Klenze*, München 1999

BUTTLAR/SELIG/WETZIG 1972 – BUTTLAR, ADRIAN VON/SELIG, HEINZ/WETZIG, ALEXANDER: *Erhaltenswerte Stadtbildelemente des Münchner City-Randgebietes Lehel*, in: DKD 30 (1972), S. 65–71

CHEVALLEY/WESKI 2004 – CHEVALLEY, DENIS ANDRÉ/WESKI, TIMM: *Landeshauptstadt München Südwest. Die Bezirke Ludwigsvorstadt-Isarvorstadt, Sendling, Sendling-Westpark, Schwanthalerhöhe-Laim, Thalkirchen-Obersendling-Forstenried-Fürstenried-Solln, Hadern, Pasing-Obermenzing, Aubing-Lochhausen-Langwied. Baudenkmäler, archäologische Denkmäler* (Denkmäler in Bayern I.2/2), 2 Bde., München 2004

CRAMMER 1781 – CRAMMER, ANTON: *Teutsches Rom, das ist: gründlicher Bericht von den Gotteshäusern, Klöstern u.s.w. der churbaierischen Hauptstadt München*, München 1781

CUVILLIÉS 1769 ff. – CUVILLIÉS, FRANÇOIS DE (D. Ä. und D. J.): *École de l'Architecture Bavaroise*, München 1770 ff. (BStB, Rar. 558)

CZYSZ 1974 – CZYSZ, WOLFGANG: *Der römische Gutshof in München-Denning und die römerzeitliche Besiedlung der Münchner Schotterebene* (Kataloge der Prähistorischen Staatssammlung München 16), Kallmünz 1974

DANNHEIMER 1998a – DANNHEIMER, HERMANN: *Mittelalterliche Funde am Petersbergl*, in: Bayerische Vorgeschichtsblätter 63 (1998), S. 327–332

DANNHEIMER 1998b – DANNHEIMER, HERMANN: *Mittelalterliche Bauzier aus St. Peter in München*, in: Bayerische Vorgeschichtsblätter 63 (1998), S. 333–336

DANNHEIMER 1998c – DANNHEIMER, HERMANN (Hg.): *Das baiuwarische Reihengräberfeld von Aubing, Stadt München* (Monographien der Prähistorischen Staatssammlung München 1), Stuttgart 1998

DANNHEIMER/ULBERT 1956 – DANNHEIMER, HERMANN/ULBERT, GÜNTER: *Die bajuwarischen Reihengräberfelder von Feldmoching und Sendling, Stadt München* (Materialhefte zur bayerischen Vorgeschichte 8), Kallmünz 1956

DAVIDSON 1995 – DAVIDSON, MORTIMER G.: *Kunst in Deutschland 1933–1945*, Bd. 3/1 (Architektur), Tübingen 1995

DEHIO 1990 – DEHIO, GEORG: *Handbuch der Deutschen Kunstdenkmäler – Bayern IV: München und Oberbayern* (Bearb. Ernst Götz u.a.), München 1990

DEHIO 1996 – DEHIO, GEORG: *Handbuch der Deutschen Kunstdenkmäler – München* (Bearb. Ernst Götz u.a.), überarb. und erw. Auszug aus Bayern IV, München 1996

DEHIO 2006 – DEHIO, GEORG: *Handbuch der Deutschen Kunstdenkmäler – Bayern IV: München und Oberbayern* (Bearb. Ernst Götz u. a.), 3. Aufl., München 2006

Denkmalpflege – Denkmalpflege in der Bundesrepublik Deutschland

Denkmalpflege in Bayern 1983 – Denkmalpflege in Bayern. 75 Jahre Bayerisches Landesamt für Denkmalpflege (Arbeitshefte des BLfD 18), München 1983

Denkmalpflege Informationen – Denkmalpflege Informationen des Bayerischen Landesamtes für Denkmalpflege

Denkmalschutz 1999 – *Denkmalschutz und Denkmalpflege in München. 25 Jahre Denkmalschutzgesetz*, hg. v. Referat für Stadtplanung und Bodenordnung der Landeshauptstadt München, Merseburg 1999

DHEUS 1972 – DHEUS, EGON: *Die Olympiastadt München. Entwicklung und Struktur* (Zahl + Leben 12), Stuttgart 1972

DIEMER 2004 – DIEMER, DOROTHEA: *Hubert Gerhard und Carlo di Cesare del Palagio. Bronzeplastik der Spätrenaissance*, 2 Bde., Berlin 2004

DILLIS 1838 – DILLIS, GEORG VON: *Verzeichnis der Gemälde in der kgl. Pinakothek zu München*, München 1838

DIRR 1934/36 – DIRR, PIUS: *Denkmäler des Münchner Stadtrechts*, 2 Bde., München 1934 und 1936

DIRR 1937 – DIRR, PIUS: *Grundlagen der Münchner Stadtgeschichte*, München 1937

DIRRIGL 1980/84 – DIRRIGL, MICHAEL: *Das Kulturkönigtum der Wittelsbacher. Studien zur Literatur-, Kunst-, Kultur- und Geistesgeschichte Bayerns*, 3 Bde., Wiesbaden 1980 und 1984

DISCHINGER 1988 – DISCHINGER, GABRIELE: *Zeichnungen zu kirchlichen Bauten bis 1803 im Bayerischen Hauptstaatsarchiv*, 2 Bde., Wiesbaden 1988

DÖNGES 1910 – DÖNGES, REINHARD: *Beiträge zur Entwicklung Münchens unter besonderer Berücksichtigung des Grundstückmarktes*, München 1910

DÖPPER 1988 – DÖPPER, FRANZ B.: *München und seine alten Firmen*, Eching 1988

DOERING 1924 – DOERING, OSCAR: *Zwei Münchner Baukünstler – Gabriel von Seidl – Georg von Hauberrisser* (Die Kunst dem Volke 51/52), München 1924

DOLLINGER 1995 – DOLLINGER, HANS: *Die Münchner Straßennamen*, 2. Aufl., München 1995

DOLLINGER 2001 – DOLLINGER, HANS: *München im 20. Jahrhundert. Eine Chronik der Stadt von 1900 bis 2000*, München 2001

DOMBART 1972 – DOMBART, THEODOR: *Der Englische Garten zu München*, München 1972

DONATH 2007 – DONATH, MATTHIAS: *Architektur in München 1933–1945. Ein Stadtführer*, Berlin 2007

DUNKEL 2007 – DUNKEL, FRANZISKA: *Reparieren und Repräsentieren. Die Bayerische Hofbauintendanz 1804–1886* (Schriftenreihe zur bay. Landesgeschichte 152), München 2007

DUSSLER 1971 – DUSSLER, HILDEBRAND: *Reiseberichte über München und Oberbayern vom 16. bis 19. Jahrhundert*, in: OA 93 (1971), S. 29–45

DUVIGNEAU 1994 – DUVIGNEAU, VOLKER: *Münchner Stadtbilderbuch. Ansichten aus drei Jahrhunderten*, München/Berlin 1994

ECKERT 1906 – ECKERT, CHRISTIAN: *Peter Cornelius*, Bielefeld/Leipzig 1906

EGGERT 1962 – EGGERT, KLAUS: *Erwin Schleich und der Münchner Wiederaufbau*, in: Schönere Heimat 51/1 (1962)

EGGERT 1963 – EGGERT, KLAUS: *Die Hauptwerke Friedrich von Gaertners. Friedrich von Gaertner, der Baumeister Ludwig I.* (Neue Schriftenreihe des Stadtarchivs München 15), München 1963

ENDRES 1925 – ENDRES, JOSEPH ANTON: *Johann Konrad Eberhard, ein Allgäuer Künstler*, München 1925

ENGELS 1902 – ENGELS, EDUARD (Hg.): *Münchens Niedergang als Kunststadt – eine Rundfrage*, München 1902

ENGL/TERHALLE 1984 – ENGL, HERIBERT/TERHALLE, WINFRIED: *Die städtebauliche Entwicklung Münchens*, in: MB II 1984, S. 9–74

ERDMANNSDORFFER 1970 – ERDMANNSDORFFER, KARL: *Unterlagen für eine Wiederherstellung zerstörter oder veränderter Baudenkmäler*, in: *Der Bauberater, Werkblatt des Bayerischen Landesvereins für Heimatpflege 35/1–2* (1970), S. 3

ERDMANNSDORFFER 1972 – ERDMANNSDORFFER, KARL: *Das Bürgerhaus in München* (Das Deutsche Bürgerhaus 17), Tübingen 1972

ERNST 1971 – ERNST, JOSEPH ANTON: *Beiträge zur Geschichte der Münchner Stück- und Glockengießer*, in: OA 93 (1971), S. 56 ff.

ERTL 1968 – ERTL, ANTON WILHELM: *Kur-Bayerischer Atlas (1687)*, neu bearbeitet von Hans Bleibrunner, Passau 1968

Erz-Zeit 1999 – *Erz-Zeit. Ferdinand von Miller. Zum 150. Geburtstag der Bavaria*, München 1999

ESCHE-BRAUNFELS 1993 – ESCHE-BRAUNFELS, SIGRID: *Adolf von Hildebrand*, München/Berlin 1993

EVERS 1975 – EVERS, HANS GERHARD: *Die bayerischen Königsschlösser*, in: WAGNER-RIEGER, RENATE/KRAUSE, WALTER (Hg.): *Historismus und Schlossbau* (Studien zur Kunst des 19. Jahrhunderts 28), München 1975

Exkursionsführer 1987 – GEIPEL, ROBERT/HEINRITZ, GÜNTER (Hg.): *München. Ein sozialgeographischer Exkursionsführer* (Münchner Geographische Hefte 55/56), Kallmünz/Regensburg 1987

Fassadenwettbewerb 1996 ff. – *Fassadenwettbewerb der Stadt München, Fassadenpreise 1996 ff.*, BDB-Nachrichten-Spezial, München 1996 ff.

FASTJE 1988 – FASTJE, HEIKE: *Bauforschung im unteren Hofgarten,* in: Hofgarten 1988

FASTJE 1989 – FASTJE, HEIKE: *Die Ausgrabungen auf dem Gelände des Marienhofs in München,* in: JBD 43, München 1989, S. 20–36

FASTLINGER 1935 – FASTLINGER, MAX: *München Stadt?*, in: Das Bayerland 46 (1935), S. 481 ff.

FEHN 1968 – FEHN, HANS: *Bauliche Entwicklung der Münchner Kernstadt 1808 bis 1958*, in: *Topographischer Atlas Bayern*, hg. v. Bayerischen Landesvermessungsamt, München 1968, S. 238 f.

FEILER 2006 – FEILER, HORST: *Das Lehel. Die älteste Münchner Vorstadt in Geschichte und Gegenwart*, 2. Aufl., München 2006

FELDBAUM 1996 – FELDBAUM, MATTHIAS: *Der kurbayerische Hofmaurermeister Leonhard Matthäus Gießl* (MBM 167), München 1996

FELDMANN 1991 – FELDMANN, LUDGER: *Die Münchner Schotterebene seit der Rißeiszeit*, in: Mitteilungen der Geographischen Gesellschaft in München 76 (1991), S. 23–38

FERCHL 1839 – FERCHL F. M.: *Verzeichnis der bisher bekannt gewordenen Fundorte römischer Münzen in Oberbayern*, in: OA 1 (1839), S. 136 ff.

Festgabe 1981 – STEINGRÄBER, ERICH (Hg.): *Festgabe zur Eröffnung der Neuen Pinakothek in München am 28. März 1981*, München 1981

Festschrift Bengl 1984 – LANG, AUGUST R. (Hg.): *Festschrift für Karl Bengl*, München 1984

Festschrift Dussler 1972 – RESTLE, MARCELL/SCHMOLL, JOSEF ADOLF/WEIERMANN, HERBERT (Hg.): *Festschrift Luitpold Dussler. 28 Studien zur Archäologie und Kunstgeschichte*, München/Berlin 1972

Festschrift Ramisch 1996 – JOCHER, NORBERT (Hg.): *Erinnerung und Schau. Festschrift für Hans Ramisch zum 60. Geburtstag*, Jahrbuch des Vereins für Christliche Kunst in München e.V., Sonderband 1996, Lindenberg 1996

Festschrift THM 1968 – *Technische Hochschule München 1868–1968*, München 1968

FICKLER 2004 – FICKLER, JOHANN BAPTIST: *Das Inventar der Münchner herzoglichen Kunstkammer von 1598* (Bay. Akademie d. Wissenschaften, Phil.-Hist. Klasse, Abh. N.F. 125), München 2004

Finanzbauverwaltung 1958 – *Die Finanzbauverwaltung in Bayern*, München 1958

Finanzbauverwaltung 1982 – *Die Bayerische Finanzbauverwaltung*, München 1982

FISCH 1988a – FISCH, STEFAN: *Stadtplanung im 19. Jahrhundert. Das Beispiel München bis zur Ära Theodor Fischer*, München 1988

FISCH 1988b – FISCH, STEFAN: *Die Prinzregentenstraße. Moderne Stadtplanung zwischen Hof, Verwaltung und Terraininteressen*, in: PRINZ, FRIEDRICH/KRAUSS, MARITA (Hg.): *München – Musenstadt mit Hinterhöfen. Die Prinzregentenzeit 1886 bis 1912*, München 1988, S. 82–89, 332–333

FISCHER 1912 – FISCHER, THEODOR: *Wohnhausbauten*, Leipzig 1912

FISCHER 1922 – FISCHER, THEODOR: *Öffentliche Bauten*, Leipzig 1922

FISCHER 1926 – FISCHER, THEODOR: *Der Justizpalast und das Neue Justizgebäude in München*, München 1926

FISCHER 1929 – FISCHER, OTTO: *Karl Knappe*, Augsburg 1929

FISCHER 1963 – FISCHER, KARL: *Wiederaufbau des Nationaltheaters in München*, in: DKD 21 (1963), S. 1–18

FISCHER 1990 – FISCHER, GERD: *Architektur in München seit 1900. Ein Wegweiser*, Braunschweig/Wiesbaden 1990

FISCHER 1997 – FISCHER, SUSANNE: *Die Münchner Schule der Glasmalerei. Studien zu den Glasgemälden des späten 15. und frühen 16. Jh. im Münchner Raum* (Arbeitshefte des BLfD 90), München 1997 (Diss. Univ. München 1992)

FLEISCHNER 1999 – FLEISCHNER, SUSANNE: *Schöpferische Denkmalpflege. Kulturideologie des Nationalsozialismus und Positionen der Denkmalpflege* (Beiträge zur Denkmalpflege und Bauforschung 1), Münster 1999

FLÜGEL 1958 – FLÜGEL, ROLF (Hg.): *Lebendiges München*, München 1958

FORSTER 1895 – FORSTER, JOSEF MARTIN: *Das gottselige München*, München 1895

Forstverwaltung 1928–33 – *Die Forstverwaltung Bayerns 1/1*, hg. v. d. Bayerischen Ministerialforstabteilung, München 1928–1933

FRANK/JUNG/WERNER 1983 – FRANK, HORST/JUNG, WALTER/WERNER, WINFRIED: *Geologie rechts und links der Isar*, in: PLESSEN 1983, S. 15–32

Freiräume 1984 – *Freiräume im Städtebau – München und Umgebung*, hg. v. d. Deutschen Akademie für Städtebau und Landesplanung, Landesgruppe Bayern, München 1984

FREYBERG 1989 – FREYBERG, PANKRAZ FRHR. V.: *200 Jahre Englischer Garten, München 1789–1989. Offizielle Festschrift*, München 1989 (mit Bibliographie)

FRIEDRICH-KUHN 1985 – FRIEDRICH-KUHN, GABRIELE: *Das Lehel zwischen Zweckentfremdung und Luxussanierung – Entwicklung eines Münchner Innenstadtrandbezirks unter dem Einfluss kommunalpolitischer Entscheidungen*, in: Berichte zur deutschen Landeskunde 59 (1985), S. 343–365

FRIEDRICHS-FRIEDLÄNDER 1980 – FRIEDRICHS-FRIEDLÄNDER, CAROLA: *Architektur als Mittel politischer Selbstdarstellung. Die Baupolitik der bayerischen Wittelsbacher* (MBM 97), München 1980

FRIES-KNOBLACH 2006 – FRIES-KNOBLACH, JANINE: *Hausbau und Siedlungen der Bajuwaren bis zur Urbanisierung*, in: Bayerische Vorgeschichtsblätter 71 (2006), S. 339–430

FRITSCH 1893 – FRITSCH, K. E. O.: *Der Kirchenbau des Protestantismus von der Reformation bis zur Gegenwart*, hg. v. d. Vereinigung Berliner Architekten, Berlin 1893

FÜRST 1918 – FÜRST, MAX: *König Ludwig I. von Bayern und seine Bauwerke* (Die Kunst dem Volke 33/34), München 1918 (mit 118 hist. Aufn.)

Fundchronik 2000 – *Fundchronik für das Jahr 2000*, in: Bayerische Vorgeschichtsblätter, Beiheft 16 (2004), S. 1–314

Fundchronik 2003/04 – *Fundchronik für die Jahre 2003/2004*, in: Bayerische Vorgeschichtsblätter, Beiheft 18 (2006), S. 25 ff.

FURTMAYR 1995 – FURTMAYR, HELGA: *Das frühmittelalterliche Gräberfeld von München-Giesing*, Diss. Univ. München 1995

GÄRTNER 1844/45 – GÄRTNER, FRIEDRICH VON: *Sammlung der Entwürfe ausgeführter Gebäude von... 1./2. Lieferung*, München 1844/45

GATTINGER 2007 – GATTINGER, KARL: *Bier und Landesherrschaft. Das Weißbiermonopol der Wittelsbacher unter Maximilian I. von Bayern (1598–1651)*, München 2007

GEBELE 1896 – GEBELE, JOSEPH: *Das Schulwesen der kgl. Haupt- und Residenzstadt München*, München 1896 (Nachdruck 1989)

GEDON 1994 – GEDON, BRIGITTE: *Lorenz Gedon. Die Kunst des Schönen*, München 1994

GEIDEL 1938 – GEIDEL, HEINRICH: *Münchens Vorzeit* (Kultur und Geschichte. Freie Schriftenfolge des Stadtarchivs München 4), München, 2. erw. Aufl. 1938

GEIGER 1908 – GEIGER, FRANZ: *Das Straßenbild*, in: Die Raumkunst I, München 1908

GEIGER 1928 – GEIGER: FRANZ: *Die Universität München, ihre Anstalten, Institute und Kliniken*, Düsseldorf 1928

GEIPEL 1987 – GEIPEL, ROBERT, U. A. (Hg.): *München. Ein sozialgeographischer Exkursionsführer* (Münchner Geographische Hefte 55/56), Kallmünz 1987

GEIST 1978 – GEIST, JOHANN FRIEDRICH: *Passagen, ein Bautyp des 19. Jahrhunderts*, München 1978

GEORGES 1910 – GEORGES, A.: *Münchner Wohnhäuser. Der Profanbau*, Leipzig 1910

GERHART/GRASSKAMP/MATZNER 2008 – GERHART, NIKOLAUS/GRASSKAMP, WALTER/MATZNER, FLORIAN (Hg.): *200 Jahre Akademie der Bildenden Künste München*, München 2008

GESSERT 1847 – GESSERT, M. A.: *Die fünf neuen Kirchen Münchens in Bildern und Beschreibung für Besucher derselben und Kunstfreunde im Allgemeinen. Mit 9 Stahlstichen*, München 1847

GIESS 1990 – GIESS, HARALD: *Fensterarchitektur und Fensterkonstruktion in Bayern vom ausgehenden 18. Jahrhundert bis zum Ersten Weltkrieg* (Arbeitshefte des BLfD 39), München 1990

GILARDONE 1935 – GILARDONE, GEORG: *Wälle und Mauern um München*, in: Das Bayerland 46 (1935), S. 673 ff.

GLASER 2004 – GLASER, HUBERT (Hg.): *König Ludwig I. von Bayern und Leo von Klenze. Der Briefwechsel, Teil 5,1–3 Die Kronprinzenzeit 1815–25* (Quellen zur neueren Geschichte Bayerns 5: Korrespondenzen König Ludwigs I. von Bayern), 3 Bde., München 2004

Glaspalast 1978 – *Vom Glaspalast zum Gaskessel. Münchens Weg ins technische Zeitalter* (Arbeitshefte des BLfD 3), München 1978, S. 47–51

GÖTZ 1964 – GÖTZ, WOLFGANG: *Deutsche Marställe des Barock*, München/Berlin 1964

GOLLWITZER 1986 – GOLLWITZER, HEINZ: *Ludwig I. von Bayern. Königtum im Vormärz. Eine politische Biographie*, München 1986.

Grabung 1996 – *Die Grabung im Alten Hof, München 1996*, in: Denkmalpflege Informationen, Ausgabe C, Sept. 1996, S. 1–2

GRAF/RÄDLINGER 2008 – GRAF, EVA/RÄDLINGER, CHRISTINE (Hg.): *Bachaskehr. Eine Zeitreise in das München der Jahre 1850–1914. Die Aufzeichnungen der Maria Walser*, München 2008

GRÄSSEL 1917 – GRÄSSEL, HANS: *Die Erhaltung des Charakters der Stadt München*, München 1917

GRASSER/HETTLER 1998 – GRASSER, WALTER/HETTLER, FRIEDRICH H.: *Der „rote Schorsch". Georg Kronawitter – ein bayerischer Politiker*, Wallmoden 1998

GRASSER/ZIERSCH 1981 – GRASSER, WALTER/ZIERSCH, HANS J.: *Die juristischen Aspekte der Erhaltung des Hildebrandhauses*, in: BURMEISTER, ENNO/HOH-SLODCZYK, CHRISTINE (Hg.): *Das Hildebrandhaus. Sein Erbauer – seine Bewohner*, München 1981, S. 95–99

GREIPL I–IV 2008 – GREIPL, EGON JOHANNES (Hg.): *100 Jahre Bayerisches Landesamt für Denkmalpflege*, 4 Bde., Bd. 1: *Bilanz*, Bd. 2: *Perspektiven*, Bd. 3: *Katalog der Jubiläumsausstellungen*, Bd. 4: *Bibliographie*, Regensburg 2008

GROBE 1970 – GROBE, PETER: *Die Entfestigung Münchens* (MBM 27), München 1970

GURLITT 1906 – GURLITT, CORNELIUS: *Kirchen* (Handbuch der Architektur, IV. Teil, 8. Halbbd., Heft 1), Stuttgart 1906

GUT 1928 – GUT, ALBERT (Hg.): *Das Wohnungswesen der Stadt München*, München 1928

HABEL 1967 – HABEL, HEINRICH: *Das Odeon in München und die Frühzeit des öffentlichen Konzertsaalbaus*, Berlin 1967

HABEL 1971 – HABEL, HEINRICH: *Der Münchner Kirchenbau im 19. und frühen 20. Jahrhundert*, in: Festschrift Deutscher Kunstverlag 1921–1971, München/Berlin 1971, S. 7 ff.

HABEL 1975 – HABEL, HEINRICH: *Vorschläge zur Schließung des Durchbruchs an der Münchener Maximilianstraße*, in: DKD 33 (1975), S. 18–28

HABEL 1979 – HABEL, HEINRICH: *Der Königsplatz in München als Forum des Philhellenismus*, in: JBD 33, München 1979/81, S. 175–198

HABEL 1985 – HABEL, HEINRICH: *Festspielhaus und Wahnfried*, München 1985

HABEL 1988 – HABEL, HEINRICH: *Das Nationaltheater in München*, in: DKD 46 (1988), S. 43–50

HABEL 1990 – HABEL, HEINRICH: *Geschichte und Stadtentwicklung*, in: DEHIO 1990, S. 661–676

HABEL 1991 – HABEL, HEINRICH: *Neubarock und Neurokoko in München*, in: *Beiträge zur Heimatforschung. Wilhelm Neu zum 70. Geburtstag* (Arbeitshefte des BLfD 54), München 1991, S. 53 ff.

HABEL 1993 – HABEL, HEINRICH: *Der Marstallplatz in München. Vorstudien zur archäologischen Untersuchung* (Arbeitshefte des BLfD 63), München 1993

HABEL 1998 – HABEL, HEINRICH: *„Die Sentlinger Gasse ... zu fabelhafter Unzeit". Betrachtungen zu einem Münchner Altstadtbereich*, in: Monumental 1998, S. 506–519

HABEL 2006 – HABEL, HEINRICH: *Geschichte und Stadtentwicklung*, in: DEHIO 2006, S. 719–738

HABEL/HIMEN 1985 – HABEL, HEINRICH/HIMEN, HELGA (Bearb.): *Landeshauptstadt München. Ensembles – Baudenkmäler – Archäologische Denkmäler* (Denkmäler in Bayern I,1), München 1985, 3., verb. u. erw. Aufl. 1991

HABERLIK 2004 – HABERLIK, CHRISTINA: *Neue Architektur in München*, Berlin 2004

HACKELSBERGER 1981a – HACKELSBERGER, CHRISTOPH: *Ein Architekt sieht München*, München 1981

HACKELSBERGER 1981b – HACKELSBERGER, CHRISTOPH: *München und seine Isar-Brücken*, München 1981

HAENEL/TSCHARMANN 1913 – HAENEL, ERICH/TSCHARMANN, HEINRICH: *Das Einzelwohnhaus der Neuzeit*, 2 Bde., Leipzig 1913

Häuserbuch I–V, 1958–1977 – *Häuserbuch der Stadt München*, hg. v. StadtAM, 5 Bde., München 1958, 1960, 1962, 1966, (Register) 1977

HAEUTLE 1883 – HAEUTLE, CHRISTIAN: *Geschichte der Residenz in München von ihren frühesten Zeiten bis herab zum Jahr 1777*, Leipzig 1883

HAEUTLE um 1890 – HAEUTLE, CHRISTIAN: *Die fürstlichen Wohnsitze der Wittelsbacher in München – Der Alte Hof*, München um 1890 (Manuskript StadtAM)

HAEUTLE 1892 – HAEUTLE, CHRISTIAN: *Die fürstlichen Wohnsitze der Wittelsbacher in München – I. Die Residenz*, Bamberg 1892

HAGEN-DEMPF 1954 – HAGEN-DEMPF, FELICITAS: *Der Zentralbaugedanke bei Johann Michael Fischer*, München 1954

HAGN/VEIT/WINGHART 1985 – HAGN, HERBERT/VEIT, PETER/WINGHART, STEFAN: *Die Münchner Stadtmauer am Isartor*, in: Archäologisches Jahr in Bayern 1984, Stuttgart 1985, S. 166–169

HAHN 1953 – HAHN, AUGUST: *Der Maximilianstil*, in: GOLLWITZER, HEINZ (Hg.): *100 Jahre Maximilianeum. 1852–1952*, München 1953

HAHN 1982 – HAHN, AUGUST: *Der Maximilianstil in München*, München 1982

HALLINGER 1999 – HALLINGER, JOHANNES: *Zur Geschichte des Pfisterbachs*, in: PETZET, MICHAEL (Hg.): *Nikolaus Lang. Spurensicherung* (Arbeitshefte des BlfD 99), München 1999, S. 54–81

HALLINGER 2008a – HALLINGER, JOHANNES: *100 Jahre Bayerisches Landesamt für Denkmalpflege. Personen und Strukturen*, in: GREIPL I 2008, S. 128–176

HALLINGER 2008b – HALLINGER, JOHANNES: *Der Ausbau: Das Bayerische Landesamt für Denkmalpflege seit 1973*, in: GREIPL III 2008, S. 283–288

HALLINGER 2008c – HALLINGER, JOHANNES: *Die Eingemeindung von Haidhausen, Au und Giesing in die Stadt München*, in: Ausst. Kat. Münchner Lebenswelten 2008, S. 11–18

HALLINGER/WIESNER 2006a – HALLINGER, JOHANNES/WIESNER, NINA: *Mariannenplatz 1*, in: Cultor. Das Magazin für Stadt- und Kulturgeschichte 3 (2006), S. 6 f.

HALLINGER/WIESNER 2006b – HALLINGER, JOHANNES/WIESNER, NINA: *Widenmayerstraße 38*, in: Cultor. Das Magazin für Stadt- und Kulturgeschichte 2 (2006), S. 10 f.

HALM 1928 – HALM, PHILIPP MARIA: *Erasmus Grasser*, Augsburg 1928

Handbuch der Architektur – Handbuch der Architektur, Stuttgart 1891 ff.

HANFSTAENGL 1955 – HANFSTAENGL, ERIKA: *Die Brüder Cosmas Damian und Egid Quirin Asam*, München 1955

HANNWACKER 1992 – HANNWACKER, VOLKER: *Friedrich Ludwig von Sckell*, Stuttgart 1992

HARDTWIG 1990a – HARDTWIG, WOLFGANG: *Soziale Räume und politische Herrschaft. Leistungsverwaltung, Stadterweiterung und Architektur in München 1870 bis 1914*, in: HARDTWIG/TENFELDE 1990, S. 59–154

HARDTWIG 1990b – HARDTWIG, WOLFGANG: *Soziale Räume – Stadtentwicklung – Städtebau*, in: HARDTWIG/TENFELDE 1990

HARDTWIG/TENFELDE 1990 – HARDTWIG, WOLFGANG/TENFELDE, KLAUS (Hg.): *Soziale Räume in der Urbanisierung. Studien zur Geschichte Münchens im Vergleich 1850 bis 1933*, München 1990

HART 1965 – HART, FRANZ: *Kunst und Technik der Wölbung*, München 1965

HARTIG 1928 – HARTIG, MICHAEL: *Bestehende mittelalterliche Kirchen Münchens* (Deutsche Kunstführer 21), Augsburg 1928

HARZENETTER 1992 – HARZENETTER, MARKUS: *Zur Münchner Secession. Genese, Ursachen und Zielsetzungen dieser intentionell neuartigen Künstlervereinigung* (MBM 128), München 1992

HARZENETTER 1994 – HARZENETTER, MARKUS: *Zur Geschichte der Münchner Kunstzink- und Hartbleigießerei*, München 1994

HAUFF 1862 – HAUFF, LUDWIG: *Wegweiser durch die Bayer. Haupt- und Residenzstadt München*, München 1862

HAUTTMANN 1913 – HAUTTMANN, MAX: *Der kurbayerische Hofbaumeister Joseph Effner. Ein Beitrag zur Geschichte der höfischen Kunstpflege, der Architektur und Ornamentik in Deutschland zu Anfang des 18. Jahrhunderts*, Straßburg 1913

HEDERER 1942 – HEDERER, OSWALD: *Die Ludwig-straße in München* (Neue Schriftenreihe des Stadtarchivs München 1), München 1942

HEDERER 1960 – HEDERER, OSWALD: *Karl von Fischer. Leben und Werk*, München 1960

HEDERER 1964 – HEDERER, OSWALD: *Leo von Klenze. Persönlichkeit und Werk*, München 1964

HEDERER 1976 – HEDERER, OSWALD: *Friedrich von Gärtner 1792–1847. Leben – Werk – Schüler* (Studien zur Kunst des 19. Jahrhunderts 10), München 1976

HEILMEYER 1902 – HEILMEYER, ALEXANDER: *Adolf Hildebrand* (Künstlermonographien 60), Bielefeld/Leipzig 1902

HEILMEYER 1931 – HEILMEYER, ALEXANDER: *Die Plastik des 19. Jahrhunderts in München*, München 1931

HEIMERS 1992 – HEIMERS, MANFRED PETER: *Die Strukturen einer barocken Residenzstadt. München zwischen Dreißigjährigem Krieg und dem Vorabend der Französischen Revolution*, in: BAUER 1992 , S. 211–243

HEIMERS 1998 – HEIMERS, MANFRED PETER: *Krieg, Hunger, Pest und Glauben… München im Dreißigjährigen Krieg*, München 1998

HEIMERS 2000 – HEIMERS, MANFRED PETER: *Die Trikolore über München*, München 2000

HEINRITZ 2003 – HEINRITZ, GÜNTER u. a. (Hg.): *Der München Atlas. Die Metropole im Spiegel faszinierender Karten*, Köln 2003

HEISLER 1994 – HEISLER, ANDREAS: *Stadt und Boden. Zur Stadterweiterungsdiskussion der Jahrhundertwende und den Grundstücksverhältnissen in München 1860–1910* (MBM 160), München 1994

HEISSERER 1993 – HEISSERER, DIRK: *Wo die Geister wandern. Eine Topographie der Schwabinger Bohème um 1900*, München 1993

HELAS 1991 – HELAS, VOLKER: *Villenarchitektur in Dresden*, Köln 1991

HEMMERLE 1958 – HEMMERLE, JOSEF: *Die Klöster der Augustiner-Eremiten in Bayern* (Bayerische Heimatforschung 12), München-Pasing 1958

HEMMETER 1984 – HEMMETER, KARLHEINZ: *Studien zu Reliefs von Thorvaldsen. Auftraggeber, Künstler, Werkgenese, Idee und Ausführung*, München 1984

HEMMETER 1995a – HEMMETER, KARLHEINZ: *Bayerische Baudenkmäler im Zweiten Weltkrieg. Verluste – Schäden – Wiederaufbau* (Arbeitshefte des BLfD 77), 2. Aufl., München 2004

HEMMETER 1995b – HEMMETER, KARLHEINZ: *München – Stadtlandschaft am Fluss. Zur Geschichte des Zusammenwachsens der Stadthälften beiderseits der Isar und zur Herausbildung einer stadtgeschichtlich bedeutenden architektonisch-topographischen Situation*, in: JBD 44 (1995), S. 149–178

HEMMETER 1996 – HEMMETER, KARLHEINZ: *Das Denkmal für König Max I. Joseph in München von Christian Daniel Rauch. Entstehungsgeschichte – Zeitgenössische Kunstliteratur – Zur Genese des Max-Joseph-Platzes*, in: *König Max I. Joseph. Modell und Monument. Zu einer Installation von Erich Lindenberg in der Alten Münze in München* (Arbeitshefte des BLfD 86), München 1996, S. 35–85

HENKER/SCHERR/STOLPE 1988 – HENKER, MICHAEL/SCHERR, KARLHEINZ/STOLPE, ELMAR: *Von Senefelder zu Daumier. Die Anfänge der lithographischen Kunst* (Veröffentlichungen zur Bayerischen Geschichte und Kunst 16/18), München 1988

HENTZEN 1959 – HENTZEN, KURT: *Der Hofgarten zu München*, München 1959

HETTLER/SING 2008 – HETTLER, FRIEDRICH H./SING, ACHIM (Hg.): *Die Münchner Oberbürgermeister. 200 Jahre gelebte Stadtgeschichte*, München 2008

HEYDEL 1926 – HEYDEL, JOHANNES: *Das Itinerar Heinrichs des Löwen*, in: Niedersächsisches Jahrbuch 6 (1926), S. 1–166

HEYDENREUTER 1983 – HEYDENREUTER, REINHARD: *Die Isar in der Rechtsgeschichte*, in: PLESSEN 1983, S. 52–63

HEYDENREUTER 1992 – HEYDENREUTER, REINHARD: *Der Magistrat als Befehlsempfänger. Die Disziplinierung der Stadtobrigkeit 1579 bis 1651*, in: BAUER 1992, S. 189–210

HEYDENREUTER 2003 – HEYDENREUTER, REINHARD: *Der Untergang der Klöster 1802/03 und der Aufstieg Münchens im 19. Jahrhundert*, in: Ausst. Kat. Bayern ohne Klöster? 2003, S. 446–458

HEYM 1984 – HEYM, SABINE: *Henrico Zuccalli. Der kurbayerische Hofbaumeister*, München/Zürich 1984

HIERL-DERONCO 2001 – HIERL-DERONCO, NORBERT: *Es ist eine Lust zu bauen. Von Bauherren, Bauleuten und vom Bauen im Barock in Kurbayern – Franken – Rheinland*, München 2001

HIESINGER 1988 – HIESINGER, KATHRYN BLOOM (Hg.): *Die Meister des Münchner Jugendstils*, München 1988

HILBLE 1968 – HILBLE, FRITZ: *Die alten Münchner Mühlen und ihre Namen*, in: OA 90 (1968), S. 75–113

HIMEN 1984 – HIMEN, HELGA: *Die Erhaltung der städtebaulichen Physiognomie als Prinzip des Wiederaufbaus in München*, in: Ausst. Kat. Aufbauzeit 1984

HIMEN/WALTER 2006 – HIMEN, HELGA/WALTER, ULI: *Der Münchner Olympiapark von 1972 – Weltarchitektur unter Denkmalschutz*, in: Die Denkmalpflege 64/1-2 (2006), S. 47 ff.

Hochhausstudie 1996 – *Hochhausstudie. Leitlinien zu Raumstruktur und Stadtbild*, hg. v. Referat für Stadtplanung und Bauordnung der Landeshauptstadt München (Perspektive München, Schriftenreihe zur Stadtentwicklung; C 5), München 1996

HÖLZ 2003 – HÖLZ, CHRISTOPH: *Der Civil-Ingenieur Franz Jakob Kreuter. Tradition und Moderne 1813–1889*, München/Berlin 2003

HÖNIG, EUGEN: *Geschäftshäuser, Verwaltungsgebäude und Banken*, in: MB I 1912, S. 308–312

HOFER 2002 – HOFER, VERONIKA (Hg.): *Gabriel von Seidl. Architekt und Naturschützer*, München 2002

HOFFMANN 2004 – HOFFMANN, LUTZ: *Aufstieg aus den Trümmern 1945–1960*, in: Ausst. Kat München wie geplant 2004, S. 107–115

Hofgarten 1988 – *Denkmäler am Hofgarten. Forschungen und Berichte zu Planungsgeschichte und historischem Baubestand* (Arbeitshefte des BLfD 41), München 1988

HOH-SLODCZYK 1985 – HOH-SLODCZYK, CHRISTINE: *Das Haus des Künstlers im 19. Jahrhundert*, München 1985

HOJER 1974 – HOJER, GERHARD: *München – Maximilianstraße und Maximilianstil*, in: GROTE, LUDWIG (Hg.): *Die deutsche Stadt im 19. Jahrhundert*, München 1974

HOJER 1986 – HOJER, GERHARD: *Cosmas Damian Asam und Egid Quirin Asam. Ein Führer zu ihren Kunstwerken*, München 1986

HOJER 1992 – HOJER, GERHARD: *Die Prunkappartements Ludwigs I. im Königsbau der Münchner Residenz. Architektur und Dekoration*, München 1992

HORN/KARL 1989 – HORN, HEINRICH/KARL, WILLIBALD: *Neuhausen. Geschichte und Gegenwart*, München 1989

HUBER 1973 – HUBER, ANDREAS: *Franz Jakob Schwanthaler 1760–1820*, Diss. München 1973

HUBER 2000 – HUBER, BRIGITTE: *Auf der Suche nach historischer Wahrheit. Carl August Lebschée (1800–1877)*, Hamburg/München 2000

HUBER 2003 – HUBER, BRIGITTE: *Klöster, Banken und Paläste. Zur Geschichte des Münchner Kreuzviertels*, in: *Münchens neue Altstadt. Schäfflerhof – Fünf Höfe*, München 2003, S. 48–65

HUBER 2007 – HUBER, BRIGITTE: *Der Hofmaurermeister und Bauunternehmer Joseph Deiglmayr – ein Altmünchner Familienporträt*, in: OA 131 (2007), S. 75 ff.

HUBER, A. 1996 – HUBER, ANDREAS: *Franz Jakob Schwanthaler*, München 1996

HUBER, B. 1996 – HUBER, BRIGITTE: *Denkmalpflege zwischen Kunst und Wissenschaft. Ein Beitrag zur Geschichte des Bayerischen Landesamts für Denkmalpflege* (Arbeitshefte des BLfD 76), München 1996

HÜBNER 1803 – HÜBNER, LORENZ: *Beschreibung der kurbaierischen Haupt- und Residenzstadt München und ihrer Umgebung*, 2 Bde., München 1803

HÜTSCH 1980 – HÜTSCH, VOLKER: *Der Münchner Glaspalast 1854–1931. Geschichte und Bedeutung*, München 1980

HUF 1959 – HUF, SEPP: *Wiederaufbau der Münchner Residenz*, in: DKD 17 (1959), S. 1–16

HUFNAGL 1979 – HUFNAGL, FLORIAN: *Gottfried von Neureuther (1811–1887). Leben und Werk* (MBM 91), München 1979

HUFNAGL 1983 – HUFNAGL, FLORIAN: *Leo von Klenze und die Sammlung Architektonischer Entwürfe*, München 1983

HUFSCHMIDT 1995 – HUFSCHMIDT, TAMARA FELICITAS: *Adolf von Hildebrand. Architektur und Plastik seiner Brunnen* (MBM 164), München 1995

HUNDT/ETTELT 1986 – HUNDT, DIETMAR/ETTELT, ELISABETH: *Burgen, Schlösser und Paläste in München*, Freilassing 1986

HUSE 1990 – HUSE, NORBERT: *Kleine Kunstgeschichte Münchens*, München 1990

HUSE 1999 – HUSE, NORBERT: *Eine Zukunft für die Denkmalpflege? Überlegungen im Blick auf ihre jüngste Geschichte*, in: *Auf dem Weg ins 21. Jahrhundert – Denkmalschutz und Denkmalpflege in Deutschland*, hg. v. Deutschen Nationalkomitee für Denkmalschutz, Bonn 1999, S. 12–14

Innenstadtkonzept 2007 – Landeshauptstadt München, Referat für Stadtplanung und Bauordnung (Hg.): *Innenstadtkonzept. Leitlinien für die Münchner Innenstadt und Maßnahmenkonzept zur Aufwertung*, München 2007

Inszenierter Alltag 1993 – ANGERMAIR, ELISABETH/HAERENDEL, ULRIKE: *Inszenierter Alltag. „Volksgemeinschaft" im nationalsozialistischen München 1933–1945*, München 1993

Isarbrücken 2008 – Landeshauptstadt München, Baureferat (Hg.): *Münchner Isarbrücken* (Kalender), 2008

Jüdisches Leben 1995 – Landeshauptstadt München (Hg): *Jüdisches Leben in München. Lesebuch zur Geschichte des Münchner Alltags*, München 1995

KAHN 1913 – KAHN, JULIUS: *Münchens Großindustrie und Großhandel*, München 1913

KARL 1992 – KARL, WILLIBALD (Hg.): *Bogenhausen. Vom bäuerlichen Pfarrdorf zum noblen Stadtteil*, München 1992

KARLINGER 1933 – KARLINGER, HANS: *München und die Kunst des 19. Jahrhunderts*, München 1933

KARNAPP 1979 – KARNAPP, BIRGIT-VERENA: *G.F. Ziebland (1800–1873). Studien zu seinem Leben und Werk*, in: OA 104 (1979), S. 7–116

KARNAPP 1988 – KARNAPP, BIRGIT-VERENA: *Die Architektur unter König Maximilian II.*, in: *Maximilian II. von Bayern 1848–1864*, hg. v. Haus der Bayerischen Geschichte, Rosenheim 1988

KARNAPP 1993 – KARNAPP, BIRGIT-VERENA: *Der Architekt Emil Riedel*, in: DBZ 127 (1993), Nr. 9

KARNAPP 1996 – KARNAPP, BIRGIT-VERENA: *Kirchen in München und Umgebung nach 1945*, Berlin 1996

KDB – *Die Kunstdenkmäler von Bayern* – zu München: *Die Kunstdenkmale des Königreichs Bayern I/Oberbayern*, III. Teil (Bezirksamt München I und II), München 1895, IV. Teil (Stadt München), München 1902 (Nachdruck München 1982)

KELLER 1984 – KELLER, ERWIN: *Die frühkaiserzeitlichen Körpergräber von Heimstetten bei München und die verwandten Funde aus Südbayern* (Münchner Beiträge zur Vor- und Frühgeschichte 37), München 1984

KELLNER 1960 – KELLNER, HANS-JÖRG: *Die Fundmünzen der römischen Zeit in Deutschland, Abt. I Bayern, Band 1 Oberbayern* (Römisch-Germanische Kommission des Deutschen Archäologischen Instituts zu Frankfurt 1), Berlin 1960

KERKHOFF 1987 – KERKHOFF, ULRICH: *Theodor Fischer – Eine Abkehr vom Historismus oder ein Weg zur Moderne*, Stuttgart 1987

KERSCHENSTEINER 1913 – KERSCHENSTEINER, HERMANN: *Geschichte der Münchner Krankenanstalten, insbesondere des Krankenhauses links der Isar*, München 1913, 2. Aufl. 1939

KIENER 1924 – KIENER, HANS: *Leo von Klenze, Architekt Ludwig I. 1784–1864*, Diss. Univ. München 1924

Kirchenbau 1965 – *Neuer Kirchenbau in der Erzdiözese München und Freising seit Kriegsende 1948–1964*, München 1965

KITA 1999 – KITA, TAKAO: *Stadtplanung und Stadtgestaltung im München der Nachkriegszeit (1945–1965). Wiederaufbau und weitere Stadtentwicklung am Beispiel ausgewählter Stadtgebiete*, Diplomarbeit München 1999

KLAR 2002 – KLAR, ALEXANDER: *Im Dienste des Bayerischen Königs. Leben und Werk des Baumeisters Friedrich Bürklein (1813–1872)*, München 2002

KLEEMAIER 1983 – KLEEMAIER, HORST: *Zur Geschichte der Münchner Stadtbäche*, in: PLESSEN 1983, S. 79–93

KLEEMANN 1890 – KLEEMANN, OTTO: *Die Befestigung Alt-Münchens*, in: Jahrbuch für Münchner Geschichte 4 (1889/90), Bamberg 1890

KLEIN 1993 – KLEIN, DIETER: *Martin Dülfer. Wegbereiter der deutschen Jugendstilarchitektur* (Arbeitshefte des BLfD 8), 2. Aufl., München 1993

KLEIN 2008 – KLEIN, DIETER: *Münchner Maßstäbe*, München 2008

KLENZE 1830–50 – KLENZE, LEO VON: *Sammlung architectonischer Entwürfe*, 10 Hefte, München/Stuttgart/Tübingen 1830–50 (Faksimile mit Begleittext von Florian Hufnagl, Worms 1983)

KLENZE 1990 – KLENZE, LEO VON: *Anweisung zur Architectur des christlichen Cultus*, Neudruck Nördlingen 1990

KLINGENSMITH 1993 – KLINGENSMITH, SAMUEL JOHN: *The Utility of Splendor. Ceremony, Social Life and Architecture at the Court of Bavaria, 1600–1800*, Chicago/London 1993

KLOOS 1958 – KLOOS, RUDOLF M.: *Die Inschriften der Stadt und des Landkreises München* (Die deutschen Inschriften 5), Stuttgart 1958

KLOSS 1998 – KLOSS, GÜNTER: *Georg Wrba (1872–1939)*, Petersberg 1998

KLÜHSPIES 1980a – KLÜHSPIES, KARL: *Die Stadtbäche – ein trauriges Kapitel*, in: *Stadt-Landschaft 1. Der grüne Stadtraum* (Sammlungsreihe München Forum 21), München 1980

KLÜHSPIES 1980b – KLÜHSPIES, KARL: *Ein neues Bach-Konzept*, in: *Stadt–Landschaft 1. Der grüne Stadtraum* (Sammlungsreihe München Forum 21), München 1980

KLÜHSPIES 1990 – KLÜHSPIES, KARL: *Konkrete Utopien für München*, in: UDE, CHRISTIAN (Hg.): *Münchner Perspektiven*, München 1990, S. 126–159

KNAUSS 1983 – KNAUSS, HANS: *Zweckbau-Architektur zwischen Repräsentation und Nutzen. Konzeption und Ästhetik ausgewählter Zweckbauten in der Zeit von ca. 1850–1930 in Bayern*, München 1983

KNOPP 1970 – KNOPP, NORBERT: *Die Frauenkirche zu München und St. Peter*, Stuttgart 1970

KOCH 1905 – KOCH, DAVID: *Peter Cornelius, ein deutscher Maler*, Stuttgart 1905

KOCH 1991 – KOCH, FLORIAN: *Die Privatbauten der Maximilianstraße in München (Nrn. 11–37)*, Magisterarbeit Univ. München 1991 (Mskr.)

KOENIG 1958 – KOENIG, HELMUT: *München setzt Stein auf Stein. Das Baureferat der Landeshauptstadt München berichtet über die Bautätigkeit der letzten Jahre*, München 1958

König-Ludwigs-Feier 1986 – *Die König-Ludwigs-Feier. Gedenkfeier der Stadt München zum 100. Geburtstag König Ludwigs I. von Bayern* (Reprint aus der Sammlung Wolfgang Hasselmann, Einführung von Richard Bauer), München 1986

Königsplatz-Panorama 1996 – BÄUMLER, KLAUS: *Historisch-aktuelles Königsplatz-Panorama*, München 1996

KOHL 1969 – KOHL, WERNER: *Recht und Geschichte der alten Münchner Mühlen* (MBM 15), München 1969

KOLISKO 1931 – KOLISKO, MARIA: *Caspar von Zumbusch*, Zürich/Leipzig/Wien 1931

KOLLMER/SEGL 1995 – KOLLMER, LOTHAR/SEGL, PETER (Hg.): *Regensburg, Bayern und Europa. Festschrift für Kurt Reindel zum 70. Geburtstag*, Regensburg 1995

KOSCHIK 1981 – KOSCHIK, HARALD: *Die Bronzezeit im südwestlichen Oberbayern* (Materialhefte zur bayerischen Vorgeschichte 50), Kallmünz 1981

KOSSACK 1959 – KOSSACK, GEORG: *Südbayern während der Hallstattzeit* (Römisch-germanische Forschungen 24), Berlin 1959

KOTZUR 1978 – KOTZUR, HANS-JÜRGEN: *Forschungen zu Leben und Werk des Architekten August von Voit*, 2 Bde., Diss. Univ. Heidelberg 1977

KRANZ-MICHAELIS 1976 – KRANZ-MICHAELIS, CHARLOTTE: *Rathäuser im deutschen Kaiserreich*, München 1976

KRAUS 1987 – KRAUS, ANDREAS: *Die Residenz und ihre geistigen, künstlerischen, sozialen und wirtschaftlichen Auswirkungen im 19. Jahrhundert, dargestellt am Beispiel Münchens*, in: Blätter für deutsche Landesgeschichte 123 (1987), S. 83–125

KRAUS/WUNDERLICH 2000 – KRAUS, CHRISTIAN/WUNDERLICH, MATTHIAS: *Stadtbausteine der Münchener Altstadt 2000*, München 2000

KRAUSS 1917 – KRAUSS, MAXIMILIAN: *Die Grundlagen des Fremdenverkehrs in München und im Bayrischen Hochland. Kleine Beiträge zu einer Geschichte des Fremdenverkehrs in München*, München 1917

KREISEL 1934 – KREISEL, HEINRICH: *München*, Berlin 1934

KREISEL 1950 – KREISEL, HEINRICH: *München – Die Stadt als Kunstwerk*, 1. Aufl., München 1950

KREISEL 1969 – KREISEL, HEINRICH: *München – Die Stadt als Kunstwerk*, 6. Aufl., München 1969

KREISEL 1971 – KREISEL, HEINRICH: *Um die Erhaltung des Forums der Maximilianstraße zu München*, in: DKD 29 (1971), S. 8–12

KRIEG 1984 – KRIEG, NINA A.: *Denkmalpflege und Wiederaufbau*, in: Ausst. Kat. Aufbauzeit 1984, S. 41–61

KROMER 1908 – KROMER, H. ERNST: *Julius Seidler*, München 1908

KÜTTINGER 1985 – KÜTTINGER, GEORG (Hg.): *Werner Eichberg*, Ausst. Kat. TUM, München 1985

KUHN, WALTER: *Residenzstadt München*, in: HEINRITZ 2003, S. 28 f.

Kunstkammer 2008 – SAUERLÄNDER, WILLIBALD: *Die Münchner Kunstkammer* (Abhandlungen d. Bay. Akad. d. Wiss., Phil.-Hist. Kl., N. F. 129), 3 Bde., München 2008

KUNSTMANN 1993 – KUNSTMANN, JOANNA WALTRAUD: *Emanuel von Seidl (1856–1919). Die Villen und Landhäuser* (Beiträge zur Kunstwissenschaft 52), München 1993

LANGENSTEIN 1983 – LANGENSTEIN, YORK: *Der Münchener Kunstverein im 19. Jahrhundert* (MBM 122), München 1983

LANGER 1992 – LANGER, BRIGITTE: *Das Münchner Künstleratelier des Historismus*, Dachau 1992

LANGMAACK 1971 – LANGMAACK, GERHARD: *Evangelischer Kirchenbau im 19. und 20. Jahrhundert. Geschichte – Dokumentation – Synopse*, Kassel 1971

LANKES 1993 – LANKES, CHRISTIAN: *München als Garnison im 19. Jahrhundert. Die Haupt- und Residenzstadt als Standort der Bayerischen Armee von Kurfürst Max IV. Joseph bis zur Jahrhundertwende* (Militärgeschichte und Wehrwissenschaften 2), Berlin u. a. 1993

LASSER 1906 – LASSER, MORIZ OTTO BARON: *Gabriel von Seidl. Von seinem Wirken und seinen Werken. Der Profanbau*, Leipzig 1906

LEHMANN 1996 – LEHMANN, EDGAR: *Die Bibliotheksräume der deutschen Klöster in der Zeit des Barocks*, 2 Bde., Berlin 1996

LEHMBRUCH 1970 – LEHMBRUCH, HANS: *Georg Joseph Ritter von Hauberrisser*, Diss. Phil. München 1970

LEHMBRUCH 1980a – LEHMBRUCH, HANS: *Aspekte der Stadtentwicklung Münchens 1775–1825*, in: Ausst. Kat. Klassizismus 1980, S. 29–36

LEHMBRUCH 1980b – LEHMBRUCH, HANS: *Der Wettbewerb für die Anlage der Maxvorstadt*, in: Ausst. Kat. Klassizismus 1980, S. 199–207

LEHMBRUCH 1987a – LEHMBRUCH, HANS: *Ein neues München. Stadtplanung und Stadtentwicklung um 1800. Forschungen und Dokumente*, Buchendorf 1987

LEHMBRUCH 1987b – LEHMBRUCH, HANS: *Seit Nero keiner mehr. Die Ludwigstraße und die Stadtplanung Ludwigs I. für München*, in: Ausst. Kat. Romantik 1987, S. 17–34

LEHMBRUCH 2004 – LEHMBRUCH, HANS: *Ein neues München 1800–1860*, in: Ausst. Kat. München wie geplant 2004, S. 37–66

LEHMBRUCH/DISCHINGER 1988 – LEHMBRUCH, HANS/DISCHINGER, GABRIELE: *Der Sendlinger-Tor-Platz in München. Eine Chronik in Bildern*, München 1988

LEHNER-LÖHR/SCHMID/HEYM 1989 – LEHNER-LÖHR, DOROTHEA/SCHMID, ELMAR D./HEYM, SABINE: *200 Jahre Englischer Garten München 1789–1989. Broschüre zur Ausstellung in der Orangerie des Englischen Gartens*, München 1989

LERCH-STUMPF 2004 – LERCH-STUMPF, MONIKA (Hg.): *Für ein Zehnerl ins Paradies. Münchner Kinogeschichte 1896 bis 1945*, München/Hamburg 2004

LERCH-STUMPF 2008 – LERCH-STUMPF, MONIKA (Hg.): *Neue Paradiese für Kinosüchtige. Münchner Kinogeschichte 2, 1945–2007*, München/Hamburg 2008

LESJAK 1997a – LESJAK, ANDREA: *Exotismus und Stilvielfalt. Der Restaurantbesuch als Freizeitvergnügen in der „Kunst- und Fremdenstadt" München*, in: Wirtshäuser 1997, S. 102–114

LESJAK, ANDREA 1997b – LESJAK, ANDREA: *Die Flucht vor dem fetten Braten. Vegetarische Restaurants als Zentren der Lebensreform*, in: Wirtshäuser 1997, S. 115–122

LESJAK, ANDREA 1997c – LESJAK, ANDREA: *Automaten-Restaurants als Symbol des technischen und gesellschaftlichen Fortschritts*, in: Wirtshäuser 1997, S. 123–133

Lexikon von Baiern 1796 ff. – [MELCHINGER, JOHANN W.:] *Geographisches Statistisch-Topographisches Lexikon von Baiern…*, 3 Bde., Ulm 1796 ff. (Nachdruck Neustadt an der Aisch 1994)

LIEB 1941 – LIEB, NORBERT: *Münchner Barockbaumeister*, München 1941

LIEB 1971 – LIEB, NORBERT: *München. Die Geschichte seiner Kunst*, München 1971

LIEB 1982 – LIEB, NORBERT: *Johann Michael Fischer*, Regensburg 1982

LIEB 1988 – LIEB, NORBERT: *München. Die Geschichte seiner Kunst*, 4. Aufl., München 1988

LIEB/SAUERMOST 1973 – LIEB, NORBERT/SAUERMOST, HEINZ JÜRGEN (Hg.): *Münchens Kirchen. Mit einem chronologischen Verzeichnis der bestehenden Kirchenbauten*, München 1973

LIEDKE 1974 – LIEDKE, VOLKER: *Die Haldner und das Kaisergrabmal in der Frauenkirche zu München*, in: AB 2 (1974), S. 1–187

LIEDKE 1976 – LIEDKE, VOLKER: *Die Baumeister- und Bildhauerfamilie Rottaler (1480–1533)*, in: AB 5/6 (1976)

LILL 1946 – LILL, GEORG: *Um Bayerns Kulturbauten. Zerstörung und Wiederaufbau* (Geistiges München. Kulturelle und akademische Schriften 2), München 1946

LINDNER/BÖCKLER 1939 – LINDNER, WERNER/BÖCKLER, ERICH: *Die Stadt. Ihre Pflege und Gestaltung*, München [1939]

LIPOWSKY 1810 – LIPOWSKY, FELIX JOSEPH: *Baierisches Künstlerlexikon*, München 1810

LIPOWSKY 1814 – LIPOWSKY, FELIX: *Urgeschichten von München, T. 1*, München 1814

LIPPERT 1969 – LIPPERT, KARL-LUDWIG: *Giovanni Antonio Viscardi 1645–1713* (Studien zur alt-

bayerischen Kirchengeschichte 1), München 1969

List 1995 – DERENTHAL, LUDGER/POHLMANN, ULRICH/DUVIGNEAU, VOLKER: *Herbert List–Memento 1945. Münchner Ruinen*, München 1995

Literarischer Führer 1983 – OBERHAUSER, FRED/OBERHAUSER, GABRIELE: *Literarischer Führer durch Deutschland*, Frankfurt a. M. 1983

LONGO 1990 – LONGO, LUCIA: *Antonio Triva pittore*, Trento 1990

LONGO 1990a – LONGO, LUCIA: *Monaco di Baviera dalle origini ad oggi*, Trento/Bolzano 1990 (auch dt. Ausgabe)

LONGO 2008 – LONGO, LUCIA: *Antonio Domenico Triva – un artista tra Italia e Baviera*, Bologna 2008

LOUIS/WOHLMUTH 1988 – LOUIS, JEAN/WOHLMUTH, CHRISTINE: *Ingenieurbaukunst im Königreich Bayern*, München 1988

LÜBBEKE 1985 – LÜBBEKE, WOLFRAM: *150 Jahre amtliche Denkmalpflege in Bayern* (Denkmalpflege Informationen A 54 (1985))

LÜBKE 1872 – LÜBKE, WILHELM: *Geschichte der deutschen Renaissance*, Stuttgart 1872

LUCKS 1976 – LUCKS, KAI: *Die Münchner Isarbrücken im 19. und frühen 20. Jahrhundert*, Diss. München 1976

MACKENTHUN 1958 – MACKENTHUN, ILSE: *Joseph von Utzschneider. Sein Leben, sein Wirken, seine Zeit* (Neue Schriftenreihe des Stadtarchivs München 11), München 1958

MAERTENS 1892 – MAERTENS, HERMANN: *Die deutschen Bildsäulen-Denkmale des XIX. Jahrhunderts*, Stuttgart 1892

MAI/WAETZOLD 1982 – MAI, EKKEHARD/WAETZOLD, STEPHAN (Hg.): *Das Rathaus im Kaiserreich*, Berlin 1982

MAIER 1992 – MAIER, LORENZ: *Vom Markt zur Stadt. Herrschaftsinhaber und Führungseliten 1158 bis 1294*, in: BAUER 1992, S. 13–62.

MANNEWITZ 1988 – MANNEWITZ, MARTIN: *Das Cuvilliés-Theater in München*, in: DKD 46 (1988), S. 21–30

MARGGRAFF 1846 – MARGGRAFF, RUDOLPH/MARGGRAFF, HERMANN: *München mit all seinen Kunstschätzen und Merkwürdigkeiten*, München 1846

Märkte, Mauern, Horizonte 2004 – Landeshauptstadt München, Kommunalreferat (Hg.): *Märkte, Mauern, Horizonte*, München 2004

MARSCHALL 1982 – MARSCHALL, HORST KARL: *Friedrich von Thiersch 1852–1921. Ein Münchner Architekt des Späthistorismus* (Materialien zur Kunst des 19. Jahrhunderts 30), München 1982

MAUL 1923 – MAUL, MAXIMILIAN: *Ausgeführte Bauten von Hans Grässel, Bd. 1*, Berlin 1923

MAYER 1992 – MAYER, JOSEPH: *Was das Münchner Kindl erzählt. Eine Stadtchronik in Geschichten, Gedichten, Sagen, Charakter- und Geschichtsbildern*, München 1992

MAYER 2007 – MAYER, HARTMUT: *Paul Ludwig Troost. „Germanische Tektonik" für München*, Tübingen/Berlin 2007

MAYER/WESTERMAYER 1880 – MAYER, ANTON/WESTERMAYER, GEORG: *Statistische Beschreibung des Erzbisthums München-Freising, aus amtlichen Quellen bearbeitet, Bd. 2*, München 1880

MB I/II 1912/1984 – *München und seine Bauten*, hg. v. Bayerischen Architekten- und Ingenieur-Verein, Bd. I, München 1912 (Nachdruck 1978), Bd. II (nach 1912), München 1984

MBB 1898–1909 – *Münchner Bürgerliche Baukunst der Gegenwart. Mit einem Vorwort von Dr. R(ichard) Streiter. 12 Abteilungen (Tafelbände)*, München 1898–1909, Nachdruck in einem Band, München 1985

MBM – *Miscellanea Bavarica Monacensia. Dissertationen zur Bayerischen Landes- und Münchner Stadtgeschichte*, hg. v. KARL BOSL und RICHARD BAUER (Neue Schriftenreihe des Stadtarchivs München)

MEADOWS 1972 – MEADOWS, DENNIS L.: *Die Grenzen des Wachstums. Bericht des Club of Rome zur Lage der Menschheit*, Stuttgart 1972

MEGELE I–III 1951, 1956, 1960 – MEGELE, MAX: *Baugeschichtlicher Atlas der Landeshauptstadt München* (Neue Schriftenreihe des Stadtarchivs München 3), München 1951 – Bd. II: *Westliche Vororte*, München 1956 – Bd. III: *Stadt im Jubiläumsjahr 1958*, München 1960

MEHLSTÄUBLER 1990/91 – MEHLSTÄUBLER, ARTHUR: *Sichtbackstein in der Münchner Baukunst 1822–1846*, Magisterarbeit Univ. München 1990/91

Mehr als Steine 2007 – KRAUS, WOLFGANG/HAMM, BERNDT/SCHWARZ, MEIER: *Mehr als Steine. Synagogen – Gedenkband Bayern I*, Lindenberg 2007

MEIER/WOHLLEBEN 2000 – MEIER, HANS-RUDOLF/WOHLLEBEN, MARION (Hg.): *Bauten und Orte als Träger von Erinnerungen*, Zürich 2000

MEITINGER 1946 – MEITINGER, KARL: *Das neue München. Vorschläge zum Wiederaufbau*, München 1946

MEITINGER 1970 – MEITINGER, OTTO: *Die baugeschichtliche Entwicklung der Neuveste. Ein Beitrag zur Geschichte der Münchner Residenz*, in: OA 92 (1970), S. 1–288

MENZEL 2003 – MENZEL, MICHAEL: *München. Ludwig der Bayer und der Alte Hof*, in: SCHMID, ALOIS/WEIGAND, KATHARINA (Hg.): *Schauplätze der Geschichte in Bayern*, München 2003, S. 134 ff.

MERIAN 1644 – MERIAN, MATTHÄUS D. Ä.: *Topographia Bavariae das ist Beschreib: und Aigentliche Abbildung der Vornembsten Stätt und Orth, in Ober und NiederBeyern, Der ObernPfaltz, Und andern, Zum Hochlöblichen Bayrischen Craiße gehörigen, Landschafften*, [Frankfurt] 1644

MERK/SIEBER 1991 – MERK, GERHARD/SIEBER, HANNES: *Das Münchner Bier*, München 1991

MERZ 1986 – MERZ, MICHAEL: *Denkmale industriellen und gewerblichen Zweckbaus in München – Dokumentation*, Vertiefungsarbeit am Lehrstuhl Prof. Dr.-Ing. Otto Meitinger WS 1985/86, TU München

MESSMER 1982 – MESSMER, FRANZPETER: *Orlando di Lasso. Ein Leben in der Renaissance*, München 1982

MICHEL 1985 – MICHEL, HELMUT: *Historische Kanäle für die Schlösser und Parkanlagen im Münchner Raum* (Mitteilungen des Hydraulischen Instituts der Technischen Universität München 40), München 1985

MICHEL 1987 – MICHEL, HELMUT: *Wasserkraftnutzung im Münchner Raum in der Zeit vom 13. Jahrhundert bis zur Mitte des 20. Jahrhunderts*, in: Mitteilungen aus Hydraulik und Gewässerkunde 49 (1987), S. 79–165

MIELKE 1966 – MIELKE, FRIEDRICH: *Die Geschichte der deutschen Treppen*, Berlin 1966

MILLER 1987 – MILLER, ALBRECHT: *Die Sammlung malerischer Burgen der bayerischen Vorzeit von*

Dom. Quaglio und K. A. Lebschée, München 1987

MISCHKE-JÜNGST 1991 – MISCHKE-JÜNGST, ANNE: *Maximilianstraße 22–40*, Magisterarbeit Univ. München 1991 (Mskr.)

MITSCHERLICH 1965 – MITSCHERLICH, ALEXANDER: *Die Unwirtlichkeit unserer Städte*, Frankfurt a. M. 1965

MITTELMEIER 1977 – MITTELMEIER, WERNER: *Die neue Pinakothek in München*, München 1977

MITTELSTRASS 1996 – MITTELSTRASS, TILMAN: *Stadtkernarchäologie in München. Ausgrabungen am Dreifaltigkeitsplatz und im Alten Hof*, in: Das Archäologische Jahr in Bayern 1995, Stuttgart 1996, S. 176–179

MITTELSTRASS 2001 – MITTELSTRASS, TILMAN: *Münchens barocke Bastionen. Die Ausgrabungen am Karl-Scharnagl-Ring*, in: Das Archäologische Jahr in Bayern 2000, Stuttgart 2001, S. 157–160

MITTIG/PLAGEMANN 1972 – MITTIG, HANS-ERNST/ PLAGEMANN, VOLKER (Hg.): *Denkmäler im 19. Jahrhundert. Deutung und Kritik* (Studien zur Kunst des 19. Jahrhunderts 20), München 1972

MÖHRING 1992 – MÖHRING, HARALD: *Johann Michael Fischers Kirchenbauten*, Diss. Stuttgart 1992

Monachium 1958 – ZIEGLER, ADOLF WILHELM (Hg.): *Monachium. Beiträge zur Kirchen- und Kulturgeschichte Münchens und Südbayerns anlässlich der 800-Jahrfeier der Stadt München 1958*, München 1958

Monachium Sacrum I, II, 1994 – *Monachium Sacrum: Festschrift zur 500-Jahr-Feier der Metropolitankirche zu Unserer Lieben Frau in München*, Bd. I, hg. v. GEORG SCHWAIGER; Bd. II, hg. v. HANS RAMISCH, München 1994

Monatsschrift Oberbayern – Monatsschrift des Historischen Vereins von Oberbayern

MONHEIM, ROLF/POPP, MONIKA: *Passagen – Wiederentdeckte Wege für Flaneure*, in: HEINRITZ 2003, S. 106 f.

MONINGER 1882 – MONINGER, HANS: *Friedrich von Gärtner's Originalpläne und Studien*, München 1882

Monumental 1998 – BÖNING-WEIS, SUSANNE/ HEMMETER, KARLHEINZ/LANGENSTEIN, YORK (Hg.): *Monumental. Festschrift für Michael Petzet zum 65. Geburtstag am 12. April 1998* (Arbeitshefte des BLfD 100), München 1998

MOSBAUER/VALENTIEN 1991 – MOSBAUER, AMREI/VALENTIEN, CHRISTOPH: *Die kommunale Grünentwicklung in München*, in: OA 115 (1991), S. 205 ff.

MUCKENTHALER 1904 – MUCKENTHALER, JOSEF: *Wert-Tabellen zur Berechnung des Grund- und Bodenwertes sowie der Wohngebäude in München*, München 1904

MÜLLER 1845 – MÜLLER, VINCENZ: *Universal-Handbuch von München*, München 1845

MÜLLER 1903 – MÜLLER, KARL: *München als befestigte Stadt*, in: Das Bayerland 14 (1903), S. 507–509, 519–521, 531–533, 549–551, 555–557

MÜLLER 1911/12 – MÜLLER, KARL: *Von der ältesten Befestigung Münchens*, in: Das Bayerland 23 (1911/12), S. 3–6, 192–193

MÜLLER 1914 – MÜLLER, KARL: *Von der ältesten Befestigung Münchens*, in: Das Bayerland 25 (1914), S. 669–671

MÜLLER-KARPE 1957 – MÜLLER-KARPE, HERMANN: *Münchener Urnenfelder. Ein Katalog* (Kataloge der Prähistorischen Staatssammlung München 1), Kallmünz 1957

MÜLLER-KARPE 1961 – MÜLLER-KARPE, HERMANN: *Die Vollgriffschwerter der Urnenfelderzeit aus Bayern* (Münchner Beiträge zur Vor- und Frühgeschichte 6), München 1961

München 1858 – *München im Jahre 1858. Neuestes Taschenbuch für Fremde und Einheimische*, München 1858

München 1961 – *München 1950–1960, Hochbauten und Bauberatungen der Stadt*, hg. v. Hochbaureferat der Landeshauptstadt München, München 1961

München 1970 – *Bauen in München 1960 bis 1970*, hg. v. Baureferat der Landeshauptstadt München, München 1970

München baut auf 1938 – *München baut auf. Ein Tatsachen- und Bildbericht über den nationalsozialistischen Aufbau in der Hauptstadt der Bewegung*, München 1938

München im Wandel 1957 – *München im Wandel der Jahrhunderte. Bilder aus der Sammlung Proebst*, hg. v. Kreis der Freunde Alt-Münchens, München 1957

Münchener Fassaden 1974 – HABEL, HEINRICH/ MERTEN, KLAUS/PETZET, MICHAEL/QUAST, SIEGFRIED VON (Hg.): *Münchener Fassaden. Bürgerhäuser des Historismus und des Jugendstils* (Materialien zur Kunst des 19. Jahrhunderts 11), München 1974

Münchener Polizei (Zs.)

Münchner Grün 2005 – BÄUMLER, KLAUS/SCHIERMEIER, FRANZ: *Münchner Grün historisch – aktuell. Übersichtsplan der Münchner Grünanlagen*, Beilage zu WANETSCHEK 2005

Münchner Kirchen 2008 – HILDMANN, ANDREAS/JOCHER, NORBERT (Hg.): *Die Münchner Kirchen. Architektur – Kunst – Liturgie*, Regensburg 2008

Münchner Stuckfassaden 1970 – *Münchner Stuckfassaden in Farbe. Information zur Renovierung von Stuckfassaden*, München 1970 (Sonderdruck aus: i-Punkt Farbe. Zeitschrift für Farbe am Bau und im Raum, hg. v. Bundesverband des deutschen Farbengroßhandels e.V., Düsseldorf, H. 3/1970)

MÜNSTER 2002 – MÜNSTER, ROBERT: *„ich würde München gewis die Ehre machen". Mozart und der kurfürstliche Hof zu München*, Weißenhorn 2002

Musenstadt 1988 – PRINZ, FRIEDRICH/KRAUSS, MARITA (Hg.): *München – Musenstadt mit Hinterhöfen. Die Prinzregentenzeit 1886–1912*, München 1988

NAGLER 1848 – NAGLER, GEORG KASPAR: *Beiträge zur älteren Topographie von München*, in: OA 9 (1848), S. 211–218

NAGLER 1850/51 – NAGLER, GEORG KASPAR: *Beiträge zur älteren Topographie von München*, in: OA 12 (1850/51), S. 234–261

NAGLER II 1863 – NAGLER, GEORG KASPAR: *Acht Tage in München. Wegweiser für Fremde und Einheimische, 2. Abt.: Beschreibung der Sehenswürdigkeiten, öffentlichen Anstalten, Plätze, Straßen & c. in München*, 2. Aufl., München 1863

Nationaltheater 1992 – ZEHETMAIR, HANS/SCHLÄDER, JÜRGEN (Hg.): *Nationaltheater*, München 1992

NERDINGER 1987 – NERDINGER, WINFRIED: *Weder Hadrian noch Augustus – Zur Kunstpolitik Ludwigs I.*, in: Ausst. Kat. Romantik 1987, S. 9 ff.

NERDINGER 1992 – NERDINGER, WINFRIED: *München – Bewährte Kontinuität*, in: BEYME, KLAUS VON/BERGER, HANS (Hg.): *Neue Städte aus Ruinen. Deutscher Städtebau der Nachkriegszeit*, München 1992, S. 334–348

Neubauten und Concurrenzen (Zs.)

Neuer Kirchenbau (Zs.)

Neuere Postbauten 1925, 1928, 1934 – POPP, JOSEPH/KARLINGER, HANS: *Neuere Postbauten in Bayern*, 3 Bde., München 1925, 1928, 1934

NEUMANN 1995 – NEUMANN, DIETRICH: *Die Wolkenkratzer kommen*, Braunschweig/Wiesbaden 1995

NEUMANN-ADRIAN 2006 – NEUMANN-ADRIAN, EDDA/NEUMANN-ADRIAN, MICHAEL: *Münchens Lust am Jugendstil. Häuser und Menschen um 1900. Mit einem Vorwort von Wolfgang Till*, 2. Aufl., München 2006

NEUMEIER 1995 – NEUMEIER, GERHARD: *München um 1900. Wohnen und Arbeiten, Familie und Haushalt, Stadtteile und Sozialstrukturen, Hausbesitzer und Fabrikarbeiter, Demographie und Mobilität – Studien zur Sozial- und Wirtschaftsgeschichte einer deutschen Großstadt vor dem Ersten Weltkrieg* (Europäische Hochschulschriften; III/655), Frankfurt/Main u. a. 1995

NIEMELA 2004 – NIEMELA, KATJA: *Frühmittelalterliche Grabfunde aus München-Denning*, in: Bayerische Vorgeschichtsblätter 69 (2004), S. 27–92

NÖHBAUER 1992 – NÖHBAUER, HANS F.: *München. Eine Geschichte der Stadt und ihrer Bürger*, 2 Bde., München 1982, 1992

NÖHBAUER/BUNZ 2003 – NÖHBAUER, HANS F./BUNZ, ACHIM: *München* (Aufnahmen v. Achim Bunz), München 1993, 2. Aufl. 2003

NUSSBAUM 1994 – NUSSBAUM, NORBERT: *Deutsche Kirchenbaukunst der Gotik*, Darmstadt 1985, 2. Aufl. 1994

Nymphenburger Straße 2003 – *Die Nymphenburger Straße. Geschichte, Entwicklungen, Ereignisse. Vom Stiglmaierplatz zum Grünwaldpark*, hg. v. d. Geschichtswerkstatt Neuhausen, München 2003

OBERHAUSER 1983 – OBERHAUSER, FRED/OBERHAUSER, GABRIELE: *Literarischer Führer durch Deutschland*, Frankfurt a. M. 1983

OELWEIN 2003 – OELWEIN, CORNELIA: *Das Münchner Platzl. Lebensfreude im Quadrat. Die Geschichte eines traditionsreichen Quartiers*, München 2003

OESTREICH 1950 – OESTREICH, DIETER: *Die Entstehung des Stadtgrundrisses von München und seine Entwicklung bis zur Mitte des 13. Jahrhunderts* (ungedr. Diss. München 1950; StadtAM Av.Bibl. 25626)

Ohne Auftrag 1989 – *Ohne Auftrag. Zur Geschichte des Kunsthandels*, Bd. 1, München 1989

ONGYERTH 1996 – ONGYERTH, GERHARD: *Wirtschafts- und Sozialgeschichte Münchens 1945–1996*, in: BLÜCHEL, RUDOLF (Hg.): *Deutsche Wirtschaftschronik Bd. 1, Ausg. München*, Landsberg am Lech 1996, S. 35–106

ONGYERTH 1997 – ONGYERTH, GERHARD: *Die Münchner Landschaft. Zur Entwicklung der Kulturlandschaft im Landkreis München*, in: PAULA/WESKI 1997, S. XIII–XXIV

ONGYERTH 2006 – ONGYERTH, GERHARD: *Das Schleißheimer Kanalsystem. 400 Jahre barocke Landschaftsgestaltung zwischen Dachau, Oberschleißheim, Garching und München*, in: Amperland 42 (2006), S. 288–294

OSTENDORF 2007 – OSTENDORF, JUTTA: *Die Richard-Wagner-Straße in München*, München 2007

OTTEN 1970 – OTTEN, FRANK: *Ludwig Michael Schwanthaler 1802–1848. Ein Bildhauer unter Ludwig I. von Bayern* (Studien zur Kunst des 19. Jahrhunderts 12), München 1970

PASCHKE 1972 – PASCHKE, UWE K.: *Die Idee des Stadtdenkmals. Ihre Entwicklung und Problematik im Zusammenhang des Denkmalpflegegedankens. Mit einer Darstellung am Einzelfall: der Stadt Bamberg* (Erlanger Beiträge zur Sprach- und Kunstwissenschaft 45), Nürnberg 1972

PAULA 1997 – PAULA, GEORG (Hg.): *Ensembles in Oberbayern. Festschrift für Erich Schosser zum 70. Geburtstag* (Denkmäler in Bayern I.A), München 1997

PAULA 1999 – PAULA, GEORG: *Der Königsplatz in München und seine Bauten*, in: Bayern und die Antike 1999, S. 212 ff.

PAULA/WESKI 1997 – PAULA, GEORG/WESKI, TIMM (Hg.): *Landkreis München. Ensembles, Baudenkmäler, archäologische Denkmäler* (Denkmäler in Bayern I.17), München 1997

PAULUS 1912 – PAULUS, RICHARD: *Der Baumeister Henrico Zuccalli*, Straßburg 1912

PECHT 1888 – PECHT, FRIEDRICH: *Geschichte der Münchener Kunst im 19. Jahrhundert*, München 1888

PETER/WIMMER 1998 – PETER, FRANZ/WIMMER, FRANZ: *Von den Spuren. Interpretierender Wiederaufbau im Werk von Hans Döllgast*, Salzburg/München 1998

PETZET 1924 – PETZET, ERICH: *Paul Heyse – eine Einführung in sein Leben*, in: HEYSE, PAUL: *Gesammelte Werke*, Bd. 5, 3. Aufl., Stuttgart/Berlin 1924

PETZET 1929 – PETZET, ERICH: *Paul Heyses Haus in München*, in: Westermanns Monatshefte, Feb. 1929

PETZET 1996 – PETZET, MICHAEL: *Die Alte Münze in München* (Arbeitshefte des BLfD 87), München 1996

PFAUD 1976 – PFAUD, ROBERT: *Das Bürgerhaus in Augsburg* (Das deutsche Bürgerhaus 24), Tübingen 1976

PFISTER 1968 – PFISTER, RUDOLF: *Theodor Fischer. Leben und Wirken eines deutschen Baumeisters*, München 1968

PFISTER/RAMISCH 1983 – PFISTER, PETER/RAMISCH, HANS: *Die Frauenkirche in München*, München 1983

PIETSCH 2006 – PIETSCH, MARTIN: *Ganz aus Holz. Römische Gutshöfe in Poing bei München – mit einem Anhang römischer Zaungräbchen*, in: SEITZ, GABRIELE (Hg.): *Im Dienste Roms. Festschrift für Hans Ulrich Nuber*, Remshalden 2006, S. 339 ff.

PLAGEMANN 1967 – PLAGEMANN, VOLKER: *Das deutsche Kunstmuseum 1790 bis 1850*, München 1967

PLESSEN 1983 – PLESSEN, MARIE-LOUISE (Hg.): *Die Isar – Ein Lebenslauf*, München 1983

PONTEN 1928 – PONTEN, JOSEF: *Die kurfürstlichen Kanalbauten in der Münchener Landschaft*, in: Mitteilungen der Geographischen Gesellschaft in München, 21/2 (1928), S. 309–339

PRESSL 1970 – PRESSL, ERHARD: *Münchens Stuckfassaden in Farbe*, in: Münchner Stuckfassaden 1970, S. 2–6

PRESSLER 1977 – PRESSLER, CHRISTINE: *Gustav Kraus 1804–1852. Monographie und kritischer Katalog*, München 1977

PRINZ 1996 – PRINZ, REGINA: *Der Architekt Gustav Vorherr (1778–1848) und die Idee der Landschaftsverschönerung*, in: Zeitschrift für bayer. Landesgeschichte 59 (1996), H. 1, S. 117 ff.

QUILLFELDT 1995 – QUILLFELDT, INGEBORG V.: *Die Vollgriffschwerter in Süddeutschland* (Prähistorische Bronzefunde 4,11), Stuttgart 1995

RÄDLINGER 1996 – RÄDLINGER, CHRISTINE: *Der verwaltete Tod. Eine Entwicklungsgeschichte des Münchner Bestattungswesens*, München 1996

RÄDLINGER 2004 – RÄDLINGER, CHRISTINE: *Geschichte der Münchner Stadtbäche*, München 2004

RÄDLINGER 2005 – RÄDLINGER, CHRISTINE: *Lokalbaukommission München 1805 bis 2005. Geschichte der Münchner Bauaufsicht*, hg. v. d. Landeshauptstadt München, Referat für Stadtplanung und Bauordnung, München 2005

RÄDLINGER 2008 – RÄDLINGER, CHRISTINE: *Geschichte der Münchner Brücken. Brücken bauen von der Stadtgründung bis heute*, München 2008

RALL 1979 – RALL, HANS: *Wittelsbacher Lebensbilder von Kaiser Ludwig bis zur Gegenwart. Führer durch die Münchner Fürstengrüfte*, München 1979

RAMBALDI 1894 – RAMBALDI, KARL GRAF VON: *Die Münchner Straßennamen und ihre Erklärung*, München 1894

RAMISCH 1997 – RAMISCH, HANS: *Das Grabmal Kaiser Ludwigs des Bayern in der Münchener Frauenkirche*, Regensburg 1997

RAMISCH/STEINER 1984 – RAMISCH, HANS/STEINER, PETER B.: *Katholische Kirchen in München*, München 1984

RAMMERT-GÖTZ 1994 – RAMMERT-GÖTZ, MICHAELA: *Das abstrakte Ornament im Münchner Jugendstil. Theorien und Gestaltung*, Diss. Univ. München 1994

Rank 1987 – BASINER, PAUL/RANK, HUBERT (Hg.): *125 Jahre Rank*, München 1987

RASP 1981 – RASP, HANS-PETER: *Eine Stadt für Tausend Jahre. München – Bauten und Projekte für die Hauptstadt der Bewegung*, München 1981

RAU 1997 – RAU, HERMANN: *Jean Baptiste Métivier* (Thurn und Taxis-Studien 19), Kallmünz 1997

RAUCH 1994 – RAUCH, ALEXANDER: *Münchens jüdische Denkmäler*, in: *Denkmäler jüdischer Kultur in Bayern* (Arbeitshefte des BLfD 43), München 1994

REBER 1876 – REBER, FRANZ: *Bautechnischer Führer durch München*, hg. v. Bayerischen Architekten- und Ingenieur-Verein, München 1876 (Nachdruck Mittenwald 1978 mit Nachwort von Klaus Kratzsch)

REGNET 1879 – REGNET, C. A.: *München in guter alter Zeit*, München 1879

REIDEL 1982 – REIDEL, HERMANN: *Emanuel Joseph von Herigoyen. Kgl. Bayerischer Oberbaukommissar 1746–1817*, München/Zürich 1982

REIDELBACH 1888 – REIDELBACH, HANS: *König Ludwig I. von Bayern und seine Kunstschöpfungen*, München 1888 (Nachdruck Hannover 1985 mit Nachwort von Heinrich Habel)

REIS 1935 – REIS, OTTO M.: *Die Gesteine der Münchner Bauten und Denkmäler*, München 1935

REISER 1988 – REISER, RUDOLF: *Alte Häuser – Große Namen*, München 1988

REISTER 1992 – REISTER, JULIANE: *Wasserspiele in München*, München 1992

REISTER 2008 – REISTER, JULIANE: *Brunnenkunst & Wasserspiele. Spaziergänge in zehn Münchner Stadtteilen*, München 2008

REITZENSTEIN 1967 – REITZENSTEIN, ALEXANDER FRHR. VON: *Die alte bairische Stadt in den Modellen des Drechslermeisters Jakob Sandtner*, München 1967

Repertorium für Kunstwissenschaft

RIEZLER 1867 – RIEZLER, SIGMUND: *Die herzogliche Gewalt in Bayern unter Heinrich dem Löwen und Otto I.*, in: *Das Herzogthum Bayern zur Zeit Heinrichs des Löwen und Ottos I. v. Wittelsbach*, München 1867

RITZ 1954a – RITZ, JOSEPH MARIA: *Wiederaufbau des Regierungsgebäudes an der Maximilianstraße in München*, in: DKD 12 (1954), S. 117–120

RITZ 1954b – RITZ, JOSEPH MARIA: *Wiederaufbau und Denkmalpflege*, in: Das Bayerland 56 (1954), S. 321–339

RITZ 1957 – RITZ, JOSEPH MARIA: *Die Alte Pinakothek in München wieder eröffnet*, in: DKD 15 (1957), S. 125–127

RÖSNER 1988 – RÖSNER, CORINNA: *Andreas Faistenberger* (MBM 143), München 1988

RÖSNER 1989 – RÖSNER, CORINNA: *Der „ehrenfeste und kunstreiche Herr Andreas Faistenberger" – Materialien zu Leben und Werk*, in: AB 55/56 (1989) S. 65 ff.

ROETTGEN 2000 – ROETTGEN, STEFFI (Hg.): *Skulptur und Plastik auf Münchens Straßen und Plätzen. Kunst im öffentlichen Raum 1945–1999*, München 2000

ROHMEDER 2003 – ROHMEDER, JÜRGEN: *Erasmus Grasser*, Bern 2003

ROSE 1934 – ROSE, HANS: *Jean Baptiste Métivier, der Erbauer des Braunen Hauses in München*, in: Zeitschrift des Vereins für Kunstwissenschaft 1 (1934)

ROSENBERG 1901 – ROSENBERG, ADOLF: *Thorvaldsen*, Bielefeld/Leipzig 1901

ROSENEGGER/BARTL 1980 – ROSENEGGER, JOSEF/BARTL, EDITH: *Wallfahrten in und um München*, Freilassing 1980

ROSENFELD 2004 – ROSENFELD, GABRIEL D.: *Architektur und Gedächtnis. München und Nationalsozialismus – Strategien des Vergessens*, Hamburg 2004

ROTH 1981 – ROTH, HANS/GROTH-SCHMACHTENBERGER, ERIKA: *Münchner Denkmäler*, Freilassing 1981

ROWLAND 1889 – ROWLAND: *Die neueren Formen des städtischen Wohnhauses in Deutschland*, in: Zeitschrift des Architekten- und Ingenieur-Vereins zu Hannover 35 (1889)

RÜCKER 1988 – RÜCKER, ELISABETH: *Hartmann Schedels Weltchronik. Das größte Buchunternehmen der Dürer-Zeit. Mit einem Katalog der Stadtansichten*, München 1988

Sand, Kies und Knochen 1981 – *Sand, Kies und Knochen. Aus Münchens Erdgeschichte*, hg. v. d. Freunden der Bayerischen Staatssammlung für Paläontologie und historische Geologie München e.V., München 1981

St. Anna 1989 – *Rund um St. Anna. Zwischen Maximilian- und Prinzregentenstraße*, hg. v. Arbeitskreis Mission im Pfarrgemeinderat St. Anna im Lehel, München 1989

St. Lukas 1996 – *St. Lukas in München. „Der Dom der Münchner Protestanten". Zum hundertjährigen Kirchweihjubiläum* (Arbeitshefte des BLfD 88), München 1996

SATTLER 1962 – SATTLER, BERNHARD (Hg.): *Adolf von Hildebrand und seine Welt. Briefe und Erinnerungen*, München 1962

SAUERMOST 1986 – SAUERMOST, HEINZ JÜRGEN: *Die Asams als Architekten*, München 1986

SAUERMOST 1988 – SAUERMOST, HEINZ-JÜRGEN: *Die Weilheimer. Große Künstler aus dem Zentrum des Pfaffenwinkels*, München 1988

SAUR 1992 ff. – K. G. Saur Verlag: *Allgemeines Künstlerlexikon*, Bd. 1 ff., München/Leipzig 1992 ff.

SCHADE 1994 – SCHADE, JENS-UWE: *Paul Heyse – der letzte deutsche „Dichterfürst"*, in: HEYSE, PAUL: *Andrea Delfin*, Berlin 1994

SCHÄDER 1999 – SCHÄDER, CHRISTIAN: *Münchner Brauindustrie 1871–1945. Die wirtschaftsgeschichtliche Entwicklung eines Industriezweiges* (Wissenschaftliche Beiträge aus dem Tectum-Verlag, Reihe Wirtschaftswissenschaften 3), Marburg 1999

SCHAEFER 1978 – SCHAEFER, INGO: *Die Gliederung der Münchener Ebene. Eine geomorphologische Analyse*, in: Mitteilungen der Geographischen Gesellschaft in München 63 (1978), S. 37–67

SCHAFFER 1942 – SCHAFFER, REINHOLD: *Der Münchner Stadtplan als Geschichtsquelle*, in: Wirtschafts- und Verwaltungsblatt der Stadt München, H. 2, München 1942

SCHARF 1984 – SCHARF, HELMUT: *Kleine Kunstgeschichte des deutschen Denkmals*, Darmstadt 1984

SCHATTENHOFER 1972 – SCHATTENHOFER, MICHAEL: *Das Alte Rathaus in München. Seine bauliche Entwicklung und seine stadtgeschichtliche Bedeutung*, München 1972

SCHATTENHOFER 1974 – SCHATTENHOFER, MICHAEL: *Von Kirchen, Kurfürsten und Kaffesiedern etcetera. Aus Münchens Vergangenheit*, München 1974

SCHATTENHOFER 1983 – SCHATTENHOFER, MICHAEL: *Aus der Geschichte der Isarflößerei*, in: PLESSEN 1983, S. 64–78

SCHATTENHOFER 1984a – SCHATTENHOFER, MICHAEL: *Beiträge zur Geschichte der Stadt München* (= OA 109/1), München 1984

SCHATTENHOFER 1984b – SCHATTENHOFER MICHAEL: *Die alten Münchner Märkte und Dulten*, in: OA 109/1 (1984), S. 66 ff.

SCHEDEL 1493 – SCHEDEL, HARTMANN: *Liber Chronicarum de Temporibus Mundi*, Nürnberg 1493 (vgl. RÜCKER 1988)

SCHEDLER 1985 – SCHEDLER, UTA: *Roman Anton Boos (1733–1810), Bildhauer zwischen Rokoko und Klassizismus* (Schnell und Steiner Künstlerbibliothek), München/Zürich 1985

SCHEFZIK 2001 – SCHEFZIK, MICHAEL: *Die bronze- und eisenzeitliche Besiedlung der Münchner Ebene. Eine Untersuchung zu Gebäude- und Siedlungsformen im süddeutschen Raum* (Internationale Archäologie 68), Rahden i. Westfalen 2001

SCHEFZIK/VOLPERT 2003 – SCHEFZIK MICHAEL/ VOLPERT HANS-PETER: *VIVAMUS. Ausgrabungen in Unterbiberg, Lkr. München, 1995 und 2001. Die vorgeschichtlichen Gräber, Siedlungen und das spätantike Gräberfeld am Hachinger Bach*, Volkenschwand 2003

SCHEGLMANN 1903 – SCHEGLMANN, ALPHONS MARIA: *Geschichte der Säkularisation im rechtsrheinischen Bayern*, Regensburg 1903

SCHEIBMAYR 1985 – SCHEIBMAYR, ERICH: *Letzte Heimat. Persönlichkeiten in Münchner Friedhöfen 1784–1984*, München 1985

SCHEIBMAYR 1989 – SCHEIBMAYR, ERICH: *Wer? Wann? Wo?*, 2 Bde., München 1989

SCHERER 2007 – SCHERER, BENEDIKT MARIA: *Der Architekt Carl Sattler. Leben und Werk (1877–1966)*, 2 Bde., München 2007

SCHIER 1990 – SCHIER, WOLFRAM: *Die vorgeschichtliche Besiedlung im südlichen Maindreieck* (Materialhefte zur bayerischen Vorgeschichte A 60), 2 Bde., Kallmünz 1990

SCHIERMEIER 2000 – SCHIERMEIER, FRANZ: *„Relief der Haupt- und Residenzstadt München". Das Stadtmodell von Johann Baptist Seitz 1841–1863* (Monographien zu den Sammlungen des BNM 2), München 2000

SCHLEICH 1957 – SCHLEICH, ERWIN: *Der Denkmalwert städtischer Wohnbauten des 19. Jahrhunderts mit Beispielen aus München*, in: DKD 15 (1957), S. 130–137

SCHLEICH 1960 – SCHLEICH, ERWIN: *Der Wiederaufbau des Preysing-Palais in München*, in: DKD 18 (1960), S. 129–144

SCHLEICH 1965 – SCHLEICH, ERWIN: *Der Wiederaufbau der St.-Anna-Damenstiftkirche in München*, in: Schönere Heimat 54 (1965), S. 489–502

SCHLEICH 1978 – SCHLEICH, ERWIN: *Die zweite Zerstörung Münchens*, Stuttgart 1978

SCHLIM 2001 – SCHLIM, JEAN LOUIS: *König Ludwig II. von Bayern. Traum und Technik*, München 2001

SCHLUMBERGER 1998 – SCHLUMBERGER, HELLA: *Türkenstraße. Vorstadt und Hinterhof. Eine Chronik erzählt*, München 1998

SCHMAEDEL 1914/15 – SCHMAEDEL, JOSEPH VON: *Gabriel von Seidl*, in: Wasmuths Monatshefte für Baukunst I, Berlin 1914/15, S. 31 ff.

SCHMELLER 1954/57 – SCHMELLER, JOHANN ANDREAS: *Tagebücher 1801–1852*, hg. v. Paul Ruf, 2 Bde., München 1954/57

SCHMELLER 1983 – SCHMELLER, JOHANN ANDREAS: *Bayerisches Wörterbuch*, München/Wien 1983 (vierter Neudruck der zweiten Ausgabe von 1872–77)

SCHMID 1983 – SCHMID, ELMAR D.: *Von den Isarauen zum Englischen Garten*, in: PLESSEN 1983, S. 106–118

SCHMIDT 1949 – SCHMIDT, WALTHER: *Amtsbauten*, Ravensburg 1949

SCHMITT 1982 – SCHMITT, MICHAEL: *Palast-Hotels*, Berlin 1982

SCHMITT 2002 – SCHMITT, INGO W.: *Albert Schmidt. Leben und Werk*, 3 Bde., Diss. Weimar 2002

SCHMITZ 1992 – SCHMITZ, CATHERINE: *Die Maximilianstraße in München*, Magisterarbeit Univ. Erlangen-Nürnberg 1992

SCHNEIDER 1950 – SCHNEIDER, GUSTAV: *Der Werdegang des ältesten Münchener Stadtkernes. Ein Beitrag zur Baugeschichte des mittelalterlichen Münchens* [1950], in: OA 112 (1988), S. 181–195

SCHNELL 1958 – SCHNELL, HUGO: *100 Bauwerke in München*, München 1958

SCHNELL 1981 – SCHNELL, HUGO: *100 Bauwerke in München*, 5. Aufl., München 1981

Schnell KF – Schnell und Steiner, Kunstführer (mit Nr. und Jahr)

SCHNIERINGER 2002 – SCHNIERINGER, KARL: *Baugeschichtliche Untersuchungen im Alten Hof in München*, in: Denkmalpflege Informationen, B 121, München 2002, S. 12–14

SCHOLZ 2007 – SCHOLZ, FREIMUT: *Die Gründung der Stadt München. Eine spektakuläre Geschichte auf dem Prüfstand*, München 2007

Schönes altes München 1965 – *Schönes altes München*, hg. v. Kreis der Freunde Alt-Münchens, München 1965

SCHRICK 1994 – SCHRICK, KIRSTEN GABRIELE: *München als Kunststadt. Dokumentation einer kulturhistorischen Debatte von 1781 bis 1945*, Wien 1994

SCHROTT 1963 – SCHROTT, LUDWIG: *Biedermeier in München. Dokumente einer schöpferischen Zeit*, München 1963

SCHÜMANN 1980 – SCHÜMANN, CARL-WOLFGANG: *Der Berliner Dom im 19. Jahrhundert*, Berlin 1980

SCHÜTZ 2000 – SCHÜTZ, BERNHARD: *Die kirchliche Barockarchitektur in Bayern und Oberschwaben 1580–1780*, München 2000

SCHWAHN 1981 – SCHWAHN, BRITTA-R.: *Otto von Wittelsbach – ein politisches Denkmal im Münchner Hofgarten*, in: MAI, EKKEHARD/ WAETZOLD, STEPHAN (Hg.): *Kunstverwaltung, Bau- und Denkmal-Politik im Kaiserreich* (Kunst, Kultur und Politik im Deutschen Kaiserreich 1), Berlin 1981

SCHWAIGER 1994 – SCHWAIGER, GEORG: *Das Herzogliche Georgianum in Ingolstadt, Landshut, München 1949–1994*, Regensburg 1994

SCHWAIGER, GEORG: *München – eine geistliche Stadt*, in: Monachium Sacrum I 1994, S. 1–289

SCHWARZ 1989 – SCHWARZ, KLAUS: *Archäologisch-topographische Studien zur Geschichte frühmittelalterlicher Fernwege und Ackerfluren im Alpenvorland zwischen Isar, Inn und Chiemsee* (Materialhefte zur bayerischen Vorgeschichte A 45), Kallmünz 1989

Sebastiansblock 1977 – *Der Sebastiansblock in München. Baudokumentation* (Arbeitshefte zur Denkmalpflege 16, hg. v. Enno Burmeister), München 1977

SEELIG 2008 – SEELIG, LORENZ: *Die Münchner Kunstkammer*, in: Kunstkammer 2008, Bd. 3, S. 1–114

SEEMANN 1883 – SEEMANN, E. A.: *Deutsche Renaissance*, 1883

SEIDEL 1995 – SEIDEL, STEFANIE: *Bibliotheken. Die schönsten Räume, die wertvollsten Sammlungen*, München 1995

SELIG 1978 – SELIG, HEINZ JÜRGEN: *Münchner Stadterweiterungen von 1860 bis 1910 – Stadtgestalt und Stadtbaukunst*, Diss. München 1978

SELIG 1983 – SELIG, HEINZ: *Stadtgestalt und Stadtbaukunst in München 1860 bis 1910*, München 1983

SELIG 1988 – SELIG, WOLFRAM (Hg.): *Synagogen und jüdische Friedhöfe in München*, München 1988

SEMBACH/HÜTSCH 1990 – SEMBACH, KLAUS-JÜRGEN/HÜTSCH, VOLKER: *Industriedenkmale im Königreich Bayern*, München 1990

Sichtachsen 2002 – *Dokumentation der historischen Sichtachsen und Kanäle der Schleißheimer Schlösser*, hg. v. Verein Dachauer Moos e. V., Karlsfeld 2002

SIEDLER 1964 – SIEDLER, WOLF JOBST: *Die gemordete Stadt*, Berlin 1964

SIGHART 1862 – SIGHARD, J.: *Geschichte der Bildenden Künste im Königreich Bayern*, München 1862

SIGHART 1853 – SIGHART, JOACHIM: *Die Geschichte der Frauenkirche zu München*, Landshut 1853

SIGL 2008 – SIGL, KLAUS: *Lexikon des Münchner Kinos*, in: LERCH-STUMPF 2008, S. 320–352

SIMM 1997 – SIMM, FRANZ: *Münchener Architekten- und Ingenieurverein 1974–1995*, München 1997

SIMSON 1996 – SIMSON, JUTTA VON: *C. D. Rauch. Oeuvre-Katalog,* hg. v. Haus der Bayerischen Geschichte, München 1996

SOLLEDER 1938 – SOLLEDER, FRIDOLIN: *München im Mittelalter,* München 1938 (Neudruck Aalen 1962)

SPENGLER 1960 – SPENGLER, KARL: *Münchner Straßenbummel,* München 1960

SPENGLER 1967 – SPENGLER, KARL: *Münchner Historien und Histörchen,* München 1967

SPENSBERGER 1998 – SPENSBERGER, EVA: *Der Wiederaufbau der Münchner Residenz unter besonderer Berücksichtigung des Festsaaltraktes* (Schriften aus dem Institut für Kunstgeschichte der Universität München 69), München 1998

SPRINGORUM-KLEINER 1982 – SPRINGORUM-KLEINER, ILSE: *Karl von Fischer 1782–1820. Aus dem Nachlaß,* hg. v. Winfried Nerdinger (MBM 105), München 1982

STADLER 1986 – STADLER, PETER: *Joseph Effner, Hofbaumeister Max Emanuels* (Dachauer Museumsschriften 5), Dachau 1986

Stadtanzeiger – Münchner Stadtanzeiger (Beilage der Süddeutschen Zeitung)

Stadtatlas 1999 – SCHIERMEIER, FRANZ: *Stadtatlas München, Karten und Modelle von 1570 bis heute,* München 1999

Stadtatlas 2003 – SCHIERMEIER, FRANZ: *Stadtatlas München. Karten und Modelle von 1570 bis heute,* München 2003

Stadtentwässerung 1985 – *100 Jahre Stadtentwässerung München 1885–1985,* hg. v. Baureferat der Landeshauptstadt München, München 1985

Stadtfotograf 1989 – BAUER, RICHARD/GRAF, EVA: *Der Stadtfotograf. Georg Pettendorfers Ansichten von München 1895–1935. Das Stadtzentrum,* München 1989

STAHLEDER 1982 – STAHLEDER, HELMUTH: *Bierbrauer und ihre Braustätten,* in: OA 107 (1982), S. 1 ff.

STAHLEDER 1988 – STAHLEDER, HELMUTH: *Die Münchner Juden im Mittelalter und ihre Kultstätten,* in: SELIG 1988, S. 11 ff.

STAHLEDER 1992 – STAHLEDER, HELMUTH: *Haus- und Straßennamen der Münchner Altstadt,* München 1992

STAHLEDER 1995a – STAHLEDER, HELMUTH: *Herzogs- und Bürgerstadt. Die Jahre 1157–1505* (Chronik der Stadt München 1), München 1995

STAHLEDER 1995b – STAHLEDER, HELMUTH: *Stadtplanung und Stadtentwicklung im Mittelalter,* in: OA 119 (1995), S. 217 ff.

STAHLEDER I–III 2005 – STAHLEDER, HELMUTH: *Chronik der Stadt München,* 3 Bde., Bd. 1: *Herzogs- und Bürgerstadt. Die Jahre 1157–1505,* Bd. 2: *Belastungen und Bedrückungen. Die Jahre 1506–1705,* Bd. 3: *Erzwungener Glanz. Die Jahre 1706–1818,* Ebenhausen/Hamburg 2005

STAHLEDER I, II 2006 – STAHLEDER, HELMUTH: *Älteres Hauserbuch der Stadt München,* 2 Bde., München 2006

STANGE 1926 – STANGE, ALFRED: *Die deutsche Baukunst der Renaissance,* München 1926

STEFFAN 1969 – STEFFAN, FRANZ: *Bayerische Vereinsbank 1869–1969,* München 1969

STEFFAN/DIEM 1955 – STEFFAN, FRANZ/DIEM, WALTER: *Die Bayerische Staatsbank 1780–1955,* München 1955

STEFFEN 1929 – STEFFEN, HUGO: *Dem Gründer Münchens, Heinrich dem Löwen zum 800. Geburtstag,* in: Das Bayerland 40 (1929), S. 749

STEIN 1976 – STEIN, FRAUKE: *Bronzezeitliche Hortfunde in Süddeutschland. Beiträge zur Interpre-tation einer Quellengattung* (Saarbrücker Beiträge zur Altertumskunde 23), Bonn 1976

STEIN 1979 – STEIN, FRAUKE: *Katalog der vorgeschichtlichen Hortfunde in Süddeutschland* (Saarbrücker Beiträge zur Altertumskunde 24), Bonn 1979

STEINER 1974 – STEINER, PETER: *Johann Baptist Straub* (Münchener kunsthistorische Abhandlungen 6), München/Zürich 1974

STEINER 1977 – STEINER, PETER: *Altmünchner Gnadenstätten,* München/Zürich 1977

STEINHAUSER 1904 – STEINHAUSER, AUGUST: *Münchener Staffelbauordnung vom 20. April 1904,* München 1904

STEINLEIN 1920 – STEINLEIN, GUSTAV: *Die Baukunst Alt-Münchens* (Diss. München 1917), München 1920 (auch in: Bayer. Heimatschutz 18 (1920), H. 3 ff.)

STEINLEIN 1923 – STEINLEIN, GUSTAV: *Max Neumann und seine Werke,* München 1923

STEINMÜLLER 1958 – STEINMÜLLER, GÜNTER: *Der Münchner Stadtkern,* in: Mitteilungen der Geographischen Gesellschaft in München 43 (1958), S. 7–45

STENGER 1987 – STENGER, BIRGIT: *Fürstliche Stadt München (1530) – Fürstliche Hauptstadt (1575),* in: Blätter für deutsche Landesgeschichte 123 (1987), S. 127–136

STERZINGER 1999 – STERZINGER SONJA/GRÖBER, ROLAND/MAUCHER, PAUL: *Johann Ulrich Himbsel,* München 1999

STIERHOF 1980 – STIERHOF, HORST H.: *Die Wittelsbacher und die bildende Kunst,* in: VALENTIN/NÖLLE 1980

STILLFRIED 1994 – STILLFRIED, FRANZ-LEOPOLD VON: *Der Heimatpfleger der Stadt München,* in: WALLNÖFER, LORENZ (Hg.): *Architektur und Denkmalpflege. Synthese in Theorie und Praxis. Festschrift für Enno Burmeister,* München 1994, S. 37–39

STIMMELMAYR 1980 – STIMMELMAYR, JOHANN PAUL: *München um 1800. Die Häuser und Gassen der Stadt. Gezeichnet und beschrieben von Johann Paul Stimmelmayr,* hg. v. Gabriele Dischinger und Richard Bauer, München 1980

STINGELWAGNER 1991 – STINGELWAGNER, GERHARD K. F.: *Von Mönchen, Prinzen und Ministern. Das Gebäude des Landwirtschaftsministeriums und seine Nachbarschaft,* München 1991

Stöhr 1925 – *Karl Stöhr, Baugeschäft, München, Hoch- und Tiefbau, 1885–1925,* München 1925

STÖRMER 1990 – STÖRMER BETTINA/STÖRMER, WILHELM: *Der Marienplatz,* München 1990

STRATHMANN 1985 – STRATHMANN, FRANK-W.: *Multitemporale Luftbildinterpretation in der Stadtforschung und Stadtentwicklungsplanung. Methodische Grundlagen und Fallstudie München-Obermenzing* (Münchener Geographische Abhandlungen 34), München 1985

STREITER 1899 – STREITER, RICHARD: *Münchener Bürgerliche Baukunst der Gegenwart, Abteilung II: Wohnhäuser und Villen,* München 1899

STRIDBECK 1966 – STRIDBECK, JOHANN JR.: *Theatrum der vornehmsten Kirchen, Clöster, Pallaest und Gebeude in Churfürstlicher Residentz Stadt München,* Augsburg o. J. (um 1697/1700; Nachdruck München 1966, mit erläuterndem Text von Karl Spengler und Josef H. Biller)

STROBEL 1999 – STROBEL, RICHARD: *Ortsanalyse und Stadtbildpflege. Grundsätze und Konflikte,* in: Die Denkmalpflege 57 (1999), S. 5–12

SUCKALE 1993 – SUCKALE, ROBERT: *Die Hofkunst Kaiser Ludwigs des Bayern,* München 1993

THIEME/BECKER 1907 ff. – THIEME, ULRICH/BECKER, FELIX (Hg.): *Allgemeines Lexikon der bildenden Künstler von der Antike bis zur Gegenwart,* Leipzig 1907 ff.

THIERSCH 1925 – THIERSCH, HERMANN: *Friedrich von Thiersch. Der Architekt 1852–1921. Ein Lebensbild,* München 1925

THIERSCH 1961 – THIERSCH, HEINZ: *German Bestelmeyer,* München 1961

THINESSE-DEMEL 1980 – THINESSE-DEMEL, JUTTA: *Münchner Architektur zwischen Rokoko und Klassizismus* (MBM 90), München 1980

THOMA 1924 – THOMA, LUDWIG: *Gesammelte Werke,* 2. Aufl., München 1924.

THON 1977 – THON, CHRISTINA: *Johann Baptist Zimmermann als Stukkator,* München/Zürich 1977

Thorvaldsen Museum 1985 – JORNAES, BJARNE (Hg.): *Das Thorvaldsen Museum,* (Kat.) Kopenhagen 1985

Thorvaldsen Untersuchungen 1977 – *Berthel Thorvaldsen. Untersuchungen zu seinen Werken und der Kunst seiner Zeit,* hg. v. Gerhard Bott, Museen der Stadt Köln, Köln 1977

THOSS 1998 – THOSS, KAY: *Andreas Gärtner (1744–1826). Architektur eines Lebens im Umbruch,* Weimar 1998

TOMAN 1998 – TOMAN, ROLF (Hg.): *Die Kunst der Gotik. Architektur, Skulptur, Malerei,* Köln 1998

TORBRÜGGE 1970/71 – TORBRÜGGE, WALTER: *Vor- und frühgeschichtliche Flußfunde. Zur Ordnung und Bestimmung einer Denkmälergruppe,* in: Berichte der Römisch-Germanischen Kommission 51/52 (1970/1971), S. 1 ff.

TOUSSAINT 1998 – TOUSSAINT, ANGELA: *Eine Zierde der Stadt. München–Maximiliansplatz. Das Gebäude der Industrie- und Handelskammer im Wandel der Zeit,* Dachau 1998

TOYNBEE 1970 – TOYNBEE, ARNOLD JOSEPH: *Cities on the Move,* London 1970

TRAUTMANN 1895 – TRAUTMANN, KARL: *Der kurfürstliche Baumeister Franz Cuvilliés der Ältere und sein Schaffen in Altbayern,* in: Monatsschrift des Historischen Vereins von Oberbayern 4 (1895), S. 86 ff., 199 ff.

TRAUTWEIN 1914–1930 – TRAUTWEIN, KARL: *Kulturbilder von Alt-München,* 5 Bde., München 1914–1930

TROST 1973 – TROST, BRIGITTE: *Domenico Quaglio,* München 1973

ULRICH 2000 – ULRICH, CLAUDIA: *Das Kgl. Hof- und Nationaltheater unter Max I. Joseph von Bayern,* München 2000

UNGER/VOIT 1829 – UNGER, JOSEPH/VOIT, AUGUST: *Sammlung von Rissen von hauptsächlich in München ausgeführten Privat- und Gemeindegebäuden,* 9 Hefte (74 T.), München 1829

Universität München 1995 – *Ludwig-Maximilians-Universität München,* hg. v. d. Ludwig-Maximilians-Universität München, Neukeferloh/München 1995

VALENTIN/NÖLLE 1980 – VALENTIN, HANS/NÖLLE, ECKEHARD: *Die Wittelsbacher und ihre Künstler in acht Jahrhunderten,* München 1980

Vergangene Tage 1982 – LAMM, HANS (Hg.): *Vergangene Tage. Jüdische Kultur in München,* München 1982

VITS 1998 – VITS, GISELA (Hg.): *Das Preysing Palais. Joseph Effners spätbarockes Meisterwerk in München,* München/New York 1998

VOELCKER 1923 – VOELCKER, HELENE: *Die Baumeister Gunezrhainer*, Diss. (masch.) München 1923

VOGLMAIER 1994 – VOGLMAIER, EDELGARD: *Hans Grässel, Architekt und städtischer Baubeamter in München 1860–1939* (MBM 148), München 1994

VOLK 1980 – VOLK, PETER: *Münchener Rokokoplastik* (Bildführer BNM 7), 1980

VOLK 1984 – VOLK, PETER: *Johann Baptist Straub 1704–1784*, München 1984

VOLK 1991 – VOLK, PETER: *Ignaz Günther*, Regensburg 1991

VOLK 1998 – VOLK, PETER: *Ludwig Schwanthalers sinnende Nymphe, eine romantische Skulptur* (Monographien zu den Sammlungen des BNM 1), München 1998

VOLPERT 2002 – VOLPERT, HANS-PETER: *Neue Körpergräber der Heimstetener Gruppe*, in: Das archäologische Jahr in Bayern 2001, Stuttgart 2002, S. 79–82

VOLPERT 2006 – VOLPERT, HANS-PETER: *Die „Heimstetener Gruppe"*, in: Gesellschaft für Archäologie in Bayern e.V. (Hg.): *Archäologie in Bayern. Fenster zur Vergangenheit*, Regensburg 2006

VOLWAHSEN 1987 – VOLWAHSEN, ANDREA: *Der Bildhauer Hermann Hahn (1868–1945)*, München 1987

VOMM 1979 – VOMM, WOLFGANG: *Reiterstandbilder des 19. und frühen 20. Jahrhunderts in Deutschland*, 2 Bde., Bergisch-Gladbach 1979

VORHERR 1820 – *Monatsblatt für Verbesserung des Landbauwesens (bzw. für Bauwesen und Landesverschönerung)*, hg. von Dr. J. M. C. G. Vorherr, München 1820

VORHOELZER 1946 – VORHOELZER, ROBERT: *Bauprobleme des zerstörten München*, in: Die Kunstpflege 1946, S. 38–44

VOSS 1987 – VOSS, HILTRUD: *Klenzes Marstall* (Schriften aus dem Institut für Kunstgeschichte der Universität München 17), München 1987

WAETZOLD 1977 – WAETZOLD, STEPHAN (Hg.): *Bibliographie zur Architektur im 19. Jahrhundert*, 8 Bde., Nendeln 1977

WAGNER 1958 – WAGNER, FRIEDRICH: *Denkmäler und Fundstätten der Vorzeit Münchens und seiner Umgebung* (Kataloge der Prähistorischen Staatssammlung 2), Kallmünz 1958

WAGNER 1960 – WAGNER, LUDWIG: *Das Lehel. Die St.-Anna-Vorstadt der Landeshauptstadt Bayerns. Beiträge zur Entwicklungsgeschichte eines Münchener Stadtteils und bezirksweisen Stadtbeschreibung* (Münchner Stadtkunde 2), München 1960

WAGNER-RIEGER/KRAUSE 1975 – WAGNER-RIEGER, RENATE/KRAUSE, WALTER (Hg.): *Historismus und Schlossbau* (Studien zur Kunst des 19. Jahrhunderts 28), München 1975

WALTER 1987 – WALTER, ULI: *Der Umbau der Münchner Altstadt (1871–1914)* (Schriften aus dem Institut für Kunstgeschichte der Universität München 24), München 1987

WALTER 1988a – WALTER, ULI: *„Altstadt" oder „City"? Stadtumbau um 1900*, in: Musenstadt 1988, S. 98–106

WALTER 1988b – WALTER, ULI: *Stadtumbau*, in: Ausst. Kat. Prinzregentenzeit 1988

WALTER 1992 – WALTER, ULI: *Bierpaläste. Zur Geschichte eines Bautyps*, Diss. München 1992

WALTER 1993 – WALTER, ULI: *Sozialer Wohnungsbau in München. Die Geschichte der GWG (1918–1993)*, München 1993

WALTER 1998 – WALTER, ULI: *Die „Maxburg" in München als Paradigma des modernen Wiederaufbaus nach dem Zweiten Weltkrieg*, in: Monumental 1998, S. 863–869

WALTER 2001 – WALTER, ULI: *Steingrau oder ockergelb? Zur Farbgeschichte der Münchner Ludwigstraße*, in: JBD 47/48 (1993/94), München 2001, S. 187 ff.

WALTER 2006 – WALTER, ULI: *Die Restaurierung der Bürklein-Fassade am Dienstgebäude der Regierung von Oberbayern in München*, in: JBD 56/57 (2002/03), München 2006, S. 113–116

WALZ/MEITINGER/BEIL 1987 – WALZ, TINO/MEITINGER, OTTO/BEIL TONI: *Die Münchner Residenz. Entstehung, Zerstörung und Wiederaufbau*, München 1987

Wanderbuch 1922 – HAUTTMANN, MAX/KARLINGER, HANS (Hg.): *Bayerisches Wanderbuch. Bd. 1: München*, München/Berlin 1922

WANDINGER 1994 – WANDINGER, LORENZ: *Das Lehel. Die älteste Münchner Vorstadt in Geschichte und Gegenwart*, München 1994

WANETSCHEK 1971 – WANETSCHEK, MARGRET: *Die Grünanlagen in der Stadtplanung Münchens von 1790–1860* (MBM 35), München 1971

WANETSCHEK 2005 – WANETSCHEK, MARGRET: *Grünanlagen in der Stadtplanung Münchens von 1790–1860*, hg. v. Klaus Bäumler und Franz Schiermeier, Kartenbeilage „Münchner Grün", München 2005

WANKMÜLLER 1976 – WANKMÜLLER, EUGEN: *Mittelalterliche Bodenfunde vom Münchner Petersbergl*, in: Bayerische Vorgeschichtsblätter 41 (1976), S. 150–156

WAPPENSCHMIDT 1981 – WAPPENSCHMIDT, HEINZ-TONI: *Studien zur Ausstattung des deutschen Rathaussaales in der 2. Hälfte des 19. Jahrhundert bis 1918*, Bonn 1981

WASEM 1981 – WASEM, EVA-MARIA: *Die Münchner Residenz unter Ludwig I.* (MBM 101), München 1981

Wasserversorgung 1983 – Stadtwerke München (Hg.): *Hundert Jahre Münchner Wasserversorgung 1883–1983*, München 1983

WEESE 1925 – WEESE, ARTUR: *München*, 3. Aufl., München 1925

WEIBEZAHN 1975 – WEIBEZAHN, INGRID: *Geschichte und Funktion des Monopteros*, Hildesheim/New York 1975

WEIDNER 1996 – WEIDNER, THOMAS: *Das Siegestor und seine Fragmente*, München 1996

WEISS 1999 – WEISS, SIEGFRIED: *Im Geiste der Antike – Johann Martin von Wagners bildnerische Entwürfe für München*, in: Bayern und die Antike 1999

WENING 1701 – WENING, MICHAEL: *Historico-Topographica Descriptio..., Teil I/Rentamt München*, München 1701

WENING 1984 – *Schlösser, Klöster, Kirchen und Ortschaften in Ober- und Niederbayern, gezeichnet und in Kupfer gestochen von Michael Wening in den Jahren 1701–1726*, herausgegeben unter Kurfürst Max Emanuel, hg. v. Bayerischen Landesvermessungsamt München, München 1984

WENNG 1849 – WENNG, GUSTAV: *München im Jahre 1849. In Grundrissen dargestellt, mit Angabe sämmtlicher (...) Hauseigentümer. Topographischer Atlas von München*, 90 Bl., 1849–1851 (Nachdruck München 2002, hg. v. Franz Schiermeier und Klaus Bäumler)

WESCHENFELDER 1980 – WESCHENFELDER, KLAUS: *Die Borstei in München. Ein konservatives*

Siedlungsmodell der Zwanziger Jahre (MBM 99), München 1980

WESKI 2002/03 – WESKI, TIMM: *Anmerkungen für die Erstellung archäologischer Inventare in Städten aus der Sicht eines Inventarisators*, in: Berichte der Bayerischen Bodendenkmalpflege 43/44 (2002/03), S. 96 ff.

WESKI 2004 – WESKI, TIMM: *Vor- und Frühgeschichtliche Besiedlung des Westens von München*, in: CHEVALLEY/WESKI 2004, S. CXL–CXLIV

WESTENRIEDER 1782 – WESTENRIEDER, LORENZ V.: *Beschreibung der Haupt- und Residenzstadt München (im gegenwärtigen Zustande)*, München 1782 (Nachdruck München 1984)

WESTFEHLING 1977 – WESTFEHLING, UWE: *Triumphbogen im 19. und 20. Jahrhundert*, München 1977

WEYERER 1993 – WEYERER, BENEDIKT: *München 1919–1933. Stadtrundgänge zur politischen Geschichte*, München 1993

WEYERER 1996 – WEYERER, BENEDIKT: *München 1933–1949. Stadtrundgänge zur politischen Geschichte*, München 1996

WICHMANN 1973 – WICHMANN, SIEGFRIED: *Franz von Lenbach und seine Zeit*, München 1973

WICHMANN 1985 – WICHMANN, HANS: *In memoriam Sep Ruf*, Stuttgart 1985

WIEBEKING 1826 – WIEBEKING, CARL FRIEDRICH VON: *Theoretisch-praktische bürgerliche Baukunde*, Atlas 4 Bde., München 1826

WIEDENHOFER 1916 – WIEDENHOFER, JOSEPH: *Die bauliche Entwicklung Münchens vom Mittelalter bis in die Neueste Zeit im Lichte der Wandlungen des Baupolizeirechtes*, München 1916

WIEST 1991 – WIEST, EKKEHARD: *Gesellschaft und Wirtschaft in München 1830–1920. Die sozio-ökonomische Entwicklung der Stadt dargestellt anhand historischer Adressbücher* (Aktuelle Beiträge zur sozialwissenschaftlichen Forschung 3), Pfaffenweiler 1991

WILHELM 1993 – WILHELM, HERMANN: *Die Münchner Bohème. Von der Jahrhundertwende bis zum Ersten Weltkrieg*, München 1993

WIMBÖCK 1998 – WIMBÖCK, GABRIELE: *Der Ingolstädter Münsteraltar* (Arbeitshefte des BLfD 91), München 1998

WINGHART 1990 – WINGHART, STEFAN: *Ein Wagengrab der späten Bronzezeit von Poing, Lkr. Ebersberg*, in: Das archäologische Jahr in Bayern 1989, Stuttgart 1990, S. 74–75

WINGHART 1995 – WINGHART, STEFAN: *Bemerkungen zur Genese und Struktur frühmittelalterlicher Siedlung im Münchner Raum*, in: KOLMER/SEGL 1995, S. 7–47

WINGHART 1997 – WINGHART, STEFAN: *Genese und Struktur frühmittelalterlicher Siedlung im Münchner Raum*, in: PAULA/WESKI 1997, S. XXV–XLVIII

WINGHART 1999 – WINGHART, STEFAN: *Die Wagengräber von Poing und Hart an der Alz – Evidenz und Ursachen spätbronzezeitlicher Elitenbildung in der Zone nordwärts der Alpen*, in: Eliten in der Bronzezeit. Ergebnisse zweier Kolloquien in Mainz und Athen (Römisch-Germanisches Zentralmuseum, Monographien 43/Forschungsinstitut für Vor- und Frühgeschichte 6), Mainz 1999, S. 515–532

WINKLER 1993 – WINKLER, REINHOLD: *Zur Projektion der historischen Bebauung des Marstallplatzes auf die Stadtgrundkarte von 1979*, in: HABEL 1993, S. 73–89

WINSCHIERS 1990 – WINSCHIERS, KURT: *Münchner Burgfriedenssäulen als historische Grenzsteine,* in: Mitteilungsblatt des Deutschen Vereins für Vermessungswesen 42/4 (1990) S. 341 ff.

Wirtshäuser 1997 – *Wirtshäuser in München um 1900*, hg. v. d. Pasinger Fabrik, München 1997

WOECKEL 1975 – WOECKEL, GERHARD P.: *Ignaz Günther. Die Handzeichnungen des kurfürstl. bayerischen Hofbildhauers Franz Ignaz Günther (1725–1775)*, Weißenhorn 1975

WOECKEL 1977 – WOECKEL, GERHARD P.: *Ignaz Günther. Der große Bildhauer des bayerischen Rokoko*, Regensburg 1977

WOECKEL 1992 – WOECKEL, GERHARD P.: *Pietas Bavarica: Wallfahrt, Prozession und Ex-voto-Gabe im Hause Wittelsbach in Ettal, Wessobrunn, Altötting und der Landeshauptstadt München von der Gegenreformation bis zur Säkulisation und der „Renovatio Ecclesiae"*, Weißenhorn 1992

WOLF 1911 – WOLF, GEORG JACOB: *Ingenieur J. Heilmann und das Baugeschäft Heilmann & Littmann* (Festschrift), München 1911

WOLF 1921 – WOLF, GEORG JAKOB: *Die Entdeckung der Münchner Landschaft*, München 1921

WOLF 1931 – WOLF, GEORG JACOB: *Max Littmann 1862–1931*, München 1931

WOLF 1967 – WOLF, FRIEDRICH: *François de Cuvilliés (1695–1768), der Architekt und Dekorschöpfer* (= OA 89), München 1967

WOLF 1982 – WOLF, OTTO-ERNST: *Der spätgotische Kirchenbau im Raum München unter besonderer Berücksichtigung der Herzog-Sigmund-Kirchen*, Diss. (masch.) TU München 1982

ZACHARIAS 1960 – ZACHARIAS, THOMAS: *Joseph Emanuel Fischer von Erlach*, München 1960

ZAUNER 1914 – ZAUNER, FRANZ PAUL: *München in Kunst und Geschichte. Eine Beschreibung von über 500 geschichtlich und kunsthistorisch bedeutsamen Gebäuden und Denkmälern aus alter und neuer Zeit* (Das bayerische Oberland in Kunst und Geschichte 1), München 1914

Zeitschrift des bayerischen Kunstgewerbe-Vereins München

ZETTLER 1918 – ZETTLER, OSKAR: *Alt-Münchener Bilderbuch*, München 1918

ZILS 1913 – ZILS, W. (Hg.): *Geistiges und künstlerisches München in Selbstbiographien*, München 1913

ZIMMERMANN 1984 – ZIMMERMANN, FLORIAN: *Wohnbau in München 1800–1850* (MBM 129), München 1984

ZOHNER 1993 – ZOHNER, WILHELM: *Bartholomäus Steinle, um 1580–1628/29. Bildhauer und „Director über den Kirchenbau zu Weilheim"*, Weißenhorn 1993

ZUBER 1984a – ZUBER, ELFI (Hg.): *Das Hackenviertel* (Bürger schreiben für Bürger 1), München 1984

ZUBER 1984b – ZUBER, ELFI: *Der Alte Nördliche Friedhof*, München 1983, 2. Aufl. 1984

ZUBER 1987 – ZUBER, ELFI (Hg.): *Das Kreuzviertel* (Bürger schreiben für Bürger 2), München 1987

ZUBER 1989 – ZUBER, ELFI (Hg.): *Das Graggenauer Viertel* (Bürger schreiben für Bürger 3), München 1989

ZUBER 1991 – ZUBER, ELFI (Hg.): *Das Angerviertel* (Bürger schreiben für Bürger 4), München 1991

ZUBER 1996 – ZUBER, ELFI: *Die Münchner Maximilianstraße – Umfeld, Planung, Bauten, Bewohner*, München 1996

Literatur zu den Einzeldenkmälern

Einzelnachweise benutzter Quellen sind in der Regel nicht angegeben. Es wurden Dokumente aus der Registratur des BLfD sowie deren Altbestände im Bayerischen Hauptstaatsarchiv München herangezogen, darüber hinaus solche aus der Registratur der Lokalbaukommission München und die Bestände LBK im Stadtarchiv München, dort jeweils adressmäßig abgelegt.

Adalbertstraße allgemein
RAMBALDI 1894, S. 9; BM 5 (1907), H. 12, S. 136; Der Bau 25 (1910), S. 305–311; ZIMMERMANN 1984, S. 290 – StadtAM LBK Baulinien 23674

Adalbertstraße 9
ZIMMERMANN 1984, S. 290

Adalbertstraße 12
ZIMMERMANN 1984, S. 290

Adalbertstraße 15
ALCKENS 1973, Nr. 443; BAUER 1995, S. 116 f.

Adalbertstraße 54
Deutsche Bauhütte 6 (1902), S. 392

Adalbertstraße 96
Moderne Bauformen 11 (1912), S. 477 ff.; STEINLEIN 1920, S. 47; STEINLEIN 1923, S. 7; Münchener Fassaden 1974, Nr. 3

Adalbertstraße 100
KIRCHNER, in: SBZ 20 (1910), S. 393 ff.; AR 27 (1911), H. 2, S. 4, T. 19; BM 9 (1911), H. 1, S. 9 ff.; BAER, in: Moderne Bauformen 11 (1912), S. 477 ff.; STEINLEIN 1920, S. 16; Münchener Fassaden 1974, Nr. 4

Adalbertstraße 106
Die Architektur des 20. Jh., 5 (1905), H. 2, S. 26 f.

Adalbertstraße 108
Architektur des 20. Jh., 7 (1907), H. 2, S. 12 f.; BM 5 (1907), H. 12, S. 138–139

Adelgundenstraße allgemein
RAMBALDI 1894, S. 10; WAGNER 1960, S. 12; JBD 44 (1958), S. 167, 170 – StadtAM LBK Baulinien 23677

Adelgundenstraße 11
WAGNER 1960, S. 316 f.

Adelgundenstraße 20
WAGNER 1960, S. 204

Adelheidstraße allgemein
StadtAM LBK Baulinien 23678

Adelheidstraße 8
Moderne Bauformen 11 (1912), S. 488, T. 91; STEINLEIN 1920, S. 19; STEINLEIN 1923, S. 7; Münchener Fassaden 1974, Nr. 5/6

Akademiestraße allgemein
RAMBALDI 1894, S. 11 – StadtAM LBK Baulinien 23699

Akademiestraße 1
Bauen in München 1980, S. 71 f.; (siehe auch Ludwigstraße 33)

Akademiestraße 2, Akademie der bildenden Künste
REBER 1876, S. 138 ff.; NEUREUTHER, in: Zs. für Baukunde 1878, S. 12 f., T. 1–4 ff.; DBZ 2 (1883), S. 29 f.; PECHT, in: Kunst für Alle 2 (1887), S. 116; SCHAUPERT/WALTER, in: Handbuch der Architektur 1901, H. 3, S. 115 ff.; STIELER, EUGEN: *Die königliche Akademie der bildenden Künste*, München 1909; ZAUNER 1914, S. 27; Bayerische Heimat 23 (1918), S. 23; MEGELE I 1951, S. 70; II 1960, S. 27; Ausst. Kat. Neureuther 1978, S. 119 ff.; HUFNAGL 1979, S. 119, 205 ff.; MARSCHALL 1982, S. 291 f.; *Tradition und Widerspruch*, Festschrift der Akademie der bildenden Künste München 1985; GIESS 1990, S. 56 ff.; Architekturführer 1994, Nr. 118; HEMMETER 1995, S. 130; DEHIO 1996, S. 153; BILLER/RASP 1997, S. 83; *190 Jahre Akademie der bildenden Künste*, Festschrift München 1999; BRASSAT, WOLFGANG: *Die Raffael-Gobelins in der Kunstakademie München*, München 2000; HABERLIK 2004, S. 32 f.; ROSENBUSCH, in: Bau Intern 2004, S. 217 ff.; MOSBAUER, in: Denkmalpflege Informationen B, Nr. 135, 2006,

S. 27 ff.; GERHART/GRASSKAMP/MATZNER 2008; KEHR, WOLFGANG: *Geschichte der Münchner Kunstakademie in Bildern*, München 2008 – StadtAM LBK 19146

Alexandrastraße allgemein
RAMBALDI 1894, S. 12; WAGNER 1960, S. 12

Alexandrastraße 4, Landesvermessungsamt
MEGELE I 1951, S. 128; III 1960, S. 69 f.; MB II 1984, S. 451; BAUER/GRAF 1986, S. 53

Altenhofstraße allgemein
RAMBALDI 1894, S. 14; Häuserbuch I 1958, S. 1 ff.; BAUER 1982, S. 68 f. (Abb. ehem. Nordseite); STAHLEDER 1992, S. 54; STAHLEDER II 2006, S. 636 ff. – StadtAM LBK Baulinien 23718

Altenhofstraße 4
München im Wandel 1957, S. 93 (Ansicht um 1880); Häuserbuch, 1958, S. 5 f.; ERDMANNSDORFFER 1972, T. 90a; STIMMELMAYR 1980, Nr. 29; STAHLEDER II 2006, S. 637 ff.

Alter Botanischer Garten
MARTIUS, CARL FRIEDRICH PHILIPP VON: *Wegweiser für die Besucher des k. Botanischen Gartens in München*, München 1852; ZAUNER 1914, S. 53 f.; München baut auf 1938, S. 88 ff.; ROTH, EUGEN: *Der Glaspalast in München*, München 1971; WANETSCHEK 1971, S. 45 ff.; BISTRITZKI 1974, Nr. 37; KOTZUR 1978, S. 41 ff.; Ausst. Kat. Klassizismus 1980, S. 80 f.; Ausst. Kat. Max I. Joseph 1980, Nr. 1114 ff.; HÜTSCH 1980; Ausst. Kat. Andere Tradition 1981, S. 25 f., 49 ff.; KOHLMAIER, GEORG/SARTORY, BARNA V.: *Das Glashaus*, München 1981, S. 448 ff.; RASP 1981, S. 18, 26 f., 40 f.; Ausst. Kat. Carl von Fischer 1982,

S. 100, 227; REIDEL 1982, S. 78 f.; MB II 1984, S. 51, 147, 517, 540; HABEL 1985, S. 32, 92 ff., Abb. 289 ff.; Bauten und Plätze 1985/88, Nr. 49 f.; Ausst. Kat. Architekturzeichnung 1986, S. 92 ff.; LOUIS/WOHLMUTH 1988, S. 26 ff.; Ausst. Kat. Theodor Fischer 1988, Nr. 312, 326; HANNWACKER 1992, S. 108 f.; Ausst. Kat. Bauen im Nationalsozialismus 1993, S. 353; BILLER/RASP 1997, S. 83; Ausst. Kat. Maximilian II. 1997, S. 120 ff.; STAHLEDER 2005, S. 581 ff., 599 f., 605; WANETSCHEK 2005, S. 68 ff.; DONATH 2007, S. 30 f.

Alter Hof
WENING 1701, S. 3; WESTENRIEDER 1782, S. 50 f., 174 f., 426, 429; FÖRINGER: *Bericht über die im alten Hof zu München aufgefundenen Wandgemälde. Von dem königlichen Hof- und Staatsbibliothekscustos Föringer*, in: OA 12 (1851/52), S. 266–282; ARETIN, C.M. FRHR. V.: *Die St. Lorenz-Kirche im Alten Hof zu München*, in: *Alterthümer und Kunstdenkmale des bayerischen Herrscherhauses*, 3. Lieferung, München 1857; OEFELE, in: OA 33 (1874), S. 341 f.; REBER 1876, S. 23, 243 ff.; HAEUTLE 1892; RAMBALDI 1894, S. 14; SCHMIDT, in: Repertorium für Kunstwissenschaft 1896, S. 349; KDB 1902, S. 1172; BNM 1911, S. 80; MB I 1912, S. 53 ff., 515 f.; STEINLEIN 1920, S. 54 f.; HALM, PHILIPP MARIA/LILL, GEORG: *Die Bildwerke des Bayer. Nationalmuseums I* (Katalog BNM Bd. 13), 1924, Nr. 86–92; STEFFEN, in: Der Sammler, Nr. 5, 1924; F. KR. in: MNN (Generalanzeiger), 25.02.1928; Häuserbuch I 1958, S. 23 f., 57, Abb. vor S. 105; BIBRA 1970, S. 129 f.; SCHLEICH 1978, S. 102 f.; STIMMELMAYR 1980, Nr. 15 f.; MB II 1984, S. 462, 488; BEHRINGER 1987, S. 95 ff., Abb. S. 88 ff.; MILLER 1987, S. 36, 77 ff.; ZUBER 1989, S. 107 ff.; HÖLZ, FRANZ: *Bauhistorische Bestandsaufnahme und dendrochronologische Datierung der historischen Dachkonstruktion im Alten Hof*, Gutachten 1990/92; HEMMETER 1995, S. 123; STAHLEDER 1995b, S. 264 ff.; MITTELSTRASS, TILMANN: *Bericht über die archäologischen Sondagen 1996 im Alten Hof* (Grabungsbericht); MITTELSTRASS, in: AJ 1995/96, S. 176 ff.; BECKER, FRANK: *Ergebnisse der Bauforschung in der Gewölbehalle des östlichen Burgstocks im Alten Hof*, Forschungsbericht 1996; DEHIO 1996, S. 120; *Die Grabungen im Alten Hof*. Denkmalpflege Informationen C, 1996; BILLER/RASP 1997, S. 84; HABEL, in: Kunstchronik 51 (1998), H. 5, S. 205 ff.; ROTH, in: Schönere Heimat 87 (1998), H. 1, S. 35; BURMEISTER 1999; BECKER, in: JBD 54/55 (2000/01), S. 15 ff.; BEHRER 2001, S. 270 ff., 298 ff., 326, 358, 367; SCHNIERINGER, in: Denkmalpflege Informationen B, Nr. 121, 2002, S. 12 f.; JBD 56/57 (2002/03), S. 204 ff. (betr. Umnutzung); BILLER/RASP 2003, S. 73 ff.; MENZEL, in: SCHMID, ALOIS/WEIGAND, KATHARINA (Hg.): *Schauplätze der Geschichte*, München 2003, S. 134–148; HABERLIK 2004, S. 42 f.; HALLINGER, in: GREIPL III 2008, S. 439 ff.; BEHRER, in: GREIPL III 2008, S. 447 ff.; Landesstelle für nichtstaatliche Museen in Bayern (Hg.): *Die Münchner Kaiserburg im Alten Hof*, München/Berlin 2008 – StadtAM LBK Baulinien 23719

Alter Hof, Brunnen
MB I 1912, S. 720; BISTRITZKI 1974, Nr. 173

Alter Hof, Reiterstandbild Kaiser Ludwigs
POESCHLE, in: MÖSENEDER, KARL (Hg.): *Kunst in Passau*, Passau 2000, S. 164 ff., hier 183 ff.

Altheimer Eck allgemein
RAMBALDI 1894, S. 17; Häuserbuch III 1962, S. 1 f.; SCHLEICH 1978, S. 129 ff.; STIMMELMAYR 1980, Nr. 86; BAUER/VALENTIN, 1982, Abb. S. 66 (Hirscheneck); SCHATTENHOFER 1984, S. 15 f.; WALTER 1984, S. 134 f.; STAHLEDER 1992, S. 55 f. – StadtAM LBK Baulinien 23721

Altheimer Eck 5, Wohn- und Geschäftshaus Braun
AR XVI (1900), T. 59; SBZ 10 (1900), S. 233 ff.; Deutsche Bauhütte 5 (1901), S. 261 ff.; Münchener Fassaden 1974, Nr. 30

Altheimer Eck 13
STAHLEDER 1992, S. 512

Altheimer Eck 15
ALCKENS 1973, Nr. 31, 54; STIMMELMAYR 1980, Nr. 86

Amalienstraße allgemein
RAMBALDI 1894, S. 19; STERN, ERNST: *Café Größenwahn* (Bibliophile Taschenbücher 192), Dortmund 1980; HEISSERER 1993, S. 290 ff., Abb. S. 305; WILHELM 1993, S. 85 f. – StadtAM LBK Baulinien 23723

Amalienstraße 10
MONINGER 1882, S. 113; ZIMMERMANN 1984, S. 205 f.; KLAR 2002, S. 143, 213–215

Amalienstraße 15
ZIMMERMANN 1984, S. 291

Amalienstraße 22, 24
ZIMMERMANN 1984, S. 290

Amalienstraße 36, ehem. St. Ludwigsschulhaus, heute städt. Berufsbildungszentrum
Deutsches Baugewerksblatt 11 (1892), Sp. 273–280; SBZ 2 (1892), S. 205 ff.; Wiener Bauindustrie-Zeitung 9 (1892), S. 431 f.; REIS 1935, S. 114, 167; ZIMMERMANN 1984, S. 290; BAUER 1995, S. 101; 50 Jahre Fremdspracheninstitut 1945–1995 (Jubiläumsschrift)

Amalienstraße 38
Adressbuch 1842; Deutsches Baugewerksblatt 11 (1892), Sp. 273 ff.; Wiener Bauindustrie-Zeitung 9 (1892), S. 431 f.; Münchener Fassaden 1974, Nr. 31; ZIMMERMANN 1984, S. 290, 314, 326; JBD 44 (1990), S. 34; BILLER/RASP 1997, S. 85; STERZINGER 1999, S. 34

Amalienstraße 39
ZIMMERMANN 1984, S. 290

Amalienstraße 40
Münchener Fassaden 1974, Nr. 32; ZIMMERMANN 1984, S. 290; GIESS 1990, S. 64; Baudenkmalpflege 1999, S. 10 f.

Amalienstraße 41, 43, 51
ZIMMERMANN 1984, S. 290

Amalienstraße 52
MEGELE I 1951, S. 128; *Ludwig-Maximilians-Universität München*, Neukeferloh/München 1995 (Bildband), S. 85

Amalienstraße 57/59, 63, 67, 69, 71
ZIMMERMANN 1984, S. 291

Amalienstraße 79
StadtAM LBK 17817

Amalienstraße 83, Erweiterungsbau der Universität
MB I 1912, S. 508; Bauen in München 1980, S. 47; HEMMETER 1995, S. 146; (siehe Geschwister-Scholl-Platz 1)

Am Einlaß allgemein
RAMBALDI 1894, S. 68

Am Einlaß 3a
Münchener Fassaden 1974, Nr. 33

Amiraplatz allgemein
DOLLINGER 1995, S. 23

Amiraplatz 1
MEGELE I 1951, S. 69; RASP 1981, S. 100; Ausst. Kat. Bauen im Nationalsozialismus 1993, S. 406; Wirtshäuser 1997, S. 86 ff., Kat. 3.3.1/18–21 (Weinrest. Schleich)

Am Kosttor allgemein
RAMBALDI 1894, S. 145 f.; Bauen in München 1980, S. 33; STAHLEDER 1992, S. 594 f., 607 f., 664 f.

Wolfsbrunnen
KH 54 (1903), S. 93 ff.; KH 62 (1911/12), S. 254 f.; MB I 1912, S. 739; BISTRITZKI 1974, Nr. 24; Ausst. Kat. Friedensengel 1999, S. 261 f.

Am Kosttor 3
AR 6 (1890), T. 92; MB I 1912, S. 335; DOERING 1924, S. 15 f.; Häuserbuch I 1958, S. 107; Münchener Fassaden 1974, Nr. 34

An der Hauptfeuerwache 4
Häuserbuch IV 1966, S. 20 ff., 497 f.; STIMMELMAYR 1980, Nr. 103 f.

An der Hauptfeuerwache 8
MBB IX 1905, T. 10 f., 32 f.; MB I 1912, S. 692 f., 696 ff.; ZAUNER 1914, S. 134 f.; Häuserbuch IV 1966, S. 32 f., 126 f.; BAUER/VALENTIN 1982, S. 51; Bauten und Plätze 1985/88, Nr. 96; ZUBER 1991, S. 21 f.; Architekturführer 1994, Nr. 53; (siehe Blumenstraße)

Angertorstraße allgemein
RAMBALDI 1894, S. 25 – StadtAM LBK Baulinien 23747

Angertorstraße 2 (jetzt Blumenstr.; vgl. Blumenstraße 31/31a)
MB I 1912, S. 330; Münchener Fassaden 1974, Nr. 35

Arcisstraße allgemein
RAMBALDI 1894, S. 26 – StadtAM LBK Baulinien 23754

Arcisstraße, Rossbändiger
Ausst. Kat. Zwanziger Jahre 1979, Nr. 272 f.; VOLWAHSEN 1987, S. 390 f.; LIST 1995, Abb. 18–20, Kat. Nr. 91–93

Arcisstraße 12, Staatliche Hochschule für Musik, ehem. Kongressbau der NSDAP
Moderne Neubauten 1 (1894), T. 22, 81, 90; WEIERSMÜLLER, in: BZ 45, S. 43 ff.; München baut auf 1938, S. 63 ff.; *Die Bauten der Partei am königlichen Platz in München*, in: ZbBv 59 (1939), S. 430 ff.; Bauen in München 1980, S. 93 f.; RASP 1981, S. 22 ff., 68 f.; MB II 1984, S. 443; ZIMMERMANN 1984, S. 291; Ausst. Kat. Königsplatz, 1988; Ausst. Kat. Bauen im Nationalsozialismus 1993, S. 404; Ausst. Kat. Bürokratie und Kult 1995; DAVIDSON 1995, S. 572, Abb. 914 ff.; WEYERER 1996, S. 92 ff.; BILLER/RASP 2003, S. 79 f., 286 f.; KRAUSE, ALEXANDER: *Arcisstraße 12*, München 2005; DONATH 2007, S. 24 f.; MAYER 2007, S 65 ff. – StadtAM LBK 11591, 19303

Arcisstraße 21, Technische Universität, ehem. Technische Hochschule
NEUREUTHER, GOTTFRIED: *Der Neubau der polytechnischen Schule in München*, München 1869; DBZ 1870, S. 234 ff.; ABZ 37 (1872), S. 22 ff.; REBER 1876, S. 135 ff.; ZbBv 5 (1885), S. 193 ff.; Handbuch der Architektur 1888, IV. Teil, 6. Halbbd., H. 2, S. 82 ff., 467 ff.; SBZ 18 (1908), S. 337 ff.; NDBZ 5 (1909), S. 345 ff.;

ZAUNER 1914, S. 324 f.; THIERSCH, FRIEDRICH VON: *Die königlich Bayerisch Technische Hochschule zu München*, Denkschrift 1917; THIERSCH 1925, S. 235 ff.; KH 77 (1927), Nr. 1, S. 3 ff.; RIEDNER, WILHELM: *Technische Hochschule München*, München 1942; MEGELE I 1951, S. 71, Anhang S. 7; HART, FRANZ: *Die bauliche Entwicklung der Technischen Hochschule München*, München 1959; THIERSCH 1961, S. 60, Abb. S. 81 f.; HART, FRANZ in: Festschrift THM 1968, S. 135 ff.; Ausst. Kat. Thiersch 1977, S. 164 ff.; NERDINGER, in: Ausst. Kat. Neureuther 1978, S. 63 ff.; Ausst. Kat. Zwanziger Jahre 1979, Nr. 271; HUFNAGL 1979, S. 169 ff.; MARSCHALL 1982, S. 32, 285 ff.; Bauten und Plätze 1985/88, Nr. 230; MB II 1984, S. 185, 202 ff.; Ausst. Kat. Architekturzeichnung 1986, S. 104 ff.; GIESS 1990, S. 53 ff.; Ausst. Kat. Vorhoelzer 1990, S. 143 ff., 281; Ausst. Kat. Architekturschule 1993, S. 12 ff., 48 ff., 78 (Abb.), 86, 96 (Abb.), 111 ff.; ALBERS, GERD in: 125 Jahre Technische Universität München (Festschrift TU München 1993), S. 183 ff.; Architekturführer 1994, Nr. 87; HEMMETER 1995, S. 130 f.; SCHLIM 2001, S. 26 ff. – StadtAM LBK 16459, 27437

Arcisstraße 45, Alter Nördlicher Friedhof
REBER 1876, S. 126 f.; BOGNER, JOSEF in: Der Zwiebelturm 21 (1966), S. 230 ff.; MB II 1984, S. 634; ZUBER 1984; BURCHARDT, HANS-PETER/LENGFELDER, MARIANNE: *Im alten nördlichen Friedhof München*, München 1985; SCHEIBMAYR 1985, S. 95; Ausst. Kat. Döllgast 1987, S. 112 ff.; SCHEIBMAYR 1989, Bd. I, S. 158 ff., Bd. II, S. 61 ff.; WAGNER, ANNETTE: *Der alte Nördliche Friedhof in München*, Mag. Arb. München 1989; BAUER/GRAF 1990, Abb. S. 96; BAUER 1995, S. 91 ff.; RÄDLINGER, CHRISTINE: *Der verwaltete Tod*, München 1996, S. 129; PETER/WIMMER 1998, S. 105 ff.; Münchner Grün 2005, Nr. 6

Arcisstraße 65
Die Architektur des 20. Jh., 8 (1908), H. 4, S. 53 f., T. 96

Arcostraße allgemein
RAMBALDI 1894, S. 27; DOLLINGER 1995, S. 27

Arnulfstraße allgemein
RAMBALDI 1894, S. 27; Bauen in München 1980, S. 16 – StadtAM LBK Baulinien 23759

Arnulfstraße 9/11/13, Teil des ehem. Verkehrsministeriums
MB I 1912, S. 526; HEMMETER 1995, S. 127; BILLER/RASP 1999, S. 88; (vgl. auch Hopfenstraße 10)

Arnulfstraße 19, ehem. Bundesbahn-Zentralamt
BILLER/RASP 1999, S. 87; CHEVALLEY/WESKI 2004, Bd. I, S. 64

Arnulfstraße 52, Augustinerkeller
MARTIN, ANSELM in: OA 31 (1871), S. 231; REGNET 1879, S. 62; RAMBALDI 1894, S. 28; MEGELE I 1951, S. 33 (Plan im Anhang); SPENGLER 1967, S. 200; BAUER 1982, S. 107; WALTER 1992, S. 214 f.; STAHLEDER 1995a, S. 200, 339, 350

Arnulfstraße 60, Oberpostdirektion
DBZ 1924, S. 641 ff.; Neuere Postbauten I 1925, Abb. 91 ff.; BM 26 (1928), S. 300; Ausst. Kat. Zwanziger Jahre 1979, Nr. 338; Bauen in München 1980, S. 59; MB II 1984, S. 470 f.; Ausst. Kat. Vorhoelzer 1990, S. 24 f., 190 f., 281; Architekturführer 1994, Nr. 200

Arnulfstraße 62 (heute 195), Paketzustellamt
Neuere Postbauten I 1925, Abb. 112; II 1928, Abb. 170–183; MNN, Nr. 301, 31.10.1926; BM 1927, S. 93 ff.; BZ 1927, S. 380 ff.; SCHMIDT, WALTHER: *Amtsbauten*, Ravensburg 1949, S. 136 ff.; Ausst. Kat. Zwanziger Jahre 1979, Nr. 413; Bauen in München 1980, S. 60; Ausst. Kat. Andere Tradition 1981, S. 69 ff.; MB II 1984, S. 472; Ausst. Kat. Vorhoelzer 1990, S. 58, 188 f.; Architekturführer 1994, Nr. 201

Augustenstraße allgemein
RAMBALDI 1894, S. 31 – StadtAM LBK Baulinien 23778
Augustenstraße 20/22
MB II 1984, S. 433
Augustenstraße 54, Haus Pronath
SBZ 18 (1908), S. 193–196; BM 1910, S. 13 ff.

Augustinerstraße allgemein
RAMBALDI 1894, S. 32; Häuserbuch II 1960, S. 1 ff.; STIMMELMAYR 1980, Nr. 66; STAHLEDER 1992, S. 70 f. – StadtAM LBK Baulinien 23780

Barer Straße allgemein
RAMBALDI 1894, S. 37 – StadtAM LBK Baulinien 23807, 23808
Barer Straße, ehem. Nr. 6, Haus Bernhard
ZIMMERMANN 1984, S. 189 f.
Barer Straße, ehem. Nr. 6 ½, Stielerhaus
ZIMMERMANN, in: Ausst. Kat. Romantik 1987, S. 493; HÖLZ 2003, S. 190 ff., 406
Barer Straße, ehem. Nr. 7, Hotel Union
MBB VIIIb 1909, T. 315–319 (Innenräume); MB I 1912, S. 288 f.
Barer Straße, ehem. Nr. 7 (später Nr. 19), Lola-Montez-Haus
WEIDNER, in: *Lola Montez*, Ausst. Kat. Münchner Stadtmuseum, München 1998, S. 174 ff., 285 f. (mit weiterer Lit.)
Barer Straße, ehem. Nr. 11, Hotel Marienbad
MEGELE I 1951, S. 74
Barer Straße, ehem. Allotria-Saal
Ein halbes Jahrhundert Münchner Kulturgeschichte, erlebt mit der Künstlergesellschaft Allotria, München 1959, S. 33 ff.
Barer Straße, ehem. Nr. 15, Arminia-Versicherung
WOLF, GEORG JACOB: *Das Gebäude der Lebensversicherungsbank Arminia in München*, in: DK 22 (1919), S. 345 ff.
Barer Straße 3 (ehem. Ottostr. 3)
ZIMMERMANN 1984, S. 291
Barer Straße 27, Alte Pinakothek
Kunstblatt 7 (1826), S. 137 ff.; 10 (1834), S. 113 ff., 193 ff., 213 ff., 221 ff., 269 ff., 273 ff.; KLENZE 1830–50, H. 2; DILLIS 1838; KLENZE 1840, H. 5; KLENZE, 2. Ausg. H. 2, 1847; ABZ 26 (1861), S. 203 f., T. 431 f.; 6 (1881), S. 279 ff., T. 417 ff.; REBER 1867, S. 151 ff.; REIDELBACH 1888, S. 150 ff.; RÖTHEL, in: Kunstchronik 1949, S. 169 ff.; RESS, in: DKD 1952, S. 138 f.; RITZ, in: DKD 1957, S. 125 ff.; HEDERER 1964, S. 289 ff.; OTTEN 1970, S. 42 ff., 108; PLAGEMANN, VOLKER: *Das deutsche Kunstmuseum 1790–1870*, München 1970; WANETSCHEK 1971, S. 96 ff.; BÖTTGER, PETER: *Die Alte Pinakothek in München*, München 1972; SCHLEICH 1978, S. 68 ff.; MBM 106, 1983; ALTENHÖFER, in: Ausst. Kat. Aufbauzeit 1984, S. 63 ff., 129 ff.; MB II 1984, S. 150 f.; Ausst. Kat. Architekturzeichnung 1986, S. 58 f.; Ausst. Kat. Ludwig I. 1986,

S. 236 ff.; Festschrift München 1986: „*Ihm, welcher der Andacht Tempel baut...*“, Ludwig I. und die Alte Pinakothek, hg. v. d. BStGS; Ausst. Kat. Döllgast 1987, S. 45 ff.; Ausst. Kat. Romantik 1987, S. 362 ff.; GIESS 1990, S. 31 f.; KARNAPP, in: DBZ 126 (1992), S. 98 ff.; HEMMETER 1995, S. 132; BILLER/RASP 1997, S. 92 ff.; Festschrift München 1998: *Alte Pinakothek München. Festschrift zur Wiedereröffnung am 23. Juli 1998*; HEIDEN, RÜDIGER AN DER: *Die Alte Pinakothek, Sammlungsgeschichte, Bau und Bilder*, München 1998; Monumental 1998, S. 249 ff.; PETER/WIMMER 1998; BUTTLAR 1999, S. 247 ff.; Ausst. Kat. Klenze 2000, S. 282 ff.; WIESE, BERND: *Museums-Ensembles und Städtebau in Deutschland*, St. Augustin 2008, S. 93 ff.

Barer Straße 29, Neue Pinakothek
REBER 1876, S. 154 f.; REIDELBACH 1888, S. 161 ff.; SCHAUENBERG, in: Das Bayerland 35 (1921), Nr. 1, S. 1 ff.; PLAGEMANN 1967; MITTELMEIER 1977; KOTZUR 1978, S. 31 ff., 56 f.; GOLDBERG, in: Ausst. Kat. Romantik 1987, S. 386 ff.; SCHLEICH 1978, S. 70; Festgabe 1981; Ausst. Kat. Gärtner 1992, S 253; HEMMETER 1995, S. 132; HAIDER, EDGAR: *Verlorene Pracht*, Hildesheim 2006, S. 70 ff.

Barer Straße 33
Münchener Fassaden 1974, Nr. 39
Barer Straße 32/34
StadtAM LBK 27547
Barer Straße 37
Münchener Fassaden 1974, Nr. 40; Architekturführer Bayern 1985, S. 25 – StadtAM LBK 16499
Barer Straße 39
Münchener Fassaden 1974, Nr. 41/44; GIESS 1990, S. 64
Barer Straße 40, Pinakothek der Moderne
BRAUNFELS, STEPHAN: *Pinakothek der Moderne*, Basel/Boston 2002; HERWIG, OLIVER: *Pinakothek der Moderne München* (Die Neuen Architekturführer 40); HERZOG, OLIVER/BRAUN, ZOOEY: *Sechs neue Museen in Bayern*, Tübingen/Berlin 2002; KNAPP, GOTTFRIED: *Pinakothek der Moderne München*, München 2002; BILLER/RASP 2003, S. 97 ff.; HABERLIK 2004, S. 28 f.
Barer Straße 43
Münchener Fassaden 1974, Nr. 42
Barer Straße 45
Münchener Fassaden 1974, Nr. 43

Blütenstraße allgemein
RAMBALDI 1894, S. 48; BÄHTE 1965, S. 235 (betr. Nr. 10); DOLLINGER 1995, S. 43 – StadtAM LBK Baulinien 23863

Blumenstraße allgemein
NAGLER 1863, S. 28; RAMBALDI 1894, S. 48 ff.; Häuserbuch IV 1966, S. 1 ff.; GROBE 1970; ZUBER 1991, S. 18 ff., 38 f.; STAHLEDER 1992, S. 49, 76 (Abdeckergassl) – StadtAM LBK Baulinien 23866
Blumenstraße 1
KLAR 2002, S. 211–213 – StadtAM LBK 15473
Blumenstraße 7
ZIMMERMANN 1984, S. 292
Blumenstraße 16
StadtAM LBK 11012
Blumenstraße 22, Hochbunker
Ausst. Kat. Bauen im Nationalsozialismus 1993, S. 288; DONATH 2007

Blumenstraße 26
MEGELE I 1951, S. 98; StadtAM LBK 19147

Blumenstraße 28/28a/28b, ehem. Technisches Rathaus
BEBLO, FRITZ u.a.: *Das Technische Rathaus in München*, München 1929; STEINLEIN, in: BZ 27 (1930), S. 509 ff.; KARLINGER, in: DBZ 1934, H. 27; Ausst. Kat. Zwanziger Jahre 1979, S. 394 ff.; NERDINGER, in: Bauen in München 1980, S. 21, 58 f.; MB II 1984, S. 430 f.; Bauten und Plätze 1985/88, Nr. 99; FISCHER 1990, S. 39 (Nr. 28); Ausst. Kat. Beblo 1991, S. 94 f.; BECHERER, in: Ausst. Kat. Leitensdorfer 1992, S. 20 ff.; Architekturführer 1994, Nr. 50; BILLER/RASP 1994, S. 100 f.; NEUMANN 1995, S. 182 f.; ZIMMERMANN, in: Ausst. Kat. Hochhäuser 1998, S. 32 f. – StadtAM LBK 19148–19150

Blumenstraße 29, ehem. Blumensäle
NAGLER 1863, S. 57; MEGELE I 1951, S. 63, 120; BAUER 1982, S. 177; LERCH-STUMPF 2004

Blumenstraße 31, mit Angertorstraße 2
Münchener Fassaden 1974, Nr. 63, 64 – StadtAM LBK 19152, 19153

Blumenstraße 32, Marionettentheater
RIEDELSHEIMER, ANTON: *Die Geschichte des J. Schmid'schen Marionettentheaters in München...*, München 1906, 1922; MB I 1912, S. 637; Bauten und Plätze 1985/88, Nr. 98; KERKHOFF 1987, S. 161; FEUCHTER-SCHAWELKA, ANNE u.a.: *Kasperl Larifari. Blumenstraße 29. Das Münchner Marionetten-Theater 1858–1988*, hg. v. MStM und StadtAM, München 1988; Ausst. Kat. Theodor Fischer 1988, S. 189 – StadtAM LBK 19151

Blumenstraße 34, Hauptfeuerwache (jetzt An der Hauptfeuerwache 8)
Bautechnische Zs. 22 (1907), S. 282; BM 3 (1905), H. 4, S. 45 ff.; MBB IXa 1905, T. 10 f., 32 f.; Der Profanbau 3 (1907), Nr. 18, S. 274 ff.; Süddeutsche Bauhütte 8 (1907), S. 74; ZbBv 27 (1907), S. 294 ff.; MB I 1912, S. 696; STAHLEDER 1992, S. 49 (Abdeckergassl) – StadtAM LBK 14153, 15476, 19154

Blumenstraße 35
StadtAM LBK 15477

Blumenstraße 36, Altkath. Kirche
ZAUNER 1914, S. 73; KARLINGER, in: Wanderbuch 1922, S. 79; ALCKENS 1935, Nr. 31; MEGELE I 1951, S. 39, 88; LIEB/SAUERMOST 1973, Nr. 159, 248 – StadtAM LBK 19155

Blumenstraße 37
StadtAM LBK 19156

Blumenstraße 61
(vgl. Sendlinger-Tor-Platz 14, gegenüber Blumenstraße 12)

Blutenburgstraße allgemein
RAMBALDI 1894, S. 50; SBZ 16 (1906), S. 377 ff. – StadtAM LBK Baulinien 23864

Blutenburgstraße 2
Bauzeitung für Württemberg, Baden, Hessen, Elsaß-Lothringen 6 (1909), S. 324

Bräuhausstraße allgemein
RAMBALDI 1894, S. 52

Bräuhausstraße 8
Häuserbuch I 1958, S. 13 ff.; STIMMELMAYR 1980, Nr. 1 (3, 4)

Brienner Straße allgemein
RAMBALDI 1894, S. 52; HEDERER 1960, S. 50 ff.; SCHLEICH 1978, S. 52 ff.; Ausst. Kat.

Klassizismus 1980; Bauen in München 1980, S. 92 ff.; ZIMMERMANN 1984; HEMMETER 1995, S. 139 f.; DEHIO 1996, S. 164 ff.; BILLER/RASP 1999, S. 102; WANETSCHEK 2005, S. 149 f. – StadtAM LBK Baulinien 23891

Brienner Straße, ehem. Palais Pallavicini/ „Braunes Haus"
ROSE 1934; RANKE, WINFRIED: *Joseph Albert – Hofphotograph der bayerischen Könige*, München 1977, S. 18 ff.; ZIMMERMANN 1984, S. 119 f., Abb. 31; ZIMMERMANN, in: Ausst. Kat. Romantik 1987, S. 478; WEYERER 1993, S. 142 f.; BAUER 1995, S. 58 f.; HEMMETER 1995a, S. 142; WEYERER 1996, S. 103; RAU 1997, S. 73 ff.; MAYER 2007, S. 14 f.; HEUSLER, ANDREAS: *Das Braune Haus*, München 2008

Brienner Straße, ehem. Palais Degenfeld/Nuntiatur
HEDERER 1960, S. 64; ZIMMERMANN, in: Ausst. Kat. Klassizismus 1980, S. 221 f.; Ausst. Kat. Carl von Fischer 1982, S. 128 ff., 215; SPRINGORUM-KLEINER 1982, S. 81

Brienner Straße, ehem. Villa R. Wagner/A. Knorr
MBB I 1898, T. 9, 27; KUNSTMANN 1993, S. 138 ff.

Brienner Straße, ehem. Haus Freundlich
MB I 1912, S. 424; BÖSSL 1966, S. 86 f.

Brienner Straße, ehem. Palais Klopfer
MB I 1912, S. 386; BÖSSL 1966, S. 77 f.

Brienner Straße, ehem. Schack-Palais
GEDON 1994, S. 49 ff.; LENZ, CHRISTIAN: *Adolf Friedrich Graf von Schack*, München 1994, S. 45 ff. (mit weiterer Lit.)

Brienner Straße 1/Theatinerstraße 23, Palais Moy
WIEDENHOFER 1916, S. 75; HEDERER 1942, S. 34; Häuserbuch II 1960, S. 346 f.; MEGELE II 1960, S. 50; BISTRITZKI 1974, S. 79; MBM 129 (1984), S. 245 (Anm. 85), 292, 311; ZIMMERMANN 1984, S. 292; Bauten und Plätze 1985/88, Nr. 30; HEMMETER 1995, S. 140; BILLER/RASP 1997, S. 297; Ausst. Kat. Klenze 2000, S. 310 f. – StadtAM LBK 19307

Brienner Straße 4
Heilmann und Littmann Bau Aktiengesellschaft München (Firmenschrift, o.J.), S. 50; HABEL 1967; ZIMMERMANN 1984, S. 82 (Abb.), 293, 311 (alte Nr. 49); DOLLINGER 1994, S. 47 (Abb.); Ausst. Kat. Klenze 2000, S. 379 f.

Brienner Straße 10
ZIMMERMANN 1984, S. 87 f., 311; Ausst. Kat. Klenze 2000, S. 378 f.

Brienner Straße 11/13/15, sog. Luitpoldblock
MB I 1912, S. 270 f.; ZAUNER 1914, S. 180 f.; Alte Firmen 1955, S. IX, 31; VALENTIN, in: Das Bayerland 75 (1973), Nr. 5; SCHATTENHOFER, in: Das Bayerland 77 (1975), Nr. 8; BAUER 1982, S. 132 ff.; ZIMMERMANN 1984, S. 292; Ausst. Kat. Prinzregentenzeit 1988, S. 192; HEMMETER 1995, S. 140 – StadtAM LBK 11665

Brienner Straße 12, Palais Eichthal
UNGER/VOIT 1829, T. 50, 52; Blätter für Architektur und Kunsthandwerk 25 (1912), S. 18, T. 41; MB I 1912, S. 348; HEDERER 1964, S. 237 ff.; ZIMMERMANN 1984, S. 87, 311; BILLER/RASP 1994, S. 103; Ausst. Kat. Klenze 2000, S. 378

Brienner Straße 14, ehem. Palais Bayrstorff-Almeida
UNGER/VOIT 1829, T. 17 ff.; ROSE 1934, S. 60, 67, Abb. 7; Ausst. Kat. Max I. Joseph 1980, Nr. 1104 f.; SCHNELL 1981, Nr. 77; MBM 129 (1984), S. 151 f.; ZIMMERMANN 1984, S. 292;

Bauten und Plätze 1985/88, Nr. 147; Ausst. Kat. Romantik 1987, S. 477 f.; BILLER/RASP 1994, S. 103; HEMMETER 1995, S. 140 f.; RAU 1997, S. 61 ff.; Ausst. Kat. Klenze 2000, S. 356 f.

Brienner Straße 16
DBZ 1928, S. 153 ff.; WOLF 1931, S. 20 f.; MEGELE I 1951, S. 21; Ausst. Kat. Zwanziger Jahre 1979, Nr. 265; ZIMMERMANN 1984, S. 292 – StadtAM LBK 19308

Brienner Straße 18/20, ehem. Wittelsbacher Palais
REBER 1876, S. 74, 266; MONINGER 1882, S. 59 ff.; REIDELBACH 1888, S. 212 f.; BIEHN, HANS: *Residenzen der Romantik*, München 1970, S. 203 ff.; WANETSCHEK 1971, S. 118 f.; STEINITZ/EVERS, in: WAGNER-RIEGER/KRAUSE 1975, S. 124, 131 f., 284 ff., 293; HEDERER 1976, S. 162 ff., 272; BAUER-BAZZONI, U.: *Baugeschichte und Beschreibung des Wittelsbacher Palastes in München*, Mag. Arb. LMU München 1983; MB II 1984, S. 196 ff.; Bauten und Plätze 1985/88, Nr. 199 f.; Ausst. Kat. Romantik 1987, S. 228 f.; Ausst. Kat. Gärtner 1992, S. 253 ff.; BAUER 1995, S. 25 f.; HEMMETER 1995, S. 141; WEYERER 1996, S. 107; BILLER/RASP 2003, S. 109

Brienner Straße 22, ehem. Palais Berchem
MBB IV 1901, T. 21, 28; THIERSCH, in: BM 11 (1913), Beil. zu H. 9, S. B 201; BÖSSL 1966, S. 76 f.

Brienner Straße 23, ehem. Haus der Deutschen Ärzte
GUT, in: ZbBv 57 (1937), H. 22, S. 549–560; MEGELE I 1951, S. 128; BISTRITZKI 1974, S. 68; Bauen in München 1980, S. 97; RASP 1981, S. 45; ZIMMERMANN 1984, S. 25 f. (Abb.); MB II 1984, S. 368; Ausst. Kat. Süddeutsche Bautradition 1985, S. 227, 244; Bauten und Plätze 1985/88, Nr. 204; Ausst. Kat. Architekturschule 1993, Abb. S. 101; Ausst. Kat. Bauen im Nationalsozialismus, 1993, S. 382; Architekturführer 1994, Nr. 72; BILLER/RASP 1994, S. 104; WEYERER 1996, S. 106 f.; DONATH 2007, S. 32 f. – StadtAM LBK 19309

Brienner Straße 25, Böhlerhaus
LASSER, in: Der Profanbau 2 (1906), Nr. 14, S. 231 ff.; Blätter für Architektur und Kunsthandwerk 1912, S. 18, T. 41; MB I 1912, S. 348; SBZ 10 (1912), S. 41 f.; Süddeutsche Bauhütte 14 (1913), S. 146; Wasmuths Monatshefte f. Baukunst 1 1914/15, S. 34; Stöhr 1925, S. 30, 63; BÖSSL 1966, S. 96 f.; ZIMMERMANN 1984, S. 122 ff.; Architekturführer 1994, Nr. 73; BILLER/RASP 1997, S. 104; RAU 1997, S. 85; SCHICKEL, in: HOFER 2002, S. 132 ff.

Brienner Straße 26
ZIMMERMANN 1984, S. 292 (Abb. 38); ANGERMAIR, E./KOCH, J./LÖFFELMEIER, A./OHLEN, E./SCHWAB, I.: *Die Rosenthals*, Wien 2002, S. 105 ff. – StadtAM LBK 19310

Brienner Straße 28, Palais Matuschka (ehem. 46)
MBB 1898 II, T. 5 f.; AR 16 (1900), H. 1, T. 8; LANGENBERGER, in: BM 3 (1905), S. 13 ff.; OEHL 1972; Münchener Fassaden 1974, S. 279; HABEL/HIMEN 1985, S. 186; KUNSTMANN 1993, S. 146 ff., Abb. 110, 149 f.

Brienner Straße 40
MBB IV 1901, T. 12 f. u. 26 (Vorgängerbau); MEGELE III 1960, S. 32; ZIMMERMANN 1984, S. 292

Brienner Straße 54
StadtAM LBK 17943

Brienner Straße 56
Architektur des 20. Jh., 10 (1910), H. 4, S. 35–36, T. 88; Blätter f. Architektur u. Kunsthandwerk 23 (1919), S. 14–15, T. 36; RANK 1987, S. 150

Bruderstraße allgemein
WAGNER 1960, S. 13; RAMBALDI 1894, S. 53; FEILER 2006, S. 96 – StadtAM LBK Baulinien 23897
Bruderstraße 1
WAGNER 1960, S. 309; Münchener Fassaden 1974, Nr. 73

Brunnstraße allgemein
RAMBALDI 1894, S. 54; Häuserbuch III 1962, S. 24 ff.; STIMMELMAYR 1980, Nr. 83; STAHLEDER 1992, S. 78, 80, 188, 287 ff.
Brunnstraße 1
WENNG 1849; Hackenviertel Plan Nr. 5; Häuserbuch III 1962, S. 33 ff. – StadtAM LBK 19159 (Akt fehlt)
Brunnstraße 7
STAHLEDER 1992, S. 472
Brunnstraße 9 (ehem. 10)
Häuserbuch III 1962, S. 40 ff.; BAUER/GRAF 1996, S. 66 f.; Baudenkmalpflege 1997, S. 16 f. – StadtAM LBK 19160
Brunnstraße 11
DKD 1957, S. 132; Häuserbuch III 1962, S. 42 f.; ZUBER 1986, S. 86; BAUER/GRAF 1996, S. 66 f.; SZ Nr. 299, 29.12.1998

Burgstraße allgemein
RAMBALDI 1894, S. 55; STAHLEDER 1992, S. 86 f.; STAHLEDER 1995b, S. 264 ff. – StadtAM LBK Baulinien 23910
Burgstraße 2
Häuserbuch I 1958, S. 39 ff., 340; STIMMELMAYR 1980, Nr. 28 (oben Nr. 8); STAHLEDER 1992, S. 491
Burgstraße 3
Häuserbuch I 1958, S. 17 ff.; STIMMELMAYR 1980, Nr. 28; JBD 44, 1990 (1995), S. 236; JBD 45/46, 1991/92 (1999), S. 319; BAUER 1994, S. 53; STAHLEDER II 2006, S. 621 ff.
Burgstraße 4
MEGELE I 1951, S. 33; III 1960, S. 71; Häuserbuch I 1958, S. 32 ff.; MB II 1984, S. 435
Burgstraße 5, Weinstadel
KDB 1902, S. 1181 f.; GUT 1928, Abb. 41–43; Häuserbuch I 1958, S. 20 ff., 70 f.; BERTRAM, in: JBD 23 (1964), S. 5 ff.; KREISEL 1969, S. 44; ERDMANNSDORFFER 1972, S. 69 ff., T. 24 f., 81a, 98a, 107a; BAUER 1982, S. 46 f.; BEHRINGER 1987, S. 113 ff.; LIEB 1988, S. 139, 587; WERNER, in: ZUBER 1989, S. 97 ff.; JBD 43, 1989 (1994), S. 206 f.; JBD 44, 1990 (1995), S. 236; BAUER 1994, S. 51 f.; Ausst. Kat. Johann Michael Fischer 1995, Bd. II, S. 318 f. (Betr. Bauteil Dienerstr. 21, Zuschreibung); DEHIO 1996, S. 150 f.; PETZET, 1996, S. 24; BILLER/RASP 2003, S. 105; Ausst. Kat. Fenster zur Vergangenheit 2006, Abb. 46–48; STAHLEDER II 2006, S. 625 ff.; LÖCHER, KURT: *Der Maler Hans Mielich (…)*, in: *Das Kleinodienbuch der Herzogin Maria Anna* (Faks.-Ausgabe), Berlin 2008, S. 95 ff. – StadtAM LBK 19161
Burgstraße 6
Stöhr 1925, S. 31, Nr. 138; ALCKENS 1935, Nr. 95; Häuserbuch I 1958, S. 30 ff., 341; ERDMANNSDORFFER 1972, T. 76, 66b; STIMMELMAYR 1980, Nr. 28 oben; STAHLEDER 1992, S. 356, 382, 412, 430; BAUER/GRAF 1996, S. 160 f.

Burgstraße 7
ALCKENS 1935, Nr. 117; Häuserbuch I 1958, S. 21 f. (Burgstr. 6); ALCKENS 1973, Nr. 278; MÜNSTER, in: Ausst. Kat. W. A. Mozart – Idomeneo 1781–1981, hg. v. d. Bayer. Staatsbibliothek, München 1981, S. 263; STAHLEDER 1992, S. 412 ff.
Burgstraße 8, Cuvilliéshaus, Schlichtingerbogen
ALCKENS 1935, Nr. 21; Häuserbuch I 1958, S. 28 ff.; ERDMANNSDORFFER 1972, T. 66a, 94a; STIMMELMAYR 1980, Nr. 28 (oben 1,2); STAHLEDER 1992, S. 452, 490 f., 632; BAUER 1994, S. 44, 49; BAUER/GRAF 1996, S. 160 f.; DEHIO 1996, S. 176; BILLER/RASP 2003, S. 111; EBELING, in: OELWEIN 2003, S. 163–185; STAHLEDER II 2006, S. 674 ff.
Burgstraße 10, sog. Falkenhaus
Häuserbuch I 1958, S. 26 ff.; STIMMELMAYR 1980, Nr. 16 (unten); STAHLEDER 1992, S. 346; STAHLEDER 1995b, S. 264 f.; STAHLEDER 2006, S. 668 ff.
Burgstraße 12
MEGELE I 1951, S. 72; Häuserbuch I 1958, S. 24 ff.; STIMMELMAYR 1980, Nr. 16 (unten); BAUER 1994, S. 46 f., 50; BEHRER 2001, S. 340; STAHLEDER II 2006, S. 664 ff.

Christophstraße allgemein
RAMBALDI 1894, S. 57 f.; WAGNER 1960, S. 13

Dachauer Straße allgemein
RAMBALDI 1894, S. 61 – StadtAM LBK Baulinien 23936–23945
Dachauer Straße, Delphinbrunnen
MB I 1912, S. 782; München baut auf 1938, Abb. S. 86; MEGELE I 1951, S. 36; BISTRITZKI 1974, Nr. 25; BAUER/GRAF 1990, S. 102
Dachauer Straße, Fischmarktbrunnen
MEGELE I 1951, S. 38; III 1960, S. 18; BISTRITZKI 1974, Nr. 181; DUVIGNEAU 1994, Abb. 46 f.
Dachauer Straße 25
StadtAM LBK 14211
Dachauer Straße 26
StadtAM LBK 15511
Dachauer Straße 38
ZIMMERMANN 1984, S. 293
Dachauer Straße 46
LERCH-STUMPF 2004, S. 234 f.

Damenstiftstraße allgemein
RAMBALDI 1894, S. 62; Häuserbuch III 1962, S. 46 ff.; STIMMELMAYR 1980, Nr. 85 (Salesianerinnengasse); STAHLEDER 1992, S. 87, 187 f., 275
Damenstiftstraße 1, 3, St. Anna und ehem. Kloster
WESTENRIEDER 1782, S. 203 f.; MAYER/WESTERMAYER 1880, S. 339 ff.; FORSTER 1895, S. 578 ff.; KDB 1902, S. 948 ff.; ZAUNER 1914, S. 49 f.; LIEB 1941, S. 115 f., 120 f.; Häuserbuch III 1961, S. 21 ff., 46 ff.; Münchens neue Schulen 1963, H. 7; SCHLEICH, in: Schöne Heimat 55 (1966), S. 489 ff.; LIPPERT 1969, S. 57 f., 140; LIEB/SAUERMOST 1973, S. 151 ff.; LIEDKE 1976, S. 25 f.; STIMMELMAYR 1980, Nr. 85 f.; SCHNELL 1981, Nr. 36; ARNDT-BAEREND 1986; HAMACHER, in: Ausst. Kat. Asam 1986, S. 299; HOJER 1986, S. 41; BAUER/RUPPRECHT 3/I 1987, S. 185 ff.; LIEB 1988, S. 335 ff.; BAUER 1993, S. 135; BAUER 1994b, S. 54 f.; HEMMETER

1995, S. 95; BILLER/RASP 1997, S. 107; BILLER/RASP 2003, S. 112 f.; STADL, SUSANNE: *Die Kunsttätigkeiten der Salesianerinnen im deutschsprachigen Raum*, Lindenberg 2005 – StadtAM LBK 19162
Damenstiftstraße 4
MB I 1912, S. 173; Häuserbuch III 1962, S. 68 f.; ERDMANNSDORFFER 1972, S. 89, T. 65; STIMMELMAYR 1980, Nr. 85 (unten 7); SCHNELL 1981, Nr. 38; ZUBER 1984a, S. 53 ff.; STAHLEDER 1992, S. 364, 509; BILLER/RASP 2003, S. 113 – StadtAM LBK 19163
Damenstiftstraße 6
MEGELE II 1960, S. 52; Häuserbuch II 1962, S. 66 ff.; STIMMELMAYR 1980, Nr. 85 (unten 6); ZUBER 1984a, S. 97 – StadtAM LBK 19164
Damenstiftstraße 8, Palais Lerchenfeld
AUFLEGER 1897, T. 7 ff.; KDB 1902, S. 1188; MB I 1912, S. 162 f.; FEULNER, ADOLF: *Bayerisches Rokoko*, München 1923, S. 61, Abb. 27; LIEB 1941, S. 124; ERDMANNSDORFFER 1972, S. 83, 110, T. 34, 55, 97b; Häuserbuch III 1962, S. 63 ff.; STIMMELMAYR 1980, Nr. 85 (unten 5); SCHNELL 1981, Nr. 39; ZUBER 1984a, S. 16, 59 ff.; SCHEIBMAYR 1989, S. 577 ff.; LIEB 1988, S. 327; STAHLEDER 1992, S. 498; BAUER 1994b, S. 54 f.; HEMMETER 1995, S. 152 f.; BILLER/RASP 2003, S. 113
Damenstiftstraße 11
Häuserbuch III 1962 S. 54 ff. (Nr. 6); STAHLEDER 1992, S. 427
Damenstiftstraße 12
Häuserbuch III 1962, S. 61 ff. (Nr. 11)
Damenstiftstraße 16
Häuserbuch III 1962, S. 58 f. (Nr. 9)
Damenstiftstraße 18
Häuserbuch III 1962, S.56 ff. (Nr. 8)

Deroystraße allgemein
RAMBALDI 1894, S. 62 ff.; DOLLINGER 1995, S. 57
Deroystraße 1
MEGELE I 1951, S. 132; MB II 1984, S. 227; HORN/KARL 1989, S. 154

Dienerstraße allgemein
RAMBALDI 1894, S. 64 f.; Häuserbuch I 1958 S. 59 ff. (Krümleinsturm); WALTER 1987, S. 128 ff.; STAHLEDER 1992, S. 88 f.; BEHRER 2001, S. 116 ff. – StadtAM LBK Baulinien 23971
Dienerstraße 14/15, Dallmayr-Haus
SBZ 23 (1913), S. 221 ff.; NDBZ 9 (1913), S. 551, 557 f.; AR 31 (1915), S. 8; ALCKENS 1935, Nr. 3; Häuserbuch I 1958, S . 59 ff.; ERDMANNSDORFFER 1972, T. 51, 104b; STIMMELMAYR 1980, Nr. 30 (2–5); ZUBER 1989, S. 105 f.; BAUER 1994a, Abb. 58, 60 ff.; FELDBAUM 1996, S. 83 ff.; STAHLEDER 2006, S. 531 ff.
Dienerstraße 16
Alte Firmen 1995, S. IX, 28; Häuserbuch I 1958, S. 64 f.; *200 Jahre Geschichte d. Hauses A. Rabel, kgl. bayerischer Hoflieferant*, München 1966; STIMMELMAYR 1980, Nr. 30; BAUER 1994b, S. 59 (Hof); FELDBAUM 1996, S. 105 f.; STAHLEDER 2006, S. 543 ff.
Dienerstraße 17
Häuserbuch I 1958, S. 1 f., 65 f.; STIMMELMAYR 1980, Nr. 29, 30; ZUBER 1989, S. 86 ff.; STAHLEDER 1992, S. 415; STAHLEDER 2006, S. 547 ff.
Dienerstraße 18
Häuserbuch I 1958, S. 67 f.; ERDMANNSDORFFER 1972, S. 58, 86, Abb. 20; STIMMELMAYR

1980, Nr. 29, 30; ZUBER 1989, S. 195 ff.; STAHL-EDER 1992, S. 406; STAHLEDER 2006, S. 551 ff.

Dienerstraße 19
Häuserbuch I 1958, S. 68 ff.; STIMMELMAYR 1980, Nr. 30; ZUBER 1989, S. 130; STAHLEDER 2006, S. 556 ff.

Dienerstraße 22 (jetzt zu Marienplatz 11)
Häuserbuch I 1958, S. 73 f.; STIMMELMAYR 1980, Nr. 30 (oben 12); LIEB 1988, S. 327; ZUBER 1989, S. 129; STAHLEDER 2006, S. 573 ff.

Dreifaltigkeitsplatz allgemein
RAMBALDI 1894, S. 65 f.; Häuserbuch IV 1966; STIMMELMAYR 1980, Nr. 117 (unten r.), 118 (Reihe 1 u. 2); STAHLEDER 1992, S. 89 f., 996 – StadtAM LBK Baulinien 23988

Dreifaltigkeitsplatz 1
Häuserbuch IV 1966, S. 31 f.; STIMMELMAYR 1980, Nr. 118 (oben Nr. 2); ZUBER 1991, S. 138, Abb. 64

Dürnbraugasse allgemein
RAMBALDI 1894, S. 67; STAHLEDER 1992, S. 90; DOLLINGER 1995, S. 62

Dultstraße allgemein
RAMBALDI 1894, S. 67; Häuserbuch IV 1966, S. 35 ff.; STAHLEDER 1992, S. 91

Eisenmannstraße allgemein
RAMBALDI 1894, S. 68; Häuserbuch III 1962, S. 70 ff.; STIMMELMAYR 1980, Nr. 87; STAHL-EDER 1992, S. 94 f.; STAHLEDER III 2003, S. 498, 501, 503

Elisenstraße allgemein
RAMBALDI 1894, S. 68; München baut auf 1938, S. 101 – StadtAM LBK Baulinien 24031

Elisenstraße 1a, Justizpalast
siehe Prielmayrstraße 5

Emil-Riedel-Straße allgemein
RAMBALDI 1894, S. 239 f. (s.v. Riedlstraße); WAGNER 1960, S. 14

Englischer Garten allgemein
O.V.: *Skizze des neu angelegten englischen Gartens oder Theodor Parks zu München*, München 1793; Kunstblatt 17 (1836), S. 415–416, 421–422; MAYERHOFER, JOHANN: *Geschichte des Münchner Englischen Gartens von seinem Beginne... 1789–1804*, in: Jb. für Münchens Geschichte, Bd. 3, Bamberg 1889; RAMBALDI 1894, S. 69 f.; HALLBAUM, FRANZ: *Der Landschaftsgarten*, München 1927, S. 182 ff.; ROSE, HANS: *Eine unveröffentlichte Denkschrift F. L. v. Sckells über den Englischen Garten in München*, in: MJBK, NF VIII 1931, S. 172 ff.; DOMBART, THEODOR: *Das Werden und Sein des Englischen Gartens zu München*, in: OA 70 (1933), S. 5 ff.; HOFFMANN, ALFRED: *Der Landschaftsgarten*, Hamburg 1963, S. 190 ff.; BAUER, CHRISTIAN: *Der Englische Garten in München*, München 1964; DOMBART 1972; Ausst. Kat. Klassizismus 1980, S. 179 f.; *Münchner Landschaftsmalerei 1800–1850*, Ausst. Kat. Städt. Galerie, München 1980, S. 179 f.; BUTTLAR, ADRIAN VON: *Der Landschaftsgarten*, München 1980, S. 173 ff.; *Englischer Garten München. Amtl. Führer*, bearb. v. ELMAR D. SCHMID, München 1983 (2. Aufl. 1989); KONIETZKA, LOTHAR/PETZET MICHAEL: *Parklandschaften in München*, München 1983, S. 9 f., 41 ff.; SCHMID, ELMAR D.: *Von den Isarauen zum Englischen Garten*, in: Ausst. Kat. Isar

1983, S. 106 ff.; MB II 1984, S. 515; FREYBERG 1989; SCHATTENHOFER, MICHAEL: *Der Englische Garten* (Bavaria Antiqua, Bayer. Vereinsbank), München 1989; HANNWACKER, VOLKER: *Friedrich Ludwig von Sckell*, Stuttgart 1992, S. 66 ff.; BILLER/RASP 1999, S. 110 ff.; FREYBERG, PANKRAZ FRHR. V.: *Der Englische Garten in München*, München 2000; *Gartenlust und Stadtbaukunst – Friedrich Ludwig von Sckell*, München 2000; ARETIN, ANNETTE VON: *Mein Englischer Garten*, Fotos von Dietmar Mitschke, München 2001; BILLER/RASP 2003, S. 118 ff.; HEUFEMANN, MARCELLO: *Der Englische Garten und seine Chronik*, München 2005; FEILER 2006, S. 74 ff. – StadtAM LBK Baulinien 24040

Englischer Garten 1/1a, ehem. Hofgärtnerei, Orangerie
MEGELE II 1959, S. 70 (Sender Freies Europa)

Englischer Garten 2, Ökonomiegebäude
DOMBART 1972, S. 116 f., 207; *Englischer Garten München. Amtl. Führer*, bearb. v. ELMAR D. SCHMID, München 1983 (2. Aufl. 1989), S. 46 ff.; FREYBERG 1989, S. 124

Englischer Garten 3, Gaststätte
MB I 1912, S. 583; MEGELE I 1951, S. 64; BAUER, CHRISTIAN: *Der Englische Garten in München*, München 1964, S. 26; DOMBART 1972, S. 79, 111; BAUER 1982, S. 254 f.; *Englischer Garten München. Amtl. Führer*, bearb. v. ELMAR D. SCHMID, München 1983 (2. Aufl. 1989), S. 44 ff.; RANK 1987, S. 129; FREYBERG 1989, S. 118

Englischer Garten 5, Rumfordhaus
Blätter für Architektur und Kunsthandwerk, Jg. 23, 1910, T. 94 f.; MB I 1912, S. 182; HALLBAUM, FRANZ: *Der Landschaftsgarten*, München 1927, S. 189 f.; LIEB 1941, S. 171, 209; DOMBART 1972, S. 108 ff.; *Englischer Garten München. Amtl. Führer*, bearb. v. ELMAR D. SCHMID, München 1983 (2. Aufl. 1989), S. 50 ff.; LIEB 1988, S. 397; FREYBERG 1989, S. 127

Englischer Garten, Chinesischer Turm
HALLBAUM, FRANZ: *Der Landschaftsgarten*, München 1927, S. 188 f.; LIEB 1941, S. 171, 208 f.; Alte Firmen 1955, S. XI, 30; BAUER, CHRISTIAN: *Der Englische Garten in München*, München 1964, S. 18; DOMBART 1972, S. 70 ff., 74 ff., 124, 207 f.; *Englischer Garten München. Amtl. Führer*, bearb. v. ELMAR D. SCHMID, München 1983, (2. Aufl. 1989), S. 43 f.; FREYBERG 1989, S. 117 f.

Englischer Garten, Karussell
DOMBART 1972, S. 191, 255 (Anm. 98); *Englischer Garten München. Amtl. Führer*, bearb. v. ELMAR D. SCHMID, München 1983 (2. Aufl. 1989), S. 48 ff.; FREYBERG 1989, S. 122; OHLBAUM, ISOLDE/DEMSKI, EVA: *Das Karussell im Englischen Garten*, München/Wien 2002

Englischer Garten, Monopteros
ALCKENS 1936, S. 144; HEDERER 1964, S. 319 ff.; WEIBEZAHN 1975, T. 2, S. 59 ff., Abb. 102 ff.; *Englischer Garten München. Amtl. Führer*, bearb. v. ELMAR D. SCHMID, München 1983 (2. Aufl. 1989), S. 62 ff.; BUTTLAR in: Ausst. Kat. Klenze 1985, S. 213 ff.; SCHEPE, in: Ausst. Kat. Romantik 1987, S. 243 ff.; FREYBERG 1989, S. 123 f.; BUTTLAR 1999, S. 323; KARNAPP, in: Ausst. Kat. Hellas 1999, S. 605 f.; Ausst. Kat. Klenze 2000, S. 197 f.

Englischer Garten, Rumford-Denkmal
ALCKENS 1936, S. 2 f.; BAUER, CHRISTIAN: *Der Englische Garten in München*, München 1964,

S. 28 f.; DOMBART 1972, S. 128 ff.; HUBER 1973, S. 39 f.; Ausst. Kat. Münchner Landschaftsmalerei 1979, S. 217; *Englischer Garten München. Amtl. Führer*, bearb. v. ELMAR D. SCHMID, München 1983 (2. Aufl. 1989), S. 38 f.; FREYBERG 1989, S. 127 f.; HUBER 1996, S. 34 ff.

Englischer Garten, Sckell-Denkmal
ALCKENS 1936, S. 4; *Das Sckell-Denkmal*, MNN (Münchner Stadtanzeiger), Jg. 91, Nr. 43, 12.02.1938; BAUER, CHRISTIAN: *Der Englische Garten in München*, München 1964, S. 48 f.; DOMBART 1972, S. 181 f., 200 f.; *Englischer Garten München. Amtl. Führer*, bearb. v. ELMAR D. SCHMID, München 1983 (2. Aufl. 1989), S. 54 f.; KARNEHM, in: FREYBERG 1989, S. 128 f.; BUTTLAR 1999, S. 303 f.

Englischer Garten, Steinerne Ruhebank, ehem. Apollotempel
DOMBART 1972, S. 53 ff.; WEIBEZAHN 1975, S. 54 ff.; *Englischer Garten München. Amtl. Führer*, bearb. v. ELMAR D. SCHMID, München 1983 (2. Aufl. 1989), S. 40 ff.; FREYBERG 1989, S. 133

Englischer Garten, Wasserfall
HALLBAUM, FRANZ: *Der Landschaftsgarten*, München 1927, S. 206 ff.; DOMBART 1972, S. 157 f.; *Englischer Garten München. Amtl. Führer*, bearb. v. ELMAR D. SCHMID, München 1983 (2. Aufl. 1989), S. 34 ff.; FREYBERG 1989, S. 135

Englischer Garten, Werneck-Denkmal
ALCKENS 1936, S. 10; BAUER, CHRISTIAN: *Der Englische Garten in München*, München 1964, S. 31; DOMBART 1972, S. 148 f.; KARNEHM, in: FREYBERG 1989, S. 137; BUTTLAR 1999, S. 303 f.; Ausst. Kat. Klenze 2000, S. 501 (Kat. Nr. 1.14)

Enhuberstraße allgemein
RAMBALDI 1894, S. 70 – StadtAM LBK Baulinien 24044

Erzgießereistraße allgemein (u. ehem. Erzgießerei)
ABZ 1837, Nr. 19 f.; NAGLER 1863, S. 40 f.; RAMBALDI 1894, S. 72; REHFUS, in: Ausst. Kat. Klassizismus 1980, S. 245 ff.; MACH, MARTIN: *Der Guß des Denkmals von Max I. Joseph in München. Notizen zur königlichen Erzgießerei* (Arbeitsheft BLfD 86), München 1996; GRUBER, CHRISTIAN/MACH, MARTIN: *Der Bronzeguß der Bavaria*, in: HÖLZL, CHRISTOPH: *Erz-Zeit. Ferdinand von Miller*, München 1999, S. 114 ff.; Ausst. Kat. Klenze 2000, S. 148 ff.; MUNDORFF, ANGELIKA/SECKENDORFF, EVA VON: *Die Millers. Aufbruch einer Familie*, Ausst. Kat. Fürstenfeldbruck, München 2006 (u.a. mit Beiträgen von P. Volk und L. Altmann) – StadtAM LBK Baulinien 24054

Ettstraße allgemein
RAMBALDI 1894, S. 72 f.; Häuserbuch II 1960, S. 6 ff.; STIMMELMAYR 1980; Nr. 69; STAHL-EDER 1992, S. 97 f., 326

Ettstraße 2/4, Polizeipräsidium
SBZ 18 (1908), S. 209 ff.; ZbBv 28 (1908), S. 674 ff.; BERNDL, in: Deutsche Konkurrenzen 24 (1909/10), H. 2, S. 21 ff.; NDBZ 5 (1909), S. 279 f.; Der Städtebau 8 (1911), S. 61 f.; *Die Polizeidirektion München*, München 1914; ZAUNER 1914, S. 252 f.; GEIGER, in: FISCHER 1922, S. 21 ff.; Häuserbuch II 1960, S. 1 ff., 6, 99 ff.; PFISTER 1968, S. 56 f.; BICHLER, in:

Münchener Polizei (24.08.1977), S. 19 ff.; WAEZOLD 1977, Nr. 23287–23332; Bauen in München 1980, S. 55; HERRBACH, in: OA 111 (1986), S. 7 ff.; KERKHOFF 1987, S. 74 ff.; Ausst. Kat. Prinzregentenzeit 1988, S. 158; Ausst. Kat. Theodor Fischer 1988, S. 183 f.; FISCHER 1990, Nr. 18; WEYERER 1993, S. 83 ff.; Architekturführer 1994, Nr. 42 – StadtAM LBK 19166

Färbergraben allgemein
RAMBALDI 1894, S. 73; Häuserbuch III 1962, S. 77 ff.; STIMMELMAYR 1980, Nr. 86; STAHLEDER 1992, S. 98 – StadtAM LBK Baulinien 24065
Färbergraben 10
Häuserbuch III 1962, S. 101; STIMMELMAYR 1980, Nr. 88 (oben 10)
Färbergraben 14
MB II 1984, S. 261 f.; Architekturführer Bayern 1985, S. 45; Bauten und Plätze 1985/88, Nr. 90; Architekturführer 1994, Nr. 47

Falckenbergstraße, Betriebsgebäude
STIMMELMAYR 1980, Nr. 129; JBD 43 (1989), S. 207; JBD 44 (1990), S. 236; JBD 45/46 (1991/92), S. 319; DROTT, in: ZUBER 1996, S. 158 ff.; MUS, ALBERT: Friedrich Heinrich Jacobis Haus in München, Mskr. 2008

Falkenturmstraße allgemein
RAMBALDI 1894, S. 74; Häuserbuch I 1958, S. 76 ff.; STAHLEDER 1992, S. 98 f.; HABEL 1993, S. 42 f. (ehem. Malz- bzw. Zeughaus) – StadtAM LBK Baulinien 24069

Ferdinand-Miller-Platz allgemein
RAMBALDI 1894, S. 76 f.; MB I 1912, S. 362 (ehem. Haus v. Miller) – StadtAM LBK Baulinien 24084, 24085
Ferdinand-Miller-Platz, Bennosäule
MB I 1912, S. 737; ZAUNER 1914, S. 50; ALCKENS 1936, S. 96; EDER, FRANZ X.: Pfarrführer St. Benno, München 1977, S. 20 ff.
Ferdinand-Miller-Platz 1, St. Benno
AR 2 (1886), H. 2, T. 9 f.; H. 3, T. 20; H. 4, T. 26 f.; H. 8, T. 63; ZbBv 6 (1886), S. 127; FORSTER, J. M.: St. Benno-Büchlein. Erinnerungsblätter an die feierliche Einweihung der St. Benno-Pfarrkirche in München, München 1895; Der Architekt 4 (1898), T. 86; GMELIN, in: KH 49 (1898/99), S. 253 ff.; Entstehen der Pfarrei und der Pfarrkirche St. Benno, in: Die Stadtpfarrei St. Benno im Jahre 1905 (Jahresbericht); DBZ 39 (1905), Nr. 10, T. vor S. 61, Nr. 12, S. 74–75, 77; SBZ 15 (1905), S. 109 ff.; Das Innere der St. Bennokirche, in: Die Stadtpfarrei St. Benno im Jahre 1906; CK 1908, S. 2, 10, 15; MB I 1912, S. 214 f.; ZAUNER 1914, S. 49 f.; Schnell KF, Nr. 124/125, 1935; EDER, FRANZ X.: Pfarrführer St. Benno, München 1977 (2. Aufl. 1995); HECKER, in: Münchner Stadtanzeiger Nr. 6, 22.01.1985; JBD 39/1985 (1988), S. 310 f.; JBD 44/1990 (1995), S. 234 f.; EBERTH, WERNER: Balthasar Schmitt – Ein fränkischer Bildhauer, Bad Kissingen 1995, S. 25 f., 71; DEHIO 1996, S. 44; BILLER/RASP 1997, S. 115 – StadtAM LBK 19167

Filserbräugasse
Häuserbuch II 1960, S. 10; STAHLEDER 1992, S. 99, 467

Finkenstraße
RAMBALDI 1894, S. 78; MEGELE III 1960, S. 20 (Benz-Denkmal); ALCKENS 1973, S. 26 (Benz-Denkmal)

Franz-Josef-Strauß-Ring allgemein
KOHL 1969, S. 17 ff., 20 f.; MB II 1984, S. 693 ff.; DOLLINGER 1995, S. 84; RÄDLINGER 2004, S. 168, 170
Franz-Josef-Strauß-Ring 1, Staatskanzlei, ehem. Armeemuseum
REITZENSTEIN, ALEXANDER FREIHERR VON: Das Bayerische Armeemuseum, Ingolstadt o. J.; DBZ 33 (1899), Nr. 21, S. 136; 34 (1900), Nr. 60, S. 371; 52 (1918), Nr. 22, S. 100; Führer durch das königlich Bayerische Armeemuseum (mit Vorwort und Einleitung von Hans Fahrmbacher), München 1903 (u. spätere Auflagen); Das Bayerland 16 (1905), Nr. 30, S. 351; Münchner Jahrbuch 19, 1906, S. 389; ZÖLLNER, in: DBZ 3 (1906), Nr. 16; STAUDINGER, in: Archivalische Zs. NF 13 (1906), S. 219 ff.; STEFFEN, in: Leipziger BZ 2 (1906), S. 191 ff.; Architektur des 20. Jh., 8 (1908), H. 2, S. 45 f.; KONSBRÜCK, in: Die Raumkunst 1 (1908), H. 4/5, S. 75 ff.; FAHRMBACHER, HANS: Das königlich Bayerische Armeemuseum, München um 1909; MNN 14.03.1911, S. 4; MB I 1912, S. 550 f.; Verzeichnis der Ausstellungsgegenstände im k. Bayer. Armeemuseum München. Erstellt v. d. Museumsverwaltung, München 1912; Das königlich Bayerische Armee-Museum in 50 Kunstblättern, hg. v. der Museumsverwaltung, München 1912/1913; Wanderbuch 1922, S. 274 ff.; BEZZEL, in: Das Bayerland 1929, S. 577 f.; REIS 1935, S. 228; Die deutschen Museen I 1939, S. 254 ff.; HENZEN 1959, S. 42, Abb. 16; LIEB 1971, S. 328 f.; BIERNER, in: Münchner Stadtanzeiger Nr. 20, 20.05.1966; FISCHER, in: DKD 30 (1972), S. 25 ff.; Bauen in München 1980, S. 29; HABEL, in: Das Bayerland 83 (1981), Nr. 6, S. 6 ff.; SCHWAHN 1981, S. 191 ff.; HABEL, HEINRICH: Das Bayerische Armeemuseum in München (Arbeitsheft BLfD 10), München 1982; BODE, in: BUTTLAR 1988, S. 122 ff.; HABEL, in: Hofgarten 1988, S. 122 ff.; Neubau der Bayerischen Staatskanzlei, in: Bau Intern, Sonderheft 1993; LANKES 1993, S. 90 ff. (Hofgartenkaserne); ZIMMERMANN, in: Ausst. Kat. Klassizismus 1980, Nr. 149; HEMMETER 1995, S. 136; HÖHN, WALTER: Das ehem. Bayer. Armeemuseum, München 1998; BILLER/RASP 1999, S. 118 ff.; ALTMANN/HABEL: Schnell KF, Nr. 2100, 2000
Franz-Josef-Strauß-Ring 5, Prinz-Carl-Palais und Finanzgarten
MB I 1912, S. 190; DOMBART, in: Das Bayerland 13 (1918/19); ROSE 1934, S. 67, WV Nr. 26, 30; GABLONSKY, in: Die Baukunst 1939, S. 215 ff.; SCHINDLER, HERBERT: Carl von Fischer, Diss. (masch.), München 1951; BETZ 1959, S. 30 f.; HEDERER 1960, S. 15, 39 ff., 134, 147; FEUCHTMAYR, INGE: Das Prinz-Carl-Palais in München, München 1966; NERDINGER, in: Ausst. Kat. Klassizismus 1980, S. 177 ff.; THIENESSE-DEMEL 1980, S. 128 f.; RASP 1981, S. 63; NERDINGER, in: Ausst. Kat. Carl von Fischer 1982, S. 14; SPRINGORUM-KLEINER 1982, S. 78 f.; MB II 1984, S. 445; HALLER, ELFIE/GÖTZ, CHRISTINE: Prinz-Carl-Palais, München 1989; GIESS 1990, S. 20; STINGLWAGNER 1991, S. 52 ff.; BILLER/RASP 1994, S. 159 f.; DEHIO 1996, S. 181; RAU 1997,

S. 69 ff., 197, WV Nr. 26, 30; ALTMANN/HABEL: Schnell KF, Nr. 2100, 2000; Ausst. Kat. Newa und Isar 2003, S. 129 f. (Tjutschew-Denkmal); WANETSCHEK 2005, S. 35 ff. (Finanzgarten); Münchner Grün 2005, Nr. 33 (Finanzgarten); BACKMEISTER-COLLACOTT, ILKA: J. Wiedemann, Tübingen 2006, S. 200 (Heine-Denkmal) – StadtAM LBK 19325

Frauenplatz allgemein
RAMBALDI 1894, S. 81 f.; FORSTER 1895, S. 63 f.; Häuserbuch II 1960, S. 11–20; WALTER 1987, S. 60 ff.; STAHLEDER 1992, S. 106; BILLER/RASP 1997, S. 121 f. – StadtAM LBK Baulinien 24118, 24119
Frauenplatz 1, Dom
WESTENRIEDER 1782, S. 137 ff.; GSELL: Die Metropolitankirche zu U.L. Frau in München, München 1839; SIGHART 1853; HOLLAND, HYAZINTH: Geschichte der Münchner Frauenkirche, Stuttgart 1859; MAYER, ANTON: Die Domkirche zu Unserer Lieben Frau in München, München 1868; MAYER/WESTERMAYER 1880, S. 188 ff.; SK 1888, S. 43 ff.; SPECHT, F. A.: Geschichte der Münchener Frauen-Kirche, München 1894; FORSTER 1895, S. 1 ff.; KDB 1902, S. 970 ff.; ZAUNER 1914, S. 79 ff.; HALM 1928; BERBERICH, FRANZ: Führer durch den Dom zu Unserer Lieben Frau in München, München 1931; LILL, in: Das schöne München 3 (1932), S. 34 f.; JBD 1932/33, S. 20 ff.; Das Bayerland 44 (1933), Nr. 6; WITTMANN, in: Deutsche Bauhütte 1933, H. 24, S. 288 ff.; PFISTER, in: DKD 1934, S. 209 ff.; HARTIG, MICHAEL: Schnell KF, Nr. 500 (o.J./um 1938); ROSENBERGER, LUDWIG: Legenden und Geschichten um die Frauenkirche, München 1947 (2. Aufl. 1988); HORN, in: DKD 1952, S. 53–72; BERTRAM, in: JBD 13 (1953/54), S. 31 ff.; Festschrift Berlinger 1954, Abb. 8, 63 ff.; HORN, in: DKD 1954, S. 114–116; MERTEN, in: DKD 14 (1956), S. 113 ff.; HARTIG, MICHAEL: Der Münchner Dom, in: Das Münster 11 (1958), S. 11 ff.; KLOOS 1958; ABENTHUM, KARL: Der Liebfrauendom nach seiner Wiederherstellung, München 1962; WITZLEBEN, ELISABETH VON: Die Frauenkirche in München, Augsburg 1969; KNOPP 1970; 700 Jahre Dom-Pfarrei, Offizielle Festschrift, München 1972; KNOPP, in: Festschrift Dussler 1972, S. 392 ff.; LIEB/SAUERMOST 1973, S. 53 ff.; RALL 1979, S. 9 ff.; LIEDKE, in: AB 2 (1974), S. 1–187; BENKER/STEINER: Schnell KF, Nr. 500 o. J.; BENKER, SIGMUND/STEINER, PETER: Bildwerke der Münchner Frauenkirche (Schnell KF 1088), München/Zürich 1976; SCHADE, in: JVCK, Bd. X, 1978, S. 109 ff.; BERG, KARIN: Der Bennobogen in der Münchener Frauenkirche, München 1979; RALL 1979, S. 9 ff.; BERG, in: Ausst. Kat. Maximilian I. 1980, S. 312 ff.; WOLF 1982, S. 106 ff., 130, 167 ff., 221 f.; PFISTER/RAMISCH 1983; KARNEHM, in: MBM 113, 1984; BAUMANN, CORNELIA: Die Epitaphien an der Frauenkirche zu München, hg. v. d. Messerschmitt Stiftung, München 1986; BEHRINGER 1987, S. 45 ff.; Die Münchener Frauenkirche – Restaurierung und Rückkehr ihrer Bildwerke, Ausst. Kat. München 1993; LANGENSTEIN/HORN/GRUBER, in: Monachium Sacrum I, II 1994; NUSSBAUM 1994, S. 268 f.; RAMISCH, HANS: Die Münchener Frauenkirche. Restaurierung und Rückkehr ihrer Bildwerke, München 1994; RAMISCH, HANS/PFISTER, PETER: Der Dom zu Unserer Lieben Frau in München.

Geschichte – Beschreibung, München 1994; RAMISCH, in: Das Münster 47 (1994), Nr. 4, S. 328 ff.; HEMMETER 1995, S. 93 f.; RAMISCH: Schnell KF, Nr. 10500, 1995; STAHLEDER 1995a; DEHIO 1996, S. 31 ff.; HUBER 1996, S. 55 ff.; FISCHER 1997, S. 70 ff.; RAMISCH 1997; FISCHER, SUSANNE/HARRER, CORNELIA ANDREA: *Die Glasfenster der Münchner Frauenkirche*, Regensburg 1998; RAMISCH, in: Monumental 1998, S. 549 ff.; TOMAN 1998, S. 214 (Pablo de la Riestra); BEHRER, CHRISTIAN: *Archäologische Untersuchungen in der Sakristei der Münchner Frauenkirche – Ein Zwischenbericht*, in: Das Münster, H. 2/99, Regensburg 1999, S. 186–187; BEHRER, CHRISTIAN: *„Und … man kalchs bey der stat geprennt hat…"* Untersuchungen in der Sakristei der Münchner Frauenkirche, in: Das Archäologische Jahr in Bayern 1999, Stuttgart 2000, S. 130–132; FISCHER, in: JANSEN-WINKELN, ANNETTE: *Künstler zwischen den Zeiten – Wilhelm Geyer*, Eitorf 2000, S. 81 ff.; BEHRER 2002, S. 84 ff.; BILLER/RASP 2003, S. 136 ff.; ROHMEDER 2003, S. 246 ff. (Chorgestühl); NIES, KARL-LUDWIG: *Die Glocken des Münchner Frauendoms*, München 2004; Ausst. Kat. Fenster zur Vergangenheit 2006, Abb. 54–56, 68; BAUER, in: OA 130 (2006), S. 7 ff.; PFISTER, PETER (Hg.): *Die Frauenkirche in München* (Schnell und Steiner, Gr. Kunstführer 235), Regensburg 2008 – StadtAM LBK 19168

Frauenplatz 11
STEINLEIN 1923; ZUBER 1987, S. 117; BACKMEISTER-COLLACOTT, ILKA: *J. Wiedemann*, Tübingen 2006, S. 210

Frauenstraße allgemein
RAMBALDI 1894, S. 82; LEHMBRUCH 1987a, S. 122 ff.; STAHLEDER 1992, S. 107; DOLLINGER 1995, S. 86; CHEVALLEY/WESKI 2004, S. 547 – StadtAM LBK Baulinien 24120

Frauenstraße 2
KLAR 2002, S. 211–213

Frauenstraße 4
ZIMMERMANN 1984, S. 293

Frauenstraße 8
Münchener Fassaden 1974, Nr. 113

Frauenstraße 9
StadtAM LBK 18088

Frauenstraße 10/12
Münchener Fassaden 1974, Nr. 114 f.

Frauenstraße 19
RAMBALDI 1894, S. 218; SBZ 21 (1911), Nr. 34, S. 266 ff.; MB I 1912, S. 633; ALCKENS 1935, Nr. 176; MEGELE I 1951, S. 39, 47, 137; Häuserbuch IV 1966, S. 555; ALCKENS 1973, Nr. 437 (Abb.); BAUER/VALENTIN 1982, Abb. 134; STAHLEDER 1992, S. 658

Frauenstraße 38
StadtAM LBK 28129

Frauenstraße 42
StadtAM LBK 28130, 28131

Fürstenfelder Straße allgemein
RAMBALDI 1894, S. 86; Häuserbuch III 1962; STRIDBECK 1966, S. 20 f.; STIMMELMAYR 1980, Nr. 90; EHRMANN/PFISTER/WOLLENBERG (Hg.): *In Tal und Einsamkeit. 725 Jahre Kloster Fürstenfeld*, Ausst. Kat. Fürstenfeldbruck 1988, Bd. I, S. 238 f.; STAHLEDER 1992, S. 107; BEHRER 2001, S. 132 ff. – StadtAM LBK Baulinien 24154

Fürstenfelder Straße 12
Häuserbuch III 1962, S. 131 ff. (Nr. 11)

Fürstenfelder Straße 13 (ehem. 10)
KDB 1902, S. 1191; LIEB 1941, S. 120; Häuserbuch III 1962, S. 129 f.; ERDMANNSDORFFER 1972, T. 57a; STIMMELMAYR 1980, Nr. 90 f.; BAUER/VALENTIN 1982, Abb. S. 62 (Zustand 1903); STAHLEDER 1992, S. 381

Fürstenstraße allgemein
RAMBALDI 1894, S. 86 f. – StadtAM LBK Baulinien 24160, 24161

Fürstenstraße 4/5
Architektur des 20. Jh., 11 (1911), H. 1, S. 1; ZIMMERMANN 1984, S. 294

Fürstenstraße 11/13/15
StadtAM LBK 11113 (Nr. 13)

Gabelsbergerstraße allgemein
RAMBALDI 1894, S. 87 f. – StadtAM LBK Baulinien 24165, 24166

Gabelsbergerstraße 31–37, ehem. Villa Toni Stadler
MBB X 1904, T. 19 f.; MB I 1912, S. 385; BÖSSL 1966, S. 85; HOH-SLODCZYK 1985, S. 73 f.; SCHICKEL, in: HOFER 2002, S. 130 f.

Gabelsbergerstraße 6, Markuskirche
REBER 1876, S. 104 f.; Kunstchronik 11 (1958), S. 262; 12 (1959), S. 261; LIEB/SAUERMOST 1973, S. 36, 40 (Nr. 4), 126, 237, 285; MB II 1984, S. 135 f.

Gabelsbergerstraße 11/13/15
MBB X 1904, T. 19 f., 42; MB I 1912, S. 385; BM 11 (1913), T. 86

Gabelsbergerstraße 19
StadtAM LBK 19750

Gabelsbergerstraße 68
StadtAM LBK 16761

Galeriestraße allgemein
RAMBALDI 1894, S. 89 f.; WAGNER 1960, S. 14

Galeriestraße, Figur „Harmlos"
DOMBART, in: OA 90 (1968), S. 14 ff.; HUBER 1973, S. 41 f., 72 f. (mit Lit.); STINGELWAGNER 1991, S. 98 f.; HUBER 1996, S. 39 ff.

Galeriestraße 8/10, ehem. Kunstverein
Jahrbuch der Baukunst und Bauwissenschaften 4 (1847), S. 172 ff.; Hofgarten 1988, S. 153, 233, 238 ff.

Gaiglstraße allgemein
RAMBALDI 1894, S. 89

Georgenstraße allgemein
RAMBALDI 1894, S. 92 – StadtAM LBK Bauakten 24189

Georgenstraße ehem. 15a, ehem. Villa Fr. Thiersch
MARSCHALL 1982, S. 342 (mit weiterer Lit.)

Georgenstraße 3
MB I 1912, S. 394

Georgenstraße 4
MB I 1912, S. 380; THIERSCH 1925, S. 149

Georgenstraße 7
MENKE, BEATE: *Die Riemerschmid-Innenausstattung des Hauses Thieme Georgenstraße 7*, München 1990

Georgenstraße 8 (vgl. 10)
Münchener Fassaden 1974, Abb. 128–130; Bauten und Plätze 1985/88, Nr. 165; Architekturführer 1994, Nr. 222; HEIDENREICH, in: SZ Nr. 138, 19.06.1997, S. 41; George Privat Club, Werbeschrift 1997 (mit Farbansichten); HEIDENREICH, in: SZ, 22.05.1999; NÖHBAUER/BUNZ 2003, S. 286; BILLER/RASP 2005, S. 150

Georgenstraße 10
Wiener Bauindustrie-Zeitung 8 (1891), S. 391; BARON LASSER, in: SBZ 13 (1903), S. 281 ff.; ZAUNER 1914, S. 51; FIECHTER, SOPHIE CHARLOTTE: *Ernst Fiechter – Der Künstler, der Forscher, der Mensch*, Stuttgart 1950; UDE, in: SZ Nr. 258, 6./7. 11. 1976; FUNK, in: Münchner Merkur, 16.04.1982; KRONTHALER, HELMUT: *Die zwei Häuser München Georgenstraße 8 und 10* (Seminararbeit LMU WS 1984/85; Typoskript BLfD); Architekturführer 1994, Nr. 222; BILLER/RASP 2005, S. 150

Georgenstraße 99/101
Architektur des 20. Jh., 9 (1909), H. 3, S. 40, T. 69; GESSNER 1909, S. 111, 116; JANSEN, in: BM 8 (1909/10), H. 2, S. 13 f., T. 11; SBZ 19 (1909), S. 281 ff; AR 26 (1910), H. 9, S. 80, T. 71; BM 8 (1910), Beil. zu H. 2, S. 13B; GEORGES 1910, S. 65 ff.; NDBZ 6 (1910), S. 185 ff.; Münchener Fassaden 1974, Nr. 131

Geschwister-Scholl-Platz allgemein
MEGELE I 1951, S. 63 (Grünanlagen); DOLLINGER 1995, S. 97; WANETSCHEK 2005, Nr. 54

Geschwister-Scholl-Platz, Brunnen
Jahrbuch der Baukunst und Bauwissenschaft 2 (1845), S. 204; MONINGER 1882, S. 56 ff.; REIDELBACH 1888, S. 257; MEGELE II 1960, S. 19; EGGERT 1963, S. 107 ff.; HEDERER 1976, S. 144, 269 f.; BISTRITZKI 1974, Nr. 13; GRUHN-ZIMMERMANN, in: Ausst. Kat. Romantik 1987, S. 358 f.

Geschwister-Scholl-Platz 1, Universität
Zs. über das gesamte Bauwesen 1839, Bd. 4, H. 8, S. 310; REBER 1876, S. 134 f.; MONINGER 1882, S. 44 ff.; REIDELBACH 1888, S. 255 f.; Schweizerische Bauzeitung 48 (1906), S. 49; 52 (1908), S. 283; HEILMEYER, in: Der Kunstwart 23 (1909), Nr. 4, S. 274 ff.; MESSERER, in: Deutsche Bauhütte 13 (1909), S. 406 f.; MOISEL, in: ABZ 74 (1909), S. 20 f.; BM 8 (1910), H. 3, S. 25–33; Der Profanbau 6 (1910), Nr. 5, S. 135 ff.; DBZ 44 (1910), Nr. 35, S. 260; Deutsche Bauhütte 14 (1910), S. 1, 3; KIRCHNER, in: SBZ 20 (1910), Nr. 29/30; Moderne Bauformen 9 (1910), S. 199 ff.; NDBZ 6 (1910), S. 101 ff.; HILDEBRANDT, in: NDBZ 7 (1911), S. 217–233; SOMMER, in: Deutsche Bauhütte 15 (1911), H. 4, S. 5; MB I 1912, S. 508 ff.; GESSNER, in: Zs. für Bauwesen 64 (1914), S. 49; STAHL, in: Wasmuths Monatshefte für Baukunst 1 (1914/15), S. 16 f.; ZAUNER 1914, S. 345 ff.; STAHL, in: Wasmuths Monatshefte für Baukunst 3 (1918/19), S. 1 ff.; GEIGER 1928; MEGELE I 1951, S. 7, 70; Jahrbuch der LMU 1957/58, S. 231 ff.; MEGELE II 1960, S. 36; THIERSCH 1961, S. 7, 13, 19 f., 57; EGGERT 1963, S. 83 ff.; HEDERER 1976, S. 131 ff.; WAETZOLD 1977, Bd. 4, Nr. 36364–36378; Bauen in München 1980, S. 47; MB II 1984, S. 182 ff.; Ausst. Kat. Romantik 1987, S. 352 ff.; Ausst. Kat. Prinzregentenzeit 1988, S. 171 f.; GIESS 1990, S. 36, 139 ff.; Ausst. Kat. Gärtner 1992, S. 188 ff., 203 f., 224; HEMMETER 1995, S. 146; *Ludwig-Maximilians-Universität München*, Neukeferloh/München 1995 (Bildband); BILLER/RASP 1997, S. 132 f. – StadtAM LBK 19317

Gewürzmühlstraße allgemein
RAMBALDI 1894, S. 92; WAGNER 1960, S. 14 – StadtAM LBK Baulinien 24200

Gewürzmühlstraße 12
StadtAM LBK 19776

Görresstraße allgemein
RAMBALDI 1894, S. 93 – StadtAM LBK Baulinien 24217

Gyßlingstraße allgemein
MEGELE I 1951, S. 52, Lagepläne S. 11 (Maffei-Werk); ALCKENS 1965, S. 92 ff. (Maffei); DOLLINGER 1995, S. 108 – StadtAM LBK Baulinien 24267

Gyßlingstraße 12 (ehem. 26), Tivoli-Kraftwerk
Ausst. Kat. Glaspalast 1978, S. 46; Ausst. Kat. Andere Tradition 1981, S. 63; *Englischer Garten München. Amtl. Führer*, bearb. v. ELMAR D. SCHMID, München 1983 (2. Aufl. 1989), S. 68; MERZ 1986, S. 34

Gyßlingstraße 15
MEGELE I 1951, S. 64; KARNHEM, in: FREYBERG 1989, S. 120 f.

Hackenstraße allgemein
RAMBALDI 1894, S. 99; Häuserbuch III 1962, S. 145 ff.; STIMMELMAYR 1980, Nr. 83 f.; Bauten und Plätze 1985/88, Nr. 83 (betr. U-Bahn-Referat); WALTER 1987, S. 47 ff.; REISTER 1992, S. 124 (Brunnen); STAHLEDER 1992, S. 146 f., 162 – StadtAM LBK Baulinien 24270

Hackenstraße 2
STIMMELMAYR 1980, Nr. 84; BAUER 1982, S. 78

Hackenstraße 3, 5
Häuserbuch III 1962, S. 145 ff.; WALTER 1987, S. 47 ff.

Hackenstraße 4
Häuserbuch III 1962, S. 147, 218 ff.; MITTERMAYR, in: Münchner Stadtanzeiger Nr. 55, 24.07.1979, S. 7; STIMMELMAYR 1980, Nr. 84

Hackenstraße 6, 8
Häuserbuch III 1962, S. 148 ff.; ZUBER 1984a, S. 32 ff., 84 – StadtAM LBK 18172 (Nr. 6–8)

Hackenstraße 7, Palais Rechberg
SCHNELL 1958, Nr. 41; Häuserbuch III 1962, S. 150 ff.; DIRRIGL, MICHAEL: *Residenz der Musen*, München 1968, S. 403 (betr. H. Heine); ALCKENS 1973, Nr. 168 (Gedenktafel); BISTRITZKI 1974, Nr. 237 f.; STIMMELMAYR 1980, Nr. 83; Bauten und Plätze 1985/88, Nr. 85 (m. Grundriss); ZUBER 1984a, S. 49 ff.; WALTER 1987, S. 47 ff.; Architekturführer 1994, Nr. 57; HEMMETER 1995, S. 150; RAU 1997, S. 42 f., 196; HEIMERS 2000, S. 68 (betr. Bastoul); BILLER/RASP 2005, S. 154 – StadtAM LBK 19172a

Hackenstraße 10, Straub-/Boos-Haus
RAMBALDI 1894, S. 120 ff. (Hundskugel); TRAUTMANN, in: Altbayerische Monatsschrift, 4 (1903), S. 26 ff.; MB I 1912, S. 117; DUSSLER, in: *Lebensbilder aus dem Bayer. Schwaben*, Bd. 8, 1961, S. 277 ff., 280, 288; Häuserbuch III 1962, S. 134 ff.; ERDMANNSDORFFER 1972, S. 85 f., 104, T. 52a; STEINER 1974, S. 14, 147; STIMMELMAYR 1980, S. 67; SCHNELL 1981, Nr. 33; JBD 36 (1982), S. 400; LIEB 1982, S. 148 f., 228; BEKH, in: Schönere Heimat 73 (1984), S. 497 f.; VOLK 1984, S. 9; ZUBER 1984a, S. 27 ff., 85 f.; Bauten und Plätze 1985/88, Nr. 84 (Grundriss); SCHEDLER 1985, Abb. S. 8; STAHLEDER 1992, S. 162, 439 ff., 500 ff. (Hundskugel); Ausst. Kat. Johann Michael Fischer 1995, Bd. II, S. 331; DEHIO 1996, S. 177; BILLER/RASP 2003, S. 154 f. – StadtAM LBK 19173

Hahnenstraße allgemein
RAMBALDI 1894, S. 100 – StadtAM LBK Baulinien 24276

Hartmannstraße allgemein
RAMBALDI 1894, S. 102 f.; Häuserbuch II 1960, S. 21 ff.; STIMMELMAYR 1980, Nr. 50; STAHLEDER 1992, S. 178 f.

Hartmannstraße 2 (ehem. Nr. 1)
Häuserbuch II 1960, S. 22 ff.; STIMMELMAYR 1980, Nr. 50 (oben 2); ZUBER 1987, S. 120 f. – StadtAM LBK 19850

Hartmannstraße 8
Häuserbuch II 1960, S. 31 f.; STIMMELMAYR 1980, Nr. 45 (oben 12), Nr. 50 (2. Reihe 1, 2); STAHLEDER 1982, S. 24 ff.; STAHLEDER 1992, S. 381, 407

Heiliggeiststraße allgemein
RAMBALDI 1894, S. 104 ff.; Häuserbuch IV 1966, S. 52 ff.; STIMMELMAYR 1980, Nr. 116, 117; STAHLEDER 1992, S. 100 ff., 149; RÄDLINGER 2004, S. 161 (Fischerbach) – StadtAM LBK 24318

Heiliggeiststraße 2a
Häuserbuch IV 1966, S. 53; STIMMELMAYR 1980, Nr. 117 (unten 5); STAHLEDER 1992, S. 425

Heiliggeiststraße 6
SBZ 9 (1899), S. 316, 318 f.; Häuserbuch IV 1966, S. 57 ff.

Hermann-Sack-Straße allgemein
STAHLEDER 1992, S. 151

Herrnstraße allgemein
RAMBALDI 1894, S. 108; WAGNER 1960, S. 15; GROBE 1970, S. 43 f.; STAHLEDER 1992, S. 151; DOLLINGER 1995, S. 123 – StadtAM LBK Baulinien 24349

Herrnstraße 21, Volksschule
LÖWEL, in: Zs. f. Baukunde 5 (1882), H. 4, Sp. 499 ff.; WAGNER 1960, S. 103 ff., 147 ff.; GIESS 1990, S. 61 f.

Herzog-Max-Straße allgemein
RAMBALDI 1894, S. 108 f.; Häuserbuch II 1960, S. 33 ff.; STIMMELMAYR 1980, Nr. 71 f.; STAHLEDER 1992, S. 152

Herzog-Max-Straße 2, ehem. Hauptsynagoge
DBZ 20 (1886), Nr. 3; SCHMIDT, ALBERT: *Die neue Synagoge in München, mit einer Beschreibung der Entstehungsgeschichte und des Baues von K. E. O. Fritsch*, München 1889; MB I 1912, S. 228 f.; HAMMER-SCHENK, HAROLD: *Synagogen in Deutschland*, Hamburg 1981, Bd. I, S. 379 ff.; FROST, SAL (Hg.): *Hauptsynagoge München 1887–1938. Eine Gedenkschrift mit einem historischen Rückblick von Dr. Wolfram Selig*, München 1987; SELIG 1988; SCHMITT 2003, Bd. I, S. 164 ff., 182 ff.; Mehr als Steine 2007, S. 365 ff.

Herzog-Rudolf-Straße allgemein
RAMBALDI 1894, S. 109; WAGNER 1960, S. 15; SCHLEICH 1978, S. 111; SELIG 1988, S. 86 ff., 108, 117; ZUBER 1996, S. 55 ff.; FEILER 2006, S. 62 (ehem. Synagoge); Mehr als Steine 2007, S. 368 ff. – StadtAM LBK Baulinien 24356–24358

Herzogspitalstraße allgemein
RAMBALDI 1894, S. 109 f.; Häuserbuch III 1962, S. 159 ff; GROBE 1970, S. 37; STIMMELMAYR 1980, S. 37; STAHLEDER 1992, S. 152, 266 ff. – StadtAM LBK Baulinien 24359, 24360

Herzogspitalstraße 1
ZIMMERMANN 1984, S. 295

Herzogspitalstraße 5
ALCKENS 1935, Nr. 164; Häuserbuch III S. 166 ff.

Herzogspitalstraße 7, 9, kath. Herzogspital und -kirche St. Elisabeth
WENING 1702, T. 22; KDB 1895, S. 1015 f. (mit älterer Lit.); FORSTER 1895, S. 619 ff.; HARTIG, MICHAEL: Schnell KF, Nr. 119, 1935; LIEB 1941, S. 24, 119; Häuserbuch III 1962, S. 168 ff.; Neuer Kirchenbau 1965, S. 48; STRIDBECK 1966, T. 8; LIEB/SAUERMOST 1973, S. 20 f., 23; Münchener Fassaden 1974, S. 15; STEINER 1977, S. 30 ff.; ROSENEGGER/BARTL 1980, S. 10; STIMMELMAYR 1980, Nr. 77 f. (gegen Ost Nr. 7, 8), Nr. 78 (gegen Süd Nr. 1, 2, Kirche und Kloster Nr. 3, 4); HEYM 1984, S. 80 (Palais Au); ZUBER 1984a, S. 19 f.; DISCHINGER 1988, Nr. 363 ff.; LIEB 1988, S. 207 (Gnadenbild); Kirchenführer um 1990 (bearb. v. Albert Walter); ZOHNER 1993, S. 339 f. (Gnadenbild); BAUER 1994, S. 70–73; BILLER/RASP 1994, S. 137 f.; HEMMETER 1995, S. 102; DEHIO 1996 – StadtAM LBK 19175

Herzogspitalstraße 8, Weinhaus Neuner
Alte Firmen 1955, S. VIII, 27; Häuserbuch III 1962, S. 181 (alte Nr. 20); STIMMELMAYR 1980, Nr. 78; BAUER 1982, S. 120 f.; ZUBER 1984a, S. 65 ff., 71 ff., 116 ff.; FORSTER 1895, S. 359; Wirtshäuser 1997, S. 85; BILLER/RASP 2003, S. 156 f. – StadtAM LBK 19174

Herzogspitalstraße 10
Häuserbuch III 1962, S. 179 ff.; STIMMELMAYR 1980, Nr. 78 (oben 3); ZUBER 1984a, S. 74

Herzogspitalstraße 11
ALCKENS 1935, Nr. 28; SPENGLER 1960, S. 119; Häuserbuch III 1962, S. 172 (alte Nr. 10); ALCKENS 1973, Nr. 74; Münchener Fassaden 1974, S. 15; STAHLEDER 1992, S. 426; BAUER 1994, S. 71 (Teilansicht um 1910) – StadtAM LBK 19176

Herzogspitalstraße 12
FORSTER 1895, S. 359; TRAUTWEIN I 1914, S. 172, 175 f.; ROSE 1934, S. 67, Nr. 20; ADALBERT PRINZ VON BAYERN: *Max I. Joseph von Bayern*, München 1957, S. 829, 849 f.; DOLLINGER, in: Festschrift Wilhelmsgymnasium 1959, S. 92 ff.; Häuserbuch III 1962, S. 179; ERDMANNSDORFFER 1972, T. 77a; STIMMELMAYR 1980, Nr. 78; SCHNELL 1981, Nr. 37; ZUBER 1984a, S. 65 ff., 74 f.; BILLER/RASP 1994, S. 138; RAU 1997, S. 57 – StadtAM LBK 19177

Herzogspitalstraße 20
Häuserbuch III 1962, S. 174 f.; MBB VII 1903, T. 25; STIMMELMAYR 1980, Nr. 78 (oben links, Nr. 2)

Herzogspitalstraße 24
MB II 1984, S. 438; Architekturführer Bayern 1985, S. 46; Bauten und Plätze 1985/88, Nr. 75

Herzog-Wilhelm-Straße allgemein
RAMBALDI 1894, S. 110 f.; Häuserbuch III 1962, S. 185 ff.; BISTRITZKI 1974, Nr. 74; STIMMELMAYR 1980, Nr. 77, 80; MB II 1984, S. 495; LEHMBRUCH 1987a, S. 322 (betr. unausgef. Bebauungsentwürfe); REISTER 1992, S. 132–135; STAHLEDER 1992, S. 128 f., 152, 189 f.; LANKES 1993, S. 77 ff. (betr. Kreuzkaserne); Münchner Grün 2005, Nr. 24 – StadtAM LBK Baulinien 24364 (o. Nr. StadtAM LBK 13044)

Herzog-Wilhelm-Straße 2
StadtAM LBK 11945

Wanderbuch 1922, S. 125; BEBLO 1928, S. XIII; MEGELE I 1951, S. 45, 129; II 1960, S. 70; SCHLEICH 1978, S. 161 f.; Bauen in München 1980, S. 28 f.; KNAUSS 1983, S. 300 ff.; BAUER/GRAF 1986, S. 30; SCHICKEL, in: Ausst. Kat. Prinzregentenzeit 1988, S. 156 f.; HEMME-TER 1995, S. 127; BAUER 1997b, Abb. 265 f.; BILLER/RASP 1997, S. 88 f.; (vgl. Arnulfstr. 9/10)

Hotterstraße allgemein
RAMBALDI 1894, S. 119; Häuserbuch III 1962, S. 207 ff.; STIMMELMAYR 1980, Nr. 84; STAHL-EDER 1992, S. 50, 161 f. (In dem grünen Än-gerlein); DOLLINGER 1995, S. 133 – StadtAM LBK Baulinien 24421

Hotterstraße 10, Hochbunker
Ausst. Kat. Bauen im Nationalsozialismus 1993, S. 289; DONATH 2007, S. 50 f.

Hotterstraße 13
Häuserbuch III 1962, S. 217 f.; STIMMELMAYR 1980, Nr. 84

Hotterstraße 18
Häuserbuch III 1962, S. 207 ff.; BAUER 1982, S. 124; ZUBER 1984a, S. 37; STAHLEDER 1992, S. 486, 500 ff.; BAUER 1994a, S. 121 f.; DEHIO 1996, S. 176; BILLER/RASP 2003, S. 167 – StadtAM LBK 19180

Isabellastraße allgemein
RAMBALDI 1894, S. 127; DOLLINGER 1995, S. 137 – StadtAM LBK Baulinien 24453

Isarkais
Gutachten zur Isarcorrektion 1885; MB I 1912, S. 719; Baugewerks-Zeitung 18 (1886), S. 660, 700; Blätter für Architektur und Kunsthand-werk 6 (1893), H. 10, S. 45 f., T. 94; Wiener Bauindustrie-Zeitung 11 (1893), S. 111; BIL-LER/RASP 1999, S. 145 f.

Josephspitalstraße allgemein
RAMBALDI 1894, S. 127; Häuserbuch III 1962, S. 221 ff.; GROBE 1970, S. 37; STIMMELMAYR 1980, Nr. 79; Bauten und Plätze 1985/88, Nr. 77 (Sonnenblock); STAHLEDER 1992, S. 78, 168 – StadtAM LBK Baulinien 24478

Josephspitalstraße, ehem. Volkstheater
SBZ 15 (1905), Nr. 33; ZAUNER 1914, S. 350 f.

Josephspitalstraße 2
Häuserbuch III 1962, S. 54 ff.; STIMMELMAYR 1980, Nr. 9 (unten 5), Nr. 85 (unten 1); ZUBER 1984a, S. 92 f.

Josephspitalstraße 11
Häuserbuch III 1962, S. 230 f.; Münchener Fassaden 1974, S. 293 – StadtAM LBK 14636

Josephsplatz allgemein
RAMBALDI 1894, S. 123 f.; GOECKE, in: Der Städtebau 1 (1904), S. 14 f.; STÜBBEN, JOSEPH: Der Städtebau, Stuttgart 1907

Josephsplatz, Jonasbrunnen
MB I 1912, S. 737; ZAUNER 1914, S. 152; BIS-TRITZKI 1974, Nr. 281

Josephsplatz 1, St. Joseph
Die neue Josephskirche in München, in: SBZ 13 (1903), S. 49 ff.; DR. MY., in: Der Profanbau 9 (1913), Nr. 3, S. 65 f.; ZAUNER 1914, S. 152; ANKENBRAND, STEPHAN: St. Joseph in Mün-chen, München 1932; St. Joseph 1902–1977, (hg. v. Pfarrgemeinderat), München 1977; KLEINER, P. KARL: Pfarrkirche St. Joseph Mün-chen-Schwabing, München, um 1991; BIL-LER/RASP 1999, S. 147 f.; HEMMETER 1995, S. 106; LURZ, FRANZ (Hg.): Im Umkreis von St. Joseph leben. 100 Jahre Pfarrkirche, 90 Jahre Pfarrei St. Joseph, München 2002

Jungfernturmstraße allgemein
RAMBALDI 1894, S. 129 f.; BILLER/RASP 1999, S. 149 – StadtAM LBK Baulinien 24480

Jungfernturmstraße, Stadtmauer, Turm
BAUMGARTNER 1805, T. IX; OA 10 (1849/50), S. 10 f., 149 ff.; RAMBALDI 1894, S. 129 f.; AL-CKENS 1935, Nr. 85; GILARDONE 1935; SOLL-EDER 1938, S. 360 f.; Häuserbuch II 1960, Abb. vor S. 257; REITZENSTEIN 1967, Abb. S. 34, 38; ZUBER 1987, S. 109 f.; STAHLEDER 1992, S. 585 ff.; BILLER/RASP 1994, S. 149; STAHL-EDER 1995, S. 514 f., 519, 530 f.

Kabelsteg
SBZ 11 (1901), S. 103; HACKELSBERGER 1981, S. 83 ff.; HEMMETER, in: JBD 44 (1990), S. 150; Isarbrücken (Kalender hg. v. Baureferat der Landeshauptstadt München zum 850-jährigen Stadtgeburtstag), München 2008; RÄDLINGER 2008

Kanalstraße allgemein
RAMBALDI 1894, S. 131; WAGNER 1960, S. 16 – StadtAM LBK Baulinien 24491

Kanalstraße 11
ZIMMERMANN 1984, S. 295

Kanalstraße 14
StadtAM LBK 12029

Kapellenstraße allgemein
RAMBALDI 1894, S. 132; Häuserbuch II 1960, S. 35 f.; STIMMELMAYR 1980, Nr. 70; STAHL-EDER 1992, S. 94, 169, 287

Kapellenstraße 2/4
Bauten und Plätze 1985/88, Nr. 65

Kardinal-Döpfner-Straße allgemein
RAMBALDI 1894, S. 86 f. (Fürstenstraße); DOL-LINGER 1995, S. 90, 149

Kardinal-Faulhaber-Straße allgemein
RAMBALDI 1894, S. 228; Häuserbuch II 1960, S. 37 ff.; STRIDBECK 1966, S. 11, T. 6, Erläute-rung S. 11 f., 18 f. (Karl Spengler); STIMMEL-MAYR 1980, Nr. 56; STAHLEDER 1992, S. 170, 256 ff., 471 f. – StadtAM LBK Baulinien 24501

Kardinal-Faulhaber-Straße 1, ehem. Vereins-bank
DBZ 28 (1894), Nr. 87, S. 540; 31 (1897), Nr. 98, S. 615 f.; 45 (1911), Nr. 45 ff.; SBZ 9 (1899), S. 97 f., 107 f.; AR 15 (1899), H. 7, T. 49; MB I 1912, S. 322; ZAUNER 1914, S. 77 f.; STEFFAN/DIEM 1955; Häuserbuch II 1960, S. 37 ff., 265 ff.; STRIDBECK 1966, S. 11, T. 6; STIMMELMAYR 1980, Nr. 56 (unten 4–6), Nr. 59 (unten 8–10); ZUBER 1987, S. 139 ff.; BIL-LER/RASP 1994, S. 151 f.; DEHIO 1996, S. 162, Abb. 64 – StadtAM LBK 19187

Kardinal-Faulhaber-Straße 5
Häuserbuch II 1960, S. 45 f.; STIMMELMAYR 1980, Nr. 56 (oben 10), 60 (unten 1)

Kardinal-Faulhaber-Straße 6
Häuserbuch II 1960, S. 47 ff.; STIMMELMAYR 1980, Nr. 56 (oben 9)

Kardinal-Faulhaber-Straße 7, Erzbischöfli-ches Palais

GURLITT, CORNELIUS: Geschichte des Barock-stiles und des Rococo in Deutschland, Stuttgart 1889; Architektur-Studien (hg. v. Akad. Archi-tekten-Verein a. d. TH München, H. 32–35, o. J./um 1892); TRAUTMANN 1895, S. 114 ff.; KDB 1902, S. 1175; ZAUNER 1914, S. 74; Häuserbuch II 1960, S. 49 ff.; WOLF, in: OA 96 (1967), S. 42 ff.; STEINER 1974, S. 13, 107 (Brunnen); THON 1977, S. 133 ff., 329 ff.; SCHNELL 1981, Nr. 15; VOLK 1984, S. 8 (Brunnen), 44; BAUER 1985, S. 318; Bauten und Plätze 1985/88, Nr. 35; BRAUNFELS 1986, S. 103 ff., 110 f., 178; DITTMAR, in: ZUBER 1987, S. 73 ff.; HALLER, ELFI/DISCHINGER, GABRIELE/KOCH, LAURENTI-US: Palais Holnstein. Ein Münchener Adelspa-lais, München 1988; DEHIO 1996, S. 178 f.; RAU 1997, S. 53; BILLER/RASP 1999, S. 152 – StadtAM LBK 19188

Kardinal-Faulhaber-Straße 10, Hypobank
WESTENRIEDER 1782, S. 70 ff.; TRAUTMANN 1895, S. 130; Neubauten und Concurrenzen 3 (1897), S. 80, T. 61; Zs. für Architektur und In-genieurswesen 1898, S. 321; SBZ 10 (1900), S. 97; Handbuch der Architektur 1902, IV. Teil, H. 2 (Geschäfts- und Kaufhäuser), S. 198; ZAUNER 1914, S. 146; MEGELE I 1951, S. 21; II 1960, S. 15; WUNNER, HEINRICH: München und die Bayerische Hypotheken- und Wechsel-Bank, München 1953; Häuserbuch II 1960, S. 51 ff., 323 ff.; STIMMELMAYR 1980, Nr. 56 (oben 4–7), 61 (oben 10 f.); Ausst. Kat. Auf-bauzeit 1984, S. 38; Hypo-Festschrift 1985; BRAUNFELS 1986, S. 177 ff.; ZUBER 1987, S. 124 ff.; Architekturführer 1994, Nr. 24; BUR-MEISTER (Hg.), in: Industrie Museum Lauf (Ar-beitsheft BLfD 57), München 1994; BILLER/RASP 1997, S. 153; (siehe auch Theati-nerstraße 11)

Kardinal-Faulhaber-Straße 12, Palazzo Portia (ehem. Promenadenstr. 12)
TRAUTMANN 1895, S. 115 ff.; KDB 1902, S. 1186; KARLINGER, HANS: Das Palais Portia, München 1919; Häuserbuch II 1960, S. 57 ff.; STRIDBECK 1966, T. 11; STEFFAN 1969, S. 3 ff., 301, 316 f.; ERDMANNSDORFFER 1972, T. 28a, 31a; THON 1977, S. 112 ff., 322; SCHNELL 1981, Nr. 14; HEYM 1984, S. 75 ff.; DISCHINGER, GA-BRIELE/KOCH, LAURENTIUS/MÜNSTER, ROBERT: Zwei Münchner Adelspalais – Palais Portia, Palais Preysing, München 1984; DISCHINGER, GABRIELE: Die Geschichte des Palais „Portia" und „Preysing" der Bayer. Vereinsbank der Stadt München, München 1985; Bauten und Plätze 1985/88, Nr. 36; BRAUNFELS 1986, S. 106 f.; ZUBER 1987, S. 153 ff.; Architektur-führer 1994, Nr. 28; BILLER/RASP 1994, S. 153; HEMMETER 1995, S. 155; DEHIO 1996, S. 178; Münchener Stadtanzeiger Nr. 2, 11.01.1996, S. 14

Kardinal-Faulhaber-Straße 14, Vereinsbank
DBZ 21 (1887), Nr. 63, T. vor S. 373 u. S. 373 ff.; ZfbK 22 (1887), S. 287 ff.; Wiener Bauindustrie-Zeitung 8 (1890), S. 3, T. 2; Brockhaus-Konversationslexikon, 14. Aufl., 1894 (Bankgebäude); THIERSCH 1925, S. 240 f.; Häuserbuch II 1960, S. 59 ff, 125, 132 f.; STRIDBECK 1966, T. 11; STEFFAN 1969, S. 134 ff., 302, 315 ff.; Ausst. Kat. Riemer-schmid 1982, S. 233; MARSCHALL 1982, S. 302; ZUBER 1987, S. 148 f.; STAHLEDER 1992, S. 443, 448, 471; TOUSSAINT 1998, S. 16 f.; SCHERER 2007, WV 349

Kardinal-Faulhaber-Straße 14a
siehe Promenadeplatz 2

Kardinal-Faulhaber-Straße 15
ALCKENS 1935, Nr. 126; Häuserbuch II 1960, S. 63 f., 185 f.; BNM Führer 1908, S. 101 (Fresken); BUCHNER, ERNST: *Der Münchner Maler Jakob Heitzinger*, in: Kunstchronik und Kunstmarkt 25 (1923), S. 488 (Fresken); STIMMELMAYR 1980, Nr. 56 (oben 2, 3), 58 (unten 1)

Karl-Scharnagl-Ring
MB II 1984, S. 693 ff.; HABEL 1993, S. 28 f. (ehem. Bastion); DOLLINGER 1995, S. 151; HABERLIK 2004, S. 58–64

Karlsplatz allgemein
RAMBALDI 1894, S. 133; MB II 1984, S. 490, 696 ff.; LEHMBRUCH 1987a, S. 49 ff.; BILLER/RASP 2003, S. 184 f.; KARL, STANKIEWICZ: *Der Stachus. Wo München modern wurde*, München 2006 – StadtAM LBK Baulinien 24506–24508

Karlstor
BETZ 1959, S. 53 f.; GROBE 1970, S. 33 f.; BAUER/VALENTIN 1982, S. 72 ff.; LEHMBRUCH 1987a, S. 49 ff.; LANKES 1993, S. 203 f.; STAHLEDER 1992, S. 605 ff.; BILLER/RASP 1994, S. 154 f.; STAHLEDER 1995a – StadtAM LBK 19260

Karlsplatz 5
BILLER/RASP 1999, S. 153 f.

Karlsplatz 7–11, Rondell
Deutsche Bauhütte 5 (1901), S. 338; BÖSSL 1966, S. 90 ff.; GROBE 1970, S. 23 f., 33 f.; Münchener Fassaden 1974, Abb. 57, 58, 59; Ausst. Kat. Ansichten 1977, Abb. S. 20 f.; Ausst. Kat. Klassizismus 1980, S. 73 ff.; JBD 37 (1983), S. 280; 43 (1989), S. 207 f.; ZIMMERMANN 1984, S. 5, 48 f.; Ausst. Kat. Armee 1987, Nr. 60; LEHMBRUCH 1987a, S. 49 ff.; Ausst. Kat. Prinzregentenzeit 1988, S. 227 f.; SCHICKEL, in: HOFER 2002, S. 147 f. – StadtAM LBK 19190

Karlsplatz 8
GIESS 1990, S. 79 – StadtAM LBK 19191

Karlsplatz 10
StadtAM LBK 19192

Karlsplatz 11
StadtAM LBK 19193

Karlsplatz 21
BAUER 1982, S. 161 f.; MB II 1984, S. 404; Bauten und Plätze 1985/88, Nr. 55; Architekturführer 1994, Nr. 62

Karlsplatz 25, Hotel Königshof
Zs. für Baukunde 4 (1881), H. 2, S. 179 ff.; DBZ 14.01.1882; ZAUNER 1914, S. 49; MEGELE I 1951, S. 73 f.; II 1960, S. 38; BAUER 1982, S. 160 f.; LEHMBRUCH 1987a, S. 81 ff.; GEDON 1994, S. 123 ff.

Karlstor
BETZ 1959, S. 53 f.; GROBE 1970, S. 33 f.; BAUER/VALENTIN 1982, S. 72 ff.; LEHMBRUCH 1987a, S. 49 ff.; STAHLEDER 1992, S. 605 ff.; LANKES 1993, S. 230 f.; BILLER/RASP 1994, S. 154 f.; STAHLEDER 1995a

Karlstraße allgemein
RAMBALDI 1894, S. 133 f. – StadtAM LBK Baulinien 24509, 24510

Karlstraße 6, Fachhochschule
MEGELE I 1951, S. 75, 98; II 1960, S. 49; BM 1957, S. 853; MB II 1984, S. 218; Bauten und Plätze 1985/88, Nr. 190

Karlstraße 18, 20, 22, Miethausgruppe
München baut auf 1938, S. 67; ZIMMERMANN

1984, S. 170 f., 265 (Anm. 36–39), 296, 316, 322, 328, T. 14; ZIMMERMANN, in: Ausst. Kat. Romantik 1987, S. 490

Karlstraße 21, Oberfinanzdirektion
BAUMANN 1832, S. 145 ff.; Acht Tage 1834, S. 100 f.; Münchener Fassaden 1974, S. 16, 294; SCHLEICH 1978, S. 154 f.; ZIMMERMANN 1984, S. 158, 162, 164, 296, 310, 328; JBD 43 (1989), S. 208 – StadtAM LBK 4809; (siehe auch Meiserstraße 4)

Karlstraße 23–29, Institutsbau
MEGELE I 1951, S. 60, 70 f.; II 1960, S. 35; BM 57 (1960), H. 3, S. 121 ff.; VOIT 1978, S. 42 f.; HÜTSCH 1980, S. 72; KOHLMEIER, GEORG/SARTORY, BARNA V.: *Das Glashaus*, München 1981, S. 457 ff.; MB II 1984, S. 195; LOUIS/WOHLGEMUT 1988, S. 34 ff.; Architekturführer 1994, Nr. 69; Ausst. Kat. Maximilian II. 1997, S. 198, 213 ff.

Karlstraße 32 (alt 41)
ZIMMERMANN 1984; PIX, in: Zs. für bayer. Landesgeschichte 69 (2006), H. 3, S. 973 f.

Karlstraße 34, Basilika und Kloster St. Bonifaz
Kunstblatt 19 (1838), S. 86; Zs. über das gesamte Bauwesen 1839, Bd. 4, H. 3, S. 117; MARGGRAFF, in: MJBK 3 (1840), S. 306 ff.; Jahrbuch der Baukunst und Bauwissenschaft 2 (1845), S. 176 ff.; 4 (1847), S. 149; *Die Basilika des hl. Bonifaz als Münchner Pfarrkirche zum hl. Bonifaz*, München um 1850; LECKE, ROBERT: *Die Basilika zum hl. Bonifazius in München und ihr Bilder-Epos mit seinen Episoden*, München 1850; *Die Basilika des Hl. Bonifazius*, um 1859; SEPP, in: Organ für christl. Kunst 19 (1869), S. 187 f.; STUBENVOLL, BEDA: *Die Basilika und das Benedictinerstift St. Bonifaz in München*, München 1875; REBER 1876, S. 102 f.; SCHÄFER, in: ZbBv 6 (1886), S. 389; REIDELBACH 1888, S. 225 ff.; FORSTER 1895, S. 865 ff.; Zs. für praktische Baukunst 8 (1907), S. 345 ff.; ROETZER, WUNIBALD: *Die St. Bonifazius-Basilika zu München*, München 1931; Schnell KF, Nr. 426, 1940, 1960, 1978; BM 45 (1948), S. 463 ff.; LANG, ABT HUGO: *100 Jahre St. Bonifaz in München*, München 1950; PFISTER, in: BM 48 (1951), S. 160 ff.; Neuer Kirchenbau 1965, S. 10, 28; HABEL 1971, S. 24 ff.; LIEB/SAUERMOST 1973, S. 213 ff.; SCHLEICH 1978, S. 66 ff.; KARNAPP 1979, S. 36 ff., 49 ff. (Kloster); SCHÜMANN 1980, S. 295 ff.; Ausst. Kat. Aufbauzeit 1984, S. 134 ff.; Ausst. Kat. Aufklärung 1984, S. 170; MB II 1984, S. 104 f.; Ausst. Kat. Architekturzeichnung 1986, S. 200 ff.; GRIMM, CLAUS (Hg.): *„Vorwärts, vorwärts sollst Du schauen...“: Geschichte, Politik und Kunst unter Ludwig I.*, München 1986, S. 255 ff., 455 ff. (Burkhardt); Ausst. Kat. Döllgast 1987, S. 124 ff., 158 f., 226, 255; KARNAPP, in: Ausst. Kat. Romantik 1987, S. 263 ff.; BUTTLAR, in: KLENZE 1990, S. 9; GRIMM, WOLF-DIETER: *Bildatlas wichtiger Denkmalgesteine der Bundesrepublik Deutschland* (Arbeitsheft BLfD 50), München 1990; MEHLSTÄUBLER 1990/91, S. 30, 41 ff.; BAUER 1993, S. 135 ff.; HEMMETER 1995, S. 98; BILLER/RASP 1999, S. 154 f.; KLEMENZ, BRIGITTA u. a.: *Lebendige Steine – St. Bonifaz in München*, Ausst. Kat. Staatl. Archive Bayerns 42, München 2000; KASBERGER, ERICH/ECKARDT, WINFRIED (Hg.): *LehmZiegelStadt*, München 2008, S. 88 (betr. Palier Jordan Maurer)

Karlstraße 36
ALCKENS 1935, Nr. 8; ALCKENS 1973, Nr. 12; ZIMMERMANN 1984, S. 296

Karlstraße 49
ZIMMERMANN 1984, S. 296

Karlstraße 54
ZIMMERMANN 1984, S. 296

Karmeliterstraße allgemein
RAMBALDI 1894, S. 134 f.; Häuserbuch II 1960, S. 65 ff.; STIMMELMAYR 1980, Nr. 50; STAHLEDER 1992, S. 173, 232 f., 234, 391 – StadtAM LBK Baulinien 24512

Karmeliterstraße 1, ehem. Karmelitenkirche und -kloster
„*Brevis relatio fundationis...*“ Klosterchronik Mskr. 17./18. Jh. (München, Karmelitenkloster St. Theresia); WENING 1701, S. 28, T. 13; WESTENRIEDER 1782, S. 188 f.; STUBENVOLL, in: OA 35 (1875), S. 88 ff.; MAYER/WESTERMAYER 1880, S. 235 ff.; FORSTER 1895, S. 266 ff.; KDB 1902, S. 1069 f.; SCHEGLMANN 1903, Bd. II, S. 246 ff.; ZAUNER 1914, S. 159 ff.; GUGGENBERGER, KARL: *Die Studienkirche in München*, München 1920; LIEB 1941, S. 46, 186, 208; Festschrift Wilhelmsgymnasium 1959, S. 81 ff.; Häuserbuch II 1960, S. 65 ff., 138; Ausst. Kat. München und Oberbayern 1971, Nr. 131; HABEL 1971, S. 7; LIETZMANN, in: Zs. für Kunstgeschichte 1972, S. 198 ff., 216; DISCHINGER, in: AB 7 (1977), S. 57 ff.; STIMMELMAYR 1980, T. 50, 92; *50 Jahre Pfarrei St. Theresia in München*, Festschrift 1985, S. 7 ff. (P. K. Kurzhals); WICHMANN 1985, S. 74 ff.; BAUER-WILD, in: BAUER/RUPPRECHT 1987, S. 53 ff.; DISCHINGER 1988, Nr. 422 ff.; LIEB 1988, S. 207 ff., 257, 457; BAUER 1993, S. 124 ff.; Monachium Sacrum I 1994, S. 203 f.; HEMMETER 1995, S. 106 f.; LEHMANN II 1996, S. 479; BILLER/RASP 1994, S. 155 f.

Karolinenplatz allgemein
RAMBALDI 1894, S. 135; Ausst. Kat. Newa und Isar 2003, S. 116 ff.; Münchner Grün 2005, Nr. 4; WANETSCHEK 2005, S. 149 ff. – StadtAM LBK Baulinien 24513

Karolinenplatz, Obelisk
Kunstblatt 15 (1834), S. 45 ff.; REIDELBACH 1888, S. 265; ALCKENS 1936, S. 168; HEDERER 1942, S. 32 ff.; HEDERER 1964, S. 216 ff.; ALCKENS 1973, Nr. 301; Ausst. Kat. Klassizismus 1980, S. 208 f.; ROTH 1981, S. 40; Ausst. Kat. Ludwig I. 1986, Nr. 57; LANKES 1993, S. 517 ff.; JBD 44 (1990), S. 297; JBD 45/46 (1991/92), S. 320; BUTTLAR 1999, S. 186, Abb. 205 f., 209, 222; Ausst. Kat. Klenze 2000, S. 318 ff.; WANETSCHEK 2005, S. 151

Karolinenplatz 1
HEDERER 1960, S. 64; SCHLEICH 1978, S. 62 f.; Ausst. Kat. Klassizismus 1980, S. 217; Ausst. Kat. Carl von Fischer 1982, S. 126, 215; SPRINGORUM-KLEINER 1982, S. 83, 114 (A. 178), 140 (A. 71); MB II 1984, S. 373; Architekturführer 1994, Nr. 76; Ausst. Kat. Wiedemann 1994, S. 37 f. (mit weiterer Lit.); Ausst. Kat. Newa und Isar 2003, S. 119 ff.

Karolinenplatz 2
REBER 1876, S. 271; ROSE 1934, S. 67 (Nr. 18); Ausst. Kat. Klassizismus 1980, S. 218; Ausst. Kat. Montgelas 1996, S. 218 ff.; RAU 1997, S. 54 f., 231 ff.

Karolinenplatz 2a, 3, 3a, Palais Asbeck-Lotzbeck/Amerikahaus
GRAUTOFF, OTTO: *Die Gemäldesammlungen Münchens*, Leipzig 1907, S. 100 ff.; Wanderbuch 1922, S. 253 (Galerie); HEDERER 1960, S. 59 f.; YBLAGGER, in: SCHRÖTER, PETER

(Hg.): *75 Jahre Anthropologische Staatssammlung München 1920–1977*, München 1977, S. 19 ff.; Ausst. Kat. Klassizismus 1980, S. 210 ff.; Ausst. Kat. Carl von Fischer 1982, S. 110 ff., 212 f.; SPRINGORUM-KLEINER 1982, S. 80 f., 87 ff., 141; MB II 1984, S. 166; ZIMMERMANN 1984, S. 296; Bauten und Plätze 1985/88, Nr. 210; Architekturführer 1994, S. 75; BILLER/RASP 1994, S. 156 f.; HEMMETER 1995, S. 141; ROTH, in: SZ Nr. 17, 22.01.1996, S. 34; RAU 1997, S. 85 (Nr. 103), 86 (Nr. 141); BILLER/RASP 1999, S. 157

Karolinenplatz 4, ehem. Palais Törring-Seefeld
MEGELE I 1951, S. 50; HEDERER 1960, S. 62 f.; Ausst. Kat. Klassizismus 1980, S. 212 ff.; Ausst. Kat. Carl von Fischer 1982, S. 116 ff., 213 f.; SPRINGORUM-KLEINER 1982, S. 83 f.; MB II 1984, S. 449; ZIMMERMANN 1984, S. 296; Bauten und Plätze 1985/88, Nr. 209; HEMMETER 1995, S. 141

Karolinenplatz 5, 5a (ehem. Palais Freyberg), 6
SBZ 12 (1902), S. 345 f.; MBB XI 1905, T. 16 f., 28; HEDERER 1960, S. 63 ff.; Münchener Fassaden 1974, S. 294; HABEL, in: Denkmalpflege Informationen B, Nr. 35, 1979; Ausst. Kat. Klassizismus 1980, S. 215 f.; Ausst. Kat. Carl von Fischer 1982, S. 120 ff.; SPRINGORUM-KLEINER 1982, S. 84 f., 140 (Anm. 73); ZIMMERMANN 1984, S. 296; WEYERER 1993, S. 140 f.; RAU 1997, S. 83 – StadtAM LBK 19195, 19196

Kaufingerstraße allgemein
RAMBALDI 1894, S. 137 f.; MEGELE I 1951, S. 69 (Schüsselpassage); Häuserbuch III 1962, S. 259 ff. (Schüsselpassage); ERDMANNSDORFFER 1972; GEIST 1978, S. 240 f. (Schüsselpassage); MB II 1984, S. 490; WALTER 1987, S. 115 ff.; Ausst. Kat. Gärtner 1992, S. 221 f. (Schüsselpassage); STAHLEDER 1992, S. 173 f.; HEMMETER 1995, S. 150; BILLER/RASP 1999, S. 157 – StadtAM LBK Baulinien 24519–24521

Kaufingerstraße, Schöner Turm
BAUMGARTNER 1805, Nr. VIII; REGNET 1879, Blatt 6; LIEDKE 1976; STIMMELMAYR 1980, Nr. 64, 66; LIEB 1988, S. 111 f.; STAHLEDER 1992, S. 632 ff.; BEHRER 2001, S. 130 ff.

Kaufingerstraße 1, Kaufhof
MB II 1984, S. 408; Bauten und Plätze 1985/88, Nr. 4; Architekturführer Bayern 1985, S. 44; Architekturführer 1994, Nr. 45; Ausst. Kat. Wiedemann 1994

Kaufingerstraße 2 (ehem. 36/37)
Häuserbuch II 1960, S. 96 f. (Nr. 36); STIMMELMAYR 1980, Nr. 63; (vgl. Marienplatz 1)

Kaufingerstraße 8 (ehem. 33)
Häuserbuch II 1960, S. 92 f.; STIMMELMAYR 1980, Nr. 63 (Nord 6); BAUER/GRAF 1985, S. 74; ZUBER 1987, S. 93 – StadtAM LBK 12054

Kaufingerstraße 10 (ehem. 32)
AR 21 (1905), H. 4, S. 32, T. 27; REIS 1935, S. 136, 159 f.; Häuserbuch II 1960, S. 91 f.; Münchener Fassaden 1974, Nr. 178; STIMMELMAYR 1980, Nr. 63 (6); GIESS 1990, S. 87

Kaufingerstraße 11a (ehem. 11)
BAUMGARTNER 1805, T. 43 f. (mit Text); Blätter für Architektur und Kunsthandwerk 22 (1909), S. 45, T. 111; SBZ 20 (1910), S. 353 ff.; WOLF 1911, Abb. 43, Der Profanbau 11 (1915), Nr. 8/9, S. 117 ff.; Häuserbuch III 1962, S. 127, 261 ff.; STIMMELMAYR 1980, Nr. 63 (unten 11,

12); Ausst. Kat. Architekturzeichnung 1986, S. 144 ff., Abb. 114 ff.; GIESS 1990, S. 91 f.; STAHLEDER 1992, S. 365

Kaufingerstraße 14/16 (ehem. 29/30)
Stöhr 1925, S. 32 (Nr. 168/169), 81; REIS 1935, S. 43 f.; MEGELE I 1951, S. 69; Häuserbuch II 1960, S. 86 ff.; STIMMELMAYR 1980, Nr. 63 (oben 8, 9); STAHLEDER 1992, S. 351, 464; BAUER 1994, S. 91

Kaufingerstraße 24 (ehem. 25)
Häuserbuch II 1960, S. 78 ff.; STIMMELMAYR 1980, Nr. 63 (12, 13), 64; GIESS 1990, S. 68; STAHLEDER 1992, S. 388

Kaufingerstraße 28, Hirmer-Haus (ehem. 22)
DK 19 (1926); Häuserbuch II 1960, S. 70 ff.; STIMMELMAYR 1980, Nr. 64, 66; MB II 1984, S. 401; BAUER 1985, S. 70 f.; BEHRINGER 1987, S. 31 ff.; WALTER 1987, S. 117 f.; ZUBER 1987, S. 10, 97; STAHLEDER 1992, S. 489, 506; Architekturführer 1994, Nr. 43

Kaulbachstraße allgemein
RAMBALDI 1894, S. 139; BÄTHE 1965, S. 257 ff.; KLAUS BÄUMLER (Hg.): *Kaulbachstraße. Zur Anatomie einer Münchner Straße* (bearb. v. Julia Wolf u. Bettina v. Reiswitz), München 1982; DOLLINGER 1995, S. 154 – StadtAM LBK Baulinien 24522

Ehem. Kaulbachstraße 4, ehem. Villa Kloepfer
MBB X 1904, T. 24, 44; KUNSTMANN 1993, S. 184 f.

Ehem. Kaulbachstraße 10/12, ehem. Haus Wilh. Kaulbach
ZIMMERMANN 1984, S. 186 ff.; HOH-SLODCZYK 1985, S. 41 ff., 173 f.; Ausst. Kat. Romantik 1987, S. 492; HÖLZ 2003, S. 114 ff., 407

Kaulbachstraße 11
MBB I 1898, T. 21, 30

Kaulbachstraße 13, ehem. Palais Seyssel d'Aix
RANK 1987, S. 71 f.; BILLER/RASP 2003, S. 189

Kaulbachstraße 15, Kaulbach-Villa
MBB I 1898, T. 4; MBB XI 1905, T. 1, 28; MB I 1912, S. 377; DOERING 1924, S. 13, Abb. 49; BILLER/RASP 1999, S. 158

Kaulbachstraße 22, 22a, 24
WALDNER, in: Deutsche Bauhütte 6 (1902), S. 378; AR 19 (1903), T. 59; Die Architektur des 20. Jh., 3 (1903), H 1, S. 6, T. 13 f.; MBB XI 1905, T. 1, 28; NACHTLICHT, in: Die Bauwelt 1 (1910), S. 22 f.; Münchener Fassaden 1974, Nr. 177; HOH-SLODCZYK 1985, S. 165; KLEIN 1993, S.29, Abb. 17

Kaulbachstraße 26a/b
siehe Kaulbachstraße 22–24

Kaulbachstraße 29b
MBB I 1898, T. 21, 30

Kaulbachstraße 36
StadtAM LBK 17027

Kaulbachstraße 38/38a
Baudenkmalpflege 1997, S. 28

Kleinhesselohe
DOMBART 1972, S. 61 ff., 102 ff; DOLLINGER 1995

Klosterhofstraße allgemein
RAMBALDI 1894, S. 290 f. (Tegernseerstraße); Häuserbuch IV 1966, S. 486 ff.; Angerviertel 1991, S. 126; STAHLEDER 1992, S. 178, 215, 317, 473; DOLLINGER 1995, S. 159

Knöbelstraße allgemein
RAMBALDI 1894, S. 143; WAGNER 1960, S. 17 – StadtAM LBK Baulinien 24566

Knöbelstraße 2 (ehem. 2/4)
ZIMMERMANN 1984, S. 297 – StadtAM LBK 11237

Knöbelstraße 6 (ehem. 4)
StadtAM LBK 11238 (Nr. 4), 11240 (Nr. 6)

Knöbelstraße 6b
ZIMMERMANN 1984, S. 297

Knöbelstraße 8
StadtAM LBK 11242

Königinstraße allgemein
RAMBALDI 1894, S. 144; DOMBART 1972, S. 197 f.; ZIMMERMANN 1984, S. 297; HAMACHER 1993, Nr. 17; BAUER 1995, S. 10 f., 20 ff.; DOLLINGER 1995, S. 161 – StadtAM LBK Baulinien 24573–24579

Königinstraße 25, ehem. Clara-Ziegler-Haus
SCHWANNECKE, VICTOR: *Führer durch das Theatermuseum der Klara-Ziegler-Stiftung*, München 1910, 2. Aufl. 1916; MEGELE I 1951, S. 107 f.; ANGELAEAS, BABETTE: *Das Theatermuseum in München*, Mag. Arb. LMU München 1993

Königinstraße 1
siehe Franz-Josef-Strauß-Ring 5

Königinstraße 5, US-Generalkonsulat
HERZ, RUDOLF (Hg.): *Hof-Atelier Elvira. Ästheten, Emanzen, Aristokraten*, Ausst. Kat. MStM München 1985, S. 43 ff.; WICHMANN 1985, S. 98 ff.; Bauten und Plätze 1985/88, Nr. 122; FISCHER 1990, Nr. 62; LANKES 1993, S. 196 (Vorbebauung); Architekturführer 1994, Nr. 122

Königinstraße 17
HAMACHER, BÄRBEL/UTERMANN, PATRICK: *Königinstraße 17 – Bayerische Landesanstalt für Aufbaufinanzierung*, München 1993

Königinstraße 19, ehem. Haus Schwann
MB I 1912, S. 423

Königinstraße 22 (Block mit Nr. 24)
Münchener Fassaden 1974, Nr. 184 (zu Nr. 24)

Königinstraße 27, Defregger-Haus
AR 13 (1897), H. 5, T. 40; MBB II 1899, T. 26, 30; MB I 1912, S. 382; HOH-SLODCZYK 1985, S. 166

Königinstraße 31
ALBERT 1896; HOH-SLODCZYK 1985, S. 165; LANGER 1992, S. 172

Königinstraße 35/35a
Münchener Fassaden 1974, Nr. 185

Königsplatz allgemein
RAMBALDI 1894, S. 144 f.; BULLE, in: Helbings Monatshefte, 2 (1924/25); FISCHER, in: Die Kunst für Alle, 1934, S. 212 ff.; WANETSCHEK 1971, S. 91 f., T. VII; HABEL 1979; Bauen in München 1980, S. 91 ff.; BERGMANN und LEINZ, in: Ausst. Kat. Glyptothek 1980 (s. Königsplatz 3), S. 296 ff.; LEHMBRUCH, in: Ausst. Kat. Klassizismus 1980, S. 225 ff.; HOFMANN, in: Ausst. Kat. Max I. Joseph 1980, II, S. 583, Nr. 1109; RASP 1981, S. 23 ff.; VIERNEISEL, KLAUS/HERZOG, HANS MICHAEL (Hg.): *Der Königsplatz 1812–1988. Eine Bilddokumentation zur Geschichte des Platzes*, München 1988; STERZINGER, in: JBD 47/48, 1991/92 (2001), S. 194 ff.; BÄRNREUTHER 1993, S. 82 ff.; LANKES 1993, S. 133 f.; WEYERER 1993, S. 122 ff.; SCHÄFER, BERNHARD: *Der Münchner Königsplatz im Dritten Reich*, Mag. Arb. München 1994; Ausst. Kat. Bürokratie und Kult 1995; Königsplatz-Panorama 1996, S. 90 ff.; BILLER/RASP 1999, S. 160; PAULA 1999, S. 212 ff.; ALTENBUCHNER, in: OA 125

(2000), H. 1, S. 7 ff.; KÖPF, PETER: *Der Königsplatz in München. Ein deutscher Ort*, Berlin 2005; WANETSCHEK 2005, S. 125 f.; DONATH 2007, S. 20 ff.; MAYER 2007, S. 71 ff.; WIESE, BERND: *Museums-Ensembles und Städtebau in Deutschland*, St. Augustin 2008, S. 32 ff. – StadtAM LBK Baulinien 24582

Königsplatz 1, Antikensammlungen
Jb. der Baukunst und Bauwissenschaft 4 (1847), S. 172 ff.; NAGLER 1863, S. 90 f.; REBER 1876, S. 150 f.; REIDELBACH 1888, S. 257 f.; OHLY, DIETER: *Die Antikensammlungen am Königsplatz in München* (Führer), Waldsassen [1967]; OTTEN 1970, S. 58 f., 111; HEDERER 1976, S. 112 f.; HABEL 1979; KARNAPP 1979, S. 52 ff.; Ausst. Kat. Glyptothek 1980; Ausst. Kat. Klassizismus 1980, S. 225, 242 ff.; Ausst. Kat. Carl von Fischer 1982, S. 156, 219; MB II 1984, S. 154; Ausst. Kat. Romantik 1987, S. 372 ff., 384; HERZOG, HANS MICHAEL: *Der Königsplatz 1912–1988*, München o. J.; Ausst. Kat. Gärtner 1992, S. 86 f., 225; HEMMETER 1995, S. 136; BUTTLAR 1999, S. 136 ff.; Ausst. Kat. Klenze 2000, S. 419 f. – StadtAM LBK 19197

Königsplatz 2, Propyläen
PANGKOFER, JOSEPH ANTON: *Das Propyläum. Ein nächstkünftiges Pracht-Thor Münchens*, München 1851; KLENZE, in: ABZ 26 (1861), S. 203 f., T. 431 ff.; HAUFF 1862, S. 69; NAGLER 1863, S. 154 f.; Zs. für praktische Baukunst 24 (1864), Sp. 158 ff.; REBER 1876, S. 165 f.; SCHÄFER, in: ZbBv 6 (1886), S. 388; REIDELBACH 1888, S. 250 ff.; MB I 1912, S. 198 ff.; ZAUNER 1914, S. 261 ff.; HEDERER 1964, S. 342 ff.; OTTEN 1970, S. 79, 108 ff.; BRINGMANN, in: MITTIG/PLAGEMANN 1972, S. 82 ff.; WESTFEHLING 1977; HABEL 1979, S. 183 ff.; Ausst. Kat. Glyptothek 1980, S. 113 f.; DIRRIGL 1980, S. 1128 f.; HUFNAGL 1983, Abb. 34–36, Kat. 85–87; HELLER, EVELYN: *Die Propyläen am Münchener Königsplatz*, Mag. Arb. München 1986; Ausst. Kat. Romantik 1987, S. 126 ff.; RAFF, in: Ausst. Kat. Erträumte Nation 1995, S. 195 ff.; LIST 1995, Abb. 48 f.; BUTTLAR 1999, S. 398 ff.; KARNAPP, in: Ausst. Kat. Hellas 1999, S. 595 ff.; NERDINGER, in: Ausst. Kat. Hellas 1999, S. 187 ff.; PAULA 1999, S. 223 ff.; Ausst. Kat. Klenze 2000, S. 297 ff. – StadtAM LBK 19198

Königsplatz 3, Glyptothek
DURAND, JEAN LOUIS NICOLAS: *Précis des leçons d'architecture données à l'Ecole Royale Polytechnique*, Paris 1802–1805; Kunstblatt 1 (1820), S. 101 f.; 5 (1824), S. 25 ff.; 11 (1830), S. 1 ff., 9 ff., 13 f.; 17 (1836), S. 409 f.; SCHORN, LUDWIG (U. LEO VON KLENZE): *Beschreibung der Glyptothek S. M. König Ludwig I. von Bayern*, München 1830; KLENZE, LEO VON: *Entwürfe, Lieferung I (1839) und III (1831)*; KLENZE, in: Kunstblatt 17 (1836), S. 409 f.; BRUNN, HEINRICH: *Beschreibung der Glyptothek König Ludwigs I. zu München*, München 1868; ULRICHS, LUDWIG: *Die Glyptothek S. M. des Königs Ludwig I. von Bayern*, München 1868; REBER 1876, S. 145 ff.; REIDELBACH 1888, S. 24 ff.; KOCH, DAVID: *Peter Cornelius*, Stuttgart 1905, S. 92 ff.; ECKERT, CHRISTIAN: *Peter Cornelius*, Düsseldorf 1906, S. 56 ff.; HEDERER 1960, S. 101 ff.; HEDERER 1964, S. 184 ff.; PLAGEMANN 1967, S. 43 ff.; PLAGEMANN, in: Alte und moderne Kunst 15 (1970), Nr. 112; OTTEN 1970, S. 18 f., 21 ff., 109 ff., 125 f.; FRÄSSLE, KLAUS: *Carl Haller von Hal-*

lerstein, Diss. Freiburg i. Br. 1971, S. 207 ff.; OHLY, DIETER: *Die Antikensammlungen am Königsplatz in München* (Führer), München 1972; RAGALLER, HEINRICH: *Martin von Wagner*, Ausst. Kat. Würzburg 1977, Nr. 97; HABEL 1979, S. 178 ff.; Ausst. Kat. Glyptothek 1980 (u. a. LEINZ); BÜTTNER, FRANK: *Peter Cornelius – Fresken und Freskenprojekte*, Bd. I, Wiesbaden 1980, S. 125 ff; SCHWAHN, in: Ausst. Kat. Klassizismus 1980, S. 229 ff.; Ausst. Kat. Carl von Fischer 1982, S. 160 ff.; SPRINGORUM-KLEINER 1982, S. 66 ff.; SCHWAHN, B.-R.: *Die Glyptothek in München. Baugeschichte und Ikonologie* (MBM 83), München 1983; Ausst. Kat. Aufbauzeit 1984, S. 115; Ausst. Kat. Aufklärung 1984, S. 191; Aust. Kat. Klenze 1985, S. 37 ff., 335 ff.; BANKEL, HANSGEORG (Hg.): *Carl Haller von Hallerstein in Griechenland 1810–1817. Architekt, Zeichner, Bauforscher*, Ausst. Kat. Berlin 1986, S. 49 ff., 186; Ausst. Kat. Wiedemann 1994, S. 61 ff.; HEMMETER 1995, S. 134 f.; BUTTLAR 1999, S. 110 ff.; KARNAPP, in: Ausst. Kat. Hellas 1999, S. 14 ff., 585 ff.; Ausst. Kat. Klenze 2000, S. 238 ff.; BILLER/RASP 2003, S. 196 ff.; *Die Götter Griechenlands: Peter Cornelius – Die Kartons für die Fresken der Glyptothek in München*, Ausst. Kat. München, Haus der Kunst 2004 – StadtAM LBK 19199

Kreittmayrstraße allgemein
RAMBALDI 1894, S. 147 f. – StadtAM LBK Baulinien 24607

Kreuzstraße allgemein
RAMBALDI 1894, S. 148 f.; ALCKENS 1935, Nr. 96; Häuserbuch III 1962, S. 274 ff.; STIMMELMAYR 1980, Nr. 82; STAHLEDER 1992, S. 187 f., 190, 287 ff. – StadtAM LBK Baulinien 24612, 24613

Kreuzstraße 1
SBZ 11 (1901); MB I 1912, S. 345; ZAUNER 1914, S. 345; Häuserbuch III 1962, S. 43 ff., 274; Münchener Fassaden 1974, Nr. 190; STIMMELMAYR 1980, Nr. 82; ZUBER 1984a, S. 89

Kreuzstraße 10, Allerheiligenkirche
WESTENRIEDER 1782, S. 162 f.; LIPOWSKY, FELIX J.: *Historische Nachrichten über die Kirche Allerheiligen im Kreuzviertel in München*, 1814; GEISS, ERNEST: *Geschichte der Stadtpfarrei St. Peter*, München 1868, S. 365 f.; MAYER/WESTERMAYER 1880, S. 299 ff.; FORSTER 1896, S. 549 ff.; KDB 1902, S. 946 ff.; HARTIG 1928, S. 5 f.; SCHULZ, ADALBERT: Schnell KF, Nr. 179, 1936; Häuserbuch III 1962, S. 307; WOLF 1982, S. 118, 131, 230; DREXL, SUSANNE: Schnell KF, Nr. 179, 1985; DEHIO 1996, S. 39 f.; BILLER/RASP 1997, S. 163 – StadtAM LBK 19200

Kreuzstraße 15
Häuserbuch III 1962, S. 288 f.; STIMMELMAYR 1980, Nr. 81 unten (3. Haus v. links)

Kreuzstraße 23
LIEB 1941, S. 182 f. (zu F. I. Kirchgrabner); Häuserbuch III 1962, S. 292 f.; STIMMELMAYR 1980, Nr. 81 (unten 5 links); ZUBER 1984a, S. 176 ff.

Kreuzstraße 25
Häuserbuch III 1962, S. 294 ff.; STIMMELMAYR 1980, Nr. 81 (unten 5)

Kreuzstraße 27
Häuserbuch III 1962, S. 296 f.; STIMMELMAYR 1980, Nr. 81; STAHLEDER 1992, S. 354; BAUER 1994, S. 96

Küchelbäckerstraße allgemein
Häuserbuch IV 1966, S. 64 ff.; STIMMELMAYR 1980, Nr 121; STAHLEDER 1992, S. 191

Kurfürstenstraße allgemein
RAMBALDI 1894, S. 302 f. (Türkengraben); DOLLINGER 1995, S. 168 – StadtAM LBK Baulinien 24630

Ländstraße allgemein
RAMBALDI 1894, S. 152; WAGNER 1960, S. 17

Ländstraße 1, 3, 5
Stöhr 1925, S. 27 (WV Nr. 36); Münchener Fassaden 1974, Nr. 193

Ländstraße 5
DEHIO 1990, S. 840; KUNSTMANN 1993

Ledererstraße allgemein
RAMBALDI 1894, S. 154; Häuserbuch I 1958, S. 123 ff.; STIMMELMAYR 1980, Nr. 17; ERDMANNSDORFFER 1972, S. 83, T. 47a (ehem. Haus Nr. 2); STAHLEDER 1992, S. 197 ff. – StadtAM LBK Baulinien 24661

Ledererstraße 3
ALCKENS 1935, Nr. 78, T. 15; Häuserbuch I 1958, S. 156; STIMMELMAYR 1980, Nr. 17 (oben links), 19 (oben 2); HÖLZL, FRANZ (BÜRO): *Bauhistorische Bestandsaufnahme des Zerwirkgewölbes in München, Ledererstraße 3*, März 1992; STAHLEDER 1992, S. 346 f.; STAHLEDER 1995b, S. 264 f.; HALLINGER, in: *Nikolaus Lang. Spurensicherung* (Arbeitsheft BLfD 99), München 1999, S. 67 ff.; BILLER/RASP 2003, S. 201 f.; STAHLEDER II 2006, S. 653 f.

Ledererstraße 5 (Scholastika)
DESTOUCHES, ERNST VON: *Geschichte des Verbandshauses des Akademischen Gesangvereins München*, München 1890; DBZ 1915, S. 352; HEILMEYER, in: Die Plastik IV (1916), S. 15, T. 8 ff.; Häuserbuch I 1958, S. 152 ff.; *Geschichte des akademischen Gesangvereins München 1861–1961*, Festschrift 1961; STIMMELMAYR 1980, Nr. 17, 19; BAUER 1982, S. 66 f.; ZUBER 1989, S. 48; STAHLEDER 1992, S. 348, 452

Ledererstraße 7
Häuserbuch I 1958, S. 152, 218; STIMMELMAYR 1980, Nr. 17 oben

Ledererstraße 9
Häuserbuch I 1958, S. 150 f.; STIMMELMAYR 1980, Nr. 17 oben

Ledererstraße 10/12
Häuserbuch I 1958, S. 126 ff.; STIMMELMAYR 1980, Nr. 17 (unten 2); JBD 35 (1981), S. 282

Ledererstraße 11
Häuserbuch I 1958, S. 149 f. (ehem. Nr. 21); STIMMELMAYR 1980, Nr. 17 oben

Ledererstraße 14
Häuserbuch I 1958, S. 126, 132 f.; STIMMELMAYR 1980, Nr. 20 (unten 4)

Lenbachplatz allgemein
Bauen in München 1980, S. 37; KARNAPP, in: Münchner Stadtanzeiger, Nr. 37, 15.05.1981, S. 4 f.; DOLLINGER 1995, S. 174; BILLER/RASP 1999, S. 165 – StadtAM LBK Baulinien 24668; (siehe auch Karlsplatz, Maximiliansplatz)

Lenbachplatz, ehem. Kapuzinerkloster
WENING 1701, S. 27 f.; WESTENRIEDER 1782, S. 187 f.; BAUMGARTNER 1805, Nr. X; PÖCKL, P. MAXIMILIAN: *Die Kapuziner in Bayern...*, Sulzbach 1826; OA 21 (1859/61), S. 18; SK 1862, S. 49; FORSTER 1895; S. 381 ff.; SCHEGL-

MANN 1903, Bd. II; S. 133 ff.; Schnell KF, Nr. 349/350 (St. Anton, München), 1939; LIEB 1941, S. 41; LIEB/SAUERMOST 1973, S. 25, 288 (Nr. 56); ARNDT-BAEREND 1986, S. 94 ff.; LEHMBRUCH 1987a, S. 223 ff., 238 ff.; DISCHINGER 1988, Pläne Nr. 387 f.; BAUER 1993, S. 121 ff.

Lenbachplatz, Wittelsbacherbrunnen
STEINACH, in: SBZ 26 (1895), S. 225 ff.; SCHRICKER, in: ZfbK N.F. 7, 1896, S. 121 ff.; HEILMEYER 1902, S. 80 ff., Abb. 56–63; MB I 1912, S. 733; ZAUNER 1014, S. 353 f.; HEILMEYER 1922, S. 37, T. 65–70; HAUSENSTEIN 1947, S. 6 f., 9 f.; SATTLER 1962, S. 353 f., 356, 358, 364 ff., 408, 423, 438 ff., 446 f., 744 Anm. 291; BISTRITZKI 1974, Nr. 16; WITTSTOCK, in: OA 100 (1976), S. 7–67; MARSCHALL 1982, S. 378 ff.; ESCHE-BRAUNFELS 1993, S. 210 ff.; HEMMETER 1995, S. 138 f.; HUFSCHMIDT 1995, S. 13 ff.; DEHIO 1996, S. 203; BILLER/RASP 2003, S. 202 f.; ESCHE-BRAUNFELS/MAYR, in: Schönere Heimat 92 (2003), H. 3; BRAUNFELS, SIGRID: *Skulptur und Architektur des Wasserspiels. Die Brunnen Adolf von Hildebrands*, München/Berlin 2005, S. 9 ff.

Lenbachplatz 2/2a, Deutsche Bank
HORST, in: DBZ 31 (1897), S. 615 f.; *Der Neubau der Deutschen Bank in München*, in: Allgemeine Zeitung, München, Nr. 72, 14.03.1898, S. 6; AR 15 (1899), H. 7; SBZ 9 (1899), S. 97 f., 107 f.; HART, in: Deutsche Bauhütte 5 (1901), S. 53 ff.; MB I 1912, S. 323; ZAUNER 1914, S. 60 f.; Ausst. Kat. Klassizismus 1980, S. 81; Bauen in München 1980, S. 38; HABEL 1980, S. 38; KNAUSS 1983, S. 195 f.; Bauten und Plätze 1985/88, Nr. 48; FÜSSL, in: Schöne Heimat 76 (1987), H. 1, S. 14 f.; GIESS 1990, S. 79; Architekturführer 1994, Nr. 8, 65; BURMEISTER, ENNO (Hg.): *Das Gebäude der ehemaligen königlichen Filialbank München* (Arbeitshefte zur Denkmalpflege 59), München 1996, S. 48 f.; BILLER/RASP 1997, S. 166; STERZINGER 1999, S. 33, 81 ff.; SCHMITT 2002, Bd. I, S. 110 ff.; II, Abb. 321–330; III S. 22 – StadtAM LBK 19201

Lenbachplatz 3, Bernheimer-Haus (Ottostraße 4–6)
AR 1893, H. 1; Münchener Neubauten 1896, T. 25 f.; MBB I 1898, T. 1–3, 27; Handbuch der Architektur 1902, IV. Teil, H. 2, S. 45, Fig. 61–64; DBZ 44 (1910), Nr. 58, S. 445 ff., T. vor S. 445; SBZ 20 (1910), S. 289 ff.; HEILMEYER, in: KH 1911, H. 1; MB I 1912, S. 337 ff.; AR 1914, H. 1; ZAUNER 1914, S. 51; VON OSTINI, in: Innen-Dekoration, Jan./Feb. 1919, S. 23 ff.; THIERSCH 1925, S. 113, 148 f., 233 ff.; Alte Firmen 1955, S. IX, 6 f.; BERNHEIMER 1957; PFEIFFER-BELLI 1964; Münchener Fassaden 1974, S. 21, 298, 307; Ausst. Kat. Thiersch 1977, S. 77 ff.; BAUER 1982, S. 164; MARSCHALL 1982, S. 295 ff., Abb. 72 ff.; Bernheimer Firmenschrift 1985; Ausst. Kat. Prinzregentenzeit 1988, S. 192 f.; JBD 43 (1989), S. 208; GIESS 1990, S. 79 f.; KLEIN 1993², S. 24, Abb. 2, 9; SZ-Beilage zum Richtfest, 30.01.1993; STERZINGER 1999, S. 85 ff.; BILLER/RASP 2003, S. 204; RÄDLINGER 2005, S. 98; BILSKI, EMILY D.: *Die Kunst- und Antiquitätenfirma Bernheimer* (Ausst. Kat. Jüd. Museum München), Wolfratshausen 2007 – StadtAM LBK 19326

Lenbachplatz 4
DBZ 40 (1906), S. 567 f.; BURMEISTER, ENNO (Hg.): *Das Gebäude der ehemaligen königlichen Filialbank München* (Arbeitshefte zur Denkmalpflege 59), München 1996, S. 49,

Abb. 36 f., 41; SCHMITT 2002, Bd. I, S. 116 ff.; II, Abb. 360 ff.; III, S. 23 – StadtAM LBK 19202

Lenbachplatz 5
Innen-Dekoration 15 (1904), S. 120 f.; MBB X 1904, T. 23, 44; BM 3 (1904/05), S. 21; Moderne Bauformen 4 (1905), S. 120 f.; SBZ 14 (1905); AR 22 (1906), T. 91; Der Profanbau 1906, S. 287 ff.; DBZ 40 (1906), S. 594 ff.; MB I 1912, S. 346; ZAUNER 1914, S. 136 f.; Ausst. Kat. Prinzregentenzeit 1988, S. 17 (Kat.Nr. 4.6.3); Ohne Auftrag 1989, S. 27 ff.; KUNSTMANN 1993, S. 40 ff. – StadtAM LBK 19203

Lenbachplatz 6
MBB XI 1905, T. 8 f., 30; MB I 1912, S. 347; KUNSTMANN 1993, S. 40 ff. – StadtAM LBK 10204

Lenbachplatz 8, Künstlerhaus
Wiener Bauindustrie-Zeitung 7 (1890), S. 212; Die Architektur des 20. Jh., 10 (1894), T. 53; Baugewerks-Zeitung 30 (1898), S. 1109 f.; 35 (1903), S. 507, 516; ZbBv 19 (1899), S. 341 ff.; AUFLEGER, OTTO: *Das Münchner Künstlerhaus*, München 1900; BREDT, in: KH 50 (1900), S. 317; STRIEDINGER, IVO: *Das Künstlerhaus in München*, München 1900; WALDNER, in: Deutsche Bauhütte 4 (1900), S. 326 ff.; SBZ 10 (1900), S. 98 f., 109 ff.; 11 (1901), S. 73 f.; 12 (1902), S. 81; ABZ 66 (1901), S. 17, T. 15 f.; AR 17 (1901), H. 12; 18 (1902), H. 4, S. 30; DBZ 35 (1901), Nr. 100–102, S. 621–638; H. 5, T. 35; Handbuch der Architektur 1902, IV. Teil, H. 2, S. 165 ff.; BM 1 (1903), H. 1, S. 4; STEFFEN, in: Bautechnische Zs. 20 (1905), S. 402; BARTNING, in: Raumkunst 1 (1908), H. 13, S. 238; MB I 1912, S. 256 ff.; ZAUNER 1914, S. 166 ff.; DOERING 1924, S. 15, Abb. 32 f.; ROTH, HERMANN/ZIMMERMANN, WALTHER: *Das Künstlerhaus und der Künstlerhausverein 1900–1938*, München 1938; BRINKMANN, WALDEMAR: *Das Künstlerhaus in München*, in: Kunst dem Volke 10 (1939), 1/2, S. 28 ff. (vgl. auch 11 (1940), H. 3, S. 37 ff.); SAILER, ANTON: *Das Münchner Künstlerhaus und der Künstlerhausverein*, Festschrift, München 1961; *Das Münchener Künstlerhaus heute*, hg. v. Münchner Künstlerhausverein e.V., 1961/62; BÖSSL 1966, S. 70 ff.; WAETZOLD 1977, Bd. 8, Nr. 38610–38623; BAUER/VALENTIN 1982, Abb. 90–92; HOHSLODCZYK 1985; Ausst. Kat. Franz von Lenbach 1987, S. 221 ff.; SCHICKEL, in: Ausst. Kat. Prinzregentenzeit 1988, S. 172 ff.; *Das Münchener Künstlerhaus 1900–1990*, Mainburg 1990; GRASSINGER, PETER: *Münchner Feste und die Allotria*, Dachau 1990, S. 115 ff., 143, 150; BREUER, JUDITH: *Julius Mössel. Kunst und Dekorationsmaler 1871–1957* (Landesdenkmalamt Baden-Württemberg, Arbeitsheft 5), Stuttgart 1995, S. 19 f.; HEMMETER 1995, S. 138; BILLER/RASP 1997, S. 166 f.; Charivari 1998, H. 10 (Wiedereröffnung); RAMBECK, BRIGITTA/GRASSINGER, PETER: *100 Jahre Münchner Künstlerhaus 1900-2000*, hg. v. Münchner Künstlerhausverein e.V., München 2000; SCHICKEL, in: HOFER 2002, S. 144 ff. – StadtAM LBK 11273

Lerchenfeldstraße allgemein
RAMBALDI 1894, S. 155; WAGNER 1960, S. 17

Liebfrauenstraße allgemein
RAMBALDI 1894, S. 155; SBZ 9 (1899), S. 100 f.; WALTER 1987, S. 61 f.; STAHLEDER 1992, S. 50 (s.v. Albertgässel), 107, 213 – StadtAM LBK Baulinien 24688

Liebfrauenstraße 1/Kaufingerstraße 26 (Schwarzer Adler/Domhof)
BAUMGARTNER 1805, T. XIX; Handbuch der Architektur 1902, IV. Teil, 2. Halbbd., H. 2, S. 44 f.; MB I 1912, S. 313; Häuserbuch II 1960, S. 75 ff.; SCHATTENHOFER 1974, S. 383 f.; BAUER 1982, S. 114 f.; ZUBER 1987, S. 10, 94, 182 ff.; STAHLEDER 1992, S. 485

Liebherrstraße allgemein
Dollinger 1995, S. 177 – StadtAM LBK Baulinien 24687

Liebherrstraße 5
MESSERER, in: Deutsche Bauhütte 13 (1909), S. 407 f.; DBZ 44 (1910), Nr. 57, T. vor S. 441, 443; BM 9 (1911), H. 6, S. 61 f., T. 61 f., 41 f.; DONATUS, in: Deutsche Bauhütte 16 (1912), S. 186; MB I 1912, S. 320; Der Profanbau 9 (1913), Nr. 20, S. 632 ff.; Bauen in München 1980, S. 49; (siehe auch Thierschstr. 11)

Liebherrstraße 8 (dort auch 2, 4)
Münchener Fassaden 1974, Nr. 202 f.

Liebherrstraße 10
Münchener Fassaden 1974, Nr. 202, 204

Liebherrstraße 13/15 (Gewerbeschule)
Schweizerische Bauzeitung 41 (1903), S. 47; GRÄSSEL, HANS: *Neubau der städt. Zentral-Gewerbeschule an der Liebherrstraße in München*, München 1906; MBB IXb 1906, S. 4 f., DBZ 44 (1910), Nr. 3, S. 14 ff., 21 ff.; STEINBACH, in: Der Profanbau 6 (1910), Nr. 13, S. 362 ff.; MB I 1912, S. 635, T. 19 ff.; MEGELE I 1951, S. 134; WAGNER 1960, S. 131 ff.; ALCKENS 1973, Nr. 199; Ausst. Kat. Zwanziger Jahre 1979, S. 768; VOGLMAIER, EDELGARD: *Hans Grässel, Architekt und städtischer Baubeamter in München*, München 1993, S. 27, 146, 272, 275

Liebigstraße allgemein
RAMBALDI 1894, S. 155 f.; WAGNER 1960, S. 18 – StadtAM LBK Baulinien 24689

Liebigstraße 1
Münchener Fassaden 1974, Nr. 205 – StadtAM LBK 17144

Liebigstraße 7
Münchener Fassaden 1974, Nr. 206

Liebigstraße 10b
GIESS 1990, S. 67

Liebigstraße 10c–12a
Münchener Fassaden 1974, Nr. 207

Liebigstraße 12a
Münchener Fassaden 1974, Nr. 207, 208

Liebigstraße 19/21
MBB VI 1901, T. 19; Münchener Fassaden 1974, Nr. 209, 210

Liebigstraße 20/22
Münchener Fassaden 1974, Nr. 211; BAUER 1982, S. 188 – StadtAM LBK 20089, 20090

Liebigstraße 25, Flurbereinigungskommission
MB I 1912, S. 478; MEGELE I 1951, S. 128; III 1960, S. 69; LÜBBEKE, in: *Denkmalinventarisation, Denkmalerfassung als Grundlage des Denkmalschutzes* (Arbeitsheft BLfD 38), München 1989, S. 65; WALTER, ULI: *Denkmalpflege*, in: *Bayerisches Vermessungsamt – Umbau und Sanierung Liebigstraße 25 durch das Staatliche Hochbauamt*, München 1999

Liebigstraße 37/39/41
AR 16 (1900), H. 12, T. 95; MBB 1 1901, T. 16; KH 52 (1901/02), S. 61 ff., Abb. 100; NACHTLICHT, in: Die Bauwelt 1 (1910), S. 22; Münchener Fassaden 1974, Nr. 212; KLEIN 1993², S. 27, Abb. 12

Linprunstraße allgemein
RAMBALDI 1894, S. 159 – StadtAM LBK Baulinien 24706
Linprunstraße 49 (mit 51)
MBB II 1899, T. 13, 30
Linprunstraße 57
AR 14 (1898), H. 6, T. 44; MBB II 1899, T. 13, 30

Löwengrube allgemein
RAMBALDI 1894, S. 160; Häuserbuch II 1960, S. 99 ff.; ERDMANNSDORFFER 1972, S. 82, T. 45 (Palais Morawitzky); STIMMELMAYR 1980, S. 25 f., 32, Nr. 43, 51; BAUER 1982, S. 196; STAHLEDER 1992, S. 214; Wirtshäuser 1997, S. 118 (Palais Morawitzky/Café Ceres) – StadtAM LBK Baulinien 24711
Löwengrube 18
Stöhr 1925, WV Nr. 78; Häuserbuch II 1960, S. 113 ff.; STIMMELMAYR 1980, Nr. 45 (obere Reihe); ZUBER 1987, S. 120; BAUER 1994, S. 102; MOSER, EVA/WINKLER, RICHARD: *Wegmarken. 125 Jahre Bankhaus H. Aufhäuser*, München 1995; BALBASCHEWSKI/WINTER, in: Cultor. Das Magazin für Stadt- und Kulturgeschichte, 4 (2006), München, S. 22 f. – StadtAM LBK 12165

Loristraße allgemein
RAMBALDI 1894, S. 161; DOLLINGER 1995, S. 182 – StadtAM LBK Baulinien 24720, 24721

Lothstraße allgemein
RAMBALDI 1894, S. 162; DOLLINGER 1995, S. 182 – StadtAM LBK Baulinien 24724
Lothstraße, Kriegerdenkmal
ALCKENS 1936, S. 180; ALCKENS 1973, Nr. 185; LANKES 1993, S. 168
Lothstraße 11, ehem. Militär-Lazarett
REBER 1876, S. 174 ff.; LANKES 1993, S. 597–600
Lothstraße 17, ehem. Zeughaus
REBER 1876, S. 174; WÜRDINGER, JOSEPH: *Das Königl. Armee-Museum im Hauptzeughaus zu München*, München 1882; THIEME/BECKER, Bd. 18, 1925, S. 53 (Art. Hügel, Heinrich von); HABEL, HEINRICH: *Das Bayer. Armeemuseum in München* (Arbeitsheft BLfD 10), München 1982, S. 7; MB II 1984, S. 211; WACKERNAGEL, RUDOLF (Hg.): *Das Münchener Zeughaus*, München/Zürich 1983; LANKES 1993, S. 324; KARNAPP, in: Architekturführer 1994, Nr. 213; KARNAPP, in: Ausst. Kat. Maximilian II. 1997, S 385 f.
Lothstraße 29
LANKES 1993, S. 168 f.
Lothstraße 34, Fachhochschule (Polytechnikum)
NEUREUTHER, in: DBZ 4 (1870), Nr. 29, 2. Beil., S. 233 ff.; Nr. 31, S. 247 f.; NEUREUTHER, in: BZ 37 (1872), S. 22 ff.; MEGELE I 1951, S. 99; MB II 1984, S. 216 – StadtAM LBK 20112

Ludwigstraße (mit Odeonsplatz) allgemein
Kunstblatt 10 (1829), S. 109 f., 113 ff., 117 ff., 212 ff.; RAMBALDI 1894, S. 163 ff.; KARLINGER, in: Wanderbuch 1922, S. 131; HEDERER 1942; KREISEL 1950, S. 37; BERTRAM, in: JBD 18 (1959), S. 46 ff.; HEDERER 1964, S. 213 ff.; WANETSCHEK 1971, S. 104 ff.; BRINGMANN 1972 (siehe Siegestor); HEDERER 1976, S. 81 ff.; SAUERLÄNDER, in: HAGER, W./KNOPP, N. (Hg.):

Beiträge zum Problem des Stilpluralismus, München 1977, S. 58 ff.; Bauen in München 1980, S. 71; LEHMBRUCH, in: Ausst. Kat. Romantik, 1987, S. 17 ff.; MÜLLER, ANNETTE: *Die großstädtische Straße – Berlin in München: die Ludwigstraße in München als Zitat der Straße „Unter den Linden" in Berlin*, Mag. Arb. Univ. Marburg 1992; LANKES 1993, S. 528 ff.; HEMMETER 1995, S. 142 f.; BUTTLAR 1999, S. 165 ff.; WALTER, in: JBD 47/48, 1993/1994 (2001), S. 187 ff.; BILLER/RASP 2003, S. 211 ff.; GLASER 2004, Bd. I, S. CXI ff.; 142; WALTER, in: Bayer. Verwaltungsgerichtshof München (Hg.): *Festschrift zum 125-jährigen Bestehen des Bayerischen Verwaltungsgerichtshofs*, München 2004, S. 16 ff.; WANETSCHEK 2005, S. 150 ff.; STANKIEWITZ, KARL: *Prachtstraßen in München. Ludwig- und Maximilianstraße*, Dachau 2008
Ludwigstraße, Siegestor
Jb. der Baukunst und Bauwissenschaft 1 (1844), S. 260; 4 (1847), S. 167; MONINGER 1882, S. 70 ff.; REIDELBACH 1888, S. 248 f.; EGGERT 1963, S. 110 ff.; BRINGMANN, in: MITTIG/PLAGEMANN 1972, S. 69 ff., 333 ff. (mit älterer Lit.); HEDERER 1976, S. 149 ff.; WESTFEHLING 1977, S. 47 f.; MB II 1984, S. 558; LEHMBRUCH, in: Ausst. Kat. Romantik 1987, S. 239 ff.; KARNAPP, in: Ausst. Kat. Gärtner 1992, S. 249; Ausst. Kat. Wiedemann 1994, S. 60; HEMMETER 1995, S. 146; WEIDNER 1996; WILLE, in: MEIER, H.D./WOHLLEBEN, M. (Hg.): *Bauten und Orte als Träger von Erinnerungen*, Zürich 2000, S. 113 ff.
Ludwigstraße 1 (mit Odeonsplatz 5)
HEDERER 1942, S. 32, Abb. 12; GROBE 1970, S. 39; Ausst. Kat. Klassizismus 1980, S. 156 ff., 165; ZIMMERMANN 1984, S. 80 (Abb. 7), 85, 254 (Anm. 85), 298; GIESS 1990, S. 33 f.; BAUER 1997, Abb. 274; BILLER/RASP 1999, S. 170 f.; BUTTLAR 1999, S. 189; Ausst. Kat. Klenze 2000, S. 309 f.
Ludwigstraße 2, Landwirtschaftsministerium und Vorgängerbauten
LEHMBRUCH, in: Ausst. Kat. Klassizismus 1980, S. 167 f.; RASP 1981, S. 63 f.; MB II 1984, S. 446; ZIMMERMANN 1984, S. 298; STINGLWAGNER, GERHARD: *Von Mönchen, Prinzen und Ministern. Das Gebäude des Landwirtschaftsministeriums und seine Nachbarschaft*, München 1991; Ausst. Kat. Bauen im Nationalsozialismus 1993, S. 404 ff.; BÄRNREUTHER 1993, S. 100 ff.; WEYERER 1996, S. 126 ff.; BUTTLAR 1999, S. 190 ff.; Ausst. Kat. Klenze 2000, S. 340, 346, 389 f.; DONATH 2007, S. 52 f. – StadtAM LBK 19206
Ludwigstraße 3
UNGER/VOIT 1829, T. 56; HEDERER 1942, S. 28, 32; SCHLEICH 1978, S. 31; Ausst. Kat. Klassizismus 1980, S. 166; ZIMMERMANN 1984, S. 298; RAU 1997, S. 68 f.; BUTTLAR 1999, S. 190; Ausst. Kat. Klenze 2000, S. 389
Ludwigstraße 5
SCHLEICH 1978, S. 30 f.; Ausst. Kat. Klassizismus 1980, S. 167; ZIMMERMANN 1984, S. 298; GIESS 1990, S. 33 f.; BUTTLAR 1999, S. 189; Ausst. Kat. Klenze 2000, S. 344
Ludwigstraße 6/8/10
HEDERER 1942, S. 44; ZIMMERMANN 1984, S. 88 f., 298; Bauten und Plätze 1985/88, Nr. 149; ZIMMERMANN, in: Ausst. Kat. Romantik 1987, S. 488; Architekturführer 1994, Nr. 108; HEMMETER 1995, S. 142, Abb. S. 173; BUTTLAR 1999, S. 193; Ausst. Kat. Klenze 2000, S. 398 f.

Ludwigstraße 7
SCHLEICH 1978, Abb. S. 30; Ausst. Kat. Klassizismus 1980, S. 158 f. (Anm. 5); ZIMMERMANN 1984, S. 73, 94, 311; Ausst. Kat. Klenze 2000, S. 346 – StadtAM LBK 19207
Ludwigstraße 9
SCHLEICH 1978, Abb. S. 30; Ausst. Kat. Klassizismus 1980, S. 158 f. (Anm. 5 f.); ZIMMERMANN 1984, S. 81 (Abb. 8), 254 (Anm. 77), 298; Ausst. Kat. Klenze 2000, S. 321 – StadtAM LBK 19208
Ludwigstraße 11 (ehem. 6 und 7)
Geschäftschronik des Volkskunsthauses Wallach, New York 1961; Ausst. Kat. Klenze 2000, S. 368, 404 f.; STÄNDECKE, MONIKA: *Dirndl, Truhen, Edelweiss – Die Volkskunst der Brüder Wallach*, Ausst. Kat. Jüdisches Museum München, 2007 (betr. ehem. Nr. 7)
Ludwigstraße 13, Landeszentralbank, ehem. Herzog-Max-Palais
KLENZE 1830–50, H. 4, S. 9 ff.; HEDERER 1964, S. 253 ff.; *Der Neubau der Landeszentralbank in Bayern*, München 1951; OTTEN 1970, S. 126 f.; SCHLEICH 1978, S. 22 f.; CORSSEN, BETTINA: *Das Herzog-Max-Palais*, Mag. Arb. München 1984; ZIMMERMANN 1984, S. 298; Ausst. Kat. Romantik 1987, S. 479 ff.; *Vom Herzog-Max-Palais zur Landeszentralbank. Geschichte des Hauses Ludwigstraße 13* (hg. v. d. Landeszentralbank von Bayern; Text Barbara Kuhn u.a.), 1990; Ausst. Kat. Bauen im Nationalsozialismus 1993, S. 380; Architekturführer 1994, Nr. 107; BILLER/RASP 1999, S. 171 f.; BUTTLAR 1999, S. 196 ff.; Ausst. Kat. Klenze 2000, S. 405; HAIDER, EDGAR: *Verlorene Pracht*, Hildesheim 2006, S. 46 ff. (betr. Herzog-Max-Palais); DONATH 2007, S. 54 f.; SCHERER 2007, WV Nr. 356 – StadtAM LBK 19209
Ludwigstraße 14/Schönfeldstraße 3, ehem. Kriegsministerium
Kunstblatt 6 (1825), S. 129 ff., 133 ff., 205 ff., 209 ff., 213 ff.; 10 (1829), S. 109 f., 113 ff., 117 f., 121 ff.; KLENZE 1830–50, H. 4, T. 6; REBER 1876, S. 128 f., 173; ZAUNER 1914, S. 164; HEDERER 1942, S. 44; HEDERER 1964, S. 250 ff.; Landbauamt München 1978 (Bericht); ZIMMERMANN, in: Ausst. Kat. Klassizismus 1980, S. 169 ff.; MB II 1984, S. 179 f.; Bauten und Plätze 1985/88, Nr. 151; GIESS 1990, S. 155; LANKES 1993, S. 186 ff., 610 ff.; HEMMETER 1995, S. 145; BILLER/RASP 1999, S. 172; BUTTLAR 1999, S. 193 f.; Ausst. Kat. Klenze 2000, S. 351 ff.
Ludwigstraße 15
WIEDENHOFER 1916, S. 86; HEDERER 1942, S. 44 f., 119 (Anm. 101 f.); Landbauamt München 1979 (Bericht, S. 4); ZIMMERMANN 1984, S. 75, 90 f., 255 (Anm. 97); BUTTLAR 1999, S. 192 f.; Ausst. Kat. Klenze 2000, S. 412 ff. – StadtAM LBK 19210
Ludwigstraße 16, Staatsbibliothek
Kunstblatt 13 (1832), S. 381 ff.; 15 (1834), S. 113 ff., 117 ff., 193 ff., 199 f., 213 ff., 217 ff., 221 ff., 269 ff., 273 ff.; 16 (1835), S. 409 ff.; Zs. über das gesamte Bauwesen 1836, Bd. 1, H. 3, S. 94; 1839, Bd. 4, H. 3, S. 116; H. 8, S. 310 f.; GÄRTNER 1844/45; Zs. für praktische Baukunst 12 (1852), Sp. 87 ff., T. 8; REBER 1876, S. 139 ff.; MONINGER 1882, S. 26 ff.; DBZ 17 (1883), Nr. 16, S. 89; ABZ 49 (1884), S. 49 ff.; REIDELBACH 1888, S. 254; ZAUNER 1914, S. 321; REISMÜLLER, in: Das Bayerland 43 (1932), S. 387 ff.; BUTTMANN; RUDOLF: *Bei-*

träge zur Baugeschichte der Bayer. Staatsbibliothek, in: Festschrift Georg Leyh, München 1937, S. 193 ff.; HEDERER 1942, S. 56 ff.; HALM, HANS: *Die Schicksale der Bayerischen Staatsbibliothek während des Zweiten Weltkrieges,* München 1949; SCHMELLER 1954/57; EGGERT 1963, S. 51 ff.; OTTEN 1970, S. 114, 117; HEDERER 1976, S. 45 ff., 112 ff.; MB II 1984, S. 178; ZIMMERMANN 1984, S. 298; WICHMANN 1985, S. 106, 215; Bauten und Plätze 1985/88, Nr. 152; LEHMBRUCH, in: Ausst. Kat. Romantik 1987, S. 372 ff.; BAUER, REINHARD/MÜNCHHOFF, URSULA (Hg.): *Tagebücher J.A. Schmellers,* München/Zürich 1990; FISCHER 1990, Nr. 68; GIESS 1990, S. 37 ff., 136 ff.; Ausst. Kat. Gärtner 1992, S. 225 f.; Architekturführer 1994, Nr. 112; BILLER/RASP 1994, S. 172 f.; HEMMETER 1995, S. 146; SEIDEL 1995, S. 67 ff.; KAINDL, in: *Lebendiges Büchererbe,* Ausst. Kat. der Bayer. Staatsbibliothek, München 2003, S. 214 ff.; Ausst. Kat. Sep Ruf 2008, Kat. Nr. 132 – StadtAM LBK 19211

Ludwigstraße 18, ehem. Wohnhaus Gärtners
MONINGER 1882, S. 17 f., 24 ff.; EGGERT 1963, S. 18 f.; HEDERER 1979, S. 108 f.; ZIMMERMANN 1984, S. 103 f.; GIESS 1990, S. 39; Ausst. Kat. Gärtner 1992, S. 227; Ausst. Kat. St. Ludwig 1995, S. 128 ff., 226 ff. (Abb. 110)

Ludwigstraße 19/31/33
Münchener Fassaden 1974, Nr. 216–217; ZIMMERMANN 1984, S. 298 – StadtAM LBK 19212 (Ludwigstr. 19)

Ludwigstraße 20, St. Ludwig
Zs. über das gesamte Bauwesen 1836, Bd. 1, S. 94 f.; MARGGRAFF, RUDOLF: *Beschreibung der Ludwigskirche in München,* München 1840; *Die Ludwigskirche in der Maximiliansvorstadt,* München 1844; Jahrbuch der Baukunst und Bauwissenschaft 2 (1845), S. 174 ff.; SEPP, in: Organ für christl. Kirche 19 (1869), S. 188; MAYER/WESTERMAYER 1880, S. 419 ff.; MONINGER 1882, S. 14 ff.; REIDELBACH 1888, S. 217 ff.; Kunstblatt 10 (1892), S. 293 ff.; 15 (1834), S. 113 ff., 193 ff., 199 f., 213 ff., 217 ff., 221 ff., 269 ff., 273 ff.; 16 (1835), S. 409 ff.; FORSTER 1895, S. 793 ff.; KOCH 1905, S. 124 ff.; ECKERT 1906, S. 86 ff.; FÜRST, in: CK 4 (1907/08), S. 73 ff.; ZAUNER 1914, S. 172 ff.; HEDERER 1942; WITTEK, KARL: *Die Ludwigskirche in München* (Große Kunstführer 9), München 1951; SCHLEICH, in: Schönere Heimat 1956; EGGERT 1963, S. 5 ff.; OTTEN 1970, S. 44 f., 107 f., 144; HABEL 1971, S. 18 ff.; LIEB/SAUERMOST 1973, S. 199 ff.; HEDERER 1976, S. 84 ff.; 262 ff.; HEDERER, OSWALD: *Die Ludwigskirche in München* (Große Kunstführer 9), München 1977; BÜTTNER, in: MJBK 3. F. 35 (1984), 189 ff.; Ausst. Kat. Romantik 1987, S. 257 ff.; GIESS 1990, S. 35 f., 101, 143; Ausst. Kat. Gärtner 1992; BÜTTNER, in: Das Münster 4 (1993), S. 293 ff.; HEMPFER, HELMUT/PFISTER, PETER: *St. Ludwig in München, 150 Jahre Pfarrei,* Weißenhorn 1994; PFISTER, PETER: Schnell KF, Nr. 4, 1994; Ausst. Kat. St. Ludwig in München, München 1995; Ausst. Kat. des BayHStA und der Pfarrei St. Ludwig; BILLER/RASP 1999, S. 173 f. – StadtAM LBK 19213

Ludwigstraße 21/Theresienstraße 2–6, Bayerische Versicherungsbank
AR 29 (1913), S. 53, 57, T. 181, 191; HEDERER 1942, S. 119 (Anm. 107); SCHLEICH 1978, S. 32 f.; ZIMMERMANN 1984, S. 91 f., 298, 302,

T. 6, 7; Ausst. Kat. Romantik 1987, S. 489; Ausst. Kat. Bauen im Nationalsozialismus 1993, S. 380; Ausst. Kat. Klenze 2000, S. 414; HABERLIK 2004, S. 68 f.; DONATH 2007, S. 56 f. – StadtAM LBK 19214

Ludwigstraße 22
StadtAM LBK 19215

Ludwigstraße 23, ehem. Damenstift
REBER 1876, S. 72; MONINGER 1882, S. 42 f.; REIDELBACH 1888, S. 254; HEDERER 1942, S. 62; EGGERT 1963, S. 77 ff.; HEDERER 1976, S. 128; ZIMMERMANN 1984, S. 104; Bauten und Plätze 1985/88, Nr. 154; JBD 39 (1985), S. 310 f.; LEHMBRUCH, in: Ausst. Kat. Romantik 1987, S. 434 f.; GIESS 1990, S. 37 f.; KARNAPP, in: Ausst. Kat. Gärtner 1992, S. 236 f.; Architekturführer 1994, Nr. 110; Bayer. Verwaltungsgerichtshof München (Hg.): *Festschrift zum 125-jährigen Bestehen des Bayerischen Verwaltungsgerichtshofs,* München 2004 (darin u. a. ULI WALTER: *Architektur und Städtebau unter dem Einfluß königlicher Baupolitik,* S. 16 ff. und WERNER PÖLLMANN: *Das Baugeschehen im ehem. Damenstiftsgebäude,* S. 104 ff.) – StadtAM LBK 19215

Ludwigstraße 23, Rückgebäude
SCHLEICH, in: Schönere Heimat 65 (1976), S. 155 ff.; ROTH, HANS: *Idylle hinter dem Verwaltungsgerichtshof,* in: Festschrift 2004 (s. ehem. Damenstift), S. 136 ff.; LAUER, in: Schönere Heimat 95 (2006), H. 4, S. 223 f.

Ludwigstraße 25, ehem. Blindeninstitut
Kunstblatt 15 (1834), S. 113 ff., 193 ff., 199 f., 213 ff., 217 ff., 221 ff., 269 ff., 273 ff.; 16 (1835), S. 409 ff.; Zs. über das gesamte Bauwesen 1836, Bd. 1, H. 3, S. 94; NAGLER 1863, S. 27 f.; MONINGER 1882, S. 40 f.; REIDELBACH 1888, S. 255; ENDRES 1925, S. 16; HEDERER 1942, S. 61 f.; EGGERT 1963, S. 74 ff.; ARNOLD 1964, S. 21, 59, 176; HEDERER, in: Schönere Heimat 59 (1970), H. 1, S. 491; HEDERER 1976, S. 126; MB II 1984, S. 198; ZIMMERMANN 1984, S. 298; Bauten und Plätze 1985/88, Nr. 155; LEHMBRUCH, in: Ausst. Kat. Romantik 1987, S. 396 f.; GIESS 1990, S. 39, 141 f.; KARNAPP, in: Ausst. Kat. Gärtner 1992, S. 231; Architekturführer 1994, Nr. 11; BILLER/RASP 1994, S. 174 – StadtAM LBK 19216

Ludwigstraße 27, ehem. Salinendirektion
REBER 1876, S. 131; MONINGER 1882, S. 50 ff, 120; REIDELBACH 1888, S. 255; ZAUNER 1914, S. 50; HEDERER 1942, S. 62, 100; EGGERT 1963, S. 95 ff.; HEDERER 1976, S. 146 f.; ZIMMERMANN 1984, S. 104 f., 298; Bauten und Plätze 1985/88, Nr. 156; LEHMBRUCH, in: Ausst. Kat. Romantik 1987, S. 436 ff.; GIESS 1990, S. 43 f., 142; MEHLSTÄUBLER 1990/91, S. 30, 47 ff.; KARNAPP, in: Ausst. Kat. Gärtner 1992, S. 238; KARNAPP, in: Architekturführer 1994, Nr. 114; BILLER/RASP 1994, S. 174 f.; LINDNER, in: Ausst. Kat. Salz 1995, S. 140; KLAR 2002, S. 30 – StadtAM LBK 19217

Ludwigstraße 28, Haus des Rechts
SBZ 1936, S. 430; Die Kunst (1937), S. 89; FRANK/HEILMEYER, in: Die Kunst im Deutschen Reich 3 (1939), S. 311 ff.; BM 3 (1940), S. 49 ff.; ZbBv 12 (1940), S. 173 ff.; MEGELE I 1951, S. 70; RASP 1981, S. 40; MB II 1984, S. 191; ZIMMERMANN 1984, S. 298; Ausst. Kat. Süddeutsche Bautradition 1985, S. 51, 56, 76; Ausst. Kat. Bauen im Nationalsozialismus 1993, S. 129; Architekturführer 1994, Nr. 119; DONATH 2007, S. 58 f. – StadtAM LBK 19218

Ludwigstraße 29, 31, 33
Münchener Fassaden 1974, Abb. S. 216 f., 301; Ausst. Kat. Neureuther 1978, Nr. 209 (Abb. S. 125), S. 128; HUFNAGL 1979, S. 233 ff.; ZIMMERMANN 1984, S. 298; LANKES 1993, S. 240 f. (Wache); BILLER/RASP 1997, S. 171 – StadtAM LBK 19219, 19220, 19221

Lueg ins Land
RAMBALDI 1894, S. 165; Häuserbuch I 1958, S. 157 ff.; STAHLEDER 1992, S. 125, 215

Luisenstraße allgemein
RAMBALDI 1894, S. 163; DOLLINGER 1995, S. 184 – StadtAM LBK Baulinien 24736

Luisenstraße 7, Luisengymnasium
Architektonische Monatshefte 8 (1902), S. 37 f., T. 77; DBZ 1902, H. 9, S. 336 ff.; SBZ 12 (1902), S. 69 f.; 20 (1910), S. 377 ff.; WALDNER, in: Deutsche Bauhütte 6 (1902), S. 374 ff.; STIEHL, in: Bautechnische Zeitung 19 (1904), S. 378; PAUL, JOSEPH: *Theodor Fischer,* München 1904, T. 21 ff.; STEFFEN, in: Bautechnische Zs. 20 (1905), S. 402 f., Beil. 51, 406; HINTRÄGER, in: Zs. des österreichischen Ingenieur- und Architekten-Vereins 60 (1908), S. 1 ff.; HOCHEDER, in: Zs. des österreichischen Ingenieur- und Architekten-Vereins 60 (1908), S. 625 ff.; MB I 1912, S. 636; ZAUNER 1914, S. 22; DOERING 1924, S. 11, Abb. 47 f.; Bauen in München 1980, S. 52; Ausst. Kat. Architekturzeichnungen 1986, S. 154, Abb. 125; Ausst. Kat. Romantik 1987, S. 340 (Vorgängerbau); Ausst. Kat. Theodor Fischer 1988, S. 185 ff.; JBD 43 (1989), S. 205; JBD 44 (1990), S. 237; FISCHER 1990, Nr. 4; GIESS 1990, S. 82 f.; Architekturführer 1994, S. 207; KLOSS 1998, S. 16, 99; STERZINGER 1999, S. 57 ff.

Luisenstraße 9, Gewerbeschule
SBZ 20 (1910), S. 377 ff.; MB I 1912, S. 632; ZIMMERMANN 1984, S. 298; Ausst. Kat. Theodor Fischer 1988, S. 185 ff.

Luisenstraße 14/16
WERDINGER, in: Ausst. Kat. Zwanziger Jahre 1979, Nr. 359

Luisenstraße 22
PETZET 1924; PETZET, in: Westermanns Monatshefte 1929; Ausst. Kat. Neureuther 1978, S. 110 f.; HUFNAGL 1979, S. 84 ff.; MOISY, SIGRID VON: *Paul Heyse. Münchner Dichterfürst im bürgerlichen Zeitalter,* Ausst. Kat. Bayer. Staatsbibliothek, München 1981; SCHADE 1994, S. 343 f.; BAUER 1995, S. 39

Luisenstraße 29
MEGELE I 1951, S. 134; MB II 1984, S. 234; OA 109/1 (1984), Abb. 102

Luisenstraße 33, Lenbach-Haus
DBZ 24 (1890), Nr. 103 f., S. 625 ff.; Blätter für Architektur und Kunsthandwerk 4 (1891), S. 41 f.; AR 9 (1893), H. 10; BREDT, in: Zs. f. Innendekoration 9 (1898), S. 97 ff.; SBZ 9 (1899), WYL, W.: *Franz von Lenbach. Gespräche und Erinnerungen,* Stuttgart/Leipzig 1904, S. 155 ff.; MB I 1912, S. 378, 446; BÖSSL 1966, S. 80 ff.; WICHMANN 1973, S. 273 ff.; BISTRITZKI 1974, S. 44 f.; HOH-SLODCZYK, in: MEHL, SONJA: *Franz von Lenbach in der Städt. Galerie München,* München 1980, S. 42 f.; MB II 1984, S. 145; HOH-SLODCZYK 1985, S. 58 ff., 175 f.; Ausst. Kat. Franz von Lenbach 1987, S. 374 ff.; Ausst. Kat. Prinzregentenzeit 1989, S. 201 f.; FRIEDEL, HELMUT (Hg): *Die städtische Galerie im Lenbachhaus,* München 1996², S. 5 ff.; BILLER/RASP 1997, S. 175; SCHICKEL, in: HOFER 2002, S. 128 ff.

Luisenstraße 37
MEGELE I 1951, S. 99; II 1960, S. 36; VOIT 1978, I S. 30 f.; SCHEPE, in: Ausst. Kat. Romantik 1987, Nr. 113; VAASSEN/VAN TREECK, in: JBD 41 (1987), S. 122 ff.; BAUER 1995, Abb. S. 19

Luisenstraße 37a
MEGELE I 1951, S. 98; Ausst. Kat. Andere Tradition 1981, S. 91; MB II 1984, S. 208; Bauten und Plätze 1985/88, Nr. 230/5; Ausst. Kat. Wiedemann 1994, S. 50; BACKMEISTER-COLLACOTT, ILKA (Hg.): *Luisenstraße 37a. Institut für Technische Physik der TH...*, München 2008

Luisenstraße 49
Moderne Neubauten I 1894, T. 97, 100

Luitpoldbrücke
MB I 1912, S. 762; (siehe Prinzregentenbrücke)

Luitpoldstraße allgemein
RAMBALDI 1894, S. 165

Maderbräustraße allgemein
RAMBALDI 1894, S. 165; STAHLEDER 1992, S. 74 f., 215 f.; RÄDLINGER 2004, S. 193 – StadtAM LBK Baulinien 24741

Maderbräustraße 4
JBD 43 (1989), S. 208 (Epitaph)

Maffeistraße allgemein
RAMBALDI 1894, S. 165 f.; MBB IV 1901, T. 3 f.; Häuserbuch II 1960, S. 123 ff.; WALTER 1987, S. 49 ff.; STAHLEDER 1992, S. 100 – StadtAM LBK Baulinien 24742

Maffeistraße 4, Teil des Arco-Palais
STAHLEDER 1992, S. 503 – StadtAM LBK 27325; (siehe auch Theatinerstraße 7)

Maffeistraße 7/9
Häuserbuch II 1960, S. 126 ff.; MEGELE II 1960, S. 32; MB II 1984, S. 403

Maillingerstraße allgemein
RAMBALDI 1894, S. 166 f. – StadtAM LBK Baulinien 24745, 24746

Maillingerstraße 11a, ehem. Kriegsakademie
SCHACKY, in: DBZ 1894, S. 425; RICHTER, in: Handbuch der Architektur 1900, IV. Teil, 7. Halbbd., H. 2; MB I 1912, S. 548 (ehem. Kriegsschule); LANKES 1993, S. 217 ff.

Maillingerstraße 13, ehem. Fußartilleriekaserne
HUBER, in: Moderne Bauformen 9 (1911), S. 325 ff. (ehem. Offiziersspeiseanstalt); MB I 1912, S. 556; ALCKENS 1936, S. 178; ALCKENS 1973, Nr. 406; HORN/KARL 1989, S. 105

Mannhardtstraße allgemein
WAGNER 1960, S. 18 – StadtAM LBK Baulinien 24752

Mariannenplatz allgemein
RAMBALDI 1894, S. 169 f.; WAGNER 1960, S. 18; HUSE 1990, S. 185; Evang.-luth. Kirchengemeinde St. Lukas (Hg.): *St. Lukas in München. „Der Dom der Münchner Protestanten". Zum hundertjährigen Kirchweihjubiläum* (Arbeitsheft BLfD 88), München 1996, S. 9 ff. – StadtAM LBK Baulinien 24761

Mariannenplatz 1
Münchener Fassaden 1974, Nr. 218; GIESS 1990, S. 66 f.; BAUER 1994, S. 90; HALLINGER/WIESNER 2006a

Mariannenplatz 3, St. Lukas
DBZ 27 (1893), Nr. 82, S. 501 f., Nr. 84, S. 513 ff.; 29 (1895), Nr. 96, S. 599; FRITSCH 1893, S. 366 f.; HORST, in: MNN, Nr. 337, 1895; BRATHE, in: Christliches Kunstblatt 40, Nr. 5, Mai 1896, S. 70 ff.; HORST, in: ABZ 20 (1897), S. 53 ff.; DBZ 31 (1897), Nr. 37, S. 241 ff.; Nr. 39, S. 241 ff.; SBZ 7 (1897), Nr. 40, S. 335 ff.; *Die Einweihung der dritten protestantischen Kirche St. Lukas in München am ersten Advent, 29. November 1896. Ein Gedenkblatt für die Gemeinde*, München 1897; ZELLFELDER, in: Christliches Kunstblatt 39, Nr. 4, April 1897, S. 55; AR 16 (1900), H. 4, T. 25 f.; Baugewerks-Zeitung 33 (1901), S. 1385; MB I 1912, S. 225; SCHMID, KARL: *Die neuen Glasgemälde in der St. Lukaskirche*, in: Evangelisches Gemeindeblatt für München 50, Nr. 24, 12.10.1947; WAGNER 1960, S. 198 ff.; HABEL 1971, S. 36; LANGMAACK 1971, S. 15 ff.; LIEB/SAUERMOST 1973, S. 36 ff.; Bauen in München 1980, S. 36; HABEL, HEINRICH: Schnell KF, Nr. 1453, 1984, 1993[2]; BILLER/RASP 1994, S. 181 f.; Evang.-luth. Kirchengemeinde St. Lukas (Hg.): *St. Lukas in München. „Der Dom der Münchner Protestanten". Zum hundertjährigen Kirchweihjubiläum* (Arbeitsheft BLfD 88), München 1996, S. 9 ff.; FEILER 2006, S. 59 ff. – StadtAM LBK 19223

Mariannenplatz 4
DBZ 26 (1892), Nr. 3, S. 13 f.; Wiener Bauindustrie-Zeitung 9 (1892), S. 155, T. 32; (siehe auch Steinsdorfstraße 10)

Mariannenstraße allgemein
WAGNER 1960, S. 18

Marienhof (mit ehem. Bebauung)
SCHERF/SATTLER, in: SK 1867, S. 41 ff.; 1868, S. 120 ff.; FORSTER 1895, S. 316 ff. (Engl. Institut), 366 ff. (Gruftkirche); HEDERER 1960, S. 71; HEDERER 1976, S. 239, Abb. 168; STEINER 1977, S. 28 ff.; SCHLEICH 1978, S. 91; STAHLEDER, in: SELIG 1988, S. 11 ff.; FASTJE, in: JBD 43 (1989) 1994, S. 20 ff.; Ausst. Kat. Carl von Fischer 1982, S. 148, 219; REIDEL 1982, S. 80, 266 f., Abb. 214 ff.; HEYM 1984, S. 82 ff.; BAUER 1993, S. 123 f.; LECHNER, ODILO: *Die Benediktiner auf Andechs*, in: BOSL, K./LECHNER, O. u. a.: *Andechs. Der Heilige Berg*, München 1993, S. 157 (Gruftkirche); HEMMETER 1995, S. 128 ff.; BEHRER 2001, S. 119 ff.

Marienplatz allgemein
RAMBALDI 1894, S. 170 ff.; Süddeutsche Bauhütte 18 (1908), S. 137 ff., 140 ff.; MEITINGER, KARL: *Das neue München*, München 1946, S. 18 ff.; PFISTER, in: BM 44 (1947), S. 52 ff.; SCHOENER, in: BM 46 (1949), S. 426 ff.; Häuserbuch I 1958; II 1960; IV 1966; ERDMANNSDORFFER 1972 (Register S. 124 f.); SCHATTENHOFER, in: BISTRITZKI 1974, S. 7 ff.; STIMMELMAYR 1980; BAUER 1982; Ausst. Kat. Aufbauzeit 1984; MB II 1984, S. 490; SCHATTENHOFER 1984; WALTER 1987, S. 56 ff.; STÖRMER 1990; STAHLEDER 1992, S. 219; HEMMETER 1995, S. 150; STAHLEDER 1995b, S. 217 ff., BAUER 1997; BILLER/RASP 1999, S. 184 f.; Ausst. Kat. Fenster zur Vergangenheit 2006, Abb. 23–26; STAHLEDER I, II 2006 – StadtAM LBK Baulinien 24765, 24766

Marienplatz, Fischbrunnen
DESTOUCHES, in: Morgenblatt zur Bayer. Zeitung 1866, Nr. 262; ZfBK 1866/67, B. S. 125, 140, 153; Zs. für praktische Baukunst 27 (1867), Sp. 91; ALCKENS 1973, Nr. 98 f.; SCHATTENHOFER, in: BISTRITZKI 1974, S. 9 ff., Nr. 51;

Marienplatz, Mariensäule
BRUCKBRÄU: *Geschichte der Mariensäule in München*, München 1855; FORSTER 1895, S. 491 ff.; KDB 1902, S. 1192 f.; ALCKENS 1936, S. 136; SCHATTENHOFER, MICHAEL: *Die Mariensäule in München*, München 1970; Ausst. Kat. Maximilian I. 1980, Kat. Nr. 738 ff.; Untersuchungsberichte des BLfD Nr. 2, 1992; WOECKEL 1992, S. 58 ff.; BILLER/RASP 1994, S. 185

Marienplatz 1, 2, ehem. Hauptwache, sog. Thomas-Eck
CUVILLIÉS 1770 ff.; Häuserbuch II 1960, S. 134 ff.; ERDMANNSDORFFER 1972, T. 59a; STIMMELMAYR 1980, Nr. 38 u. Nr. 63; THINESSE-DEMEL 1980, S. 110, Abb. 5; STAHLEDER 1992, S. 400 f.; LANKES 1993, S. 222 ff.; BAUER 1994, S. 108; DUVIGNEAU 1994, Abb. 34 f.; BAUER/GRAF 1996, S. 80 f., 86 ff.;

Marienplatz 8, Neues Rathaus
DBZ 3 (1869), Nr. 39, S. 465; Organ für christliche Kunst 17 (1867), S. 58 f.; 18 (1868), S. 175 ff., 189 ff., 197 ff.; DBZ 4 (1870), Nr. 25, S. 206; REBER 1876, S. 207 ff.; DBZ 16 (1882), Nr. 4, S. 18; HEIGEL, KARL THEODOR: *München's Geschichten 1198–1806. Ein Kommentar zu Piloty's Kolossalgemälde im neuen Rathaus zu München*, München 1882; *Das neue Rathaus in München...*, München 1883; Wiener Bauindustrie-Zeitung 6 (1889), S. 459; Blätter für Architektur und Kunsthandwerk 8 (1895), H. 2, S. 10, T. 17; Schweizerische Bauzeitung 29 (1897), S. 105; DBZ 32 (1898), Nr. 100, S. 644; Süddeutsche Bauhütte 10 (1900), S. 82; DBZ 37 (1903), Nr. 53 f.; Nr. 57, S. 371; Schweizerische Bauzeitung 46 (1905), S. 93 ff.; Süddeutsche Bauhütte 18 (1908), S. 138 ff.; DIVORA, JOSEPH: *Das Rathaus zu München*, München 1909; MB I 1912, S. 592 ff.; ZAUNER 1914, S. 266 ff.; DOERING 1924; Häuserbuch I 1958, S. 169 ff.; LEHMBRUCH 1970; KRANZ-MICHAELIS 1976, S. 165; WAETZOLD 1977, Bd. 2, Nr. 22233 ff., LACHNER, CORBINIAN J.: *Münchner Glockenspiel – das Glockenspiel im Münchner Rathausturm*, München 1978; Bauen in München 1980, S. 31 f.; WAPPENSCHMIDT 1981, S. 49 f.; BAUER 1982, S. 33 ff. (Ratskeller); NERDINGER, WINFRIED/STENGER, BIRGIT: *Das Münchner Rathaus. Architektur zwischen Politik, Ehrgeiz und Intrige*, in: MAI, EKKEHARD (Hg.): *Das Rathaus im Kaiserreich*, Berlin 1982, S. 151 ff.; HOLLWECK, LUDWIG: Schnell KF, Nr. 1268, 1986; HAUBERRISSER, in: Ausst. Kat. Prinzregentenzeit 1989, S. 154 ff.; MÜLLER-HEYDENREICH, in: ZUBER 1989, S. 53 ff.; GIESS 1990, S. 73 f.; STÖRMER 1990, S. 26 ff.; *Neues Rathaus München*, um 1990 (Faltblatt), hg. v. d. Landeshauptstadt München; MBM 152, 1991, S. 280 ff.; STAHLEDER 1992, S. 490, 495; BAUER 1994, S. 104 f. (Vorbebauung); GEDON 1994, S. 44 ff.; SEIDEL 1995, S. 70 f.; BAUER, RICHARD: *Marienplatz und Rathaus*, München 1997; BILLER/RASP 2003, S. 185 f.; WURST, in: BAUMSTARK, REINHOLD/BÜTTNER, FRANK (Hg.): *Großer Auftritt. Piloty und die Historienmalerei*, Ausst. Kat. Neue Pinakothek München 2003, S. 374 ff.; HUBER, BRIGITTE: *Das Neue Rathaus in München*, Ebenhausen 2006 – StadtAM LBK 19224

Marienplatz 11
ZIMMERMANN 1984, S. 298

Marienplatz, Fischbrunnen (Forts.)
Fotokatalog Münchener Brunnen, um 1982, S. 15; MB II 1984, S. 542; BAUER 1997, S. 22 ff.

Marienplatz 15, Altes Rathaus
WIEBEKING 1826, T. 26; ZENETTI, in: ABZ (1868), S. 12 f.; DBZ 16 (1882), Nr. 4, S. 18; KDB 1902, S. 1176 ff.; ZAUNER 1914, S. 263 ff.; München baut auf 1938, S. 117 ff.; SOLLEDER 1938, S. 249 ff., 370 f.; SCHATTENHOFER, MICHAEL: *Das Alte Rathaus in München*, München 1972; BUCHENRIEDER/RAMISCH, in: JBD 30 (1975/76), S. 114 ff.; FEKETE, JULIUS: *Denkmalpflege und Neugotik im 19. Jh. dargestellt am Beispiel des Alten Rathauses in München* (MBM 96), 1981; STÖRMER 1990, S. 20 ff.; HOLLWECK, LUDWIG: Schnell KF, Nr. 1268, 1986²; HEMMETER 1995, S. 126; STAHLEDER 1995a; MÜLLER-MEININGEN, JOHANNA: *Die Moriskentänzer und andere Arbeiten des Erasmus Grasser für das Alte Rathaus in München*, Regensburg 1996; BAUER 1997, S. 25 ff.; BILLER/RASP 2003, S. 186 ff.; ROHMEDER 2003, S. 111 ff.; BAUER, CARLA: *Das Alte Rathaus in München. Städtebauliche und denkmalpflegerische Aspekte des Wiederaufbaus nach 1945*, Mag. Arb. LMU München 2007 – StadtAM LBK 19225

Marienplatz 21
MB I 1912, S. 352; Häuserbuch IV 1966, S. 77 f.; ERDMANNSDORFFER 1972, Abb. 11, T. 11b; TROST 1974, Kat. R 49; BAUER 1982, S. 37; Ausst. Kat. Süddeutsche Bautradition 1985, S. 50, 59; WALTER 1987, S. 143; BAUER/GRAF 1996, S. 92 f., 96 ff.

Marienstraße allgemein
RAMBALDI 1894, S. 174; Häuserbuch I 1958, S. 189 ff.; ALCKENS 1935, Nr. 175; ALCKENS 1973, Nr. 433 f.; STIMMELMAYR 1980, Nr. 22; STAHLEDER 1992, S. 219 f. – StadtAM LBK Baulinien 24767

Marienstraße 21, Haus der Studentenverbindung Vindelica e. V.
ALCKENS 1935, Nr. 111; Häuserbuch I 1958, S. 164 f., 209 ff.; STIMMELMAYR 1980, Nr. 22, 23; STAHLEDER 1992, S. 600 ff. (Turm Lueg ins Land); BILLER/RASP 2003, S. 243

Marsplatz allgemein
RAMBALDI 1894, S. 175; MEGELE I 1951, S. 62, 143; BAUER/GRAF 1986, S. 112; HORN/KARL 1989, S. 153; WEYERER 1993, S. 109 f.; LANKES 1993, S. 338 ff.; DOLLINGER 1994, S. 193; SCHMITT 2002, Bd. 1, S. 33 ff.; Bd. 2, Abb. 24 – 32 (ehem. eigene Villa Albert Schmidts von 1873, Marsstr. 14); (siehe auch Marsstraße allgemein)

Marsplatz, Senefelder-Denkmal
ALCKENS 1936, S. 60; MEGELE I 1959, S. 43; III 1960, S. 21; ALCKENS 1965, S. 49; ALCKENS 1973, Nr. 421 f.; HORN/KARL 1989, S. 154

Marsplatz 1, Wittelsbacher-Gymnasium
BM 7 (1909), H. 12, S. 133 ff.; SBZ 19 (1909), S. 1–8; MB I 1912, S. 494 f.; ZAUNER 1914, S. 354 f.; MEGELE I 1951, S. 99; III 1960, S. 49; LEHMBRUCH/DISCHINGER 1988, S. 84 f.; HORN/KARL 1989, S. 154; WEYERER 1993, S. 110 ff.; HABERSETZER, WALTHER: *Ein Münchner Gymnasium in der NS-Zeit*, München 1997 – StadtAM LBK 17191

Marsstraße allgemein
StadtAM LBK Baulinien 24772, 24773; (siehe auch Marsplatz allgemein)

Marsstraße, Burgfriedenssäule vor Nr. 46
WINSCHIERS 1990, S. 357 ff.

Marsstraße 26
MBB X 1904, T. 18 u. T. 43; Der Bau 28 (1913),

S. 152; BÖSSL 1966, S. 87 f.; Münchener Fassaden 1974, Nr. 221; SZ Nr. 254, 2.11.1984, S. 19; JBD 44 (1990), S. 237; HOFER 2002, S. 12 ff., 126

Marsstraße 43, Circus Krone
MEGELE I 1951, S. 121; ALCKENS 1973, Nr. 528; MB II 1984, S. 170; BAUER 1987, S. 130, 158; HORN/KARL 1989, S. 154; WEYERER 1993, S. 112 ff.; II 1996, S. 201 ff.; Architekturführer 1994, Nr. 202; BAUER 1995, S. 138; KÜRSCHNER, KLAUS-DIETER: *Von der Menagerie zum größten Circus Europas: Krone*, Berlin 1998; BARTELS, OLAF: *Der Circusbau Krone und der Baumeister Ludwig Galitz*, Hamburg 1999

Marstallplatz allgemein
HAEUTLE 1883; HAEUTLE 1892; RAMBALDI 1894, S. 175; STEFFEN, in: ABZ 71 (1906), S. 26 ff., T. 17 ff.; MB I 1912, S. 579 ff.; PFISTER/WALZ, in: BM 43 (1946), S. 73 ff.; LOTZ, in: Kunstchronik 1949, H. 9, S. 165 ff.; HUF, in: Deutsche Kunst und Denkmalpflege 1959, S. 1 ff.; WAGNER 1960, S. 18; MEITINGER, in: OA 92 (1970); KREISEL, in: Kunstchronik 1974, S. 110 ff.; Ausst. Kat. Wening 1977, Kat. Nr. 7, 50; WASEM 1981; MB II 1984, S. 152 f.; SEELIG, LORENZ: *The Munich Kunstkammer 1565–1807*, in: IMPEY, OLIVER (Hg.): *The Origins of Museum*, Oxford 1985, S. 76–89; HABEL 1993; KLINGENSMITH 1993; HEMMETER 1995, S. 112 ff.; WEINZIERL/WINKLER, in: Denkmalpflege Informationen B, Nr. 101, 1995; KNIPPING, in: Denkmalpflege Informationen C, 1996; WINKLER, in: *Bericht über die 40. Tagung für Ausgrabungswissenschaft und Bauforschung*, Wien 1998, S. 152–160; WINKLER, REINHOLD: *Zur archäologischen Grabung auf dem Marstallplatz hinter der Münchener Residenz*, Typoskript 1999; Ausst. Kat. Maximilian I. von Bayern 2001, S. 56 f.; BILLER/RASP 2003, S. 243 f.; HABERLIK 2004, S. 16 ff.

Marstallplatz, Felsenbrunnen
MB I 1912, S. 185; BISTRITZKI 1974, Nr. 354; HABEL 1993, S. 55

Marstallplatz 3/4/5/6, ehem. Hofreitschule und Marstall
Direktion der Museen und Kunstsammlungen des ehem. Krongutes in Bayern (Hg.): *Marstallmuseum in München. Hofwagenburg und Sattelkammer*, München 1923, S. 5 ff.; HEDERER 1964, S. 225 ff; HABERMANN, in: Ausst. Kat. Klassizismus 1980, S. 279; ZIMMERMANN, in: Ausst. Kat. Carl von Fischer, 1982, S. 82 ff.; PETZET, in: JBD 40 (1986), S. 15 ff.; VOSS 1987; GIESS 1990, S. 30 f.; HABEL 1993, S. 31 ff., 51, 55 f., 59 ff.; HEMMETER 1995, S. 120; THOSS 1998, S. 55 f.; Ausst. Kat. Hellas 1999; Bayern und die Antike 1999, S. 313 ff.; BUTTLAR 1999, S. 206 ff.; Ausst. Kat. Klenze 2000, S. 315 ff.; BILLER/RASP 2003, S. 243 f., 246 f.; DUNKEL, FRANZISKA: *Reparieren und Repräsentieren. Die Bayerische Hofbauintendanz 1804–1886*, Diss. LMU, München 2007 (Schriftenreihe zur bayerischen Landesgeschichte, 152), S. 116 ff. – StadtAM LBK 20129, 11310

Marstallplatz, Allerheiligen-Hofkirche
Kunstblatt 12 (1827), S. 46; 30 (1829), S. 117 ff.; 71 (1836), S. 293; KARLINGER 1933 (2. Aufl. 1966), S. 25; SCHROETER, G.H. VON: *Die Freskomalereien in der Allerheiligenkapelle*, München 1836; ABZ 2 (1837), S. 133, 361 ff., 372 ff., 433 ff.; *Die Allerheiligen-Kir-*

che oder die neue Hof-Kapelle in München, München 1837; SCHREINER, JOHANN GEORG (Hg.): *Die Fresco-Gemälde der kgl. Allerheiligen-Hofkapelle zu München*, München 1837 (Lithographien); *Die Allerheiligen-Hofkirche*, in: *Das Kgr. Bayern in seinen altertümlichen Schönheiten*, München 1840 (Reprint München 1970), T. 22; MÜLLER 1845, S. 39 ff.; MARGGRAFF 1846, S. 224 ff.; GESSERT 1847, S. 15 ff.; NAGLER 1863, S. 12 ff.; SEPP, in: Organ für christl. Kirche 19 (1869), S. 186 f.; REBER 1876, S. 111 f.; REIDELBACH 1888, S. 214 ff.; FORSTER 1895, S. 108 ff.; ZAUNER 1914, S. 28 f.; HEDERER 1964, S. 282 ff.; HABEL 1971, S. 9 ff.; LIEB/SAUERMOST 1973, S. 191 ff.; SCHLEICH 1978, S. 40 ff.; Ausst. Kat. Klassizismus 1980, Nr. 28, S. 162 ff.; HALTRICH, GÜNTHER-ALEXANDER: *Leo von Klenze – die Allerheiligenhofkirche in München* (MBM 115), München 1983; SCHOSSER, ERICH: *Die Allerheiligen Hofkirche in München – Die wahre Geschichte ihrer Rettung*, München 1987; ZIMMERMANN, in: Ausst. Kat. Romantik 1987, S. 216 ff.; HABEL 1993, S. 46 ff.; HEMMETER 1995, S. 120 f.; SCHROEDER, in: *Die Allerheiligen-Hofkirche – Perpetuus transitus, Bilder von Helmut Schober*, München 1997, S. 11 ff.; BEIL, in: Schönere Heimat 87 (1998), H. 3, S. 137 ff.; BUTTLAR 1999, S. 232 ff.; Ausst. Kat. Klenze 2000, Kat. Nr. 98; BILLER/RASP 2003, S. 244 ff.; FALTLHAUSER, KURT (Hg.): *Die Allerheiligen-Hofkirche der Münchner Residenz. Geschichte–Zerstörung–Wiederaufbau* (Festschrift), München 2003 (mit Beiträgen von S. Heym, F. Hufnagl, O. Meitinger); BAUMEISTER, NICOLETTE: *Allerheiligen-Hofkirche München* (Baukulturführer 5), Amberg 2004

Marstallstraße allgemein
RAMBALDI 1894, S. 175; HABEL 1993; VOLK-KNÜTTEL, BRIGITTE: *Hofstallungen und Wagenhäuser*, in: *Staats- und Galawagen der Wittelsbacher*, Bd. 2, hg. v. Rudolf Wackernagel, o. O. 2002

Massmannstraße allgemein
RAMBALDI 1894, S. 176 – StadtAM LBK Baulinien 24780

Massmannstraße, ehem. Turnanstalt
NAGLER 1863, S. 185; MB I 1912, S. 489; MEGELE I 1951, S. 126 (Dachauer Str. 96)

Massmannstraße, ehem. jüdischer Friedhof
STAHLEDER, in: SELIG 1988, S. 94; STAHLEDER 1995a, S. 243

Maxburgstraße allgemein
StadtAM LBK Baulinien 24791

Maximiliansbrücke
ABZ 32 (1867), S. 10 f., 197 f.; REBER 1876, S. 231 f.; HENSEL, in: DBZ 38 (1904), Nr. 55, S. 339 ff.; Wiener Bauindustrie-Zeitung 22 (1904/05), S. 63 ff.; MÖRSCH, in: Schweizerische Bauzeitung 45 (1905), S. 236 ff.; HALM, in: Moderne Bauformen 5 (1906), S. 146, 148, 153 f.; DK 1907, S. 214–224; DBZ 42 (1908), Nr. 32, T. vor S. 209, S. 211; Bautechnische Zs. 24 (1909), Beil. Nr. 29; Süddeutsche Bauhütte 10 (1909), Beilage 29; MB I 1912, S. 762; ZAUNER 1914, S. 188; ALCKENS 1936, S. 72; MEGELE I 1951, S. 35; WAGNER 1960, S. 25; BISTRITZKI 1974, Nr. 357; Ausst. Kat. Thiersch

1977, S. 132 ff.; HACKELSBERGER 1981, S. 95 ff.; MARSCHALL 1982, S. 372 f.; MB II 1984, S. 744; Ausst. Kat. Prinzregentenzeit 1988, S. 218; HEMMETER, in: JBD 44 (1990), S. 170 ff.; Ausst. Kat. Maximilian II. 1997, S. 170 ff.; KLAR 2002, S. 105; Isarbrücken 2008; RÄDLINGER 2008, S. 214–224

Maximiliansplatz allgemein
RAMBALDI 1894, S. 177 f.; DBZ 40 (1906), Nr. 60, S. 410, 451, T. vor S. 407; Nr. 67, S. 451 f.; Nr. 74, S. 501; Süddeutsche Bauhütte 7 (1907), H. 32, S. 1 f.; GRÖBE 1970, S. 35 f.; WANETSCHEK 1971, S. 33 ff., 44; Ausst. Kat. Klassizismus 1980, S. 185 ff.; LEHMBRUCH 1987a, S. 223–253, 317 ff.; BILLER/RASP 2003, S. 249 f. – StadtAM LBK Baulinien 24795–24799

Maximiliansplatz, Effner-Denkmal
THIERSCH 1925, S. 88, 107; ALCKENS 1936, S. 64; MEGELE I 1951, S. 40; MARSCHALL 1982, S. 375

Maximiliansplatz, Liebig-Denkmal
PECHT 1888, S. 305; MAERTENS 1892, T. 12; ZAUNER 1914, S. 170; HEILMEYER 1931, S. 82; ALCKENS 1936, S. 62; MEGELE I 1951, S. 41; LIST 1995, S. 12, Kat. Nr. 63

Maximiliansplatz, Nornenbrunnen
NEUMANN, in: Deutsche Bauhütte 10 (1906), S. 23; Schweizerische Bauzeitung 50 (1907), S. 222; LANGENBERGER, in: Bauingenieur-Zeitung 28 (1908), S. 450 f.; KLAPHECK, in: Die Kunst 19 (1918), H. 10, S. 348 ff.; HEILMEYER 1931, S. 125, 145; BISTRITZKI 1974, S. 60 f.; MB II 1984, S. 544; BILLER/RASP 1997, S. 191, 330; TOUSSAINT 1998, S. 154 f.; (siehe auch Karlsplatz)

Maximiliansplatz, Pettenkofer-Denkmal
MB I 1912, S. 735; ZAUNER 1914, S. 248 f.; ALCKENS 1936, S. 92 f.; MEGELE I 1951, S. 42

Maximiliansplatz, Pfalz-Gedenkstein
ALCKENS 1936, S. 156

Maximiliansplatz, Schiller-Denkmal
REIDELBACH 1888, S. 272; HEILMEYER 1931, S. 59; ALCKENS 1935, S. 72; GAMER, JÖRG: *Goethe-Denkmäler, Schiller-Denkmäler*, in: MITTIG/PLAGEMANN 1972, S. 149 f.; ALCKENS 1973, Nr. 388

Maximiliansplatz 5, ehem. Regina-Palast-Hotel
GEORGES, in: Der Profanbau 4 (1908), Nr. 17, S. 205 ff.; Stöhr 1925, S. 31 (Nr. 132), 34 f. (Nr. 224, 251), 127 f.; MEGELE I 1951, S. 74; BAUER 1982, S. 168 f.; SCHMITT, MICHAEL: *Palast-Hotels*, Berlin 1982, S. 47 ff., 140

Maximiliansplatz 8, ehem. Börse
THIERSCH, FRIEDRICH VON: *Die Errichtung des Neubaus „Haus für Handel und Gewerbe" Maximiliansplatz 8* (Denkschrift), München 1901; KH 1900/01, S. 217 ff.; Deutsche Bauhütte 6 (1902), S. 313, 392; SBZ 12 (1902), H. 15, S. 117–155; DBZ 37 (1903), Nr. 83, T. vor S. 529, S. 532 ff.; Moderne Bauformen 1904, S. 47 ff.; MBB XI 1905, T. 10 f., 30; BREDT, in: KH 12 (1908), S. 257–264; MB I 1912, S. 283 ff.; ZAUNER 1914, S. 52 f.; THIERSCH 1925, S. 163 f.; Ausst. Kat. Thiersch 1977, S. 103 ff.; MARSCHALL 1982, S. 297 ff.; Ausst. Kat. Prinzregentenzeit 1988, S. 194 f.; TOUSSAINT 1998; GIESS 1990, S. 87 f. – StadtAM LBK 19225

Maximiliansplatz 12a
MB II 1984, S. 406

Maximiliansplatz 15
ZIMMERMANN 1984, S. 299

Maximiliansplatz 18
RANK, in: DBZ 32 (1898), Nr. 99, S. 633 f., 637; Der Architekt 5 (1899), S. 16, T. 22; SBZ 9 (1899), S. 129 ff.; Deutsche Bauhütte 5 (1901), S. 261, 265; Häuserbuch II 1960, S. 55; RANK 1987, S. 138; LEHMBRUCH 1987a, S. 312 ff.; KLEIN 2008, S. 49, Abb. 29

Bei Maximiliansplatz 18, Maxtor
MB I 1912, S. 189, Abb. S. 191; REIS 1935, S. 31, 50, 76, 176; LIEB 1941, Schönes altes München 1965, Abb. S. 160; HUBER 1973, S. 43 f.; BISTRITZKI 1974, S. 167, Nr. 358; Ausst. Kat. Klassizismus 1980, S. 188 f.; LEHMBRUCH 1987a, S. 305 ff.; STAHLEDER 1992, S. 603; LANKES 1993, S. 243; BAUER 1994, S. 129

Maximiliansplatz 19
Stöhr 1925, WV Nr. 48 und 116; ALCKENS 1935, Nr. 127; Häuserbuch II 1960, S. 254

Maximiliansplatz 20
Häuserbuch II 1960, S. 253; ZIMMERMANN 1984, S. 299

Maximilianstraße allgemein
HÜBSCH, HEINRICH: *In welchem Style sollen wir bauen*, Karlsruhe 1828; GOTTGETREU, in: Zs. für Bauwesen 5 (1855), S. 353 ff., T. 36; NAGLER 1863, S. 103 f., 106 ff.; DBZ 9 (1875), Nr. 90, S. 451; REBER 1876, S. 77 ff.; RAMABLDI 1894, S. 178 f.; MEYER, JULIUS: *Die Münchener Maximilianstraße und der moderne Baustil* (1863), in: C. FIEDLER (Hg.): *Zur Geschichte und Kritik der modernen deutschen Kunst*, Leipzig 1895; ROSE, HANS: *Der Maximiliansstil*, in: DOEBERL, MICHAEL: *Die Entwicklungsgeschichte Bayerns*, Bd. III, München 1931, S. 331 ff.; HAHN 1953, S. 52, 77 ff.; WAGNER 1960, S. 18; HABEL, in: JBD 28, 1970/71, S. 284 ff.; WANETSCHEK 1971, S. 136 ff., 142 f.; Münchener Fassaden 1974, Abb. 228; HOJER 1974; HABEL, in: DKD 33 (1975), S. 18 ff.; GÖTZ, WOLFGANG: *Stileinheit oder Stilreinheit?*, in: HAGER, W./KNOPP, N. (Hg.): *Beiträge zum Problem des Stilpluralismus*, München 1977, S. 49 ff.; DRÜEKE, EBERHARD: *Die Maximilianstraße in München*, in: BRIX, MICHAEL (Hg.): *Geschichte allein ist nicht zeitgemäß*, Gießen 1978; NERDINGER, in: Ausst. Kat. Neureuther 1978, S. 51; KOTZUR 1978, S. 37 f., 56; Bauen in München 1980, S. 71; Ausst. Kat. Andere Tradition 1981, S. 53 ff.; DRÜEKE, EBERHARD: *Der Maximilianstil*, Mittenwald 1981; HAHN 1982; DIRRIGL 1984, Bd. I, S. 690 ff.; GIESS 1990, S. 46 f.; HEMMETER, in: JBD 44 (1990), S. 168 ff.; SCHMITZ 1992; HABEL 1993, S. 50 ff.; HEMMETER 1995, S. 148; ZUBER 1996; KOCH, in: Ausst. Kat. Maximilian II. 1997, S. 277 ff.; BILLER/RASP 1999, S. 191 f.; KLAR 2002, S. 77 ff., 86 ff., 169 ff., 283 ff.; STANKIEWITZ, KARL: *Prachtstraßen in München. Ludwig- und Maximilianstraße*, Dachau 2008 – StadtAM LBK Baulinien 24800

Maximilianstraße, Denkmäler
ALCKENS 1936, S. 32, 36, 50, 52; MACH, in: Denkmalpflege Informationen B, Nr. 109, 1998; DITTMAR, in: ZUBER 1996, S. 213 ff.

Maximilianstraße, Maxmonument
LÜBKE, in: ZfbK 1867, S. 53; MAERTENS 1892, T. 22; KOLISKO 1931; ALCKENS 1936, S. 58; ZIEGLER, in: MITTIG/PLAGEMANN 1972, S. 113 ff., 357 ff.; HABEL, in: *Monumenta Bavariae*, Kalender 1987 (Hg. BLfD u. Bayer. Landesverein f. Heimatpflege), Bl. Mai; HEM-

METER, in: JBD 44, 1990, S. 170; DROTT, in: ZUBER 1996, S. 222 ff.

Maximilianstraße, Gartenmauern am Maxmonument
Festschrift Wilhelmsgymnasium 1959, S. 105 f., 143 (Anm. 229); WANETSCHEK 1971, S. 145

Maximilianstraße 6/8, Münzarkaden
REBER 1876, S. 132; Häuserbuch I 1959, S. 105 f.; SCHLEICH 1978, S. 108 f.; HAHN 1982, S. 53 f.; SCHMITZ 1992, S. 58 ff.; HARZENETTER 1994, S. 31 ff.; PETZET 1996; ZUBER 1996, S. 42 ff., 115 f.; Ausst. Kat. Maximilian II. 1997, S. 284 f.; KLAR 2002, S. 302 ff.; BILLER/RASP 2003, S. 253 – StadtAM LBK 19228

Maximilianstraße 10/12/14/16, sog. Hayler-Block
Alte Firmen 1955, S. IX, 20, 23; HAHN 1982, S. 60, 84; GIESS 1990, S. 62; SCHMITZ 1992, S. 71; STAHLEDER 1992, S. 98 f., 568 ff.; HABEL 1993, S. 42 f., 52 f.; ZUBER 1996, S. 50, 116 ff.; KLAR 2002, S. 325 ff. – StadtAM LBK 19229, 19231, 19232

Maximilianstraße 11, ehem. Block 11/13/15
HAHN 1982, S. 60, 62; BOSL 1983, S. 352; HABEL 1993, S. 51 ff., 54 (Abb.), 58; SCHMITZ 1992, S. 66 f.; ZUBER 1996, S. 108 f., 147 ff.; KLAR 2002, S. 314; HABERLIK 2004, S. 16 ff. – StadtAM LBK 19230

Maximilianstraße 17/19, Hotel Vier Jahreszeiten
München 1858; Schweizerische Bauzeitung 43 (1904), S. 70 ff.; WAGNER 1960, S. 300; BAUER 1982, S. 142; HAHN 1982, S. 59 f., 63; SCHMITT 1982, S. 47; GIESS 1990, S. 51; SCHMITZ 1992, S. 71 f.; WALTERSPIEL, in: ZUBER 1996, S. 128 ff.; Ausst. Kat. Maximilian II 1997, Nr. 59; BILLER/RASP 2003, S. 253 f.; *Seit 1852 Hotel Vier Jahreszeiten München* (Hg. Kempinski Hotel Vier Jahreszeiten), München, o. J. – StadtAM LBK 19233

Maximilianstraße 18, 20
HAHN 1982, S. 60; GIESS 1990, S. 51; SCHMITZ 1992, S. 67 f.; ZUBER 1996, S. 122 f.; KLAR 2002, S. 315 f. – StadtAM LBK 19234, 19235

Maximilianstraße 21/23/25/27
MÜLLER, OSKAR A.: *Albert v. Keller*, München 1981, S. 262 ff.; HAHN 1982, S. 60, Abb. S. 62, 64; Ausst. Kat. Franz Hanfstaengl 1984, S. 155 ff., Nr. 25, 27; KOCH 1991, S. 71 ff.; SCHMITZ 1992, S. 67; ZUBER 1996, S. 150 ff.; KLAR 2002, S. 318 f. – StadtAM LBK 19236; StadtAM LBK 19237

Maximilianstraße 22/24/26/28/30a (letztes ehem. Nr. 30), Riemerschmid-Block
DOEBERL, MICHAEL: *Die Entwicklungsgeschichte Bayerns*, Bd. III, München 1931, S. 331–352; ALCKENS 1935, Nr. 97; HAHN, in: *100 Jahre Maximilianeum* (Hg. H. Gollwitzer), 1952, S. 77–166; Kunstchronik 24 (1971), H. 5, S. 113–118; LIEB 1972, S. 291–296; JBD 28 (1973), S. 284–302; Die Deutsche Stadt im 19. Jh. 1974, S. 33–65; Münchener Fassaden 1974, Nr. 228; HAHN 1982, S. 60, 72; MISCHKE-JÜNGST 1991; SCHMITZ 1992, S. 69 f.; DROTT, in: ZUBER 1996, S. 158 ff.; BILLER/RASP 1999, S. 193; KLAR 2002, S. 322 ff. – StadtAM LBK 20669, 19238, 19239, 19240

Maximilianstraße 26, Schauspielhaus
BUSSE, PAUL: *Das Schauchner Schauspielhaus im Neuen Heim*, München 1901; *Das Münchner Schauspielhaus*, Denkschrift (Hg. Fa. Heilmann & Littmann), München 1901; DBZ 1901, S. 217 f; SBZ 11 (1901), S. 187 ff.; KH 51 (1901), S. 281 f.; DK 7/8, 1901/02, S. 236 ff.; WOLF 1931, S. 42 ff.; PETZET, WOLFGANG:

Theater. Die Münchner Kammerspiele 1911–72, München 1973; NERDINGER, in: Bauen in München 1980, S. 41 f.; Ausst. Kat. Riemerschmid 1982, S. 387 ff. (mit älterer Lit.); SCHAUL, BERND-PETER: *Schauspielhaus*, in: Theater (BLFD Kalender 1989); BILLER/RASP 1994, S. 193; Architekturführer 1994, Nr. 148 1989

Maximilianstraße 29/31
JBD 31 (1977), S. 200; HAHN 1982, S. 60, Abb. S. 64–76; KOCH 1991, S. 94 ff.; SCHMITZ 1992, S. 67 f.; ZUBER 1996, S. 59 f., 113 f.; KLAR 2002, S. 320 – StadtAM LBK 19239a

Maximilianstraße 32
ALCKENS 1935, Nr. 80; HOJER 1974, S. 44 ff.; Münchener Fassaden 1974, T. IV, Abb. 227; HAHN 1982, S. 59, Abb. S. 71; GIESS 1990, S. 49 ff.; MISCHKE-JÜNGST 1991; SCHMITZ 1992, S. 61; ZUBER 1996, S. 95 ff.; KLAR 2002, S. 308 ff. – StadtAM LBK 19242

Maximilianstraße 34
DBZ 35 (1901), Nr. 34, S. 217 ff.; SBZ 11 (1901), S. 187 ff.; Wiener Bauindustrie-Zeitung 19 (1902), S. 365 ff.; NDBZ 3 (1907), Nr. 26, S. 208; HAHN 1982, S. 60; MISCHKE-JÜNGST 1991, S. 42 ff.; SCHMITZ 1992, S. 61 ff.; ZUBER 1996, S. 181 ff.; KLAR 2002, S. 310 ff. – StadtAM LBK 19243, 19241

Maximilianstraße 36/38/40
HAHN 1982, S. 60; Bauten und Plätze 1985/88, Nr. 344; MISCHKE-JÜNGST 1991, S. 42 ff.; SCHMITZ 1992, S. 61 ff.; ZUBER 1996, S. 181 ff.; KLAR 2002, S. 310 ff. – StadtAM LBK 19244

Maximilianstraße 39, Regierung von Oberbayern
REBER 1876, S. 129 f.; ZAUNER 1914, S. 269 f.; *Festschrift zur Übergabe des wiederinstandgesetzten Dienstgebäudes der Regierung von Oberbayern*, München 1954; RITZ, in: DKD 12 (1954), S. 117–119; WAGNER 1960, S. 334 ff.; HOJER 1974, S. 48 f., Abb. 7, 19; HAHN 1982, S. 43 ff.; Bauten und Plätze 1985/88, Nr. 112; GIESS 1990, S. 46 f.; SCHMITZ 1992, S. 46 ff.; BILLER/RASP 1994, S. 193; HEMMETER 1995, S. 148; DEHIO 1996, S. 145; KIRNER, in: ZUBER 1996, S. 196 ff.; KOCH, in: Ausst. Kat. Maximilian II. 1997, S. 291 ff.; KLAR 2002, S. 94 ff., 292 ff.; REHM-DEUTINGER, in: DEUTINGER, STEPHAN u. a.: *Die Regierungspräsidenten von Oberbayern im 19. und 20. Jahrhundert*, München 2005, S. 51 ff. – StadtAM LBK 19245

Maximilianstraße 42, Altes National-/Völkerkundemuseum
Zs. für praktische Baukunst 22 (1862), Sp. 86; NAGLER 1863, S. 115 f.; Kat. BNM, München 1868; REBER 1876, S. 80 f., 195 f.; SPRUNER, CARL VON: *Characterbilder aus der bayer. Geschichte: Zur Erläuterung der Wandbilder des Bayer. Nationalmuseums*, München 1878 (9. Aufl.); REIDELBACH 1888; HEFNER-ALTENECK, J.H. VON: *Entstehung, Zweck und Einrichtung des Bayer. Nationalmuseums in München*, Bamberg 1890; WAGNER 1960, S. 227 f., 247 ff.; HOJER 1974, S. 49; HAHN 1982, S. 49 f.; DIRRIGL, Bd. 2, 1984, S. 717 ff.; GIESS 1990, S. 48 f.; SCHMITZ 1992, S. 39 ff.; HARRER, CORNELIA VON: *Das ältere Bayer. Nationalmuseum an der Maximilianstraße in München*, München 1993; KARNAPP, in: Architekturführer 1994, Nr. 150; HEMMETER 1995, S. 148; KIRNER, in: ZUBER 1996, S. 201 ff.; KOCH, in: Ausst. Kat. Maximilian II. 1997, S. 294 ff.; KLAR 2002, S. 289 ff.; BILLER/RASP 2003,

S. 255 f.; KARNAPP, BIRGIT-VERENA: „...*diese Mir lieb gewordene Idee*". *Zur Baugeschichte des alten Bayerischen Nationalmuseums an der Maximilianstraße*, in: EIKELMANN, R./BAUER, I. (Hg.): *Das Bayerische Nationalmuseum 1855–2005*, München 2006, S. 59–71 – StadtAM LBK 19246

Maximilianstraße 43, 45, 47
HAHN 1953; ZUBER 1996, S. 212; Ausst. Kat. Maximilian II. 1997, S. 285; Wirtshäuser 1997, S. 90; KLAR 2002, S. 329 f. – StadtAM LBK 19247; 19250

Maximilianstraße 44/46 und 48, 50, 52
HAHN 1982, S. 60; ZUBER 1996, S. 212; KLAR 2002, S. 328 – StadtAM LBK 19249

Maximilianstraße 53
Münchener Fassaden 1974, Abb. 357; BAUER/VALENTIN 1982, S. 128; Architekturführer Bayern 1985, S. 37; ZUBER 1996, S. 71 ff.

Max-Joseph-Brücke
Jb. d. Baukunde 2 (1832), H. 1, S. 45 ff.; KLING, in: ZbBv 22 (1902), S. 427; HALM, in: Moderne Bauformen 5 (1906), S. 149 f., 154 f.; KH 1906/07, S. 41 ff.; AR 23 (1907), H. 6, S. 45 ff.; Die Architektur des 20. Jh., 8 (1908), H. 4, S. 45, T. 97; Bautechnische Zs. 24 (1909), Beil. Nr. 29, 30; Süddeutsche Bauhütte 10 (1909), Beil. 29; Blätter für Architektur und Kunsthandwerk 23 (1910), S. 6, T. 15 f.; MB I 1912, S. 761 f.; ZAUNER 1914, S. 192 f.; MEGELE I 1951, S. 35; WAGNER 1960, S. 26; HACKELSBERGER 1981, S. 109 ff.; Ausst. Kat. Theodor Fischer 1989, S. 194; HEMMETER, in: JBD 44 (1990), S. 167; KARL, WILLIBALD (Hg.): *Bogenhausen*, München 1992, S. 72 ff., 90 ff., Abb. S. 39 ff.; Isarbrücken 2008; RÄDLINGER 2008

Max-Joseph-Platz allgemein
BAUMGARTNER 1805; RAMBALDI 1894, S. 179 ff.; Häuserbuch I 1958; KÜCKER, in: OA 86 (1963), S. 1–158; KÜCKER, in: OA 87 (1963), S. 223–230; PRESSLER 1977, Kat. Nr. 409 f.; STAHLEDER 1992, S. 222; BAUER 1993, S. 114 ff.; *König Max Joseph I. Modell und Monument. Zu einer Installation von Erich Lindenberg in der Alten Münze in München* (Arbeitsheft BLfD 86), München 1996; BILLER/RASP 1999, S. 195 – StadtAM LBK Baulinien 24802

Max-Joseph-Platz 1, Altes und Neues Residenztheater
TRAUTMANN 1895, S. 128 ff.; KDB 1902, S. 1137 f.; MB I 1912, S. 236, Abb. S. 234; *200 Jahre Residenztheater in Wort und Bild*, Festschrift zur Eröffnung des Residenztheaters am 28.01.1951, München 1951; BERTRAM, in: DKD 15 (1957), S. 12 ff.; 16 (1958), S. 95 ff.; Bayerische Verwaltung der staatlichen Schlösser, Gärten und Seen (Hg.): *Festschrift zu Eröffnung des alten Residenztheaters (Cuvilliéstheater)*, München 1958; SCHÖNE, in: Ausst. Kat. Europäisches Rokoko 1958, S. 320 ff.; BRUNNER, in: Das Bayerland 62 (1960), S. 131 ff.; LACHNER, JOHANN/STEINMETZ, HILDEGARD: *Das Alte Residenztheater zu München – „Cuvilliéstheater"*, München 1960; WOLF 1967, S. 71 ff.; ZIELSKE, HARALD: *Deutscher Theaterbau bis zum Zweiten Weltkrieg*, Berlin 1971, S. 81 ff.; STEINER 1974, S. 127 ff.; NÖLLE, in: *Die Wittelsbacher und ihre Künstler in acht Jahrhunderten*, München 1980, S. 269 ff.; BAUMGARTNER 1981, S. 28 ff.; MB II 1984, S. 163 ff.; VOLK 1984, S. 191; BRAUNFELS

1986, S. 129 ff., 182; WALZ/MEITINGER/BEIL 1987, S. 67 ff.; MANNEWITZ, in: DKD 46 (1988), Nr. 1, S. 21 ff.; BAUER/RUPPRECHT 3/II 1989, S. 346 ff.; BRUNNER, HERBERT: *Altes Residenztheater in München*. Amtl. Führer (BSV), München (1958) 1990; HEMMETER 1995, S. 118; HEYM, SABINE: *Das Alte Residenztheater – Cuvilliés-Theater in München*, München 1995; DEHIO 1996, S. 116 f.; IZENOUR, GEORGE C.: *Theater Design*, New Haven/London 1996, S. 50 f.; NEUMANN, in: *Opernbauten des Barock*, Tagung des Deutschen Nationalkomitees von ICOMOS und der Bayer. Verwaltung staatlicher Schlösser, Gärten und Seen, Bayreuth 25.–26. September 1998, ICOMOS Hefte 31, München 1998, S. 27 ff.; BILLER/RASP 2003, S. 259, 346 f.; HEYM, SABINE/PONTE, SUSANNE DE/NEUMANN, HERMANN: *Das Cuvilliés-Theater*, München 2008 – StadtAM LBK 11315

Max-Joseph-Platz 2, Nationaltheater
Kunstblatt 6 (1825), S. 129 ff., 133 ff., 205 ff., 209 ff., 213 ff.; MEISER, F.: *Das königliche Hof- und Nationaltheater-Gebäude...*, München 1840; ABZ 6 (1841), S. 355–370, T. 420–435; Schweizerische Bauzeitung 7 (1886), S. 126; DBZ 23 (1889), Nr. 29, S. 171 f.; 29 (1895), Nr. 20, S. 127; Wiener Bauindustrie-Zeitung 9 (1892), S. 225; MB I 1912, S. 239 ff.; HAHN 1952, S. 60; BERTRAM, in: DKD 13 (1955), S. 26 ff.; WANKMÜLLER, ILSE: *Das Münchner Nationaltheater*, ungedr. Phil. Diss. München 1956; HEDERER 1960, S. 75 ff.; FISCHER, in: DKD 21 (1963), S. 1 ff.; *Nationaltheater München*, Festschrift der Bayer. Staatsoper 1963; *Festliche Oper. Geschichte und Wiederaufbau des Nationaltheaters in München*, hg. v. Freistaat Bayern, Freunde des Nationaltheaters München, 1964; FISCHER, KARL: *Der Wiederaufbau des Münchener Nationaltheaters*, in: Der Architekt und der Bauingenieur 1964, Nr. 1, S. 2 ff.; HEDERER 1964, S. 243 ff.; HEID, in: Der Architekt und der Bauingenieur 1964, Nr. 1, S. 10 ff.; HEDERER, in: MJBK 20 (1969), S. 219–236; OTTEN 1970, S. 110; BACHLER, KARL: *Gemalte Theatervorhänge in Deutschland und Österreich*, München 1972, S. 120 f., Abb. 53 f.; BRIX, in: Denkmalpflege in der BRD 1974, S. 40 ff.; FRIEDRICHS-FRIEDLÄNDER 1980, S. 52 ff.; HEDERER, in: Ausst. Kat. Max I. Joseph 1980, S. 589 ff.; SCHAUL, in: Ausst. Kat. Klassizismus 1980, S. 252 ff.; NERDINGER/HABERMANN, in: Ausst. Kat. Carl von Fischer 1982, S. 50 ff.; SPRINGORUM-KLEINER 1982, S. 52 ff.; MB II 1984, S. 169; HABEL, in: DKD 46 (1988), H. 1, S. 31 ff.; HABEL, HEINRICH, in: Theater (Kalender BLfD 1989); LENZ, ANGELIKA/HUBER, HANS: *Die Portrait-Galerie im Nationaltheater*, München 1990; HESSLER, in: Nationaltheater 1992, S. 207 ff.; HABEL 1993, S. 50 f.; HEMMETER 1995, S. 118 ff.; THOSS 1998, S. 57 ff.; BUTTLAR 1999, S. 242 f.; Ausst. Kat. Klenze 2000, S. 357 ff.; ULRICH, CLARA: *Das Kgl. Hof- und Nationaltheater unter Max I. Joseph von Bayern*, München 2000; KLAR 2002, S. 339; BILLER/RASP 2003, S. 260 ff.

Max-Joseph-Platz, Max-Joseph-Denkmal
Kunstblatt 16 (1835), S. 412; ABZ 1 (1836), S. 33 f.; Zs. über das gesamte Bauwesen 1836, H. 2, S. 59 f.; NAGLER 1863, S. 108 f.; EGGERS 1878, Bd. 2, S. 388 ff.; REIDELBACH 1888, S. 273 f.; MAERTENS 1892, T. 15; ALCKENS 1936, S. 8; HEDERER 1964, S. 373; ESCHEN-

BURG, BARBARA: *Das Denkmal König Maximilians I. Joseph in München: 1820–1835*, Phil. Diss. München 1970 (publ. 1977); ESCHENBURG, in: MITTIG/PLAGEMANN 1972, S. 49 ff., Abb. S. 325 ff.; Ausst. Kat. Ludwig I. 1986, Nr. 332–335; Ausst. Kat. Max I. Joseph 1990, Nr. 1305 ff.; *König Max I. Joseph. Modell und Monument* (Arbeitsheft BLfD 86), München 1996; SIMSON 1996, S. 236 ff., Nr. 146; ERICHSEN, JOHANNES/BROCKHOFF, EVAMARIA (Hg.): Ausst. Kat. Bayern und Preussen (hg. v. Haus der Bayer. Geschichte), Augsburg 1999, Nr. 9.9, 9.10; BUTTLAR 1999, S. 242 ff.; Ausst. Kat. Klenze 2000, S. 513 f.; BILLER/RASP 2003, S. 258 f.

Max-Joseph-Platz 3, Königsbau der Residenz
siehe Residenzstraße 1

Max-Joseph-Straße allgemein
RAMBALDI 1894, S. 181; LEHMBRUCH, in: Ausst. Kat. Klassizismus 1980, S. 200 ff. – StadtAM LBK Baulinien 24803

Max-Joseph-Straße 2
HALM, in: KH 62, 1911/12, S. 253 ff.; MB I 1912, S. 353; BM 11 (1913), H. 9, S. 101; ZAUNER 1914, S. 68; BÖSSL 1966, S. 97 f.; Vergangene Tage 1982, S. 294; TOUSSAINT, ANGELA: *Eine Zierde der Stadt: München–Maximiliansplatz. Das Gebäude der Industrie- und Handelskammer im Wandel der Zeit,* Dachau 1998, S. 122 ff.; Ausst. Kat. Friedensengel 1999, S. 263 f., Kat. Nr. 374–376; SCHICKEL, in: HOFER 2002, S. 134 f.

Max-Joseph-Straße 9, ehem. Palais Schrenck-Notzing
MB I 1912, S. 396 f.; STEFFEN, in: Österreich. Wochenschrift für den öffentlichen Baudienst 20 (1914), S. 207 ff., T. 26 f.; DOERING 1924, S. 22, Abb. 44–46; Stöhr 1925, S. 30, 67; BÖSSL 1966, S. 78 ff.; Denkmalpflege Informationen B, Nr. 59, 1982; BILLER/RASP 1994, S. 210; SCHICKEL, in: HOFER 2002, S. 132

Max-Planck-Straße 1, Maximilianeum
HAHN 1952, S. 54 ff.; HABEL, in: JBD 28 (1973); HOJER 1974, S. 49 ff.; GIESS 1990, S. 47 f.; ALTMANN, LOTHAR/VON DER MÜLBE, WOLF CHRISTIAN: *Das Maximilianeum in München*, Regensburg 1993 (mit weiterer Lit.)

Mazaristraße allgemein
RAMBALDI 1894, S. 181; Häuserbuch II 1960, S. 85 (P. Mazari), 151 f.; STAHLEDER 1992, S. 222 f.

Meiserstraße allgemein
StadtAM LBK Baulinien 24813

Meiserstraße 6/8, 10
siehe Arcisstraße 12

Meiserstraße 9
StadtAM LBK 18506

Meiserstraße 10, ehem. NS-Verwaltungsbau, heute Haus der Kulturinstitute
Bauen in München 1980, S. 93 f.; MB II 1984, S. 442; LAUTERBACH, IRIS/ROSENFELD, JULIAN/STEINLE, PIERO (Hg.): *Bürokratie und Kult. Das Parteizentrum der NSDAP am Königsplatz in München*, München 1995; LAUTERBACH, IRIS (Red.): *Das Zentralinstitut für Kunstgeschichte München*, München 1997; BILLER/RASP 1999, S. 213

Meiserstraße 11
SCHMITT 2002, I S. 69 ff., II Abb. 165–175 – StadtAM LBK 17206

Meiserstraße 13, ev. Landeskirchenamt
Baukunst 1930, H. 9, S. 251 ff., 270 f.; NERDINGER, in: Ausst. Kat. Zwanziger Jahre 1979, S. 349; MB II 1984, S. 367; Ausst. Kat. Süddeutsche Bautradition 1985, S. 51, 55, 73; Architekturführer 1994, Nr. 82

Müllerstraße allgemein
RAMBALDI 1894, S. 188; Ausst. Kat. Neureuther 1978, S. 109 f. (ehem. Müllerstr. 3); DOLLINGER 1995, S. 205 – StadtAM LBK Baulinien 24846, 24847

Müllerstraße 2/4
BAUMANN 1832, S. 164; NAGLER 1834, S. 112; NAGLER II 1863, S. 9; MEGELE I 1951, S. 19; ZIMMERMANN 1984, S. 330

Müllerstraße 7
MEGELE I 1951, S. 99, 144; THINESSE-DEMEL 1980, S. 173 ff.; Bauten und Plätze 1985/88, Nr. 100; Architekturführer 1994, Nr. 51

Müllerstraße 11
ZIMMERMANN 1984, S. 299

Müllerstraße 13
ZIMMERMANN 1984, S. 299

Müllerstraße 24
ZIMMERMANN 1984, S. 299, 330 (als ehem. Nr. 21); JBD 44 (1990), S. 237

Müllerstraße 40, ehem. Optisches Institut
ZIMMERMANN 1984, S. 299, 330 (als ehem. Nr. 11); BILLER/RASP 2003, S. 290; VENTZKE, KARL: *Fraunhofers Nachfolger am Optischen Institut zu München*, Beiträge zur Astronomiegeschichte, Bd. 7, 2004, S. 170 ff.; RÄDLINGER 2005, Abb. S. 32

Müllerstraße 44
MBB VI 1901, T. 24 u. 28; Münchener Fassaden 1974, Nr. 231

Müllerstraße 56
Die Raumkunst 1 (1908), H. 13, S. 193 ff.; SBZ 19 (1909), S. 161 ff.; Münchener Fassaden 1974, Nr. 232; Baudenkmalpflege 1999, S. 38 f.; KLEIN 2008, S. 54

Münzstraße allgemein
RAMBALDI 1894, S. 188; Häuserbuch I 1958, S. 215 ff; STIMMELMAYR 1980, Nr. 9; STAHLEDER 1992, S. 229 ff. – StadtAM LBK Baulinien 24850

Neuhauser Straße allgemein
RAMBALDI 1894, S. 190 f.; Häuserbuch II 1960; III 1962; STIMMELMAYR 1980, Nr. 67 f.; STAHLEDER 1992, S. 234 f.; BILLER/RASP 1999, S. 220; MB II 1984, S. 490 – StadtAM LBK Baulinien 24868–24870

Neuhauser Straße 2 (ehem. 52), ehem. Augustinerkirche (Augustinerstock)
WESTENRIEDER 1782, S. 184 ff.; Arch. Studien 2 (1884/85), H. 11; FORSTER 1895, S. 287 ff.; KDB 1902, S. 953 f.; SCHEGLMANN 1903, Bd. II, S. 310 ff.; SCHMITT, in: SBZ 5 (1904); 16 (1906), S. 49 ff.; HOFMANN, in: DBZ 40 (1906), Nr. 13, S. 83 ff.; LASSER, in: Der Profanbau 2 (1906), Nr. 14, S. 240; SEIDL, GABRIEL VON: *Denkschrift über die Erhaltung und künftige Verwendung der alten Augustinerkirche, nun Mauthalle, in München*, München 1906; TITTRICH, in: DBZ 40 (1906), Nr. 66, S. 446; CK 5 (1908/09), S. 235 ff.; STEFFEN, in: Der Städtebau 5 (1908), S. 108 f.; DBZ 43 (1909), Nr. 55, S. 369 ff.; Nr. 56, S. 377 ff.; Nr. 58, S. 389 ff.; Nr. 60, S. 408; Nr. 65, S. 443; KALKSCHMIDT, in: NDBZ 5 (1909), S. 369 ff.; POINT-

NER, in: AR 26 (1910), H. 1, S. 6 ff.; CREUTZ, in: Die Architektur des 20. Jh., 1912, 11. Sonderheft, S. 48 ff.; ZAUNER 1914, S. 40 ff.; VON REUTER: *Der Umbau der Augustinerkirche in München*, in: 13. Tag für Denkmalpflege, Augsburg 20./21.09.1917, S. 137 ff.; LIEB 1941, S. 40; HEMMERLE, JOSEF: *Geschichte des Augustinerklosters in München*, München-Pasing 1956, S. 50 ff.; DERS.: *Archiv des ehem. Augustinerklosters in München* (Bayer. Archivinventare H. 4), München 1956; DERS.: *Die Klöster der Augustiner-Eremiten in Bayern*, München-Pasing 1958, S. 50 ff.; SÄLZLE, KARL: *Deutsches Jagdmuseum München*, Eröffnungskatalog, München 1966; PFISTER 1968, Abb. 125; LIEB/SAUERMOST 1973, S. 11; KOBLER, in: Ausst. Kat. Frühe Herzöge 1980, I/1, S. 433; BAUER/VALENTIN 1982, Abb. 70; HERRBACH, in: OA 111 (1986), S. 7–45; RANK 1987, S. 51 f.; Ausst. Kat. Theodor Fischer 1988, S. 183 f.; LIEB 1988, S. 29, 33, 187; BAUER 1993, S. 117 f.; Monachium Sacrum I 1994, S. 84 f., 103 f.; HEMMETER 1995, S. 98; STAHLEDER 1995a, S. 62 f., 333; KOBLER, in: DEHIO 1996, S. 43 f.; BILLER/RASP 2003, S. 297 ff.; Ausst. Kat. Fenster zur Vergangenheit, 2006, Abb. 57–59 – StadtAM LBK 19263

Neuhauser Straße 6, Jesuitenkirche St. Michael
WESTENRIEDER 1782, S. 165 ff.; BAUMGARTNER 1805, T. XLIX (Fürstengruft); FORSTER, J.M.: *Beiträge zur Geschichte der St. Michaels Hofkirche in München*, München 1883; GMELIN, in: SEEMANN, *Deutsche Renaissance*, Abt. 18, H. 2–3, 1883; GMELIN, LEOPOLD: *Die St. Michaelskirche in München und ihr Kirchenschatz*, Bamberg 1890; FORSTER 1895, S. 215 ff.; SCHULZ, ADALBERT: *Die Michaels-Hofkirche in München*, München 1897; KDB 1902, S. 1027 ff.; LEITOLF, in: SBZ 15 (1905), S. 255 ff.; BRAUN 1910, S. 49 ff.; ZAUNER 1914, S. 194 ff.; FRANKL, in: MJBK 10 (1916/17), S. 1 ff.; BRAUN, in: MJBK, NF 8 (1931), H. 3, S. 243 ff. und MJBK, NF 10 (1933), S. 247 ff.; SCHULZ: Schnell KF, Nr. 130/13, 1936 und Nr. 130, 1998; FEUCHTMAYR, in: THIEME/BECKER Bd. 32, 1938, S. 309 (siehe Sustris); PFISTER, in: BM 14 (1947), S. 236 ff., T. 23–28; HEGEMANN, HANS WERNER: *Der wiederenthüllte St. Michael*, Regensburg 1949; BERTRAM, in: DKD 1953, S. 131 ff. und 1954, S. 128; SCHALKHAUSSER, in: OA 81/82 (1957), S. 1 ff.; SCHADE, in: Christl. Kunstblätter 3, Linz 1958, S. 11 ff.; Häuserbuch II 1960; SCHADE, in: Das Münster 13 (1960), S. 238 f.; SCHADE, in: *Der Mönch im Wappen. Aus Geschichte und Gegenwart des katholischen Münchens*, München 1960, S. 209 ff.; BERTRAM, in: DKD 1961, S. 35 ff.; HART 1965, S. 76 f.; FRIEDEL, in: *Maltechnik, Restauro* 1 (1972), S. 42 ff.; LIEB/SAUERMOST 1973, S. 87 ff.; ALTMANN, in: Beiträge zur altbayerischen Kirchengeschichte 30, 1976, S. 11 ff.; RALL 1979, S. 37 ff.; DIEMER, in: GLASER, HUBERT (Hg.): *Quellen und Studien zur Kunstpolitik der Wittelsbacher vom 16. bis zum 18. Jahrhundert*, München 1980, S. 7 ff.; DISCHINGER, in: Ausst. Kat. Maximilian I. 1980, Bd. II, S. 152 ff.; HUBALA, ERICH: *Vom europäischen Rang der Münchner Architektur um 1600*, in: GLASER, HUBERT (Hg.): *Wittelsbach und Bayern*, München (u.a.) 1980, S. 141–151; DIEMER, in: Kunstchronik 36 (1983), H. 4, S. 170 ff.; WAGNER, KARL/KELLER, ALBERT (Hg.): *St. Michael in München*, Festschrift 1983 (u. a. m. Beitr. v. Herbert Schade); SCHMIDT, in: JBD 38,

1984 (1987), S. 98 ff.; ALTMANN, in: JBCK 16 (1987), S. 73 ff.; KAISER, in: AB 65/66 (1991), S. 71 ff.; BAUER 1993, S. 118 ff.; HEMMETER 1995, S. 108 f.; DEHIO 1996, S. 76 ff.; Ausst. Kat. Rom in Bayern 1997; BILLER/RASP 1997, S. 221 ff.; HESS, GÜNTHER/SCHNEIDER, SABINE u. a.: *Trophaea Bavarica: Bayerische Siegeszeichen* (München 1597), Faksimile-Nachdruck, Regensburg 1997; PAAL, BERNHARD: *Gottesbild und Weltordnung. Die St. Michaelskirche in München*, Regensburg 1997; HEMMETER, in: Monumental 1998, S. 711 ff.; SCHADE: Schnell KF, Nr. 130, 1998; PAAL: Schnell KF, Nr. 130, 2001; SMITH, JEFFREY CHIPS: *Sensuos Worship*, Princeton/Oxford 2002, S. 57 ff.

Neuhauser Straße 8, sog. Alte Akademie (ehem. 51)
WESTENRIEDER 1782, S. 169 ff.; KDB 1902, S. 1173 f.; ZAUNER 1914, S. 214 f.; *Führer durch die wissenschaftlichen Sammlungen des Staates im Wilhelminum zu München*, München 1934; ALCKENS 1935, Nr. 1/2; BERTRAM, in: DKD 1953, S. 62 f.; BERTRAM, in: DKD 1956, S. 91 f.; KLOOS 1958; Häuserbuch II 1960; LIPPERT 1969, S. 108 f.; VOLK, PETER: *Der ehem. Hofbibliotheksaal von 1783/84 in München*, in: Sitzungsberichte der Bayer. Akademie der Wissenschaften/Phil.-hist. Klasse, H. 9, 1974; STIMMELMAYR 1980, Nr. 67–70; MB II 1984, S. 405; BAUER/RUPPRECHT 1987, S. 235 ff.; HUBER, in: Unser Bayern (Beil. Bayer. Staatszeitung), 42, Nr. 12 (1993); HEMMETER 1995, S. 130; LEHMANN 1996, Bd. II, S. 478 ff.; SCHWAB, in: architectura 29 (1999), Nr. 9, S. 149 ff.; NADLER, STEFAN/HILDEBRANDT, MARIA: *Ehem. Paramentenkammertrakt (sog. Wilhelm. Zimmer) des ehem. Jesuitenkollegs in München* (Dokumentation des Baureferats des Erzbischöfl. Ordinariates), München 1998; BILLER/RASP 1999, S. 223; (siehe auch Nr. 6, St. Michael)

Neuhauser Straße 10, Kaufhaus Hettlage
MB II 1984, S. 405; Bauten und Plätze, 1985/88, Nr. 65 f.; Architekturführer 1994, Nr. 39; Ausst. Kat. Wiedemann 1994, S. 42 f.; BACKMEISTER-COLACOTT, ILKA: *Josef Wiedemann: Leben und Werk eines Münchner Architekten 1910–2001*, Tübingen 2006, S. 82 ff., 189

Neuhauser Straße 14, Bürgersaal
BAUMGARTNER 1805, T. 50; LIPOWSKY 1810, S. 272 f.; BAUMGARTNER 1814; MAYER/WESTERMAYER 1880, S. 227 f.; FORSTER 1895, S. 119 ff.; SK 56 (1896), S. 47 ff.; KDB 1902, S. 954 ff.; ZAUNER 1914, S. 55 ff.; STÜRMER, ERICH: Schnell KF, Nr. 95, 1935, 1965, 1988; Häuserbuch II 1960, S. 162 ff.; KREISEL, in: JBD 19 (1960), S. 5 ff.; LIPPERT 1969, S. 114 ff.; SCHUBERTH, in: JBD 28 (1970/71), S. 240 ff.; LIEB/SAUERMOST 1973, S. 127 ff.; KOERBLING, P. ANTON: *Bürgersaalkirche* (Kirchenführer), München o. J.; WOECKEL 1975, S. 381 ff.; *Der Bürgersaal. 200 Jahre Kirche* (Festschrift), München 1978; BAUER/RUPPRECHT 1987, S. 196 ff.; LIEB 1988, S. 259 ff., 383 ff.; DEHIO 1990, S. 688; BELTING, in: Festschrift Hermann Bauer, Hildesheim 1991, S. 59 ff.; VOLK 1991, S. 182 ff.; BAUER 1994, S. 117 ff.; ARETIN, P. RICHARD VON/ALTMANN, LOTHAR: *Bürgersaal München*, München 1995 (iP Kunstführer); HEMMETER 1995, S. 99; BILLER/RASP 2003, S. 304 f.; BAUMGARTL, EDGAR: *Martin Knoller*, München/Berlin 2004, S. 58 f., 231 ff., 279; HECKMANN-VON WEHREN, in: Denkmalpflege Informationen B, Nr. 129, 2004, S. 18 ff.; JBD

58/59, 2004/05 (2007), S. 88 u. Farbt. VI f. (Schutzengelgruppe) – StadtAM LBK 19262

Neuhauser Straße 15
DONATUS, in: Deutsche Bauhütte 14 (1910), S. 273 ff.

Neuhauser Straße 17
WICHMANN 1985, S. 120 f., 217 (Nr. 99); Ausst. Kat. Sep Ruf 2008, Kat. Nr. 194

Neuhauser Straße 18, Kaufhaus Oberpollinger
DBZ 3 (1869), Nr. 39, S. 465; BM 3 (1905), H. 11, S. 120 ff., T. 81 ff.; DBZ 39 (1905), Nr. 54, S. 325; HEILMANN U. LITTMANN (Hg.): *Zwei Münchener Warenhausbauten, Denkschrift...*, München 1905, S. 9 ff., Nr. 56, S. 337 ff.; LASSER, in: Der Profanbau 1 (1905), Nr. 1, S. 4 ff.; SBZ 15 (1905), S. 205 ff., T. 213 ff.; WOLF 1911, S. XIX, Abb. 28; MB I 1912, S. 316; Häuserbuch II 1960, S. 154 ff.; MEGELE III 1960, S. 32; Bauen in München 1980, S. 48; BAUER 1982, S. 118; BAUER/VALENTIN 1982, S. 72; BEHN 1984, S. 134 ff., 195 ff.; MB II 1984, S. 407; Bauten und Plätze 1985/88, Nr. 62; ZUBER 1987, S. 19 f.; Ausst. Kat. Prinzregentenzeit 1988, S. 198; GIESS 1990, S. 93; Architekturführer 1994, Nr. 36; BILLER/RASP 1994, S. 224; Ausst. Kat. Friedensengel 1999, S. 262 f. – StadtAM LBK 19264

Neuhauser Straße 20
MEGELE I 1951, S. 72; Häuserbuch I 1960, S. 33 f., 153 ff.; Ausst. Kat. Ansichten 1977, Abb. 7; BAUER 1982, S. 116 f.; ZUBER 1987, S. 20 f.; 97, 185; BAUER/GRAF 1996, S. 44, 48 – StadtAM LBK 20821

Vor Neuhauser Straße 20, Brunnenbuberl
BISTRITZKI 1974, Nr. 22; MB II 1984, S. 546; Ausst. Kat. Gasteiger 1985, S. 11, 32 ff.

Neuhauser Straße 33 (ehem. 21)
Der Profanbau 8 (1912), Nr. 22, S. 604 ff.; Moderne Bauformen 11 (1912), S. 319 ff. – StadtAM LBK 19258

Neuhauser Straße 35 (ehem. 23)
StadtAM LBK 19259

Neuhauser Straße 25
Häuserbuch III 1962, S. 339 ff.; STIMMELMAYR 1980, Nr. 68 (oben 2); RANK 1987, S. 144

Neuhauser Straße 27, Augustiner (ehem. 16), mit Herzogspitalstraße 6
Österreichische Wochenschrift für den öffentlichen Baudienst 3 (1897), S. 425 ff.; HALM, in: KH 49 (1898/99), S. 45 ff., DBZ 33 (1899), Nr. 14–16, S. 85 f.; MBB VII 1903, T. 1–8, 28; AR 20 (1904), H. 10, S. 79 ff.; Handbuch der Architektur 1904, IV. Teil, 4. Halbbd., S. 69 ff., LANGENBERGER, in: BM 3 (1905), H. 2, S. 15 f.; MB I 1912, S. 280; Häuserbuch III 1962, S. 182, 341 ff.; STIMMELMAYR 1980, Nr. 68 (3, 4, 5), Nr. 78 (oben 4); BAUER 1982, S. 107 f.; WALTER 1992, S. 212 ff.; Wirtshäuser 1997, Kat. Nr. 3.2.2/ 48–50, Abb. 4, 26, 29 f., 35; BILLER/RASP 1999, S. 224 f.; GATTINGER, in: Denkmalpflege Informationen B, Nr. 139, 2008, S. 40 ff. – StadtAM LBK 19257

Neuhauser Straße 31
Häuserbuch III 1962, S. 347 ff.; STIMMELMAYR 1980, Nr. 68 (oben 6 rechts); ZUBER 1984a, S. 77 f.; RANK 1987, S. 146

Neuhauser Straße 33
FORSTER 1895, S. 355 ff. (ehem. Kirche); G.A., in: Moderne Bauformen 11 (1912), S. 319 ff.; GUT 1928, Abb. 87 f.; Häuserbuch III 1962, S. 349 ff.; STIMMELMAYR 1980, Nr. 68 (oben 7, 8); BAUER 1982, S. 113; ZUBER 1984a, S. 79 f.; Wirtshäuser 1997, S. 97 ff.

Neuhauser Straße 35
Häuserbuch III 1962, S. 351 f.

Neuhauser Straße 37
Häuserbuch III 1962, S. 352 f.; STIMMELMAYR 1980, Nr. 68 (oben 10)

Neuhauser Straße 38
siehe Karlstor

Neureutherstraße allgemein
RAMBALDI 1894, S. 193

Neureutherstraße 29
LERCH-STUMPF (Hg.): *Für ein Zehnerl ins Paradies: Münchner Kinogeschichte 1896 bis 1945*, München 2004, S. 228 f.

Neuturmstraße allgemein
RAMBALDI 1894, S. 193; Häuserbuch I 1958, S. 223 ff.; WALTER 1987, S. 67 ff.; STAHLEDER 1992, S. 236, 607 f. – StadtAM LBK Baulinien 24879

Neuturmstraße 1, ehem. Zentralsäle
Häuserbuch I 1958, S. 223; Münchener Fassaden 1974, Nr. 233, 234; BAUER 1982, S. 144; BILLER/RASP 2003, S. 308 f.; RÄDLINGER 2004, S. 174

Neuturmstraße 3/3a
Häuserbuch I 1958, S. 223 f.; KOHL 1969, S. 32; Ausst. Kat. Glaspalast 1978, S. 29; MERZ 1986, S. 13

Nieserstraße
RAMBALDI 1894, S. 104 (Hebammenstraße); STAHLEDER 1992, S. 148 f.; DOLLINGER 1995, S. 210; WEIDNER, THOMAS: *Das Siegestor und seine Fragmente*, München 1996, S. 7 ff.

Nordendstraße allgemein
RAMBALDI 1894, S. 195 – StadtAM LBK Baulinien 24889

Nymphenburger Straße allgemein
RAMBALDI 1894, S. 196; HORN/KARL 1989; Geschichtswerkstatt Neuhausen (Hg.): *Die Nymphenburger Straße*, München 2003 – StadtAM LBK Baulinien 24894

Nymphenburger Straße, ehem. Arzberger Keller
Zs. für Baukunde, Bd. IV, 1883, H.1; MB I 1912, S. 268; BÖSSL 1966, S. 100 f.; BAUER 1982, S. 238; WALTER 1992, S. 211 f.

Nymphenburger Straße 2/4, Löwenbräukeller
Zs. f. Baukunde, Bd. VII, 1884, H. 5; AR 14 (1898), H. 8, T. 60; 31 (1915), S. 20; Schweizerische Bauzeitung 85 (1900), S. 260, 264; DBZ 35 (1901), Nr. 3, S. 17 ff.; Bkd. d. Arch. 1902, S. 254 f.; SBZ 12 (1902), S. 17; MBB VII 1903, T. 17; Handbuch der Architektur 1904, IV. Teil, S. 51 ff.; MB I 1912, S. 276 f.; ZAUNER 1914, S. 170 f.; DIHM, HERMANN: *Geschichte der Aktienbrauerei zum Löwenbräu in München 1383–1921*, München 1922; MEGELE I 1951, S. 28, 33, Plananhang S. 2, und III 1960, S. 16 f.; Ausst. Kat. Thiersch 1977, S. 96 ff.; BAUER 1982, S. 234 f.; BAUER/VALENTIN 1982, Abb. S. 215; MARSCHALL 1982, S. 20, 328 f.; Bauten und Plätze 1985/88, Nr. 225; RANK 1987, S. 61, 145; HORN/KARL 1989, S. 22 f., 42 ff., 58 f., 155; BEHRINGER 1991; WALTER 1992, S. 239 ff.; WEYERER 1996, S. 89 f.; BAUER 1997b, Abb. 215; Wirtshäuser 1997, S. 29, 33, 59, 183, 259 ff. – StadtAM LBK 15990

Nymphenburger Straße 6
StadtAM LBK 15990

Nymphenburger Straße 32
Münchener Fassaden 1974, Nr. 235

Nymphenburger Straße 39
StadtAM LBK 18559

Nymphenburger Straße 41
GEDON 1994, S. 54 ff. – StadtAM LBK 18559

Nymphenburger Straße 43, 45
MEGELE I 1951, S. 78, 90; Münchener Fassaden 1974, Nr. 236; Festschrift zum 100-jährigen Bestehen der Augenklinik Herzog Carl Theodor in München, 1995; Geschichtswerkstatt Neuhausen (Hg.): *Die Nymphenburger Straße*, München 2003, S. 41 f.

Oberanger/Oberer Anger allgemein
RAMBALDI 1894, S. 19 ff., S. 88 (Gänsbühel); MEGELE III 1960, S. 63; Häuserbuch IV 1966, S. 99 ff., 195 ff. (ehem. Raspstraße); STIMMELMAYR 1980, Nr. 98–101; STAHLEDER 1992, S. 57–65, 109, 580 ff. (Heyturm); HABERLIK 2004, S. 46 ff.; RÄDLINGER 2004, S. 146 – StadtAM LBK Baulinien 23724 (Unterer Anger: RAMBALDI 1894, S. 22 ff.)

Oberanger 9
ALCKENS 1936, Nr. 57; Häuserbuch IV 1966, S. 37 f. (Dultstr. 2a), 99 (Oberer Anger 1); Münchener Fassaden 1974, Nr. 247; STIMMELMAYR 1980, Nr. 99/13; ZUBER 1991, S. 36, 127; STAHLEDER 1992, S. 436

Obermaierstraße allgemein
RAMBALDI 1894, S. 197; WAGNER 1960, S. 19; DOLLINGER 1995, S. 214 – StadtAM LBK Baulinien 24901

Obermaierstraße 2
Münchener Fassaden 1974, Nr. 248

Odeonsplatz allgemein
RAMBALDI 1894, S. 198; HEDERER 1942; HEDERER 1964; HABEL 1967, S. 102 ff.; WANETSCHEK 1971, S. 104 ff.; LEHMBRUCH, in: Ausst. Kat. Klassizismus 1980, S. 134 ff.; HEMMETER 1995, S. 142 f.; BUTTLAR 1999, S. 165, 175 ff.; BILLER/RASP 2003, S. 312 ff.; (siehe auch Ludwigstraße)

Odeonsplatz, Hofgartentor
HEDERER 1942, S. 30, Abb. 4, 42; HEDERER 1964, S. 228; HUBER 1973, 45 f., 76, Abb. 24 ff.; LEHMBRUCH, in: Ausst. Kat. Klassizismus 1980, S. 149 ff.; BUTTLAR 1988, S. 109 ff.; THIELE, in: Hofgarten 1988, S. 72 ff.; BILLER/RASP 1994, S. 140; HUBER 1996, S. 59 ff.; BUTTLAR 1999, S. 202 f.; Ausst. Kat. Klenze 2000, S. 303 ff.

Odeonsplatz, Denkmal Ludwig I.
REIDELBACH 1888, S. 274, 292; MAERTENS 1892, T. 41; ALCKENS 1936, S. 40; OTTEN 1970, S. 135, Abb. 309; VOMM 1979, Nr. 141; BAUER, RICHARD: *König-Ludwig-Feier 1888*, (Reprint-Text), München 1986, S. 14 f. BUTTLAR 1999, S. 186 ff.

Odeonsplatz, Fahnenstangen
BAUER, RICHARD: *König-Ludwig-Feier 1888*, (Reprint-Text), München 1986, S. 14 f.

Odeonsplatz, Feldherrnhalle
GESSERT, M.: *Die Feldherrnhalle in München*, München 1842; REIDELBACH 1888, S. 244 f.; Bautechnische Zs. 22 (1907), S. 327; ALCKENS 1935, S. 9, 21; ALCKENS 1936, S. 14, 16, 160, 176; HEDERER 1942, S. 64, Abb. 36; EGGERT 1963, S. 101 ff.; OTTEN 1970, S. 107, 138; BRINGMANN, in: MITTIG/PLAGEMANN 1972, S. 78 ff., Abb. 28–31; HEDERER 1976, S. 157 ff.;

KARNAPP 1979, S. 13 f., Abb. 6; ERICHSEN, in: Ausst. Kat. Ludwig I. 1986, Nr. 342 ff.; Ausst. Kat. Armee 1987, Nr. 179–181; LEHMBRUCH, in: Ausst. Kat. Armee 1987, S. 234 ff.; Ausst. Kat. Prinzregentenzeit 1988, Nr. 1.9.38; KARNAPP, in: Ausst. Kat. Gärtner 1992, S. 243 f.; KUNZ-OTT, HANNELORE/KLUGE, ANDREA (Hg.): *150 Jahre Feldherrnhalle. Lebensraum einer Großstadt*, München 1994; Ausst. Kat. Johann Michael Fischer 1995, II, S. 219 f. (Vorgängerbau); BUTTLAR 1999, S. 188; Ausst. Kat. Klenze 2000, S. 391, 472

Odeonsplatz 1/2
HEDERER 1942, S. 34 ff., 117 (Anm. 68); HEDERER 1964, S. 215; GROBE 1970, S. 39; ZIMMERMANN 1984, S. 85, 254 (Anm. 85), 300; Ausst. Kat. Nymphenburger Moderne 1997, S. 71 ff.; BAUER 1997, Abb. 250; BUTTLAR 1999, S. 177 f.; Ausst. Kat. Klenze 2000, S. 409

Odeonsplatz 3, ehem. Odeon
VORHERR: Monatsblatt 8 (1828), Nr. 8; REBER 1876, S. 157 ff.; REIDELBACH 1888, S. 253; OSTINI, FRITZ VON: *Wilhelm von Kaulbach*, Bielefeld/Leipzig 1906, S. 36 ff.; HEDERER 1964, S. 218 ff.; HABEL 1967; HABEL, in: *Welt der Symphonie* (hg. v. U. v. Rauchhaupt), Hamburg/Braunschweig 1972, S. 23; HABEL, in: JBD 32 (1978), S. 201 ff.; *Josef Wiedemann – Bauten und Projekte*, Ausst. Kat. TUM 1981, S. 54 f.; MB II 1984, S. 448; Ausst. Kat. Romantik 1987, Nr. 110; BODE 1992, S. 6, 33 ff.; Ausst. Kat. Wiedemann 1994, S. 58 ff.; HEMMETER 1995, S. 145; BUTTLAR 1999, S. 178 ff.; KARNAPP, in: Ausst. Kat. Hellas 1999, S. 599 f.; Ausst. Kat. Klenze 2000, S. 330 ff.; BILLER/RASP 2003, S. 314; BACKMEISTER-COLLACOTT 2006, S. 79 ff., 188; KOCH, PETER: *200 Jahre Bayer. Staatsministerium des Innern. Eine Behörde für Bayern*, München 2006, S. 41 ff.; Bayer. Staatsministerium des Innern (Hg.): *Das Innenministerium und seine historischen Standorte*, München 2007 (Faltbroschüre); Aufsätze von LEHMBRUCH, HANS: *Wie der Odeonsplatz entstand*; HABEL, HEINRICH: *Klenzes Odeon – zur Baugeschichte und Typologie*; MÜNSTER, ROBERT: *117 Jahre klingendes Leben im Odeon*; WIEDEMANN, JOSEF: *Der Wiederaufbau des Odeon 1950–51*, auf Internetseite: http://www.stmi.bayern.de/ministerium/odeon.htm (26.03.2008)

Odeonsplatz 4, Leuchtenberg-Palais
KIENER 1924, S. 289 ff.; ROSE 1934, S. 63, 66, 68 f.; BAYERN 1940, S. 506 ff.; HEDERER 1942, S. 32; HEDERER 1964, S. 210; HABEL 1967, S. 100–116; EVERS 1975, S. 121, Abb. 271 ff.; LEHMBRUCH, in: Ausst. Kat. Klassizismus 1980, S. 159 ff.; MB II 1984, S. 452; ZIMMERMANN 1984, S. 79 ff., 300; HALLER, ELFIE/LEHMBRUCH, HANS: *Palais Leuchtenberg: Geschichte eines Münchner Adelspalais und seines Bauherren*, München 1986; HUNDT/ETTELT 1986, S. 39; BESELER/GUTSCHOW 1988, S. 1409; GIESS 1990, S. 27 f.; LINNENKAMP, IRIS/ KLENZE, LEO V.: *Das Leuchtenberg-Palais in München* (MBM 169), München 1992; HEMMETER 1995, S. 145; BILLER/RASP 1997, S. 227; BUTTLAR 1999, S. 169 ff.; Ausst. Kat. Klenze 2000, S. 311 ff.

Odeonsplatz 5
ZIMMERMANN 1984, S. 300

Odeonsplatz 6–18, Bazar
WENING 1701; WESTENRIEDER 1782, S. 81 f.; Kunstblatt 8 (1827), S. 45 f.; 15 (1834), S. 113 ff., 117 ff., 193 ff., 199 f., 213 ff., 217 ff.,

221 ff., 269 ff., 273 ff.; KLENZE 1830–50, S. 126; Süddeutsche Bauhütte 7 (1906), H. 11, S. 3 f.; LIEB 1941, S. 49, 234; HEDERER 1942, S. 34, 117; HEDERER 1964, S. 241; ERTL 1968, S. 112; LEHMBRUCH, in: Ausst. Kat. Klassizismus 1980, S. 152 ff.; RASP 1981, S. 71 ff. (Neues Odeon); WASEM 1981, S. 226 ff., 348 ff.; BAUER 1982, S. 136 ff.; LANGENSTEIN 1983, S. 103 ff., 189; Ausst. Kat. Architekturzeichnung 1986, S. 83 ff.; BAUER/RUPPRECHT 1987 und 1989 S. 215 f.; BUTTLAR 1988, S. 71, 110 f.; Hofgarten 1988, S. 55 ff., 75 ff., 93; KARNAPP, in: Architekturführer 1994, S. 63; BILLER/RASP 1999, S. 228; BUTTLAR 1999, S. 165 ff., 182 f.; STERZINGER 1999, S. 20 f.; Ausst. Kat. Klenze 2000, S. 364 ff.; HÖLZ 2003, S. 54 ff., 398 f. – StadtAM LBK 19265, 19266, 19267, 21384

Oettingenstraße allgemein
WAGNER 1960, S. 19

Orlandostraße allgemein
RAMBALDI 1894, S. 200 ff.; Häuserbuch I 1958, S. 226 ff.; WALTER 1987, S. 65 f.; STAHLEDER 1992, S. 238, 301 f. – StadtAM LBK Baulinien 24921

Orlandostraße 1
Häuserbuch I 1958, S. 146 ff., 226; STIMMELMAYR 1980, Nr. 8 (Mitte), 17 (oben 2)

Oskar-von-Miller-Ring allgemein
KOENIG 1958, S. 44; DOLLINGER 1995, S. 218; MB II 1984, S. 700 (Tunnel)

Oskar-von-Miller-Ring 18
LEITL, in: Baukunst und Werkform 10 (1957), H. 10, S. 561 ff.; KOENIG 1958, S. 44 f.; MEGELE III 1960, S. 32; MB II 1984, S. 372; Bauten und Plätze 1985/88, Nr. 197; Architekturführer 1994, Nr. 98; Ausst. Kat. Wunderkinder 2005, S. 218 (mit weiterer Lit.)

Ottostraße allgemein
RAMBALDI 1894, S. 203; MEGELE I 1951, S. 72 (ehem. Hotel Continental); BAUER 1982, S. 166 (ehem. Hotel Continental); ZIMMERMANN, in: Ausst. Kat. Romantik 1987, S. 484 f. (ehem. Palais Schönborn); LEHMBRUCH 1987a, S. 17 ff.; DOLLINGER 1995, S. 220; HÖLZ 2003, S. 124 ff., 416 f. (Palais Schönborn mit weiterer Lit.) – StadtAM LBK Baulinien 24935–24937

Ottostraße 3
Moderne Neubauten 3 (1896), T. 64

Ottostraße 4/6 (ehem. 14/15/16), Rückgebäude Bernheimer Haus
MB I 1912, S. 338 – StadtAM LBK 18586; (siehe auch Lenbachplatz 3)

Ottostraße 17 (ehem. Nr. 8)
Münchener Fassaden 1974, Nr. 253; ZIMMERMANN 1984, S. 134, 300, 311, 319, 331

Ottostraße, Gabelsberger-Denkmal
ALCKENS 1936, S. 68; Münchener Stadtanzeiger Nr. 8, 22.02.1996, S. 7

Pacellistraße allgemein
RAMBALDI 1894, S. 213 f.; STAHLEDER 1992, S. 241; DOLLINGER 1995, S. 221 – StadtAM LBK Baulinien 24938

Pacellistraße 1, 5 (Alte und Neue Maxburg)
WENING 1701, S. 19 ff.; LÜBKE 1873, S. 546; REBER 1876, S. 39, 244 f.; KDB 1902, S. 1172 f.; Häuserbuch II 1960, S. 174;

SCHLEICH 1978, S. 80 ff.; STIMMELMAYER 1980, Nr. 53, 69–72; Ausst. Kat. Aufbauzeit 1984, S. 152 (mit Lit.); MB II 1984, S. 450; WICHMANN 1985, S. 74 ff. (mit Lit.); ANDRES, HELGA MARIE: *Rekonstruktion der Herzog-Maxburg in München*, München 1987; LEHMBRUCH 1987a, S. 300 ff.; ZUBER 1987, S. 51 ff.; SCHNEIDER, in: BODE 1992, S. 98 ff.; HEMMETER 1993, S. 124; LANKES 1993, S. 177 ff.; WALTER, ULI: *Die „Maxburg" in München als Paradigma des modernen Wiederaufbaus nach dem Zweiten Weltkrieg*, in: Monumental, 1998, S. 863 ff.; Ausst. Kat. Wunderkinder 2005, S. 222; Ausst. Kat. Sep Ruf 2008, Kat. Nr. 117

Turm der ehem. Maxburg (Alte und Neue Maxburg)
LÜBKE 1873, S. 546; REBER 1876, S. 39, 244 f.; KDB 1902, S. 1172 f.; Häuserbuch II 1960, S. 174; SCHLEICH 1978, S. 80 ff.; STIMMELMAYR 1980, Nr. 53, 69–72; Ausst. Kat. Aufbauzeit 1984, S. 152; MB II 1984, S. 450; WICHMANN 1985, S. 74 ff.; ANDRES, HELGA MARIE: *Die Rekonstruktion der Herzog-Maxburg in München*, München 1987; LEHMBRUCH 1987a, S. 300 ff.; ZUBER 1987, S. 51 ff.; BODE 1992, S. 98 ff.; LANKES 1993, S. 177 ff.; HEMMETER 1995, S. 124; Ausst. Kat. Maximilian II. 1997, S. 269 ff.; WALTER 1998, S. 863–869

Pacellistraße 12, Dreifaltigkeitskirche
MAYER/WESTERMAYER 1880, S. 241 ff.; FORSTER 1895, S. 171 ff.; SK 1895, S. 39 ff.; KDB 1902, S. 964 ff.; POPP, JOSEPH: *Geschichte der Dreifaltigkeitskirche*, München o. J. (um 1906); LIEB 1941, S. 95; HANFSTAENGL 1955, S. 12 f.; Häuserbuch II 1960, S. 177 ff.; LIPPERT 1969, S. 29 ff., Abb. 5 ff.; HARTIG, MICHAEL: Schnell KF, Nr. 27, 1971; HUBALA, in: Das Münster 25 (1972), H. 2/3, S. 165 ff.; NAAB, in: LIEB/SAUERMOST 1973, S. 135 ff.; DISCHINGER, in: Jb. d. Vereins f. christl. Kunst 14 (1984), S. 71 ff.; Ausst. Kat. Asam 1986, S. 21, 201 ff.; T. 8; HOJER 1986, S. 41 f.; RAMISCH: Schnell KF, Nr. 27, 1986; BAUER/RUPPRECHT 1987, S. 19 ff.; PAULA, in: Jb. d. Ver. f. Augsburger Bistumsgeschichte 23 (1989), S. 188 ff.; BAUER 1993, S. 124 ff.; DEHIO 1996, S. 46 ff.; BILLER/RASP 2003, S. 320 f.; VOLPERT, MICHAEL/FORSTNER, THOMAS/JOOSS, ERICH/GÖTZ, ROLAND: *Die Stadt läg in dem Grund, wan diese Kirch nit stund. Maria Anna Lindmayr, die Dreifaltigkeitskirche und das Karmeliterinnenkloster in München*, München 2004 – StadtAM LBK 19269

Pacellistraße 14
MEGELE I 1951, S. 74 (Park-Hotel); Häuserbuch II 1960, S. 176 f.; DUVIGNEAU 1994, Abb. 61

Pacellistraße 16
ALCKENS 1935, Nr. 76; Häuserbuch II 1960, S. 174 f.; HABEL 1967, S. 3 f.; ERDMANNSDORFFER 1972, T 77b; STIMMELMAYR 1980, Nr. 53 (Skizze 3 von oben, Nr. 3); ANDRES, HELGA MARIE: *Die Rekonstruktion der Herzog-Maxburg in München*, München 1987, S. 40 f., 44, 48; LEHMBRUCH 1987a, S. 300 ff., 558; BILLER/RASP 1997, S. 232; STERZINGER 1999, S. 88 f.

Papa-Schmid-Straße allgemein
DOLLINGER 1995, S. 221

Pappenheimstraße allgemein
RAMBALDI 1894, S. 205 f. – StadtAM LBK Baulinien 24943

Pappenheimstraße 14, Krankenhaus, ehem. Kriegsakademie
MB I 1912, S. 548; MEGELE I 1951, S. 143; III 1960, S. 46; Ausst. Kat. Prinzregentenzeit 1988, Nr. 1.9.2 f.; HORN/KARL 1989, S. 105, 154; Ausst. Kat. Leitenstorfer 1992, S. 51; LANKES 1993, S. 217 ff.; WEYERER 1993, S. 115 ff.

Paradiesstraße allgemein
RAMBALDI 1894, S. 206; MEGELE I 1951, S. 65 (Paradiesgarten); WAGNER 1960, S. 19; DOLLINGER 1995, S. 222; FEILER 2006, S. 93 f. (Paradiesgarten)

Perusastraße allgemein
RAMBALDI 1894, S. 210; Häuserbuch I 1958, S. 229 ff.; STIMMELMAYR 1980, Nr. 33 (Denglbach Gäßl); STAHLEDER 1992, S. 239 f.; WOLF, in: OA 129 (2005), S. 25 ff. – StadtAM LBK Baulinien 24967–24969

Perusastraße 5 (mit Residenzstraße 9)
SCHACHNER, in: Die Bauwelt 7 (1916), Nr. 36, S. 15; MEGELE I 1951, S. 64; II 1960, S. 30; Häuserbuch I 1958, S. 231, 289 ff.; BAUER 1982, S. 126; STAHLEDER 1982, S. 101 ff.; STAHLEDER 1992, S. 467

Pestalozzistraße allgemein
MB I 1912, S. 180; LEHMBRUCH 1987a, Abb. 18, 20–22; DUVIGNEAU 1990, Abb. 33; Ausst. Kat. Johann Michael Fischer 1995, Bd. II, S. 330 f. (mit Quellen und Lit.); DOLLINGER 1995, S. 227 (ehem. Leopoldschlössl)

Petersplatz allgemein
RAMBALDI 1894, S. 211 ff.; Häuserbuch IV 1966, S. 183 ff.; STIMMELMAYR 1980, Nr. 2; WALTER 1987, S. 62 ff.; STAHLEDER 1992, S. 240, 274 f. (Sämergasse); STAHLEDER I 2006, S. 116 ff. – StadtAM LBK Baulinien 24972

Petersplatz, ehem. Wieskapelle
REBER 1876, S. 15; NAGLER 1893, 1. Teil, S. 15 f.; RAMBALDI 1894, S. 212; FORSTER 1895, S. 436, Abb. S. 488; ALCKENS 1935, Nr. 194; SCHATTENHOFER; MICHAEL: *Das Alte Rathaus in München*, München 1972, Abb. Vorsatz (Plan von 1800), Abb. S. 132 f.; BAUER/RUPPRECHT 1987, S. 266 (mit weiterer Lit.); STAHLEDER 1995, S. 89; BILLER/RASP 2003, S. 352

Petersplatz 1, St. Peter
GEISS, ERNEST: *Geschichte der Stadtpfarrei St. Peter*, München 1868; MAYER/WESTERMAYER 1880, S. 249 ff.; FORSTER 1895, S. 433 ff.; KDB 1902, S. 1044 ff.; STEFFEN, in: CK 5 (1908/09), S. 110 ff.; HARTIG 1928, S. 57 ff.; SCHULZ, ADALBERT: *Die St. Peterskirche zu München*, München 1932; LIEB 1941; HARTIG, MICHAEL: Schnell KF, Nr. 604, 1954; HANFSTAENGL 1955, S. 49 (Hochaltar); SCHLEICH, ERWIN: *Die St. Peterskirche in München*, in: OA 83 (1958); KNOPP 1970; LIEB/SAUERMOST 1973, S. 43 ff.; HAAS, in: OA 105 (1980), S. 256 ff.; KOBLER, in: Ausst. Kat. Frühe Herzöge 1980, S. 434; KARL, RAIMUND: *Zerstörung und Wiederaufbau der Peterskirche in München*, Studienarbeit TU München 1984 (Mskr.); STEINER, PETER B./GERMANN-BAUER, PETER: *Schatzstücke der Münchener Peterskirche*, München/Zürich 1985; HOJER 1986, S. 54; BAUER/RUPPRECHT 1987, S. 248 ff.; STRITTER, MAX: *Katastrophe und Untergang der Peterskirche 1944/1945*, München 1989; ALTMANN, LOTHAR: Schnell KF, Nr. 604, 4. Aufl. 1990; ALT-

MANN, LOTHAR/KINDELBACHER, ROBERT: *Der Hochaltar von St. Peter*, München 1995; HEMMETER 1995, S. 110 f.; DEHIO 1996, S. 84 ff.; HÖNTZ, ERNST: *Der Wiederaufbau der Peterskirche*, München 1998; RÜHL, in: OA 122 (1998), S. 57–133 (betr. Schrenkaltar); BEHRER 2001, S. 60 ff.; BILLER/RASP 2003, S. 351 ff.; *Die neue Orgel in St. Peter.* Pfarrnachrichten St. Peter, Nov. 2003; ROHMEDER 2003, S. 194 ff., 225 ff.; ENGELBERG, MEINRAD VON: *Renovatio Ecclesiae*, Petersberg 2005, S. 410 ff.; WERMESCHER, ANNE: *Der Schrenkaltar in St. Peter in München*, München 2005; KINDELBACHER, ROBERT: *St. Peter. Kunst und Frömmigkeit*, München 2005; DIETRICH, in: OA 130 (2006), S. 25 ff. (St. Peter S. 32 ff., 54 f.) – StadtAM LBK 19270

Petersplatz 8
FORSTER 1895, S. 448 ff., 478; Häuserbuch IV 1966, S. 185; BAUER 1982, S. 98; STAHLEDER 1995a, S. 331; III 2005, S. 555; STAHLEDER I 2006, S. 122

Petersplatz 9
KDB 1902, S. 1180 f.; Häuserbuch IV 1966, S. 185 ff.; STIMMELMAYR 1980, Nr. 112; ZUBER 1991, S. 116 f.; STAHLEDER 1992, S. 496; STAHLEDER 2005, S. 556, 563

Petersplatz 10/11
Häuserbuch IV 1966, S. 188 ff.; STIMMELMAYR 1980, Nr. 112; STAHLEDER 2005, S. 554, 556, 562 f.; STAHLEDER I 2006, S. 122 ff.

Pettenbeckstraße allgemein
MB I 1912, S. 350 (betr. ehem. Nr. 5); Häuserbuch IV 1966, S. 190; WALTER 1987, S. 86 ff.; DOLLINGER 1995, S. 228

Pfarrstraße allgemein
RAMBALDI 1894, S. 214 f. – StadtAM LBK Baulinien 24982

Pfarrstraße 3
MB I 1912, S. 466

Pfisterstraße allgemein
RAMBALDI 1894, S. 215; WALTER 1987, S. 111 ff.; STAHLEDER 1992, S. 242 ff.; DOLLINGER 1995, S. 229; BILLER/RASP 1999, S. 234

Pfisterstraße 3, ehem. Münzanstalt (ehem. 1)
siehe Hofgraben 4

Pfisterstraße 4 (ehem. 10), ehem. Hofpfisterei/Pfistermühle
MEGELE I 1951, S. 39 (Brunnhaus), 100; Häuserbuch I 1958, S. 248; KOHL 1969, S. 13 f.; ZUBER 1989, S. 121 f.; STAHLEDER 1992, S. 242 ff., 677 f., 685; DUVIGNEAU 1994, Abb. 270; BILLER/RASP 1997, S. 234; BILLER/RASP 1999, S. 234; HALLINGER, in: *Nikolaus Lang. Spurensicherung* (Arbeitsheft BLfD 99), München 1999, S. 55 ff., 61 – StadtAM LBK 13371, 29272

Pfisterstraße 5 (ehem. 2)
Häuserbuch I 1958, S. 232 f.; PETZET, MICHAEL: *Das ehem. Marstall- und Kunstkammergebäude in München und sein Ausbau zur königlichen Münze*, in: JBD 40 (1986) 1989; PETZET 1996, S. 39 ff.

Pfisterstraße 6
Häuserbuch I 1958, S. 246 ff.; STIMMELMAYR 1980, Nr. 6 (2)

Pfisterstraße 7 (ehem. 3)
Häuserbuch I 1958, S. 233 ff.; STIMMELMAYR 1980, Nr. 6 (3)

Pfisterstraße 8
Häuserbuch I 1958, S. 245 f.; STIMMELMAYR 1980, Nr. 6 (Mitte)

Pfisterstraße 9/11 (ehem. 4/5)
MB I 1912, S. 361; Stöhr 1925, S. 28, 49 (Baujahr 1894); Häuserbuch I 1958, S. 235 ff.; STIMMELMAYR 1980, Nr. 7 (unten); WALTER 1987, S. 111 f.; ZUBER 1989, S. 200; OELWEIN 2000; (siehe Platzl 4)

Pfisterstraße 10 (ehem. 7)
Häuserbuch I 1958, S. 242 ff.; ERDMANNSDORFFER 1972, S. 108, T. 90b; STIMMELMAYR 1980, Nr. 6 (2); JBD 42 (1988), S. 219; 43 (1989), S. 364 f.; MADER, GERD TH.: *Spätmittelalterliche Bürgerhäuser in München*, in: Hausbau im Mittelalter III (Jahrbuch für Hausforschung, Sonderband 1988), S. 539 ff.; (siehe Platzl 2/3)

Pflugstraße allgemein
RAMBALDI 1894, S. 216; Häuserbuch I 1958, S. 249 ff.; STAHLEDER 1992, S. 254 f.

Platzl allgemein
WESTENRIEDER 1782, S. 423; RAMBALDI 1894, S. 218 f.; Wanderbuch 1922, S. 76; Bauen in München 1980, S. 33; WALTER 1987, S. 65 ff., 111 ff.; STAHLEDER 1992, S. 256 ff.; DOLLINGER 1995, S. 231; BILLER/RASP 2003, S. 325 f.; OELWEIN 2003 – StadtAM LBK Baulinien 25005

Platzl 1, ehem Volksbühne
Häuserbuch I 1958, S. 222 (Münzstr. 9); INSELKAMMER, PETER: *75 Jahre Platzl München*, München 1980; BAUER 1982, S. 70; KÖNKE, in: ZUBER 1989, S. 171 ff.; OELWEIN 2003

Platzl 1a (ehem. 1)
AR 15 (1899), H. 1, T. 5; H. 2, T. 12; MBB II 1899, T. 24 f., 30; MB I 1912, S. 341; Häuserbuch I 1958, S. 254 f.; STIMMELMAYR 1980, Nr. 7 (West 3); ZUBER 1989, S. 48, 147 f.; OELWEIN 2003, S. 123 ff.; KLEIN 2008, S. 40, Abb. 19

Platzl 2, 3
Häuserbuch I 1958, S. 240 ff.; 255 ff.; STIMMELMAYR 1980, Nr. 6 (2), 7 (2); JBD 38 (1984), S. 453 ff.; 39 (1985), S. 314, 535; 42 (1988), S. 395 f.; MADER, GERD TH.: *Aus- und Fortbildung von Architekten für Aufgaben der Denkmalpflege*, in: Das Baudenkmal in der Hand des Architekten (Schriftenreihe des Deutschen Nationalkomitees für Denkmalschutz 37), Bonn/Berlin 1988, S. 57 ff.; DERS.: *Spätmittelalterliche Bürgerhäuser in München*, in: Hausbau im Mittelalter III (Jahrbuch für Hausforschung, Sonderband 1988), S. 539 ff.; DERS.: *Angewandte Bauforschung*, Darmstadt 2005, S. 142 ff.; OELWEIN 2003, S. 120 ff.; (siehe Pfisterstraße 6)

Platzl 4, Orlando-Haus
WOLF 1911, Abb. 12; WOLF 1931, S. 13; Häuserbuch I 1958, S. 78, 258 ff.; STIMMELMAYR 1980, Nr. 7 (unten 6, 7, 8); BAUER 1982, S. 64 f.; MESSMER 1982, S. 125 f.; WALTER 1987, S. 114; ZUBER 1989, S. 49 f., 200 ff.; OELWEIN, CORNELIA: *Der Orlandoblock am Münchener Platzl* (Hg. Messerschmitt Stiftung), München 2000

Platzl 5, ehem. Corpshaus Bavaria
DBZ 35 (1901), Nr. 25, S. 153; ALCKENS 1935, Nr. 62; Häuserbuch I 1958, S. 264 f.; ALCKENS 1973, Nr. 146; STIMMELMAYR 1980, Nr. 5 (unten Nr. 4); STAHLEDER 1992, S. 508

Platzl 6, ehem. Corpshaus Makaria
MBB IV 1901, T. 8, 27; SCHACHNER, in: Die Bauwelt 7 (1916), Nr. 36, S. 10; Häuserbuch I 1958, S. 265 f.

Platzl 7, ehem. Corpshaus Frankonia
DBZ 34 (1900), Nr. 14, S. 85 f.; MBB IV 1901, T. 8, 27; WOLF 1911, Abb. 11; MB I 1912, S. 301; DONATUS, in: Deutsche Bauhütte 16 (1912), S. 184; Häuserbuch I 1958, S. 266

Platzl 8, Torggelstube
DBZ 35 (1901), Nr. 52, S. 321 ff.; MBB IV 1901, T. 9 f., 143; MBB X 1904, T. 32 ff.; BM 1 (1903), S. 102; MB I 1912, S. 302 f.; Häuserbuch I 1958, S. 266 ff.; BAUER 1982, S. 62

Platzl 9, Hofbräuhaus
Das kgl. Hofbräuhaus in München. Entworfen und ausgeführt von Heilmann und Littmann, Architekten und Baumeister, München 1897; DBZ 31 (1897), Nr. 85, S. 529 ff.; Nr. 87, S. 541 ff.; Österreichische Wochenschrift für den öffentlichen Baudienst 3 (1897), S. 425 ff.; SBZ 7 (1897), Nr. 44, S. 367 ff.; Nr. 52, S. 435 ff.; AR 14 (1898), H. 1, T. 7, H. 2, T. 16, 18; KH 47 (1898), H. 2, T. 17, S. 392 ff.; Baugewerks-Zeitung 35 (1903), Nr. 48, S. 637 f.; MBB VII 1903, T. 9 ff., 29; Handbuch der Architektur 1904, IV. Teil, 4. Halbbd., H. 1, S. 68 ff.; WOLF 1911, Abb. 4 ff.; MB I 1912, S. 512 ff.; ZAUNER 1914, S. 140 f.; SCHACHNER, in: Die Bauwelt 7 (1916), Nr. 36, S. 10; WOLF 1931, S. 11 f.; ALCKENS 1935, Nr. 77; RAGL, in: Der Bayerische Bierbrauer 22 (1939), Nr. 42; Häuserbuch I 1958, S. 265 ff.; SZ 14.07.1966; BAUER 1982, S. 59 ff.; Ausst. Kat. Gärtner 1992, S. 228 f.; WALTER 1992, S. 231 ff.; WEYERER 1993, S. 99 ff.; BRANDT, PAUL: *Das Münchner Hofbräuhaus*, Dachau 1997; KIRCHNER, BERND H. D. (Hg.): *Das Hofbräuhaus am Platzl in München 1897–1997*, Pöcking/Starnberg 1997; BILLER/RASP 1999, S. 235 f.; GATTINGER 2007, S. 69 f., 267, 277, 295 f. (mit weiterer Lit.) – StadtAM LBK 19272

Platz der Opfer des Nationalsozialismus allgemein
WEYERER, in: Münchner Stadtanzeiger Nr. 2, 12.01.1994, S. 12; DOLLINGER 1995, S. 231

Prälat-Miller-Weg 1, Heiliggeistkirche (ehem. Tal 77)
WESTENRIEDER 1782, S. 163 ff., 250 ff.; MAYER/WESTERMAYER 1880, S. 427 ff.; Blätter für Architektur und Kunsthandwerk 1 (1888), H. 8, S. 83, T. 43; HUHN, ADALBERT: *Kleine Geschichte und kurze Beschreibung der Stadtpfarrkirche zum Hl. Geist in München*, München 1888; LOEWEL, in: SBZ 2 (1892), Nr. 43, S. 354 f.; HUHN, ADALBERT: *Geschichte des Spitals, der Kirche und der Pfarrei zum Hl. Geiste in München*, München 1893; FORSTER 1895, S. 810 ff.; MÜLLER, in: SK 1898, S. 39 ff.; KDB 1902, S. 1007 ff.; GERHAUSER, MICHAEL: *Die Hl.-Geist-Kirche in München. Kurze Gründungsgeschichte und Bericht über die Renovation im Jahr 1907–1908*, München 1909; WECKBECKER, in: NDBZ 5 (1909), S. 405 ff.; GRÄSSEL, HANS: *Das Heiliggeistspital in München*, München 1910, S. 4 ff.; KERSCHENSTEINER 1913, S. 5 ff.; ZAUNER 1914, S. 117 ff.; FEULNER, in: MJBK 12 (1922), S. 61 ff.; HARTIG 1928, S. 12 ff.; HARTIG, MICHAEL: Schnell KF, Nr. 264, 1937; LIEB 1941, S. 80, 97 f.; HANFSTAENGL 1955, S. 33; VOGEL, in: Das Münster 9 (1956), S. 365 f.; KLOOS 1958, Nr. 228, 292; KLOOS: *Die Urkunden des Heiliggeistspitals in München 1250–1500. Quellen und Erörterungen zur Bayerischen Geschichte*, NF XVI/1, München 1960; Schnell KF, Nr. 264, 1962;

HOJER 1986, 55 f.; SCHLEICH, in: Schönere Heimat 1971, S. 116 ff.; VOGEL, HANNS (Hg.): *Pfarrei Heilig Geist München 700 Jahre* (Festschrift), München 1971; LIEB/SAUERMOST 1973, S. 69 ff.; Ausst. Kat. Maximilian I. 1980, Bd. I, S. 283 f.; Ausst. Kat. Asam 1986, S. 280; BAUER/RUPPRECHT 1987, S. 224 ff.; HABEL 1991, S. 57 ff.; BÖS 1992, S. 31; KAISER, ALFRED: Schnell KF, Nr. 264, 1993; HEMMETER 1995, S. 102; STAHLEDER 1995a; DEHIO 1996, S. 52 f.; BAUER 1997, Abb. 14; BILLER/RASP 2003, S. 413 ff. – StadtAM LBK 19298

Prälat-Zistl-Straße allgemein
RAMBALDI 1894, S. 49 f.; Häuserbuch IV 1966, S. 1 ff. (Blumenstraße 2–22a); DOLLINGER 1995, S. 233

Prälat-Zistl-Straße 3, Markthalle/Schrannenhalle (ehem. Blumenstraße 24)
Revue générale de l'architecture et des travaux publics XIV (1856), T. 26; WIND, in: ABZ 21 (1856), S. 7 ff., Bl. 4 ff.; NAGLER 1863, S. 104 f.; REBER 1876, S. 219 f.; HEDERER 1976, S. 167, 273 f.; Ausst. Kat. Glaspalast 1978, S. 31; HÜTSCH 1980, S. 53 f.; STÖLZL, in: Münchner Stadtanzeiger Nr. 54, 18.07.1980; Ausst. Kat. Andere Tradition 1981, S. 42 ff.; BAUER/VALENTIN 1982, S. 40 ff.; SCHATTENHOFER 1984, S. 74 f.; Ausst. Kat. Romantik 1987, S. 332 f.; LOUIS/WOHLMUTH 1988, S. 24 ff.; SEMBACH/HÜTSCH 1990, S. 9 f., Abb. 20 ff.; ZUBER 1991, S. 38 f.; Ausst. Kat. Gärtner 1992, S. 252, Nr. 59; Architekturführer 1994, Nr. 6, 274; Ausst. Kat. Maximilian II. 1997, S. 144 f.; AZ 04./05.03.2000, S. 17 – StadtAM LBK 15475; (siehe auch Viktualienmarkt 14)

Prälat-Zistl-Straße 4 (ehem. Blumenstraße 4)
ALCKENS 1935, Nr. 151; Häuserbuch IV 1966, S. 2 ff.; Sebastiansblock 1977, S. 155 ff.; STAHLEDER 1992, S. 564 ff., 629 ff. (Tor)

Prälat-Zistl-Straße 6 (ehem. Blumenstraße 6)
Häuserbuch IV 1966, S. 5 ff.; Sebastiansblock 1977, S. 145 ff.

Prälat-Zistl-Straße 8
ALCKENS 1935, Nr. 179; Häuserbuch IV 1966, S. 7 f.; Sebastiansblock 1977, S. 133 ff.; STIMMELMAYR 1980, Nr. 109 (Reihe 3, Nr. 3); ZUBER 1991, S. 128 f.; STAHLEDER 1992, S. 647 f. (Taschenturm)

Prälat-Zistl-Straße 12 (ehem. Blumenstraße 12)
Häuserbuch IV 1966, S. 10 f.; Sebastiansblock 1977, S. 119 ff.

Prälat-Zistl-Straße 14
Häuserbuch IV 1966, S. 11 f.; Sebastiansblock 1977, S. 111 ff.; STIMMELMAYR 1980, Nr. 109 (Reihe 3, 2. Haus v. l.)

Pranckhstraße allgemein
RAMBALDI 1894, S. 223 f. – StadtAM LBK Baulinien 25022

Pranckstraße 2, Gewerbeschule
MB I 1912, S. 634; MEGELE I 1951, S. 135; III 1960, S. 74; Ausst. Kat. Leitenstorfer 1992, S. 38, 51

Prannerstraße allgemein
WESTENRIEDER 1782, S. 34; HÜBNER 1803, S. 271; RAMBALDI 1894, S. 224; SBZ 4 (1894), S. 81 f., 124 f.; 5 (1895), S. 107 f.; Häuserbuch II 1960, S. 185 ff.; STIMMELMAYR 1980, Nr. 58; WALTER 1987, S. 92 ff.; ZUBER 1987, S. 30 ff.; STAHLEDER 1992, S. 256; BILLER/RASP 2004, S. 328 – StadtAM LBK Baulinien 25023

Ehem. Prannerstraße 3, Palais Lamberg
Häuserbuch II 1960, S. 187; ERDMANNSDORF-
FER 1972, T. 63a
Ehem. Prannerstraße 5
Häuserbuch II 1960, S. 188 f.; RAU 1997, S. 197
(Nr. 27); HÖLZ 2003, S. 144 ff., 418
**Prannerstraße, ehem. Redoutenhaus/nach-
mals Landtag**
HABEL 1964, S. 179 f.; HOJER, in: Weltkunst
1980, H. 8; KARNAPP, in: Ausst. Kat. Klassizis-
mus 1980, S. 285 ff.; WEYERER 1993, S. 75 ff.;
Maximilianeum Nr. 9 (1995), S. 102; WEYERER
1996, S. 32 ff.; THOSS 1998, S. 62; Bayer. Land-
tag, Landtagsamt (Hg.): *Die historische Ent-
wicklung des Bayerischen Parlaments*, Mün-
chen 1999; Ausst. Kat. Klenze 2000, S. 333 f.
Ehem. Prannerstraße 24, Hiltlhaus
MB I 1912, S. 191; ERDMANNSDORFFER 1972,
S. 92, T. 75b, 79; HUBER 1973, S. 47 ff.; MB II
1984, S. 210
Prannerstraße 1
Häuserbuch II 1960, S. 186 f., 214; STIMMEL-
MAYR 1980, Nr. 58 (unten 2)
Prannerstraße 2, Palais Neuhaus-Preysing
TRAUTMANN 1895, S. 119; AUFLEGER 1897,
T. 4–6; Häuserbuch II 1960, S. 211 f.; WOLF
1967, S. 44 f.; ERDMANNSDORFFER 1972, S. 79 f.,
Abb. 36, T. 44, 83b; SCHNELL 1981, Nr. 16;
DISCHINGER, GABRIELE/KOCH, P. LAURENTIUS:
*Zwei Münchner Adelspalais – Palais Portia,
Palais Preysing*, München 1984; DISCHINGER
1985; Bauten und Plätze 1985/88, Nr. 37;
BRAUNFELS 1986, S. 103 f., 178, 209; LIEB 1988,
S. 369, 589; Architekturführer 1994, Nr. 25;
BAUER 1994, S. 131; BILLER/RASP 1994, S. 237;
HEMMETER 1995, S. 152; DEHIO 1996, S. 180;
PURRMANN, in: BURMEISTER, ENNO (Hg.): *Das
Gebäude der ehemaligen königlichen Filial-
bank München* (Arbeitshefte zur Denkmalpfle-
ge 59), München 1996, S. 97 ff.; PURRMANN, in:
AB 81 (1998) – StadtAM LBK 19274
Prannerstraße 7, Palais Seinsheim
Häuserbuch II 1960, S. 190 f., 222 f.; ERD-
MANNSDORFFER 1972, T. 58b, 60b; STIMMEL-
MAYR 1980, Nr. 58 (unten 9, 10); SZ Nr. 22,
28.01.1983, S. 18; ZUBER 1987, S. 30 ff.;
BILLER/RASP 1997, S. 237
Prannerstraße 9, Palais Gise/Arco (ehem. 10)
AUFLEGER 1897, T. 56; KDB 1902, S. 1188;
LIEB 1941, S. 19; Häuserbuch II 1960, S. 229;
ERDMANNSDORFFER 1972, S. 85, T. 49; REISER
1978, S. 27 ff.; THINESSE-DEMEL 1980,
S. 159 ff.; LIEB 1988, S. 369; BAUER 1994,
S. 130; BILLER/RASP 1994, S. 237; HEMMETER
1995, S. 152
Prannerstaße 10
StadtAM LBK 19274
Prannerstraße 11
Häuserbuch II 1960, S. 192; STIMMELMAYR
1980, Nr. 58 (unten 12)
Prannerstraße 13
Häuserbuch II 1960, S. 192 f. (ehem. Nr. 12)
Prannerstraße 15
ALCKENS 1935, Nr. 101, Häuserbuch II 1960,
S. 193 f.

Praterinsel allgemein
MB I 1912, S. 721; HACKELSBERGER 1981;
MARSCHALL 1982, S. 311 (Konzertsaal); Ausst.
Kat. Isar 1983, S. 287 ff.; MB II 1984,
S. 743 ff., 746 (Brücken, Wehre); HEMMETER,
in: JBD 44 (1990), S. 171; Kat. Alpines Muse-
um 1996 (siehe Praterinsel 5), S. 270 f.; FEILER
2006, S. 90 f.

Praterinsel 3/4
PRINZ, in: Ausst. Kat. Zwanziger Jahre 1979,
S. 22 f.; Ausst. Kat. Riemerschmid 1982, Kat.
Nr. 230, 237, 590; BAIER, JOHANN: *Armut, Not
und Hoffnung am Rande einer Stadt*, München
1988, S. 91 ff.; *Praterinsel*, Ausstellung der
Ateliergemeinschaft Praterinsel, 1991/92 (Ka-
talog mit histor. Beiträgen von Christoph Wie-
demann, Dietmar Kühne, Heinrich Habel)
Praterinsel 5, Alpines Museum
ALBERT 1896; MB I 1912, S. 721; ZAUNER 1914,
S. 153; BAUER 1982, S. 193; Ausst. Kat. Isar
1983, S. 290; ZEBHAUSER, HELMUTH/TRENTIN-
MEYER, MAIKE: *Zwischen Idylle und Tummel-
platz*, Katalog für das Alpine Museum des
Deutschen Alpenvereins in München, München 1996, S. 270 ff.

Prielmayerstraße allgemein
RAMBALDI 1894, S. 225 f. – StadtAM LBK
Baulinien 25028
Prielmayerstraße 5, Neues Justizgebäude
THIERSCH, FRIEDRICH VON: *Das neue Justizge-
bäude in München. Denkschrift zur Feier der
Eröffnung*, München 1897; STEINLEIN, in:
Münchener Malerzeitung 1 (1904), Nr. 9;
THIERSCH, FRIEDRICH VON: *Das neue Justizge-
bäude an der Luitpoldstraße in München*,
München 1908; MB I 1912, S. 427 ff.; ZAUNER
1914, S. 154 ff.; Stöhr 1925, S. 55 ff.; THIERSCH
1925, S. 167 ff.; FISCHER, THEODOR: *Der Jus-
tizpalast und das neue Justizgebäude in Mün-
chen*, München 1926, S. 15, Abb. 29 ff.;
MARSCHALL, in: Ausst. Kat. Thiersch 1977,
S. 116 ff.; MARSCHALL 1982, S. 18 f., 263 ff.;
Ausst. Kat. Architekturzeichnung 1986, S. 148,
Abb. 119–121; BILLER/RASP 2003, S. 330 f.;
HAUSSNER, MICHAEL: *100 Jahre Neues Justiz-
gebäude München* (hg. v. d. Präsidentin des
Oberlandgerichts München), München 2005
Prielmayerstraße 7, Justizpalast
Vorbebauung: RAMBALDI 1894, S. 133, 225 f.;
TRAUTMANN, in: Monatsschrift des Hist. Ver. v.
Oberbayern 4 (1895), Nr. 5, S. 70 ff.; Nr. 6–9,
S. 91 ff.; THIERSCH, FRIEDRICH VON: *Das neue
Justizgebäude in München. Denkschrift zur
Feier der Eröffnung*, München 1897; LIEB
1941, S. 183; LANKES 1993, S. 198 ff.; BAUER,
A., in: Ausst. Kat. Johann Michael Fischer
1995, S. 222 ff.
Neubau: HOFMANN, in: DBZ 24 (1890), Nr. 35,
S. 211; Wiener Bauindustrie-Zeitung 7 (1890),
S. 189; ZbBv 10 (1890), S. 465 ff.; 18 (1898),
S. 302; Schweizerische Bauzeitung 25 (1895),
S. 55; 31 (1898), S. 28 ff., 33 ff., 40 ff., T. 4 ff.;
Zs. d. Bayerischen Architekten- und Ingenieur-
Vereins 3 (1896), Textbeil., T. 38 ff.; BER-
LEPSCH, in: ZbBv 17 (1897), S. 350 ff.; Der
Bautechniker 17 (1897), S. 625 ff.; GMELIN, in:
DBZ 41 (1897), S. 253 ff.; DERS., in: Zs. d.
bayer. Kunstgewerbe-Vereins 46 (1897), H. 8,
S. 65 ff.; Österreichische Wochenschrift für
den öffentlichen Baudienst 3 (1897), S. 425 ff.;
SBZ 7 (1897), S. 295 ff; THIERSCH, FRIEDRICH
VON: *Das neue Justizgebäude in München.
Denkschrift zur Feier der Eröffnung*, München
1897; AR 14 (1898), H. 3, T. 21 f., H. 4, T. 25 f.,
H. 5, T. 37, H 6, T. 45, H. 7, T. 52 f.; AUFLEGER,
OTTO: *Der Justizpalast zu München*, 2 Bde.,
München 1898; Handbuch der Architektur
1900, IV. Teil, 7. Halbbd., S. 304 ff.; WALDNER,
in: Deutsche Bauhütte 4 (1900), S. 339 f.; MB
I 1912, S. 468 f.; THIERSCH 1925, S. 116 ff.; FI-
SCHER, THEODOR: *Der Justizpalast und das

neue Justizgebäude in München* (Hg. Staatsmi-
nisterium der Justiz), München 1926; *Bauten
der bayerischen Justiz*, hg. v. Verlag für Behör-
den und Wirtschaft R. A. Hoepner, Assling-
Pörsdorf o. J. (um 1965), S. 28 ff.; MAASS, in:
Architectura 1972, H. 2, S. 85 ff.; Ausst. Kat.
Thiersch 1977, S. 116 ff.; HABEL, in: Bauen in
München 1980, S. 26 f.; MARSCHALL 1982,
S. 18 f., 263 ff., 279 ff. (mit weiterer Lit.);
Ausst. Kat. Aufbauzeit 1984, S. 14 f.; RUM-
SCHÖTTEL, HERMANN: *Das Bayer. Staatsminis-
terium der Justiz 1799–1966*, in: Festschrift
Karl Bengl, München 1984, S. 329 ff. (Sep.
Druck 1990); Ausst. Kat. Architekturzeichnun-
gen 1986, Abb. S. 14; PROKOPY, KATHARINA:
Der Münchner Justizpalast, Mag. Arb. Mün-
chen 1986; SCHICKEL, in: Ausst. Kat. Prinz-
regentenzeit 1988, S. 151 ff.; GIESS 1990, S. 81;
HABEL 1991, S. 67 f.; HEMMETER 1995, S. 128;
FALKENHAGEN, ERIKA: *100 Jahre Justizpalast
München 1897–1997* (Hg. Bayer. Staatsminis-
terium der Justiz, 1997); BILLER/RASP 2003,
S. 116 ff.

Prinz-Ludwig-Straße allgemein
StadtAM LBK Baulinien 25031

Prinzregentenbrücke
DIETZ, in: DBZ 25 (1891), Nr. 1, S. 6; KOCH, in:
Baugewerks-Zeitung 24 (1892), S. 970; DBZ
24 (1890), Nr. 8, S. 47; 33 (1899), Nr. 94,
S. 596; Zs. für Architektur und Ingenieurwesen
45 (1899), Sp. 667 f.; SBZ 11 (1901), S. 358 ff.;
HALM, in: Moderne Bauformen 5 (1906),
S. 146, 149, 152, 155; MB I 1912, S. 762, 765;
ZAUNER 1914, S. 256; WAGNER 1960, S. 26;
HACKELSBERGER 1981, S. 101 ff.; MARSCHALL
1982, S. 366; Ausst. Kat. Isar 1983, S. 282 f.;
HABEL 1985, S. 140 f.; Ausst. Kat. Prinzregen-
tenzeit 1988, S. 217; Ausst. Kat. Theodor
Fischer 1988, S. 191 f.; BILLER/RASP 1997,
S. 239; KARNAPP, in: Ausst. Kat. Friedensengel
1999, S. 170 f.

Prinzregentenstraße allgemein
Wiener Bauindustrie-Zeitung 7 (1890), S. 481;
RAMBALDI 1894, S. 227; Zs. für Wohnungswe-
sen 2 (1903), H. 1, S. 6 f.; BM 3 (1905), H. 9,
S. 97 ff.; Wanderbuch 1922, S. 143 ff.; WAG-
NER 1960, S. 19; Ausst. Kat. Münchener Se-
cession 1975; BARTSCH, ECKEHARD: *Die Prinz-
regentenstraße in München von 1880–1914*,
München 1979; Bauen in München 1980,
S. 94; BAUER 1982, S. 190 f. (Café Prinz-
regent); Ausst. Kat. Theodor Fischer 1988,
S. 164 ff.; FISCH, in: Musenstadt 1988,
S. 82 ff.; SCHICKEL, in: Ausst. Kat. Prinz-
regentenzeit 1988, S. 176 ff.; HEMMETER, in:
JBD 44 (1990), S. 172 ff.; BODE 1992, S. 74 ff.
(Haus Nr. 11a); HEMMETER 1995, S. 149; BIL-
LER/RASP 1997, S. 238 f.; Wirtshäuser 1997,
S. 91 ff. (Café Prinzregent); KARNAPP, in:
Ausst. Kat. Friedensengel 1999, S. 167 f.;
BARTSCH, in: BAUER 2000, S. 27 ff.; FEILER
2006, S. 103 ff.

**Prinzregentenstraße, Brücke über den Eis-
bach**
VOGLMAIR 1994
Prinzegentenstraße, Friedensdenkmal
SBZ 9 (1899), S. 241 ff.; WALDNER, in: Deut-
sche Bauhütte 4 (1900), S. 339 ff.; Ausst. Kat.
Friedensengel 1999
Prinzregentenstraße, Luitpoldterrasse
MB I 1912, S. 733

Prinzregentenstraße, Pinienzapfenbrunnen
MB II 1984, S. 541; (siehe Prinzregentenstraße 28)

Prinzregentenstraße, Reiterdenkmal (vor Nr. 3) und ehem. Hubertusbrunnen
SBZ 17 (1907), T. nach S. 312, S. 313 f.; Schweizerische Bauzeitung 50 (1907), S. 64; LANGENBERGER, in: ZbBv 28 (1908), S. 449 ff.; MB I 1912, S. 734; HEILMEYER, ALEXANDER: *Adolf von Hildebrand*, München 1922, T. 91; ALCKENS 1936, S. 106; SATTLER 1962, S. 441 f., 495 ff., 526 f., 566 f., 590, 682, 689; MB II 1984, S. 539; Ausst. Kat. Prinzregentenzeit 1989, S. 489 f.; ESCHE-BRAUNFELS 1993, S. 308 ff.; HUFSCHMIDT 1995, S. 127 ff.; BRAUN-JÄPPELT, BARBARA: *Prinzregent Luitpold von Bayern in seinen Denkmälern*, (Diss. Hamburg 1990), Bamberg 1997, S. 95 ff., 108 ff., 164

Prinzregentenstraße 1, Haus der Kunst
Bauen in München 1980, S. 94 ff.; RASP 1981, S. 26 ff., 65 ff.; MB II 1984, S. 146 f.; ARNDT, in: SCHUSTER, PETER-KLAUS (Hg.): *Die Kunststadt München 1937…*, München 1987, S. 61 ff.; Ausst. Kat. Bauen im Nationalsozialismus 1993, S. 350; BÄRNREUTHER 1993, S. 69 ff.; DEHIO 1996, S. 159; WEYERER 1996, S. 151 ff.; BRANTL, SABINE: *Das Haus der Kunst 1937–1997, Eine historische Dokumentation*, München 1997; BILLER/RASP 2003, S. 332 f.; DONATH 2007, S. 34 f.; KISSLING, RUTH: *Das Haus der Kunst in der Nachkriegszeit*, Mag. Arb. LMU München 2007; MAYER 2007, S. 80 ff.

Prinzregentenstraße 3, Bayerisches Nationalmuseum
HEFNER-ALTENECK, JAKOB VON: *Entstehung, Zweck und Errichtung des Bayerischen Nationalmuseums in München*, Bamberg 1890; Wiener Bauindustrie-Zeitung 9 (1892), S. 423; DBZ 27 (1893), Nr. 84, S. 519; Schweizerische Bauzeitung 21 (1893), S. 54; SBZ 3 (1893), S. 422 ff.; WEBER, in: SBZ 3 (1893), S. 54 f.; AR 10 (1894), H. 6, T. 45 ff.; 12 (1896), H. 9, T. 71 ff.; 19 (1909), H. 7, S. 52 ff., T. 50 f.; DBZ 28 (1894), Nr. 15, S. 89 ff.; Nr. 16, S. 97 f.; Nr. 28, S. 173; Wiener Bauindustrie-Zeitung 12 (1894), S. 7, 137; ZbBv 14 (1894), S. 77 ff., 247 ff.; SBZ 6 (1896), S. 351 f.; Österreichische Wochenschrift für den öffentlichen Baudienst 3 (1897), S. 425 ff.; Baugewerks-Zeitung 30 (1898), S. 1109; Österreichische Wochenschrift für den öffentlichen Baudienst 4 (1898), S. 73 ff.; ABELS, in: Wiener Bauindustrie-Zeitung 18 (1900), S. 79 ff.; Architektonische Monatshefte 6 (1900), S. 41 ff.; BREDT, in: KH 52 (1900/01), S. 1 ff., 35 ff.; GROESCHEL, in: ZbBv 20 (1900), S. 539 ff.; HAGER, in: Das Bayerland 12 (1900), S. 221 ff.; HOFMANN, in: DBZ 34 (1900), Nr. 80, T. vor S. 489 ff.; Nr. 81, S. 497 ff.; Nr. 86, S. 525 f.; Nr. 87, S. 533; Nr. 88, S. 537 f., 541; WALDNER, in: Deutsche Bauhütte 4 (1900), S. 313 ff.; WILLICH, in: DK 3 (1900), S. 257 ff.; SEIDL, GABRIEL VON/STRIEDINGER, IVO: *Der Neubau des Bayerischen Nationalmuseums in München*, Festschrift, München 1902; SBZ 12 (1902), S. 25 ff., 64 ff.; BM 1 (1903), H. 1, S. 4, 8, 91; Zentralblatt für das deutsche Baugewerbe 2 (1903), S. 28; LEISCHING, in: Zs. des österreichischen Ingenieur- und Architekten-Vereins 59 (1907), S. 741 ff., 760 ff.; HOCHEDER, in: Zs. des österreichischen Ingenieur- und Architekten-Vereins 60 (1908), S. 625 ff.; BNM 1911; MB I 1912, S. 480; Der

Bau 28 (1913), S. 145; STEFFEN, in: Österreichische Wochenschrift für den öffentlichen Baudienst 19 (1913), S. 483 ff., T. 55; Süddeutsche Bauhütte 14 (1913), S. 145 f.; ZAUNER 1914, S. 219 ff.; SCHMAEDEL, in: Wasmuths Monatshefte für Baukunst 1 (1914/15), S. 36; DOERING 1924, S. 25 ff., Abb. 1 ff.; HALM, PHILIPP MARIA/LILL, GEORG: *Die Bildwerke des Bayerischen Nationalmuseums I* (Katalog BNM Bd. 13), 1924; *Kunst und Kunsthandwerk, Meisterwerke im Bayer. Nationalmuseum München*, Festschrift zum hundertjährigen Bestehen des Museums, München 1955 (einleitender Text von Oskar Lenz); WAGNER 1960, S. 229 ff., 251 ff.; BÖSSL 1966, S. 56 ff.; LÜBBEKE, HANS-WOLFRAM: *Das Bayerische Nationalmuseum in München von Gabriel Seidl. Über Problembereiche eines Bautyps im späten 19. Jh.*, Phil. Diss. Salzburg 1970 (masch.); DERS.: *Das Bayer. Nationalmuseum an der Prinzregentenstraße*, in: *Die deutsche Stadt im 19. Jahrhundert*, hg. v. Ludwig Grothe, München 1974, S. 223 ff.; HIMMELHUBER, in: MJBK 3 (1972), Bd. 23, S. 187 ff.; Bauen in München 1980, S. 29 ff.; MB II 1984, S. 148; *Schickel*, in: Ausst. Kat. Prinzregentenzeit 1988, S. 176 f.; GIESS 1990, S. 82; VOLK 1998; BAUER 2000; SCHICKEL, in: HOFER 2002, S. 139 ff.; BILLER/RASP 2003, S. 333 ff.; EIKELMANN, RENATE/BAUER, INGOLF (Hg.): *Das Bayerische Nationalmuseum 1855–2005, 150 Jahre Sammeln, Forschen, Ausstellen*, München 2006 – StadtAM LBK 19276

Prinzregentenstraße 7/9, Schack-Galerie
DBZ 3 (1869), Nr. 39, S. 465; 43 (1909), Nr. 81; ZbBv 29 (1909), S. 532 ff.; AR 26 (1910), H. 10, S. 87; MESSERER, in: DBZ 14 (1910), S. 166 ff.; SBZ 10 (1910), Nr. 41; MB I 1912, S. 404 f.; ZAUNER 1914, S. 311 f.; WOLF 1931, S. 21 ff.; WAGNER 1960, S. 243 ff.; SATTLER 1962, S. 506 ff.; Vollständiger Katalog Schack-Galerie (hg. von der Bayerischen Staatsgemäldesammlung), München 1969; BURMEISTER/HOH-SLODCZYK 1981, S. 27 ff.; Bauten und Plätze 1985/88, Nr. 127; Ausst. Kat. Prinzregentenzeit 1988, S. 182 f.; ESCHE-BRAUNFELS 1993, S. 497 ff.; WANDINGER 1996, S. 107 f.; WEYERER 1996, S. 159 f.; BILLER/RASP 1997, S. 244 f. – StadtAM LBK 19336; StadtAM LBK 19337

Prinzregentenstraße 24
MBB IV 1901, T. 20, 28.

Prinzregentenstraße 26
MBB VI 1901, T. 14 f., 28; KUNSTMANN 1993, Abb. 33 – StadtAM LBK 19338

Prinzregentenstraße 28, Wirtschaftsministerium
BM 3 (1940), S. 66 f.; BM 10 (1942), S. 194 ff.; THIERSCH 1961, S. 62, Abb. 89–92; BISTRITZKI 1974, Nr. 36; RASP 1981, S. 60 f.; MB II 1984, S. 444, 541; Ausst. Kat. Bauen im Nationalsozialismus 1993, S. 498; Architekturführer 1994, Nr. 129; WEYERER 1996, S. 155 ff.; BILLER/RASP 2003, S. 338 f.; DONATH 2007 S. 36 f.

Prinzregentenstraße 50
ALCKENS 1973, Nr. 477; Münchener Fassaden 1974, Abb. 263–266; HEISSERER 1993, S. 41 ff.

Professor-Huber-Platz allgemein
DOLLINGER 1995, S. 235; HEMMETER 1995, S. 146

Professor-Huber-Platz 1, Georgianum
MONINGER 1882, S. 43 f.; REIDELBACH 1888, S. 256; SCHMID, ANDREAS: *Geschichte des Ge-*

orgianums in München, Regensburg 1894; HEDERER 1942, S. 66; EGGERT 1963, S. 80 ff.; HEDERER 1976, S. 138; Bauten und Plätze 1985/88, Nr. 160; GRUHN-ZIMMERMANN, in: Ausst. Kat. Romantik 1987, S. 352; SCHNELL, WERNER: Schnell KF, Nr. 1799, 1989; GIESS 1990, S. 39, 140 f.; Ausst. Kat. Gärtner 1992, S. 224; Architekturführer 1994, Nr. 116; BILLER/RASP 1994, S. 247; KACZYNSKI, REINER (Hg.): *Kirche, Kunstsammlung und Bibliothek des Herzoglichen Georgianums*, Regensburg 1994; SCHWAIGER 1994; HEMMETER 1995, S. 146 – StadtAM LBK 19342

Professor-Huber-Platz 2, ehem. Max-Joseph-Stift
MONINGER 1882, S. 48 ff.; REIDELBACH 1888, S. 256; HEDERER 1942, S. 65 f.; EGGERT 1963, S. 92 ff.; Festschrift 150 Jahre Max-Joseph-Stift, München 1963; HEDERER 1976, S. 140; MB II 1984, S. 191; Bauten und Plätze 1985/88, Nr. 162; Ausst. Kat. Romantik 1987, S. 352 f., 358; GIESS 1990, S. 41; Ausst. Kat. Gärtner 1992, S. 224 f.; BILLER/RASP 1994, S. 247 f.; Architekturführer 1994, Nr. 116; HEMMETER 1995, S. 146 – StadtAM LBK 19343

Promenadeplatz allgemein
WESTENRIEDER 1782, S. 33 f.; HÜBNER 1803, S. 264 f.; RAMBALDI 1894, S. 227 f.; MEGELE I 1951, S. 62; Häuserbuch I 1960, S. 213 ff.; SCHLEICH 1978, S. 92 f.; STIMMELMAYR 1980, Nr. 52, 55; WIELAND, in: Das Bayerland 83 (1981), Nr. 6, S. 45 ff.; SCHATTENHOFER 1984b, S. 80 f; SCHATTENHOFER, in: ALBERT, DITMAR: *Hotel Bayerischer Hof*, München 1991; STAHLEDER 1992, S. 189, 260 f., 277 f.; BILLER/RASP 2003, S. 343 ff.; WANETSCHEK 2005, S. 168 f. – StadtAM LBK Baulinien 25034

Promenadeplatz, Denkmäler
Jahrbuch der Baukunst und Bauwissenschaft 4 (1847), S. 217 f.; REIDELBACH 1888, S. 270 f., 275; ALCKENS 1936, S. 18, 20, 22, 30, 34; MEGELE III 1960, S. 20; OTTEN 1970, S. 137 f.; ALCKENS 1973, Nr. 136, 218, 227, 267, 491; ROTH 1981, S. 33 ff.; BAUER/VALENTIN 1982, S. 100 f. (Situation um 1865)

Promenadeplatz 2, Palais Montgelas, heute Teil Bayerischer Hof
ROSE 1934, S. 66, 69; Häuserbuch II 1960, S. 214 ff.; ERDMANNSDORFFER 1972, S. 92, T. 75a; REIDEL, in: Ausst. Kat. Klassizismus 1980, S. 290 f.; REIDEL 1982, S. 74 ff., Abb. 181 ff.; Bauten und Plätze 1985/88, Nr. 41; ZUBER 1987, S. 159 ff.; REISER 1988, S. 19 ff.; ALBERT, DITMAR: *Hotel Bayerischer Hof*, München 1991; BILLER/RASP 1994, S. 248 ff.; Ausst. Kat. Montgelas 1996, S. 214 ff.; DEHIO 1996, S. 180; RAU 1997, S. 35 ff.

Promenadeplatz 6, Bayerischer Hof
Häuserbuch II 1960, S. 219 ff.; ALCKENS 1965, S. 90 f.; BAUER 1982, S. 140; ZUBER 1987, S. 188 ff.; ALBERT, DITMAR: *Hotel Bayerischer Hof*, München 1991; Ausst. Kat. Gärtner 1992, S. 246; Ausst. Kat. Fenster zur Vergangenheit 2006, Abb. 34

Promenadeplatz 7, Dresdner Bank
Deutsche Bauhütte 5 (1901), S. 53 ff.; KH 27 (1906/07), S. 165 ff.; Der Profanbau 4 (1908), Nr. 12, S. 148 ff.; LASSER, in: NDBZ 4 (1908), Nr. 6, S. 41 ff.; Süddeutsche Bauhütte 18 (1908), S. 25 ff.; SBZ 18 (1908), S. 25–27, 33; MBB VIIIb 1909, T. 24–26; WOLF 1911, Abb. 34 f.; Wiener Bauindustriezeitung 28 (1911), S. 119 ff., T. 26 ff.; MB I 1912, S. 324 f.;

ZAUNER 1914, S. 67 f.; WOLF 1931, S. 20; Häuserbuch II 1960, S. 220 u. a.; MB II 1984, S. 376 f.; Bauten und Plätze 1985/88, Nr. 42; Architekturführer 1994, Nr. 31; Ausst. Kat. Wiedemann 1994, S. 35; Ausst. Kat. Friedensengel 1999, S. 263; BILLER/RASP 1999, S. 249 – StadtAM LBK 19277

Promenadeplatz 9, August-Lenz-Haus (Ballinhaus)
Deutsche Bauhütte 14 (1910), S. 273 ff.; KH 62 (1911), Nr. 9, S. 259 ff.; ZAUNER 1914, S. 44; Stöhr 1925; MEGELE I 1951, S. 68, 74; Häuserbuch II 1960, S. 225; Vergangene Tage 1982, S. 58; ZUBER 1987, S. 186 f.; OTTOMEYER, HANS/ZIFFER, ALFRED: *Möbel des Neoklassizismus und der Neuen Sachlichkeit*, München 1993, S. 88 f.; Ausst. Kat. Friedensengel 1999, S. 263 – StadtAM LBK 11389

Promenadeplatz 10, Ostermaierhaus (Gunetzrhainerhaus) (ehem. 15)
AUFLEGER 1897, T. 59; KDB 1902, S. 1189; MB I 1912, S. 164, 169; ZAUNER 1914, S. 259; VOELCKER 1923; GUT 1928, Abb. 69; Häuserbuch II 1960, S. 232 ff.; KREISEL 1969, S. 47, Abb. 29; ERDMANNSDORFFER 1972, S. 82; ALCKENS 1973, S. 54; REISER 1988, S. 16 ff.; STIMMELMAYR 1980, S. 36, Abb. 55; ZUBER 1987, S. 100; LIEB 1988, S. 329; DEHIO 1990, S. 811; BAUER 1994, S. 134; BILLER/RASP 1994, S. 249; HEMMETER 1995, S. 160

Promenadeplatz 11
Häuserbuch II 1960, S. 229 f.; SZ Nr. 239, 16.10.1982, S. 23

Promenadeplatz 12, Parcus-Haus
AR 6 (1890), H. 2, T. 12 f.; Blätter für Architektur und Kunsthandwerk 3 (1890), H. 2, S. 6; MB I 1912, S. 336; THIERSCH 1925, S. 148; Häuserbuch II 1960, S. 183 f., 230, 233 f. (Vorgängerbauten); STRIDBECK 1966, S. 23, T. 14; Ausst. Kat. Thiersch 1977, S. 75 f.; MARSCHALL 1982, S. 295 f.; SZ Nr. 228, 04.10.2000 – StadtAM LBK 22929

Promenadeplatz 13
Häuserbuch II 1960, S. 230 ff.; STIMMELMAYR 1980, S. 36, Abb. 55

Radlsteg allgemein
RAMBALDI 1894, S. 230; Häuserbuch IV 1966, S. 191 ff.; STIMMELMAYR 1980, Nr. 118; WALTER 1987, S. 108 f.; STAHLEDER 1992, S. 261, 669; RÄDLINGER 2004, S. 166 – StadtAM LBK Baulinien 25054

Radlsteg 2, ehem. Radlbad
Häuserbuch IV 1966, S. 193 f.; STIMMELMAYR 1980, Nr. 118 (Reihe 3, Nr. 2); ZUBER 1991, S. 134; STAHLEDER 1992, S. 261, 448

Rambergstraße allgemein
RAMBALDI 1894, S. 231

Raspstraße, ehem.
RAMBALDI 1894, S. 88 (Gänsbühel); Häuserbuch IV 1966, S. 195 ff.; STIMMELMAYR 1980, Nr. 100 f.; STAHLEDER 1992, S. 109

Reitmorstraße allgemein
WAGNER 1960, S. 20 – StadtAM LBK Baulinien 25088, 25089

Reitmorstraße 2a
Münchener Fassaden 1974, Nr. 273

Reitmorstraße 6, Rückgebäude Widenmayerstraße 10
StadtAM LBK 19347

Reitmorstraße 7, ehem. Theater
MEGELE I 1951, S. 119; III 1960, S. 65; NICK, EDMUND: *Das literarische Kabarett „Die Schaubude" 1945–1948*, München 2004; FEILER 2006, S. 125 f.; LERCH-STUMPF 2008, S. 317, 347 – StadtAM LBK 20401

Reitmorstraße 23–25
Münchener Fassaden 1974, Nr. 274; KLEIN 1993, S. 13; (siehe Liebigstraße)

Reitmorstraße 27–29
Münchener Fassaden 1974, Nr. 274

Reitmorstraße 39, Vincentinum
FORSTER 1895, S. 790 f.; CK 1 (1904/05), H. 9, Beil. S. V f.; Jahresmappe der Dt. Gesell. für christl. Kunst 1905, S. 22, T. XII; 1909, S. 21, T. XI; ZAUNER 1914, S. 350; MEGELE I 1951, S. 18, 87; BÖSSL 1966, S. 49 ff.; BISTRITZKI 1974, Nr. 391; HOFER 2002, S. 144, 191

Residenzstraße allgemein
RAMBALDI 1894, S. 285 ff.; STAHLEDER 1992, S. 264 – StadtAM LBK Baulinien 25091, 25092

Residenzstraße, ehem. Palais Wahl
PAULUS 1912, S. 104 f.; STIMMELMAYR 1980, Nr. 33; HEYM 1984, S. 82, 107

Residenzstraße 1, Residenz allgemein (in Auswahl)
PISTORINI, BALDASSARE: *Descrittione compendiosa del Palagio sede de' Serenissimi di Baviera...*, Mskr. von 1644, BStB (Dt. Übersetzung v. E. Weinberger, Mskr. von 1926, BStB, Erstedition, Hg. u. Kommentar L. Longo-Endres, dt. Übersetzung J. Zimmer [Quellen zur neueren Geschichte Bayerns IV/Reiseberichte 2], München 2006); PALLAVICINO, RANUCCIO: *I Trionfi dell'Architettura Nella sontuosa Residenza di Monaco...*, München 1667 (Nachdruck, hg. von Lucia Longo, Trento 1997); SCHMID, JOHANNES: *Triumphierendes Wunder-Gebaew Der Chur-Fuerstlichen Residenz zu München*, München 1685; ERTL 1687, S. 123 ff.; WENING 1701, S. 5 ff.; KALMBACH, CHRISTOPH: *Triumphierendes Wunder-Gebäu Der Chur-Fürstlichen Residentz zu München*, München 1719 (Nachdruck Braunschweig 2005); DISEL, MATTHIAS: *Erlustierender Augen-Weyde Zweite Fortsetzung...*, Augsburg o. J. (um 1723); WESTENRIEDER 1782, S. 51 ff.; Lexikon von Bayern 1796 ff., S. 317 ff.; SÖLTL, JOHANN MICHAEL: *München mit seinen Umgebungen...*, München 1838, S. 176 ff.; REBER 1876, S. 245 ff.; SEIDEL, GEORG FRIEDRICH: *Die Königliche Residenz in München*, Leipzig 1880; HAEUTLE, CHRISTIAN: *Geschichte der Residenz in München von ihren frühesten Zeiten bis herab zum Jahre 1777*, Leipzig 1883; BÖTTNER SEN., GEORG: *Die Innenräume der alten königlichen Residenz in München*, München 1893–95; KDB 1902, S. 1070 ff.; FEULNER, ADOLF: *Das Residenzmuseum in München*, München 1922; FEULNER, ADOLF: *Katalog der Gemälde im Residenzmuseum München und in Schloß Nymphenburg*, München 1924; THOMA, HANS/KREISEL, HEINRICH: *Residenz München*, Amtl. Führer, München 1937; THOMA, HANS: *Die Münchener Residenz*, Bremen 1938; LOTZ, in: Kunstchronik 2 (1949), S. 165 ff.; Festschrift zur Eröffnung des Residenzmuseums München, München 1958; Häuserbuch I 1958, S. 271 ff.; HUF, in: DKD 17 (1959), S. 1 ff.; MEGELE III 1960, S. 53 f. (Wiederaufbau); Das Bayerland 62 (1960), H. 4 (Sonderheft Residenz München mit Beiträgen

von Abt Hugo Lang, Levin Frhr. v. Gumppenberg, Erich Bachmann, Herbert Brunner, Hans Thoma, Walter Tunk und Luisa Hager); ADALBERT PRINZ VON BAYERN: *Als die Residenz noch Residenz war*, München 1966; THOMA, HANS/BRUNNER, HERBERT: *Residenzmuseum München*, Amtl. Führer, München 1966; BRUNNER, HERBERT/HOJER, GERHARD: *Residenz München*, Amtl. Führer, München 1975; BRUNNER, HERBERT: *Die Kunstschätze der Münchener Residenz*, München 1977; OTTOMEYER, HANS: *Das Wittelsbacher Album. Interieurs königlicher Wohn- und Festräume 1799–1848*, München 1979; GLASER, HUBERT (Hg.): *Quellen und Studien zur Kunstpolitik der Wittelsbacher vom 16. bis zum 18. Jahrhundert*, München 1980; HOJER, in: Weltkunst 50 (1980), S. 690 ff.; HOJER, GERHARD/SCHMID, ELMAR D./SEELIG, LORENZ: *Residenzmuseum München* (Reihe „museum"), Braunschweig 1980; STIERHOF 1980; DISEL, MATTHIAS: *Kurbayerische Schlösser*, Nachdruck hg. v. Peter Volk, Dortmund 1981/Nachdruck hg. v. Harri Günther mit Nachwort von R. Schelenz, Leipzig 1989; BEIL, TONI: *Residenz München. Wiederaufbau 1945–85*, München 1985 (masch., BSV); WALZ, TINO/MEITINGER, OTTO/BEIL, TONI: *Die Residenz zu München, Entstehung – Zerstörung – Wiederaufbau*, München 1987; BAUER/RUPPRECHT 1989; LANGENKAMP, ANNE: *Philipp Hainhofers Münchner Reisebeschreibungen (1611/13). Eine kritische Ausgabe*, Diss. Techn. Univ. Berlin 1990; KLINGENSMITH 1993; HEMMETER 1995, S. 112 ff.; BRUNNER, HERBERT/HOJER, GERHARD/SEELIG, LORENZ: *Residenz München*, Amtl. Führer, München 1986, 1990, 1996; DEHIO 1996, S. 96 ff.; HOJER, GERHARD/OTTOMEYER, HANS (Hg.): *Die Möbel der Residenz München* (Kataloge BSV), 3 Bde., München 1995, 1996, 1997 (darin u.a. H. OTTOMEYER: *Vom Zweck der Stile. Das Hofzeremoniell und die Inneneinrichtung der Residenz München*, II/1996, S. 11 ff.); NEUMANN, HERMANN: *Die Münchner Residenz* (Prestel-Museumsführer), München 2000; GRAF, HENRIETTE: *Die Residenz in München. Hofzeremoniell, Innenräume und Möblierung von Kurfürst Maximilian I. bis Kaiser Karl VII.*, München 2002; LANGER, BRIGITTE (Hg.): *Pracht und Zeremoniell – Die Möbel der Residenz München*, Ausst. Kat. München 2002; BILLER/RASP 2003, S. 262 ff.; HEYM, SABINE: *Residenz München – Zeittafel. Baugeschichte im Überblick*, München 2003; NÖHBAUER/BUNZ 2003, S. 136 ff.; WALZ, TINO: *Untergang und Neubeginn. Die Rettung der Wittelsbacher Schatzkammer, der Wiederaufbau der Münchner Residenz und andere Erinnerungen aus meinem Leben*, München 2003; FALTLHAUSER, KURT (Hg.): *Die Münchner Residenz*, Ostfildern 2006; KREMS, EVA-BETTINA: *Zeremoniell und Raumwahrnehmung. Die Münchner Residenz in drei Beschreibungen des 17. Jahrhunderts*, in: Zeichen und Raum. Ausstattungen und höfisches Zeremoniell in den deutschen Schlössern der Frühen Neuzeit (Hg. Rudolstädter Arbeitskreis zur Residenzkultur, bearb. v. P.-M. Hahn u. U. Schütte), München/Berlin 2006, S. 281–302

Residenz, Burgstall
STAHLEDER 1992, S. 81 ff.; BAUER 2002, S. 123 ff.

Residenz, Neuveste
BACHMANN, in: Das Bayerland 62 (1960),

S. 121 ff.; MEITINGER, in: OA 92 (1970); BEH-
RER 2001, S. 159 ff., 333
Residenz, Antiquarium
HARTIG 1933, S. 208 ff.; 4. Festschrift zum
Wiederaufbau 1958, S. 36 f.; HUBALA, in:
MJBK 3. Folge, 9/10 (1958/59), S. 136 ff.;
LIEDKE, in: JBD 28 (1970/71), S. 176 ff.;
BUSCH, RENATE VON: *Studien zu deutschen An-
tikensammlungen des 16. Jh.*, Diss. Tübingen
1973; DIEMER, in: Ausst. Kat. Maximilian I.
1980, Bd. 2, Kat. Nr. 892 c–f; FROSIEN-LEINZ,
in: Ausst. Kat. Glyptothek 1980, S. 310 ff.; PET-
ZET, in: JBD 40, 1986 (1989), S. 32 ff.; LIETZ-
MANN, HILDA: *Das Neugebäude in Wien*, Mün-
chen 1987, S. 115 ff.; WESKI, ELLEN/FROSIEN-
LEINZ, HEIKE: *Das Antiquarium der Münchner
Residenz*, München 1987; DISCHINGER, in: OA
112 (1988), S. 81 ff.; BAUER/RUPPRECHT 1989,
Bd. 3/II, S. 67 ff.; LIEDKE, in: AB 57/58 (1989),
S. 65 ff.; STASCHULL, in: Restauro 6 (1993),
S. 418 ff.; DIEMER, D. u. P., in: Zs. für Kunst-
geschichte 58 (1995), S. 55 ff.; STASCHULL, in:
Denkmalpflege 58 (2000), S. 44 ff.; HUBER
2000, S. 42 f., 254, Farbtf. 53 f.; HEYM, SABI-
NE: *Das Antiquarium der Residenz München*,
München 2007
Residenz, Schwarzer Saal
GEISSLER, in: MJBK 3. Folge, 29 (1978),
S. 65 ff. (S. 76 f.: Kamin); BAUER/RUPPRECHT
1989, S. 117 ff.
Residenz, Grottenhof
HEFNER, J. v., in: OA 21 (1859), S. 153 ff.;
ZANGHERI, in: Antichità viva 4 (1979), S. 45 ff.;
BAUER/RUPPRECHT 1989, S. 49 ff.
Residenz, Alte Residenz Maximilians I.
BUSCH, in: ZfbK 2 (1933), S. 399 ff.; SCHALK-
HAUSER, in: Das Münster 11 (1958), S. 261 ff.;
KNÜTTEL, in: MJBK 3. Folge, 18 (1967),
S. 187 ff.; KNÜTTEL-VOLK, BRIGITTE: *Wandtep-
piche für den Münchener Hof nach Entwürfen
von Peter Candid*, München 1976; Ausst. Kat.
Maximilian I. 1980; BEIL, in: JBD 39 (1985),
S. 153 ff. (betr. auch Kaisersaal und -treppe);
BAUER/RUPPRECHT 1989, S. 120–212, 299 ff.;
KRAUS, ANDREAS: *Maximilian I., Bayerns
großer Kurfürst*, Regensburg 1990, S. 65 ff.;
GREINDL, in: Zs. für Bayerische Landesge-
schichte 60 (1997), S. 755 ff.
Residenz, ehem. Päpstliche Zimmer
Amtl. Führer 1937, S. 129 ff.; BARY, ROSWITHA
VON: *Henriette Adelaide von Savoyen, Kurfürs-
tin von Bayern*, München 1980, S. 234 ff.;
KEMP, in: MJBK 3. Folge, 33 (1982), S. 131 ff.;
LONGO, in: Arte Veneta 38 (1984), S. 96 ff.;
BAUER/RUPPRECHT 1989, S. 219 ff.; LONGO, LU-
CIA: *Antonio Domenico Triva – un artista tra
Italia e Baviera*, Bologna 2008, S. 31 ff., 123 ff.
**Residenz, Baumaßnahmen unter Max Ema-
nuel und Karl Albrecht**
AUFLEGER, OTTO/TRAUTMANN, KARL: *Die
Reichen Zimmer der königlichen Residenz
in München*, München 1893; BUCHHEIT,
HANS/OLDENBOURG, RUDOLF: *Das Miniaturen-
kabinett der Münchener Residenz*, München
1921; WOLF 1967, S. 37 ff.; Ausst. Kat. Max
Emanuel 1976; THON 1977, S. 91–111, 312 f.,
314 ff., 320 ff.; in: GLASER, HUBERT
(Hg.): *Quellen und Studien zur Kunstpolitik der
Wittelsbacher vom 16. bis zum 18. Jahrhundert*,
München 1980, S. 253 ff.; HEYM 1984, S. 38 ff.;
BRAUNFELS 1986, S. 69 ff., 181 f.; BAUER/RUPP-
RECHT 1989, S. 275 ff., 292 ff., 339 ff.; GRAF,
HENRIETTE: *Die Reichen Zimmer der Residenz
München*, Diss. Salzburg 1995

**Residenz, Baumaßnahmen unter Max III.
Joseph**
WOLF 1967, S. 89 ff., 98 f.; BRAUNFELS 1986,
S. 156 ff., 182 ff.
**Residenz, Baumaßnahmen unter Max I.
Joseph**
Ausst. Kat. Max I. Joseph 1980, Bd. 2, Kat.
Nr. 332 (evang. Hofkirche), Nr. 589 (Staats-
ratszimmer); THOSS 1998, S. 51 ff.; Ausst. Kat.
Bayerns Krone 2006 (darin u.a. LANGER, BRI-
GITTE: *Vom kurfürstlichen zum königlichen
Herrschersitz*, S. 50 ff.); DUNKEL 2007,
S. 114 f. (Weißer Saal), 116 (Tanz- bzw. Max-
Joseph-Saal)
Residenz, Königsbau
FÖRSTER, ERNST: *Leitfaden zur Betrachtung
der Wand- und Deckenbilder des neuen
Königsbaues in München*, München 1834;
Schorns Kunstblatt 1834/35; KLENZE, LEO V.:
*Die Decoration der inneren Räume des Koe-
nigsbaues zu München...*, Wien 1842 (Separat-
druck aus ABZ 1837/39); NAGLER 1863,
S. 164 ff.; REIDELBACH 1888, S. 178 ff.; Amtl.
Führer 1937, S. 137 ff. (Nibelungensäle),
161 ff.; HEDERER 1964, S. 263 f.; OTTEN 1970,
S. 121 ff., 124, 127 f.; NOWALD, INKEN: *Die
Nibelungenfresken von Julius Schnorr von
Carolsfeld im Königsbau der Münchner Resi-
denz*, Kiel 1978; WASEM 1981, S. 7 ff., 257 ff.;
HUFNAGL, FLORIAN: *Leo v. Klenze und die
Sammlung architectonischer Entwürfe*, Worms
1983, S. 35, Abb. 1.; ZIMMERMANN, in: Ausst.
Kat. Romantik 1987, S. 209 ff.; BEIL, in: JBD
33 (1979), S. 199 ff.; HOJER, GERHARD: *Die
Prunkappartements Ludwigs I. im Königsbau
der Münchner Residenz*, München 1992;
SCHÖNWÄLDER, in: NICKL, PETER (Hg.): *Par-
kett*, München/Berlin 1995, S. 133 ff.; BUTT-
LAR 1999, S. 217 ff.; HILDEBRAND, in: Ausst.
Kat. Klenze 2000, S. 369 ff.; DUNKEL 2007,
S. 130 ff.
Residenz, Festsaalbau
KLENZE, in: ABZ, Wien 1842, S. 260; NAGLER
1863, S. 167 ff.; REIDELBACH 1888, S. 191 ff.;
MAYER, in: Monatsschrift des Histor. Vereins
von Oberbayern 3 (1894), S. 73 ff.; Amtl. Füh-
rer 1937, S. 69 ff.; Festschrift zur Eröffnung des
Fest- und Konzertsaales in der Münchner Resi-
denz, 1953; 4. Festschrift zum Wiederaufbau
der Residenz München, 1959; HEDERER 1964,
S. 274; OTTEN 1970, S. 54 ff., 66 f., 69 f., 107,
115 f., 120 f., 124 f.; HOJER, GERHARD: *Die
Schönheitsgalerie König Ludwigs I.*, München
1979; SCHMID, ELMAR D./BEIL, TONI: *Das
Schloß Dachau*, Dachau 1981, S. 47 ff. (Herkulesteppiche); WASEM 1981, S. 164 ff.,
322 ff.; Ausst. Kat. Aufbauzeit 1984, S. 144
(Neuer Herkulessaal); ZIMMERMANN, in:
Ausst. Kat. Romantik 1987, S. 221; THIELE, in:
Hofgarten 1988, S. 79 ff.; KURZ, HEIDRUN:
Schloß Dachau, München 1988, S. 38 ff. (Her-
kulesteppiche); HABEL 1993, S. 49 f.; HEYM,
in: Journal 1994 (Hg. BSV), München 1995,
S. 71 ff. (Herkulesteppiche); HOJER, in: Monumental 1998, S. 687 ff.; SPENSBERGER, EVA:
*Der Wiederaufbau der Münchner Residenz
unter besonderer Berücksichtigung des Festsaaltraktes*, München 1998; BUTTLAR 1999,
S. 209 ff.; HILDEBRAND, in: Ausst. Kat. Klenze
2000, S. 290 ff.; DUNKEL 2007, S. 133 ff.
Residenz, Baumaßnahmen unter Ludwig II.
Amtl. Führer 1937, S. 101 ff.; BAUMGARTNER
1981, S. 42 ff. (Appartement), 53 ff. (Wintergarten); EVERS, HANS GERHARD: *Ludwig II.*

von Bayern, München 1986, S. 74, 158 ff. (Ap-
partement), S. 170 ff. (Wintergarten); HOJER,
GERHARD (Hg.): *König Ludwig II. – Museum
Herrenchiemsee* (Katalog), München 1986,
S. 154 ff., 446 ff. (darin SCHMID, ELMAR D.:
*Der Wintergarten König Ludwigs II. in der
Münchner Residenz*, S. 63 ff.); NÖHBAUER,
HANS: *Auf den Spuren König Ludwigs II.*,
München 1986, S. 129 ff.; SCHLIM 2001,
S. 39 ff.
**Residenz, Altes Residenztheater/Cuvilliés-
theater**
siehe Max-Joseph-Platz 2, Altes und Neues
Residenztheater
Residenz, ehem. Theater am Brunnenhof
PFISTER/WALZ, in: BM 43 (1946), H. 4,
S. 73 ff.; Ausst. Kat. Aufbauzeit 1984, S. 104
Residenzstraße 2, Hauptpost
REBER 1876, S. 131; AUFLEGER 1897, T. 15–17;
KDB 1902, S. 1175; VOELCKER, in: Wiener
Jahrbuch für Kunstgeschichte 6 (1929),
S. 104 ff.; HARTMANN, in: Archiv für Postge-
schichte in Bayern Nr. 1, 1954, S. 209 ff.;
ZACHARIAS 1960, S. 149 f.; HEDERER 1964,
S. 323; THON 1977, S. 268, 339; SCHLEICH
1978, S. 94; BELL, in: JBD 33 (1979), S. 213 ff.;
BELL, in: *Der Hochbau der Deutschen Bundes-
post*, Sonderdruck aus: Die Bauverwaltung
(um 1980); BUTTLAR 1985, S. 219 ff.; Ausst.
Kat. Romantik 1987, Nr. 130; BESELER/GUT-
SCHOW II 1988, S. 1398; HEMMETER 1995,
S. 128; BILLER/RASP 1999, S. 251 f.; BUTTLAR
1999, S. 245 f.; Ausst. Kat. Klenze 2000,
S. 428 ff.; BILLER/RASP 2003, S. 348 f.;
KNAUSS, in: Münchner Stadtanzeige 44,
Nr. 32; MADERHOLZ, in: Münchner Stadtanzeiger 30, Nr. 48, S. 5 ff. – StadtAM LBK 19278
Residenzstraße 3
MB I 1912, S. 344; Alte Firmen 1955, S. IX,
82; Häuserbuch I 1958, S. 103 f., 281 ff.; Ge-
schäftschronik des Volkskunsthauses Wallach,
New York 1961; STIMMELMAYR 1980, Nr. 15, 33
(1, 2); Vergangene Tage 1982, S. 295; ZUBER
1989, S. 21 ff.; STAHLEDER 1992, S. 384; Jüdi-
sches Leben 1995, S. 156; Ausst. Kat. Wallach
2007
Residenzstraße 10
SBZ 21 (1911), Nr. 41, S. 321 ff.; ALCKENS
1935, Nr. 63 f.; MEGELE 1951, S. 169; Häuser-
buch I 1958, S. 291 f.; STIMMELMAYER 1980,
Nr. 33 (3. Reihe 6, unten 1); ZUBER 1989, S. 23;
STAHLEDER 1992, S. 349, 382 – StadtAM LBK
19279
Residenzstraße 13, Eilles-Haus
MB I 1912, S. 83 f., 86; Häuserbuch I 1958,
S. 295; ERDMANNSDORFFER 1972, S. 111,
Abb. 72, T. 98b; STIMMELMAYR 1980, Nr. 34
(unten 3); SCHNELL 1981, Nr. 23; Bauten und
Plätze 1985/88, Nr. 17; LIEB 1988, S. 142, 587;
BILLER/RASP 1994, S. 175; BAUER/GRAF 1996,
Abb. S. 152 f.; DEHIO 1996, S. 175
Residenzstraße 16
Häuserbuch I 1958, S. 299 ff.; STIMMELMAYR
1980, Nr. 34 (unten 5)
Residenzstraße 17
Häuserbuch I 1958, S. 301 ff.; STIMMELMAYR
1980, Nr. 34 (unten 6)
Residenzstraße 20, ehem. Bauerngirgl
MBB I 1898, T. 5; MB I 1912, S. 274; Häuser-
buch I 1958, S. 307; BÖSSL 1966, S. 102 f.;
BAUER 1982, S. 127; WALTER, in: HOFER 2002,
S. 103 f.
Residenzstraße 24
Die Architektur des 20. Jh., 10 (1910), H. 3,

S. 26, T. 69; MEGELE I 1951, S. 69; Häuserbuch I 1958, S. 312 ff.; STIMMELMAYR 1980, Nr. 34 (unten 14); GIESS 1990, S. 91 – StadtAM LBK 19280

Residenzstraße 25
Stöhr 1925, S. 29 (Nr. 92); Häuserbuch I 1958, S. 315 f.; STIMMELMAYR 1980, Nr. 34 (unten 15)

Residenzstraße 26
Alte Firmen 1955, S. XI, 10; Häuserbuch I 1958, S. 316 ff.; STIMMELMAYR 1980, Nr. 34 (unten 16), Nr. 35 (oben 1); BAUER 1982, S. 125; HÖLZ 2003, S. 53 f., 394

Residenzstraße 27, Preysing-Palais
AUFLEGER/TRAUTMANN 1897a, T. 41–54; KDB 1902, S. 1187; MB I 1912, S. 157 ff.; BM 11 (1913), Beil. zu H. 9, S. B 203, T. 90; HAUTTMANN 1913, S. 145 ff.; ZAUNER 1914, S. 23, 53 ff.; LIEB 1941; KREISEL, in: JBD 16 (1957), S. 18; Häuserbuch I 1958, S. 318 ff.; KREISEL, in: JBD 19 (1960), S. 8 ff, 14 ff.; SCHLEICH, in: DKD 1960, S. 129 f.; DKD 21 (1963), S. 129; VITS, GISELA: *Joseph Effners Palais Preysing*, Kieler Kunsthistor. Studien Bd. 5, Bern/Frankfurt 1973; THON 1977, S. 74 ff., 308 ff.; DISCHINGER, GABRIELE/KOCH, LAURENTIUS/MÜNSTER, ROBERT: *Zwei Münchner Adelspalais – Palais Portia, Palais Preysing*, München 1984; DISCHINGER, GABRIELE: *Die Geschichte des Palais „Portia" und „Preysing" der Bayer. Vereinsbank der Stadt München*, München 1985; STADLER 1986, S. 51 ff.; Aust. Kat. Effner 1987, S. 5; HEMMETER 1995, S. 156; DEHIO 1996, S. 180 f.; BILLER/RASP 1997, S. 252 f.; VITS 1998; EPP, in: HOFER 2002, S. 48 f.

Rheinbergerstraße
HOH-SLODCZYK 1985, S. 43 (Wohnhaus Sepp); DOLLINGER 1995, S. 244; HÖLZ, in: Ausst. Kat. Maximilian II. 1997, S. 330 ff.

Richard-Wagner-Straße allgemein
RAMBALDI 1894, S. 237 f.; Ausst. Kat. Prinzregentenzeit 1988, S. 226 f.; DOLLINGER 1995, S. 245; OSTENDORF 2007 – StadtAM LBK Baulinien 25101

Richard-Wagner-Straße 5
StadtAM LBK 11402

Richard-Wagner-Straße 10, ehem. Kunstgewerbeschule
MEGELE I 1951, S. 99; Architekturführer 1994, Nr. 86; OSTENDORF 2007, S. 52 ff.

Richard-Wagner-Straße (5, 7, 9) 11
MBB X 1904, T. 15, 16, 17, 41; Münchener Fassaden 1974, Nr. 275–278; OSTENDORF 2007

Richard-Wagner-Straße 15
MBB XI 1905, T. 15, 32; AR 22 (1906), H. 6, S. 47, T. 43; SBZ 16 (1906), S. 25 ff.; SUCHODOLSKI, in: BM 4 (1906), H. 7, S. 75–79; Süddeutsche Bauhütte 7 (1906), H. 25, S. 6; OSTENDORF 2007, S. 34 ff.

Richard-Wagner-Straße 17
RANK 1987, S. 52, 146; OSTENDORF 2007, S. 42 ff.

Richard-Wagner-Straße 19
BAER, in: Moderne Bauformen 11 (1912), S. 477, 483 ff.; OSTENDORF 2007, S. 46 ff., 96 ff.

Riedlstraße allgemein
RAMBALDI 1894, S. 239 f.; WAGNER 1960, S. 20

Rindermarkt allgemein
RAMBALDI 1894, S. 240 ff.; ALCKENS 1935, Nr. 190 (betr. ehem. Nr. 6); Häuserbuch IV

1966, S. 210 ff.; STRIDBECK 1966, S. 12 ff.; ERDMANNSDORFFER 1972, u. a. T. 49 (ehem. Nr. 18/19); THON 1977, S. 18 f., 190 f., Abb. 237 f. (betr. ehem. Nr. 20); STIMMELMAYR 1980, Nr. 11; BAUER 1982, S. 74 f. (betr. Drei Rosen); WALTER 1987, S. 118 f. (betr. Schleckergasse); STAHLEDER 1992, S. 265, 285 f. (Schleckergässel), 519 ff. (Drei Rosen); GEDON 1994, S. 80 (betr. ehem. Nr. 7); DOLLINGER 1995, S. 247 (m. Abb.); HEMMETER 1995, S. 151; BILLER/RASP 1999, S. 253 – StadtAM LBK Baulinien 25113

Rindermarkt 1, Pfarrhaus St. Peter
Häuserbuch IV 1966, S. 210; STIMMELMAYR 1980, Nr. 111 (oben 4), 112 (3. Reihe 8); STAHLEDER I 2006, S. 129; (siehe Petersplatz)

Rindermarkt 10, Ruffini-Block
SBZ 13 (1903), S. 277 ff., 369 ff.; KH 1904/05, S. 272; Blätter für Architektur und Kunsthandwerk 19 (1906), S. 34, T. 44 ff.; Der Profanbau 2 (1906), Nr. 14, S. 224 ff., 235 f.; LASSER 1906, S. 225 ff.; KROMER 1908, T. 10–11; CK 9 (1912/13), S. 245 f., 266; Wasmuths Monatshefte für Baukunst I (1914/15), S. 31 ff.; DOERING 1924, S. 16 ff., 30; BÖSSL 1966, S. 92 ff.; Häuserbuch IV 1966, S. 228 ff., 261, 334; Münchener Fassaden 1974, Nr. 279 f., S. 266, T. VIII; Bauen in München 1980, S. 72; STIMMELMAYR 1980, Nr. 92; Bauten und Plätze 1985/88, Nr. 92; WALTER 1987, S. 54 f., 87 f.; STAHLEDER 1992, S. 363 f., 615 ff.; Architekturführer 1994, Nr. 46; BAUER/GRAF 1996, S. 182 f.; BILLER/RASP 1997, S. 256; SCHICKEL, in: HOFER 2002, S. 124 ff.; STAHLEDER I 2006, S. 194 ff.; (siehe auch Sendlinger Straße 1 und Rosental 1)

Robert-Koch-Straße allgemein
RAMBALDI 1894, S. 144; DOLLINGER 1995, S. 247

Robert-Koch-Straße 11
WAGNER 1960, S. 307

Robert-Koch-Straße 9
StadtAM LBK 18748

Rochusstraße allgemein (Rochusberg, -straße und ehem. -spital)
WESTENRIEDER 1782, S. 175 f.; RAMBALDI 1894, S. 243 f.; ALCKENS 1935, Nr. 127; Häuserbuch II 1960, S. 246 ff.; STIMMELMAYR 1980, Nr. 54; LEHMBRUCH 1987a, S. 282 ff., 393, 509 (Anm. 966); STAHLEDER 1992, S. 265 f.; STAHLEDER II 2005, S. 289 f., 294, 307 – StadtAM LBK Baulinien 25121

Rochusstraße 2
siehe Maximiliansplatz 19

Rochusstraße 6/7, ehem. Karmeliterinnenkloster
FORSTER 1895, S. 189 ff., Plan S. 201; Häuserbuch II 1960, S. 179 ff., 255; LOIBL, in: Münchner Stadtanzeiger Nr. 56/58, 16./23.07.1971; BURMEISTER, ENNO/DISCHINGER, GABRIELE/ILSANKER, E.-M.: *Baudokumentation, Das alte Karmeliterinnenkloster in München* (Arbeitsheft BLfD 12), München 1976; DISCHINGER, in: JVCK 10 (1978), S. 19 ff.; HACKELSBERGER, in: Münchner Stadtanzeiger Nr. 29, 15.04.1980; DISCHINGER 1988, S. 356–362; GEDON 1994, S. 110 ff.; Monachium Sacrum I 1994, S. 145 ff., 213; BILLER/RASP 1997, S. 256 – StadtAM LBK 15033 (weitere Lit. siehe Pacellistr. 12)

Rosenbuschstraße allgemein
RAMBALDI 1894, S. 244 f.; WAGNER 1960,

S. 20; DOLLINGER 1995, S. 249 – StadtAM LBK Baulinien 25135

Rosenstraße allgemein
RAMBALDI 1894, S. 245 f.; Häuserbuch III 1962, S. 371 ff.; Häuserbuch IV 1966, S. 251 ff.; STIMMELMAYR 1980, Nr. 91; BAUER 1982, S. 76 f. (betr. Gastwirtschaft Spöckmeier); WALTER 1987, S. 57 f.; STAHLEDER 1992, S. 268 ff., 402 – StadtAM LBK Baulinien 25142

Rosenstraße 6
Die Architektur des 20. Jh., 10 (1910), H. 3, S. 20, T. 52; DBZ 46 (1912), Nr. 23, S. 217 ff.; ZAUNER 1914, S. 305; Häuserbuch IV 1966, S. 259 ff.; STIMMELMAYR 1980, Nr. 91 (oben 7), 111 (Reihe 3/1); BAUER/VALENTIN 1982, S. 62; RANK 1987, S. 47, 144; STAHLEDER 1992, S. 397 f., Abb. 42; BAUER 1994, S. 144 f. (Vorbebauung); BAUER/GRAF 1996, S. 178 f.

Rosental allgemein
BAUMGARTNER 1805, Nr. XLV (ehem. Sebastianskapelle); REGNET 1879, S. IX f., T. 14; RAMBALDI 1894, S. 246; MEGELE I 1951, S. 69 (Kaufhaus Uhlfelder); Häuserbuch IV 1966, S. 261 ff.; STRIDBECK 1966, T. 10, Text S. 17 f. (Karl Spengler, betr. ehem. Haus Törring-Seefeld); STIMMELMAYER 1980, Nr. 110; HEYM 1984, S. 81 f. (ehem. Palais Törring-Seefeld); STAHLEDER 1992, S. 270; WEYERER 1996, S. 51 ff. (Kaufhaus Uhlfelder) – StadtAM LBK Baulinien 25141

Rosental 1, Teil des Ruffinihauses
Blätter für Architektur und Kunsthandwerk 19 (1906), S. 34, T. 44 ff.; (siehe auch Rindermarkt 10 und Sendlinger Straße 1)

Rosental 3, Löwenturm
HAHN, A., in: SZ 20.11.1951; MEGELE III 1960, S. 67; Schönes altes München 1965, Abb. S. 149; Häuserbuch IV 1966, S. 221 f., 262 f.; PECHER, in: Münchner Stadtanzeiger 16.11.1979; BAUER/VALENTIN 1982, S. 63; BEHRINGER 1987, S. 178; STAHLEDER 1992, S. 361, 599 f.; BILLER/RASP 2003, S. 351; Ausst. Kat. Fenster zur Vergangenheit 2006, Abb. 49–53; *Der Löwenturm in München* (Arbeitsheft BLfD 118), München 2008

Roßmarkt
siehe Oberanger

Roßmarkt 8
MEGELE I 1951, S. 95 (ehem. Stadtkrankenhaus); Häuserbuch IV 1966, S. 131 f.

Roßmarkt 15, Meisterschule für Mode
MB I 1912, S. 171; Häuserbuch IV 1966, S. 123 ff., 500 ff.; ERDMANNSDORFFER 1972, S. 89, T. 61b; Ausst. Kat. Klassizismus 1980, S. 104 ff.; THINESSE-DEMEL 1980, S. 111; SCHNELL 1981, Nr. 43; REIDEL 1982, S. 79 f., Abb. 211; Bauten und Plätze 1985/88, Nr. 95; ZUBER 1991, S. 22 ff.; Architekturführer 1994, Nr. 54; BAUER 1994, S. 125 ff.; DEHIO 1996, S. 153 f.; BILLER/RASP 2003, S. 359 f.

Rottmannstraße allgemein
RAMBALDI 1894, S. 247 – StadtAM LBK Baulinien 25157

Rundfunkplatz allgemein
DOLLINGER 1995, S. 253

Rundfunkplatz 1, Bayer. Rundfunk
Das neue Funkhaus der deutschen Stunde in

Bayern, München 1929; SBZ 1929, S. 273 ff.; Ausst. Kat. Zwanziger Jahre 1979, S. 395 f.; Bauen in München 1980, S. 59; Ausst. Kat. Riemerschmid 1982, S. 260, 446; MB II 1984, S. 254 ff.; Bauten und Plätze 1985/88, Nr. 219 f.; BRUNS 1992; Architekturführer 1994, Nr. 199; Ausst. Kat. Ton/Bild 1999

Salvatorplatz allgemein
Monatsblatt für Verschönerung des Landbauwesens 2, München 1822, Nr. 11 (Projekt protest. Kirche); RAMBALDI 1894, S. 252; THIEME/BECKER 29, 1935, S. 452 (Art. Santurini); Häuserbuch II 1960, S. 256 f. – StadtAM LBK Baulinien 25185

Salvatorplatz 1, Literaturhaus, ehem. Salvatorschule
SBZ 2 (1892), S. 442 ff.; MB I 1912, S. 607; ZAUNER 1914, S. 18; Häuserbuch II 1960, S. 216; Münchens neue Schulen, H. 7, 1963, S. 4; ZUBER 1987, S. 38; Architekturführer 1994, Nr. 23; Baudenkmalpflege 1997, S. 48 f.; Architekturführer 2002, Nr. 25 – StadtAM LBK 19282

Salvatorplatz 2/2a, Westteil des ehem. Theatinerklosters (Kultusministerium)
Alte Firmen 1955, S. IX, 29 (Hugendubel); Häuserbuch II 1960, S. 257, 269 ff., 337; MB II 1984, S. 447; Bauten und Plätze 1985/88, Nr. 31, 32; HEMMETER 1995, S. 126, 156; LEHMANN 1996, Bd. 2, S. 49; THIERY, in: *150 Jahre Bayerisches Kultusministerium*, eine Dokumentenausstellung des Bayerischen Kultusministeriums, München 1997, Nr. 6; (siehe auch Theatinerstraße 20/21)

Salvatorplatz 3 (Parkhaus)
Häuserbuch II 1960, S. 257; WIENANDS, RUDOLF (Hg.): *Franz Hart: Bauten, Projekte, Schriften*, Ausst. Kat. Lehrstuhl für Grundlagen der Gestaltung und Darstellung der TU München 1980, S. 55; MB II 1984, S. 380; Bauten und Plätze 1985/88, Nr. 33; FISCHER 1990, Nr. 67 (mit Lit.); Architekturführer 1994, Nr. 24

Salvatorstraße allgemein
RAMBALDI 1894, S. 252 f.; Häuserbuch II 1960, S. 258 ff.; STIMMELMAYR 1980, Nr. 59; STAHLEDER 1992, S. 191 f., 275 f.; HEMMETER 1995, S. 156 (Palais Waldkirch) – StadtAM LBK Baulinien 25186–25188

Salvatorstraße 17, griech.-orth. Salvatorkirche
CRAMMER 1781, S. 61; FORSTER 1895, S. 426 ff.; SAKELLAROPOULOS, MELETIOS: *Die griechische (Salvator-)Kirche in München*, München 1899; KDB IV, 1902, S. 1014 f. (mit älterer Lit.); HAASE, in: SBZ 14 (1916), S. 71 ff.; TRAUTMANN, in: *Kulturbilder aus Alt-München*, Bd. 3, 1923, S. 1 ff.; HARTIG 1928, S. 88 ff.; LIEDKE, in: AB 5/6 (1976), S. 27 ff.; WOLF 1982, S. 119, 131; KOTSOWILIS, KONSTANTIN: Schnell KF, Nr. 1349, 1982 (1994); PFEIFFER, HENNING: *Die Salvatorkirche in München – ihre Baugeschichte bis 1830*, Mag. Arb. LMU München 1991; STAHLEDER 1995a, S. 562 ff.; DEHIO 1996, S. 51 f.; PRINZ 1996, S. 126 (Umbauprojekt); FISCHER 1997, S. 45 ff.; KOTSOWILIS, KONSTANTIN: *Die Griechische Kirche in München als Gotteshaus zum Erlöser*, München 1998; KIELISCH, JÜRGEN: *Die Geschichte der griechisch-orthodoxen Kirchengemeinde zum Erlöser in München 1882–1944*, Hamburg 1999, S. 48 ff., 82 ff.; BILLER/RASP 2003, S. 360 f. – StadtAM LBK 19283

Sandstraße allgemein
RAMBALDI 1894, S. 254 – StadtAM LBK Baulinien 25193

St.-Anna-Platz allgemein
RAMBALDI 1894, S. 25 f., 219 (Widekingstraße); WAGNER 1960, S. 13; WANDINGER 1994, S. 57 ff. (Abb. S. 63: Vorzustand) – StadtAM LBK Baulinien 25194

St.-Anna-Brunnen
MB I 1912, S. 720; WAGNER 1960, S. 36; BISTRITZKI 1974, Nr. 21

St.-Anna-Platz 2
ALBERT 1896, T. 45; Münchener Fassaden 1974, Nr. 297; WEYERER 1993, S. 60 f.; Jüdisches Leben 1996, S. 219; SCHULDT-BRITTING: *St.-Anna-Platz 10. Erinnerung an Georg Britting und seinen Münchner Freundeskreis*, München 1999, S. 45 f.

St.-Anna-Platz 3
Münchener Fassaden 1974, Nr. 298

St.-Anna-Platz 5, kath. Pfarrkirche St. Anna
DESTOUCHES, ERNST VON: *Gedenkblatt und Urkunde zur Feier der Grundsteinlegung der neuen Kath. Stadtpfarrkirche am 31.10.1887*; ZbBv 9 (1889), S. 195 ff.; Wiener Bauindustrie-Zeitung 7 (1890), S. 188; 9 (1892), S. 433; Baugewerks-Zeitung 24 (1892), S. 970 f.; RAMBALDI 1894, S. 25 f.; AR 11 (1895), H. 1, T. 1, H. 10, T. 77; DBZ 29 (1895), Nr. 44, S. 273 f., 277; FORSTER 1895, S. 782 ff.; SBZ 6 (1896), S. 430 ff., 438 ff.; Neubauten und Concurrenzen 3 (1897), S. 72, T. 55 ff.; WALDNER, in: Deutsche Bauhütte 4 (1900), S. 339 f.; SBZ 11 (1901), S. 421 f.; BM 1 (1903), H. 1, S. 2 ff.; CK 2 (1905/06), S. 173 ff.; MB I 1912, S. 212 f.; Österreichische Wochenschrift f. d. öffentlichen Baudienst 19 (1913), S. 483–495, T. 55; ZAUNER 1914, S. 35 f.; SCHMAEDEL, in: Wasmuths Monatshefte für Baukunst 1 (1914/15), S. 39; STURM, JOSEPH: *Die St. Anna-Pfarrkirche in München*, München 1915; LEVERING, in: CK 12 (1915/16), S. 242 ff.; DOERING 1924, S. 13 ff., Abb. 10–17; WAGNER 1960, S. 179 ff.; BÖSSL 1966, S. 38 ff.; HABEL 1971, S. 32 ff.; LIEB/SAUERMOST 1973, S. 229 ff.; WAETZOLD 1977, Bd. 3, Nr. 27284–27294; BIEBL, VERONIKA/PISTOR, EMILIE u. a.: *100 Jahre Pfarrkirche St. Anna in München* (Festschrift), München 1992; SZ Nr. 228, 02.10.1992, S. 52; LANKES 1993, S. 107 ff.; WANDINGER 1994, S. 61 ff.; DEHIO 1996, S. 41; GRÄN, SIGFRIED: Schnell KF, Nr. 1004, 1977, 1990, 2000; SCHICKEL, in: HOFER 2002, S. 136 f.; BILLER/RASP 2003, S. 361 ff.; FEILER 2006, S. 53 ff. – StadtAM LBK 19284

St.-Anna-Platz 10
REISER 1978, S. 56 ff.; SCHULDT-BRITTING, INGEBORG: *Sankt-Anna-Platz 10. Erinnerung an Georg Britting und seinen Münchner Freundeskreis*, München 1999

St.-Anna-Straße allgemein
RAMBALDI 1894, S. 26; WAGNER 1960, S. 13 – StadtAM LBK Baulinien 25195, 25196

St.-Anna-Straße 14
Münchener Fassaden 1974, Nr. 299

St.-Anna-Straße 20, Gymnasium
MEGELE I 1951, S. 99; WAGNER 1960, S. 127 ff.; Ausst. Kat. Leitenstorfer 1992, S. 38

St.-Anna-Straße 19/21, Kloster und Klosterkirche St. Anna im Lehel
WESTENRIEDER 1782, S. 194 f.; HÖTZL, P. PETRUS: *Geschichte der Klosterpfarrkirche St. An-na in München*, München 1879; FORSTER 1895, S. 769 ff.; KDB 1902, S. 952 f.; LIEB 1941, S. 69 f.; *Wiederaufbau Franziskanerkloster München St. Anna 1945/48*, hg. v. Franziskanerkloster St. Anna München, München 1949; GATZ, in: Antonius von Padua, Franziskan. Monatsschrift 47 (1951), S. 118 ff.; BRUNNER, HERBERT: *Altar- und Raumkunst bei Egid Quirin Asam*, Diss. München 1951, S. 119 ff.; MEGELE I 1951, S. 88, 143; HAGEN-DEMPF 1954; MEGELE III 1960, S. 40, 44 f.; WAGNER 1960, S. 154 ff., 171 ff.; LIEB/SAUERMOST 1973, S. 145 ff.; LUTZ, PATER DOMINIKUS: *Die Klosterkirche St. Anna in München*, München 1977; LIEB 1982, S. 40 ff., 137; VOLK 1984, S. 194 f.; Ausst. Kat. Asam 1986, S. 295 ff.; HOJER 1986, S. 43 f.; BAUER/RUPPRECHT 1987, S. 191 ff.; DISCHINGER 1988, Nr. 312 ff., 455 f.; HARTIG, MICHAEL: Schnell KF, Nr. 42, 1934, 1960, 1980, 1992 (GRÄU, SIGFRID); MÖHRING 1992, S. 44 ff.; BAUER 1993, S. 132 ff.; LANKES 1993, S. 107 ff.; WANDINGER 1994, S. 57 ff.; Ausst. Kat. Johann Michael Fischer 1995, Bd. I, S. 118 ff., 164 ff.; Bd. II, S. 200 ff.; HEMMETER 1995, S. 96; DEHIO 1996, S. 41 ff.; *Die Mathis-Orgel in der Klosterkirche St. Anna im Münchener Lehel* (Weiheschrift), München 1999; BILLER/RASP 2003, S. 363 f.; BACKMEISTER-COLLACOTT 2006, S. 34 f., 188; FEILER 2006, S. 48 ff.

St.-Anna-Straße 22, Schule
MEGELE I 1951, S. 131; III 1960, S. 72; WAGNER 1960, S. 54 ff.; MB II 1984, S. 233

St.-Jakobs-Platz allgemein
NAGLER 1863, S. 43 (Feuerhaus); RAMBALDI 1894, S. 123 f.; LIEB 1941, S. 208 (Feuerhaus); MEGELE I 1951, S. 51 (Feuerhaus); SCHATTENHOFER, in: Schönes altes München 1965, S. 15 ff.; MB II 1984, S. 494 f.; SCHATTENHOFER, in: OA 109/I (1984), S. 66 ff., 89; Bauten und Plätze 1985/88, Nr. 340 (Altenheim); STAHLEDER 1992, S. 57–66, 152 f., 225 ff., 279; DUVIGNEAU 1995, Abb. 64 ff., 255 f.; BROSCH, in: OA 121 (1997), S. 223–295; BILLER/RASP 2003, S. 356 f.; HABERLIK 2004, S. 20 f. (Jüd. Zentrum), 48 (Angerblock); Märkte Mauern Horizonte 2004; Mehr als Steine 2007, S. 378 ff. (Jüd. Zentrum); BRAND, CORDULA: *Vorbericht zu den Ausgrabungen 2002/2003 am St.-Jakobs-Platz in München*, in: Bericht der bayerischen Bodendenkmalpflege 47/48, München 2007; HERWIG, OLIVER: *Jüdisches Zentrum München, Die Neuen Architekturführer Nr. 102*, Berlin 2007; SUHR, GRIETJE: *Archäologie am St.-Jakobs-Platz und Oberanger*, in: GREIPL II 2008, S. 451 ff. – StadtAM LBK Baulinien 25202

St.-Jakobs-Platz 1, Stadtmuseum
DESTOUCHES, ERNST VON: *Geschichte des Historischen Museums und der Maillingersammlung der Stadt München*, München 1838; KDB 1902, S. 1179; GRÄSSEL, in: Bayer. Heimatschutz 18 (1920), H. 1/2, S. 3 ff.; Häuserbuch IV 1966, S. 291 ff.; LIEDKE 1976, S. 18 ff.; DREESBACH, MARTHA: *Das Münchner Stadtmuseum. Eine Chronik*, München 1977; *Münchener Stadtmuseum* (Hg. Krauss-Maffei AG München/MStM), München 1977; STIMMELMAYR 1980, Nr. 107 oben; SCHNELL 1981, Nr. 32; WACKERNAGEL, RUDOLF (Hg.): *Das Münchner Zeughaus*, München/Zürich 1983; MB II 1984, S. 144; BEHRINGER 1987, S. 187 ff.; ZUBER 1991, S. 31 ff.; LANKES 1993, S. 385 ff.; BILLER/RASP 1994, S. 262 ff.; DUVIGNEAU 1994, Abb. 64 f.; HEMMETER 1995, S. 136;

STAHLEDER 1995a; TILL, WOLFGANG/THOMAS
WEIDNER: *Typisch München. Das Jubiläums-
buch des Münchner Stadtmuseums*, München
2008 – StadtAM LBK 13445, 13446, 19285
St.-Jakobs-Platz 20, Ignaz-Günther-Haus
Häuserbuch IV 1966, S. 99 f., 539 f.; ERD-
MANNSDORFFER 1972, S. 62, 64 f., T. 10a, 23;
WOECKEL 1975, S. 30 ff.; JBD 30 (1975/76),
S. 255; Denkmalpflege Informationen C, 1976;
DREESBACH 1977, S. 113 ff.; WOECKEL 1977,
S. 11, Abb. 47; Bauen in München 1980, S. 70;
STIMMELMAYR 1980, Nr. 99 (unten 12/1), 105
(oben 12 r.); SCHNELL 1981, Nr. 35; Bauten und
Plätze 1985/88, Nr. 94; BEHRINGER 1987,
S. 183 ff.; ZUBER 1991, S. 160 ff.; BILLER/RASP
1999, S. 264
Schackstraße allgemein
DOLLINGER 1999, S. 260
Schackstraße 2
Münchener Fassaden 1974, Nr. 301 – StadtAM
LBK 19350
Schackstraße 4
StadtAM LBK 19351

Schellingstraße allgemein
RAMBALDI 1894, S. 255; WEYERER 1993;
WEYERER 1996 (zur Zeitgeschichte); KOLBEN-
HOFF, WALTER: *Schellingstraße 48. Erfahrun-
gen mit Deutschland* (1984), Neuausg. Mün-
chen 2008
Schellingstraße 5
BAUER 1995, S. 119
Schellingstraße 21
KLEIN 1993, S. 27, 142
Schellingstraße 23
KLEIN 1993, S. 27, 142; HEISSERER 1993,
S. 90 ff.
Schellingstraße 26
DBZ 35 (1901), Nr. 36, S. 229; KH 52
(1901/02), S. 61 ff., Abb. 103; Deutsche Bau-
hütte 6 (1902), S. 380; AR 19 (1903), H. 8,
S. 61 f.; MBB V 1905, T. 9, 21; AR 20 (1906),
H. 3, S. 24, T. 23; LANDÉ, in: Der Profanbau,
Leipzig 1906 (Beilage), S. 6 f.; Münchener
Fassaden 1974, Nr. 302 f. (weitere Lit. siehe
S. 266); KLEIN 1993, S. 40, Abb. 29, S. 143
Schellingstraße 28, ehem. Bedürfnisanstalt
MEGELE I 1951, S. 23; Ausst. Kat. Anrüchig
1990, Abb. S. 56
Schellingstraße 18
StadtAM LBK 20344
Schellingstraße 44, Aenanenhaus
MEGELE I 1951, S. 104; RANK 1987, S. 147
Schellingstraße 50
WEYERER 1993, S. 173 ff.
Schellingstraße 54
Münchener Fassaden 1974, Nr. 304
Schellingstraße 56
BAUER 1982, S. 243
Schellingstraße 58
Münchener Fassaden 1974, Nr. 305
Schellingstraße 62, Osteria
SPEER, ALBERT: *Erinnerungen*, Berlin 1969,
S. 52 f.; BAUER 1982, S. 244 f.; WILHELM 1993,
S. 82; BAUER 1995, S. 62, 150; Wirtshäuser
1997, S. 111
Schellingstraße 91, 93, ehem. Fürstenhäuser
*Einladung zur Enthüllung der Fürstenhäuser
Schellingstraße Nr. 83, 85, 87, 89, 91, 93 am
16. Oktober 1889* (mit Erläuterungen der eige-
nen Fassadenmalereien von Ferdinand Wag-
ner), BStB; RASP, in: OA 124 (2000), S. 7 ff.;
Ausst. Kat. Fenster zur Vergangenheit 2006,
Abb. 43–45

Schleißheimer Straße allgemein
RAMBALDI 1894, S. 257 f.; STAHLEDER 1992,
S. 262 ff.; DOLLINGER 1995, S. 264 – StadtAM
LBK Baulinien 25239–25243
Schleißheimer Straße 2
RANK 1987, S. 180
Schleißheimer Straße 48
StadtAM LBK 29600
Schleißheimer Straße 106
Münchener Fassaden 1974, Nr. 306

Schmidstraße allgemein
RAMBALDI 1894, S. 260; Häuserbuch IV 1966,
S. 317; STIMMELMAYR 1980, Nr. 100; STAHLEDER
1992, S. 289

Schnorrstraße allgemein
RAMBALDI 1894, S. 260 f.

Schönfeldstraße allgemein
RAMBALDI 1894, S. 261; Ausst. Kat. Aufklä-
rung 1984, S. 186 f. (Görres-Haus); BAUER
1995, S. 10 f.
**Schönfeldstraße 3, Staatsarchiv, ehem. Kriegs-
ministerium**
ZIMMERMANN 1984, S. 300; BILLER/RASP 1999,
S. 282 f.; (siehe auch Ludwigstraße 14)
Denkmal der deutschen Kavallerie
MB II 1984, S. 559
Schönfeldstraße 16, Josephinum
MEGELE I 1951, S. 81, 92
Schönfeldstraße 17
ZIMMERMANN 1984, S. 301; JBD 44 (1990/95),
S. 238
Schönfeldstraße 24
JBD 44 (1990/95), S. 238; Baudenkmalpflege
1997, S. 58 f.
Schönfeldstraße 28
JBD 44 (1990/95), S. 238

Schrammerstraße
RAMBALDI 1894, S. 262; Häuserbuch I 1958,
S. 325 f.; STIMMELMAYR 1980, Nr. 36; STAHLEDER
1992, S. 292 f.

Schraudolphstraße allgemein
RAMBALDI 1894, S. 262 f. – StadtAM LBK
Baulinien 25273

Schützenstraße allgemein
RAMBALDI 1894, S. 264 f. – StadtAM LBK
Baulinien 25280, 25281

Schwindstraße allgemein
RAMBALDI 1894, S. 270
Schwindstraße 28
Der Profanbau 6 (1910), Nr. 3, S. 66;
NDBZ 6 (1910), S. 185 f.; BM 9 (1911),
H. 3, S. 28, T. 21 f.; Der Bau 26 (1911),
S. 161 ff.; Süddeutsche Bauhütte 12 (1911),
S. 163

Sebastiansplatz allgemein
RAMBALDI 1894, S. 271; Häuserbuch IV
1966, S. 319 ff.; STIMMELMAYR 1980, Nr. 108;
STAHLEDER 1992, S. 301
Sebastiansplatz 3
BAUMGARTNER 1805, T. Nr. 48 (mit Text); Häu-
serbuch IV 1966, S. 322 ff.; Sebastiansblock
1977, S. 31 ff.; STIMMELMAYR 1980, Nr. 108
(unten Nr. 4), 109 (Reihe 2, Nr. 2)
Sebastiansplatz 4
BAUMGARTNER 1805, T. 48 (mit Text); Häuser-
buch IV 1966, S. 324 f.; Sebastiansblock 1977,

S. 50 ff.; STIMMELMAYR 1980, Nr. 108 (unten 5.
Haus v. r.)
Sebastiansplatz 5
Häuserbuch IV 1966, S. 326 f.; Sebastians-
block 1977, S. 63 ff.; STIMMELMAYR 1980, Nr.
108 (unten 4. Haus v. r.); JBD 44 (1990),
S. 382 f.
Sebastiansplatz 6
Häuserbuch IV 1966, S. 327 f.; Sebastians-
block 1977, S. 71 ff.; STIMMELMAYR 1980, Nr.
108 (unten 3. Haus v. r.)
Sebastiansplatz 7
Häuserbuch IV 1966, S. 328 ff.; Sebastiansplatz
1977, S. 79 ff.; STIMMELMAYR 1980, Nr. 108 (un-
ten 2. Haus v. r.); JBD 42 (1988), S. 220; 43
(1989), S. 209; 44 (1990), S. 238, 383 f.
Sebastiansplatz 8
Häuserbuch IV 1966, S. 330 ff.; OA 102
(1977), Abb. 12; Sebastiansblock 1977,
S. 101 ff.; STIMMELMAYR 1980, Nr. 108 (unten
Nr. 2), 109 (Reihe 3, Nr. 1); STAHLEDER 1992,
S. 404
Sebastiansplatz 9
BURGHOLZER 1796, S. 129; MAYER/WESTER-
MAYER 1880, S. 400; RAMBALDI 1894, S. 271;
Häuserbuch IV 1966, S. 12 f., 332 f.; STIMMEL-
MAYR 1980, Nr. 108; BAUER 1982, S. 91; ZUBER
1991, S. 184 ff.; BAUER/GRAF 1996, S. 170 f. –
StadtAM LBK 11429
Sebastiansplatz 11
Häuserbuch IV 1966, S. 294 f.; STIMMELMAYR
1980, Nr. 108 (Reihe 3, Nr. 4); STAHLEDER
1992, S. 533

Seeaustraße
RAMBALDI 1894, S. 273 f.; MEGELE I 1951,
S. 121 (Theatermagazin)

Seidlstraße allgemein
StadtAM LBK Baulinien 25313, 25314, 25316
**Seidlstraße 7–11, Stadtbaukommandantur
und Autobahndirektion**
BM 3 (1904), S. 5, T. 11; Münchener Fassaden
1974, S. 316; KUNSTMANN 1993, S. 19, Abb. 5,
S. 261; Autobahndirektion Südbayern (Hg.):
100 Jahre Seidlstraße 7–11 München, Mün-
chen 2001
Seidlstraße 18, Seidl-Schlösschen
StadtAM LBK 12433; (siehe auch Marsstraße
26)
Seidlstraße 25, Mayer'sche Kunstanstalt
STEINLEIN, GUSTAV: *Neubauten von Theodor
Fischer*, in: BZ 1926, S. 17 ff.; PFISTER 1968,
S. 71, 92; NERDINGER, in: Ausst. Kat. Zwanzi-
ger Jahre 1979, S. 342; KARNAPP, in: Ausst.
Kat. Theodor Fischer 1988, S. 293 f.; Neue
Deutsche Biographie, Bd. 6, Berlin 1990,
S. 545 f. (Art. J. G. Mayer von Konrad Mayer);
MAYER, KONRAD: *Franz Mayer'sche Hofkunst-
anstalt. gegr. 1847. Eine Münchner Unterneh-
merbiographie 1 (1847–83)*, München 2001

Seitzstraße allgemein
RAMBALDI 1894, S. 274 f.; WAGNER 1960,
S. 21; DOLLINGER 1995, S. 274

Sendlinger Straße allgemein
RAMBALDI 1894, S. 275 ff.; Häuserbuch III
1962, S. 384 ff.; IV 1966, S. 334 ff.; STIMMEL-
MAYR 1980, Nr. 92–96; STAHLEDER 1992,
S. 303; STAHLEDER 1995b, S. 252; BAUER/GRAF
1996, S. 182–203; HABEL, in: JBD 100 (1998),
S. 507–519; BILLER/RASP 2005, S. 402 ff. –
StadtAM LBK Baulinien 25318, 25319

Sendlinger Straße 1, Teil des Ruffinihauses
Blätter für Architektur und Kunsthandwerk 19 (1906), S. 34, T. 44 ff.; DOERING 1924, S. 16 f., Abb. 54; Münchener Fassaden 1974, Nr. 316; ZIMMERMANN 1984, S. 301 – StadtAM LBK 19287; (siehe auch Rindermarkt 10 und Rosental 1)

Sendlinger Straße 2 (ehem. 89)
HALM, in: Moderne Bauformen 3 (1904), S. 49 f.; Häuserbuch III 1962, S. 142 f. (Nr. 983 ff.), 453 f.; STIMMELMAYR 1980, Nr. 92; ZIMMERMANN 1984, S. 301; STAHLEDER 1992, S. 407, 430

Sendlinger Straße 3 (ehem. 5)
DBZ 39 (1905), Nr. 9, S. 57 ff.; SBZ 21 (1911), Nr. 48, S. 377 ff.; MEGELE I 1951, S. 68; Häuserbuch IV 1962, S. 337 ff.; ALCKENS 1973, Nr. 71 f.; STIMMELMAYR 1980, Nr. 93; BAUER/VALENTIN 1982, S. 57; Vergangene Tage 1982, S. 58; ZUBER 1991, S. 15 ff. – StadtAM LBK 11434

Sendlinger Straße 4 (ehem. 86)
Der Profanbau 7 (1911), Nr. 19; MB I 1912, S. 321; ALCKENS 1935, Nr. 134, 171; Häuserbuch III 1962, S. 450 ff.; ERDMANNSDORFFER 1972, T. 17b; ALCKENS 1973, Nr. 339, 423; BAUER/VALENTIN 1982, S. 56; ZUBER 1984a, S. 22, 105; STAHLEDER 1992, S. 366 ff., 399; BAUER/GRAF 1996, S. 184 f.

Sendlinger Straße 8 (ehem. 80), Süddeutsche Zeitung
BAUMGÄRTNER, in: Moderne Bauformen 5 (1906), S. 132 ff.; Blätter für Architektur und Kunsthandwerk 19 (1906), S. 42 f., T. 56; *Das neue Heim der Münchener Neuesten Nachrichten* (Sonderausgabe), 1906; DBZ 40 (1906), Nr. 52, T. vor S. 359, S. 359 ff.; Nr. 56, T. vor S. 383, S. 383 f.; LASSER, in: Der Profanbau 2 (1906), Nr. 8, S. 135 ff.; Ders., in: SBZ 16 (1906), S. 281 ff.; Schweizerische Bauzeitung 47 (1906), S. 149 f.; VOGEL, in: Deutsche Bauhütte 10 (1906), S. 133 ff.; Wiener Bauindustrie-Zeitung 23 (1906), S. 381 ff., T. 97 f.; ZbBv 26 (1906), S. 244 ff., 277; Die Architektur des 20. Jh., 8 (1908), H. 3, S. 28 f., T. 53; HOCHEDER, in: Zs. des österreichischen Ingenieur und Architekten-Vereins 60 (1908), S. 625 ff.; BM 8 (1910), H. 3, S. 32 ff., T. 20 ff.; WOLF 1911, Abb. 33; MB I 1912, S. 328; KALKSCHMIDT, in: AR 29 (1913), S. 54 ff., T. 180; Häuserbuch III 1962, S. 441 ff.; Bauen in München 1980, S. 48; BAUER 1994b, S. 158 (Vorbebauung); BILLER/RASP 1999, S. 284 – StadtAM LBK 19293

Sendlinger Straße 10 (ehem. 77)
Häuserbuch III 1962, S. 435 ff.; STIMMELMAYR 1980, Nr. 93; ZUBER 1984a, S. 104; BAUER 1994, S. 168

Sendlinger Straße 11 (ehem. 12)
LAMBERT, A./STAHL, E.: *Die Architektur zwischen 1750 und 1850*, Berlin 1903; Alte Firmen 1955, S. IX, 90; Häuserbuch IV 1966, S. 350 ff.; STIMMELMAYR 1980, Nr. 93, 102; ZUBER 1991, S. 121 ff.; STAHLEDER 1992, S. 265, 400, 416 f.; BAUER/GRAF 1996, S. 196 f.

Sendlinger Straße 14, Altes Hackerhaus (ehem. 75)
BAUMGARTNER, in: Der baierische Volksfreund 49 (1825), S. 200 f.; FISCHER, ANTON: *Zur Vor- und Frühgeschichte der Hackerbrauerei*, München 1955 (Typoskript); Häuserbuch III 1962, S. 432 ff.; Festschrift 150 Jahre Pschorrbräu 1970; Münchener Fassaden 1974, Nr. 320; STIMMELMAYR 1980, Nr. 84, 93; BAUER 1982,

S. 78 f.; BUCHENRIEDER, in: JBD 37 (1983), S. 187 ff.; *Das Alte Hackerhaus, Renovierung und Restaurierung 1981–1984* (Bearb. Barbara Rietzsch, Wolfgang Huller), München 1984; ZUBER 1984a, S. 12 f.; BAHNS 1987, T. XI, XIV; HABEL 1991, S. 56 f.; BILLER/RASP 1994, S. 284; BAUER/GRAF 1996, S. 186 f. – StadtAM LBK 19292

Sendlinger Straße 27 (ehem. 26)
Häuserbuch IV 1966, S. 379 ff.; STIMMELMAYR 1980, Nr. 93 (oben 10, 11), 102; ZIMMERMANN 1984, S. 301; STAHLEDER 1992, S. 481; BAUER/GRAF 1996, S. 200 f.

Sendlinger Straße 29/31 (ehem. 29/30)
MAYER/WESTERMAYER 1880, S. 267 f., 399 f.; FORSTER 1895, S. 534 f.; MB I 1912, S. 279; Häuserbuch IV 1966, S. 382 ff.; Münchener Fassaden 1974, Nr. 317; STIMMELMAYR 1980, Nr. 94 (oben Nr. 12/13/14), 100; WALTER 1987, S. 110 f.; BEHRINGER 1991, S. 103 ff; ZUBER 1991, S. 18, 122; VOGELMAIER 1994, S. 26 – StadtAM LBK 19288, 19289

Sendlinger Straße 30, Priesterhaus (ehem. 63)
GEMMINGER, LUDWIG: *Die Geschichte der Kirche zum hl. Johannes von Nepomuk*, München 1877, S. 8; FORSTER 1895, S. 695; LIEB 1941, S. 204 (zu M. Krinner); IRSCHL, SIMON: *Zur Geschichte des Priesterhauses Johann Nepomuk in München*, in: Monachium 1958, S. 160 ff.; Häuserbuch III 1962, S. 412 f.; Dokumentation 1988, Mskr. BLfD/Abt. R, Archiv; DEHIO 1996, S. 177; BILLER/RASP 2003, S. 404 – StadtAM LBK 19292

Sendlinger Straße 32, Asamkirche (ehem. 62)
WESTENRIEDER 1782, S. 177 f.; GEMMINGER, LUDWIG: *Die Geschichte der Kirche zum hl. Johannes Nepomuk*, München 1877; MAYER/WESTERMAYER 1880, S. 369 ff.; FORSTER 1895, S. 690 ff.; KDB 1902, S. 1019 f.; FEULNER, ADOLF: *Die Asamkirche in München*, München 1932; LAMB, CARL: *Die Asamkirche in München*, München 1937; LAMB, in: CK 33, 1936/37, S. 311 ff.; LIEB 1941, S. 111 ff.; BRUNNER 1951, S. 99 ff.; HANFSTAENGL 1955, S. 54 ff.; MOIS, in: Das Münster 10 (1957), S. 121 ff.; IRSCHL: Kirchenführer o. J. (um 1960); Häuserbuch III 1962, S. 410 ff.; STIERHOF, in: Das Münster 1970, S. 379 ff.; LEHMBRUCH, in: LIEB/SAUERMOST 1973, S. 157 ff.; WEICHSELGARTNER, in: JBD 29 (1972/74), S. 181; 31 (1977), S. 198; BAUER, RICHARD/DISCHINGER, GABRIELE/LEHMBRUCH, HANS/SAUERMOST, HEINZ JÜRGEN: *St. Johann Nepomuk im Licht der Quellen*, München 1977; DASSER, in: Kunst und Kirche 1977, H. 3; RIEDL, DORITH: *Zu zwei Asamkirchen: München St. Nepomuk; Straubing, Ursulinenklosterkirche*, München 1977; SCHLEICH, ERWIN: *Die Asamkirche in München*, Stuttgart 1977; AB 19/20, 1980 (Beiträge v. V. Liedke, R. Bauer, J. v. Herzogenberg, F. Buchenrieder u. a.); BAUER, RICHARD/DISCHINGER, GABRIELE: *Die Asamkirche in München*, Schnell KF, Nr. 1277, 1981; LIEB/ERICHSEN, in: Kunstchronik 1983, S. 162 ff.; LIEB, NORBERT/VON DER MÜLBE, WOLF-CHRISTIAN: *St. Johann Nepomuk. Die Asamkirche in München* (Große KF 100), München/Zürich 1983; HAMACHER, in: Ausst. Kat. C. D. Asam 1986, S. 269 ff.; HOJER 1986, S. 44 ff.; LIEDKE, in: Ausst. Kat. C. D. Asam 1986, S. 93 ff.; SAUERMOST, H. J.: *Die Asams als Architekten*, München/Zürich 1986, S. 64, 269 ff.; BAUER/RUPPRECHT 1987, S. 37 ff.;

HEMMETER 1995, S. 104; DEHIO 1996, S. 58 ff.; SCHOSTACK, RENATE: *Eine Münchner Farbenlehre*, in: FAZ Nr. 36, 12.02.2000, S. 45; BILLER/RASP 2003, S. 404 ff. – StadtAM LBK 19292

Sendlinger Straße 33a (ehem. 34)
Häuserbuch IV 1966, S. 396 f.; STIMMELMAYR 1980, Nr. 95 (oben 3) – StadtAM LBK 34673

Sendlinger Straße 34, Asamhaus (ehem. 61)
AUFLEGER 1897, T. 28 f.; KDB 1902, S. 1187; WOECKEL, in: Schönere Heimat 14 (1952), H. 2/3, S. 38 ff.; Häuserbuch III 1962, S. 408 ff.; ERDMANNSDORFFER 1972, S. 87, T. 41; VOLK: *Bildführer* BNM Nr. 7, 1980, S. 51 f., Kat. Nr. 47, 78 f.; HOJER 1986, S. 52 ff.; BAUER 1994, S. 166; BILLER/RASP 1994, S. 287 f.; DEHIO 1996, S. 176 f.; SCHMITZ, WOLFRAM: *Bauforschungsbericht Asamhaus*, Mskr. 1997 – StadtAM LBK 19291

Sendlinger Straße 35
Häuserbuch IV 1966, S. 398 ff.; STIMMELMAYR 1980, Nr. 95 (oben 5), S. 81; ZIMMERMANN 1984, S. 301; STAHLEDER 1992, S. 425, 432

Sendlinger Straße 41 (ehem. 42)
Häuserbuch I 1966, S. 410 f.

Sendlinger Straße 43
Häuserbuch IV 1966, S. 414 f.; STIMMELMAYR 1980, Nr. 95 (oben 11)

Sendlinger Straße 45 (ehem. 44)
Häuserbuch IV 1966, S. 415 ff.

Sendlinger Straße 49, Sendlinger Tor (ehem. 45/46)
BAUMGARTNER 1805, Abb. Nr. 2; ARNOLD, in: Das Bayerland 3 (1892), S. 423 ff., 443 f.; SBZ 11 (1901), S. 209; SCHLEGEL, in: DBZ 2 (1903), S. 164 f.; THIERSCH, in: SBZ 13 (1903), S. 139 f.; TRAUTMANN, in: SBZ 13 (1905), S. 217 ff., 225 ff., 235 ff. 243 f., 266 ff., 330 ff.; MB I 1912, S. 713; LEHMBRUCH 1987a, S. 165 ff.; LEHMBRUCH/DISCHINGER 1988; ZUBER 1991, S. 156 ff.; STAHLEDER 1992, S. 638; STAHLEDER 1995, S. 88, 234, 545; BAUER/GRAF 1996, S. 202 f.

Sendlinger Straße 50/52, Leistbräu (ehem. Nr. 53/54)
Häuserbuch III 1962, S. 292 (Nr. 15), 392 f.; Münchener Fassaden 1974, Nr. 319; STIMMELMAYR 1980, Nr. 95 (unten 8, 9); BAUER 1982, S. 80; STAHLEDER 1992, S. 473

Sendlinger Straße 54 (ehem. 52)
MEGELE I 1951, S. 122; Häuserbuch III 1962, S. 392 f.; STIMMELMAYR 1980, Nr. 95 (unten 9 l.); LERCH-STUMPF 2004, S. 58, 228 (Kino)

Sendlinger Straße 56 (ehem. 51)
AR 16 (1900), H. 8, T. 59; SBZ 10 (1900), S. 233 ff.; MBB VI 1901, T. 5, 26; WALDNER, in: Deutsche Bauhütte 5 (1901), S. 261 ff.; DBZ 39 (1905), S. 57 ff.; Häuserbuch III 1962, S. 390 ff.; Münchener Fassaden 1974, Nr. 318; STIMMELMAYR 1980, Nr. 59; ZUBER 1984a, S. 82 f. – StadtAM LBK 19290

Sendlinger Straße 60 (ehem. 49)
Häuserbuch III 1962, S. 387 ff.; STIMMELMAYR 1980, Nr. 95 (unten 12)

Sendlinger Straße 62 (ehem. 48)
Häuserbuch III 1962, S. 384 ff.; STIMMELMAYR 1980, Nr. 95 (oben 13, 14)

Sendlinger-Tor-Platz allgemein
RAMBALDI 1894, S. 277; MB II 1984, S. 694 f.; ZIMMERMANN 1984, S. 301; LEHMBRUCH 1987a, S. 165 ff.; LEHMBRUCH/DISCHINGER 1988; BILLER/RASP 2003, S. 408 f. – StadtAM LBK Baulinien 25320, 25321

Sendlinger-Tor-Platz 6/6a
StadtAM LBK 29701, 17537, 29702
Sendlinger-Tor-Platz 10/11
MEGELE I 1951, S. 124 (Ufatheater); LEHM-
BRUCH/DISCHINGER 1988, S. 114 f.; LERCH-
STUMPF 2004, S. 68, 70 f., 235; LERCH-STUMPF
2008, S. 258, 279 ff., 330
Sendlinger-Tor-Platz 14, Schule
REBER 1876, S. 215 ff.; GEBELE 1896, S. 193;
MEGELE I 1951, S. 131; Häuserbuch IV 1966,
Abb. vor S. 27; LEHMBRUCH/DISCHINGER 1988,
S. 116 ff.; STAHLEDER 1992, S. 571 (Fausttürm-
chen) – StadtAM LBK 19157

Singlspielerstraße
RAMBALDI 1894, S. 281 f.; Häuserbuch IV
1966, S. 420 f.; STIMMELMAYR 1980, Nr. 102;
STAHLEDER 1992, S. 303 f.

Sondermeierstraße 1, Aumeister
LIEB 1941, S. 178; BAUER, CHRISTIAN: *Der
Englische Garten zu München*, München 1964,
S. 58; DOMBART, THEODOR: *Der Englische
Garten zu München*, München 1972, S. 160 f.,
318; REIDEL 1982, S. 80, 104 (Anm. 766–770),
Abb. 217; *Englischer Garten München*. Amtl.
Führer, bearb. v. ELMAR D. SCHMID, München
1983 (2. Aufl. 1989), S. 68 f.; FREYBERG, PAN-
KRAZ VON: *200 Jahre Englischer Garten Mün-
chen*, München 1989, S. 92, Abb. S. 57; HUBER
2007, S. 78 f.

Sonnenstraße allgemein
RAMBALDI 1894, S. 282; HEDERER 1960; GROBE
1970; WANETSCHEK 1971; LEHMBRUCH, in:
Ausst. Kat. Klassizismus, 1980, S. 88 ff.;
Ausst. Kat. Aufbauzeit, 1984, S. 107 ff.; LEHM-
BRUCH 1987a; LEHMBRUCH/DISCHINGER 1988;
HANNWACKER 1992; CHEVALLEY/WESKI 2004,
S. XXI; Münchner Grün 2005, Nr. 20; WANET-
SCHEK 2005, S. 83 ff. – StadtAM LBK Baulini-
en 25350–25352, 25354
**Sonnenstraße 26, ehem. Frauenklinik bzw.
Postscheckamt**
ZENETTI 1858; MARTIN, in: OA 29 (1869–70);
REBER 1876, S. 227 f.; KERSCHENSTEINER 1913;
Neuere Postbauten I 1925, Abb. 113 f.; SÜSS,
WOLFGANG: *Die Geschichte des Münchner
Hauptbahnhofs*, Essen 1954, S. 23 f.; MURKEN,
in: GROTHE, L. (Hg): *Die deutsche Stadt im 19.
Jahrhundert*, München 1974, S. 150 ff. (hier
S. 157 ff.); DOERFLER, in: JBD 33 (1979/81),
S. 215 ff., 981; HAHN 1982, S. 77 f.; MB II
1984, S. 477; LEHMBRUCH/DISCHINGER 1988;
Ausst. Kat. Vorhoelzer 1990, S. 25 f.; 280 ff.;
Architekturführer 1994, Nr. 186; BILLER/RASP
1999, S. 289; KLAR 2002, S. 280 ff.

Sophienstraße allgemein
RAMBALDI 1894, S. 283; DOLLINGER 1995,
S. 280 – StadtAM LBK Baulinien 25356
Sophienstraße 5:
DEGEN, LUDWIG (Red.): *Münchener Architecto-
nisches Album*, München 1859, H. 3, Bl. 3–6;
ZIMMERMANN 1984, S. 222, 302, 304, Abb.
104 f. – StadtAM LBK 19302
Sophienstraße 6, Oberfinanzpräsidium
RAMBALDI 1894, S. 27; RASP 1981, S. 99; MB
II 1984, S. 461; BÄRNREUTHER 1993, S. 69 ff.;
Bauen im Nationalsozialismus 1993, S. 406;
Architekturführer 1994, Nr. 68; WEYERER
1996, S. 115; DONATH 2007, S. 28 f.
Sophienstraße 7/7a
siehe Alter Botanischer Garten

Sparkassenstraße allgemein
BAUER 1994, S. 174 f.; DOLLINGER 1995,
S. 281; HALLINGER, JOHANNES: *Zur Geschichte
des Pfisterbaches*, in: *Nikolaus Lang. Spuren-
sicherung* (Arbeitsheft BLfD 99), München
1999, S. 54 ff.; RÄDLINGER 2004 – StadtAM
LBK Baulinien 25361
Sparkassenstraße 2/4, Stadtsparkasse
MBB VI 1902, T. 37 ff., 50; X 1904, T. 8 ff. (Tal
6, 8); STEINBACH, in: Der Profanbau 7 (1911),
Nr. 12, S. 354 ff.; GRÄSSEL, HANS: *Das neue
städtische Sparkassen- und Stadtbauamtsge-
bäude an der Sparkassenstraße in München*,
München 1912; MB I 1912, S. 343 (Tal 8),
596 f.; ZAUNER 1914, S. 117 (Tal 8), 320, 322;
MAUL 1923; ALCKENS 1935, Nr. 135; MEGELE I
1951, S. 22, 131; II 1960, S. 15; Häuserbuch I
1958, S. 167 f., 340, 342 ff., Abb. vor S. 137;
KOENIG 1958, S. 51; *München 1950/1960,
Hochbauten und Bauberatung der Stadt*, hg. v.
Hochbaureferat der Landeshauptstadt Mün-
chen, München 1961, S. 9; HEDERER 1972,
Nr. 8; STIMMELMAYR 1980, Nr. 27; RASP 1981,
S. 42 ff.; KÜTTINGER 1985; Bauten und Plätze
1985/88, Nr. 9; ZUBER 1989, S. 36 ff., 141; Ar-
chitekturführer 1994, Nr. 7; VOGLMAIER 1994,
S. 28 ff.; BAUER/GRAF 1996, S. 102–107

Sparkassenstraße 11
Stöhr 1925, S. 31 (Nr. 138), 53

Sporerstraße allgemein
RAMBALDI 1894, S. 285; Häuserbuch II 1960,
S. 305 ff.; STIMMELMAYR 1980, Nr. 39; STAHL-
EDER 1992, S. 306

Steinheilstraße allgemein
RAMBALDI 1894, S. 285 f.

Steinsdorfstraße allgemein
RAMBALDI 1894, S. 286; MBB I 1898, T. 23 f.,
38; WOLF 1931, S. 9 f.; WAGNER 1960, S. 22;
KUNSTMANN 1993, S. 13 f., 260; HEMMETER, in:
JBD 44 (1990), S. 157 – StadtAM LBK Bauli-
nien 25379
Steinsdorfstaße 8
Deutsche Baugewerks-Zeitung, 1886, S. 660
Steinsdorfstraße 10
MBB I 1898, T. 23 f., 30; BISTRITZKI 1974,
Nr. 485; Münchener Fassaden 1974, Nr. 322;
Literarischer Führer 1983, S. 518; KUNSTMANN
1993, Abb. 3
Steinsdorfstraße 12/13/14
SBZ 3 (1893), S. 438 f.; Deutsche Bauge-
werks-Zeitung, 1894, 26/42; Münchener Neu-
bauten 1896, T. 13; Münchener Fassaden 1974,
Nr. 321, 323

Sterneckerstraße allgemein
RAMBALDI 1894, S. 287; Häuserbuch IV 1966,
S. 422 ff.; STIMMELMAYR 1980, Nr. 121;
STAHLEDER 1992, S. 312, 314 f., 481, 640 ff. –
StadtAM LBK Baulinien 25383
Sterneckerstraße 2
Häuserbuch IV 1966, S. 424 ff.; ERDMANNS-
DORFFER 1972, S. 63, 67; STIMMELMAYR 1980,
Nr. 121 (unten 3); LEIFFER, RENATE: *Ein altes
Haus und lauter nette Leute, Chronik eines der
ältesten Münchner Kleinbürgerhäuser*, Typo-
skript o. J. (um 1988); Denkmalpflege Infor-
mationen B, Nr. 131, 2005, S. 13–17

Sternstraße allgemein
RAMBALDI 1894, S. 288; WAGNER 1960, S. 22;

Münchener Fassaden 1974, T. Nr. 324 – Stadt-
AM LBK Baulinien 25384
Sternstraße 28
ZIMMERMANN 1984, S. 302 – StadtAM LBK
29814

Stiglmaierplatz allgemein
RAMBALDI 1894, S. 288 f.; BAUER/GRAF 1986,
S. 74 f.; DUVIGNEAU 1994, Abb. 240 – StadtAM
LBK Baulinien 25391, 25392
Stiglmaierplatz 2
RANK 1987, S. 150 – StadtAM LBK 19297

Stollbergstraße allgemein
MEGELE I 1951, S. 20 (Maximiliansbad); DOL-
LINGER 1995, S. 286
Stollbergstraße 12, Corps Germania
SBZ 18 (1908), S. 247, 273 ff.; Der Bau 28
(1913), S. 151; *Festschrift zur Feier des 50-jäh-
rigen Bestehens des Corps Germania zu Mün-
chen. Mit einem Anhange: Die Corpsliste der
Germania 1863–1913*, München 1913; Süd-
deutsche Bauhütte 14 (1913), S. 151; *Hundert
Jahre Corps Germania zu Muenchen 1863–
1963*, München 1963; BÖSSL 1966, S. 75 f.; OA
88 (1966), S. 75 f.; Münchener Fassaden 1974,
Nr. 327
Stollbergstraße 13, Haus Riemerschmid
GIESS 1990, S. 63 f.
Stollbergstraße 18, Wohnhaus Blum
Münchener Fassaden 1974, T. III, Nr. 328;
GIESS 1990, S. 73; HÖLZ, in: Ausst. Kat. Maxi-
milian II. 1997, S. 333 ff.; BILLER/RASP 1997,
S. 290

Tal allgemein
RAMBALDI 1894, S. 291 f.; Häuserbuch I 1958,
S. 342 ff.; IV 1966, S. 427 ff.; STIMMELMAYR
1980, Nr. 25–27; STAHLEDER 1992, S. 315 f.;
BILLER/RASP 1999, S. 290 – StadtAM LBK
Baulinien 25405–25407
Tal 6, Högerbräu (ehem. 75)
MBB VII 1903, T. 18 f.; MB I 1912, S. 286;
Häuserbuch IV 1966, S. 478 ff.; JBD 34 (1980),
S. 439; STIMMELMAYER 1980, Nr. 26 (unten 9);
BAUER 1982, S. 54; STAHLEDER 1992, S. 270 –
StadtAM LBK 17579
**Tal 7 (ehem. 10), Eckhaus und Block mit Ma-
derbräustraße 5 (Weißes Bräuhaus)**
MBB X 1904, T. 8, 39; Die Architektur des 20.
Jh., 5 (1905), H. 2, S. 17, T. 27; MEGELE I 1951,
S. 28; HÄUSERBUCH I 1958, S. 354 ff.;
STIMMELMAYR 1980, Nr. 26 (oben 11); BAUER
1982, S. 55 ff.; ZUBER 1989, S. 142, 186 f.;
STAHLEDER 1992, S. 465 (Bachlbräu), 475
(Maderbräu); BAUER 1994b, S. 176; Wirts-
häuser 1997, S. 29, 71, Abb. 9, 23, Kat.
Nr. 3.2.2/85
Tal 11
MEGELE I 1951, S. 63 (als Nr. 12, Ammertaler
Hof); Häuserbuch I 1958, S. 358 ff. (als Nr. 12),
125; SELIG 1988, Abb. 7, 8, 11; STAHLEDER
1992, S. 497 f.; *125 Jahre Böhmler im Tal.
Rückblick* (Jubiläumsschrift), München 2000
Vor Tal 11/13, Merkurbrunnen (ehem. 12/13)
MARSCHALL 1982, S. 59, 384; TOUSSAINT 1989,
S. 106 ff.
Tal 15
BAUMGARTNER 1805, T. Nr. XXXII; ALCKENS
1936, Nr. 9; München baut auf 1938, S. 161;
Häuserbuch I 1958, S. 363 ff.; KOHL 1969,
S. 14 f.; ALCKENS 1973, S. 15–17; STIMMEL-
MAYR 1980, Nr. 20 (Schleifergängl gegen Ost 3,

4), Nr. 26 (oben 4–6); BAUER/VALENTIN 1982, T. 17; ZUBER 1989, S. 44, Abb. 18; STAHLEDER 1992, S. 680 ff.

Tal 16 (ehem. 70)
Häuserbuch IV 1966, S. 269 ff.; STIMMELMAYR 1980, Nr. 26 (unten 4); SZ 25.03.1963 (Alois Hahn), 17.03.1965

Tal 18 (ehem. 69)
Häuserbuch IV 1966, S. 467 ff.; STIMMELMAYR 1980, Nr. 26 (oben 3), Nr. 118 (Radlsteg oben 3); STAHLEDER 1992, S. 423

Tal 19
Häuserbuch I 1958, S. 365 ff.; STIMMELMAYR 1980, Nr. 26 (oben 1, 2); ZUBER, in: Münchner Stadtanzeiger 1997, Nr. 18, S. 14

Tal 20 (ehem. 67)
Häuserbuch IV 1966, S. 464 ff.; STIMMELMAYR 1980, Nr. 26 (unten 2, 3); BAUER/GRAF 1996, S. 108 f.

Tal 21
Häuserbuch I 1958, S. 368 ff.; STIMMELMAYR 1980, Nr. 21 (Ansicht 2 von oben, Nr. 1), Nr. 25 (oben 15, 16); STAHLEDER 1992, S. 422, 466; DOLLINGER 1995, S. 291 (Abb.)

Tal 24 (ehem. 65)
Häuserbuch IV 1966, S. 459 ff.; ZUBER 1991, S. 130 (Hausmadonna) – StadtAM LBK 17578

Tal 26 (ehem. 62)
MEGELE I 1951, S. 29; Häuserbuch IV 1966, S. 454 ff.; STIMMELMAYR 1980, Nr. 25 (unten 18, 19); BAUER 1982, S. 45; BEHRINGER 1991, S. 90 ff.; STAHLEDER 1992, S. 476

Tal 28 (ehem. 61)
Häuserbuch IV 1966, S. 453 f.; STIMMELMAYR 1980, Nr. 25 (unten 17); STAHLEDER 1992, S. 422

Tal 30, ehem. Soller-Bräu (ehem. 60)
Häuserbuch IV 1966, S. 451 f.; STIMMELMAYR 1980, Nr. 25 (unten 15, 16); BAUER 1982, S. 50; STAHLEDER 1992, S. 480

Tal 36
Häuserbuch IV 1966, S. 448 f.; BAUER/GRAF 1996, S. 118 f.

Tal 38, ehem. Sterneckerbräu (ehem. 54)
MEGELE I 1951, S. 66; III 1960, S. 31; Häuserbuch IV 1966, S. 439 ff.; STIMMELMAYR 1980, Nr. 25 (unten 8, 9, 10), Nr. 121 (3. Zeile); ZUBER 1991, S. 43; STAHLEDER 1992, S. 481; WEYERER 1993, S. 97 ff., 211; WEYERER 1996, S. 43 f.

Tal 41, Hotel Torbräu (ehem. 37)
MEGELE I 1951, S. 75; Häuserbuch I 1958, S. 396 ff.; STIMMELMAYR 1980, Nr. 24 (unten 1, 2); BAUER 1982, S. 58; STAHLEDER 1992, S. 481

Tal 43 (ehem. 38)
Häuserbuch I 1958, S. 400 f. (Tal 38); STIMMELMAYR 1980, Nr. 24 unten

Tal 50, Isartor (ehem. 43)
VORHERR, in: Monatsblatt für Bauwesen und Landesverschönerung 1 (1821), Nr. 5, S. 18 f.; Schorns Kunstblatt 14 (1833), S. 172; 15 (1834), Nr. 8, 15, 30; 17 (1836), Nr. 15; DBZ 5 (1871), Nr. 11, S. 87; MONINGER 1882, S. 39; REIDELBACH 1888, S. 259; HARTIG, in: MJBK NF 7 (1930), S. 368, Nr. 618; EGGERT 1963, S. 163 f.; Staatl. Werkstätten für Denkmalpflege Gdansk (Hg.): *Das Isartor in München*, München 1972 (u. a. H. Habel, S. 5 ff.); HEDERER 1976, S. 218 ff.; Ausst. Kat. Ludwig I. 1986, Nr. 144 f., 472–474; Ausst. Kat. Romantik 1987, S. 195 f. (A. Faber); BEHRINGER 1987, S. 201 ff., 218; LEHMBRUCH 1987a, S. 97–163; Ausst. Kat. Gärtner 1992, S. 229; STAHLEDER 1992, S. 583 f.; BILLER/RASP 1995, S. 290 f.; STAHLEDER 1995, S. 112, 140, 442, 552 u. ö.

Tal 77
siehe Prälat-Miller-Weg 1

Tattenbachstraße allgemein
RAMBALDI 1894, S. 290; WAGNER 1960, S. 22; FEILER 2006, S. 80 f., 99 – StadtAM LBK Baulinien 25411

Tattenbachstraße 1
StadtAM LBK 16251

Tengstraße allgemein
RAMBALDI 1894, S. 291 – StadtAM LBK Baulinien 25422

Theatinerstraße allgemein
RAMBALDI 1894, S. 294 f.; Häuserbuch I 1958; II 1960; HEYM 1984, S. 14 (ehem. Palais Berchem); MB II 1984, S. 492; STAHLEDER 1992, S. 297 ff.; 318; BILLER/RASP 2003, S. 419 f. – StadtAM LBK Baulinien 25429

Theatinerstraße 7, Arco-Palais
BM 9 (1911), H. 5, S. 53 ff., T. 36 f.; MB I 1912, S. 174; BNM 1955, S. 76; Häuserbuch I 1960, S. 124 ff., 316 ff.; ERDMANNSDORFFER 1972, T. 59b, 84a; BNM 1979, S. 61, 70; STIMMELMAYR 1980, Nr. 57 (oben 10, 11, 12), 61 (oben 6, 7); BAUER/VALENTIN 1982, S. 104; LIEB 1988, S. 369; Ohne Auftrag 1989, S. 44 ff., 117 ff., 258 ff.; BAUER/GRAF 1996, S. 138 f.; BILSKI, EMILY D.: *Die „Moderne Galerie" von Heinrich Thannhauser* (Ausst. Kat. Jüd. Museum München), Wolfratshausen 2008

Theatinerstraße 8
MB I 1912, S. 351; Häuserbuch II 1960, S. 320 f.; STEFFAN 1969, S. 136, Abb. 26; STIMMELMAYR 1980, Nr. 61 (oben 8); BAUER 1982, S. 129; Ausst. Kat. Bautradition 1985, S. 50, 60; WALTER 1987, S. 48 ff.

Theatinerstraße 11, Hypobank
WESTENRIEDER 1782, S. 70 ff.; TRAUTMANN 1895, S. 130; Neubauten und Concurrenzen 3 (1897), S. 80, T. 61 (Treppe); Zs. f. Architektur u. Ing. 1898, Heftausg., S. 321; SBZ 12 (1900); Handbuch der Architektur 1902, IV. Teil, 2. Halbbd., 2. H. (Geschäftshäuser), S. 198; ZAUNER 1914, S. 146; MEGELE I 1951, S. 21; WUNNER, HEINRICH: *München und die Bayerische Hypotheken- und Wechsel-Bank*, München 1953; Häuserbuch II 1960, S. 51 ff., 323 ff.; MEGELE II 1960, S. 15; STIMMELMAYR 1980, Nr. 56 (oben 4–7), 61 (oben 10 f.), 61 (oben 10 f.); Ausst. Kat. Aufbauzeit 1984, S. 38 (M. Brix); Hypobank-Festschrift 1985; BRAUNFELS 1986, S. 104 f., 177 f. (Palais Piosasque de Non); ZUBER 1987, S. 124 ff. (Erika Drott); Architekturführer 1994, Nr. 24; BURMEISTER, E. (Hg.): *Arbeitshefte zur Denkmalpflege 57*, München 1994; BILLER/RASP 1997, S. 153; Architekturführer 2002, Nr. 29; Ausst. Kat. Newa und Isar 2003, S. 52 f. (Cotta-Palais); BILLER/RASP 2003, S. 419 f.; HERWIG, OLIVER: *Fünf Höfe & Schäfflerhof München* (Die Neuen Architekturführer 45), Berlin 2003; HABERLIK 2004, S. 50 ff. (siehe auch Kardinal-Faulhaber-Straße 10)

Theatinerstraße 20/21, ehem. Theatinerkloster
Häuserbuch II 1960, S. 269 ff., 337 ff.; MB II 1984, S. 447; Bauten und Plätze 1985/88, Nr. 31; HEMMETER 1995a, S. 126, 156 (Palais Waldkirch); (siehe auch Theatinerstraße 22 und Salvatorplatz 2)

Theatinerstraße 22, Theatinerkirche St. Cajetan
WESTENRIEDER 1782, S. 189 ff.; REISACH, I.

FRHR. V.: *Merkwürdigkeiten der kurfürstlichen Hofkirche der PP. Theatiner in München*, München 1789; SK 1854, S. 135 f.; MAYER/WESTERMAYER 1880, S. 206 ff.; FORSTER 1895, S. 144 ff.; TRAUTMANN 1895, S. 130 ff.; KOEGEL, JOSEPH: *Die Geschichte der St. Kajetans-Hofkirche...*, München 1899; KDB 1902, S. 957 ff.; PAULUS 1912, S. 38 ff.; Akadem. Architektenverein, 74./75. Vereinsheft, 3./4. Münchener Heft, 1924 (Bauaufnahme mit Einleitung von Hans Karlinger); GEIGER, SIMON: *Die Theatinerkirche St. Cajetan in München*, München 1938; AUER, OTTO: *Die Theatinerkirche St. Cajetan in München*, München 1956; PERONI, in: Palladio 1 (1958), NS 9, S. 22 ff.; Häuserbuch II 1960, S. 340 ff.; LAMPL, SIXTUS: *Die Theatinerkirche in München*, (masch.) 1967; WOLF 1967, S. 101 ff.; LIPPERT 1969, S. 139; LIEB/SAUERMOST 1973, S. 113 ff.; *Festschrift 300 Jahre Theatinerkirche*, München 1975; ALTMANN, in: JVCK 10 (1978), S. 7 ff.; RALL 1979, S. 79 ff.; BARY 1980, S. 226 ff.; BESCH, ULRIKE: *Studien zur Ausstattung von St. Cajetan in München*, München (Diss.) 1983; HEYM 1984, S. 32 ff.; VOLK 1984, S. 197 f.; SCHEDLER 1985, S. 21 ff.; BRAUNFELS 1986, S. 163 ff., 186; BAUER/RUPPRECHT 1987, S. 57 f.; DISCHINGER 1988, Nr. 321 ff.; RÖSNER 1989, S. 65 ff., 171 ff.; LONGO 1990, S. 39, 41 ff., 57, 215 ff.; KAISER, ALFRED: *Theatinerkirche München* (Schnell KF, 1971), Regensburg 1992 (9. Aufl. 2007); BAUER 1993, S. 128 ff.; WENZEL: *S. Barelli*, in: SAUR 7, 1993, S. 45 f.; HUFNAGEL, MAX JOSEPH: *St. Cajetan, ein wenig bekannter Schutzpatron Bayerns*, St. Ottilien 1994, S. 41 ff.; HEMMETER 1995a, S. 100; DEHIO 1996, S. 60 ff.; BILLER/RASP 2003, S. 421 ff.; BOTHE, MANUELA: *Studien zur Stuckausstattung in St. Kajetan, ehem. Theatiner-Hofkirche*, München, Dipl. Arb., TU München 2006; LONGO, LUCIA: *Antonio Domenico Triva – un artista tra Italia e Baviera*, Bologna 2008, S. 36, Kat. Nr. 104

Theatinerstraße 23, Palais Moy
BILLER/RASP 1999, S. 297

Theatinerstraße 32
Häuserbuch I 1958, S. 413 f.; MEGELE III 1960, S. 67; KOSEL, MARGRET/TRÖNDLE, WOLFGANG: *München heute und in jenen Tagen*, Hamburg 1969, Abb. 42 (Ruinenrest); STIMMELMAYR 1980, Nr. 62 (unten 14); Architekturführer 2002, Nr. 19; LERCH-STUMPF 2008, S. 294 f., 350

Theatinerstraße 38
SBZ 33 (1904), S. 257 f.; Wiener Bauindustrie-Zeitung 21 (1904), S. 301 ff., T. 77; AR 21 (1905), H. 10, S. 79, T. 80; Architektur des 20. Jh., 5 (1905), H. 1, S. 6 f., T. 11; WOLF 1911, Abb. 23; ZAUNER 1914, S. 336; WOLF 1931, S. 18 u. Abb.; Häuserbuch I 1958, S. 422 ff.; Bauen in München 1980, S. 48 (W. Nerdinger); Bauten und Plätze 1985/88, Nr. 18; ZUBER 1989, S. 33; FISCHER 1990, Nr. 10; Architekturführer 1994, Nr. 18; BILLER/RASP 1994, S. 297; ZUBER, ELFI: *Geschichte des Hauses Theatinerstraße 38*, München 1995; Baudenkmalpflege 1997, S. 62 f.; Architekturführer 2002, Nr. 20

Theatinerstraße 45
HUBER 1973, S. 76, Abb. 34–36

Theklastraße
RAMBALDI 1894, S. 295; DOLLINGER 1995, S. 294

Theresienstraße allgemein
RAMBALDI 1894, S. 296; BÄTHE 1965, S. 284 ff.
– StadtAM LBK Baulinien 25433, 25434
Theresienstraße, Ohmdenkmal
ALCKENS 1936, S. 76; ALCKENS 1973, Nr. 307
Theresienstraße 4
ZIMMERMANN 1984, S. 302
Theresienstraße 11
ACHTERNBUSCH, HERBERT: *Unter der Mitternachtssonne*, in: SZ 10.06.1999
Theresienstraße 46/48
ECKSTEIN, in: Bauen und Wohnen 6 (1951), S. 449 ff.; Ausst. Kat. Andere Tradition 1981, S. 86 f.; MB II 1984, S. 304; Architekturführer Bayern 1985, S. 31; WICHMANN 1985, S. 33, 60, 203; FISCHER 1990, Nr. 49; Architekturführer 1994, Nr. 93; Ausst. Kat. Sep Ruf, 2008; Nr. 93
Theresienstraße 158
GATTINGER, KARL: *Eindruckvolle Kontinuität eines Münchner Friseurbetriebs – der 1904 gegründete „Salon Charlotte" und seine historische Ausstattung*, in: Denkmalpflege Informationen B, Nr. 141, 2008

Thiereckstraße
BAUMGARTNER 1805, Nr. XXIX (Hauseinsturz 1801); RAMBALDI 1894, S. 296; Häuserbuch II 1960, S. 348; STAHLEDER 1992, S. 313, 319

Thierschplatz allgemein
RAMBALDI 1894, S. 296; WAGNER 1960, S. 23 – StadtAM LBK Baulinien 25436
Thierschplatz, Ceres- oder Erntebrunnen
NEUMANN, in: Deutsche Bauhütte 10 (1906), S. 32 f.; MB I 1912, S. 736; WAGNER 1960, S. 35; BISTRITZKI 1974, Nr. 512

Thierschstraße allgemein
RAMBALDI 1894, S. 297; WAGNER 1960, S. 24 – StadtAM LBK Baulinien 25437
Thierschstraße 3
WAGNER 1960, S. 279
Thierschstraße 11 (Ecke Liebherrstraße 5)
BM 9 (1911), H. 6, S. 61 f., T. 41 f.; SBZ 21 (1911), Nr. 25, S. 193 ff.; MB I 1912, S. 320; ALCKENS 1935, Nr. 189, T. 19; MEGELE I 1951, S. 69, 100; KOHL 1969, S. 27 f.; Bauen in München 1980, S. 49; WEYERER 1993, S. 53 ff.; Architekturführer 1994, Nr. 153; WEYERER 1996, S. 167 ff.; DONATH 2007, S. 44 f.; GRAF/RÄDLINGER 2008 (betr. ehem. Walsermühle)
Thierschstraße 14
Münchener Fassaden 1974, S. 319, Nr. 333
Thierschstraße 19
GIESS 1990, S. 67
Thierschstraße 20
Stöhr 1925, S. 27 (WV Nr. 35/36)
Thierschstraße 25/27/29
DBZ 25 (1892), S. 13 f.; ALBERT 1896, T. 24; Münchener Fassaden 1974, S. 319, Nr. 334; GIESS 1990, S. 78, 159 f.
Thierschstraße 31
GIESS 1990, S. 65
Thierschstraße 35/37
Münchener Fassaden 1974, Nr. 336
Thierschstraße 36
GIESS 1990, S. 65 f.
Thierschstraße 41
WEYERER 1993, S. 56 f.; SCHMITT 2002, Bd. 1, S. 29 f., Bd. 2, Abb. 7–13, Bd. 3, S. 3
Thierschstraße 46, Wilhelmsgymnasium
Die Eröffnung des neuen Wilhelmsgymnasiums in München am 24. October 1877; REIS 1935;

Festschrift zur Vierhundert-Jahr-Feier des Wilhelms-Gymnasiums 1559–1959, München 1959; WAGNER 1960, S. 117 ff.; MARSCHALL 1982, S. 279; KNAUSS 1983, S. 215 ff.; GIESS 1990, S. 59; ZUBER 1996, S. 227 ff.; FEILER 2006, S. 67 ff.
Thierschstraße 47
ALCKENS 1973, Nr. 395 (Gedenktafel) – StadtAM LBK 16263

Thomas-Wimmer-Ring
MB II 1984, S. 693 ff; DOLLINGER 1995, S. 295
Thomas-Wimmer-Ring 1/1a, Stadtmauerreste
Häuserbuch I 1958, S. 164 ff., 404 f.; HAGN/VEIT/WINGHART, in: Das Archäologische Jahr in Bayern 1984, Stuttgart 1985, S. 166 ff.; STAHLEDER 1992, S. 215, 600 ff.; JBD 42 (1988), 1993, S. 220; BEHRER 2001, S. 150–158; BILLER/RASP 2003, S. 242 (Abb.), 432

Thorwaldsenstraße allgemein
RAMBALDI 1894, S. 297 f. – StadtAM LBK Baulinien 25439
Thorwaldsenstraße 12
Münchener Fassaden 1974, Nr. 337

Tillystraße allgemein
RAMBALDI 1894, S. 298 ff.

Tivolistraße allgemein
RAMBALDI 1894, S. 300; MEGELE I 1951, S. 66, 100; *Tivoli. Die Mühle am Englischen Garten*, Jubiläumsschrift, München 1973; BAUER 1982, S. 285; DOLLINGER 1995, S. 297

Triftstraße allgemein
RAMBALDI 1894, S. 301 f.; MEGELE I 1951, S. 142 (Triftkanal); WAGNER 1960, S. 24; RÄDLINGER 2004, S. 194 – StadtAM LBK Baulinien 25458
Triftstraße 5
Münchener Fassaden 1974, Nr. 339
Triftstraße 11
Münchener Fassaden 1974, Nr. 340; GIESS 1990, S. 78 f.
Triftstraße 13
GIESS 1990, S. 78 f.

Türkenstraße allgemein
RAMBALDI 1894, S. 303; BÄTHE 1965, S. 287 f.; WILHELM 1993, S. 37 ff. (Elf Scharfrichter); SCHLUMBERGER 1998; KLEIN 2008, S. 47 ff. (Elf Scharfrichter)
Türkenstraße 4, Palais Dürckheim
SIGHART 1862, S. 748; DKD 15 (1957), S. 130 ff.; SCHLEICH 1957, S. 136; Münchener Fassaden 1974, Nr. 343; ZIMMERMANN 1984, S. 184 ff.; Bauten und Plätze 1985/88, Nr. 198; Ausst. Kat. Romantik 1987, S. 482 ff. (F. Zimmermann); MEHLSTÄUBLER 1990/91, S. 26, 30 f., 53 f.; Architekturführer 1994, Nr. 94; SCHLUMBERGER 1998; BILLER/RASP 1999, S. 300; HÖLZ 2003, S. 117 ff., 409
Türkenstraße 5/7, ehem. Tonhalle
MB I 1912, S. 250; KLEIN 1993, S. 101 ff.; HEMMETER 1995a, S. 137
Türkenstraße 17, ehem. Türkenkaserne
REBER 1876, S. 61 f.; ALCKENS 1935, Nr. 82, T. 24; MEGELE I 1951, S. 144; SCHLEICH 1979, S. 146 f.; Ausst. Kat. Klassizismus 1980, S. 248 ff.; LANKES 1993, S. 133 ff.; WEYERER 1993, S. 130; HEMMETER 1995a, S. 129; SCHLUMBERGER 1998, Abb. S. 57, 757 ff. (Chr. Lankes) – StadtAM LBK 13538

Türkenstraße 30
WENNG 1849, Plan 16; Münchener Fassaden 1974, Abb. 344; JBD 44 (1990), S. 238 f.; DOLLINGER 1995, S. 300 (Abb. mit Nr. 32)
Türkenstraße 35
ZIMMERMANN 1984, S. 302
Türkenstraße 57
Simplicissimus. Künstlerkneipe (Festschrift, Selbstverl.), München 1932; HEISSERER 1993, S. 85 ff.; WILHELM 1993, S. 94 ff.; DIEHL, WALTER: *Die Künstlerkneipe „Simplicissimus". Geschichte eines Münchner Kabaretts 1903 bis 1960*, München 2008
Türkenstraße 68, Volksschule
REBER 1876, S. 213 f.; MEGELE I 1951, S. 55, 137; II 1960, S. 74; BM 4 (1954), S. 220; FISCHER 1990, Nr. 46; Architekturführer 1994, Nr. 96; BAUER 1995, S. 101
Türkenstraße 76
Münchener Fassaden 1974, Nr. 345 f.
Türkenstraße 78
SCHLUMBERGER 1998, S. 57 (Abb.)
Türkenstraße 99/101
Zs. d. Architekten- und Ingenieur-Vereins zu Hannover 35 (1889), Sp. 247 ff., 256, Bl. 19, Fig. 14; Münchener Fassaden 1974, Abb. 347

Unsöldstraße allgemein
RAMBALDI 1994, S. 89 f.; MEGELE I 1959, S. 110 (Eisbahn); DOLLINGER 1995, S. 303
Unsöldstraße 9/11, Postamt
BM 12 (1928); MEGELE I 1951, S. 46; III 1960, S. 22; WAGNER 1960, S. 332 f.; Ausst. Kat. Vorhoelzer 1990, S. 28 f., 118 f.

Unterer Anger allgemein
RAMBALDI 1894, S. 22 ff.; Häuserbuch IV 1966, S. 488 ff.; STIMMELMAYR 1980, Nr. 104 f.; WALTER 1987, S. 142; STAHLEDER 1992, S. 61 f., 551 ff. (Angertor) – StadtAM LBK Baulinien 25476; (siehe Anger bzw. Oberer Anger)
Unterer Anger 1, St. Jakob
WENING 1701, S. 36 ff.; FORSTER 1895, S. 653 ff.; KDB IV 1902, S. 1016 ff. (mit Lit.); HARTIG 1928, S. 27 ff.; SCHINDELBECK, M. TRAUGOTT/SCHNELL, HUGO: *St. Jakob am Anger in München* (Schnell KF, Nr. 259/260), München 1937; FÖRSTER OFM, in: Franziskanische Studien 2/3 (1953), S. 333 ff.; BFA III 1957, S. 7 ff. (Johannes Gatz); Das Münster 10 (1957), S. 208 ff.; SCHLEICH 1978, S. 171 ff.; MB II 1984, S. 92; BAUER/RUPPRECHT 1987, S. 231 ff. (Cordula Böhm); DISCHINGER 1988, Nr. 389–400; ZUBER 1991, S. 92 ff. (Erika Drott); BAUER 1993, S. 115 f; KARNAPP 1996, S. 65 f.; BROSCH, ASTRID: *Die Münchener Jakobskirche am Anger*, in: OA 121 (1997), S. 223 ff. (mit weiterer Lit.); BILLER/RASP 2003, S. 436 f.; DEMMEL, FRITZ: *Angerkloster und Kirche St. Jakob in München „Der Gnaden und Tugendreiche Anger"*, Passau 2005
Unterer Anger 3, Städtische Gaswerke
MB I 1912, S. 192 ff. (Fronfeste); Häuserbuch IV 1966, S. 489 ff.; BAUER 1982, S. 87 (Gasthaus zur Schranne); MB II 1984, S. 429; BAUER 1994b, S. 193 ff. (Vorbebauung)
Unterer Anger 8/9
MB I 1912, S. 698; Häuserbuch IV 1966, S. 498
Unterer Anger 15
Häuserbuch IV 1966, S. 510 ff.
Unterer Anger 16
Häuserbuch IV 1966, S. 512; STAHLEDER 1992, S. 373

Veterinärstraße allgemein
RAMBALDI 1894, S. 308 – StadtAM LBK Baulinien 25493

Veterinärstraße 13, Tor der Tierärztlichen Fakultät
MEGELE I 1951, S. 71; III 1960, S. 37; DOMBART 1972, S. 47, 165; Ausst. Kat. Klassizismus 1980, S. 182 ff. (B.-V. Karnapp; mit Lit.); *Ludwig-Maximilians-Universität München*, Neukeferloh/München 1995 (Bildband), S. 86 f.

Viktualienmarkt allgemein
RAMBALDI 1894, S. 309 f.; ZbBv 14 (1894), S. 9 ff.; MEGELE I 1951, S. 98; III 1960, S. 48; Häuserbuch IV 1966, S. 541 ff.; MB II 1984, S. 493; SCHATTENHOFER 1984, S. 95 ff.; SCHWEIGGERT, ALFONS (Hg.): *Das große Buch vom Viktualienmarkt*, Dachau 1987; WALTER 1987, S. 62 ff.; LÜCKE, SUSANNE: *Viktualienmarkt. Ein Gourmet- und Einkaufsführer*, München 1991, S. 20 ff.; STAHLEDER 1992, S. 321, 572, 628 ff.; BILLER/RASP 1997, S. 303 – StadtAM LBK Baulinien 25496

Viktualienmarkt 5
Häuserbuch IV 1966, S. 543 ff.; BAUER/VALENTIN 1982, Abb. S. 23, 26; STAHLEDER 1992, S. 362; SCHIERMEIER 2000, Abb. S. 48 f.

Viktualienmarkt 8
Zs. f. Baukunde 3 (1880), Nr. 3, Sp. 357 ff.; MEGELE I 1951, S. 68; Häuserbuch IV 1966, S. 212 ff., 553; STIMMELMAYR 1980, Nr. 111 (Reihe oben Nr. 6); WALTER 1987, S. 63

Viktualienmarkt 12, Wohn- und Geschäftshaus Kustermann
SCHMIDT, in: Zs. für Baukunde 3 (1880), H. 3, Sp. 357–360, Bl. 20–23; Münchener Fassaden 1974, S. 321; SCHMITT 2002, Bd. 1, S. 87 ff.; Bd. 2, Abb. 217–234; Bd. 3, S. 17; (siehe auch Rindermarkt 3)

Viktualienmarkt 14, Schrannenhalle
BAUER, DR. J.: *Die Korn-Schranne in München und der Bau der Maximilians-Getreidehalle*, München 1853; WIND, L., in: ABZ 21 (1856), S. 7 ff.; Revue générale de l'architecture et des travaux publics 14 (1856), T. 26; NAGLER 1863, S. 104 f.; REBER 1876, S. 219 f.; EGGERS, in: Wochenblatt für Baukunde 9 (1887), S. 141 ff.; SBZ 3 (1893), S. 430 ff.; DBZ 28 (1894), Nr. 11, S. 65 ff.; Nr. 12, S. 70 f.; RAMBALDI 1894, S. 41 f.; HEDERER 1976, S. 167; Ausst. Kat. Glaspalast 1978, S. 22, 31; STÖLZL, in: Münchner Stadtanzeiger Nr. 54, 18.07.1980; HÜTSCH 1980/85, S. 53 f.; Ausst. Kat. Andere Tradition 1981, S. 42 ff.; BAUER/VALENTIN 1982, S. 40 ff.; SCHATTENHOFER 1984, S. 74 f.; NERDINGER, in: Ausst. Kat. Romantik 1987, S. 332 f.; LOUIS/WOHLMUTH 1988, S. 24 ff.; SEMBACH/HÜTSCH 1990, S. 9 f., Abb. 20 ff.; ZUBER 1991, S. 38 f.; Ausst. Kat. Gärtner 1992, S. 252, Nr. 59; KARNAPP, in: Architekturführer 1994, Nr. 6, 274; FLORSCHÜTZ, in: Ausst. Kat. Maximilian II. 1997, S. 114 ff.; *Schrannenhalle…*, in: AZ 04./05.03.2000, S. 17; BILLER/RASP 2003, S. 103 f.; JÄCKLIN-VOLKERT, GABRIELE: *Die Münchner Schrannenhalle*, München 2003; HABERLIK 2004, S. 22 f.

Viktualienmarkt 15, Metzgerzeile
MEGELE I 1951, S. 98; Häuserbuch IV 1966, S. 554; SCHATTENHOFER 1972, S. 363 ff.; FEKETE, in: MBM 96 (1981), S. 159 ff.; SCHATTENHOFER 1984, S. 97 f.; WALTER 1987, S. 62 ff.; STAHLEDER 1995 – StadtAM LBK 17660, 17661

Viscardistraße
RAMBALDI 1894, S. 225; STAHLEDER 1992, S. 259 f.

Von-der-Tann-Straße allgemein
RAMBALDI 1894, S. 310 f.; SEMBACH, KLAUS-JÜRGEN u. a.: *August Endell. Der Architekt des Photoateliers Elvira*, Ausst. Kat. Museum Villa Stuck, München 1977; MB II 1984, S. 700 f. (Tunnel, mit Lageplan); HERZ, RUDOLF/BRUNS, BRIGITTE (Hg.): *Hof-Atelier Elvira 1887–1928*, Ausst. Kat. Fotomuseum im MStM, München 1985 (mit weiterer Lit.); Ausst. Kat. Wiedemann 1994, S. 39 f. (Haus Nr. 12/13); DOLLINGER 1995, S. 309; HAIDER, EDGAR: *Verlorene Pracht*, Hildesheim 2006, S. 142 (betr. Atelier Elvira) – StadtAM LBK Baulinien 25509

Von-der-Tann-Straße 2, ehem. Schule
VORHERR: Monatsblatt 10 (1830), H. 9; MEGELE I 1951, S. 137; GRUHN-ZIMMERMANN, in: Ausst. Kat. Romantik 1987, S. 338 f.; BILLER/RASP 1994, S. 303; STERZINGER 1999, S. 54 ff. – StadtAM LBK 19354

Von-der-Tann-Straße 3
GUT 1928, S. 76; BREUER 1937, S. 15 – StadtAM LBK 19355

Von-der-Tann-Straße 7
GUT 1928, S. 76, Abb. 84; ZIMMERMANN 1984, S. 294, 316; *150 Jahre Malereibetrieb Schollbeck*, Firmenschrift 1990, S. 8 f.; JBD 47/48 (1993/94), 2001, S. 190

Wagmüllerstraße allgemein
WAGNER 1960, S. 24

Wagmüllerstraße 18
Münchener Fassaden 1974, Nr. 355

Wagmüllerstraße 20
AR XV (1899), F. 75; Die Architektur des 20. Jh., 15 (1899), H. 10, T. 75; Münchener Fassaden 1974, Nr. 356

Wallstraße
RAMBALDI 1894, S. 211

Weinstraße allgemein
RAMBALDI 1894, S. 213 f.; Häuserbuch I 1958; II 1960; ERDMANNSDORFFER 1972; STIMMELMAYR 1980, Nr. 38; WALTER 1987, S. 125 ff.; STAHLEDER 1992, S. 325 f. (Wilbrechtsturm), 660 ff.; HUBER 2000, S. 224 (Wilbrechtsturm); BEHRER 2001, S. 125 ff. – StadtAM LBK Baulinien 25554–25556

Weinstraße 3
Häuserbuch II 1960, S. 352 f.; ERDMANNSDORFFER 1972, S. 35 ff. (Zitat G. Schneider); STIMMELMAYR 1980, Nr. 38; Bauten und Plätze 1985/88, Nr. 3

Weinstraße 4
Moderne Bauformen 11 (1892), S. 478; SBZ 20 (1910), Nr. 50, S. 393 f.; Der Profanbau 6 (1910), Nr. 18, S. 479 ff.; BM 9 (1911), H. 1, S. 8 ff.; MB I 1912, S. 319; STEINLEIN 1923, S. 2 ff., 7, 15; ALCKENS 1935, Nr. 107/108; REIS 1935, S. 116, 128, 152; Häuserbuch II 1960, S. 354 f.; STIMMELMAYR 1980, Nr. 38 – StadtAM LBK 27325

Weinstraße 11
STEINLEIN 1923, S. 4 f.; Häuserbuch II 1960, S. 361 ff.; ERDMANNSDORFFER 1972, Abb. 56 f., T. 33a, 82a; STIMMELMAYR 1980, Abb. 38 (oben Nr. 13, 14); BEHRER 2001, S. 125 ff.

Westenriederstraße allgemein
RAMBALDI 1894, S. 317 ff.; Häuserbuch IV 1966, S. 555 ff.; STAHLEDER 1992, S. 307, 318, 327 – StadtAM LBK Baulinien 25572

Westenriederstraße 1, abgegangenes Isartortheater
NAGLER 1863, S. 82; *Vom Kgl. Theater am Isarthor zum Atlantik-Palast. Festschrift zur Eröffnung*, München 1931; REIDEL, in: Ausst. Kat. Klassizismus 1980, S. 122; REIDEL 1982, S. 76 ff., 242 f., Abb. 196–205; LERCH-STUMPF 2004, S. 158 f., 224; STAHLEDER III 2005, S. 601

Westenriederstraße 7, abgegangene Synagoge
MÉTIVIER, J. B.: *Grund-Plaene, Durchschnitte und Façaden nebst einigen Details der Synagoge in München…*, München o. J.; DISCHINGER, in: Ausst. Kat. Klassizismus 1980, S. 18, 111 ff.; HAMMER-SCHENK, HAROLD: *Synagogen in Deutschland*, Hamburg 1981, S. 37 ff., 62; SELIG 1988, S. 39 ff., 81–86; RAU 1997, S. 64 ff., T. III–V; Mehr als Steine 2007, S. 362 ff.

Westenriederstraße 13
Häuserbuch IV 1966, S. 562 f.; STIMMELMAYR 1980, Nr. 118 f.; ZIMMERMANN 1984, S. 303; ZUBER 1991, S. 134 f. (Hausmadonna)

Westenriederstraße 14
Häuserbuch IV 1966, S. 557; PILS, INGEBORG: *Beim Sedlmayr*, München 2002

Westenriederstraße 15
MEGELE I 1951, S. 66 (Schlicker); Häuserbuch IV 1966, S. 476 ff. (Tal 74), 563; STIMMELMAYR 1980, Nr. 119 (oben 4); BAUER 1982, S. 54 (Tal 74)

Westenriederstraße 16 (ehem. 5)
Häuserbuch IV 1966, S. 556 f. (alt Nr. 5); ZIMMERMANN 1984, S. 303; JBD 43 (1989), S. 210

Westenriederstraße 18 (ehem. 4)
Häuserbuch IV 1966, S. 555 f.

Westenriederstraße 21
ALCKENS 1935, Nr. 193; Häuserbuch IV 1966, S. 563 f.; STIMMELMAYR 1980, Nr. 119 (oben 6); STAHLEDER 1992, S. 372

Westenriederstraße 24, Rückgebäude von Tal 6
BAUER 1994, S. 204 f.

Westenriederstraße 27
Häuserbuch IV 1966, S. 564 ff. (ehem. Nr. 17 und 18); STIMMELMAYR 1980, Nr. 119 (oben 9)

Westenriederstraße 29
Häuserbuch IV 1966, S. 568 f.; STIMMELMAYR 1980, Nr. 118 (Reihe 3/1), 119 (oben 10)

Westenriederstraße 31
Häuserbuch IV 1966, S. 192 (Radlsteg 1), 569 f.; STIMMELMAYR 1980, Nr. 120 (oben 1), Nr. 121 (Küchlbacher Gäßl West 4, 5, 6); STAHLEDER 1992, S. 368 f.

Westenriederstraße 37 (ehem. 24)
Häuserbuch IV 1966, S. 453 f., 572

Westenriederstraße 43
Häuserbuch IV 1966, S. 573 ff.; STIMMELMAYR 1980, Nr. 120 (oben 9, 10), 121 (unten 4, 5)

Westenriederstraße 45
Häuserbuch IV 1966, S. 575; ZUBER 1991, S. 132

Westenriederstraße 47
Stöhr 1925, S. 30 (Nr. 98); Häuserbuch IV 1966, S. 437 ff. (Tal 52), 575

Wiener Platz, Fischerbuberl
BISTRITZKI 1974, Nr. 40; *Ignatius Taschner, ein Künstlerleben zwischen Jugendstil und Klassizismus* (Ausst. des MStM), München 1992, S. 236; München baut auf 1938, S. 186

Widenmayerstraße allgemein
RAMBALDI 1894, S. 128, 342 ff. (siehe Isar-

Nachtrag

WOLFGANG BURGMAIR/WOLFGANG LOCHER: *Medizinhistorischer Stadtführer München*, Lindenberg 2008
JOHANN ALEXANDER HAIDN/HERBERT JUNG (Hrsg.): *München – St. Peter*, München 2008
ANDREAS FAISTENBERGER: *Die Faistenberger*, Innsbruck 2007
ARNOLD LEMKE (Hrsg.): *Der Hofgarten in München*, München 2008

Abbildungsnachweis

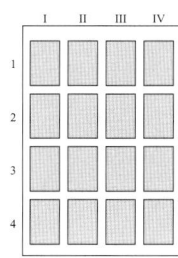

Erklärung zum Abbildungsnachweis: Die Klammern nach den Seitenzahlen beinhalten die Positionsangaben der einzelnen Abbildungen im Satzspiegel. Bei wenigen Abbildungen wird auf die herkömmlichen Positionsangaben wie rechts (r.), links (l.), oben (o.), mittig (m.) oder unten (u.) zurückgegriffen. Befinden sich mehrere Abbildungen im Satzspiegel, soll folgendes Koordinationssystem, bestehend aus römischen und arabischen Ziffern, als Orientierungshilfe dienen (vgl. Schema rechts oben). Hierbei bezeichnen die römischen Ziffern I–IV die vertikalen, die arabischen Ziffern 1–4 die horizontalen Achsen. Der Satzspiegel teilt sich somit in maximal 16 Bildfelder auf. Umfasst eine Abbildung mehrere Bildfelder, so ist eine Koordinate innerhalb der Abbildung angegeben.

A. Institutionen (Behörden, Museen, Archive, Fotosammlungen u. ä.):

– Akademie der Bildenden Künste, München: **40** (I4)

– Architekturmuseum der Technischen Universität München: **1203** (I3) (Inv.Nr. 1975/8), **1061** (I4)

– Archäologische Staatssammlung, München: **XXXIV**, **758** (III1)

– Bayerische Staatsgemäldesammlungen, München: **61** (III3) (Inv.Nr. WAF 703), **112** (I4) (Nr. 30/503), **578** (I1) (WAF 788), **895** (I1) (Inv.Nr. 7935)

– Bayerische Versicherungskammer, München: **1080** (III4) Kalender 1972: **882** (III4), **903** (IV4), **914** (IV1), **921** (IV4)

– Bayerische Verwaltung der staatlichen Schlösser, Gärten und Seen, München: **XXV** (Farbtf. IV), **LXV** (Farbtf. VI.1) (DG 2868/L-G1), **LXVIII**, **325** (I4) (Neg.Nr. 5221), **581** (IV4) (DG 11412), **636** (III1), **727** (I1), **869** (IV4), **870** (I1, I4), **871** (IV1, IV4), **875** (IV1, IV4), **876** (I4), **877** (I4), **878** (I4), **881** (I2), **882** (I4), **883** (I1), **884** (III1), **885** (I4), **888** (III1) (SNO 20755), **889** (IV1) (DG 6938), **890** (I1) (Neg.Nr. 22834), **894** (I4) (DG 2362), **895** (IV4), **897** (IV1), **898** (I4) (WA 0042), **901** (IV1), **903** (III1), **904** (I4, IV4), **905** (III1, III4), **907** (I2), **908** (I1) (SN 8228), (I2), **909** (I4), **913** (IV4), **914** (I1), **915** (IV2) (DG 2395), (IV4), **920** (I1), **921** (I1) (DG 1533)

– Bayerischer Landtag, Bildarchiv: **798** (I3, I4), **1062** (Aufn. Rolf Poss)

– Bayerisches Hauptstaatsarchiv, München:
Abt. III Geheimes Hausarchiv: **422** (III1) (Nachlass König Ludwig I. IA 36 II)
Abt. IV Kriegsarchiv: **CXXV** (BS II5, Nr, 663), **CXXXII** (Abb. 12) (BS II5, Nr. 663), **CXXXIV** (Fasz. II5, Nr. 738 rot), **CXXXVII** (Fasz. II5, Nr. 738 rot), **CXXXVIII** (Abb. 20) (Fasz. II5, Nr. 738 rot), **155** (III4) (BS II5, Nr. 673), **201** (IV4) (BS II5, Nr. 47), **245** (I1), **255** (I1), **365** (u.m.), **367** (I4) (BS II5, Nr. 1192 rot), **423** (IV1), **492** (I4) (Fasz. II5, Nr. 1855 rot), **592** (I1) (Fasz. II5, Nr. 1198 rot), **646** (I1) (Fasz. II5, Nr. 1199 rot), **803** (I4) (Fasz. II5, Nr. 895), **845** (IV4) (Fasz. II5, Nr. 1849 rot), **868** (I1) (Nr. 391), **1088** (I4) (Fasz. II5, Nr. 1168 rot), **1089** (I4) (Fasz. II5, Nr. 1165 rot), **1161** (I4) (BS II5, Nr. 672), **1219** (IV1)

– Bayerisches Landesamt für Denkmalpflege, München:

1. Bildarchiv:
Allgemein: **LXX** (R. Karbacher, 2007), **LXII**, **LXV** (Farbtf. VI.2) (Aufn. C. Lamb, 1944), **LXVII** (Farbtf. VIII.1) (Aufn. E. Bollert, 1943/44), (Farbtf. VIII.2) (Aufn. C. Lamb, 1943/44), **LXX** (Farbtf. XII.1 und XII.2) (Aufn. K. Henseler, 1943/44), **CIII**, **CXXVI**, **CXXVII**, **CXXXII** (Abb. 11 und 13) (Bestand Bayerische Versicherungskammer), **CXXXIX** (Abb. 22 und 23), **CXLIV** (Abb. 31), **CXLVI** (Abb. 34 und 35) (Bestand Bayerische Versicherungskammer), **CXLVII** (Abb. 36, 37 und 38) (Bestand Bayerische Versicherungskammer), **CXLVIII** (Abb. 40) (Bestand Bayerische Versicherungskammer), **CXLIX** (Abb. 41) (Bestand Bayerische Versicherungskammer), **CLXII**, **CLXVII** (Abb. 8) (NQ), **38** (III4), **39** (I2) (Postkarte), **39** (I4) (Repro E. Lantz, 1982), **45** (I1), **46** (I4), **47** (I1) (Glasneg.Nr. 19787), **49** (III2), **55** (I2) (Repro), **67** (III1), **83** (IV1), **85** (I3), **89** (I3), **104** (I1, I3), **108** (I1), **110** (III1), **112** (III1) (Glasneg.Nr. 19426), (III2) (Repro D. Komma), **114** (IV1), **115** (I1), **131** (I3), **134** (I1) (KB 1085/7017/49, 51), **138** (III4), **139** (III2) (Repro A. März; 03/2006), **148** (III3) (U 1964/Nr. 261), **149** (III3), **153** (I3), **165** (III1), **166** (III2), **170** (I4) (II4) (Aufn. A. Schlegel; U 1973, Nr. 1108), **181** (IV1) (Glasneg.Nr. 19896), **182** (I4), **185** (III1), **186** (III4), **188** (I1) (Aufn. A. Schlegel; U 1973, Nr. 1145), **192** (III4) (Repro; Neg.Nr. 940703/8a, 9a), **194** (I1), **205** (III2), **207** (III4) (Glasneg.Nr. 9819), **215** (IV1), **216** (IV4), **217** (III1), **218** (III1) (Glasneg.Nr. 7219), **221** (I4) (Glasneg.Nr. 7109), (III4) (Glasneg.Nr. 10492), **222** (I1) (Aufn. Achim Bunz; 1993), (III1) (Aufn. Wolf-Christian von der Mülbe), **223** (III4), **225** (I1) (Glasneg.Nr. 7714), (u.l.), (u.m.) (Glasneg.Nr. 7734), **226** (III1) (Glasneg.Nr. 8158), **227** (IV4), **229** (I4) (Repro; Neg.Nr. 920547/21, 22), (IV1) (Glasneg.Nr. 7125), **231** (II4) (Glasneg.Nr. 7764), **241** (I1), **242** (I1), **254** (I4) (Glasneg.Nr. 9617), **270** (II4), **278** (o.m.), **299** (III4), **300** (II3), **301** (I3; Repro), **323** (I4), **324** (I4), **325** (IV4) (Repro D. Komma; Neg.Nr. 880644/22a), **327** (IV1), **336** (I4) (Aufn. Wolfgang Pulver, 2006), **340** (IV2), **343** (IV3), **345** (III1), **346** (III4), **347** (III1), **358** (III1) (R 71, Nr. 121, Neg.Nr. 8), **362** (I1) (Glasneg.Nr. 10596), (I2) (Glasneg.Nr. 10550), **366** (I4, III1), **379** (III3), **382** (III3), **386** (IV1) (Glasneg.Nr. 19577), **399** (III1), **409** (III1), **410** (I1) (2002 0411/35), **419** (III1), **422** (I4), **424** (I1) (1980, Nr. 161), (I4), **425** (I4), **428** (III1), **434** (III4) (Repro E. Lantz; R 1980, Nr. 739, Neg.Nr. 14), **435** (III4), **436** (I1) (Repro E. Lantz; Neg.Nr. 920103/1), (III4, IV4), **453** (I3), **455** (I4), **459** (III2), **463** (III1) (Glasneg.Nr. 9545), **483** (IV1), **491** (IV2, IV4), **492** (I1), (III2) (Repro E. Lantz; Neg.Nr. 920102/11), **493** (III4), **495** (I1) (Glasneg.Nr. 19569), (III1), **496** (IV4), **497** (III1), **499** (IV3), **500** (I4), **501** (I2) (Aufn. T. Breuer; 1985, Nr. 1830, Neg.Nr. 32), **504** (I1) (Repro; Neg.Nr. 830602/18, 20), (I4), (III1) (Repro; Neg.Nr. 830602/43, 45), **505** (I1), **506** (I3) (Repro J. Sowieja; Neg.Nr. 900605/35), **509** (I1), **510** (III2) (KB 66/665, Neg.Nr. 58), **511** (IV4) (Aufn. 1972), **515** (IV1), **516** (IV2), **517** (III2), **524** (III1), **538** (I1) (V.S. 20886), **540** (III1) (U 1978, Nr. 114), **551** (I1, I4), **553** (III4), **554** (III1), **557** (III1), **562** (I4), **564** (III1, IV1), **573** (IV2), **580** (III4), **583** (I1) (Repro E. Lantz; 870316/4), **586** (I2), **589** (III1), (IV2) (Aufn. W. Müller, 95496), **591** (I1), **592** (I4), **593** (III4) (Aufn. A. Schlegel 1942; U 1973, Nr. 1121), **598** (III1), **601** (I1), **613** (III4), **615** (IV1) (Repro), **618** (III1), **625** (III4) (Repro; Neg.Nr. 901101/11, 12; Glasneg.Nr. 10025, 10026), **626** (IV4) (Aufn. M. Mach), **640** (I3, I4), **651** (I1) (Glasneg.Nr. 20341), **664** (I1, III1), (I4) (Aufn. M. Köhler, 1975, Nr. 448, Neg.Nr. 5), **667** (IV4), **670** (III4), **671** (I1) (Aufn. A. Schlegel, 1938, Nr. 1149), (I4, IV1), (III4) (Aufn. A. Schlegel, 1956, Nr. 1029), **673** (I4), (IV4) (Vorbilderslg., Nr. 20921; Neg.Nr. 871001/33), **674** (Repro; 1971, Nr. 515, Neg.Nr. 13, 14), **676** (I3) (U 1967, Nr. 510), (IV1) (Repro E. Lantz; 1977, Nr. 2457, Neg.Nr. 7a), **677** (I4) (U 1980, Nr. 301), (III4) (U 1965, Nr. 2384), **679** (I4) (Nr. 5678), **680** (III3), (III4) (Aufn. W. Müller, Nr. 320), **681** (I1) (Aufn. W. Müller, Nr. 317), (III4) (Glasneg.Nr. 9356), **682** (III2), **684** (I1) (Aufn. M. Köhler, 1975, Nr. 481, Neg.Nr. 35), **685** (I4), **686** (III1) (Repro), **687**

(II4), **688** (I4) (Glasneg.Nr. 8384), (III4) (Glasneg.Nr. 8353), **689** (I2), **690** (I1) (Repro), **707** (III1), **708** (IV1), **715** (I1, III4), **719** (III1, IV4), **724** (I1), **726** (I1) (Aufn. A. Schlegel, 1938–42), **727** (I2) (Repro J. Sowieja, KB 1980, Nr. 1431, Neg.Nr. 34), (I3) (Glasneg.Nr. 10044), **729** (I4), **731** (I4), **747** (III4) (Repro D. Komma; Neg.Nr. 930105/19), **748** (III1), **760** (III1), **761** (I2), **764** (I4) (Aufn. A. Schlegel, 1956, Nr. 992), (III4) (Aufn. A. Schlegel, 1956, Nr. 993), (IV1), **766** (III2) (Repro; Neg.Nr. 980103/31, 32), **768** (I1) (Glasneg.Nr. 9427), (I3, II4), (III1) (Aufn. A. Schlegel, 1945, Nr. 86), **771** (IV3), **775** (III1), **777** (I1), **777** (I2), **790** (III1, III2), **791** (III1, IV1), **792** (III1) (Glasneg.Nr. 8283), (u.r.) (U 1966, Nr. 30), **793** (III4), **797** (II2) (Aufn. A. Schlegel, 1938; U 1973, Nr. 1128), **798** (I1) (Aufn. A. Schlegel, U 1973, Nr. 1126), **801** (III1), **808** (III4), **809** (IV1), **814** (III1), **817** (III2) (Repro E. Lantz; Neg.Nr. 930601/4), (III3) (U 1980, Nr. 157), **819** (I3), (III2) (U 1974, Nr. 195), **821** (I3), **822** (IV1), **835** (III2), **836** (I2) (Aufn. V. Mayr, 1985), **838** (I3, III2, III3), **840** (IV4) (Aufn. A. Schlegel, U 1973, Nr. 1135), **841** (I2) (Glasneg.Nr. 9581), (I4), **844** (III1), **845** (I4) (Aufn. A. Schlegel, 1938; U 1973, Nr. 1132), **849** (III4), **853** (I1) (KB 1963, Nr. 1001, Neg.Nr. 46), **868** (I1), **872** (I4) (Repro D. Komma, Neg.Nr. 980127/32), **873** (I1), **876** (III1), **879** (m.) (Aufn. A. Schlegel, 1938; U 1973, Nr. 1151), **880** (I4), **883** (III4), **886** (IV1), **890** (IV4), **892** (I4, III4), **893** (I4), **894** (IV1, IV4), **895** (I3, III1, IV4), **896** (III1), **897** (IV4), **899** (III1), **900** (I1, I4), **902** (I1, I4), **904** (III1, III2), **906** (I4), **907** (I3), **908** (I4) (Glasneg.Nr. 18131), **909** (III1) (Aufn. A. Schlegel, U 1973, Nr. 1078), **910** (I1), **914** (III4, IV4), **919** (IV1), **920** (III4), **925** (I1), **927** (IV2), **929** (IV4) (Planfilm Neg.Nr. 102852), **930** (I1), (III4) (Repro D. Komma, 860006/19), **940** (I1) (Glasneg.Nr. 9167), (I4) (Planfilm), (II4) (Aufn. A. Schlegel, um 1938; U 1973, Nr. 1154), **947** (III1) (KB 1975, Nr. 2215, Neg.Nr. 21), **951** (III2, IV2), **954** (I4, III1), **955** (III1), **957** (II4), **960** (III1), **962** (I2) (Aufn. A. Schlegel, U 1973, Nr. 1140), **964** (I4), **965** (I1) (Repro D. Komma, Neg.Nr. 970240/1), **969** (I1, I4, IV4), **976** (III4), **978** (II4), **979** (I1, I4), (IV4) (Neg.Nr. 810782), **980** (I4) (Aufn. O. Poss), (III1), **989** (III1), **1003** (IV1), **1019** (III1) (Glasneg.Nr. 10525), (III3), **1020** (III1), **1029** (III1), **1032** (I1), (I4) (Nr. 6103), **1033** (IV4), **1035** (IV4), **1042** (I1) (Glasneg.Nr. 20218), **1043** (I4), **1045** (III4), **1047** (I1), **1054** (I1), **1058** (I4), **1064** (I1), **1066** (I4), **1069** (I2, I4), **1070** (I1, III2), **1077** (III4), **1078** (I2, III2), **1084** (III1), **1104** (I1) (Großformat Nr. 36), **1106** (III1), **1107** (I4), **1120** (III1, III2), **1124** (III1) (Aufn. A. Schlegel, 1942; U 1973, Nr. 1033), **1125** (I4) (U 1965, Nr. 2039), **1126** (I4), (Glasneg.Nr. 8427), **1128** (o.m.) (Aufn. A. Schlegel, 1956; U 1973, Nr. 1039), (I4), **1129** (III1, IV1), **1145** (IV1), **1157** (III4), **1161** (IV3) (Aufn. Höchel, 1973), (IV4) (Aufn. Pfefferle; Repro, Neg.Nr. 000011/5a), **1164** (I2, IV2), **1176** (III1), (IV4) (Aufn. Pöller, 1943), **1180** (I4), (III4), (IV1) (Glasneg. Nr. 8619), **1185** (III1), **1188** (III1), **1189** (I3) (Glasneg.Nr. 19601), (I4), **1194** (I1, I2), **1199** (I4, III4), **1201** (I3, I4), **1202** (I4), **1215** (III4) (Nr. 37530), **1218** (III1), **1223** (III1), **1225** (I4), **1239** (III4), **1241** (IV3), **1244** (I1), **1270**

Einzelne Fotografen *(in Klammern, sofern bekannt, Angaben zu Aufnahmejahr und Negativnummer):*
Michael Forstner: **VI** (Farbtf. I) (2008; 06002022), **VIII** (Farbtf. II) (2008), **X** (Farbtf. III) (2008; 06002017), **LXVI** (Farbtf. VII) (2008; 06002029), **LXVII** (Farbtf. VIII.3), **LXIX** (Farbtf. X) (06002089), **LXXII** (Farbtf. XIII.1) (2008; 06002050), (Farbtf. XIII.2) (2008; 06002030), (Farbtf. XIII.3) (2008; 06002026), (Farbtf. XIII.4) (2008; 06002003), **LXXXI** (06002008 sw), **CXIII** (Abb. 35) (2008; 6002557), (Abb. 36) (2008; 6002065), (Abb. 37) (2008; 6002054), (Abb. 38) (2008), (Abb. 39) (2008; 6002066), (Abb. 40) (2008; 6002058), (Abb. 41) (2008; 6002062), **CXIV** (Abb. 42) (2008; 6002068), (Abb. 43) (2008 0601/24), **CXXI** (Abb. 8) (2008 0810/20a), **CXLI** (Abb. 27) (2008; 06002126), **CXLVIII** (Abb. 39) (2008; 06002127), **CLII** (Farbtf. XIV.2) (2008; 06002098), **32** (II3) (2006 0503/28, 29), (III4) (2006 0503/30, 31), **34** (II3) (2006 0801/21a, 22a), **35** (IV1) (2006 0801/17a, 18a), **36** (II1) (2007 0701/30, 31), (III4) (2007 0103/2, 3), **43** (I4) (2006 1201/3, 4, 5), **45** (II1) (2006 1009/27, 28), **47** (III4) (2007 1003/5, 6), **52** (III1) (2007 1004/18), (I4) (2007 0808/4, 5), (III4) (2007 0808/11, 12), **54** (I2) (2007 1004/15), (I4) (2007 0403/5, 6), (IV3) (2007 0403/3, 4), (IV4) (2007 0402/34, 35), **55** (II1) (2007 0501/13, 14), (IV1) (2007 0501/15, 16), **56** (I3) (2004 0103/25), (III4) (2004 0103/31), **57** (III2) (2004 0302/16), **59** (I3) (2007 0201/12a, 13a), (I4) (2007 0201/16a, 17a), **64** (I1) (2007 0102/33, 34), **65** (III4) (2006 0802/22, 23), **72** (II1) (2007 0101/22, 23), (II2) (2007 0101/16, 17), **78** (I3) (2007 0401/21, 22), (I4) (2007 0401/19, 20), (II4) (2007 0401/17, 18), **80** (III1) (2007 1004/13), **82** (I3) (2007 1003/27, 28), **106** (I4) (2007 0103/23, 24),

(III4) (2007 0103/19, 20), **107** (I1) (2007 0103/21, 22), (III1) (2007 0103/16, 17, 18), **114** (I1) (2007 1008/2), **117** (III1) (2007 0103/14, 15), **121** (I3) (2007 1003/33, 34), (I4) (2007 1003/35, 36), (III4) (2007 1004/7, 8), (IV3) (2007 1004/4), **122** (I2) (2007 1004/12), **127** (III1) (2007 0101/28, 29), **144** (III1) (2006 0503/36, 37), **145** (II1) (2007 0201/18a, 19a), **146** (II1) (2007 1105/22), **149** (I3) (2006 1202/6, 7), (I4) (2006 1202/12, 13), (IV3) (2006 1202/16, 17), **151** (II2) (2003 1102/6), (II3) (2003 1107/20), (II4) (2003 1105/20), (IV3) (2003 1107/3), **154** (IV2) (2006 1009/24, 25, 26), **156** (I1) (2007 0807/3), **157** (IV1) (2006 0503/10, 11), **158** (II2) (2007 0807/4, 5), (III4) (2006 0503/6, 7), **159** (III3) (2007 0808/19, 20), (III4) (2007 0808/21, 22), **160** (I2) (2007 0808/15, 16), **168** (I3) (2006 0801/29a, 30a), (I4) (2006 0801/33a, 34a), **177** (I4) (2006 0802/29), **179** (II2) (2006 0802/27), **185** (III4) (2007 0402/10), **190** (I4) (2007 0801/23), **193** (III4) (2006 0503/5), **200** (I2) (2007 1105/8), (III1) (2007 0801/33, 34), **209** (I4) (2007 0403/32, 33), (III4) (2007 0403/34, 35), **210** (I4) (2007 0404/17, 18), (III1) (2007 0404/20), (III2) (2007 0404/36, 37), (IV4) (2007 0404/8, 9, 10), **212** (I1) (2007 0404/23, 24, 25), (III4) (2007 0701/6, 7), (IV4) (2007 0404/30, 31), **213** (I1) (2007 0404/26, 27), (I2) (2007 0404/37), **231** (I4) (2008 0207/35, 36), **234** (I1) (2007 0802/9a, 10a), (u.l.) (2007 0802/17a, 18a), (u.m.) (2007 0802/15a, 16a), (u.r.) (2007 0802/11a, 12a), **239** (III1) (2007 1105/13, 14), (III3) (2006 0405/17, 18), (III4) (2006 0405/15, 16), **244** (II1) (2007 0401/33, 34), (II2) (2007 0401/31, 32), **249** (I3) (2007 0103/31, 32), **250** (I4) (2007 0103/29, 30), (III1) (2007 0103/27, 28), **256** (III4) (2007 1008/36, 37), **259** (I3) (2007 1008/26, 27), (I4) (2007 1008/22, 23), (III1) (2007 1008/16, 17), (III3) (2007 1008/6, 7), (III4) (2007 1008/18, 19, 20), **260** (o.m.) (2007 1008/32, 33), (o.r.) (2007 1008/34, 35), **262** (I4) (2007 0104/15, 16), **263** (I4) (2007 0104/25, 26), **266** (III1) (2007 0104/9, 10), **271** (o.l.) (2007 0104/7, 8), **272** (I1) (2008 0206/12a, 13a), **273** (I1) (2007 0808/27), **277** (IV2) (2007 0101/14, 15), **288** (III3) (2007 1009/27–30), (III4) (2007 1009/31, 32), **289** (I1) (2007 1009/18, 19), (I3) (2007 1009/25), **295** (IV4) (2008 0205/16, 17), **301** (I4) (2007 1002/33, 34), (III4) (2007 1003/3, 4), **302** (I1) (2007 1002/31, 32), (II1) (2007 1002/29, 30), (III1) (2007 1002/25–28), **304** (I4) (2007 00403/7, 8), (IV1) (2007 0401/10, 11), **309** (III1) (2007 0201/2, 3), **310** (IV1) (2007 0104/35, 36), **311** (III1) (2007 0104/33, 34), **312** (III1) (2007 0104/27, 28), **314** (I3) (2006 0405/11, 12), (I4) (2006 0405/13, 14), **319** (II3) (2006 0405/5, 6), (III1) (2006 0405/9, 10), **336** (IV4) (2008 0207/23, 24), **343** (I2) (2007 0101/36, 37), **351** (III1) (2006 0503/16, 17), (IV1) (2006 0503/14, 15), **355** (I1) (2007 1003/20, 21), (I4) (2007 1003/18, 19), (IV1) (2007 1003/22, 23), **358** (I3) (2008 0406/18a, 19a), (I4) (2008 0602/37), (III4) (2008 0408/14a, 15a), **359** (I1) (2008 0406/22a, 23a, 24a), (I4) (2008 0406/16a, 17a), (IV1) (2008 0406/25a, 26a), (IV3) (2008 0406/29a, 30a, 31a), (IV4) (2008 0406/27a, 28a), **360** (III4) (2007 1003/14, 15), (IV4) (2007 1003/16, 17), **361** (I3) (2007 1003/11, 12, 13), (I4) (2007 1003/9, 10), **389** (I1) (2008 0206/6a, 7a), **406** (III3), **409** (I4) (2002 0411/36), **410** (IV2) (2007 0405/21, 22), **411** (I4) (2006 0801/5a, 6a), (II1) (2006 0503/20, 21), (II3) (2007 0405/5, 6), (III4) (2007 0405/11, 12), **412** (I1) (2007 0405/17, 18), (II1) (2006 0801/7a, 8a), (III4) (2006 0503 24, 25), (IV2) (2006 0503/26), **413** (III1) (2007 0405/23, 24), **416** (III1) (2007 0801/24, 25), **417** (IV4) (2008 0206/14a, 15a), **431** (IV4) (2008 0206/3a, 4a, 5a), **441** (I1) (2007 0401/14, 15, 16), **444** (IV4) (2007 0701/32, 33), **448** (III3) (2007 0808/36), (III4) (2007 0808/30, 31), **451** (III1) (2008 0207/5, 6), (III3) (2008 0208/8, 9, 10), **460** (I2) (2007 1004/26, 27), (I3) (2007 1004/36, 37), (I4) (2007 1004/32, 33), (II4) (2007 1004/28, 29), (III1) (2007 1004/24, 25), (IV4) (2007 1004/21, 22, 23), **465** (III2) (2008 0205/2, 3), (IV4) (2008 0205/4, 5), **472** (I1) (2007 1102/16, 17), (I2) (2007 1102/20, 21), (I3) (2007 1102/18, 19), **474** (I3) (2008 0407/5, 6), **484** (I1) (2006 0406/34, 35), **486** (IV4) (2008 0205/34, 35), **488** (IV2) (2006 0406/30, 31), **509** (III4) (2008 0405/39, 40), **510** (III4) (2008 0206/10a, 11a), **529** (III1) (2007 1007/28, 29), (III2) (2007 1007/23, 24), (III3) (2007 1007/19–22), (III4) (2007 1007/14, 15), **531** (IV4) (2007 0102/29, 30), **533** (III1) (2006 0802/2, 3), **534** (III1) (2006 0802/4, 5), **536** (I1) (2006 0802/9, 10), (IV4) (2007 0103/35, 36), **537** (I1) (2006 0503/32, 33), **546** (I1) (2008 0402/34), (III1) (2008 0402/35), **562** (I1) (2007 1102/24, 25), (III1) (2007 1102/22, 23), **568** (III3) (2007 0801/37), **575** (IV1) (2008 0205/24, 25, 26), **586** (I4) (2002), **594** (I4) (2008 0206/24a, 25a), (III2) (2008 0404/33a, 34a, 35a), **595** (I1) (2008 0206/20a, 21a), (II1) (2008 0206/22a, 23a), **598** (III3) (2008 0206/30a, 31a), (III4) (2008 0206/26a, 27a), (IV3) (2008 0206/28a, 29), **601** (II1) (2007 0401/8, 9), (IV4) (2007 0401/6, 7), **608** (I2) (2008 0206/34a, 35a), **610** (I1) (2008 0206/25, 26), **611** (III1) (2008 0206/23, 24), **612** (I4) (2007 1101/12, 13,

14), **614** (I2) (2008 0205/20–23), (I3) (2008 0205/18, 19), **626** (I2) (2008 0206/21, 22), **629** (III3) (2007 1009/12, 13), (III4) (2007 1009/16, 17), **631** (III1) (2008 0207/33, 34), (IV4) (2006 0801/11a, 12a), **632** (I1) (2008 0206/32a, 33a), **637** (III2) (2008 0207/27, 28), **642** (I1) (2008 0207/29, 30), **644** (I3) (2007 1101/34, 35), (I4) (2007 1102/4, 5), (II4) (2007 1101/30, 31), (III3) (2007 1101/32, 33), (III4) (2007 1101/28, 29), (IV4) (2007 1101/36, 37), **645** (I3) (2007 1101/18, 19), (I4) (2007 1101/21, 22, 23), (II4) (2007 1101/26, 27), **653** (II1) (2007 0802/21a, 22a), **654** (I4) (2007 0403/23, 24), **655** (III4) (2007 0802/19a, 20a), **657** (I2) (2007 1003/29, 30), (IV4) (2007 0403/19, 20), **658** (III4) (2007 0403/17, 18), **661** (I4) (2007 0403/9, 10), (IV4) (2007 0403/11, 12), **668** (I4) (2007 1002/19, 20), (III1) (2007 1002 23, 24), (IV1) (2007 1002/17, 18), (III4) (2007 1002/21, 22), **678** (I2) (2006 1202/18, 19, 20), (I3) (2006 1202/23, 24, 25), (I4) (2006 1202/32, 33), (III4) (2007 0101/5, 6), (IV3) (2007 0101/2), **693** (III4) (2007 0703/36), **695** (III1) (2007 0703/8, 9), (III2) (2007 0703/28, 29), (III3) (2007 0703/19, 20), (III4) (2007 0703/17, 18), **696** (I1) (2007 0703/32), (I3) (2007 0703/30, 31), (I4) (2007 0703/6, 7), (III4) (2007 0703/2, 3), **699** (IV3) (2007 0701/18, 19), **700** (III4) (2007 0701/22, 23), (IV4) (2007 0701/24, 25), **702** (I1) (2007 0701/20, 21), (III1) (0701/26, 27), **703** (IV4) (2008 0207/19, 20), **704** (I1) (2008 0207/1–4), (III3) (20080206/16a, 17a), (III4) (2008 0206/18a, 19a), **710** (III2) (2008 0205/27, 28), **711** (I1) (2007 0807/17), **715** (III4) (2007 0405/3, 4), **737** (III2) (2006 0802/36, 37), **740** (u.m.) (2006 0503/34, 35), **743** (IV4) (2007 0801/35, 36), **755** (III4) (2007 0807/15, 16), **758** (I4) (2007 0807/36), **770** (I3) (2007 1003 31, 32), **775** (I1) (2008 0404/4a, 5a), **776** (I4) (2007 1101/10, 11), (III4) (2007 1101/8, 9), **777** (I4) (2008 0207/21, 22), **778** (III1) (2008 0406/32a–36a), **781** (I3) (2008 0404/10a, 11a), **782** (I1) (2008 0404/8a, 9a), **784** (I3) (2008 0404/14a, 15a), **785** (I3) (2007 1101/4, 5), (IV3) (2007 1101/6, 7), **788** (I4) (2008 0404/6a, 7a), **798** (II1) (2008 0402/15, 16), **799** (I1) (2008 0404/31a, 32a), **802** (II1) (2008 0404/29a, 30a), **817** (I1) (2006 0406/14, 15), **822** (I3) (2007 1102/8, 9), (III3) (2007 1102/10, 11), **825** (III1) (2007 0801/12, 13), **826** (I1) (2007 0406/25, 26), **827** (III4) (2007 0801/4, 5), (IV4) (2007 0801/10, 11), **828** (I4) (2007 0801/14, 15), (III1) (2007 0801/16, 17), (IV4) (2007 0801/20, 21), **829** (II1) (2007 0809/18, 19), **831** (I2) (2007 1102/34, 35), (IV2) (2007 1102/30 31), (IV3) (2007 1102/26, 27), (IV4) (2007 1105/2, 3, 4), **832** (I2) (2007 0102/27, 28), (III3) (2007 0102/25, 26), (III4) (2007 1009/35, 36), **833** (I2) (2007 1009/37), **843** (I4) (2008 0404/27a, 28a), **844** (I2) (2007 1007/10, 11), (III2) (2007 1007/2, 3), **845** (III2) (2007 1007/12, 13), **847** (I1) (2008 0404/16a, 17a), (I3) (2008 0404/20a, 21a, 22a), (III3) (2008 0404/23a, 24a), (III4) (2008 0404/25a, 26a), **855** (I1) (2006 1009/20, 21), **857** (II4) (2006 1009/6, 7), **860** (III4) (2007 0102/23, 24), **862** (III1) (2008 0407/10), (III4) (2008 0407/11), **864** (II3) (2006 1008/35, 36), (III1) (2006 1008/32, 33), **865** (III1) (2006 0802/30, 31), (IV1) (2006 0802/32, 33), **867** (III4) (2007 0501/21, 22), **886** (III4) (2008 0402/13, 14), **887** (III4) (2008 0407/9, 10), **888** (I4) (2008 0407/5, 6), (II4) (2008 0402/11, 12), **925** (I1) (2006 1009/31, 32), (IV1) (2007 0102/35, 36), (IV4) (2007 0201/10a, 11a), **938** (I1) (2007 0807/8, 9, 10), **940** (III1) (2008 0701/19a), (III3) (2007 1009/2, 3), (IV3) (2007 1009/4, 5), **944** (I1) (2007 0802/25a, 26a), (III2) (2007 0102/8, 9), **945** (III1) (2006 1009/16, 17), **946** (IV1) (2007 0802/27a, 28a), **953** (III1) (2008 0402/21, 22), **960** (I3) (2007 1009/33, 34), **961** (III4) (2008 0601/18), **962** (I4) (2007 0401/2, 3), **984** (I4) (2008 0701/6a–8a), **987** (I1) (2008 0402/37), (IV4) (2008 0601/3), **989** (IV1) (2007 0405/3), **992** (III3) (2008 0601/13), **995** (I1) (2007 0807/34, 35), (IV3) (2007 0701/10), **996** (II1) (2007 0701/12, 13), **1001** (I1) (2007 0807/32, 33), **1003** (I3) (2008 0402/32, 33), (I4) (2008 0402/27–31), **1007** (I1) (2007 0402/13, 14), (III4) (2007 0402/15, 16), (IV1) (2008 0402/17, 18), **1009** (IV4) (2008 0601/16), **1011** (I1) (2007 0402/19, 20), (II1) (2007 0402/17, 18), (II2) (2007 0807/30, 31), **1012** (I1) (2007 0402/21, 22), (III4) (2007 0402/27–29), **1013** (I1) (2007 0402/23, 24), (II1) (2007 0201/4a, 5a), **1014** (I4) (2007 0801/28), **1015** (III4) (2007 0402/4, 5), **1016** (I1) (2007 0801/29, 30), **1017** (I2) (2007 0701/16, 17), (IV4) (2007 0807/26, 27), **1018** (I3) (2007 0807/28, 29), **1026** (IV1) (2008 0407/3, 4), (IV4) (2008 0407/1, 2), **1036** (II1) (2008 0810/22a), **1046** (I4) (2008 0701/33a–35a), **1049** (I1) (2008 0810/17a), **1068** (I4) (2008; 06002046), **1077** (I1) (2006 1201/29, 30), (I2) (2006 1201/12, 13), (I3) (2006 1201/32, 33), (II1) (2006 1201/24–26), **1080** (III1) (2007 0102/14, 15), (III2) (2007 0102/16, 17), **1083** (IV4) (2007 0102/19, 20), **1089** (IV1) (2008 0602/ 6, 7), **1091** (I3) (2008 0602/32, 33), (I4) (2008 0602/29, 30), **1096** (I4) (2007 0802/4, 5a), (II4) (2007 0802/6a), **1097** (I1) (2007 0802/7), **1111** (III3) (2007 1102/14, 15), (III4) (2007 1102/12, 13), **1112** (III4) (2007 1105/5, 6), **1117** (III1) (2007 0501/25, 26), **1120** (III3) (2008 0701/13a,

14a), **1125** (I1) (2008 0407/21, 22), (IV4) (2008 0407/27, 28), **1130** (IV1) (2008 0407/35, 36), **1131** (I1) (2008 0407/33, 34), (I4) (2008 0407/13, 14), (III1) (2008 0407/17, 18), **1139** (I3) (2008 0602/15, 16), (I4) (2008 0602/10, 11), **1142** (III4) (06002093 sw), (IV3) (06002092 sw), **1143** (o.l.) (2007 0802/23a, 24a), **1147** (IV1) (2007 0103/33, 34), **1175** (III4) (2007 0101/33), **1177** (IV4) (2007 0802/29a, 30a), **1197** (III1) (2007 0802/31a–33a), (III4) (2007 0202/18, 19), **1198** (I1) (2007 0202/34, 35), (II1) (2007 0202/11, 12, 13), **1199** (I1) (2007 0202/4, 5), (I2) (2007 0202/6, 7), **1200** (III1) (2008 0701/15a, 16a), **1209** (III4) (2006 0406/16), **1211** (III4) (2008; 06002128), **1213** (I1) (2007 0102/21, 22), (I4) (2006 1009/14, 15), **1214** (I1) (2006 1009/22, 23), **1215** (I4) (2006 1009/10, 11), **1221** (I4) (2007 0203/30, 31), **1222** (I2) (2007 0203/32–34), (I3) (2007 0203/26, 27), **1225** (IV1) (2008 0602/21, 22), **1230** (III4) (2007 0802/34a, 35a), **1237** (I4) (2008 0602/17, 18), **1238** (I4) (2008 0205/36), (III2) (2007 0807/24, 25), (IV2) (2007 0807/22, 23), **1245** (IV1) (2007 0402/32, 33), **1246** (II4) (2008 0205/32), **1247** (I3) (2008 0207/18)

Dr. Heinrich Habel: **47** (I4) (980308/20), **51** (I2) (960212/21), **52** (I3) (960901/5a), (II3) (950808/4a), (IV3) (950808/3a), **53** (I1) (980321/10a), **54** (III3) (950808/17a), **55** (I1) (980321/6a), **56** (I1) (950808/21a), **85** (I4) (2001 0807/22a), **88** (I1) (2001 0807/5a), (I2) (2001 0807/4a), (I4) (971106/3), (III4) (2001 0807/19a), **89** (III4) (2001 0807/13a), **90** (IV1) (2001 1010/1), **91** (I4) (2001 0511/23), (III2) (2001 0511/17), **92** (IV1) (2001 1010/3), **93** (o.m.) (2001 0511/5), (o.r.) (2001 0511/1), (I4) (2001 0511/8), (II4) (2001 0511/7), (III4) (2001 0511/6), (IV4) (2001 0511/4), **94** (III1) (2001 1010/10), (IV1) (2001 1010/9), (u.m.) (2001 0511/20), (u.r.) (2001 0511/21), **95** (III1) (2001 1010/4), (IV1) (2001 0511/19), **96** (I1) (2001 0511/14), (I4) (2001 1010/13), (II1) (2001 0511/15), (III1) (2001 0511/22), (IV1) (2001 0511/16), **97** (I4) (2001 0511/10), (III4) (2001 0807/8a), **98** (III4) (2001 0511/13), **102** (III3) (2000 0601/19), (III4) (2000 0601/15), **103** (I4) (2000 0601/7), (III2) (2000 0601/24), **114** (I3) (2001 0807/21a), **122** (III2) (2004), **145** (II3) (950903/2), (III3) (950903/11), (IV3) (950903/5), **152** (I3) (970657/25), **186** (I3) (2002 0411/21), (I4) (2002 0411/20), **188** (III1) (2002 0411/24), (III4) (2002 0411/23), **189** (III1) (2002 0411/27), **214** (II1) (980321/18a), **232** (III2) (970657/8), **241** (IV4) (960901/7a), **300** (II4) (950903/16), **349** (IV1) (970657/29), **366** (IV4) (960212/22), **500** (IV4), **505** (III4), **507** (II1), **517** (I4), **520** (I4), **590** (I4) (2002 0411/4), **591** (I4) (2002 0411/2), **611** (IV4) (960212/4), **623** (III1) (1967; KB 1971, Nr. 632, Neg.Nr. 13), **624** (III4), **627** (I4) (970657/0), **630** (III1) (960901/22a), **640** (IV4) (2001 1010/22), **643** (IV4), **644** (III1), **692** (II2) (960901/4a), **768** (III4) (2000 0601/1), **769** (III1) (2000 0601/4), **807** (IV1) (2004), **808** (I3, II3), **813** (IV1, IV2; 2004), **814** (I4, II4), **815** (II1), **838** (I4) (960212/23), **924** (I4), **936** (I4) (971106/0), (IV4) (971106/2), **996** (III2) (960901/13a), (IV2) (960901/14a), **1050** (I1) (970657/6), **1060** (I4) (971106/8), **1102** (III2) (970657/17), (IV4) (970657/14), **1103** (I2) (970657/19), (II2) (970657/18), **1130** (II1) (2002 0411/16), **1154** (II1) (2002 0411/30), **1191** (I4), **1196** (I4) (980321/14a), (IV4) (980321/12a)

Dr. Karlheinz Hemmeter: **CLXVII** (Abb. 9), **91** (I1) (1983; II, 73-4, 67)

Dieter Komma: **CXL** (Abb. 24 und 25), **254** (IV1) (880644/23a), **542** (IV2) (961022/8), **675** (I1) (830504), (III1) (830509), **676** (III4) (830502), **819** (III1) (930835/0), **843** (III4) (860019/12), **853** (III4) (810402/1a)

Eberhard Lantz: **LXXIII** (1982, Nr. 12), **CLXIII, CLXV** (920102/5), **CLXVI** (860224/16), **113** (IV2) (860223/3), **196** (III4) (KB 1985; Nr. 6185, Neg.Nr. 18), **209** (III2) (1981), **216** (III4) (1979; Nr. 214), **218** (I4) (1979; Nr. 180), (IV4) (1979; Nr. 184), **220** (I4) (1982; Nr. 6), (III1) (1979; Nr. 234), **224** (IV1) (1979; Nr. 247), **225** (u.r.) (1979; Nr. 228), **226** (I1) (1979; Nr. 244), **227** (I4) (1979; Nr. 241), (IV1) (1979; Nr. 217), **228** (III1) (1979; Nr. 221), (IV1) (1979; Nr. 218), **254** (I2) (851207/27a), (III4) (KB 1985, Nr. 3763, Neg.Nr. 32a), (IV4) (KB 1985, Nr. 3793, Neg.Nr. 36), **263** (I2) (KB 1981, Nr, 1771, Neg.Nr. 25), (I3) (KB 1981, Nr. 1764, Neg.Nr. 18), (II4) (KB 1981, Nr. 1735, Neg.Nr. 24), (IV4) (KB 1981, Nr. 1749, Neg.Nr. 2), **284** (I4) (R 1984, Nr. 949, Neg.Nr. 5), **332** (I4) (960301), **333** (I3) (R 1978, Nr. 1865, Neg.Nr. 7), (I4) (870610/8), **334** (I4) (870611/24), **335** (II1) (R 1982, Nr. 12, Neg.Nr. 7), (III3) (R 1982, Nr. 507, Neg.Nr. 15), **343** (III4) (R 1984, Nr. 625, Neg.Nr. 5), **379** (III1) (860509/28), **386** (I1) (1980, Nr. 79, Neg.Nr. 16), **425** (IV1) (1980, Nr. 73, Neg.Nr. 10), **430** (I1) (850002/1), **454** (I1) (1980, Nr. 82, Neg.Nr. 19), **478** (I2) (880950/11), (I3) (880950/12), **487** (IV1) (1981, Nr. 4680, Neg.Nr. 31a), **488** (I2) (1981, Nr. 4674, Neg.Nr. 13), **513** (I4) (1979, Nr. 35), **581** (I1) (860622/9), **583** (I1) (870316/4), **607** (I1) (1981, Nr. 891, Neg.Nr. 25a), **638** (I4) (960315/28), (III1) (1981, Nr. 893, Neg.Nr. 27a),

657 (I4) (950825/11a), **658** (II1) (950825/30a), **661** (I1) (950825/19a), (III1) (950825/24a), **722** (I4) (1981, Nr. 853, Neg.Nr. 21a), **723** (u.m.) (1981, Nr. 855, Neg.Nr. 23a), **724** (I3) (1981, Nr. 852, Neg.Nr. 20a), **753** (IV3) (1980, Nr. 721, Neg.Nr. 6), **776** (I1) (861005/29), **780** (I4) (890105/9), **781** (III3) (860901/18a), (III4) (861003/24, 25), **782** (I3) (860901/19a), (II3) (860901/20a), (III3) (861005/27), (IV4) (861003/35), **938** (I4) (1978, Nr. 2772, Neg.Nr. 33a), **948** (II1) (U 1980, Nr. 366), **964** (I1) (1982, Nr. 106, Neg.Nr. 10/11), (III4) (1982, Nr. 76, Neg.Nr. 7/8), (IV1) (1982, Nr. 111, Neg.Nr. 6/7), **1025** (I1) (1981, Nr. 3205, Neg.Nr. 26a), **1077** (II2) (2001 1024/28a), (II4) (2001 1028/36a), **1102** (III1) (971011/10), **1200** (III4) (920945/6a), **1201** (III4) (920945/31a), **1240** (III4) (KB 1981, 845, 13a), **1241** (I1) (KB 1981, 851, 19a)

Barbara Schwager: **306** (III2) (2000 1117/15), **611** (I4) (2001 1009/5), **952** (III2) (980704/3), (III3) (980703/5), (III4) (980703/8), **1054** (IV4) (2000 0203/32), **1130** (III1) (980801/30), (III2) (980801/36)

Joachim Sowieja: **26** (I2) (950413/0), (II2) (950413/1), (II4) (2000 0433/16), (III3) (2005 051227), (IV3) (2005 051228), **27** (I2) (2006 020109), (III1) (950413/2), (III4) (950413/6), **28** (III1) (950413/3), **29** (I1) (950307/7), (II1) (950307/8), (II4) (950307/5), (IV4) (2006 020130), **30** (I1) (950307/3), (I3) (950206/4), (I4) (950206/5), **31** (I1) (950206/12), (I4) (950307/18), (II1) (950206/10), (III1) (950206/8), (IV1) (950206/7), (IV3) (950206/11), **32** (I4) (2006 020124), (II4) (950305/10), (III1) (941107/3), **33** (I4) (950202/28), (III1) (2005 051322), (IV1) (941107/29), (IV4) (941107/30), **34** (I1) (941107/31), (I3) (941107/4), (IV3) (941107/6), **35** (I1) (941107/32), (I4) (970721/23), (III1) (941107/9), **36** (I1) (970721/21), (III3) (970721/20), (IV3) (970720/13), **37** (I3) (970721/18), (III4) (970721/22), (IV3) (970721/19), **38** (III1) (950415/34a), **39** (III1) (950401/10), **40** (I1) (2005 051223), (IV1) (2005 051626), **41** (III1) (2005 051721), **42** (I1) (2005 051720), (I4) (950401/19), (III2) (950415/33a), (IV2) (950415/32a), **43** (III1) (950925/31), **47** (III1) (950706/17), **51** (I4) (2000 0433/11), (III1) (2005 051707), (IV1) (2005 051706), **53** (IV1) (951009/15), **54** (I1) (951009/14), **58** (I4) (970411/5), **59** (II2) (950924/12), **60** (I4) (950709/4), (III1) (950709/21), (IV1) (950708/14), (IV4) (950715/26), **62** (I1) (950305/0), (III1) (950403/19), (III2) (950414/17a), **63** (IV1) (960911/26), **64** (IV1) (2005 051108), **65** (I2) (950410/7a), (III1) (960809/7), (III3) (960809/6), **66** (IV1) (950207/0), **67** (I1) (950706/30), (I2) (950706/29), (I4) (950207/1), (IV1) (950706/31), (IV2) (960406/3), **68** (I4) (950207/6), (II4) (950820/19), (III1) (950207/3), (IV1) (950207/2), **69** (IV1) (950706/19), (IV4) (950207/7), **70** (I1) (950207/10), (II1) (950207/11), (u.l.) (950706/34), (u.m.) (950706/33), (u.r.) (960501/27), **71** (I4) (950706/32), (III1) (950706/36), (IV1) (950706/27), (IV4) (2005 051613), **72** (I4) (950706/26), (III1) (950706/20), (III4) (950706/23), **73** (I4) (950328/8), (III1) (950706/21), **74** (o.l.) (950328/7), (o.m.) (950328/6), (o.r.) (950328/5), (I4) (950706/22), **75** (III1) (960501/25), (III4) (950706/24), **76** (I3) (950306/14), (III1) (950306/12), (III3) (950706/25), (IV1) (950306/9), **77** (I4) (950714/2), (IV4) (960405/31), **78** (I1) (950414/13a), **79** (I1) (950303/26), (IV1) (950328/21), **80** (III2) (950807/1), (IV2) (950807/0), **82** (II1) (950325/26), **83** (I2) (981009/4), (IV4) (950205/19), **86** (I1) (950204/23), **87** (III1) (950926/21), (u.l.) (950204/18), (u.m.) (960408/21), (u.r.) (950204/20), **89** (I1) (950204/17), (I4) (950924/35), (III1) (950204/33), **90** (I1) (950924/34), **91** (III1) (950205/17), **92** (I4) (950205/11), (II1) (950413/20), (III1) (950415/0), **94** (u.l.) (950415/0a), **95** (I1) (950415/1a), **99** (I4) (950205/12), (IV4) (950325/36), **101** (III1) (2005 051120), **102** (IV3) (950415/9a), (IV4) (950415/10a), **103** (I1) (950324/12), (I2) (950415/8a), **104** (I2) (950415/11a), (III2) (950324/17), (III4) (950324/16), **105** (III4) (950407/34), **106** (I1) (950407/31), **107** (I4) (941108/14), (IV1) (941018/30), **108** (o.m.) (941108/13), (o.r.) (941018/31), (III4) (950925/12), **110** (I4) (950325/33), (III4) (2005 051127), 113 (II1) (960408/18), (II2) (950401/31), **114** (I4) (950401/30), **115** (I2) (960406/8), (u.m.) (950206/24), (u.r.) (950206/23), **116** (o.l.) (950206/22), (o.m.) (950206/18), (o.r.) (950206/19), (III4) (2005 051230), **117** (III2) (9502ß7/25), (IV1) (950401/29), (u.m.) (950206/20), (u.r.) (950206/21), **119** (I1) (950305/4), (I2) (950503/36), (III4) (950303/34), (IV1) (950303/36a), **120** (I1) (2005 051302), (III4) (950328/11), (IV1) (950414/15a), **121** (I1) (950303/33), (IV1) (2000 0409/19), **122** (I4) (971102/36), **123** (I1) (950303/31), (I4) (971101/1), (IV1) (950328/13), **124** (I4) (950328/20), (III1) (950712/16), (III4) (950411/4), **125** (I1) (950328/16), (I2) (950328/15), (u.m.) (950411/1), (u.r.) (950411/0), **126** (I1) (950328/17), (I4) (970411/21), (II4) (950411/2), (III1) (950328/18), **127** (I1)

(950401/3), (III4) (950323/25), **128** (I1) (950323/23), (III4) (950819/35), **131** (I1) (941020/36a), **133** (I1) (950707/36), (III1) (960405/4), **134** (I4) (960405/3), (II4) (950707/32), (IV2) (950925/28), **135** (IV1) (950707/34), **136** (I1) (950709/14), (III4) (950211/15), **137** (II4) (941018/14), **138** (III1) (941020/32), **139** (III1) (941020/33), **140** (III1) (950405/28), (III4) (950405/29), **141** (I2) (950413/23), (I4) (941018/1), (III4) (941020/36), **142** (III1) (2000 0433/29), **143** (I1) (950405/31), (I4) (950404/16), (II4) (950404/15), (III3) (950814/16), **144** (III2) (950712/11), (III3) (950712/3), **145** (I1) (950709/18), (II2) (950709/19), (III1) (960405/19), **146** (I1) (960809/29), (III4) (960601/27a), (IV4) (950713/21), **147** (o.m.) (960407/22), (IV4) (960404/30), **148** (III1) (950713/20), **149** (II1) (960404/28), **150** (III1) (950807/9), (III3) (950807/12), **151** (II1) (2005 051010), **153** (I2) (950807/6), (II2) (950807/7), (III4) (950807/30), **154** (I1) (950807/26), (II1) (950807/27), (III1) (950807/28), (III2) (950814/15), (IV1) (950807/29), **156** (III4) (941018/34), (IV3) (960806/4), **157** (I4) (950406/19), (III4) (950406/16), **158** (I1) (950324/4), (I2) (950201/18), (II1) (950324/3), (IV3) (950323/34), (IV4) (950323/36), **159** (I4) (2006 020108), (IV1) (2005 051308), **160** (III1) (950406/15), **161** (I1) (950406/7), (III1) (950406/8), **162** (III1) (KB 1964, Nr. 1162, Neg.Nr. 36), (III4) (920905/12a), **163** (I1) (950712/4), **164** (I1) (970722/22), (III1) (970722/25), (III4) (970722/26), **165** (IV4) (950714/5), **166** (III1) (950712/8), **167** (u.l.) (950328/26), (u.m.) (950328/28), (u.r.) (950328/29), **168** (III1) (950328/27), **169** (I1) (950328/23), (II1) (950328/22), (III1) (950328/24), (III4) (950324/28), **170** (I1) (950324/30), **171** (I1) (950815/16), **172** (I1) (950815/20), (I4) (950713/22), **173** (III4) (950807/5), (IV1) (950807/3), **174** (III1) (950917/32), **175** (I1) (950306/33), (I2) (950306/34), (II1) (950303/22), (IV1) (950714/8), **176** (I1) (950303/21), **177** (I1) (941204/8), (u.m.) (950925/36), (u.r.) (950713/2), **178** (I1) (950925/32), (IV2) (950713/0), **179** (II4) (941204/9), (IV4) (950712/35), **180** (I4) (950712/34), **182** (I1) (960501/7), (III4) (950814/36a), **184** (IV4) (950814/22), **186** (III1) (960501/8), (IV4) (960403/1), **187** (I4) (950812/30), **188** (I4) (950811/10), (IV4) (2005 051634), **189** (III3) (950814/27), (III4) (950813/18), **190** (I1) (950813/34), **191** (I1) (950814/31), (IV4) (950813/21), **193** (I1) (950812/35), (IV4) (950812/33), **195** (II1) (950907/2), **196** (I1) (950713/25), (I4) (950713/28), (III1) (950512/22), **197** (III1) (950512/24), (III3) (KB 1985, Nr. 3046, Neg.Nr. 33), (III4) (KB 1985, Nr. 3047, Neg.Nr. 34), **198** (III2) (950915/32), **199** (I1) (9615/31), (I4) (950820/4), **200** (I1) (2005 051522), (IV2) (950809/29), **201** (I1) (950609/5), (II1) (950812/6), (III1) (950812/4), **202** (u.l.) (950305/26), (u.m.) (950324/25), (u.r.) (950815/6), **203** (I1) (950305/27), (I4) (960815/4), (III1) (950404/5), (III4) (960907/13), **204** (o.l.) (960907/14), (o.m.) (960907/19), (o.r.) (960907/27), (I4) (960907/11), **205** (I4) (960815/0), (II2) (960907/32), (II4) (960907/15), (III1) (960907/26), (IV4) (960907/16), **206** (I1) (950324/26), **208** (I1) (960408/23), (III1) (950410/22a), **209** (I1) (950408/14), **211** (III1) (R 1980, Nr. 2, Neg.Nr. 5), (III2) (R 1975, Nr. 1007, Neg.Nr. 12), **222** (III4) (KB 1964, Nr. 2228, Neg.Nr. 3a), **226** (IV4) (R 1971, Nr. 1234, Neg.Nr. 1), **231** (I1) (1959), **233** (I1) (950512/34), (IV1) (950707/13), (IV4) (950601/31), **234** (IV3) (950707/20), **235** (I3) (950707/7), **236** (I1) (950512/30), (III1) (950512/31), (III2) (950512/32), (IV4) (950707/10), (IV1) (950512/33), (IV4) (950707/9), **237** (III1) (2000 0408/31), **238** (I1) (2000 0408/33), (III4) (950707/12), (IV4) (950707/11), **239** (I3) (950707/18), (IV1) (950707/14), (IV3) (950707/17), **240** (III1) (960408/31), (IV4) (2005 0510/0), **241** (II1) (950714/15), **242** (III1) (2006 0201/11), **243** (I1) (960408/15), (I4) (950821/33), (III2) (950205/3), (IV2) (950926/32), (IV3) (960601/18a), (IV4) (950926/33), **244** (III4) (950205/5), **246** (II3) (950204/14), **247** (I4) (950407/23), (III1) (950407/0), **248** (I1) (950407/1), (I4) (950204/26), (II4) (950204/25), (III1) (950407/2), (III4) (950204/24), **249** (II4) (950407/14), (III1) (950407/18), (IV1) (950407/20), **250** (I1) (950407/21), (IV1) (950407/11), **251** (o.l.) (950407/3), (o.m.) (950407/4), (o.r.) (950407/8), (III4) (950407/7), **252** (I1) (950407/22), (I4) (950407/9), (III3) (2006 020132), **253** (I4) (950813/36), (III2) (960402/4), (III3) (950707/26), **254** (I1) (950806/36), **256** (I1) (970721/34), (III1) (2005 051534), **257** (I4) (980301/18), (III1) (980203/26), (III3) (980301/17), (III4) (980301/21), **258** (I4) (2005 051035), (III1) (2005 051033), (III4) (2005 051533), **260** (o.l.) (970719/7), **261** (u.l.) (970719/6), (u.m.) (980203/5), (980203/24), **262** (I1) (970719/8), (II1) (2005 051513), (III1) (2005 051031), **263** (IV1) (2005 051623), **264** (I1) (2005 051728), (III1) (2005 051030), (III4) (970719/28), **265** (I1) (970719/31), (II1) (970719/29), (IV1) (970719/27), **266** (I1) (970719/25), (I4) (2005 051021), (II4)

(970719/22), (III4) (2005 051022), (IV4) (2005 051024), **267** (II4) (970719/9), (IV4) (2005 051620), **268** (II4) (2005 051616), (III1) (970719/11), (III4) (2005 051617), (IV4) (2005 051618), **269** (III1) (970719/14), (IV1) (970719/16), (IV3) (2005 051029), **270** (I4) (2005 051621), **271** (I3) (2005 051025), (o.m.) (2005 051615), (o.r.) (2005 051027), **275** (I1) (950307/22), (IV1) (960405/36), **276** (I4) (980301/15), (II4) (980204/35), (III3) (960601/17a), (IV4) (980204/26), **277** (I1) (950820/20), (I3) (980204/19), (I4) (980204/21), (III2) (950820/24), (IV1) (950820/25), **278** (I4) (980204/29), (o.r.) (980204/31), **279** (I1) (980301/5), (I4) (980301/4), (II4) (980301/1), **280** (I1) (960817/9), (III1) (950211/20), (III2) (950211/22), **281** (o.l.) (941106/21), (o.m.) (941109/11), (o.r.) (941109/12), **282** (I4) (970721/13), (III1) (970720/33), (III4) (970719/35), (IV1) (970720/35), **283** (I1) (970719/33), (II1) (970720/18), **284** (I1) (2005 051603), (I2) (2005 051633), (III3) (2005 051600), **285** (III1) (950712/1), **286** (I1) (950712/0), (I4) (950714/11), (III1) (950708/18), (IV1) (950708/16), (IV2) (950708/19), **287** (I1) (950512/35), **288** (I1) (950708/15), (IV1) (950708/22), **289** (I4) (960405/28), (III4) (960405/27), (IV3) (960405/25), **290** (III1) (950714/10), **291** (I4) (950809/35), (IV3) (950404/33), (IV4) (950404/34), **292** (III4) (950306/36), (IV1) (950807/13), **293** (III1) (950305/5), (III4) (950303/25), (IV1) (950303/23), **294** (III3) (950811/16), **295** (I1) (950609/17), (IV1) (950811/15), **297** (I3) (950202/35), **298** (I4) (950709/24), (II4) (950709/25), **299** (IV4) (950709/26), **300** (I1) (960408/29), (I2) (970722/15), (IV1) (950709/27), **301** (IV2) (950709/2), **302** (III4) (950708/33), (IV4) (950709/28), **303** (I1) (950708/34), (I3) (950709/1), (II3) (2005 051605), (IV4) (950709/0), **304** (III1) (950708/35), **306** (III1) (950329/6), (III3) (980406/33), (III4) (980406/32), **307** (IV1) (950329/2), **308** (I1) (950329/4), (III4) (950821/28), **309** (IV1) (950204/3), **310** (III1) (950204/2), (III4) (950204/0), (IV4) (950201/36a), **311** (I4) (960408/20), (III3) (970603/19), (III4) (970603/18), **312** (I1) (950821/29), (II1) (950307/11), (III2) (950307/15), **313** (I1) (950307/10), (I4) (960408/19), (IV1) (2006 020101), **314** (II3) (950707/25), (III1) (950402/27), **315** (I1) (970720/14), (I2) (950710/28), (I4) (960501/12), (I4) (960601/5), (III1) (2005 051336), **317** (III1) (950710/9), **318** (III1) (980203/4), (IV1) (980204/12), (IV4) (950402/34), **319** (II2) (950402/30), (IV1) (950402/29), **323** (I1) (950915/23), **324** (II1) (950806/31), (III4) (960911/29), **326** (I1) (950408/9), (I2) (950806/32), (I4) (950915/22), (III1) (950915/24), **327** (I1) (950915/27), (I3) (950915/25), **328** (I3) (950408/11), (I4) (970411/0), (III1) (950408/12), **329** (I4) (970411/18), (IV1) (960408/34), **330** (III1) (950815/23), **334** (III1) (950610/35), (III2) (950202/2), **338** (III2) (2005 051126), **339** (IV1) (2005 051124), **340** (III1) (950714/14), (III4) (980406/11), (IV1) (950714/9), **342** (I1) (970721/4), (I4) (970720/36a), (III1) (970721/3), (IV4) (970721/5), **344** (I4) (950709/30), (II1) (950708/29), (II4) (950708/30), **345** (I4) (970720/15), (III3) (2000 0433/17), **346** (I4) (970721/10), (III1) (970721/11), **347** (I2) (970722/7), (I3) (970721/35), (II3) (970722/3), (IV4) (970720/1), **348** (I1) (970719/36), (III4) (950714/0), **350** (I1) (960404/20), (I2) (960404/19), (IV4) (950202/24), **351** (III4) (950402/16), **352** (III1) (950411/21), (III2) (950202/23), (III4) (950925/24), (IV1) (950411/19), **353** (u.m.) (960403/31), (u.r.) (950924/20), **354** (III2) (2005 051436a), (III4) (950404/26), **356** (I1) (960601/32), (I4) (960601/31a), (III1) (950807/17), **360** (III1) (950807/16), (III4) (950807/23), **362** (I4) (950807/21), (IV4) (950809/9), **363** (III2) (950807/15), **364** (I4) (970603/31), **365** (I1) (960911/30), **369** (I1) (950915/34), **370** (I4) (950821/12), **371** (IV4) (950811/36a), **372** (I1) (950924/29), **373** (III1) (950820/31), (III2) (950926/17), **374** (I1) (950406/27), **375** (I4) (950820/32), (IV1) (941020/2), **376** (I1) (950406/22), **377** (I3) (941018/24), **378** (IV3) (960906/6), (IV4) (960906/14), **379** (I4) (960906/1), (III2) (950406/23), (III4) (960906/3), **380** (I3) (950406/20), (III4) (950821/3), **381** (I1) (950323/32), (I3) (950323/28), (II1) (950323/31), (II3) (950323/29), **383** (I1) (960601/23a), (I4) (960914/12), (III1) (950405/18), **384** (I4) (960914/23), **385** (III1) (2005 051118), **387** (III1) (970603/10), **388** (I1) (950206/26), (III4) (960405/2), **389** (III4) (950206/30), **390** (I1) (950211/5), (III1) (950323/7), **391** (I4) (950206/36a), (I4) (950206/36), (IV1) (950211/1), (IV4) (950323/6), **392** (I3) (941108/25), (IV3) (960407/16), **395** (I2) (950925/1), (IV3) (960402/10), **396** (I1) (950925/2), (III1) (2000 0433/30), **397** (I1) (2005 051101), (I4) (2005 051524), **398** (I4) (2005 051413), (IV1) (2005 051009), (IV4) (950925/7), **400** (III1) (950308/17), **401** (I1) (2006 020110), (I4) (950308/13), (IV4) (960501/32), **402** (I1) (950308/18), (I3) (980406/1), (I4) (980301/31), (II4) (980406/2), (IV1) (980301/30),

403 (III1) (950308/7), (IV2) (950308/8), **404** (I1) (950308/33), (I2) (980301/26), (I3) (980301/24), (I4) (980301/28), (II3) (980301/25), **405** (I1) (950308/21), (I3) (950308/30), (III1) (950308/20), (IV1) (950308/19), (IV4) (951009/20), **406** (I2) (950308/24), (III1) (950308/0), **407** (II1) (950308/27), (III1) (950208/26), (III4) (950307/32), (IV1) (950308/25), **408** (I2) (950307/34), (III1) (950308/29), (III3) (950307/31), (III4) (950307/30), (IV1 (950308/28), **410** (I4) (950715/32), **411** (III1) (950402/17), **412** (III2) (950402/19), **413** (IV4) (950715/23), **414** (I4) (950202/32), **415** (IV1) (950311/22), **416** (I1) (950821/5), **417** (I3) (950311/19), **418** (I4) (950311/17), (IV4) (950311/18), **419** (IV1) (970721/24), **420** (III1) (950311/15), **421** (I4) (950925/0), (IV4) (960501/6), **425** (IV2) (960408/36a), **427** (IV1) (960405/1), (IV2) (960407/36a), **429** (I4) (960406/14), **431** (I4) (970722/35), (IV1) (960406/15), **433** (I1) (941108/22), **434** (I4) (960501/23), **435** (II1) (960408/35), **438** (I4) (950305/19), (III1) (950404/7), (III4) (950305/21), (IV1) (950404/6), **439** (I3) (950305/23), **440** (IV1) (950924/10), (IV2) (950924/11), **441** (III1) (960815/30), (III4) (961005/26), (IV1) (950814/12), (IV4) (961005/32), **442** (I4) (961005/28), (IV2) (960705/5), **443** (II1) (950712/12), (III1) (950712/13), **444** (III1) (950211/14), (IV1) (950305/18), **446** (I1) (941019/11), (III1) (941019/23), (IV4) (941019/24), **447** (I1) (95030512), (IV1) (2005 051107), **448** (III1) (950714/30), **449** (I4) (950810/17), **450** (I3) (960818/27), (I4) (960818/34), **451** (I1) (950710/10), (IV1) (950714/35), **452** (I4) (950714/33), **453** (I4) (970411/13), **454** (I2) (2005 051211), **455** (II1) (990915/3), **456** (I4) (950925/27), **457** (IV1) (950205/36), (IV4) (990915/8), **458** (I4) (971101/12), (III1) (970903/30), (IV4) (970213/16), **459** (IV2) (990915/16), **461** (IV4) (990915/7), **462** (IV4) (950924/32), **463** (I4), **464** (I4) (950708/12), (III1) (950311/6), (III2) (2000 0506/34), (IV4) (971103/13), **465** (III1) (971103/18), (III4) (971103/13), **466** (III1) (960401/22), **467** (I1) (941204/34), (II1) (941204/33), (IV4) (941204/35), **468** (I2) (950925/6), (II2) (960402/6), (III2) (950402/15), **469** (I4) (941019/19), (III1) (950202/22), (IV3) (950202/18), **470** (o.l.) (941019/36), (o.m.) (950411/15), (o.r.) (950202/20), (u.r.) (950202/22), (IV4) (950411/16), **471** (I1) (950410/2a), **472** (III4) (950403/25), **473** (I1) (950211/27), (I3) (950304/17), (III1) (950814/17), (IV4) (950304/2), **474** (III1) (950609/30), (IV1) (950609/29), (III4) (950211/35), **475** (I1) (950715/7), (I4) (950715/8), (III1) (950715/9), (IV3) (950609/28), **476** (I1) (950211/36a), (I4) (960403/30), (II4) (950609/27), (III2) (950814/18), **477** (I4) (950304/1), (III1) (950609/24), **478** (I1) (950821/26), (III4) (950715/18), (IV4) (950211/24), **479** (I2) (950609/19), (I4) (950211/25), (IV4) (950211/28), **480** (I1) (950211/30), (IV4) (950305/36), **481** (I3) (950305/35), (IV3) (950305/36a), (IV4) (950307/40), **482** (I4) (950305/34), (III1) (2005 051315), (III2) (2005 051316), **483** (I3) (950305/33), (IV4) (950404/36), **484** (I4) (950305/32), (III1) (950305/29), (III2) (950305/30), (IV1) (950305/10), **486** (I2) (2006 010217), (I3) (2006 050218), **487** (IV3) (2006 010211), **488** (I4) (950406/13), (III1) (950325/15), **489** (I1) (950325/12), (IV4) (950325/14), **493** (IV1) (951009/36a), **494** (I1), **495** (I4), **496** (I1) (950401/20), (III1) (950917/18), (III4) (951009/28), **498** (III3) (980545/33), (III4) (980545/34), **499** (I1) (950201/8), **500** (I1) (951009/29), (III1) (951009/31), **501** (III4) (951009/32), (IV4) (951009/33), **502** (III1) (951009/34), **503** (IV1) (950917/4), **505** (III1) (950201/11), (III3) (950809/34), (IV4) (950311/32), **506** (I4) (950917/6), (III4) (950917/7), **508** (III4) (2005 051114), **510** (III3) (950821/14), **511** (III1) (950813/7), (III2) (950917/8), **512** (III1) (960404/32), **513** (o.m.) (960405/33), (o.r.) (950307/36a), **514** (I1) (960704/20), (IV4) (960909/6), **515** (I4) (960909/1), (IV4) (960704/19), **516** (I1) (950917/11), (III4) (950207/28), **517** (III1) (950813/8), **518** (I1) (950917/28), (III3) (950917/29), **519** (I4) (950917/14), (IV1) (950917/15), **520** (IV4) (970722/8), **521** (I1) (950813/15), (I2) (970722/12), **522** (I1) (2005 051701), (I2) (950307/26), (III2) (950307/27), **525** (I1) (941018/26), (III4) (981009/9), **526** (I3) (970903/20), (I4) (970903/23), (III1) (980204/3), **527** (I1) (960406/13), (I4) (960809/14), (III3) (950205/23), **528** (I4) (950409/30), (III1) (950409/28), **530** (I4) (960401/33), (III4) (980203/18), **531** (I1) (950205/21), (II4) (950820/11), **532** (III1) (2005 051017), (IV4) (960402/1), **533** (IV1) (950323/22), **534** (I1) (950323/20), (III3) (960406/34), (III4) (960406/33), (IV1) (950406/10), **535** (I4) (960911/34), **536** (III4) (950202/27), **538** (III2) (950609/18), **539** (IV2) (941202/12), **540** (I1) (941109/0), **541** (I4) (960817/22), (III1) (961007/3), **542** (I1) (960817/33), (I4) (960817/16), (II1) (961007/7), **542** (III4) (961007/8), **543** (II2) (950202/16), (III4)

(950712/31), (IV4) (950712/32), **551** (III1) (1975, Nr. 1006, Neg:Nr. 10), **552** (I1) (2005 051318), (III1) (970411/25), **554** (I4) (2005 051333), (II4) (2005 051329), (IV4) (2005 051332), **555** (I4) (960501/0), (III1) (960402/14), (III2) (960402/11), (IV1) (960402/13), **558** (I1) (2005 051502), (I4) (950610/33), (III2) (2005 051503), **559** (I2) (970411/10), (III1) (970603/33), (III4) (990915/25), (IV4) (990915/21), **560** (I4) (971104/12), (III3) (971104/27), (III4) (971104/26), (IV3) (971201/36), **561** (I1) (971201/22), (I3) (971201/33), (III1) (940201/0), (III3) (971201/34), (III4) (971104/34), **562** (III2) (971201/32), (IV4) (971104/34), **563** (I3) (971104/20), (I4) (971104/32), (III1) (971104/0), (III3) (971104/22), (III4) (971104/18), **565** (I1) (950820/5), (III3) (1975, Nr. 1001, Neg.Nr. 3), **566** (I1) (971201/5), (II4) (971201/9), (IV4) (971201/16), **567** (IV2) (2000 0433/29), **568** (I1) (960406/21), **569** (III1) (950710/35), (IV1) (950710/36), **570** (I4) (2005 051523), **571** (I4) (960406/32), **572** (II1) (950512/8), (III1) (950415/7a), (III2) (950415/12a), **573** (III2) (950323/18), **574** (I4) (950323/16), **575** (I4) (950512/9), (III4) (2006 020136), **576** (I2) (950323/19), **578** (III2), (III3) (2005 051234), **580** (I1) (2005 051436), (I2) (2005 051418), **581** (IV1) (2005 051233), **584** (I4) (2005 051132), (II1) (950414/36a), **585** (I3) (2005 051221), (I4) (950325/30), **586** (III3) (2005 051432), (III4) (930810/25), (IV4) (930810/27), **588** (I1) (950325/22), (IV4) (950325/20), **598** (III2) (950706/15), (III3) (950915/13), (III4) (950709/32), **590** (III3) (950810/9), (IV4) (950408/32), **591** (I3) (950810/5), **595** (I1) (950211/9), (I4) (950211/8), (II1) (950211/7), (III4) (950404), (IV1) (950211/10), **596** (I4) (950820/30), (III3) (980203/15), **597** (I1) (950311/8), (IV1) (950311/7), **599** (III1) (960405/36a), (III2) (950924/4), (IV2) (950809/5), **600** (I1) (960403/36), (I4) (960403/34), (III4), **602** (I3) (950809/4), **603** (IV3) (950408/17), **604** (I1) (2005 051422), (III1) (2005 051426), **605** (I1) (930835/2), (III2) (2006 050208), **606** (I1) (950410/33a), (I4) (950410/34a), (III1) (960406/22), (III4) (950329/32), (IV4) (2005 051421), **607** (III4) (950809/25), **608** (I4) (950408/36), (III4) (941202/13), **609** (I1) (950814/3), (III1) (950814/8), **611** (I3) (930810/26), **612** (II1) (950814/2), **613** (I1) (950814/0), (I3) (950414/33a), **614** (I1) (950414/35a), (III1) (950406/3), **615** (I1) (950414/28a), (IV4) (950807/35), **616** (III1) (950414/30a), (III4) (950807/33), **618** (I2) (971101/33), (I3) (971101/5), (I4) (971101/34), (III3) (971101/30), (III4) (971101/0), **619** (I1) (971101/14), (I3) (971101/31), (I4) (971101/28), (II3) (971101/27), (IV2) (950414/31a), **620** (I1) (950414/27a), (I4) (950414/25a), (III1) (950406/2), **621** (III4) (960906/29), **622** (I1) (2006 020125), (I4) (950406/0), **623** (III4) (980203/5), **624** (I1) (2006 050207), **625** (I1) (1973, Nr. 186, Neg.Nr. 62–68), (IV1) (950410/30a), **626** (IV3) (2005 051710), **627** (IV1) (950329/25), **628** (I1) (950415/22a), (I4) (2005 051203), (III2) (950329/26), (IV4) (950329/28), **630** (I4) (941109/9), (III4) (941109/7), **632** (IV1) (941109/6), **634** (I1) (960404/1), (I3) (950924/36a), (I4) (960404/0), (II3) (960404/2), **637** (III1) (960408/33), **639** (I4) (950815/31), (IV4) (960501/34), **640** (III1) (950815/29), **645** (III1) (970603/34), **646** (III4) (950409/14), **647** (I1) (941018/17), (III1) (950404/0a), **648** (I3) (971103/33), (I4) (971103/31), (II3) (971103/27), (II4) (971103/21), (III1) (950414/2a), (IV4) (971103/25), **649** (I3) (950926/5), (III1) (941020/1), (IV3) (941018/19), **650** (III1) (980406/34), (IV4) (980545/1), **651** (I2) (941020/3), (IV4) (941018/3), **652** (I4) (941018/4), **653** (I1) (950712/18), (I4) (2005 051607), **654** (III4) (950712/22), **655** (I2) (950411/33), (III1) (950712/23), **656** (I4) (950712/25), **657** (I1) (950411/34), **659** (I1) (950403/2), (I4) (950812/12), (II1) (950812/13), (III3) (950403/5), **660** (III3) (950403/3), **664** (III4) (950924/27), **667** (I1) (950925/13), (IV1) (950925/10), **672** (I4) (950404/31), (III1) (950925/15), (IV4) (960913/20a), **674** (I4) (961006/17), (IV1) (961006/24), **675** (III4) (961006/19), **676** (I4) (961006/14), (II4) (960913/10a), **677** (II1) (961006/2), (III1) (961006/15), (IV1) (960913/7a), **679** (I1) (961006/35), (I2) (960913/1a), (II4) (960913/3a), (III4) (960913/5a), (IV1) (960913/0a), **682** (I4) (960913/19a), (III4) (960913/13a), **683** (I4) (960913/18a), (IV1) (950924/23), **684** (III4) (970411/12), **685** (I1) (960401/7), **686** (I1) (1971, Nr. 3, Neg.Nr. 5, 6), (III4) (1971, Nr. 42), **687** (I1) (U 1972, Nr. 161), (I4) (961007/35), (III4) (961007/26), **688** (I1) (961007/24), (I3) (961007/33), (I4) (961007/21), **689** (I1) (961007/15), (I4) (961007/12), (II3) (961007/16), (III1) (950915/30), (IV1) (950924/13), **690** (III1) (960401/13), **691** (I4) (950907/8), **692** (I1) (950907/10), (III4) (950924/30), **693** (I1) (950601/4), (I2) (950601/9), **697** (II1) (2005 051628), (III4) (950601/10), (IV3) (950924/5), **698** (I1) (950601/2), (II1) (950715/31), (II2) (950601/11), **700** (I1) (970720/3), (II1) (970720/4), **701** (I3) (970720/5), (II3)

(970720/6), (III3) (970720/26), **702** (I4) (970720/10), (IV4) (980203/23), **705** (I1) (2005 051716), (II1) (941020/28), (II4) (950907/28), **706** (III1) (950306/8), (IV1) (950205/6), **709** (I1) (950325/3), (III3) (950404/13), (III4) (950404/9), **710** (I4) (950325/0a), **711** (I4) (950324/33), (II4) (950324/36a), (IV4) (950324/35), **712** (I2) (950512/2), (IV2) (950512/3), **713** (I1) (2005 051210), (IV4) (2006 050120), **714** (I2) (960407/35), **715** (I4) (950715/24), **717** (III1) (950202/11), (IV1) (950202/13), **720** (III1) (950708/2), (III2) (960403/10), **721** (I2) (950815/34), (I4) (980204/8), **723** (III1) (970411/9), (I4) (970411/6), (IV4) (970411/7), **724** (I4) (950714/19), (III4) (960403/12), **725** (III1) (950917/30), **726** (I2) (960403/26), **727** (I4) (960601/21a), (III4) (960601/20a), **728** (I3) (960403/11), (IV1) (950915/18), **731** (I1) (950815/36), **732** (IV4) (950925/36a), **734** (III1) (941106/17), (III2) (950308/36a), (IV1) (950308/35), **735** (I4) (950311/35), **736** (III1) (950311/36), (III4) (941204/27), (IV1) (950311/36a), **738** (IV1) (950323/0), **739** (I4) (941204/28), **740** (u.l.) (950323/3), (u.r.) (941204/13), **741** (I2) (950710/32), (I3) (950710/29), **742** (I1) (941204/29), (II1) (941204/30), (r.) (950815/0), **743** (I1) (2005 051011), (I4) (950907/6), (III4) (950907/5), **744** (III1) (2005 051304), **745** (I1) (2005 051310), (I4) (970903/26), (II4) (2006 050215), (III2) (950414/4a), **749** (I1) (970411/14), (II3) (950915/28), (III1) (960402/17), (III2) (950820/16), **750** (I4) (970213/14), (II3) (970213/13), **751** (I1) (2005 051306), (III1) (950324/8), **752** (I1) (960914/29), (III1) (960911/13), (III3) (960914/34), (III4) (960911/6), (IV3) (960911/1), **753** (I1) (960911/15), (I4) (960911/0), (IV2) (960914/26), (IV4) (960911/19), **754** (I1) (950806/24), (III1) (950806/26), **755** (I2) (950325/9), (IV4) (960406/29), **756** (III1) (950324/22), (IV1) (950325/8), (u.l.) (950324/23), (u.m.) (950324/24), **757** (IV1) (950324/20), **758** (II3) (950323/4), (IV4) (950715/0), **760** (IV4) (950812/9), **762** (I1) (950815/1), (III1) (960401/35), (IV1) (960907/4), **763** (I1) (961005/6), (III3) (960908/30), (IV3) (960908/31), (III4) (2006 050231), **764** (I1) (850527), (I2) (850526), (IV2) (U 1985, Nr. 45), (IV4) (960908/32), **765** (III1) (961009/16), (III4) (961005/22), **766** (I1) (961005/19), (I4) (2006 050222), (III4) (961009/15), (IV2) (2006 050226), **767** (I3) (961005/17), (I4) (961005/16), (II3) (960908/24), (III2) (960908/27), (III3) (960908/36), (IV2) (960908/25), (IV3) (961005/13), **768** (I4) (1982, Nr. 1), (III3) (961005/24), **769** (III2) (941020/6), **771** (I1) (950812/1), (I3) (950812/8), (II1) (950814/9), **772** (III1) (950411/29), **773** (I1) (941109/10), (III4) (941019/17), **774** (I1) (950411/26), (II1) (950411/27), (III2) (950821/30), (IV2) (990915/33), **776** (III1) (960401/16), **777** (III3) (950610/36a), (IV3) (950812/18), **778** (I2) (950609/0), (II2) (950810/29), **779** (II2) (950810/30), (III1) (960809/33), **780** (III2) (960404/24), (III3) (950609/36a), **781** (IV3) (950709/6), **783** (III3) (950609/3), **784** (III1) (950609/36), **785** (I1) (950609/34), **786** (IV4) (960407/29), **787** (I4) (960407/28), (III1) (960408/26), (III4) (980204/17), **789** (I1) (2005 051213), (III1) (900531/23), **791** (I4) (960908/0), (III4) (961009/18), **792** (u.l.) (961009/19), **793** (I4) (960908/1), (IV1) (960908/15), (IV3) (960908/20), (IV4) 960908/13), **794** (I1) (960908/8), (I4) (960908/18), (II1) (960908/5), **795** (III2) (941020/8), (IV2) (941020/7), **796** (I4) (941020/9), (III4) (950415/3a), (IV3) (950415/4a), **798** (IV1) (950708/9), **799** (I4) (950904/21), (I4) (950404/24), **800** (I4) (950405/27), (IV4) (950708/11), **801** (I3) (950706/3), **802** (I1) (950807/20), (I4, II4; 2006), **804** (I3) (960404/14), (I4) (960404/13), (IV1) (950408/30), (IV4) (960404/15), **805** (I1) (950408/31), (III4) (950408/34), **806** (III1) (1975, Nr. 1084, Neg.Nr. 16), (IV4) (950806/6), **807** (I1) (950806/18), (III4) (950405/14), **810** (I4) (950405/11), **811** (I1) (950414/7a), (u.l.) (950405/7), (u.m.) (950405/8), (u.r.) (950405/15), **812** (I1) (950806/10), (IV1) (950405/13), **813** (I4) (950821/1), **815** (IV4) (950707/30), **816** (I3) (950707/28), (I4) (950707/31), (III2) (950810/1), (III4) (950907/14), **820** (I2) (950814/20), (III1) (950810/3), **821** (I4) (960809/5), (III1) (2006 050204), **823** (I1) (2005 0515/09), **824** (I4) (950311/33), **825** (I4) (950710/34), **826** (I4) (960407/5), (III2) (950907/21), **829** (III4) (960809/12), **830** (III1) (960407/6), **831** (I1) (960407/8), **832** (III1) (950410/14a), **833** (IV3) (950710/16), **834** (I3) (950710/17), **835** (I1) (950710/9), (III1) (950710/18), **836** (I1) (950907/11), (III1) (950710/22), (IV4) (960407/15), **837** (IV1) (950813/11), (IV4) (950907/17), **838** (III1) (950813/12), **842** (III1) (2005 051013), (u.l.) (950329/11), (u.m.) (950409/17), (u.r.) (950409/16), **843** (III1) (950329/10), **844** (I1) (950813/29), **846** (IV1) (950405/22), **847** (I3) (950405/25), **848** (III3) (950324/5), (III4) (2005 051100), **849** (I4) (9504506/6), (III1) (950406/5), **850** (I1) (2006 050211), (I3) (950714/32), (I4) (950812/20), **851** (I1) (950211/13), (III1)

(950211/12), **854** (III1) (950303/13), (IV1) (950303/12), **855** (IV1) (950311/1), (IV2) (950924/3), **857** (I1) (941106/19), (I4) (950303/11), (II1) (941106/18), (III1) (950311/0), **858** (I1) (950303/8), **859** (u.l.) (950303/3), (u.m.) (950303/4), (u.r.) (950303/5), **860** (II4) (950303/7), (IV1) (941204/24), **861** (III1) (950304/36a), (IV4) (950201/4), **863** (III3) (950211/32), (III4) (950201/5), **864** (I4) (950907/16), (II4) (950211/34), **866** (III2) (950304/36), **867** (I4) (950714/28), **878** (I1) (1974, Nr. 782, Neg.Nr. 2a), **879** (u.) (960408/0), **886** (I1) (960408/7), **891** (I1) (990915/36a), (I4) (950815/33), (III4) 8960407/12), (IV4) (990915/35), **893** (IV1) (2000 0433/26), **911** (I1) (970411/22), **912** (I4) (960404/26), (III1) (960601/28a), **917** (I2), **918** (I1) (970603/6), (I4) (970603/5), (III4) (2005 051218), **923** (III1) (960405/16), **925** (I2) (950815/22), (I4) (950815/25), (III4) (970603/7), **926** (III4) (950907/22), (IV1) (941020/30), **927** (III1) (960408/10), (IV1) (960408/11), **928** (II4) (950714/26), (III4) (950714/22), (IV4) (950714/27), **929** (I1) (950714/21), **930** (I4) (1960, Neg.Nr. 6276), (III1) (950306/30), **932** (III1) (960809/13), (III3) (950405/33), (III4) (950404/2), (IV3) (950405/34), (IV4) (950404/0), **933** (III1) (950405/35), (III4) (950405/36), **934** (I1) (950401/34), (III4) (981009/18), (IV4) (981009/16), **935** (I4) (950404/3), (III1) (941018/9), (III4) (950404/4), (IV1) (941018/10), **936** (I1) (2000 0433/31), (III1) (941018/11), (IV1) (941018/12), **937** (III1) (950401/32), **938** (III4) (941204/10), **940** (III2) (2006 050214), **942** (I1) (950706/14), (III2) (950811/18), (III3) (950713/30), (III4) (950715/28), **944** (III1) (941019/8), (IV2) (941019/10), (IV3) (950311/4), **945** (III2) (950408/16), **947** (III2) (970213/7), (IV4) (970213/9), **948** (III1) (960402/19), (IV4) (960402/21), **949** (I1) (950924/0), (III4) (950410/10a), **950** (II4) (950713/33), (III1) (970411/16), **954** (III2) (950713/35), **955** (I4) (971102/33), (II4) (971102/31), (III4) (971102/23), (IV4) (971102/26), **956** (I1) (971102/21), (I2) (971102/29), (II2) (971102/22), **957** (I1) (950813/23), (III1) (941018/35), (IV1) (941018/36), **958** (I1) (950512/12), (I4) (981009/14), **959** (I1) (950807/19), (I4) (950404/29), (II1) (970722/13), **960** (I2) (971103/10), (IV1) (960405/32), **961** (I2) (950807/18), **963** (I4) (970411/19), (II1) (960601/35a), (III4) (960910/25), **965** (I3) (960907/2), (III4) (960907/8), (IV4) (960910/31), **966** (I1) (950806/1), (I4) (960408/13), **967** (I1) (941019/15), (III1) (950304/13), (III4) (950304/10), **968** (I1) (950304/12), (I4) (950304/8), (I4) (950304/7), **969** (I1) (950408/5), (I4) (950408/5), (IV1) (941019/16), **970** (I1) (960704/11), (I4) (960705/32), (III4) (960704/7), (IV4) (960705/34), **971** (I1) (960704/2), (I4) (960705/30), (II1) (960705/36a), (IV1) (960705/33), (IV4) (960705/35), **972** (I1) (960704/10), (I4) (950304/6), (II1) (960704/5), (III1) (960704/0), **973** (I4) (950201/0), (II4) (950304/24), (III4) (950304/23), (IV4) (950304/22), **974** (III4) (950201/1), **975** (I1) (950201/2), (I4) (941019/14), (IV1) (950411/24), **977** (I2) (950304/14), (I3) (950304/16), (III4) (960406/24), **978** (I1) (950715/12), (I2) (950715/13), **979** (II1, IV1), **980** (III4) (960705/13), **981** (o.l.) (960705/12), (o.m.) (960705/18), (o.r.) (960705/15), (I4) (960705/27), (III4) (960705/22), (IV4) (960705/25), **982** (I1) (960705/29), (I4) (960404/23), **987** (III1) (941108/32), **988** (I1) (960403/21), (I2) (960815/34), (I4) (960815/10), (IV1) (960815/32), (IV4) (960815/23), **989** (III2) (960815/27), (IV2) (950907/26), **990** (I1) (950907/27), (I3) (960815/28), (I4) (960815/25), **991** (I4) (2005 051722), (III1) (2005 051727), (IV1) (2005 051516), **992** (I1) (2005 051130), (IV4) (970721/28), **993** (I1) (970721/30), (IV4) (980203/28), **994** (III1) (950413/7), **995** (III4) (960901/11a), (IV4) (980203/34), **996** (III1) (980203/29), **997** (I1) (950413/8), (II1) (950413/9), (III1) (950413/10), **998** (III1) (950413/11), **999** (I4) (950207/32), (IV1) (950207/33), (III4) (950207/34), **1000** (I1) (950311/10), (III1) (950306/37), (III4) (950306/39), (IV4) (950306/38), **1001** (I4) (2006 050114), (IV1) (950207/36), **1002** (o.l.) (950206/3), (o.m.) (950206/2), (o.r.) (950206/1), **1004** (III1) (950205/8), **1005** (I1) (960601/19a), (III1) (950204/11), (IV1) (950204/12), **1006** (III1) (941108/1), **1007** (III1) (950201/21), (III1) (950201/22), (IV4) (950201/24), **1008** (I3) (950201725), (III1) (950201/26), (III4) (950201/27), (IV3) (970723/3), (IV4) (970723/7), **1009** (I1) (950201/29), (I2) (950201/30), (I4) (970723/0), (IV3) (950201/32), **1010** (I1) (941108/4), (I4) (941108/6), (II1) (950201/33), (II4) (950206/14), **1011** (III4) (950201/35), (IV4) (941108/9), **1012** (II1) (950206/16), (III2) (2005 051026), **1013** (III1) (970721/15), **1014** (III1) (950809/33), (IV3) (960405/6), **1015** (I3) (980406/3), (IV1) (950311/30), (IV4) (950710/12), **1016** (III1) (950710/13), (III4) (950415/15a), (IV1) (950710/15), **1018** (I1) (95020477), (II1) (950207/26), **1019** (III2) (941020/19), (IV3) (941020/14), (IV4) (950907/33), **1020** (I1) (941020/13), **1021** (I1)

(941020712), (II1) (941020/11), (III1) (941020/10), (IV1) (2006 010226), **1022** (I4) (941020/16), (IV4) (950311/5), **1023** (I4) (950323/15), **1024** (I1) (950323/12), (I4) (95032132/14), (III4) (950401/36), **1025** (I4) (950323/8), (IV4) (950323/9), **1026** (III1) (950415/23a), **1027** (I4) (950415/26a), (III1) (950415/25a), (III4) (950304/28), (IV1) (950304/30), **1028** (I4) (950304/27), **1030** (I1), (I4) (950610/30), **1031** (III1) (950708/23), **1033** (I1) (950811/19), (I4) (950811/20), **1034** (I1) (950610/5), (III1) (950610/6), **1036** (I1) (950610/7), (III1) (950714/7), (IV2) (950811/22), **1037** (IV4) (950610/32), **1038** (I1) (971102/17), (I3) (971102/8), (I4) (971102/18), (III1) (971102/4), (III2) (971102/7), (III3) (971102/0), (III4) (971102/11), (IV4) (971102/12), **1039** (I4) (950811/23), (II3) (950811/24), (III1) (950811/25), **1040** (I1) (950811/31), (I2) (950811/30), (II2) (950811/27), **1041** (I1) (950610/8), **1043** (u.m.) (2005 051732), (u.r.) (950610/12), **1044** (I1) (960818/16), (I4) (960816/28), (III4) (960816/6), **1045** (o.l.) (960816/11), (o.m.) (960816/12), (o.r.) (960816/7), (I4) (960816/10), **1046** (I1) (960818/23), (I2) (960818/10), (I3) (960818/9), (II2) (960818/19), (IV4) (950811/32), **1047** (I4) (2005 051729), (III1) (950610/18), (III2) (2005 0534), **1048** (I1) (960818/0), (II1) (960818/1), (I2) (950915/31), **1049** (III1) (950811/33), (III1) (960403/28), (III4) (950811/36), **1050** (II4) (950610/27), **1051** (I4) (950409/1), (IV1) (950610/23), **1052** (I4) (950610/25), (III1) (950610/24), (III4) (950610/26), (IV1) (950610/28), **1053** (I3) (950610/29), **1055** (III1) (950409/26), (IV4) (950328/34), **1056** (I3) (950328/31), **1057** (I1) (950328/32), (III4) (2005 051703), **1061** (I2) (950205/31), (III4) (941020/5), **1062** (I1) (950926/7), (III2) (950926/6), (IV2) (950926/8), **1063** (I1) (950205/30), (I2) (950405/17), (I4) (950205/28), **1064** (III1) (990915/27), **1065** (I1) (950810/15), (u.l.) (950710/36a), (u.m.) (950810/19), (u.r.) (950810/22), **1066** (I3) (950924), (II3) (950810/25), **1067** (I1) (950820/2), (II1) (950710/0), (IV1) (970603/14), **1068** (I1) (950812/32), **1069** (III4) (941109/2), **1070** (III4) (941019/33), **1071** (III1) (941019/32), (III2) (941019/30), (III3) (950821/7), **1072** (I2) (941019/34), (III1) (941019/26), (III4) (941202/11), **1074** (I4) (941202/9), (II4) (950202/10), (III1) (941019/27), (IV4) (941019/29), **1075** (I1) (941019/28), (IV3) (2005 051103), **1082** (III1) (941106/32), (IV1) (941106/33), **1083** (I4) (941106/34), **1084** (I1) (941106/6), (III2) (941106/5), **1085** (III1) (941106/35), (IV1) (941106/4), **1086** (u.l.) (941106/36), (u.m.) (941204/20), (u.r.) (941204/18), **1087** (II3) (94120419), **1090** (I4) (950917/33), (IV1) (960601/12a), **1091** (I1) (950715/30), (I2) (950609/15), (II1) (950812/24), **1092** (I3) (950609/11), (I4) (950609/12), (II3) (950812/22), (II4) (950812/23), (IV3) (950812/21), **1093** (I2) (950609/10), (III1) (950609/8), (IV4) (950917/34), **1094** (I4) (950609/6), (II4) (950609/7), **1097** (I4) (950710/2), (II1) (950601/13), **1098** (III1) (2005 051106), (III4) (960406/18), **1099** (II1) (950917/36a), (III4) (2006 010227), (IV4) (960406/17), **1100** (III1) (2005 051531), (III4) (2005 051735), **1101** (I1) (2005 051527), (III1) (2005 051526), (IV3) (950601/15), (IV4) (960403/0), **1102** (I1) (950715/36a), (I4) (2005 0516/30), **1103** (IV1) (2005 051323), **1104** (I4) (950601/27), (II1) (950601/23), (IV4) (950601/24), **1105** (I1) (950710/3), (III1) (950809/10), (IV1) (Aufn. 2005), **1107** (II1) (890341/6a), **1108** (I1) (890341/2a), (III1) (890341/18a), (IV1) (890341/15a), **1110** (I1) (950303/15), (I4) (950211/18), (III4) (950303/14), **1111** (III1) (941106/11), (IV1) (941106/10), **1112** (III1) (941204/15), (IV1) (941106/13), **1113** (IV1) (941106/15), **1114** (I2) (970720/17), (IV4) (970721/8), **1115** (I1) (970721/6), (I2) (970720/24), (I4) (970720/21), (IV4) (970720/22), **1117** (III2) (950821/10), **1118** (IV1) (950714/17), **1119** (IV4) (950714/23), **1120** (I4), **1121** (III2) (960817/10), **1125** (IV1) (960601/36a), **1126** (I3) (2005 051134), (III4) (960913/33a), **1127** (I1) (960909/16), (I4) (960913/28a), (III4) (960913/32a), **1128** (o.l.) (960910/10), (o.r.) (960909/11), (IV4) (960909/7), **1129** (I1) (960909/20), (I4) (960910/0), (III4) (960913/21a), **1130** (I2) (960909/27), (I4) (960909/30), (II1) (960909/25), (II2) (960909/29), (IV4) (960909/15), **1132** (I1) (960404/36a), (I3) (950926/23), (I4) (950926/24), (III4) (2006 050136), (IV1) (960501/36), **1134** (II4) (950204/31), (III1) (950207/31), **1135** (I4) (950205/1), (III1) (950413/14), (IV1) (950413/15), (IV4) (950205/2), **1136** (I3) (950205/0), (III1) (950204/36a), (IV1) (950407/27), **1137** (I1) (950204/35), (III3) (2000 0408/26), (III4) (950820/36a), **1138** (I1) (2000 0408/29), (III4) (950407/29), **1139** (I1) (950204/29), (IV1) (950204/28), **1140** (I1) (950304/21), (I4) (941106/1), (III2) (941107/17), **1141** (I1) (941107718), (II1) (941107/19), (IV4) (950809/19), **1143** (o.m.) (950402/5), (o.r.) (950809/12), (IV4) (950414/21a), **1144** (I3) (950402/6), (III1) (950809/13), (IV1)

(950809/14), **1145** (I1) (941107/2), (IV4) (941019/21), **1146** (I1) (960401/25), (I3) (950809/16), (I4) (950809/18), (III4) (950411/30), **1148** (I1) (950403/27), (III1) (950712/28), (IV2) (950712/39), (IV4) (950809/23), **1149** (I4) (950403/28), (III1) (941107/27), **1150** (I4) (941107/23), (II1) (941107/26), (IV1) (941107/24), **1151** (I1) (950402/12), (I4) (950402/25), (II4) (950414/23a), (IV4) (950414/24a), **1152** (I1) (941107/10), (IV4) (941107/12), **1153** (I1) (960408/24), (I4) (941107/36), (III4) (941106/23), (IV1) (941107/33), **1154** (I4) (941107/15), (II4) (941107/14), **1155** (I1) (941107/13), (III1) 8950411/25), **1156** (I1) (950304/19), (III4) (2005 051608), **1157** (IV4) (950324/27), **1158** (I2) (950307/41), (I3) (950307/42a), (III4) (960501/10), **1159** (I1) (960601/11), (I4) (941106/30), (IV3) (941106/29), **1160** (I4) (941106/27), (III1) (941106/28), **1162** (III2) (950306/25), (III4) (950306/24), **1163** (I1) (950306/21), **1164** (III4) (950329/0), **1165** (II1) (950206/32), (I4) (950207/22), **1166** (III1) (950206/31), (II4) (950207/21), (III1) (950406/35), (IV1) (950406/34), **1167** (II1) (950406/36), (III1) (950206/33), (IV1) (950206/34), **1168** (III1) (970903/9), (IV1) (970903/10), **1169** (I1) (950328/3), (IV1) (950328/2), (IV4) (950207/20), **1170** (I3) (950328/1), (III1) (950207/19), (IV1) (950401/), **1171** (I4) (950401/24), (III1) (950415/17a), (III2) (950306/27), **1172** (I2) (950401/26), (III1) (950401/0), **1173** (I1) (950207/18), (I4) (950401/4), (III1) (2000 0433/25), (III2) (2000 0433/24), **1174** (I1) (950207/17), (III1) (950207/16), (II4) (950401/8), (III2) (950401/6), **1175** (IV1) (950401/9), **1176** (I2) (950211/11), **1177** (I1) (2000 0433/12), (IV1) (2000 0433/14), **1178** (I4) (950304/33), (III1) (950712/17), **1181** (I1) (970603/9), (I2) (970723/9), (I4) (970723/14), (II2) (970723/10), (III4) (970723/13), (IV3) (970723/12), (IV4) (980406/9), **1182** (I1) (980406/8), (I2) (980406/7), **1183** (I3) (950712/15), (I4) (971101/2), (III1) (950403/34), (IV4) (971101/4), **1184** (I1) (950403/11), (III1) (950403/12), (IV4) (950403/14), **1185** (I2) (950821/20), (IV4) (950311/12), **1186** (I2) (950311/13), (III1) (950308/1), (III3) (950311/14), (IV1) (950308/3), **1187** (I1) (950308/4), (III1) (950926/28), (IV4) (950308/5), **1189** (III1) (950814/14), **1190** (I2) (950306/31), (III4) (950610/3), **1191** (I3) (950610/4), **1192** (I1) (2005 051627), (I2) (980406/5), (I3) (2005 051500), (I4) (2005 051501), **1193** (I1) (950610/1), (I2) (950610/2), (I4) (950311/27), (I4) (950328/9), (IV1) (950311/26), **1196** (I3) (960501/19), (III1) (950311/28), (III3) (950311/25), **1198** (III4) (950306/15), **1201** (III1) (960404/35), (IV1) (941108/26), **1203** (III4) (950303/20), **1204** (I4) (950411/10), (II1) (950707/23), (III1) (950707/229), (IV1) (950707/21), **1205** (I2) (950303/18), (III1) (950303/17), (IV1) (950303/19), (IV4) (950409/23), **1206** (III1) (950409/24), **1207** (I4) (941020/22), (III1) (950303/16), (IV1) (941020/23), **1208** (I1) (941020/24), (III1) (941020/25), **1209** (I4) (960404/5), **1210** (I1) (941202/14), (III1) (941202/18), (III4) (941202/27), **1212** (I1) (941202/22), (III4) (941202/28), **1213** (I1) (941202/25), **1214** (III4) (941202/29), **1215** (o.l.) (941202/30), (o.m.) (941202/32), (o.r.) (941202/33), **1216** (I1) (941202/34), **1217** (I1) (941202/35), **1219** (III4) (941201/2), **1221** (I1) (941201/5), **1222** (III4) (941201/7), **1223** (I1) (941201/8), (I4) (941201/9), **1224** (I4) (941201/10), **1225** (IV4) (941201/17), **1226** (I1) (941201/22), (III4) (941201/20), **1227** (I1) (941201/18), (IV1) (941201/26), **1228** (I1) (941201/27), **1229** (I1) (960809/8), (IV1) (950710/25), **1230** (I4) (960501/14), **1231** (I4) (941201/28), (IV4) (941201/29), **1232** (I4) (950712/33), (IV4) (941201/31), **1233** (I1) (941204/6), (I3) (960407/18), **1234** (I4) (941204/5), (IV4) (941204/3), **1235** (I1) (960601/10), (I3) (941201/34), (II3) (941201/35), (IV1) (960601/7), (IV3) (941201/36), **1236** (I4) (960601/8), (III1) (941201/36a), (II4) (960601/9), (IV1) 8941204/0), **1237** (IV4) (941204/1), **1240** (I1) (950806/28), **1241** (IV4) (950915/16), **1242** (I4) (950915/19), (IV1) (950915/17), **1243** (I4) (980545/7), **1244** (IV2) (950413/19), **1245** (I1) (950205/9), (III1) (950205/10), **1246** (I4) (960501/29), **1248** (II1) (950206/13), (IV1) (950204/9)

2. Plansammlung:
XCIII, XCVIII (Abb. 12), **CXXIX, 145** (IV4), **148** (I4), **151** (III4), **191** (I4) (PL 3845), **206** (III4) (PL 3397), **208** (I4) (PL 3402), **216** (III3) (PL 2987), **226** (I4), **281** (IV4) (PL 3884), **321** (III4), **331** (II1), **333** (III1, o., u.), **349** (I4), **356** (III4), **357** (IV3), **362** (I4), **377** (I4), **382** (I4), **440** (II1), **449** (III3), **487** (I4), **512** (III4) (PL 3145), **550** (I4), **558** (III4) (PL 3547), **626** (I1, I4) (PL 3573), **641** (IV4), **669** (IV4) (PL 20840), **670** (I4) (PL 3208), **751** (I4) (PL 2955), **762** (III4) (PL 21426), **775** (I3) (PL 3994), (I4) (PL 3995), **789** (I4), **797** (III2) (PL S 34), **807** (I4), **816** (III1) (S 31), **844** (I4) (PL 4026), **861** (I4), **864** (I3), **910** (I3)

(V./S. 9954), **939** (III4) (PL 3024), **955** (II3) (PL 4055), **959** (III4) (PL 3626), **961** (I1) (PL 3629), **995** (III3), **1034** (I4) (PL 4083), **1040** (IV4) (PL 20837), **1041** (II2) (PL 3130), (III4) (PL 3129), **1042** (I3) (PL 3135a), **1076** (I4), **1103** (IV4) (Büro Gerlach & Vavva, Bamberg), **1116** (IV2) (PL 3723), **1124** (III4) (PL 20838), **1134** (IV4) (PL 4110), **1163** (I4), **1179** (I1) (PL 3451), (III4) (PL 3113a), **1180** (IV3) (PL 3124), **1182** (I4) (PL 3132), **1206** (I3) (Nr. 94/291)

3. Luftbildarchiv *(in Klammern die Archivnummer und das Aufnahme-jahr)*:
allgemein: **LXIV** (7934/17; SW 2257-35; 28.12.1983), **544** (I4) (7934/61 (22); SW 1991-31a/32; 10.07.1983)
Otto Braasch: **8** (o.) (7934/7) (SW 1995-26a/27; 10.07.1983), (u.) (7934(23); SW 1995-35a; 10.07.1983), **11** (7934/061(58); SW 1992-30: 10.07.1983). **13** (7934/065; SW 1954-15a/16; 24.06.1983), **15** (7934/101; SW 1998-26; 10.07.1983), **329** (IV4) (7934/061; Dia 4603-13; 30.09.1986)
Klaus Leidorf: **2** (7934/061; SW 7105-17a; 15.07.1996), **8** (m.) (7934/061; SW 7108-5; 15.07.1996), **9** (7934/061; SW 7107-1; 15.07.1996), **10** (7934/061; SW 7107-21; 15.07.1996), **12** (7934/061; SW 7106-8; 15.07.1996), **17** (7934/061; SW 7150-14; 16.09.1996), **19** (7934/107; SW 7023-18; 16.04.1996), **21** (7934/061; SW 7107-25; 15.07.1996), **22** (7934/061; SW 7105-34a; 15.07.1996), **24** (7934/061; SW 7107-26; 15.07.1996), **985** (IV1) (7934/061; Neg.Nr. 8294-9; 10.03.2003), **986** (I3) (7934/061; Neg.Nr. 8294-15, 10.03.2003), (I4) (7934/061; Neg.Nr. 8308-33a; 07.05.2003), **1122** (I4) (7934/061; SW 7107-9; 15.07.1996)

4. Archäologische Aufsichtsvorlagen:
XXXVII (Abb. 2 und 3), **XXXVIII** (Abb. 4, 5, 6, 7, 8, 9), **XXXIX, XL** (Abb. 12, 13, 14), **LV, 132** (I4, III4), **133** (I4), **232** (I3, I4), **400** (II4) (H. Stölzl), **523** (I3, III1) (Aufn. D. Klonk), **547** (I4) (Aufn. D. Klonk), (III1) (Aufn. H. Hagn), (III3) (Aufn. Anzenberger/Leicht)

– Bayerisches Nationalmuseum München: **LVIII** (Abb. 2), **CXVI, CXVII, CXXII** (Abb. 1 und 2) (Modell 16, F 2731), **CLXX, 48** (III1) (Neg.Nr. 4334), **161** (I4) (Neg.Nr. 4325), **331** (I4) (Neg.Nr. 2597), **548** (I4) (Neg.Nr. 4319), **663** (I2), **718** (I4), **730** (II1), **759** (III4), **884** (III4), **899** (I3), **916** (II1), **982** (III3), **1106** (I4)

– Deutsche Bundesbank, München: **490** (III1)

– Deutsches Theatermuseum, München: **415** (I3) (Inv.Nr. VII 1706), **642** (III4) (Inv.Nr. VII 1121), **958** (III2) (Inv.Nr. I 11567/1)

– Diözesanmuseum Freising: **382** (I3)

– Erzbischöfliches Ordinariat München, Kunstreferat: **223** (I1) (Aufn. Wolf-Christian von der Mülbe), **224** (I1) (Aufn. Wolf-Christian von der Mülbe), (I4) (Aufn. Wolf-Christian von der Mülbe), (IV4) (Aufn. Wolf-Christian von der Mülbe), **228** (I4) (Aufn. Wolf-Christian von der Mülbe), **231** (o.m., o.r.) (Aufn. Wolf-Christian von der Mülbe)

– Foto Marburg: **CLVII, 163** (III4) (Nr. 202012), **211** (III4), **216** (I1) (Nr. 19265), **229** (III1), **327** (I4) (Nr. X 122683), **338** (I1) (Nr. 202445), **374** (III4) (Nr. 120399), **378** (IV2) (Nr. A 9559/29), **384** (III1), **436** (I4) (Nr. 202495), (III4), **455** (III4) (Nr. LA 960/4), **493** (I4) (Nr. 970/18), **500** (I1) (Nr. 202536), **510** (I4), **550** (III4) (Nr. 15660), **564** (III2) (Nr. 202440), **579** (IV1) (Nr. 120354), **582** (I4), **583** (I4) (Nr. 622000), **585** (III4) (Nr. LA 957/13), **644** (I1) (Nr. 202063), **667** (II4) (Nr. 202464), **684** (I4), **686** (I4) (Nr. 202473), **720** (I3) (Nr. 202068), (I4) (Nr. 202541), **800** (I1) (Nr. 202562), **849** (IV1), **876** (III4) (Nr. 202595), **921** (I4) (Nr. 202105), **923** (I4) (Nr. 202057), **929** (III4) (Nr. 202049), **963** (I1), **979** (I2) (Nr. 202015), **1239** (III3)

– Hofbräuhaus München: **786** (I1)

– Israelitische Kultusgemeinde München und Oberbayern: **296** (I1, II4)

– Landesamt für Vermessung und Geoinformation, München: **XIX** (Abb. 7), **LX/LXI, 100** (III1) (Flurkarte von München, 1814), **183** und **184** (I4) (Topographische Karte Englischer Garten, M. 1:25000), **321** (II1), **423** (IV4), **931** (I4), **1250, 1251, 1259**

– Nationalarchiv der Richard-Wagner-Stiftung, Bayreuth: **131** (I3)

– Staatliche Graphische Sammlung, München: **49** (III1) (Inv.Nr. 32017; HM-Slg. XIV.5), **130** (I1) (Inv.Nr. 1951: 87 D), **490** (III2), **585** (I1) (Inv.Nr. 26651 verso), **1239** (IV1) (Inv.Nr. 216806)

– Staatliches Bauamt München 1: **333** (III4), **334** (III3), **336** (I2), **448** (I3), **609** (III2)

– Staatsarchiv München: **CXXIII**

– Stadt München:
Lokalbaukomission: **CV** (Abb. 23, 24 und 25), **26** (I1), (III4), **28** (I4), **29** (I2), (IV4), **31** (III4), **36** (III1), **37** (I4), **61** (I4) (16431), **64** (I4), **66** (III4) (23723), **73** (III3), **74** (III4), **172** (II4), **235** (I4), **260** (II4), **307** (III4), **308** (I2), **375** (IV2), **397** (III1), **403** (I4), **420** (I4), **482** (IV4), **538** (III4), **569** (III4), **570** (III4), **656** (III4), **658** (IV1), **662** (I1), **694** (I1), **697** (I1), **714** (I1), **746** (IV2), **770** (I4), **771** (I2, II2), **860** (I1), **866** (I3), **942** (I4), **992** (III4, IV1), **993** (I4), **997** (IV4), **998** (I4, III2), **999** (I1, II1), **1000** (III2), **1010** (III4), **1014** (III4), **1022** (I2), **1031** (III2), **1032** (III1), **1036** (III2), **1055** (I4), **1101** (I4), **1147** (I4), **1190** (I1), **1196** (IV3), **1197** (I2), **1206** (III4), **1221** (III2, III4), **1233** (I4), **1245** (I4, IV4), **1248** (I4)
Münchner Stadtmuseum: **XIX** (Abb. 6), **XX, XXI** (Neuner 256), **XXIII** (Abb. 11), **XXIV, XXVII, XXVIII** (Abb. 15), **55** (I4) (P 961 D), **XXIX** (Farbtf.V.1), **LXXV, LXXXV** (Abb. 1) (MS II 148 /3), **LXXXVII, C, CII, 84** (I1) (Nr. 49/354), **110** (I1) (Nr. 34/1207), **132** (I1) (Nr. 41/105), **152** (III1) (MI 1768-10), **245** (III4) (Nr. 32/2075), **285** (I2) (Nr. IIh/633), **305** (III1) (Slg. 32-606), **385** (III4) (Nr. 36/2333), **556** (I4) (Nr. II e/1), **576** (III 3), **585** (III3) (Nr. L III 16), **636** (I4) (MS II 287), **707** (I1) (Nr. 43/502), **718** (III1, III2), **745** (III4) (Nr. 43/682), **783** (III1) (Neuner 150), **788** (III1) (P923), **818** (I4) (Nr. 43/517/2), **983** (IV1), **987** (III2), **1028** (III 1), **1054** (I4) (Nr. 50/39/24), **1075** (I3), **1094** (III2), **1106** (I1) (Z 535, A3), **1126** (III1) (Z 1630/B 18), **1162** (III1) (Nr. 36/400), **1164** (III1) (P 1294), **1179** (III1), **1201** (III2) (Nr. 55/247)
Referat für Stadtplanung und Bauordnung: **CLII** (Farbtf. XIV.1), **851** (I4), **852** (III4)
Stadtarchiv München: **LXXXIX, LXXX, XC, XCI, XCVII, XCVIII** (Abb. 11), **CIV** (Abb. 19) (Neg.Nr. R 1817), **CVII** (Abb. 28 und 30), **CVIII** (Abb. 31 und 32), **CX, CXXIV** (Neg.Nr. R 2953/II), **CXXVIII** (Neg.Nr. R 2952/VII), **CXXIX, CXXX** (Neg.Nr. R 3104), **CXXXIII, CXXXV** (Neg.Nr. R 2982/VII), **CXXXVI** (Abb. 17 und 18) (Bestand LBK), **CXLIV** (Abb. 32) (Neg.Nr. R 2958/VI), **CXLVI** (Abb. 33), (Neg.Nr. 2977/II/8a), **46** (I1, III2), **50** (I1), **85** (IV1) (Neg.Nr. R 1030/VI 27), **130** (I4) (Neg.Nr. R 1571/III 16a), **136** (III1) (Neg.Nr. R 702/IV 30), (III2) (Neg.Nr. R 872/IV 17), **199** (III4), **207** (I1) (Neg.Nr. R 1471/I 17), **299** (I4) (Nr. XX H 18), **377** (IV1) (Nr. 1334), **388** (I4) (Nr. 451a), **389** (I4) (Nr. 943), (IV1) (Neg.Nr. R 1030/II 8), **393** (III1) (Neg.Nr. R 1780/II 32), **426** (III1) (Neg.Nr. R 1752/I 2), **433** (I4) (Nr. 21045V13), **465** (I1) (Neg.Nr. R 2101/III 20), **490** (I4), **502** (I1) (Neg.Nr. R 0135/VI 36), (I4) (Neg.Nr. R 2101/IV 36), **509** (IV1) (Neg.Nr. 1056), **510** (I1) (Neg.Nr. R 1117), **553** (I4), **586** (I1) (Neg.Nr. D2/36), **610** (III4) (Neg.Nr. 188-II-38), **623** (I1, I2), **624** (III3), **712** (III4) (Neg.Nr. LBK 6951), **714** (III4), **732** (I4), **747** (IV1), **748** (III4) (Neg.Nr. 480/39), **818** (I3) (R 1637/I 30a), **867** (III1) (Neg.Nr. 3297), **923** (I2), (Neg.Nr. R 1031/II 28), (I3) (Neg.Nr. R 1010/I 29), **939** (I1), **1005** (III4) (Neg.Nr. R 2954/VI), **1067** (I4) (Neg.Nr. R 2954/VI), **1078** (III4) (Neg.Nr. 2952/VI), **1090** (III1), **1109** (III2) (Neg.Nr. R 2952), **1117** (I4) (Neg.Nr. 211/45), **1121** (III1) (Neg.Nr. R 1763), **1165** (III1), **1180** (I3) (Neg.Nr. R 1440 V), **1191** (III1) (Neg.Nr. 129/41), (III2, III3), **1230** (I1) (Neg.Nr. R 2977/II 10a), **1236** (I3) (Neg.Nr. R 2976/I 1), **1237** (III1) (Neg.Nr. R 2977/III 16a), **1247** (IV1)
Stadtbildstelle: **VIII, IX**
Tiefbauamt: **CXXXVIII** (Abb. 21), **CXL** (Abb. 26), **CXLII** (Abb. 28 und 29), **CXLIII**
Untere Denkmalschutzbehörde, Archiv: **CLX**

– Städtische Galerie im Lenbachhaus, München: **LXXI** (Farbtf. XII.3), **131** (III2)

– Städtisches Vermessungsamt München: **LXXXVIII, XCV, 91** (IV4) (Flurkarte von München, 1939, mit Eintragungen BLfD), **162** (I4), **297** (III4), **337** (I4), **545** (II4), **546** (I4) (mit Eintragungen BLfD), **549** (IV4), **579** (IV4), **663** (I4), **760** (I4), **840** (I4), **983** (I4), **1029** (IV4), **1095** (I1), **1116** (I4)

Flurkarten (bearb. von Dipl.-Geogr. Johannes Valenta, BLfD): **25, 33** (I1), **35** (III4), **38** (I4), **45** (I4), **48** (I4), **59** (III4), **61** (III4), **66** (I4), **80** (I4), **81** (IV4), **90** (I4), **100** (I4), **105** (I1), **109, 118** (I4), **127** (I4), **129, 142** (I4), **143** (IV4), **153** (III1), **156** (I4), **160** (III4), **161** (III4), **174** (I4), **177** (IV1), **191** (III1), **192** (I4), **194** (I4), **198** (I4), **214** (III3), **233** (I4), **242** (I4), **246** (III4), **255** (I4), **265** (I4), **272** (I4), **280** (I4), **282** (I1), **283** (III4), **285** (I4), **292** (I4), **294** (I4), **297** (III1), **305** (I3), **309** (I4), **313** (III4), **315** (III4), **316** (III4), **320** (I4), **330** (I4), **337** (III4), **341** (III4), **344** (III4), **350** (I4), **351** (I4), **354** (I1), **360** (I4), **373** (I4), **381** (III1), **386** (I4), **393** (I4), **399** (I4), **409** (III4), **410** (III4), **414** (III4), **426** (I4), **438** (I1), **439** (III1), **445** (I4), **447** (III4), **452** (III4), **466** (I4), **468** (III4), **473** (I4), **480** (I4), **485** (III4), **497** (I4), **524** (I4), **533** (I4), **536** (I4), **538** (I4), **552** (I4), **568** (I4), **571** (III4), **573** (IV1), **576** (I4), **588** (I4), **590** (III1), **591** (III1), **605** (I4), **633** (III4), **649** (I4), **653** (IV4), **665** (I4), **699** (I4), **706** (I4, IV4), **716** (III3), **720** (III4), **734** (I4), **743** (II1), **744** (I4), **748** (I4), **754** (III4), **761** (I4), **772** (III2), **774** (III4), **795** (III3), **802** (III4), **806** (I4), **820** (I4), **841** (III4), **922** (III4), **931** (III4), **943** (III4), **947** (I4), **949** (I4), **951** (I4), **954** (III4), **956** (III4), **958** (III4), **966** (III1), **984** (I1), **991** (III4), **994** (IV4), **1006** (I1), **1017** (III4), **1018** (III4), **1031** (IV4), **1058** (IV4), **1061** (IV1), **1064** (I4), **1067** (III4), **1068** (III4), **1078** (I4), **1088** (I2), **1090** (I1), **1095** (IV4), **1109** (I4), **1114** (I4), **1118** (I4), **1133** (III4), **1138** (I4), **1142** (I4), **1162** (I4), **1179** (I4), **1185** (I4), **1189** (III4), **1194** (I4), **1197** (I4), **1208** (III4), **1220** (I4), **1228** (I4), **1240** (I4), **1244** (III4), **1247** (I4), **1252/1253, 1254/55, 1256/57, 1258, 1260, 1261, 1262, 1263, 1264, 1265, 1266, 1267, 1268, 1269**

– Stadtsparkasse München: **1066** (III1)

– Zentralinstitut für Kunstgeschichte, München: **147** (o.l.), **439** (I4) (Aufn. M. Behrens; Neg.Nr. 72/10 A 912a), **431** (IV2) (Aufn. M. Behrens; Neg.Nr. 72/8 A 912a), **434** (I1) (Aufn. M. Behrens; Neg.Nr. 71/502 A 912a), **453** (I1), **541** (III4) (Aufn. M. Behrens; Neg.Nr. 80/88 A 66), **578** (I4), **604** (I4), **691** (III2), **797** (III4), **840** (I4), **941** (I4), **1029** (I1), **1116** (IV4)

B. Privatpersonen:

– Behrer, Christian, Dr., München: **XLIV, XLVI, XLIX, LIV** (Abb. 6), **LVI**

– Brand, Cordula, Archbau, München: **LII**

– Hacklberger, Thomas, Utting a. Ammersee: **952** (III1), **953** (I4, II4, IV4)

– Hotel Bayerischer Hof: **845** (III1)

– Huber, Andreas, Dr. München: **637** (I3, I4)

– Kaufmanns-Casino e. V.: **394** (I2)

– Klein, Dieter, Dr., München: **632** (III4)

– Ongyerth, Gerhard, Dr., München: **XXX**

– Privatbesitz: **XCIX, 59** (I2), **138** (I4), **163** (IV2), **273** (I4), **337** (III2), **366** (III2), **367** (I1), **378** (I1), **428** (III4), **462** (I4), **526** (III3), **530** (I1), **532** (u.l., u.m.), **565** (IV4), **571** (IV1), **577** (II1, III1), **582** (I1), **664** (III3), **685** (III3, III4), **730** (III1), **840** (I1), **842** (IV1), **874** (I1), **925** (III1), **941** (III4), **977** (I1), **1022** (III1), **1037** (I4), **1053** (III4), **1068** (III2), **1132** (IV2)

– Reidelbach, Carl & Cie., Kunstverlag München: **456** (III2)

– ReVe, Büro für Archäologie, Bamberg: **XXXVIII** (Abb. 10), **LIII, LIV** (Abb. 7), **44** (I1, I3, I4, III3, III4, IV2), **215** (I4), **232** (I3, I4), **448** (I4), **716** (I4)

– Uetz, Karin, Dr. Dipl.-Ing., Florenz: **952** (I1)

– Verlag Emil Hartmann: **557** (I2)

– Verlag Heinz Moos, München: **603** (I4)

– Verlag Sebastian Winkler, München: **370** (III1), **663** (III1), **1096** (I1), **1161** (IV1)

– Winkler, Reinhold, Dipl.-Ing., München: **XL** (Abb. 15, 16, 17), **XLI** (Abb. 18, 19, 20, 21, 22, 23)

C. Reproduktionen nach Publikationen:

– Akademischer Architektenverein der TU München, Bd. II, 1884/85: **357** (IV4), **666** (IV3)

– ANKENBRAND, STEPHAN: *St. Joseph in München.Geschichte und Führer*, München 1932: **345** (III4)

– AR 16, 1900: **540** (III4)

– ARETIN, C. M. FRHR. VON: *Die St. Lorenz-Kirche im Alten Hof zu München*, in: Alterthümer und Kunst-Denkmale des Bay. Herrscherhauses, 3. Lieferung, München 1857: **55** (I2)

– Ausst. Kat. Bayerns Krone 2006: **906** (I1)

– Ausst. Kat. Bürokratie und Kult 1995: **130** (III4)

– Ausst. Kat. Fenster zur Vergangenheit 2006: **550** (I1)

– Ausst. Kat. Maximilian II. 1997: **931** (II1)

– Baugewerks-Zeitung, 1886: **1070** (I4)

– Baugewerks-Zeitung, 1894: **1073** (I1, I4)

– Die Baukunst, Ausg. B, Okt. 1942: **274** (I1)

– BAUMGARTNER 1805: **CV** (Abb. 22), **CVII** (Abb. 29), **CXIX**, **254** (III3) (T. XL), **371** (III3) (T. III), **394** (IV1) (T. VII), **449** (I2) (T. IX), **587** (I4), **951** (IV1) (T. XLV), **1019** (I4) (T. XLVIII), **1050** (III1), **1099** (III1) (T. XXXII), **1105** (III3), **1238** (I1) (T. XXXVI)

– BEHRER 2001: **216** (I4)

– BM 26 (1928): **102** (I1)

– BM 52 (1955): **749** (I3), **1185** (IV2)

– BODE, PETER M.: *München in den 50er Jahren. Die Architektur des Wiederaufbaus am Beispiel von Hans Fries*, München 1992: **749** (I4)

– BRAUNFELS 1986: **908** (I1)

– CHLINGENSPERG, MAXIMILIAN B. VON: *Das Königreich Bayern ...*, Bd. 2, München 1846: **920** (I1, IV4)

– *Chronik des Hauses Knagge & Peitz*, in: Alte Firmen 1955: **CVI** (Abb. 26)

– CUVILLIÉS 1772: **751** (I3), **762** (I4), **789** (I3), **978** (III3)

– DBZ, 1898: **599** (III3)

– DBZ, 1901: **617** (I4, II2)

– DEHIO 1996: **978** (III4)

– DI(E)SEL, MATTHIAS: *Kurbayerische Schlösser. Nach einer Vedutenfolge von 1720*, Dortmund 1981: **879** (IV1), **881** (IV1), **892** (III1), **893** (IV4), **898** (III1)

– DKD 1960: **930** (III2)

– Dr. Vorherr's Monatsblatt, Jg. VIII, 1828, Nr. 8: **726** (III4)

– ERDMANNSDORFFER 1972: **CXVIII** (Abb. 4), **CXX** (Abb. 6), **759** (I4), **989** (III4), **1076** (I1), **1118** (III4)

– Exkursionsführer 1987: **XIII**

– FALKENHAGEN, ERIKA: *100 Jahre Justizpalast 1897–1997. Architekt Friedrich von Thiersch*, München 1997: **809** (IV3)

– Festschrift THM 1968: **86** (I4)

– FISCHER 1922: **195** (I4), **666** (IV4)

– FISCHER, THEODOR: *Der Justizpalast und der Neue Justizpalast in München*, 1926: **808** (I4), **809** (IV4), **814** (I1)

– FORSTER 1895: **747** (I4), **948** (I4)

– *Gedenkschrift zur Feier des 100-jährigen Bestehens der Kgl. Bay. Artillerie-Werkstätten*, München 1900: **603** (I1)

– GMELIN, LEOPOLD: *Die Renaissance*, 1883: **669** (II4)

– GRÄSSEL, HANS: *Das Heiliggeistspital in München*, München 1910: **1188** (I4)

– GUT 1928: **1152** (I4)

– Häuserbuch I–IV: **49** (I1), **544** (III1), **795** (I1), **1049** (I1)

– Handbuch der Architektur IV. Teil: Entwerfen, Anlage und Einrichtung der Gebäude, 6, 2, Stuttgart 1888: **757** (III4)

– Handbuch der Architektur, IV., 7, 2, Stuttgart 1900: **84** (I4)

– Handbuch der Architektur, IV., 6, 3, Stuttgart 1901: **39** (I1), **41** (I4)

– Handbuch der Architektur, IV., 2, Stuttgart 1904: **465** (I4), **517** (IV2)

– Handbuch der Architektur, IV., 9, Stuttgart 1905: **345** (I2)

– HOJER 1992: **913** (II4)

– KLEEMAIER 1983: **XV**

– KLENZE 1830–50: **111** (II3o.) (Taf. IV), **432** (III1, III4), **503** (IV4), **728** (I4), **730** (I2)

– KIENER, HANS: *Die Baukunst des deutschen Klassizismus*, München 1953: **919** (I4)

– KOHL 1969: **XVIII**

– KDB IV: **149** (I1) (S. 1182), **164** (I4) (S. 949), **770** (III1) Tafelband: **163** (I4) (Taf. 132), **219** (I4) (Taf. 137), **670** (I1) (Taf. 157), **676** (II1) (Taf. 164)

– LAMBERT, ANDRÉ: *Die Architektur von 1750–1850*, Berlin 1903: **1036** (IV1)

– LANKES 1993: **CI**

– LEBSCHÉE, CARL AUGUST: *Malerische Topographie des Königreichs Bayern*, München 1830: **593** (I1), **803** (III1), **916** (III4), **1058** (III1)

– Leipziger Illustrirte Zeitung, 1845: **192** (I1)

– Leipziger Illustrirte Zeitung, 1862: **724** (III2)

– Leipziger Illustrirte Zeitung, 1888: **1069** (III1)

– LÜBKE 1872: **750** (I3)

– MADER, GERT THOMAS: *Spätmittelalterliche Bürgerhausarchitektur in München*, in: Konrad Bedal (Hg.): Hausbau im Mittelalter, Bd. 3, Sobernheim/Bad Windsheim 1988: **782** (I4)

– Märkte, Mauern, Horizonte 2004: **983** (III1)

– MB I, 1912: **203** (I3), **212** (I4), **275** (I4), **338** (III4), **459** (I3, I4), **557** (I4), **572** (III4), **641** (I4), **647** (III4), **707** (I4), **708** (III4), **710** (I1), **773** (I4), **785** (I4), **818** (III1), **823** (I4), **968** (III4), **1039** (IV4)

– MB II, 1984: **50** (I4), **122** (IV4), **246** (I4), **1136** (I4)

– MBB 1898–1909: **79** (I3), **130** (I3), **139** (III2), **255** (m.l.), **363** (III1), **392** (III1), **401** (III1), **404** (IV1), **405** (I4), **419** (I4), **421** (I1), **471** (III3, III4), **477** (I1) (IV/19), **481** (I4) (II/13), **527** (III2), **556** (III1), **573** (III4), **593** (I4), **650** (III3), **694** (I4), **745** (I4), **780** (III1), **786** (I4, III1, III2), **805** (III1), **833** (III1, III4), **834** (I4, III1), **835** (I4), **846** (I4), **848** (III1), **928** (I1), **967** (I4), **968** (III4), **1098** (I4), **1164** (I1), **1178** (IV4),

– MEGELE I, 1951, Blatt 1808–1833: **XXIX** (Farbtf. VI.2)

– MERIAN 1644: **548** (III1)

– MJBK 1933: **669** (I4)

– Monachium Sacrum II: **217** (I4), **230** (I4)

– Münchener Illustrierte: **1182** (III3)

– NAGLER 1863: **123** (III3)

– Neue Postbauten II, 1928: **103** (III4)

– OA 10, 1848: **349** (I1)

– OA 86, 1963: **635** (I2)

– PANOFSKY, WALTER: *Wagner. Eine Bildbiographie*, München 1963: **131** (I3)

– REBER 1876: **50** (III1), **246** (I3), **427** (I4), **428** (I4), **486** (I4), **507** (I4), **627** (IV2), **1056** (I4)

– REIDELBACH 1888: **111** (II3u., III1, III2), **921** (IV1)

– Sand, Kies und Knochen, 1981: **XIV**

– *St. Ludwig in München. 150 Jahre Pfarrei 1844–1994*, hrsg. von Helmut Hempfer und Peter Pfister, Weißenhorn 1994: **514** (IV2)

– SBZ, 1899: **293** (IV4), **599** (III4)

– SBZ, 1903: **260** (I4)

– SBZ, 1910: **31** (II2), **274** (I4), **524** (III4), **1200** (IV4)

– SBZ, 1911: **237** (I4), **1032** (III2), **1145** (I3, I4)

– SCHATTENHOFER 1974: **564** (III4)

– SCHEDEL 1493: **XXII**

– SCHNEIDER 1950, Beilage nach S. 195: **XVII**

– Staatl. Werkstätten für Denkmalpflege Gdansk (Hg.): *Das Isartor in München*, München 1972: **1108** (I4)

– Stadtatlas 1999: **181** (I4)

– STEINLEIN 1920: **LVIII** (Abb. 1), **XCVI**, **CXVIII** (Abb. 3)

– STEINLEIN 1923: **937** (I4)

– STRIDBECK 1966: **240** (I4), **299** (III1), **354** (III1), **361** (III1), **394** (III1), **665** (III1), **839** (I4), **867** (III3), **939** (IV1), **1124** (I4)

– *Vom Herzog-Max-Palais zur Landeszentralbank. Geschichte des Hauses Ludwigstraße 13*, hrsg. von der Landeszentralbank in Bayern, München 1980: **498** (III1)

– THIERSCH, FRIEDRICH WILHELM VON: *Das neue Justizgebäude in München. Denkschrift zur Feier der Eröffnung*, München 1897: **810** (III1)

– THIERSCH, FRIEDRICH WILHELM VON (Hg.): *Die Errichtung des Neubaus „Haus für Handel und Gewerbe", Maximiliansplatz 8, München*, München o. J. (1901): **597** (I4, III4)

– TOUSSAINT 1998: **598** (I1, II1)

– WENING 1701: **XX**, **XXVI**, **305** (III4), **322** (I1), **382** (I1), **454** (I4), **545** (III1), **548** (III4), **549** (I1), **635** (I1, III1), **636** (I2), **666** (I1), **680** (I1), **1123** (III1, III4), **1180** (I1)

– WEESE 1925: **1117** (I1)

– WOLF 1911: **134** (III2), **1157** (III1)

– WOLF 1931: **690** (I2, I4, III4, IV4), **831** (I4), **1069** (III3)

– WOLF, OTTO-ERNST: *Der spätgotische Kirchenbau im Raum München unter besonderer Berücksichtigung der Herzog-Sigismund-Kirchen*, Diss. Technische Universität München (masch.), 1982: **962** (III4)

– Zeitschrift für Baukunde 1881: **565** (I4)

– Zeitschrift für Baukunde 1884: **708** (r.m.)

– ZENETTI, ARNOLD: *Das neue Gebärhaus in München*, Berlin 1859: **1059** (III1)

Bearbeiter und ihre Anteile

V = Vorspann/allgemeine Texte zu Straßen und Plätzen

Chevalley = Dr. Denis Chevalley, Verfasser des Bandes: Landeshauptstadt München Südwest, Denkmäler in Bayern, Bd. I. 2/2, München 2004

Himen = Dr. Helga Himen, bis Ende 2007 Abt. Z–Denkmalerfassung und -forschung, Referentin für München

Alle Texte zu den archäologischen Denkmälern wurden von Dr. Timm Weski verfasst.

Dr. Heinrich Habel

Adalbertstraße: 15 – Akademiestraße: V, 2 – Alexandrastraße: V, 4 – Alfons-Goppel-Straße: 11 – Altenhofstraße: V, 4 – Alter Botanischer Garten – Alter Hof: 1, 2, 3 – Altheimer Eck: V, 15 – Am Kosttor: V, Wolfsbrunnen, 2, 3 – Am Tucherpark: V, 4 – Amalienstraße: 36, 38, 42, 52, Denkmäler – Amiraplatz: V, 1/1a – An der Hauptfeuerwache: V, 4 (mit 6), 8 – Angertorstraße: V, 1, 3, 5 – Arcisstraße: V, Rosselenker, 12 (mit „Ehrentempel"), 21, 45 – Arcostraße: V – Arnulfstraße: V, 9/11/13, 52, 60, 62 – Augustinerstraße: V – Barer Straße: V, 24, 27, 29, 40, 41 – Blumenstraße: V, 5, 7, 11/13, 22, 23, 26, 28/28a+b, 29, 31 (vormals 33), 32, 36, 37 – Blütenstraße: V – Bräuhausstraße: V, 8 – Brienner Straße: V, 1, 3, 4, 5, 7, 10, 11/13/15, 12, 14, 16, 18/20, 19, 23, 25, 26, 28, 37, 40 – Bruderstraße: V – Brunnstraße: V, 1, 9, 11 – Burgstraße: V, 2, 3, 4, 5, 6, 7, 8, 10, 12 – Christophstraße: V – Dachauer Straße: V, Delphinbrunnen, Fischmarktbrunnen – Damenstiftstraße: V, 1, 3, 4, 6, 8 – Deroystraße: V, 1 – Dianastraße: 1 – Dienerstraße: V, 12, 14/15, 16, 17, 18, 19, 22 – Dreifaltigkeitsplatz: V, 1 – Dürnbräugasse: V – Dultstraße: V – Eisenmannstraße: V – Elisenstraße: V – Englischer Garten: Parkbauten und Denkmäler, 1a, 2, 3, 4 (vormals), 5 – Erzgießereistraße: V – Ettstraße: V, 2/4 – Färbergraben: V, 11, 14 – Falckenbergstraße: V, 2, 9 – Falkenturmstraße: V, 8, 12 – Ferdinand-Miller-Platz: V, 1, Bennosäule – Filserbräugasse: V – Finkenstraße: V – Franz-Josef-Strauß-Ring: V, 1, 5, Finanzgarten – Frauenplatz: V, 1, 11 – Frauenstraße: V, 19 – Fürstenfelderstraße: V, 12, 13 – Gabelsbergerstraße: V (mit Hallinger), 6 – Gaiglstraße: V – Galeriestraße: V, Harmlos-Figur, 2–6a, 8/10 – Georgenstraße: V (mit Hallinger), 8, 10, 28, 68 – Geschwister-Scholl-Platz: V, Brunnen, 1 – Glückstraße: V – Gyßlingstraße: V, 12, 15 – Hackenstraße: V, 2, 3, 4, 5, 6, 7, 8, 10 – Hahnenstraße: V, 1/3 – Hartmannstraße: V, 1, 8 – Heiliggeiststraße: V, 2a, 6 – Hermann-Sack-Straße: V – Herrnstraße: V, 21 – Herzog-Max-Straße: V – Herzog-Rudolf-Straße: V – Herzogspitalstraße: V, 5, 6, 7, 8, 9, 10, 11, 12, 20, 24 – Herzog-Wilhelm-Straße: V, 11, 29, 31 – Heßstraße: V, 77/79, 82, 89 – Hildegardstraße: V – Hiltenspergerstraße: V – Himbselstraße: V – Himmelreichstraße: V – Hirschauer Straße: V – Hirtenstraße: V – Hochbrückenstraße: V, 4, 7, 8 – Hofgarten – Hofgartenstraße: V, 2 – Hofgraben: V, 4 – Hofstatt: V – Hopfenstraße: V, 4/6/8 – Hotterstraße: V, 10, 15, 18 – Jägerstraße: V – Josephspitalstraße: V, 2, 11 – Josephsplatz: V, Brunnen, 1 – Jungfernturmstraße: V – Kabelsteg – Kapellenstraße: V, 2/4 – Kardinal-Döpfner-Straße: V – Kardinal-Faulhaber-Straße: V, 1, 5, 6, 7, 10, 12, 14, 15 – Karl-Scharnagl-Ring: V – Karlsplatz (Stachus): V, 7, 8, 10, 11, 21, 25 – Karlstor – Karlstraße: V, 6, 10, 18, 20, 21, 22, 23–29, 34 – Karmeliterstraße: V, 2 – Karolinenplatz: V, Obelisk, 1, 2, 2a, 3, 3a, 4, 5, 5a, 6 – Kaufingerstraße: V, 2, 5, 8, 10, 11a, 12, 14/16, 24, 28 – Kaulbachstraße: V, 38/38a – Kleinhesselohe: V, 1/1a, 2a, 3, 5 – Klosterhofstraße: V – Königinstraße: V, 5, 17, 19, 23, 31 – Königsplatz: V, 1, 2, 3 – Kreuzstraße: V, 1, 10, 15, 23, 25, 27 – Küchelbäckerstraße: V – Kurfürstenstraße: V – Landschaftstraße: V – Ledererstraße: V, 3, 5, 7, 9, 10/12, 11, 14 – Lenbachplatz: V, Wittelsbacherbrunnen, 2/2a, 3, 4, 5, 6, 8 – Lerchenfeldstraße: V – Liebfrauenstraße: V, 2 – Liebherrstraße: V, 13/15 – Liebigstraße: V, 25/Oettingenstraße 1 – Linprunstraße: 49 – Löwen-

grube: V, 18 – Lothstraße: V, Kriegerdenkmal, 11, 17, 29, 34 – Ludwigstraße: V, Siegestor, 1, 2, 3, 5, 6/8/10, 7, 9, 11, 13, 14, 15/17, 16, 18, 19, 20, 21, 22, 23, 23 Rgb., 25, 27, 28, 29/31/33 – Lueg ins Land: V – Luisenstraße: V, 7, 9, 14/16, 22, 29, 33, 37, 37a – Luitpoldstraße: V – Maderbräustraße: V, 2, 4 – Maffeistraße: V, 7/9 – Maillingerstraße: 11a, 13 – Mariannenplatz: V, 3, 4 – Mariannenstraße: V – Marienhof: V – Marienplatz: V, Mariensäule, Fischbrunnen, 1, 2, 8, 15, 21 – Marienstraße: V, 21 – Marsplatz: V, Senefelder-Denkmal, 1 – Marsstraße: V, 26, 43, Burgfriedenssäule – Marstallplatz: V, Allerheiligen-Hofkirche, Felsenbrunnen, 4, 5/6 – Marstallstraße: V – Maßmannstraße: V – Maxburgstraße: V, 1 – Maximiliansbrücke – Maximiliansplatz: V, Denkmäler, 5, 8, 9, 12a, 15, 18, Maxtor, 19, 20 – Maximilianstraße: V, Denkmäler, Maxmonument, Gartenmauern, 6/8, 10, 11, 12/14, 13/15/15a, 16, 17/19, 18/20, 21, 22/24, 23/25, 26/28, 27, 29/31, 30/30a, 32, 33, 34, 35, 36, 38/40, 39, 42, 43/45/47, 44/46, 48/50/52, 53, 54, 56, 58 – Max-Joseph-Brücke – Max-Joseph-Platz: V, Max-Joseph-Denkmal, Laternen, 1, 2 – Max-Joseph-Straße: V, 2, 9 – Mazaristraße: V – Meiserstraße: V, 6/8, 10 mit ehem. „Ehrentempel", 11, 13 – Müllerstraße: V, 4, 7, 9, 11, 13, 15, 22, 23, 24, 26, 40 – Münzstraße: V – Neuhauser Straße: V, 2, 6, 8, Richard-Strauss-Brunnen, 10, 12, 14, 16, 17, 18, 20, Brunnenbuberl, 25, 27, 31, 33, 35, 37 – Neureutherstraße: V – Neuturmstraße: V, 1, 3/3a – Nieserstraße: V – Nordendstraße: V – Nymphenburger Straße: V, 2, 4, 5, 43, 45 – Oberanger: V, 9 – Obermaierstraße: V – Odeonsplatz: V, Hofgartentor, Feldherrnhalle, Fahnenstangen, Ludwig-Denkmal, 1/2, 3, 4, 5, 6–18 – Orlandostraße: V, 1 – Oskar-von-Miller-Ring: V, 18 – Ottostraße: V, Gabelsberger-Denkmal, 4/6/8, 10, 17 – Pacellistraße: V, 1, 5, 12, 14, 16 – Papa-Schmid-Straße: V – Pappenheimstraße: V, 14 – Paradiesstraße: V – Perusastraße: V, 5 – Pestalozzistraße: V – Petersplatz: V, 1, 8, 9, 10, 11 – Pettenbeckstraße: V – Pfarrstraße: V – Pfisterstraße: V, 3, 4, 5, 6, 7, 8, 9, 10, 11 – Pflugstraße: V – Platz der Opfer des Nationalsozialismus: V – Platzl: V, 1a, 2, 3, 4/4a, 5, 6, 7, 9 – Prälat-Miller-Weg: 1 – Prälat-Zistl-Straße: V, 4, 6, 8, 12, 14 – Pranckhstraße: V, 2 – Prannerstraße: V, 1, 2, 7, 9, 11, 13, 15 – Praterinsel: V, 3/4, 5 – Praterwehrbrücke – Prielmayerstraße: V, 5, 7 – Prinz-Ludwig-Straße: V – Prinzregentenbrücke – Prinzregentenstraße: V, Eisbachbrücke, Luitpoldterrasse, 1, 3, Prinzregenten-Denkmal, 5, 7, 9, 24, 26, 28, 50 – Professor-Huber-Platz: V, 1, 2 – Promenadeplatz: V, Denkmäler, 2, 6, 7, 9, 11, 12, 13, 15 – Radlsteg: V, 2 – Rambergstraße: V – Reitmorstraße: 7, 39 mit Oettingenstraße 16 – Residenzstraße: V, 1, 2, 3, 10, 13, 16, 17, 18, 19/20, 24, 25, 26, 27 – Rheinbergerstraße: V – Richard-Wagner-Straße: 10, 15, 17, 19 – Riedlstraße: V – Rindermarkt: V, 1, 10 – Robert-Koch-Straße: V – Rochusberg: V – Rochusstraße: V, 5/7 – Rosenbuschstraße: V – Rosenstraße: V, 6 – Rosental: V, 3 – Roßmarkt: V, 8, 15 – Rottmannstraße: V – Rundfunkplatz: V, 1 – Salvatorplatz: V, 1, 2, 3 – Salvatorstraße: V, 17 – Sandstraße: V, 35 – St.-Anna-Platz: V, St.-Anna-Brunnen, 1a, 2, 3, 4, 5, 9, 10 – St.-Anna-Straße: V, 19, 20, 21, 22 – St.-Jakobs-Platz: V, 1, 20 – Sattlerstraße: V – Schackstraße: V, 1, 2, 3, 4, 6 – Schäfflerstraße: V – Schellingstraße: V, 28a, 48, 50 – Schleißheimer Straße: V, 48 – Schmidstraße: V – Schnorrstraße: V – Schönfeldstraße: V, 3, 16, 24 – Schrammerstraße: V – Schraudolphstraße: V – Schwindstraße: V – Sebastiansplatz: V, 3, 4, 5, 6, 7, 8, 9, 11 – Seeaustraße: V, 2 – Seidlstraße: V, 7/9/11, 18, 25 – Seitzstraße: V, 6 – Sendlinger Straße: V, 2, 3, 4, 8, 10, 11, 14, 27, 29/31, 30, 32, 33a, 34, 35, 36, 41, 43, 45, 49, 50/52, 54, 56, 60, 62 – Sendlinger-Tor-Platz: V, 10/11, 14 – Singlspielerstraße: V – Sondermeierstraße: 1 – Sonnenstraße: V (mit Chevalley), 26 (mit Chevalley) – Sophienstraße: V, 5, 6, 7, 7a – Sparkassenstraße: V, 2/4, 3, 11 – Sporerstraße: V – Steinheilstraße: V, 20 – Steinsdorfstraße: V, 10 – Sterneckerstraße: V, 1, 2 – Stiglmaierplatz: V – Stollbergstraße: V, 12, 18, 20, 22 – Tal: V, 4, 6, 7, 11, Merkurbrunnen, 15, 16, 18, 19, 20, 21, 24, 26, 28, 30, 36, 38, 40, 41, 43, 50 – Theatinerstraße: V, 7, 8, 11, 20/21, 22, 23, 32, 38, 45 – Theklastraße: V – Theresienstraße: V, Ohm-Denkmal, 4, 9/11/13, 34/36/38, 40, 46/48 (mit Hallinger), 90 (nach Himen) – Thiereckstraße: V – Thierschplatz: V, Ceresbrunnen – Thierschstraße: 11, 46 – Thomas-Wimmer-Ring: V, 1/1a – Thorwaldsenstraße: V – Tillystraße: V – Tivolistraße: V – Triftstraße: V (mit Hallinger) – Türkenstraße: V, 4, 5/7, 17, 68, 78 – Unsöldstraße: V, 9/11 – Unterer Anger: V, 1/2, 3, 8/9, 15, 16 – Veterinärstraße: V, 1 (nach Himen), 13 – Viktualienmarkt: V, 2, 4, 5, 8, 15 – Viscardistraße: V – Von-der-Tann-Straße: V, 2, 3, 7, 9 – Wagmüllerstraße: V – Wallstraße: V – Weinstraße: V, 3, 4, 11 – Westenriederstraße: V, 1, 7, 8, 13, 14, 15, 16, 18, 20, 21, 23, 25, 27, 27a, 29, 31, 37, 43, 45, 47 – Widenmayerstraße: Christophorus-Figur, 18 (mit Hallinger) – Windenmacherstraße: V – Winzererstraße: V, 9–11 – Wittelsbacherplatz: V, Maximilian-Denkmal, 1, 4, 6 – Wredestraße: V – Wurzerstraße: V, 2 – Zentnerstraße: V, 2 – Zieblandstraße: V – Zwingerstraße: V

Dr. Johannes Hallinger

Adalbertstraße: V, 7, 9, 12, 14, 31, 49, 51, 53, 62, 64, 70–80, 90, 96, 98, 100, 106, 108 – Adelgundenstraße: V, 2, 5b, 6, 7, 9, 12, 14, 15, 17, 19, 20, 23, 25 – Adelheidstraße: V, 6, 8, 9, 10, 12 – Akademiestraße: 1, 3, 5 – Altheimer Eck: 5, 6, 9, 13 – Am Einlaß: 1, 2, 3a, 4 – Am Kosttor: 1 – Amalienstraße: V (mit Habel), 10, 11a, 15, 22, 24, 26, 39, 40, 41, 43, 44, 45, 51, 53, 55, 57/59, 63, 65, 67, 69/71, 77, 79, 81, 81a, 83 – Arcisstraße: 19, 59 – Arcostraße: 1 – Augustenstraße: V (mit Habel), 16, 20/22, 37, 39, 45, 52, 53, 54, 107 – Barer Straße: 33, 37, 39, 43, 45, 46, 66, 67, 69 – Blumenstraße: 1, 3, 31/Angertorstraße 2, 35 – Blütenstraße: 1, 2 – Blutenburgstraße: V, 2, 6, 18 – Brienner Straße: 22 (mit Habel), 53, 54, 56 – Bruderstraße: 1, 6 – Brunnstraße: 5, 6, 7 – Christophstraße: 2, 4, 6, 7, 8 – Crusiusstraße: V – Dachauer Straße: 15, 25, 26, 28, 29, 38, 42, 46, 61, 147, 151, 153 – Damenstiftstraße: 11, 12, 16, 18 – Dreifaltigkeitsplatz: 2, 3, 4 – Emil-Riedel-Straße: V, 1, 2, 4, 6, 8, 9, 16, 17, 18 – Enhuberstraße: V, 9 – Erzgießereistraße: 41, 43, 47, 48, 49 – Falkenturmstraße: 14 – Frauenstraße: 2, 4, 6, 8, 9, 10/12, 11, 13, 14/16, 15, 18, 20, 22, 26, 28, 34/36/38, 44 – Fürstenstraße: V, 3/5, 6, 9, 10, 11, 15, 17 – Gabelsbergerstraße: 9, 11/13/15, 17, 19, 36, 38, 40, 45/47, 49/51, 53, 68, 70, 71, 79a, 81, 83, 89/91, 95 – Gaiglstraße: 20 – Georgenstraße: V (mit Habel), 3, 4, 7, 9, 11, 15, 17, 19, 22, 24, 30, 46, 48, 53, 55/57, 59, 65, 67, 71, 82, 86, 93, 98, 99/101, 110, 112, 114, 117/119, 118, 120, 121, 126, 130, 142 – Gewürzmühlstraße: V, 10, 12, 17, 19, 21 – Görresstraße: V, 34, 36, 37, 38, 39, 45 – Herrnstraße: 36 – Herzog-Rudolf-Straße: 9 – Herzogspitalstraße: 1, 14, 16, 18 – Herzog-Wilhelm-Straße: 7, 17 – Heßstraße: 28, 59, 61, 63, 65, 67, 69, 71, 72, 78, 80, 86, 88 – Hildegardstraße: 3/5, 8 – Hiltenspergerstraße: 15 – Himmelreichstraße: 4 – Hirschauer Straße: 6, 8 – Hochbrückenstraße: 14, 16, 18, 20 – Isabellastraße: V, 1, 4, 8, 11, 12, 13 – Josephspitalstraße: 4 – Josephsplatz: 2, 3 – Kanalstraße: V, 2, 4, 6, 8, 11, 14, 15 – Karlstraße: 32, 36, 49, 52/54, 118, 120 – Karolinenstraße: 4 – Kaulbachstraße: 1, 11, 13, 15, 22/22a/24, 26a/26b, 29b, 34, 36, 41, 43, 44, 45, 46 – Knöbelstraße: V, 2, 6, 6a, 8a, 18, 24, 26, 28, 32, 38 – Königinstraße: 11a, 22, 24, 27, 35/35a, 51 – Kreittmayrstraße: V, 18, 19, 21, 26, 32 – Kurfürstenstraße: 4, 7, 19 – Ländstraße: 1, 3, 5, 6 – Lerchenfeldstraße: 11, 13, 15, 16 – Liebherrstraße: 1, 2, 3, 4, 5, 8, 10, 20 – Liebigstraße: 1, 6, 7, 8, 9, 10b/10c, 12, 12a, 13, 14, 15/17, 16, 19, 20/22, 21, 26, 35, 37/39/41, 43 – Linprunstraße: V, 35, 36, 51, 54, 57 – Loristraße: V, 11, 21, 30 – Lothstraße: 28, 30/32 – Luisenstraße: 49 – Maillingerstraße: V, 2, 9, 12, 32, 34 – Mannhardtstraße: V, 4, 5, 10 – Mariannenplatz: 1, 2 – Mariannenstraße: 1, 2 – Marienstraße: 2, 10, 18 – Maßmannstraße: 2/4/6 – Meiserstraße: 9 – Müllerstraße: 1, 10, 12, 31, 32, 33, 34, 39, 42, 44, 56 – Neureutherstraße: 14, 21, 22, 23, 24, 25, 26, 27, 28, 29, 31/33/35/37, 39 – Nordendstraße: 12, 15 – Nymphenburger Straße: 19, 32/34, 36, 38, 39, 41 – Obermaierstraße: 1, 2 – Oettingenstraße: V, 2, 4, 23/25, 27, 28, 29, 30, 31, 33, 33a, 34, 35, 36, 39, 46, 48 – Orlandostraße: 2/4/6, 3 – Pappenheimstraße: 3, 6, 8, 10, 11, 12, 13 – Paradiesstraße: 9 – Pfarrstraße: 1, 2, 3, 7, 10, 12 – Prannerstraße: 10 – Prinz-Ludwig-Straße: 7, 9 – Rambergstraße: 5, 8 – Reitmorstraße: V, 1, 2, 2a, 3, 4, 5, 6, 8, 9, 21, 23, 25, 27, 29, 30, 35/37, 51, 52 – Richard-Wagner-Straße: V, 5, 7, 9, 11, 13, 18, 27 – Riedlstraße: 2 – Robert-Koch-Straße: 3, 5, 9, 11, 13, 20/22 – Rosenbuschstraße: 1/3/5, 2 – Rottmannstraße: 17, 24/26 – Salvatorstraße: 8 – St.-Anna-Platz: 1 – St.-Anna-Straße: 2, 4, 6, 8, 10, 13/15, 14, 18 – Schellingstraße: 5, 7, 9, 17, 19, 21, 23, 26, 32, 44, 48 Rgb., 54, 56, 58, 60, 62, 83–93, 122, 124, 133, 135 – Schleißheimer Straße: 2, 5, 7, 9, 11, 13, 18, 21, 23, 25, 28, 29, 32, 43, 59, 60, 62, 68, 73, 74, 79, 92, 104/106 – Schönfeldstraße: 17, 22, 28 – Schraudolphstraße: 14, 30 – Schwindstraße: 4, 13, 28 – Seitzstraße: 4, 5, 7, 11, 13 – Steinheilstraße: 1, 12 – Steinsdorfstraße: 8, 12, 13, 14 – Sternstraße: V, 3, 5/7/9, 11, 13, 15, 16, 17, 18, 19, 20, 21, 22, 24, 26, 28 – Stiglmaierplatz: 2 – Stollbergstraße: 9, 11, 13, 14, 15, 17 – Tattenbachstraße: V, 1, 2, 3, 5/7, 6, 9, 12, 14, 16, 18, 20 – Tengstraße: V, 1, 4, 6, 11, 15 – Theresienstraße: 14, 15, 16, 35, 68, 70, 72, 73, 93, 154, 158 – Thierschplatz: 3, 4, 5 – Thierschstraße: V, 1, 3, 4, 5, 7, 8/10, 14, 19, 20, 21, 22, 23, 25, 26, 27, 29, 31, 32, 33, 35, 36, 37, 41, 47, 49, 51, 53, 55 – Thorwaldsenstraße: 12 – Tivolistraße: 1 – Triftstraße: 5, 9, 11, 13 – Türkenstraße: 22, 23, 30, 33, 34, 35, 37, 43, 45, 47, 52, 54, 55, 57, 58, 59, 60, 63, 71, 72, 76, 85, 90, 92, 99/101, 103, 104/106 – Unsöldstraße: 7, 15, 20 – Veterinärstraße: 6, 7, 8, 9, 10, 11 – Wagmüllerstraße: 18, 20 – Widenmayerstraße: V, 1, 2, 3, 4, 5, 6, 7, 8, 9, 10, 11, 12, 14, 15, 16, 17, 18 (mit Habel), 19, 22, 23, 24, 25/25a, 26, 27, 28, 29, 31, 32, 34, 35, 36, 37, 38, 39, 40, 41, 42, 43, 44, 45, 46/I, 46a, 47, 48/49/50, 51, 52 – Winzererstraße: 46, 48 – Zentnerstraße: 3, 13, 15, 17, 19 – Zieblandstraße: 14, 34, 41

Berichtigungen und Ergänzungen

Arnulfstraße 60: 2008 Veränderungen, u. a. Dachpyramiden auf Eckbauten – **Burgstraße 5**: 2008 nur EG-Fassade renoviert – **Damenstiftstraße 1** (S. 165): Abendmahlgruppe nur z. T. Holz – **Herzogspitalstraße 5**: Seelstatt Seelenhaus – **Hofstatt**: 2009ff. großenteils Neubebauung (vgl. Sendlinger Straße). – **Hopfenstraße 10**: jetzt u. a. Sitz der Börse. – **Karolinenplatz 6**: 2009 Renovierung und Umbau – **Lenbachplatz 2/2a**: 2009 Umbau („Alte Börse") – **Luisenstraße 33/35**: 2009ff. Restaurierung, Umbau und Erweiterung nach Süden – **Maximilianstraße 14**: ehem. Modegeschäft von Rudolph Moshammer († 2005) – **Maximilianstraße 47**: jetzt als Varietétheater umgestaltet – **Neuhauser Straße 6** (S. 672): Hans Aernhofer (statt -dorfer); Fassadenrenovierung 2009 abgeschlossen – **Neuhauser Straße 23/Ecke Eisenmannstraße**: Geburtshaus Spitzwegs (5.2.1808; jetzt Neubau) – **Residenzstraße 2**: ab 2009 Umbau innen durch Immobiliengesellschaft. – **Sendlinger Straße 8** (bis Hofstatt): 2009–11 Neubebauung (Architekturbüro Meile/Peter, Zürich). – **Sonnenstraße 26**: 2009 „Isarpost Café-Bar und Eventlocation"

Autoren

Dr. Christian Behrer, Büro für Denkmalpflege, Württembergstraße 16, 93049 Regensburg; behrer@denkmalpflege.biz

Dr. Karl Gattinger, Bayerisches Landesamt für Denkmalpflege, Abt. Denkmalerfassung und -forschung, Referat Z IV – Publikationswesen, Dienststelle München, Hofgraben 4, 80539 München; karl.gattinger@blfd.bayern.de

Dr. Heinrich Habel, Hauptkonservator a. D., Kunsthistoriker, Belgradstraße 1, 80796 München

Dr. Johannes Hallinger, Bayerisches Landesamt für Denkmalpflege, Abt. Denkmalerfassung und -forschung, Referat Z III – Dokumentationswesen, Referatsleitung, Dienststelle München, Hofgraben 4, 80539 München; johannes.hallinger@blfd.bayern.de

Dr. Gerhard Ongyerth, Bayerisches Landesamt für Denkmalpflege, Abt. Denkmalerfassung und -forschung, Referat Z II – Siedlungs- und Kulturlandschaftsdokumentation, Dienststelle München, Hofgraben 4, 80539 München; gerhard.ongyerth@blfd.bayern.de

Dr. Uli Walter, Bayerisches Landesamt für Denkmalpflege, Abt. Praktische Denkmalpflege: Bau- und Kunstdenkmäler, Referat A III – Mittelfranken/Schwaben, Hofgraben 4, 80539 München; uli.walter@blfd.bayern.de

Dr. Timm Weski, Bayerisches Landesamt für Denkmalpflege, Abt. Praktische Denkmalpflege: Bodendenkmäler, Referat B V – Restaurierung Archäologie und Dendrolabor, Referatsleitung, Dienststelle München, Hofgraben 4, 80539 München; timm.weski@blfd.bayern.de

Die Reihe „Denkmäler in Bayern"

Band IA – Ensembles in Oberbayern, Festschrift Erich Schosser zum 70. Geburtstag, bearb. von Georg Paula, München 1997 (Karl M. Lipp Verlag, ISBN 3-87490-575-6)

Band I.1 – Frank Becker, Christina Grimminger, Karlheinz Hemmeter: **Stadt Ingolstadt**
Mit Beiträgen von E. Aichner, A. Fink, S. Hofmann, C.-M. Hüssen, G. Riedel, K. H. Rieder und A. Wegener-Hüssen, Aufnahmen von H. Bauer und D. Komma (Karl M. Lipp Verlag, ISBN 3-87490-583-7)

Band I.2 – Denis A. Chevalley, Timm Weski: **Stadt München Südwest**
Aufnahmen von Barbara Schwager, Michael Forstner und Eberhard Lantz, München 2004 (Karl M. Lipp Verlag, ISBN 3-87490-584-5)

Band I.5 – Georg Paula, Angelika Wegener-Hüssen: **Landkreis Bad Tölz-Wolfratshausen**
Mit Beiträgen von Josef Katzameyer, Volker Liedke, Wilhelm Neu und Helmut Silbernagl, Aufnahmen von Joachim Sowieja (Karl M. Lipp Verlag, ISBN 3-87490-573-X) (vergriffen)

Band I.9/1 – Alexander Rauch: **Stadt Eichstätt**
Mit Aufnahmen von W. Huber, E. Lantz und A. Rauch, München/Zürich 1989 (Verlag Schnell & Steiner GmbH, ISBN 3-7954-1004-5)

Band I.12 – Klaus Kraft, Florian Hufnagl: **Landkreis Fürstenfeldbruck,** München 1978
Neuauflage von Volker Liedke und Peter Weinzierl, München 1996 (Karl M. Lipp Verlag, ISBN 3-87490-574-8)

Band I.15 – Klaus Kratzsch: **Landkreis Miesbach**
München/Zürich, 2. verb. Aufl. 1987 (vergriffen)

Band I.17 – Georg Paula, Timm Weski: **Landkreis München**
Mit Beiträgen von Stefan Winghart und Gerhard Ongyerth, Aufnahmen von Joachim Sowieja, München 1997 (Karl M. Lipp Verlag, ISBN 3-87490-576-4)

Band I.19 – Jolanda Drexler-Herold, Angelika Wegener-Hüssen: **Landkreis Pfaffenhofen a. d. Ilm**
Mit einem Beitrag von Karl Heinz Rieder, Mit Aufnahmen von Joachim Sowieja, München 1992 (Karl M. Lipp Verlag, ISBN 3-87490-570-5)

Band I.21 – Gerhard Schober: **Landkreis Starnberg**
München/Zürich 1989, 2. Aufl. 1991 (vergriffen)

Band I.22 – Gotthard Kießling, Dorit Reimann: **Landkreis Traunstein**
Mit Beiträgen von Gerhard Ongyerth, Walter Irlinger, Martin Pietsch, Hubert Fehr, Grietje Suhr, Reinhard Heydenreuter, Volker Liedke, Gotthard Kießling, Helmut Keim, Alfred Kotter; Aufnahmen von Joachim Sowieja und Michael Forstner, Lindenberg i. Allgäu 2007 (Kunstverlag, Josef Fink, Lindenberg i. Allgäu, 1. Aufl. 2007, ISBN 978-3-89870-364-2)

Band I.23 – Georg Paula, Stefanie Berg-Hobohm: **Landkreis Weilheim-Schongau**
Mit Beiträgen von R. Heydenreuter, W. Irlinger, S. Mayer, G. Ongyerth, C. S. Sommer, E. C. Vollmer und G. Waldemer, Aufnahmen von Joachim Sowieja, München 2003 (Karl M. Lipp Verlag, GmbH, ISBN 3-87490-585-3)

Band II.24 – Volker Liedke: **Stadt Landshut**
Mit Beiträgen von Hans Bleibrunner und Georg Spitzlberger, Aufnahmen von Joachim Sowieja, München/Zürich 1988 (Verlag Schnell & Steiner GmbH, ISBN 3-7954-1002-9)

Band II.30 – Georg Paula, Volker Liedke, Michael M. Rind: **Landkreis Kelheim**
Mit einem Beitrag von Albert Blümel, Aufnahmen von Herbert Schelnin und Joachim Sowieja, München/Zürich 1992 (Verlag Schnell & Steiner GmbH, ISBN 3-7954-0009-0)

Band III.37 – Anke Borgmeyer, Achim Hubel, Andreas Tillmann, Angelika Wellnhofer: **Stadt Regensburg**
Mit Beiträgen von L.-M. Dallmeier, H. Gieß und K. Schnieringer, Aufnahmen von P. Ferstl und D. Komma, Regensburg 1997 (Mittelbayerische Druck- und Verlags-Gesellschaft mbH ISBN 3-927529-92-3)

Band III.45 – Detlef Knipping, Gabriele Raßhofer: **Landkreis Tirschenreuth**
Mit Beiträgen von Robert Giersch, Ralf Heimrath und Wolfgang Thiem, Aufnahmen von Albert Schneider, Uwe Gaasch und Joachim Sowieja, München 2000 (Karl M. Lipp Verlag, ISBN 3-87490-579-9)

Band IV.48 – Peter Morsbach/Otto Titz: **Stadt Coburg.**
Mit Beiträgen von Sandra Ahrensfeld, Rainer Axmann, Harld Bachmann, Jürgen Erdmann, Rembrant Fiedler, Thomas Gunzelmann, Hubertus Habel, Gerhard Handschuh, Stefan Nöth, Klaus Weschenfelder, Reiner Wessels, Magnus Wintergerst und Helmut Wolter; Aufnahmen von Otto Titz und Eberhard Lantz, München 2006 (Karl M. Lipp Verlag, ISBN 3-87490-590-X)

Band IV.53/1 – Katharina Sitzmann: **Stadt Forchheim**
Mit Aufnahmen von Birgit Moller, Katharina Sitzmann und Susanne Stegmeyer, München/Zürich 1989 (Verlag Schnell & Steiner GmbH, ISBN 3-7954-1006-1)

Band V.61 – Heinrich Habel: **Stadt Fürth**
Mit Aufnahmen von Gertrud Glasow und Joachim Sowieja (Karl M. Lipp Verlag, ISBN 3-87490-571-3)

Band V.63 – Klaus Kratzsch und Alexander Rauch: **Stadt Schwabach**
Mit Aufnahmen von Joachim Sowieja, München 1978 (Verlag „i-team" Hans Ullrich KG und Verlag Dokumentation Saur KG)

Band V.70/1 – Gotthard Kießling: **Landkreis Weißenburg-Gunzenhausen**
Mit Beiträgen von F. Eigler, J. Geisenhof, E. Grönke, R. Koch, G. Mödl, M. Nadler, G. Rosenbauer und K. F. Zink, Aufnahmen von H. Glanz und D. Komma, München 2000 (Karl M. Lipp Verlag, ISBN 3-87490-581-0)

Band V.70/2 – Gotthard Kießling: **Stadt Weißenburg i. Bay.**
Mit Beiträgen von Daniel Burger, Eveline Grönke, Hans-Heinrich Häffner, Reiner Kammerl, Robert Koch und Martin Nadler, Aufnahmen von Horst Glanz und Dieter Komma, München 2001 (Karl M. Lipp Verlag, ISBN 3-87490-582-9)

Band VI.75/2 – Denis A. Chevalley, Stefan Gerlach: **Stadt Bad Kissingen**
Mit Beiträgen von Sabine Bock, Thomas Heiler und Peter Weidisch, Aufnahmen von Joachim Sowieja, München 1998 (Karl M. Lipp Verlag, ISBN 3-87490-577-2)

Band VII.83 – Bernt von Hagen, Angelika Wegener-Hüssen: **Stadt Augsburg**
Mit Beiträgen von Lothar Bakker, Denis A. Chevalley und Bernd Vollmar, München 1994 (Karl M. Lipp Verlag, ISBN 3-87490-572-1)

Band VII.85 – Alexander Herzog von Württemberg: **Stadt Kempten**
Mit Beiträgen von Wolfgang Haberl, Gerhard Weber und Michael Petzet, Aufnahmen von Werner Sienz, München/Zürich 1990 (Verlag Schnell & Steiner GmbH ISBN 3-7954-1003-7)

Band VII.90/2 – Bernd Vollmar, Georg Paula, Catharina Kociumaka: **Stadt Nördlingen**
Mit Beiträgen von W. Czysz, G. Ongyerth, G. Paula und D.-H. Voges, Aufnahmen von D. Komma, Foto Finck GmbH und Norbert Palzer, München 1998 (Karl M. Lipp Verlag, ISBN 3-87490-578-0)

Band VII.91/1 – Bernt v. Hagen, Angelika Wegener-Hüssen: **Landkreis Günzburg**
Mit Beiträgen von D. Chevalley, W. Czysz, H. Frei, V. Liedke u. G. Ongyerth, Aufnahmen von B. Schwager u. a., München 2004 (Karl M. Lipp Verlag, ISBN 3-87490-589-6)

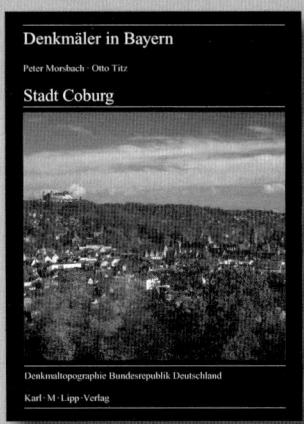

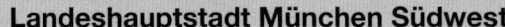